U0940703

བོད་ལྗོངས་ལོ་རིམ་མེ་ལོང་།

西藏年鉴

TIBET YEARBOOK

2015

（总第16卷）

《西藏年鉴》编辑委员会
西藏自治区地方志办公室

图书在版编目(CIP)数据

西藏年鉴.2015/《西藏年鉴》编辑委员会编.
--拉萨:西藏人民出版社,2015.12
ISBN 978-7-223-04927-6

I.①西… II.①西… III.①西藏-2015-年鉴
IV.①Z527.5

中国版本图书馆CIP数据核字(2015)第270729号

西藏年鉴(2015)

主管单位:西藏自治区人民政府
主办单位:西藏自治区地方志办公室
编　　著:《西藏年鉴》编辑部
责任编辑:格藏才让　吉普·次旦央宗　格桑德吉　多杰卓玛
设　　计:徐　阳

出版发行:西藏人民出版社
印　　刷:拉萨金典印务有限公司
书　　号:ISBN 978-7-223-04927-6
开　　本:889×1194　1/16
字　　数:1200千字
插　　页:466幅
版　　次:2015年12月第1版　2015年12月第1次印刷
印　　数:1~5000册
定　　价:498.00元

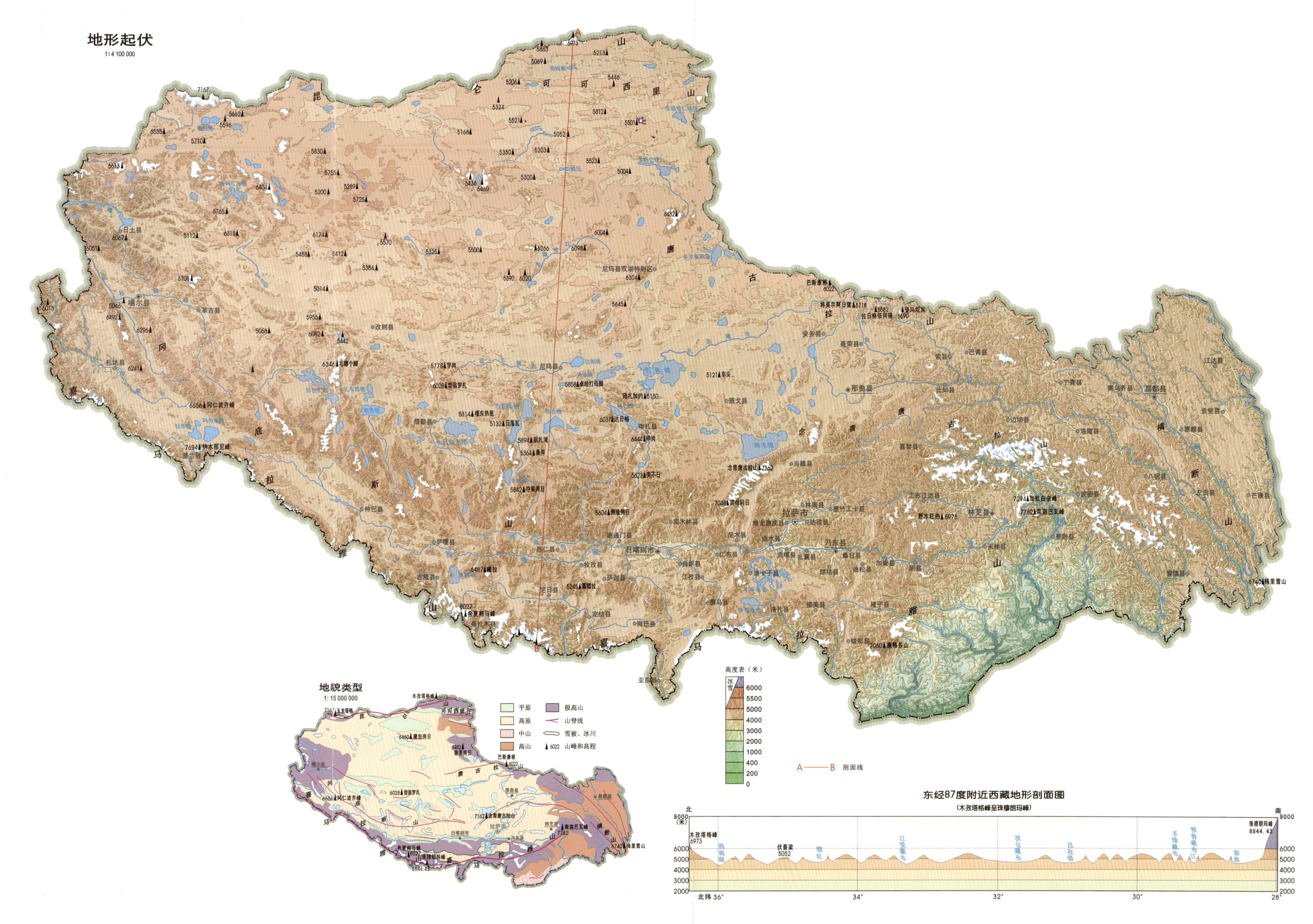
地形起伏
1:4 100 000
昆仑山
可可西里山
唐古拉山
念青唐古拉山
冈底斯山
喜马拉雅山
横断山
日土县
噶尔县
革吉县
札达县
普兰县
改则县
尼玛县
尼玛县双湖特别区
措勤县
仲巴县
萨嘎县
吉隆县
聂拉木县
定日县
定结县
岗巴县
亚东县
康马县
萨迦县
拉孜县
昂仁县
谢通门县
日喀则市
南木林县
申扎县
班戈县
安多县
聂荣县
那曲县
索县
巴青县
比如县
丁青县
类乌齐县
昌都县
江达县
贡觉县
察雅县
八宿县
左贡县
芒康县
洛隆县
边坝县
嘉黎县
当雄县
拉萨市
林周县
墨竹工卡县
工布江达县
林芝县
米林县
朗县
波密县
墨脱县
察隅县
加查县
曲松县
桑日县
乃东县
琼结县
措美县
隆子县
错那县
洛扎县
浪卡子县
江孜县
白朗县
仁布县
尼木县
曲水县
堆龙德庆县
达孜县
纳木错
6022 巴斯康根
7162 念青唐古拉山
7294 加拉白垒峰
7782 南迦巴瓦峰
6740 梅里雪山
6656 冈仁波齐峰
7694 纳木那尼峰
8022 希夏邦马峰
7060 康格多山
地貌类型
1: 15 000 000
平原
高原
中山
高山
极高山
山脊线
雪被、冰川
6022 山峰和高程
木孜塔格峰 6973
6482 普若岗日
6460 藏色岗日
7167 玉龙塔格
6028 尝勒罗扎
8844.43
高度表（米）
冰雪
6000
5500
5000
4000
3000
2000
1000
400
200
0
A——B 剖面线
东经87度附近西藏地形剖面图
（木孜塔格峰至珠穆朗玛峰）
北
南
9000
（米）
木孜塔格峰
6973
5052
珠穆朗玛峰
8844.43
6000
5000
4000
3000
2000
北纬 36°
34°
32°
30°
28°

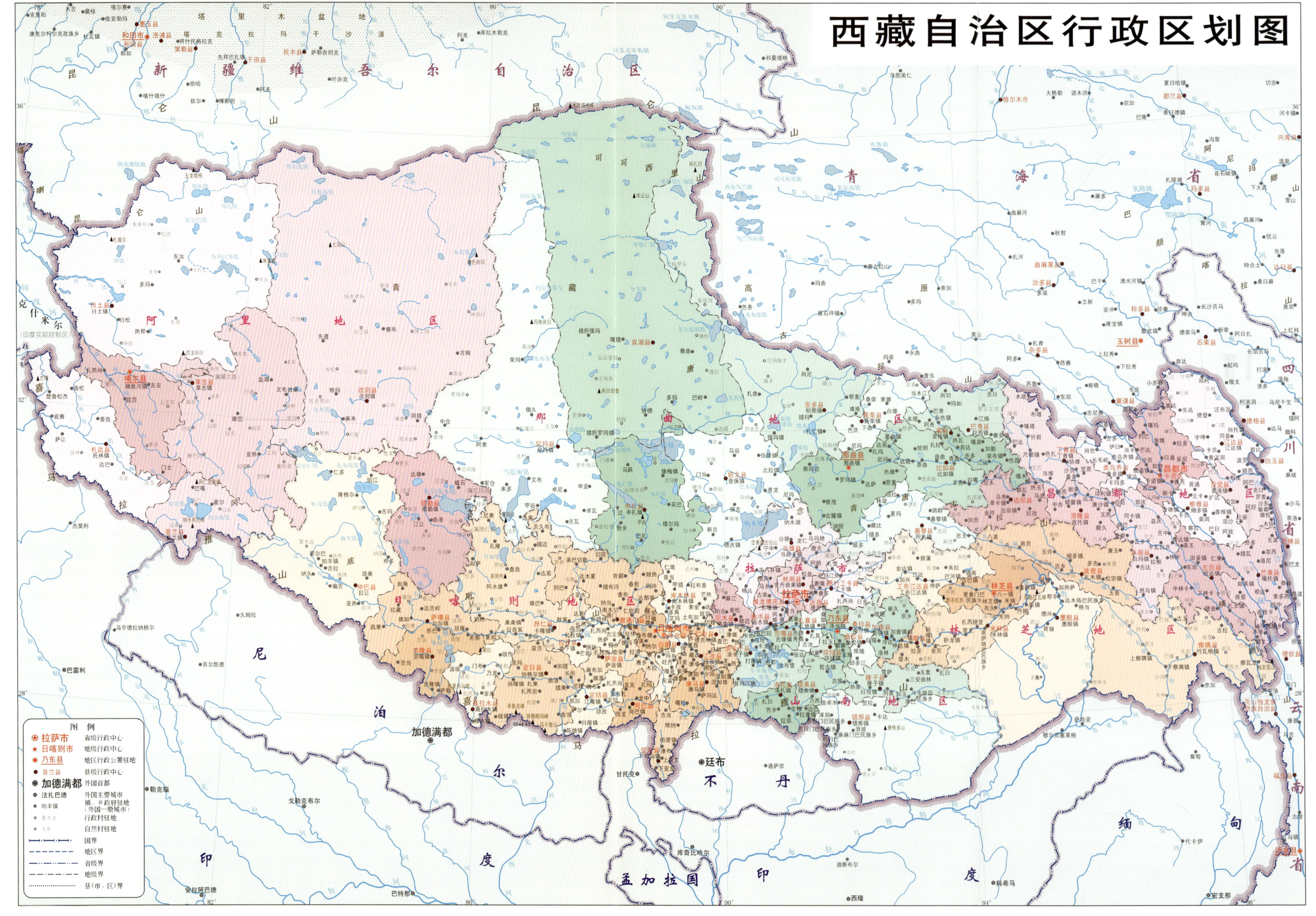

本图上各级行政界线不作为解决界线纠纷的依据

西藏自治区测绘局 编制 二〇一四年十二月

编辑说明

一、《西藏年鉴》是由西藏自治区人民政府主管，西藏自治区地方志办公室、《西藏年鉴》编辑部编辑出版的政府综合年鉴。2000 年创刊至今，已出版 16 卷。其宗旨是真实、全面、系统载录西藏自治区自然、政治、经济、文化、社会等方面的基本情况，为各级领导了解区情、实施科学决策，为社会各界和海内外人士了解和研究西藏提供基本资料。

二、《西藏年鉴》2015 年卷记录西藏自治区 2014 年经济社会发展的基本资料。设有特载，综述，政治，军事，经济、社会事业，地市、县(区)，大事记，先进名录，统计资料 9 个栏目。重点反映西藏自治区党委、政府及各级各部门认真贯彻落实以习近平同志为总书记的党中央关于西藏工作的新指示、新要求，特别是"治国必治边，治边先稳藏"重要战略思想和"努力实现西藏持续稳定、长期稳定、全面稳定"重要指示精神，依法治藏，维护稳定，建设法治政府，切实改善和保障民生，统筹城乡发展，加快改革开放，推进农业现代化和新农村建设，推进科技创新体系建设，构建和谐社会的新进展和新成果。

三、《西藏年鉴》采用分类编辑法，由篇目、类目、部(门)目、条目组成。条目标题统一使用黑体字加【】表示。

四、《西藏年鉴》的统计数据使用法定计量单位，价值指标绝对数凡未注明的，按《年鉴》记载当年(2014)价格计算。

五、为免累赘，凡直书月、日，未写年份，即为 2014 年。数据增减多少未说明与某一年份，即为《年鉴》记载 2014 年与 2013 年比较。

六、《西藏年鉴》稿件由西藏自治区各部、委、办、厅、局、地市、县(区)及驻藏部队提供，并经提供单位领导审核。所用综合性资料、数据，一律截至 2014 年底。"统计资料"由西藏自治区统计局提供，正文中的数据由各单位提供。因统计口径等原因，部门和地市、县(区)稿件中所用数据与"统计资料"中的数据不尽一致，采用时请予注意。

七、《西藏年鉴》的编辑出版工作得到了全区各级领导、各部门、各单位的大力支持和撰稿人的通力合作，在此表示衷心感谢。有极少数单位因各种原因，本期没有刊载。本刊疏漏之处，恳请指正。

《西藏年鉴》编辑委员会

《西藏年鉴》编辑部

目　录

特　载

第一篇　综述

第二篇　政治

第三篇 军事

第四篇 经济、社会事业

第五篇 地市、县(区)

第六篇 大事记

第七篇 先进名录

第八篇 统计资料

■土地面积:122.84万平方公里

■年末常住人口:317.55万人

■地区生产总值:920.83亿元

■第一产业:91.64亿元

■第二产业:336.84亿元

■第三产业:492.35亿元

■农林牧渔业总产值:138.72亿元

■粮食产量:97.97万吨

■肉类产量:28.62万吨

■规模以上工业增加值:48.87亿元

■发电量:32.2亿千瓦小时

■全社会固定资产投资总额:1119.73亿元

■地方公共财政预算收入:124.27亿元

■地方公共财政预算支出:1185.51亿元

■本外币各项存款余额:3082.38亿元

■本外币各项贷款余额:1618.72亿元

■社会消费品零售总额:364.51亿元

■货运总量:2397.54万吨

■客运总量:1934.55万人次

■进出口贸易总额:22.55亿美元

■出口总额:21.01亿美元

■进口总额:1.54亿美元

■接待旅游人数:1553.14万人次

■旅游总收入:204.1亿元

■农牧民年人均纯收入:7359元

■城镇居民年人均可支配收入:22016元

2014年3月10日，中共中央政治局常委、全国政协主席俞正声参加十二届全国人大二次会议西藏代表团的审议。图为俞正声与代表委员亲切交谈。

2014 年 7 月 17 日至 23 日，中共中央政治局委员、中央政法委书记孟建柱先后来到拉萨市和山南地区，向各族干部群众、政法干警致以亲切慰问，就进一步做好西藏社会稳定工作进行调研。图为孟建柱接见武警西藏总队官兵。

2014 年 9 月 12 日至 16 日，中共中央政治局委员、广东省委书记胡春华率领的广东省党政代表团就进一步加强对口支援西藏工作赴藏考察，并出席广东·西藏对口支援工作座谈会。图为胡春华在山南地区泽当镇参观山南发展成就展。

2014 年 10 月 15 日至 18 日，中共中央政治局委员、北京市委书记郭金龙率北京市代表团赴藏考察指导对口援藏工作，进一步深化两地交流合作，促进京藏共同发展。图为郭金龙在布达拉宫广场与拉萨市民亲切交谈。

2014 年 8 月，全国人大常委会副委员长向巴平措率全国人大常委会民族地区经济社会发展情况专题调研组，深入拉萨、山南、日喀则、林芝，就西藏自治区经济社会发展和民族区域自治法贯彻落实情况进行调研。图为向巴平措在山南地区贡嘎县吉雄社区听取汇报、了解情况。

2014年7月4日，全国政协副主席、西藏自治区政协主席帕巴拉·格列朗杰在拉萨与全国政协常委、中国佛教协会副会长、第十一世班禅额尔德尼·确吉杰布互敬哈达、互致问候。

2014 年春节前夕，西藏自治区党委书记陈全国来到山南地区贡嘎县吉雄镇红星社区，走访慰问在教育实践活动中结认的亲戚朋友。图为陈全国走访慰问结对户贡嘎坚参家。

2014 年 1 月 8 日，西藏自治区党委副书记、自治区人大常委会主任白玛赤林来到拉萨饭店，看望参加自治区十届人大二次会议部分代表。

2014 年 4 月 17 日，西藏自治区党委副书记、自治区主席洛桑江村在华新水泥西藏有限公司调研，详细了解企业生产经营、吸纳就业、贡献税收、企业效益等情况。

2014 年 2 月 14 日下午，西藏自治区党委常务副书记吴英杰来到拉萨市格日寺看望慰问寺庙尼姑和寺管会干部，调研加强和创新寺庙管理工作。图为吴英杰与格日寺尼姑代表亲切交谈。

2014 年 3 月 2 日，西藏自治区党委副书记、自治区常务副主席、区党委政法委书记邓小刚来到拉萨市城关区金珠西路街道办事处八一社区，向节日期间辛勤奋战在一线的工作人员送去节日的祝福。

2014 年 12 月 30 日，中共西藏自治区第八届委员会第六次全体会议在拉萨召开，西藏自治区领导陈全国、洛桑江村、吴英杰、邓小刚、齐扎拉、董云虎、多托、丁业现、王瑞连、王拥军、曾万明等出席会议。

2014 年 1 月 23 日，全区党的群众路线教育实践活动第一批总结暨第二批部署会议在拉萨召开。图为大会会场。

2014 年 11 月 18 日，全区民族工作会议暨 2014 年民族团结进步表彰大会在拉萨召开。图为大会会场。

2014 年 3 月 28 日，拉萨举行“升国旗、唱国歌”仪式，纪念西藏百万农奴解放 55 周年。

“惠民平价蔬菜直销车”项目是拉萨市推动净土健康农业发展，切实保障和改善民生的一项重要举措。图为惠民平价蔬菜直销车在拉萨市城关区蔡公堂乡白定村蔬菜基地等待装车。

2014年9月25日晚，来自国内外的各界宾朋欢聚拉萨慈觉林，共同庆祝首届藏博会隆重开幕。图为开幕式文艺演出现场。

青藏交直流联网工程全面投入试运行以来，已累计向西藏输送电量超过16.4亿度，保障了西藏经济社会快速增长的用电需求。图为2014年2月20日，国家电网柴达木换流站工作人员对站内设备进行红外测温。

拉萨市群众文化体育中心是北京市对口援建项目，总投资7.5亿元，总建筑面积5.2万平方米，由“一场两馆”(体育场、体育馆和牦牛博物馆)构成，是援建项目中单体规模最大、投资最多的项目。图为2014年3月19日，正在建设中的体育中心。

2014年，西藏自治区新开工楼盘37个，总投资92.89亿，建设总规模287.7万平方米，完成销售面积72.42平方米。图为位于拉萨市柳梧新区的一处建设工地。

2014年8月16日，拉日铁路开通运营后首趟客运列车进入日喀则火车站。当日上午9时，列车从拉萨站发出，11时59分抵达日喀则市。2010年开工建设的拉日铁路，总投入132.8亿元，设计列车运行时速不低于120公里。

西藏历史上第一座现代化大型立交桥——拉萨柳梧大桥。

美丽如画的拉萨城。

བོད་ལྗོངས་ལོ་རིམ་མེ་ལོང་།

西藏年鉴

TIBET YEARBOOK

2015

特 载

西藏自治区党委八届六次全委会议工作报告（摘要）

（2014 年 12 月 30 日）

西藏自治区党委书记 陈全国

全会充分肯定自治区党委常委会一年来的工作。一致认为，自治区党委八届五次全委会以来，面对严峻复杂的反分裂斗争形势和艰巨繁重的改革发展任务，区党委高举中国特色社会主义伟大旗帜，以邓小平理论、“三个代表”重要思想、科学发展观为指导，深入贯彻党的十八大和十八届三中、四中全会精神，贯彻落实习近平总书记系列重要讲话精神、特别是“治国必治边、治边先稳藏”的重要战略思想和“努力实现西藏持续稳定、长期稳定、全面稳定”的重要指示，贯彻落实俞正声主席“依法治藏、长期建藏、争取人心、夯实基础”的重要原则，以开展党的群众路线教育实践活动为契机，以全面深化改革为动力，全力以赴保稳定、一心一意谋发展、千方百计惠民生、持之以恒抓党建，推动各项工作迈上新台阶、各项事业取得了新进步。

会议指出，党的十八届四中全会，是在我国全面建成小康社会、实现中华民族伟大复兴中国梦进程中召开的一次具有全局性、战略性、里程碑、划时代意义的重要会议。习近平总书记的重要讲话，为坚持和发展中国特色社会主义、全面深化改革、全面建成小康社会、实现中华民族伟大复兴中国梦提供了有力的法治保障。全区各级党政组织和全体党员干部要以习近平总书记重要讲话精神为指导，充分认识全面推进依法治藏，是贯彻依法治国基本方略、建设法治西藏的实际行动，是推进西藏经济持续健康发展、实现全面建成小康社会的必然要求，是确保西藏社会大局持续稳定、促进长治久安的有力保障，是保障改善民生、让各族群众过上幸福生活的迫切需要，坚决把思想和行动统一到习近平总书记的重要讲话精神上来，统一到党中央关于全面推进依法治国的重大决策部署上来。

会议强调，全面推进依法治藏，必须坚定不移走中国特色社会主义法治道路，把坚持中国共产党的领导、中国特色社会主义制度、中国特色社会主义法治理论贯彻到法治西藏建设的全过程。

一要坚定政治方向、明确法治西藏建设的总体要求。要把握指导思想，全面推进依法治藏，必须贯彻落实党的十八大和十八届三中、四中全会精神，高举中国特色社会主义伟大旗帜，以马克思列宁主义、毛泽东思想、邓小平理论、“三个代表”重要思想、科学发展观为指导，深入贯彻落实习近平总书记系列重要讲话精神、特别是“治国必治边、治边先稳藏”的重要战略思想和“努力实现西藏持续稳定、长期稳定、全面稳定”的重要指示，贯彻落实俞正声主席“依法治藏、长期建藏、争取人心、夯实基础”的重要原则，紧紧围绕党中央明确的“一个中心”、“两件大事”、“四个确保”，坚持党的领导、人民当家作主、依法治国有机统一，坚定不移走中国特色社会主义法治道路，坚决维护宪法法律权威，依法维护人民权益、社会公平正义，全力维护祖国统一、国家安全，维护全区科学发展、和谐稳定、民生改善、民族团结、宗教和睦、生态良好、党建加强、边疆巩固，不断开创法治西藏建设新局面，为实现中华民族伟大复兴中国梦作出积极贡献。要明确总体目标，按照建设中国特色社会主义法治体系、建设社会主义法治国家的总目标，在党的领导下，坚持中国特色社会主义制度、贯彻中国特色社会主义法治理论，坚持依法治国、依法执政、依法行政共同推进，坚持法治国家、法治政府、法治社会一体建设，逐步形成完备的地方性法规规章体系、高效的法治实施体系、严密的法治监督体系、有力的法治保障体系，配套完善的党内法规制度体系，实现科学立法、严格执法、公正司法、全民守法，创新完善社会治理体系、提高社会治理能力。要坚持基本原则，全面推进依法治藏，必须坚持中国共产党的领导，坚持人民主体地位，坚持法律面前人人平等，坚持依法治理和以德治理相结合，坚持从实际出发。

二要坚持科学立法，努力构建完备的地方性法规体系。实施依法治藏，必须以宪法法律为根本、以民族区域自治法为依据，坚持立改废释并举，全面贯彻落实宪法，加强党对立法工作的领导，完善地方立法机制，推进科学民主立法，建立完善地方性法规体系。

三要做到严格执法，加快建设法治政府。各级政府必须坚持在党的领导下、在法治轨道上开展工作，要大力推进简政放权，全面履行政府职能，健全依法决策机制，深化行政执法体制改革，强化对行政权力的监督制约，全面推进政务公开，加快建设职能科学、权责法定、执法严明、公开公正、廉洁高效、守法诚信的法治政府。

四要严明公正司法，筑牢公平正义的最后一道防线。要稳步推进司法体制改革，完善司法职权运行机制，强化司法活动监督，充分发挥司法的权利救济、定分止争、制约公权、维护社会公平正义的基本功能，努力让人民群众在每一个司法案件中感受到公平正义。

五要推进全民守法，着力增强各族干部群众的法治观念。要弘扬社会主义法治精神，增强全社会法治意识，健全普法宣传教育机制，夯实法治思想道德基础，建设社会主义法治文化，增强全社会厉行法治的积极性和主动性，使各族干部群众成为社会主义法治的忠实崇尚者、自觉遵守者、坚定捍卫者。

六要加强法治队伍建设，打造一支德才兼备的法治铁军。要以大力提高思想政治素质、业务工作能力、职业道德水准为核心，加强法治专门队伍建设、法律服务队伍建设，增强责任意识和担当精神，着力建设一支忠于党、忠于国家、忠于人民、忠于法律的高素质社会主义法治工作队伍。

七要健全工作机制，切实加强党对法治工作的领导。自治区依法治藏工作领导小组负责全面推进依法治藏的统一部署、统筹协调、整体推进、督促落实，各级党委要健全领导依法治藏的制度和工作机制，各级党委政法委员会要把握政治方向、协调各方职能、统筹政法工作、建设政法队伍、督促依法履职、创造公正司法，广大党员干部特别是领导干部要带头学法守法、带头依法办事。

会议要求，要以建设平安西藏、法治西藏为动力，扎实做好当前各项重点工作。

一要切实增强党性修养，始终不渝严守政治纪律和政治规矩。要严守党的政治纪律，任何时候、任何情况下都在思想上政治上行动上同以习近平同志为总书记的党中央保持高度一致，一切行动听从以习近平同志为总书记的党中央指挥。要严守党的组织纪律，严格落实民主集中制，进一步强化“四个服从”，决不允许搞团团伙伙、结党营私、拉帮结派，决不允许自行其是、阳奉阴违、当“两面人”，坚决维护以习近平同志为总书记的党中央的权威。要严守反分裂斗争纪律，在反分裂斗争这个重大原则问题上，始终做到旗帜鲜明、立场坚定。

二要继续巩固教育实践活动成果，持之以恒纠正“四风”。凡是明确的整改事项、对群众作出的公开承诺，都要以钉钉子的精神一抓到底。紧紧扭住作风建设不放松，坚持把中央八项规定作为铁的纪律严格执行，继续深入开展好专项整治，使作风建设落地生根、成为新常态。

三要坚持党要管党、从严治党，坚定不移推进党风廉政建设和反腐败斗争。牢固树立西藏虽然高寒缺氧、条件艰苦、处于反分裂斗争的主战场，但在党风廉政建设和反腐败问题上没有任何特殊性的思想，始终坚持一手抓党风廉政建设和反腐败斗争、一手抓反分裂斗争，着力强化“两个责任”，保持反腐高压态势，用好巡视利剑，以零容忍的态度惩治腐败。

四要强化思想舆论工作，确保我区意识形态领域绝对安全。要树立正确导向，强化阵地管理，健全防控体系，凝聚起推动改革发展、巩固民族团结、维护和谐稳定的强大正能量。

五要深入开展反分裂斗争，全力维护社会大局和谐稳定。要进一步强化维稳意识，进一步明确维稳目标，进一步落实维稳措施，进一步严格维稳责任，确保西藏持续稳定、长期稳定、全面稳定，不断巩固发展当前来之不易的和谐稳定好局面。

六要坚持做到忠诚干净担当，切实加强干部作风建设。全区广大党员干部要践行“三严三实”要求，始终把忠诚作为立身之本、把干净作为为官底线、把担当作为从政准则。要恪尽职守、鞠躬尽瘁，全身心地投入到各项工作中去；要扎实做事、老实做人，察实情、鼓实劲，出实招、办实事，重实绩、求实效，善始善终、善作善成；要敢于担当、主动作为，面对大是大非敢于亮剑、面对矛盾敢于迎难而上、面对危险敢于挺身而出、面对失误敢于承担责任、面对歪风邪气敢于坚决斗争；要奖惩分明、树好导向，真正让那些想干事、肯干事、能干事、干成事的优秀干部有人生出彩的机会、实现价值的舞台。

会议强调，全区各级党组织和广大党员干部要以抓铁有痕、踏石留印的作风贯彻落实好党的十八届四中全会和自治区党委八届六次全委会精神。要切实把思想和行动统一到习近平总书记的重要讲话精神上来，统一到中央关于推进依法治国的决策部署上来，统一到自治区党委关于推进依法治藏的具体要求上来，高扬法治旗帜、弘扬法治精神、运用法治力量，充分激发广大干部群众奋发向上的澎湃热情，干事创业的积极性、主动性、创造性。要抓住关键，坚持正确政治方向，坚持民族区域自治制度，坚持依法完善社会治理体系，坚持依法深入开展反分裂斗争，坚持依法依规管理宗教事务，坚持严格依法行政，坚持公正司法，坚持大力普法，坚持从严要求，坚持加强和改进党对依法治藏工作的领导。要进一步转变思想观念、牢固树立法治意识，不断提高运用法治手段深化改革、推动发展、化解矛盾、促进团结、维护稳定的能力。各地各部门各单位要对照全会要求、结合自身实际，一项一项地细化、一条一条地分解，把科学立法、严格执法、公正司法、全民守法真正落到实处。

会议号召，要紧密团结在以习近平同志为总书记的党中央周围，高举中国特色社会主义伟大旗帜，以邓小平理论、“三个代表”重要思想、科学发展观为指导，深入贯彻落实党的十八大和十八届三中、四中全会精神，贯彻落实习近平总书记系列重要讲话精神，坚持依法治藏、依法行政、依法办事共同推进，坚持法治西藏、法治政府、法治社会一体建设，在法治轨道上推进科学发展、和谐稳定、民族团结、宗教和睦、民生改善、生态良好、党建加强、边疆巩固，奋力开创法治西藏、平安西藏的新局面，为实现中华民族伟大复兴的中国梦而努力奋斗。

西藏自治区人民代表大会常务委员会工作报告

（2015年1月19日）

西藏自治区人民代表大会常务委员会主任　白玛赤林

各位代表：

我受西藏自治区第十届人民代表大会常务委员会委托，向大会报告工作，请予审议。

过去一年的主要工作

2014年，在区党委的正确领导下，自治区人大常委会深入学习贯彻党的十八大和十八届三中、四中全会精神，深入贯彻落实习近平总书记系列重要讲话精神、特别是“治国必治边、治边先稳藏”的重要战略思想和“努力实现西藏持续稳定、长期稳定、全面稳定”的重要指示，学习贯彻俞正声主席“依法治藏、长期建藏、争取人心、夯实基础”的重要原则，学习贯彻区党委八届五次、六次全委会精神，坚持党的领导、人民当家作主、依法治国有机统一，围绕全区大局，依法行使职权，各项工作取得新成效。

一、着力提高质量，立法工作有新加强

一年来，常委会制定法规6件，审查批准1件。完成全国人大14件法律草案征求意见和农村金融立法调研等工作。

（一）加强统筹安排部署。召开全区立法工作会议，深入分析立法工作面临的新形势，全面部署自治区十届人大常委会立法工作，明确提出立法工作的指导思想、基本原则，强调要更加突出立法重点、以人为本、地方特色，积极推进科学立法、民主立法，全面完成立法规划确定的各项任务。根据五年立法规划，从项目、起草、调研、审议等方面，科学安排年度立法工作。

（二）加强重点领域立法。一是促进经济社会发展。制定无线电管理条例，对无线电频率、台站、安全、发射设备等方面的管理作出规定，进一步加强无线电频谱资源的安全有效利用,维护无线电波秩序,促进无线电管理事业健康发展。制定非物质文化遗产法办法,重点规范非物质文化遗产调查、代表性项目名录、传承与传播等内容,确立文化主管部门职责、非遗代表性传承人考核奖励制度,对于加强非物质文化遗产的保护、保存工作,继承和弘扬中华民族优秀传统文化具有重要意义。制定志愿服务条例,对开展志愿服务活动、保障志愿者和志愿组织的合法权益等方面作出规范,进一步弘扬志愿服务精神,推进和谐社会建设。审查批准拉萨市城市绿化条例,有利于促进生态园林城市建设,进一步改善和保护城市生态环境。二是大力保障和改善民生。制定建设工程安全生产管理条例,切实规范建设单位、施工单位的安全责任和工程监理单位的安全监理责任,进一步促进建立健全安全生产责任制,预防和减少安全生产事故,保障人民群众生命和财产安全。制定防雷减灾条例,在雷电监测预警、建设防雷工程和加强灾害风险评估、应急救援等方面作出规范,进一步推进防御和减轻雷电灾害方面工作的开展。三是维护社会和谐稳定。制定国防教育法办法,明确规定国防教育的职责、对象、内容、形式和保障,确定每年九月的第三个星期六为全民国防教育日,有利于促进全民国防观念的增强,自觉履行国防义务、维护国家安全。还就有关法规的制定或修改工作进行立法前期调研。

(三)加强科学民主立法。一是切实找准立法的重点难点。加强立法调研、咨询、论证,共进行 26 次调研、召开 35 次座谈会和专家论证会,在法规条文中能具体尽量具体,能明确尽量明确,如对不同层次的学校国防教育提出明确要求、对建设工程安全生产监督管理全覆盖作出明确规定等,其他法规里也切实体现这一要求,努力增强法规的可执行性和可操作性。二是努力畅通民意表达渠道。完善法规起草、审议的协调协商机制,广泛听取人民群众的意见,积极邀请代表参与有关立法活动,通过各种途径,共征集近 500 条意见和建议并认真研究吸纳,积极回应社会关切。三是积极开展立法后评估工作。通过多种方式,对道路交通安全条例的实施绩效、制度设计、文本质量等进行客观评价,为下一步完善相关法规、增强地方特色提供了重要依据。为贯彻实施非物质文化遗产法办法,专门召开座谈会,宣传法规内容,解读重点条款,营造良好实施氛围。

二、着力增强实效,依法监督有新改进

常委会共听取审议自治区“一府两院”9 个专项报告,开展 12 项专题调研,检查 7 部法律法规的贯彻实施情况,开展 2 次专题询问,对 17 件规范性文件进行备案审查。

(一)围绕推进科学发展开展监督。常委会听取审议计划、预算执行情况报告、审计工作报告以及税收工作报告,并对经济运行情况、外贸出口基地等开展调研,推动各项目标任务的如期完成,进一步强化预算执行管理,加大审计整改落实。听取审议农牧业特色产业建设与促进农牧民增收情况报告,督促有关部门在抓基地建设、龙头企业、专合组织、科技创新、综合服务和项目资金管理上下更大功夫。检查民用机场保护条例实施情况,要求进一步完善机场保护体制机制,明确职能部门责任,强化机场保护区规划,确保民航事业持续安全发展。

(二)围绕推进和谐稳定开展监督。常委会听取审议人民陪审员工作情况报告、检察机关反贪污贿赂工作情况报告并进行相关调研、提出意见建议,促进司法公信力的不断提升,维护公平正义和社会和谐稳定。检查出境入境管理法和护照法实施情况,针对存在的问题提出改进意见建议。对如何运用法治思维和法治方式化解矛盾、维护稳定工作进行专题调研,就加强立法监督、实现依法维稳、完善问责制度、培养法治意识以及健全公众利益表达机制等提出建议。

(三)围绕推进民生改善开展监督。常委会听取审议公共文化建设与服务保障情况报告并开展相关调研,推动有关部门采取有效措施,加大投入、完善制度、创新机制、培养人才、丰富内容,充分发挥文化阵地作用,不断满足群众精神文化需求。检查科普法及实施办法、未成年人保护法及实施办法的实施情况,提出相关工作改进意见和建议,积极促进公民科学文明素质的提高和未成年人保护工作的深入开展。对内地西藏班办学、学校周边环境整治、农牧区医疗基金管理使用等方面情况进行专题调研,推动有关部门进一步做好工作,把好事办好,把实事办实。还对全区文艺、文联工作进行调研。

(四)围绕推进民族团结开展监督。配合全国人大常委会专题调研我区经济社会发展情况，监督检查民族区域自治法贯彻实施，深入了解以改善民生为重点的经济社会发展成就以及尚需加强改进的工作重点，积极推进把发展成果落实到增进群众福祉、促进民族团结上。深入学习贯彻中央及全区民族工作会议精神，举行纪念民族区域自治法颁布实施30周年座谈会，在“3·28”西藏百万农奴解放纪念日、民族团结月等重要节点，积极广泛宣传，深入开展民族团结进步创建活动，编撰民族工作资料汇编，切实增强促进民族团结、社会进步的自觉性坚定性，坚定不移走中国特色解决民族问题的正确道路。

(五)围绕推进宗教和睦开展监督。常委会听取审议全区惠僧利寺政策落实情况报告并开展相关调研，对依法管理藏传佛教寺庙在区内外进行专题调研，充分肯定全区加强和创新寺庙管理方面所做的富有成效的工作，要求加强配套法规建设，深化寺庙创新管理，加强驻寺干部培训，切实抓好惠僧利寺政策落实，积极促进藏传佛教与社会主义社会相适应。

(六)围绕推进生态良好开展监督。常委会以“保护生态环境，建设美丽西藏”为主题，开展中华环保世纪行——西藏行活动，聚焦重点旅游景区(点)生态环保建设，注重宣传教育与监督检查、指出问题与促进解决的紧密结合，进一步促进旅游产业开发与生态保护协调发展，并对2013年环保西藏行活动发现的问题进行跟踪督办，推动挂牌督办的企业(项目)关闭9家，限期整改73家。检查大气污染防治法贯彻实施情况，就加强学习宣传、落实工作责任、强化制度建设、提高监管能力等方面提出意见，切实推进大气污染防治工作取得新成效。

常委会把增强监督实效放在重要位置。一是拓宽监督渠道，开展专题询问。结合审议公共文化建设与服务保障情况报告、农牧业特色产业建设与促进农牧民增收情况报告开展两次专题询问，丰富了人大监督的方式方法，推动了政府及其有关部门改进工作，体现了人大与“一府两院”之间既监督又支持、寓支持于监督中的关系。二是加强跟踪督办，促进整改落实。对于监督工作中发现的问题，常委会持续跟进、推动整改，健全解决问题的长效机制。对听取审议执法检查报告和“一府两院”专项工作报告，及时形成16件审议意见，经主任会议研究后连同有关报告一并转“一府两院”办理。“一府两院”认真办理、及时反馈，常委会已将反馈的10件办理情况报告书面印发常委会会议。

三、着力发挥作用，代表工作有新起色

(一)进一步打造代表履职平台。常委会认真总结日喀则市“代表之家”创建推广经验，有计划地组织代表115人(次)参加调研视察、执法检查等活动，不断扩大代表对常委会及专门委员会、工作委员会相关工作的参与。组织全国人大代表、自治区人大代表围绕改革发展稳定情况进行会前集中视察，视察拉萨市重点工程，充分肯定成就，提出意见建议。注重增加基层代表列席常委会会议人数并听取吸收提出的意见和建议，为做好人大工作奠定更加坚实的民意基础。

(二)进一步增强建议办理实效。自治区十届人大二次会议代表提出的344件建议，所提问题已经解决或列入计划逐步解决的分别占建议总数的45.34%、27.33%。常委会着重在加强重点督办、推动办理公开、强化跟踪问效上下功夫，对自治区十届人大一次会议代表建议办理情况进行跟踪检查，督促政府部门将承诺2至3年内解决的81件建议中的69件予以解决或正在解决之中，总的落实率达85.19%。对自治区十届人大二次会议代表提出的建议，选择事关全区工作大局和群众切身利益的60件建议，组织部分人大代表进行重点检查，促进办理质量不断提高。

(三)进一步提高服务保障水平。建立常委会组成人员联系代表制度，每位常委会组成人员联系3名基层自治区人大代表，通过多种方式了解代表的意见建议。加大培训力度，在北京、厦门和自治区党校等地举办学习培训班3批次，共有280名自治区人大代表、县级人大常委会负责同志、人大干部参加培训，进一步提高代表履职能力和人大干部素质。通过情况介绍、寄送资料、赠阅刊物等形式，不断深化和拓宽代表知情知政渠道。

四、着力促进和谐，维护稳定有新作为

(一)积极进行维稳督导。按照区党委安排，常委会部分领导在重点寺庙和有关地区进行维稳督导，3位常委会副主任在三地(市)开展为期半年多的教育实践活动督导，全体常委会领导在各自联系点认真指导教育实践活动，积极促进区党委十项维稳措施的贯彻落实。常委会组成人员多次利用深入基层调研之机，有针对性地检查指导驻村工作队和村党支部第一书记工作，督促抓好平安乡村建设、“先进双联户”创建评选、加强“六五”普法、深入开展反分裂教育等工作，扎实做好当地维稳工作。

（二）积极提供法治保障。加大对维护社会和谐稳定的立法工作力度，有的已经制定出台，有的正在深入调研论证。将维稳与人大开展的执法检查、专题调研等监督工作有机结合起来，依法助推社会管理创新。切实利用联系广泛、代表性强的优势，充分发挥各级人大代表在维稳中的重要作用。认真做好信访工作，全年共受理群众来信来访26批（件）、40人（次），深入分析研判信访件所反映的突出问题，提出办理建议，对重要信访件进行转交督办，促进相关问题解决、矛盾化解。

（三）积极开展外事工作。一年来，积极开展涉外议会交流，共组织8批34人（次）出访波兰、拉脱维亚、美国、加拿大、澳大利亚、土耳其等11个国家和香港、澳门地区，接待或协助接待来访团组3批（次），积极宣传我国人民代表大会制度，宣传西藏改革开放、经济社会发展的巨大成就和各族人民当家作主的生动实践，扩大了西藏的国际影响，有力挤压十四世达赖集团的国际活动空间。张德江委员长对全国人大西藏代表团圆满出访波兰、拉脱维亚作出重要批示，给予高度评价。

五、着力积极稳妥，决定任免有新进展

决定重大事项方面。常委会作出有关重大事项决定8件。对日喀则、昌都撤地设市，分别就关于成立第一届人民代表大会筹备组、代表名额和常委会组成人员名额以及召开桑珠孜区、卡若区第一届人民代表大会，共作出6个决定，进行积极指导，依法确保两市第一届人民代表大会第一次会议顺利召开并选举产生地方国家机关。还作出债券分配使用方案决议等。常委会对全区人大系统决定重大事项情况进行调研，就重大事项的范围界定、重点选择和程序规范等方面作出进一步的完善和规定。

人事任免方面。常委会坚持党管干部原则与人大依法任免的有机统一，完善任免程序、健全工作机制、加强任前审查，自治区组织部门和“两院”负责同志坚持向主任会议或常委会会议作拟任人员情况介绍等做法，拓宽组成人员知情渠道。对常委会任命人员颁发任命书、组织任职发言，进一步增强被任命人员的人大意识、公仆意识和主动接受人大监督的自觉性。一年来，常委会共决定人事任免290人（次）。

六、着力提升素质，自身建设有新加强

（一）加强思想建设，突出理论武装和实践指导。深入学习贯彻习近平总书记系列重要讲话精神和中央、区党委重要会议精神，召开庆祝人民代表大会制度建立60周年、地方人大设立常委会35周年理论研讨会，认真开展宪法日宣传教育活动，全年共举办8次专题讲座，常委会组成人员自觉同以习近平同志为总书记的党中央保持高度一致，坚决贯彻中央及区党委的决策部署，旗帜鲜明地反对十四世达赖集团的分裂破坏活动。人大的重要会议、重要活动、重大事项，常委会党组始终坚持向区党委事前请示和事后报告制度。成立自治区人大工作与理论研究会，为全面履行人大职能提供理论和智力支持。

（二）加强作风建设，突出解决“四风”“两问题”。各项调研活动轻车简从、深入基层、更重实效，合并议题开会、减少公文种类、发短文、讲短话，切实精文简会，不断改进工作作风。认真落实党员干部联系群众制度，常委会领导带头联系1县1乡1村1寺庙和2到3户困难群众，结对认亲、帮扶基层，深入调研协调、促进问题解决。常委会和人大机关分别建立健全12项、36项规章制度，强化刚性执行，提升工作效能，形成长效机制。

（三）加强机关建设，突出服务保障水平提升。建立健全机关联席会议和办公室主任例会制度，完善工作机制，形成工作合力，提高工作质量。密切与地（市）、县（区）人大的联系，有针对性地对4地（市）及基层人大工作、代表履职情况进行深入调研，加强工作指导，提出改进建议，3个地（市）委出台了加强人大工作的文件。加强藏文法规及资料编印工作，积极承担我区全面深化改革民主法制领域改革专项小组工作。热情接待全国人大和其他省（区、市）人大来藏考察团（组）。

2014年自治区人大常委会工作成绩的取得，离不开全国人大常

委会的正确指导和区党委的坚强领导，是常委会组成人员和全体人大代表共同努力的结果，也是“一府两院”密切配合、全区各级人大全力支持的结果，在此表示衷心感谢。我们也清醒地认识到，与形势发展的要求相比，与人民群众的期望相比，常委会工作中还存在一些需要进一步加强和改进的地方，主要是：重点领域迫切需要的法规尚需加快制定或修改，立法质量有待进一步提高，立法对改革发展稳定的引领和推动作用需要进一步加强；法定监督方式的综合运用力度有待不断加大，监督实效需要进一步增强；人大代表对常委会工作的参与面还不够广，活动还不够丰富，代表作用有待进一步发挥；常委会工作机制还需进一步完善，工作力量有待加强，议事质量有待提高，对人大工作宣传及指导基层人大工作力度需要进一步加大。我们将认真听取代表和各方面意见，采取积极有效措施加以解决。

今年工作的主要任务

当前，人大工作面临着新形势新任务，党的十八届三中、四中全会对全面深化改革、全面推进依法治国作出全面部署，习近平总书记在庆祝全国人大成立60周年大会上的重要讲话对人大工作提出明确要求，区党委八届五次、六次全委会作出具体安排，人大处在民主法治建设第一线，肩负的职责更为重大、使命更为光荣。今年是全面深化改革的关键之年，是全面推进依法治国的开局之年，是全面完成“十二五”规划的收官之年，也是西藏自治区成立暨西藏建立人民代表大会制度50周年，做好人大工作意义十分重大。自治区人大常委会工作的指导思想是：全面贯彻党的十八大和十八届三中、四中全会精神，高举中国特色社会主义伟大旗帜，以邓小平理论、“三个代表”重要思想、科学发展观为指导，深入贯彻习近平总书记系列重要讲话精神特别是“治国必治边、治边先稳藏”的重要战略思想和“努力实现西藏持续稳定、长期稳定、全面稳定”的重要指示，学习贯彻俞正声主席“依法治藏、长期建藏、争取人心、夯实基础”的重要原则，学习贯彻区党委八届五次、六次全委会精神，在区党委的坚强领导下，依法行使各项职权，推进法治西藏建设，为全面建成小康社会、全面深化改革、全面推进依法治藏提供有力保障。

全面做好新形势下的人大工作，我们必须牢牢把握并始终坚持以下原则。

*要始终把坚持党的领导作为根本方向。*自治区人大及其常委会在任何时候、任何情况下，都要始终在政治上思想上行动上同以习近平同志为总书记的党中央保持高度一致，坚决贯彻党的基本理论、基本路线、基本纲领、基本经验和基本要求，坚决贯彻中央和区党委决策部署，主动及时向党委报告重要工作、重大事项，履职尽责、敢于担当，切实把人大各项工作自觉置于党的领导之下，确保人大各项工作都有利于加强和改善党的领导，有利于巩固党在西藏的执政地位，有利于保证党领导人民建设社会主义新西藏。

*要始终把服务改革发展稳定作为根本任务。*人大及其常委会的各项工作必须围绕中心、服务大局，自觉在大局下定位，主动在大局下作为，找准依法履职的切入点和着力点，切实做到立法服从大局、监督服务大局、决定重大事项维护大局、依法任免干部保证大局，为西藏的改革发展稳定作出积极贡献。对全区中心任务和阶段性重点工作，主动融入，合力推动；对事关改革发展稳定的重要问题，主动关注，尽力推动。每年集中力量抓几件党委高度重视、群众普遍关注、能够发挥人大优势、有特色有实效的大事，自觉维护改革发展稳定大局，更好地体现人大工作服务大局的实际成效。

*要始终把推进依法履职和与时俱进作为根本要求。*要按照总结、继承、完善、提高的原则，从西藏实际出发，努力探索工作规律，推进人大制度理论和实践创新，保证人民代表大会制度这座历史的、人民的、特色的民主政治殿堂庄严屹立、历久弥新。要顺应时代要求，依法行使立法、监督、决定、任免等职权，大力推进科学立法、严格执法、公正司法、全民守法进程。要回应群众关切，坚持以人为本、履职为民，充分发挥代表作用、自觉接受人民监督，通过人民代表大会把西藏各族人民根本利益实现好维护好发展好。要切实强化能力建设，为人大及其常委会依法履职、创新工作奠定坚实基础。

今年，我们将重点做好以下工作。

一、体现特色、务实管用，进一步发挥地方立法在全面深化改革中的引领和推动作用

今年拟制定献血法办法、预防未成年人犯罪法办法、布达拉宫文化遗产历史建筑群保护条例、企业国有资产监督管理条例，修改边境管理条例、旅游条例以及学习、使用和发展藏语文的规定，对制定抗旱条例、民用建筑节能条例，修改人民防空法办法、妇女权益保障法办法、环境保护条例等立法项目，抓紧调研和起草，条件成熟时提请审议。做好设区市报批法规的审查批准工作。做好十届人大三次会议代表联名提出的《关于提请制定〈西藏自治区天葬管理条例〉的议案》的审议工作。完成全国人大有关法律草案的征求意见工作。

立法工作重在提高质量、富有特色、有效管用。要完善立法机制，坚持党委领导、人大主导，推进科学立法、民主立法，健全法规起草、论证、协调、审议机制，不断扩大公民对立法工作的参与，广泛凝聚立法共识。要坚持问题导向，深入研究新形势下“立什么样的法、怎样立法”，准确把握迫切需要通过立法解决的突出问题，主动回应社会实践提出的新课题，准确反映改革发展稳定需要。要注重法规实施，加强立法后评估工作，对法规实施效果进行跟踪问效，在实践中检验法规质量及效果。要加强队伍建设，突出政治标准、业务能力，建设高素质的立法工作队伍，建立立法专家顾问制度。

二、突出重点、增强实效，进一步发挥监督工作在全面建成小康社会进程中的促进和保障作用

一是围绕促进法律法规的贯彻实施，检查道路交通安全法及我区条例、公益事业捐赠法、归侨侨眷权益保护法、妇女权益保障法、体育法、登山管理条例、城市民族工作条例的实施情况，对科普法及实施办法、出境入境管理法、护照法、民用机场保护条例执法检查的落实情况进行“回头看”。二是围绕促进经济社会发展，听取审议计划、预算、审计工作报告，听取审议“十二五”规划重大项目完成情况报告并进行专题询问，对“十三五”规划编制、今年前三季度经济运行、食品安全、人口较少民族经济社会发展等进行专题调研，对去年农牧业特色产业建设与促进农牧民增收情况报告的审议意见落实情况进行跟踪督办。三是围绕促进社会和谐稳定，听取审议公安机关执法规范化建设情况报告，听取审议道路交通安全工作情况报告并进行专题询问，对惠僧利寺政策贯彻落实情况进行跟踪督办，开展司法监督工作调研，加强和改进人大信访工作。四是围绕促进生态环境保护，继续开展中华环保世纪行——西藏行活动，并对去年常委会环保行活动审议意见办理情况进行跟踪督办，扎实推进美丽西藏建设。五是做好规范性文件备案审查工作。要协调组织好人大常委会任命干部正式就职时公开向宪法宣誓。

监督工作重在增强实效、解决问题、推动工作。要运用多种方式，除听取审议专项工作报告、进行执法检查外，开展专题调研、专题询问，必要时可依法采取质询、特定问题调查等监督形式。要加强跟踪监督，抓好审议意见督办，对去年开展的有关监督工作落实情况进行“回头看”，进一步推进问题的有效解决，促进依法行政、公正司法。要搞好有机结合，把监督工作同立法、代表工作等有机结合起来，增强监督的整体效用。

三、搞好服务、强化保障，进一步发挥人大代表在跨越式发展和长治久安中的带头者和践行者作用

一是要不断加强与代表及人民群众联系，进一步夯实常委会工作基础。落实常委会组成人员联系代表制度，完善代表参与常委会、专门委员会、工作委员会工作的机制，适时增加代表列席人大常委会会议人数，邀请更多代表参加执法检查、立法调研等活动。完善代表联系群众制度，拓宽和丰富代表联系群众的渠道和内容，广泛听取人民群众的意见建议。

二是要不断提高代表履职能力，进一步发挥人大代表作用。拓宽代表知情知政渠道，开展代表专题学习培训，组织农牧民代表到内地参观考察，不断提高代表履行职能的意识和能力。要充分利用代表先进性、广泛性的优势和特点，切实发挥代表在改革发展稳定中的重要作用。要加强人大外事工作，人大代表以亲身经历宣传西藏发展变化，深入揭批十四世达赖集团的分裂破坏活动，为营造有利的改革发展稳定环境作出积极贡献。

三是要不断增强服务保障水平，进一步激发代表工作活力。坚持重点建议督办制度，强化建议办理工作责任制，探索建立办理工作激励约束机制，切实提高办理质量。召开“代表之家”创建现场会，加强对代表活动的指导和组织，不断激发代表履职尽责热情，切实增强闭会期间活动实效。

四、转变作风、提升能力，进一步发挥常委会组成人员在民主法治建设中的重要作用和机关的参谋助手作用

要强化思想引领，进一步加强政治理论学习，坚持举办专题讲座，不断提高常委会组成人员履职能力，坚决贯彻党的治藏方略以及区党委决策部署，深入开展反分裂斗争，大力弘扬法治精神，积极推进依法治藏，努力做社会主义法治的忠实崇尚者、自觉遵守者、坚定捍卫者。要强化作风建设，认真落实中央八项规定和区党委“约法十章”“九项要求”，进一步改进工作作风、密切联系人民群众，自觉接受人民群众和人大代表的监督。落实“三严三实”，抓常抓细抓长，切实改进作风，巩固扩大教育实践活动成果。要强化机关作用，提高队伍素质、增强工作成效，充分发挥好机关参谋助手和服务保障作用。加强人大宣传工作和西藏建立人民代表大会制度50周年纪念活动，加强宪法宣传教育及普法工作。加强与兄弟省(区、市)人大的工作联系、交流。加强对各地(市)、县(区)人大工作的指导，努力增强全区人大工作合力，共同推进社会主义民主法治建设。

各位代表，让我们更加紧密地团结在以习近平同志为总书记的党中央周围，高举中国特色社会主义伟大旗帜，在区党委坚强领导下，依法履职，开拓奋进，为实现跨越式发展和长治久安而不懈奋斗，以优异成绩迎接西藏自治区成立50周年！

2014全国两会十个民生热词

【热词一】 三个“最严”保“舌尖上的安全”。政府工作报告提出，严守法规和标准，用最严格的监管、最严厉的处罚、最严肃的问责，坚决治理餐桌上的污染，切实保障“舌尖上的安全”。代表委员和诸多网民都认为，这三个“最严”，体现了中国政府治理食品安全的决心。

【热词二】 向污染宣战“我们要像对贫困宣战一样，坚决向污染宣战。”今年政府工作报告对于人民群众的“心肺之患”予以了坚定的承诺。代表委员认为，向污染宣战，是对解决“硬骨头”问题立下的宣言书。在面对民生问题时，就必须坚决“宣战”、“应战”，体现政府的决心。建议政府、企业和社会各界共同发力，区域联防联治，强化监督问题，让治理雾霾的硬措施得以真落实，打赢大气污染防治的“攻坚战”。

【热词三】 居住证制度。政府工作报告提出，对未落户的农业转移人口，建立居住证制度。代表委员们认为，居住证制度将稳步推进城镇基本公共服务常住人口全覆盖，使农业转移人口和城镇居民共建共享城市现代文明。

【热词四】 失信者黑名单。最高人民法院工作报告指出，2013年人民法院建立失信被执行人名单制度，实行公开曝光；对7.2万名失信被执行人进行了信用惩戒，约20%的失信被执行人主动履行了义务。代表委员们认为，建立“失信者黑名单”举措是加强社会诚信体系建设的强有力措施，对失信行为“出重拳、下猛药”，必将让失信行为无处藏身，使失信者寸步难行。

【热词五】 落实带薪休假制度。2014年的政府工作报告中明确要求，“落实带薪休假制度”。全国政协常委、国家旅游局局长、全国假日办主任邵琪伟说，制度难以落实，与我国现在发展的阶段有关系，我们不要回避这个问题。第一步推进肯定是依法依规落实，有条件的企业如果没有落实，该补的工资要补。

【热词六】 扩大民营资本投资领域“在金融、石油、电力、铁路、电信、资源开发、公用事业等领域，向非国有资本推出一批投资项目。”代表委员们指出，激发民营资本活力，将为经济发展提供有力支撑，种种“利好”也要最终转化成老百姓看得见、摸得着的“蛋糕”。

【热词七】 养老并轨“双轨制”一直备受百姓诟病，涉及约4000万机关事业单位人员的养老并轨改革成为两会期间讨论焦点。政府工作报告中提出，建立统一的城乡居民基本养老保险制度，完善与职工养老保险的衔接办法，改革机关事业单位养老保险制度。代表委员普遍认为，这体现了本届政府的解决民生问题的宏观治理新思路：增长与民生并重，效率与公平兼顾。

【热词八】 公务员工资。中央八项规定以来，社会风气焕然一新，伴随着的还有公务员的“叫苦不迭”。两会期间公务员工资成为焦点话题，究竟该不该给公务员加薪？代表委员们展开热烈讨论。代表委员认为，堵住公务员灰色福利的漏洞和打开科学合理的加薪通道应并行不悖。公开透明是公务员涨工资的前提。要明确公务员的权责利，权力运行更要公开透明。

【热词九】 “寒门”如何也能出“贵子”今年的两会上，“寒门”难出“贵子”问题引发关注。在今年的政府工作报告中，“贫困地区农村学生上重点高校人数要再增长10%以上，使更多农家子弟有升学机会”的政策提法引发关注。代表委员指出，这一承诺释放了教育公平的积极信号，表明政府将积极撬动“寒门难出贵子”问题。并建议从推进教育资源均衡分配入手，给寒门学子一个公平的教育起点。同时还需要实现社会公平，保障寒门学子上学的机会公平、就业的过程公平。

【热词十】 医患矛盾。南京护士被打、潮州医生被押游行……医患矛盾近年来日益突出，如何构建和谐的医患关系，更好地保卫医患双方的身心健康和家庭幸福，成为今年两会上代表委员不断追问的问题。代表委员们认为，应当清理医院服务病人、治疗、用药方面“一切向钱看”的弊端，建立完善的医疗纠纷投诉平台，从法律和制度层面严惩医患暴力，完善第三方调解机制，帮助医患双方解决纠纷。

西藏自治区人民政府工作报告

(2015 年 1 月 18 日)

西藏自治区主席　洛桑江村

各位代表：

现在，我代表自治区人民政府，向大会作政府工作报告，请予审议，并请各位政协委员提出意见。

2014 年工作回顾

2014 年是全面深化改革的开局之年，是完成“十二五”规划目标任务的攻坚之年。在党中央、国务院亲切关怀和全国人民大力支援下，在自治区党委坚强领导下，我们全面贯彻落实党的十八大和十八届三中、四中全会精神，贯彻落实中央第五次西藏工作座谈会精神，贯彻落实习近平总书记系列重要讲话精神、特别是“治国必治边、治边先稳藏”的重要战略思想和“努力实现西藏持续稳定、长期稳定、全面稳定”的重要指示，贯彻落实俞正声主席“依法治藏、长期建藏、争取人心、夯实基础”的重要原则，贯彻落实党中央、国务院和自治区党委关于改革发展稳定的一系列决策部署，坚持稳中求进工作总基调，主动适应经济发展新常态，围绕打牢农牧业和基础设施两个基础、突出特色产业和生态文明建设两个重点、加强民生改善和基本公共服务两个保障、激活改革开放和对口支援两个动力、强化科技和人才两个支撑、巩固民族团结和社会稳定两个基石的“六对抓手”，强化民生先动、市场推动、项目带动、金融撬动、创新驱动、环境促动的“六动措施”，坚守和谐稳定、生态保护、安全生产的“三条底线”，稳增长、调结构、促改革、惠民生、保稳定，奋力推进跨越式发展和长治久安，圆满完成了自治区十届人大二次会议确定的年度目标任务。

预计，2014 年全区生产总值 925 亿元、增长 12%，全社会固定资产投资 1100 亿元、增长 19.8%，社会消费品零售总额 323.6 亿元、增长 12.9%，公共财政预算收入 124 亿元、增长30.8%,完成税收收入174.1亿元、增长17.8%,农村居民人均可支配收入7471元、增长14%,城镇居民人均可支配收入22026元、增长8%,城镇登记失业率控制在2.5%以内,居民消费价格涨幅控制在3%以内。农村居民人均可支配收入、社会消费品零售总额、公共财政预算收入增速均居全国前列。

一年来,在全国经济下行压力增大的情况下,我们主动作为,精准发力,加强调控,强化措施,全区经济增长快、投资力度大、质量效益好、支撑能力强、民生改善实、生态环境优、社会大局稳,在全面建成小康社会进程中迈出了新的坚实步伐。

一、加大"三农"工作力度,农牧民收入持续快速增长

强农惠农富农政策全面落实,财政支农资金达168亿元、增长6.5%。农牧业再获丰收,全区粮食产量达98.5万吨,创历史新高。推广"藏青2000"等新品种56万亩,建设高标准农田8.7万亩,新增改良黄牛16.5万头。农牧民工资性收入增长明显加快,占可支配收入四分之一。农牧民专业合作经济组织蓬勃发展,达到2937家、增长55%。全面启动建设353个乡镇农牧综合服务中心。大力实施扶贫攻坚,减少贫困人口13万。改造农村危房6.3万户,完成1000个行政村人居环境建设和环境综合整治,行政村移动通信全覆盖、通邮90%以上,农牧民生产生活条件不断改善,农牧业基础进一步夯实。

二、狠抓投资拉动,基础设施建设全面提速

加强沟通协调,积极争取国家投资,注重运用信贷手段,大力激活民间投资,不断扩大全社会投融资规模。全年落实中央政府投资353亿元、增长30.3%,中央企业投资100亿元、增长58.7%,民间投资300亿元、增长30.6%,项目带动成效显著。"十二五"规划投资累计完成74.1%,项目完工63个、在建148个。拉日铁路通车运营,拉林铁路控制性工程开工建设,标志着我区步入铁路建设的新时代。拉林高等级公路开工路段完成工程总量的75%以上,米林机场至八一镇专用公路、嘎拉山隧道和雅江特大桥改扩建工程加快实施,新增通油路县3个、通油路乡镇36个。全区公路建设完成投资161亿元、增长24%,新增公路通车里程4332公里。川藏电力联网工程建成投运,结束了昌都缺电和电网孤网运行的历史,为国家清洁能源基地建设打下了基础。藏木水电站2台机组、旁多水利枢纽4台机组发电,多布、果多、羊易电站加快建设。无电地区电力建设、农网升级改造稳步推进。全区电力装机总容量达169.7万千瓦、增长32.4%。雅鲁藏布江中游水电规划和环评通过国家审查,拉洛水利枢纽和雅砻、恰央等重点水库开工建设。

三、大幅增加民生投入,公共服务保障能力明显增强

我们始终坚持把保障和改善民生放在突出位置,强化民生先动,以民生"十件实事"为抓手,用真心、动真情、出真招,围绕提标扩面,投入71亿元,全面落实18项民生政策,新增11项惠民举措,进一步丰富和发展了边疆民族地区民生工作的时代内涵。

就业和社会保障力度明显加大。全年新增就业4.3万人,农牧区转移就业98.5万人次。城乡居民基本养老制度合并实施,各项社会保险参保人员达260.6万人次。先后两次提高城乡居民最低生活保障标准,近37万城乡低收入居民基本生活得到有效保障。"双集中"爱心工程顺利推进,72%有意愿的五保对象实现集中供养,5900多名孤儿得到有效救助。利寺惠僧政策全面落实,基本解决了寺庙饮水安全问题,维修改造僧舍2.93万间。新开工保障性安居工程7.2万套,9.47万人住房条件得到改善。第三批强基惠民活动投入资金7.4亿元,实施项目8685个。拉萨城市供暖工程基本完成。

社会事业全面进步。义务教育均衡发展步伐加快,新增幼儿园109所,改扩建义务教育薄弱学校350所,拉萨教育城投入使用,类乌齐、普兰等6县通过县域义务教育均衡发展评估验收,农牧民子女高考和内地班录取比例分别达到71.8%、70%。卫生计生服务能力不断提高,自治区第三人民医院等一批重点项目建成启用,新增卫生计生人员1009名,出生缺陷一级干预试点县扩大到24个,孕产妇住院分娩率达85%,藏医药发展大会的成功召开有力推动了藏医药事业发展。文化事业繁荣发展,692个乡镇综合文化站和39个民间艺术团排练场全面建成,广播电视人口综合覆盖率分别达94.78%、95.91%,第一次可移动文物普查成效显著。第十一届全区运动会成功举办。

安全生产管理不断加强。我们始终高度重视安全生产,妥善处理

"8·09"、"8·18"重特大交通事故，深入开展打非治违专项行动和安全生产大检查、大排查、大整治行动，消防安全形势持续稳定，食品药品安全监管有力，安全生产秩序得到有效整治。

四、优化产业结构，特色优势产业进一步做大做强

瞄准特色，充分发挥资源优势、比较优势，科学谋划产业布局，把旅游文化、清洁能源、天然饮用水作为强区产业重点培育，把高原种养加、特色食品、生态林果、藏医药、民族手工业作为富民产业大力扶持，产业发展重点进一步突出，产业结构进一步优化。

*一产抓水平提升，特色农牧业产业化发展势头强劲。*青稞、牦牛等高原种养加发展加快，净土健康产业、设施农牧业、生态林果业蓬勃兴起。林芝天麻、日喀则岗巴羊等获国家地理标志产品保护。自治区级农牧业产业化龙头企业产值达23.2亿元，产业化经营率达38.6%。

*二产抓重点突破，园区经济加快发展。*二产增加值达336亿元、增长13.5%。拉萨国家级经济技术开发区上缴税收46亿元。藏青工业园招商引资项目近100个，入园企业103家，实现产值17.8亿元，有望成为新的经济增长极。天然饮用水产业签订战略投资合作项目16个，总投资36亿元，产量突破30万吨，已成为新的经济增长点。

*三产抓龙头带动，旅游文化产业快速发展。*经国务院批准，文化部、国家旅游局和自治区政府共同举办首届中国西藏旅游文化国际博览会，打响了"人间圣地·天上西藏"品牌，搭建了西藏旅游文化开放合作交流的综合性高端国际平台。全年接待游客1553万人次，旅游总收入204亿元，分别增长20.3%、23.5%。大昭寺景区被评为国家5A级。文化产业产值27亿元、增长12%。青藏铁路完成客运量238.1万人次、货运量508.7万吨，分别增长14.1%、7.6%，航空旅客吞吐量315万人次、增长14.2%。通信业务总量45亿元，邮政业务收入4亿元。房地产市场健康发展。电子商务等现代服务业不断发展壮大。

五、全面深化改革开放，发展活力持续增强

*重点改革扎实推进。*加大简政放权力度，减少区中直部门审批项目54%。扎实推进商事登记制度改革，实施"先照后证"，全区市场主体达14.6万户、增长8.7%。白朗等4个自治区农村改革试验区全面启动。开展农村宅基地和集体土地所有权确权登记发证试点。深化电价、燃气价格改革。"营改增"扩面、资源税从价计征和社会领域各项改革全面推进。

*金融撬动成效显著。*年末全区存贷款余额分别突破3000亿元、1600亿元，比年初增长23.5%、50.2%。涉农、中小微企业贷款超额完成目标任务，扶贫贴息贷款增长一倍以上。灵康药业、华钰矿业首发上市进入审核阶段。保险业稳步发展。

*开放合作打开新局面。*出台特色优势产业目录，招商引资到位资金284亿元，项目540个。首届藏博会签约项目33个、合同总额387亿元。吉隆口岸实现中尼双边开放，中国西藏—尼泊尔经贸洽谈会升格为国家级。自治区政府代表团成功出访尼泊尔，签约项目资金5亿美元。我区与尼泊尔合作成立喜马拉雅航空公司，为西藏航空业进入国际市场开辟了广阔空间。涉藏外事外宣工作取得积极成果。

*援藏工作成就巨大。*中央对口支援西藏工作20周年电视电话会议进一步明确了援藏工作的新举措，20年累计落实援藏资金260亿元、项目7615个，援藏干部和专业技术人员达6000多名，为我区改革发展稳定作出了重要贡献。全年完成援藏投资36亿元，建设项目695个，援藏力度和效益不断提升。

六、坚守底线，生态环境保护与建设成效显著

广泛开展生态文明宣讲活动，开展以涉矿企业、城镇生活垃圾、农村公路建设为重点的环保专项行动。出台实施自治区大气污染防治行动计划和水资源管理、县域环境保护考核等制度，落实环境保护与财政转移支付挂钩的奖惩机制。编制完成"两江四河"流域造林绿化工程规划，植树造林124万亩。国家级重点生态功能区增至18个县。启动雅鲁藏布江、拉萨河源头国家重要生态功能保护区项目。落实草原生态保护补助奖励、森林生态效益补偿资金28.8亿元。新建城镇垃圾填埋场、污水处理厂、医废集中处置中心等项目。淘汰黄标车、老旧车3824辆，圆满完成国家下达任务。实施最严格的环境保护制度，主要污染物排放控制在国家核定范围内，全区生态环境持续良好，水和空气质量处于全国前列。林芝、山南被批准为国家生态文明先行示范区，拉萨市被评为国家环境保护模范城市。

七、突出创新驱动，科技人才支撑不断加强

科技应用能力逐步增强，建设重点实验室、科技试验示范基地、科技示范园区45个，青稞育种和牦牛改良国家重点实验室培育基地建成，行政村科技特派员覆盖率达90%，青稞牧草害虫防控技术获国家科技进步二等奖。人才强区战略深入实施，扎实推进中央支持西藏的12项重点工程，为基层补充各类人才1.1万名，接收20名博士服务团成员和2000名西部计划志愿者进藏服务，西藏大学招收首届博士研究生，首次评选表彰25名自治区工艺美术大师、20名自治区名藏医，1人获评第二届“国医大师”。

八、完善治理体系，社会持续和谐稳定

着力推动社会治理体系和治理能力现代化，平安西藏建设扎实推进。深入开展反分裂斗争，全面落实十项维稳措施，严密防范、严厉打击十四世达赖集团渗透破坏活动。城镇网格化管理水平不断提高，先进双联户创建评选工作进一步深化，干部驻村驻寺深入推进。创新寺庙管理，平安和谐寺庙创建活动深入开展，“塔尔钦”等大型宗教活动安全圆满。全面贯彻党的民族政策，扎实开展民族团结宣传教育，22个单位、33名个人被评为全国民族团结进步模范。实施兴边富民项目870个，加快了人口较少民族聚居区发展。各民族交往交流交融日益深入，平等、团结、互助、和谐的社会主义民族关系进一步巩固。社区矫正工作全面推开，信访、调解、仲裁等排查调处工作不断加强。刑事案件、治安案件发案数持续下降，综治考评首次进入全国优秀行列，西藏各族群众的安全感、拉萨市公共安全感位居全国前列。

国防动员工作得到加强，军政军民团结，军民共建共创共保活动扎实推进。统计、社科、地勘、地震、气象、测绘、人防等工作又有新进展。经国务院批准，日喀则、昌都撤地设市。

各位代表，我区改革发展稳定成绩来之不易。这是党中央、国务院亲切关怀，全国人民大力支援的结果；是自治区党委坚强领导，全区各族干部群众团结奋斗的结果。在此，我代表自治区人民政府，向全区人民，向全国各族人民特别是对口支援省市、中央国家机关和中央骨干企业，表示衷心的感谢！向人大代表、政协委员和离退休干部，向驻藏人民解放军、武警官兵、政法干警，表示诚挚的谢意！向关心、支持西藏改革开放和现代化建设的海内外各界人士，表示崇高的敬意！

同时，我们应清醒地看到，我区经济社会发展中还存在一些突出困难和问题，主要是：经济发展不平衡，农牧业产业化水平较低，基础设施瓶颈制约比较突出，市场机制作用发挥不够，对外贸易增长乏力，改革创新力度有待加大，反分裂斗争形势依然尖锐复杂，维护国家安全和西藏社会稳定任务十分繁重。政府工作也存在一些不足，个别地方和部门懒政、懈怠、不作为，落实力度不够，有待改进和加强。对这些问题，我们将坚持问题导向，敢于担当作为，认真研究解决。

2015年工作安排

2015年是自治区成立50周年，是全面深化改革的关键之年、全面推进依法治藏的开局之年。做好今年工作，确保“十二五”圆满收官，为“十三五”开局奠定良好基础，意义十分重大。

政府工作总体要求是：全面贯彻落实党的十八大和十八届三中、四中全会精神，贯彻落实中央经济工作会议和中央民族工作会议精神，以邓小平理论、“三个代表”重要思想、科学发展观为指导，贯彻落实习近平总书记系列重要讲话精神、特别是“治国必治边、治边先稳藏”的重要战略思想和“努力实现西藏持续稳定、长期稳定、全面稳定”的重要指示，贯彻落实俞正声主席“依法治藏、长期建藏、争取人心、夯实基础”的重要原则，坚持走有中国特色、西藏特点的发展路子，按照区党委八届六次全委会和全区经济工作会议部署，坚持稳中求进工作总基调，坚持以提高经济发展质量和效益为中心，坚持“663”工作思路不动摇，主动适应经济发展新常态，突出稳增长、调结构、促改革、惠民生、保稳定，强化投资拉动、强化改革开放、强化产业支撑、强化扶贫攻坚，促进经济持续快速健康发展、社会大局持续和谐稳定、生态环境持续良好、各族群众生活水平持续提高，圆满完成“十二五”经济社会发展目标任务。

主要预期目标是：地区生产总值增长12%左右，全社会固定资产投资增长20%以上，社会消费品零售总额增长13%以上，公共财政预算收入增长15%，居民消费价格涨幅控制在4%以内，农村居民人均可支配收入增长13%以上，城镇居民人均可支配收入增长10%，新增就业4.6万人。

今年，我们将抓好以下重点工作。

一、打牢农牧业和基础设施两个基础

*提升农牧业综合生产能力。*新建20万亩高标准农田，推广“藏青2000”等新品种115万亩，粮食产量达到100万吨。大力扶持农牧民专业合作经济组织，实施示范社创建工程。建设标准化规模养殖示范场12家，改良黄牛16.5万头。切实做好重大动物疫病防控工作。培训农牧民6万人次。大力推进精准扶贫，强化地县主体责任，实施整村推进，真正在贫困户脱贫致富上见实效，力争减少贫困人口8万人、低收入人口占农牧区总人口比例降至12%以下。

*加快破解基础设施瓶颈。*争取国家投资不放松，激活民间投资不松劲，更好发挥金融杠杆作用，确保全社会固定资产投资突破1300亿元，完成中央政府投资466亿元以上，基本完成“十二五”规划项目建设任务。加快拉林铁路建设，开工建设青藏铁路格拉段扩能改造工程。完成拉林高等级公路开工路段、嘎拉山隧道和雅江特大桥改扩建工程，开工建设米拉山隧道工程，推进川藏公路改造整治工程。力争新增5个县、45个乡通油路，全区公路总里程突破8万公里。加强干线公路、农村公路以及农村客运班线建设，加快至3A级以上景区的油路建设。加快推进拉萨贡嘎机场、林芝米林机场、昌都邦达机场改扩建工程。加强与国家电网公司战略合作，加快川藏电力联网延伸、藏中电网220千伏网架、城网改建工程建设。加快农网升级改造、无电地区电力建设，58个县纳入主电网覆盖范围并实现农电代管，加快大古、街需、加查、苏洼龙等水电站建设，全面启动金沙江、澜沧江、雅江中游规划电源点“三通一平”建设。开工建设湘河水利枢纽、结巴等水库，加大农田水利、民生水利、生态水利综合配套建设力度，新增工程供水能力7亿立方米。扩大边境地区移动通信覆盖范围，提升旅游景区、干线公路等重点地域通信服务，实现乡镇邮政网点服务全覆盖。扎实做好京藏高速那曲至拉萨段、川藏铁路林芝至昌都段、日喀则至口岸铁路、拉萨新机场、叶巴滩和拉哇水电站等项目前期工作。

*积极稳妥推进中国特色、西藏特点的新型城镇化。*坚持以人为本、优化布局、生态文明、传承文化、产业支撑的基本原则，突出沿路、沿边、沿江重点，建设一批特色小城镇。整合资金，启动新型城镇化试点。

二、突出特色产业和生态文明建设两个重点

*大力发展特色农牧业。*编制实施西藏高原特色农产品基地建设规划，着力做大做强特色农牧业。新扶持发展自治区级农牧业产业化龙头企业3至5家。推行基层组织+专业合作经济组织+龙头企业+农牧民等发展模式，扶持发展种养大户、家庭农牧场、农牧民合作社，加强品种品质品牌和农产品质量安全示范区建设，力争产业化率达到40%。

*推动工业上规模增效益。*加快三江流域、雅江中游水电开发，扎实推进“藏电外送”前期工作。实施品牌带动战略，加紧编制天然饮用水产业发展规划，加强“西藏好水·世界共享”整体推介，力争天然饮用水产量实现较大突破。支持藏医药企业兼并重组、产品研发创新，力争藏医药产值达到13亿元以上。继续推进藏青工业园建设，争取50家入园企业建成投产。加快拉萨国家级经济技术开发区B区建设。推动工业经济集约集聚发展，力争园区经济增加值占工业增加值的比重提高5个百分点。

*加快建设重要的世界旅游目的地和中华民族特色文化保护地。*实施旅游强区战略，推进跨区域景区管理经营体制改革，着力开发特色精品高端旅游产品，着力建设拉萨国际旅游城市和林芝生态旅游区，力争全年接待游客1700万人次、收入240亿元。促进旅游与文化、生态、藏医药、民族手工业互动融合发展，打造西藏旅游升级版。加快建设中国西藏旅游产业园，推进国家藏羌彝文化产业走廊建设。积极扶持现代物流业向农牧区延伸，加快建设日喀则综合物流园区。大力发展电子商务等新兴业态。积极发展家政养老、文化娱乐、高原体育等产业。继续实施家电家具下乡，促进汽车、住房、家电、农机等大宗商品消费。

*大力加强生态文明建设。*始终坚守生态保护底线。全面完成环境功能区划和生态保护红线划定工作。严格执行新环保法，强化环境监管，落实环境保护责任追究制度和环境保护与财政转移支付挂钩的奖惩机制。坚持矿产资源开发自治区政府“一支笔”审批制度和“环保一票否决”制度，确保“三高”企业和项目零审批、零引进。加快推进“两江四河”流域造林绿化工程，植树造林

和封山育林110万亩以上。全面实施公益林管护办法，不断提高造林绿化成林率。开展湿地和水生态补偿试点，积极争取国家公园试点。开展“十二五”主要污染物总量控制目标考核，编制“十三五”主要污染物排放总量控制规划。以“绿化、净化、亮化、美化”为重点，实施898个行政村人居环境综合整治，大力推进美丽乡村建设。

三、加强民生改善和基本公共服务两个保障

始终秉承爱民、利民、惠民理念，把70%以上的财力投向民生，重点向农牧民、向基层、向弱势群体倾斜，继续办好民生“十件实事”，不断提升公共服务水平。

进一步提标扩面。投入86亿元，实施10个方面26项提标扩面政策。教育“三包”年生均补助标准增加100元。五保供养标准年人均增加750元。城乡居民社会养老保险基础养老金月人均增加20元；企业退休人员基本养老金月人均增加332元。农牧区医疗制度补助标准、城镇居民基本医疗保险补助标准年人均分别增加40元。城乡居民最低生活保障补助分别提高到月人均590元、年人均2350元。边民补助标准年人均增加300元。村医、兽医待遇标准月人均增加300元；老党员、老干部、老劳模生活补助月人均增加50元；村干部基本报酬和业绩考核奖励标准提高50%。二、三、四类区，乡村医护人员和教师月生活补助标准增加100元、200元、300元；乡镇干部职工月生活补助标准增加50元、100元、200元。建立困难残疾人生活补贴和重度护理补贴制度、经济困难的高龄失能老年人补贴制度，完善贫困家庭大学生助学金制度。

增强社会保障能力。全面建成63所五保集中供养机构、9所地市级儿童福利院，提前实现有意愿的五保对象县以上100%集中供养、孤儿地市以上100%集中收养的目标。逐步完善异地就医结算和城乡居民大病保险办法。继续实施农村危房改造。稳步推进棚户区和旧城改造，开工建设乡镇干部职工周转房3.2万套、保障性安居住房3.38万套。全面完成那曲镇、狮泉河镇集中供暖工程。实施更加积极的就业政策，建立激励保障机制，促进高校毕业生就业创业。健全公益性岗位有序进入和退出机制，动态消除城镇零就业家庭。实现农牧民转移就业100万人次，不断提高农牧民群众闯市场和增收致富的能力。

扎实推进教育公平。继续加强德育教育和思想政治工作。新建、改扩建农牧区学前双语幼儿园和城镇幼儿园237所。加快寄宿制学校标准化建设。完成12个县义务教育均衡发展评估验收。深化“双语”教育，强化国家通用语言文字教学，有序推进内地西藏班校混合编班。引进培养技术技能型师资，加快建设现代职业教育体系。加强校长、教师队伍建设。加强高校专业学科平台建设，大力培养适合我区经济社会发展需要的各类人才。

提升公共卫生服务水平。实施县乡医疗卫生综合服务能力提升工程，推进远程医疗等卫生计生信息化建设，基本实现常见病、多发病不出县。改扩建自治区藏医院，新建自治区妇产儿童医院。推进高海拔地区高压氧舱项目建设。积极稳妥推进公立医院改革。推行农牧民在各级医疗机构就医即时结算。培训乡村医护人员1万名。加强医疗重点专科建设，提升藏医药服务能力。加强妇幼卫生和优生优育工作，力争孕产妇住院分娩率达到90%。

完善公共文化服务体系。开工建设西藏青少年宫，改扩建西藏博物馆。建设西藏民族文字出版基地。实现县级有线电视数字化全覆盖。全面建成文化信息资源共享工程基层服务点。切实抓好重点文物保护工程建设，加大非物质文化遗产保护传承力度。大力扶持西藏题材文艺作品创作，不断提高广播影视译制制作水平。积极备战第十届全国民族运动会和第一届全国青年运动会。

强化安全生产监管和防减灾工作。坚守安全生产底线，加强安全全生产治理体系和监管能力建设。扎实做好生产经营领域、工程建设领域、农产品质量安全和食品药品安全监管，重点整治道路交通、油气管道、消防等领域安全秩序，坚决遏制重特大安全事故。加快完善自然灾害应急预警、指挥、救助体系，加强农牧业防减灾体系建设，开工建设拉萨中央级救灾物资储备库。全面完成昌都地震灾区等的恢复重建。

四、激活改革开放和对口支援两个动力

释放改革最大红利。加快集体土地所有权确权登记发证，稳妥推进农村土地承包经营权确权登记颁证，抓好农村改革试验区工作。完善政府预算体系，实现政府预算公开，增加对高寒地区、偏远地区、边境地

区和贫困地区的财政转移支付。整合产业扶持资金，设立30亿元的自治区强区产业创业投资引导基金。鼓励支持民间资本发起设立产业投资基金和股权投资基金。全面清理规范税收优惠政策。推进"营改增"、地方税税制和商事登记制度改革。加大国有企业重组力度，发展混合所有制经济。建立不动产统一登记制度。完善资源开发利益补偿机制。稳慎推进社会领域各项改革。

强化金融服务支撑。加大对涉农、中小微企业以及重点工程建设项目的信贷投放力度，继续落实扶贫贴息贷款政策，力争年末贷款余额突破2000亿元、增长25%以上。推进多层次资本市场建设，支持符合条件的企业上市以及在新三板、区域性股权交易市场挂牌。成立西藏金融租赁公司，争取年内新设1家证券公司和1家基金管理公司，加快筹建地方保险法人机构。开展农牧民及中小微企业贷款保证保险业务。加快社会信用体系建设。

扩大对内对外开放。切实落实首届藏博会成果，精心筹备举办第二届藏博会。加大招商引资力度，优化投资环境。认真落实"五放六支持"政策，大力发展非公经济，力争在2010年基础上增加值、市场主体、就业岗位翻一番，税收翻两番。加快建设南亚大通道，积极对接"一带一路"和孟中印缅经济走廊，推动环喜马拉雅经济合作带建设，力争进出口贸易总额增长10%。

深化对口援藏工作。编制自治区对口援藏总体规划，全面推进经济援藏、产业援藏、教育援藏、就业援藏、干部人才援藏。制订援藏项目资金管理实施细则，加大衔接落实力度，项目资金向民生、向基层倾斜。

五、强化科技和人才两个支撑

着力推进科技创新。建设高原特色种质创制、农畜产品加工、生态安全等科研平台和科研基地，农牧业科技贡献率达45%以上。抓好科技企业孵化器、科技园区和种质资源库建设。提高农牧民科技特派员生活补助标准，实现行政村科技特派员全覆盖。完成全区第一次地理国情普查。进一步加强科普宣传教育。

着力加强人才队伍建设。坚持培养与引进并重，切实用好现有人才，大力培养实用紧缺人才，精准引进中高级人才。完善定向招生政策，为基层培养教育、卫生、科技、农牧等急需专业人才。发挥好西部计划志愿者作用。建设特色资源国家级创新团队。建立健全人才激励机制、科技奖励机制和人才工作目标责任制。进一步加强新型智库建设。

六、巩固民族团结和社会稳定两个基石

进一步巩固民族团结。坚定不移走中国特色解决民族问题的正确道路，深入开展民族团结进步创建活动，加强民族团结宣传教育，不断增强对伟大祖国、中华民族、中华文化、中国特色社会主义道路的认同，建设中华民族共同家园。大力推进兴边富民行动，不断提高边境地区发展水平和边民生活质量。

依法管理宗教事务。认真落实创新寺庙管理的各项措施，坚持属地管理、分级负责，严格地县寺庙管理责任，依法管理宗教事务，认真做好宗教界代表人士培养工作，维护正常宗教活动秩序，积极促进宗教与社会主义社会相适应。

落实十项维稳措施。坚守和谐稳定底线，全面推进依法治藏。切实履行"一岗双责"，做到发展稳定两手抓、两手硬、两促进，抓实抓好平安西藏建设，完善维稳长效机制。加快创新立体化社会治安防控体系，继续加强驻村驻寺工作，不断深化先进双联户创建活动，提高网格化管理覆盖面，依法打击各类违法犯罪活动。加快推进覆盖城乡居民的公共法律服务体系建设，深入开展矛盾纠纷排查调处化解工作。坚决贯彻对十四世达赖集团斗争方针，严厉打击各种分裂破坏活动，确保社会持续稳定、长期稳定、全面稳定。

支持国防建设，深入开展拥军优属、拥政爱民和军民共建活动，加强人防工作，推动军民深度融合发展，促进国防建设与地方经济社会协调发展。

各位代表，美丽西藏、幸福人民，是我们共同追求的目标。我们将着眼推进跨越式发展和长治久安，以法治的思维、改革的精神、开放的意识、创新的理念，精心编制好"十三五"规划，为确保到2020年西藏与全国一道全面建成小康社会谋划好蓝图。

加强政府自身建设

过去的一年，我们依法主动接受自治区人民代表大会及其常委会的法律监督和人民政协的民主监督，认真办理人大代表建议和政协委员提案743件，办复率达100%；提请人大常委会审议地方性法规议案3件，制订政府规章3件。充分发挥公众参与、专家论证和政府决策相结合的优势，依法、民主、科学决策水平不断提高。深入开展党的群众路线教育实践活动，坚决贯彻落实中央八项规定和区党委“约法十章”“九项要求”，解决“四风”“两问题”“一薄弱”取得明显成效。“三公”经费较上年下降19%。深入开展纠风、执法监察工作，查处了一批违法违纪案件，政风建设和廉政建设进一步加强。

面对新的形势和任务，我们必须进一步加强政府自身建设，着力提高社会治理能力、经济管理能力、依法行政能力、安全发展能力，努力建设人民满意政府。

一、转变政府职能，建设有为政府

正确处理好政府与市场的关系，遵循市场规则、运用市场手段、利用市场力量推动发展，着力培育有效市场，努力建设有为政府。大力简政放权，继续开展行政审批项目清理工作，逐步建立标准明确、程序严密、运作透明、制约有效、权责分明的行政审批体制。建立权力清单、责任清单和负面清单制度，完善政府向社会购买服务制度。探索实行“一个窗口受理、一个柜台办结、一条龙服务”，加快政务服务中心、便民服务大厅建设。探索实行网上审批，积极推行电子政务。开展政府质量和效能考核。

二、强化依法行政，建设法治政府

坚持党的领导，政府严格依照法定权限和程序行使职权、履行职责，真正做到“法无授权不可为”、“法定职责必须为”。依法接受人大法律监督，自觉接受政协民主监督，及时办理人大代表建议和政协委员提案。全面清理政府规章和规范性文件。完善政府重大决策合法性审查机制、政府法律顾问制度、重大决策终身责任追究制度。加强政府性债务管理，严格审批程序。加大行政执法监督力度。提高干部职工学法用法守法的自觉性。依法推进政务公开。

三、践行群众路线，建设为民政府

深入贯彻落实中央八项规定和区党委“约法十章”“九项要求”，严格按照“三严三实”的要求，巩固拓展党的群众路线教育实践活动成果，继续解决形式主义、官僚主义、享乐主义、奢靡之风等深层次问题。严格政治纪律、组织纪律、工作纪律、廉政纪律，坚持科学决策、民主决策、依法决策。完善领导干部和领导机关调查研究、联系群众、服务基层机制。以“钉钉子”的精神，坚持高标准、严要求，狠抓政策措施和目标任务的落实。厉行节约，反对浪费，继续严控“三公”经费，以作风转变的实际成效取信于民，真正做到政府过紧日子、群众过好日子。

四、坚决惩治腐败，建设廉洁政府

全面加强政府廉政建设，严格执行廉洁从政各项规定。严肃财经纪律，强化预算约束，加强对财政资金、重大项目的审计监督，加强对工程建设、公共资源交易、政府采购等方面的监管，坚持用制度管人、管权、管事。坚决查处违法违纪案件，始终保持惩治腐败的高压态势，营造风清气正的政务环境，以良好的政府形象赢得人民群众的信任和拥护。

各位代表，我们正处在全面深化改革、全面推进依法治国、全面建成小康社会的关键时期。让我们紧密团结在以习近平同志为总书记的党中央周围，在自治区党委坚强领导下，凝心聚力、攻坚克难，开拓创新、真抓实干，为推进西藏跨越式发展和长治久安而努力奋斗！

政协第十届西藏自治区委员会常务委员会工作报告

（2015 年 1 月 16 日）

政协第十届西藏自治区委员会副主席 罗松多吉

各位委员：

受全国政协副主席、自治区政协主席帕巴拉·格列朗杰的委托，我代表政协第十届西藏自治区委员会常务委员会，向大会报告工作，请予审议。

2014 年工作回顾

2014 年，在全国政协的精心指导和区党委的坚强领导下，在帕巴拉·格列朗杰主席的带领下，区政协党组、常委会团结带领全区政协组织和广大政协委员，以邓小平理论、“三个代表”重要思想、科学发展观为指导，深入学习贯彻习近平总书记系列重要讲话精神，高举爱国主义、中国特色社会主义旗帜，坚持团结、民主主题，把改革创新精神和法治理念贯穿于履职实践，围绕中心、服务大局，同心同德、群策群力，顺利完成了十届二次会议确定的各项任务，为全面建成小康社会、建设“六个西藏”和实现中华民族伟大复兴中国梦作出了积极贡献。

一、加强思想政治建设，坚定正确政治方向

常委会坚持把加强学习作为坚定政治方向的重要前提，始终以科学的理论武装头脑、指导实践。通过常委会、主席会、理论中心组学习会、界别学习会等形式，深入学习贯彻中共十八大和十八届三中、四中全会及全国“两会”、中央经济工作会议、中央民族工作会议、对口支援西藏工作 20 周年电视电话会议等精神，学习贯彻习近平总书记系列重要讲话、特别是在庆祝中国人民政治协商会议成立 65 周年大会上的重要讲话精神和“治国必治边、治边先稳藏”的重要战略思想，“努力实现西藏持续稳定、长期稳定、全面稳定”的重要指示，学习贯彻俞正声主席“依法治藏、长期建藏、争取人

心、夯实基础”的重要原则，学习贯彻自治区第八次党代会和区党委八届五次、六次全委会及自治区“两会”等精神，学习党的协商民主理论和人民政协理论方针政策。坚持开展主题鲜明、生动活泼的学习宣传教育，邀请党校教授和专家学者作辅导报告4场，集中收听收看大会实况转播和主题教育影视片30余场，发放辅导资料2000余份。坚持理论联系实际，把所学所思所获转化为推动我区政协事业发展的强大动力与思路举措，提高学习贯彻实效。通过学习，广大委员进一步坚定了道路自信、理论自信、制度自信，增强了与党中央、区党委保持高度一致的思想自觉、政治自觉和行动自觉。

二、加强协商民主建设，助推全面深化改革

常委会坚决贯彻中央改革精神和区党委重大改革举措，聚焦我区全面深化改革大局和政协协商民主建设，调研论证，献计出力。通过政协例会等形式，深入分析全面深化改革面临的形势和任务，强化经济社会发展动态研究，积极为推动我区全面深化改革资政建言。成立区政协全面深化改革领导小组，研究出台区政协贯彻落实全面深化改革若干重大问题方案和重点内容及工作分工方案，确定6个方面改革事项的责任单位、责任人及时限，分类分步加以推进。围绕“发挥协商民主重要渠道作用、拓展协商民主形式、健全视察调研成果转化机制、完善提案办理制度、健全委员联络机构、规范民主监督”任务，组成6个调研组深入调研，向区党委、政府提交调研报告。按照区党委的部署要求，反复研讨《中央办公厅关于加强社会主义协商民主建设的意见(征求意见稿)》，从提高民族地区的贯彻落实成效等方面提出意见。主动参与修订区党委《关于制定自治区政协年度协商计划的意见(征求意见稿)》，增强我区协商工作的针对性和实效性。围绕加强对口援藏工作，从改进干部援藏、深化经济援藏、扩大就业援藏等方面建言献策，提供广泛的民意基础和智力支持。

三、牢记履职第一要务，助推经济社会发展

常委会坚持把助推跨越式发展作为履行职能的第一要务，围绕我区“统筹稳增长、调结构、促改革”战略决策，谋跨越、献良策、出实力。开展协商议政。在十届二次会议上，广大委员认真听取并讨论政府工作报告和其他报告，积极建言献策，提交大会发言60余篇、书面交流材料36篇，整理报送18个方面200多条意见建议。围绕经济社会发展召开常委会，在发展与投资政策举措等方面协商建言；围绕经济结构优化调整等议题，举办专题协商会、界别委员协商座谈会，积极议政建言，引起区党委、政府的重视和社会各界关注。开展专题调研。根据有的地(市)文物保护工作要求，组织邀请部分在藏全国政协委员和区、地、县政协委员及文物部门负责人、文物专家，赴阿里开展文物保护工作调研，形成有见地、有质量的专题调研报告，提出科学谋划阿里地区“十三五”文物保护工作思路等10个方面意见建议，引起了有关方面重视。组织邀请部分界别委员深入我区4家国有龙头旅游企业、2家民营旅游企业，开展“导游市场、旅游车辆管理”专题调研，提出有针对性、可操作性的意见建议，为打造西藏旅游文化升级版献计出力。会同四川省政协开展加快川藏战略大通道建设调研，向全国政协上报联合调研报告，全国政协领导作出“推进川藏战略大通道建设意义重大，报告中提出的建议值得重视”批示。去年开展专题调研21次，召开各级各类调研座谈会90多次，收集整理了大量第一手资料。开展联合视察。分管工作的副主席率领部分界别委员和相关部门负责人，联合视察农田水利项目、特色产业园区等，为落实完成好“十二五”规划任务竭智尽力。组织26名委员，参加行风评议、案件庭审等活动，认真履行民主监督职能。

四、承担第一政治责任，维护我区和谐稳定

常委会坚持把维护稳定作为履行职能的第一政治责任，全面贯彻落实党的治藏方略、民族宗教政策和民族区域自治制度，为促进我区长治久安献计出力。全力推进和谐稳定。坚决贯彻落实区党委十个方面的维稳措施，始终做到旗帜鲜明、立场坚定、认识统一、表里如一、态度坚决、步调一致。重要敏感时段，数位副主席带领工作组进驻重点地区、重点寺庙和“两边一线”，督导干部驻村驻寺、加强和创新寺庙管理、“先进双联户”创建评选、城镇网格化管理等工作，督导“色拉崩坚”、“萨嘎达瓦”、“塔尔钦”等大型宗教活动。围绕社区矫正和监狱管理工作深入调研，在“明确执法主体资格、完善协调机制和改造转化”等方面提出意见,引起司法部门的重视。正确处理各民族、宗教、阶层和海内外同胞关系,凝聚反分裂、保稳定、促和谐的强大合力。全力推进民族团结。认真学习贯彻习近平总书记在中央民族工作会议上的重要讲话精神,大力宣传贯彻党的民族政策和民族工作的新部署新要求,为做好我区民族工作凝聚智慧、汇聚力量。组织委员积极参与庆祝“3·28”百万农奴解放纪念日活动和民族区域自治法实施30周年主题展,主动投身民族团结宣传教育和民族团结进步创建活动。教育引导各族各界牢固树立“三个离不开”思想,和睦相处、和衷共济、和谐发展。全力推进宗教和睦。由副主席率领委员、宗教界代表人士,会同党政部门圆满完成班禅额尔德尼·确吉杰布在藏调研和重大佛事活动,满足了广大僧尼和信教群众的愿望,得到了中央和区党委肯定。由副主席率领民族宗教界委员开展爱国爱教宣传服务下乡活动,深入偏远寺庙、乡村讲经说法,引导广大信众和僧尼与十四世达赖集团划清界限,促进宗教和睦、佛事和顺、寺庙和谐,促进宗教与社会主义社会相适应;率委员应邀赴澳门参加佛教颂澳门庆回归祈福大法会,宣传了西藏宗教信仰自由的真实情况。由副主席率领委员围绕“办好西藏佛学院及分院”深入调研,积极向区党委、政府建言献策。协助全国政协开展“农村宗教事务管理”等调研,通过联合调研报告向国家层面提出建议。

五、践行党的群众路线,全力保障和改善民生

常委会坚持把保障和改善民生作为履行职能的出发点和落脚点,紧紧围绕办好利民为民“十件实事”,协商尽责、履职为民,促成各族群众共享改革发展成果。深入整改落实督导组反馈的问题,建立完善区政协作风建设长效机制,继续巩固和扩大党的群众路线教育实践活动成果。党员副主席按照区党委统一部署全程督导相关地区教育实践活动,指导并参加联系点县委常委班子专题民主生活会。副主席积极参加“结对认亲交朋友”、“结民族团结对子”等活动,引领广大委员和干部职工接地气、贴民心,帮助群众脱贫致富。有关副主席全力配合中央巡视工作,认真督导落实九项整改措施。有关副主席率领界别委员深入拉萨、山南、林芝等地(市)和区内外高校,围绕学前教育、职业教育、高校德育和思想政治教育、拉萨教育城运行管理等视察调研,与各级党政组织、教育部门负责人和师生代表、学生家长协商座谈,广泛听取意见建议,形成6份质量较高的调研报告,受到区党委、政府和教育部门的重视。有关副主席率领界别委员和职能部门负责人,深入拉萨等地(市)视察调研,形成详实的全区天葬管理情况调研报告,从“制定西藏自治区天葬管理条例、尊重民族丧葬习俗、天葬台周边生态环境保护与建设”等方面提出建议,得到了区党委陈全国书记的重视。围绕市民反映突出的城市管理问题,组成区、市政协联合调研组视察拉萨城市建设与治理情况,就建立完善城市治理工作长效机制提出意见建议,受到广大市民的好评。广大委员高度重视民意诉求,围绕加强公共设施建设、提高城乡供养标准等深入调研,通过提案、大会发言等途径,及时反映各族群众的所急所盼,积极建言献策。

六、树立生态文明理念,助推美丽西藏建设

常委会坚决贯彻中央关于加强西藏生态安全屏障保护与建设的英明决策,坚决贯彻区党委坚持把生态环境作为底线、红线、高压线的部署要求,加强建设美丽西藏的对策研究,助力推动我区生态文明建设。围绕贯彻落实《西藏生态安全屏障保护与建设规划》,组织邀请在藏全国政协委员和部分区、地(市)、县政协委员及环保、林业、水利、国土等方面的专业技术干部,深入7个地(市)和部分县、乡、村,开展4个多月的综合性调研,形成综合调研报告1份,专题调研报告和情况分析材料25份,编印成册供区党委、政府和相关部门参阅。选择“两江四河”造林绿化工程、拉萨市生态防护林等实施西藏生态安全屏障保护与建设规划项目,组织邀请部分在藏全国政协委员和区、地(市)、县(区)政协委员开展联合视察,现场提出意见建议,为推进美丽西藏建设问诊把脉。紧扣西藏生态安全屏障保护与建设主题,精心组织召开专题协商会,邀请区政府领导和区直单位负责人介绍情况、听取委员意见建议,组织17位委员作大会发言,录入生态环保资料490份218万字,收集文字和录音资料30余册、60余小时,整理报送意见建议82条,得到了区党委、政府重视。发挥有关副主席和部分委员岗位特殊、内引外联的优势作用,抓住参加全国“两会”、全国政协双周协商会等机会，通过大会发言、提案或座谈交流等形式，主动介绍我区生态文明建设成果、积极反映存在的困难和问题，大胆提出可行性意见建议，得到了中央领导同志的肯定和相关部委的重视。

七、形成齐抓共管合力，扎实推进经常性工作

常委会坚持统筹兼顾、突出重点，全力推进政协提案、文史资料、团结联络、对外宣传等经常性工作。加强提案工作。经区党委批准，在全区开展中办、国办《关于进一步加强人民政协提案办理工作的意见》和我区"实施意见"实施情况自查工作的基础上，分管副主席带领联合调研组，于5月至7月赴拉萨等四个地(市)、十个县(区)，督导调研"意见"和"实施意见"贯彻落实情况，报送的单项和综合性调研报告得到区党委、政府领导批示肯定，其综合报告被区党委办公厅转发全区交流。区政协十届二次会议收到委员提案519件，经审查立案497件。截至去年10月底，所有提案都办理答复完毕。加强文史资料工作。认真开展《西部大开发纪实(西藏卷)》编撰工作，征集史料稿件200余篇55万字，得到全国政协好评。稳步推进《藏族百年实录》编撰工作，再版发行《西藏文史资料选辑》(第Ⅳ卷)合订本，完成了藏文版《藏历算法珍宝之库》、《藏族老人述说西藏史》编辑出版和抗战爆发77周年西藏相关史料的收集整理报送等工作。加强团结联络工作。经常看望各族各界代表人士，举办区政协各族各界藏历新年茶话会和夏季联谊会，邀请自治区党政军领导及区(中)直部门负责人与区政协各族各界人士，畅叙友情、共谋发展，营造协商民主、生动活泼的政治局面。加强向全国政协的请示汇报工作，争取指导帮助。加强与兄弟省(区、市)政协的联系交流，全年接待赴藏考察调研团(组)、港澳政协委员等17批次、215人次。积极参与日喀则、昌都撤地设市政协筹备工作，给予指导帮助。加强对外宣传工作。邀请尼泊尔驻拉萨总领事馆官员旁听十届二次全会开幕会，做好对外宣传工作。发挥政协优势作用，通过协助区党委、政府做好外事接待工作和政协领导赴爱尔兰、意大利、韩国、日本及澳门、台湾地区访问，介绍西藏真实情况，宣传西藏发展进步，驳斥十四世达赖集团的谬论谎言，增进了解、消除误解、澄清曲解。密切与新闻媒体联系协作，充分展示西藏政协合作共事、协商议政、团结和谐的生动实践。

八、加强政协自身建设，提高履行职能成效

常委会坚持把加强自身建设作为强基固本、发挥作用的关键所在，协同推进界别、专委会、委员和机关"四位一体"建设。加强委员学习培训与管理，提高政治把握能力、调查研究能力、联系群众能力、合作共事能力，密切在藏全国政协委员和区、地(市)、县(区)委员的履职联系，发挥好委员主体作用。加强界别工作，创新界别工作方法，丰富界别履职内容，全年开展界别视察调研、学习讨论、协商座谈、交流联谊活动30余次。加强专委会工作，明确职责分工，界定履职范围，支持各专委会按照政协总体部署，遵循各自特点和职能要求开展工作。加强"五型一化"政协机关建设，提高综合性服务能力，加大视察考察、专题调研、出席会议活动的统筹协调力度，增强整体效果。持之以恒抓作风、转作风，教育引导广大委员和政协机关干部职工带头践行"三严三实"，增强宗旨意识，自觉服务群众。研究出台更加科学合理的区政协机关驻村工作队员轮换制度，精心选派驻村工作队员协助当地党政组织推动落实"五项重点任务"，真心实意为群众办实事、解难事、做好事，牧民群众都发自内心称呼工作队员是"我们村里人"。坚决贯彻落实中央八项规定和区党委"约法十章"、"九项要求"及区政协"具体措施"，去年区政协会议缩减、发文减少、"三公"经费支出下降。

各位委员，过去的一年，区党委给予了区政协工作强有力领导，区党委陈全国书记等领导同志亲自听取政协工作汇报、出席政协会议、看望各族各界委员并作重要讲话，对政协工作提出明确要求。区党委、政府领导主动与委员协商议政，及时对政协提交的履职成果作出批示，肯定工作，激发了委员的履职热情。过去一年所取得的成绩，是区党委坚强领导的结果，是区政府及其职能部门大力支持的结果，是社会各界积极支持配合的结果，是全区政协上下共同努力的结果。在此，我代表区政协党组、常委会表示衷心的感谢！

通过一年的实践，我们深切体会到：只有坚持中国共产党的领导，始终做到与党同心同向同行，才能把握西藏政协事业发展的正确方向。只有坚持党的群众路线，广泛联系各界群众，切实维护群众利益，才能发挥西藏政协紧密联系群众的优势作用。只有牢牢把握时代脉搏，继往开来、创新改革、依法履职，才能推动西藏政协协商民主建设。只有不断加强作风建设，敢担当、重尽责、讲奉献，才能在新的起点上开创西藏政协事业新局面。

当然，我们也清醒地认识到，面对新形势新任务，我区政协工作中依然存在着不足，主要是：协商民主建设有待探索创新，民主监督工作有待拓展加强，履职成果转化有待进一步推进落实。这些都需要深入研究，认真对待，着力解决。

2015 年工作安排

2015 年是我区全面实施“十二五”规划的收官之年，也是本届政协围绕改革创新和法治建设履行职能的届中之年。今年区政协工作的总体思路是：高举中国特色社会主义伟大旗帜，以邓小平理论、“三个代表”重要思想和科学发展观为指导，深入学习贯彻中共十八大和十八届三中、四中全会精神，学习贯彻习近平总书记系列重要讲话、特别是在庆祝中国人民政治协商会议成立 65 周年大会上的重要讲话精神和“治国必治边、治边先稳藏”的重要战略思想、“努力实现西藏持续稳定、长期稳定、全面稳定”的重要指示，学习贯彻俞正声主席“依法治藏、长期建藏、争取人心、夯实基础”的重要原则，学习贯彻自治区第八次党代会和区党委八届五次、六次全委会等精神，始终坚持团结、民主主题，积极适应经济发展新常态，把改革创新和法治理念贯穿于履职实践，寻求最大公约数，凝聚强大正能量，围绕中心、服务大局，履行职能、发挥作用，加强我区政协协商民主建设，为助推我区跨越式发展和长治久安作出新贡献。

一、把握正确方向，打牢共同思想政治基础

常委会要紧扣推进国家治理体系和治理能力现代化，把学习贯彻中共十八届四中全会及区党委八届六次全委会精神作为重要政治任务，深刻领会会议的精神实质，准确把握全面推进依法治国、依法治藏的指导思想、目标任务和原则要求，切实打好服务落实的思想政治基础。要把学习贯彻依法治国方略、区党委依法治藏决策部署与学习贯彻习近平总书记系列重要讲话精神、重要战略思想、重要批示指示紧密结合，与学习贯彻中央、区党委系列重要会议、重要文件精神紧密结合，坚持正确政治方向和政治立场，坚定理想的主心骨和信念的压舱石。要把学习贯彻依法治国方略、区党委依法治藏决策部署与学习把握时事政治、时代要求紧密结合，与学习贯彻我们党的协商民主理论和政协理论方针政策原则紧密结合，与学习掌握履职实践所需的业务知识紧密结合，增强政治意识、大局意识、创新意识和委员意识，更好地知情明政、议政建言、献计出力。

二、牢记职责使命，助推深化改革和法治建设

常委会要始终围绕区党委、政府中心工作履职尽责，认真组织开展区党委、政府重大决策之前和决策实施之中的协商议政。紧紧围绕事关我区全面深化改革和法治建设的重要事项，特别是实现“十二五”规划顺利完成、科学编制“十三五”规划等重大问题建言献策，全力为区党委、政府科学民主决策提供民意支撑、民智参考、民利协调。围绕参与“一带一路”建设、川藏战略大通道建设、兴边富民项目和边境建设、自然资源利用与保护等开展重点课题调研，围绕加强城镇网格化管理、加强和创新寺庙管理、驻村驻寺工作、创建评选“先进双联户”等开展视察调研，围绕提案办理协商、规范管理佛学院、物价调控、非公经济等开展专题调研，围绕拉洛水利枢纽工程等大中型项目开展视察，对推进落实区党委、政府利民惠民“十件实事”进行民主监督。坚持问题导向，针对现代市场体系、行政体制改革、城乡发展一体化等事关我区长远发展的战略性、全局性、前瞻性问题，深入调查研究，积极协商议政；针对群众关切的扶贫开发、医疗卫生、教育改革和城镇化建设中的就业等问题，广泛咨询论证，提供决策参考；立足区政协承担的 6 项改革内容，继续调研论证、积极研究探索，努力形成一批政协协商民主制度成果。全力助推法治西藏建设，坚持党领导立法、保证执法、支持司法、带头守法，围绕建设法治西藏认真履行民主监督职能。

三、发挥优势作用，广泛凝聚各方面力量

常委会要坚持大团结大联合，包容共济、凝心聚力，为推进我区经济、政治、文化、社会、生态文明和党的建设凝聚强大正能量。坚持民主协商、平等议事、求同存异、体谅包容的原则，着力打造政协和谐相处、和衷共济、合作共事的良好平台，为政协各参加单位和广大委员履职尽责创造条件。坚持多做协调关系、化解矛盾、理顺情绪、解疑释惑的工作，教育引导广大委员和各族各界人士正确对待利益格局调整，主动投身我区改革发展稳定工作。坚持联系政协实际，按照区党委、政府关于“庆祝自治区成立50周年活动”的部署要求，发挥优势作用，认真履行职能，为推进落实重大专项工作尽心竭力。坚持发挥政协具有协商制度的合法性、原则的规定性、实施的组织性、主体的广泛性、内容的政治性、过程的民主性、结果的共赢性等特点，推进实施《自治区政协省级干部联系界别的意见》等制度，探索建立政协与党外爱国人士、知名代表人士和新的社会阶层人士经常性联系沟通机制。坚决贯彻党的民族宗教政策，正确处理各民族、宗教、阶层和海内外同胞关系。发挥民族宗教界委员的优势作用，协助党委政府做好加强和创新寺庙管理、强化寺庙公共服务、城镇网格化管理等工作。认真谋划组织好我区政协对外交往活动，积极同国外相关机构、重要智库、主流媒体、知名人士对话交流，增进国际社会对政协协商民主制度和西藏改革发展成果的了解。

四、完善体制机制，提高政协协商民主有效性

常委会要紧扣发挥我区政协作为协商民主重要渠道作用，创新协商形式、丰富协商内容、增加协商密度，提高政协民主协商实效。坚决贯彻习近平总书记关于政协工作要敢于“讲真话、讲诤言”的指示精神，坚持“献策不决策、议政不行政、立论不立法”，牢牢把握政协的话语权，议要议到关键处、参要参到点子上、落要落到实在处。认真研究制定区政协2015年度专题协商、对口协商、界别协商、提案办理协商工作计划，提高协商工作的制度化水平，确保政协协商民主与党委政府中心工作结合更加紧密，促进协商成果的转化与落实。组织委员认真学习讨论政府工作报告和其他报告，承办好区党委、政府安排的重点协商课题和专题协商会议，及时通过专题报告等形式报送协商议政成果。加强与区党委、政府的沟通联系，就区政协开展年度协商活动的议题、程序、成果运用等作出规范，推进事前事中协商。各专委会本年度至少组织开展一次对口协商，各界别单独或联合专委会及其他界别开展一次界别协商。提高提案办理协商实效，健全承办单位、提案者、政协组织三方沟通协商机制，完善提案办理落实机制。今年适时举办区政协提案工作表彰会议，调动各方面支持、参与提案工作的积极性和主动性。继续做好政协独具特色的文史资料工作，发挥存史资政团结育人作用。发挥政协民主监督在服务中心工作、维护群众利益中的重要作用，推进我区政协民主监督制度化、规范化、程序化建设。

五、加强自身建设，不断提升政协履职能力

常委会要遵循时代发展和履职实践要求，把加强履职能力建设贯穿自身建设始终，进一步提高政治把握、调查研究、联系群众、合作共事能力。要围绕我区政协工作的实际问题开展理论研究，认真总结我区政协履职经验，科学回答政协履职实践中的理论问题，切实提高运用科学理论研究解决问题的能力。要协同推进界别、专委会、委员、机关“四位一体”建设，完善委员联络制度，健全委员联络机构，落实好联系界别、专委会、委员等制度，建立健全政协各参加单位、界别、专委会、委员、政协机关联系服务群众工作机制，充分发挥我区政协联系服务群众的桥梁纽带作用，发挥委员在政协工作中的主体作用和在界别群众中的代表作用。要树立和践行社会主义核心价值观，明德修身、敬业奉献，在政协舞台上共同圆梦。要持之以恒抓作风、转作风，坚决贯彻执行中央八项规定和区党委“约法十章”、“九项要求”及区政协“具体措施”，大力弘扬焦裕禄精神和“老西藏精神”、“两路”精神，巩固和扩大教育实践活动成果。牢固树立我区虽处反分裂斗争前线，但在党风廉政建设和反腐败问题上没有特殊性、西藏政协也不例外的思想，忠诚、干净、担当，保持政协上下风清气正的良好环境。

各位委员：让我们紧密团结在以习近平同志为总书记的中共中央周围，在区党委的坚强领导下，讲政治、敢担当、有作为，全力推动我区政协事业科学发展，为全面建成小康社会、建设“六个西藏”和实现中华民族伟大复兴中国梦作出新的更大的贡献！

简略语注释

六对抓手：打牢农牧业和基础设施两个基础、突出特色产业和生态文明建设两个重点、加强民生改善和基本公共服务两个保障、激活改革开放和对口支援两个动力、强化科技和人才两个支撑、巩固民族团结和社会稳定两个基石。

六动措施：强化民生先动、市场推动、项目带动、金融撬动、创新驱动、环境促动。

三条底线：和谐稳定、生态保护、安全生产。

两江四河：是指雅鲁藏布江、怒江及拉萨河、年楚河、雅砻河、狮泉河。

营改增：营业税改征增值税的简称，主要是指将一部分原来征收营业税税目的服务业项目纳入征收增值税的范围。

一岗双责：主要领导是第一责任人，对其职责范围内的维护稳定工作负主要领导责任；领导班子其他成员根据工作分工，对职责范围内的维护稳定工作负重要领导责任。

六支持：政策、资金、人才、基础、环境、信誉支持。

自治区党委“约法十章”：坚持立场坚定、保持一致；坚持旗帜鲜明、反对分裂；坚持加强学习、解放思想；坚持总揽全局、民主集中；坚持同心同德、维护团结；坚持牢记宗旨、服务群众；坚持求真务实、真抓实干；坚持恪尽职守、勤政高效；坚持艰苦奋斗、清正廉洁；坚持精文减会、转变作风。

八项规定：改进调查研究，轻车简从，精简会议活动、切实改进会风，精简文件简报、切实改进文风，规范出访活动，改进警卫工作，严格文稿发表，厉行勤俭节约。

自治区党委“九项要求”：积极推进政企分开，切实规范行政权力；深化行政审批制度改革，努力提高行政效能，切实规范行政许可管理；创新政府管理方式，提高政府行政能力；深入开展反腐倡廉，确保权力不被滥用；坚持科学民主决策，努力提高决策水平；建立问责制度，开展绩效评估；坚持依法行政，建设法治政；强化大局意识，增强政府执行力和公信力；以勤俭办事为原则，积极推进节约型机关建设。

四风：形式主义、官僚主义、享乐主义、奢靡之风。

两问题：政治立场问题、工作作风问题。

一薄弱：基层组织薄弱。

三严三实：严以修身、严以用权、严以律己，谋事要实、创业要实、做人要实。

六个西藏：富裕西藏、和谐西藏、幸福西藏、法治西藏、文明西藏、美丽西藏。

两边一线：边境、藏区边界和青藏、拉日铁路沿线。

强基惠民驻村工作活动中“五项重点任务”：建强基层组织，做好维稳工作，寻找致富门路，进行感恩教育，办实事解难事。

老西藏精神：特别能吃苦、特别能战斗、特别能忍耐、特别能团结、特别能奉献。

两路精神：一不怕苦、二不怕死，顽强拼搏、甘当路石，军民一家、民族团结。

自治区利民惠民十件实事：加快实施农牧民安居工程、着力改善农牧区条件、千方百计扩大就业、努力稳控物价、健全社会保障体系、优先发展教育、强化医疗卫生保障、推进文化惠民、加强扶贫开发、抓好防灾减灾和安全生产。

五放：政治上放心、思想上放开、政策上放宽、发展上放胆、工作上放手。

བོད་ལྗོངས་ལོ་དེབ་མེ་ལོང་།

西藏年鉴

TIBET YEARBOOK

2015

【第一篇】

综 述

西藏自治区概况

【综述】 我国是一个统一的多民族国家,在长期的历史发展过程中,各民族通过政治、经济、文化交流,形成了相互依存、相互促进、密不可分、共同发展的中华民族统一体。西藏自古以来就是中国不可分割的一部分,是重要的国家安全屏障、重要的生态安全屏障、重要的战略资源储备基地、重要的高原特色农产品基地、重要的中华民族特色文化保护地、重要的世界旅游目的地。

【历史沿革】 西藏古称"蕃",简称"藏",在唐宋时期称为"吐蕃",元明时期称为"乌斯藏",清朝初期称为"唐古特"、"图伯特"等,清朝康熙年间起称"西藏"至今。西藏自古以来就是中国不可分割的一部分,西藏人民是中华民族大家庭的重要成员,在与祖国内地的经济、政治、文化往来中,为统一多民族国家的缔造与发展,为中华民族的形成和发展作出了重要贡献。

西藏历史悠久,在山南、昌都、那曲等地发现的旧、新石器时期文化遗存,均存在与黄河流域同时期文化相同或相似的特征。4000多年前,西藏已经出现了许多氏族部落和氏族村落。公元前4世纪,西藏地区逐渐形成了3个势力较大的部落联盟,分别是象雄、雅隆和苏毗。公元前3世纪,雅隆部落首领聂尺赞普将努部等小邦收为属民,雅隆部落开始进人奴隶社会。此后,经过漫长的发展,西藏高原众多的氏族部落逐渐发展为少数几个部落集团或部落联盟。

7世纪初,松赞干布实现了西藏高原的统一,定都逻些(今拉萨),建立了统一的奴隶制的吐蕃地方政权,佛教也在此时由内地、尼泊尔、印度传入吐蕃,与吐蕃本土宗教——苯教经过相互吸收和融合后逐渐形成藏传佛教。松赞干布注重向周边民族学习先进文明,两次派遣大臣赴唐廷求婚,于641年迎娶唐朝文成公主,与唐朝在政治、经济、文化等方面建立了密切的联系。710年,吐蕃赞普赤德祖赞迎娶唐朝金城公主,进一步强化了唐蕃之间的"甥舅亲谊"。822年,唐蕃在拉萨会盟,双方重申了历史上"和同为一家"的甥舅亲谊,刻制了三块"唐蕃会盟碑",其中一块仍矗立于拉萨大昭寺前。

841年,极力推崇佛教的赞普赤祖德赞被反对佛教的大臣暗杀,继任赞普朗达玛下令禁止佛教,史称"朗达玛灭佛",进一步激化了社会矛盾,在其死后引发内战,导致吐蕃王朝分崩离析。877年,吐蕃王朝彻底崩溃。此后的近四百年,西藏一直未能建立起统一政权,形成了各据一方、互不统属的割据势力。

1247年,西藏藏传佛教萨迦派领袖萨迦班智达·贡嘎坚赞同蒙古皇子阔端在凉州(今甘肃武威)议定西藏归顺蒙古汗国的条件,并在其扶持下,建立起萨迦地方政权,结束了西藏长期地方割据的局面。1271年,蒙古政权定国号为元,并于1279年统一了全中国,西藏正式纳入中央政府的直接行政管辖之下。元朝设置总制院(后改称宣政院),直接管理西藏地区军政要务,下设宣慰使司都元帅府,具体负责今西藏大部分地区的军政事务,并敕封乌斯藏十三万户。

1368年,明朝建立。明朝在今西藏中部、东部及西部分别设立乌思藏行都指挥使司、朵甘行都指挥使司、俄力思军民元帅府,负责管理军政事务。同时,对西藏各教派采取"因其俗尚,多封众建"和"贡市羁縻"政策,对具有政治实力的佛教各派首领赐以"法王"、"王"、"灌顶国师"等名号,王位的继承须经皇帝批准并遣使册封。

1644年,清王朝取代了明王朝,进一步加强了对西藏的治理,1653年、1713年分别册封五世达赖喇嘛和五世班禅喇嘛,正式确定了达赖喇嘛和班禅额尔德尼的封号。1719年,清政府派军队进入西藏,驱逐盘踞拉萨三年之久的准噶尔部,着手改订西藏的行政体制。1727 年,清朝设驻藏大臣,代表中央监督西藏地方行政,驻藏大臣三年一换,从 1727 年设立驻藏大臣到清王朝覆灭,清朝中央政府正式派遣的驻藏大臣共 173 人次。1793 年,清朝中央政府颁布《钦定藏内善后章程二十九条》,明确规定驻藏大臣具有下列权力:行政人事权,地位与达赖、班禅平等,但西藏地方一切事宜皆须经驻藏大臣转奏皇帝裁决;宗教监管权,规定实行“金瓶掣签”制度;军事权,设 3000 名正规军队;此外,还有司法权、外事权和财税权。

1911 年,辛亥革命爆发,推翻了清朝统治,建立了中华民国。1912 年,《中华民国临时约法》颁布,明确规定中央对西藏的主权。同年 7 月,民国政府设蒙藏事务局 (后改称蒙藏院),隶属国务院,管理蒙藏事务。

1929 年,南京国民政府设立蒙藏委员会,主管藏族、蒙古族等少数民族地区行政事宜。1940 年,国民政府在拉萨设立蒙藏委员会驻藏办事处,作为中央政府在西藏地方的常设机构,管理西藏事务。

1949 年,中华人民共和国成立。中央确定以和平方式解放西藏,经过军事斗争和政治争取,于 1951 年 5 月 23 日签订了《中央人民政府和西藏地方政府关于和平解放西藏办法的协议》,西藏实现和平解放。1956 年,西藏自治区筹备委员会成立。1959 年 3 月 10 日,在国外反华势力的支持下,西藏上层反动集团在拉萨经过精心策划,挑起旨在分裂祖国、维护封建农奴制的全面武装叛乱,中央人民政府命令驻藏人民解放军平息了叛乱。1959 年 3 月 2 8 日,国务院发布命令,宣布解散西藏地方政府,由西藏自治区筹备委员会行使西藏地方政府职权。中央人民政府顺应西藏人民的意愿,在西藏进行了民主改革,废除了封建农奴制度,百万农奴和奴隶翻身解放,获得了人身自由,成为新社会的主人。1965 年 9 月,西藏自治区正式成立,自治区首府设在拉萨市。

【地理概况】 西藏地处祖国西南边陲,全区面积 120 多万平方公里,居全国各省(区、市)第二位。位于东经 78°24′—99°06′,北纬 26°52′—36°32′。北与新疆维吾尔自治区及青海省毗邻,东隔金沙江与四川省相望,东南与云南省山水相连,南面和西面与印度、尼泊尔、不丹、缅甸四国及克什米尔地区接壤,边境线长 4000 多公里,占全国陆地边境线的 1/6,是我国西南边疆的重要门户和屏障,战略位置十分重要。全区平均海拔 4000 米以上,南北最宽 900 多千米,东西最长达 2000 多千米,境内群山巍峨,河流、湖泊广布,高寒缺氧,地广人稀,资源丰富。

地形　西藏位于青藏高原的西部和南部,占青藏高原面积的一半以上,海拔 4000 米以上的地区占全区总面积的 85.1%,素有“世界屋脊”和地球“第三极之”称,是世界上海拔最高的地方。全区地形可分为藏北高原、雅鲁藏布江流域、藏东峡谷地带三大区域。境内山脉大致可分为东西向和南北向两组,主要有喜马拉雅山脉、喀喇昆仑山—唐古拉山脉、昆仑山脉、冈底斯—念青唐古拉山脉和横断山脉,境内超过 8000 米的高峰有 5 座,其中,海拔 8844.43 米的世界第一高峰珠穆朗玛峰就耸立在中尼边界上。西藏的平原主要分布在西起萨嘎、东止米林的雅鲁藏布江中游若干河段以及拉萨河、年楚河、尼洋河中下游河段和易贡藏布、朋曲、隆子河、森格藏布、朗钦藏布等的中游河段。

水系　西藏水资源丰富,是中国水域面积最大的省级行政区,地表水包括河流、湖泊、沼泽、冰川等多种存在形式,其中河流、湖泊是最重要的部分。西藏境内流域面积大于 1 万平方千米的河流有 28 条,大于 2000 平方千米的河流多达 100 余条,是中国河流最多的省区之一。亚洲著名的长江、怒江(萨尔温江)、澜沧江(湄公河)、印度河、恒河、雅鲁藏布江(布拉马普特拉)都发源或流经西藏。西藏湖泊众多,共有大小湖泊 1500 多个,总面积达 2.4 万平方千米,居全国首位,其中面积超过 1 平方千米的有 816 个,超过 1000 平方千米的有 3 个,即纳木错、色林错和扎日南木错。西藏有冰川 11468 条,冰川面积达 28645 平方千米,占全国的 49%,冰储量约 25330 亿立方米,占全国的 45.3 2%,年融水量 310 亿立方米,占全国的 53.4%,均居全国之首。

气候　西藏空气稀薄,气压低,含氧量少,平均空气密度为海平面空气密度的 60%—70%,高原空气含氧量比海平面少 35%—40%。太阳辐射强烈,日照时间长,年日照时数为 1443.5—3574.3 小时,其中阿里地区大部、日喀则市西部在 3000 小时以上，那曲地区中西部、日喀则市东部、山南地区西部为 2800—3300 小时，那曲地区东部、昌都市西部、拉萨河河谷、年楚河河谷为 2500—3000 小时。气温低，积温少，昼夜温差大，年平均气温为-2.4°C—12.1℃，自东南向西北递减，月平均气温 6 月或 7 月最高，1 月最低，大部分地区气温日较差在 15℃以上，气温日较差冬季大、夏季小。降水少，季节性明显，夜雨率高，年降水量在 66.3—894.5 毫米之间，呈东南向西北递减分布规律，年内降水高度集中在 5—9 月，占年降水量的 80%—95%，夜雨率高。干季时间长，多大风，夏季多冰雹和雷暴，大部分地区年大风日数在 30 天以上，西部和北部高达 100—160 天，以冬、春季最多，西藏冰雹多，居全国之首。气象灾害种类多，发生频率高，干旱、洪涝、雪灾、霜冻、冰雹、雷电、大风、沙尘暴等灾害性天气频繁发生。气候类型复杂，垂直变化大，自东南向西北依次为：热带、亚热带、高原温带、高原亚寒带、高原寒带。区域气候变暖明显，尤其是 1991—2010 年西藏增温强烈，升温率达 0.71℃/10 年，明显高于全国其他区域。

植被　西藏各地的植被从东南向西北依次呈现森林、草甸、草原和荒漠，并可划分为 7 个主要类型，即阔叶林、针叶林、灌丛、草甸、草原、荒漠和高山植被。据统计，全区有高等植物 6600 多种，隶属于 270 多科、1510 余属，其中有多种我国独有或西藏独有的植物，受国家重点保护的珍稀植物有 38 种，列入自治区重点保护植物有 40 种，另有 214 种被列入《濒危野生动植物种国际贸易公约》附录内。

土壤　受复杂环境影响，西藏土壤类型很多，按其成土特点、分布规律和主要利用方向，可划分为森林土壤、农业土壤、牧业土壤和难利用土壤四大类型。其中：耕作土壤归属 16 个大类，主要有山地灌丛草原土、潮土和亚高山草原土，分别占全区耕种土壤面积的 33.81%、12.83%、12.38%。

自然资源　一是光照资源。西藏太阳年总辐射值达到 140—200 千卡/平方厘米，是中国东部沿海地区的近两倍。二是风力资源。西藏是全国大风(≥8 级或 17 米/秒)最多的地区之一，年平均大风日数多达 100—150 天，最多可达 200 天，比同纬度的我国东部地区多 4—30 倍。三是水资源。据统计，全区水资源总量 4394.65 亿立方米(不含地下水)，占全国河川径流总量的 16.21%，居全国第一位；人均水资源占有量和亩均占有水量也均居全国第一；全区水能资源理论蕴藏量达 2.01 亿千瓦，技术可开发量 1.15 亿千瓦，占全国的 20.3%，居全国首位。四是草场耕地资源。全区有天然草地 12.65 亿亩，约占全区总面积的 70%，位居全国第一位，其中可利用天然草地面积 10.6 亿亩；耕地面积 662.66 万亩(实控区 550.75 万亩)，其中水田 62.26 万亩、水浇地 398.21 万亩、旱地 202.19 万亩，农作物播种面积稳定在 377.02 万亩。五是森林资源。全区林地面积 1783.64 万公顷，森林面积 1471.56 万公顷，人均森林面积达 49000 平方米、居全国第一，活立木总蓄积量为 22.88 亿立方米、居全国之首。人均拥有活立木蓄积量达 762 立方米，森林覆盖率为 11.98%，为全国第五大林区。六是植物资源。全区有野生植物 9600 多种，其中 855 种为西藏特有，高等植物 6600 多种，其中苔藓植物 700 余种，蕨类和种子植物 5700 余种。食用菌有松茸等 415 种，药用菌有灵芝等 238 种。农作物方面，全区有青稞、小麦、玉米、油菜、豆类等品种及约 20 个科、110 余种的蔬菜。七是动物资源。全区有野生脊椎动物 795 种 (其中 125 种为国家重点保护野生动物，占全国重点保护野生动物种类的 1/3 以上，196 种为西藏特有)，其中哺乳动物类 145 种，鸟类 492 种(其中 22 种为西藏特有)，爬行类 55 种，两栖类 45 种，鱼类 58 种；有昆虫近 3759 种、水生浮游动物 760 多种。全区大中型野生动物数量居全国第一位，藏羚羊数量占世界上整个种群数量的 80%以上，黑颈鹤越冬数量占世界上整个种群数量的 80%，野牦牛数量占世界上整个种群数量的 78%。八是湿地资源。西藏拥有各类湿地面积 600 多万公顷，占全区国土面积的 4.9%，名列全国之首，90%以上的湿地保持原生状态，其中玛旁雍错、麦地卡被列入国际重要湿地名录。九是矿产资源。西藏已发现的矿种 (亚种)有 101 种，有查明矿产资源储量的矿种 40 种，矿床、矿点及矿化点 3000 余处。其中发现能源矿产 5 种，有查明资源储量的 3 种；发现金属矿产 30 种，有查明资源储量的 14 种；发现非金属矿产 64 种，有查明资源储量的 21 种；发现水汽矿产 1 种，有查明资源储量的 1 种。全区已发现的优势矿产资源主要有：铜、铬、铅锌银多金属、钼、铁、锑、金、盐湖锂硼钾矿、高温地热、天然矿泉水等，均具有广阔的找矿前景。在查明矿产资源储量的矿产中，铬、铜保有资源储量，盐湖锂矿资源远景及高温地热储量在全国排名第一。

旅游资源及文物古迹 西藏独特的高原地理环境和历史文化，催生了数量众多、类型丰富、品质优异、典型性强、保存原始的旅游资源。全国 165 个旅游资源基本类型中，西藏有 110 个、占 2/3，在全国旅游资源系统中处于不可替代的重要地位。

西藏共有各级各类风景名胜资源点 1424 处，优良以上资源点 99 处，可供旅游者游览的景点 300 多处。已开发 A 级旅游景区 76 处，其中，国家 5A 级 2 处、国家 4A 级 14 处、3A 级 18 处、2A 级 28 处、1A 级 14 处。世界文化遗产 1 处，即布达拉宫—大昭寺—罗布林卡；国家地质公园 3 处，即易贡、札达土林、羊八井；国家级风景名胜区 3 处，即纳木错—念青唐古拉山、雅砻河、唐古拉山—怒江源；国家森林公园 9 个，即巴松措、色季拉、玛旁雍错、然乌湖、姐德秀、班公湖、热振、尼木、比日神山；中国优秀旅游城市 1 座，即拉萨市；国家历史文化名城 3 座，即拉萨、日喀则、江孜；历史文化名镇 2 处，即山南地区昌珠镇、日喀则市萨迦镇；自治区级风景名胜区 16 处；各级自然保护区 47 个，其中国家级 9 个、自治区级 14 个、地县级 24 个，保护区面积占全区国土面积的 34.35%，居全国首位。

西藏境内分布着众多的文物古迹，截至 2014 年底，全区共有包括古遗址、古建筑、古丧葬在内的不可移动文物点 4277 处，已登记各类文物保护单位 1424 处，其中全国重点文物保护单位 55 处，分别是：(1)布达拉宫，西藏现存最大、最完整的古堡建筑群，解放前是历世达赖的冬宫，1994 年被列人世界文化遗产名录，位于拉萨市中心；(2) 大昭寺，2000 年列人世界文化遗产布达拉宫的扩展项目，位于拉萨市中心；(3)哲蚌寺，为藏传佛教格鲁派在拉萨三大寺中的最大寺庙，位于拉萨市西郊；(4)拉让宁巴，位于拉萨市城关区；(5)邦达仓，位于拉萨市城关区；(6)桑珠颇章，位于拉萨市城关区；(7)冲赛康，位于拉萨市城关区；(8)拉鲁颇章，位于拉萨市城关区；(9) 喜德寺，位于拉萨市城关区；(10)门孜康，位于拉萨市城关区；(11)中央人民政府驻藏代表办公处旧址，位于拉萨市城关区；(12)色拉寺，位于拉萨市北郊；(13)罗布林卡，位于拉萨市西郊，解放前为历代达赖的夏宫，2001 年列人世界文化遗产布达拉宫的扩展项目；(14)聂塘卓玛拉康，位于曲水县；(15)小昭寺，位于拉萨市中心；(16)甘丹寺，系藏传佛教格鲁派创始人宗喀巴所建，位于达孜县；(17)平措林寺，位于拉孜县；(18)查木钦墓群，位于拉孜县；(19)萨迦寺，系藏传佛教萨迦派主寺，位于萨迦县；(20)白居寺，位于江孜县；(21)扎什伦布寺，系历代班禅额尔德尼驻锡寺，位于日喀则市；(22)夏鲁寺，位于日喀则市；(23)帕巴寺，位于吉隆县；(24)大唐天竺使出铭、卓玛拉康、曲德寺，位于吉隆县；(25)帕拉庄园，位于江孜县；(26) 江孜宗山抗英遗址，位于江孜县；(27)昌珠寺，位于乃东县；(28)吉如拉康，位于乃东县；(29)达杰林寺，位于乃东县；(30)藏王墓，吐蕃王朝时期藏王的墓葬群，位于琼结县；(31)敏珠林寺，位于扎囊县；(32)松卡石塔，位于扎囊县；(33)康松桑卡林，位于扎囊县；(34)桑耶寺，是西藏的第一座寺院，位于扎囊县；(35)扎塘寺，位于扎囊县；(36)朗赛林庄园，位于扎囊县；(37)拉加里王宫遗址，位于曲松县；(38)仲嘎曲德寺，位于隆子县；(39)拉隆寺，位于洛扎县；(40)贡嘎曲德寺，位于贡嘎县；(41)吉堆吐蕃墓群、门塘·得乌琼石刻，位于洛扎县；(42)色喀古托寺，位于洛扎县；(43)列山墓地，位于朗县；(44)扎木中心县委红楼，位于波密县；(45)卡若遗址，属新石器时代文化遗址，距今已有四五千年的历史，位于卡若区；(46)小恩达遗址，位于卡若区；(47)昌都强巴林寺，位于卡若区；(48)查杰玛大殿，位于类乌齐县；(49)芒康县盐井古盐田，位于芒康县；(50)邦纳寺，位于索县；(51)其多山洞穴岩画，位于班戈县；(52)科迦寺，位于普兰县；(53)托林寺，位于札达县；(54)古格王国遗址，位于札达县；(55)皮央和东嘎遗址，位于札达县。

【人口区划】 截至 2014 年底，全区常住人口为 317.55 万人，同比增加 5.51 万人。其中，城镇人口81.77 万人，占总人口的 25.75%；乡村人口 238.78 万人，占总人口的 74.25%。人口出生率为 15.76‰，死亡率为 5.21‰，自然增长率为 10.55‰。

西藏是以藏族为主体的少数民族自治区，全区有汉族、门巴族、珞巴族、回族、纳西族等 45 个民族及未识别民族成分的僜人、夏尔巴人，其中藏族和其他少数民族占 95.74%。截至 2014 年底，西藏自治区行政区划设置为：4 个地级市、3 个地区，即拉萨市、日喀则市、山南地区、林芝市、昌都市、那曲地区、阿里地区；74 个县(区)；694 个乡镇(街道办事处)，其中乡 544 个、镇 140 个、街道办事处 10 个；5465 个行政村(居委会)，其中，行政村 5256 个、居委会 209 个。

【自然灾害】 雪灾 2014 年 12 月 13–14 日，受南部暖湿气流和北部冷空气共同影响，日喀则地区聂拉木县出现暴雪天气。截止 17 日累计降水量为 84.2 毫米，最大积雪深度达 46 厘米。强降雪导致聂拉木县乃龙乡、亚来乡、波绒乡 113 只(头)牲畜死亡。

2014 年 2 月 14–16 日，西藏西南部地区出现降雪天气，聂拉木县出现强降雪，并伴有大风。截止到 17 日 08 时累计降雪量达 41 毫米，积雪深度 30 厘米，局地积雪深度约 80 厘米，最大风速达 22 米/秒。强降雪和大风天气导致聂拉木高压线断落、农行屋顶铁皮掀掉、气象局住宿及办公楼玻璃门严重受损，全县从 14 日晚开始停电，供水严重不足。

冰雹、洪涝、泥石流 4 月 9–13 日，林芝地区波密县通麦镇出现连续性降水，累计降水量达 25 毫米。4 月 13 日 08 时 58 分川藏公路 318 国道通麦大桥附近处塌方，塌方面积 300 立方米，致使 318 国道交通中断。

5 月 22 日，由于出现持续升温天气，加快了融雪速度，5 月 21 日 18:30 时左右，丁青县境内的嘎曲河河水上涨，危及到在嘎曲河上在建的巴登电站的施工围堰，给巴登水电站施工单位造成了一定的经济损失，并影响工程工期。

6 月，山南地区隆子县多日夫雪山发生融雪性山洪，加玉乡 6 头牦牛被山洪冲走，直接经济损失达 3.5 万元；加查县 1 头牦牛、1 台手扶拖拉机被泥石流冲走，直接经济损失约 1.2 万元；0.34 公顷农作物绝收，冲毁乡村公路约 330 米，桥墩和部分民房出现裂缝。林芝地区波密县 2.7 公顷农田，2 根电线杆，2 座小型木桥和 550 米乡村道路被洪水冲毁；318 国道波密县通麦 105 道班水文站附近发生山体滑坡，塌方量约为 7000 立方米，致使 318 国道通行中断；墨脱县格当乡饮水工程管道(长约 30 米)、取水口、蓄水池、25 亩农田被冲毁，18 户 101 人因灾出现饮水困难。

7 月，山南地区隆子县公国村 86 间房屋受损，2.1 公顷农田被淹，一头牦牛冲走；1.9 公顷青稞和 0.17 公顷油菜绝收；曲松县洛村泽、曲松村 53 公顷青稞、油菜等农作物被淹；浪卡子县阿扎乡、多却乡 10 公顷农田绝收，部分乡村公路和防洪坝被冲毁，直接经济损失 30.4 万元；加查县 7 户村民房屋倒塌；贡嘎县 87 户 520 人受灾，23 间房屋受损，部分乡村道路被冲毁，农田 9.95 公顷，绝收 0.47 公顷，直接经济损失约 32.47 万元；隆子县、贡嘎县、加查县 64 户 319 人受灾；4 间房屋受损；24 公顷农田受灾，其中绝收 1 公顷，直接经济损失约 14.46 万元；桑日县、贡嘎县、加查县 38 户 84 人受灾，房屋受损 26 间，农田受灾 3.5 公顷，其中绝收 1.6 公顷，重灾 0.7 公顷，部分乡村道路、桥梁、防洪坝 1300 米、灌溉水渠 1700 米被冲毁，直接经济损失 9.5 万元。林芝地区工布江达县 5.5 公顷农田受灾；波密县 1.13 公顷农田青稞倒伏；米林县冲垮灌木林 0.6 公顷，冲毁 306 省道 151 路段 90 米。拉萨市尼木县 200 户 1311 人受灾，部分乡村道路、涵洞、桥梁被冲毁，29 公顷农田受灾，其中绝收 18.5 公顷；6 间房屋受损、存粮受损 0.6 万斤，冲走牲畜 42 只，1 头牛死亡，冲毁渠道 4570 米，一处变压器烧坏，部分麦场、草地、林地被淹没，藏香作坊受损严重；吞巴旅游景区部分路段、堤坝被冲毁，35 平方的老式建筑倒塌，景区经济损失约 110 万元。日喀则地区定日县岗嘎镇 1.04 公顷农田受灾，7 只羊被冻死；白朗县嘎东镇 1206 户 7460 人受灾，农田 282 公顷，其中绝收 6.7 公顷、农田积水 270 公顷、冰雹灾害 6 公顷，房屋受损 207 间，牲畜死亡 416 只，农田灌溉水渠决口 1465 米，冲毁水渠 1310 米、防洪坝 753 米、乡村道路 3 公里；江孜县热龙乡 0.4 公顷农田被淹，其中绝收 0.17 公顷。

8月，山南地区贡嘎县477户1941人受灾，农田45.3公顷，17间房屋和4间羊圈倒塌，9间处于危房状态，直接经济损失约133.88万元；琼结县52户受灾，6间房屋受损，农田15.8公顷，其中油菜绝收11.5公顷、春小麦重灾3.9公顷、冬小麦重灾2.8公顷，村级公路、河提、水塘被冲毁，直接经济损失85.34万元；加查县洛林乡加热村1间房屋倒塌；浪卡子县133户587人受灾，农田38.7公顷，其中绝收20.3公顷，重灾14.9公顷；6-8月，隆子镇30间房屋受损严重。拉萨市尼木县约280米的318国道、部分乡村公路、桥基被冲毁，10公顷草场被淹没，18辆摩托车与1辆拖拉机被困。日喀则地区定日县农田受灾46.4公顷，其中绝收17.47公顷。

9月，强降水和冰雹天气造成日喀则地区定日县岗嘎镇6个村178户60.69公顷农田受灾。山南地区隆子县热荣乡且康村、才麦村3户7间房屋不同程度受损；隆子镇忙措村、新巴村221户受灾，7户房屋受损，35.6公顷农田被淹。冰雹天气造成定日县协格尔镇白坝村72户362人受灾，14.95公顷农作物受灾，直接经济损失7.9万余元；鲁鲁辖村49户388人受灾，27.67公顷农作物受灾，直接经济损失5.8万余元。山南地区贡嘎县朗杰学乡朗达村96户514人受灾，农作物受灾面积30.06公顷；甲竹林镇甲日村58户348人受灾，农作物受灾面积6.46公顷。短时强降雨天气导致日喀则地区江孜县康卓乡卓帕村0.05公里路段被冲毁。

雷电　6月，山南地区隆子县日当镇卡当村奥热雄放牧点2头牦牛死亡，重伤2头，直接经济损失约1.4万元；拉萨市慈觉林村三组一名放羊人遭雷击死亡，两名受伤。8月，山南地区贡嘎县杰德秀秀吾村1户(6人)民房遭雷击，4间房屋成为危房。

9月，雷击造成山南地区加查县洛林乡岗雪巴村5头牦牛死亡，直接经济损失3.5万元。

风灾　2014年2月9日，日喀则地区江孜县出现了大风天气，最大风速达26.8米/秒。江孜县康卓乡岗古村一户200平方米阳光板被大风卷走。

2月17日，错那县出现18米/秒大风天气，造成财政局办公房屋顶铁皮被掀翻，县气象局职工住宿区电路、闭路线被切断。

干旱　4月份以来，昌都地区八宿县以晴热少雨天气为主，降水量较常年偏少8成，气温偏高。全县农牧区持续干旱，部分乡镇作物绝收，其中该县同卡镇农田受灾面积达332.4公顷。

5-6月，山南地区贡嘎县高温少雨造成吉雄镇、甲竹林镇、岗堆镇、朗杰学乡四个乡镇626公顷农田出现不同程度的虫灾；拉玉乡、下水乡出现不同程度农田旱、虫灾，其中旱灾836公顷，虫灾46公顷。

5月中旬以来，昌都地区芒康县气温持续偏高，降雨量少，旱灾涉及戈波乡、徐中乡、曲登乡350户140公顷农田，直接经济损失约45万元左右；洛隆县各乡镇旱灾总面积达到148公顷。截止6月20日，昌都地区旱灾总面积达到3011公顷，占全地区春播面积的6.71%。

作物病害　6-7月，林芝地区波密县古乡嘎朗村0.6公顷农田青稞倒伏，2.1公顷油菜和0.6公顷小麦发生黑锈病。7-8月，山南地区贡嘎县岗堆镇普雄村13公顷农作物发生病害，直接经济损失约5.97万元；林芝地区波密县松宗镇栋曲村麦田发生严重倒伏和霉变，27公顷农田受灾，其中重灾12.3公顷，直接经济损失23万元；倾多镇朱西村成熟期青稞倒伏、发芽，受灾面积24公顷。

其它灾害　1月16日，林芝地区波密县通麦至排龙段发生森林火灾，过火面积约300~400平方米。

10月，阵雪天气加之早晚温差大，国道317索县亚拉镇附近公路旁结冰土质山体融化塌方，部分道路中断，导致50辆汽车、70人受阻。

【环境综述】　2014年，全区环境保护工作围绕国家生态安全屏障和美丽西藏建设，以打好“生态文明体制改革、环境监管执法、生态文明宣教、环境保护考核”四大战役为重点，扎实推进生态保护、污染防治、辐射环境管理等工作，环境保护优化发展的能力和水平不断提升。一是生态环境保护工作顺利推进。自治区人民政府审批了《生物多样性保护战略与行动计划》；启动了生态红线划分和环境功能区规划编制工作；全面实施《西藏生态安全屏障保护与建设规划》3大类10项工程。二是环境监管执法深入开展。会同工信、国土、住建等9部门联合开展了环保专项行动，对5个重点领域的346个企业进行了检查。三是生态文明宣教成效明显。自治区组成了西藏生态文明建设巡回宣讲团分赴7地（市）及14个县，对7000余名干部群众和学校师生进行了一次全面的生态文明建设宣传教育。四是建立了环保考核工作机制。《西藏自治区环境保护考核办法》的出台，建立了环境保护与财政转移支付挂钩的奖惩机制。五是环境监测能力全面提升。7地(市)环境监测站全部通过计量认证，结束了地市环境监测站不能独立开展环境监测工作的历史。

2014年，全区化学需氧量、氨氮、二氧化硫和氮氧化物排放总量控制在国家核定的范围内。纳入监测的河流、湖泊，断面水质均达到或优于《地表水环境质量标准》(GB 3838-2002)Ⅲ类标准；地级以上城镇集中式饮用水水源地水质达标率为100%。74个县(区)政府所在地环境空气质量均达到《环境空气质量标准》二级标准；拉萨市在全国74个重点城市中空气质量排名第三位。全区环境质量持续保持在良好状态。

【环境状况】 **水环境** 2014年，全区主要江河、湖泊水质状况保持良好，达到国家规定相应水域的环境质量标准。

主要江河水系 2014年，雅鲁藏布江、怒江、澜沧江等主要江河干流水质达到《地表水环境质量标准》(GB 3838-2002)Ⅱ类标准；拉萨河、年楚河、尼洋河等流经重要城镇的河流水质达到《地表水环境质量标准》(GB 3838-2002)Ⅲ类标准；发源于珠穆朗玛峰的绒布河水质达到《地表水环境质量标准》(GB 3838-2002)Ⅰ类标准。

湖泊 2014年，羊卓雍错、纳木错等重点湖泊水质总体达到《地表水环境质量标准》(GB 3838-2002)Ⅰ类标准。

城市集中式饮用水水源地 全区七地(市)行署(政府)所在地城镇的21个饮用水水源地水质总体保持良好，均达到《地下水质量标准》(GB/T 14848-1993)Ⅱ类标准和《地表水环境质量标准》(GB 3838-2002)Ⅲ类标准。

废水中主要污染物排放量 2014年，全区化学需氧量(COD)排放总量为27917吨，氨氮(NH3-N)排放总量为3441吨，控制在国家核定的范围内。

措施与行动 2014年，山南地区泽当镇生活污水处理设施及收集系统工程已基本建成；拉萨市（二期）、日喀则市、八一镇、狮泉河镇、那曲镇、亚东县、樟木镇等生活污水处理厂正在建设；拉萨市林周县和墨竹工卡县县城污水人工湿地处理试点项目开工建设。2014年，开展了全区74个县(区)地表水环境质量监测。组织开展了拉萨市4个饮用水水源地环境状况评估。落实专项资金2634.6万元，实施了19个城镇集中式饮用水水源地环境保护工程。完成了31个城镇集中式饮用水水源地环境保护工程验收。落实资金3000万元，实施了20个重点县300个农村饮用水水源地环境保护项目。

大气环境 2014年，全区主要城镇大气环境质量整体保持优良。拉萨市环境空气质量达到《环境空气质量标准》(GB 3095-2012）二级标准；桑珠孜区、泽当镇、八一镇、卡若区、那曲镇、狮泉河镇环境空气质量均达到《环境空气质量标准》(GB 3095-1996)二级标准。

重点城市空气质量 2014年，拉萨市环境空气质量达到《环境空气质量标准》(GB 3095-2012）二级标准。

二氧化硫（SO2）日均值介于0.005~0.020毫克/立方米之间，年均值为0.010毫克/立方米。二氧化氮（NO2）日均值介于0.006~0.051毫克/立方米之间，年均值为0.020毫克/立方米。一氧化碳(CO)日均值介于0.3~2.1毫克/立方米之间，年评价为24小时平均第95百分位数浓度为1.8毫克/立方米。二氧化硫、二氧化氮、一氧化碳均达到《环境空气质量标准》(GB 3095-2012）一级标准浓度限值。

可吸入颗粒物(PM10)日均值介于0.020~0.238毫克/立方米之间，年均值为0.059毫克/立方米。细颗粒物（PM2.5）日均值介于0.009~0.076毫克/立方米之间，年均值为0.025毫克/立方米。臭氧(O3)日最大8小时平均值介于0.054~0.176毫克/立方米之间，年评价为日最大8小时平均第90百分位数浓度为0.134毫克/立方米。可吸入颗粒物、细颗粒物、臭氧均达到《环境空气质量标准》(GB 3095-2012）二级标准浓度限值。

降尘量平均为8.37吨/(平方千米/30天)。

按空气质量指数(AQI)统计，拉萨市全年环境空气质量优良天数达

356天，占97.54%，轻度污染占2.46%。2014年，拉萨市在全国74个重点城市中空气质量排名第三位。

主要城镇空气质量 2014年，6地(市)行署(政府)所在地城镇，二氧化硫（SO2）日均值介于0.001~0.070毫克/立方米之间，二氧化氮（NO2）日均值介于0.001~0.072毫克/立方米之间，均达到《环境空气质量标准》(GB 3095-1996）一级标准浓度限值；可吸入颗粒物日均值介于0.002~0.315毫克/立方米之间，均达到《环境空气质量标准》(GB 3095-1996)二级标准浓度限值。

2014年，按照《环境空气质量标准》(GB 3095-1996）评价，6地(市)行署(政府)所在地城镇空气质量优良率分别为：桑珠孜区99.7%、八一镇100%、泽当镇97.8%、卡若区90.7%、那曲镇95.9%、狮泉河镇99.5%。全年主要污染物为可吸入颗粒物，其原因主要是冬春季节降水少、气候干燥、大风及城镇基础设施建设等因素导致空气中浮尘增加。

珠穆朗玛峰区域空气质量 2014年，珠穆朗玛峰区域环境空气质量继续保持在优良状态，达到《环境空气质量标准》(GB 3095-1996）一级标准。

酸雨 2014年，拉萨市降水pH值介于7.5-7.7之间，未出现酸雨。

废气中主要污染物排放量 2014年，全区二氧化硫(SO2)排放总量为4250吨，氮氧化物(NOx）排放总量为48344吨，控制在国家核定的范围内。

措施与行动 2014年，落实中央主要污染物减排专项资金984万元，对六地(市)行署(政府)所在地的12个空气自动监测子站进行了升级改造，增加了细颗粒物(PM2.5)、臭氧(O3)、一氧化碳(CO)监测能力。全区七地(市)实现与国家联网并实时发布城镇空气质量监测数据。开展了全区74个县(区)环境空气质量监测工作。积极落实《大气污染防治行动计划》，印发了《〈大气污染防治行动计划〉实施细则》、制定了相关工作实施方案，重点推进机动车污染防治工作，淘汰黄标车及老旧车辆3824辆。加强重点行业废气治理，对全区现役两家新型干法水泥生产企业实施了烟气脱硝技术改造。全区销售的汽、柴油达到国Ⅳ标准。拉萨市推广使用新型环保公交车。全区大力发展沼气、太阳能等清洁能源。2014年，全区共建成5000座农村户用沼气池、17个服务网点和5个大型沼气设施。全区新建并网光伏电站3座，装机容量5万千瓦。

声环境 2014年，拉萨市环境噪声声源构成中，道路交通、建筑施工、生活娱乐噪声仍占主导地位。

现状 2014年，拉萨市功能区环境噪声昼夜等效声级范围为：1类区昼间介于34.5~53.8分贝之间，未超标；夜间介于29.4~49.6分贝之间，超标率为19%。2类区昼间介于42.0~66.5分贝之间，超标率为38%；夜间介于31.8~59.4分贝之间，超标率为61%。4a类区昼间介于48.4~66.9分贝之间，未超标；夜间介于42.8~65.9分贝之间，超标率为50%。

2014年，拉萨市城市道路交通声环境较好，等效声级介于60.5~73.2分贝之间，年均值为67.9分贝，年均值较上年上升1.6%。测定道路总长度为52.95千米，超标路段达8.95千米，超标率为17%。

措施与行动 2014年，全区持续开展公共场所噪声污染专项治理，推进夜间建筑施工噪声污染防治，在噪声扰民的多发季节，充实执法力量进行集中查处。加大了施工和娱乐噪声扰民问题的监管与查处力度。继续开展全区中高考期间噪声污染控制与监督检查。

固体废物 全区固体废物主要为工业固体废物、生活垃圾和危险废物(医疗废物)等。

状况 2014年，全区工业固体废物产生量为383万吨、7地（市）行署(政府)所在地城市生活垃圾产生量为37.6万吨、危险废物(医疗废物)产生量为0.1万吨。城市生活垃圾处理率为100%。

措施与行动 2014年，进一步加强了采选矿企业工业固体废物处置的环境监管。对407家固体废物产生企业进行了申报登记。对全区7地(市)14家报废机动车回收拆解企业、29家废品回收企业以及自治区危险废物集中处置中心和6地(市)医疗废物集中处置中心进行了现场检查。萨嘎县等15个县城生活垃圾处置设施已建成；达孜县等10个城镇生活垃圾收集、转运、处置设施及拉萨市生活垃圾填埋场二期工程正在建设。截至2014年底，全区共有56座城镇生活垃圾填埋场建成投入使用。山南地区医疗废物集中处置中心通过竣工环保专项验收和终验。自治区危险废物集中处置中心及林芝、阿里地区医疗废物集中处置中心投入试运行。日喀则、昌都、那曲三地市医疗废物集中处置中心完成工程建设。

辐射环境 2014年，全区辐射环境质量良好。

状况 全区17家放射源使用单位和154家射线装置使用单位依法取得辐射安全许可证，940台(套)射线装置和90枚放射源均处于安全监管状态。自治区城市放射性废物库运行正常，所有废旧放射源安全收贮。环境地表γ空气瞬时剂量率介于43.5—198.6纳戈瑞/小时之间。水体、土壤、气溶胶样品放射性水平保持在天然本底涨落范围内。公共电磁辐射环境符合国家标准。

措施与行动 2014年，开展了全区27个国控网点、39个区控点和1个宇宙射线点位的辐射环境监测，获得辐射环境常规监测数据3090个，出具监测报告12份。对15家涉源单位、6家矿山和9家射线装置单位进行了监督性监测，获得监测数据2492个。

草地/森林/湿地 草地 2014年，全区共有天然草地面积8800万公顷，其中，可利用天然草地面积7700万公顷。

森林 全区现有森林1684.86万公顷，森林覆盖率14.01%。全区森林面积居全国第5位，森林蓄积居全国第1位。

湿地 全区湿地652.9万公顷，约占全区国土面积的5.31%，并拥有世界上独一无二的高原湿地。

措施与行动 2014年，全面落实草原生态保护补助奖励机制，实行禁牧补助和草畜平衡奖励等措施，草原超载过牧现象得到有效遏制。落实资金54083.4万元，实施了退牧还草工程，其中，休牧围栏910万亩，退化草地补播275万亩，人工饲草地建设2万亩，舍饲棚圈22842座。全区共完成植树造林和封山育林124万亩，新封育面积75.8万亩。“两江四河”流域造林绿化工程规划编制完成，日喀则南木林县艾玛岗试点工作成效明显。继续实施长江上游天然林资源保护工程，建设生态公益林3.3万亩。投入资金1850万元，完成退耕还林、荒山荒地造林和封山育林10万亩。继续实施森林生态效益补偿机制，对全区7地（市)65个县（区)的1011.27万公顷国家重点公益林进行了有效管护。实施了拉萨周边湿地生态功能保护区和日喀则城郊湿地保护与恢复建设项目；落实资金2861万元，实施了马泉河湿地保护与恢复工程；落实资金3000万元，实施了雅江中游河谷黑颈鹤保护区湿地生态效益补偿试点项目；落实资金1600万元，实施了拉姆拉错、朱拉河、嘉乃玉错、麦地卡、玛旁雍错等湿地保护与恢复项目；落实双湖、日土、安多等3县湿地保护奖励资金1500万元。

生物多样性 西藏是世界上生物多样性最为丰富的地区之一，是生物多样性重要基因库。

物种 西藏有野生植物9600多种，高等植物6600多种(其中，维管束植物5700多种，苔藓植物700多种），隶属270多科，1510余属，有855种为西藏特有。有特殊用途的藏药材300多种。有212种珍稀濒危野生植物列入《濒危野生动植物种国际贸易公约》附录。西藏动物种类极为丰富。野生脊椎动物795种，已有125种列为国家重点保护野生动物，占全国重点保护野生动物的1/3以上，有196种为西藏特有。西藏野驴、野牦牛、藏羚羊等为我国特有的珍稀保护动物，滇金丝猴、野牦牛、藏羚羊、黑颈鹤等45种为国家一级重点保护野生动物。此外，西藏还有多种特殊的裂腹鱼类，其种类和数量均占世界裂腹鱼类的90%以上；鸟类492种，有22种为西藏特有鸟类；昆虫类近3759种。据初步统计，西藏水生生物中的浮游动物760多种，其中，原生动物458种，昆虫208种，鳃足类56种。水生植物中硅藻类共计340种。

自然保护区 截至2014年底，全区已建立各类自然保护区47个(其中，国家级9个，自治区级14个，地市县级24个)，保护区总面积41.22万平方公里，占全区国土面积的34.35%。

生态功能保护区 截至2014年底，全区已建立各类生态功能保护区22个(其中，国家级1个)。

措施与行动 2014年，《西藏自治区生物多样性保护战略与行动计划》通过自治区人民政府的审批。实施濒危物种救护繁育项目5个。落实生态功能保护区建设资金0.7亿元，完成了拉萨河源头生态功能保护区和雅鲁藏布江源头生态功能保护区项目前期工作。投入资金1亿元，对拉鲁湿地国家级自然保护区内居民实施了搬迁，编制完成了《西藏自治区拉鲁湿地三期工程可行性研究报告》。实施了纳木错、羊卓雍错生态环境保护试点项目建设。组织编制了纳木错国家公园试点规划及实施方案。落实资金2998万元，启动了羌塘保护区建设项目；落实类乌齐、芒康、羌塘、珠峰、雅江大峡谷、慈巴沟等6个保护区补贴资金1500万元。

生态保护 2014年，启动了全区生态环境功能区规划编制和生态红线划定工作。首次开展了全区74个县(区)的环境保护考核工作。继续实施《西藏生态安全屏障保护与建设规划》，落实资金7.9亿元，开展3大类10项工程。积极争取各类生态补偿资金39.55亿元，其中，落实森林生态效益补偿资金7.72亿元、草原生态保护补助奖励资金20.39亿元、重要湿地生态补偿资金6100万元、国家重点生态功能区转移支付资金达10.83亿元。国家重点生态功能区转移支付范围由8个县增加到18个县。拉萨、林芝、山南、那曲四地(市)开展了国家环境保护模范城市、生态林芝、生态美好模范区和生态草原地区创建工作。拉萨市被评为国家环境保护模范城市，林芝、山南被批准为国家生态文明先行示范区。2014年，全区共有2个县、16个乡镇和204个行政村新命名为自治区级生态县、生态乡镇、生态村。

项目管理 2014年，自治区印发了《关于进一步加强规划环境影响评价工作的通知》和《关于加强农村公路项目建设环境保护工作的意见》，进一步加强了规划和建设项目的环境影响评价工作。

组织审查了《藏青工业园总体规划》等16个规划的环境影响评价文件。全区环境保护行政主管部门共审批各类建设项目环境影响评价文件5004份。对395个项目进行了竣工环保专项验收。

落实环评限批制度，对那曲地区继续实行涉矿项目区域限批，对被自治区人民政府列为继续挂牌督办的矿产资源开发企业实行企业限批。在全区水电、交通、矿产资源开发等重点项目中实施环境监理制度。

污染减排 2014年，全区主要污染物排放总量控制在国家核定的范围内，年度国家重点减排项目均已开工建设。圆满完成了国务院下达给我区的黄标车年度淘汰任务。对5家重点监控企业进行了清洁生产审核。落实资金655万元，以“以奖促治”的方式支持4家企业开展重金属污染防治工作。

监管执法 2014年，对大气污染防治、城镇环境基础设施建设、集中式饮用水水源地、农村公路建设、矿产资源开发、辐射环境等6个重点领域的349个企业(项目)进行了专项检查。对各地市环评审批、排污费征收和环境监理工作开展情况进行了专项稽查，就重点监控(监督)企业环境保护、挂牌督办企业（项目）整改进展情况和基层环保部门环境执法监察工作进行了专项督查。针对检查发现的问题，责令23家企业限期整改。强化了拉日铁路、拉林高等级公路等重点建设项目和水电、旅游、矿产等重点资源开发项目的全过程环境监管。加大了对电力、无线通信、广播电视等行业电磁环境的监管力度，开展了通信基站电磁辐射专项检查，摸清了全区通信基站底数。全区各级环保部门出动环境执法人员4000余人次、车辆1392台次，检查企业(项目)近2000家次。全区环保部门受理环境信访事项236件，其中，受理来电223件，办理来信来访13(批)件，办结率100%。

环境宣教 2014年，组织开展了西藏生态文明建设巡回宣讲活动，对7地(市)及14个县近7000余名干部群众和学校师生进行生态文明建设宣传教育。利用环境日、地球日等开展了“环保一条街”、手机环保短信、亚车队环保骑行、环保手工艺品展等形式多样内容丰富的环保宣传活动。发布了《2013年西藏自治区环境状况公报》。组织举办了“生态文明·美丽西藏”摄影展。通过专题讲座、培训辅导、学习研讨等形式，在全区环保系统开展了以新《环境保护法》为主的环保法律知识学习和宣传活动。

2014年，共接待国内外来访团组18批次，新华网、中国环境报、西藏日报等媒体宣传报道西藏环境保护的相关文章达300多篇。编发西藏环保信息390条。出版发行《西藏环境》4期。在西藏自治区环境保护厅门户网站公开发布信息2174条。

监测科研 2014年，自治区环境监测中心站通过了国家级计量认证复审，7地市环境监测站通过自治区级计量认证。开展了环境质量监测、饮用水水源地水质监测、重点污染源监督性监测、国界河流（湖泊)水质监测等工作，及时发布了重点城镇环境空气质量信息。开展了珠峰、纳木错、羊卓雍错典型区域环境质量监测，青藏铁路运营期、拉日铁路建设期环境质量监测。对西藏自治区环境保护考核工作抽查的37个县(区)县城地表水和环境空气质量进行了监测。2014年共取得各类监测数据10万余个,编制各类监测报告256份。

申扎生态监测站投入使用 自治区草地资源监测中心、山南生态监测站、5个野生动物疫源疫病监测站、2个水土保持监测分站等项目开工建设。

开展了西藏生态安全屏障保护与建设工程建设成效综合评估工作,形成了《西藏生态安全屏障保护与建设工程建设成效综合评估报告(2008-2014年)》。编制了《西藏生态安全屏障生态监测技术规范》。开展了县城生活污水人工湿地处理技术研究和拉萨市环境空气颗粒物来源分析研究。

队伍建设 全区共有各级环保机构136个,专兼职环保人员890人。2014年,组织培训干部和专业技术人员600余人次。

在全国环保系统的支持援助下,环保部为西藏自治区选派了15名专业技术人员开展技术援藏工作。在环保部西南督查中心的支持帮助下,重庆市、四川省、贵州省监测部门派出13名专业技术人员分赴拉萨等6地(市)帮助开展计量认证工作。

西藏自治区 2014 年 国民经济和社会发展统计公报

西藏自治区统计局国家统计局西藏调查总队

2014 年，是西藏自治区实施“十二五”规划的关键之年，自治区党委、政府团结带领全区各族人民，认真贯彻党的十八大和十八届三中、四中全会精神，深入贯彻落实科学发展观，贯彻落实习近平总书记系列重要讲话精神，坚持稳中求进的工作总基调，统筹推进，稳增长、调结构、促改革、惠民生，统筹做好改革发展稳定各项工作，经济运行呈现出“总体平稳、稳中有增、增中提质”的良好态势。

一、综合

初步核算，2014 年，实现全区生产总值(GDP)920.83 亿元，按可比价格计算，比 2013 年增长 10.8%。其中：第一产业增加值 91.57 亿元，增长 4.2%；第二产业增加值 336.84 亿元，增长 14.6%；第三产业增加值 492.42 亿元，增长 9.5%。人均地区生产总值 29252 元，增长 9.1%。

在全区生产总值中，第一、二、三产业增加值所占比重分别为 9.9%、36.6%、53.5%，与 2013 年相比，第一产业比重降 0.4 个百分点，第二产业提高 0.7 个百分点，第三产业下降 0.2 个百分点。

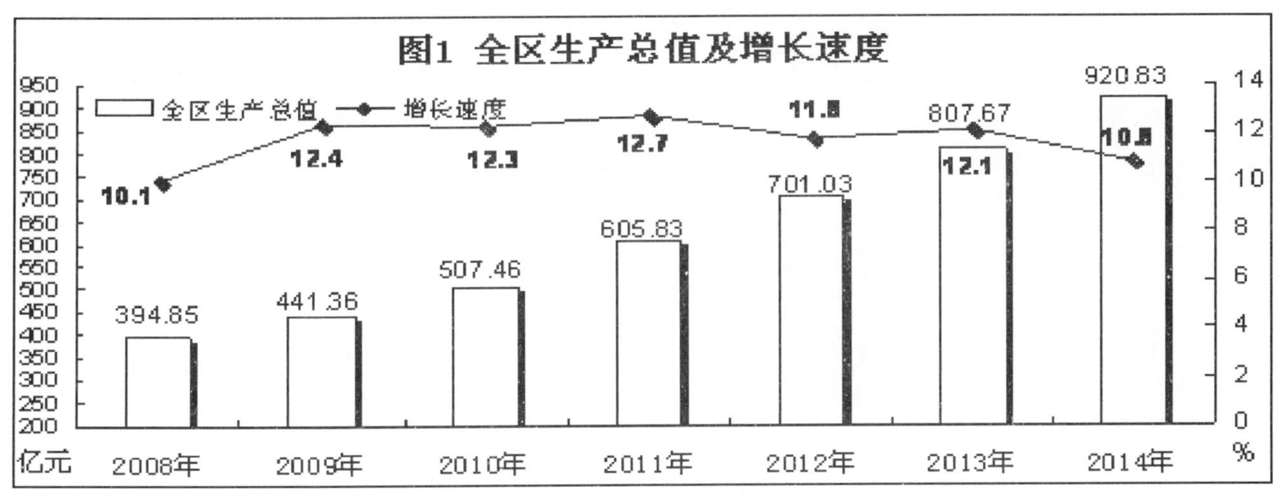

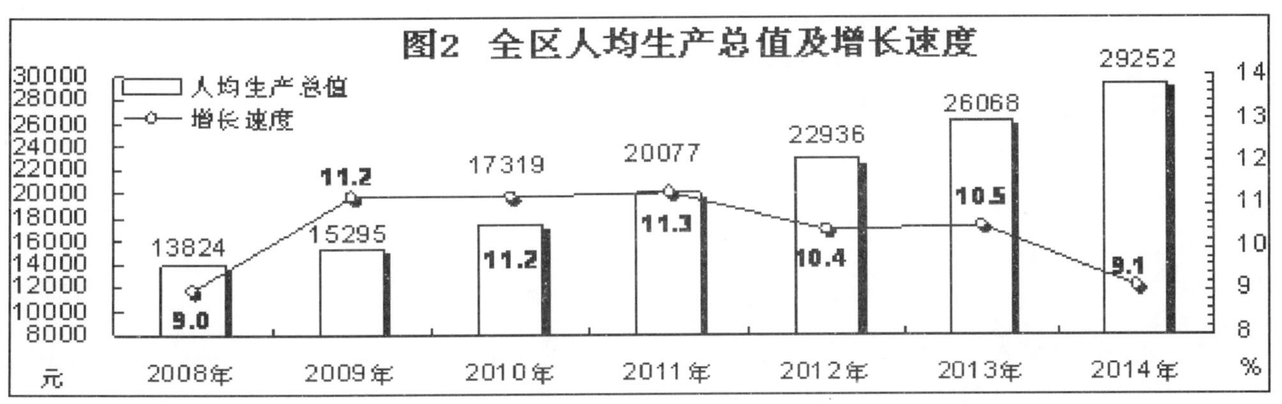

全区居民消费价格总水平比 2013 年上涨 2.9%。其中：城市上涨 3.3%，农村上涨 2.5%。服务项目价格上涨 2.9%，消费品价格上涨 2.9%。从居民消费价格构成大类看，食品类、烟酒类、衣着类、家庭设备用品及维修服务类、医疗保健及个人用品类、交通和通讯类、娱乐教育文化用品及服务类和居住类，分别比 2013 年上涨 5.3%、0.1%、2.3%、1.3%、1.0%、0.6%、1.7%和 2.4%。商品零售价格上涨 2.2%。农业生产资料价格上涨 0.9%。工业品出厂价格下降 1.0%。

表 1 消费价格变化情况(上年=100)

年份	2008	2009	2010	2011	2012	2013	2014
居民消费价格指数	105.7	101.4	102.2	105.0	103.5	103.6	102.9
城市	105.7	101.5	102.2	105.2	103.6	103.5	103.3
农村	105.7	101.3	102.2	104.7	103.4	103.6	102.5
服务项目价格指数	102.6	101.0	101.5	104.3	102.0	102.7	102.9
消费品价格指数	106.4	101.5	102.3	105.2	103.9	103.8	102.9
食品	112.1	103.9	104.5	109.1	106.9	107.7	105.3
烟酒及用品	102.3	101.9	101.1	102.7	101.5	100.2	100.1
衣着	103.1	101.6	102.1	102.8	104.3	102.2	102.3
家庭设备用品及维修服务	102.3	99.3	100.6	101.9	101.5	100.5	101.3
医疗保健及个人用品	102.7	101.4	101.2	102.8	100.9	100.2	101.0
交通和通信	101.3	97.0	99.8	102.2	101.2	100.4	100.6
娱乐教育文化用品及服务	99.0	99.1	99.7	100.7	100.3	101.4	101.7
居住	106.6	100.0	102.8	106.3	101.4	102.5	102.4
商品零售价格指数	103.9	99.5	101.0	103.7	102.9	103.0	102.2
城市	104.1	99.5	101.0	103.9	103.1	103.3	102.4
农村	103.5	99.6	101.0	103.3	102.5	102.5	101.9
农业生产资料价格指数	103.2	99.1	100.6	102.6	101.6	101.8	100.9

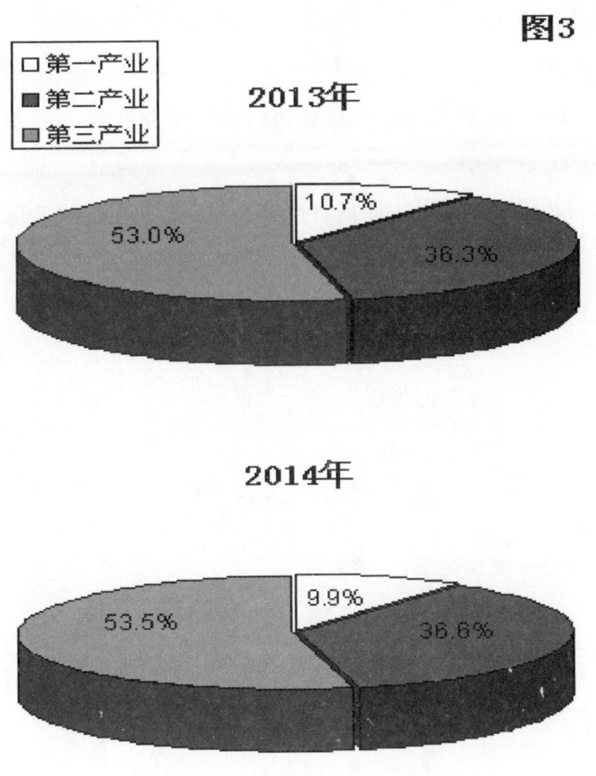

二、农牧业

全年农作物种植面积 250.87 千公顷，比 2013 年增加 2.3 千公顷。其中：青稞面积 125.19 千公顷，比 2013 年增加 1.34 公顷；小麦面积 36.92 千公顷，减少 0.89 千公顷；油菜籽面积 24.36 千公顷，增加 0.02 千公顷；蔬菜面积 23.77 千公顷，减少 0.09 千公顷。全年实现粮食总产量 97.97 万吨，比 2013 年增长 1.9%；油菜籽 6.34 万吨，增长 0.1%；蔬菜 68.21 万吨，增长 1.8%。年末牲畜存栏总数 1861.44 万头(只、匹)，比 2013 年减少 86.87 万头(只、匹)。其中：牛 594.16 万头，减少 4.70 万头；羊 1189.51 万只，减少 82.91 万只。全年猪牛羊肉产量达 28.62 万吨，比 2013 年下降 2.0%；奶类产量 34.06 万吨，增长 4.8%。

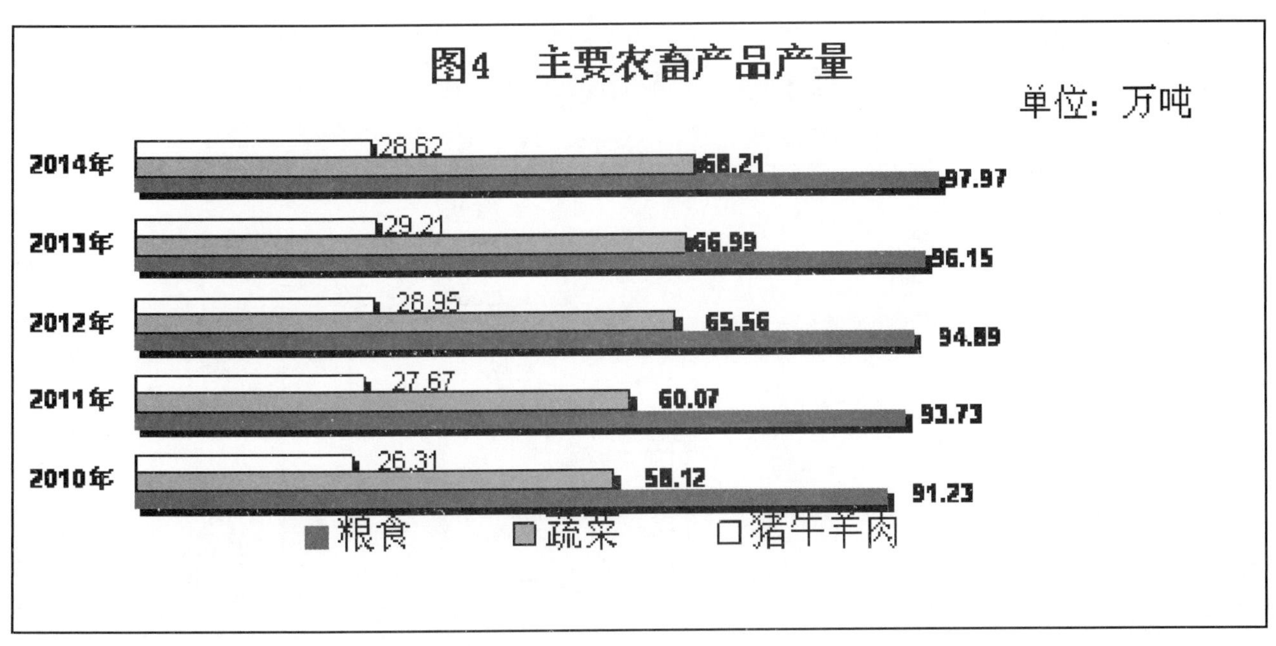

三、工业和建筑业

全年全部工业实现增加值66.16亿元,比2013年增长9.3%。规模以上工业企业实现增加值48.87亿元,比2013年增长6.0%。其中:轻工业实现增加值18.87亿元,增长18.3%;重工业实现增加值30.00亿元,与2013年持平。国有控股企业全年实现增加值19.02亿元,比2013年增长3.0%。按登记注册类型分,国有企业实现增加值0.11亿元,下降22.6%;集体企业实现增加值0.58亿元,下降3.4%;股份制企业实现增加值44.85亿元,增长7.2%;外商及港澳台企业实现增加值3.31亿元,下降5.0%;其他经济类型企业实现增加值0.03亿元。

全年规模以上工业企业实现利润总额12.44亿元,比2013年增长89.2%。国有控股企业全年亏损4.70亿元,比2013年下降4.2%。其中:股份制企业实现利润10.49亿元,增长1.2倍。外商及港澳台企业实现利润1.71亿元,增长4.1%;集体企业实现利润0.22亿元,增长19.7%;规模以上工业企业产品销售率94.4%。

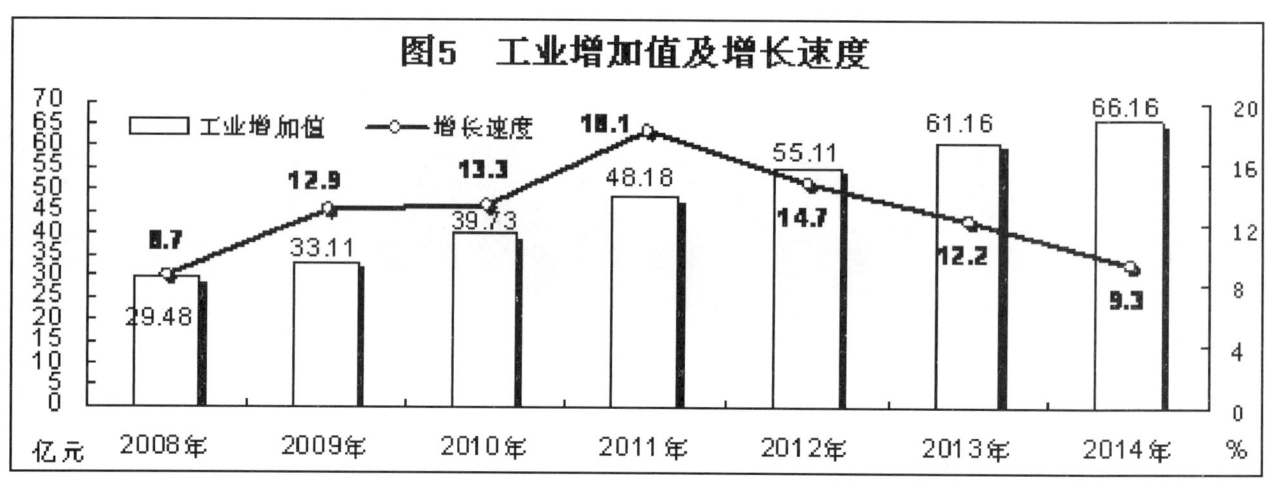

全年规模以上工业企业完成水泥产量342.25万吨,比2013年增长15.7%;发电量20.05亿千瓦时,下降9.0%;啤酒15.85万吨,下降8.4%;中成药(藏医药)1515吨,下降10.1%;自来水12257万吨,增长8.7%;瓶(罐)装饮用水11.45万吨,增长38.0%;铬矿石9.11万吨,下降23.0%。

全年建筑业实现增加值270.68亿元,比2013年增长16.8%。

四、固定资产投资

全年全社会完成固定资产投资总额1119.73亿元,比2013年增长21.9%。其中:民间投资308.83亿元,增长34.4%。

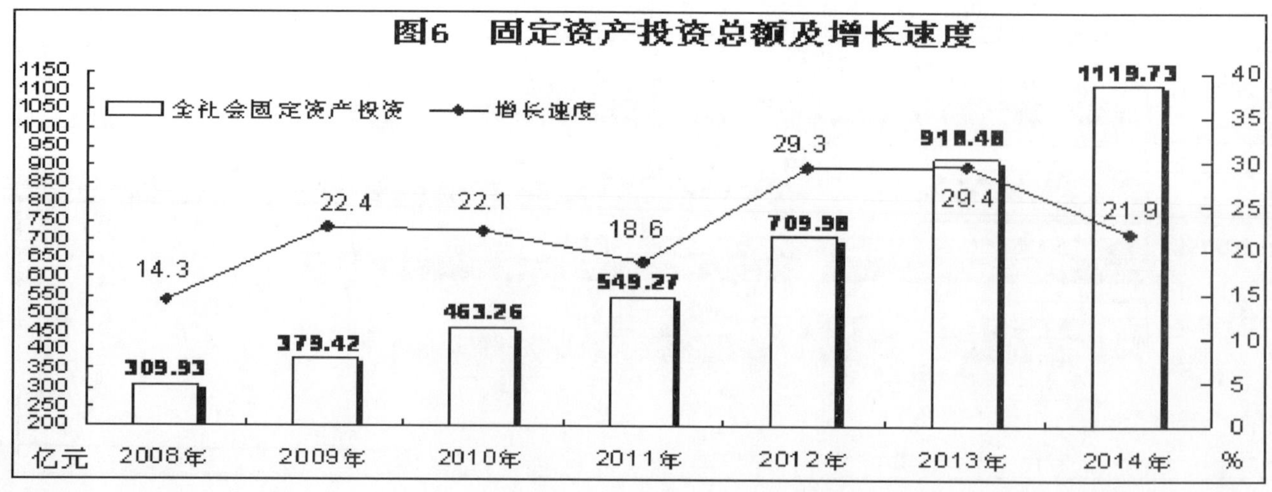

按产业分：第一产业完成 57.53 亿元，比 2013 年增长 18.4%；第二产业完成 355.90 亿元，增长 24.3%；第三产业完成706.30 亿元，增长 21.0%。按经济类型分：国有经济完成投资 770.45 亿元，比 2013 年增长 14.7%；集体经济完成投资 4.48 亿元，下降 45.3%；其他各种经济类型完成投资 306.42 亿元，增长 47.7%；个体经济完成投资 38.38 亿元，增长 23.6%。

在固定资产投资中，农林牧渔业投资完成 57.53 亿元，增长 18.4%；采矿业投资完成 61.15 亿元，增长 3.6%；制造业投资完成 65.48 亿元，增长 33.3%；电力、燃气及水的生产和供应业投资完成 229.27 亿元，增长 33.3%；交通运输、仓储和邮政业投资完成 214.14 亿元，增长 26.9%；信息传输、计算机服务和软件业投资完成 6.89 亿元，增长 42.6%；批发和零售业投资完成 9.81 亿元，下降 50.7%；住宿和餐饮业投资完成 28.71 亿元，增长 11.4%；金融业投资完成 13.40 亿元，增长 42.3%；房地产业投资完成 85.21 亿元，增长 19.8%；租赁和商务服务业投资完成 10.78 亿元，增长 1.8%；科学研究和技术服务业投资完成 11.38 亿元，增长 11.2%；水利、环境和公共设施管理业投资完成 81.45 亿元，下降 5.9%；居民服务、修理和其他服务业投资完成 18.28 亿元，增长 281.7%；教育投资完成 32.08 亿元，下降 5.5%；卫生和社会工作投资完成 15.64 亿元，增长 96.8%；文化、体育和娱乐业投资完成 13.93 亿元，下降 39.0%；公共管理、社会保障和社会组织投资完成 111.72 亿元，增长 12.9%。

全年房地产开发投资 52.91 亿元，比 2013 年增长 4.5 倍。房地产开发施工房屋面积 273.17 万平方米，比 2013 年增长 3.7 倍；竣工房屋面积 52.47 万平方米，增长 1.9 倍；商品房销售面积 59.33 万平方米，增长 1.3 倍。

五、国内贸易

全年社会消费品零售总额 364.51 亿元，比 2013 年增长 13.1%。分地域看，城镇消费品零售额 303.01 亿元，增长 13.9%；乡村消费品零售额 61.50 亿元，增长 9.6%。分行业看，批发和零售业零售额 307.60 亿元，增长 14.0%；住宿和餐饮业零售额 56.91 亿元，增长 8.4%。

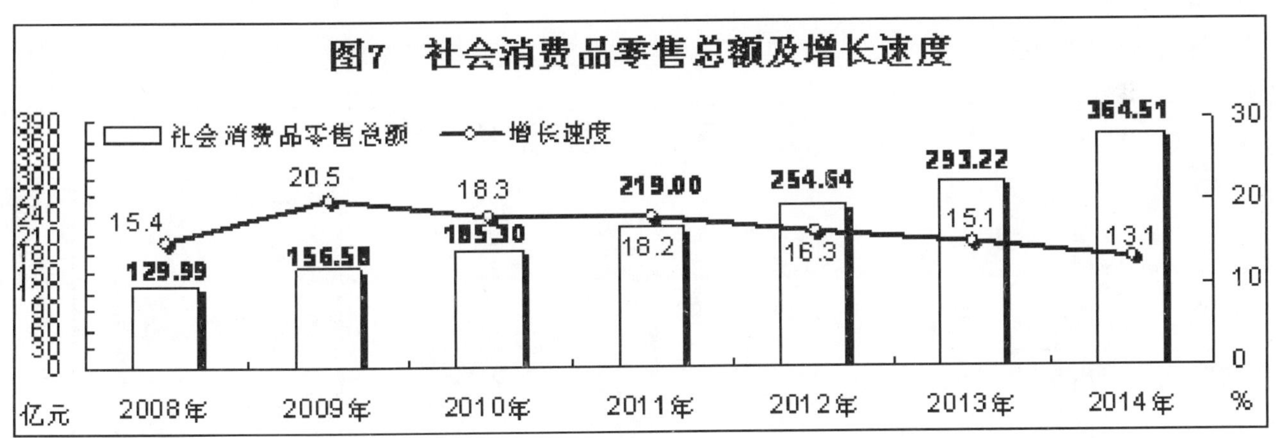

在限额以上批发和零售业零售额中，增长较快的有：石油及制品类增长 12.2%，中西药类增长 81.2%，化妆品类增长 4.4%，服装、鞋帽、针纺织品类增长 1.1 倍。

六、对外贸易

全年进出口总额 138.48 亿元，比 2013 年下降 33.0%。其中：出口总额 129 亿元，下降 36.6%；进口总额 9.48 亿元，增长 2.1 倍。

在进出口贸易中，边境小额贸易实现进出口总额 121.74 亿元，比 2013 年增长 2.2%，占进出口贸易总额的 87.4%。其中：出口 120.6 亿元，增长 1.8%；进口 1.06 亿元，增长 72.3%。

全年尼泊尔联邦民主共和国为最主要贸易伙伴。2014 年，西藏自治区与 99 个国家和地区开展双边贸易，其中与

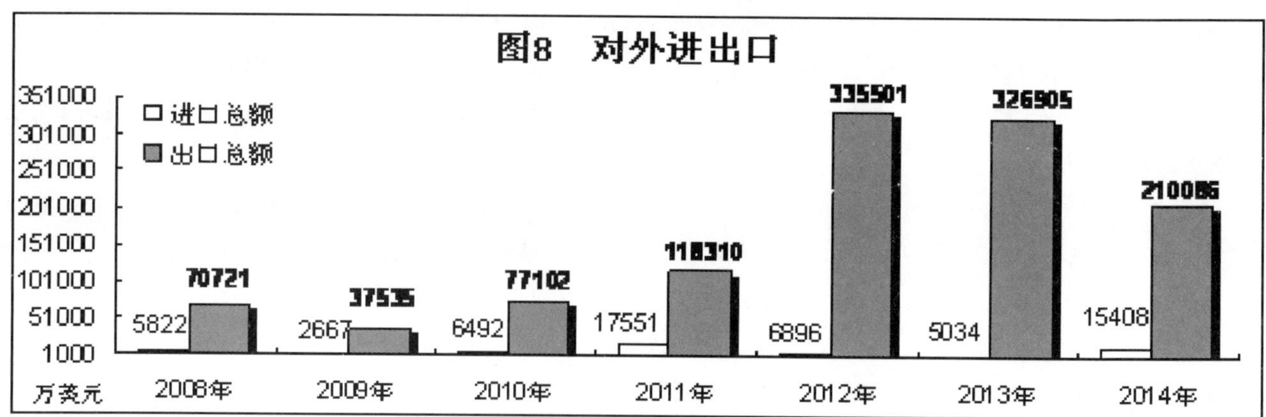

尼泊尔的贸易总值为 122.09 亿元,增长 1.5%,占外贸进出口总值的 91.2%,超过其它 98 个国家和地区的贸易值总量。除尼泊尔外,西藏外贸前三位伙伴国分别为德国、美国和比利时,双边贸易额分别为 3.69 亿元、2.33 亿元和 2.28 亿元,比 2013 年分别减少 7.5%、78.8%和增长 77.9%。

全年合同利用外商直接投资 5947.86 万美元,实际利用外商直接投资 15854.62 万美元,全年审批利用外商直接投资项目 12 家。

七、交通、邮电和旅游

全年完成货运量 2397.54 万吨,比 2013 年增长 3.6%。其中:公路运输完成 1871 万吨,增长 5.2%;铁路运输完成 508.71 万吨,下降 2.1%;航空运输完成 2.46 万吨,增长 9.8%;管道运输完成 15.37 万吨,增长 3.1%。全年客运总量 1934.55 万人次,增长 6.8%,其中:公路运输完成 1408 万人次,增长 6.2%;铁路运输完成 211.41 万人次,增长 1.3%;航空运输完成 315.14 万人次,增长 14.2%。

年末公路总通车里程 75470 公里,比 2013 年增加 4878 公里,其中:有铺装路面总里程 11707 公里,增加 1093 公里。

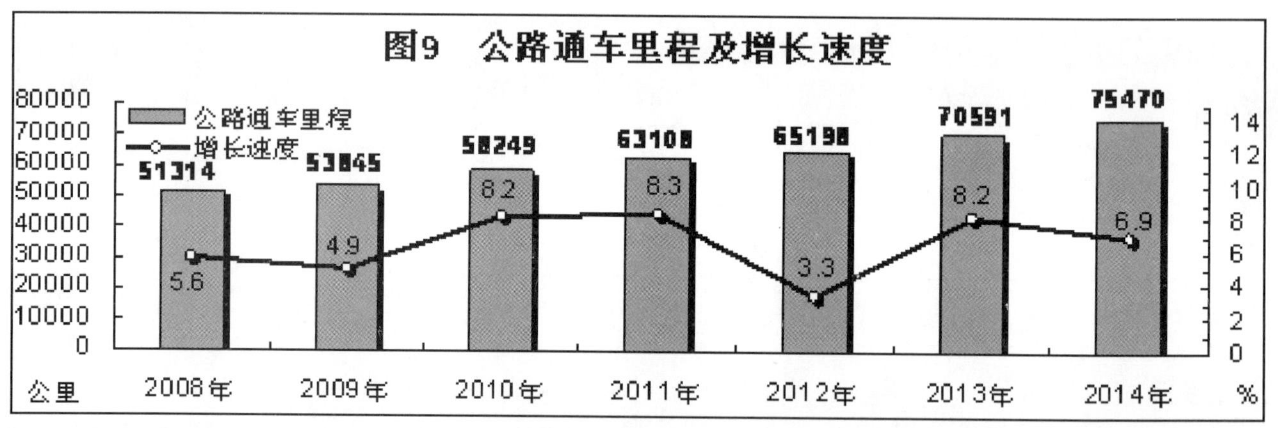

全年完成邮电业务总量 47.04 亿元,比 2013 年增长 15.9%。其中:邮政业务总量 1.64 亿元,增长 5.7%;电信业务总量 45.4 亿元,增长 14.6%。年末局用交换机总容量 128.7 万门。年末固定电话用户 35.9 万户,其中:城市电话用户 35.2 万户,乡村电话用户 0.7 万户。移动电话交换机总容量达 393 万门。新增移动电话用户 36.3 万户,年末达到 291.8 万户。年末全区固定及移动电话用户总数达到 327.7 万户,比 2013 年末增加 22 万户。电话普及率达到 106.6 部/百人。

全年接待国内外旅游者 1553.14 万人次,比 2013 年增长 20.3%。其中:接待国内旅游者 1528.70 万人次,增长 20.5%;接待入境旅游者 24.44 万人次,增长 9.5%。旅游总收入 204.00 亿元,增长 23.5%;旅游外汇收入 14469 万美元,增长13.2%。

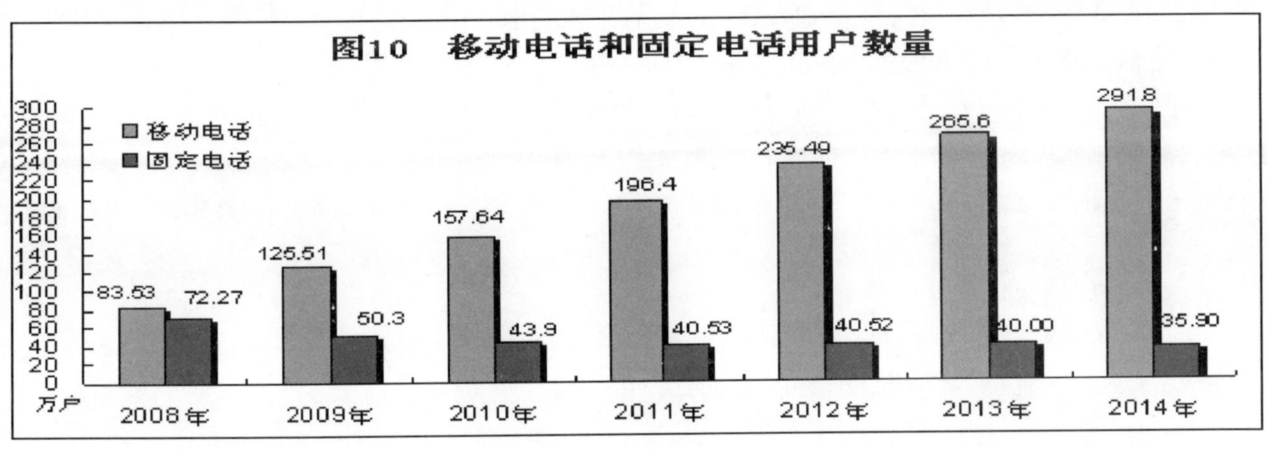

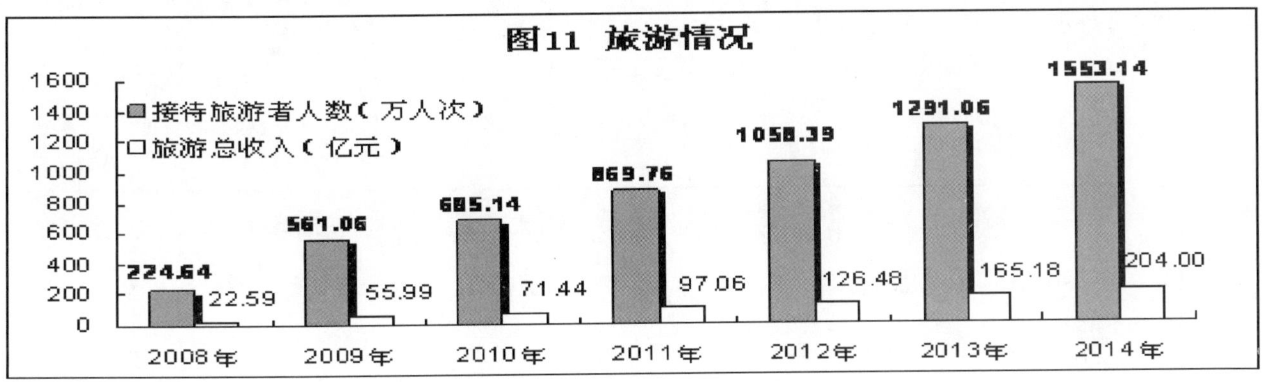

八、财政、金融和保险

全年完成地方财政收入164.75亿元,按同比口径计算,比2013年增长49.2%。其中:公共财政预算收入124.27亿元,增长30.8%。全年地方财政支出1240.27亿元,按同比口径计算,比2013年增长18.2%。其中:公共财政预算支出1185.51亿元,增长16.9%。在公共财政预算支出中,社会保障和就业支出85.97亿元,增长10.2%;教育支出142亿元,增长30.1%;医疗卫生支出48.86亿元,增长24.3%;环保支出29.23亿元,增长65.2%。

表2 地方财政收入和支出情况(单位:亿元)

	地方财政收入	各项税收	地方财政支出
2007年	23.14	11.68	279.36
2008年	28.59	15.19	384.02
2009年	30.91	18.48	471.13
2010年	42.47	25.25	562.58
2011年	64.53	45.83	775.68
2012年	95.71	70.07	929.74
2013年	110.42	71.54	1014.31
2014年	164.75	85.86	1240.27

年末全部金融机构本外币各项存款余额 3089.19 亿元，比 2013 年末增长 23.5%。其中：个人储蓄存款 559.28 亿元，增长 12.8%。全部金融机构本外币各项贷款余额 1619.46 亿元，增长 50.2%。

全年保险公司保费收入 12.76 亿元，比 2013 年增长 11.6%。其中：财产险保费收入 9.01 亿元，比 2013 年增长 13.2%，其中机动车辆险保费收入 6.32 亿元，增长 21.0%；人寿险保费收入 1.09 亿元，增长 16.4%；意外险保费收入 1.47 亿元，增长4.5%；健康险保费收入 1.18 亿元，增长 5.1%。全年共支付各类赔款 6.06 亿元，比 2013 年增长 8.4%。

九、教育、科学技术

全区普通高等教育院校 6 所，年内招生 9579 人，其中：研究生 484 人，普通本专科 9095 人；在校生 34902 人，其中研究生 1428 人，普通本专科 33474 人；毕业生 9399 人，其中：研究生 290 人，普通本专科 9109 人。中等职业学校 9 所，招生 6874 人，在校生 16719 人，毕业生 6294 人。中学 125 所，其中：高级中学 25 所，完全中学 7 所，初级中学 93 所，高中招生 18398 人，在校生 55669 人，毕业生 16182 人；初中招生 42697 人，在校生 124295 人，毕业生 41873 人。小学 829 所，招生 50885 人，在校生 295142 人，毕业生 46306 人。特殊学校招生 115 人，在校生 656 人。年末幼儿园在园幼儿 81123 人，比 2013 年增加 7718 人。全区小学学龄儿童入学率达 99.64%，比 2013 年提高 0.05 个百分点。

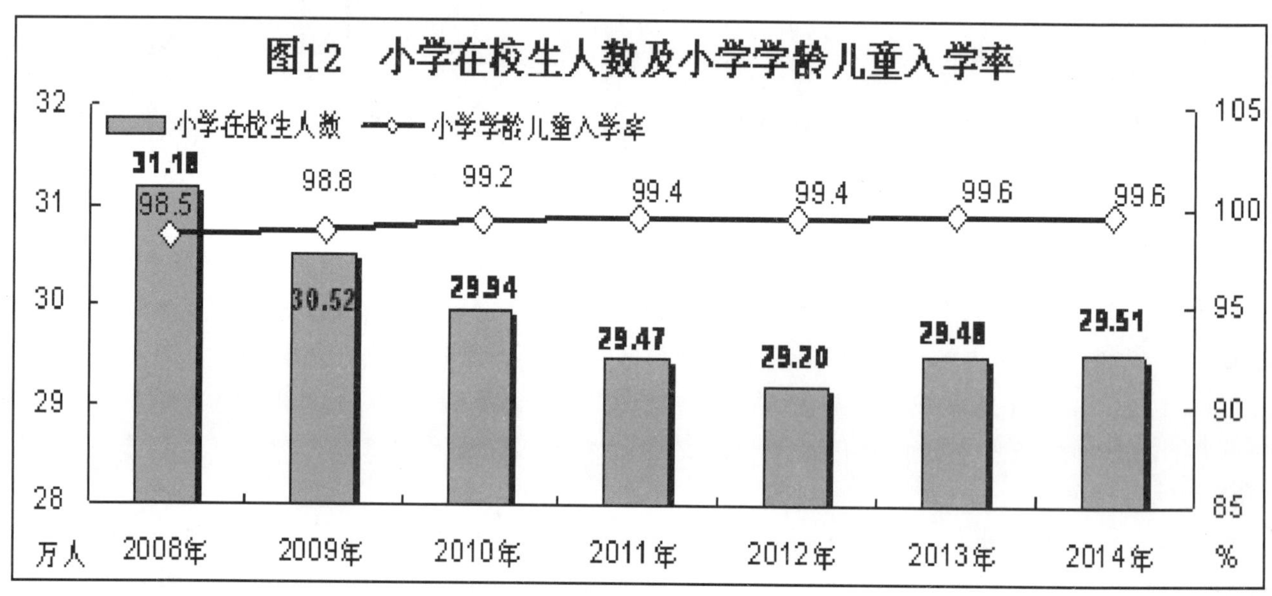

2014 年西藏气象系统共有 220 个自动气象站，其中：有人值守气象台站 39 个，无人值守气象站 181 个。天气雷达站 14 个，其中：多普勒雷达站 4 个，数字化雷达站 10 部。

十、文化、卫生和体育

年末全区共有电视台 2 座，广播电视台 6 座，广播电台 1 座。广播、电视人口综合覆盖率分别达 94.78%和 95.91%。出版报纸 174193 千印张，期刊出版 230.08 千册，图书 1860 万册。

年末全区共有卫生机构 1432 个，其中：医院 114 所、卫生院 678 个，疾病预防控制中心（卫生防治机构）82 个，妇幼保健院、所、站 54 个。实有病床床位 12024 张，其中：医院 8079 张。卫生技术人员 12946 人，其中：执业/执业（助理）医师 5617 人。每千人病床数和卫生技术人员数分别达到了 3.82 张和 4.11 人。

年末全区共有健身路径器材 3445 套、农民体育健身工程 4856 个。西藏自治区运动员在国际国内各种竞技体育比赛中共取得金牌 40 枚、银牌 21 枚、铜牌 27 枚。本年度认证社会体育指导员 504 人，其中：一级体育指导员 200 人；二级体育指导员 83 人；三级体育指导员 221 人。全年销售体育彩票 3.87 亿元，筹集体育彩票公益金 1.03 亿元。

表 3 卫生机构床位数和技术人员数(单位:张、人)

	床位数	技术人员数	每千人拥有床位数	每千人技术人员数
2007 年	7127	8535	2.51	3.02
2008 年	8765	9435	3.05	3.29
2009 年	8553	10047	2.95	3.47
2010 年	8838	9983	3.02	3.44
2011 年	9642	10664	3.17	3.52
2012 年	10134	11313	3.29	3.67
2013 年	11036	11716	3.54	3.75
2014 年	12024	12946	3.82	4.11

十一、人口、人民生活和社会保障

根据人口抽样调查资料推算,年末全区常住人口总数为 317.55 万人,比 2013 年净增加 5.51 万人。其中城镇人口 81.77 万人,占总人口的 25.75%;乡村人口 235.78 万人,占总人口的 74.25%。人口出生率为 15.76‰,死亡率为 5.21‰,自然增长率为 10.55‰。

全区居民人均可支配收入 10730 元,增长 10.1%,其中,城镇居民人均可支配收入达 22016 元,比 2013 年增长 7.9%;农村居民人均可支配收入 7359 元,增长 12.3%。年末城镇居民人均居住面积 28.9 平方米,农牧民人均居住面积达到 33.8 平方米。

到 2014 年底,全区参加企业职工基本养老保险人数为 14.7 万人,城乡居民社会养老保险人数为 130.29 万人,工伤保险人数为 23.50 万人,失业保险人数为 11.8 万人,生育保险人数为 21.9 万人;参加城镇职工基本医疗保险人数为 32.55 万人,参加居民基本医疗保险人数为 25.86 万人。

全区城镇居民共有 47033 人享受政府最低生活保障,发放低保救助金 23152 万元。农村居民有 32.34 万人享受政府最低生活保障,发放低保救助金 35513 万元。年末全区各类社会福利机构共有 71 个,公办儿童福利院 10 所,民办儿童福利院 2 所,集中收养 1559 人;供养五保户 15811 人。全年销售社会福利彩票 7.27 亿元,筹集社会福利公益金 2.08 亿元。

十二、矿产资源、安全生产

2014 年度全年新发现矿产 25 处，有 3 种矿新增储量，实施地质勘探项目 187 项，经费投入 6 亿元，完成了钻探实物工作量 17.17 万米。

全年共发生各类安全事故 500 起，比 2013 年下降 41.0%；死亡 266 人，下降 16%。亿元 GDP 生产安全事故死亡率 0.29，比 2013 年同期相比下降 25.6%；工矿商贸发生生产安全事故 7 起，死亡 11 人。

注：

1.本公报数据均为初步统计数，正式数据以《西藏统计年鉴-2015》为准。

2.对外贸易、交通、邮电、旅游、财政、金融、保险、教育、科技、气象、环保、文化、卫生、体育、社会福利和保障、资源、安全生产方面的数据均由自治区有关部门提供。

3.GDP、各产业增加值绝对数按现价计算，增长速度按可比价计算。

བོད་ལྗོངས་ལོ་དེབ་མེ་ལོང་།

西藏年鉴

TIBET YEARBOOK

2015

【第二篇】

政 治

中国共产党西藏自治区委员会

【中共西藏自治区第八届委员会第六次全体会议】 中共西藏自治区委员会第八届委员会第六次全体会议于12月30日在拉萨召开。

会议审议通过了《中共西藏自治区委员会关于党的十八届四中全会精神的贯彻落实意见》和《中共西藏自治区委员会关于十八届中央纪委四次全会精神的贯彻落实意见》。

自治区党委常委会主持会议，自治区党委书记陈全国讲话。

自治区领导洛桑江村、吴英杰、邓小刚、齐扎拉、董云虎、多托、丁业现、王瑞连、王拥军、曾万明出席会议。

自治区党委委员、候补委员出席会议。

全会听取和讨论了陈全国受自治区党委常委会委托所作的工作报告，审议通过了《中共西藏自治区委员会关于党的十八届四中全会精神的贯彻落实意见》和《中共西藏自治区委员会关于十八届中央纪委四次全会精神的贯彻落实意见》。

全会充分肯定自治区党委常委会2014年的工作。一致认为，自治区党委八届五次全委会以来，面对严峻复杂的反分裂斗争形势和艰巨繁重的改革发展任务，自治区党委高举中国特色社会主义伟大旗帜，以邓小平理论、“三个代表”重要思想、科学发展观为指导，深入贯彻党的十八大和十八届三中、四中全会精神，贯彻落实习近平总书记系列重要讲话精神、特别是“治国必治边、治边先稳藏”的重要战略思想和“努力实现西藏持续稳定、长期稳定、全面稳定”的重要指示，贯彻落实俞正声主席“依法治藏、长期建藏、争取人心、夯实基础”的重要原则，以开展党的群众路线教育实践活动为契机，以全面深化改革为动力，全力以赴保稳定、一心一意谋发展、千方百计惠民生、持之以恒抓党建，推动各项工作迈上新台阶、各项事业取得了新进步。

会议指出，党的十八届四中全会，是在中国全面建成小康社会、实现中华民族伟大复兴中国梦进程中召开的一次具有全局性、战略性、里程碑、划时代意义的重要会议。习近平总书记的重要讲话，为坚持和发展中国特色社会主义、全面深化改革、全面建成小康社会、实现中华民族伟大复兴中国梦提供了有力的法治保障。全区各级党政组织和全体党员干部要以习近平总书记重要讲话精神为指导，充分认识全面推进依法治藏，是贯彻依法治国基本方略、建设法治西藏的实际行动，是推进西藏经济持续健康发展、实现全面建成小康社会的必然要求，是确保西藏社会大局持续稳定、促进长治久安的有力保障，是保障改善民生、让各族群众过上幸福生活的迫切需要，坚决把思想和行动统一到习近平总书记的重要讲话精神上来，统一到党中央关于全面推进依法治国的重大决策部署上来。

会议强调，全面推进依法治藏，必须坚定不移走中国特色社会主义法治道路，把坚持中国共产党的领导、中国特色社会主义制度、中国特色社会主义法治理论贯彻到法治西藏建设的全过程。

一要坚定政治方向、明确法治西藏建设的总体要求。要把握指导思想，全面推进依法治藏，必须贯彻落实党的十八大和十八届三中、四中全会精神，高举中国特色社会主义伟大旗帜，以马克思列宁主义、毛泽东思想、邓小平理论、“三个代表”重要思想、科学发展观为指导，深入贯彻落实习近平总书记系列重要讲话精神、特别是“治国必治边、治边先稳藏”的重要战略思想和“努力实现西藏持续稳定、长期稳定、全面稳定”的重要指示，贯彻落实俞正声主席“依法治藏、长期建藏、争取人心、夯实基础”的重要原则，紧紧围绕党中央明确的“一个中心”、“两件大事”、“四个确保”，坚持党的领导、人民当家作主、依法治国有机统一，坚定不移走中国特色社会主义法治道路，坚决维护宪法法律权威，依法维护人民权益、社会公平正义，全力维护祖国统一、国家安全，维护全区科学发展、和谐稳定、民生改善、民族团结、宗教和睦、生态良好、党建加强、边疆巩固，不断开创法治西藏建设新局面，为实现中华民族伟大复兴中国梦作出积极贡献。要明确总体目标，按照建设中国特色社会主义法治体系、建设社会主义法治国家的总目标，在党的领导下，坚持中国特色社会主义制度、贯彻中国特色社会主义法治理论，坚持依法治国、依法执政、依法行政共同推进，坚持法治国家、法治政府、法治社会一体建设，逐步形成完备的地方性法规规章体系、高效的法治实施体系、严密的法治监督体系、有力的法治保障体系，配套完善的党内法规制度体系，实现科学立法、严格执法、公正司法、全民守法，创新完善社会治理体系、提高社会治理能力。要坚持基本原则，全面推进依法治藏，必须坚持中国共产党的领导，坚持人民主体地位，坚持法律面前人人平等，坚持依法治理和以德治理相结合，坚持从实际出发。

二要坚持科学立法，努力构建完备的地方性法规体系。实施依法治藏，必须以宪法法律为根本、以民族区域自治法为依据，坚持立改废释并举，全面贯彻落实宪法，加强党对立法工作的领导，完善地方立法机制，推进科学民主立法，建立完善地方性法规体系。

三要做到严格执法，加快建设法治政府。各级政府必须坚持在党的领导下、在法治轨道上开展工作，要大力推进简政放权，全面履行政府职能，健全依法决策机制，深化行政执法体制改革，强化对行政权力的监督制约，全面推进政务公开，加快建设职能科学、权责法定、执法严明、公开公正、廉洁高效、守法诚信的法治政府。

四要严明公正司法，筑牢公平正义的最后一道防线。要稳步推进司法体制改革，完善司法职权运行机制，强化司法活动监督，充分发挥司法的权利救济、定分止争、制约公权、维护社会公平正义的基本功能，努力让人民群众在每一个司法案件中感受到公平正义。

五要推进全民守法，着力增强各族干部群众的法治观念。要弘扬社会主义法治精神，增强全社会法治意识，健全普法宣传教育机制，夯实法治思想道德基础，建设社会主义法治文化，增强全社会厉行法治的积极性和主动性，使各族干部群众成为社会主义法治的忠实崇尚者、自觉遵守者、坚定捍卫者。

六要加强法治队伍建设，打造一支德才兼备的法治铁军。要以大力提高思想政治素质、业务工作能力、职业道德水准为核心，加强法治专门队伍建设、法律服务队伍建设，增强责任意识和担当精神，着力建设一支忠于党、忠于国家、忠于人民、忠于法律的高素质社会主义法治工作队伍。

七要健全工作机制，切实加强党对法治工作的领导。自治区依法治藏工作领导小组负责全面推进依法治藏的统一部署、统筹协调、整体推进、督促落实，各级党委要健全领导依法治藏的制度和工作机制，各级党委政法委员会要把握政治方向、协调各方职能、统筹政法工作、建设政法队伍、督促依法履职、创造公正司法，广大党员干部特别是领导干部要带头学法守法、带头依法办事。

会议要求，要以建设平安西藏、法治西藏为动力，扎实做好当前各项重点工作。

一要切实增强党性修养，始终不渝严守政治纪律和政治规矩。要严守党的政治纪律，任何时候、任何情况下都在思想上政治上行动上同以习近平同志为总书记的党中央保持高度一致，一切行动听从以习近平同志为总书记的党中央指挥。要严守党的组织纪律，严格落实民主集中制，进一步强化“四个服从”，决不允许搞团团伙伙、结党营私、拉帮结派，决不允许自行其是、阳奉阴违、当“两面人”，坚决维护以习近平同志为总书记的党中央的权威。要严守反分裂斗争纪律，在反分裂斗争这个重大原则问题上，始终做到旗帜鲜明、立场坚定。

二要继续巩固教育实践活动成果，持之以恒纠正“四风”。凡是明确的整改事项、对群众作出的公开承诺，都要以钉钉子的精神一抓到底。紧紧扭住作风建设不放松，坚持把中央八项规定作为铁的纪律严格执行，继续深入开展好专项整治，使作风建设落地生根、成为新常态。

三要坚持党要管党、从严治党，坚定不移推进党风廉政建设和反腐败斗争。牢固树立西藏虽然高寒缺氧、条件艰苦、处于反分裂斗争的主战场，但在党风廉政建设和反腐败问题上没有任何特殊性的思想，始终坚持一手抓党风廉政建设和反腐败斗争、一手抓反分裂斗争，着力强化“两个责任”，保持反腐高压态势，用好巡视利剑，以零容忍的态度惩治腐败。

四要强化思想舆论工作，确保自治区意识形态领域绝对安全。要树立正确导向，强化阵地管理，健全防控体系，凝聚起推动改革发展、巩固民族团结、维护和谐稳定的强大正能量。

五要深入开展反分裂斗争，全力维护社会大局和谐稳定。要进一步强化维稳意识，进一步明确维稳目标，进一步落实维稳措施，进一步严格维稳责任，确保西藏持续稳定、长期稳定、全面稳定，不断巩固发展当前来之不易的和谐稳定好局面。

六要坚持做到忠诚干净担当，切实加强干部作风建设。全区广大党员干部要践行“三严三实”要求，始终把忠诚作为立身之本、把干净作为为官底线、把担当作为从政准则。要恪尽职守、鞠躬尽瘁，全身心地投入到各项工作中去；要扎实做事、老实做人，察实情、鼓实劲，出实招、办实事，重实绩、求实效，善始善终、善作善成；要敢于担当、主动作为，面对大是大非敢于亮剑、面对矛盾敢于迎难而上、面对危险敢于挺身而出、面对失误敢于承担责任、面对歪风邪气敢于坚决斗争；要奖惩分明、树好导向，真正让那些想干事、肯干事、能干事、干成事的优秀干部有人生出彩的机会、实现价值的舞台。

会议强调，全区各级党组织和广大党员干部要以抓铁有痕、踏石留印的作风贯彻落实好党的十八届四中全会和自治区党委八届六次全委会精神。要切实把思想和行动统一到习近平总书记的重要讲话精神上来，统一到中央关于推进依法治国的决策部署上来，统一到自治区党委关于推进依法治藏的具体要求上来，高扬法治旗帜、弘扬法治精神、运用法治力量，充分激发广大干部群众奋发向上的澎湃热情，干事创业的积极性、主动性、创造性。要抓住关键，坚持正确政治方向，坚持民族区域自治制度，坚持依法完善社会治理体系，坚持依法深入开展反分裂斗争，坚持依法依规管理宗教事务，坚持严格依法行政，坚持公正司法，坚持大力普法，坚持从严要求，坚持加强和改进党对依法治藏工作的领导。要进一步转变思想观念、牢固树立法治意识，不断提高运用法治手段深化改革、推动发展、化解矛盾、促进团结、维护稳定的能力。各地各部门各单位要对照全会要求、结合自身实际，一项一项地细化、一条一条地分解，把科学立法、严格执法、公正司法、全民守法真正落到实处。

会议号召，要紧密团结在以习近平同志为总书记的党中央周围，高举中国特色社会主义伟大旗帜，以邓小平理论、“三个代表”重要思想、科学发展观为指导，深入贯彻落实党的十八大和十八届三中、四中全会精神，贯彻落实习近平总书记系列重要讲话精神，坚持依法治藏、依法行政、依法办事共同推进，坚持法治西藏、法治政府、法治社会一体建设，在法治轨道上推进科学发展、和谐稳定、民族团结、宗教和睦、民生改善、生态良好、党建加强、边疆巩固，奋力开创法治西藏、平安西藏的新局面，为实现中华民族伟大复兴的中国梦而努力奋斗。

区纪委委员，全区党的十八大代表中的基层代表，不是区党委委员、候补委员和区纪委委员的自治区党员省级干部、地(市)委书记、行署(政府)专员(市长)、区中直部门和单位(含部门管理的副厅级单位)党政主要负责同志，区人大、政协各专委会、区人大工作委员会和区党委巡视组、巡视办党员负责同志，西藏军区政治部、空军拉萨指挥所主要负责同志列席会议。

简略语注释

三个代表：中国共产党代表着中国先进社会生产力的发展要求，代表着中国先进文化的前进方向，代表着中国最广大人民的根本利益。

一个中心：以经济建设为中心。

两件大事：发展和稳定。

四个确保：确保经济社会跨越式发展、确保国家安全和西藏长治久安、确保各族人民物质文化生活水平不断提高、确保生态环境良好。

四个服从：党员个人服从党的组织，少数服从多数，下级组织服从上级组织，全党各个组织和全体党员服从党的全国代表大会和中央委员会，是相互联系的有机整体。

西藏自治区人民代表大会常务委员会

【立法工作】 2014年,西藏自治区人大常委会着力加强立法统筹协调,召开全区立法工作会议,深入分析当前立法工作面临的新形势,全面部署五年立法任务;从项目、起草、调研、审议等方面,科学安排年度立法工作。2014年,共制定、批准法规7件,完成全国人大14件法律草案征求意见和农村金融立法调研等工作。具体情况是:制定无线电管理条例、非物质文化遗产法办法、志愿服务条例、建设工程安全生产管理条例、防雷减灾条例、国防教育法办法,审查批准拉萨市城市绿化条例。始终坚持科学民主立法,共进行26次立法调研、召开35次座谈会和专家论证会,广泛听取各方面意见,对征集到的近500条意见和建议认真研究吸纳,努力提高立法质量。积极开展立法后评估工作,对道路交通安全条例的实施绩效、制度设计、文本质量等进行客观评价,为下一步完善相关法规、增强执行力提供了依据。

【监督工作】 2014年,西藏自治区人大常委会围绕全区工作大局,强化法律监督和工作监督。共听取和审议自治区"一府两院"9个专项报告,开展12项专题调研,检查7部法律法规的贯彻实施情况,开展2次专题询问,对17件规范性文件进行备案审查,依法监督有新改进。具体情况是:围绕推进科学发展开展监督,听取和审议计划执行情况报告、预算执行情况及决算报告、审计工作报告、税收工作报告、农牧业特色产业建设与促进农牧民增收情况报告;配合全国人大常委会专题调研区经济社会发展情况,监督检查民族区域自治法贯彻实施,深入了解以改善民生为重点的经济社会发展成就以及尚需加强改进的工作重点;检查民用机场保护条例实施情况,对经济运行情况、外贸出口基地等开展调研。围绕推进民生改善开展监督,听取和审议公共文化建设与服务保障情况报告并开展相关调研,检查科普法及实施办法、未成年人保护法及实施办法的实施情况,对内地西藏班办学、学校周边环境整治、农牧区医疗基金管理使用以及全区文艺、文联工作等方面情况进行专题调研。围绕推进和谐稳定开展监督,听取和审议人民陪审员工作情况报告、检察机关反贪污贿赂工作情况报告并开展相关调研,听取和审议全区惠僧利寺政策落实情况报告并开展相关调研,对依法管理藏传佛教寺庙在区内外进行专题调研,检查出境入境管理法和护照法实施情况,对如何运用法治思维和法治方式化解矛盾、维护稳定工作进行专题调研,深入学习贯彻中央及全区民族工作会议精神,举行纪念民族区域自治法颁布实施30周年座谈会,编撰民族工作资料汇编。围绕推进生态良好开展监督,以"保护生态环境,建设美丽西藏"为主题,聚焦重点旅游景区(点)生态环保建设,开展中华环保世纪行——西藏行活动,并对2013年环保西藏行活动发现的问题进行跟踪督办,检查大气污染防治法贯彻实施情况。

拓宽监督渠道,开展专题询问 结合审议公共文化建设与服务保障情况报告、农牧业特色产业建设与促进农牧民增收情况报告开展两次专题询问,丰富了人大监督的方式方法,推动了政府及其有关部门改进工作。

加强跟踪督办,促进整改落实 对执法检查报告和"一府两院"专项工作报告,及时形成16件审议意见,经主任会议研究后连同有关报告一并转"一府两院"办理。对在监督工作中发现的问题,持续跟进、推动整改,健全解决问题的长效机制,着力增强监督实效。

【代表工作】 2014年,西藏自治区人大常委会总结推广日喀则市创建"人大代表之家"的做法和经验,有计划地组织全国人大代表、自治区人大代表围绕改革发展稳定工作进行会前集中视察，对拉萨市重点工程和基础设施建设情况进行视察，吸收代表参加调研视察、执法检查等活动，扩大代表对常委会及专门委员会、工作委员会相关工作的参与，增加基层代表列席常委会会议的人数，进一步打造代表履职平台，奠定人大工作更加坚实的民意基础。通过加强重点督办、推动办理公开、强化跟踪问效等手段，增强代表建议办理实效，自治区十届人大二次会议代表提出的344件建议，所提问题已经解决或列入计划逐步解决的分别占建议总数的45.34%、27.33%；对自治区十届人大一次会议代表建议办理情况进行跟踪检查，督促和推动政府部门将承诺2至3年内解决的81件建议中的69件加大工作力度，总的落实率达85.19%；组织部分人大代表对自治区十届人大二次会议代表建议中的60件，进行重点督办和检查。建立每位常委会组成人员联系3名基层自治区人大代表的制度，密切与基层和各族群众的联系。在北京、厦门和自治区党校举办3批次学习培训班，共有280名自治区人大代表、县级人大常委会负责同志、人大干部参加培训，进一步提高代表履职能力和人大干部素质。

【维护稳定】 2014年，按照区党委安排，全体常委会领导在各自联系点认真指导教育实践活动，积极促进区党委十项维稳措施的贯彻落实，常委会部分领导在重点寺庙和有关地区进行维稳督导，有3位常委会副主任分别在拉萨、昌都、那曲督导为期半年多的教育实践活动，常委会组成人员利用深入基层调研之机，有针对性地检查指导驻村工作队和村党支部第一书记工作，督促抓好平安乡村建设、“先进双联户”创建评选、深化“六五”普法、深入开展反分裂斗争等工作。将维护稳定、促进和谐与地方立、法执法检查、专题调研等工作有机结合，依法助推社会管理创新。充分发挥各级人大代表联系广泛的优势，认真做好服务群众、化解矛盾工作，全年共受理群众来信来访26批（件）、40人(次)。

【外事工作】 2014年，西藏自治区人大常委会积极配合国家总体外交，稳步实施“请进来、走出去”，扎实开展议会交流和涉藏地方外事工作，共组织8批34人(次)出访波兰、拉脱维亚、美国、加拿大、澳大利亚、土耳其等11个国家和香港、澳门特别行政区，接待或协助接待来访团组3批(次)，张德江委员长对全国人大西藏代表团圆满出访波兰、拉脱维亚作出重要批示，给予高度评价。

【决定重大事项】 2014年，西藏自治区人大常委会作出有关重大事项决定8件。对日喀则、昌都撤地设市，分别就关于成立第一届人民代表大会筹备组、代表名额和常委会组成人员名额以及召开桑孜珠区、卡若区第一届人民代表大会，共作出6个决定。分别就预算调整和债券分配使用方案作出决议。

【人事任免】 2014年，西藏自治区人大常委会坚持党管干部原则与人大依法任免的有机统一，完善任免程序，加强任前审查，决定任免290人(次)，组织任命人员作任职发言，向被任命人员颁发任命书。

【自身建设】 2014年，西藏自治区人大常委会突出理论武装和实践指导，召开庆祝人民代表大会制度建立60周年、地方人大设立常委会35周年理论研讨会，开展宪法日宣传教育活动，全年共举办8次专题讲座，加强思想和履职能力建设。成立自治区人大工作与理论研究会，为全面履行人大职能提供理论和智力支持。突出解决“四风”、“两问题”，推动作风建设，各项调研活动轻车简从、深入基层、更重实效，合并议题开会、减少公文种类、发短文、讲短话，切实精文简会。认真落实党员干部联系群众制度，常委会领导带头联系1县1乡1村1寺庙和2到3户困难群众，结对认亲、帮扶基层，深入调研协调、促进问题解决。常委会和人大机关分别建立健全12项、36项规章制度，强化刚性执行，提升工作效能，形成长效机制。突出服务保障水平提升，建立健全机关联席会议和办公室主任例会制度，完善工作机制，形成工作合力，提高工作质量。密切与地(市)、县(区)人大的联系，深入开展基层人大工作及代表履职情况调研，加强工作指导，提出改进建议，拉萨、那曲、阿里3个地(市)委出台了加强人大工作的文件。加强藏文法规及资料编印工作，积极承担西藏自治区全面深化改革民主法制领域改革专项小组工作。

西藏自治区人民政府

【概况】 2014年，西藏自治区生产总值925亿元、增长12%，全社会固定资产投资1100亿元、增长19.8%，社会消费品零售总额323.6亿元、增长12.9%，公共财政预算收入124亿元、增长30.8%，完成税收收入174.1亿元、增长17.8%，农村居民人均可支配收入7471元、增长14%，城镇居民人均可支配收入22026元、增长8%，城镇登记失业率控制在2.5%以内，居民消费价格涨幅控制在3%以内。农村居民人均可支配收入、社会消费品零售总额、公共财政预算收入增速均居全国前列。

【农牧民增收】 2014年，强农惠农富农政策全面落实，财政支农资金达168亿元、增长6.5%。农牧业再获丰收，全区粮食产量达98.5万吨，创历史新高。推广“藏青2000”等新品种56万亩，建设高标准农田8.7万亩，新增改良黄牛16.5万头。农牧民工资性收入增长明显加快，占可支配收入四分之一。农牧民专业合作经济组织蓬勃发展，达到2937家、增长55%。全面启动建设353个乡镇农牧综合服务中心。大力实施扶贫攻坚，减少贫困人口13万。改造农村危房6.3万户，完成1000个行政村人居环境建设和环境综合整治，行政村移动通信全覆盖、通邮90%以上，农牧民生产生活条件不断改善，农牧业基础进一步夯实。

【基础设施建设】 2014年，加强沟通协调，积极争取国家投资，注重运用信贷手段，大力激活民间投资，不断扩大全社会投融资规模。全年落实中央政府投资353亿元、增长30.3%，中央企业投资100亿元、增长58.7%，民间投资300亿元、增长30.6%，项目带动成效显著。“十二五”规划投资累计完成74.1%，项目完工63个、在建148个。拉日铁路通车运营，拉林铁路控制性工程开工建设，标志着西藏自治区步入铁路建设的新时代。拉林高等级公路开工路段完成工程总量的75%以上，米林机场至八一镇专用公路、嘎拉山隧道和雅江特大桥改扩建工程加快实施，新增通油路县3个、通油路乡镇36个。全区公路建设完成投资161亿元、增长24%，新增公路通车里程4332公里。川藏电力联网工程建成投运，结束了昌都缺电和电网孤网运行的历史，为国家清洁能源基地建设打下了基础。藏木水电站2台机组、旁多水利枢纽4台机组发电，多布、果多、羊易电站加快建设。无电地区电力建设、农网升级改造稳步推进。全区电力装机总容量达169.7万千瓦、增长32.4%。雅鲁藏布江中游水电规划和环评通过国家审查，拉洛水利枢纽和雅砻、恰央等重点水库开工建设。

【民生投入和基本公共服务】 2014年，始终坚持把保障和改善民生放在突出位置，强化民生先动，以民生“十件实事”为抓手，用真心、动真情、出真招，围绕提标扩面，投入71亿元，全面落实18项民生政策，新增11项惠民举措，进一步丰富和发展了边疆民族地区民生工作的时代内涵。

就业和社会保障　全年新增就业4.3万人，农牧区转移就业98.5万人次。城乡居民基本养老制度合并实施，各项社会保险参保人员达260.6万人次。先后两次提高城乡居民最低生活保障标准，近37万城乡低收入居民基本生活得到有效保障。“双集中”爱心工程顺利推进，72%有意愿的五保对象实现集中供养，5900多名孤儿得到有效救助。利寺惠僧政策全面落实，基本解决了寺庙饮水安全问题，维修改造僧舍2.93万间。新开工保障性安居工程7.2万套，9.47万人住房条件得到改善。第三批强基惠民活动投入资金7.4亿元，实施项目8685个。拉萨城市供暖工程基本完成。

社会事业　义务教育均衡发展

步伐加快，新增幼儿园109所，改扩建义务教育薄弱学校350所，拉萨教育城投入使用，类乌齐、普兰等6县通过县域义务教育均衡发展评估验收，农牧民子女高考和内地班录取比例分别达到71.8%、70%。卫生计生服务能力不断提高，自治区第三人民医院等一批重点项目建成启用，新增卫生计生人员1009名，出生缺陷一级干预试点县扩大到24个，孕产妇住院分娩率达85%，藏医药发展大会的成功召开有力推动了藏医药事业发展。文化事业繁荣发展，692个乡镇综合文化站和39个民间艺术团排练场全面建成，广播电视人口综合覆盖率分别达94.78%、95.91%，第一次可移动文物普查成效显著。第十一届全区运动会成功举办。

安全生产管理 始终高度重视安全生产，妥善处理“8·09”、“8·18”重特大交通事故，深入开展打非治违专项行动和安全生产大检查、大排查、大整治行动，消防安全形势持续稳定，食品药品安全监管有力，安全生产秩序得到有效整治。

【优化产业结构和特色优势产业】 2014年，瞄准特色，充分发挥资源优势、比较优势，科学谋划产业布局，把旅游文化、清洁能源、天然饮用水作为强区产业重点培育，把高原种养加、特色食品、生态林果、藏医药、民族手工业作为富民产业大力扶持，产业发展重点进一步突出，产业结构进一步优化。

一产抓水平提升，特色农牧业产业化发展势头强劲。青稞、牦牛等高原种养加发展加快，净土健康产业、设施农牧业、生态林果业蓬勃兴起。林芝天麻、日喀则岗巴羊等获国家地理标志产品保护。自治区级农牧业产业化龙头企业产值达23.2亿元，产业化经营率达38.6%。

二产抓重点突破，园区经济加快发展。二产增加值达336亿元、增长13.5%。拉萨国家级经济技术开发区上缴税收46亿元。藏青工业园招商引资项目近100个，入园企业103家，实现产值17.8亿元，有望成为新的经济增长极。天然饮用水产业签订战略投资合作项目16个，总投资36亿元，产量突破30万吨，已成为新的经济增长点。

三产抓龙头带动，旅游文化产业快速发展。经国务院批准，文化部、国家旅游局和自治区政府共同举办首届中国西藏旅游文化国际博览会，打响了“人间圣地·天上西藏”品牌，搭建了西藏旅游文化开放合作交流的综合性高端国际平台。全年接待游客1553万人次，旅游总收入204亿元，分别增长20.3%、23.5%。大昭寺景区被评为国家5A级。文化产业产值27亿元、增长12%。青藏铁路完成客运量238.1万人次、货运量508.7万吨，分别增长14.1%、7.6%，航空旅客吞吐量315万人次、增长14.2%。通信业务总量45亿元，邮政业务收入4亿元。房地产市场健康发展。电子商务等现代服务业不断发展壮大。

【改革开放和对口支援】 重点改革扎实推进 加大简政放权力度，减少区中直部门审批项目54%。扎实推进商事登记制度改革，实施“先照后证”，全区市场主体达14.6万户、增长8.7%。白朗等4个自治区农村改革试验区全面启动。开展农村宅基地和集体土地所有权确权登记发证试点。深化电价、燃气价格改革。“营改增”扩面、资源税从价计征和社会领域各项改革全面推进。

金融撬动成效显著 年末全区存贷款余额分别突破3000亿元、1600亿元，比年初增长23.5%、50.2%。涉农、中小微企业贷款超额完成目标任务，扶贫贴息贷款增长一倍以上。灵康药业、华钰矿业首发上市进入审核阶段。保险业稳步发展。

开放合作打开新局面 出台特色优势产业目录，招商引资到位资金284亿元，项目540个。首届藏博会签约项目33个、合同总额387亿元。吉隆口岸实现中尼双边开放，中国西藏—尼泊尔经贸洽谈会升格为国家级。自治区政府代表团成功出访尼泊尔，签约项目资金5亿美元。自治区与尼泊尔合作成立喜马拉雅航空公司，为西藏航空业进入国际市场开辟了广阔空间。涉藏外事外宣工作取得积极成果。

援藏工作成就巨大 中央对口支援西藏工作20周年电视电话会议进一步明确了援藏工作的新举措，20年累计落实援藏资金260亿元、项目7615个，援藏干部和专业技术人员达6000多名。全年完成援藏投资36亿元，建设项目695个，援藏力度和效益不断提升。

【环境和生态保护】 2014年，广泛开展生态文明宣讲活动，开展以涉矿企业、城镇生活垃圾、农村公路建设为重点的环保专项行动。出台实施自治区大气污染防治行动计划和水资源管理、县域环境保护考核等制度，落实环境保护与财政转移支付挂钩的奖惩机制。编制完成“两江四河”流域造林绿化工程规划，植树造林124万亩。国家级重点生态功能区增至18个县。启动雅鲁藏布江、拉萨河源头国家重要生态功能保护区项目。落实草原生态保护补助奖励、森林生态效益补偿资金28.8亿元。新建城镇垃圾填埋场、污水处理厂、医废集中处置中心等项目。淘汰黄标车、老旧车3824辆，圆满完成国家下达任务。实施最严格的环境保护制度，主要污染物排放控制在国家核定范围内，全区生态环境持续良好，水和空气质量处于全国前列。林芝、山南被批准为国家生态文明先行示范区，拉萨市被评为国家环境保护模范城市。

【创新驱动与科技支撑】 2014年，科技应用能力逐步增强，建设重点实验室、科技试验示范基地、科技示范园区45个，青稞育种和牦牛改良国家重点实验室培育基地建成，行政村科技特派员覆盖率达90%，青稞牧草害虫防控技术获国家科技进步二等奖。人才强区战略深入实施，扎实推进中央支持西藏的12项重点工程，为基层补充各类人才1.1万名，接收20名博士服务团成员和2000名西部计划志愿者进藏服务，西藏大学招收首届博士研究生，首次评选表彰25名自治区工艺美术大师、20名自治区名藏医，1人获评第二届“国医大师”。

【综合治理和社会稳定】 2014年，推动社会治理体系和治理能力现代化，平安西藏建设扎实推进。深入开展反分裂斗争，全面落实十项维稳措施，严密防范、严厉打击十四世达赖集团渗透破坏活动。城镇网格化管理水平不断提高，先进双联户创建评选工作进一步深化，干部驻村驻寺深入推进。创新寺庙管理，平安和谐寺庙创建活动深入开展，“塔尔钦”等大型宗教活动安全圆满。全面贯彻党的民族政策，扎实开展民族团结宣传教育，22个单位、33名个人被评为全国民族团结进步模范。实施兴边富民项目870个，加快了人口较少民族聚居区发展。各民族交往交流交融日益深入，平等、团结、互助、和谐的社会主义民族关系进一步巩固。社区矫正工作全面推开，信访、调解、仲裁等排查调处工作不断加强。刑事案件、治安案件发案数持续下降，综治考评首次进入全国优秀行列，西藏各族群众的安全感、拉萨市公共安全感位居全国前列。

国防动员工作得到加强，军政军民团结，军民共建共创共保活动扎实推进。统计、社科、地勘、地震、气象、测绘、人防等工作又有新进展。经国务院批准，日喀则、昌都撤地设市。

中国人民政治协商会议西藏自治区委员会

【全体委员会议】 十届二次会议 2014年1月8日至12日在拉萨召开。全国政协副主席、自治区政协主席帕巴拉·格列朗杰主持开、闭幕会,自治区党委常委、区政协党组书记、副主席,区党委统战部部长公保扎西在闭幕会上讲话。自治区党政领导应邀出席会议并参加分组讨论,听取意见建议。会议听取并审议了自治区政协十届常委会工作报告、自治区政协十届常委会关于提案工作关于提案工作情况的报告;列席了自治区人大十届二次会议,听取并讨论了政府工作报告和其他报告;会议审议通过了自治区政协十届二次会议政治决议、自治区政协十届常委会工作报告的决议、自治区政协十届常委会关于提案工作情况报告的决议和自治区政协十届二次会议提案审查情况的报告。

【常务委员会会议】 十届五次会议 2014年1月4日至5日在拉萨召开。会议审议通过了政协第十届西藏自治区委员会常务委员会第五次会议议程;审议通过了关于召开政协第十届西藏自治区委员会第二次会议的决定;审议通过了政协第十届西藏自治区委员会第二次会议议程(草案);审议通过政协第十届西藏自治区委员会常务委员会工作报告(草案)及报告人;审议通过政协第十届西藏自治区委员会常务委员会关于政协十届一次会议以来提案工作情况的报告(草案)及报告人;审议通过政协第十届西藏自治区委员会第二次会议秘书长、副秘书长名单;听取自治区政协各专委会工作情况报告。

十届六次会议 2014年1月11日在拉萨召开。会议审议通过了政协第十届西藏自治区委员会第二次会议政治决议(草案)、政协第十届西藏自治区委员会第二次会议关于常务委员会工作报告的决议(草案)、政协第十届西藏自治区委员会第二次会议关于政协十届一次会议以来提案工作情况报告的决议(草案)和政协第十届西藏自治区委员会提案委员会关于政协十届二次会议提案审查情况的报告(草案)。

十届七次会议 2014年4月22日在拉萨召开。会议传达学习习近平总书记在参加全国政协十二届二次会议少数民族界委员联组讨论时的重要讲话、在调研指导兰考县教育实践活动时的重要指示和全国"两会"精神,进一步推动与会常委带头学习贯彻的示范作用,动员号召全区各级政协组织和广大政协委员、政协工作者掀起学习贯彻热潮,统一思想和行动、凝聚智慧和力量,努力为我区跨越式发展和长治久安作出新贡献。自治区政协党组副书记、副主席,机关党组书记罗松多吉主持会议并作闭幕讲话,罗松多吉指出,要认真学习、深刻领会,以习近平总书记系列重要讲话和全国"两会"精神武装头脑、统一思想、指导实践、推动工作;罗松多吉强调,要贯彻落实好习近平总书记系列重要讲话、重要指示和全国"两会"精神及区党委重大决策部署,关键在于找准定位、勇于担当,进一步提升政协履职成效。罗松多吉要求,要坚决贯彻落实中央"八项规定"和区党委"约法十章"、"九项要求"等规定,继承和弘扬好党的优良传统和作风,进一步转变政协履职作风。

十届八次会议 2014年7月29日在拉萨召开。会议传达学习了习近平总书记在指导兰考县委常委班子专题民主生活会时的重要讲话。区党委常委、组织部部长梁田庚通报了西藏自治区第二批党的群众路线教育实践活动开展情况;自治区副主席曾万明通报了西藏自治区上半年经济社会发展运行情况。全国政协副主席、自治区政协主席帕巴拉·格列朗杰在主持会议时强调,全区政协组织和广大委员要把学习贯彻习近平总书记系列重要讲话精神,特别是习近平总书记在参加兰考县常委班子专题民主生活会上的讲话作为当前和今后一个时期的重大政治任务,带头学习、学深学透、入脑入心，打牢共同团结奋斗的思想政治基础；要始终围绕中心和大局、紧扣主题主线，全力助推西藏自治区改革发展稳定各项工作，发挥政协作为协商民主重要渠道作用；要坚决贯彻党中央、区党委关于加强政协工作的理论方针政策，确保政协工作扎实到位；要实时启动政协十届三次会议筹备工作，总结好今年的工作，谋划好明年的工作；要善始善终做好政协提案、视察调研、文史资料、团结联谊等经常性工作，确保全年各项任务的圆满完成。自治区党委常委，区政协党组书记、副主席，区党委统战部部长公保扎西在闭幕讲话中指出，政协党组和常委会始终坚持把学习十八大和十八届三中全会精神，习近平总书记、俞正声主席等中央领导同志的系列重要讲话精神，党的治藏方略、自治区党委八届五次全委会和陈全国书记讲话精神等作为重要政治任务；全区政协组织和广大政协委员始终围绕中心，服务大局，履行职能，发挥作用。2014 年上半年西藏自治区政协积极开展一系列工作，成效明显，各级政协委员努力投身政协事业，取得可喜成绩。公保扎西强调，要始终保持正确的政治方向，继续增强责任感、使命感和紧迫感，坚决落实好政协十届二次会议确定的各项目标任务。要努力维护社会和谐稳定；要着力推动跨越式发展；要着力建言全面深化改革；要着力推动保障和改善民生；要大力推进协商民主建设；要加强政协自身建设。

十届九次会议　2014 年 11 月 20 日至 21 日在拉萨召开。会议审议通过关于召开政协第十届西藏自治区委员会第三次全体会议的决定，传达了中国共产党第十八届中央委员会第四次全体会议精神，传达了习近平总书记在庆祝中国人民政协成立 65 周年大会上的讲话。全国政协副主席、自治区政协主席帕巴拉·格列朗杰在主持会议时强调，全区各级政协组织和广大政协委员必须充分认识学习贯彻党的十八大和十八届二中、三中、四中全会精神和习近平总书记系列重要讲话精神的重要性和紧迫性，把思想认识统一到中央精神和自治区党委决策部署上来，在自治区党委坚强领导下，高举中国特色社会主义伟大旗帜，以邓小平理论、“三个代表”重要思想和科学发展观为指导，全面贯彻落实习近平总书记系列重要讲话精神，紧紧围绕团结和民主两大主题，围绕中心、服务大局，发挥人民政协作为协商民主重要渠道的作用，凝心聚力，扎实工作，以优异的成绩迎接自治区政协十届三次会议召开，为实现富裕和幸福法治文明美丽西藏作出贡献。自治区党委常委，区政协党组书记、副主席，区党委统战部部长公保扎西在闭幕讲话中指出学习是人民政协的优良传统，要把学习宣传和贯彻落实好十八届四中全会精神作为各级政协当前和今后一个时期的重要政治任务，深入学习贯彻十八届三中全会精神结合起来，与深入学习领会习近平总书记在庆祝中国人民政协成立 65 周年大会上的重要讲话结合起来，与学习贯彻中央民族工作会议精神和全区民族工作会议精神结合起来，广泛动员、精心组织，通过多种方式推动广大政协委员原原本本学习领会会议精神，增强委员们的依法治国意识，更好地开展政协工作。

【提案委员会】　2014 年，按照提案“提到点子上”和“立要高标准”要求，自治区政协提案委员会主动加强与政协委员、政协各参加单位、界别的沟通联系，将提案协商工作前移，提前介入提案办理协商工作，提高提案质量。

拓宽委员知情明政渠道　通过举办界别委员协商座谈会，向委员印发“做好年度政协提案工作的通知”和“提案参考选题”等形式，积极创造条件帮助提案者知情明政。

严把提案审查关口　十届二次会议期间，邀请自治区党办和区政办督查室人员共同做好提案收集、整理、分类、审查等工作，及时协调解决提案工作中遇到的困难和问题，达到了预期目的。十届二次会议共收到提案 519 件，经审查立案 497 件，立案率为 95.76%。

做好交办工作　主动与自治区党委办公厅、人大办公厅、政府办公厅协商沟通，联合召开人大代表建议和政协提案交办会，对办理好政协提案提出明确要求，使提案办理协商工作更加引起承办、协办单位的重视。

坚持重点带动　将涉及全局性、具有共性问题的 14 件提案作为备选重点提案，报主席会研究审定了 8 件重点提案，由 8 位副主席牵头督办，做到督办程序规范，

办理落实成效良好，有效带动了提案整体办理协商工作。

狠抓办理落实　发挥联系、沟通、协调的桥梁纽带作用，加强“提”、“办”双方协商交流，形成办理合力，提高落实成效。十届二次会议497件提案全部办理答复完毕。其中所提问题已经解决或意见建议被采纳的284件，列入计划逐步解决的115件，因条件限制暂时难以解决的98件，分别占57.14%、23.14%、19.72%，提案者对办理结果的满意和基本满意率达到97.5%以上。

积极改革创新　完善提案办理协商制度，向主席会议提交修订的《政协西藏自治区委员会提案工作条例》(建议稿)，明确办理情况书面答复的时间界限，明确重点提案的标准、确定重点提案选题和督办方式等，推动提案办理协商工作制度化、规范化、程序化建设。

【民族和宗教委员会】　2014年，自治区政协民族和宗教委员会充分发挥界别优势，创新委员联络方式，拓宽委员联络渠道，丰富委员联络形式，畅通利益诉求渠道，经常向委员通报工作、征求意见，为委员履职创造条件、提供平台，增强委员履职意识。通过不同界别委员所联系的界别群众，形成大团结、大联合的工作格局。

针对群众较为关注的天葬台管理和保护问题，组织部分界别委员，邀请民政部门，对西藏自治区以天葬台管理为主的殡葬管理工作进行了视察调研，基本掌握全区天葬台管理情况和现状，对西藏自治区天葬台管理工作提出意见和建议，得到自治区党委政府的高度重视，自治区党委主要领导作了重要批示。围绕规范学经管理开展调研，积极建言献策。以“加强西藏佛学院各寺庙分院工作”为课题，组织部分界别委员，邀请自治区民宗委、区宗教工作领导小组办公室、佛协西藏分会和西藏佛学院等部门的有关领导，组成联合调研组，对西藏佛学院各分院贯彻落实《区党委统战部关于印发〈关于办好西藏佛学院分院的意见〉的通知》文件精神情况，以及对各寺庙分院管理、教学工作、招收学员、师资队伍建设和分院配套基础设施建设等情况进行了认真调研，形成调研报告上报。围绕改革发展稳定，献计谋策。界别委员以会议履职和日常履职相结合的方式，关注社会发展稳定和民生改善，以强烈的责任感和使命感，积极献计献策。2014年共提交以“推进西藏城市化建设的战略考量”等为主的88份提案。

协助全国政协民族和宗教委员会，对“加强农村宗教事务管理”及“宗教职业人员社会保障政策落实情况”等进行了调研，并向全国政协民宗委呈报了调研报告。参加“全国暨地方政协民族宗教工作研讨会”，以“发挥政协民宗委优势，协助党和政府做好新形势下民族宗教工作”为题，进行了大会交流发言。积极配合区党委调研组的工作，组织召开座谈会，介绍自治区政协在全区民族团结工作中的主要做法、好的经验，分析存在的问题及其原因，在促进西藏自治区民族团结进步事业发展工作上提出了具有一定参考价值的建议，并提供了调研材料。加强与各省(市)政协民宗委的工作交流。坚持全局意识，积极参加办公厅组织的各项活动。

【社会法制外事委员会】　2014年，自治区政协社会法制外事委员会组织所属界别委员召开社会法制外事委员会2013年工作总结暨2014年工作要点情况通报会，围绕全年工作要点，就涉及民主法治建设、创新社会管理、城市治理等社会热点难点问题与参会委员进行深入探讨并确定了调研课题。在全年开展的各项调研、视察工作中，组织并邀请所属委员一并参与，为党委政府决策提供了针对性强、质量较高的意见建议，为促进决策民主化、科学化作出了积极贡献。

对社区矫正工作情况开展专题调研，就进一步推进社区矫正工作，提出了七条建议，形成调研报告报送区党委、政府。对减刑、假释工作情况开展调研。起草涉及监狱自身政治建设、文化建设、管理规范化建设等数十个领域的，范围广、针对性强的调研报告，就加强西藏监狱管理工作，规范减刑、假释、保外就医，用阳光杜绝高腐败等，提出七个方面的意见建议。围绕建立拉萨市城市治理工作长效机制等开展专题调研。将调研过程中暴露出来的影响拉萨城市管理水平提升的深层次问题归纳为四点，并就解决问题提出六点建议。得到拉萨市委的高度重视，并专门主持召开由拉萨市相关部门及拉萨市有关区、县负责人参加的市政府专题会议，就进一步加强城市管理工作、整治存在的突出问题进行了安排部署。

邀请尼泊尔驻拉萨总领事馆主要官员旁听了自治区政协十届二次全委会开幕会，使外国友人了解中国共产党领导的多党合作和政治协商制度，西藏自治区政协履行职能的具体情况；积极协调组织中国西藏自治区政协代表团出访爱尔兰、瑞典两国，配合国家总体外交。

配合协助全国政协调研组赴藏调研工作。选派人员参加全国政协社会和法制委员会2014年工作座谈会，并提交题为“大力推进西藏运用法治思维法治方法化解矛盾纠纷”的交流发言稿。注重加强与市政协对口部门的联系，注意充分调动委员工作积极性。

【文史资料学习委员会】 文史资料工作 2014年，自治区政协文史资料学习委员会认真做好《西部大开发纪实（西藏卷）》、《藏族百年实录》两部大型图书的征编工作。先后组织召开《西部大开发纪实（西藏卷）》征编工作协调会、联络员座谈会和《藏族百年实录》征编工作协调会，制定了翔实的征编方案，全面启动《西部大开发纪实（西藏卷）》和《藏族百年实录》两部大型图书的征编工作。征编工作得到了全国政协、自治区政协领导的高度重视，区政协主要领导出席两部大型图书征编工作协调会并作重要讲话，多次过问征编工作进展情况，并对如何做好征编工作提出了希望和要求；11月底，《西部大开发纪实（西藏卷）》（送审稿）提交自治区党委宣传部、编委会编委完成了审核工作；12月份，赴四川省政协完成了统稿工作。弘扬藏民族传统文化，着力出版具有西藏特色的文史图书。应读者要求，将第23至第29辑《西藏文史资料选辑》进行了重新审核、校勘和修订，编入第Ⅳ卷精装合订本进行再版发行；完成了藏文版《藏历算法珍宝之库》编审出版工作；完成了自治区政协原副主席徐洪森《我的西藏记忆》（暂定名）手稿的整理工作；与西藏人民出版社合作，完成了藏文版新旧西藏对比宣传教育系列丛书——《藏族老人述说西藏史》的编辑出版工作；按照全国政协文史委的要求，完成了抗战爆发77周年西藏相关史料的收集、整理和报送工作。

自身建设 及时向主席会议上报了《关于成立政协第十届西藏自治区委员会文史资料编委会的请示》，及时调整充实本届文史资料编委会成员；及时选调了政治素养高、业务能力强、文字功底好的人员充实到文史队伍；选聘了4名大学生西部计划志愿者，加强文史资料工作；严格执行政协机关和文史工作的规章制度，做到以制度管人，按制度办事；加强与政协委员、文史委员的沟通和联系，充分发挥政协委员、文史委员在文史资料工作中的主体作用；加强与全国政协、各兄弟省（区）政协文史委的协作交流，推动文史工作的大联合大协作。加强文史干部政治理论和业务知识学习，提高了文史干部理论水平和工作能力，增强了大家做好文史工作的政治自觉、思想自觉和行动自觉。

【科教文卫体委员会】 2014年，自治区政协科教文卫体委员会围绕区党委、政府的中心工作，认真谋划，抓住重点，履职建言。遵照自治区党委、政府对全区维稳工作的统一部署安排，年初由政协分管领导带队率部分同志深入阿里地区开展为期40余天的维稳督导检查工作，发挥了政协在凝聚力量、推动社会稳定方面的特殊作用。并借机组织全国、区、地、县四级政协委员和区、地、县三级文物局领导及文物专家，重点对札达、普兰、噶尔等县文物保护工作情况，进行了深入实地的调研。形成的调研报告以图文并茂形式，汇编成册上报党委、政府。同时，为使阿里地区文物保护工作得到全国政协及国家有关部门的支持，起草了请求国家尽快实施象泉河谷堤坡抢险加固维修工程提案和请求予以实现世界文化和自然“双遗产”申报两个提案。围绕西藏自治区高校思想政治教育工作开展视察调研。组织部分教育界政协委员，先后深入西藏大学、西藏民院、西藏农牧学院等7所院校，详细了解西藏自治区高校思想政治教育工作和德育工作开展情况，提出了着力创新民族团结进步宣传教育方法和途径、着力提高思想政治教育和德育工作的针对性实效性、着力推进思想教育和德育工作队伍建设、着力加强高校党团工作、着力构建学校、家庭、社会“三轮驱动”的教育网络等5个方面的对策和建议，并以调研报告的形式上报自治区党委、政府，得到高度重视和肯定，为西藏自治区高校思想政治教育工作健康发展起到一定促进作用。组织教育界政协委员，赴山南地区贡嘎、扎朗、乃东3县7个乡镇学前双语幼儿园和山南地区实验幼儿园实地调研，提出继续搞好学前双语教育、继续加强幼儿师资队伍建设、编撰适用于农牧区幼儿的双语教材、进一步提高办园质量和水平、切实加强督导检查、总结推广先进做法和经验等6条建议，向自治区党委、政府作了书面报告，得到了有关方面的关注和采纳。组织教育界部分政协委员组成的调研组，深入拉萨市教育城，就建设、运行管理情况进行了实地调研。提出贯彻中央、自治区推进教育改革发展的决策部署、着力提高教育教学质量、继续提升整体办学水平、全面加强现代职业教育体系建设、稳步推进拉萨教育城建设后续工作、高度重视拉萨教育城两所实验中学待遇问题等6个方面的意见建议，以书面的形式向自治区党委、政府和有关方面进行了呈报，引起高度关注。

与广东、云南两省政协调研组赴拉萨、林芝、日喀则等地就民族医药业发展情况和西藏文化遗产保护和利用情况进行了调研，并协助撰写了《民族医药业发展情况》和《西藏文化遗产保护和利用情况》的调研报告。与兄弟省市政协加强了联系，建立了友谊，学到了先进工作理念和工作经验。

【经济人口资源环境委员会】 2014年，自治区政协经济人口资源环境委员会重点搞了西藏生态安全屏障保护与建设专题调研，邀请自治区环保、林业、水利、国土方面的专业技术干部，组成联合调研组，先后深入7地市24个县1个口岸88个乡村及点面，开展为期四个月的考察调研，共获得综合调研报告1份，专题调研报告和情况分析报告25份，并编印成册供党委政府和相关职能部门参阅。

在专题调研活动中，组织召开了32场专题协商座谈会，参加的人员达到400余人次，具有一定广度、深度，凝聚了共识、整合了力量。借助政协平台推动召开全区性专题协商座谈会，积极探索开好专题协商会所应具备的条件以及召开专题协商会的形式和方法，为今后召开专题协商会乃至其他形式协商会探索了相关程序，积累了一定经验。本次专题协商会，提出对策建议82条，具有一定深度、广度，成果比较显著，是西藏自治区政协贯彻落实协商民主重大战略部署的具体措施和实践探索，得到区党委政府领导的充分肯定，产生了较好影响。

利用参加全国政协十二届二次会议的机会，在会上作了《从国家战略全局高度，加快构建西藏生态安全屏障》的大会发言，得到了党中央国务院领导及相关部委的高度重视和积极评价，引起国内外新闻媒体广泛报道，产生了良好效果。利用参加全国政协第十八次双周协商会的机会，作了《西藏自治区城镇化进程中就业问题及对策建议》的发言，提出了用“两个把握”、“三个能力”建设解决就业问题的建议。俞正声主席对发挥对口援藏优势，推进特色生态产业发展，促进农牧民就业增收的建议表示赞许。利用参加中国经济社会理事会年度论坛的机会，提交交流材料，阐述了西藏参与孟中缅印经济走廊建设的战略地位、重要作用、思路及对策，建议国家相关部委在编撰“一带一路”及孟中缅印经济走廊战略规划中，将西藏作为重点开放与建设地区给予通盘规划和项目安排。参与四川、西藏两省区政协关于加快川藏战略大通道建设的联合调研，协调相关职能部门，积极建言献策，努力争取国家从战略层面谋划建设新的战略大通道，促进藏区跨越式发展和长治久安，联合调研报告得到了区党委政府主要领导的认同，并上报全国政协，全国政协领导作出批示，肯定了报告中提出的意见建议。

派出人员参与全区敏感时段的维稳工作，深入林芝、波密、察隅等地检查维稳会议精神和相关措施落实情况，为维护林芝和谐稳定的局面、确保全区大局稳定做了力所能及的工作，圆满完成了维稳督导任务。根据中宣部、国新办安排，经自治区党委批准，由经济人口环境委员会主要领导担任西藏文化交流团团长赴爱尔兰和意大利两国开展交流访问活动，访问成果得到了中央和自治区党委的肯定。

加强资料数据收集工作、服务能力建设、工作作风建设、纪律制度建设。

纪检 监察

【概况】 2014年,全区纪检监察机关聚焦中心任务,突出主业主责,推进反腐败体制机制改革和制度创新,严明党的政治纪律和组织纪律,强化监督执纪问责,作风建设和惩治腐败力度不断加大,“四风”问题和腐败蔓延势头得到一定遏制,开创了全区党风廉政建设和反腐败斗争新局面。2014年,全区各级纪检监察机关共函询谈话113人,查处违反中央八项规定精神问题201个,处理240人,其中,给予党纪政纪处分138人;自治区本级整治公车私用行为295起。各级纪检监察机关共受理群众举报1494件(次),同比增长131.7%;初核问题线索655件,同比增长105.3%;立案329件,同比增长161.1%;结案283件(含遗留案件),同比增长79.1%;给予党纪政纪处分364人(含遗留案件),同比增长65.8%;移送司法机关12人。全区检察机关共立案侦查贪污贿赂、渎职侵权等职务犯罪84人。全区法院系统审结一审贪污贿赂案件22件、渎职侵权案件3件。

【纪检体制改革】 制定纪检体制改革时间表和路线图 2014年,自治区党委审议通过《西藏自治区党的纪律检查体制改革实施方案》。自治区纪委围绕创新体制机制这条主线,对中央纪委和自治区党委有明确要求、条件基本具备、工作中看得准的,立行立改,形成改革成果43项,各项改革工作有序推进。

抓住落实党风廉政建设主体责任这个“牛鼻子” 自治区党委分别成立落实党风廉政建设责任制领导小组和反腐败工作协调小组,完善相应的工作规则;召开全区落实党风廉政建设主体责任电视电话会议,对各级党组织落实主体责任作出部署;出台《关于落实党风廉政建设党委主体责任和纪委监督责任的实施意见(试行)》,明确责任内容和追责标准、程序、方式。自治区纪委负责同志到部分地市和区直单位调研,召开区直部门党组书记和国有企业党委书记专题座谈会,约谈部分地市委书记和县委书记,督促落实主体责任。对履行主体责任不到位,在落实中央八项规定精神方面存在突出问题的24家单位党政“一把手”进行了约谈问责。各地市委相继制定落实“两个责任”具体意见,分设两个小组,及时约谈下级党委(党组)书记,层层传导压力,层层明确责任。

推进双重领导体制具体化、程序化、制度化 建立派驻机构、地市纪委工作情况“月报告”和地市纪委书记工作“季报告”制度,督促指导下级纪委更好履行监督责任。规范西藏自治区党的纪律检查机关称谓、排序和挂牌。落实查办腐败案件以上级纪委领导为主的要求,地市纪委定期向自治区纪委报告线索处置和查办案件情况,建立完善纪检机关查办腐败案件报告请示通报机制。规范问题线索管理和处置机制,建立并执行问题线索集体排查制度;对重要违纪违法案件实行提级办理,建立案件(问题线索)督办机制,规范审理工作规则和程序,办案工作效率和案件质量大幅提高。明确地市纪委副书记为区管干部;地市纪委领导班子配备问题纳入区纪委常委会议题进行研究,纪委书记、副书记提名考察工作逐步规范。

改进巡视工作领导体制和工作机制 建立自治区党委常委会研究巡视工作、区党委“七人小组”听取巡视情况汇报机制。新组建2个巡视组,增加巡视机构编制,增设巡视办内设机构。推进巡视聚焦转型,围绕“一个中心”,突出“四个着力”,发现问题、形成震慑。实行“三个不固定”,组建自治区党委巡视组长库和专家库,对巡视组组长一次一授权。建立区党委巡视机构与自治区纪委、自治区党委组织部、自治区审计厅的协作配合机制,抽调专业人员参加巡视,提高发现问题的能力。扩大巡视范围,加快巡视节奏,自治区党委5个巡视组开展2轮巡视,完成对17个县(区)、1个区直单位、1家国有企业的常规巡视和4个区直单位的专项巡视,发现了一批问题线索。强化巡视成果转化运用,及时反馈巡视意见,对问题线索分类处置、移交办理,加强跟踪督办,狠抓整改落实。

【严明党的政治纪律】 禁止党员干部出境参加十四世达赖集团“法会” 2014年,针对十四世达赖集团利用“时轮金刚大法会”和“俱力护法神”等问题制造不稳定因素等情况,自治区纪委下发通知,严禁党员和国家公职人员出境参加“法会”或以各种形式捐助“法会”。各级党政组织加强对党员干部的教育和管理,各级纪检监察机关加强对执行政治纪律情况的监督检查,及时发现和纠正苗头性、倾向性问题。2014年，全区无一人出境参加十四世达赖集团“法会”。

架设政治纪律“高压线” 下发《关于在打击非法组织活动中严明政治纪律的通知》，提出严禁党员干部为非法组织活动提供便利等“五个严禁”要求；制定出台《关于共产党员违反政治纪律行为的处分规定(试行)》，为严明政治纪律提供了法规依据和遵循。

严肃查处违反政治纪律案件 建立纪检监察、政法、审判、检察、公安、国家安全机关查办违反政治纪律案件的协作配合机制。全区纪检监察机关集中核查党员干部涉嫌违反政治纪律的问题线索，对少数党员干部参与非法组织等严重违反政治纪律的问题立案调查，给予党纪政纪处分15人，对6起共产党员和国家公职人员违反政治纪律的典型案件在全区进行了通报。

强化组织纪律的刚性约束 把组织纪律执行情况纳入巡视监督的重要内容，检查请示报告等制度执行情况，整治组织涣散、纪律松弛问题。加强对村(社区)“两委”换届工作纪律的检查，加强对昌都、日喀则撤地设市工作纪律的检查。在三月敏感期和“萨嘎达瓦”“塔尔钦”等宗教佛事活动期间，对区党委十项维稳措施落实情况和维护稳定责任落实情况明查暗访，对45名擅自离岗、失职渎职的党员干部给予党纪政纪处分。

【加强执纪监督，纠正“四风”】

盯重点抓节点持续用力 2014年，自治区纪委扭住落实中央八项规定精神不放，抓住一个个具体问题，坚持一个节点一个节点抓，由浅入深、循序渐进，积小胜为大胜。多次下发通知，提出严禁用公款购买赠送礼品等纪律要求，对党员干部早打招呼、早提醒。建立执纪监督长效机制，实行重要节点检查与日常检查相结合、综合检查与专项检查相结合、突击检查与常规检查相结合，推进执纪监督常态化。区地县三级纪检监察机关在开展党的群众路线教育实践活动中聚焦“四风”，联合有关部门开展明查暗访1790次。在西藏纪检监察网站开通“四风”举报直通车，发挥群众和媒体监督作用。

严肃查处顶风违纪行为 加大问题线索初核力度，严肃查处公款吃喝、公款旅游、公车私用和领导干部借婚丧喜庆事宜收钱敛财等问题。2014年，全区纪检监察机关共查处违反中央八项规定精神问题201个，处理240人，其中，给予党纪政纪处分138人；自治区本级整治公车私用行为295起。自治区纪委对63起违反中央八项规定精神典型案件进行通报曝光。

整治群众反映强烈的突出问题 开展特权车问题专项整治，取缔拉萨市“6”字头专段号牌758副，清理使用公务号牌的非公务用车46台，整治私车挂公牌等行为。联合相关部门对43个地方和部门“三公”经费管理使用情况开展专项检查，追缴违规资金6043.61万元，收缴超编、超标车辆18台。开展惠民资金管理使用情况专项检查，对贪污、套取、挪用惠民资金等涉嫌违纪问题立案调查，给予党纪政纪处分8人；对惠民资金兑现不及时、监管不规范等共性问题，已责令相关部门限期整改。

【加强纪律审查，遏制腐败】

加强对反腐败工作的统一领导 2014年，自治区纪委完善反腐败工作协调小组职能，加强对反腐败工作的组织协调，整合办案资源，集中力量突破大案要案。严格办案程序，完善和细化初核、立案调查等制度规定。开展问题线索大起底，对所有问题线索实行分类管理、集体排查、归口处置。严肃审查工作纪律。开展办案场所安全工作检查，加强和规范办案安全管理。筹建西藏纪检监察机关办案基地。举办全区案件检查业务培训班，提高办案人员的综合素质和业务能力。

加大查办案件力度 2014年，自治区纪委从检察、公安、审计等机关和部门选调11名人员充实办案队伍；遴选107名业务骨干充实办案“人才库”，推进办案专业化队伍建设；认真承办中央巡视组移交的问题线索，成立若干调查组，对重点问题线索进行初核，自办案件22起，同比增长450%；采取“两规”措施13人，是近十年的总和。各级纪检监察机关共受理群众举报1494件(次)，同比增长131.7%；初核问题线索655件，同比增长105.3%；立案329件，同比增长161.1%；结案283件(含遗留案件)，同比增长79.1%；给予党纪政纪处分364人(含遗留案件)，同比增长65.8%；移送司法机关12人。全区检察机关共立案侦查贪污贿赂、渎职侵权等职务犯罪84人。全区法院系统审结一审贪污贿赂案件22件、渎职侵权案件3件。

加强警示教育 自治区纪委及时通报典型腐败案件，发挥震慑和警示作用。加强干部任用廉洁性审查和谈话述责工作,坚持对新任领导干部开展任前廉政谈话。对反映区管干部问题线索认真核查,对失实的予以澄清,对发现的一般性问题,及时函询、诫勉谈话。2014年,各级纪检监察机关共函询谈话113人。

【推动“三转”,聚焦主业主责】 聚焦主业转职能 2014年,自治区纪委全力清理议事协调机构,取消或退出议事协调机构106个,保留16个;清理和规范区地县三级纪委书记(纪检组长)兼职分工;在内设机构、行政编制、领导职数总量不变的情况下,再次进行机构调整,纪检监察室从4个增加到5个、人员编制增加到40个,组建组织部、宣传部、纪检监察干部监督室,监督执纪人员占委厅机关编制总数的62%。地市纪委也相应完成了内设机构人员调整,执纪监督人员达到单位编制总数的48.9%。

增强实效转方式 改进自治区纪委常委会领导方式,实行副书记分管、常委协管的分工模式,强化了沟通协调,减少了程序,提高了效率;改进自治区纪委机关内部管理方式,健全内部工作制度,规范工作流程,明确岗位职责;改进工作方式,实行周计划、周总结和半月督查督办机制,推进机关工作的规范化、程序化、制度化。改变“大而全”的监督检查方式,退出检查评比活动,集中力量搞好再监督。开通西藏纪检监察网站,填补了全国最后一个省级纪委没有网站的空白。

强化监督转作风 排查岗位廉政风险,建立防控机制,明确防控措施。建立受理信访、线索管理、案件查办、案件管理、案件审理之间的相互制约监督机制。发挥纪检监察干部监督机构作用,强化内部监督和纪律约束,强调凡是要求别人做到的,纪检监察干部自己必须首先做到。严肃处理少数纪检监察干部违纪问题,对个别履行监督责任不力的,严格追究责任,点名道姓、通报曝光,坚决杜绝“灯下黑”。

组织 编办

【概况】 2014年,自治区组织部门(编办)以改革创新精神和求真务实作风,开拓创新、狠抓落实,全面推进组织编制工作取得新成绩,实现新突破。全年依法依规完成全区5465个村(居)选举工作,产生村(居)“两委”干部31988名,选拔96名大学生村官进入乡镇党政班子,为地县乡三级下达第二批事业编制8510名,完成1465名干部提前退休和提前离岗休养工作,调整充实县委书记、县长13名,提拔调整53名地厅级干部进昌都、那曲等维稳重点地区班子和政法、统战、民宗等维稳重点部门班子,调整提拔地厅级干部199人。全年选派500名专业技术人才赴内地培训或挂职,接收1000名区外专家、学者及专业技术人才进藏开展短期服务,培训本地人才2万余人次。全年招录12287名乡镇公务员(工作人员)全部到乡镇和基层公安一线实战部门工作,完成9280名县处级以上领导干部个人有关事项报告工作。全年共受理各类举报49件,查结34件。

【干部人事制度改革】 深入学习宣传《党政干部选拔任用工作条例》 2014年,自治区组织部门共印发《条例》学习读本1万余册,举办专题培训班1期,各类媒体专题专栏刊登《条例》内容241次,有效提升了《条例》的知晓率和影响力。

改进完善干部选拔任用工作 紧扣西藏干部工作实际,不断建立完善干部选拔任用配套制度,研究制定关于加强和改进党政领导干部培养选拔工作意见,修改完善地厅级领导班子和领导干部综合分析研判工作办法、党政领导干部民主推荐办法、地(市)县(区)党政领导班子和领导干部政绩考核评价办法、区管干部任免事项提交党委常委会议研究办法、县处级干部公示办法等制度。进一步深化区管国有企业人事制度改革,制定区管国有企业领导班子和领导人员综合考核评价办法、区管企业领导人员选拔任用工作流程,完善驻藏中直单位领导人员任免程序。

加强领导班子建设 继续实施市县乡党政正职队伍建设,调整充实县委书记、县长13名。统筹抓好各级各部门班子建设,重点加强维稳领导班子力量,提拔调整53名地厅级干部进昌都、那曲等维稳重点地区班子和政法、统战、民宗等维稳重点部门班子。结合群众路线教育实践活动,对领导班子运行情况进行综合分析评估,调整提拔地厅级干部199人。按照藏政发〔2012〕64号文件精神,完成1465名干部提前退休和提前离岗休养工作。扎实开展从非公务员身份驻寺人员中考录公务员工作。全力做好日喀则、昌都撤地设市人事安排、组织考察等工作，顺利完成区卫生和计划生育委员会、新闻出版广电局、食品药品监督局更名及领导班子配备工作。推进区管一级国有企业建立健全企业法人治理结构，提出11家区管一级国有企业领导班子调整配备方案。

【公务员管理】 2014年，自治区组织部门充实基层公务员（工作人员）队伍，招录12287名乡镇公务员（工作人员）全部到乡镇和基层公安一线实战部门工作。组织实施2014年区直机关事业单位公务员（工作人员）考录（遴选）工作，进一步优化区直机关事业单位干部队伍结构。组织开展从区外重点高校引进人才工作，重点引进急需紧缺专业毕业生133人。认真做好事业单位参照公务员法管理的审批、全区司法警察警员职务套改、全区公务员管理信息系统建设等业务工作，2013年度全区公务员统计报表被评为"全优报表"。

【干部监督管理】 *强化干部日常管理* 2014年，自治区组织部门建立健全干部经常性提醒教育制度。以落实干部谈心谈话制度为重点，综合运用监察巡视、考察考核、信访举报等成果，进一步了解干部的思想、工作、生活、作风等方面情况。严肃党内政治生活组织生活，严格执行请示报告制度，强化党员干部纪律意识和组织意识。

加强领导干部监督 突出抓好严禁超职数配备干部、规范党政领导干部在企业兼职（任职）或领取报酬、领导干部个人有关事项报告抽查核实3项重点工作，超职数配备专项治理工作得到了中组部、中编办、国家公务员局的充分肯定；在消化完成114名超配干部的基础上，根据中央第四巡视组及中组部选人用人专项检查组的反馈意见，重新核定了超配干部基数，制定了《西藏自治区超职数配备干部整改计划表》；组织完成9280名县处级以上领导干部个人有关事项报告工作，按照3%~5%的比例要求对246名县处级以上干部开展了抽查核实；规范清理96名在企业兼职的党政领导干部。认真做好"裸官"清查，未发现存在"裸官"问题的领导干部。加强经济责任审计工作的指导和管理，加大党政主要领导干部任中审计力度。严格执行县（市、区）委书记、县（市、区）长外出报批报备制度。

整治用人不正之风 选人用人工作的监督检查，积极配合中央第四巡视组和中组部选人用人专项检查组做好在藏巡视检查工作。根据中央第四巡视组关于选人用人工作的反馈意见，严肃认真制定选人用人问题检查整改方案，集中精力抓好各项整改工作。严格执行干部选拔任用工作有关事项报告、"一报告两评议"、离任检查等制度，建立完善干部"带病提拔"等问题倒查机制，对2010年以来提拔任职的县处级、乡科级干部选拔任用工作实行了倒查。切实加大违规用人问题查处和通报力度，充分发挥群众来信来访和"12380"电话、网站、短信等举报平台作用，受理各类举报49件，查结34件。

【基层组织和政权建设】 *扩大党的组织和工作覆盖* 2014年，自治区组织部门明确由成办党委统一领导驻蓉机构党建工作，组建省军级离退休干部成都党支部。扎实推进党建进网格入双联户工作，全区3万多个"双联户"单元建立党小组。加强各行业领域基层党建工作，在非公有制经济组织和社会组织中新建基层党组织78个，在高校34个班级新建党支部，完成三批次440家网站建立党组织工作，全区网站党组织覆盖面达到66.4%。扎实推进基层服务型党组织建设，广泛开展"三项服务"和无职党员设岗定责、党员先锋岗、党员志愿服务活动，全区6000多个农村基层党组织、8万余名农村党员公开承诺事项21万件，兑现承诺20多万件，解决涉及群众切身利益的问题2.7万个。研究制定地县乡党委书记、行业系统党工委书记抓基层党建工作述职评议考核工作方案，开展地（市）党委书记、自治区有关行业系统党工委书记抓基层党建工作述职评议考核，不断强化各级党委特别是书记管党意识、落实管党责任。

推进村（居）"两委"换届及提高村（居）干部待遇工作 组建工作机构，研究制定工作意见、方案和维稳应急处置预案，编印下发藏汉双语《换届工作指导手册》7万册，召开工作部署会和业务培训会；顺利完成51个村（居）换届试点工作，认真总结经验；加强对地（市）换届工作的指导检查，严格审核换届人事安排方案；在有关媒体开设专栏，宣传报道换届工作情况100余条。全区5465个村（居）已全部依法依规完

成选举工作，选举产生村（居）"两委"干部31988名。着力提高村(居)干部报酬待遇，力争到2016年实现村(居)干部基本报酬和业绩考核奖励补助标准"翻一番"的目标。研究制定《全区"万名村(居)干部文化素质提升工程"实施方案》。争取落实增加村（居)"两委"干部职数的资金、村(居)干部文化素质提升教育培训资金和村级组织工作经费。

加强基层一线工作力量　选派1200名地县机关干部到乡镇（街道)任职，选拔96名大学生村官进入乡镇党政班子，从优秀村(社区)党支部书记中考录150名乡镇公务员，从高校毕业生中考录378名乡镇公务员到村(居)工作，从各级机关选派5339名优秀干部到村（社区）担任党支部第一书记。结合第三、四批驻村工作队轮换，有针对性选派4000多名干部进驻1000多个重点村、难点村，帮助解决突出问题。印发《关于推荐优秀联户长、优秀双联户成员进入村(居)"两委"班子成员的办法(试行)》，并督促抓好贯彻落实。大力整顿软弱涣散基层党组织，调整村(社区)党支部书记456名、村党支部班子成员1027名；整合资金5700万元，帮助村级组织解决困难523件，758个软弱涣散基层党组织全部实现转化升级。落实全区村(社区)党支部第一书记安家费(每人5000元)和区中直单位选派的289名第一书记办实事经费(每人每年1.5万元)，并为其配备相应的办公设备。

做好发展党员和党员教育管理工作　按照"控制总量、优化结构、提高质量、发挥作用"的总要求，着力在农牧区、先进双联户、学校、维稳一线和便民警务站、互联网领域、企业生产一线等重点领域发展党员，实现了有控、有保、有减、有增的工作目标。扎实抓好党员教育培训，制定下发2014—2018年党员教育培训工作规划，举办学习贯彻《中国共产党发展党员工作细则》示范培训班，组织开展学习《党章》和习近平总书记系列重要讲话精神活动。下拨177.21万元党内激励帮扶资金，对1863名党员进行奖帮扶救。下拨530万元党费，开展走访慰问生活困难党员和老党员活动。将"三老"人员生活待遇分别提高到每月550元、550元、400元。探索疏通党员队伍出口工作，制定下发处置不合格党员试点工作方案，指导七地(市)和行业系统党工委开展处置不合格党员试点工作。充分发挥现代远程教育站点作用，对全区远程教育三级平台和终端站点进行全面巡检，确保畅通。组织制作适合西藏农牧民群众需求的专题片，不断丰富远程教育资源。

创新完善党的组织和生活制度　起草党代表联系教育服务党员群众制度，开展致富帮扶、送法入户等活动，启动"党代表先锋工程"。推进党代表档案库建设，争取财政专项经费48万元，加快建国以来西藏自治区历次全国党代表及自治区党代表档案数据收集、整理及档案建设工作进度。对党代表进行动态管理。制定党代表教育培训规划。加强党代表联络服务工作，有序推进党代表联络办公室建设。争取落实党代表工作经费和生活补贴资金。做好涉及机构改革的5家区直单位党组和18家区管一级国有企业党组织设置或更名工作，做好日喀则和昌都撤地设市党组织设置或更名及第一次党代会督导等相关工作。推进党内民主建设，组织好2014年度区党委常委会班子、区直有关部门及企事业单位民主生活会和组织生活会。

【人才工作】　大力实施重大人才工程　2014年，自治区组织部门推进中央支持西藏的12项重点工程，获资助资金3000万元，选派500名专业技术人才赴内地培训或挂职，接收1000名区外专家、学者及专业技术人才进藏开展短期服务，培训本地人才2万余人次。认真实施专项人才项目，选派35名"西部之光"访问学者和120名"西藏特培"专业技术人才赴内地研修学习，协调落实第15批"博士服务团"20名成员到西藏自治区挂职锻炼，推荐6名"千人计划"人选，3名优秀专家分别入选第一批"万人计划"科技创新领军人才、哲学社会科学领军人才和百千万工程领军人才，1人入选"中青年科技创新领军人才"，3人入选"科技创新创业人才"，9人入选文化名家暨"四个一批"人才。管好用好人才资源开发专项资金，审核上报、重点实施4个人才资源开发项目，资助金额202万元。

优化人才队伍结构　建立高海拔地区机关事业单位工作人员折算工龄补贴，实施乡镇机关事业单位干部职工生活补助制度，引导干部人才到艰苦地区和基层贡献聪明才智。制定关于进一步加强卫生人才队伍、教师队伍建设的意见，实行事业单位提前考录政策，促进专业技术人才学有所用、人尽其才。制定"三区"人才支持计划科技人员和文化工作者两个专项实施方案，选派优秀科研人员、文化工作者到基层开展科技文化服务。

推进人才体制机制改革 贯彻落实中央、区党委关于加强党管人才工作的意见，建立一把手抓第一资源的工作机制和人才工作协调机制。创新人才选拔使用机制，注重从反分裂斗争及基层一线选人用人。创新人才引进方式，制定深入实施大学生志愿服务西部计划西藏专项意见，出台大学生志愿服务西部计划区外生源服务期满志愿者留藏工作办法。创新人才激励机制，制定出台西藏自治区科学技术奖励办法、优秀科技工作者评选表彰办法等。创新人才援藏机制，建立专业技术人才短期进藏服务机制，第七批援藏干部人才总量增加到1199人，其中专业技术人员363人，比第六批增加65.73%。

【援藏工作】 提升援藏工作水平 2014年，自治区组织部门组织引导援藏工作队和援藏干部加强与派出单位的沟通衔接，争取加大援藏力度。大力探索推进专业技术人才短期援藏，组织内地专家学者进藏授课、各类人员到内地学习培训。围绕西藏优势产业，加大招商引资力度，推动受援地经济转型升级。大力推动社会援藏，筹建人才援藏基金会，组织动员内地企业和爱心人士捐款捐物、援助西藏，募集款物达1.9亿余元。拓宽援藏领域，积极推进教育、卫生、生态、文化和就业援藏。

教育严格管理 加强援藏干部学习教育，举办援藏干部课堂20多次，开展读书交流10多次，坚持每月开展主题党日活动。健全援藏干部自我管理机制，成立援藏干部读书会、书法协会、摄影协会、健身协会，筹建援藏干部(部机关)图书室和电子图书信息平台。关心援藏干部身心健康，组织援藏干部集中开展健康体检。坚持"严"字当头，通过发文要求、谈心谈话、短信提醒等方式，教育引导援藏干部严格遵守政治纪律和廉政规定，保持较高在藏率、在岗率。

【机构编制工作】 政府职能转变和机构改革 2014年，自治区组织部门制定实施政府职能转变和机构改革方案及区卫生和计划生育委员会、新闻出版广电局等部门"三定"规定。推进各级食药系统监管体制调整工作，理顺各部门之间职责关系，加强各环节监管。开展地县政府职能转变和机构改革、乡镇机构编制运行等情况专题调研，研究提出地(市)、县(区)政府职能转变和机构改革的意见。

政审批制度改革 理顺审改工作体制，将七地(市)审改工作牵头单位统一调整到编办，充实人员力量，健全工作机制。大力推进简政放权，认真承接国务院取消下放和调整的259项行政审批事项，优化审批流程，指导各部门清理规范部分审批事项，切实发挥好职能把关作用，严格控制新设行政许可。稳步推进工商登记制度改革，在柳梧新区和达孜工业园区启动"先照后证"试点，将21项工商登记前置事项改为后置审批，放宽了市场准入条件。加强政务服务体系建设，推进设立便民服务中心(站、所)和政务服务大厅。积极推进权力清单制度工作，研究起草推行权力清单制度及依法公开权力运行流程的指导意见。

事业单位分类改革 按照自治区分类推进事业单位改革工作领导小组的安排部署，在西藏大学、西藏电视台、自治区歌舞团、自治区博物馆和自治区文物总店等5个单位启动改革试点工作。完成自治区级事业单位分类工作及行政类事业单位备案和地(市)、县(区)事业单位预分类工作。

机构编制资源配置 加强基层工作力量，为地县乡三级下达第二批事业编制8510名。统筹全区机构编制资源，认真做好日喀则、昌都撤地设市涉及机构编制工作。按照自治区党委"有限的机构编制资源要向基层和一线倾斜"的要求，围绕党委、政府中心工作，及时研究解决相关地市和部门提出的机构编制调整事项，为相关部门全面正确履职提供保障。

机构编制管理 开展机构编制核查工作，制定控编减编工作方案，建立工作联系机制，全区13562个应核查机构，已全部完成信息采集和联合审核工作，其中5698个机构完成实地核实，13562个机构完成公示。按要求做好向中央编办上报核查信息数据工作。大力推进"政务"、"公益"网上中文域名注册工作，全区政务或公益中文域名注册存量为21096个，注册单位覆盖率从不到1%上升到100%。启动党政机关和事业单位网络标识管理工作，制定网络实名制管理系统建设方案，加强实名制系统建设。完成231家自治区级事业单位法人年检工作，新设立登记事业单位法人7家、变更登记事业单位法人55家。

宣传思想

【概况】 2014年，中央政治局委员、中央书记处书记，中央宣传部部长刘奇葆等中央领导作出3次重要批示，西藏自治区党委书记陈全国作出378次重要批示，给予全区宣传思想文化工作有力指导和鼓励鞭策。全区宣传思想文化工作迈上了新台阶，得到了自治区领导的充分肯定。

【理论武装】 *理论学习* 2014年，自治区党委制定《西藏自治区党委理论学习中心组2014年度理论学习安排意见》，陈全国同志主持区党委理论学习中心组学习10余次，有力带动了全区党委（党组）中心组的学习。积极推动促深入，印发《关于深入学习贯彻习近平总书记系列重要讲话精神的意见》，召开全区党委（党组）理论中心组学习贯彻习近平总书记重要讲话精神电视电话会，免费发放3.2万册《习近平总书记系列重要讲话读本》藏文版到基层，征订2.5万册《习近平谈治国理政》发放给广大党员干部。制定学习宣传贯彻党的十八届三中、四中全会精神工作方案，组织会议精神宣讲，进行理论研究阐释，持续在全社会营造浓厚学习氛围。强化督查重实效，加强对全区各级党委（党组）中心组学习的指导，成立3个督查组，分赴区中直各单位和6个地（市）、30个县、35个乡镇进行督查，不断把学习活动引向深入。

宣讲活动 构建立体宣讲体系，建立3400多人的宣讲人才库，其中农牧民宣讲员2460人，形成“专家学者讲理论、党员干部讲政策、农牧民群众讲身边事”的立体宣讲体系。全年共组织各级各类宣讲团（组）730余个，开展宣讲15000余场（次），直接听众300余万人次。区党委讲师团被评为全国唯一省级“基层理论宣讲先进集体”。打造特色宣讲品牌，创办“珠峰大讲堂”，定期邀请在全国有影响的专家学者赴藏宣讲，开阔广大党员干部视野，提高执政行政水平。扎达县“扎达讲堂”、噶尔县“噶尔讲堂”、拉孜县“周学堂”等地方特色宣讲品牌蓬勃发展。组织政策解读，围绕区党委、政府办好民生领域十个方面的实事，组织编写《十件实事实事实办—西藏民生工程·2013》发放到全区。

重大理论和现实问题研究 国家社科项目立项再创佳绩，国家社科基金项目立项数、立项率及资助金额创新高，共申报国家社科基金110项，获准立项36项，立项率达32.7%，远高于全国13.6%的平均立项率，获资助金额720万元。社科工作发展态势喜人，自治区哲学社会科学专项资金项目申报和管理工作进展顺利，确定专项资金项目50项，资助金额550万元。制定《西藏自治区哲学社会科学研究优秀成果奖励办法》，填补了西藏没有省级哲学社会科学奖的空白。研究成果《中国西藏佛教寺院仪式音乐研究》首次入选《国家哲学社会科学成果文库》。重大课题研究扎实推进，加强与中国社科院的合作交流，先期启动的《“治国必治边、治边先稳藏”重要战略思想研究》等3个课题研究进展顺利。

【舆论引导】 *中央媒体正面宣传西藏* 中央开展新闻媒体对外宣传系统日益成为海外涉藏新闻的重要信息源。截至2014年底，中央媒体刊播刊载正面宣传西藏各类稿件3.8万余篇（条幅次），同比增长35.5%，人民日报一版刊发报道8篇，新华社采写新旧西藏对比、唐卡创新等影响较大的内参112余篇，中央电视台《新闻联播》播出新闻99条。

重大主题新闻宣传 大力宣传党的群众路线教育实践活动，区内媒体开设专栏30余个，中央和自治区、地（市）级媒体刊播新闻报道12000余条。大力宣传全面深化改革进展，组织区内媒体推出《在新的历史起点上—全面深化改革》等专栏，广泛宣传全面深化改革的重大意义、主要内容、做法经验。大力宣传经济发展民生改善的巨大成就，召开新闻发布会50次，推出系列深度报道，宣传区党委、政府强基础、破瓶颈，兴产业、调结构，壮民营、增活力，促改革、扩开放等重大措施和成效，宣传报道利民惠民十件实事和利寺惠僧的各项举措，特别是日喀则、昌都两地撤地建市，川藏联网工程投入运行，拉日铁路、墨脱公路通车，拉林高等级公路开建等宣传报道，有力地提振了人心、鼓舞了斗志。大力宣传维护稳定的措施与成效，广泛宣传区党委、政府深入开展创先争优强基础惠民生、寺庙创新管理、城镇网格化管理、依法依规管理宗教事务、民族团结进步创建、

"先进双联户"创建评比活动等重大政策举措,营造了全社会关心理解、支持参与维稳工作的舆论环境。大力宣传首届中国西藏旅游文化国际博览会,中央驻藏新闻单位和区内媒体开辟专题专栏20余个,对首届藏博会文化板块展览、"首届中国唐卡艺术节"开(闭)幕式文艺演出等情况,进行了全过程全方位全媒体的宣传报道,达到了良好宣传效果。

突发事件和社会热点舆论引导 对"8·09"、"8·18"重特大交通事故等突发事件,立即启动应急预案,快速应对、果断处置,第一时间组织新闻发布,规范媒体采访准入,用权威信息通达社情民意、引导社会热点。积极开展社会热点问题的舆论引导,特别是围绕宗教活动、生态保护等热点敏感话题,把握时度效,精心组织网评力量,打好网评集中战役,组织各类网评18万余帖,形成网上正面舆论声势。

【思想教育】 社会主义核心价值观教育 2014年,自治区党委宣传部推动"七进"全面覆盖,制定下发《贯彻〈关于培育和践行社会主义核心价值观的意见〉的实施意见》和2014年《工作方案》,开展丰富多彩的实践活动,有效推进核心价值观进机关、进学校、进企业、进乡村、进社区、进军营、进寺庙。组织媒体广泛传播,区内主要媒体、重点网站常年呈现24个字社会主义核心价值观,开设"我们的价值观"专栏,截至12月31日,刊发刊播藏汉语稿件1300余篇、广播电视片花2200条次、公益广告2200余条、广播影视剧10余部。用好阵地充分展示,各地(市)制作户外公益公告牌500多幅,利用LED显示屏、墙报板报、出租车顶灯、人行天桥、交通护栏等,张贴悬挂植入标语横幅万余条(次),长期展示24字核心价值观,使广大干部群众随处可见、随时可学。选树典型引领风尚,开展《中国魂·西藏梦·践行社会主义核心价值观》大型宣传报道活动。推出雪域将军郭毅力等重大先进典型宣传。以基层干部群众为重点,评选出17名自治区2014年度践行社会主义核心价值观"最美人物",在自治区各类媒体每周同步推出,使干部群众学有示范、行有标杆。寓教于乐以文化人,译制8000套专题片《国魂》光盘下发基层,将4万份《图说我们的价值观》张贴画发放全区,并在各种媒体上刊载。

新旧西藏对比宣传教育 新闻宣传全面覆盖,继续组织各级各类媒体持续在重要版面、黄金时段,全景式剖析揭露旧西藏的黑暗残酷反动落后,展现新西藏的新发展新变化新生活,做到每天报纸上有图文、电台上有声音、电视上有视频、网站上有动态。西藏电视台每天1期《新旧西藏对比》栏目,获得有关部门和社会各界好评。社会教育活动意义深刻,补充完善、常态展出布达拉宫雪城新旧西藏对比展览,累计接待观众15万人次。举办《历世达赖、班禅敬献中央政府礼品展》,组织"我所认识的新旧西藏"演讲比赛,评选命名26个村(居)、寺新旧西藏对比示范展室,推动宣传教育在基层广泛开展。资料发掘深入广泛,深入发掘体现家庭、村居、寺庙和行业特点的历史资料,广泛收集反映新旧西藏对比内容的文献档案129份、图片2446张、图表190个、音视频5500余分钟,抢救保存387名新旧西藏亲历者口述史料和人证音像资料。

爱国主义教育 围绕庆祝中华人民共和国成立65周年,纪念西藏百万农奴解放55周年、江孜抗英110周年等重大节庆日,举办"升国旗、唱国歌""爱国歌曲大家唱""赞美家乡、说身边事"演讲比赛、"向国旗敬礼"网络签名寄语、"童心向党"少儿文艺汇演,译制播出《百年潮·中国梦》,组织开展"纪念先烈·报效祖国·圆梦中华"活动等一系列主题鲜明、形式多样的群众性爱国主义教育活动6720场次,参与人数达360余万人次。改进创新国防教育的方法手段和制度机制,制定实施《西藏自治区实施〈中华人民共和国国防教育法〉办法》,积极推动国防教育主题公园建设。

民族团结宣传教育 宣传中央和全区民族工作会议精神,通过组织理论学习、专家学者解读、媒体开辟专栏、开展集中宣讲等形式,大力宣传中央民族工作会议的重大意义和主要精神、自治区民族工作的巨大成就和区党委关于做好民族工作的决策部署、西藏民族团结进步事业涌现出的先进典型。精心组织民族团结教育活动,充分利用《民族区域自治法》实施30周年、实施对口援藏20周年、民族团结进步表彰大会、民族团结月等时间节点,组织开展宣传纪念活动。成功举办对口援藏20周年理论研讨会,编辑出版《理论研讨会文集》和《我的援藏时光》、《结援藏情筑中国梦》等一批出版物。10家中央媒体、各对口援藏省市媒体和区内媒体纷纷派出大型采访团深入西藏采访，推出系列主题报道，摄制播出《援藏20年》、《援藏故事》等专题片。组成巡回宣讲团，在全区七地（市）和重庆、湖南、福建、陕西、北京等相关对口援藏省（市）开展13场宣讲，获得良好社会反响。以全新艺术形式，打造大型组歌《极地放歌 中国梦—纪念援藏20周年专题晚会》。开展"民族团结一家亲"宣传教育活动，编印32万册《民族团结教育知识问答》藏汉双语学习读本，推出《拉萨市民族团结示范村研究报告》等一批研究成果，在区内媒体开设《民族团结一家亲共建和谐幸福家园》等特色栏目，大力宣传17户"最美家庭"等民族团结典型。

精神文明创建　开展第四届自治区道德模范评选表彰活动，评选出12名道德模范和30名提名奖候选人。制定出台《关于推进志愿服务制度化的实施意见》，健全志愿服务组织，推动"学雷锋"志愿服务活动常态化。拉萨市深化全国文明城市创建成果巩固工作成效显著。持续开展"中国梦·文明西藏"五大行动，整治拉萨市出租车违规行为2760多起。制定出台《关于推进诚信建设制度化的实施意见》，推动诚信西藏建设。加强和改进未成年人思想道德建设，安排实施53所乡村学校少年宫项目建设。贯彻自治区《关于加强我区大型户外广告牌建设和管理工作的意见》，创新思路，出台《关于整合使用全区各类宣教资源和平台建立重大宣教内容统一发布机制的实施意见》，广泛开展"讲文明·树新风"公益广告宣传。

【管网治网】　加强党对网络安全和信息化工作的领导　2014年，以自治区党委书记陈全国任组长的自治区网络安全和信息化领导小组，统筹推进全区网络安全和信息化工作，力度前所未有。制定全区网络安全和信息化工作总体规划，明确31条63项重点任务和具体措施，对全区网络安全和信息化工作作出全面部署。进一步健全区地县三级网信办，全区网信管理机构从2012年的4个编制扩充到2014年的938个编制，自治区网信管理机构从1个处发展到14个处、433个编制，队伍空前壮大。

实现网络系统党组织建设和党的工作全覆盖　组建自治区互联网党工委办公室，制定《全区网络系统党建工作规划》和《实施方案》，坚持把党支部建在网站的原则，在3名以上党员的网站单独建立党组织，不足3名的建立联合党支部，没有党员的派遣党建指导员，切实发挥党组织的政治核心和战斗堡垒作用。2014年，已完成全区461家备案合法网站党组织建设工作，网站党组织建设覆盖面达100%。

建成全网一体化信息管控指挥中心　"西藏互联网信息管控指挥中心平台"建设取得重大进展，完成第一期涉藏网络舆情监测系统及配套机房建设，实现对主要涉藏网站、栏目的有效监测，2014年，该平台将全面建成、投入使用，成为全国最先进的互联网信息全网一体化管控平台。建立涉藏网络舆情全时全网监测和联动处置机制，强化监测管控和应急管理，严格落实7×24小时值班制度，实现了网上涉藏有害信息均能第一时间发现、封堵、删除。

组建区地县三级网评机构队伍　启动万人网军建设工程，依托各级党（团）组织和广大党（团）员，着力打造一支政治可靠、善用网言网语、专兼职结合的藏汉英多语种网评队伍。

完成地县政府新闻网站集群统筹建设　完成7地（市）和74个县（区）各建一家规范性政府新闻网站任务，率先实现政府新闻网站统筹规划、统一建设，从源头上进行集中统一管控。大力推进传统媒体与新兴媒体融合发展，制定《西藏自治区即时通信工具政务公众账号信息服务发展规划》，西藏首个图片电子商务网站"特别图—西藏图片网"及首个党政客户端"拉萨·城关区掌上通"正式上线运营，中国西藏新闻网完成第四次全新改版，中国西藏之声网实现播出内容与广电节目网上同步播发，"拉萨发布"等官方微博、"日喀则在线"等微信政务公众账号影响不断增强，初步形成覆盖全区、运行安全的网络宣传阵地集群。

改善网上涉藏舆论生态　建立健全网上新闻宣传和网评引导策划制度，紧紧围绕区党委、政府中心工作，组织开展形势宣传、成就宣传、典型宣传，开设社会主义核心价值观、新旧西藏对比、百幅新唐卡等专题专栏82个，发稿8万余篇。举办"2014北京网络媒体红色故土·西藏行"等活动，网上涉藏正面声音进一步扩大。

【繁荣文化艺术】　贯彻落实习近平总书记文艺工作座谈会重要讲话精神　2014年，陈全国书记主持召开区党委常委会专题传达学习并作重要讲话，从方向正、路子对、特色明、阵地牢、精品多、人才强等六个方面提出贯彻落实要求。董云虎常委主持召开区直宣传思想文化系统专题工作会议，从坚持正确方向、抓住中心环节、突出西藏特色、用好管好阵地、建强文艺队伍、强化组织领导等方面作具体安排。

完善惠及全民的公共文化服务体系　“十二五”重点建设项目基本竣工，543 个乡镇综合文化站和 39 个民间艺术团排练场全部竣工，实现乡乡有综合文化站的目标。完成全区所有农家书屋、寺庙书屋出版物补充更新升级工作，全区 90%以上农牧户实现广播电视“户户通”，召开全国新闻出版广电系统援藏工作会议。文化惠民取得实质进展，制定《公共文化设施和管理服务标准化建设指标》，县级民间艺术团提前一年实现全覆盖。广泛开展文化科技卫生法律和爱国爱教宣传服务“五下乡”、“送欢乐下基层”、“感党恩颂党恩”广场社区文艺演出、全民阅读、文艺团体送戏下乡、公共文化设施免费开放等群众性文化活动 2500 余场次，受益群众达 380 万人次。广播、电影、电视剧(节目)译制量分别达 10200 小时、80 部、1600 多集 1300 小时，农牧区公益放映电影 8.09 万余场次，观影人数达 1800 万余人次。

文化产品创作生产　主题创作全面启动，围绕“中国梦”主题，规划 2014—2015 年文学创作等六大类 107 项重点任务，电影《驻藏大臣》项目正式启动实施，推出《中国梦·西藏故事》等 11 种主题出版物和一批文艺作品，征集“中国梦·我的梦”原创歌曲 400 余首，举办“中国梦”小戏小品集中展演。精品力作不断涌现，拍摄制作《德吉的诉讼》、《美丽新西藏》、《寻找唐卡真价值》等 10 余部影视片。《中国西藏民间文学三套集成（藏文卷）》、《中国地域文化通览·西藏卷》完成终审。改编传统藏戏《诺桑王子》成功推上舞台。推出《松赞干布和文成公主略传》等一批藏文出版物和翻译出版物，《美丽西藏》等 4 种出版项目获 2014 年度国家出版基金资助。艺术交流日益活跃，成功举办《艺术名家看西藏》中国书画名家进藏采风交流展、藏历新年电视联欢晚会、第七届中国西藏珠穆朗玛摄影大展等大型文化艺术活动 20 多个，推动不同观念、内容、风格、流派的艺术切磋互鉴，艺术交流成为各族干部群众增进对中华民族文化了解的重要平台。中国剧协梅花奖艺术团应邀在林芝、拉萨演出，深受西藏自治区群众欢迎。优秀作品屡获大奖，电影《西藏天空》、电视剧《西藏秘密》、广播剧《雪域彩虹》、纪录片《国旗阿妈啦》、现代藏戏《金色家园》等 10 余部作品分获全国“五个一工程”奖、中国电视金鹰奖、中国地方戏曲优秀展演奖等全国性奖项。歌舞《太阳的女儿》、藏戏《朵雄的春天》、话剧《解放，解放》入围国家艺术基金 2014 年度资助项目。

文化产业发展和文化体制改革　开展文化招商，组团参加第十届深圳“文博会”，李长春、刘奇葆、胡春华等中央领导专程到西藏馆参观指导；20 余家文化企事业单位携 6000 多件精美展品、总投资额近 28 亿元的 82 个文化产业招商引资项目参展，荣获优秀组织奖和优秀展示奖。首次组团参加“中国—东盟博览会文化展”，参加第七届西部文化产业博览会。不断强化政策支撑，出台深入推进文化金融合作的《实施意见》，初步确定两批 74 个自治区重点扶持项目，文化产业发展资金杠杆作用不断显现。重点项目进展顺利，拉萨、林芝、昌都 3 地市纳入国家文化产业重点项目《藏羌彝文化产业走廊总体规划》核心区，我区与四川省并列成为最多核心区的省份，5 个项目列入 2014 年度国家特色文化产业重点项目。西藏文化旅游创业园区被授予第一批自治区级文化产业示范园区，实现了西藏自治区示范园区零的突破。评选命名自治区第二批文化产业示范基地 10 个。大型实景剧《文成公主》、重点文化产业演艺项目《幸福在路上》取得经济效益和社会效益双丰收。文化体制改革积极稳妥，成立文化体制改革专项小组及办公室，对全区新一轮文化体制改革工作进行全面部署。建立文改专项小组改革工作台账，推进重点改革项目，自治区广电局和新闻出版局机构合并顺利完成，西藏电视台和西藏人民广播电台体制机制改革开始实施，西藏人民出版总社组建和西藏新华印刷厂改革工作有序推进。

唐卡创新工程和产业发展　“百幅唐卡工程”取得阶段性重大成果，完成“西藏和平解放 60 年百幅唐卡”重大创新性主题创作。第二个百幅新唐卡“大美西藏”工程全面推进。政策扶持力度不断加大，出台《关于推动唐卡产业加快发展的意见》，明确了 19 项重点任务和具体措施，为唐卡产业发展提供了政策支撑。西藏唐卡品牌效应初显，承办首届藏博会重点活动“首届中国唐卡艺术节”；成功举办“首届中国唐卡艺术节”高端论坛、“指尖神韵—西藏系列唐卡精品展”、第四届唐卡艺术博览会，观众达10万余人次；在国家博物馆成功举办“西藏唐卡艺术—多吉顿珠、丁嘎作品展”。

优秀文化遗产传承保护　《西藏自治区实施〈中华人民共和国非物质文化遗产法〉办法》正式颁布施行，标志着西藏自治区非遗保护工作步入法制化轨道。“十二五”46项重点文物保护项目全面实施，竣工项目达14个。深入开展全国第一次可移动文物普查工作，完成全区1295家国有单位文物收藏情况调查，“扎什伦布寺坛城绘制技艺”等13个项目入选第四批国家级非遗保护项目，3名国家级非遗传承人获“薪传奖”。古艺建筑美术公司和西藏唐卡画院被命名为第二批国家级生产性保护示范基地。新公布命名65个自治区级民间文化艺术之乡，公布认定124名第三批自治区级代表性非遗传承人。成功举办“第三届全区藏戏大赛”、“2014年全区藏戏展演”、“古韵新声—第二届藏戏唱腔比赛”等系列活动。

【确保意识形态安全】　分析研判和应对措施　2014年，自治区党委宣传部制定下发《贯彻落实〈关于当前意识形态领域情况的通报〉的实施意见》，对意识形态领域的新情况新问题深入分析研判、把握动向，采取措施、积极防范应对。编发舆情信息2700余篇，其中，中央办公厅采用7篇，中宣部办公厅《每日要情》、舆情局《舆情信息》和宣传信息网《工作动态》累计采用320余篇，区党委办公厅采用100余篇，中央和自治区领导就相关要情、信息作出批示30余次。

宣传思想文化阵地管理　全区宣传思想文化战线共制定完善《加强新闻宣传管理工作的规定》、《关于文艺作品、文艺演出政治安全政审制度》等近100项规章制度和管理规定。组建自治区藏语文宣传管理办公室，制定《关于加强新形势下藏语文宣传工作的指导意见》，积极筹建藏语文宣传审读阅评专家委员会。

打击“藏独”反宣品专项清查行动　制定《关于建立我区打击“藏独”反宣渗透工作长效机制的意见》，在西藏自治区开展为期4个月的全面清理和打击“藏独”反宣品专项行动。

立体反渗透防控水平提升　开展涉卫星电视广播地面接收设施问题专项治理，查缴非法设备397套，查处非法销售点4处。大力实施“扫黄打非·珠峰”工程，启动涉藏非法出版物及反宣品样本库、重点人员名录库、案例案件库、法律法规库等“四库”基础建设，推进文化市场技术监管与服务平台建设，组织开展“清源·固边2014”、“净网2014”、“秋风2014”、打击假媒体假记者站假记者等一系列专项行动。

【抓外宣树形象】　西藏首次成功举办“中国西藏发展论坛”　2014年8月，国务院新闻办公室、自治区人民政府在拉萨成功举办“2014·中国西藏发展论坛”，中共中央政治局常委、全国政协主席俞正声专门发来贺信。这是首次在西藏举办的以西藏发展为主题的大型综合性国际论坛。来自30多个国家和地区的近百位政界要员、专家学者和各界人士齐聚拉萨，为西藏的发展建言献策，达成《拉萨共识》，是国际论坛在涉藏问题上首次发出的以正能量为主的正面声音，受到国际舆论的广泛关注，在国内外产生了热烈反响，进一步增进了国内外专家学者对西藏发展成就的共识。

双向交往交流　精心组织“请进来”，按照团组精简、对我友好、时机恰当、确保安全的工作要求，成功接待美国、加拿大、印度、尼泊尔等7个国家6批39名外国记者来藏访问。组织两批共60名中央驻藏主要新闻媒体记者赴地市采访，发稿1000余篇。积极主动“走出去”，共组织6批49名政府官员、藏学家、藏医学家、宗教界人士等，赴美国、加拿大、澳大利亚等10多个国家开展学术交流和友好访问。成功举办“2014加拿大·中国西藏文化周”、“尼泊尔文化节·中尼唐卡展”等一系列文化交流活动，特别是“感知西藏—2014年尼泊尔中国书展”是中国政府在尼举办的规格最高、规模最大的一次书展。

国际传播能力建设　加大推出海外专版力度，在美国《华盛顿邮报》和英国《每日电讯报》推出9期西藏专版，力度前所未有，受到西方民众和国际社会关注。在美国《侨报》、英国《英中时报》等11家海外华文媒体刊发近600期“今日西藏”中文专版和24个藏文专版，受到海外华人华侨群体的广泛欢迎。与中国驻印大使馆合作，首次在印度主流媒体《印度快报》和《印度金融时报》推出 2 期西藏专版，打破了印度长期对我舆论宣传设置的壁垒。连续 5 年在尼泊尔《人民周报》刊发每周 1 期的固定专栏，在尼泊尔《加德满都邮报》推出 7 期西藏专版。创新影视外宣新形式，实施外宣“精品工程”，按照“西藏故事，世界表达”的要求，拍摄完成《唐卡》、《轮回的草原》、《藏医藏药》等 5 部《西藏故事》系列外宣纪录片，其中《轮回的草原》在央视 9 套播出，并获“2014 中国(青海)世界山地纪录片节人文类特别提名奖”。在香港 TVB 全球华语频道、尼泊尔国家电视台等媒体播出《绿氆氇》等 4 部外宣纪录片。首次在印度巴哈拉电视台播出西藏自治区制作的纪录片《冈仁波齐》。在尼泊尔喜马拉雅电视台每周 2 次播出西藏自治区外宣视频节目，开创了与境外电视台合作拍摄外宣片的先河。

统一战线

【概况】 2014 年，自治区统战民族宗教系统认真贯彻落实党的十八大，十八届三中、四中全会和中央民族工作会议精神，贯彻落实自治区党委八届五次、六次全委会议与自治区民族工作会议精神，围绕中心、服务大局，争取人心、凝聚力量，始终站在维护全区社会和谐稳定第一线；始终推进自治区民族团结与宗教和睦；抓好党的十八大，十八届三中、四届全会，中央民族工作会议和习近平总书记系列重要讲话，以及自治区党委八届五次、六次全委会议和全区民族工作会议精神的学习贯彻，积极指导各寺管会开展好党的群众路线教育实践活动，密切与广大寺庙僧尼的联系。同时积极召开党外代表人士座谈会，传达中央、自治区党委重要会议和文件精神，统一思想，认真落实中央民族工作会议精神和陈全国书记、洛桑江村主席关于做好全区统战民族宗教工作的指示要求，深入开展坚持和发展中国特色社会主义学习实践活动，隆重召开全区各族各界人士纪念西藏百万农奴解放 55 周年座谈会等，引导各族各界人士回顾光辉历史，珍惜来之不易的幸福生活，增强对中国特色社会主义的道路自信、理论自信和制度自信，始终为全区经济社会发展积极贡献力量，较好地完成了各项工作任务。

【宗教领域维稳工作】 2014 年，自治区党委统战部认真做好“萨嘎达瓦”、“色拉崩坚”、雪顿节和阿里“塔尔钦”等传统宗教活动，确保全区宗教活动的正常有序和宗教领域的平安和顺。

强化领导，精心谋划，安排到位 自治区党委统战部、区民宗委和区宗教办切实担当责任，深入一线，检查指导，协调帮助各地市、基层制定和完善了宗教活动期间各项工作方案；组成联合督导组分赴各地(市)、县(区)涉宗部门开展调研工作，结合实际提出指导性意见建议，帮助完善防控措施。

要求明确，注重引导，从严管理 一方面，妥善安排信教群众参加各类传统宗教活动，满足僧俗群众的宗教信仰需求；另一方面，加强寺庙僧尼的教育管理，安排好各寺庙正常宗教佛事活动。加强对僧俗群众的教育引导工作，组织区内高僧活佛开展爱国爱教宣传服务下乡活动，向僧俗信众讲经传法、摸顶赐福，阐释藏传佛教教规教义，引导僧俗群众就近就便参加本辖区的宗教活动。

强化督导，做细工作 下移工作重心，深入重点地区、重点寺庙和偏远小寺庙开展全方位督导检查，慰问驻寺干部和寺庙僧尼，共下派地厅级干部带队的督导组、工作组等 50 余个、160 余人次，深入大小寺庙 300 余座。

【民族团结进步创建工作】 民族团结宣传教育 2014 年，自治区党委统战部以《民族区域自治法》颁布实施 30 周年、“民族团结月”为契机，发挥民族团结进步教育基地、民族团结进步示范单位的引领带动作用，通过知识竞赛、演讲比赛、座谈会、报告会等形式，在全区广泛开展民族理论、政策、知识的宣传教育特别是广大青少年的民族团结教育，在全区各大院校开展民族团结进步演讲比赛，在各中小学校开展民族团结宣讲活动，推动民族团结宣传教育经常化，在全社会唱响民族团结时代主旋律。

民族团结进步创建 由自治区民宗委牵头，指导拉萨市开展全国民族团结进步示范市创建活动，建立了拉萨等地外来少数民族流动人口服务管理试点，促进各民族交往交流交融，积极营造民族团结良好社会氛围。创评了国务院第六次全国民族团结进步表彰大会模范集体和模范个人。在区党委、政府的领导下，隆重顺利召开了全区民族工作会议暨2014年民族团结进步表彰大会，表彰全区民族团结进步模范集体、模范个人。

兴边富民　2014年，国家民委、财政部和区财政厅安排下达少数民族发展资金（含“兴边富民行动”和人口较少民族发展资金），集中用于边境地区和区内人口较少民族聚居区的交通、水利、特色产业、住房改造等基础设施建设，实施项目800多个，一定程度解决了边境地区、人口较少民族聚居区实际困难，改善了农牧民生产生活条件。

《民族区域自治法》颁布实施30周年主题展览圆满成功　中央民族工作会议期间，在北京举办《民族区域自治法》颁布实施30周年主题展览，区党委、政府高度重视，组织专门班子，围绕民族区域自治制度这一解决民族问题的“中国经验”来讲好“西藏故事”，通过大量图片、文字、数据、实物、视频等。

民族志编纂工作　自治区民宗委等广泛收集西藏境内各民族形成、发展的出版资料、重要著述及图片，征求区内有关专家、学者的建议意见，召开了自治区地方志办公室领导及区内有关专家《西藏民族志篇目大纲》审定会，通过了《西藏民族志篇目大纲》，完成了志书编纂的前期准备和部分章节内容的编写工作。

【寺庙管理工作】　开展寺庙“爱国爱教”宣传服务活动　2014年，自治区党委统战部结合“百名高僧大德培养工程”，研究制定了《关于在全区藏传佛教寺庙开展“爱国爱教”宣传服务活动的意见》及《全区藏传佛教寺庙开展“爱国爱教”宣传服务活动规划》，结合实际，抓紧实施。

落实利寺惠僧政策　积极推动“九有”工程剩余寺庙的通路、通水、通电、通讯工作。协调落实部分寺管会基础设施建设资金缺口和驻寺特派员工作生活住房及交通工具等。实施寺庙养老院建设，督查僧舍维修工作，重视解决边远小寺庙修缮问题。督促各地做好爱国爱教高僧体检工作。

驻寺干部交流管理　加大对广大驻寺干部的关心关爱力度，积极推动驻寺干部队伍管理正规化、工作运行制度化。配合相关单位出台调整驻寺干部津补贴办法，进一步完善了驻寺干部信息库建设。在西藏社会主义学院和自治区党校举办驻寺干部培训班；组织专人编写《驻寺干部手册》，印发给全区驻寺干部和寺管会僧尼。

藏传佛教事务管理　梳理研究宗教领域出现的新情况、新问题，制定政策措施，通过制度建设，为维护寺庙正常运行秩序打好基础。审批大型传统宗教活动，切实加强对各类宗教活动的现场督导，确保全区大型宗教活动安全有序进行，气氛庄重浓厚，社会安定祥和。

活佛转世管理　尊重历史定制、宗教仪轨和历史传承，依法依规开展转世活佛灵童的寻访、认定、坐床等工作。

评选表彰工作　组织、大力推进和谐模范寺庙暨爱国守法先进僧尼创建评选活动，在指导地县两级圆满完成创建评选及表彰工作的同时，自治区党委、政府于12月22日隆重召开了全区2014年度和谐模范寺庙暨爱国守法先进僧尼表彰大会，表彰和谐模范寺庙、爱国守法先进僧尼、优秀寺庙管委会、优秀驻寺干部、宗教工作优秀干部，向获奖单位和个人授予了荣誉牌匾或证书。

【党外代表人士队伍建设】　佛协西藏分会换届工作　2014年，自治区党委统战部顺利召开中国佛协西藏分会第十次全区代表大会，选举产生佛协西藏分会第十届理事会理事、常务理事、会长、副会长，人数较上届均有增加。

党外干部队伍调研与建设　与自治区党委组织部等部门联合组成调研组，深入拉萨、日喀则、山南的22个县（区），专项调研党外干部队伍建设情况，进一步摸清了全区党外干部队伍底数，建立完善了党外干部资料库，明确了下步工作的思路、目标、任务、重点和措施。

党外代表人士沟通联络　通过召开党外人士座谈会、情况通报会、交流协商会等，向党外代表人士及时通报中央和自治区重要会议精神与重要工作情况，广泛征求党外代表人士对统战民族宗教工作的意见建议；进一步做好党外政协委员尤其是新进第十届区政协党外委员的沟通联络工作，鼓励他们为西藏发展稳定建言献策。

藏传佛教代表人士队伍建设　深化、细化落实中央《关于加强藏传佛教代表人士培养工作的意见》，加强西藏佛学院及其分院建设，格西拉让巴学位夏季预考顺利进行；组织学僧报考中国藏语系高级佛学院，录取23人。落实《办好西藏佛学院分院的意见》，通过制定规范的教学大纲，建立科学的教学、修行体系和学衔制度，发挥佛学院在西藏自治区藏传佛教领域僧尼培养方面的作用。连续举办寺庙僧尼培训班，组织僧尼赴内地参观考察。规划指导西藏社会主义学院改扩建和七地市社院项目建设。

【非公经济人士培养】 优惠激励政策落实 2014 年，自治区党委统战部制定落实了《非公有制企业和优秀企业家表彰奖励制度》等文件，努力为非公经济发展注入活力。扎实做好第四届全国非公有制经济人士优秀中国特色社会主义事业建设者提名推荐工作，确定 1 名正式人选和 1 名后备人选。全区第二届非公经济大会筹备工作全部完成。

非公经济人士教育引导 积极推荐非公人士参加中国光彩事业先进个人评选活动，西藏阜康医院董事长王斌获得“中国光彩事业 20 周年突出贡献奖”殊荣。由自治区工商联与北京大学汇丰商学院联合组建的西藏非公经济人士培训中心在拉萨正式成立。

拓宽非公党建工作 树立了非公党建工作“三个抓”的指导思想，即：抓党组织建设，促企业发展；抓党员培养，促作用发挥；抓党建质量，促非公经济健康发展。全区非公企业党组织已达 390 个、党员 5600 余名，建设完成 50 家非公企业党员服务站，非公党建已在民营企业落地生根。全年选派 10 名非公党务工作者参加中组部、区党委组织部、区党校等举办的培训班。举办 5 期非公经济组织党务工作者培训班，培训党务工作者 350 余名。

【职业教育事业】 加强职教社自身建设 2014 年，自治区党委统战部加强了西藏中华职教社办公室人员。积极争取总社从办公设备、交通工具、培训资金等方面给予大力支持帮助，努力提高做好职教社工作的能力和水平。

第二次社员代表大会 2014 年 9 月 23 日圆满召开第二次社员代表大会，选举产生了第二届社务委员会，由 27 人组成。

开拓进取 抓好第二次社员代表大会精神的贯彻落实，深入到阿里、那曲、山南地区和西藏吉萨职业技能培训学校等深入开展调研，在拉萨、那曲新建 2 个国家通用语言培训基地，并为那曲地区职校配备了价值 25 万元的电脑等培训设备。积极争取总社协调支持，在清华大学举办了第一期 20 余人的西藏各地(市)职业技术学校和民办教育培训机构负责人培训班，为发展现代西藏职业教育提供有力的人才支撑。

“同心温暖工程”国家通用语言培训 采用“通用语言培训+实用技能培训”的模式，在拉萨、日喀则等地区大力实施同心温暖工程国家通用语言培训项目。全年开办 16 期国家通用语言培训班，培训城镇待业青年和农牧民学员 1710 名；在拉萨吉萨职业技能培训学校举办了一期农牧区青壮年挖掘机实用技术人才培训班。

【自身建设】 机关党建 2014 年，自治区党委统战部顺利进行机关党委换届和六个支部改选，成立了区宗教办党支部，进一步健全了组织，配齐了班子，修订了《部理论中心组学习制度》《支部学习制度》等 13 个制度。2014 年，共召开部理论中心组学习会 11 次，组织干部职工集体学习 10 次，邀请自治区党校和保密局等单位专家教授作专题讲座 3 次，7 个部机关党支部分别组织党员累计学习 80 余场次，营造了良好的机关氛围。在区直机关工委组织的党建工作“联述联评联考”活动中，统战部机关党建工作满意率达 99.8%。

机关建设 贯彻执行中央八项规定、厉行节约条例和区党委“约法十章”、“九项要求”，狠抓整改落实，不断巩固和扩大党的群众路线教育实践活动成果，从规范化制度化入手，加强工作管理、财务管理、档案管理、后勤服务管理和安全内保等工作，制定和修改完善了部机关采购办法和差旅费管理办法等制度；进一步严肃工作纪律、严格执行考勤制度，规范慰问金(品)发放等工作，收到了良好效果。改扩建部档案室，配备了基本设备和人员，加强了档案管理工作。

驻村工作 第四、第五批驻村工作队坚守基层，吃苦奉献，深入抓好驻村“五项任务”，打牢基层基础，密切党群关系，共落实项目 25 个，累计投资 496 万元；在部里解决 8 万元的基础上，各工作队共自筹和捐款 23.26 万元，用于扶贫济困送温暖和排民忧解民难工作，受到群众欢迎。在全区第三批驻村工作总结表彰大会上，荣获驻村工作优秀组织单位奖，2 个先进驻村工作队、4 个先进驻村工作队员受到自治区表彰。

政 法

【概况】 2014年,自治区党委政法委、政法各部门始终坚持党对政法工作的绝对领导,把维护稳定作为首要任务和第一责任,坚持抓早抓小抓快抓好,狠抓区党委、政府十个方面维稳措施的深化落实,大力实施依法治藏战略,积极探索推进司法体制改革,创新社会治理体系,提高社会治理能力,构建维稳长效机制,全区政法维稳综治工作再上新台阶。

【维稳工作】 2014年,自治区党委政法工作会议在拉萨召开,对全年政法维稳综治工作进行全面部署。制定下发《2014年全区维稳工作总体方案》,明确总体要求和目标任务。各级维稳指挥部党政军警要素齐全,不断完善维稳工作机制。各级各部门特别是各级党委政法委、政法各部门牢固树立稳定压倒一切的思想,坚持以维护稳定为首要任务和第一责任,以重要时段、敏感节点和"塔尔钦"、"萨嘎达瓦"、"色拉崩坚"等重大民俗宗教活动为重点,强化组织领导、统一高效指挥、落实维稳措施、强化队伍建设、严格责任纪律,全力做好各项安保工作,确保了决策执行有力、责任落实到位,确保了全区社会局势持续稳定、全面稳定、全年稳定。

【加强社会防控】 突出防控重点 2014年,自治区党委政法委突出拉萨这个核心,以昌都、那曲、日喀则、阿里为重点,同时兼顾山南、林芝两地,强化人员密集场所、党政军警机关、交通枢纽站点、重要民生目标及城镇中心广场、标志性旅游景区景点的常态安保防范,切实消除暴恐隐患。

强化执法检查 加强对油气站点、采矿企业、水电设施、重点工程施工现场及自然灾害的安全隐患排查,加大道路交通、消防安全、食品安全等方面的依法监管力度,严格落实"两限一警"措施,消除各类重大安全隐患。

加强"两边一线"管控 在边境边界地区,坚持军民警民边民联防联动,深化对尼警务合作,严格落实查控堵截措施,深入开展打击整治边境地区非法出入境专项行动;在青藏铁路、拉日铁路沿线,配备必要装备,24小时昼夜值班巡逻,选派公安干警在青藏铁路西藏段和拉日铁路列车上协助执勤,确保了青藏铁路和拉日铁路安全畅通。

大力开展专项工作 严打危安犯罪,持续深入开展反自焚专项斗争,加强汽油等易燃易爆物品源头管控,打击非法组织和重点人,加强涉稳重点人管控,强化反邪教工作,确保社会大局持续和谐稳定。

【平安西藏建设】 大力推进平安西藏建设 2014年,自治区党委政法委深入落实中央和区党委的部署要求,紧紧围绕区党委、政府《关于认真贯彻深化平安中国建设工作会议精神推进平安西藏建设的意见》明确的十项措施,按照属地管理和"谁主管、谁负责"的原则,深入开展平安县(区)、平安单位、平安校园、平安医院、平安边界和平安家庭等多种形式的基层平安创建活动,将平安建设不断延伸到社会各阶层各行业各环节。

"先进双联户"创建活动 制定《关于进一步深化"先进双联户"创建活动的意见》和《西藏自治区"双联户"户长补助办法》等一系列激励措施,为深化"先进双联户"创建工作提供了有效保障。积极协调区财政厅及时划拨各级"先进双联户"和自治区级先进集体奖励资金,兑现加分政策,落实优惠待遇。将全区各级党政机关、企事业单位、居民小区、沿街商铺等全部纳入"双联户"服务管理范围,筑牢发展稳定的群众基础。

完善城镇网格化管理 按照"1+5+X"网格工作模式,在网格中配置6种常态工作力量,并增设市场管理员、农牧科技员等个性化工作力量;完善便民警务站职能,确保遇有突发事件在3—5分钟之内迅速妥善处置。同时,将网格化管理延伸拓展到社区、寺庙、居民区和村民组,整体提升了社会服务管理水平;在各乡镇(街道)建立便民服务大厅,实行集中办公,简化办事程序。整合基层综治、公安、司法、调解、治保、驻村工作队等力量,形成了矛盾联调、治安联防、问题联治、平安联创的工作格局。

深入排查调处矛盾纠纷 各级各部门紧密结合党的群众路线教育实践活动,把矛盾纠纷排查调处作为社会治安综合治理的重点,着力构建"大调解"体系。

切实加强法治宣传教育 以"五下乡"、"三月综治宣传月"、"六月综治宣传周"、"9·16"平安西藏宣传日、"12·4"国家宪法日和全国法制宣传日等活动为契机,进一步加大法治宣传教育力度。狠抓寺庙僧尼法治宣传教育，进一步扩大法治宣传覆盖面。

【推进改革落实整改】 2014 年，自治区党委政法委按照中央统一部署和区党委部署要求，成立自治区社会体制改革专项小组，办公室设在区党委政法委，确保社会体制改革与政法维稳综治业务工作同部署、同推进。同时，自治区党委政法委会同区直政法各部门，研究制定《西藏自治区社会管理教育矫治工作意见》、《关于贯彻落实〈关于依法处理涉法涉诉信访问题的意见〉的实施意见》，确保劳教制度废止后全区轻微违法人员教育矫治工作和涉法涉诉信访工作改革积极稳妥推进，自治区社会教育矫治局已批准成立。启动司法体制改革试点前期工作。全面部署全区司法体制改革工作，成立自治区司法体制改革工作领导小组，制定出台《西藏自治区司法体制改革试点工作推进方案》，初步确定了改革的总体框架、时间表和路线图。涉法涉诉信访检查整改工作有效落实。认真贯彻落实全区落实中央巡视组反馈意见整改工作动员会和陈全国书记的重要讲话精神，针对涉法涉诉信访，自治区党委政法委统筹协调区直政法各部门制定细化分解落实方案，明确责任单位和责任领导，确定工作进度和完成时限，制定整改落实台账，确保了逐件逐项有人抓、有人管、有人负责，确保了涉法涉诉信访问题得到依法妥善处理。

【队伍建设】 队伍管理 2014 年，自治区党委政法委严格执行政法系统领导干部外出报批报备制度，确保政法系统领导干部在岗率。

队伍教育培训 选派区党委政法委、区直政法各部门领导干部参加中央党校、中央政法委举办的“学习贯彻习近平总书记系列重要讲话精神”专题培训班，选派干警参加各级各类培训，进一步提升政法干警的综合素质。

力量建设 根据中央政法委、教育部的统一部署，在全区高等学校与法律实务部门启动人员互聘“双千计划”。积极协调有关部门，认真开展 2014 年政法干警定向招录培养工作。制定了专职铁路护路联防队员三级管理体制和审批程序，招录拉日铁路专职护路队员。

党风廉政建设 认真贯彻落实区党委《建立健全惩治和预防腐败体系 2013—2017 年工作规划》的实施办法和有关制度，不断完善廉政风险防控机制，深化政治建警专项整治，深入推进党务公开，落实党员领导干部个人有关事项报告、诫勉谈话等制度，健全完善了正确行使权力的制约和监督机制，加强对党员干部廉洁从政情况的监督。

信息化建设 根据中央政法委、综治委的统一部署，自治区党委政法委(区综治办)政法专网、长安网、综治网建设相关工作正积极开展；法院系统“天平工程”已在全国率先进入全面实施阶段，加快信息化综合平台建设，启用审判流程、裁判文书、执行信息公开和网上办公系统；检察院系统积极推进电子检务工程，运用信息化、网络化技术推动各项检察工作跟上大数据时代要求；公安系统在全区进一步建立健全视频监控点位，并全部接入公安厅指挥中心，进一步扩大公安信息二、三、四级网覆盖率；司法行政系统大力开展信息化建设项目有关前期工作。

党校 行政学院

【概况】 2014 年，自治区党校(行政学院)围绕区党委、政府的中心工作，紧密结合党校行政学院的工作实际，找准功能定位，彰显办学特色，提升办学水平，各项工作均取得新的进展，较圆满地完成年初确定的各项任务。全年校院共举办各类班次 31 期，培训轮训学员 2122 人，共获准立项国家社科基金项目 2 项，获准立项西藏自治区哲学社会科学专项资金项目、中央党校调研课题等 9 项，5 篇论文获全区党的群众路线教育活动征文优秀奖。

【培训工作】 干部教育培训 2014 年，自治区党校(行政学院)成功举办了“全区地厅级主要领导干部学习贯彻十八届三中全会和习近平总书记系列重要讲话精神专题培训班”，共培训地厅级主要领导 82 人，其他地厅级领导和地市正县级干部近 800 名。在学习党的十八大、十八届三中、四中全会和习近平总书记系列重要讲话精神方面取得了实实在在的成效。同时，按照自治区党委常务副书记、党校校长吴英杰关于“培训要向基层倾斜”，“要研究党校走出本部门到基层搞培训的思路”的重要批示，不断加大对基层干部的培训力度，积极开展“送教下基层”活动，由校院领导带队赴墨脱县举办了“公务员能力建设培训班”，进一步提升了服务基层的能力。

培训任务完成　按照自治区党委批准的教学计划，2014年校院共举办各类班次31期，培训轮训学员2122人。其中，计划内班次16期，培训1209人；计划外班次15期，培训913人；党校办班25期，培训1786人；行政学院办班6期，培训336人。

办好常规班次　先后举办了第七期全区公务员初任培训班、第十五期全区公务员任职培训班、第二十一期中青年干部培训班、第十三期区（中）、地（市）直单位科级干部培训班、第十九期乡（镇、街道办）党委书记进修班、第四期全区党校系统师资培训班等常规班次。

创新教学形式　强化集体备课制度和专题申报制度。在研讨式、案例式、菜单式教学法基础上，设置了情景模拟教学、静态桌面推演教学法。继续推进“领导干部上讲台”制度，外请领导干部、专家学者91名承担了相关专题的教学任务。

培训内容增强　在坚持理论教育、反分裂教育、党性教育、实践锻炼和知识教育“五位一体”的基础上，将党的十八届三中、四中全会精神和习近平总书记系列重要讲话精神内容纳入课程体系，推出“准确把握全面改革的总目标”等60多个新专题。全年校内共有41名专兼职教师承担教学专题300多个，总课时达2088个。共评审出新专题32个，更新率达到42%。

规范管理　制定并印发《教师教学教辅工作课时与津贴管理办试行法》、《教学优秀奖评选试行办法》，下发《关于整理校院教学专题库的通知》、《关于开发现场教学基地的通知》、《关于全区动态师资库建设的通知》等。做好教学质量评估工作。建立班次评估指标体系，推进教学管理科学化、常态化、制度化。以入学教育为切入点，不断完善学员管理制度，加强学习、生活、组织、档案和异地培训管理。

强化对外宣讲　校院专家学者100余人次围绕学习习近平总书记系列重要讲话精神、学习中央民族工作会议精神、学习党的十八届四中全会精神，以及中国共产党建党93周年等，深入党政机关、企事业单位和基层积极开展宣讲265场次，受众达36096人次。

在职研究生教育　全年共有841人报考在职研究生，经过科学组织考试，共录取394人。党校在职研究生达到978人。成立了在职研究生教学工作领导小组，下发《在职研究生教学管理办法》和《研究生教育经费发放标准》，确保研究生教育质量。

远程网络教育　不断完善全区党校系统VPN专网和网络视频会议系统，利用中国西部远程学习网举办《公务员能力建设》、《地方财政与金融问题研究》培训班，培训600人。完成干部教育网、公务员培训网的调试工作，在线课程达554门，完成学员注册1668名，培训学员1300人次。

【科研咨政】　重大科研项目　2014年，自治区党校（行政学院）校组织教研人员申报国家社科基金项目8项，其中2项获准立项；申报西藏自治区哲学社会科学专项资金项目、中央党校调研课题等共计26项，立项9项。校委理论中心组及成员在《西藏日报》、《新西藏》、《西藏机关党建》发表理论文章6篇，很好地发挥了理论阵地的作用。《西藏重大突发事件的舆情监控机制研究》、《西藏封建农奴制残余思想的表现与影响》等4项国家社科基金项目顺利结项。《“治国必治边，治边先稳藏”战略思想的精神旨趣》一文获得全国党校系统第十届优秀科研成果二等奖。5篇论文获全区党的群众路线教育实践活动征文优秀奖。

开展理论研讨活动　组织召开“西藏培育和践行社会主义核心价值体系理论研讨会”、“全区党校系统学习贯彻党的十八届四中全会精神，推进西藏治理现代化”研讨会。积极参加中央和自治区有关学术研讨活动。

发挥思想库作用　教研人员发表理论文章90余篇。抓好成果转化，推动科研成果进课堂，积极协调结集出版，申报西藏人民出版社出版计划9项，其中3项已签订出版合同。

提高期刊质量　开设了“学习党的十八届三中全会精神”、“中国梦”和“培育和践行社会主义核心价值观”等专栏。发表文章90篇，约56万字，发行约3000册。

规范科研管理　正式执行《经费审批报销暂行办法》。充分发挥专家学者的作用，做好论文评审、结项鉴定及学术著作出版等工作。

【队伍建设】　领导班子建设　2014年，自治区党校（行政学院）组织校委中心组学习23次，校委领导带头作辅导报告13次，召开专题民主生活会1次，广泛听取班子成员对班子建设的意见和建议并积极整改。坚持校委会议事决策制度，召开12次校委会，涉及近60个议题，对“三重一大”事项，发挥民主集中制议大事。自治区党委安排1名领导到自治区党校任副校长、副院长，配合区党委组织部完成1名正处级领导干部提任上一级职务的考察。

干部选拔任用　坚持德才标准和干部选拔任用规定，根据岗位特点对4名县级干部进行了岗位调整，选拔任用14个处级干部。

提高教职工队伍能力和素质　全年安排44名教职工到中央党校、国家行政学院等干部院校参加外出培训，选派14名同志组成培训者培训团赴美国培训，1名职工考取博士研究生，8名同志参加校在职研究生考试并被录取，提高了自身理论水平和业务能力。

兼职教师队伍建设　与自治区党委组织部共同建立西藏自治区干部教育培训动态师资库，共确定20多人作为党校兼职教师。

职称评审　完成全区党校系统教师系列高职评审委员会和自治区党校教师系列中级职称评审委员会的换届工作，组织召开了2013年度校中评委会议和全区党校系统高评委会议，评审通过全区党校系统4名副教授、6名高级讲师、12名讲师的任职资格。

管理服务　做好工资福利、档案管理，帮助教职工家属办理各类保险。共接待离退休干部职工来访110多人次，解决实际问题40余件。

【党建工作】　思想政治教育　2014年，自治区党校（行政学院）制定年度和每月学习计划，深入学习一系列重要会议和讲话精神。共组织全校教职工学习12次，邀请各类专家作专题辅导报告13次，支部学习70余次。

主题活动　党的群众路线教育实践活动顺利总结，整改落实、建章立制、长效机制建设工作稳步推进。开展创先争优强基础惠民生各项活动，工作队落实项目资金756万元，为农牧民群众办实事近百件。村党支部第一书记作用积极发挥。继续做好“六五”普法相关工作，校院被评为全区“六五”普法中期先进集体。

党的组织建设　围绕区直机关2014年党建工作重点，不断提高机关党的思想、组织、作风、制度和反腐倡廉建设。扎实推进“联述联评联考”工作，在区直工委的测评中取得第2名的好成绩。落实基层党建工作责任制。对3个党支部进行改选，共吸收2名同志为中共预备党员，发展2名同志为入党积极分子，2名同志按期转正。12个党支部和92名党员开展了公开承诺践诺活动。

党风廉政建设　抓好全校院党员干部职工遵守政治纪律的教育，全面落实党风廉政建设责任制，校院领导与各部处室签订了《党风廉政建设责任书》。加强作风建设，严格落实中央和自治区有关规定。坚决克服“四风”、“两问题”方面存在的问题，签订了《2013-2016年党风廉政建设目标管理责任书》。加强对在职研究生招生、录取和校院工程建设的监督。加强学员廉政教育。切实加强西藏自治区党员干部廉政教育基地的管理，认真做好改版工作，共接待参观团体60个，各级各类党员干部2500人，较好地发挥了基地的教育、预防和警示作用。

党史研究　地方志

【概况】　2014年，自治区党委党史研究室（区地方志办公室）紧紧围绕区党委的中心工作，服务大局，积极落实全国党史研究室主任会议和全国地方志办公室主任会议精神，立足于“存史、教化、资政、育人”的基本职责，扎实推进史志各项工作，取得了新的成绩。

【专项工作】　西藏革命建设改革纪念馆筹建工作　2014年，自治区党委党史研究室（区地方志办公室）根据中办的意见建议，认真修改《中共西藏自治区委员会办公厅关于批准建设“西藏革命建设改革纪念馆”的请示》，并就相关背景材料进行了修订补充完善。请示上报后，进一步加大跟踪落实力度，6月7日中办、国办复函同意建设。根据区党委领导的指示，扎实做好前期筹建工作。组织召开了项目建设领导小组第一次会议；切实加强与拉萨市政府、拉萨市国土规划局等相关单位的沟通协调，扎实做好项目选址工作，并经自治区领导审定，确定了项目建设地点；多次与设计公司交换意见，完成了纪念馆初步设计方案，制作了整体模型和主体结构模型，经自治区党委有关领导审看并作出相关指示后进行具体修改。

筹备并举办纪念张国华诞辰

100周年系列活动　召开纪念张国华诞辰100周年座谈会。在筹备过程中,切实加强与西藏军区政治部、区老干局、军史馆、区党委办公厅常委办、秘书一处、文印中心、西藏人民会堂和张国华亲属等的联系,制定了座谈会方案,起草了区党委领导在座谈会上的讲话稿(初稿),审改了张国华亲属、老西藏代表、各族各界代表、学生代表等发言稿,完成了会场布置和会议服务工作。11月6日,纪念张国华诞辰100周年座谈会在拉萨成功召开,中央电视台新闻联播、西藏自治区各大新闻媒体均进行了报道,各项工作得到了自治区领导的充分肯定。举办纪念张国华诞辰100周年图片展。根据掌握的资料,在框架结构、历史背景、图片选用、图注配文等方面下功夫,初稿包含四大章节,选图400余幅,文字说明6万余字。8月至9月,自治区党委副秘书长孙勇带领课题组,对章节设置反复讨论,仔细推敲图片顺序,数易其稿,最终形成了七部分、近300张图片、5万余字的图展文案,并从理论高度提炼出张国华一生的五大亮点。同时,遵照区党委领导的指示,邀请自治区相关部门的领导和专家学者,召开了图展文案专家审稿会,进一步提高了图展文案的质量。图展于11月6日在西藏军区军史馆正式开展。西藏军区司令员许勇,自治区党委原副书记巴桑,自治区党委常委、秘书长王瑞连,自治区党委副秘书长孙勇等领导,张国华家属以及区(中)直单位党员干部、离(退)休老干部、教师学生、社区群众、部队官兵先后参观图片展。11月6日至13日参观人数达4000余人(次)。撰写纪念文章。指派专人撰写了《井冈精神铸忠魂勋业光辉照西陲——纪念张国华同志诞辰100周年》。在自治区党委副秘书长孙勇的指导下,形成文稿近万字,全面客观展示了张国华将军的革命生涯,集中体现了张国华将军的革命精神和高尚情怀。该文于2014年10月22日在《西藏日报》上整版全文发表,并被中央党史研究室和10多家网站转载。

按时开放谭冠三纪念园　遵照自治区领导的指示,对谭冠三纪念园陈列室展板内容重新进行校对、修改和调整,对个别表述进行了统一;在结束语部分增加了习总书记关于"学习党史国史"的重要指示内容;制作了谭冠三纪念园宣传手册,扎实做好纪念园开园工作。于4月5日举办了谭冠三纪念园开园仪式暨清明节扫墓活动,自治区党委办公厅干部职工、党研室全体干部、拉萨市职业技术学院师生、谭冠三亲属等500余人参加开园活动。

做好区党委专项工作　根据自治区党委专项工作的安排,自治区党委党史研究室负责专项工作的资料收集。共收集到相关视频资料11条,图片资料25张,各类文件材料59份。

强基惠民活动　党研室先后分3批次选派干部8人参与强基惠民活动,并切实加强对活动的指导力度。室领导亲自深入到驻村点看望慰问驻村干部。各驻村干部牢固树立扎根基层、服务基层的意识,认真落实自治区党委确定的五大任务,得到了当地党委、政府、群众的肯定和认可,孟亚伟、才旺贡布两位同志被评为地区级先进驻村工作队员,刘明义、拉琼两位同志被评为县级先进驻村工作队员。

【党史研究】　出版《科学发展 成就辉煌——西藏自治区从党的十七大到十八大》　2014年,自治区党委党史研究室(区地方志办公室)按照中央党史研究室编辑《科学发展成就辉煌——从党的十七大到十八大》的要求,完成了12万字的上报稿,并在此基础上增编拓展为42万字的书稿,经反复校改,于10月由西藏人民出版社出版发行。

出版《和平解放西藏与执行协议的历史记录》　在集中编写的基础上,组织力量集中进行校对、修改,进一步补充了相关内容,增加了相关图片,分上下两册,130万字,于10月由中央党史出版社出版发行。

编辑出版《西藏党史地方志工作大事记》　在收集资料和编辑的基础上,党研处、方志办指派专人进行补充校改,增补文字资料3万余字,图片90余幅,并经室领导反复修改,形成书稿30万余字,配图400余幅,全面反映了西藏自治区史志机构成立以来党史、地方志的工作基本情况。该书编辑印发后,受到自治区相关部门和兄弟省市党史、地方志工作部门的肯定。

编印《党史资政材料(二)》　在编辑《党史资政材料(一)》的基础上,着手《党史资政材料(二)》专题编写。多方收集中央领导和自治区领导关于学习党史、国史的论述等相关资料20余万字,并加以整理、摘录、排版,形成了书稿,共包含4个部分,12万余字。于8月印刷成册,面向领导干部和区中直各部门发放，进一步丰富了党政干部学习资料。

再版发行《西藏革命史》 《西藏革命史》自1991年出版以来，在爱国主义教育和革命传统教育方面发挥了积极作用，社会反响非常热烈，广大读者希望能再次出版，为认真贯彻落实习近平总书记系列重要指示精神，按照区党委关于反分裂斗争的重大部署，根据区党委主要领导关于开展新旧西藏对比宣传教育工作的重要指示精神，经与西藏人民出版社协商，修订再版了《西藏革命史》。此次再版在尊重原书的基础上，修订部分内容，增补36幅珍贵历史图片，以图文并茂的形式再现当年西藏各族人民在中国共产党的领导下不断取得革命和建设伟大胜利的恢弘历程。

编写《改革开放实录·西藏篇——一个转折点，两个里程碑》 按照中央党史研究室的要求，及时组建课题小组，拟定了编写大纲，以集中攻坚的形式进行集中编撰，经过10余天连续作战和艰苦努力，形成书稿33万余字，全面反映了1978年改革开放以来至中央召开第四次西藏工作座谈会这段历史时期我区改革发展的历史，并及时上报中央党史研究室。

参与《中国共产党历史知识词典·党史人物分卷》编写 根据中央党史研究室关于编写《中国共产党历史知识辞典·历史人物分卷》的安排，指派专人负责对8位西藏籍党史人物辞条的编写工作并完成上报任务。

学术研讨活动 积极组织干部参加中央党史研究室举办的“纪念邓小平诞辰110周年征文”活动，共撰写文章2篇，均入选纪念邓小平诞辰110周年理论研讨会并应邀参会。面向全区党史部门征文，推荐3篇文章参加中央党史研究室举办的“第二届全国党史文化论坛”征文活动，室干部2篇文章入选。指派专人参加由自治区社会科学院举办的纪念江孜抗英110周年理论研讨会并发言。

充分发挥党史资政作用，为相关单位提供帮助与服务 2014年，先后为中央党史研究室、青海省委党史研究室、区社会科学院、区文物局、西藏军区编史办、拉萨市纪委、阿里地委党研室、四川省泸定县委等提供各类图文资料300余份。同时，积极配合区政协文史资料征集工作，参与西部大开发口述史整理工作，完成对孙勇副秘书长的采访和录音整理，形成文字1.8万余字并在《西藏党史资料》第2期刊登。

【方志编修】 *志稿审读* 2014年，自治区党委党史研究室(区地方志办公室)先后对《西藏自治区志·妇女志》、《西藏自治区志·民族志》、《西藏自治区志·税务志(2001年—2010年)》、《错那县志(2001年—2010年)》等4部志稿篇目进行了审定，提出了相应的修改意见。认真审读志稿。先后对《西藏自治区志·工会志》复审稿、《西藏自治区志·工商联志》终审稿、《察隅县志》终审稿、《西藏自治区志·税务志(2001年—2010年)》初稿及《错那县志(2001年—2010年)》初稿进行了审读，对志稿内容进行了修改完善，并提出了具体修改意见和建议。积极组织承办并参加志稿审查会议。先后组织召开《墨脱县志》、《南木林县志》志稿验收会议和《西藏自治区志·工商联志》、《西藏自治区志·劳动和社会保障志》终审会议，邀请专家学者对志稿进行把关审查，提出并印发《验收意见》和《终审意见》，最大程度地确保了志书质量。

志稿总编 组织专家学者先后对《聂拉木县志》、《南木林县志》、《西藏自治区志·工会志》、《昂仁县志》等4部志稿进行了总编，总编字数约400余万字。

志书出版 先后出版发行《定结县志》、《林芝县志》、《西藏自治区志·农业志》和《类乌齐县志》等4部志书，《措美县志》、《贡嘎县志》、《曲水县志》等3部志书正在印刷中。

督导全区修志 针对全区三级志书首轮编修进度不一、推进不平衡的实际，多次深入到地(市)和区志承编部门进行督导，要求各承编单位集中人力、物力和时间，细化工作方案，将责任落实到人，切实加快编修进度。同时，加强与各地(市)地方志办公室和区志承编单位的联系，及时了解修志工作开展情况和志书编修中存在的问题与困难，给予力所能及的帮助。派专人深入到已启动第二轮修志工作的单位开展业务指导，全程跟踪指导第二轮修志，并从中总结和积累第二轮修志工作的方法和经验，扎实推进全区第二轮修志工作。

做好年鉴接手工作 由于受编制、人员等条件限制，西藏自治区年鉴编纂一直由自治区政府办公厅负责。经请示自治区人民政府，将于2015年正式接手年鉴工作。

自治区地方志办公室先后向区党委组织部(编办)、区财政厅等单位上报解决机构编制、经费的报告,并加强沟通协调。同时,根据中国地方志指导小组的要求,认真完成《中国地方志年鉴(2014)》西藏部分的组稿任务。

【期刊发行】 完成期刊改版 2014年,自治区党委党史研究室(区地方志办公室)对期刊印刷版面进行调整,由原来的小16开改为国际标准的大16开,并对封面进行了更换,对版式内容重新设计排版。改版后的期刊外观大气、内容丰富,进一步提高期刊的美观性和可读性。

提升期刊质量 在组稿机制和编辑工作流程上狠下功夫,完善期刊编辑各项规章制度。从组稿开始,对原始稿件认真梳理,严格把关,突出期刊的历史性、准确性;全面推行三校制度和互校制度,落实限时办结制度,进一步降低了出错率,有效保证了期刊质量。

拓宽期刊稿源 把期刊编辑作为一项长期工作,牢固树立管长远意识,在拓宽稿源、建立稿件资料库方面做了大量的尝试。充分发挥老干部、老同志的作用,认真做好来信来稿登记整理工作,共收集各类稿件100余篇。面向全区专家、学者约稿,仅张国华诞辰100周年约稿达20余篇。充分利用馆藏资料,从志书、史书中挖掘丰富的资源,进一步丰富了期刊稿源。在借助外力的同时,发动全室干部自主编写文章,共采用干部撰写文章5篇。截止11月,已出版《西藏党史资料》和《西藏地方志》各3期,刊登文章100余篇,累计达60余万字,选用图片30余幅;第四期已经组稿完毕,正在修改完善中。

西藏日报社

【概况】 西藏日报社是区党委直属事业单位。内设十个处级部门,下属两个处级事业单位,编制466人(其中,西藏日报社编制406人,西藏商报社编制10人,中国西藏新闻网编制50人)。十个处级部门是:办公室、政工人事处、区纪委驻西藏日报社纪检监察室、总编室、藏文编辑部、《人民日报》藏文版编辑部、汉文编辑部、记者部、印刷厂、计划财务处;两个处级事业单位是:西藏商报社、中国西藏新闻网;根据工作需要成立了摄影部、《西藏法制报》编辑部、《高原新农村》编辑部、技术部等4个科级单位。

【主要工作】 新闻舆论影响提升 2014年5月,西藏日报社强势推出的“民族团结一家亲”专栏受到自治区党委书记陈全国的专门批示,由此自治区党委6月18日专门召开会议部署民族团结工作相关工作,新闻宣传工作影响得到回应。

重点报道宣传有力 主要围绕党的十八届三中四中全会、习近平总书记系列重要讲话精神、百万农奴解放纪念日、反分裂斗争、新旧西藏对比、社会主义核心价值观、全区第二批党的群众路线教育实践活动、对口援藏20年、藏博会、江孜抗英斗争110周年、青川藏公路通车60周年、川藏电力联网等重大事件,做到重点突出,宣传有力。

常规报道深入及时 全国及自治区两会、三大节日、强基惠民活动、社会民生、经济宣传等常规报道,各媒体不断推陈出新,开辟新的专栏专题,做到深入及时,特色突出。

战役性报道社会影响大 2014年青川藏公路通车60周年报道创新采访报道模式,稿件“有血有肉”、可读性强,报网同步推出,气势磅礴,社会各界关注程度高,影响广泛。

版面改革积极创新 《西藏日报》汉文报制定改版方案,强化“五好”理念,版面设计不断出彩,《西藏日报》藏文报借鉴“货架式”版面布局,方便读者阅读。中国西藏新闻网推出新的页面设计,网站点击量稳定回升,《高原新农村》强化阵地视觉效果,《西藏法制报》在“新、特、深”上下功夫,版面内容更加丰富,更具特色,《西藏法制报》藏文版改版后形式活泼,语言生动。

新闻策划突出质量 全年先后推出了如《中国梦·西藏故事》、《援藏20周年》、《两路通车60周年》等20多个重点策划,做到有故事、有评论、有解读、有特色,新闻策划质量有效提高。

基层采访稿件质量高 调集全社采访精兵强将深入基层一线,稿件数量多、质量高,其中《三盏灯照亮前程》、《面包·音乐·幸福——巴次和满馨蔚的爱情故事》两篇稿件受到自治区党委书记陈全国的专门表扬,便是记者们身在一线、用心体验生活的杰出代表作,稿件社会反响大。

网络宣传影响扩大 中国西藏西藏新闻网完成第二轮改版,打造“视觉周刊”、“九眼时评”等特色网络新闻品牌,推出“两会话题”等媒体融合尝试性栏目，加强藏文网建设，网络宣传影响不断提升。

摄影图片功能强化 推出13期《视觉西藏》等摄影专版，宣传效果好，全年见报画刊39个，部份图片还被《人民日报》、《中国日报》等中央媒体刊用。

【重要事项】 新媒体建设速度加快 2014年，西藏日报社开通西藏日报、西藏商报微信公众账号，74个县级政府网群分批建成并全部上线，中国西藏新闻网移动客户端进入论证阶段，新媒体建设力度不断加大。

狠抓经营创收工作 印刷厂完成全年生产任务目标，报纸代印业务不断增多，杂件收入60万元。西藏传媒集团产值不断上升，完成上缴利润400万元、广告代理费450万元等任务，专版收入220万元。《西藏法制报》经营收入18万元，各项经营指标较去年都有增长。

柳梧印刷厂基建工作平稳有序 柳梧新区印刷厂厂房基建工作通过验收，印刷机运抵拉萨，安装调试工作正在进行。

做好重要书籍的编译和写作工作 藏文版习近平总书记重要论述摘编(10万余字)的编辑工作全面完成；《高原合家欢》(藏文版) 进入终审阶段，西藏日报社史编写工作进展有序，完成初稿。

新闻摄影工作扩大影响 策划组织了“阜康杯”寻找西藏最美家庭摄影大赛及优秀作品展，宣传效果好，积累了工作经验，扩大了知名度。

档 案

【概况】 2014年，全区档案工作者凝心聚力，坚持围绕中心、服务大局，认真履行“为党管档、为国守史、为民服务”职责，深入贯彻落实自治区党委书记陈全国“管理好、利用好、开发好宝贵的档案资源”的重要指示精神和自治区常务副书记吴英杰关于加强档案工作的部署要求，扎实推进各项工作，取得了较好成绩。

【思想政治建设】 政治理论学习 2014年，自治区档案局(馆)以学习型党组织建设为抓手，以党组理论学习中心组为龙头，带动局(馆)各级党组织和全体党员干部不断强化思想政治教育，加强对中国特色社会主义理论体系、党的路线方针政策、重要决策部署和最新理论成果的学习。重点学习党章、党的十八大、十八届三中、四中全会精神、习近平总书记系列重要讲话精神、俞正声主席关于西藏工作和档案工作的重要指示批示精神，学习区党委八届五次全委会精神和自治区党委书记陈全国书记关于档案工作的重要指示精神、区党委、政府的一系列重要决策部署等内容，在局(馆)营造浓厚的学习氛围，广大党员干部的思想政治素质得到较大的提升。

作风建设 以深化“四风”“两问题”“一薄弱”整治、巩固和拓展党的群众路线教育实践活动成果为重点，不断加强和改进作风建设，深入推进专项整治工作，落实整改任务。强化制度建设，认真贯彻执行民主集中制，加强党风廉政建设和反腐败工作，落实党风廉政建设责任制，牢固树立西藏没有特殊性的思想，坚决预防和惩治腐败。在局(馆)营造了厉行节约、艰苦奋斗的良好氛围，广大党员干部政治意识、大局意识、宗旨意识、群众意识、服务意识、责任意识有了明显增强，彻底杜绝了门难进、脸难看、事难办等现象发生，机关效能建设进一步加强。

严守党的政治纪律 结合机关冬季理论学习活动，开展党性教育、红色教育、警示教育、形势政策教育特别是反分裂斗争教育，使广大党员干部党性修养进一步提高，理想信念进一步坚定，政治敏锐性和政治鉴别力进一步增强，在反分裂斗争这个重大原则问题上，始终做到了旗帜鲜明、立场坚定、认识统一、表里如一、态度坚决、步调一致。

机关党建工作 坚持“三会一课”制度，以党建带工建、团建、妇建，不断提高干部职工思想政治素质，丰富机关业余文化生活，有力地促进了局(馆)各项工作健康发展。

【档案事业宏观管理】 全区档案工作调研和行政执法监督检查 2014年8月，自治区档案局(馆)专门成立全区档案工作检查小组，依法对全区68家单位档案工作开展情况进行了全面检查调研，发现问题及时反馈，并要求限时整改，确保了档案工作健康发展。

全区档案工作规范管理和业务指导 开展各类档案业务指导80

余人次，审查了21家单位申报的《机关文件材料归档范围和文书档案保管期限表》，起草并以区党办、区政办名义印发了《关于加强和改进新形势下档案工作的实施意见》，进一步加强了全区档案工作规范。

档案宣传工作　开展了“6·9”国际档案日、“12·4”法制宣传日宣传活动，编印刊发《西藏档案工作信息》9期，向《中国档案网》、《中国档案报》、《中国档案杂志》、《西藏日报》等媒体报送新闻稿件和信息24篇，提高了社会档案意识，扩大了西藏档案工作的社会影响。

【档案业务建设】　档案馆基础建设　2014年9月26日，自治区档案馆新馆建设项目工程领导小组会议对新馆建设项目工作作出安排部署。10月28日，自治区党委常务副书记吴英杰视察局(馆)，对新馆建设作出重要指示。

档案整理和开发利用　全文录入藏文历史档案8500余件，数字化扫描历史档案34000余件。整理现行文书档案640余卷，全年数字化扫描现行档案2849卷，计42.8万画幅。接待现行档案查阅60余人次，调阅档案130余卷，有效提供利用文书档案200余件。向西藏社会科学院、自治区党委宣传部、自治区外侨办等单位提供历史档案影印件、数字光盘及档案信息等110余件，接待社会各界人士档案陈列参观230人次。做好《西藏历史档案丛编》编纂工作，起草《西藏历史档案丛编》序，完成《近代西藏抗英档案史料选编》选材等编研初期工作。编辑刊发《西藏档案》杂志2014年第1、2期。

档案抢救和保护　修复各类档案96154件，去污展平档案90689件，仿真复制档案56件(含照片档案25件)。根据俞正声主席关于做好馆藏蒙满文档案抢救工作的重要批示精神，按照自治区档案馆馆藏蒙满文档案整理研究工作领导小组7月9日会议精神和《西藏自治区档案馆馆藏蒙满文档案整理研究工作总体安排方案》要求，正式启动馆藏蒙满文档案整理研究工作，我馆邀请中国人民大学、中国第一历史档案馆蒙满文专家，对馆藏的1481件蒙满文档案全部进行了编目整理，进行了扫描数字化处理。

【政务性、事务性工作】　文件起草、收发工作　2014年，自治区档案局(馆)严格按要求起草、报送各类文件材料，按规定办理公文，做到收发准确无误，不拖延、不误事。加强文件管理、落实保密责任和措施，确保文件绝对安全。

政工人事工作　做好干部职工任职、调整工作，及时调整人员变动工资，整理充实人事档案，做好干部职工请销假和退休老干部、老同志相关工作。

维稳和安全保卫工作　严格落实24小时值班带班制度，加强外来人员、车辆核查和登记工作，防止无关人员和敌对分子进入机关大院。落实日常安全检查制度，落实办公室监控室24小时值班制度，做好防火减灾和防盗工作，与武警守卫勤务密切配合，共同确保局(馆)安全。

财务管理工作　严格落实各项财务管理制度，坚持廉政理财，严格财务支出审核审批，杜绝不合理开支发生。做好人员工资、医疗、养老保险等各项业务工作，确保各项工作有账可查、账目清楚、账实相符。

(撰稿：吉太加)

法　制

【概况】　2014年，自治区政府法制办紧紧围绕自治区党委、政府中心工作，深入贯彻落实党的十八大和十八届三中、四中全会精神，以贯彻《国务院关于加强法治政府建设的意见》和《中共中央关于全面推进依法治国若干重大问题的决定》(以下简称《决定》)为主线，以全面提高依法行政水平、推进法治政府建设进程为重点，认真履行职责，不断开拓创新，积极完成各项工作任务，政府法制工作取得新进展。

【政府立法】　2014年，自治区政府法制办抓住提高立法质量和重点领域立法这两个关键，加强立法工作。完成地方性法规草案3件、政府规章草案3件；已做好前期审查修改工作，正按程序提请政府常务会议审定的地方性法规、政府规章草案7件；办理法律、行政法规和规范性文件征求意见233件。

科学立法、民主立法　科学制定年度立法计划。在充分调研论证、广泛征求意见的基础上，合理确定地方性法规和政府规章年度立法项目，切实发挥立法的引领和推动作用。认真开展调查研究。通过区内区外实地调研、召开座谈会和专家论证会等方式广泛听取意见和建议。

注重科学民主决策。针对立法中存在的重点难点问题，群策群力，通过处室集体讨论修改草案稿制度、法制办办务会讨论研究制度研究解决；此外，还通过政府办公厅召开政府专题会议等方式，听取多方意见，协商研究，消除分歧，形成了以立法机关为主导，社会各方有序参与立法的机制。

重点领域立法　突出保障和改善民生立法。修订职工生育保险办法草案，保障职工在生育和实施计划生育手术期间依法享受生育保险待遇。高度重视无偿献血工作，审查修改实施献血法办法草案，规定无偿献血制度及无偿献血者享受的优惠政策。审查修改防雷减灾条例草案，加强对防雷工程的管理，进一步推进防御和减轻雷电灾害工作的开展。促进经济社会发展立法。审查修改科学技术奖励办法草案，对科技奖励制度在奖励周期、奖项设置、机构职责、评审程序、奖金数额等方面进一步规范，鼓励发明创造、科技创新，促进西藏自治区科技事业发展。加强安全立法。审查修改建设工程安全生产管理条例草案，切实规范建设工程安全生产行为，预防和减少安全生产事故，保障人民群众生命和财产安全。审查修改火灾高危单位消防安全管理办法草案，对火灾高危单位进行界定，建立消防安全评估制度，实行火灾公众责任保险，确保消防安全，为维护西藏社会和谐稳定做出贡献。加强规范行政行为的立法。审查修改政府信息公开办法草案，保障公民、法人和其他组织依法获取政府信息，促进建立公开透明的行政管理体制。起草规范性文件制定和备案规定修订草案，加强规范性文件监督和管理，维护法制统一。加大生态环保立法。审查修改环境保护违法违纪行为处分办法草案，加强环境保护工作，严惩环境保护违法违纪行为，依法保护西藏的碧水蓝天。注重优秀文化遗产保护立法。审查修改布达拉宫历史建筑群文化遗产保护条例草案，加强对布达拉宫、罗布林卡历史建筑群文化遗产的保护和管理。

做好法律、法规草案和规范性文件征求意见办理工作　积极配合国务院法制办和其他各相关部门做好法律、法规草案征求意见工作。全年共办理国务院法制办、国家各部委征求意见稿 52 件，自治区有关部门规范性文件征求意见稿 181 件。

【行政复议】　受理行政复议案件，指导行政复议工作　2014 年，自治区政府法制办全年共收到行政复议申请 3 件，其中，办结 1 件，2 件正在办理中。通过办理行政复议案件，较好地维护了公民、法人和其他组织的合法权益，有效地化解了行政争议，密切了政府同群众的关系，实现了“定纷止争、案结事了”。在办理行政复议案件的同时，还加强对各地市和自治区有关部门行政复议工作的指导帮助。

开展行政复议工作规范化建设　自治区政府法制办完善了《西藏自治区行政复议工作规范化建设实施方案》、《行政复议工作制度》，进一步规范了行政复议申请、受理、审理、决定程序，明确了对办案人员的各项要求。

做好各项统计上报工作　根据国务院法制办要求，对全区 2014 年行政复议、行政诉讼案件数量以及全区仲裁案件等情况进行认真统计上报。

配合国务院法制办做好行政复议法修订相关工作　自治区政府法制办就行政复议法修订草案多次征求自治区相关部门意见，参加国务院法制办组织的座谈会，为行政复议法的修改积极献言献策。

【行政执法和制度建设】　2014 年，自治区政府法制办对全区行政执法人员实行持证上岗和资格管理制度，未经执法资格考试，一律不授予执法资格，不得从事执法活动。

加大行政执法人员培训考核力度　2014 年，根据年初确定的培训计划和自治区党委组织部，自治区党校、行政学院安排和地市请求，对那曲、阿里、日喀则、山南等地区和自治区相关部门的行政执法人员、各地（市）的部分村支部第一书记、大学生村官进行培训辅导，共派出授课人员23 人次，举办培训班 22 期，发放行政执法人员培训教材 300 余套，培训 2880 余人。

严格行政执法人员资格审查和发证工作　全年共办理行政执法证 1108 个，行政执法监督证 203 个，退回不符合办证条件的申请 10 余份。

完善行政执法工作制度　为加强对行政执法机关、行政执法人员的管理，自治区政府法制办完善了行政执法过错责任追究、行政执法监督、重大行政处罚决定备案等制度，进一步规范了行政执法主体、行政执法行为和程序。

完成行政执法统计工作　根据

国务院法制办通知要求，完成了自治区行政执法情况统计上报工作。

【规章和规范性文件备案审查】

完善备案审查各项制度　2014 年，自治区政府法制办根据国务院《法规规章备案条例》，完善《规章报送备案制度》、《规范性文件备案审查制度》等工作制度，理清工作程序，明确工作职责。另外，为规范自治区规范性文件制定和备案工作，起草了《西藏自治区规范性文件备案暂行规定》修订草案。

加强对地(市)、部门规章规范性文件的审查　对拉萨市人民政府报备的《拉萨市出租汽车管理办法》等规章依法进行了审查备案。对地(市)和自治区相关部门报送备案的规范性文件逐一进行了审查，对审查中发现的问题及时提出意见，依法予以纠正。

及时报备自治区政府规章规范性文件　按照法定程序，认真履行报备职责，全年分别向国务院和自治区人大常委会报送备案自治区人民政府规章 5 件，向自治区人大常委会报备自治区政府规范性文件 3 件。根据《法规规章备案条例》规定，向国务院法制办报备西藏自治区人民政府 2014 年制定的政府规章目录。

【发挥政府参谋助手和法律顾问的作用】

2014 年，自治区政府法制办完成自治区党委、政府和政府办公厅领导交办件 120 余件，派员参加各类会议、活动 150 余次。汇编完成《西藏自治区人民政府规章汇编(1998-2013)》，并向各地(市)、政府各部门免费发放 5000 多册。按照自治区党委、政府领导指示，配合有关部门积极完成寺庙管理、网络安全管理方面的文件起草、修改工作。积极参与自治区“8·09”、“8·18”重特大交通事故的处理，为依法妥善处理事故提供法律咨询和法律帮助。根据政府办公厅领导指示，起草完成了《西藏自治区人民政府办公厅 西藏自治区人民政府法制办公室贯彻落实<中共中央关于全面推进依法治国若干重大问题的决定>的具体措施报告》。根据自治区统一安排部署，抽调 6 名同志分别参与自治区党的群众路线教育实践活动、强基础惠民生活动和自治区机构改革工作。主动加强与国务院法制办和其他省(市、区)法制办的联系和交流，编制印刷《全国政府法制机构通讯录》，并寄发国务院法制办及其他省(市、区)法制办。

【强基惠民】

2014 年，自治区政府法制办第三批驻村工作取得新成绩。全年共落实项目资金 654.05 万元，驻村工作队被评为自治区级先进集体，三位驻村工作队队员分别获得自治区、地区、县先进个人。

加强基层组织建设　工作队协助村“两委”班子，积极做好发展党员工作，2014 年，发展党员 12 名，预备党员 6 名。紧密结合十八届三中、四中全会精神和群众路线教育实践活动，召开党员大会 11 次，举办扎西村党员夜校系列讲座、培训，不断增强党员的理想信念和党性修养。对扎西村村规民约进行完善。

做好稳定工作　多次召开村民大会，对维稳工作进行部署，制定维稳工作实施方案，成立维稳领导小组，编制维稳值班表。开展维稳宣讲 3 次，受教育群众 1500 余人次。调解村民矛盾纠纷 4 次。成立村级联防队，在敏感节点巡逻，确保了“三不出”和“三无”目标。

访贫问苦，进行感恩教育　开展感恩教育，累计召开群众大会、主题教育会等各类活动 11 次，参会人数达 2000 余人次，发放宣传材料 200 余份。开展三大节日送温暖慰问活动，购买各类生活物资发放给全村 167 户家庭和贫困户、老党员。自筹资金给贫困户和老党员发放慰问金 7300 元。给全村贫困户发放 29 英寸高清数字彩色电视 21 台。购买国旗 350 面发放给群众。“六一”儿童节，工作队队长周伟个人出资 4000 元给幼儿园小朋友定制 20 套统一的服装和书包。为新入学的 6 名大学生发放助学金 6000 元。邀请乡电影放映队播放爱国主义教育影片。

拓宽致富门路　免费为群众发放“藏青 2000”青稞种子 1 万斤，价值 6 万余元。协调相关部门免费提供各类树苗 20 万余株，总价值达40 余万元。争取蔬菜种植业和牲畜养殖业技术免费培训名额 20 个，争取汽车、挖掘机驾驶培训和农机具维修培训经费 18.5 万元。争取藏鸡养殖扶贫项目一个，资金 51.5 万元。

为民办实事解难事　争取村容村貌整治专款 100 万元。为扎西村粮油加工坊购买洗麦机和清粮机等配套设备，资金 1.6 万元。协调相关部门对全县 76 名疑似白内障患者进行全面筛查，对条件成熟的 41

名患者进行免费手术。帮助“一帮一”结对村琼结镇东嘎村驻村工作队落实62万元的短期育肥项目。为扎西村幼儿园申请解决价值约12.6万元的办公设备和生活用具。争取修桥修路资金168.5万元。向琼结县政府和扎西村村委会赠送多媒体会议设备两套,价值16万元。向加麻乡完小、扎西村幼儿园捐赠1-6年级教学光盘10套,价值2万元。自筹资金1200元,慰问去世老党员和逝世老人家属。

审 判

【概况】 2014年,全区法院按照陈全国书记“一手反对分裂、打击犯罪,一手化解矛盾、促进和谐”指示要求,紧紧围绕“努力让人民群众在每一个司法案件中感受到公平正义”目标,牢牢坚持司法为民、公正司法工作主线,狠抓审判执行第一要务,全年全区法院共受理各类案件24075件,审执结23432件,综合结案率为97.33%。

【司法保障】 *依法打击各类分裂破坏活动和违法犯罪行为* 2014年,全区法院受理各类刑事案件1339件,审结1275件,判处罪犯1427人。始终保持高压态势,推进平安西藏建设。对十四世达赖集团、境内外分裂分子制造的各类分裂破坏活动坚持抓早抓小、露头就打,坚决打击分裂势力的嚣张气焰;坚持“严打”方针,突出打击重点,依法严厉打击各类严重犯罪行为,从重从严从快判处。宽严相济,最大限度减少社会对立面。坚持打击犯罪与保障人权并重,打击孤立极少数、团结教育挽救大多数,对424名违法犯罪情节轻微、危害不大的被告人依法判处拘役、管制、缓刑等较轻刑罚;进一步规范减刑假释工作,共对1431名罪犯予以减刑、假释;制定《关于死刑案件刑事附带民事调解工作的若干意见》,成功调解相关案件42件。加强教育引导,争取人心。坚持把法制宣传教育与反分裂斗争教育、感党恩教育有机结合起来,以结对认亲交朋友等活动为抓手,积极引导各族群众明辨是非、遵规守法,共开展法制政策宣讲活动1720余场次,发放宣传资料14万余份。

依法调节经济社会关系 围绕“一产上水平、二产抓重点、三产大发展”,充分发挥民事、行政审判职能作用,服务经济社会发展。全年共受理民事案件14889件,结案14767件,结案标的22.3亿元;受理行政案件33件,结案32件。抓好民事审判,促进经济发展。依法妥善审理基础设施和重大工程项目建设、资源开发利用、特色产业发展等领域发生的各类矛盾纠纷,为经济发展营造诚信有序、健康规范的市场环境;依法保障农村改革发展和新型城镇化建设,妥善调处涉农纠纷;坚持平等保护原则,依法保障各类市场主体平等使用优惠政策和生产要素,公平参与市场竞争,全面加强知识产权司法保护,支持创新驱动。抓好诉调对接,促进社会和谐。着力加强诉讼调解工作,全区法院民事案件调撤结案率达66.16%。继承和发扬“枫桥经验”,推进“诉调对接”机制建设,诉前调处矛盾纠纷2918件,指导民间调解组织调解案件2193件。抓好行政审判,促进依法行政。认真贯彻落实全国法院行政审判工作座谈会精神,高度重视行政争议的实质性解决,行政案件涉及民事纠纷的,引导当事人一并提起民事诉讼,一揽子解决行政、民事争议。

依法维护各族群众合法权益 立足司法审判工作实际,依法维护各族群众的合法权益,保障人民安居乐业,让各族群众切身感受到公平正义就在身边。在方便群众诉讼、减轻群众诉累上有新作为。制定《关于全区法院诉讼服务中心建设的实施意见》,推动建设“一站式”、“集成式”、“开放式”诉讼服务中心,健全服务承诺、首问负责、限时办结、一次性告知等机制,尽可能让群众少跑路、少花钱、少受累。大力推广车载流动法庭巡回审判模式,形成以人民法庭为点、车载流动法庭为线、基层法院为面,“点线面”相结合、全覆盖的司法服务网络,全年总行程76万多公里,巡回办理案件4263件。在保障人民群众合法权益、增进人民群众福祉上有举措。高度重视民生领域的司法保障工作,坚持立案、审理、执行三优先,妥善审理各类涉民生案件保障人民安居乐业。高度重视社会弱势群体司法保护,为经济确有困难的当事人缓、减、免收诉讼费1277.43万元,发放刑事、执行、信访救助金359.71万元。高度重视涉诉信访案件的调处化解工作,制定实施《关于涉诉信访工作责任若干问题的规定》、《涉诉信访案件终结程序规定》、《远程视频接访规

则》、《领导干部接待群众来访工作实施办法》四项制度，将化解涉诉信访案件纳入法治化轨道。在破解执行难题、兑现胜诉权益上有新进展。部署开展涉民生案件专项集中执行、"转变执行作风、规范执行行为"、执行攻坚战等一系列专项活动，着力提高案件执结率和执行标的到位率，共受理执行案件3241件，执结2816件，执结标的4.32亿元。认真落实失信被执行人名单制度，公布失信被执行人53名，推动社会诚信体系建设。在深化驻村工作、夯实群众基础上有新成效。抽调410名干警组成驻村工作队进驻113个村开展第三批驻村工作，推动驻村"五项任务"落实，投入驻村经费6032.77万元。

【司法改革】 深入调查研究，加强改革探索 2014年，自治区高院加强调查研究，组成专门工作组对七地市中院领导班子和队伍现状进行调研，安排专人分批分期前往内地兄弟法院学习考察司法公开建设，积极做好改革前的各项准备。准确把握中央、自治区党委、最高法院政策导向，在体制层面严格执行国家顶层设计，在工作机制、措施层面注重结合实际、开拓创新，自治区高级法院牵头的人民陪审员改革取得重要进展，自治区高级法院配合实施的22项改革任务稳步推进。

深化司法公开，推进司法民主 着力推进审判流程公开、裁判文书公开、执行信息公开"三大平台"建设，出台《审判流程管理制度》、《在互联网公布裁判文书暂行规定》、《在互联网公布裁判文书的实施细则》、《互联网公布裁判文书报送、审核及公布暂行办法》、《执行信息公开实施细则》五项制度，进一步拓展司法公开的广度和深度，高院机关裁判文书上网率达100%，全区法院裁判文书上网率达到20%以上。专题向自治区人大常委会报告人民陪审员工作情况并认真落实审议意见，2014年增选人民陪审员139名，培训人民陪审员1315人次，人民陪审员参与审理案件986件。

规范权力运行，促进司法公正 制定完善《主审法官、合议庭办案职责制》，明确主审法官、合议庭及其成员的办案责任，让院、庭长重回审判一线。规范上下级法院审级监督关系，完善审判质效评估、二审发改案件分析通报、庭审调查评比和观摩评议等制度，全区法院一审案件服判息诉率达90.85%，同比提高2.17个百分点。制定实施《<关于常见犯罪量刑指导意见>的实施意见》，明确盗窃、诈骗、敲诈勒索等10类刑事案件执行数额具体标准，统一刑事司法尺度。健全申请再审和申诉立案受理制度，共受理申诉、申请再审案件224件，决定启动再审程序33件。

【自身建设】 队伍建设 2014年，自治区高院强化中国梦、社会主义核心价值观、社会主义法治理念、反分裂斗争和政治纪律教育，打牢高举旗帜、听党指挥、忠诚使命的思想基础。建立专兼职教师师资库，制定《全区法院法官培训教学质量考评办法(试行)》，加大培训力度，拓宽培训领域，提高培训质量，全年共培训75批次1945人次。抓好第一批教育实践活动的建章立制、整改落实工作，制定《关于在全区法院开展第二批党的群众路线教育实践活动的指导意见》，着力整治"六难三案"问题。制定《关于贯彻落实党风廉政建设主体责任的实施办法(试行)》，认真落实党风廉政建设主体责任和监督责任，加大审务督察、司法巡查力度，以零容忍的态度坚决惩治司法腐败。

人民法庭建设 召开全区人民法庭工作会议，坚持"三个面向"和"两便"原则，合理调整人民法庭布局，优化资源配置，方便群众诉讼；坚持人员、经费和装备优先向人民法庭倾斜，保障人民法庭依法履职；加强对人民法庭的业务培训和审判指导，不断提高人民法庭履职能力。加大"十二五"规划项目的衔接落实力度，坚持人才智力援藏、审判业务援藏、物质资金援藏并举，进一步强化受援工作。

推进科技强院 积极推进"天平工程"建设，"天平工程"已在全国率先进入全面实施阶段。按照"纵向贯通、横向集成、共享共用、安全可靠"的目标，加快信息化综合平台建设。注重信息技术深度应用，制定《全区法院网上办案若干问题的规定》，促进办案智能化、管理科学化、监督实时化。

【加强领导，接受监督】 2014年，自治区高院坚持党的绝对领导，坚决做到重大事项、重大案件、重要部署、重要改革及时向党委、政法委请示汇报，确保党的大政方针和自治区党委决策部署在法院系统不折不扣贯彻落实；主动接受最高法院监督和指导，自觉接受各级人大及其常委会监督和政协民主监督，健全完善定向联络、提案办理、庭审旁听、工作通报和信息报送等制度，认真办理自治区“两会”期间代表、委员的议案和提案，并逐一答复。

检　察

【概况】　2014年，自治区检察机关以党的十八大和十八届三中、四中全会精神为指导，深入贯彻落实习近平总书记系列重要讲话精神，认真贯彻落实中央政法工作会议精神，在自治区党委、最高人民检察院的正确领导下，紧紧围绕社会发展稳定大局，积极推进平安西藏、法治西藏建设，忠实履行宪法和法律赋予的职责，检察工作又有了新的发展和进步。全年批准逮捕侵害群众切身利益的各类刑事犯罪1009件1427人，起诉1111件1607人。立案侦查各类职务犯罪案件72件84人，同比上升105.7%和104.9%。其中，查办大案46件，同比上升228.6%；查办县处级以上干部7人，同比上升40%；为国家挽回经济损失4137万元，同比上升195.5%。

【反分裂斗争】　2014年，自治区检察院在工作布局上，始终坚持上下一体、内外联动，与公安、法院等部门分工负责、互相配合、协同办案，对分裂破坏分子形成强攻合围之势。在打击现行上，强化事实认定、证据采集、法律适用和程序规范，坚持侦捕诉与量刑监督相结合，有效打击和震慑了危安犯罪。在深挖团伙上，注重统筹办案、捕诉并审、以案查人、以人串案，从犯罪事实证据、动机目的和行为影响上深挖幕后策划者、指挥者，摧毁了分裂破坏势力的组织体系。在源头治理上，坚持堵源截流、打头断线，依法打击、综合治理，积极参与那曲比如、索县专项整治活动，依法打击非法组织，深入开展反自焚反偷渡专项斗争，从源头上消除不稳定隐患。

【和谐西藏建设】　2014年，自治区检察院批准逮捕侵害群众切身利益的各类刑事犯罪1009件1427人，起诉1111件1607人。对不构成犯罪或涉嫌犯罪但没有逮捕必要的，依法决定不捕295人，不诉117人，建议法院从轻处理175人，最大限度促进社会和谐。建立健全有访必接、下访巡访、联合接访、检察长接待日和包案等制度，认真办理群众来信来访98件。对因多种因素形成的涉检信访缠访案件，用法治方式息诉罢访7件7人，依法终结3件3人。在检察驻村工作中化解矛盾纠纷1248起，充分发挥检察人员就地受理、调解矛盾纠纷的特殊作用。

【社会治理创新】　2014年，自治区检察院深入开展平安创建活动，以驻村、驻寺、“双联户”创建、城镇网格化管理等为载体，进一步完善平安创建工作体系和工作机制。通过组织签订“联防责任书”、“平安责任书”和开展“十户联创”、“法律服务进家庭”等群众喜闻乐见、广泛参与的创建活动，极大丰富了平安创建内容，创新了平安创建形式，增强了平安创建实效。在检察驻村干警中开展“我的岗位我负责、我的工作请放心”争创活动，取得良好效果，所驻村经济社会发展稳定，村域内寺庙宗教和睦，僧尼和群众遵纪守法，村民和队员情同手足。在2013年驻村工作中，检察机关有304个先进集体和个人受到区、地(市)、县表彰。主动参与城镇社区治理创新，强化对社区矫正的法律监督，配合做好对监外执行罪犯、刑释解教人员、涉罪未成年人等特殊人群的帮教管理工作。依法打击利用互联网、手机实施诈骗、煽动分裂、传播淫秽信息、造谣传谣等违法犯罪活动，净化网络环境，保护网络信息安全。对执法办案中发现的社会治理问题，建立检察约谈、跟踪回访等机制，督促堵塞漏洞、完善制度，促进提升社会治理水平。

【保障改善民生】　2014年，自治区检察院坚决惩治损害民生的违法犯罪，在全区深入开展破坏环境资源和危害食品药品安全犯罪专项立案监督活动，依法批捕破坏环境资源和制假售假犯罪案件24件36人。依法查处社会保障、教育就业、医疗卫生、扶贫开发等领域职务犯罪18件20人。和有关部门修订国家司法救助制度实施办法，推进对刑事被害人和确有困难当事人的司法救助工作。

【查办和预防职务犯罪】　严查职务犯罪　2014年，自治区检察院立案侦查各类职务犯罪案件72件84人，同比上升105.7%和104.9%。其中，查办大案46件，同比上升

228.6%;查办县处级以上干部7人，同比上升40%；为国家挽回经济损失4137万元，同比上升195.5%。2014年是全区检察机关查办职务犯罪力度最大、数量最多、社会关注度最高的一年。

预防职务犯罪　加强重大工程预防，对总投资427亿元的9个重点项目实行专项预防。在金融、涉农、工程建设等领域成立职务犯罪专项预防工作小组，通过开展预警预测、及时发出检察建议等措施。推进廉政教育进党校、进机关、进企业、进农村、进社区，促进职务犯罪预防社会化、专业化、规范化。开展警示宣传教育388次，受教育人数达66602人。向单位(个人)提供行贿犯罪档案查询3377件次,促进国家工作人员提高自身“免疫力”,构筑廉政“防火墙”。

【诉讼监督】　刑事诉讼监督　2014年,自治区检察院刑事立案监督案件同比上升300%,对侦查活动中的违法情形提出纠正意见同比上升25%。全面开展捕后羁押必要性审查1427人次,依法监督变更强制措施52人。强化刑事审判监督,坚持指控犯罪和诉讼监督并重，依法审查刑事判决裁定686件，对确有错误的刑事裁判成功抗诉9件。

民事行政诉讼监督　对认为确有错误的民事行政判决裁定，依法提出抗诉和再审建议4件，均被法院采纳。受理民事执行申诉案件7件，针对一些执行迟缓、执行不到位、财产处理不当等问题向法院发出检察建议7份。坚持抗诉与息诉并重,对不符合抗诉条件的20件申诉案件,积极做好服判息诉工作。

刑罚执行和监管活动监督　对146名职务犯罪、金融犯罪、涉黑犯罪罪犯逐人逐案进行审查，依法纠正并收监执行8人。对全区监管场所开展执法活动检查637次，审查案件934件，纠正刑罚执行机关提请减刑不当43人,查办涉嫌贪赃枉法、玩忽职守等犯罪的司法工作人员7人。坚决依法纠正监管场所安全隐患和违法使用警械具等违法情形，切实维护监管场所安全和在押人员合法权益。

【推动检察工作科学发展】　检务公开改革　2014年,自治区检察院进一步明确公开的内容,建成检察机关案件信息公开系统,组织发布一批社会广泛关注的重大案件信息和法律文书。

人民监督员制度改革　与自治区司法厅共同制定人民监督员选任管理方式改革试点方案,明确人民监督员的选任和管理事项。

涉法涉诉信访改革　明确检察机关受理涉法涉诉案件的范围，细化审查受理和办理程序,健全内外部工作机制。

办案责任制　自治区以下检察机关人财物统一管理和检察人员分类管理等重大改革举措,认真组织调研,形成调研报告18份。

【队伍建设】　政治立检　在全区检察机关深入开展“增强党性、严守纪律、廉洁从政”专题教育活动,进一步严明政治纪律和政治规矩。

理论武装　组织引导广大检察人员认真学习、深刻领会党的十八届三中、四中全会精神和习近平总书记系列重要讲话精神，不断打牢忠诚为民、公正廉洁的思想基础。

作风建设　扎实开展党的群众路线教育实践活动,集中整治“庸懒散拖”,认真落实“两个责任”,进一步严格落实中央八项规定和区党委“约法十章”、“九项要求”。

民族团结　深入开展民族团结教育活动,检察人员的祖国观、民族观、宗教观、文化观进一步增强,各民族检察人员之间交往交流交融进一步加强，检察队伍向心力、凝聚力、战斗力进一步提升。

业务培训　全年共选派296人参加各类业务培训,请进70名内地业务专家指导帮助办理重大疑难案件,派出74名业务骨干到内地实践锻炼，进一步提升检察干警的素质和能力。

基层基础　建成涉密信息分级保护系统，推进统一业务应用系统上线运行,进一步提升案件入口、出口与过程监管的规范化水平。积极推进电子检务工程建设，运用信息化、网络化技术推动各项检察工作跟上大数据时代要求。落实援藏资金2354万元,基层基础建设进一步加强。

公　安

【概况】　2014年,在自治区党委、政府和公安部的坚强领导下，全区公安机关面对严峻复杂的反分裂斗争形势和艰巨繁重的反恐防暴任务,始终坚持稳定压倒一切、安全压倒一切,未雨绸缪、真抓实干,全员奋战、全力以赴，认真落实自治区各项重大维稳措施，全面加强了敏感热点重大安保、打击整治、反恐防暴、社会面防控、公共安全管理服务和实战能力建设，确保了全区没有发生暴力恐怖案件、群体性案事件和严重刑事犯罪，进一步维护巩固了全区和谐稳定的好局面。

【科学组织指挥】 2014 年，自治区公安厅党委始终把贯彻落实自治区党委、政府和公安部各项工作决策部署作为首要的中心任务，公安厅党委书记、厅长刘江始终坚守岗位，研究部署、组织指挥、督导落实，科学调整工作重点、合理部署实战警力，实时掌握公安工作情况，跟进完善工作措施，深入公安实战部门和便民警务站、检查站、安检站等基层一线部门以及重大活动安保现场指挥督导工作。公安厅党委班子成员围绕工作分工，舍小家、顾大家，克服困难、连续工作，带头深入基层督导调研，有力推动了全区公安工作扎实开展。

【重大安保】 2014 年，自治区公安厅圆满完成“三大节日”、全国全区“两会”、三月敏感期安保任务。全区公安机关增强危机意识，坚定不移地深入贯彻落实公安部和区党委、政府各项维稳措施，突出做好全国“两会”、藏历新年、“3·10”、“3·14”、“3·28”等敏感时间节点维稳安保。全力做好“萨嘎达瓦”宗教活动期间安保。2014 年“萨嘎达瓦”宗教活动期间，全区转经朝佛和境内外游客人数是历史上参与人数最多的一年。公安机关及时完善维稳安保工作措施，确保了全区社会和谐安全、稳定祥和。切实加强“塔尔钦”宗教活动安保，圆满完成了外国要员使团，雪顿节、第十一届全区运动会、藏博会、国庆节等期间的安保任务。加强应急处突准备。加强执勤执法部门武器警械配备，明确使用规范要求，完善应急处突方案，开展反恐应急演练。

【平安建设】 严防严打违法犯罪 2014 年，自治区公安厅始终保持严打高压态势，切实加强侦办命案、多发性侵财犯罪、涉枪涉爆犯罪、拐卖妇女儿童犯罪、涉黑涉恶等严重暴力犯罪，“打四黑除四害”、“黄赌毒”等专项行动工作。

加强社会面防控 进一步强化路面见警率和武装巡逻、道路检查和辖区盘查，深入开展对党政机关、火车站、机场等重要民生目标的检查守护。

油气清查整治 围绕油气运输、存储、销售、使用等环节，加大安全监督管理力度，认真落实加油实名制登记制度。

枪支等危爆物品管理 深入推进治爆缉枪专项行动，加大排查整治力度。

社会矛盾纠纷排查化解 共排查化解矛盾纠纷 2300 余起，办理(接待)群众来信来访 136 批(件)197 人次，解决信访问题 96 件。

【公共管理】 人口管理 2014 年，自治区公安厅大力开展户口登记管理专项清理整顿，核查户籍信息 24.7 万户、户成员 81.98 万余人；受理二代身份证 187577 张，制发居民身份证 277145 张，采集指纹信息 15.85 万人，采集人像 17.66 万张，补录户口 10938 人，发现重户 9985 户，注销重户 8350 户，清理错误照片 2053 张、冒领身份证 171 张，更正户口登记项 80278 人，加强了户口管理监督。积极落实流动人口服务管理，受理居住证 129310 张。

道路交通管理 围绕“压事故、保安全、促稳定”目标，强化路面管控和严重交通违法行为专项整治，全力预防和遏制重特大道路交通事故，排查治理交通安全隐患 3650 余处，涉及人员伤亡的道路交通事故 388 起，造成 247 人死亡、508 人受伤，直接财产损失 509.13 万元。

消防安全管理 围绕保稳定、保发展、保民生、保文化、保生态，立足区情社情，全面履行维稳处突、应急救援、防火灭火等职能，深入开展消防安全治理行动，拉网式排查单位场所 14.81 万家次，督改火灾隐患 4.3 万处，确保了全区火灾形势总体平稳。全区共发生火灾 105 起、死亡 5 人、受伤 5 人，直接财产损失 923.18 万元。四是有效加强出入境管理。加大公民因私出国(境)证件审批签发工作力度，加强涉外案事件查办。

【重点工作】 全面推进公安改革 2014 年，自治区公安厅及时成立全区公安机关全面深化改革领导小组，下设办公室，抽调专门工作人员，安排专门办公场所及设备，切实加强改革工作组织领导，建立了台帐目录和每日工作台帐 16 项，完善了改革工作规章制度，制定下发了一批指导性文件，确定了4个方面30项改革工作任务，明确了改革的指导思想、总体目标、工作措施和要求，并按照“结合实际、主动工作，稳步推进、确保稳定”的要求，先后3次组成专项调研组，深入开展改革调研活动，在社会治安管控、主动打击治理、警务督察等方面的改革工作中取得了较好的阶段性成果。

执法规范化建设　严格执法环节法律审核，严把实体法、程序法的执法关，进一步规范公安民警执法行为，大力推进全区公安机关人民警察执法资格考试，审核刑事、行政案件1300余起，认真承办人民群众提请的行政复议5起、刑事复议2起诉讼案件，出台了《西藏自治区公安机关治安管理行政处罚自由裁量标准》、《西藏自治区公安机关执法用语指引》等规范性文件20余件，深入组织执法检查“回头看”，加强执法办案场所的规范管理和使用。

民警驻村工作　全区公安机关驻村工作队组织召开村两委会2750场次、党员代表大会1.1万场次，发展基层党员336名、治安联防员1400余名，成立村级巡查管控小分队450余个，排查化解群众矛盾纠纷861起，完成建设项目340个，落实资金12749.2万元，正在建设项目170个，为群众办实事解难事2500余件，看望慰问生活困难群众1546户。

警务保障工作　有计划地办理经费拨款，合理调度资金，优化支出结构，全面加强了经费和装备保障。

【推进“十二五”规划项目建设】“十二五”期间，国家安排自治区公安机关建设项目293个，已下达投资项目共181项。已下达投资的181个项目中，竣工建成的88项，已开工建设的60项，落实资金项目的开竣工率约为82%。

【能力建设】　政治建警　2014年，自治区公安厅组织开展了“学雷锋树新风义务清扫”，“为何从警、如何做警、为谁用警”、“歌颂十八大、展望美好未来”主题征文等活动，深入推进第二批党的群众路线教育实践活动，强化主题教育，始终坚持政治建警不动摇，加强先进典型教育和公安宣传思想文化建设，大力弘扬了新时期高原人民警察精神，有效激励了队伍士气。

教育培训　指导各级公安机关组织开展基本知识、警务实战技能培训工作，组织全区民警参加本（专）科函授学历教育面授教学工作，大力提升民警学历教育。

党的基层组织建设　公安厅切实加强了全区公安机关党建督导工作，截止目前，90%的县级公安机关已经建立了党委，新增了一批党组织和党小组，培养了一批入党积极分子和党员。在区直工委组织的区直(中直)机关党建“联述联评联考”工作中，公安厅荣获第一名。全区有43个集体、779名个人受到公安部、自治区、公安厅表彰。

严格队伍管理纪律　强化执纪监督职责，深化党风廉政建设和反腐败工作，深入开展纪律作风大检查活动，严格队伍管理和执行“三项纪律”，发现问题1752个，查纠1691个，受理了一批民警违法违纪案件。

督导检查　公安厅进一步加大对各级公安机关工作检查力度，开展专项督察、现场督察和暗访督察1.34万次，出动警力1.7万人次，检查公安基层部门1.56万个。

司法行政

【概况】　2014年，全区各级司法行政机关深入贯彻落实习近平总书记“治国必治边、治边先稳藏”的重要战略思想和“持续稳定、长期稳定、全面稳定”以及对司法行政工作的重要指示精神，贯彻落实俞正声主席“依法治藏、长期建藏、争取人心、夯实基础”的指示要求，全力抓法治、促和谐，各项工作取得了新成绩。

【监狱执法建设】　2014年，自治区司法厅深入开展安全隐患排查整治专项活动，加强监狱基础设施建设，完善监狱围墙等重点狱政设施建设，全面落实各项安全防控措施，不断健全完善监所安全稳定长效机制，监管安全水平得到进一步提高，监管场所保持持续安全稳定；严格执行减刑、假释、暂予监外执行规章制度，在全区监狱开展专项清查工作，按照规定注销了病故罪犯信息，及时收监不具备保外就医法定条件的罪犯，执法工作得到进一步规范；继续深化教育质量年活动，加强服刑人员思想、文化、技术教育，全区罪犯脱盲率达到应脱盲人数的100%，434人获得职业资格证书，教育改造质量不断提高；监狱体制改革工作扎实推进，在遗留问题解决、资产清理、公司组建等方面做了大量工作。

【有序推进原劳教场所职能转型】 2014 年，自治区司法厅确定了强制隔离戒毒、轻刑罪犯监管和教育转化、应急处突备用场所管理和涉稳重点人员法制教育培训“四项职能”，原劳教学员实现了顺利解教，原劳教场所转为强制隔离戒毒所(社会教育矫治所)，并保持干警队伍稳定、场所稳定、国有资产不流失。召开了全区社会教育矫治工作协调会和强制隔离戒毒工作协调会，对做好新形势下全区司法行政戒毒工作和社会教育矫治工作作出了全面部署。建立戒毒工作经费保障机制，与区财政厅联合出台《关于制定强制隔离戒毒基本支出经费保障标准的通知》(藏财行字〔2015〕1号)。组织 100 余名干警参加转型业务培训，并选派 36 名干警前往内地挂职锻炼，有效提升干警的业务能力水平。建立与公安、卫生等部门的工作协调机制，制定出台强制隔离戒毒人员管理规范等文件，强制隔离戒毒启动工作正在筹备当中。

【社区矫正】 2014 年，自治区司法厅召开全区社区矫正工作电视电话会议，对全面推进我区社区矫正工作作出部署，提出了把握好三个“下功夫”和“六个关口”的总要求，为全面推进我区社区矫正工作指明方向。社区矫正机构队伍建设得到加强，全年共举办各类培训 20 余次、培训人员 600 余人次。七地(市)均已成立社区矫正工作管理机构，各地都已配备社区矫正工作专(兼)职人员。管理工作逐步规范，建立了“五对一”(司法行政工作人员、公安派出所民警、村(居)委会成员、双联户长和亲属)管教模式，社区服刑人员重新犯罪率低于全国平均水平。按照《财政部、司法部关于进一步加强社区矫正经费保障工作的意见》要求，自治区财政厅、司法厅组成联合调研组，对区内外相关情况进行了调研，制定出台了《关于加强社区矫正经费保障工作的意见》(藏财行字〔2015〕2 号)。

【法律服务】 *法律援助便民服务和法律援助案件监管* 2014 年，自治区司法厅认真做好 18 名“1+1”法律援助志愿者和 26 名志愿律师进藏服务各项工作，志愿者行动得到了区党委、政府的充分肯定。进一步加强刑事法律援助的通知指派、回访反馈、检查监督等机制建设。认真开展中央专项彩票公益金法律援助项目实施工作，全年共利用项目资金 87.4 万元，办理案件 586 件。积极争取中央补助西藏法律援助办案专款 300 万元，用于缓解县级法律援助机构办案经费缺乏等问题。2014 年，全区各级法律援助机构共接待来访、来电咨询 1.5 万余人次，办理法律援助民事案件 2248 件，避免和挽回经济损失 5200 余万元。自治区法律援助中心被国务院残疾人工作联合会评为“全国助残先进单位”，被司法部评为“全国 1+1 行动先进单位”，被自治区民宗委评为“全区民族团结先进集体”，被自治区妇联评为“维护妇女儿童权益先进单位”。

律师、公证工作 加强律师职业道德和执业纪律建设，严格落实律师办理重大敏感案件的请示报告制度，积极引导律师公证员参与涉法涉诉信访工作。进一步强化业务教育培训，先后举办了实习律师培训班、执业律师实务培训班等多场(次)培训，同时选派 24 人参加了司法部、全国律协、中国政法大学举办的各类律师、公证员培训班，有效提高了全区律师、公证员的专业素质和服务能力。截至 2014 年底，全区共有律师事务所 34 家，执业律师 222 名，实习律师 30 名；全区律师共办理各类案件 2252 件，咨询和代写法律文书 2466 件，担任机关和企事业单位法律顾问 376 家。全区共有公证机构 7 家，公证员 19 名，共办理各类公证 10962 件。

司法鉴定工作 认真开展司法鉴定行风建设专项活动，开展预防和纠正冤假错案专项活动，司法鉴定质量和社会公信力全面提高。截至年底，全区共有司法鉴定机构 14 家，司法鉴定人 129 人，共办理司法鉴定案件 387 件，采信率达 100%。

司法考试工作 2014 年，全区共有 1558 人参加考试。

【普法工作】 2014 年，自治区司法厅以“五下乡”、“安全生产月”、“9·16”平安西藏建设日、“12·4”法治宣传日等活动为契机，加强法治宣传教育，全区各级法治宣传机构共发放各类宣传资料 859.8 万余份，受教育群众 171.3 万余人次。区普法办组织编印了25000 本藏汉双语版《农牧民法律知识读本》，并已全部下发到农牧民手中。大力推进领导干部学法用法工作，切实加强青少年法治宣传教育，继续创新法治宣传形式，充分依托驻村工作队、驻寺工作组、便民警务站和“1+1”法律援助志愿者，不断深化“法律七进”主题活动，法治宣传的针对性和实效性进一步增强。2014年，针对寺庙僧尼的法治宣传教育取得明显成效，寺庙和僧尼维稳法治宣传覆盖率分别达100%和99.7%。

【人民调解工作】 2014年，自治区司法厅制定出台《西藏自治区关于建立行业性专业性人民调解委员会的实施意见》，全区共建立行业性专业性调解委员会63个，调解人员270人。加强业务培训工作，各地共开展业务培训39次，培训人员2900余人次。继续深化矛盾纠纷“大排查、大调解”活动。全区各级各类人民调解组织共排查矛盾纠纷1489次，预防矛盾纠纷221件；共受理各类矛盾纠纷4815件，调解成功4574件，调解成功率为95%。

【安置帮教】 2014年，自治区司法厅对全区刑满释放人员安置率为90%，帮教率为95%，在安置帮教期间无重新违法犯罪行为。

【司法体制改革】 2014年，自治区司法厅认真贯彻中央和区党委关于司法体制改革工作的统一部署，制定下发了《司法厅2014年深化改革工作方案》，将各项任务进行了细化，确定了改革内容、完成时间、责任部门和牵头领导。同时以人民监督员选任方式改革为主的各项司法行政体制改革工作正在稳步推进。

【基层基础建设】 2014年，自治区司法厅“十二五”厅直管建设项目已完成投资1.71亿元，在建项目1.33亿元，除昌都监狱二期项目外，剩余项目将在2015年全部开工建设；行业指导建设项目已完成投资0.736亿元，尚有1.268亿元项目需要协调落实。司法行政系统信息化建设稳步推进，项目总投资约2.02亿元，《可研报告》已通过司法部、自治区发改委评审，即将进入招投标和施工阶段。

【队伍建设和反腐倡廉】 思想政治建设 2014年，自治区司法厅深入开展理想信念教育，不断强化理论武装，持续打牢高举旗帜、听党指挥、忠诚使命的思想基础。厅系统各级党组织把严明反分裂斗争纪律作为落实党风廉政建设主体责任的重要内容，坚决执行中央对十四世达赖集团斗争的基本方针，在反分裂斗争这个重大原则问题上，始终做到旗帜鲜明、立场坚定、认识统一、表里如一、态度坚决、步调一致。认真贯彻落实区党委、政府十项维稳措施，深化厅系统“先进双联户”创建工作，确保单位内部的安全稳定。

业务能力建设 全年共组织开展监所安全管理、信息化管理、律师执业能力建设等培训37期，培训1500余人次。

作风建设 坚决落实中央“八项规定”，自治区“约法十章”、“九项要求”，厅系统“三公”经费支出大幅下降，精文简会取得实效。

党风廉政建设 认真落实“两个责任”，成立反腐败工作领导小组和落实党风廉政建设主体责任领导小组，研究制定《区司法厅贯彻落实西藏自治区、司法部<建立健全惩治和预防腐败体系2013-2017年工作规划>实施办法的意见》，并与厅直各单位党委签订了《司法厅系统党风廉政建设主体责任书》。加强惩防体系建设，全年共开展警示教育19批次，受教育670余人。完善厅系统纪检机构建设，在厅直属9个单位中内设了纪检监察部门，配备了31名兼职纪检监察干部。

班子建设 认真组织开展基层党建“联述联评联考”，从严选拔培养干部，2014年共提拔任用县(处)级干部11名，科级干部63名。六是积极开展“强基础惠民生”活动，厅系统8个驻村工作组共为群众办实事解难事300余件，申报16个强基惠民专项项目和基础建设项目，落实资金227.5万元。

工会

【概况】 2014年，自治区各级工会全面履行工会职责，扎实做好职工群众工作，切实加强自身建设，各项工作取得明显成效，工会组织的凝聚力、影响力和吸引力得到进一步增强，广大职工的积极性、主动性和创造性得到进一步提高，在全区工作大局中发挥了重要作用。在西藏“三大节日”期间共走访企业940家，慰问职工9788人，帮助263名困难职工家庭子女圆梦金秋，帮助146名困难职工解决大病医疗燃眉之急，实现在档困难职工帮扶全覆盖目标。制定实施《2014年—2018年西藏工会万名职工培训规划》，职业技能和创业培训7000人次，90%以上实现就业或灵活就业，提供就业岗位2887个。推进工资集体协商。协商建制率国有企业达到90%、在建会非公企业达到60%。围绕工会自身建设,着力推进“三型”工会建设,进一步增强工会组织凝聚力。认真抓好基层工会建设攻坚年活动,在非公企业建会率达97%,新发展会员2.9万人。

【召开九届三次全委（扩大）会议】 1月16日，西藏自治区总工会九届三次全委会隆重召开。会议的主要任务是，深入学习贯彻党的十八届三中全会、区党委八届五次全委会、自治区经济工作会议和全总十六届二次执委会议精神，认真总结2013年全区工会工作,安排部署2014年的工作。区党委常委、区组织部部长梁田庚同志，自治区副主席姜杰同志出席大会，梁田庚常委代表区党委作重要讲话。祁维国书记代表区总工会九届常委会所做的题为《围绕中心,服务大局,团结动员各族职工为改革发展稳定作出新贡献》工作报告。会上,洛桑久美主席代表自治区总工会与各地市、部分产业(系统)工会负责人签订2014年工会工作《目标责任书》。

【李世明率全总“送温暖”慰问团来藏慰问】 1月9日到11日,中华全国总工会党组成员、副主席、书记处书记李世明率全总2014年元旦春节送温暖慰问团，克服高寒缺氧不辞辛劳来到雪域高原，向困难职工送上党和政府的关心、关爱。

【全国工会对口援藏工作座谈会在四川举行】 全国工会对口援藏工作座谈会于10月11日在四川成都召开。全国总工会党组书记、副主席、书记处第一书记陈豪出席并讲话。区党委副书记、自治区主席洛桑江村致辞。全国总工会副主席、书记处书记李世明主持。全国总工会副主席、书记处书记焦开河,四川省委常委、省总工会主席李登菊,河北省人大常委会党组副书记、省总工会主席王增力,自治区党委常委、区直工委书记多托出席。自治区政协副主席、区总工会主席洛桑久美代表受援地发言。洛桑江村在致辞中首先代表区党委、政府,代表陈全国书记，代表西藏各级工会组织以及各级职工，向全国总工会和各援藏省市、中央企业工会长期以来给予西藏工作的大力支持和援助表示衷心感谢。会议出台了《中华全国总工会关于进一步做好工会对口援藏工作的指导意见》。

【召开第四届劳动模范和先进工作者表彰大会】 4月29日上午，西藏自治区第四届劳动模范和先进工作者表彰大会隆重召开。会议表彰了2009年以来在各条战线为西藏自治区改革发展稳定作出突出贡献的劳动模范、先进工作者和2014年自治区“全国五一劳动奖状”、“全国五一劳动奖章”、“全国工人先锋号”获得者,号召全区各族干部职工以劳动模范和先进工作者为榜样,积极支持改革、努力促进发展、坚决维护稳定,凝聚起奋力推进西藏自治区跨越式发展和长治久安的强大正能量。区党委副书记、自治区人大常委会主任白玛赤林主持会议，区党委副书记、自治区主席洛桑江村讲话,区党委常务副书记吴英杰宣读表彰决定。白玛赤林、洛桑江村、吴英杰、多托、王瑞连、王拥军等自治区领导为受表彰的劳动模范和先进工作者颁奖。

【多托到自治区总工会及下属单位开展调研】 6月19日，区党委常委、区直工委书记多托在自治区总工会及下属单位开展调研。调研组一行先后来到自治区总工会、拉萨工人疗养院、劳动人民文化宫、职工旅行社、困难职工帮扶中心等地详细了解工会工作开展、维护职工合法权益等方面情况。

【洛桑久美深入拉萨市工业园区开展调研】 5月14日，西藏自治区区政协副主席、区总工会主席洛桑久美带队对拉萨国家经济技术开发区、拉萨市柳梧新区、拉萨市达孜工业园区工会工作和工会组织建设等情况开展了调研。洛桑久美主席先后深入西藏优格仓工贸有限公司和西藏娃哈哈食品有限公司等企业实地了解企业工会组织建设、职工维权、技能培训、职代会等情况,并与企业工会负责同志和生产一线的员工交谈,询问了企业生产经营、员工生活、工资待遇、劳动保障等情况。

【召开成立50周年座谈会】 11月28日，西藏自治区总工会成立50周年座谈会在拉萨举行。西藏自治区党委常委、区直机关工委书记多托出席座谈会并讲话。自治区副主席董明俊宣读中华全国总工会的贺信。会后,西藏自治区总工会进行

《西藏自治区志·西藏工会志》和《辉煌五十年：西藏工会工作巡礼画册》、《西藏自治区职工思想教育读本》三书首发仪式，并向此次与会人员赠送书籍。

【第八次全国厂务公开民主管理工作调研检查汇报会在拉萨召开】 6月25日，第八次全国厂务公开民主管理工作调研检查汇报会在拉萨召开。调研检查组成员在会议上查看了西藏自治区厂务公开、民主管理工作有关文件、规章制度、材料汇编等资料，并分别听取了西藏自治区厂务公开协调领导小组和拉萨市厂务公开协调领导小组的工作汇报。调研检查组组长王北平代表检查组对西藏自治区厂务公开民主管理工作给予了充分肯定和高度评价。西藏自治区厂务公开协调领导小组副组长、区总工会党组书记、常务副主席祁维国作了表态发言。调研检查组在拉萨市实地调研期间先后走访了中国民航西藏自治区管理局、拉萨远大建材有限公司、西藏天路建筑工业集团有限公式、国网西藏电力有限公司等4家企业，听取企业党政领导汇报、检查公开内容、查阅文档资料并同职工代表座谈，开展了检查指导工作。

【学习全国工会对口援藏工作座谈会精神】 10月20日，自治区总工会召开系统全体干部职工会议，传达学习全国工会对口援藏工作座谈会精神，研究全区各级工会贯彻落实意见，并对近期区总工会工作进行安排部署。自治区总工会党组成员、副主席原成刚传达会议的主要精神，区总工会党组成员、副主席黄云素传达了全国总工会党组书记、副主席、书记处第一书记陈豪在全国工会对口援藏工作座谈会上的讲话。

【赴青藏公路沿线开展服务职工系列活动】 “唱响劳动美、共筑中国梦”是西藏自治区总工会2014年开展服务职工活动的主题，此项活动作为工会“春送岗位、夏送医药、金秋助学、冬送温暖”四季服务职工活动项目之一。自治区总工会精心组织、周密部署，将活动与深化并践行党的群众路线教育实践活动相结合，与迎接自治区总工会成立50周年庆祝相结合，于5月23日由自治区总工会党组成员、副主席边次仁带队的工作组一行，赴川藏公路沿线开展“唱响劳动美、共筑中国梦”服务职工系列活动，为期10日，主要以送温暖慰问、送法律、送政策、送医送药为活动载体。送医送药邀请自治区藏医院医疗专家，送法律送政策邀请自治区司法厅工会及法律援助中心法律专家。

【自治区工会干部培训班在河北省石家庄市举行】 9月15日至20日，全国总工会2014年西藏自治区工会干部培训班在河北省劳动关系职业学院举办。来自全区各地(市)工会，部分县总工会，区(中)直、产业(系统)工会和企业工会及自治区总工会的30名工会干部参加了培训学习。

【举办全区职工主题演讲比赛】 9月10日，由西藏自治区总工会主办的“中国梦·劳动美·我与改革创新”全区职工主题演讲比赛决赛在拉萨成功举办。西藏自治区总工会在全区职工中广泛开展了“中国梦·劳动美·我与改革创新”主题演讲比赛活动。此次演讲比赛活动历时近五个月，全区各地市、产业和企事业单位均组织了不同规模的“中国梦·劳动美·我与改革创新”职工主题演讲活动，举办了近百场比赛，千余名职工走上演讲台，有3万多人次的职工和观众聆听了各地、各单位组织的演讲。演讲活动在全区范围内的广泛开展扩大了职工文化活动的影响力，取得了良好的社会反响。经过层层选拔，共有15名选手参加了决赛。此次比赛评选出一等奖2名、二等奖3名。并将从中选送2名优秀选手代表西藏自治区参加中华全国总工会的演讲决赛。

【举行2014年“金秋助学”资助金兑现活动】 11月11日，自治区总工会举行2014年“金秋助学”资助金兑现活动仪式，全区263名特困生受到资助。区党委党委、区直机关工委书记多托、自治区副主席姜杰出出席兑现仪式。另外，自治区总工会帮扶工作对全区困难职工实现生活救助全覆盖，共发放帮扶资金737.6万元。

【举办全区工会经审、资产监管干部培训班】 9月15日至18日，西藏自治区总工会举办全区工会经审、资产监管干部培训班。全国总工会经审委、全国总工会财务处以及区总工会财务部的专家老师为学员们进行授课。全区各地

(市)、县以及产业系统工会的40余名经审专(兼)职干部参加此次培训班。西藏自治区总工会党组书记、常务副主席祁维国出席开班仪式。

共青团

【概况】 2014年,共青团西藏区委深入学习贯彻习近平总书记系列重要讲话精神,按照区党委八届五次全委会和共青团十七届二中全会工作部署,全面履行团的基本职能,改革创新推进团的各项工作,推动全区共青团事业新发展。全年累计开展各类宣传教育活动2110场次,开展青年就业创业培训2225人,新增非公企业建团32家,推进农村合作组织建团1895家,争取团中央支持青少年成才项目9个。

【用价值观引导青少年】 2014年,共青团西藏区委通过宣讲交流、主题团日、典型宣传等多种形式,深入持久开展"中国梦·青春行"主题教育实践活动,帮助广大青少年树立和坚定为实现中国梦而奋斗的理想信念。累计开展各类宣传教育活动2110场次,覆盖青少年13余万人次。持续开展爱国主义、民族团结和反分裂斗争教育,开展道德实践活动,深化学雷锋、志愿服务、群众性精神文明创建等活动,引导广大青年勤学、修德、明辨、笃实,使"爱国、团结、和谐、发展、文明"为主题的西藏核心价值观在青少年中生根扎根。累计开展各类主题教育活动100余场次,覆盖青少年150余万人次。深化推进青年马克思主义者培养工程。累计培训优秀团学骨干、青年理论工作者、大学生骨干1000余人次。深入开展民族团结教育,组织400余名青少年分8批次赴内地参加民族团结万人交流活动,组织208名青少年参加社会实践、互访交流活动,开展各种形式的民族团结主题活动,引导青少年牢固树立民族团结意识,不断增进"四个认同"。开设"青春牵手新西藏"广播电视报纸专栏,推进西藏青年移动阅读平台规范运行,加强青少年微博微信建设,组建总规模4766人的西藏共青团网络宣传员队伍并有针对性地开展网上引导工作。

【动员青年建功立业】 *推动青年岗位建功* 2014年,共青团西藏区委在企业,组织开展青年职业技能大赛,开展青年安全生产示范网创建和青年突击队活动,推动广大青工岗位练兵、比学赶超;在高校,举办"创青春"全区第四届"成才杯"大学生创业大赛、挑战杯—彩虹人生"全区职业学校创新创效创业大赛,激发青年创造潜能;在窗口行业,以纪念青年文明号20周年为契机,规范青年文明号、青年岗位能手、青年安全生产示范岗创建,深化青工技能振兴计划,引导青年立足本职、承担重任、积极探索、攻坚克难。

组织青年奉献社会 争取团中央、解放军政治部支持,启动建设总投资704万元的解放军青年林项目,计划造林267公顷;立足"平安西藏"建设主题,招募志愿者1100余人,推动各地市组建平安建设志愿服务支队,重点围绕矛盾纠纷排查、社会治安巡逻、流动人员服务等广泛开展志愿服务;立足生态西藏建设,组建生态建设志愿服务总队,招募志愿者685人,围绕植绿护绿、涵养水源等开展生态环保实践。

动员青年投身基层 继续组织团干部赴各行政村开展强基惠民活动,在促进当地发展稳定过程中提高团干部素质能力。以"为祖国勤学修德·以实践明辨笃实"为主题,组织5所高校10余支全国重点团队开展"三下乡"社会实践活动。

【服务青少年成长发展】 *深入开展基层调研* 2014年,共青团西藏区委广泛听取各方意见建议,梳理形成西藏共青团"十三五"规划发展思路,明确发展目标、重点任务和重大举措。

帮助青少年学习成才 筹集爱心资金1205万元,配套升级希望小学、资助贫困学生、实施高原绿色希望工程;积极开展培养岗位能手、致富带头人等活动;鼓励和服务青少年参与科技创新实践;着力推动青少年综合服务平台建设,争取团中央支持项目9个、投资90万元;启动西藏青年志愿者助残"阳光行动",建立50支以上的志愿服务团队,覆盖残疾青少年10000人以上。

促进青年创业就业 筹建西藏青年创业就业基金,争取到中国青年创业就业基金会基础基金1000万元、团中央匹配资金500万元,以扶持、培训、资助等方式对自治区青年(农牧民)开展全方位就业创业服务;争取500万元资金,开展青年就业创业培训,已培训2225人。实施农村青年创业致富"领头

雁”培训计划，培树700名青年致富带头人。规范全区68个青年创业就业培训基地建设，推动9家培训基地通过认证。

组织服务活动 开展“青春热流·心手相牵”关爱农民工子女志愿服务活动，申报诺亚东舟优学工程项目10个，申报中央财政支持七彩小屋示范项目5个，扎实服务进城务工青年及其子女。

开展青少年活动工作 组织开展《西藏自治区实施<中华人民共和国未成年人保护法>办法》执法检查，推动《西藏自治区实施<中华人民共和国预防未成年犯罪法>办法》、《西藏自治区志愿服务条例》进入立法程序，规范开展“共青团与人大代表、政协委员面对面”活动，推动预青专项经费指标列入各地(市)综治考核并实行“一票否决”制，持续推进“青春与法同行”—青少年法律大课堂活动，继续开展“12355阳光行动”高三考前心理辅导活动，扎实做好青少年权益维护工作。

【创新工作方式】 *扩大基层团组织有效覆盖* 2014年，共青团西藏区委继续推动县级团组织机构单设；巩固乡镇团组织格局创新和乡镇实体化“大团委”建设成果；紧紧抓住村居“两委”换届契机，协调将村级团组织换届工作纳入全区村居“两委”换届整体部署，明确要求由40岁以下的“两委”班子成员担任或兼任团支部书记；探索城市街道区域化团建工作；探索在城镇便民警务站和寺庙管委会建团。加强非公企业、行业团建，大力加强农牧民专业合作组织团建，新增非公企业建团32家，推进农村合作组织建团1895家。

激发基层工作活力 全面推进基层党建带团建有关制度的落实，全区7地市均已召开党建带团建工作会议，6地市出台相关政策文件，74县中62县已召开党建带团建会议，58县下发相关政策文件。把团干部教育培训纳入党的干部教育培训总体规划，加大对专兼职基层团干部的培训力度，指导基层做好团员队伍发展和“推优入党”工作。筹集40万元经费，向全区692个乡镇(街道)团委发放团务用品。指导全区692个乡镇(街道)用好用活2万元基层组织建设专项工作经费。

做好少先队和学校共青团工作 六一前推动区党委印发《关于进一步加强少年儿童和少先队工作的意见》。申请确定学校共青团重点工作创新试点项目14个。

党的群众路线教育实践活动 巩固团区委机关和企事业单位党的群众路线教育实践活动成果，完成整改任务13项，长期坚持整改任务5项。结合团干部基层联系点制度，扎实推进“走进青年、转变作风、改进工作”大宣传大调研活动。指导基层团组织开展好党的群众路线教育实践活动，全面加强团干部作风建设。

【青少年民族团结教育】 2014年，共青团西藏区委把握“各民族共同团结奋斗、各民族共同繁荣发展”主题，在各级各类学校广泛开展党的民族宗教理论、政策和法律法规宣传活动，激发广大青少年的爱国热情。组织青少年参加民族团结万人交流活动，开展“同在一片蓝天下、共育民族团结花”、“民族团结代代传”、民族团结进步创建、民族团结交流交往等活动，引导广大青少年牢固树立各民族平等、团结、互助、和谐的观念，自觉维护民族团结和祖国统一。

【受援会议】 2014年，根据团中央书记处批示精神，经报请区党委同意，9月10日，共青团对口支援西藏工作会议在拉萨召开。会议认真学习贯彻中央对口支援西藏工作20周年电视电话会议精神，就全面推进共青团对口援藏工作进行深入思想动员和任务部署。会上，自治区党委书记陈全国、团中央书记处第一书记秦宜智分别发表重要讲话。自治区党委副书记、自治区主席洛桑江村，自治区人大常委会副主任周春来，自治区副主席曾万明，自治区政协副主席罗松多吉等领导出席会议。团中央书记处书记、团中央民族地区工作领导小组组长罗梅主持会议并代表团中央作会议总结。本次会议确定援藏项目426个，其中，团中央各部门及直属单位支持项目93个、中央企业团工委和中央金融团工委支持项目5个、17个援藏省市团委支持项目328个。

【筹建青年创业就业基金】 2014年，共青团西藏区委积极响应全区广大青年特别是青年农牧民创业增收致富的热切期盼，以“中国梦·创青春”为统揽，积极筹建西藏青年创业就业基金，围绕政策协调、资金扶持、技能培训、信息服务和社会倡导,对西藏青年(农牧民)开展全方位创业就业服务。已申请到中国青年创业就业基金会基础基金1000万元,团中央匹配资金500万元,向自治区政府协调解决匹配资金2000万元,并申请适时成立西藏青年创业就业基金会。

【大学生志愿服务西部计划】 2014年,共青团西藏区委努力争取团中央支持,推动大学生志愿服务西部计划西藏专项志愿者招募规模由2013年的500人扩大至2000人,招募省份从2013年的23个省(区、市)扩大至26个省(区、市)。协调区党委组织部将大学生志愿服务西部计划西藏专项作为西藏人才引进的重要渠道,联合区党委组织部制定下发《关于深入实施大学生志愿服务西部计划西藏专项的意见》,对于志愿服务满两年、表现优秀、自愿留藏的大学生志愿者,按组织程序报批办理留藏工作手续。开展西部计划西藏专项志愿者的招募、进藏、培训等工作,重点围绕基层教育、文化、农牧、科技、医疗、卫生、驻村、驻寺和社会管理等行业领域将2000名志愿者派遣至全区七地市39个县开展志愿服务。

【举办中国旅行社年会】 2014年,共青团西藏区委围绕区党委、政府"培育旅游主导产业"的战略要求,与中国旅行社协会、中青旅控股股份有限公司、自治区旅游局共同举办了中国旅行社年会暨"世界屋脊·神奇西藏之百家旅行社西藏行活动"。区党委副书记、政府主席洛桑江村出席活动并作重要讲话,团区委与中青旅控股股份有限公司、自治区旅游局签署战略合作框架协议,为打响"世界屋脊、神奇西藏"旅游主题形象,推动2014年西藏旅游打造升级版作出积极贡献。

妇 联

【概况】 2014年,自治区各级妇联组织认真学习贯彻中央和区党委各项重大决策部署,牢牢把握深化改革这一主题,坚持服务大局、服务基层、服务妇女这一根本,围绕维护妇女儿童权益这一重点,突出抓基层、打基础这一关键,更新观念、开拓思路,履行职能、强化服务,充分发挥了党和政府联系妇女群众的桥梁纽带作用和国家政权的重要社会支柱作用。全年共推荐"最美家庭"1157家,各级妇联共受理信访案件105件,"妇女儿童维权服务岗"接待信访案件143件,群众满意率达到99%。

【家庭工作】 推进家庭教育 2014年,自治区妇联组织召开全区家庭教育工作暨第二届家教学会换届会议,总结成绩、交流经验,部署工作,选举产生了学会新一届领导班子,为推进家庭教育工作提供了组织保障。举办西藏第一期中国民族民间舞蹈教材培训班,对来自小学和幼儿园的40名教师进行了培训,提高西藏自治区青少年艺术素质教育教学水平。林芝地区妇联联合地区教体局,邀请支教教师、北京师范大学家庭教育专业硕士举办家庭教育讲座,宣传正确的家庭教育观念,帮助家长树立正确的亲子观、育人观。

开展家庭道德文明建设 联合区综治办开展区优秀"平安家庭"评选表彰活动,联合区教育厅开展以"心中有祖国、心中有他人"的国防日家庭体验活动,开展"家庭道德实践月"和"不让毒品进我家",寻找"最美家庭"、"最美孝心少年","好爸好妈好家风"、"好母亲、好女儿、好婆婆、好媳妇"评选等群众性家庭道德文明建设实践活动,特别是在寻找"最美家庭"活动中,全区上下联动、共推荐出"最美家庭"1157户,评选出100户西藏"最美家庭",薄金清、央京家庭还被评为全国"最美家庭",另有8户家庭获提名奖。活动中组织家风评议会约1300次,举办"最美家庭"故事会1170多次,举办"最美家庭"图片展览和摄影大赛,组织媒体深入基层深度采访,加强宣传报道,展现家庭的幸福生活、感人故事和文明风采,激励广大家庭特别是妇女弘扬文明家风,提高家庭文明素养。

开展家庭廉政文化建设 阿里地区妇联邀请地区纪委相关领导和地委党校老师,举办2期"廉政文化进家庭"专题讲座,同时组织30余名女领导干部和领导干部家属参加了廉政承诺书签订活动。山南地区妇联在广大妇女中深入开展"当好廉内助·筑牢防腐墙"活动,通过发送手机短信、网络媒体刊登"廉洁家庭"倡议书,倡导党员干部家属当好"廉内助",看好自家门,管好自家人,筑牢家庭"防腐墙",营造尊廉、崇廉、助廉的浓厚氛围。

【城乡妇女发展工作】 搭建妇女创业就业平台 2014年,自治区妇联继续推进实施妇女小额担保财政贴息贷款工作，在白朗县召开全区小额贷款现场推进会暨妇女小额贷款创业示范基地授牌仪式，总结经验，加强交流，自治区副主席德吉出席会议并作重要讲话，为两个区级示范基地授牌并发放“中小企业发展创业以奖代补资金”30万元，对工作起到了很好的指导推动作用。拉萨、日喀则、阿里、林芝、昌都五地市已启动该项工作，累计发放贷款2086万元，协调中央及地方财政落实贴息资金21万元，助推340户妇女实现创业。为进一步推进工作，与区财政、农行西藏分行、区财信担保公司协调召开了3次座谈会，研究工作推进措施。阿里地区召开电视电话会，推进该项工作在全地区铺开。组织召开女企业家2014年工作会议，协调相关部门组织15名女企业家协会会员赴台湾进行友好交流访问，组织曲水县巾帼手工编织合作社参加全国手工编织展销会，为创业妇女搭建学习交流平台，使其进一步开阔视野，增长见识。联合相关部门开展“春风行动”，提供咨询服务，帮助567名妇女实现就业。

强化妇女技能培训　各级妇联协调资金，整合资源，向人社部门等申报培训项目，共争取落实经费200多万元，仅拉萨市妇联就争取培训资金达75.1万元，举办10期培训班，380名农牧民妇女受益。各地妇联因地制宜，举办家政服务、汽车驾驶、创业就业、编织、种植养殖等技能培训班67期，2333名妇女掌握了一技之长，为她们创业就业提供了智力支持。拉萨市妇联开展家政试点工作，举办2期农牧民妇女家政、保洁员培训班，对全市60名妇女进行了培训。区妇联举办女企业家协会项目申报培训班，来自全区的40名女企业家掌握了项目申报相关技能；分别在山南和邻省举办女致富能手和女创业就业带头人培训班，110名妇女参训；组织致富带头人参加全国妇联手工编织协会举办的技能培训，着力培养一支有技术、懂管理、善经营，能带领妇女群众增收致富的带头人队伍。日喀则市举办妇女创业带头人培训班，安排当地知名企业家授课，组织学员前往白朗县恰珠纺织厂、嘎东镇卓玛传统民族服饰纺织厂进行现场观摩学习，帮助她们强化创业意识和风险防范意识，提高经营管理能力。

争取项目带动发展　组织当地留守妇女，创建一批以妇女为主要劳动力的生态农业基地，其中拉萨市城关区蔡公堂乡次角林村牦牛养殖、山南地区乃东县巴门村土豆种植等2个基地被评为2014年“全国现代农业科技示范基地”，落实项目资金10万元。加强对曲水南木乡江村瓜果蔬菜、乃东县泽当镇康德禽类养殖两个2013年度“全国现代农业科技示范基地”等示范基地的建设，扩大种植规模，开展现场培训，带动周边妇女群众增收致富。鼓励妇女踊跃参与义务植树、造林绿化活动，争取区林业厅131万元资金，在曲水县茶巴拉乡色麦村、江孜县拉则寺创建首批区级“三八绿色工程”示范基地，造林面积27.18公顷。协调落实日喀则亚东县、林芝朗县“全国三八绿色工程”示范基地项目经费20万元，对已建全国和自治区级14个基地进行自查，加强管理，提高经济效益和生态效益。动员妇女因地制宜发展以“巾帼农家乐”为主要模式的休闲农业，创建一批具有地域特色、妇女特点的农家乐品牌。争取中华慈善总会100万元注册资金，以拉萨、日喀则为主，建立百名母亲股份基金，启动西藏“餐桌上的爱”项目，探索西藏绿色无公害食品销往内地，增加农牧区贫困母亲现金收入的新路子。

【维护妇女儿童权益】　*加强源头维权*　2014年，自治区妇联针对全区妇女权益保障中存在的突出问题，紧紧抓住农村土地承包经营权、宅基地使用权等确权的机遇，深入曲水、比如、班戈三县，并在拉萨、日喀则、那曲、阿里等地发放调查问卷，开展农牧区妇女土地（草场）权益问题调研，起草《关于西藏妇女土地（草场）权益问题的调研报告》，配合农业部门共同推进西藏自治区土地确权工作的顺利开展，与农牧厅联合发文，帮助农牧区妇女实现“证上有名、名下有权”，从源头上推进解决农牧区妇女土地权益保障问题，维护好广大妇女的土地权益。在深入调查研究的基础上，向区人大提出西藏自治区《中华人民共和国妇女权益保障法》实施办法修改建议，推动纳入2015年立法、执法检查计划；为制定《西藏自治区职工生育保险办法》提出建设性意见，增强源头参与的主动性与前瞻性，努力推动体现性别平等的法律法规体系不断完善。发挥人大代表、政协委员及妇联职能作用，积极参与有关维护妇女儿童权益的法律、法规、政策的研讨、制定和修改。开展与妇女儿童权益相关的调研，形成并上报《关于未成年人权益保护现状及存在的问题的情况报告》、《全区少年儿童和少先队工作调研报告》等，推动现有法律法规政策的贯彻实施。

凸显社会化维权　大力发展妇女信访代理员队伍，区、拉萨市两级妇联在城关区木如社区建立首个“区妇女信访代理员示范点”，将99名女联户长发展为妇女信访代理员，为有诉求需求的妇女群众提供及时有效的代理服务。在2013年试点建立10个“妇女儿童维权服务岗”的基础上，2014年投入资金70万元，在拉萨市153个便民警务站全面推广建立“妇女儿童维权服务岗”，扩大覆盖面。林芝、昌都先后启动设立“妇女儿童维权服务岗”工作，共建岗11个。协调区高法，推动在全区法院建立“妇女维权合议庭”，为妇女群众提供及时有效的维权服务。开展“三八维权周”活动，发放维权宣传资料，通过西藏广播电台《西藏妇女》藏语栏目进行为期1个月的妇女儿童维权法律知识普及，帮助妇女群众提高依法维权的意识和能力。

推进实事化维权　发挥妇联信访窗口作用，通过来访、来信、来电等，帮助信访妇女维护权益、化解矛盾，各级妇联全年共受理信访案件105件，“妇女儿童维权服务岗”接待信访案件143件，群众满意率达到99%。就个别地区在公开选调公务员时限定“男性优先”条件，实行就业性别歧视的做法，区妇联形成专题报告报相关领导和部门，对不妥做法给予了纠正，并协调区人社厅联合下发通知，维护好女性的就业权利。继续开展“五下乡”活动，利用春节、藏历新年、“三八”节等，走访慰问孤残儿童、老龄妇女等，为她们送去近百万元的慰问品和慰问金。

【服务妇女儿童】　关注困难妇女身心健康　2014年，自治区妇联实施西藏妇联“巾帼关爱百千万行动”（扶持100名妇女创业就业、向1000名驻村驻寺女干部发放爱心小药箱、对10000名妇女进行“两癌”免费筛查）。配合完成新一轮农村妇女“两癌”免费检查的目标任务，联合举办“两癌”检查项目技术培训班，安排部署工作，上报全国妇联我区122名贫困母亲“两癌”患者，争取全国妇联下拨“两癌”救助金53万元，山南、拉萨等地市妇联为城乡妇女免费筛查“两癌”，受益妇女达6000多名。争取区水利厅落实水窖项目资金200万元，召开了评审会，在那曲、日喀则等地修建母亲水窖，帮助边远地区妇女及家庭实现健康饮水。同时，联合区水利厅验收山南地区5县、阿里地区2013年3县共12个点水窖项目，并下拨资金累计115.9万元，解决了418户、2118人、5万多头牲畜的饮水困难。争取区内外捐赠价值31.96万元的“母亲邮包”，惠及七地市20个县2567名贫困母亲，全国妇联对西藏自治区2013-2014年度“母亲邮包”项目妇联系统及邮政系统先进集体和个人进行了表彰。争取全国妇联妇基会“母亲健康快车”4辆，争取娇美肤国际集团捐赠价值200万元护扶品，联合三八妇乐公司开展“关爱女性生殖健康西藏行”公益活动，举行60多场次公益讲座，3000余名妇女接受保健知识教育，为妇女健康撑起保护伞。自治区、拉萨市两级妇联联合拉市阳光医院和拉萨现代医院在尼木县、城关区开展了以“践行党的群众路线关爱妇女健康”为主题的“两癌”免费筛查及义诊活动，投入资金27万元，受益妇女1800余人。那曲地区妇联开展“迎三八·送健康·送温暖”义诊慰问活动，为当地34名贫困环卫女工进行健康体检，并赠送了药品和慰问品。为全区驻村驻寺女干部量身定做、发放爱心小药箱1500个，价值22万余元。

关注困境儿童成长　做好“贫困地区儿童营养改善项目”工作，拉萨、日喀则、山南、昌都、那曲5地市的35个县成为项目县。继续做好“春蕾计划”项目实施工作，及时将空军捐助的121.48万元春蕾学生资助款落实到人头。配合全国妇联开展“守护童年与爱同行—2014年美丽中国爱心行”公益活动，落实52万元蓝天助学款。3名春蕾学校教师赴京参加培训，向全区发放“守护童年春蕾计划护蕾行动”手册2万余册，传播儿童安全理念和儿童保护知识。开展好“恒爱行动”，争取1000斤毛线和5万元工作经费，继续为贫困儿童送上冬日的温暖。争取华能西藏发电有限公司爱心人士和江西某药业公司捐助助学款7.8万元，为女童受教育提供帮助。协调全国妇联落实20个“儿童快乐家园”项目共计价值200万元，在拉萨市冲赛康社区建立第二个“流动儿童之家”。开展“关爱健康关注青春”活动，向堆龙德庆县中学赠送价值

16万余元的抗痘护肤品。阿里地区噶尔县妇联结合外来流动妇女儿童较多的实际，成立外来妇女儿童服务站，为妇女儿童服好务。

文联

【“最美西藏故事”颁奖仪式在北京举行】 2月19日，由西藏作家协会承办的“最美西藏故事”征文活动颁奖仪式在北京国家会议中心举行。经过网民近1个多月的踊跃投稿，投稿量为232篇，总转发量超过40万次，点击率、总阅读量近200万人次。经网友投票，并由文化传媒、旅行、藏学等各界名家评委最终评选，共评选出38名来自全国各地的获奖作者，其中云端大奖1名，影像大奖1名，最美故事大奖6名，优秀奖30名。

【“首届中国唐卡艺术节”高端论坛】 9月26日，西藏文联、西藏美术家协会与西藏自治区党委宣传部、西藏文化发展促进会共同举办“首届中国唐卡艺术节”高端论坛。论坛主题为唐卡艺术的保护传承与创新发展。

【新唐卡制作】 12月，西藏文联组织西藏美术家协会配合西藏自治区党委宣传部完成西藏和平解放60年百幅新唐卡“西藏和平解放60周年——百幅唐卡工程”。第二期“大美西藏百幅新唐卡”完成30幅作品。

【获奖情况】 2014年，吉米平阶作品《叶巴村的用电梦》获“我们的中国梦——讲述中国故事”文艺作品活动二等奖；

电影《雪域丹青》夺云南“金孔雀”奖；

纪录片《国旗阿妈啦》入选第二届向全国青少年推荐50种优秀音像电子出版物目录；

西藏美术界12件作品入选第十二届全国美术作品展。乌斯玛的《深秋的故乡》、扎西多吉的《牧童》入选水彩、粉画展区，周玉平的《吉祥·丰马》入选版画展区，牛朝的《雪域圣山》入选中国画展区，曹梦的《西藏写生——古村》、旦巴旺久的《云朵轻轻地飘过》、计美赤列的《白玛美朵》、史万杰的《橙色的云》入选油画展区，次仁旺加的《高原雄鹰》、旦增达杰的《神户绿洲》、格桑次旦的《能工巧匠》、桑吉·格松旦巴的《金色原野》入选综合材料绘画展区；

《西藏天空》、《西藏秘密》、《雪域彩虹》获第十三届精神文明建设“五个一工程”奖；

电影作品《雪域丹青》入选第二十三届金鸡百花电影节新片展映；

群文群舞《阿谐》获第七届全国电视舞蹈大赛三项金奖；

西藏青年作家罗布次仁小说《冬虫夏草》获天津“东丽文学大奖”；

西藏美术家协会被评为2014年度西藏自治区民族团结进步模范集体荣誉称号；

18幅美术作品分获“第三届全国少数民族美术作品展”金质、银质、铜质和优秀作品奖，西藏美术家协会获特殊贡献奖。巴玛扎西的国画作品《藏童与玛尼石》获金质作品奖，黄建忠的国画作品《织锦图》、李知宝的国画作品《织女》获银质作品奖，次仁旺加的唐卡作品《护法玛哈噶拉》、次旦的唐卡作品《八思巴》、平措多布杰的唐卡作品《无量光佛》获铜质作品奖，次仁旺加的唐卡作品《释迦牟尼》、次仁罗杰的唐卡作品《白度母》、夏鲁旺堆的唐卡作品《释迦牟尼》、《胜乐金刚》、克珠加措的唐卡作品《四臂观音》、扎西多吉的唐卡作品《红河谷》、格桑的唐卡作品《那唐印经院》、边巴的唐卡作品《高原互助组》、余友心的国画作品《高原天宇阔》、《放生羊》、巴玛扎西的国画作品《节日》、李知宝的国画作品《回家》获优秀作品奖，西藏美术家协会获特殊贡献奖。

【文艺创作】 2014年，文学创作《西藏书》作为中国作协“中国梦”项目专项扶持的唯一一本诗集，列入中国作协文艺创作重点扶持项目。创作出版了长篇纪实散文《叶巴纪事——驻村故事》，长篇小说《文成公主》、《风雪布达拉》、《天堂上边是西藏》、《远处流逝的小溪》(藏语)，散文集《雪莲心语》，诗集《西藏书》，短篇小说集《乡村往事》(藏语)等十多部文学作品。

美术创作　承担选题为《八思巴》和《格萨尔王》的“中华文明历史题材美术创作工程”项目，已进入正式创作阶段。完成“西藏和平解放60周年百幅新唐卡”创作任务，继续配合西藏自治区党委宣传部实施第二个“百幅唐卡——大美西藏创作工程”。

书法创作　举行“藏汉同心追梦 军民共步康庄”走基层军旅书法笔会、“云端哈达——青藏川藏公路通车六十周年书法展”、欢度藏历木马新年书法笔会、首届西藏“藏汉双语春联进万家”活动、“我们的中国梦——万名书法家送万‘福’进万家公益活动”中创作藏汉文书法作品多幅。

摄影创作　举办“第七届中国西藏珠穆朗玛摄影大展”、“第七届中国西南六省区市摄影作品联展”、“上海国际摄影展览”、“数码摄影大赛”、“中华古塔摄影大赛”、“中国青少年摄影大赛”等摄影活动，组织西藏摄影家协会会员创作摄影作品多幅并参展(赛)。

音乐创作　配合日喀则地区创作一首赞颂援藏歌曲《珠穆脚下也是我的家》，协助波密县创作《手足情深》，协助墨脱县创作《墨脱之恋》，配合协助亚东县委宣传部，创作声乐作品《走近亚东》、《欢迎你到亚东来》和舞蹈曲《喜看亚东新貌》。

舞蹈创作　舞蹈家协会主席丹增贡布为土登从艺七十周年撰写电视歌舞艺术片《美梦成真》。

戏剧创作　由西藏戏剧家协会和南京市文联联合创作的四集广播剧《雪域彩虹》在中央人民广播电台、江苏故事频率、西藏人民广播电台陆续播出。

曲艺创作　创作了反映新农村建设的小品《老农夫的愿望》、驻村工作队帮助特困家庭办养鸡场走上致富之路的小品《养鸡场的梦》；根据西藏文联“新旧西藏对比”主题文艺作品创作计划，创作一台表现“桑珠村”面貌和百姓生活发生翻天覆地的变化的曲艺晚会。

民间文艺创作　《中国故事集成·西藏卷》、《中国歌谣集成·西藏卷》、《中国谚语集成·西藏卷》藏文卷集成工作全部创作完成。《西藏民俗志》复审稿修改完成。

影视创作　将《国旗阿妈啦》改编成电影《卓玛美朵》。

【文艺家协会】　作家协会　组织《西藏当代文学史》编撰工作，完成文成公主三卷本丛书《千古绝唱——重走唐蕃古道纪实》送审稿。举办全区文学笔会，组织60余位作家深入拉萨农村、社区、学校、军营火热生活，创作主题鲜明、各具特色的文学作品。

美术家协会　正式启动西藏美术家协会唐卡会员作品展示厅，展出作品136件。中国美术家协会分党组书记吴长江一行八人赴藏对参加第十二届全国美术作品展的作品进行初审。推荐30多幅作品参加全国第十二届美术作品展，其中12幅作品入选参展。推荐20幅优秀美术作品参加全国第三届少数民族美展，其中18幅美术作品分获金质、银质、铜质和优秀作品奖。开展大美西藏“百幅唐卡”作品的正式约稿、审查、研讨。9月，与西藏自治区党委宣传部、西藏文联、西藏文化发展促进会共同举办“首届中国唐卡艺术节”高端论坛。组织西藏画家群体参加了陕西美术馆“高原·高原—第四届中国西部美术展油画年度展”。

书法家协会　配合中国书法家协会组成书法志愿服务团赴藏开展了“书法进万家——走进西藏‘送书法、下基层’”活动。在拉萨市城关区蔡公堂乡举办“欢度藏历木马新年书法笔会”。组织老中青三代近20名书法家，在77626部队举办“藏汉同心追梦，军民共步康庄”书协走基层军旅笔会。在西藏博物馆举办“云端哈达——纪念川藏青藏两路通车60周年书法展”。参加庆祝西藏自治区水利厅抢险队成立十周年书法笔会。组织10名书法爱好者赴河南参加“西部新秀书法研修班”学习。参加由拉萨市文联、拉萨市书法家协会组织的“全国当代中青年书法名家书法学术邀请展”。举办首届西藏“藏汉双语春联进万家”活动、“我们的中国梦——万名书法家送万‘福’进万家公益活动”。

摄影家协会　藏历新年期间，组织摄影家赴昌都、日喀则、那曲、林芝开展“送欢乐、下基层”文化惠民活动。在海拔5373米的山南地区浪卡子县普玛江塘学校成立摄影兴趣小组，让老师和学生用手中的相机记录家乡的新发展新变化新成就，并培养一支乡土摄影文化队伍。中国摄影报12月9日发表署名文章《爱心接力：西藏摄影人的公益情》。会同中国文联“送欢乐下基层”活动，在拉萨、林芝开展摄影培训交流活动。在拉萨举办“第七届中国西藏珠穆朗玛大展”、“生态文明·美丽西藏”摄影展、“草原梦·壮美那曲”摄影展，在贵州省毕节市举办第七届中国西南六省区市摄影作品联展，大力宣传西藏摄影家拍摄的以“中国梦”为主题的摄影作品。配合西藏自治区强基础惠民生活动办公室跟踪拍摄山南地区、那曲地区等驻村工作队的驻村成果。

音乐家协会　为纪念中央对口援藏20周年，配合西藏自治区党委宣传部、西藏自治区党委组织部、西藏自治区财政厅和中国中信集团成功筹办大型组歌《极地放歌中国梦》音乐会。受林芝地区文化局委托,组织有关专家对林芝鲁朗题材歌曲进行评审。协助中央人民广播电台举办《天上西藏》西藏原生态民歌广播歌选和歌手评选活动，组织动员14名歌手并推荐15首原生态歌曲参加比赛。组织推荐西藏5首音乐作品参加中国音乐家协会《美丽中国》大型征歌活动。

舞蹈家协会　舞蹈家协会主席丹增贡布携带东北师范学校艺术团和北京的部分人士代表中国黄埔军校赴台交流演出，获得了中央统战部的嘉奖。在山南地区民间艺术团举办舞蹈编导知识讲座培训班。辅导远大农民艺术团排练以中国梦为主题的“好时光”专题晚会。举办首届全区舞蹈理论研讨会。

戏剧家协会　推荐话剧《解放,解放》参加第六届(张家港)长江流域戏剧艺术节长江流域精品大戏展演。邀请中国剧协组织梅花奖艺术团赴林芝、拉萨两地进行文艺演出活动，活动受到西藏自治区党委领导高度评价。

曲艺家协会　组织、协调、引导基层优秀曲艺演员送戏下乡，带动和活跃基层文化生活。注重基层年轻的曲艺创作人才、表演人才的培养。认真开展发展会员和为会员服务工作。

民间文艺家协会　配合中国民间文艺家协会、中国摄影家协会对日喀则地区吉隆县贡当乡汝村、吉隆县吉隆镇帮兴村,昌都地区芒康县纳西民族乡上盐村、左贡县东坝乡军佣村,拉萨市墨竹工卡县甲玛乡赤康村,林芝地区工布江达县错高乡错高村进行中国传统村立档调配工作。推荐会员参加第十二届山花奖·民间广场歌舞评奖活动并获奖。推荐卡嘎多罗藏刀、洛林阿旺陶器、仁青雕刻彩绘唐卡、杨世贞剪纸入选《中国当代民间工艺名家名作选粹》。陪同中国民间文艺家协会在西藏了解《中国唐卡文化档案》各卷的普查进度。完成《中国西藏民间文学三套集成(藏文卷)》终审工作。西藏民间文艺家协会作为主办单位之一,参加首届中国(张家港)长江流域民间艺术博览会。

影视家协会　拍摄完成六集专题片《透视达赖》、《国旗阿妈啦》,拍摄电影《皮绳上的魂》。完成电影《皮绳上的魄》外景拍摄工作。与西藏电视台、山南地委宣传部承办的“纪念3·28西藏百万农奴解放纪念日”文艺演出在山南地区克松村进行慰问演出。与西藏电视台在林芝地区墨脱县举办西藏自治区“中国梦”系列慰问演出之《中国梦·幸福路》。与西藏电视台承办的西藏自治区“中国梦”慰问演出《宗山忠魂》,在西藏卫视和西藏藏语卫视同步播出。

工商联

【概况】　2014年,全区共有各级工商联(商会)组织、行业协会108个。其中:自治区级工商联(总商会)1个,地市级工商联7个,市辖区3个,县级工商联56个,异地商会10个,行业协会18个,其他13个。

自治区工商联第五届执、常委共93名,其中主席1名、常务副主席1名、专职副主席5名、兼职副主席11名、常委40名。执、常委中中共党员59名、无党派人士33名、非公有制经济人士59名、工商联专职干部18人、有关部门和社会团体负责人14人、新的社会阶层中的其他代表人士1人。

在全区非公有制经济代表人士中,担任全国政协委员2人、全国工商联常委3人、执委7人;自治区政协常委8人、自治区政协委员22人;地市级政协常委13人、地市级政协委员113人；县级政协常委16人、县级政协委员283人。在全区非公有制经济代表人士中，全国人大代表1人、自治区级人大代表11人、地市级人大代表7人、县级人大代表119人。

自治区总商会理事122名,其中会长1名、常务副会长1名、专职副会长6名、兼职副会长22名,常务理事43名,理事52名。

在全区非公有制经济代表人士中,荣获全国劳动模范10名(其中工商联会员10名)、自治区级劳动模范62名（其中工商联会员26名)、全国五一劳动奖章获得者15名(其中工商联会员5名)。全区各级工商联组织建设得到不断加强和健全、完善。

【会员发展情况】　2014年,全区工商联共有会员4019个，其中企业会员1197家、个人会员2781人(有关单位代表18人、由工作联系人士70人、工商联干部152人、个体工商户2540人、原工商业者1

人)、团体会员 41 家(其中:异地商会 10 家、行业协会 18 家、13 家其他协会)。

【非公党组织、工会组织建设情况】 2014 年,全区 7 地市均以成立非公党工委,10 个县(区)工商联成立非公党工委;全区非公有制企业已建立党组织 390 个、党员人数 5626 名;其中,自治区工商联直属会员企业中成立党组织的共 82 家(党委 3 个、党总支 1 个、党支部 75 个)、党员 561 人。

全区工商联企业会员中成立工会组织 123 家,企业工会会员 14301 人。其中,自治区工商联直属会员企业建立工会组织 51 家、会员人数 8160 人;建立团组织 17 家、团员 456 人;建立妇联组织 45 家。

【非公经济发展】 2014 年,全区市场主体达到 15 万户,注册资本总额达 1660.48 亿元。其中,非公有制经济达 13.98 万户,同比增长 9.01%,占全区市场主体的 95.77%,注册资本 1188.06 亿元,同比增长 70.69%,吸纳社会就业 71.22 万人,同比增长 33.91%。(注:统计数据包括农牧民专业合作社,农牧民就业人数)。其中:私营企业 1.97 万户,从业人员 41.42 万人,注册资金 1060.43 亿元;个体工商户 11.90 万户,注册资金 55.65 亿元,从业人员 29.8 万人;农牧民专业合作社 2937 万户,注册资金 20.46 亿元。

2014 年,全区税收部门组织税收收入 174.86 亿元,其中非公经济税收收入 163.06 亿元,占全区税收的 93.25%。

【推动“2013 年中国光彩事业西藏行”活动签约项目的落地工作】 2014 年 5 月份,自治区政府副主席多吉次珠和工商联主席阿沛·晋源分别带队赴北京、河北、江苏、广东、四川等省市开展回访活动,表达西藏方面的诚意,对接项目进展,促进签约项目落地、意向项目签约进度。落地开工和正在办理手续的项目有 71 个,实现落地资金近 400 亿元。

【开展经贸洽谈工作】 2014 年,由工商联牵头负责的招商引资活动,“首届中国西藏旅游文化国际博览会”(藏博会)在拉萨成功举办,签约项目 33 个、合同总额 387 亿元。区工商联除了完成组委会交办的任务外,积极协调联系 7 家民营企业的招商引资项目全部落地,投资达16.1 亿元,占藏博会经贸洽谈签约总额的 4.16%。4 月份,西藏自治区副主席多吉次珠和区工商联主席阿沛·晋源代表自治区人民政府和民建中央在贵州省毕节市黔西县联合举办“西藏自治区招商引资项目推介会”,共推介投资项目 321 个,涉及资金 845.5 亿元,25 家企业对相关项目表示有投资意向,其中有 3 家企业正式签订意向性协议,投资 5 亿元,浙江合盛集团投资的 1.5 亿元合同项目已落地达孜工业园区。

【探索“以商招商”的好路子】 2014 年,西藏四川商会组织西藏、四川、新疆三地川商在拉萨进行投资项目签约,在藏投资 8.3 亿元。西藏烹饪协会参与林芝地区举办的松茸节项目签约投资 45.7 亿元,其中实现落地10 个项目,共计 22 亿元。此外,参与了雪顿节期间项目招商活动。

【拓展非公经济发展渠道】 2014 年,自治区工商联与区党委政策研究室联合调研民企发展情况,确定建立民企与党政部门联系直通车机制;与自治区发展改革委、招商局、农科院、财政厅、工信厅等部门密切联系,收集整理了藏博会经贸洽谈项目;与自治区外办、台办就涉外、涉台经贸工作进行联系,探索形成资源共享、合作共赢的合作机制;与自治区人社厅共同推进企业和谐劳动关系的建立、高校毕业生就业招聘周等工作;与工商、税务部门召开工作联系座谈会,确立三方联系会议制度;与相关部门召开银企座谈会、政企座谈会,为非公企业与金融、政府部门搭建了沟通平台。

【合作交流】 2014 年,自治区工商联邀请四川省工商联、成都市工商联、新疆四川商会率民营企业家进藏考察。同时积极引导非公企业家“走出去”,组织企业家赴日本、韩国进行学习考察和经贸洽谈,赴黑龙江省参加“民企龙江行”活动。

【开展非公经济人士“四信”教育活动】 2014 年,自治区工商联在非公经济人士中全面开展了“四信”教育活动,着力增强非公经济人士对中国特色社会主义的信念、对党和政府的信任、对企业发展的信心、对社会的信誉,引导他们爱党、爱国、敬业、奉献。同时深入开展非公经济人士思想政治状况调查,及时了解和掌握非公经济人士队伍中出现的新情况、新问题。结合非公经济人士综合评价工作,积极推进企业社会责任指导体系建设和评价工作。

【为非公经济人士排忧解难】 2014年,自治区工商联推动解决小微企业融资难、融资贵问题,落实首批贴息贷款企业六家,其中五家已与相关银行签订9000万元贷款协议。认真做好非公经济发展专项资金项目扶持工作,对各地市工商联上报的110个项目进行初审,通过初步审核56家,连同2013年初审的100多个项目已全部上报区财政厅待专家终审。

【舆论宣传】 2014年,自治区工商联开展"双百工程",即:完成评选100位"西藏自治区优秀中国特色社会主义事业建设者"和100强民营企业。大力宣传非公经济人士积极承担社会责任、构建和谐劳动关系的先进事迹。

【教育培训工作】 2014年,自治区工商联进一步完善对非公经济人士全方位、多层次、系统化培训格局。与区金融办、西藏证监局共同举办非公企业新三板上市、私募股权工作培训会。全年培训人数达1500余人次。

【县级工商联建设】 2014年,自治区工商联召开七地市工商联主席书记座谈会和昌都、林芝、拉萨、山南四地市基层县级工商联组织建设工作座谈会,推动县级工商联建设。建立并实施兼职副主席、副会长联系地市、县级工商联制度,启动了开展走访、慰问活动,帮助解决实际困难和问题,落实资金达75万元。

【会员发展和推荐工作】 2014年,自治区工商联召开拉萨市城关区6县区"全国工商联会员处长暨会员组织统计工作培训视频会议",举办2期新入会会员颁证和培训会。此外积极做好非公经济人士推荐工作,多家民营企业和个人受到表彰。

【商协会工作】 2014年,自治区工商联规范商协会管理,同时积极开展异地商会、行业协会的组建工作,向自治区民政厅报送7家,其中异地商会6家、行业协会1家,西藏林芝四川商会正式成立,有的商协会组织已经获批待建,与23家商协会签订保稳定促发展诚信公约。

【非公党建工作】 2014年,自治区工商联召开全区非公经济组织党建工作交流暨表彰会,公保扎西常委出席并作重要讲话,对先进党组织和优秀党务工作者、共产党员、党建指导员进行表彰。全年审批组建非公经济党组织34个,建立党员服务站32个,发展党员106名。规模以上企业党组织建设任务基本完成。自治区非公党工委与7地市非公党工委签订党建工作责任书,举办第二期全区非公企业党务工作者培训班。同时积极推进党建带动群团组织建设工作。

【非公企业工会工作】 2014年,自治区工商联召开自治区非公企业工会联合会一届二次全委会,进行了人事调整和工作部署。召开主席办公会专题研究推动非公企业工会工作。全年新建非公企业工会组织10家,新增工会会员1117人,实现了自治区工商联(总商会)兼职领导所在企业工会组织的全覆盖。

【重要事项】 2014年,自治区工商联"2013年中国光彩事业西藏行"活动捐赠6900万元的公益项目取得实质性进展,曲水县五保户集中供养中心工程竣工并投入使用。

区工商联(总商会)先后与山东省青岛市、上海市黄浦新区工商联(商会)、成都市工商联分别缔结友好工商联(商会)。

林芝地区工商联与江苏省无锡市工商联缔结友好工商联(商会)。

与区党委统战部联合举办第一次"和谐之梦"非公企业文艺晚会,许多非公企业积极踊跃参加,充分展现了西藏自治区非公有制经济人士理想信念教育实践活动成果和非公企业践行社会主义核心价值观及企业文化建设的新成果,得到区党委、政府及有关部门的充分肯定。

佛 协

【概况】 2014年,中国佛协西藏分会贯彻落实陈全国书记重要指示批示精神,按照自治区党委办公厅、自治区人民政府办公厅《2014—2018年全区藏传佛教寺庙"爱国爱教"宣传服务活动工作规划》和吴英杰常务副书记、公保扎西常委、格桑次仁副主席的要求,在全区边远寺庙和重点寺庙中开展爱国爱教宣传服务活动。弘扬历代高僧大德"爱国爱教、遵规守法、弃恶扬善、崇尚和谐、祈求和平、造福信众"的优良传统,进行了方针政策教育,使僧尼和信教群众爱国爱教觉悟不断提高;进行法制宣传教育,使僧尼和信教群众遵规守法意识不断增强;进行佛教教义教育,使僧尼宗教造诣不断提升;进行寺规戒律教育,使僧尼修持境界不断精进;佛协理事深入寺庙僧尼,密切与僧尼、信教群众的关系。

【爱国爱教宣传服务活动】 2014年,珠康·土登克珠等区、地佛协理事及驻寺干部在全区61个县(市、区)659座寺庙(拉康、日追)开展930场次宣讲活动,寺庙僧尼及寺庙周边信教群众13万余人次接受教育,取得良好效果,得到陈全国书记的充分肯定。佛协西藏分会多次召开协调会议,精心谋划、周密安排,研究开展爱国爱教宣传服务活动各分团的组成人员、宣讲要点、日程安排、交通工具等事宜,做好爱国爱教宣传服务活动协调服务保障工作。编写《爱国爱教宣传服务活动学习材料》,指导市地佛协开展好爱国爱教宣传服务活动。

应云南省宗教局的邀请,直贡穷仓·洛桑强巴副会长赴迪庆州参加了贡珠丹增赤列伦珠曲吉扎巴活佛坐床典礼,在土登达基林寺、尼玛德吉林寺、来远寺佛学院、俄伽寺开展爱国爱教宣传服务活动,受得了当地僧尼和信教群众的欢迎。

【指导市地做好活佛转世灵童寻访认定坐床工作】 2014年,中国佛协西藏分会严格按照《藏传佛教活佛转世管理办法》及宗教仪轨和历史定制,指导拉萨、日喀则、山南、昌都、那曲等市地佛协和寺庙寻访认定转世灵童和转世活佛坐床典礼,确保活佛转世管理工作顺利开展,受到信教群众和寺庙僧尼的拥护。

【开展学经僧人晋升格西拉让巴学位工作】 2014年,中国佛协西藏分会成功举行年度藏传佛教学经僧人考核晋升格西拉让巴学位立宗答辩暨颁证仪式和2015年晋升格西拉让巴预考,为10名高僧颁发格西拉让巴学位证书,10名高僧预考合格,受到了宗教界人士、信教群众的高度赞扬。已有74名高僧获得格西拉让巴学位证书。协助中国藏语系高级佛学院圆满完成了中、高级学衔班在藏招生工作,56名高僧被录取。

【指导寺庙依法依轨开展宗教佛事活动】 2014年,中国佛协西藏分会指导、协调寺庙举办传召法会、萨嘎达瓦、色拉崩坚、雪顿展佛、跳神驱鬼、燃灯祭奠等宗教佛事活动;向大昭寺、小昭寺、布达拉宫释迦牟尼佛像献金、供奉酥油灯,为大昭寺经杆更新经幡;阿里地区佛协认真做好"塔尔钦"经杆制作和倒杆、立杆佛事活动,制作分发福佑,协助维护宗教活动秩序,确保了"塔尔钦"宗教活动的安全、和顺、圆满。

【大藏经抢救和印制发行工作】 2014年,中国佛协西藏分会抢救纳塘版《丹珠尔》大藏经,已刻制7万余板,做好校对和印制工作,推进进度,确保质量,为保护藏传佛教传统文化作出了积极努力。加强拉萨版《甘珠尔》大藏经的保护,用藏纸印制发行《十万颂》等经书,积极开发印制发行《十万佛号》等经文,满足信教群众和寺庙经书需求。

【开展教义教规阐释工作】 2014年,中国佛协西藏分会组织高僧大德对藏传佛教教义教规作出符合社会发展和时代进步要求的阐释,作出符合社会主义核心价值观的阐释。珠康·土登克珠活佛撰写了《学习继承发扬藏传佛教不同教派先贤爱国爱教传统做一名合格的宗教人士》的阐释书,得到了自治区党委、政府主要领导的充分肯定。高僧大德撰写了阐释文章,对寺庙僧尼和信教群众讲经说法,引导寺庙僧尼和信教群众践行社会主义核心价值观,积极推进藏传佛教与社会主义社会相适应。

【维稳工作】 2014年,中国佛协西藏分会,珠康·土登克珠会长率队赴那曲地区班戈、申扎、尼玛、双湖四县开展维稳督导工作,深入乡镇和寺庙调研,与寺庙和驻村、驻寺干部和寺庙僧尼、信教群众座谈交流,听取工作情况汇报,督促维稳措施落实,促进那曲西部四县社会局势稳定。

【强基惠民】 2014年,中国佛协西藏分会珠康·土登克珠会长多次赴堆龙德庆县和楚布寺联系点,并深入那曲、拉萨、山南、日喀则等地调查研究;索朗仁增多次赴亚东县和俄尔寺联系点,并深入拉萨、日喀则等地调查研究，开展哲蚌寺的维稳督导工作；任洲全、达扎·单增格列、洛桑巴·赤列曲桑、直贡穷仓·洛桑强巴、达娃等佛协领导赴拉萨、那曲、日喀则、山南、阿里等地深入调查研究。珠康·土登克珠会长赴那曲调研报告，得到陈全国书记充分肯定。佛协党组和分会领导班子成员广泛接触宗教界代表人士、寺庙僧尼和信教群众，密切联系群众，做好教育引导工作，反映信教群众的呼声，起到了党和政府联系团结教育引导寺庙僧尼和信教群众的桥梁和纽带作用。选派得力干部强化驻村工作，达娃等领导深入佛协驻村工作点，完成在索县西昌乡热布村的强基惠民年度工作任务。

【佛协理事在寺庙维稳中发挥中坚作用】 2014年，中国佛协西藏分会佛协理事教育引导所在寺庙僧尼与十四世达赖集团划清界限，潜心修佛、服务信众；引导信教群众发展生产、改善生活，确保佛协理事所在的寺庙做到“三不出”。在重要敏感时期和大型宗教佛事活动期间，佛协理事在第一线做好寺庙维护稳定工作，与寺庙僧尼保持密切联系，深入宗教活动场所收集信息，了解情况，及时掌握动态，为做好寺庙及周围维护稳定工作发挥积极作用。

【深入揭批十四世达赖“三性”分裂本质】 2014年，中国佛协西藏分会在佛协各种业务会议、佛协理事培训班和佛协领导走访理事、僧尼谈话中，都理直气壮地深入揭批十四世达赖集团政治上的反动性、宗教上的虚伪性、手段上的欺骗性。佛协理事深入寺庙僧尼和信教群众进行反分裂斗争教育。佛协理事的反分裂斗争立场坚定、态度坚决，政治敏锐性和反分裂斗争意识不断增强，维护祖国统一和民族团结的自觉性不断增强。

【对外交流和宣传】 2014年，珠康·土登克珠、策墨林·单增赤列等高僧大德出席了在陕西举行的第27届世界佛教徒联谊法会，推动佛教徒实践佛法教义和融洽佛教徒之间的联系与友谊，促进佛教徒之间的交流交往，对外宣传了西藏，展示藏传佛教界的良好形象。

珠康·土登克珠会长率团、达扎·单增格列副会长参加赴澳门出席了“佛教颂·澳门庆回归祈福大法会”，加强两地间佛教界的交流。佛协西藏分会赴澳门代表团成员在法会期间向澳门同胞和国外佛教界人士大力宣传西藏，介绍西藏在中央的亲切关怀和全国人民的大力支援下发生的翻天覆地变化，对于澳门同胞和国外人士更加客观真实地了解西藏、增进藏澳两地人民之间的友谊起到促进作用。

珠康·土登克珠会长、洛桑巴·赤列曲桑副会长等佛协领导多次参加自治区外事侨务办公室安排的外宾接待活动，对来访的外国政要和媒体介绍了西藏藏传佛教的新面貌，收到了良好效果。

做好《西藏佛教》刊物编辑发行工作。召开两次《西藏佛教》刊物座谈会，总结办刊工作，确定指导思想和目标任务，调整栏目设置。《西藏佛教》藏文版半年刊改为季刊，增加发行量，送到全区各寺庙。积极申办《西藏佛教》汉文版刊号。

残疾人事业

【概况】 2014年，自治区残联按照全国残联系统“基础管理建设年”活动要求，组织成立4个调研组，由4位领导班子成员分别带队赴七地（市）高海拔边境农牧区，就全区残联组织机构建设、残疾人社会保障、康复、教育、就业、扶贫、托养等工作进行全面调研，做到工作底数清、基础数据实、服务需求准，为增强各级残联组织履行“代表、服务、管理”职责的能力，加强残疾人事业基础数据管理工作，全面促进西藏自治区残疾人事业发展打下坚实的基础。

【开展残疾人基本服务状况和需求专项调查工作】 2014年，自治区残联为贯彻落实国务院残工委等11部委《关于开展全国残疾人基本服务状况和需求专项调查的通知》和《自治区人民政府办公厅关于开展全区残疾人基本服务状况和需求专项调查的通知》精神，加强残疾人事业基础管理工作，摸清搞实残疾人基本服务状况和需求，开展全区残疾人基本服务状况和需求专项调查工作。下发专项调查实施方案、核查方案及细则，建立工作规章制度和考核制度，明确了工作职责、内容、措施和要求。召开自治区残疾人专项调查工作动员部署会，督促地（市）、县（区）各级层层召开电视电话会议，全面部署专项调查工作。成立专项调查队伍，举办自治区级和地（市）级专项调查核查工作培训班，开展残疾人基础信息库核查工作，为入户调查打下坚实基础。

【残疾人基础服务设施建设】 2014 年，自治区残联加强残疾人康复、就业、托养等基础设施建设，为促进残疾人事业发展，保障残疾人共享社会改革发展成果积极创造条件。争取中央投资 1.02 亿，建设 6 个残疾人托养服务中心和 2 个残疾人综合服务中心，截止 2014 年底，山南、那曲和阿里 3 个残疾人托养服务中心已开工建设；完成中央彩票公益金建设项目，已落实中央彩票公益金 1.2 亿，开工建设 38 个县级残疾人综合服务中心。

【残疾人康复服务】 2014 年，自治区残联围绕《西藏自治区残疾人康复“十二五”实施方案》任务，实施康复人才培养百千万工程、贫困残疾儿童抢救性康复工程、贫困肢体残疾儿童矫治手术工程、百万贫困白内障患者复明工程。进行各类康复训练 10538 人次，比2013 年增加 4000 余人次，适配安装辅助器具8146 件，为 890 名白内障患者实施手术，开展残疾人康复需求筛查活动，共筛查 3700 多名残疾人，举办残疾人家长和康复人才培训活动。

【残疾人特殊教育和残疾儿童随班就读】 2014 年，自治区残联开展“彩票公益金助学项目”，落实资金 9 万元，资助 30 名残疾儿童接受学前教育。筹集资金8 万元，资助 4 名盲人大学生就学。加大特殊教育师资培训力度，为拉萨、山南、日喀则、那曲、昌都等特校培训特教师资 35 名。积极协助教育厅完成 2014 年度残疾人考生高等院校录取工作，共有 12 名残疾人考上大学。组织开展“交通银行特教园丁奖”和“交通银行残疾大学生励志奖”的推荐、评选和奖励工作。

【残疾人就业指导和培训服务】 2014 年，自治区残联开展残疾人就业援助月活动，举办 16 次残疾人专场招聘会、1 期区直系统雇主培训班和 1 场盲人音乐演出会。做好各类残疾人就业服务工作，进行职业指导 182 人次、职业介绍 112 人，开展残疾人就业实名制录入工作，录入残疾人 29371 人，扶持 120 名残疾人自主创业。建设自治区残疾人职业能力测评室，为 60 名残疾人进行职业能力评估测评，组织开展西藏自治区第三届残疾人职业技能竞赛，促进残疾人就业。加大残疾人职业培训力度，拓展培训内容，培训残疾人 197 人，提高了残疾人的就业能力。全年共有177 名残疾人实现就业，比上年增加 94 人。贯彻落实《西藏自治区盲人保健按摩行业管理办法》，规范盲人保健按摩行业管理。

【助残扶贫工程】 2014 年，自治区残联联合区党委组织部实施“农村基层党组织助残扶贫工程”，要求基层党组织充分发挥连带帮扶作用，帮扶 1100 户农村贫困残疾人家庭脱贫。协同区财政厅、民政厅、编办、人社厅等部门组成调研组，赴陕西、湖北、广东等省及那曲、日喀则等地区进行调研，着手建立贫困残疾人生活补贴和重度残疾人护理补贴制度。开展残疾人基本信息情况调查摸底工作，将全区所有符合条件的农村贫困残疾人全部纳入扶贫建档立卡范围，实现信息化管理，推进农村贫困残疾人扶贫开发工作深入开展。开展“农村实用技术”培训项目，落实补贴资金 49 万元，培训残疾人 2450 人。配合区住建厅开展农村危房现状调查工作，将农村残疾人危房户纳入调查范围，为创新农村残疾人扶贫工作提供依据。实施残疾人危房改造工程，落实资金 150 万元，为 250 户农村贫困残疾人的住房进行改造。按照中国残联和国务院扶贫办开展《农村残疾人扶贫开发纲要（2011–2020 年）》执行情况督导检查的要求，联合青海、新疆、新疆建设兵团、西藏进行互查，完成督导检查工作。完成“阳光家园”居家托养工作，落实资金 223 万元，居家托养残疾人 3717 人。

开展“三大节日”慰问活动，共发放慰问金 12.82 万元。加快第二代残疾人证办理工作，全区共核发第二代残疾人证 71396 本。比 2013 年增发 9331 本，另有 3388 本残疾人证正在审核办理之中。开展第五次全国自强模范与助残先进事迹报告会，完成先进评选推荐工作，共获得 8 个全国先进模范荣誉。联合团区委实施青年志愿者助残“阳光行动”，协助完成《西藏自治区志愿者服务条例》的立法工作，推动志愿者助残工作。完成自治区残疾人专门协会登记工作，组织协会积极开展“创先争优”活动，推动协会工作创新开展。完成 2013 残疾人状况监测工作，为党委政府制定决策提供依据。开展信访积案排查工作，接待和处理残疾人及其亲属来访，维护了残疾人的合法权益。认真做好“六五”普法宣传工作，结合各残疾人节日广泛开展残疾人事业政策法规宣传教育工作，营造残疾人事业发展的良好社会风尚。继续做好残疾人机动轮椅车燃油补贴工作，为 2348 名残疾人落实补贴资金 89.224 万元，另有 629 人的补贴资金正在协调落实中。

【残疾人文体活动】 2014 年，自治区残联做好全国第九次残疾人运动会暨全国第六次特奥会的各项前期准备工作，为 20 名残疾人运动员完成注册工作，组建自治区首个残疾人轮椅篮球队，举办2014 年特奥国家级教练员培训班，培训学员 21 名。

【残疾人福利事业】 2014 年，自治区残联为残疾人募集款物和康复设备总价值 124.86 万元，推动了残疾人事业发展。协调落实全国残联系统第二次对口援藏工作年度任务。做好外国专家在藏期间的管理工作及中方雇员的管理工作，完成国际助残及助盲项目专家进藏相关工作。

【维护社会稳定】 2014 年，自治区残联贯彻落实自治区关于维护社会稳定工作的总体部署，成立领导小组，建立维稳工作机构，明确维稳工作责任，细化维稳工作措施，落实维稳工作举措，继续扎实做好维护社会稳定工作，在“3·14”、“3·28”、“雪顿节”、“国庆节”等敏感节点期间做到了“双领导”带班值班、护院“双保险”，维护了残联系统和谐稳定。

红十字会

【概况】 2014 年，自治区红十字会总会围绕“三救”(救灾、救助、救护)、“三献”(无偿献血、造血干细胞移植捐献、遗体及器官捐献)、“两突出”(突出运用藏医藏药防治大骨节病、组织实施免费白内障复明手术)的工作思路，扎实工作、认真履责，当好党和政府在人道领域的助手。

【党建和维稳】 2014 年，自治区红十字会加强干部人才队伍建设。组织开展党组理论中心组学习、每周五例行学习等，加强干部培训与教育，努力创建学习型党组，多种形式提高全会干部职工从事红十字工作的专业水平和综合能力。加强机关作风建设。建立并实施《西藏自治区红十字会调查研究制度》、《西藏自治区红十字会机关考勤管理制度》、《西藏自治区红十字会车辆管理制度》等十项制度，加强对干部职工的教育管理，促进作风建设常态化、制度化。继续做好党的群众路线教育实践活动整改工作，确保教育实践活动的持续性和实效性。开展平安单位创建活动。制定维稳工作应急预案，坚持领导带班制度、干部值班制度，开展单位内部矛盾排查、流动人口服务与管理，建立维稳工作长效机制。积极响应自治区党委关于深入开展创先争优强基惠民活动的号召，调整充实第三批驻村工作队员，驻村工作队紧紧围绕“五项重点任务”开展强基惠民各项工作。多方筹措资金 160 余万元，实施了水渠建设、修建蔬菜大棚、引进优质种公羊等项目，不断改善驻在村基础设施，壮大村级经济实体，提高农牧民收入。

【开展“三救”“三献”“两突出”核心业务】 继续实施嫣然天使基金合作项目 2014 年，自治区红十字会与自治区人民医院合作，筛查登记唇腭裂患者 162 人，截至 2014 年底，已完成免费修复手术 95 人。开展红十字博爱送万家活动。慰问贫困家庭 5000 户，共发放粮食、衣物、棉被、药品、书籍等总价值 200 余万元的慰问物资，惠及 6 万余人。

开展卫生救护培训 争取培训资金 150 万元，计划开展农牧民卫生救护培训 6000 人。截至 2014 年底，共开办培训班 103 期，培训农牧民群众 5600 人。争取资金 20 万元，开办全区学校健康安全辅导员培训班 2 期，培训教师 60 名。组织 1000 人开展自救互救知识竞赛，提高人民群众的自救互救意识与技能。依法参与造血干细胞移植捐献和人体器官捐献的宣传、动员、登记工作。截至 2014 年底，共注册登记 9 名自愿捐献器官者。

加大项目申报实施力度 向中国红十字基金会幸福天使基金会申请项目资金 120 万元，在拉萨市布达拉宫景区、大昭寺景区 2 个 5A 级景区和林芝地区雅鲁藏布大峡谷旅游景区、拉萨市纳木错景区、阿里地区神山圣湖 3 个 4A 级景区建立“幸福天使红十字救护站”，完善景区应急救护设备与体系，切实增强旅游景区的安全程度，保障游客人身安全，促进旅游业持续健康发展。申请项目资金 140 万元，计划在自治区建设 4 个红十字博爱家园项目，通过在村(社区)建立红十字基层组织和志愿服务队伍，建设防灾减灾基础设施，设立博爱生计发展基金，普及防灾减灾、自救互救、逃生避险、卫生健康等知识，传播“人道、博爱、奉献”的红十字精神，增强村(社区)自我发展的综合实力，不断推动村(社区)治理、提升村(社区)能力、促进村(社区)发展。向中国红十字会总会申请博爱信使项目。截至2014年底，投入项目资金150万元，在30个基层学校建立了红十字会，面向贫困患儿和贫困学生，为其提供“心理支持”、“健康教育”、“文化阅读”、“亲子夏令营”等人道关爱服务；为特困大病患儿发放医疗救助卡，为贫困儿童发放教育、生活、健康救助包。

【开展卫生与红十字知识宣传】 2014年，自治区红十字会为纪念“5·8世界红十字日”暨中国红十字会建会110周年，大力弘扬“人道、博爱、奉献”的红十字精神，5月8日，联合西藏大学、自治区血液中心举行了宣传活动，共发放宣传册2700余份，采集血样1.9万毫升；举办了以“我与红十字的故事”为主题的座谈会，全会干部职工畅谈“人道、博爱、奉献”的红十字精神和服务民生的基本宗旨。开展“防灾减灾日”宣传活动。5月12日，围绕“城镇化与减灾”这一宣传主题，向广大市民发放宣传资料12类1100余份。6月14日世界献血者日，与自治区卫计委、自治区血液中心、拉萨市卫生局和拉萨阳光医院联合组织了第十一个世界献血者日主题为安全血液拯救母亲生命的活动，自治区副主席、自治区红十字会会长德吉同志出席活动并讲话。活动共发放500余张宣传册，采集血样2.56万毫升。

【外援项目的服务与管理】 2014年，自治区红十字会圆满终止与瑞士红十字会的合作项目，完成德国尼玛协会项目的续签工作。加强外援项目工作人员的教育和管理，引导他们自觉遵守中国法律法规和政治纪律，保证项目顺利开展。协助外援项目官员办理外国人专家证和居留许可证的延期手续，做好外援项目中方雇员的资料入库工作。依托澳大利亚红十字会项目，在项目区内开展以推动无偿献血、预防艾滋病、性病和健康教育为主的项目培训、宣传活动。共投入资金70余万元，发放宣传册2.5万余张，发放卫生用品6万余支(个)，受益人数4.05万人。依托德国尼玛协会项目，在拉萨市林周县和那曲地区双湖县、尼玛县开展藏医藏药免费巡诊、大骨节病防治及藏药研发、乡村藏医培训和珍稀濒危藏药材种植等工作。项目共投入资金260万元，受益人数7000余人。

简略语注释

巡视工作“一个中心”：紧紧围绕党风廉政建设和反腐败这个中心。

巡视工作“四个着力”：着力发现领导干部是否存在权钱交易、以权谋私、贪污、贿赂、腐化堕落等违纪违法问题；着力发现是否存在形式主义、官僚主义、享乐主义和奢靡之风，违背中央八项规定精神等问题；着力发现是否存在违反党的政治纪律问题；着力发现是否存在选人用人上的不正之风和腐败问题。

巡视工作“三个不固定”：巡视组的组长不固定、巡视对象不固定、巡视组与巡视对象的关系不固定。

七进：进机关、进乡村、进社区、进学校、进企业、进单位、进宗教场所。

五下乡：文化、科技、卫生、法律、爱国爱教下乡。

1+5+X：1指网格格长；5指网格流动人口服务管理员，网格治保员，网格宗教事务联络员，网格社情民意联络员，网格民警；X指根据辖区实际情况，配备个性化工作力量。

双千计划：从2013年开始，国家实施的一项高等学校与法律实务部门人员互聘制度。“双千计划”的主要任务是，2013年至2017年，选聘1000名左右有较高理论水平和丰富实践经验的法律实务部门专家到高校法学院系兼职或挂职任教，承担法学专业课程教学任务；选聘1000名左右高校法学专业骨干教师到法律实务部门兼职或挂职，参与法律实务工作。

“双联户”模式：以加强基层社会治理和服务体系建设为目标，全面实施“联户平安、联户增收”工作模式。

六不强：担当意识不强、工作能力不强、服务意识不强、贯彻执行力不强、责任意识不强、纪律观念不强。

三不出：大事不出，中事不出，小事也不出。

三无：无缝隙、无盲区、无空白点。

审判工作“三个面向”：面向社会，面向传统，面向未来。

审判工作“两便”：两便原则是指便于当事人诉讼，便于人民法院依法独立、公正和高效行使审判权。

天平工程：“国家司法审判信息系统工程”的简称，是最高人民法院向国家发展和改革委员会申报、全国各级人民法院协同建设的电子政务工程。主要内容包括制定规范化标准，开发应用软件，完善网络和存储环境，提供庭审支持、门户监管、系统安全等保障措施，建设全国统一的司法数据库等。

司法工作三个“下功夫”：要在健全体制机制上下功夫，要在创新方式方法上下功夫，要在夯实基层基础上下功夫。

司法工作“六个关口”：入口关，监管关，考核关，责任关，保障关，领导关。

བོད་ལྗོངས་ལོ་རིམ་མེ་ལོང་།

西藏年鉴

TIBET YEARBOOK

2015

【第三篇】

军 事

西藏军区

【军区军职领导调整】 4月，中央军委任命西藏昌都军分区司令员张建刚为西藏军区副司令员。6月，中央军委任命西藏拉萨警备区政治委员刘旭为西藏军区副政治委员。12月，中央军委任命第13集团军副军长张久彪为西藏军区参谋长。

【组织首长机关训练考核】 3月10日至4月18日，西藏军区组织首长机关干部分三期进行轮训，完成基础理论、边防常识、后装工作、识图用图等内容的强化训练，提高首长机关干部谋划打仗能力素质。

【组织新（预）任参谋集训比武】 4月至9月，西藏军区组织全区建制团以上单位新任和预任参谋集训。集训坚持以建设“能打胜仗”的高素质高效能军事领率机关为牵引，以参加成都军区参谋尖子集训比武和全军参谋指挥技能竞赛性演示活动为契机，采取集中辅导授课、全程考核评比的方式，围绕基础知识、基本技能、组训技能、指挥技能等内容，主要学习《司令部条例》、新《战备工作条例》、新《作战标图规定》、指挥对抗训练基础理论、联合作战、导调等知识，注重培养以“读、画、写、算、记、传”为主要内容的新老“六会”能力，重点掌握首长机关战术作业、分队战术教学法、军官编组作业、要素演练、实兵演习组织与实施的程序方法，着力强化指挥信息系统的操作运用，同时组织对司令部建设、新装备运用、战法创新等课题研究，切实培养一批边防情况“一口清”、判读战场环境资料“一眼准”、熟记信息资料数据“活字典”、心算笔算机算作战数据“铁算盘”、计算机记录口述战斗命令“快键手”、手工(计算机)标图“灵巧手”等具备绝活绝招的优秀人才。西藏军区参谋尖子集训队3人入选成都军区一队参加全军演示、6人在成都军区战役集训中精彩亮相。

【组织联合战役实兵演习】 8月13日，中共中央政治局委员、中央军委副主席范长龙率军委工作组现场视察指导。范长龙代表习主席、中央军委向全体参演官兵致以诚挚的问候，亲切接见导演部人员和参演部队团以上单位主要领导，对演习给予充分肯定，指出演习贴近实战、贴近实案，联合训练气氛浓，演练了新战法，克服了形式主义。8月15日，西藏军区召开联合战役实兵演习检讨式总结会议，总结此次联训联演活动“贯彻习主席和中央军委意图实、把握现代战争特点规律准、解决制约战斗力生成重难点问题方法活、落实安全稳定好”等4个特点，从演练时间、演练地域、演练内容等3个角度对下步联训联演活动进行交流探讨，围绕抓好会议精神贯彻落实、高标准完成后续联训任务、安全组织回撤归建等3项具体工作提出明确要求。

【首次组织高原高寒地区冬季野外驻训】 11月，西藏军区机关分赴日喀则、林芝等地区，现地检查部队冬季野外驻训分队战备转级、紧急出动、远程机动、宿营部署以及综合保障等情况，指导各驻训单位严格按照“全程设置战术背景，机动距离不少于300公里”的要求，采取摩托化行军方式，分别进驻冬季野外驻训地域，首次开展高原高寒地区冬季野外驻训。军区机关主要完成冬季野外驻训方案的拟制审批，指导试点单位抓好前期筹划准备工作，组织召开任务部署会，协调解决相关事宜。驻训单位主要完成拟制冬季驻训方案、训练计划、保障方案，勘选训练场地，编写相关教案，筹措物资器材，搞好思想动员，展开针对性训练，组织进入驻训区域的勘察及进点。12月，试点单位按照试验论证、基础训练、战术训练的步骤，分阶段组织实施，军区指导组全程跟踪指导，主要形成“三个一”成果，即：一套高寒山地冬季战法训法试训成果，重点研究冬季高原高寒地区极端气候条件下组织部队训练、作战的特点规律，形成多层次、多兵种战法训法试训成果；一套高寒山地合成作战力量冬季作战数据成果，成建制采集汇编一套涵盖人体机能、装备性能、行动效能等方面数据体系；一套高原高寒地区冬季驻训法规制度成果，形成高原高寒地区冬季驻训规定和纲目，其中，规定从组织层面研究规范冬季驻训的规划计划、筹划准备、组织实施和保障机制等问题；纲目重点研究规范适应性训练、针对性训练和冬季训练内容标准和程序方法。

【深入开展第一、第二批党的群众路线教育实践活动】 西藏军区自上而下分两批扎实开展党的群众路线教育实践活动。第一批教育实践活动以西藏军区党委机关为主要对象，从2013年7月开始,2014年1月结束。活动始终保持大事大抓的强劲态势，紧紧抓住学习教育这个重要基础,研究解决部队9类68个难题，投入经费4千余万元兑现为基层办好33件实事承诺,活动取得了实实在在的成果。第二批教育实践活动以师旅团级单位党委机关和基层党组织为主要对象,于2014年1月开始,到9月底结束。西藏军区党委确立“一围绕、两坚持、三着力、四个贯穿始终”的工作思路,采取自上而下、压茬进行的方式推动活动开展,9次下发指导性意见,7次召开西藏军区教育实践活动领导小组会议，严密组织4个专题教育和2批师团干部理论集训，西藏军区主要领导2次为团以上党委机关作专题辅导，西藏军区党委常委带6个方向督导组分5批(次)下到师旅、督导到团，并全程指导师旅团级单位党委严肃召开专题民主生活会，组织各级党委班子成员逐一建立联系点，一级带一级推动活动扎实开展。各级围绕“五个进一步”要求,紧紧抓住思想发动、学习教育、专题民主生活会和组织生活会、专项整治、健全制度规定五个环节,加强领导、科学筹划、精心组织,确保了活动有序推进。活动开展期间,军委许副主席、范副主席先后莅临西藏军区部队视察，就教育实践活动作了面对面指导；成都军区司令员李作成全程参加指导了西藏军区党委常委专题民主生活会，政委朱福熙把西藏军区最偏远的边防某部作为联系点，亲自参加团党委常委民主生活会准备会，军委和成都军区首长的指导帮带，极大地推动了西藏军区部队教育实践活动的深入开展。两批教育实践活动取得了重要的认识成果、实践成果和制度成果,西藏军区党委机关带头制定(修订)了17项制度机制，各级党委机关和党员干部党的群众路线、群众观点更加牢固确立，官兵反映强烈的突出问题得到有效解决，党组织的原则性战斗性明显增强，为民务实清廉的良好形象进一步树立起来，聚焦强军目标统领发展的能力得到提高，部队发展水平不断迈上新台阶。

【开展“牢记强军目标、献身强军实践”主题教育】 2014年,西藏军区按照贯穿全年、覆盖全员的要求，分上、下半年两个阶段共12天时间组织开展了教育活动,完成了“深入学习领会习主席系列重要讲话精神，切实凝聚实现中国梦强军梦的意志力量”、“深刻理解党在新形势下的强军目标，以实际行动为推进强军兴军作贡献”、“牢固确立战斗力这个唯一的根本的标准，进一步强化战斗精神、提高打赢能力”、“准确把握全面深化改革的战略部署，坚决拥护支持改革服从服务改革”共4个专题的学习教育。将战斗力标准大讨论贯穿教育活动全过程，组织了集中讨论辨析，梳理思想认识、分析矛盾问题、研究思路对策。广泛开展“争建打仗型党委机关、争创能打胜仗营连、争当爱军精武标兵”活动,结合军事训练、驻训演习、重大任务等持续掀起练兵比武热潮,有力提升了部队战斗力水平。

【外事工作】 9月14—17日,45国驻华武官及配偶共94人,在拉萨进行为期3天的参观考察。西藏军区司令员许勇、政委刁国新亲自审定接待方案。西藏自治区党委副书记、常务副主席、区党委政法委书记邓小刚，西藏自治区副主席格桑次仁，西藏军区副司令员唐建明出席情况介绍活动和招待晚宴，西藏军区阿旺多吉副参谋长全程陪同。武官团一行听取了西藏经济社会发展和西藏军区部队建设情况，到西藏甘露藏药股份有限公司、嘎巴村藏族家庭和布达拉宫、罗布林卡、大昭寺、西藏博物馆等景点参观考察,观看驻军部队、健身中心、障碍训练、班对抗射击训练。

【召开自治区国防动员委员会第五次全体(扩大)会】 1月16日，西藏自治区召开国防动员委员会第五次全体(扩大)会议,深入贯彻党的十八大精神和习主席一系列重要指示,传达学习军区国动委第七次全会精神,总结近两年国防动员工作情况,研究分析面临的工作形势,安排部署今后一个时期的国防动员工作任务,表彰国防动员工作先进单位和个人。西藏自治区党委副书记、自治区主席洛桑江村，自治区党委副书记、自治区常务副主席邓小刚，西藏军区司令员许勇、政委刁国新,西藏自治区、西藏军区、各地市、各军分区(警备区)有关领导,以及军地相关部门领导130人参加会议。

【协调召开自治区党委议军会】 1月16日,西藏军区协调西藏自治区召开党委议军会，西藏自治区党委书记、西藏军区党委第一书记陈全国，西藏自治区党委副书记、西藏自治区人大主任白玛赤林，西藏自治区党委副书记、西藏自治区主席洛桑江村，西藏军区司令员许勇、政委刁国新，西藏自治区和西藏军区党委在家常委，各地(市)、各军分区(警备区)以及军地相关部门领导120人参加会议。许勇作国防后备力量建设情况报告，刁国新讲评各军分区(警备区)党委第一书记和预备役混成旅第一政委党管武装履职尽责情况，陈全国、洛桑江村分别作重要讲话。会议研究解决了承办成都军区国动委第八次全体(扩大)会议筹备、自治区国防动员综合训练基地建设、县(市、区)民兵武器装备仓库职工编制、应急专业力量建设、西藏国防后备力量建设等方面问题。会议指出，党管武装工作要着眼战略全局深化思想认识，不断增强抓好党管武装工作的责任感紧迫感；要抓住关键环节认真履职尽责，不断提高党管武装工作的质量水平；要聚焦重大现实问题主动作为，不断推动党管武装工作创新发展；要着眼现实需要加强组织领导，确保党管武装各项工作落到实处。会议强调，党管武装工作，要把支持国防和军队建设作为义不容辞的政治责任，要真心实意为国防和部队建设排忧解难，要积极营造关心支持国防和部队建设的浓厚氛围。会议要求，各级要坚持着眼全局，充分认识加强国防建设的重大意义；要坚持党的领导，继承发扬党管武装的优良传统；要坚持改革创新，大力加强国防后备力量建设；要坚持齐抓共管，扎实推进军民融合式发展。

【研究制定贯彻总政《关于进一步把学习贯彻习主席系列重要讲话引向深入的意见》措施】 5月28日，西藏军区召开党委常委会，会议由军区党委书记刁国新、副书记许勇主持，在家党委常委参会。传达学习总政《关于进一步把学习贯彻习主席系列重要讲话引向深入的意见》，分析西藏军区部队学习贯彻形势，部署下阶段学习贯彻任务。会议认为，2014年，西藏军区部队坚决贯彻落实军委总部和军区党委决策指示，积极推进学习贯彻习主席系列重要讲话精神，在武装头脑、指导实践、推动工作上取得了阶段性成效，但还存在少数官兵学习贯彻自觉性不够高、学习理解下功夫不够深、检查督导力度不够大、结合实际抓转化不够有效等问题。会议强调，各级要持续深入进行思想发动，始终保持学习贯彻强劲动力；要着力打牢学习理解这个基础，全面准确领会讲话内容；要切实突出领导干部这个重点，提高党委机关学习质量；要牢牢抓住基层官兵这个大头，确保学习贯彻全员覆盖；要着眼实现强军目标深化转化，切实增强学习贯彻实效。

【组织边防部队与印进行节庆会谈和礼品交换活动】 1月26日，西藏军区组织边防部队与印方代表团举行节庆会谈。印方对中方应邀参加印度第65个共和日庆祝活动表示衷心感谢，高度评价边境会谈会晤机制在增进双方边防部队了解与信任、促进双边合作与交流中起到的积极作用，充分肯定双方边防部队为维护边境地区和平与安宁所作的努力。中方向印方致以节日祝贺，提出要珍惜来之不易的边境稳定形势，继续恪守两国政府签订的有关协定协议，共同致力于维护边境地区和平与安宁，为推动两国关系持续深入发展作出贡献。

【开展“条令学习月”活动】 3月，西藏军区部队以习主席关于依法治军、从严治军和改进作风一系列重要指示为指导，以条令条例和各项规章制度为依据，结合第二批党的群众路线教育实践活动，组织开展“条令学习月”活动，区分动员部署、法规学习、查纠整改、总结讲评四个阶段，广泛开展学法规、用法规、守法规活动，深入分析查找条令学习贯彻中存在的矛盾和困难，大力整治管理松懈、作风松散、纪律松弛和有违条令条例、有悖上级指示的突出问题，不断增强官兵条令法规意识，正规部队各项秩序，提升部队正规化建设水平。

【编撰《西南地区自然灾害相关资料(西藏分册)》】 11月27日，《西南地区自然灾害相关资料（西藏分册)》编撰工作圆满完成。此项工作由西藏军区司令部牵头，机关相关处(室)和6个军分区(警备区)参与，历时1年之久。《西藏分册》收集整理数据资料20余万字，详细介绍西藏自治区6地1市10余种自然灾害相关情况，以及4大类自然灾害基本知识，收录西藏军区部队参与抢险救灾经典案例7个、西藏自治区相关法规和预案10项，以及医疗卫生、重要基础设施等情况，内容丰富、数据详实，为部队遂行抢险救灾任务提供可靠管用的资料参考。

【典型宣传】 1月，根据军委、总政领导批准的《关于组织开展“家国情·边防行”采访活动的通知》，总政治部印发了《开展“家国情·边防行”采访报道活动具体实施方案》，将西藏军区边防某部原指导员王毅纳入第三阶段宣传。3月下旬协调中宣部，在中央媒体组织集中宣传，先后在解放军报、中国青年报、战旗报重要位置刊发主题通讯，在全军引起较大反响。8月，西藏军区某山步旅作为全国全军重大宣传典型，按照内参采写、战区内宣传、中央级媒体宣传、网络宣传等步骤，围绕“紧盯强军目标，锻造忠诚使命能打胜仗高原劲旅”典型事迹进行了报道。新华社国内动态清样第258期刊发《西藏军区某山步旅瞄准“短板”践行打仗标准，对印全天候作战能力稳步提升》稿件；8月25日，《解放军报》在头版头条刊发《不让生命禁区成为未来打赢盲区》稿件，并于当天二版头条刊发《胜利，从何而来》长篇事迹通讯；9月6日，中央一台新闻联播播发了《某山步旅：锤炼高原全天候作战能力》稿件。《战旗报》还推出了包含1篇综合消息、7篇通讯、1个图片专版的系列报道；《人民日报》、《新华社》、《光明日报》、《中国青年报》、《解放军报》等媒体也先后刊载反映我旅先进事迹的多篇报道，取得了良好宣传效应。9~10月，解放军报驻西藏军区记者站记者郭丰宽被确定为文艺工作战线先进典型，在全军予以宣传。解放军报派出采访组赴藏采访，召开郭丰宽同志先进事迹座谈会，并在军报头版头条等重要位置先后刊发多篇稿件。

【协调西藏自治区解决自主择业转业干部冬季取暖费待遇】 1月，西藏军区协调西藏自治区出台解决自主择业转业干部冬季取暖费地方配套文件，西藏自主择业转业干部冬季取暖费由自治区和各地市财政按照6:4比例分级负担。目前，拉萨、日喀则、山南、昌都、林芝5个地市冬季取暖费取暖期6个月，补助标准每人每月220元；那曲地区取暖期10个月，补助标准每人每月223元；阿里地区取暖期10个月，补助标准为每人每月220元。西藏自主择业转业干部冬季取暖费从2013年起开始发放。

【集中慰问救助生活困难官兵、烈属、遗属、在编职工】 2月，为体现西藏军区党委、首长对广大官兵的关怀，着眼解决少数官兵、烈属、遗属、在编职工家庭面临的特殊困难，西藏军区党委组织对全区111名特困人员进行集中救助，每人最高救助3万元，最低救助1万元，累计救助金额146万余元。广大官兵深受鼓舞，纷纷表示将常怀感恩之心，安心本职，奋发进取，以实际行动回报组织的关爱，以更高的热情投入到部队建设各项工作中去。

【组织干部转业复员工作业务骨干培训】 3月3日，西藏军区组织干部转业复员工作业务骨干培训，系统学习习近平等中央领导同志关于干部转复工作的重要指示，总结讲评2013年度干部转复工作，安排部署2014年度转复干部档案整理和审查移交工作，分18个专题讲解转复干部审定的标准条件、安置去向和安置方式选择规定、改进计划分配转业干部安置办法、自主择业转业干部就业创业和社会保障政策、随调家属工作安置办法，以及转复干部档案管理、转复数据库维护相关要求，围绕军官职业化需要推进军转安置政策制度调整改革的5个课题进行研讨，为做好下步干部转复工作奠定坚实基础。

【到谭冠三纪念园和拉萨烈士陵园举行祭扫活动】 4月4日，西藏军区首长机关及部队官兵代表350余人到谭冠三纪念园和拉萨烈士陵园举行祭扫活动，向谭冠三同志墓和革命烈士纪念碑敬献花篮、花圈，参观谭冠三陈列馆、瞻仰革命烈士纪念碑，深切缅怀谭冠三等老一辈革命家和革命先烈为西藏革命和建设事业立下的不朽功勋，表达对他们的无比敬仰和怀念之情，进一步坚定弘扬老西藏精神、扎根高原、卫国戍边、履行使命的理想和信念。

【加强机关大院周边军属地产及暂住人员管理】 4月，西藏军区着眼维护社会稳定和确保部队纯洁巩固，按照“房不漏户”、“户不漏人”、“人不漏项”的要求，结合营区周边治安环境专项整治活动，加强机关大院周边军属地产及暂住人员管理，全面排查租用人员政治是否可靠、经营项目是否合法、是否存在安全隐患，及时掌握军属地产内暂住人员思想动态、现实表现、是否有违法犯罪记录，以及《拉萨市流动人员暂住证》、《拉萨市军属地产流动人员准住证》是否齐全有效等信息，确保租用及暂住人员基本情况清、政治底数清、社会交往清、现实表现清。对不符合暂住条件、不遵守营区管理规定的及时清理，严防不法分子利用军属地产从事非法活动。

【组织中心以上医院开展感染管理专项整顿】 3—8 月，为进一步加强医院感染管理工作，确保医疗质量与安全，西藏军区指导全区 5 所中心以上医院认真贯彻执行《军队医院感染管理规定》和国家有关法律法规，完善医院感染管理规章制度和技术性标准，加强重点部门、重点环节、重点人群的医院感染管理与监控，并针对薄弱环节制定整改措施，指定专人督导落实整改，不断推进医院感染管理工作科学化、制度化、常态化。

【首次组织干部家庭集体疗养活动】 4 月和 10 月，西藏军区分别在峨眉山疗养院和昆明疗养院组织干部疗养团，共安排 114 人进行疗养，其中干部 48 人、家属 66 人。此次干部集体疗养活动由两级军区保健委员会联合举办，惠及西藏军区边防优秀营连主官、执行重大任务人员、参谋人才等广大一线干部和其家庭，充分发挥了疗养工作对高海拔部队战斗力恢复和提升的重要作用，并对研究新的疗养形式、不断提高军区官兵保健工作服务质量产生了积极影响。

【协助地方转移受困群众】 因旁多水库长年蓄水和 7、8 月份强降雨，致旁多水利枢纽工程旁多乡宁布村热荣组耐塘安置点成为一座孤岛，群众生命财产受到严重威胁。应拉萨市林周县人民政府函请，根据西藏军区批复，为协助林周县人民政府做好林周县旁多乡宁布村热荣组被困群众搬迁工作，12 月 6 日，西藏拉萨警备区牵头协调组织工兵某部、拉萨市政府、林周县政府等四家单位有关人员到现地进行勘察，确定搬迁方案。12 月 22~25 日，按照预定方案圆满完成了搬迁任务。此次任务共出动部队人员 53 人，拉萨市林周县民兵 20 人，各种车辆 6 台、各型车机 11 台（艘）。12 月 23 日 10 时展开作业，分别在旁多水库南北两岸各构筑临时码头 1 座，开设 40 吨漕渡门桥漕渡转运物资。共转运车辆 26 台，各类物资及生产资料 20 余吨。整个行动安全圆满，实现了“无一人落水、无一件物资丢失”的目标，赢得当地政府和群众的高度赞誉。

【强化双拥共建】 2014 年，西藏山南军分区针对驻地民族宗教问题复杂、反分裂斗争尖锐的实际，大力宣传党的民族宗教政策，挑选懂藏语、懂政策的同志组成宣讲队，拓展延伸党的十八大精神“四进入”活动，发放宣传手册 4500 余本、卡片 3000 余张。利用春节、藏历新年等传统节日和“六一”、“八一”、“西藏百万农奴解放纪念日”、“10.17” 首个扶贫日等重要时节，开展扶贫帮困活动，帮助群众翻修房屋 10 余间、搭建温室 10 余个、整修道路 280 余公里、播种和收割庄稼 200 余亩、栽种树苗 16500 多棵，为驻地培训各类技术人员 310 余人（次），捐款捐物 30 余万元，驻地群众生产生活水平有效提升；开展便民服务，开设便民服务点 40 余个（次），免费理发 2780 人（次）、维修家电 220 余台、维修机械车辆 120 余辆、清除垃圾 30 余吨；开展巡诊送医活动，派出医疗卫生人员 158 人（次），深入乡村、寺庙和放牧点进行义务巡诊，累计接诊 5424 人（次），免费发放抗感冒、防冻伤等 15 类 23 个药品，群众健康指数不断提高；针对驻地学龄儿童上学难的实际情况，开展助学兴教活动，常委带头，与学生结成“1+1”、“N+1”帮扶对子，为贫困学生捐赠书籍、书包、笔记本等学习用品价值 6.3 万余元，抽出 45 名文化程度高、授课能力强、懂得藏汉语的干部骨干担任课外辅导员，为学生辅导授课达 530 余次，驻地升学率逐年攀升。

【开展农牧民生产技能培训】 为积极响应国家“西部大开发，支援西藏社会主义新农村建设”号召，努力提高驻地农牧民科技素质和生产技术水平，西藏军区组织驻林芝地区生产部队于 2013 年 12 月 27 日至 2014 年 1 月 10 日、11 月 3~5 日，组织驻地农牧民开展生产技能培训。培训主要采取理论讲解、实际操作、观看教学片、现地观摩等方法，对大棚温室建设、蔬菜栽培、病虫害防治、畜禽养殖等内容进行了教学，并为学员免费赠送蔬菜种子和科普书籍。通过培圳，为驻地农牧民培养了一批懂技术、会管理的新农村建设带头人，有效带动农牧民脱贫致富，改善农牧民的生产生活质量，受到农牧民的一致好评，进一步融洽了军政军民关系。

【开展"服务百姓健康行动"义诊活动】 为切实提高驻地人民群众的健康水平,解决部分藏区群众看病难的实际问题,结合深入开展党的群众路线教育实践活动和纯正医德医风专项治理工作,西藏山南军分区各级卫生机构于9月13~18日在隆子县三林乡、错那县及错那镇各村庄、乃东县昌珠镇开展"服务百姓健康行动"义诊活动,走访10余个乡镇、村庄,90多个居住户,义诊2200余人次,共发放宣传资料830份,健康咨询人数达1600人次,为驻地群众心电图检查和B超检查共150人次,免费发放药品价值11万余元,受到当地群众的欢迎。

【抢险救灾】 1月28日,昌都军分区某部出动81人铲除影响江达县邓柯乡交通的积雪积冰,为当地人民的出行打开通道。2月7日,江达县发生山林火灾,出动51名官兵紧急赶往事发地点,经过5个小时的奋战,安全圆满完成扑火任务;8月,驻江达、八宿县官兵应当地政府请求,出动90名官兵对因强降雨而引发的塌方、滑坡地质灾害进行抢险救灾,有力的支援了地方建设,促进了军政军民关系和谐。

【组建双湖县人武部】 成立双湖县人武部是总部和军区为适应西藏自治区行政区划调整作出的一项重要决策,是贯彻落实习主席关于"军民融合深度发展"战略思想的重要举措,对于推动党管武装工作的深入落实、推动国防动员和民兵预备役工作的深度发展、提高西藏军区部队履行使命任务能力具有重要意义和深远影响。4月1日,成都军区向西藏军区下达组建西藏自治区双湖县人武部命令。西藏那曲军分区依据上级命令,召开专题党委会,成立领导小组、拟制组建方案、划分工作阶段、明确任务分工,有序推进各项工作。期间,先后派出多个工作组深入双湖县,现地勘察临时营房和永久性营房部署点,同地方党委政府协调临时性营房14间。同时,按照个人申请、基层推荐、机关审核的程序调配干部、士兵,及时请领指挥车,调配指挥通信和密码装备,配发军事训练教器材、战备物资和若干办公设备用品、后勤保障物资,确保5月31日前完成筹建工作。6月1日,西藏自治区双湖县人民武装部正式成立,西藏军区司令员许勇,那曲地委、行署、那曲军分区、双湖县委、县政府领导,以及人武部官兵、部分民兵参加人武部成立大会。

【向纵深拓展为兵便民流动医院工作】 2014年,西藏军区总医院根据西藏形势和部队担负任务的变化,继续做好为兵便民流动医院工作,先后利用元旦、春节、五一、国庆假期时间,深入林芝地区、墨脱县、波密县,日喀则地区仁布县,昌都地区左贡县、芒康县、贡觉县、江达县、察雅县,平均海拔4500米以上的那曲地区那曲县、班戈县、双湖县、尼玛县进行工作,累计行程1万余公里,巡诊2万余人次,免费发放各类药品和耗材价值30余万余元。"为兵便民流动医院"的出征,把我院的良好医疗技术和热情服务送到了广大基层官兵和人民群众的身边,受到了一致好评,同时也扩大了医院的影响。

【扎实开展医德医风专项整治行动】 2014年,西藏军区总医院根据总部关于在全军开展医德医风专项整治行动的指示精神,紧密结合业务工作实际,坚持"姓军为兵"服务方向,扎实开展医德医风专项整治行动。一是党委高度重视,扎实开展专项整治活动。成立"纯正医德医风专项治理行动领导小组",召开专题会议,进行详细部署,制定实施方案。二是深入调查研究,切实解决患者急需问题。完善军人病房设置和文体娱乐设施,为外科楼所有军人病房安装电视和沐浴器;利用现有军人就诊公用卡,使军人站立等候时间缩短在8分钟以内。三是抵制行业"潜规则",狠纠行业不正之风。?整治活动期间,全院共拒收红包19个,金额达23400元,共收到锦旗61面,感谢信24封。

【落实第三军医大学西南医院整体帮带工作】 2月,西藏军区总医院根据总后勤部卫生部下发的《关于第三军医大学整体帮带西藏军区总医院等5所医院的通知》精神和对口帮带协议,正式启动"学科手牵手计划",西南医院先后派遣帮带专家共9人次,西藏军区总医院选派23名技术骨干赴西南医院进修学习,西南医院专家为我院召开专题讲座65次、手术带教94次、病例讨论147次、教学查房151次、培养专科人员9人,推广新技术、新业务7项,组织进行远程医疗知识讲座13

次、免费远程会诊3次、申报联合研究课题1项。

【为军地大力培养卫生人才】2014年，西藏军区总医院共接收2014年度岗前培训干部19名，接收西藏军区各单位进修生68名，按照集团军要求，为该军9名卫生技术干部进行了2个月的高原病救治培训，为该军大批官兵进藏医疗卫生保障奠定了坚定基础。同时，根据西藏自治区文件精神，举办第一届西藏自治区乡镇医师培训班，共接收拉萨、那曲等地乡镇医师30人；接收日喀则乡镇卫生院基层医师7人，为基层部队和地方培养一批拉得出、用得上、救得下的医务人员。6月17~22日，根据全军调学计划，医院和第三军医大学联合举办高原现场军事医学培训班，投入经费2万元，共计20名学员参训(总后勤部2名、兰州军区2名、成都军区16名)，针对高原病防治、高原部队训练伤防治、高原战创伤特点与救治技术等贴近高原实际的专业知识进行讲授，取得良好的效果，实现把课堂搬上高原，把知识送到部队，把服务做到身边。

【筹备建设全国住院医师规范化培训基地】9月，西藏军区总医院参与申报并顺利成为全国首批“住院医师规范化培训基地”医院，此项工作将在2015年正式展开。成为基地医院，将有效缓解医院临床一线医师人力资源紧张、工作教学任务重、压力大等问题，有利于提高临床示教质量，通过“以教促医”，再“以医促教”，从而使医院发展进入良性循环。

【圆满完成成都七中八一学校二期施工】2014年，西藏军区办事处圆满完成成都七中八一学校二期施工，先后投入1836万元新建教学楼5998.9平方米；投入1000万余元，对学校食堂进行加层扩建和加固改造。为确保成都七中八一学校正常招生、按时开学，驻川办事处多次召开专题党委会议，科学规划施工时间流程，严格按照时间节点稳步推进工程进度。对新建教学楼、食堂加固改造及加层扩建建设项目的报批、立项、设计方案论证、编制工程量预算控制价、设计文件审查、项目招标、工程施工现场管理、竣工验收、审计结算等工作进行细化分项，抽调业务骨干力量，吃住在工地，逐项抓落实，严格落实施工指标，监督工程按时推进及施工安全。

武警西藏总队

【概况】2014年，武警西藏总队党委认真学习贯彻党的十八大，十八届三中、四中全会和习主席系列重要讲话精神，始终聚焦强军目标，牢牢把握“两边一线”环境条件下“两前两重”“五个考验”特殊队情，深入转作风，接续抓建设，聚力谋打赢，主动应对各种挑战风险考验，各项任务完成圆满，部队内部安全稳定，建设标准层次和质量内涵不断提升。

【提高遂行能力】2014年，总队牢牢把握西藏维稳大势，强化党委依法领导，落实议中心制度，研究确立打好“四反”斗争政治仗、反恐制暴主动仗、防范袭击防御仗、维稳处突阵地仗、全面抓建过硬仗的“五仗”作战指导，积极推进防车撞、防纵火、防枪击、防刀砍、防爆炸、防劫持、防脏弹袭击“七防”反恐防袭研训，探索形成力量部署由应急增援向常态部署、兵力使用由分散用兵向集中用兵、能力需求由仓促应战向高效处置、综合保障由临机组织向高效联动转变的常态稳控模式；以经常性执勤为重心，抓好制度落实、专勤专训、等级评定和隐患排查治理，探索“两看”勤务区域集中看管模式，部队连续9年无执勤事故；精心组织那曲、阿里两地多线驻训维稳，严密部署常态维稳、各敏感期战备、各宗教节日安保以及党和国家、军队领导人来藏警卫等重大临时勤务，专题总结反思任务与建设经验教训，组建总队女子特警队、那曲比如机动大队，组织“卫士—14”演习、机动师换班红蓝对抗和雪域勇士竞赛，积极参加总部狙击手和警犬专业集训竞赛，部队实战化能力有效提升，圆满完成多样化任务1100余起。积极协调召开总队第一书记座谈会，统筹解决反恐救援装备和“五种力量”建设问题；自筹经费1450万元，购置4大类1200余件(套)反恐装备器材；以我为主、警地联动开展维稳群众工作“六共”活动，联动推进寺庙爱国工程、爱民助民工程、强基固本工程、育学助学工程“四项工程”和进乡村、进社区、进学校、进寺庙“四进入”工作，影响广泛、成效初显，得到全国政协俞正声主席、军委领导和武警党委首长充分肯定。

【首长视察慰问】7月19日，中

共中央政治局委员、中央政法委书记孟建柱到总队视察，在作战指挥中心听取总队基本情况汇报，与总队党委班子成员进行座谈，作重要指示。还通过视频检查阿里方向部队驻训维稳情况，向一线官兵转达党中央、习主席的亲切问候。

7月20日，中共中央政治局委员、中央军委副主席许其亮到总队调研视察、看望慰问官兵。深入第一支队观看总队反恐训练成果展示，参观支队警史馆、文化长廊，代表习主席和中央军委首长看望慰问基层官兵，听取总队党委工作汇报，并作重要指示。

8月12日，中共中央政治局委员、中央军委副主席范长龙到总队机关视察，代表习主席和中央军委首长看望慰问官兵。范副主席在作战指挥中心观看总队履行使命和建设情况汇报片，并作重要指示。

6月24日至26日，武警部队司令员王建平深入驻藏武警部队视察调研。

1月15日，自治区党委陈全国书记出席总队党委三届七次全体(扩大)会议并作重要讲话。

1月27日，自治区党委书记陈全国深入拉萨市支队布达拉宫广场守卫中队看望慰问执勤官兵。

【学习习主席系列重要讲话精神】2014年，总队把学习习主席系列重要讲话精神作为一条主线贯穿党委中心组学习、理论集训和主题教育，作为根本遵循落实到班子建设、部队遂行任务和抓基层打基础工作方方面面，作为理论武器改造思想、统领全局、指导实践，统一官兵思想和行动，确保部队高度集中统一和纯洁巩固，确保党中央、中央军委和习主席决策指示在总队坚决贯彻落实。

【党的群众路线教育实践活动】2013年7月至2014年10月，总队自上而下分两批在两级党委机关和基层党组织扎实开展党的群众路线教育实践活动。按照“标准更高、走在前列”的要求，着力治本抓源、正风肃纪，铁腕整治用人用钱用权不良风气，超常整治“三清”“五超”，认真纠治破解思想观念、工作标准、层次内涵、作风纠治上的“四种不良效应”，研究制定《贯彻落实从严治党治军要求，围绕“六破六立”推进作风建设纵深发展的意见》，建立落实廉政责任、选人用人、经费使用、公务接待、工程建设、物资采购等10余项制度措施；压减两级机关干部116人、超配高配干部169人，清编超占兵员195人，封存涂装超标车辆48辆，清理分流公务用车22台，收回车辆号牌21副，清退不合理住房54套，整改机关超标办公用房760平方米，取消总队机关干部伙食补助，压缩公务接待经费同比减少550余万元，压缩预算项目12个、经费2422.5万元；如期兑现“十件实事”，持续解决官兵就医、吃水、取暖、吸氧、休假等实际困难，特别是对3名党委委员、9名总队机关干部违纪问题和违规使用1名正营职干部进行公开严肃处理，对部队发生问题的党委领导责任进行反思剖析，形成有力震慑，作风建设在立破并举中实现新常态。

【驻训维稳】 2013年8月至2014年10月8日，根据自治区党委政府部署，总队维稳兵力远程机动至海拔4500多米的那曲地区驻训维稳。

4月12日至11月24日，总队维稳兵力三次赴海拔4800多米的阿里地区普兰县塔尔钦镇，担负马年“塔尔钦”宗教活动维稳任务。维稳部队面对环境恶劣、任务艰巨，突出动中散中抓建强能，圆满完成巡逻抓捕、要道设卡、边界巡控、重大活动安保等任务165起。

【维稳群众工作“六共”活动】2014年，总队主动发起并与自治区联动开展以“共讲党恩跟党走、共促团结反分裂、共建文明树新风、共谋发展惠民生、共抓党建固根基、共创平安保稳定”为主要内容的维稳群众工作“六共”活动。自治区党委政府高度重视、大力支持，相关职能部门密切配合，对口制定相应方案计划；总队召开研究推进会和警地座谈会，强力推动寺庙爱国工程、爱民助民工程、强基固本工程、育学助学工程“四项工程”和进乡村、进社区、进学校、进寺庙“四进入”工作。与12座重点寺庙、177个社区（乡村）党支部和147所学校结对帮建，培训边远寺庙医务人员27名，援建2个寺庙卫生室，建立扶贫联系点267个，资助贫困学生456名，争取民心、夯实根基影响广泛、成效初显。俞正声主席作出重要批示：“武警西藏总队在艰苦条件下，发扬我军‘工作队、宣传队’的光荣传统，深入基层，深入群众，宣传政策，为民办事，为西藏的和谐稳定做出了重要贡献”；军委领导和武警党委首长均给予充分肯定。

【郭毅力先进事迹报告会】 1月21日，中宣部、解放军总政治部、自治区党委在人民大会堂联合举办郭毅力同志先进事迹报告会。总队副政委马小俊、第一支队支队长陈能怀、那曲支队七中队四级警士长宗雷、郭毅力同志的女儿郭琦以及西藏日报记者德吉央宗，以其切身感受，从不同角度、不同侧面讲述郭毅力先进事迹和崇高精神。

2月19日，郭毅力同志先进事迹报告团在总队礼堂举行专场报告会。西藏电视台、西藏日报以及拉萨晚报等多家报刊媒体采访。

【总队宣布第一政委命令暨第一书记座谈会】 1月26日，总队召开宣布命令暨第一书记座谈会，自治区党政警领导邓小刚、汪留国、刘江及七个地（市）武警支队第一政委、第一书记，总队宋宝善司令员、唐晓政委出席，机关处以上领导参加。邓小刚宣布国务院、中央军委命令和武警党委党内任职通知，宋宝善宣布武警部队命令和总队党委党内任职通知；唐晓传达学习自治区党委陈全国书记重要批示。邓小刚围绕加强武警总队建设和第一书记如何更好地履行职责、发挥作用作重要指示；总队党委第一书记刘江和各支队党委第一书记分别作表态发言；宋宝善、唐晓分别作重要讲话。参会人员观看总队近年来建设和完成任务情况录像片，就加强总队建设和履行第一书记责任进行座谈，共商部队建设大计。

【“一组五队”拉动演练】 5月22日，总队组织应急保障“一组五队”实战化拉动演练。各保障分队快速启动应急预案、筹措装载物资、开展战前动员，按照既定时间和路线开进，在规定时限内圆满完成保障任务。演练达到锤炼队伍、查找不足、完善手段、提升能力的目的，后勤应急保障在那曲、阿里驻训维稳等重大任务中得到检验。

【《纲要》培训】 5月19日至6月23日，总队分两批组织基层大（中）队主官和总队机关干部进行《纲要》培训。通过学习《纲要》，领导专题授课，录像辅导，现地观摩正规化管理教育整治、“三治四建”、“四心”活动、正规化执勤试点成果，观看特战课目、“六防”战法、徒步及乘车武装巡逻、要道设卡演示和装备展示，交流动中抓建、正规化管理教育整治、“三治四建”、“四心”活动经验，组织“六按”展评、板报评比、指导员授课评比、党支部模拟议事、理论和军事考核，进一步强化按纲抓建意识，理清按纲抓建思路，有力推进总队全面建设。

【强军实践能力集训】 7月24日至28日，总队组织100余名团职干部在区域训练基地开展强军实践能力集训，深入学习贯彻习主席系列重要讲话和总部系列会议集训精神，将强军兴军实践引向深入。集训紧扣提升领导强军实践能力现实主题，紧贴面临形势任务“五个不容”现实考量，紧盯反分裂斗争打好“五仗”现实需求，系统研究总队在强军实践中的4大类20项重难点问题和具体工作，集智攻关破解难题，统一聚焦强军实践的思想意志，激发投身强军实践的强大动力，强化领导强军实践的责任担当，形成落实强军实践的鲜明思路，为高标准实现“两个确保”奠定了坚实能力基础。

【清理调整执勤目标】 根据武警部队《关于撤收西藏民族团结宝鼎等16处目标执勤任务的通知》要求，总队认真筹划部署，扎实稳步推进，严密组织实施，于10月7日完成西藏民族团结宝鼎、中国电信集团公司西藏分公司、中国电信集团公司西藏分公司应急通信局应急通信基地、中国电信集团公司拉萨分公司、柳梧大桥、大昭寺广场、两桥一隧（原曲水大桥）、八一大桥、岗嘎大桥、林芝地委行署机关、日喀则地委行署机关、昌都地委行署机关、山南地委机关、山南地区行署机关、那曲地委行署机关、阿里地委机关等16处目标勤务撤收任务。

【安保执勤】 5月29日至6月27日，驻藏武警维稳部队出动兵力担负“萨嘎达瓦”宗教活动期间重点寺庙监控、重要场所防控、重大活动安保、转经沿线警戒、机动备勤、反恐作战和医疗救护等任务，确保西藏社会局势稳定。针对“萨嘎达瓦”期间转经人数超过去年同期3.5倍，达到778.9万人次的特殊形势，总队牵头驻藏武警维稳部队精心部署、严密组织，确保活动有序进行、安全顺利。

8月25日至9月2日，驻拉萨武警部队出动兵力担负“中国·拉萨”雪顿节13个项目77场次活动安全保卫任务，确保活动安全顺利圆满。

12 月 16 日，总队官兵圆满完成“甘登昂曲”(燃灯节)宗教活动现场安保、社会面防控和机动备勤任务。

【总队政治工作会议】 12 月 21 日至 23 日，总队召开政治工作会议，学习贯彻全军和武警部队政治工作会议精神，研究部署新形势下总队政治工作。会议对照习主席指出的“11 个优良传统”、“10 个方面突出问题”、“四个立起来”和“五个着力抓好”反思检讨，坚决肃清周永康、徐才厚案件的危害影响，系统总结总队生命线地位作用发挥 6 条基本经验，深刻剖析总队政治工作领域忠诚、理论、战斗、本色、原则、创新“六个基因”缺失和 10 个方面的沉疴积弊，研究部署加强和改进新形势下总队政治工作重大问题，在正本清源、厚重内涵、重塑威信上理清思路、立起标准。

公安边防

【概况】 2014 年，西藏公安边防总队党委团结带领部队各级和广大官兵拼搏实干、攻坚克难，在圆满完成重大任务中锤炼队伍，在维护稳定服务发展中彰显作为，在全面加强部队建设中夯实了基础。全年搜集上报情报信息 385 份，在尼泊尔警方协助下堵截遣返企图非法入境人员 25 人。2013 年至 2014 年底，共查获非法出入境案件 45 件 106 人。

【维稳控边】 2014 年，西藏公安边防总队始终把维护边境稳定作为首要职责，严格执行“两个一律”，开展打击整治非法出入境专项斗争，在边境重点方向实战布防、严管严控，有力挫败敌对势力渗透破坏活动。2013 年至今，查获非法出入境案件45 起 106 人，遏制了偷渡活动猖獗势头。以阿里、日喀则地区为主战方向，部署反恐专项行动，强化反恐力量建设，有效阻断暴恐势力内潜外逃通道。坚持情报服务实战，搜集上报情报信息 385 份，上级采用 182 份，侦破“6·03”变造边境通行证等重大案件，掌握了对敌斗争主动权。全力打造科技控边体系，完成中尼边境 17 条重要通道“515”工程建设，并深度推广应用，总队信息化建设被纳入自治区边境管控核心工程。深化对尼警务合作，完成尼泊尔外警培训，在尼方协助下，堵截遣返企图非法入境人员 25 人。

【重大安保】 2014 年，西藏公安边防总队贯彻落实自治区决策要求，精心谋划、严密部署，成立“塔尔钦”宗教活动基本指挥部和前进指挥所，按照以证管人、控制规模、有序安全的总体要求，制定各类工作方案和应急预案 15 个。在长达 7 个多月的连续执勤中，各级领导坐镇一线、靠前指挥，阿里边防支队全警动员、全员投入，由林芝边防支队、情报侦查支队、机动支队、训练基地抽调力量组成的 333 人应急增援队进驻核心区域执行任务，日喀则、山南边防支队和各边防检查站积极支援主战场，形成相互策应、协同作战，重兵压境、重拳出击和严打严防严管严控高压态势，实现“塔尔钦”宗教活动安全平稳有序、无一人非法出境参加法会的目标，取得“塔尔钦”宗教活动边防安保和第 33 届“时轮金刚法会”维稳控边攻坚战的全面胜利。

【服务管理】 2014 年，西藏公安边防总队主动融入自治区经济社会发展大局，将爱民固边战略和边检提服工作纳入党委政府工程，报批立项兴边富民项目 29 个，创建爱民固边模范县 5 个、乡镇 55 个、村 344 个，504 名民警兼任村官，18 个驻村工作队深入开展强基惠民活动，272 名官兵进驻边境寺庙，大走访活动逐渐常态化，帮困助残体系逐步社会化。边检新“三大支柱”建设全面推进，口岸通关环境高效畅通，吉隆口岸扩大开放各项配套设施进一步完善，警地综合治理新格局初步形成。林芝边防支队推出的“民情档案”、“警民一家亲合影”等群众工作方法，特色鲜明、效果显著。罗马驻村工作队经验做法在全区推广，总队连续 3 年被评为创先争优强基惠民活动优秀组织单位。

【三个规范化建设】 2014 年，西藏公安边防总队探索新形势下部队管理新模式，落实条令条例，全面规范部队“四个秩序”，靠制度、靠标准、靠责任抓管理、抓执法、抓执勤的意识不断增强。树立安全发展理念，落实定期安全讲评、形势分析和风险评估制度，开展安全教育整顿和隐患排查，保持部队稳定。强化执法主体能力建设，组织参观见学、执法培训、模拟办案等活动，1105 名官兵通过执法资格考试。倡导和推行训战合一、训勤合一的练兵模式，加强武器警械使用、应急指挥、远程机动等实战化训练，部队执勤能力提高。开展“三个规范化”建设专项检查，逐项查摆整改问题，夯实了正规化建设基础。山南边防支队“三个规范化”建设成效明显，较好地发挥了试点引领作用。

【政治工作】 2014 年，西藏公安边防总队以创建活动为引领，围绕民主集中制建设年，开展党内生活现状大调查，查摆整改问题 135 个，党建工作水平不断提升。健全领导班子目标量化管理体系，修订考核办法，激发各级争先创优的内在动力。对大队级党委建设进行专项调研，4 个单位试点先行，为全区推进基层党建进行有益探索。举办 2 期师团职领导干部读书班，159 人集中参加学习，促进了支队、大队两级领导干部理论素养提升。抓住思想政治建设这一灵魂工程，深入开展主题教育和“三个服务到一线”活动，弘扬“喜马拉雅卫士精神”，凝聚官兵精气神、催生了部队战斗力。着眼干部队伍长远发展，修订《干部管理规定》，增强干部工作的科学性。强化新闻宣传精品意识，联合中央电视台拍摄 10 集反映西藏边防工作的大型纪录片，在全国展示西藏边防官兵的风采，引起积极反响。坚持典型引路，打造总队“十大边防卫士”和“十佳边防警嫂”品牌，格列、朱宏兵、陈国静等一批先进典型脱颖而出。推动“忠诚、励志、职业、廉政、家园、练兵”等为主题的警营文化建设，文工团赴基层演出 79 场次，发挥文化育警功能。推进党风廉政建设，持续深入整治“四风”问题，查处违法违纪案件 6 起 8 人，责任追究 6 起 17 人，严肃了部队纪律。

【综合保障】 2014 年，西藏公安边防总队召开后勤工作会议，破解后勤保障难题，为推动部队持续发展增添了后劲。健全应急保障机制，争取“塔尔钦”宗教活动边防安保专项经费 680 余万元，调拨执勤物资 1240 件，核拨油料 255 吨，调配执勤车辆 43 台，购置野战淋浴车 2 台，为任务完成提供有力保障。加强重点项目建设，竣工验收 33 个基建工程，成都经济适用房完成设计招标和立项工作。推进“两证”办理，土地证办证率达到 95.77%，房产证办证率达到 100%，取得历史性突破。开展经费物资专项整治，增强遵规守纪意识，规范了经费物资使用管理。结合基层建设需要和官兵现实需求，制定《2015-2017 年官兵吃水吃菜吸氧和医疗三年规划》，解决官兵基本生活保障难题。完成 26 个单位制氧站建设、22 个单位净化水设备安装和 30 套节能炉灶改造，组织 4 批 100 名基层官兵赴内地疗养，为基层办实事形成长效机制。

公安消防

【概况】 2014 年，西藏消防部门坚决落实自治区党委书记陈全国同志“开创消防推动稳定发展新局面”重要批示和公安部刘金国副部长“西藏消防理念新、思路新、举措新、成效新”重要批示精神，紧贴区情队情，狠抓创新落实，切实以火灾形势和部队安全的“双稳定”，有力维护了全区社会局势的持续稳定。在 2014 年度国务院消防工作考核评定中西藏消防工作被评为“良好”。

【消防工作责任】 2014 年，自治区政府把加强消防基础设施建设、健全消防安全规章制度、落实消防安全措施等内容，纳入自治区政府 2014 年重点工作，出台《西藏自治区整改落实国务院消防工作考核反馈问题的方案》，定人、定责、定时限推动落实消防工作。政府各职能部门部署开展道路交通、安全生产、旅游景区、学校等行业系统火灾隐患排查整治，安排 780 余万元经费整改火灾隐患，用好管辖权、审批权、监管权和调控权。各级公安机关坚持“全警消防”，全面排查特种行业、烟花爆竹、民爆物品储存经营场所消防安全，重点整治交通枢纽、客运企业、运输工具火灾隐患；全区各级消防部队坚持常态化、战役式、分专业排查整改火灾隐患 2.3 万处。全区各类社会单位夯实消防安全“四个能力”建设、落实户籍化管理措施，组建格桑花消防宣传队常态化开展消防宣传，消防安全重点单位实现“零火灾”。广大群众积极举报查处消防违法违规行为，广泛参与消防宣传教育，自觉做到不违规、不违章、不造成火灾隐患、不引发火灾事故。

【消防安全治理】 严控严管油气消防安全 2014 年，西藏公安消防总队持续从运输、储存、销售、使用、应急处突五个环节，深化油气领域消防安全专项整治，选派安全监管员进驻加油站全程监管，检查油气运输车辆1870辆，排查涉油涉气单位场所906家，没收违法违规油品1753升，成功处置8起油罐和液化气槽车事故。

科学应对消防勤务风险 拉萨市实施老城区消防安全网格化管理，昌都市投资15亿元重建老城区，山南地区、日喀则市实施老城区消防安全综合整治，全区县城以上老城区消防风险逐步化解。争取中央政府投资整治大昭寺、色拉寺、哲蚌寺等23处文物古建筑区域性火灾隐患，争取国家文物局投资2800万元，推广应用文物建筑分布式高压喷雾灭火系统，12个寺庙消防大队官兵和驻寺干部落实寺庙内外消防安全措施，全区寺庙消防安全风险明显降低。争取公安部消防局投入1200余万元启动藏东应急救援物资储备库建设，完成“2·12”新疆和田7.3级地震涉藏震区应急救援工作，第一时间做好跨区域增援“8·4”云南昭通鲁甸县地震救援作战准备，藏东方向地震、地质灾害应急救援风险应对能力不断提高；加强边境口岸应急救援力量建设，健全完善联勤联动机制，推动聂拉木、普兰口岸边贸市场火灾隐患纳入城镇基础设施改造升级项目，确保高效应对边境口岸灭火救援风险。

战役式清剿火灾隐患 紧贴区情特点，紧盯老城区、寺庙区“两个类区”和人员密集场所、易燃易爆场所、复杂敏感场所等“三类场所”，开展“清剿火患战役”“重大火灾隐患集中整治”“旅游景区及寺庙消防安全整治”“建设工程施工工地专项检查”“冬春火灾防控专项行动”，全区排查社会单位8.5万家，挂牌督办重大火灾隐患24处，整治火灾隐患4.5万处，实施临时查封169处，责令“三停”229家，实现生产经营性火灾起数和亡人数的“双下降”。

【消防工作发展】 争取消防经费投入 2014年，全区各级政府投入消防事业经费3.93亿元，同比增长66.5%；争取部消防局投入经费1.05亿元，同比增长74.23%，为消防事业发展和消防部队建设提供了有力经费支撑。

着力夯实公共消防设施建设 完成63个建制镇消防规划专篇的编制工作，完成24个“十二五”规划基础项目建设，启动墨脱消防大队等9个工程项目建设。全区新建消火栓156个、维修保养896个，新建取水码头3个。为14个基层消防大中队建设生态园，为49个海拔4000米以上基层单位建设制氧设施。

壮大多种形式消防队伍 全区70%的乡村建立志愿消防队，招录消防辅警员、消防文员218人，组建成立志愿消防队伍216支。

加强灭火救援装备建设 全区各级政府为消防部队购置各类消防车57辆，各类装备器材21071件套。拉萨市投入245.28万元为老城区便民警务站配备灭火器材和防护装备，山南地区为12个乡镇购置消防水罐车6辆、建设消防水池22个、灭火器470具、消防水带677盘、水枪127个，林芝地区为270余户群众配备灭火器并为部分村庄购置了消防车。

【消防部队履职】 2014年，西藏公安消防总队牢记使命职责，克服各种困难，勇于履职担当，全力遂行“六大勤务”。

维稳处突 严密落实消防维稳措施，投入警力38453人次、车辆7632辆次，参与公务执勤4240起，确保了“三月敏感期”、萨嘎达瓦、雪顿节、第十一届全区运动会、塔尔钦等重大节庆、敏感节点和重大活动消防安保万无一失。

应急救援 高效处置“7·10”拉萨曲水县和“7·12”日喀则萨迦县油罐车侧翻事故，拉萨尼木县“8.09”、林芝工布江达县“8.18”特大交通事故等应急救援任务227起，抢救群众470人，疏散群众1495人。

防火灭火 创新实施“战法、训法、管法和战斗编成”一体化，高效稳妥扑救各类火灾105起，抢救疏散被困人员201人，保护财产价值2779.5万元。

便民助民 深化警民共建共保、“三访三评”和“大走访”爱民实践活动，为民办实事98件，开展义务诊疗56次，义务清扫垃圾320余吨，植树种树30余万株。

农牧区和寺庙社会工作 选派75名官兵赴5个高海拔行政村开展驻村工作，选拔3名优秀干部到平均海拔4500米以上的3个村(居)委会任党支部第一书记；委派30名团以上党员领导干部进村入户、走访群众，结对帮扶。

边境口岸消防安全守护 以樟木口岸为重点，落实边境口岸区城镇、寺庙火灾联防联控机制，统筹推进公共消防基础设施规划建设，确保边境口岸消防安全。

公安警卫

【概况】 2014 年，警卫局狠抓警卫工作改革，按照上级关于改进警卫工作的一些列意见，积极改进警卫形式，研究协作方法，不断提升警卫局在警卫工作中的组织、指挥、协调能力。同时，根据特大暴恐事件频发的严峻形势，进一步加强基础调研力度，对公安部警卫局分管警卫对象在藏住地、重要会议场所、敏感部位等进行多次基础调研，深入走访各警务站、辖区派出所、保卫处及驻扎武警执勤官兵，掌握第一手资料和情报信息，及时改进安全措施，消除存在的隐患，确保警卫对象的绝对安全。全年，警卫局共完成自治区十届政协二次会议，自治区十届人大二次会议，孟建柱、郭声琨、胡春华、郭金龙、范长龙、许其亮等同志赴藏，自治区领导考察“色拉崩坚”和“塔尔钦”宗教活动，尼泊尔国庆招待会，尼泊尔副总统贾阿一行赴藏访问等勤务 448 批次，其中二级加强勤务 1 批次，二级勤务 44 批次，三级勤务 4 批次，派出警力 3840 人次，派出警车 993 台次，制作证件 24540 张，开展基础调研和安全检查 5 次。

【队伍建设】 2014 年，警卫局提拔任用营连职干部 11 名，调整使用干部 13 名，接收援藏干部 2 名，赴内地交流干部 2 名，接收普通高等学校毕业生 3 名，考入公安现役部队院校士兵 2 名，24 人次参加公安部警卫局举办的副团职培训等培训班。

【部队管理】 2014 年，警卫局加快正规化建设，提高正规化建设水平，切实规范完善警卫勤务及部队内部管理工作，按照从严治警、规范管理的要求，深入排查隐患，堵塞漏洞，进一步梳理完善制度规定，修订完善并印制了《西藏警卫局局属部门主要职责任务》、《西藏警卫局干部请休假管理暂行规定》、《西藏公安厅警卫局营以下干部综合考评办法》、《西藏警卫局机关管理规定》、《警卫局成都工作站管理规定》等相关制度规定，做到内容充实、程序清晰、要求清楚、责任明确、便于落实，确保各项制度可操作性强，实用性强。2014 年，警卫局深入贯彻中央“八项规定”，建立完善纪检监督机制和廉政制度，加强廉政文化建设，开展党纪教育，加强对人、财、物管理使用和对关键岗位的监督，完成清房、清车、清人“回头看”工作，提高了干部拒腐防变的能力。

【教育学习】 2014 年，警卫局进一步提高官兵的思想素质和理论水平，加强思想政治教育工作，科学拟制《西藏公安厅警卫局党委理论学习中心组 2014 年度理论学习计划》、《2014 年警卫局机关干部政治理论和业务知识学习总体方案》，将党的十八届三中、四中全会精神，习近平总书记系列重要讲话精神、全军政治工作会议和公安现役政治工作会议精神，通过以集中学习、个人自学、支部自学、专家授课等形式开展学习活动。同时，利用每周二、四下午的时间，开展藏语学习、业务授课、法律法规和时势政策教育，并及时组织学习党委、政府、公安厅重要文件及会议精神，教育官兵树立宗旨意识，坚定理想信念，探索提高警卫业务水平、改进警卫形式的方式方法，努力提升官兵的业务素质和部队战斗力。2014 年召开党委理论中心组学习会 6 次，官兵集中学习、支队学习活动 80 余次，进一步强化警卫局干部队伍的能力素质。

【军事训练】 2014 年，警卫局结合区情特点和部队实际，分别于 3 月至 5 月，7 月至年底开展春季训练和大练兵大比武活动，本着“干什么练什么，缺什么补什么”的原则和习近平主席在视察中办警卫局时的讲话、公安部警卫局《公安警卫部队开展“全警大练兵大比武”活动实施方案》相关要求，优化训练内容，改进训练方式，突出对抗性和实战化训练，特别是选派的 6 名参加全国警卫部队“大练兵大比武”教员骨干培训的同志返藏后，进一步更新训练科目，提高训练要求，严格训练纪律，将 15 米快速精度射击、一招制敌、圆木轮胎托举、太极拳、咏春拳、游泳、模拟警卫执勤等新科目纳入日常训练和考核范围，提高了官兵实战水平和应对突发状况能力，为新形势下确保警卫工作万无一失打下坚实的基础。

【后勤保障】 2014 年，警卫局加快推进基础设施建设，对局机关大院和警卫队营房设施进行全面重新规划，完成机关大院绿化改造、篮球场翻新重建、机关大门维护扩建、供水管道改造、供暖工程建设、营团师职楼外墙装饰以及新建地面停车场等工程项目，改善营区环境，规范营区秩序。同时，完善《西藏自治区公安厅警卫局公安警卫装备“十二五”建设方案》，完善单警、特勤装备、交通工具和应急处突装备储备库建设，推进信息化、安检、训练、应急装备建设。加强制度建设，规范后勤工作，制定《西藏警卫局财务管理规定》，健全资金管理、财务报销、接待规格及标准等相关规定，加强预算改革，注重明细化，提升了后勤建设规范化水平。

武警森林总队

【概况】 中国人民武装警察部队西藏自治区森林总队（简称武警西藏森林总队），组建于2002年10月10日，正师级。担负森林防火灭火，保卫森林资源，依法执行国家赋予的维护社会稳定和处置突发事件任务。总队下辖2个支队、3个直属大队、1个教导队，总队设司、政、后三个部门，编制员额1000人。2014年是总队党委班子调整后新一轮建设全面推进之年。各级坚持聚焦强军目标，按照总队党委既定工作思路，以多样化任务为牵引抓建设，紧紧扭住作风和人才建设这个关键，紧盯高原部队建设特点规律狠下功夫、狠抓工作落实，部队建设保持了整体进步、全面发展的良好态势，圆满地完成了各项任务，实现了“两个确保”。

【中心任务】 2014年，武警西藏森林总队聚焦战斗力标准做工作，制定下发《力量体系建设发展规划》、《作战勤务值班需把握的15个问题》等指导落实性文件；围绕依案而行，抓战备工作落实，抓战备秩序规范，组织9次营区防袭击和10余次灭火作战综合演练；狠抓“两个练兵”、新大纲试训论证、新兵教育训练、重难点课目教练员集训，抓“卫士—14”首长机关演习和警地“五联”灭火演练等。全年先后动用兵力10850人次，完成“高原利剑”野生动物保护专项行动和6次火险隐患排查，10起森林火灾扑救，47次防火宣传、林政执勤和抢险救援等任务。特别是扑救察隅“12·5”、米林“12·25”两起森林火灾，部队行动迅速、到位及时，敢打敢拼、英勇顽强，主动配合、担当先锋，以人为本、确保安全，有效保卫国家森林资源安全。

【部队管理】 2014年，武警西藏森林总队深化依法从严治警理念，贯彻依法从严治警集训精神，开展“安全大讲堂”“法纪警示教育”等专项活动，制定《总队正规化建设五年规划》，治理“三松”和私自离队等倾向性问题，研究应对营区投掷爆炸物、驾车冲闯、持械袭击等措施手段，坚持经常性网上抽查与突击性实地检查，定期讲评通报，探索高原部队管理特点规律，制定《安全管理工作办法》、《安全隐患排查细则》等规定，推动重点问题治理，总队连续七年实现“三无”。

【基层基础建设】 2014年，武警西藏森林总队强化把“按纲抓建当日子过”的思想，严密组织干部队伍培训，蹲点帮建、下连当兵、蹲连住班，不断提高干部队伍按纲抓建的能力素质，《纲要》网上培训做法被指挥部转发；抓好“三个一线”建设，督导一线指挥部发挥面对面指导帮带作用，强化党支部组织功能和一线带兵人事业心责任感；注重发现培养宣传身边先进典型。那曲大队四级警士长梅建波荣获第十七届“中国武警十大忠诚卫士”提名奖，昌都中队中队长李亮被指挥部评选为“十大绿色卫士”。

【后勤保障】 2014年，武警西藏森林总队贯彻落实指挥部现代后勤工作会议精神，在林芝支队试点并召开现场观摩会，完成四级应急保障队（组）的模板抽组、要素合成演练，总队提升后勤应急保障能力做法被指挥部转发。组织后勤专业技能比武和各类技术学兵培训，强化预算执行，强推公务卡结算，创建财物联管机制，普及推广自然养猪法，科学调剂伙食，伙食满意度达到98%以上，投入2186万余元用以基建项目改善官兵工作生活条件，投入1800余万元保障中心任务圆满完成。

【“2014—高原利剑”野生动物保护专项行动】 5月17日至29日，总队按照自治区人民政府的统一部署，派出41名兵力，动用车辆8台，携带各类枪支24支、子弹3300发及单兵防护装具41套，配合地方森林公安，开展了“2014–高原利剑”野生动物保护专项行动。行动期间，先后深入3个地区、14个县、55个乡镇和6个自然保护区，累计行程4000余公里，抓捕盗猎分子5人，收缴藏羚羊皮8张、藏羚羊角52

付、狼皮9张、狼头14个、盘羊皮11张、猞猁皮2张，散发传单3500余份，受教育群众1000余人。参战官兵在海拔5000米以上“无人区”行动，充分发扬森林部队“火场”精神和特有的“老西藏”精神，突破生命极限，克服高山缺氧、天气恶劣、交通不便等重重困难，出色地完成了任务，为保护国家野生动物资源，维护生态安全做出了应有贡献。经验做法被指挥部转发，《谁在猎杀藏羚羊》专题片在中央七套“中国武警栏目”进行了首播和重播。

【“12·5”、“12·25”灭火纪实】 12月5日18时30分，西藏林芝地区察隅县下察隅镇拉丁村米拉山发生森林火灾，火势越过“麦克马洪线”，迅速蔓延到了中国西藏林芝地区的察隅县下察隅镇拉丁村米拉山山头，严重威胁中国境内上百万亩过熟林和上万人的安全。支队迅速调集察隅中队30名官兵赶赴火场，并将正在察隅县开展“千里防火宣传”的支队防火宣传队27名官兵转为战斗队，第一时间向火场开进。鉴于火势凶猛，过火面积大，又及时调集波密中队20名官兵，长途奔波400余公里，前往察隅紧急增援。12月25日18时，林芝地区米林县羌纳乡托加沟发生森林火灾。支队按照“重兵投入，速战速决”的原则，迅速调集米林、林芝中队和支队防火宣传队共85名官兵，摩托化向火场开进。由于山高坡陡、倒木众多、腐植层厚，火借风势迅速蔓延。火场联指又迅速调集西藏内卫总队林芝支队150名官兵和2000余名地方扑火队进行增援。通过警民连续奋战4个昼夜，终于将大火扑灭，创造了依靠人力扑灭高原森林火灾的范例，转变了各级“西藏灭火靠天吃饭”的观念和认识。

【警民共建】 3月30日，昌都支队筹建的“春苗图书室”正式落户昌都地区俄洛镇中心小学。3月31日，由武警林芝森林支队捐建的“春苗图书室”正式落户西藏林芝县百巴镇中心小学。这是驻藏森林部队建成的第2家“春苗图书室”，支队投资10万余元为百巴小学购置了10台电脑和300余套图书，并配齐了图书架、阅览桌等配套设施，为乡村孩子学习成才提供了有力条件。11月19日上午，武警西藏森林总队与兹角林村2014年第三季度“帮支部、评党员”活动评比表彰大会在兹角林村党员活动室召开，西藏森林总队政治部李京东副主任，兹角林村党支部书记单增格桑、村委会主任旺庆和全体党员参加会议。以“帮支部、评党员”活动为载体，目的就是为兹角林村党支部和党员队伍建设做出一份努力和贡献。在总队官兵的真心帮带下，兹角林村插上了腾飞的翅膀。自2011年结成共建关系至今3年多时间里，总队积极为兹角林村出主意、想办法、谋进步，为强化党支部战斗堡垒作用，提高党员队伍整体素质，总队还拿出40多万元为兹角林村建起了拉萨市首家村党员活动室、党员图书室，积极开展健康向上的共建活动，定期宣讲党的政策，协调专家共商经济大计，千方百计寻找致富门路。

简略语注释

维稳“六共”：共讲党恩跟党走、共促团结反分裂、共建文明树新风、共谋发展惠民生、共抓党建固根基、共创平安保稳定。

军事工作“三个半小时”：听新闻广播、看电视新闻、看报各半小时。

军事工作“三互”：互帮、互学、互教。

军事工作“双四一”：周明一理、月习一文、季读一书、年学一技。

四个正确对待：正确对待事业，正确对待组织，正确对待自己，正确对待别人。

བོད་ལྗོངས་ལོ་རིམ་མེ་ལོང་།

西藏年鉴

TIBET YEARBOOK

2015

【第四篇】

经济、社会事业

发展改革

【概况】 2014年,全区生产总值达到920.83亿元,增长10.8%。全社会固定资产投资增长总额1119.73亿元,增长21.9%。全社会消费品零售总额364.51亿元,增长13.1%。农村居民人均可支配收入7359元,增长12.3%。城镇居民人均可支配收入22016亿元,增长7.9%。公共财政预算收入124.27亿元,增长30.8%。进出口总额138.48亿元,下降33.0%。居民消费价格涨幅2.9%。保持了跨越式发展的良好势头,为全面完成"十二五"规划目标任务奠定了基础。

【需求增长较快】 投资持续增长,累计落实"十二五"规划项目投资1642亿元,占"十二五"规划投资2217亿元的74.1%。236个项目累计完工64个、在建148个。拉日铁路通车运营,拉林铁路控制性工程开工建设。改则至革吉、丁青至斜拉山等一批公路建设项目获得国家批复,拉林高等级公路已开工建设路段完成工程总量的75%以上,米林机场至八一专用公路、嘎拉山隧道和雅江特大桥改扩建工程加快实施,新增通油路县3个、通油路乡(镇)36个。拉萨贡嘎机场航站区改扩建工程开工建设。川藏电力联网工程建成投运。藏木水电站2台机组、旁多水利枢纽工程4台机组发电,多布水电站、羊易地热电站开工建设。无电地区电力建设、农网改造升级工程稳步推进。全区电力装机总容量达169.7万千瓦、增长32.4%。雅鲁藏布江中游水电规划和环评通过国家审查。拉洛水利枢纽工程、雅砻、恰央等重点水库开工建设。拉萨城市供暖实现全覆盖。消费保持平稳。印发加快流通产业发展的实施意见,制定了农牧区市场体系建设方案和南菜北运东果西运主销区建设工程实施方案,加快城乡网点规划和农牧区市场体系建设规划。定向刺激消费,安排1亿元财政资金,对家电家具采购进行补贴。落实商务基础设施建设资金2.93亿元,建成县级配送中心20个、乡(镇)商贸中心69个、农家店1400个,商品流通网络进一步完善,有效促进了农牧区消费市场繁荣。引导区内物资交易会趋于规模化、品牌化,建成特色产品电子商务平台,完成30家企业80种产品信息上线工作。建成4个粮油配送中心和13个粮油示范店,销售粮油1140万公斤。外贸合理运行。受樟木口岸尼方贸易通道发生重大山体滑坡事件影响,边境小额贸易小幅下降,完成进出口总额14.45亿美元、下降1.2%。口岸规划编制和基础设施建设进展顺利,吉隆口岸正式通关。

【产业运行平稳】 农牧业基础扎实。农作物播种面积377.02万亩,粮食产量达到97.97万吨。农业科技支撑力度不断加大,"藏青2000"等新品种推广56万亩,高产创建示范面积100万亩,良种繁殖面积15.69万亩。农机购置补贴2.85亿元,三项作业综合机械化水平达到57.5%。出栏牲畜660万头(只)、禽类300万羽,肉类产量28.62万吨、奶类产量34.06万吨。落实草原生态保护奖励资金20亿元。自治区级农牧业产业化经营龙头企业总产值23.2亿元、增长9.4%,农畜产品加工企业总产值24亿元、增长14.3%,农牧业产业化经营率达到38.6%。落实扶贫农发专项资金25亿元,实施农业综合开发县38个、扶贫项目1898个,减少贫困人口13万人。工业经济保持平稳。全区工业增加值实现66.16亿元、增长9.3%,规模以上工业增加值实现48.87亿元、增长6.0%。"十二五"规划重点工业和信息化项目累计完成投资242.4亿元,提前超额完成规划投资目标,昌都水泥生产线建设项目基本竣工,日喀则高新雪莲生产线已完成设备安装。重点园区集聚力进一步增强,藏青工业园区加快建设,那曲物流中心累计引进企业96家、注册资金突破5亿元、上缴税收7亿元。成立专项领导小组及办公室,出台专门意见,推动天然饮用水产业做大做强。加大"西藏好水"宣传推介力度,在北京举办了"西藏好水·世界共享"主题宣传活动,中国黄金、三峡集团、光明乳业等一批国内500强企业进藏考察洽谈天然饮用水投资合作开发事宜。区管重点国有企业累计利润总额16.52亿元、上缴税金7.22亿元,分别增长60.72%、16.5%。旅游和房地产业发展较快。加大旅游宣传推介力度,狠抓旅游市场秩序整治,推动旅游持续升温。接待国内外游客1553万人次、增长20.3%,实现旅游总收入204亿元、增长23.5%。房地产业产销两旺,新开工楼盘37个、总投资92.89亿元。

【民生保障更惠】 社会保障投入大幅增加。投入71亿元,全面落实18项民生政策,新增11项惠民举措。城乡社会救助工作稳步开展,城镇居民最低生活保障标准由每人每月440元提高到540元、农村居民最低生活保障标准由每人每年1750元提高到2150元、农村五保集中供养标准由每人每年2600元提高到3650元。开工建设五保集中供养项目48个、地(市)儿童福利院项目6个。新开工保障性安居工程7.2万套,9.47万人住房条件得到改善。向灾区下达救助资金1320万元,调拨价值875万元的救灾物资。农牧民转移就业98.5万人次、劳务收入20亿元。全区公益性岗位使用安置26018个,动态消除零就业家庭96户。居民收入较快增长,农村和城镇居民人均可支配收入分别达到7359元、22016元,增长12.3%和7.9%。全区各项社会保险参保260.6万人次,在政策层面上实现了社会保障全覆盖目标。社会事业不断进步。教育"三包"经费标准再次提高,学年生均达到2900元,学生在校生活质量进一步提高。实现义务教育农牧民子女营养改善计划全覆盖,惠及38万多名学生。向全区乡(镇)正式在岗教师发放生活补助,月人均补助600元,1.6万余名乡村教职工受益。农牧区医疗制度保持全覆盖,城乡居民医疗补助标准分别提高到年人均340元、380元,将22种重大疾病和20种特殊门诊病种纳入保障目录。为273.3万城乡居民、2.8万名在编僧尼免费体检。每月向乡(镇)卫生人员平均发放生活补助600元。加快实施创新驱动发展战略,批准各类创新平台9个,科技服务特色优势产业能力逐步增强。西藏自然科学博物馆项目基本完成展陈施工、西藏(拉萨)科技企业孵化器、种质资源库项目建设顺利推进。乡(镇)综合文化站、县级民间艺术团排练场基本竣工,建成那曲、山南地区图书馆,开工建设山南、昌都地区博物馆,全区公共文化设施总量比2013年增加192个,服务网络更加完善。"东风工程"加快实施,新闻出版产业持续健康发展。完成8.4万户广播电视盲点覆盖,广播电视人口综合覆盖率达到94.78%和95.91%。全区光缆线路达到9.7万公里,乡(镇)通光缆率达到97.8%,61.4%的行政村具备宽带接入能力。安全生产形势基本稳定。开展安全生产大检查、大排查、大整治行动和"六打六治"打非治违专项行动。全区共发生各类安全生产事故500起、下降41%,死亡262人、下降17%,实现"双下降"。大力实施质量振兴战略,不断强化特种设备、食品安全、执法打假等监管工作,有效维护社会公共安全。

【发展支撑强劲】 财税金融运行稳健。公共财政预算收入124亿元、增长30.8%;公共财政预算支出1185亿元、增长16.9%。全区各项税收收入174.1亿元、增长17.8%。各项存款余额3089.19亿元、比年初增长23.5%;各项贷款余额1619.46亿元、比年初增长50.2%。信贷投向重点突出、结构进一步优化,中小微企业贷款余额608.92亿元、比年初增长44.72%,涉农贷款余额297.26亿元、比年初增长98.09%,扶贫贴息贷款余额214.56亿元、比年初增长近两倍。油电气运运转有序。全社会用电量30.68亿千瓦时、增长9.86%,工业用电量14.63亿千瓦时、增长21.45%,销售成品油60.55万吨、增长5.34%,销售天然气425.66万立方米、增长218.69%。科学调度,合理安排运力,尽可能满足不同季节、不同时段铁路客货运输需求,完成铁路客运量211.41万人次、货运量508.71万吨。公路交通运输生产有序发展,全年完成客运量1408万人次、货运量1871万吨,公路客运班线县级覆盖率达98.6%、乡(镇)覆盖率61%、行政村覆盖率41%。航空运输生产持续增长,新开辟航线9条,通往区外城市33个,全年完成旅客吞吐量315.14万人次、货邮吞吐量2.46万吨,分别增长14.2%、9.8%。邮政和快递业务收入4亿元、增长41.3%,电信业务总量完成45.4亿元、增长14.6%。信息化建设步伐明显加快。组建铁塔公司西藏分公司,通过贷款贴息方式启动了移动通信盲区覆盖工程,639个行政村盲区覆盖任务基本完成;"十二五"规划6项通信工程建设任务进展顺利,全年完成投资10亿元,基础通信服务能力进一步提高。加强互联网信息管理队伍建设和行业信息化建设,启动了互联网信息管控指挥中心、基础教育信息化试点工程、司法审判信息系统等政务信息化工程,基本建成城乡居民养老保险信息系统、基于北斗卫星的安全生产综合监管平台及推广应用等信息化项目。拉萨市纳入创建信息惠民国家示范城市。

【改革协调推进】 改革任务扎实推进。贯彻落实十八届三中全会《决定》和《中央全面深化改革领导小组2014年工作要点》，量化分解了我区246项改革举措，明确了2014年的177项重点改革任务。2014年，177项重点改革任务均已启动实施，148项已完成和接近完成，29项正在实施；已出台或即将出台各类改革成果275个。发展环境不断优化。推进商事制度改革，先证后照改为先照后证，实缴制改为认缴制，进一步放宽市场主体住所登记条件，市场主体活力进一步迸发。新登各类市场主体20841户、增长5.98%，总数14.6万户、增长8.7%，注册资本1938.26亿元、增长49.6%。财税体制改革进一步深化，出台企业所得税政策实施办法，"营改增"试点扩展到铁路运输、邮政和电信领域；建立政府全口径预算体系，完善转移支付向高寒边远贫困地区重点倾斜机制。全面启动1个国家级和4个自治区级农村改革试验区试点工作。经济合作深入推进。加快招商引资体制改革，修订出台《西藏自治区招商引资若干规定》，投资环境进一步改善和优化，招商引资实际到位资金284亿元、项目540个。成功举办首届中国西藏旅游文化国际博览会。中国西藏尼泊尔经贸洽谈会升格为国家级。自治区政府代表团成功出访尼泊尔，签约5亿美元项目，与尼泊尔合作成立喜马拉雅航空公司，打开西藏航空业进入国际市场的窗口。认真贯彻中央对口支援西藏工作20周年电视电话会议，援藏工作体制机制进一步完善，力度不断加大，落实对口援藏资金36亿元、实施项目695个。规划编制工作取得重要进展。印发实施《西藏自治区主体功能区规划》，自治区党委、政府审定通过《西藏自治区新型城镇化规划(2014—2020年)》，为全区推进实施主体功能区战略、加快新型城镇化发展指明了方向。起草形成了自治区"十三五"时期经济社会发展基本思路，为"十三五"规划纲要编制工作奠定坚实基础。

【生态环境良好】 生态建设加快。编制完成《西藏生态安全屏障保护与建设规划纲要(初稿)》，启动全区生态环境功能区规划编制工作。林芝、山南地区国家级生态文明先行示范区建设顺利推进，落实江河湖泊生态保护专项资金2500万元，申扎生态草原监测站建成投运，拉萨河源头生态功能保护区建设一期、雅江源头生态功能保护区建设一期和泽当生态监测站项目前期工作顺利推进。启动"两江四河"流域造林绿化工程，防护林体系、防沙治沙、自然保护区、湿地保护与恢复、天然林保护、退耕还林、森林防火及林业有害生物防治等林业重点工程进展顺利，完成造林绿化124万亩，超出全年计划近10%。环境保护力度加大。有效控制开发建设活动对环境的不利影响和新增污染物排放量，审批水利、交通、市政、园区、矿产资源开发等各类建设项目环境影响报告书(表)187份。强化重点项目环境监管工作，积极推行企业环境信用等级评价制度，对190家企业实施重点监控监督。开展整治违法排污企业保障群众健康环保专项行动，重点对矿产资源开发、城镇环保基础设施建设等5个专项领域环境保护工作进行了检查。国土资源管理规范。全力保障全区重点项目用地需求，安排土地利用计划指标3万亩，土地出让收益15.25亿元。推进农村地籍调查和农村集体土地所有权确权登记颁证，69个县完成农村宅基地调查数据入库，启动曲水、乃东、江孜、白朗四县集体土地所有权登记发证试点工作。继续实施找矿突破战略行动，开展矿业权出让招拍挂试点工作。

粮食流通

【概况】 2014年，全区粮食部门贯彻落实区党委八届五次全委会和中央关于粮食工作的重要战略部署，切实增强"首要意识"和"守责意识"，以"抓收购、保供给、稳粮价"为中心任务，确保了国家粮食安全，为推进西藏经济社会跨越式发展做出了积极贡献。全年收购粮食3800万公斤，国家、自治区、地市三级粮油价格监测直报点达到38个，建成自治区级、地市级放心粮油配送中心4个，建成放心粮油示范店13个，经营品种达200个，金谷集团实现利润较上年增长115%。

【粮食市场和价格基本稳定】 2014年，自治区积极组织粮食收购，种粮农民利益得到有效保护。各级粮食部门认真落实粮食收购政策，做到应收尽收，掌握粮源。2014年收购粮食3800万公斤。青稞最低收购价从每公斤3.0元提高到3.5元，更好地保护了种粮农民的利益。全面落实调控措施，粮食供应充足、价格基本稳定。充实边远易灾县乡粮食库存，搞好市场投放，与13个内地产粮省建立粮食产销合作关系，合作代理粮油品牌42个，全区粮源充裕，供应充足，守住了市场稳定底线。地方储备粮规模增加，粮食调控基础夯实。自治区储备粮和地市级、县级应急储备粮进一步增加，库点布局和品种结构进一步优化，为我区粮食安全奠定良好物质基础。自治区储备粮管理进一步强化，轮换工作有序有效推进，确保自治区储备粮安全。加强统计监管，粮食流通秩序正常。以粮食库存监管为主线，开展各项专项检查和“监管能力提升年”活动，维护正常的粮食流通秩序。加强粮油质量监管，严禁不符合食用卫生标准的粮食流入口粮市场。国家、自治区、地市三级粮油价格监测直报点达到38个，统计质量和报送效率得到提高，服务粮食宏观调控能力提升。

【“粮安工程”建设】 2014年6月25日，国务院第52次常务会议后，自治区党委、政府高度重视，出台《西藏自治区人民政府关于进一步加强粮食仓储设施建设工作的意见》，促进了西藏自治区粮食仓储设施建设。国家粮食局大力支持，下达西藏自治区2014年“粮安工程”危仓老库维修、农户科学储粮、2014-2015年1亿斤仓容建设、粮食质量安全检验监测能力建设资金，为改善西藏自治区粮食基础设施条件奠定了基础。自治区发展改革、财政部门大力支持，落实粮食仓库维修专项资金和国有粮食企业转机建制资金，扶持基层国有粮食企业发展。

【放心粮油工程】 2014年，自治区粮食局在成功试点的基础上，将放心粮油工程向6地市推广，已建成自治区级、地市级放心粮油配送中心4个，放心粮油示范店13个，经营品种达200个。将放心粮油经营与粮食应急保供结合起来，放心粮店成为政府应对突发事件的粮油应急保供店。同时，积极开展放心粮油工程进学校工作，联合教育部门下发放心粮油进学校的意见，确保“三包”学生口粮消费质量安全，2014年，国有粮食企业放心粮油供应量占“三包”学生口粮供应总量的61%。

【国有粮食企业改革】 区直国有粮食企业改革　2014年，自治区粮食局全面完成金谷集团所属4个子公司改制，并将其资产划入集团公司，内部管理规章制度逐步建立健全，开展进口粮贸易业务，加大子公司内部改革，强化经营管理，积极推进子公司国有划拨土地变性等工作，2014年金谷集团实现利润较上年增长115%。

地县国有粮食企业改革　各地市贯彻落实《自治区粮食局关于进一步深化我区国有粮食企业改革的指导意见》精神，通过多渠道筹资开展加工厂升级改造、厂房扩建、地县直企业重组、国有划拨土地变性、企业强强联合等工作，稳妥推进企业改革。

建立国有粮食企业贷款机制　落实自治区党委、政府的决策部署，将西藏自治区国有粮食企业经营所需贷款纳入扶贫贴息贷款范围，落实了粮食收购贷款，缓解国有粮食企业贷款难问题，减轻企业负担。

【粮食援藏工作】 2014年8月，国家粮食局在拉萨召开部分省（区、市）粮食局对口援藏工作座谈会，加大援藏支持力度。截至年底，全区共落实援藏资金6000多万元，为确保粮食安全提供有力保障。

【党建和维稳工作】 2014年，自治区粮食局坚持把维护稳定作为首要任务，抓好维稳措施的落实，为全区社会局势的稳定做出了积极贡献。落实党建工作责任制，坚持党建、党风廉政建设与粮食流通业务、稳定工作同部署、同落实、同检查、同考核。落实党风廉政建设主体责任和监督责任，健全完善制度，强化教育引导，促进了党员干部廉洁自律。落实中央八项规定和区党委“约法十章”、“九项要求”，巩固拓展教育实践活动成果，切实把作风转正、转实。加大干部队伍建设和人才教育培训力度，举办4期全区性业务技能培训，累计培训各类人才400多人次，提升行业整体业务能力。开展专业技能人员短期援藏工作，行业专业技术能力和水平进一步提升。

教　育

【概况】 2014年，全区有普通高等学校6所、中等职业技术学校9所、普通高中29所、初级中学96所、小学829所、学前幼儿园722所、特殊教育学校5所，另有教学点388个；有博士研究生12人、硕士研究生1428人、普通本专科在校生33474人（专科11315人）、普通高中在校生55669人、区内中职在校生16719人、初中在校生124295人、小学在校生295142人、在园幼儿81123人、特校学生656人；高等教育毛入学率27.76%，高中阶段毛入学率73.37%，初中毛入学率98.91%，小学学龄适龄儿童净入学率99.64%，学前教育毛入园率59.11%；青壮年文盲率下降到0.57%。

教育投入　全年教育投入资金135亿元，增长12.5%。进一步提高学校运转保障能力，学前及中小学教职工公用经费标准增长200元，定额提高农牧区义务教育学校和特殊教育学校生平均公用经费标准。教育惠民政策全面落实。各类资助政策和项目达到37项，各类资助资金达23.03亿元，资助师生152.71万人次。落实15年免费教育政策资金4.19亿元，受惠学生达57.24万人次；"三包"政策资金14.92亿元，受惠学生52.5万人次；农村义务教育营养改善计划资金2.31亿元，受惠学生38.28万人次；高等教育资助资金1.39亿元，受惠学生3.64万人次。

信息化建设　实施"教学点数字教育资源全覆盖"项目，为408个教学点配备优质资源接收设备。投入4712万元实施教育信息化"三通"学校建设，完成了43所中小学校互联网宽带接入建设，建成741个交互式教学终端多媒体教室，在104所中小学校建设了计算机网络教室。建成西藏自治区基础教育资源公共服务平台和教育部中小学生学籍信息管理系统西藏省级平台。

提高教师队伍素质　全年新补充各类教师2383人；完成"国培"计划11049人、"区培"计划1528人；现有在职专任教师40542人，平均学历合格率为98.96%，其中幼儿园97.56%、小学99.64%、初中99.35%、高中98.18%、中职91.74%、高校97.62%。

党员队伍不断壮大　新发展党员2856名，全区教育系统党员人数达到3.2万人，教职工党员2.6万名，大学生党员6076名，高中生党员48名。教职工党员比例达51.2%，大学生党员占在校生比例的17.2%。

国家通用语言文字工作　完成那曲、阿里地区国家通用语言文字应用评估验收，至此，全区二类城市全面实现"普通话初步普及，社会用字基本规范"的语言文字工作目标。三类城市评估验收工作有序推进。

【教育改革】　落实党风廉政建设两个责任　2014年，自治区教育厅全面推进党风廉政建设责任制落实，制订《关于贯彻落实〈西藏自治区建立健全惩治和预防腐败体系2013-2017年工作规划实施办法〉的实施意见》。切实推进纪检监察部门"三转"工作，加大对高校及教育经费的专项审计力度和对行政执法权的监督，推进政务信息公开、人事任免信息公开、考试招生"阳光工程"。强化来信来访办理，全年共收到并办理举报信件和电话25件，查处各类违规违纪考生53人次。

党的建设　重视在优秀教师和学生中发展党员工作，落实区党委在高校"把支部建到班级"的要求，建立了高中业余党校，以党带团工作深入开展，党员先锋模范作用更为明显，党员队伍不断发展壮大。制定了《西藏自治区普通高等学校党建工作标准》及评价体系(试行)。健全了教育门户网站和学校网站党组织，建立了教育系统网络工作职责，党的活动和基层党组织全覆盖成果进一步巩固。

基层基础工作　各地市积极探索规范基层党建工作、中小学教学常规管理和学校安全稳定工作，推进基层基础工作制度化、规范化、科学化，各高校和中职学校广泛开展"三联三进一交友"民族团结创建活动(即学校领导干部联系学院系、学生、学生家长，进班级、宿舍、食堂，与各族学生交朋友)，健全了基层管理制度，创新了基层管理形式和管理方法。

培育和践行社会主义核心价值观　深入推进中国特色社会主义理论"三进"工作，开展民族团结教育和反分裂斗争教育，扎实开展新旧西藏对比和"三个离不开"教育，开展不同民族学生"一帮一""结对子"等活动，发放相关宣传画1.6万余张，组织各类主题征文并收到征文900余篇，举办各类主题宣讲报告、演讲比赛和座谈会，组织参加全国中职学生文明风采活动获得各类奖项，召开全区教育系统中小学党建、德育和思想政治工作现场会，修订完成大中小学地方德育和思政教材，深化"我的中国梦"主题教育实践活动，唱响民族团结进步主旋律，推动中华民族共同体意识进学校、进班级、进头脑。教育系统有1个单位、2名教师分获全国民族团结进步模范集体和模范个人称号，15个单位、9名师生分获全区民族团结进步模范集体和模范个人称号。

基础工程建设　建设第一批优秀校园文化示范学校15所、心理健康教育特色学校10所。新建那曲地区示范性综合实践基地，新获批示范性综合实践基地项目1个（林芝地区），实施了校外活动保障和能力提升项目，新建乡村学校少年宫56个。西藏大学获得全国第七届“高校校园文化建设优秀成果奖”三等奖。

思政和哲学社会科学研究 开展第九届高中政治历史课、初中政治课大赛活动，完成高校思政课教师信息更新工作，完成28项高校思政课题的申报、评审和立项工作，西藏自治区4部著作、2篇报告、8篇论文入选教育部《高校德育成果文库》和全国思想政治教育学科设立30周年优秀成果。

学校体育艺术教育 开展“励志从长跑开始”阳光体育活动，成功举办全区第三届大中专学生运动会，组织学生参加全国第十二届学生运动会并荣获团体道德风尚奖、运动队体育道德风尚奖、代表团优胜杯，积极组织筹备参加全国第四届大学生艺术展演活动，举办第一期中国民族民间舞蹈教材培训班，开展高雅艺术进校园、举办普及高雅艺术专题讲座6场，丰富学生校园文化生活。

德育和思想政治工作队伍建设 探索高校辅导员补充机制，建立思想政治教师选拔、监督、奖励机制，德育和思政工作力量增强。组织400余名中小学德育和大学生思政工作者、高校辅导员参加了各类专题培训。1名教师荣获“全国高校思想政治理论课教学能手”称号，3名教师入选“全国高校优秀中青年思想政治理论课老师择优资助计划”“全国高校思想政治理论课教师年度影响力人物”和提名人物，2名教师入选“全区宣传文化系统名家”。

【各级各类教育协调健康发展】 提升基础教育发展能力 2014年，自治区教育厅不断扩大学前双语教育资源，加强分类指导，规范保教行为，严防“小学化”倾向，学前教育保教质量有所提升，入园率大幅提高；积极改善义务教育阶段办学条件，为158所义务教育学校配备了教学仪器设备，规范义务教育阶段办学行为和管理行为，努力提高义务教育阶段入学率、巩固率，提高义务教育管理水平和教学质量；鼓励高中多样化发展，强化高中理科教学，高中教育质量稳步提升；制定《特殊教育提升计划(2014–2016年)实施方案》，基础教育办学条件进一步改善，发展环境进一步优化，发展水平进一步提升。

现代职业教育体系建设 以就业为导向，积极探索产教融合、校企合作的办学模式，推进全国职业教育工作会议精神的落实。召开职业教育厅际联席会议，研究加快西藏自治区中职教育发展的意见，探索高职教育招生考试制度改革。完成山南、日喀则、昌都3所中职学校“国家级示范校建设项目”省级验收，加大新建3所中职学校的配套力度，建立了东中部7个职教集团和内地13所民办本科高校对口支援各地市中职学校的新机制，完成了“一地一校”建设规划，实施职业院校教师质量提升计划，加强“双师型”教师队伍建设。支持县级职教中心面向农村、面向农牧民开展实用技术技能培训，年培训规模达3万人次。

高等教育 围绕高原科学技术和民族传统文化两大学科群，优化学科专业结构，推动西藏民族学院更名工作，组建西藏大学登山旅游学院并实现首批招生25人，完成新增本科专业申报工作，新增临床医学等7个硕士专业学位授予点；创新人才培养模式，支持高水平人才培养，开展“校校、校企”联合培养人才工作，大力培养应用型、技能型人才；完成拉萨师专招生专业设置和人才培养方案改革；增强高校社会服务功能，促进高校科研和科技成果转化，支持3个自治区级协同创新中心平台建设，设立300个大学生创新项目和教师实战实训项目，立项支持10个高校教师创新团队，申报教育部人文社科项目74项；进一步深化高校团队式对口支援西藏自治区高校工作，西藏民族学院同时被纳入陕西省援藏计划。

【推进教育公共服务均等化】 县域义务教育均衡发展 2014年，自治区教育厅研究制订《县域义务教育均衡发展督导评估实施办法（试行)》。认真测算各县义务教育均衡发展各项数据和指标，完善全区县域义务教育均衡发展推进计划，统筹安排、重点突出、整体推进，优先安排均衡发展“迎评”县资金、项目和教育资源配备，督促各地、县查漏补缺。指导并配合国家教育督导团对白朗、扎囊、贡嘎、普兰、林芝、类乌齐等6县督导评估工作并获通过，召开全区县域义务教育均衡发展现场观摩会，协助开展农村义务教育学校基本办学条件专项督导。落实中小学校责任督导挂牌督导工作，实现督学挂牌督导全覆盖。

优质教育资源向农牧区、偏远、

边境地区倾斜　完成全区改善贫困地区义务教育薄弱学校基本办学条件实施方案编制工作、学前双语幼儿园规划调整工作,启动"十三五"规划编制工作。投入边远艰苦农牧区中小学和幼儿园建设资金占教育基建总投入的88%。实施了高寒高海拔中小学暖廊、饮水、澡堂、菜窖"四有工程"建设各100个。新建改扩建学前双语幼儿园303所,扩建义务教育薄弱学校350所。

稳定基层教师队伍　自治区党委、政府召开全区教师工作会议,出台《关于进一步加强西藏自治区教师队伍建设的意见》,区政办批转了教育厅等6部门《贯彻落实关于进一步加强西藏自治区教师队伍建设意见的实施意见》,明确了我区教师队伍建设的中长期目标任务和重要举措。各地各校在促进教师合理流动、改善教师生活、工作和学习条件等方面积极探索、主动作为,做了大量工作。2014年普通高考新增500名师范专业招生计划,新补充教师进一步向基层和艰苦边远地区倾斜,核算了各级各类教职工现有编制和实际需要编制。将教师周转宿舍纳入自治区住房保障体系,建设边远艰苦地区中小学校教师周转宿舍2350套;按二类区300元、三类区600元、四类区900元月标准发放乡村教师生活补助,受惠教师1.6万余人。投入182万元实施"园丁关爱行动计划",拨款1135万元支持194所学校"教工之家"建设。

【教育系统和谐稳定】　完善学校安全稳定工作机制　2014年,自治区教育厅围绕"学生健康成长、学校科学发展、教育和谐进步"目标,坚持"红线"意识和"底线"思维,坚持抓早抓小抓实抓好,把学校安全稳定工作与德育和思政工作、食品安全、卫生防疫、道路交通安全、学校安全隐患排查等结合起来,层层落实安全稳定目标责任,健全舆情处置工作机制,完善维稳联系督查机制,加大维稳基础能力建设,实现了"三无""三不出"目标,为全区和谐稳定大局做出了积极贡献。

加强学校卫生防疫工作　开展《国家学生体质健康标准》测试和学生体质与健康调研工作,全面掌握全区学生体质健康状况。开展学校禁毒防艾教育工作,教育学生远离毒品。强化学校日常卫生安全工作,严防幼儿园群体服药事件发生,组织开展学校结核病检查和防控工作,加强季节性传染病防控工作,大力开展食品卫生安全教育,坚持学校食堂食品留样检测制度,加大对学生奶等营养食品的抽样检查力度,开展学校及周边食品安全监管工作,确保不发生群体性卫生事件,确保学生健康成长。

科学技术

【概况】　2014年,全区科技工作紧紧围绕自治区党委、政府关于"稳增长、调结构、促改革、惠民生、保稳定"的战略部署,以攻克特色优势领域关键技术为突破口,着力强化科技支撑产业、促进转型;以示范推广重大新技术、新品种、新产品为重点,大力推进科技服务"三农"、惠及民生;以改革科研项目和资金管理为切入点,积极推动科技体制改革、优化创新环境;以巩固拓展党的群众路线教育实践活动成果为契机,切实转变工作作风、提高服务能力,为全区经济社会持续稳定健康发展做出了积极贡献,2014年,自治区本级财政预算安排应用技术研究与开发资金1.8亿元,比上年增长5.6%,其中,投入涉农领域的资金占总资金的62.3%;争取国家各类科技计划项目资金1.09亿元;完成自然科学博物馆、种质资源库、无电地区电力建设等重大项目投资2.1亿元。

【科技体制机制建设】　2014年,自治区科技厅改革科技创新基础制度,修订完善科技奖励、应用技系,明确科技计划管理各层级主体的"事、权、责",优化"事前调研论证、事中监督管理、事后跟踪问效"的科技计划运行流程,强化了对科技计划项目的动态监控和联合查处。各地市、各相关部门研究与开发专项资金、科技特派员、科技企业孵化器等管理办法,启动了"十三五"科技发展规划研究编制工作。完善科技合作机制,优化区域创新布局,在部区会商、区院合作、科技援藏的基础上,新建昌都、林芝、阿里等厅地院(科技厅、地市、农科院)科技合作机制,加强区域重点科技任务联合攻关、协同创新。健全科技计划项目管理,重视科技工作创新发展,结合实际积极探索,为全区深化科技体制改革、落实创新驱动发展战略积累经验、奠定基础。

【技术研发应用】　2014年,自治区科技厅育种攻关与示范推广取得新成效。以青稞为重点,突出抓好良种选育示范和高产配套技术应用推广,加快构建青稞高产育种、丰产增效栽培、产业化加工三大技术支撑体系;“藏青 2000”、“喜玛拉 22 号”等青稞新品种和“山冬 7 号”冬小麦新品种实现大面积示范推广,总示范推广面积 15.6 万亩,增产幅度达 10%以上;研制了帕里牦牛、斯布牦牛和娘亚牦牛地方标准,那曲等牦牛主产区建立了 5 个选育基地和高效育肥示范基地,选育推广良种公牛 500 头,年育肥出栏牦牛 5000 多头,繁殖率提高 25%,产肉量提高 12%;“绿麦草”在那曲海拔 4500 米以上亩产干草达 680 公斤,巴青垂穗披碱草已申报国家牧草品种区域试验;日喀则、山南示范推广马铃薯全程机械化耕作技术 4000 亩,并形成了产业链。支持开展全区 35 个县黄牛种质资源多样性调查与优异基因鉴定,加快建立全区黄牛种质资源数据库。一批民生科技项目落地生根。争取国家科技富民强县专项行动计划经费 2265 万元,在尼玛、噶尔等 12 个县组织实施经济作物种植、绒山羊产业化、林下资源开发等项目;新培育达孜、日土等 4 个科技示范县,9 个科技示范县全部新建乡镇农牧业科技信息服务远程终端;投入经费 1300 余万元,在 100 个行政村(居)实施“强基惠民送科技行动计划”;首次成功申请国家“科技惠民计划”和“国家科技基础性工作专项”经费 1626 万元,开展边坝县“大骨节病防治综合示范”和“西藏环境水化学调查及饮用水安全评价技术研究”;拉萨市科技局积极申报国家级新能源应用试点城市、阿里地区科技局牵头实施塔尔钦景区 500 千瓦光伏电站建设、那曲地区科技局组织开展农牧区安全饮水示范,科技惠农富民取得新进展。

【特色产业技术研发】 2014 年,自治区科技厅围绕特色优势产业,加大关键技术攻关。自治区本级财政科技经费的 90%用于支持特色农牧业、藏医藏药传承与创新、新能源开发利用、天然饮用水产业、文化科技创新等特色优势领域,在青稞种质资源创制、生物技术育种、粮草双高栽培、病虫害绿色防控、双模式建筑光伏系统研制、藏毯联合纺纱与太阳能集热烘干等方面实现了重要技术突破;肉羊繁育、濒危藏药材人工种植、藏药新药开发、痛风发病机理研究、藏医药传统文献挖掘整理等方面取得一批新成果;藏猪、藏鸡遗传资源保护与规模化养殖技术等方面取得新进展。各地市加大科技支持力度,推动资源优势转化为产业优势,形成拉萨的食用菌、日喀则的青稞食品、山南的民族手工艺品、林芝的黑木耳等一批特色产品和知名品牌,为做大做强特色产业、培育新的经济增长点奠定了基础。

【培育企业创新主体】 2014 年,自治区科技厅提高科技计划项目开放度,积极吸纳企业参与研发活动,2014 年企业参与国家和自治区各类科技项目比重分别达到 51%和 20%,企业创新意愿和能力显著增强。支持产业龙头企业与科研院所、高等学校组建产业技术创新战略联盟,截止年底,已培育形成了藏医药、新能源、绿色食饮品、草业等四个创新联盟,并依托联盟、以企业为主体,开展藏药材规模化标准化种植,研发曲楂胶囊、罗堆多吉等藏药新药,搭建“太阳能光伏组件检测中心”并通过 CNIS 认证。技术创新联盟在激发企业创新活力、解决产业共性技术难题、加快产业升级转型、构建产业技术创新体系等方面发挥了重要作用。2014 年,全区新认定国家级高新技术企业 4 家、自治区科技型中小企业 26 家。科技企业孵化器新入孵企业 8 家、毕业 12 家,在孵企业西藏日光城生命科技有限公司的研发成果获得德国纽伦堡国际发明展览会金奖。全区 27 家国家级高新技术企业产值、利税分别达到 52.35 亿元和 8.5 亿元,增幅超过 50%。全年专利申请 247 件,授权 143 件,其中发明专利授权 50 件,比 2013 年分别增长 52%、30%和 8%。

【科技创新平台建设】 2014 年,自治区科技厅加快科技园区、科技成果转化示范基地、重点实验室、可持续发展实验区建设步伐,切实提高科技创新公共服务能力和资源集聚辐射能力。依托拉萨、日喀则国家农业科技园区和山南、昌都、阿里农业科技成果转化示范基地,重点开展青稞产业化示范、蔬菜工厂化育苗、畜禽高效养殖、林果标准化种植、饲草种植加工等成果转化应用,示范推广 12 个农作物新品种,转化 23 项新技术。国家级科研平台“青稞种质改良和牦牛繁育省部共建重点实验室培育基地”通过验收。开展了自治区级重点实验室(工程技术研究中心)复审评估工作,淘汰撤销 1 家工程技术研究中心,新认定“西藏自治区太阳能光伏和热利用重点实验室”、“西藏高原相关疾病分子遗传机制与干预研究重点实验室”等8家自治区重点实验室(工程技术研究中心)。截止年底,全区已组建认定重点实验室(工程技术研究中心)33家。积极推进那曲高新技术产业开发区、芒康县、那曲县自治区级可持续发展实验区建设工作。基本完成西藏(拉萨)科技企业孵化器、西藏种质资源库前期筹建工作。西藏自然科学博物馆基建工程基本完工,展陈制作和布展工作有序推进。林芝地区可持续发展实验区通过国家16个部委的联合评审,有望填补自治区国家级可持续发展实验区的空白。

【建设科技人才队伍】 2014年,自治区科技厅深入实施人才强区战略,推进“十百千万”科技创新人才培养工程,加快培养创新人才、创新团队和基层一线科技人才队伍。2014年,西藏自治区“青稞育种创新团队”列入国家重点领域创新团队,1名企业家列入国家创新创业人才计划。2014年,全区列入国家“创新人才推进计划”的人才、团队和基地远高于西部地区平均水平。加快青年人才培养,安排自然科学基金项目500万元,鼓励中青年科技人才在各自学科领域自由开展研究和创新活动。科技特派员队伍进一步壮大,新发展农牧民科技特派员2700名,行政村科技特派员覆盖率达到90%,近三分之一的农牧民科技特派员得到轮训、参训,农牧民科技特派员组织化程度进一步提高,服务能力、工作实效得到广大农牧民群众的普遍认可。加强科技管理干部队伍建设,分别在福建省、中国科学院大学成功举办了科技兴藏人才培训班和科技管理干部培训班。“青藏高原青稞与牧草害虫防控技术研发及应用”喜获国家科技进步二等奖,打破了自治区连续三年国家科技奖空白的局面。另外,自治区科学家在农牧业科研领域首次获得我国科学共同体认可度极高的何梁何利科学与技术创新奖。

【科普工作长效机制】 2014年,自治区科技厅推动自治区政府建立科普联席会议制度,增强全区科普工作协调力度。积极配合自治区人大开展科学技术普及法和自治区实施办法的执法检查。组织实施“科技下乡”,开展赠送科普设备、农牧民技能培训、免费义诊义疗等活动;以“科技生活·创新圆梦”为主题举办2014年全区科技活动周,活动内容丰富、组织严密、效果良好,受到科技部的表彰奖励。与区团委等单位共同举办了“创青春”全区第四届“成才杯”大学生创业大赛,近万名大学生参加活动,11项创业作品进入全国复赛。组织编写了《建设创新型西藏系列科普知识读本》第一辑共10本。各地市也组织开展了形式多样、群众喜闻乐见的科普活动,如拉萨市组织中小学生开展了“小发明家竞赛”活动,林芝、拉萨等地建立了科普手机平台,月发科普短信近10余万条,深受群众欢迎。

【践行党群路线】 2014年,全区科技系统以深入开展党的群众路线教育实践活动为契机,全面贯彻落实中央八项规定、区党委“约法十章”“九项要求”,认真解决“四风”“两问题”和“一薄弱”,切实转变工作作风,着力加强反腐倡廉,建立风险防控机制,全面推进依法行政,科技管理工作科学化、制度化、规范化水平得到进一步提升,科技界立足基层、服务群众、推动发展的积极性和主动性得到进一步增强,勇于创新、敢于担当、严于律己、乐于奉献的时代精神得到进一步弘扬。

工业和信息化

【概况】 2014年,全年实现工业总产值150.45亿元、增长20.8%,工业增加值66.16亿元、增长9.3%。其中规模以上工业完成增加值48.87亿元,增长6.0%。规模以上工业企业新增20户,达到96户。工业固定资产投资完成357.51亿元,增长25.7%。

【工业发展】 2014年,全区规模以上工业实现利润12.44亿元、增长89.2%以上。产业结构不断优化,轻工业增速高于重工业15个百分点。资源利用效率和清洁生产水平逐步提高,单位电耗创工业增加值约为6元/千瓦时,比上年增长8%左右。全区工业安全生产形势良好,民爆行业继续保持“零事故”。

【项目建设】 2014年,全区完成工业投资357.51亿元,增长25.7%。“十二五”重点工业和信息化项目竣工投产63个、基本竣工10个、在建8个,累计完成投资212.8亿元,提前两年超额完成规划投资目标。昌都、日喀则年产60万吨新型干法水泥熟料生产线竣工试生产。玉龙铜矿实现营业收入3.74亿元。华泰龙甲玛二期、驱龙铜矿、帮浦铜钼矿、雄村铜矿等一批重点特色矿区建设进展顺利。

【产业发展】 2014年，全区各类天然饮用水产量大幅增长，部分企业在产品设计、生产工艺、科技创新方面入围国际奖项，在培育战略支柱产业方面迈出坚实步伐。高原特色食品制造业增长一倍多，特色农畜产品加工业、藏医药业分别增长20%、6%，命名了自治区第一批25名工艺美术大师，19家藏药生产企业完成新版GMP改造。新型干法水泥产能占比超过70%，新型墙体材料占全区市场50%以上。新兴产业发展取得突破，新能源汽车制造项目顺利落地。

【园区建设】 2014年，全区工业园区完成投资173.7亿元，一大批产业和基础设施项目顺利开工。拉萨经济技术开发区实现税收46.2亿元，B区建设加快推进，园区功能更加完善；藏青工业园全面开工，已注册企业103家，全年招商引资项目30个，开工18个、竣工投产2个，累计完成投资104亿元，实现产值17.8亿元，上缴税金2.2亿元。

【企业发展】 截至2014年底，全区非公经济主体增长9.2%、注册资金增长32.8%、从业人员增长11.9%，上缴税金占全区税收总额的93.4%。自治区中小企业融资信息平台上线运行。落实国家中小企业发展专项资金项目12个。获评国家中小企业公共服务示范平台1家，新建物联网项目2个。工业企业申请专利300件以上，新认定自治区著名商标23个。积极组织参加中国国际中小企业博览会、APEC中小企业技术交流暨博览会等。

【信息化建设】 2014年，全区软件及信息服务行业稳步发展，骨干企业实现营业收入近3亿元，增长25%。两化融合水平稳步提升，2014年度西藏自治区两化融合评估指标为30.2%，同比提高3个百分点。29.3%的规上工业企业实施企业资源计划管理(ERP)，重点企业装备数控化率为40.8%，电子商务应用率为12.9%。两家企业首次被评为全国信息化和工业化融合管理体系贯标试点企业。电子政务一期工程初步设计通过国家评审，全面建设正式启动；电子商务工程通过可研论证、完成招投标，建设前的各项工作扎实推进；农村综合信息服务站(四期)工程1700个站点全面开工建设，农村综合信息服务网上线试运行。努力消除移动通信信号盲区，移动通信信号实现行政村全覆盖。

【无线电管理】 2014年，《西藏自治区无线电管理条例》颁布实施，填补了西藏自治区无线电管理地方性法规空白。全区新建无线电台(站)337个，总数达17249个。完成“塔尔钦”宗教活动、“508”专项任务等无线电保障任务，得到国家有关部委和自治区的充分肯定。县级以上行政区域无线电监测覆盖率达到50%。

民族宗教

【民族工作】 *民族团结宣传教育* 2014年，自治区民宗委以民族区域自治法颁布实施30周年、“西藏百万农奴解放纪念日”、“民族团结月”为契机，配合各级人大、司法等部门在全区开展民族区域自治法和相关法律法规的宣传教育活动。举办各族各界喜迎西藏百万农奴解放纪念日座谈会，举办自治区第二届全区大中专生民族团结演讲比赛，协调教育部门在各中小学校开展民族团结宣讲活动。各地市开展“共产党员民族团结先锋模范行”、“青少年民族团结牵手”等主题活动。

民族团结进步创建 以民族团结进步创建活动为载体，组织指导各级各部门积极开展全国和全区民族团结进步模范评选表彰活动，推动创建活动在全区深入开展。认真贯彻落实国家民委《关于做好国务院第六次全国民族团结进步表彰大会模范集体和模范个人评选工作的通知》精神，组织全区23名民族团结模范集体和个人代表参加国务院第六次全国民族团结进步表彰大会，选派模范个人——最美乡村医生洛松江村作为全国民族团结进步模范代表事迹巡回报告团成员。

全国民族团结进步示范市创建 2014年，根据国家民委及自治区党委政府的指示，指导拉萨市开展全国民族团结进步示范市创建活动，明确创建活动的指导思想、目标任务、考评体系、措施要求。

第四批全国民族团结进步教育基地的揭牌仪式 2014年7月，拉

萨海关关史馆被评定为全国民族团结进步教育基地。为扩大民族团结进步宣传教育活动的覆盖面和影响力，7 月 16 日自治区民宗委配合拉萨海关举行了第四批全国民族团结进步教育基地的揭牌仪式，并邀请区党委常委、宣传部部长、自治区民族团结宣传教育活动和民族团结进步创建评选表彰活动领导小组副组长董云虎，自治区副主席董明俊为拉萨海关关史馆揭牌。

【宗教工作】 落实好各项利寺惠僧政策 2014 年，自治区民宗委与自治区有关部门沟通协调，督促涉宗工作部门及寺庙管委会深入推进寺庙"九有"、"一覆盖"、"两保一低"及在编僧尼免费体检等一系列利寺惠僧政策。落实 2014 年全区寺庙维修项目补助经费，下达专项维修补助资金 1000 万元；组织力量对纳入 2014 年全区寺庙维修补助范围的部分寺庙建筑险情现状进行实地调查，检查维修资金项目落实情况等。全面调查边远寺庙医务室设立情况，配合武警西藏总队研究起草《全区边远寺庙医务室建设规划》。

加强宗教界代表人士的培养 制定落实《2014 年宗教工作培训计划》，选派 40 座重点寺庙的 40 名堪布、经师在北京参加国家宗教局、区民宗委联合举办的藏传佛教寺庙经师（堪布）培训班培训，会同武警西藏总队联合举办一期全区边远寺庙医务人员培训班，在日喀则、昌都地区举办两期宗教界人士培训班，通过培训进一步提高寺庙主要教职人员依法管理寺庙能力。推荐拉萨市公德林寺、日喀则地区俄尔寺和拉萨市小清真寺教长阿布都哈里、日喀则地区曲德寺管委会第一主任洛桑索巴作为国家宗教局门户网站"第二届全国创建寺观教堂先进集体和先进个人风采"专栏宣传的先进集体和个人。

开展宗教法制宣传教育 开展"宗教政策法规学习月"活动，制定落实在全区宗教界开展"政策法规学习月"活动的通知及实施方案，对在全区宗教界人士和寺庙僧尼中开展"政策法规学习月"活动进行全面安排部署。同时根据中央办公厅、区党委办公厅关于培育和践行社会主义核心价值观的意见和国家宗教局关于在宗教界培育和践行社会主义核心价值观的意见，制定下发在全区民宗系统开展宣传教育活动的通知及实施方案。各地市民宗部门广泛动员，适时督促检查，使"两个活动"扎实推进，取得了明显成效。认真做好藏传佛教教义教规阐释工作，编印《藏传佛教教义教规阐释文章》读本 5000 册。

做好宗教外事外宣工作 服务自治区外事外宣工作大局，参与和接待外国赴藏考察团、使节团、记者团 15 批（次），大力宣传党的宗教信仰自由政策在西藏的贯彻落实情况。积极推动宗教界对外交往交流，先后协调组织 3 批藏传佛教界代表人士随团赴国外学习考察，拓展视野，增进了解。认真梳理民族宗教方面的外事外宣材料，编写《民族宗教对外宣传口径》。

【重要会议】 2014 年 9 月 28 日至 29 日，中央民族工作会议暨国务院第六次全国民族团结进步表彰大会在北京召开。西藏自治区 22 个民族团结进步模范集体，31 名模范个人受到表彰。区党委书记陈全国、自治区副主席、政法委副书记、统战部常务副部长格桑次仁、区党委统战部常务副部长、区民宗委主任赤列多吉参加了会议。

召开西藏自治区民族工作会议暨 2014 年民族团结进步模范表彰大会。11 月 18 日自治区党委、政府在拉萨隆重召开了全区民族工作会议暨 2014 年民族团结进步表彰大会。自治区主席洛桑江村主持会议。区党委书记陈全国作了重要讲话。自治区人大常委会主任白玛赤林宣读了自治区党委政府关于表彰 2014 年自治区民族团结进步模范代表和模范个人的决定，自治区党委常务副书记吴英杰就《中共西藏自治区委员会西藏自治区人民政府关于贯彻落实<中共中央国务院关于加强和改进新形势下民族工作的意见>的实施意见（讨论篇）》作了说明。国家民委政法司杨正根司长亲临会议指导，并宣读了国家民委贺电。会议对全区评选出的 1105 个模范集体、3016 名模范个人进行了表彰。

【主要工作】 民族宗教工作 2014 年，自治区民宗委不断加大民宗干部培训力度。2014 年，全区民宗系统选派 32 人参加了 28 个班次的各类培训。9 人次参加党校（行政学院）9 期中长期和短期培训班培训，其中，地厅级干部 1 人、县处级干部 6 人、科级及以下干部 2 人，少数民族干部 7 人，女干部 3 人；参加对口支援培训 1 人次；参加国家有关部门举办的培训共11期12人次，其中，县处级6人，科级及以下干部6人，少数民族干部5人，女干部2人；赴境外参加培训班共2期2人次，均为少数民族县处级干部；其它培训班共6期8人次，其中，县处级干部3人，科级及以下干部5人，其中，少数民族干部5人，女干部7人。协调相关部门为基层民宗部门分别举办了第一期全区民族宗教工作领导干部培训班、第1期西藏民委基层干部培训班和第6期西藏少数民族干部培训班共3个班次，培训162人次。加强交流合作。切实加强与国家民委、国家宗教局的沟通协调，认真落实干部挂职锻炼工作。全年共选派1名干部赴国家民委挂职锻炼。开展强基惠民活动。选派第三批12名干部开展驻村工作，围绕驻村工作主要任务，进一步夯实基层基础，加大资金项目投入力度，完善驻村工作长效机制，有力地推动了日喀则市亚东县堆纳乡唐布村、曲堆村、尚堆村三个村的经济社会发展。

城市民族工作　建立少数民族流动人口服务管理工作协调机制。2014年西藏同四川、青海、宁夏、甘肃、陕西、新疆生产建设兵团签署了《强化对少数民族流动人员优质服务科学管理暨妥善处置涉及民族因素矛盾纠纷跨区域联运协作协议》。指导拉萨市启动少数民族流动人口服务管理试点工作。根据拉萨市实际情况，选择了城关区吉日街道河坝林社区居委会、扎细街道扎细居委会、八廓街道鲁固社区居委会，当巴社区居委会作为少数民族流动人口服务管理试点工作单位。

兴边富民　积极推进兴边富民行动，促进边境地区和区内人口较少民族地区经济社会全面发展。2014年国家民委、财政部和自治区财政厅共安排少数民族发展资金(含兴边富民行动和人口较少民族发展资金)48690万元。其中，第一批少数民族发展资金（兴边富民）安排项目631个，总投资31563万元（少数民族发展资金项目242个，投资11326万元；兴边富民项目389个，投资20237万元）；第二批少数民族发展资金（兴边富民）安排项目224个，总投资10563万元（少数民族发展资金项目112个，投资5146万元；兴边富民项目112个，投资5417万元）；实施少数民族特色村寨保护与发展项目6个，总投资700万元；兴边富民扶持特色优势产业7个，总投资3200万元。

交流活动　选派西藏自治区民宗委民族一处副处长金美同志赴加拿大参加了国家民委组织的“特色村寨培训班”培训。了解借鉴了加拿大特色村寨工作的经验、加强了相关领域的交流。选派西藏自治区民宗委宗教一处副处长马登红赴英国参加了国家民委组织的“民族文化保护与发展研究培训班”。

民政　社会事务

【基本情况】　西藏自治区民政厅下设办公室(政策法规处)、民间组织管理局、优抚安置处、救灾处、社会救助处、基层政权和社区建设处、区划地名处、社会福利处(社会事务处)、规划财务处、政工人事处(机关党委、社会工作处)、纪检组(监察室)。共有13个直属企事业单位，分别是：中共西藏自治区社会组织工作委员会办公室、西藏自治区勘界领导小组办公室、西藏自治区老龄工作委员会办公室（西藏自治区关心下一代工作委员会办公室)、西藏自治区申请救助居民家庭经济状况核对指导中心、西藏自治区民政厅机关后勤服务中心、西藏儿童福利院、西藏自治区救灾物资储备中心、西藏福利企业总公司、西藏自治区福利彩票发行中心、西山殡仪馆、拉萨军供站、西藏慈善总会、自治区老年活动中心。

【五保集中供养、孤儿集中收养和社会养老服务体系建设】　五保集中供养和孤儿集中收养工作　2014年，共审核58个五保集中供养项目(包括发改委投入项目19个)和6个地(市)儿童福利院项目，共下达县级五保集中供养项目资金89476万元和地（市）儿童福利院建设资金36768万元，全区五保集中供养项目已开工建设49个，正在开展招投标项目10个，地(市)儿童福利院建设项目正在开工建设7个，竣工2个。西藏自治区儿童福利院整体搬迁一期工程已落实资金3447.9万元，完成搬迁工作，投入运行。二期工程拟投资2424.76万元，近期可进入招投标阶段。全区有意愿集中供养的五保对象在县以上供养机构供养率达到72%。印发《关于进一步做好农村五保供养工作的紧急通知》(藏民发〔2014〕33号)，全区共清退核销653人，同时将符合五保条件的1357人及时纳入了五保供养范围。

2014年，自治区五保供养对象人数共计15842人。

孤儿救助工作　进一步提高集中收养、分散供养孤儿基本生活保障标准，确保孤儿基本生活标准每月不低于1000元。下达2014年孤儿基本生活费2009万元，使全区5945名孤儿得到了有效救助。为全区5441名孤儿发放了“孤儿保障大行动”爱心保险卡，孤儿参加了12种少年儿童常发重大疾病医疗保险。

社会养老服务体系建设　代拟了《西藏自治区人民政府关于加快发展养老服务业的实施意见》，并上报自治区人民政府。起草了《西藏自治区养老机构管理办法实施细则》，正在征求相关部门意见。共安排2014年度本级彩票公益金4000余万元用于社会养老服务体系建设。2014年将完成拉萨市，日喀则、山南、那曲、阿里地区老年护理院项目建设，总投资10150万元。下放了办理《西藏自治区老年人优待证》、《寿星证》审批权，及时审核兑现了寿星老人健康补贴费，为80和60周岁以上老年人分别办理了寿星证、优待证。

【“十二五”规划顺利实施，“十三五”规划编制启动】　2014年，“十二五”民政事业发展规划项目共到位投资113894.6万元，占规划项目总投资的77.1%。在“十二五”规划项目基础上，2014年还另外争取了近8.4亿元的民政事业发展项目投资；完成《“十三五”时期民政事业发展的基本思路》编制工作。向自治区政府呈报《西藏自治区民政厅关于“十三五”期间需向中央申请的重大政策建议的报告》，提出“十三五”时期需向中央申请的特殊优惠政策。

【社会保障】　2014年，自治区民政厅加强社会救助工作，切实保障困难群众基本生活。自治区财政及时足额下拨2014年城乡社会救助保障资金7.6亿元。全区农村居民最低生活年保障标准从2013年的每人每年1750元提高至2150元；城市低保对象最低生活保障标准从2013年的每人每月440元提高至540元；下达2014年1至2月及2014年7月低收入人群价格联动补贴资金共计2048.36万元；在全区选择7个县(区)作为“救急难”试点单位，落实“救急难”资金206万元；资助的特困学生达2907人；及时下发2014年流浪乞讨人员救助补助资金857万元；自治区召开全区贯彻落实《社会救助暂行办法》电视电话会议，自治区、地(市)和部分县相继出台了贯彻落实《社会救助暂行办法》的实施意见；建立了自治区社会救助联席会议制度，全区7个地（市）和66个县(区)建立协调机制，5个地(市)和所属县(区)全部建立协调机构；全区100%的地(市)和74%的县(区)成立了核对机构，其他县(区)正积极推进核对机构组建工作；全区共复核清退城乡低保对象23394人，新增5137人，查处的“人情保”案件296件；下发《关于印发<西藏自治区“一门受理协同办理”社会救助窗口工作规程>的通知》(藏民发[2014]332号)，全区有524个乡镇(街道)建立了社会救助窗口，占全区乡镇(街道)总数的75.5%；制定《西藏自治区最低生活保障绩效评价办法》和《2014年度西藏自治区最低生活保障工作绩效评价指标和评价标准》，出台《西藏自治区民政厅关于印发〈建立健全社会救助监督检查长效机制的意见〉的通知》(藏民发〔2014〕309号)和《西藏自治区最低生活保障经办人员和村(居)民委员会成员及其近亲属享受最低生活保障备案管理办法(试行)》(藏民发[2014]203号)，公布自治区社会救助举报投诉电话；在政策范围内住院自付医疗救助费用比率达到了97.1%。

【防灾减灾】　2014年，各地(市)先后发生雪、风雹、地震等自然灾害。灾情发生后，自治区及各受灾地累计向灾区下达自然灾害生活救助资金2320万元，下达2013年度至2014年度冬春生活救助资金1.78亿元，紧急调拨价值1275万元的帐篷、棉被等救灾物资，救助受灾群众3.65万人。落实救灾物资储备采购经费2亿元，向昌都、林芝地区的芒康等重点县调拨了价值8000万元的帐篷、棉衣裤等救灾物资。初步完成了“十三五”救灾物资储备库项目规划编制工作，总投资33.4亿元。编制了《全区救灾物资储备管理系统建设方案》(送审稿)，落实55个乡级救灾物资储备库建设项目，总投资5750万元。完成了中央拉萨库项目概算审批工作，下达概算投资5260万元，项目建设各项前期工作正有序开展。安排村(居)办经济实体项目124个，下达资金2000万元。

【地改市、行政区划工作】 2014年国务院批准日喀则、昌都地区撤地设市。区民政部门开展撤县设区区划调整审核，拟制《2014年—2020年全区行政区划调整规划的设想》。完成林芝地区、波密县、吉隆镇、尼玛县、察隅县城市总体规划和山南地区统筹城乡发展示范区总体规划的评审工作。启动第二次全国地名普查工作,2014年12个普查县均已完成地名普查准备工作。

【基层政权和城乡社区建设】 2014年,自治区民政厅开展全区第八届村(居)民委员会换届选举工作并将于年底前基本结束；开展村民自治工作和村务公开民主管理示范单位创建活动;出台《关于进一步加强村(居)委会民主监督工作的意见》,村级监督委员会实现全覆盖；确定了1个城区、1个街道、3个社区作为西藏自治区全国和谐社区建设示范单位予以推荐；对全国农村社区建设实验县达孜县实验工作进行总结，全区共有157个村委会开展了农村社区建设，投入农村社区建设经费1100万元；开展社区公共服务综合性信息平台建设准备工作,在日喀则市2个街道10个社区开展社区惠民信息化建设试点工作。

【优抚安置双拥工作】 2014年，自治区民政厅实现优抚数据民政内网联网和《烈士褒扬管理信息系统》四级联网;开展“三属”定补和优抚对象临补工作,为各类优抚对象发放了抚恤补助;新办、换、变更伤残证书571个;按照程序报批了革命烈士;申报优抚事业单位项目补助资金3521万元,已列入项目预算总盘子,有望解决项目补助资金的90%以上;完成自治区本级退役士兵接收安置工作，安置率达100%,完成2014年冬季征兵工作;全区开展了“三大节日”慰问活动,落实慰问资金1025.05万元;完成年度军队退休干部和无军籍职工审定及安置移交工作。

【专项社会事务管理】 2014年，全区新增登记社会组织6家,变更登记14家，全区共有在册登记的各类社会组织585家。开展自治区级社会组织2013年度年检工作,完成年度检查183家,占应参检社会组织的91.4%。14个社会组织申报中央财政支持社会组织参与社会服务项目通过审查立项,项目总投资455万元。全区已有308家各类社会组织建立党组织，占社会组织总量的52.6%;召开滇藏边界线第三轮联检工作第一、第二次联席会议,正式启动滇藏边界线第三轮联检工作，并向两省区人民政府上报了联检工作总结。安排部署2014年-2016年全区第四轮县界联检工作任务。成功承办十省区市2014年度界线管理暨平安边界建设座谈会,签订了《十省区市民政厅(局)关于进一步加强界线管理协作和深化平安边界建设的备忘录》。妥善解决林芝地区工布江达县与那曲地区嘉黎县接壤区域群众之间的资源纠纷，与青海省民政厅联合对西藏安多县与青海省治多县混居混牧区纠纷进行实地调处,形成了备忘录;全区殡葬服务单位取得了良好的社会效益。对全区天葬台进行了清理统计，草拟了《西藏自治区天葬管理条例》,正在征求意见。顺利完成清明节安全祭扫任务。

财　政

【概况】 2014年,全区各级财政部门紧紧围绕党委、政府中心工作，坚持“663”工作思路不动摇,认真落实“稳增长、调结构、促改革、惠民生”政策,不断夯实财源税收基础，着力优化支出结构，稳步推进财税改革,切实加强财政管理,圆满完成了各项目标任务。2014年全区总财力达到1,323.9亿元,其中:一般公共预算收入突破100亿元大关,达到124.3亿元，同比增长30.8%;中央财力补助达到1,047亿元，同比增长16%；一般公共预算支出达到1,185亿元,同比增长16.9%。财政支撑经济社会发展的能力稳步提升,各项重点支出得到有力保障。

【财税体制改革】 预算管理制度改革　2014年,自治区财政部门健全政府预算体系，明确一般公共预算、政府性基金预算、国有资本经营预算、社会保险基金预算的支出范围和重点，逐步提高国有资本经营预算收益收缴比例，进一步加大政府性基金预算、国有资本经营预算与一般公共预算的统筹力度；研究出台自治区本级财政专项资金整合方案,对年初预算安排财力、与部门共同管理的专项资金进行清理;强化预算单位银行存款余额管理,盘活存量资金，清理收回区直预算单位应缴未缴收入和超过2年未实施项目资金及结余资金6.12亿元，收回财政对外借(垫)款及基建结余资金52.1亿元；深入推进政府和部门预决算公开，出台“三公”经费支出监管办法，部门决算和“三公”经费公开范围扩大至110家预算单位；有序推进预算执行动态监控工作，进一步规范预算单位和代理银行的支付行为。

税收制度改革 稳步推进营改增、资源税改革，中小微企业税收减免政策全面落实；清理财税等优惠政策，规范招商引资行为。

政府性债务管理 认真开展存量债务清理甄别核实工作；规范地方政府举债方式；对全区逾期债务率超过风险预警线的地(市)、县进行了风险预警。

推进其他重要改革 深入推进政府采购改革，切实提高预算资金使用效益和政府采购工作水平；深化国库集中支付改革，实现地县国库集中支付全覆盖；推进财政资金支付电子化改革试点工作；拉萨市纳入公务卡改革试点范围；财税库银横向联网工作稳步开展；国库现金管理试点有序开展；行政审批制度改革深入推进。

【财政宏观调控】 *充分运用投资政策* 2014年，自治区财政部门协调落实资金，清理历年累计结转基建投资，采取预拨、调剂、垫付等方式推进重大项目建设，推动自治区确定的2014年全社会固定资产投资计划1,000亿元以上的项目目标圆满实现；保持合理财政投资增长，发挥政府投资引导作用，进一步压减一般竞争性领域经营性项目投资；安排资金50亿元，支持国道318线林芝至拉萨段高等级公路改造、林芝至米林机场专用公路、贡嘎机场至泽当专用公路嘎拉山隧道等交通项目建设；推进拉萨市城市供暖和既有建筑节能改造工程；启动“金太阳”二期工程和“十二五”规划确定的屋顶并网光伏项目建设，促进无电地区电力建设；支持藏木水电站建成并投入使用，促进川藏联网工程、“西电东送”能源接续基地建设；支持推进城镇化建设及口岸发展。

充分运用消费政策 提高城乡低保标准、企业退休职工基本养老金待遇，完善促进消费的财税政策，推动扩大城乡居民消费；安排资金1亿元，重启家电家具下乡补贴政策，并将城镇低保对象纳入补贴范围，引导消费观念更新升级；完善住房公积金管理办法，推动房地产市场消费；加大流通体系建设支持力度，继续优化消费环境。

充分运用产业政策 大力推进旅游文化、农牧业、矿产资源、天然饮用水开发等特色优势产业加快发展。安排旅游产业发展资金1.2亿元、产业与企业改革发展专项资金1.1亿元，新设1.5亿元天然饮用水发展投资基金，推动产业结构调整和经济结构优化升级；向藏青工业园投资股份有限公司注资4亿元，促进园区经济加速发展；支持国有企业改革改制，加快推进国有商贸流通企业、民航业和通信业发展。

充分运用财税政策 优化财力分配格局，重点加大对高寒、偏远、边境、贫困地区的均衡性转移支付力度，缩小地区间财力差异，促进区域均衡发展，增强基层政府公共服务保障水平。2014年实际用于地、县的财力达到75%以上；行政事业性收费项目减免政策全面落实；西藏、青海两省(区)间藏青工业园区税收分成及资金划转方式、华能西藏发电公司增值税汇总缴纳方式进一步明确。

充分运用金融政策 着力发挥金融撬动作用，用好用活特殊金融优惠政策，确保中央对西藏自治区银行业的利差补贴和特殊费用补贴政策落实；加大对龙头企业贷款、扶贫贷款、小额担保贷款的贴息力度；支持组建西藏地方法人财产保险公司、西藏金融租赁公司，支持西藏财信担保公司发展壮大，进一步完善金融体系。

继续加强生态文明建设 进一步完善国家重点生态功能区转移支付制度，深入实施草原生态保护补奖、森林生态补偿机制；启动“两江四河”流域造林绿化工程；加快推进城镇污水及垃圾处理设施建设；支持开展防沙治沙、水土保持工程。

【优化财政支出结构】 2014年，自治区财政部门积极调整优化财政支出结构，有力保障自治区确定的“十件实事”等重点民生支出，推进民生事业发展与和谐社会建设。

教育事业优先发展 全面落实15年免费教育政策，教育“三包”年生均补助标准提高到2,900元，惠及52万名在园、在校学生；加快实施农牧区义务教育薄弱学校改造计划；高寒地区中小学“四有”工程继续推进；乡镇教师补助政策有效落实；农牧区学生营养改善计划深入实施；

实施“国培计划”和“特岗计划”,提升教师队伍素质;支持职业教育基础能力建设,促进提升高等教育质量;进一步完善基层就业大学生学费和国家助学贷款代偿政策。

完善社会保障体系　建立统一的城乡居民基本养老保险制度,推动城乡居民大额医疗费补充商业保险和人身意外伤害保险机制建设;企业退休人员基本养老金、城乡居民基础养老金待遇月人均达到3,320元、120元,分别惠及3.56万人和23万人;完善城乡社会救助体系,城乡居民最低生活保障标准提高到月人均540元和年人均2,150元,分别惠及4.75万人和32.9万人;落实资金9.35亿元,全面推进五保集中供养和孤儿集中收养“双集中”工作,农村五保户供养标准提高到年人均3,650元;继续为低收入群体发放“三大节日”一次性生活补助,惠及42.93万困难群众;加快推进保障性安居工程建设,实施6000套廉租房、20058套县及乡镇干部职工周转房、19000套公共租赁住房建设和17216户棚户区改造;优抚安置工作有效落实。

提升医疗卫生服务能力　积极支持深化医药卫生体制改革,完善公共卫生服务体系,基本公共卫生服务补助标准从年人均35元提高至45元;支持召开藏医药发展大会,促进藏医药事业发展;农牧区医疗制度、城镇居民基本医疗保险财政补助标准提高40元,分别达到年人均380元和340元,进一步提高了城乡居民基本医疗保障水平;启动实施出生缺陷一级干预试点,进一步完善全民(含在编僧尼)免费健康体检和城乡医疗救助政策,免费救治先心病儿童415人;支持重点专科建设和医疗卫生人才队伍建设,积极解决部分医院大型医疗设备配置经费,认真落实乡镇医生补助政策,村医待遇从月人均300元提高至600元,医疗卫生人员培训力度进一步加大。

促进科技文化事业发展　本着隆重节俭的原则,安排资金支持首届藏博会成功举办;支持举办第十一届全区运动会;大力实施文化馆站、文化信息资源共享等文化惠民工程,扎实推进公共文化设施免费开放工作;支持实施第一次可移动文物普查和遗产保护工程;整合设立农村文化建设专项资金,支持农村公共文化事业发展;深入推进科技特派员及科技富民强县活动,引导科技向基层基础方向延伸。

推动就业工作　积极贯彻政府购买公益性岗位补贴政策,政府购买公益性岗位总量达到2.7万个,动态消除城镇零就业家庭;认真落实企业吸纳高校毕业生就业奖补政策,支持实施就业援藏项目,西藏籍应届高校毕业生实现全就业;积极落实职业培训和职业介绍财政补贴政策。全年新增就业4.3万人。

做好减灾救灾工作　支持做好昌都“8·12”地震灾后恢复重建和那曲嘉黎等地灾后恢复重建工作,帮助8401户受灾农牧民重建住房;加大救灾物资储备;妥善处置“8·09”“8·18”重特大交通事故善后工作,做好全区旅行社、旅游客运车辆、道路客运班线车辆和客运场站运营补助工作;支持做好公路抢险保通及地质灾害防治工作;全区质量技术监督、食品药品监督技术手段进一步加强。

促进社会局势持续稳定　支持“双联户”创建活动、强基惠民活动、选派村党支部第一书记、城镇网格化管理、加强创新寺庙管理工作;积极落实公共安全经费支出,确保政法机关和公安现役部队、武警部队的维稳处突工作有序有力开展;落实经费全力保障阿里塔尔钦宗教活动安全。

夯实基层组织基础　落实乡镇干部补助政策,提高村级组织工作经费保障标准,支持村级组织、社区居委会和党团组织建设。

【服务“三农”】　2014年,自治区财政部门将“三农”工作牢牢抓住、紧紧抓好,通过完善政策体系,形成政策合力,有力推动农业发展、农村繁荣和农民增收。

巩固和提升农业发展基础　加大农业综合开发、农田水利及现代农业生产发展支出,支持高标准基本农田建设和土地整治;落实农作物良种繁育推广、牲畜良种推广和农机具购置补贴;支持农村改革试验区工作;深入推进政策性涉农保险,增强应对灾害、恢复生产生活的保险保障作用;全面实行县域金融机构涉农增量贷款奖励政策,进一步完善扶贫贴息贷款政策,全力扩大涉农信贷规模。

改善农村人居环境　完成1000个行政村农村人居环境建设和环境综合整治,完成6.33万户农村危房改造,开展1.48万户农村住宅建筑节能工作,推进385个边境地区村组活动场所建设;开展300

个农村饮用水水源地保护试点工作;美丽乡村建设工作扎实推进。

加快扶贫攻坚步伐　继续开展产业扶贫、兴边富民、以工代赈扶贫工作,不断提高扶贫工作的精准性、有效性和持续性,扶贫对象减少13万人。四是拓宽农牧民增收渠道。加大资金投入,推进农业产业化经营,扶持农民专业合作组织发展和农民技能培训，产业经营增收和劳务输出增收取得新成效。财政直接、间接补助达到年人均3,629元，农牧民收入持续增加。

【提高财政管理水平】　2014年,自治区财政部门配合中央巡视工作和自治区巡视、审计工作,在财政制度化、规范化建设方面迈出新步伐。

完善自治区对下财政体制　在中央明确与地方事权和支出责任的基础上,研究探索自治区与地(市)、县(区)的事权和支出责任划分,优化转移支付结构,扩大一般性转移支付比重。2014年自治区对下转移支付达到472.3亿元,同比增长14.5%。

严肃财经纪律　认真落实中央八项规定和自治区“约法十章”、“九项要求”，大力压缩一般性支出，2014年全区“三公”经费同比下降19%;出台差旅、会议、培训、出国培训、因公出国、外宾接待6项公务支出制度,规范公务支出管理;组织全区行政事业单位认真开展贯彻执行中央八项规定严肃财经纪律和“小金库”专项治理自查自纠工作,对全区158个单位进行了重点检查,收回违规资金6,043.61万元。

强化预算绩效管理　继续扩大预算支出绩效评价范围，选取部分资金规模大、社会关注度高的项目实施绩效评价，将评价结果作为编制下年预算的重要依据。

加强财政投资评审管理　不断拓宽评审领域，财政投资评审职能作用明显增强,全年审减概(预)算、决(结)算建设项目资金11.42亿元和7,247.50万元。

规范非税收入管理　坚持依法征收、应收尽收、纳入预算、统筹安排、规范管理,财政票据电子化改革取得实质性进展，非税收入管理制度进一步完善。

加强国有资产管理　出台实施本级行政事业单位通用资产配备使用管理办法，全面加强和规范行政事业单位国有资产管理；大力支持国有企业分类改革，深入研究国有企业分类监管的具体途径和方式。

强化财政监督　加强监督机构建设和力量配备，重点对中央重大决策、财税政策、财经纪律执行情况、财政资金使用情况进行检查,强化财政内控监督，确保财政资金安全使用和重大政策贯彻执行。

【获奖情况】　2014年,自治区财政厅共获得全国文明单位、自治区文明单位、自治区平安单位等省部级以上荣誉13项,七地(市)财政局共获得省部级以上荣誉6项，全区财政系统干部职工获得省部级以上荣誉称号42人次。

人力资源　社会保障

【人社工作】　2014年,全区城镇新增就业4.3万余人，其中约14298名高校毕业生就业，实现了“西藏籍应届高校毕业生全就业”目标任务;农牧区劳动力转移就业近60万人、98万人次,劳务收入突破20亿元；格外关注困难群体就业,2014年，全区公益性岗位总量达3万个,已通过公益性岗位安置就业26018人,动态消除零就业家庭96户157人；城镇登记失业率控制在2.5%以内,就业形势保持持续向好态势。

高校毕业生就业　2014年提供1.1万名公职岗位,分2批开展从西藏籍高校毕业生中公开考录基层公务员和事业单位工作人员、专业技术人员工作。从2014年起,自治区党委、政府对西藏高校毕业生公开考录事业单位工作人员和专业技术人员的考试提前至第一批，于每年的4月份实施，基层公务员公开考录安排在第二批考录,调整为每年7月份组织实施。同时,教育类、医护类、农牧类专业岗位进行专业知识测试,教育类、医护类、农牧类专业考生只限报考本专业职位，尽量做到录用的高校毕业生在其所学专业相关的岗位上就业。

就业援藏　全年共收集发布符合高校毕业生就业的区内各类岗位3500多个。就业援藏提供岗位5335个,实现高校毕业生内地就业1500人左右(其中,通过就业援藏渠道就业415人,比2013年增长36%)。全面落实促进高校毕业生就业各项优惠政策。2014年,审核拨付区内企业吸纳高校毕业生奖励资金779.2万元；累计发放高校毕业生见习生活补贴92.82万元，区外就业高校毕业生路途补贴、生活补贴26.68

万元。加强高校毕业生就业政策宣传，通过网络、电视、广播等媒体向高校毕业生讲解政策，帮助高校毕业生转变就业观念。

农牧区富余劳动力转移就业　依托驻村工作队和各类社会培训机构，进一步加大农牧民转移就业技能和实用技术培训力度，开展人力资源市场整顿专项活动，不断深化“服务、培训、维权”三位一体的转移就业工作机制。积极推行和扶持劳务品牌建设，促进农牧民转移就业。

职业技能培训　加强对职业技能培训学校的监管，制定实施职业培训补贴资金管理办法，提高资金使用效益。针对市场需求，多渠道、多层次、多形式开展职业技能培训。全年全区职业技能培训6.13万人。培训合格率达到91.5%，培训后就业率达到68.7%，就业质量得到提高。

公共就业服务　全年分别为5.24万人、5.73万人提供了职业指导和职业介绍，职业介绍成功率达49.52%。举办“民营企业招聘周活动”等各类专场招聘会49场次。开展“春风行动”，发放春风卡等藏汉文宣传资料5.1万余套，帮助1284名就业困难人员实现就业。开展劳动用工备案登记工作，维护劳动者和企业的合法权益。

【社会保障工作】　社会保障覆盖面进一步扩大　2014年，全区各项社会保险参保达到260.6万人次，其中，企业职工基本养老保险14.7万人、城乡居民基本养老保险130.29万人、城镇职工基本医疗保险32.55万人、城镇居民基本医疗保险25.86万人、失业保险11.8万人、工伤保险23.5万人、生育保险21.9万人。

各项社会保险待遇水平提高　通过连续11年的调整，西藏企业退休职工基本养老金月人均水平达3338元；通过连续3年的调整，城乡居民基础养老金提高到月人均120元；城镇居民基本医疗保险政府补助标准提高到年人均340元。2014年，社会保险基金征缴35.4亿元，支出32.6亿元。

社保基金监管　加大对欺诈社会保险基金行为的宣传、防范及查处力度。开展医疗保险领域专项整治活动，大力开展社会保险基金专项检查。全年稽核520家单位118900人次的各项社会保险申报缴费情况，清理回收历年欠缴的各项社会保险费4408万元。做好社会保险基金预决算编制工作，会同财政等部门，规范基金收支工作流程，加强基金预警分析，确保社会保险基金安全平稳运行。研究论证社会保险基金保值增值的新途径。

社保经办服务能力提升　通过业务经办系统升级，基本实现四险合一网上申报征缴和银行对帐自动处理功能；全区城乡居民基本养老保险信息系统建设有序进行，山南地区社会保障卡试点发放工作进展顺利；完善异地就医政策，加强异地就医服务管理方式；在区本级首次开展个人权益记录寄送服务；开展工伤认定和劳动能力鉴定工作，全年完成工伤认定296件，完成劳动能力鉴定479人次。

【人才工作】　专业技术人员职称改革　2014年，自治区人社系统完善职称考试和基层专业技术人员职务评定政策，完成731名专业技术人员高级专业技术职务任职资格确认。研究制定《西藏自治区职称考试工作方案》，逐步健全完善人才科学考核评价体系。

专业技术人员继续教育　启动第二批西藏少数民族专业技术人才特殊培养工作，组织120人赴内地参加特培；组织开展全国性专业技术人员高级研修项目和万名专家服务基层行动计划项目；组织实施11个专业技术人员短期培训班、4期自治区级专业技术人员高研班、专家下基层服务活动，培训专业技术人员、农村实用人才2100余人。

高层次人才选拔培养　选拔推荐西藏自治区24名享受国务院政府特贴专家报人社部审批；推荐上报西藏的10名2014年百千万人才工程国家人选；选拔推荐1名全国杰出专业技术人才和1个专业技术人才先进集体。

外专引智工作　引进1个高端外国专家项目和3个农业示范推广项目，获得资助经费47万元。同时，通过出国(境)培训项目，培训62名党政干部及专业技术人员；邀请山东省蔬菜种植等专家，培训农牧业技术人员140余人；完成2014年度BFT考试工作；推荐上报2名引智青年志愿者。

专业技术人员信息化建设　制作完成管理信息系统采集版软件、汇总版软件和使用手册，为提高统计分析能力奠定了坚实基础。

人事考试　全年完成各类人事考试60余次，参考人数达62000余人。

引进人才工作　2014 年,共下达地(市)和区直有关部门从区外引进西藏各类急需紧缺专业人才计划 846 名,已引进并办理派遣手续 461 名。

【人事制度改革不断深化】　规范和加强公务员队伍管理　2014 年,自治区人社系统完成全区行政机关公务员和参照管理事业单位工作人员年度考核工作。大力推进公务员信息系统建设工作。不断提高考录工作水平,全年共组织 7 批次公开考录,共录用机关事业单位工作人员 12311 名。其中,基层公务员约 4189 名,事业单位工作人员 8122 名。在公开考录公务员、事业单位工作人员和专业技术人员工作中,实行定向招考,引导各类人才到边远艰苦地区工作。合理配置非西藏生源定向西藏就业高校毕业生和西藏部队生源定向区内就业高校毕业生到基层就业。继续开展基层政法机关招录培养体制改革试点工作。开展从驻藏部队拟退役士兵中考录乡镇公务员和应急民兵连人民警察工作。从具有 2 年以上基层工作经历的人员中考录(遴选)公务员(工作人员)充实到区直机关和事业单位。进一步加大公务员培训力度,全年培训各类公务员约 1500 人。认真开展事业单位参公申报工作,做好评选表彰等相关工作。扎实开展公务员职业道德建设工作。逐步完善自治区公务员申诉公正委员会的组织机构及职能。

推进事业单位人事制度改革　在事业单位岗位设置管理试点工作完成的基础上,开展全区事业单位岗位设置工作,核准了区文化厅等 12 家单位的设置方案,完成了西藏大学岗位设置工作,认定岗位 1164 个。认真开展事业单位公开招聘突出问题专项整治,全面推行聘用制度,规范签订《西藏自治区事业单位聘用合同》8700 份。

军转安置服务　全年完成 819 名军转干部的安置任务。开展计划分配军转干部岗位培训、双向选择和安置工作。自主择业军转干部培训工作正常开展,管理服务规范有序,企业军转干部总体保持稳定。全年共为 37 名企业军转干部发放生活困难补助金 27.5 万元;“三大节日”、“八一”建军节期间共发放慰问金 38.8 万元。

干部交流　积极沟通编制部门,严格执行干部调动相关规定和程序。全年共办理 134 名人员的调动手续。

【收入分配制度】　2014 年,自治区人社系统稳步开展企业工资集体协商工作。发挥劳动关系三方协调机制作用,积极推行国有企业工资集体协调工作。收集调整最低工资标准相关数据,广泛征集各方意见,制定用人单位和劳动者都能接受的、全区统一的最低工资标准。通过开展“春暖行动”,到 2014 年底,全区各类企业农牧民工合同签订率达 92.4%。争取进一步完善西藏 2.5 倍工资政策,自治区主要领导亲赴人社部商谈将地方性津补贴平均水平对西藏干部职工纳入 2.5 倍工资计算基数问题,厅主要领导多次进京向人社部领导汇报衔接西藏干部职工工资待遇情况,积极与中央有关部委、调研组衔接,现已取得一定进展。根据自治区文件精神,批准自治区纪委等 6 家试点单位 242 名人员提前退休或离岗休养;经区党委常委会议同意,对全区 6947 名提前退休或离岗休养人员进行批复,64 号文件在全区正式实施。

【劳动关系】　健全劳动关系　2014 年,自治区人社系统加强三方协调机制建设,努力构建“党委领导、政府主抓、三方运作、部门联动、企业争创、职工参与”的工作格局。深入推进劳动合同、集体合同制度。以宣传贯彻新修订的《劳动合同法》为契机,继续引导用人单位与劳动者增强依法签约履约的责任意识和维权意识,增强用人单位与劳动者签订劳动合同、开展平等协商的自觉性。全区国有企业工资集体合同签订率达到 100%,农民工合同签订率达 92.4%。进一步加强企业工资内外收入分配的监督管理。调整发布了全区工资最低标准,目前,西藏月最低工资标准为 1400 元,小时最低工资标准为 13 元。

劳动保障监察　开展日常巡视检查和专项检查。2014 年,全区各级劳动保障监察机构共检查用人单位 21944 户,督促补签劳动合同 9176 份,责令支付工资及赔偿金 1889.58 万元。受理举报投诉案件 1025 件,涉及劳动者 9144 人,追讨劳动者工资等待遇 5397.6 万元,督促缴纳社会保险费604.03 万元。处置突发性事件 92 起,涉及劳动者 3524 人,涉及金额 1973.4 万余元。林芝地区加大劳动监察执法力度,案件数量呈明显下降趋势。推进建筑领域"一金一牌"制度，全区建筑领域共设立劳动者维权公告牌950多块，946家建筑企业缴存农民工工资保证金23707万元。

劳动人事争议调解仲裁 积极推进劳动仲裁院建设，2014年，拉萨市、日喀则市、昌都市、林芝地区已成立劳动人事仲裁院，地市级建院率达到57%。加强企业调解组织机构和制度建设，督促指导示范企业开展预防调解工作。2014年，已有200多家企业建立了调解仲裁委员会。继续加强仲裁办案质量管理，提升办案能力，全年共受理劳动人事争议案件1225件，涉及6116人，涉案金额9230万元，结案率达98%以上。

规范外国人在藏就业行为 依法加强对外国入境就业人员的管理，做好在藏外国就业人员的服务工作。2014年，共有144名外国人在西藏就业。

【人社领域改革】 *整合新农保和城居保两项制度* 2014年，自治区人社系统按照国家有关要求，在总结西藏新型农村社会养老保险和城镇居民社会养老保险工作实践经验和广泛征求各方意见的基础上，建立城乡养老保险衔接制度，做好参保人员养老保险衔接手续，出台《西藏自治区城乡居民基本养老保险实施办法(试行)》，标志着西藏实现两项制度的合并实施，实现制度和待遇的统一，消除影响城乡劳动力合理流动的障碍，缩小城乡差距，体现社会保险公平、普惠和可持续的基本理念。

将公务员和参公人员纳入工伤保险 出台《西藏自治区公务员和参照公务员法管理的事业单位、社会团体工作人员参加工伤保险暂行办法》，至此，工伤保险在制度和政策层面已实现全覆盖。有效保障公务员等群体的工伤权益，确保受到工伤事故伤害后及时获得医疗救治和经济补偿。

规范公益性岗位的开发、管理 出台《西藏自治区公益性岗位开发管理暂行办法》，明确公益性岗位的有序开发、准入和退出机制，对于规范公益性岗位管理，防止形成新的历史遗留问题起到了积极作用，切实使政府对就业困难人员的托底、扶持政策体现民生工作主线，为就业困难群体实现就业提供了保障。

机关事业单位养老保险制度改革 根据人社部关于开展机关事业单位工作人员样本数据采集工作的要求，西藏确定自治区本级、山南地区(地直单位)、拉萨市堆龙德庆县作为样本数据采集的对象，按照人社部对采集样本数据工作的有关规定，完成了样本数据采集工作。

完善医疗保险转移接续政策 推进异地就医结算管理和服务，进一步完善医疗保险关系转移接续政策和异地就医结算机制。在四川省成都市设立西藏驻成都基本医疗保险服务中心，实现与西藏自治区人民政府驻成都办事处医院和西藏民族学院附属医院的联网直接结算。同时，委托驻北京、上海等5个办事处和驻郑州、兰州等8个干休所对所辖人员进行医疗费用结算。全区各地市医疗保险经办机构均已与拉萨市各大定点医疗机构和定点零售药店实现了联网结算。开展医保付费方式改革试点工作，选择了西藏军区总医院、西藏自治区第二人民医院等定点医疗机构开展付费总额控制试点工作。

行政审批制度改革 做好保留项目的规范审批，做好精简下放行政审批事项的承接。对保留并维持现有审批层级的10项行政审批项目，形成行政审批项目单行文本，为做好简政放权工作打下坚实的基础。同时，将已下放管理层级的3项行政审批事项运行情况进行重点检查。开展调整退休(职)审批权限工作，研究起草《关于调整退休(职)审批权限的方案》。

国土资源管理

【概况】 2014年，自治区国土资源系统按照"尽职尽责保护国土资源、节约集约利用国土资源、尽心尽力维护群众权益"的职责定位，认真履职尽责，全面服务"稳增长、促改革、调结构、惠民生"工作大局，开拓创新，努力作为，各项工作取得了新成效。截止2014年底，全区土地总面积为12021.89万公顷。全区耕地保有量保持663.8万亩（其中基本农田465万亩)。全年办理建设项目用地预审98件，初审7件。依法办理探矿权登记398件（其中：延续339件、保留23件、变更36件)，办理采矿权延续15件、变更4件。年度受理群众来信来访16批（件)47人次。全年共发生102起地质灾害，受灾人数2054人，直接经济损失达1.15亿元，受伤3人，未造成人员死亡和失踪。

【土地资源管理】 土地资源概况 2014年，西藏全区土地总面积为12021.89万公顷。其中农用地8724.31万公顷，占全区土地总面积的72.57%，耕地663.8万亩，占农用地面积的0.51%，其中基本农田465万亩，园地0.157万公顷，林地面积1602.74万公顷，草地8432.57万公顷；城镇村及工矿用地9.82万公顷，交通运输用地7.16万公顷，水域及水利设施用地694.07万公顷；其他用地1231.12万公顷。

地籍管理 推进地籍管理工作，稳妥开展不动产统一登记工作的各项前期工作。完成第二次土地调查成果验收、移交和公布工作，进一步推进土地登记信息动态监管查询系统建设工作。推进农村地籍调查和农村集体土地所有权确权登记颁证。农村宅基地确权登记发证工作逐步展开，启动了曲水县、乃东县、江孜县和白朗县农村集体土地所有权确权登记发证试点工作。农村宅基地确权登记发证工作顺利进行。完成了2013年度土地变更调查，有效保证了全区各类土地数据的真实性和现势性，为各级政府提供了决策依据。

耕地保护与土地利用 实行最严格的土地管理制度。全面推行各级政府履行耕地保护的第一责任制度，国土资源管理部门全力以赴，促进了耕地保护共同责任的落实。坚持最严格的耕地保护制度，加强耕地保护目标责任检查，全区耕地保有量保持663.8万亩（其中基本农田465万亩）。严格耕地保护责任考核。开展了2013年度耕地保护目标责任制落实情况检查考核。落实耕地占补平衡和“先补后占”，实际补充耕地3.32万亩。投资8759.6万元，完成土地整治5.62万亩（其中高标准基本农田建设5.06万亩，一般土地整治0.56万亩）。启动耕地后备资源调查评价试点工作。确定曲水县为试点单位，完成了调查评价、上图入库、内业指标数据的处理和文字报告的编写工作。完善“一江三河”流域青稞主产区土地整治重大工程可行性研究报告。

保障发展取得新成效 全面落实土地用途管制制度，执行土地利用规划计划。全年安排土地利用计划指标3万亩，办理建设项目用地预审98件，初审7件。审查并上报国务院和自治区人民政府建设用地报件80件，申请用地22799.00亩（其中耕地4832.55亩），供应国有建设用地489宗，共13377.18亩，土地出让收益16.65亿元，全力保障了全区经济社会发展用地需求。

加强土地市场建设 通过引入市场竞争机制，充分发挥市场对土地资源配置的基础性作用。不断规范完善土地市场建设，在继续规范经营性用地招标拍卖和挂牌出让的同时，推进工业用地招标拍卖挂牌出让制度，加强对土地市场的监管，为地方经济社会发展提供保障。

【矿产资源管理】 概况 西藏独特的地理环境和优越成矿条件，孕育了丰富的矿产资源。截至到2014年底，全区已发现矿种102种，矿床（点）、矿化点3000余处，有查明矿产资源储量的矿种41种。铬、铜的保有资源储量居全国第一位，铬铁矿产量约占全国产量的80%，铜金属量超过3000万吨，铅锌矿储量达1000万吨以上。已发现1平方公里以上盐湖有490个，发现盐湖矿床（点）100余处，高温地热已知显示区（点）700余处，其中温度90℃以上约占5.26%。金、铁等矿种也有良好找矿前景，已发现一批大中型矿床，石油天然气远景资源巨大，同时还有寻找天然气合物的找矿前景。

地质找矿 2014年西藏找矿成果显著，整装勘查、青藏专项、老矿山找矿和矿产资源潜力评价项目取得可喜成绩。继续抓好整装勘查工作，持续实施找矿突破战略行动。多龙整装勘查区累计探获铜金属资源量约1700万吨，成为世界级大矿。在罗布莎铬铁矿区，通过危机矿山接替资源勘查和老矿山地质找矿，新增铬铁矿石量330万吨以上，实现了我区50多年来铬铁矿找矿的再次重大突破，也显示了该区深部巨大的铬铁矿找矿潜力。完成了重点成矿带的矿业权设置方案编制工作。加强矿产资源储量管理，鼓励矿产资源的综合利用、高效利用、循环利用，推进矿产资源综合利用示范基地建设。继续加强矿业权市场建设，进一步完善工作制度和矿业权网上交易流程。

矿政管理 严格探矿权、采矿权管理。按照自治区人民政府制定的《整顿和规范矿产资源开发秩序期间探矿权采矿权申请审查报批的暂行规定》，规范矿业权审批，严格执行自治区人民政府“一支笔”审批制度，严守生态环境保护、社会和谐稳定、安全生产“三条红线”。依法办理探矿权登记398件（其中：延续

339件、保留23件、变更36件），办理采矿权延续15件、变更4件。

【地质环境】 地质环境情况 西藏是中国地质灾害易发频发区之一，全区74个县（市、区）均有地质灾害发育，地质灾害类型以泥石流、崩塌和滑坡为主。截止到2014年底，已发现地质灾害隐患点共计9552处，其中：崩塌（含不稳定斜坡）2614处、滑坡1550处、泥石流5298处，其他（地裂缝等）90处；受地质灾害威胁的群众29.17万人，潜在经济损失92.17亿元。2014年共发生102起地质灾害，受灾人数2054人，直接经济损失达1.15亿元，受伤3人，未造成人员死亡和失踪。

地质灾害防治情况 2014年，对全区40个县（区）开展了地质灾害汛前排查、汛中巡查，全面推进了地质灾害监测预警、群测群防、应急处置、避让搬迁、勘查、治理工程等各项工作。加强了防灾避灾的知识宣传和培训，编制发放了西藏自治区地质灾害应急处置工作手册，对重大突发地质灾害做出了准确及时的判断和应急指挥，对昌都左贡县碧土乡龙日自然村等多起地质灾害进行现场调查，提出切实可行的处置措施，有效降低了地质灾害造成的人员和财产损失。指导日喀则市完成了亚东“9.18”地震灾后地质灾害治理工程，10个治理工程已经初步完工并顺利度过了汛期。组织推进了昌都“8·12”地震灾后重大地质灾害的勘查工作。

地矿普查 加强矿山普查、详查、勘探阶段的水、工、环地质和矿山环境保护工作，推进矿山环境恢复治理方案的编制审查和矿山环境恢复保证金制度，加大矿山开发过程中的保护、监测、治理力度，组织开展2个矿山地质环境恢复治理项目。完成羊八井国家地质公园总体规划修编。

【执法监察】 2014年，自治区国土资源系统严格监管，加强执法监察。加大巡查力度和日常监管，对拉萨、日喀则市和那曲、阿里地区的22个县市的执法监察工作进行了督查，共查处违法案件14件。组织开展全区2014年土地矿产卫片执法检查工作，督促各地、市对违法用地进行整改。全面完成了疑似违法图斑的外业核查、整改查处、数据填报等工作。监督指导各地（市）集中力量对全区“小产权房”进行了清理。

【基础工作】 规划体系建设 2014年，自治区国土资源系统加快推进土地利用总体规划修编。《拉萨市土地利用总体规划（2006—2020年）》经国务院批准实施，林芝地区土地利用总体规划通过自治区人民政府批准，其他地市土地利用总体规划已报自治区人民政府审核待批。拉萨市、林芝地区各县（区）土地利用总体规划已通过区国土资源厅组织的审查。积极安排部署矿产资源总体规划和国土资源“十三五”规划编制工作。委托中国国土资源经济研究院承担自治区级矿产资源规划编制工作和我区国土资源“十三五”规划编制工作。《西藏自治区地热资源勘查开发利用规划（2013—2020年）》已上报自治区人民政府待批。

维护群众权益 加强信访工作，不断加强保障群众权益工作。全年度受理群众来信来访16批（件）47人次，均得到妥善解决。推进政府信息公开，主动接受社会监督，通过门户网站发布土地征收征用等各类信息680条，阳光行政进一步加强。对13件自治区十届人大二次会议和政协十届二次会议代表建议、委员提案进行了认真答复。

测绘地理信息 稳步推进地理国情普查。在自治区第一次地理国情普查领导小组的统一领导和国家测绘地理信息局以及各地（市）各部门的大力支持下，集中力量，按国普办的要求较好地完成本年度国情普查的各项工作。全力实施《西藏重点地区1:1万基础地理信息数据采集及成图》项目和《西藏自治区平面控制网、高程控制网》项目，加快推进《天地图·西藏》项目和《西藏自治区基础地理信息系统》项目建设，不断推动《西藏自治区突发事件应急处置地理信息平台》的升级。全年向社会各界提供测绘成果资料474次，共计24688幅（本、点、张）。充分利用测绘成果、技术助推政府机关提高执行力，免费向自治区党委、政府及各部门提供各类测绘成果资料7745幅（本、点、张），总价值732.8万元。四是测绘地理信息统一监管力度不断加大。履行测绘行业监管职责，规范测绘地理信息市场秩序，持续开展国家版图意识宣传教育活动。推动西藏测绘地理信息事业取得新成就。

【受援工作】 继续加大对西藏项目资金的投入 2014年，国土资源部项目、资金、技术各方面向西藏倾斜,支持西藏经济社会跨越式发展。2014年继续安排青藏高原地质调查与评价专项,初步统计对西藏自治区优势矿产资源勘查与评价投入6亿多元,区域地质调查、矿产地质调查、能源战略调查评价、危机矿山找矿、环境地质调查都取得了重大进展,为建立中国战略资源储备基地奠定了坚实基础。

落实系统“十二五”援藏计划 2014年,各对口援藏单位以加强业务建设、能力建设和队伍建设为援藏核心内容,通过人才、资金、项目、技术等多种援助方式,完成年度援藏计划。“十二五”时期计划援助全区国土资源系统项目60个、援助资金20278万元。2014年,援助西藏“一张图”核心数据库及综合监管平台建设,第三轮《西藏自治区矿产资源总体规划》和《西藏自治区“十三五”国土资源规划》编制工作全面启动。

环境保护

【概况】 2014年,西藏自治区各级环保部门贯彻落实国家和自治区关于加强环境保护的决策部署,以深化生态文明体制改革为切入点,围绕国家生态安全屏障和美丽西藏建设,着力打好生态文明体制改革、环境监管执法、生态文明宣教、建立环保考核机制“四大战役”,抓好生态保护、污染防治等重点工作,全面完成预定工作任务。

【政务信息及环境信访】 2014年,自治区环保厅共编发西藏环保信息390条;受理环境信访236件,办结率100%;排查环境矛盾纠纷14件,化解14件。

【规划与财务】 2014年,自治区环保厅在完成西藏生态安全屏障保护与建设工程建设成效综合评估的基础上,组织开展规划修订工作。启动生态红线划分和环境功能区规划编制工作,完成全区74个县(区)的实地调研和资料收集。开展《国家环境保护“十二五”规划》中期评估。启动环境保护“十三五”规划编制工作,提出“十三五”环境保护政策和项目需求。完成《西藏自治区智慧环保总体规划方案》,明确西藏环境保护信息化建设总体思路、总体布局及资金需求。对“十二五”对口援藏工作进行了调度,启动“十二五”对口援藏工作总结和“十三五”对口援藏工作规划编制工作。

开展纳木错、羊卓雍错良好湖泊保护项目建设。拉萨周边湿地、日喀则城郊湿地保护项目、拉萨河源头生态功能保护区项目全面开工建设。拉鲁湿地三期(第一部分)工程前期工作加紧开展,生态搬迁项目扎实推进。林周、墨竹工卡县城污水人工湿地污水处理项目完成初验。自治区固体废物管理中心业务用房主体工程已完成。

【污染物减排】 2014年,全区主要污染物排放总量控制在国家核定的范围内,年度国家重点减排项目均已开工建设。淘汰黄标车3824辆,圆满完成了国务院下达的黄标车年度淘汰任务。协调落实藏青工业园主要污染物总量排放指标。

【环境影响评价】 2014年,自治区环保厅印发《关于进一步加强规划环境影响评价工作的通知》、《关于加强农村公路项目建设环境保护工作的意见》和《西藏自治区环境保护厅建设项目环境影响评价文件审批程序规定(2014年修订)》,强化规划和建设项目环评工作。组织审查《藏青工业园总体规划》等16个规划环评,全区共审批各类建设项目环评文件5004份。对西藏娃哈哈食品有限公司饮料生产等395个项目进行了竣工环保专项验收,对昌都地区贡觉县相皮乡垃圾填埋场等6个项目因选址不当予以否决,对那曲地区继续实行涉矿项目区域限批,对被自治区政府列为继续挂牌督办的矿产资源开发企业实行企业限批。推进全区实施环境监理制度。

【环境监测】 2014年,7地(市)环境监测站全部通过计量认证,自治区环境监测中心站通过国家计量认证复审。完成生态环境十年遥感调查与评估并通过环保部验收。制定《西藏生态安全屏障生态监测技术规范》地方标准,生态安全屏障规划的申扎高原草原监测站建成并投入运行。核与辐射应急监测调度平台建设顺利推进。积极探索环境监测社会化服务试点工作。对6地(市)行署(政府)所在地12个空气自动监测子站进行了升级改造,增加了PM2.5监测能力,全区七地(市)实现与国家联网并实时发布城镇空气质量监测数据。进一步完善全区环境质量监测网络,确定国控、区控、市控、县控四级地表水、环境空气质量监测点位（断面），共布设地表水环境质量监测断面194个，空气环境质量监测点位84个。2014年共完成各类监测任务511项，取得监测数据13万余个，编制监测报告420份。

【污染防治】 2014年，自治区人民政府批准实施《〈大气污染防治行动计划〉实施细则》，成立大气污染防治工作领导小组，开展了油气回收治理工作，会同财政厅审批了19个城镇集中饮用水水源地环境保护工程，完成31个城镇集中式饮用水水源地环境保护工程的验收。落实资金654.8万元，支持西藏夕瑞德矿业有限公司等4家企业开展了重金属污染防治工作。对5家重点监控企业进行了清洁生产审核。全区实现全面供应国Ⅳ标准的车用汽油和柴油目标任务。

【自然生态保护】 2014年，自治区环保部门协调落实7.91亿元，全面实施《西藏生态安全屏障保护与建设规划》3大类10项工程。组织编制《西藏构建国家生态安全屏障纲要》，启动生态安全屏障建设成效评估工作，对生态安全屏障建设的生态、经济和社会效益进行阶段性评估。自治区政府审批了《生物多样性保护战略与行动计划》。组织编制了纳木错国家公园试点规划及实施方案，将纳木错纳入环保部国家公园试点。加强自然保护区建设与管理，积极协调开展麦地卡、羌塘、色林错自然保护区的晋升与调整工作，麦地卡通过国家级评审。修编《西藏拉鲁湿地国家级自然保护区规划》。协调国家有关部委，将西藏自治区纳入国家重点生态功能区转移支付范围的县由8个增加到18个。深入推进国家重点生态功能区县域生态环境质量考核，将生态环境质量监测结果作为转移支付资金使用效果的评估依据。

【农村环境保护】 2014年，自治区环保部门争取中央农村环保专项资金，落实2014年环境保护专项资金1800万元，实施了20个行政村的农村环境综合整治项目。开展生态文明示范创建，拉萨市创建国家环保模范城市通过考核验收。29个村、28个乡镇开展国家级生态创建工作。截至2014年底，全区已有560个村、54个乡镇、2个县获得自治区级生态村、生态乡镇、生态县称号。印发《西藏自治区农村饮用水水源地环境保护技术指南》，协调资金3000万元，实施20个重点县300个农村饮用水水源地环境保护项目。524个村纳入国家级农村环境综合整治项目库。

【辐射安全监管】 2014年，自治区环保部门对全区通信基站辐射环境安全进行专项检查，摸清了西藏自治区通信基站建设的基本情况。安全收贮废旧放射源3枚。

【危险废物安全监管】 2014年，自治区危险废物和6地(市)医疗废物集中处置中心陆续建成，结束了医疗废物与生活垃圾混合处置的历史。及时处置原林芝火柴厂和自治区药监局遗留的危险废物。编印《西藏自治区危险废物(医疗废物)集中处置环境监管指南(试行)》。

【环境监察与排污收费】 2014年，自治区环保部门会同工信、国土、住建等8部门分4个检查组赴全区7地(市)联合开展了环保专项行动。对城镇环境基础设施建设、集中式饮用水水源地保护、矿产资源开发等5个重点领域的346个企业(项目)进行了专项检查。对各地市环评审批、环境监理和排污收费工作开展情况进行了专项稽查，就重点监控(监督)企业环境保护、挂牌督办企业（项目）整改进展和基层环保部门环境执法监察工作进行专项督查。针对检查发现的问题，责令23家企业(项目)限期整改。强化了拉日铁路、拉林高等级公路等重点建设项目和水电、旅游、矿产等重点资源开发项目的全过程环境监管。对全区部分重点企业环境安全隐患进行明查暗访。加大对电力、无线通信等行业电磁环境的监管力度，开展了通信基站电磁辐射专项检查，摸清全区通信基站底数。全区各级环保部门共出动执法人员4000余人次，检查企业(项目)近2000家(次)。环境应急管理体系不断健全。

【环境宣传教育】 2014年，自治区环保部门围绕党的十八届三中全会精神和新修订的《环境保护法》、《西藏自治区环境保护考核办法》的贯彻落实，自治区组成西藏生态文明建设巡回宣讲团分赴7地(市)及14个县，对近7000余名干部群众和青年学生进行了一次面对面的生态文明建设宣传教育，营造人人参与生态文明建设的浓厚氛围，得到自治区领导的充分肯定。联合区党委宣传部等部门印发《关于加强西藏生态文明建设宣传工作的意见》。组织开展“6·5”环境日系列宣传活动，发布2013年西藏环境状况公报。按期出版发行《西藏环境》，编制藏、汉双语《西藏环保科普宣传册》，举办“生态文明·美丽西藏”摄影展。在全区环保系统开展《环境保护法》等13部法律法规的学习活动，在《西藏日报》等媒体上对新修订的《环境保护法》和国务院办公厅《关于加强环境监管执法的通知》进行解读。配合自治区人大开展2014年“中华环保世纪行——西藏行”活动。

住房 城乡建设

【概况】 2014年，全区计划建设保障性住房6.58万套，实际安排建设7.19万套，总投资48.58亿元。2014年保障性住房建设任务为历年之最，项目覆盖到七地（市）所有县（区）和绝大多数乡镇，覆盖范围扩大到寺庙僧舍。其中新建周转房0.51万套，新建公共租赁住房1.1万套，维修0.8万套，棚户区改造4.78万户，包括僧舍改造（危旧房）2.93万套。项目开工率达100%，总体进度达80%以上。中央预算内追加全区2013—2014年保障性住房建设配套资金9亿余元，缓解了地方配套资金需求压力。同时，廉租住房租赁补贴审核发放力度继续加大，全年发放租赁住房补贴4700多万元，解决了10000余户15000余人的住房困难问题。

全年共计发放住房公积金贷款19.5亿元，累计有4.07万户通过住房公积金贷款解决或改善了住房条件。

【城乡规划建设管理】 规划体系进一步完善 2014年，自治区住建部门积极筹措资金，完善规划体系，加大规划监督检查力度，确保规划权威，发挥规划“龙头”作用。各地市、县深入推进城镇总体规划修编工作。2014年，全区7地市中拉萨市城市总体规划已启动修编工作，山南、阿里地区新一轮城市总体规划成果基本完成，日喀则市、那曲地区城市总体规划已启动修编工作。59个县城完成总体规划审批，其余县总体规划编制工作正在开展规划审查、审核或报批工作。同时，各级住房城乡建设部门认真做好建设项目规划选址管理，依照法定批准的城乡规划，强化建设项目选址管理，压缩办理时限，提高行政效能，切实为项目建设单位做好服务工作，为重点建设项目顺利实施提供保障。

推进全区新型城镇化 各级住房城乡建设部门以推进新型城镇化为己任，配合完成了全区新型城镇化调研，起草了新型城镇化试点方案等，还代拟完成《西藏自治区人民政府关于加强城镇基础设施建设，推进新型城镇化健康发展的意见》，为全面启动全区新型城镇化工作打下坚实基础。

推进城镇基础设施项目建设 各地市采取得力措施，倒排工期，狠抓落实，全面推进“十二五”城镇基础设施项目建设进度，全区城镇基础设施类项目已到位投资130项，已批复投资的项目全部开工建设。

城镇环境建设成效显著 各地市以创建宜居城镇、园林城镇为载体，深化加强城镇综合环境建设，切实加强园林绿化工作。拉萨、林芝等地市积极推进市政管理网格化、数字化，提高了管理的效率，城镇市容市貌大为改观，干净整洁的城镇环境得到居民的好评。

推动村镇建设 组织开展传统村落申报工作，有11个村获批中国传统村落。开展中国传统民居调查，做好传统村落保护工作。138个镇（乡）被列入全国重点镇。

【建筑市场监管】 2014年，各地市、县住建部门按照属地管理原则，对进入本地的建筑企业，强化市场准入，加强动态监管，做好服务。推进建筑业企业资质网上申报审批进程，建筑施工企业、监理企业等的资质申报和受理、区外建筑业企业进藏备案全部实行网上申报办理，在市场准入上区内、区外企业平等对待，坚持所有企业权利平等、机会平等、规则平等。按照住建部统一部署，在全区建筑工程领域开展了专项治理出借和挂靠建筑业企业资质行为活动，对存在违法违规行为的建筑企业进行处罚，加大市场清出力度。各地市积极开展了建筑市场执法检查活动，对发现的违法违规行为，及时通报批评，及时整改处理，着力打击建筑市场的弄虚作假行为，推进建筑市场信用体系建设，净化建筑市场环境，营造依法守信的建筑市场信用环境，保证了建筑业的和谐有序发展。

【房地产业发展】 2014年，各地市住建部门根据各自实际，规范房地产市场发展秩序，加强服务引导，房地产业发展势头强劲，产销两旺。2014年全区新开工楼盘37个，总投资92.89亿元，建设总规模287.7万平方米，完成销售面积72.4万平方米，各项指标均为历史最高，房地产企业对投资信心不断增强，拉萨、林芝房地产业发展较快，拉萨雪顿节期间举办了历年来规模最大、参展企业最多、效益最为显著的房屋展销活动，在三天的展销期间，销售各类房屋2500平方米，成交金额1500多万元，签订意向性购房协议近2亿元。

【工程质量及安全监管】 2014年，各级住建部门牢固树立安全生产意识，加强监督管理，在工程量大幅增长的情况下，工程质量水平不断提升，安全生产形势进一步好转。为确保安全生产，各地市都组织开展质量安全大检查、大排查、大整治活动，深入施工一线，对存在的安全隐患及时处理，层层落实安全生产监管责任，加强日常监督和源头监管，督促各企业、相关人员落实安全生产责任，基本实现年初提出的事故起数和死亡人数“双下降”目标，安全生产形势稳定可控。

为进一步提高工程质量水平，在住建部的统一安排下，启动工程质量治理两年行动。切实落实工程建设五方主体负责人质量终身责任，建立五方主体法人授权书、项目负责人质量终身责任承诺书和永久标牌制度，切实确保工程质量安全。

为切实做好工程质量、安全生产工作，还加强了施工企业质量安全监管人员的培训，切实提高质量安全意识。对全区建筑企业负责人、技术负责人、项目负责人、专职安全员进行初始教育、继续教育1569人次。共组织19期培训班，对建设领域“八大员”、安全生产“三类人员”、二级建造师、房地产从业人员资格进行业务培训和继续教育。强化执业资格认证，企业对人才的培养重视程度进一步提升，共有561人通过二级建造师执业资格考试、新增监理工程师等其他执业资格人员23人，扎实的培训工作为工程质量、安全生产提供保障。

【改革创新】 2014年，按照自治区党委改革办的部署要求，组建深化改革工作领导小组，制定方案，全面启动相应改革工作。各地市也在当地党委政府的领导下，推进住房城乡建设领域各项改革工作，推进政策研究，改革固有模式。创新工程招标模式，出台1000万元以下房屋建筑和市政工程随机抽取中标人管理办法，进一步减少项目招投标过程中的人为干预和围标串标等违法行为；探索推进电子招投标交易平台建设，实现招标投标市场管理手段的创新突破；进一步放宽公积金支取、贷款的条件，将最高贷款额度由50万元提高到60万元、贷款年限由15年延长到17年，住房公积金服务干部职工改善住房条件的能力显著增强；保障房投融资体制改革、管理改革工作进展顺利，取得初步成果。

交通运输

【概况】 2014年，西藏自治区公路总里程达到75469公里，提前完成“十二五”建设目标。国家批复公路交通建设项目20个，落实中央投资208.11亿元，利用金融撬动政策贷款121.75亿元，完成固定资产投资161.73亿元，均创历史新高。公路交通跨越式发展项目拉林高等级公路开工段主体工程完成75%，贡嘎至泽当机场专用公路嘎拉山隧道和雅江特大桥、八一至米林机场专用公路和泽当连接桥开工建设。规划内29个重点项目，11个边防公路项目，308个农村公路项目进展顺利，102隧道和105整治工程5个隧道贯通，通麦特大桥胜利合龙、迫龙特大桥完成下部构造，解决川藏公路“卡脖子”问题指日可待。全区农村公路通车里程达63519公里，680个乡镇实现通达、通达率达99.7%，376个乡镇实现通畅、通畅率达55.13%；5216个建制村实现通达、通达率达99.14%，971个建制村实现通畅、通畅率达18.46%；1722个寺庙实现通达、通达率达97%，336个寺庙实现通畅、通畅率达18.98%。

【交通运输】 2014年，自治区交通厅坚决执行“两限一警”政策措施，精心组织调配运力，确保道路旅客运输。2014年，全区共出动交通综合执法人员49948人次，检查车辆641338台，查处非法超限运输车辆22010台，卸载货物10837.95吨，查处非法营运车辆592台，排除安全隐患849起。全区完成客运量1408万人次，客运周转量327809万人公里；完成货运量1871万吨，货运周转量859580万吨公里。建成县级客运站66个，乡级客运站10

个,简易停靠站 236 个,农村客运班线县级覆盖率达 98.6%,乡镇覆盖率达 61%,行政村覆盖率达 41%。

【科技创新】 2014 年 11 月,自治区交通厅召开科技支撑西藏交通运输发展专项行动启动会,制定《科技支撑西藏交通运输科学发展专项行动实施方案》,提出建立科技项目和科技人才两个储备库,健全开放共享、协同创新、志愿服务三项工作机制,推进转化一批科技成果、攻克一批关键技术、形成一批示点示范、培养一批科技人才四项重点任务,明确科技支撑西藏交通运输科学发展专项行动具体措施、牵头单位、目标任务。成立交通运输厅信息化领导小组,印发西藏自治区交通运输信息化总体方案和 TOCC 建设方案;拉林高等级公路建设生态旅游科技示范路项目纳入部级示范工程;投资 320 万元依托省道 301 线改则至革吉公路改建工程,开展西藏公路路面典型结构及筑路材料研究。

【公路管养】 2014 年,西藏自治区国省干线投入公路养护管理经费 141663.74 万元。采用新机制合同用工方式,积极补充一线养护工人,一线人员缺乏问题得到有效改善。公路通行条件明显改善,全区公路设养里程达 68042.1 公里,其中国道 6197.141 公里,设养率 100%;省道 5495.139 公里,设养率 86.78%;自治区补助设养县道 13846.439 公里,设养率 100%;补助设养乡道 16066.127 公里,设养率 97.25%;补助设养村道 20652.677 公里,设养率 85.69%;补助设养专用公路 4170.688 公里,设养率 99.73%。国省干线油路优良路率达到 66.2%,MQI 值 72.8,砂土路优良路率达到 56.5%;农村公路县道铺装路优良路率达到 58%,MQI 值 63,砂土路优良路率达到 58%,专用公路、乡道、村道铺装路优良路率达到 46.5%。

【深化改革】 2014 年,按照自治区党委、政府的部署要求,自治区交通厅全面启动道路运输体制改革工作。派出调研组赴内地考察,并结合西藏道路运输实际,研究制定《西藏自治区道路运输体制改革总体方案》,形成了改革配套措施和推进工作思路;高原新型客车研发和标准制定进展顺利;尝试和探索公路建设筹资渠道,充分发挥银行贷款资金的周转和代际作用,加快公路建设步伐;按照简政放权的要求,累计取消和下放 2 批 12 项审批事项,从改革前的 21 个减少到 9 个,8 个国省道公路建设项目管理权限,按照属地管理原由下放至相关地市组织实施。

【交通援藏】 2014 年 7 月,召开川青藏公路通车 60 周年座谈会和交通运输部西藏交通运输工作座谈会,交通运输部出台《关于进一步推进西藏交通运输科学发展的若干意见》,明确支持西藏交通运输发展的政策措施。制作交通援藏 20 周年纪实片和川青藏公路通车 60 周年纪录片,编制《西藏路谱》、《共筑天路》书籍,并在《中国交通报》刊发专版,大力宣传西藏交通发展成就。习近平总书记就"两路"通车作出重要批示后,会同交通运输部、新华社等中央主流媒体和西藏日报等区内媒体,开展"两路"精神融合式宣传采访和巡回宣讲活动。

【党风廉政建设】 2014 年,自治区交通厅推进党的思想建设,学习贯彻党的十八届三中、四中全会以及区党委八届五次、六次全委会精神,扎实开展党的群众路线教育"回头看"活动,用党理论创新的最新成果武装头脑、指导实践、推动工作。深入推进党的组织建设,调整充实党支部书记 23 名,健全基层党总支 11 个,党支部 148 个,发展党员 111 名。深入开展驻村工作,落实"短、平、快"项目 40 个,总投资 1059 万元。深入推进党风廉政建设,全面落实中央八项规定和区党委约法十章、九项要求,举办反腐倡廉教育培训 4 期,受训干部 390 人(次)。

【精神文明建设】 2014 年,青藏公路分局那曲养护段获"全国工人先锋号"荣誉称号、日喀则公路分局工会委员会获第十三届全国职工职业道德建设先进单位荣誉称号、日喀则公路分局聂拉木养护段达娃获"全国五一劳动奖章"和"西藏自治区劳动模范"荣誉称号、青藏公路分局那曲养护段副段长多吉获第十三届全国职业道德建设"标兵个人"荣誉称号、在全国交通基础设施重点工程劳动竞赛中日喀则公路分局卡嘎公路养护段获"先进单位"、西藏天顺路桥工程有限公司副总经理普布贵吉和曲水公路养护段六工区工区长扎西次仁获"先进个人"。

【质量监管】 2014 年,成立公路建设质量安全监督管理委员会,提出"管好三类人员、打赢四场战役"总目标。2014 年共出动监督人员 346 人次，采取综合督查、专项督查、抽检督查等方式，对 35 个在建重点公路项目，103 个监理和施工合同段进行监督检查，监督里程达 2374.4 公里，下发《公路工程质量安全监督抽查意见通知书》93 份、通报 34 份、停工通知书 2 份、复工通知书 2 份，以高标准、零容忍、严监管的态度，严厉打击公路工程建设领域违规违约行为，对合同履约较差的 11 家施工单位、8 家监理单位累计处罚违约金 1.5 亿元。

【安全生产】 2014 年，组成 8 个安全生产督查组，深入 7 地(市)扎实开展道路交通安全生产大检查、大排查、大整治专项行动，共检查 26 家监管单位、6 家客运企业、2 家危货运输企业、2 家水运旅游公司、12 个客运站、5 个水运码头、8 个治超检查站、17 个在建公路项目、15 段国省道干线养护公路，排查隐患 47 处、下发整改通知书 47 份，现场督查记录 93 份。举办 2 期公路工程施工企业三类安全生产管理培训，300 名学员参加培训并通过考核。积极开展"安全生产月"活动，制作宣传展板 30 块、宣传橱窗 20 个，举办安全宣传栏 30 期、发放宣传资料 15000 份，开展 2 期隧道坍塌应急和消防反恐防暴模拟应急演练，600 余人参加演练。

【顶层设计】 2014 年，自治区交通厅编制完成《西藏自治区省道网规划》，待自治区人民政府审批。全面启动"十三五"规划编制工作，初步形成"十三五"期交通运输发展基本思路和计划盘子。安排 1080 万元资金围绕交通运输基本公共服务均等化等 16 个方面开展专题研究，为编制"十三五"规划提供支撑。

交通综合执法

【概况】 2014 年，自治区交通执法部门共出动执法人员 49948 人次，检查车辆 641338 台。查处非法超限运输车辆 22010 台，卸载货物 10837.95 吨；查处非法营运车辆592 台，排除安全隐患 849 起。

【完成"三大"任务】 "打非治违"行动 2014 年 8 月 9 日和8 月 18 日，尼木县和工布江达县连续发生两起重大交通事故，伤亡惨重。为深刻吸取两起交通事故的惨痛教训，交通执法总队按照自治区党委政府的批示精神和交通运输厅、公安厅工作部署，针对影响西藏自治区客货运输安全的薄弱环节和突出问题，交通执法总队严厉整治各类非法经营行为，严格执行"两限一警"制度。执法总队联合拉萨市政府、市公安局、自治区交警总队、自治区交通运输局先后开展了道路交通运输领域"打非治违"联合执法行动、联合开展整治道路非法营运行动、拉萨市治理非法营运车辆专项行动，通过集中整治，非法客运现象得到基本遏制，举报投诉大幅下降，群众满意度大幅提升，交通客运市场秩序明显改善，交通运输事故明显减少，乘车环境明显好转。联合整治期间：执法总队共出动执法人员 5365 人次，登记检查"两客一危"车辆 76379 台，查处违规营运车辆 1146 台，暂扣车辆 212 台，查扣假证 52 本。

主动作为 安全保障显著增强。为切实保障阿里"塔尔钦"活动期间广大人民群众出行安全，交通执法总队按照自治区党委政府和交通运输厅的工作部署，以高度的政治责任感和使命感，顺利完成 2014 年阿里"塔尔钦"活动期间道路运输安全保障工作。按照交通运输厅《2014 年阿里"塔尔钦"转山活动期间道路运输安全保障工作方案》要求，执法总队成立以副总队长平措为领队的道路运输安全保障组，制定了《2014 年阿里"塔尔钦"活动期间道路运输安全保障工作方案》、《道路运输突发事件应急处置预案》，全区各执法支队积极配合"塔尔钦"保障组工作，临时增加了樟木、萨嘎、巴嘎、阿里 8 公里等 4 个执法检查点。各支队、大队、超限检测站、临时执勤点各负其责，相互衔接，克服高寒缺氧不利条件，通过悬挂宣传标语、发放宣传资料、设置雪天行车安全告示牌等方式，大力开展"遵规守法、安全出行、爱护生命"为主题的宣传活动，切实履行道路运输动态监管职责。执法总队"塔尔钦"道路运输安全保障工作得到了阿里地区地委、行署、驻"塔尔钦"一线指挥部的高度评价和充分认可。活动期间，安全保障组共出动执法人员 3256 人次，救助游客 389 人次，依法查处非法营运车辆 41 台，转载旅客 112 人次，查处"塔尔钦"非法售票窝点7 处，纠正、警告、暂扣违法违规营运车辆 446 台，排除车辆安全隐患77台次,确保了道路运输安全畅通,完成了“塔尔钦”活动期间道路运输安全保障任务。

通力协作　共保曲水大桥安全运行,为确保公路交通跨越式发展项目雅江大桥和嘎拉山隧道工程顺利施工,按照自治区党委、政府和交通运输厅的工作安排,拉萨支队及时组织精干执法力量,联合山南地区交通运输局和日喀则公路分局,自11月9日零时开始在曲水大桥设点开展曲水大桥绕行疏导和保畅通工作,执法人员严格执行曲水大桥车货总重限载25吨,限速每小时30公里规定,对通过大桥的车辆逐一进行复磅检测,对车货总重超过25吨车辆进行绕行疏导或实施转载,禁止超载车辆通过曲水大桥,确保了曲水大桥的安全、有序、畅通,为雅江大桥和嘎拉山隧道工程在2015年5月1日前顺利完工打下基础。2014年11月9日零时至2015年3月31日,曲水大桥执法点共出动执法人员992人次,检查车辆7259台次,转载货物4765吨,绕道改行2820车次;查处违法违规道路运输经营行为145起,其中非法营运行为7起。

【行业监管】　2014年,执法总队对道路客运企业、危货运输企业三级平台建设、运行情况及其所属营运车辆安装运行GPS情况进行为期50天的专项检查。对未使用符合标准监控平台的企业下达了《责令整改通知书》69份,行政处罚18起。对未安装或已安装GPS但不能保持在线的“两客一危”车辆下达《责令整改通知书》351份,实施行政处罚176起。截止2014年底,全区72家运输企业已有67家企业建立三级监控平台并正常运行;全区“两客一危”车辆GPS在线率达到82%。针对危险化学品运输车辆加装紧急切断装置情况开展专项检查。结合西藏自治区危险化学品运输实际,总队制定专项整治工作方案,成立专项整治工作领导小组,专项整治期间,执法总队会同运管、安监、公安等相关部门依托超限检测站对运输汽、柴油、液化气的罐车和槽车安装紧急切断装置进行检查,全区共1118台危货运输车辆,其中816台安装了紧急切断装置,对未按要求安装紧急切断装置的302台危货车主和危货运输企业下发整改通知书,该专项行动的实施有效预防了危化品安全事故的发生,保障了全区危化品运输市场稳定。

【治超工作】　2014年,自治区交通厅针对青藏公路短途超载运输车辆增多的问题,那曲、格尔木支队联合公路局青藏公路管理分局在青藏公路西大滩工区开展治超工作。联合治超工作小组查处短途超限超载运输车辆268台,卸载1932.2吨,排除安全隐患72起,有效地保护了青藏公路。4月份起拉萨、日喀则支队联合交警支队开展了近两个月的悬浮轴车辆专项检查活动,严厉查处擅自改装车辆从事超限运输行为,对两个地区1083台车辆非法安装的假轴予以拆除,利用假轴超载行为得到遏制。2014年,执法总队坚持卸载为主,处罚为辅的工作原则,共卸载货物10837.95吨,保护了路产路权。

【科技创新】　2014年,在自治区交通运输厅、财政厅的大力支持下,执法总队信息化建设一期工程已全面完成,并于10月28日通过验收。2014年,总队对昌都支队类乌齐、江达、芒康超限检测站进行了电力和监控系统的改造和升级工作;对全区6个支队12个超限超载检查站进行地磅更新,将原来的18米模拟地磅更新为24米数字地磅;对堆龙、墨竹工卡和工布江达超限检测站进行监控系统改造,新增了车辆高清视频抓拍功能,为治超工作的正常开展和调查取证提供有力的技术支撑。2014年总队完成全区13个超限检测站三级联网前期调研工作,为实现总队、支队、大队数据传输、实时监控打下了基础。

【强基惠民】　2014年,执法总队各驻村工作队积极争取资金,为群众解决出行难问题。驻昌都县三个工作队在交通运输厅和昌都地区交通运输局的支持下,对4条合计15.5公里的通村公路进行技术测量和估算,约9公里乡村道路项目已开始施工。山南支队驻加查县雪姆村工作队协调地区交通运输局申报农村公路项目,目前通往雪姆村纳瓦自然村公路已经立项。日喀则支队驻桑珠孜区年木乡普奴村工作队积极筹集资金,为普奴村架设2个电线杆,为全村56户更换电线,消除安全隐患。总队5个驻村工作队把加强基层党员队伍建设,培养和发展农牧民党员作为强基惠民活动的一项重要内容,工作队在配班子、强队伍、建制度上下功夫,扎实推进“三个培养”工作。截至2014年底,各驻村工作队帮助驻点村发展农牧民党员 2 名，培养入党积极分子 6 名，入团员积极分子 2 名；制订《村务工作制度》、《村党务工作制度》等村规民约 28 项。

铁路运输

【概况】 拉萨站始建于 2005 年 1 月，于 2006 年 7 月 1 日建成使用，是青藏铁路的终点站。拉萨站于 2006 年 4 月 1 日由格尔木车务段整建制并入拉萨办事处，与拉萨办事处实行合署办公，一套机构，两块牌子。2012 年 6 月，根据原铁道部《关于调整青藏铁路公司拉萨铁路办事处设置的批复》，拉萨站与拉萨办事处分开，成立直属站。2014 年车站管辖拉萨站、拉萨西站 2 个有人站，古荣站 1 个无人站。车站下设 3 个车间(拉萨客运运转车间、拉萨西运转车间、拉萨西货装车间)，10 个职能科室(办公室、党委办公室、劳动人事科，计统财务收入科、安全科、职工教育课、信息技术科、客货运输统计科、营销物流科、武装保卫科)。拉萨客站技术性质为区段站，业务性质为客运站，车站位于拉萨市南部，柳梧新区。拉萨西站技术性质为区段站，业务性质为货运站，位于堆龙德庆县乃琼镇。

拉萨站设有 3 个普通候车室、3 个贵宾候车室、2 个母婴候车室和 1 个军人候车室。每个候车室内均设有卫生间、开水间以及液晶电视。车站提供温馨服务小推车、绿色服务通道卡、手机加油站以及传真、打印、复印、等服务内容。同时，为方便残疾旅客，候车室设垂直电梯 2 部，天桥及地道各设残疾人扶梯 3 部。

拉萨西站有到发线 8 条，货场设有 5 条货物线，年吞吐量 600 万吨。

2014 年年末固定资产 14.9 亿元。

【车站安全管理】 2014 年，拉萨站围绕公司安全工作总体要求，明确干部职工安全职责，健全完善安全风险控制体系，加强安全教育、安全预警和安全预防措施的落实、安全关键点检查盯控，增强干部履职意识和职工标准化执行意识，巩固安全基础。突出重点生产过程管理，2014 年初，制定专项整治推进方案，突出非正常情况下接发列车、调车作业、劳动安全、汽车交通、防火防爆、货物装载加固等重点内容，加强日常管理和安全工作重点整治，每日巡查、每周通报、每月小结，确保安全关键点处于受控状态。落实安全逐级负责制，先后修订完善综合管理考核办法、干部绩效量化考核办法、职教管理办法、安全红线管理办法等，认真落实管理责任和岗位职责，对现场出现的问题，先从干部管理开始问责，逐级承担应负的责任，从而不断养成干部严格履职、职工标准作业的习惯，形成人人都管事、事事有人管的良好局面，实现安全年，再创安全生产历史最好成绩。截止 2014 年底，实现无责任一般 D 类铁路交通事故 2444 天。

【运输经营】 2014 年，拉萨站开展对外宣传营销，利用电视、报刊杂志、广告屏等媒介，宣传客货服务信息、便民利民措施，发挥五彩哈达服务品牌的辐射作用，用服务赢得市场。积极与市场对接，通过召开旅客和货主座谈会，了解掌握旅客和货主需求，落实旅客满意、货主满意和“三个出行”工作要求，最大限度为旅客货主提供方便。加强售票组织管理，修订《拉萨站售票组织管理办法》，与西藏自治区旅游局联系沟通，共同开展客运营销。与西藏自治区教育厅负责人员联系，组织召开西藏内高班学生运输协调会议，准确上报学生出藏计划，优先保证和方便学生购票。暑运，在西藏大学安设的 2 台自动取售机全面启动，正常取售票，方便学生购票。8 月 15 日拉日线通车运营，客车往返客流上座率高，为完成全年任务奠定基础。全年，发送旅客 124.3 万人，超额完成年计划 108 万人的 15.1%；发送货物 41.7 万吨，完成年计划 79 万吨的 52.8%；运输收入 7.68 亿元，完成年计划 96.8%。

【路风管理】 2014 年，拉萨站依据公司路风工作总体要求，制定下发《2014 年路风工作要点》《拉萨站关于调整路风建设工作机构及职责的通知》，健全《拉萨站路风管理实施细则》等制度办法，完善管理基础。2014 年初，组织全员签订《路风责任承诺书》，全面提高职工路风责任意识。春运，从西藏自治区人大、自治区政府、自治区政协、自治区纠风办、自治区新闻媒体等聘请 7 名路风监督员，并颁发荣誉证书，监督辖区铁路春运服务。按照逐级负责制，站领导对日常客、货服务质量明查暗访，针对个别职工服务态度僵硬、货物监装监卸不到位等问题，及时纠正和处理。各级干部认真查看旅客意见簿，梳理旅客意见，同时先后 2 次召开座谈会，开展旅客货主满意度调查活动，发放调查表 1450 张，征求旅客意见建议，以此改进工作，提升服务质量。车站路风兼职监察人员不定期组织路风监察领导小组，对客运售票组织、货运装卸质量、服务态度等易发路风问题的环节重点抽查，督导工作到位。按照公司要求，车站在醒目位置处公布路风投诉电话，24 小时接听旅客咨询和投诉，建立与旅客货主信息反馈制度。

【“五彩哈达”服务】 2014 年，拉萨站以延伸“五彩哈达旅客服务中心”品牌服务内容，不断提升客运服务水平为目标，在售票厅、候车中厅及出站口设立三处服务中心，整合现有“温馨服务小推车”“绿色服务通道卡”“手机加油站”“银行 ATM 柜员机”等资源，服务内容延伸到货运，并开展“服务货主、创先争优”活动，形成困难救助、便民服务、出行咨询、青藏铁路形象公关等全方位服务体系。开展公共服务礼仪、岗位服务技能、安全管理知识、旅游常识、高原病常识等培训，提高职工服务水平。

【生活卫生保障】 2014 年，拉萨站重新修订完善车站临时困难救助办法，着力抓好“三不让”帮扶救助，做到三及时，即对生病住院职工及时探望、医疗救助金及时发放，传统节日及时慰问，努力提高帮扶救助工作水平。全年，医疗救助 16 人，发放医疗救助金 6 万元，看望慰问住院职工 9 人次 0.25 万元，为 7 名职工办理临时困难补助 0.45 万元，“两节”、春暑运等，慰问职工 530 人次 3.7 万元。组织职工定期轮换 6 批 14 人次。结合“星级职工小家”建设，补强拉萨运转车间、货装车间生产生活设施，为各车间配备 1 万余元的体育用品和 0.8 万余元的生活用品；完善“三线”建设管理办法，对“三线”设施清查核对并建立台账，严格管理。结合格拉段人员轮换实际，探索建立异地职工困难帮扶制度，补充完善职工爱心档案，各车间支会在异地职工家庭居住集中地，结合轮休成立困难帮扶小组，走访、了解职工家庭，帮助解决职工困难 16 人次，让职工安心、舒心地工作。重视职工身体健康状况，开展“职工健康关爱行”活动，在积极普及卫生保健知识、传播健康技能、倡导健康生活方式、管好用好小药箱的基础上，为各车间配备职工日常用药，按人均每月 40 元标准，购买感冒类、消炎类等常备药品，全年发放高原药品约 1.6 万盒，开展高原健康、急救知识讲座 2 期，培训 36 人次，组织职工体检 2 次，537 人参加岗间体检、高原入冬前体检。春运、暑运等重点任务阶段，开展“冬送温暖、夏送清凉”活动，车站工会慰问 23 个生产班组 534 人次，谈心走访 116 人次，化解职工矛盾 33 人次。“三八”节时邀请西藏自治区专家为女职工举办女性健康知识讲座，并现场开展心理健康咨询，及时疏导缓解职工不良情绪和精神压力。根据公司安排，组织 60 批 50 人次到内地富氧地区疗休养。

【职工培训】 2014 年，拉萨站组织售票系统故障、手摇道岔准备进路、非正常情况下接发列车、应急除雪等演练培训 4 次，车间组织应急演练 12 次，职工通过实地操作，亲身体验，增强理性认识，提高了动手能力。落实培训计划，举办适应性培训 13 期 1758 人次，组织应知应会抽考 12 次 105 人次，委外送培 48 期 97 人次。建立技能奖励机制，对参加技术比武、业务培训取得前三名的干部职工，分别给与 2000 元、1000 元、800 元的奖励，从而使平时注重学习积累、业务素质较高的职工得到实惠，激发干部职工学技练功的热情。

【获奖情况】 2014 年，拉萨站获“全国民族团结进步模范集体”“全国文明单位”称号，获西藏自治区“安全生产先进单位”称号，获公司“优秀领导班子”“党风廉政建设先进单位”“模范职工之家”称号。

水　利

【概况】 2014 年，西藏水利按照“稳增投资、深化改革、加强管理、保障安全、保护生态、转变作风”的工作思路，全年完成水利投资 50.2 亿元，超额完成计划任务的 12%，落实中央投资 39.06 亿元，开工建设项目 288 项，自治区“236 项目”中 19 个涉水项目全部开工建设，旁多水利枢纽完成大坝填筑，4 台机组全部投产并累计发电 3.3 亿度，拉洛水利枢纽全面开工建设，以雅砻、恰央、强布为代表的“水库建设管理年”活动正式启动，全区水生态文明、水利规划、防汛抗旱、建设管理等取得新成效。

【水政】 2014 年，自治区水利厅整编刊印《水利法律法规汇编》，向自治区报送《西藏自治区水利厅“十三五”政策建议的报告》，总结近年来全区水法规立法情况，形成立法工作总结并上报西藏自治区人大。

【水资源】 2014 年，自治区人民政府批准成立自治区实行最严格水资源管理考核工作领导小组，区、地(市)两级部门相继出台实行最严格水资源管理制度考核办法，健全区、地(市)、县(区)三级行政区域的水资源管理“三条红线”指标体系，西藏自治区实行 2013 年最严格水资源管理工作顺利通过国务院考核。

【水生态文明建设】 2014 年，自治区人民政府批复执行《西藏自治区重要江河湖泊水功能区纳污能力核定和分阶段限制排污总量控制方案》。自治区水利部门编制完成仲巴、定结等 6 个县水生态补偿奖励试点方案，启动那曲地区水生态文明城市试点。浪卡子县章普沟水土保持综合治理项目基本完工，贡觉县普龙沟水土保持综合治理项目开工建设，全年治理水土流失面积 500 平方公里。

【水利规划和前期工作】 2014 年，自治区水利厅把项目前期工作列入年度综合目标责任考核，执行月通报制度。“十二五”规划788 个项目中，752 个完成前期工作。完成西藏自治区“十三五”水利发展规划思路报告和 32 条河流流域综合规划报告编制，全面启动 38 条中小河流水能资源开发规划编制。完成雅鲁藏布江、澜沧江、怒江、金沙江 4 条流域综合规划技术审查，玉曲河、察隅曲、帕隆藏布 3 条流域综合规划报告已报水利部。全年审查 131 个项目，完成拉洛水利枢纽及配套灌区工程，雅砻、恰央、强布 3 座水库前期审批。

【基本建设】 2014 年，全区各级水利部门新建项目 160 个，续建项目 113 个，共完成投资 50.23 亿元。自治区“236 项目”中 19 个涉水项目全部落地，开工建设拉洛水利枢纽导流洞工程和德罗引水隧洞工程，澎波灌区、雅砻水库等一批重点项目如期开工，旁多水利枢纽大坝、泄洪洞等土建工程基本完成，4 台机组全部投产发电，累计发电 3.3 亿度。水库建设年活动扎实推进，全区74 个县(区)实现小型农田水利重点(专项)县全覆盖，新增和改善农田灌溉面积 30 万亩，新增饲草料灌溉面积 6 万亩。寺庙饮水安全工程基本完工，解决了 3.2 万僧尼饮水安全问题。初步建成 70 个县山洪灾害防治非工程措施，新增和改善用电人口 12.8 万。

【防汛抗旱】 2014 年，全区旱涝急转明显，自治区水利部门前期集中精力抓抗旱，严格落实防汛抗旱行政首长负责制。强化水库蓄水，大力开展小农水建设，广辟抗旱水源，深入基层调研和指导抗旱工作。在抓抗旱的同时，积极安排部署防汛工作，公布大江大河、大中型水库行政责任人名单，健全水库度汛安全管理、各地(市)、县普遍加大投入，加快防汛减灾应急修复工程建设，先后 2 次召开防汛抗旱视频会议，签订防汛抗旱责任书，加强水库汛期统一调度，强化抢险应急演练，积极应对突发灾情险情。据统计，2014 年全区 59 个县、281 个乡(镇)发生不同程度的水旱灾害，全年召开防汛会商会 15 次，派出 17 批工作组 92 人次，争取到位中央特大防汛抗旱补助资金、应急度汛资金 4200 万元，储备价值 1000 多万元的防汛抗旱物资，安排乡村堤防建设补助资金 2000 万元，有效应对巴登电站、林周县等灾情险情。

【农田水利】 2014 年，自治区水利厅完成全区新增 36 个小型农田水利建设重点县和专项县（其中国家级重点县 9 个、自治区级重点县 8 个、专项县 19 个)的审查工作，下达投资 89500 万元，其中中央财政安排资金 31500 万元、自治区财政安排小型农田(牧区)水利重点县及专项县资金 58000 万元。新增和改善灌溉面积 61.37 万亩，完成 2010-2012 年 29 个重点县、10 个专项县的验收工作。安排 9 个重点灌区项目，新增和改善灌溉面积 13.11 万亩，项目计划总投资 1.24 亿元。下达山南地区江北灌区工程资金 1.8 亿元，下达澎波灌区 7 个子灌区投资 15235 万元。确保国家 4.95 亿元全区寺庙供水建设资金按时下达到各地(市)。出台《西藏自治区寺庙饮水安全工程竣工验收管理办法（试行)》。安排牧区水利建设资金 8000 万元，实施牧区试点饲草灌溉项目和牧区重点县建设。积极探索牧区草场节水灌溉模式研究，组织编制《西藏自治区灌溉试验站网建设规划》并报水利部。举办援藏牧区水利培训班，全区35个县39名牧区水利技术人员受训。

【水土保持】 2014年，全区水土保持预防监督力度不断加大，全年审批各类生产建设项目水土保持方案92个，对63个生产建设项目开展监督检查，下发整改通知55份。完成阿里并网10MWP光伏电站水土保持设施专项验收。征收水土保持补偿费219万元，完成生态建设投资3700万元，实施普龙沟、洛巴沟等小流域水土保持综合治理示范项目5个，建成茶巴朗国家级水土保持科技示范园，承担拉日铁路、旁多水利枢纽、巴河老虎嘴水电站等工程水土保持监测，完成水土保持监测网络第二期三、四、五批工程竣工验收。发布《西藏自治区水土保持公报(2009–2013)》。完成《水土保持补偿费征收标准和使用管理办法》和“十三五”水保规划重点项目调研，举办水土保持综合治理项目建设与管理培训，发放各类水土保持宣传品8500余份(册)。

【水文工作】 截止2014年底（不含山洪灾害防治非工程措施项目），全区已建成水文站103处(2014年建成39处水文站，2处巡测基地)、水位站61处、雨量站615处、地下水监测点16处，水质监测断面77处、墒情站6处等共906处，全区水文站点基本覆盖县、乡、村中小河流。2014年开展全区重点河段控制站汛期来水量趋势预测，完成向印度、孟加拉国、部水文局及各级防汛部门的全年水情报送任务，成功处置那曲、昌都、林芝等地的突发水事件。编制完成《西藏自治区重要江河湖泊水功能区纳污能力核定和分阶段污染物限制排放总量控制方案》，水质监测断面达到76个，水功能区监测覆盖率达到87%。完成第一阶段《西藏自治区天然饮用水水源地调研与评价》报告。完成阿里地区东部3县农村安全饮水工程水源地调研与评价部分工作。开展宗角禄康公园、拉鲁湿地、中干渠的调查。连续9年完成《西藏自治区水资源水质年报》。连续16年编制完成《西藏水资源公报》，连续3年开展西藏部分4个重要湖泊测量工作，各地(市)水文水资源分局完成水资源论证报告4份、水文专家咨询意见51份，开展科研项目2项。

【城乡供水】 2014年，全区农村饮水安全工作会议召开，全面完成农村饮水安全工程建设任务。开展农村饮水安全工作“回头看”活动，对问题进行归类梳理，全面整改。编制《2014–2015年农牧区饮水安全工程实施方案》，计划再解决49.7万人的饮水不安全问题，拟建7583处工程点，投资约60664万元。下达自治区财政2014年农村饮水安全设施维修改造补助资金1450万元。各地(市)完成规划范围内2011–2013年度的农村饮水安全工程验收工作，印发《西藏自治区农牧区饮水安全工程运行管理办法》。

【农村水电】 2014年，全区无电地区电力建设项目完工21项，完成投资8.8亿元，新增装机9890千瓦，新增线路2127公里，解决和改善12.8万人的用电问题。完成农村电气化2个项目和代燃料1个项目的立项报批，电气化项目总投资2042.38万元，代燃料项目总投资3150万元。全区25座水电站增效扩容改造实施方案获水利部、财政部批复，项目总投资6441万元。初步形成58条河流水能资源开发规划名录。水利部初步审核通过满拉水电站等5座电站的绿色小水电评价试点材料，总装机容量2.67万千瓦。编制完成《农村电力发展“十三五”规划》、《农村水电发展“十三五”规划》及《水电新农村电气化“十三五”规划》，完成网外15个县深化农电管理体制改革，初步建立了“产权清晰、权责分明、规范有效、政企分开、科学管理”的现代企业管理制度。实现农村水电安全管理“双主体”责任全覆盖，完成全区农村水电安全生产标准化试点建设和《农村水电站技术管理规程》宣贯工作，举办农村水电运行管理人员培训，全区七地(市)50名运行管理人员受训。

【建设管理】 2014年，自治区水利厅实行《西藏中小型水利工程建设监督管理暂行办法》和《无电地区电力建设项目建设管理规定》，汇编27项水利工程建设管理规范性文件。实施林周、贡嘎两县小型水利工程管理体制改革试点，水利项目招投标全部进入工程建设交易中心。深入开展“质量管理提高年”活动，共派出19个工作组285人次开展监督检查，在建水利项目实现质量监督全覆盖。深入开展“水利资金管理提高年”活动，召开全区水利工程建设暨水库建设管理年活动启动工作会议，筛选“十三五”重点水库项目并开展前期工作，编制《自治区小型水库建设总体实施方案》，在西藏水利网发布268条水利工程建设信息。落实2014年中央补助中西部地区贫困地区公益性维修养护项目经费1200万元。受水利部和财政部委托，完成22座病险水库绩效评价，完成全区2013年度新建大中型水库农村移民后期扶持人口核定，申请并下达2014年全区4800人水库移民后期扶持资金288万元，申请拨付2013年大中型水库移民后期扶持结余资金115万元。各地(市)完成合同工程完工验收262个，验收率达到100%；完成投入使用验收251个，验收率达到96%；完成工程竣工验收220个，验收率达到84%。开展水利工程监理、建设管理、项目法人管理等培训班，培训近500余人次。2014年全区水利安全生产工作实现“三提升双下降”，全年实现质量与安全监督全覆盖的目标，自治区水利厅连续六年被评为西藏自治区安全生产先进单位。

旁多水利枢纽

【概况】 西藏旁多水利枢纽工程(以下简称“旁多工程”)是国家西部大开发十周年确定的23个重点项目之一，是西藏自治区“十一五”重点水利建设项目。工程以灌溉、发电为主，兼顾防洪和供水，是拉萨河流域的骨干型控制工程，也是拉萨河干流水电梯级开发的龙头水库。

西藏旁多水利枢纽工程地处拉萨河流域中游，坝址位于西藏自治区林周县旁多乡下游约1.5公里，距拉萨市直线距离63公里。水库总库容12.3亿立方米，控制流域面积16370平方公里，占拉萨河流域面积的49.8%。工程主要由沥青混凝土心墙砂砾石坝、泄洪洞、导流洞、引水发电系统及灌溉输水洞等组成，为一等大(I)型工程，总投资45.69亿元。

【工程进展】 西藏旁多水利枢纽主体工程2014年7月25日，末台机组正式并网发电，标志着旁多水利枢纽进入到以建设为主逐步过渡到建设和运行管理并重的崭新阶段，工程建设开始对西藏经济社会的跨越式发展发挥效益。

截至2014年底，工程大坝坝体已整体填筑至4099.4m高程；大坝基础处理工程防渗墙施工全部完成；泄洪兼导流洞出口二期改造工程及泄洪洞已全部完成，具备挡水和过流条件；发电厂房系统主体工程已全部完成，正在实施装修和消缺；灌溉输水洞Ⅰ标进口工程已全部完成并投入正常运行，Ⅱ标TBM设备于2013年6月10日开始掘进，已累计掘进3989m，III标出口段完成开挖1785m。

【工程运行】 西藏旁多水利枢纽主体工程自末台机组正式并网发电以来，四台机组运行正常，截至2014年底，已累计发送上网电量3.4亿kW·h，安全运行386天，不仅为藏中电网提供大量优质电能，有效缓解藏中电网用电紧张的局面，而且为藏中电网的安全运行起到了重要的调峰调频作用。

【工程效益】 西藏旁多水利枢纽主体工程建成后，水库总库容将达到12.3亿m3，其中有效库容8.11亿m3，设计控制灌溉面积65.28万亩，其中新增36.6万亩，年增产粮食约25.5万吨；电站装机容量160MW，年发电量5.99亿kW·h，将向藏中电网提供大量可以调峰调频的优质电能，可有效缓解藏中电网供需矛盾，提高青藏电网运行的稳定性和可靠性，同时带动拉萨河流域水电梯级的开发建设，发挥显著的梯级补偿调节效益；通过水库调节，将进一步提高拉萨河防洪能力，拉萨市防洪标准可由100年一遇提高到200年一遇，同时向拉萨市及周边提供0.85亿m3/年生产生活用水，大幅度提高拉萨市工业用水保证率，改善拉萨市及周边生态环境。对促进拉萨河流域经济社会发展，保障受益区防洪安全、用电安全、供水安全、粮食安全和生态安全，提高受益区人民群众生产生活水平，乃至推进西藏跨越式发展和长治久安都具有重要的战略意义。

【工程创造的世界之最】 西藏旁多水利枢纽主体工程海拔高，地质条件复杂，坝址处河床覆盖层深厚，两岸表层岩石破碎。工程施工难度大、技术要求高，大量新技术、新材料在工程中得到广泛应用，通过全体建设者五年多的奋力拼搏和无私付出，已创造出世界最深大坝防渗墙(158m)，世界同等海拔最大水库(12.3亿m3)，世界同等海拔抗震烈度最大大坝沥青混凝土心墙(实际设防9度)，世界同等海拔单机容量最大机组(40MW)，世界同等海拔最长灌溉输水隧洞(16.8km)等多项世界第一。一次性搬迁安置2000多藏民族人口也是国内工程建设中创造的世界第一。

【获奖情况】 2014年7月,局党支部被评为“水利厅系统先进基层党组织”;

2014年12月,荣获日喀则市“2014年强基础惠民生优秀驻村(居)工作队”荣誉。

拉洛水利枢纽

【概况】 西藏拉洛水利枢纽及配套灌区工程位于西藏自治区日喀则市的萨迦县、桑珠孜区境内,是雅鲁藏布江右岸一级支流夏布曲干流中游上的控制性工程,为大(2)型Ⅱ等工程,由枢纽工程和申格孜、扯休、曲美、聂日雄四大灌区组成,灌区控管面积45.39万亩。

西藏拉洛水利枢纽及配套灌区工程是世界上海拔最高的大型水利水电工程,坝顶高程4305m;也是西藏在建的投资规模最大的水利工程,概算总投资49.5亿元;工程主要任务是灌溉、生态建设和移民安置,属于典型的民生工程。

【工程进展情况】 2014年6月8日拉洛水利枢纽及配套灌区工程顺利举行开工奠基仪式,2014年12月获得了国家水利部初步设计批复,核定投资为49.53亿元,项目投资在可研审的基础上增加了2.552亿元。

截至2014年底,“三通一平”第一期工程及现场营地建设已基本完成;“三通一平”第二期工程对外道路、场内5#路、7#路主体工程已全部完工。2014年,拉洛工程使用当地农牧民工、租赁当地机械设备、购买地材等共增加当地农牧民收入约992万元;根据项目管理需要,解决当地农牧民就业,兑现保安、保洁等岗位工资约15万元。

农牧业

【概况】 2014年,自治区农牧厅党组紧紧围绕“六对抓手”、“六动措施”和“三条底线”,周密安排、扎实推动、狠抓落实,取得了可喜成绩。全年生产粮食98.5万吨、同比增长2.4%,青稞总产69万吨、增长5.1%;生产肉类32.6万吨、奶类35.5万吨,同比分别增长11.6%和9.2%;自治区级农牧业产业化经营龙头企业总产值达23.2亿元,同比增长9.4%;农畜产品加工总产值达24亿元,同比增长14.3%;农牧业产业化经营率达到38.6%;落实农机购置补贴资金2.85亿元、同比增长58.3%。

【农牧业发展】 *粮油蔬菜作物生产再获丰收* 2014年,全区农作物播种面积377.02万亩(含复种面积),其中粮食播种面积252.37万亩,良种推广、机耕机播、测土配方、高产创建、病虫害统防统治等综合技术措施广泛运用,全年生产粮食98.5万吨、同比增长2.4%,粮食产量和单产均创历史新高;青稞总产69万吨、增长5.1%,油菜籽6.74万吨,蔬菜78.44万吨,全面完成年度生产任务。

畜牧业可持续发展稳步推进 区、地兽医实验室建设得到加强,村级动物防疫员基本报酬大幅提高,重大动物疫病强制免疫实现全覆盖,畜牧业生产安全得到有效保障;草原生态保护工作持续推进,落实草奖资金21.26亿元;冬虫夏草采集管理工作圆满结束,未引发群体性事件、未出现违规采集现象;第三次动物疫病普查、第二次草原普查、基本草原划定、草原监理与保护、渔业执法等工作扎实开展。全年出栏牲畜660万头(只),生产肉类32.6万吨、奶类35.5万吨,同比分别增长11.6%和9.2%。

农畜产品源头管控措施不断加强 推进农产品品牌战略和标准化工作,全年认定“三品一标”农畜产品17个,编制农牧业生产技术规程5个;扎实推进地(市)、县两级质检中心项目建设,农畜产品质量监管技术力量逐步增强;狠抓农产品质量安全监管各项工作,积极开展各类专项治理行动,从源头严把农产品质量安全关,全年农畜产品抽检合格率保持在98%以上,未发生重大农畜产品质量安全事件。

农牧业产业化发展步伐加快 重点龙头企业监测评估、全国农民示范合作社申报和打造“一村一品”村镇、建设高原特色农产品基地等工作积极开展;配合出台了《中共西藏自治区委员会、西藏自治区人民政府关于加快推进农牧业产业化意见》(藏党发〔2014〕9号),成立了自治区级协调领导小组和专家咨询组;农牧民专业合作组织蓬勃发展,达到2937家。全年自治区级农牧业产业化经营龙头企业总产值达23.2

亿元，同比增长9.4%；农畜产品加工总产值达24亿元，同比增长14.3%；农牧业产业化经营率达到38.6%。

农牧业基础条件不断改善　2014年，共落实农牧业基本建设项目投资19.26亿元，其中“十二五”规划外增资达12.53亿元；截至2014年底，累计到位“十二五”规划投资30.86亿元、占规划总投资的89.6%；累计完成规划投资22.48亿元，占到位投资的72.83%。落实国家和自治区各类强农惠农政策补贴资金30.34亿元；建设青稞生产基地27.45万亩、高寒牧区牲畜棚圈34876座、退牧还草休牧围栏910万亩、高效日光温室830座、牛羊标准化规模养殖小区25个，农牧业基础进一步夯实。同时，提前启动了“十三五”农牧业发展规划、高原特色农产品基地建设规划以及相关业务规划的前期可研和编制工作。

农牧业科技支撑能力全面提升　农作物良种推广面积达238.67万亩，其中推广“藏青2000”等3个新品种56.62万亩，开展高产创建示范100万亩、实施测土配方施肥60万亩以上；落实黄牛改良规划建设资金1.27亿元，完成改良黄牛16.5万头，培育发展自治区级畜禽标准化示范场3家；落实农机购置补贴资金2.85亿元、同比增长58.3%，其中自治区财政配套1.05亿元、同比增长78%，全区农机总动力达到563万千瓦、同比增长8.9%，农机三项作业综合机械化水平达57.5%；开展农牧民技能培训230多期、13700人次，培训农技骨干、农村实用人才和新型职业农民2000余人；首批74个乡镇农牧综合服务中心建成投入使用；曲水县才纳乡和白朗县嘎东镇两个国家现代农业示范区建设进展顺利。

农牧业改革试点工作稳步推进　按照区党委专项改革小组统一安排，成立了农牧厅全面深化改革领导小组，进一步细化了工作方案，配合区党委农工办等相关部门扎实推动专题调研、土地确权登记颁证试点、农牧民权益保障等工作。在国家级农村改革试验区曲水县为1611户农户颁发了农村土地承包经营权证，并建立了县级土地流转交易中心，流转土地16289.48亩；在构建新型农牧业经营体系、强化农牧业支撑能力建设等方面进行了有益探索。同时，按照自治区统一安排积极下放行政审批权限，认真调研和建立完善项目建设投资管理办法和制度，推进了依法行政和服务型政府的建设步伐。

农牧业防减灾能力不断提升　主要完成了三级农牧业防抗灾物资储备库年度建设任务，在自治区财政支持下提高了高寒牧区牲畜棚圈建设标准，落实抗灾饲料1600吨，畜牧业防抗灾能力得到不断提升和加强。

林　业

【概况】　2014年，西藏林业工作按照发展生态林业民生林业和建设生态文明的要求，围绕建设高原生态安全屏障和推进美丽西藏建设，找准林业工作切入点，强化措施，狠抓落实，林业生态保护与建设成果丰硕、亮点纷呈。2014年，全区共完成人工造林和封山育林124万亩，完成林业有害生物防治面积245.04万亩，无公害防治率达到85%以上，共开展调入苗木“三证”查验和复检、产地检疫，共检疫苗木500余万株。全年共办理占用征收林地项目65宗，占用征收林地面积440.68公顷，征收森林植被恢复费3135.03万元。全年带动农牧民增收约9亿元，实现林业系统生产总值22亿元。

【林业建设】　2014年，自治区林业部门争取国家对西藏自治区林业建设投资达19.2亿元，占“十二五”计划投资的32%，创历史新高。确保了全区防护林、巩固退耕还林、防沙治沙、天然林保护、色林错黑颈鹤国家级自然保护区、森林防火及林业有害生物防治等8个林业重点工程项目全部开工建设。

【造林绿化】　2014年，自治区林业部门落实国家投资7.05亿元，完成人工造林和封山育林124万亩，占年度计划的109.2%，当年成活率达80%以上。

【首支公益林专业管护队伍顺利组建】　2014年，自治区林业部门在召开全区森林管护现场会的基础上创新管护模式，出台《西藏自治区公益林管护办法(试行)》，确定西藏自治区拉萨市林周县等19个县为公益林专业管护试点县，每县试点建立一支公益林专业管护队伍，每支队伍由5名专业管护员组成，19个公益林专业管护队伍已组建完成。地方财政拿出5000万元资金启动了19个试点县专业管护站站房建设。

【国有保障性苗圃扶持工程】 2014年，自治区林业部门对以自治区林木科学院为主的20个国有保障性苗圃进行了扶持，先后投入资金达5000余万元，扩大育苗面积，增加了国有苗圃发展后劲，年出圃苗木量增加140万株，为提高西藏自治区林木种苗自给率打下基础。

【林地管理】 2014年，自治区林业部门按照“统分结合、总量控制、突出重点、有效监管”的原则，依法依规保护林地，坚持不以牺牲林地、破坏生态环境为代价来换取经济增长。从2014年11月13日开始，在全区范围内开展为期2个月的非法侵占林地清理排查专项行动，对拉林高等级公路违规使用林地的业主单位自治区交通厅罚款732万元并上缴国库。全年共办理占用征收林地项目65宗，占用征收林地面积440.68公顷，征收森林植被恢复费3135.03万元。

【生物多样性】 2014年，自治区林业部门通过加强野生动植物资源的保护和野生动物疫源疫病监测，有效防控野生动物疫源疫病，提高全区非公益林自治区级以上自然保护区管护员和野生动物疫源疫病监测员补助资金标准（每人每月600元），加大自然保护区建设管理力度，狠抓湿地保护与恢复工程建设，多措并举有效维护生物多样性。有效控制了南木林县仁堆乡发生的岩羊不明死亡和尼玛县藏羚羊死亡疫情。全年共落实野生动植物保护、自然保护区建设和湿地保护与恢复项目30多个，到位资金2.32亿元。重点建设项目的实施，极大地提高西藏自治区生物多样性和湿地的保护能力，确保生态安全。

【林业灾害防控】 2014年，各级森林公安开展严打专项行动，始终对乱砍滥伐破坏森林资源违法犯罪活动保持高压态势，依法开展“天网行动”等专项打击行动。全区林业案件发生总数与2013年同期相比总量呈下降趋势，同比下降32%，案件查处率达90%以上。迅速破获阿里地区“8·09”虐驴案件。全年全区没有发生一起森林火灾，创造历史同期最好成绩，受到了自治区主席洛桑江村的批示表扬；开展调入苗木“三证”查验和复检、产地检疫，共检疫苗木500余万株。完成林业有害生物防治面积245.04万亩，无公害防治率达到85%以上。在《全国重大林业有害生物防控目标责任书(2011-2013)》落实情况检查考核中取得良好等次。

【助农增收】 2014年，自治区林业部门以生态保护与建设为依托，以“三农”工作为出发点，以助农增收为目的，充分发挥行业优势，尽量让群众参与林业生态保护与建设。据统计，仅森林管护一项，全区8.4万名森林管护员每年每人年均可得管护费5000多元；野保员、野生动物疫源疫病监测员每人每年7200元。通过生态保护与建设，全年带动农牧民增收约9亿元，实现林业系统生产总值22亿元。

【林业信息化建设】 2014年，自治区林业部门建成覆盖自治区、地区、县的三级防火网络和林业厅数据中心，实现了自治区、地区、县三级防火指挥机构的视频会议、协调指挥和日常防火工作的信息化。启动了森林资源管理信息化系统建设，到“十二五”末，将覆盖全区30个有林县和35个灌木林县。同时，改版升级了厅门户网站，改版后的网站刊登信息1600余条，访问量从150人/天增加到现在的近600人/天，新浪微博粉丝已达到1.4万人。西藏自治区林业信息化建设初见成效，并已跨入全国林业信息化建设的行列。

【基础性工作取得重大进展】 2014年，自治区林业部门编制《西藏“两江四河”流域造林绿化工程规划》并原则通过审查，编制出台《西藏自治区林业产业发展规划》，编制并上报“十三五”林业发展规划总体思路，编制完成昌都地区2013年度中幼林资源调查和年度森林抚育设计、2015—2017年度全区7地(市)的生态安全屏障保护与建设项目防护林工程和防沙治沙工程的外业调查工作及实施方案等；完成全区74个县(市、区)的森林资源二类调查成果的审定工作，并请示自治区政府予以正式公布二调结果；完成第五次全区荒漠化和沙化土地监测的外业调查工作；开展了野生动物驯养繁殖经营利用检查工作、野生动物资源二调工作；完成国家林业局在西藏自治区部署的首批3个“美丽乡村”建设项目实施方案和各地区申报的2015年度农业综合开发林业生态示范项目申报书和名优经济林基地示范项目可行性研究报告共17项；与中国科学院、中国林科院、东北农业大学、西南大学联合开展科学研究，引进优良品种50多个；答复自治区人大代表提案和政协委员建议23件，满意度达100%。

【生态文化建设】 2014年，自治区林业部门与中央电视台合作，开展《我们与藏羚羊》大型科考直播系列报道，先后在央视播出116条新闻，直播26场。各大媒体播发280余条新闻和10集专题片；遴选6个村上报中国生态文化协会，其中4个村获选“全国生态文化村”；编印全区8个林业系统国家级自然保护区宣传手册等8000余册；在“世界湿地日”、“世界野生动植物日”、“环境日”等开展集中宣传10余次，向全区发放各种宣传资料、画册、宣传扑克1万份；协调自治区人民政府新闻办公室举行全区第二次湿地资源调查成果新闻发布会；向上级部门报送林业信息269条。

商　务

【概况】 2014年，全区商务系统按照“稳中求进”的工作总基调，着力在稳增长、调结构、强基础、惠民生上下功夫、出实招，商务各项工作扎实有效，主要经济指标完成理想，有力促进了全区经济社会跨越式发展。2014年，全区社会消费品零售总额实现364.51亿元，同比增长13.1%。外贸进出口总额实现138.48亿元，同比下降33.0%。全年落实整合资金2.67亿元，支持实施商务领域19个重点项目建设，带动社会投资约10亿元。

【国内贸易】 2014年，全区社会消费品零售总额实现364.51亿元，同比增长13.1%。按地域分：城镇303.01亿元，增长13.9%；乡村61.50亿元，增长9.6%。按行业分：批发和零售业307.60亿元，增长14.0%；住宿和餐饮业56.91亿元，增长8.4%。在限额以上批发和零售额中，增长较快的有：石油及制品类增长12.2%，中西药类增长81.2%，化妆品类增长4.4%，服装、鞋帽、针纺织品类增长1.1倍。商贸流通企业限额以上企业达到166家（批发零售98家、住宿餐饮68家），较2013年增加17家。

市场体系建设 《七地市商业网点发展规划》和《全区农牧区市场体系建设规划》推进顺利，已完成第四稿的征求意见，对2006年以来实施的7480个农家店、113个商品配送中心、104个乡镇商贸中心进行清查整改，促进“农家店”升级提效。制定“南菜北运、东果西送”主销区建设方案，提出项目清单并开展项目评审。会同自治区公安厅联合下发《关于促进和规范报废汽车回收证明管理工作的通知》，促进和规范报废汽车回收拆解市场管理。会同区住房和城乡建设厅、发展改革委、国土资源厅下发《关于贯彻落实新建社区商业和综合服务设施面积占社区总建筑面积的比例不得低于10%的通知》，促进社区商业发展。

商贸流通业发展 促进传统商贸服务业转型升级。与人社厅共同主办“家乡味家乡菜”美食比赛和“美容美发保健技能”大赛，在著名旅游景区和旅游线路新建、改造20个标准早餐门店，支持建设60家家庭旅馆。大力发展电子商务，引导拉萨百货大楼、百益超市、圣美家超市等企业开展电子商务，2014年上述企业电子商务收入分别达18.75万元、692.7万元和316.53万元；鼓励利用第三方电商平台，阿里措勤县在淘宝网建立“西藏阿里措勤馆”；支持农畜产品流通经纪人协会建立“西藏特色产品电子商务平台”，覆盖200多种特色产品。“家政服务网络体系”和“再生资源回收体系”建设稳步推进。支持与引导地县两级物资交易会规范化、品牌化，全年实现销售收入18亿元人民币。

市场运行调节 认真履行控物价、保供应职责，根据市场形势，合理安排各类肉品投放，有效调控市场，共投放冻牛肉1310吨、羊肉200吨、冻猪肉4200吨。向商务部申请新增1000吨冻牛肉和500吨冻羊肉的国家级储备；发挥流通企业作用，增加有效供给。2014年全区生活必需品货源充足，调运途径通畅，价格基本稳定，市场运行平稳，居民消费价格指数涨幅控制在3%以内。对碘盐食用率较低的个别县进行重点检查督导，农牧区碘盐继续保持100%配送率，食用率巩固在95%以上。

市场秩序建设 制定打击侵权假冒工作“四制度一规则”（即：《西藏自治区打击侵权假冒工作联席会议制度（试行）》、《西藏自治区打击侵权假冒信息报送和数据统计工作制度（试行）》、《西藏自治区打击侵权假冒行政执法与刑事司法衔接工作制度（试行）》、《西藏自治区制售假冒伪劣商品和侵犯知识产权行政处罚案件信息公开工作管理制度（试行）》和《西藏自治区侵权假冒重大案件协调督办工作规则（试行）》），得到全国打假办的充分肯定。协调商务部，将拉萨市破格列入肉类蔬菜流通追溯体系第五批试点城市，下达拉萨市资金数额2500万元。完成日喀则、那曲、昌都、阿里12312市场监管公共服务体系项目建设，实现七地市全覆盖。开展了成品油市场专项整治工作，确保了成品油市场安全运营和供应。

【对外贸易】 进出口总额 2014年，外贸进出口总额实现138.48亿元，同比下降33.0%。其中：出口总额129亿元，同比下降36.6%；进口总额9.48亿元人民币，同比增长205.1%。贸易顺差119.52亿元。边境小额贸易进出口总额实现121.74亿元，同比增长2.2%，占进出口总额的87.4%。一般贸易进出口总额16.06亿元人民币，同比下降80.9%，占进出口总额的12.06%。其他贸易总额0.04亿元人民币，占进出口总额的0.03%。主要产品有未梳脱脂剪羊毛、粗梳羊毛纱线、人发制品、冷冻松茸、摩托车及配件等。全年尼泊尔联邦民主共和国为最主要伙伴。2014年，西藏自治区与99个国家和地区开展双边贸易，其中与尼泊尔的贸易总值为122.09亿元，增长1.5%，占外贸进出口总值的91.2%，超过其他98个国家和地区的贸易值总量。除尼泊尔外，西藏外贸前三位伙伴分别是德国、美国和比利时，双边贸易额分别为3.69亿元、2.33亿元和2.28亿元，比上年分别减少7.5%、78.8%和增长77.9%。启动了吉隆、普兰等边贸市场建设前期工作，落实日屋、日东边贸市场建设资金672万元。实现边民互市贸易8.3亿元，同比增长15.3%；活畜出口38万头(匹只)。

利用外资 全年实际利用外商直接投资15854.62万美元，审批利用外商直接投资项目12家。2014年，拉萨国家级经济技术开发区新增注册企业740家，同比增长16%；实现税收46亿元，同比增长22%。

口岸建设与发展 口岸建设投入不断加大，基础设施建设不断完善。2014年12月1日，吉隆口岸实现双边性开放。口岸保持了良好的运行态势，2014年全区口岸出入境人员22万人(次)，出入境运输工具2.3万架(辆)次，进出口货物14.2万吨，进出口货运值19.8亿美元。

对外投资与经济合作 支持西藏航空赴尼泊尔合作设立喜马拉雅航空公司，开创我区“走出去”新领域，为西藏航空业进入国际市场开辟了广阔空间。全年境外投资企业12家，投资额8725万美元。积极配合商务部在西藏自治区开展援外改革试点，10月30日商务部与西藏自治区人民政府签署了《关于合作加强对尼泊尔沿边援外工作备忘录》，援助尼泊尔地方代建制形成，对尼援助迈上部区合作新台阶。

贸易促进与经贸交流 全年累计组织西藏自治区90家企业参加广交会、京交会、西博会等10次知名展洽会，协议签约金额44.6亿元。中国西藏—尼泊尔经贸洽谈会升格为国家级展会。

【资金项目】 2014年，自治区商务厅制定《外经贸发展专项资金实施细则》、《“促进一般服务业”专项资金实施细则》、《口岸建设项目管理办法》，落实整合资金2.67亿元，支持实施了商务领域19个重点项目建设，带动社会投资约10亿元。

【政策和课题研究】 2014年，自治区商务厅推进商务发展顶层设计，深入全区31个县、18个乡(镇)、32个村开展商务大调研，为打好“十二五”攻坚战，谋划和制定“十三五”发展思路奠定坚实基础。推动出台《西藏自治区深化流通体制改革、加快流通产业发展的实施意见》、《西藏自治区人民政府关于促进边境贸易发展的实施意见》。起草并上报《西藏自治区级经济技术开发区管理办法》。全区供销合作社综合改革试点工作，《实施方案》力争在2015年5月前报请自治区政府审定实施。围绕缓解西藏自治区牛羊肉、酥油供需矛盾、推广低氟边销茶等开展专项调研，向政府提出意见和建议。积极探索建立扩大进口机制，起草西藏自治区申请试行离区免税政策的请示，已经自治区人民政府审定报国务院。

文 化

【概况】 2014年，全区文化系统围绕年初确定的文化改革创新年、公共文化服务体系推进年、优秀文艺作品创作年、特色文化企业培育年、优秀传统文化合理利用年、文化市场监管年的总体思路和主要任务，不断改进作风、锐意开拓创新，各项工作取得了新成绩，积累了很多有益经验。

【唱响主旋律】 开展“中国梦”文艺创作　2014 年，自治区文化系统创作“中国梦”主题原创歌曲近 400 首、小戏小品 40 余件、群众文艺作品 140 余件。举办歌曲展播月、小戏小品展演周、“3·28”演出等“中国梦”主题文艺活动 80 余场。创作并排演原创民族舞剧《太阳的女儿》，推出驻村题材话剧《守望左旋柳》，完成现实题材藏戏《朵雄的春天》、革命历史题材话剧《共同的家园》剧本创作。《太阳的女儿》、《朵雄的春天》、《解放，解放》入围国家艺术基金 2014 年度资助项目。改编推出传统藏戏《诺桑王子》。2014 年，以“中国梦”为主题的优秀文艺作品不断涌现、文艺活动丰富多样，推动了“中国梦”在各族群众中入脑入心。

完成“藏博会”各项文化活动，有力宣传新西藏。首届藏博会是 2014 年区党委、政府的一项重大工作。经过全区文化系统共同努力，文化产业和非遗展、文物精品展、开幕式演出、藏戏展演等各项活动取得圆满成功，仅文化展览展示活动观众达 6 万余人次，产品销售额突破400 万元。

文化市场监管　推进文化市场技术监管和服务平台建设，设置区、地、县三级平台用户 72 个。加大监管查处力度，取缔 10 家非法游艺娱乐经营场所，屏蔽 1 款侵害民族风俗的游戏。加强了文化娱乐市场演出人员管理和各类商业演出内容审查，监管水平进一步提高。拉萨市文化市场技术监管与服务平台激活率达到 100%，为下一步在线运行奠定了有利基础。

传播“西藏故事”　先后组团 10 个 120 余人次，赴加拿大、瑞士、印度、台湾等国家和地区进行文化交流，举办演出和展览近 30 场，学术交流 23 场，广泛宣传了我区新发展新变化。在毛里求斯、津巴布韦开展的首次对非洲的文化交流，开辟了对外文化交流新渠道。全年接待国外 2 个团组 33 人次，举办“尼泊尔—中国唐卡艺术展”等文化交流活动。

发展文化产业　命名 9 个自治区级文化产业示范基地和 1 个自治区级文化产业示范园区，国家和自治区级示范基地增至 17 个。2 个项目列入文化部弘扬社会主义核心价值观动漫扶持计划。举办第四届唐卡艺术博览会，组织 19 个文化企业，先后参加西部文化产业博览会和北京国际文化创意产业博览会，现场销售额达 1200 多万元。拉萨、林芝、昌都纳入《藏羌彝文化产业走廊总体规划》核心区，山南、那曲纳入辐射区，18 个项目列入国家重点扶持计划，其中 5 个项目列入 2014 年度国家特色文化产业重点项目。2014 年，西藏自治区文化产业年产值 27 亿元，占 GDP 的 3%，助推了经济发展。

【完善文化繁荣发展机制】 加快职能转变　2014 年，自治区文化系统积极推进行政审批改革，取消 4 项文化市场行政审批事项，划清区地县三级审批职责和权限，实现就近办证和年审。在山南召开全区公共文化服务体系建设现场会，山南被列入国家基层综合性文化服务中心建设试点地区。开展“十三五”规划思路和政策研究，初步形成和衔接一批新政策和项目。

完善工作机制　自治区成立 20 个部门参与的公共文化服务体系建设协调小组。自治区人大常委会第 11 次会议专题听取和审议公共文化建设情况。联合人行西藏分行、财政厅出台《深入推进文化金融合作的实施意见》；联合自治区教育厅、财政厅出台《非物质文化遗产进校园工作意见》；联合自治区质监局制定《西藏唐卡地方标准》。多部门共同参与、合力推进文化改革发展的良性协调机制初步形成。

健全法规体系　《西藏自治区实施<中华人民共和国非物质文化遗产法>办法》正式颁布施行，非遗保护迈上新台阶。出台《娱乐场所演出人员管理办法》、《文化市场监管人员“五不准”》，统一了文化市场监管文书，规范了经营行为和行政管理。为确保文化工作政治导向，出台《文艺作品和文艺演出活动政审制度》、《关于在文物展陈、讲解宣传、拍照拍摄、学术文章、项目工程等过程中提高大局意识确保政治安全的实施意见》等制度和措施。出台《公共文化设施管理服务标准化建设指标》、《文化产业示范基地评选命名管理办法》，推动公共文化服务标准化和骨干文化企业发展。

提升保障水平　完善资金和人才保障机制，全年对公共文化建设的投入达 2.75 亿元。经过积极落实，县综合文化活动中心专职人员达到216名，乡镇文化站人员达到2608名，实现“县县有民间艺术团”。山南地区发展村级文化指导员568人、文化志愿者700余人。落实资金2900多万元,启动“三区”人才支持计划，自治区和各地市集中培训基层文化工作者2000余人次。林芝地委行署将文化工作任务化作15项具体指标,纳入对各县的年终考评内容，且在考评中文化工作所占比例达5%。昌都市着眼公共文化事业发展,启动“个十百千万”工程,对各类文艺活动开展、文艺队伍组建和民间艺人培养等方面提出了量化目标。

【保障群众基本文化权益】 基础设施显著改善 2014年，总投资5亿余元的543个乡镇综合文化站和39个民间艺术团排练场建设项目陆续收尾，基本实现“乡乡有文化站”。692个文化站和74支民间艺术团内部设备资金全部落实,为38个县配备流动图书车。完成那曲、山南图书馆建设,山南、昌都博物馆开工,自治区图书馆、群艺馆改扩建项目即将开工。公共文化设施总量比2013年增加192个。山南完成485个村级共享工程服务点建设，完成所有县综合文化活动中心和乡镇文化站的标准化建设，县乡村文化设施功能有效完善、服务能力显著提高,管理使用成效明显。林芝启动以完善设施、完善制度、完善管理、落实人员、落实经费、常有活动为重点的乡镇文化站提升工作，计划建设7个示范站。

惠民活动丰富多样 全区专业文艺团体和县民间艺术团下乡演出场次突破4000场,县民间艺术团创作推出文艺节目800余个。全区公共文化设施开展免费开放活动近1.3万场次,受益群众超过300万人次。向基层免费发放近年来翻译的500小时优秀数字文化资源。开展跨省、跨地区的文化联动活动480余场,依托“春雨工程”,邀请国家文艺院团和相关省市文化志愿者,开展演出展览培训等活动30余场。林芝开展广场文化活动9千场，参与群众达80余万人次,活动数量和参与人数比去年增加36%和45%。

【特色文化保护地建设】 文物保护 “十二五”46项重点保护工程累计完成投资4.12亿元,完成或开工项目占总项目的85%。组织实施了10处抢救性保护项目。全国第一次可移动文物普查进展顺利，西藏自治区进入全国5个普查先进省区之一。区直文博单位窗口服务能力不断提高,受众满意率显著提升。

非遗保护 13个非遗项目入选国家级名录，西藏自治区国家级项目达到89个。123人入选自治区级传承人名录，自治区级传承人达到350人。自治区政府命名65个民间文化艺术之乡,4个乡入选中国民间文化艺术之乡。参加中国年俗文化展示周、海峡两岸非遗联展等重大展示活动,举办“指尖神韵”系列唐卡精品展、第三届藏戏大赛等展示展演活动。《格萨尔》多媒体资源库通过国家验收。对4名国家级传承人进行了抢救性记录。新增2个国家级生产性保护示范基地,西藏自治区国家级示范基地达到4家。命名首批自治区级生产性保护示范基地12家。昌都市积极争取相关部门支持，在全区率先单设非遗保护中心,核定人员编制9人。拉萨市在全区率先设立每人每年3000元的市级传承人补助资金。日喀则市开展系统介绍后藏历史文化的《魅力后藏》书系编撰工作,19本图书基本成型。那曲地区建立94名格萨尔艺人的档案和口述史，修建格萨尔广场和博物馆,出版系列图书,积极打造“格萨尔”品牌。

古籍普查保护 启动日喀则、昌都市和布达拉宫等6家重点古籍收藏单位普查工作，成立自治区古籍修复中心，实施了4个古籍保护单位收藏条件改善项目，将色昭古籍整理室纳入古籍保护中心管理序列，完成第五批珍贵古籍名录申报工作。拉萨市在开展面上普查的基础上,出版《拉萨珍贵古籍目录》。阿里地区成立象雄文化保护挖掘和传承工作领导小组和象雄文化保护协会，不断加强对文化遗产保护工作的领导、组织和研究。

文 物

【概况】 2014年,全区文物系统贯彻执行文物工作方针,开拓创新、求真务实。随着国家和自治区对文物工作投入的稳步提升，各项重点文物保护单位的修缮得到有力保障。截止2014年7月,西藏已调查登记的文物点有4277处,各级文物保护单位1424处,其中:国家级55处,自治区级391处,县(市)级978处。世界文化遗产一处三个点(布达拉宫及其扩展项目大昭寺、罗布林卡)；国家级历史文化名城3处,拉萨市、日喀则市和江孜县；中国历史文化名镇2处，山南乃东县昌珠镇、日喀则萨迦县萨迦镇；中国历史文化名街1处，拉萨八廓街；国家历史文化名村3个，日喀则吉隆县帮兴村、林芝工布江达县错高村、拉萨市尼木县吞巴乡吞达村。

【法规建设】 2014年，自治区文物系统严格执行《中华人民共和国文物保护法》、《西藏自治区文物保护条例》，组织全区文物部门负责人召开《中华人民共和国文物保护法》修订征求意见会，收集10多条意见上报国家文物局；完成《西藏自治区布达拉宫历史建筑群保护条例》立法前期工作，已上报西藏自治区人民政府审批。

【执法督察】 2014年11月13日，自治区副主席甲热·洛桑丹增主持召开世界文化遗产管理领导小组成员专题会议，研究部署拉萨市区内违规建筑影响历史文化名城风貌的整治工作。会议明确部署拉萨神力时代广场限期整治拆除违章建筑以及拉萨市核心区内违章搭建的各类建筑物，户外广告牌等。

按照自治区党委、政府有关安全生产工作的一系列指示精神以及国家文物局有关文物安全工作通知精神，先后开展年初三大节日前文物安全大检查，3月敏感时期文物安全检查，全区文物单位重大火灾隐患集中整治专项行动，古城保护中文物违法与消防安全专项督察等，分阶段（自查自纠阶段、摸底检查阶段、总结验收阶段）、制定实施方案、组织人员分批分组，会同当地文物、公安、消防、宣传、民宗等部门，深入实地对全区各地市70多个县170多处文物保护单位的安全生产工作进行拉网式大检查，各检查组对检查中发现的隐患，现场提出了具体整改意见，并对各项检查工作进行了总结、通报，对夏鲁寺、纳塘寺、强钦寺等存在的安全隐患及时下达了限期整改通知。

【安全保卫】 2014年，自治区文物系统针对全国重点文物保护单位和部分区保单位的消防安全工作，安排近500多万元的专项资金，修建千盏灯房，消除了最大的火险隐患。各地、县也在加大消防设施的建设力度及资金投入，根据全区古建筑存在的安全险情（如：昌都强巴林寺强巴佛殿），第一时间组织专家进驻实地确定保护维修方案，并实施保护维修工程，消除了本体建筑存在的安全隐患，确保了文物的安全。

对哲蚌寺、色拉寺等26处自治区级以上文物保护单位的消防技术设施、排水系统、电气线路和周边环境进行整治，消除安全隐患。甘丹寺等4个项目列入文物消防安全百项工程和文物消防安全专项规划编制试点名单。按照国务院《关于旅游等开发建设活动中文物保护工作的意见》（国发[2012]63号）精神，下大力气抓好旅游等开发建设活动中的文物保护工作。积极协调自治区财政厅落实野外文保单位看管人员经费457.74万元，加强野外文物的保护管理。

【不可移动文物的保护和管理】 全国重点文物保护单位　2014年，聂唐卓玛拉康等18个项目已完工并通过自治区验收，占“十二五”规划项目的39%；白居寺等23处文物保护工程已开工建设，占50%；乃宁曲德寺等3个项目已经审批。组织实施了昂仁曲德寺等5处2013年全区抢救性项目，还有布旦康萨等10处2014年全区抢救性项目。古格王国遗址、东嘎皮央遗址、布达拉宫结构监测、敏竹林寺等重点文物保护工程项目通过国家文物局专家组的验收。

世界文化遗产　安排500万元，对布达拉宫、罗布林卡推广应用分布式文物古建筑高压喷雾灭火系统试点工作，积极组织实施布达拉宫雷电灾害防御基础研究项目及安消防整合提升工程；自治区投入资金1820万元，启动了布达拉宫网上售票、门禁等系统。

【考古发掘】 概况　2014年，自治区文物系统完成主动考古项目10项（抢救性考古项目4项、合作性考古项目3项、课题性考古项目3项）；基本建设中的考古项目8项，考古调查面积达4000余平方公里，发掘面积达2200平方米。西藏文物保护研究所承担的国家级社科基金项目“吐蕃时期碑刻研究”、与四川省文物考古研究院合作开展的“10-13世纪西藏古建筑与壁画研究”，与陕西、甘肃、青海、四川等省区考古院（所）共同组织的“2014唐蕃古道考察”活动、与中国社会科学院考古研究所合作开展的“西藏阿里地区曲踏墓地、故如甲木墓地考古发掘”项目均取得了重大成果。

重要考古项目　故如甲木墓地

考古项目，西藏自治区文物保护研究所与中国社会科学院考古研究所在西藏阿里象泉河上游地区联合开展考古发掘工作。在故如甲木墓地共发现并清理了一座土坑墓，对于古代西藏西部文明的复原研究提供了十分重要的资料。

噶琼寺西塔考古项目　6月9日~7月10日，对噶琼寺西佛塔遗址进行了为期1个月的发掘，发掘面积约520平方米。该佛塔仅存基址部分，石砌台基上构筑仿曼荼罗形状平面呈“亚”字形夯土塔基，宽18.1米，残高约1.6~2.3米，其外侧砌筑石块包裹，塔基以上部分无存。佛塔的遗址发掘过程中发现的遗物均为7层和之上扰动的遗物，其中包括石柱础、砖、瓦、陶等。噶琼寺是由吐蕃赞普赤德松赞亲自倡修的寺院，在西藏佛教史上具有特殊的重要地位，噶琼寺西佛塔遗址的发掘，对于研究西藏早期佛教史具有无可替代的重要价值。

曲踏墓地考古　自治区文物保护研究所与中国社会科学院考古研究所在西藏阿里象泉河上游地区联合开展考古发掘工作。在曲踏墓地发现并清理了五座洞式墓，出土了一批珍贵文物，对于古代西藏西部文明的复原研究提供了十分重要的资料。

唐蕃古道考察　5月27日，由陕西、甘肃、青海、四川、西藏五省区考古院(所)共同组织的“2014唐蕃古道考察”活动从唐王朝都城皇宫大明宫遗址公园出发，途经甘肃、青海、四川和西藏等五省区，于6月17日到达拉萨，历时22天。这是我国多省区合作组织专业人员对唐蕃古道进行的首次综合性考察活动。本次考古探险行程6500余公里，在五省区范围内考察文物点达56处，其中，四川省石渠县境内发现的孜莫遗址、旺布洞遗址、阿日扎吐蕃墓葬等3处文物点为新发现。

【博物馆】　博物馆建设　2014年，山南博物馆、昌都博物馆主体竣工；阿里博物馆、那曲博物馆前期工作已经完成；西藏博物馆改扩建工程、林芝博物馆等2个项目正在编制可研报告；西藏第一家专题博物馆——西藏牦牛博物馆于2014年5月18日正式试运行；全力扶持民间博物馆建设，全区首家民间博物馆——墨竹贡卡县群觉古代兵器博物馆已建成，西藏藏香博物馆、吞弥藏文字博物馆已经完成注册工作。

博物馆间的交流与合作　2014年举办的合作展览：《红红火火中国梦—河北武强年画展》、《国民政府赴藏女专使刘曼卿文献史料展》、《锦绣天成—黎族树皮服饰展》、《云端哈达纪念—纪念川藏青藏公路通车六十周年书法展》、《历代达赖、班禅赠送中央政府礼品展》、《川藏之光—四川美术作品交流展》、《尼泊尔—中国唐卡艺术展》、《西藏文保单位及寺庙消防工作三十年成就展》、《中华人民共和国民族区域自治法实践30周年大型主题展》；西藏博物馆受拉萨市政法委的委托，承接设计制作的外展项目—《拉萨市反分裂斗争史陈列》，于2014年7月正式面向社会免费开放，位于拉萨市老城区八廓街。

重要陈列展览　3月2日~7月7日举办《盛世华彩—西藏博物馆丝绸特展》；5月18日《妙相梵容—西藏博物馆藏传佛教造像艺术专题展》；6月14日《亘古探幽—西藏史前文化展》；9月26日《金色宝藏—西藏文物珍品展》；9月27日《五彩净土—西藏博物馆唐卡展》。

【可移动文物保护】　2014年，西藏博物馆藏品6万余件，其中一级文物1001件，二级文物15784件，三级文物26746件，接收移交文物225件，捐赠文物22件，征集文物25件。

科研基地建设　借助国家文物局重点科研基地的力量，通过“以修代培”的方式为西藏培养文物科技保护专业人才。与国家博物馆等6家国家文物局重点科研基地签署协议，共同组建“国家文物局重点科研基地西藏联合工作站”。与上海博物馆、中国丝绸博物馆、陕西省文物保护研究院等国家文物局重点科研基地合作，编制了《唐卡保护修复方案》等5项西藏自治区急需的文物科技保护方案，得到了国家文物局的批准。

文物普查工作　2014年，自治区财政厅投入普查经费108万元，不断完善可移动文物普查软硬件设施。举办全区可移动文物普查信息登录平台软件培训班，派专家和教员赴7地市举办地区级文物普查骨干培训班，培训人数超过300余人，派出专家42人次，赴拉萨、阿里等7地市15个县近30多个乡，对80余个文物收藏单位及8000多件(套)文物进行普查登记；对日喀则市谢通门县、拉萨市林周县等4个县已完成的可移动文物数据进行了审核验收;对布达拉宫、罗布林卡、西藏博物馆三家区直文博单位近4000余件可移动文物进行登录工作,并上报国家普查办。

【科技与信息】 西藏博物馆副研究员娘吉加申报的《康马乃宁寺藏大明皇帝御制旃檀佛像入藏考》2014年度西藏自治区哲学社会科学专项资金项目已于2014年10月28日立项,批准号为14BKG001。此课题搜集整理大量文献资料,深入实际开展调查研究,具有较高的理论意义、实践价值和学术水平。

【文博教育与培训】 2014年,西藏自治区文物局积极组织参加国家文物局及各省市部门组织的各类培训8个班次,分别对从事陈列展览策划、文物普查、保管、考古、法规、党建、文物修复等的100余人进行了培训。

【文博宣传与出版】 2014年,以自治区政府名义召开新闻发布会,广泛宣传西藏文物保护工作取得的新成绩,参与的区内外媒体记者多达20余家,宣传面之广,深度之深,在社会上引起强烈的反响;配合国家文物局、国家普查办组织中央电视台、中国人民网、中国文物报等国内5家媒体记者专门赴西藏各地,对文物事业发展所取得的成就和可移动文物普查情况进行拍摄采访,并在全国范围内进行了广泛的宣传报道,取得良好社会反映。以世界“文化遗产日”、“国际博物馆日”、“12·4法制宣传日”为契机,对文物法律法规及可移动文物普查的目的和意义进行了广泛的宣传,分发宣传材料近15000余份。

《西藏文物(季刊)》2014年共计编辑印刷4期,主要作用为宣传国家、自治区文物工作指导方针政策、促进全区各地市文物工作交流、展示西藏文博事业发展成就。《布达拉宫馆刊》(半年刊)共印刷2期,着力推动布达拉宫科研成果推广。《西藏博物馆(半年刊)》2014年共编辑印刷2期,主要作用是促进西藏博物馆与业界及藏学等其他领域之间的交流、促进馆内学术科研发展、展示西藏博物馆学术科研成果。

卫生　计划生育

【概况】 2014年,自治区卫生计生委调整了西藏自治区基本药物专家委员会成员,基层医疗机构全部实施国家基本药物制度,县级医疗机构基本药物使用率达70%,地(市)级达50%。印发《西藏自治区卫生和计划生育委员会关于公立医院改革的指导意见》,公立医院改革工作启动实施。各级医疗机构切实加强内涵建设,落实核心管理制度,狠抓医疗质量安全,规范服务流程,医疗卫生服务能力和水平不断提升。“三好一满意”活动持续开展。对拉萨、那曲、山南、日喀则、昌都地区的5家地、县级医疗机构实施了“二乙”、“三乙”评审。成立自治区献血委员会,修订完善了《西藏自治区贯彻实施<中华人民共和国献血法>办法》。全区医疗机构诊疗和入院人次达1200万人次和20万人次。稳步推进基本公共卫生服务项目,城乡居民健康档案建档率达95%以上;健康教育工作力度不断加大,通过编印藏汉双语宣传材料、开设健康讲座以及在藏语广播开办“健康知识信息宣传”、“健康与生活”等栏目普及预防保健知识;慢病监测、死因监测、伤害监测、肿瘤随访登记等工作积极开展,印发了《西藏自治区重性精神疾病防治工作管理方案》;“健康口腔,幸福家庭”和儿童口腔疾病综合干预项目启动实施;基本公共卫生服务经费提高到人均45元,与区财政厅下发了《基本公共卫生服务项目绩效考核实施意见》和《基本公共卫生服务资金管理办法》,管理制度不断健全。重大公共卫生服务项目稳步推进,持续实施国家免疫规划项目,发放一类疫苗110余万支。农牧区妇女孕前期和孕早期补服叶酸9525人(次),农村妇女乳腺癌、宫颈癌筛查人数达2.3万人次。孕产妇住院分娩补助7327人,补助资金319.88万元。

【农牧区医疗制度】 2014年,全区农牧区医疗制度保持全覆盖,政府补助标准提高到人均380元,筹资率达到97%以上,最高报销补偿限额达6万元,政策范围内补偿比例达到80%以上。乡镇卫生院全部实现门诊费用即时结报,74个县基本实现住院费用即时结报。日喀则地区十一个县实现地级医疗机构即时结报,日喀则仁布县和拉萨市部分县开展了“一卡通”工作试点,拉萨市和山南、那曲地区开展“先诊疗、后结算”和“一站式便民服务中心”等便民、利民举措。制定下发了《关于明确农牧民重大疾病和特殊门诊病种目录的通知》,将儿童白血病、儿童先天性心脏病和终末期肾病(尿毒症)等22种重大疾病和恶性肿瘤的化学治疗、慢性肾功能衰竭的透析治疗等20种特殊门诊病种纳入西藏自治区农牧区医疗重大疾病保障目录。农牧民大病补充医疗保险理赔131起，金额达460万元，达到最高理赔金额7万元的有17起。印发《关于驻藏部队武警公安和非公立医疗机构申请农牧区医疗定点医疗机构准入的补充通知》，审核批准13家驻藏部队和非公立医疗机构为农牧区医疗定点机构。对2733618名城乡居民和28055名在编僧尼实施第三轮免费健康体检。免费治疗白内障患者4471余人。将儿童先心病筛查救治纳入重大公共卫生服务项目常规工作，做到发现一例救治一例，筛查儿童15万余名，确诊先心病患儿415名，全部得到及时有效治疗。

【完善卫生基础设施】 2014年，国家和自治区下达“十二五”规划项目496个，投资45157万元，建设规模117302平方米，完成投资10496万元，实施了基层医疗、公共卫生、重点医院、藏医院和全科医生培养等项目。“十二五”规划外项目到位274个，落实投资29895万元，实施了完善基层医疗卫生服务体系、精神卫生、基层医疗卫生管理系统、食品安全风险监测、昌都地震灾后恢复重建、巡回医疗车配置等项目。重点卫生项目取得进展，全科医师培养基地和精神卫生防治中心建设项目竣工验收。启动藏医院改扩建二期工程。自治区妇女儿童医院和自治区疾控中心改扩建项目加快推进。实施县级妇幼保健机构和儿科能力建设项目，为76个县级(市、口岸）疾病预防控制中心配备了疫苗运输专用车。宁波鑫高益磁材有限公司捐赠了价值4800万元的40台法国原装进口四维彩超。成立“十三五”规划编制领导小组，编制了“十三五”卫生计生事业发展规划概述，提出了发展思路、任务和重大项目资金政策建议。在自治区人民医院、藏医院和山南地区人民医院和扎囊县、林芝地区波密县开展了区域卫生信息化和基层医药卫生信息化项目试点。自治区药械集中采购管理系统、远程医疗系统建设政策试点等积极推进。启动7地(市)，自治区人民医院和藏医院等9家医疗机构医用高压氧仓建设项目。制定了2015年计划生育服务体系建设投资计划。论证修订了县级区域医疗中心和乡镇卫生院能力建设项目。配合中央督导组、自治区审计厅等部门，开展了中央财政转移支付卫生计生项目督导检查和主要领导任期经济责任审计，完成卫生计生系统国有资产清查。

【卫生队伍建设】 2014年，自治区卫生计生委认真贯彻落实《关于进一步加强我区卫生人才队伍建设的意见的通知》，加强卫生人才队伍建设工作。配合区人社厅完成了1009名第一批卫生专业技术人员招录工作。引进高层次卫生和紧缺专业人才10名。全区所有县（区、市）落实乡村医生每人每月600元和乡(镇)卫生院医护人员按地区类别每月300-950元的生活补助政策。开展卫生专业技术人员培训工作，共举办全科医师转岗培训、免费医学生订单定向和免费优生检查等各级各类培训43班/次，培训人员近7000人/次。开展乡镇卫生院长期聘用专业技术人员考试摸底调查工作，着手解决基层长期聘用卫生人员待遇。全区卫生人员总数达到15500人，其中卫生技术人员达到12550人。

【疾病预防控制】 2014年，全区防控鼠疫、艾滋病、结核病等重大疾病工作积极开展，有效处置鼠间鼠疫11起，新判定日喀则吉隆县为鼠疫疫源地，艾滋病检测确认62人，登记报告结核病人3696人，涂阳肺结核病人治愈率达80%。重点传染病防控工作得到加强，肠道、呼吸道、自然疫源性等重点传染病防控工作积极开展，处置学校疫情5起，新发9例麻风病人全部进行规范的联合化疗，积极做好埃博拉疫情防控处置准备工作。地方病防治成果得到巩固，切实加大对碘缺乏病、地方性氟中毒、大骨节病等地方病的监测，开展了大骨节病流行病学和克山病病情调查，大骨节病右手X线拍片检出率从2011的38%下降到6%。加强免疫规划工作，下发《关于进一步做好预防接种异常反应处置工作的指导意见》和《西藏自治区预防接种异常反应经济补偿办法(试行)》等，保护受种者权益。开展以“美丽中国，健康生活—摒弃乱吐乱扔陋习”为主题“爱国卫生月”活动，配合指导拉萨市和林芝地区做好国家卫生城市创建，启动农村环境卫生和饮用水卫生监测工作。全区传染病发病率和死亡率分别为340.18/10万和0.74/10万。

【卫生应急】 2014年，建成昌都、阿里地区应急流动医院，举行国家突发急性传染病防控队伍和自治区应急流动医院队伍装备展示暨演练活动，卫生应急能力不断提高。协调做好疫情防控物资、救治药品储备工作。制定《2014年阿里地区“塔尔钦”宗教活动突发公共事件卫生应急预案》。圆满完成“塔尔钦”宗教活动医疗保障和“8·09”、“8·18”交通事故16名受伤人员的医疗救治和47名遇难者遗体处置工作，得到自治区和伤员家属的肯定。

【妇幼卫生和社区卫生】 2014年，自治区卫生计生委贯彻落实《关于进一步推进全区妇幼卫生工作的指导意见》，持续深入实施重大公共卫生项目、“降消”项目、基本公共卫生服务项目，开展“妇幼健康服务年”活动，强化妇幼卫生机构服务意识，提高妇幼卫生服务能力，孕产妇和婴儿死亡率进一步降低，住院分娩率不断提高。全区贫困地区儿童营养改善项目县增加至35个，采购儿童营养包548万袋，发放儿童数1.5万名。在拉萨市启动新生儿遗传代谢病苯丙酮尿症、先天性甲状腺功能减低症和听力障碍等疾病筛查项目。孕产妇住院分娩商业保险理赔728起，金额618.85万元。启用新版《出生医学证明》。全区9所社区卫生服务中心稳定运行，以内涵建设和规范服务为重点，为社区居民提供基本公共卫生服务和基本医疗服务，各社区卫生服务中心结合实际开展计划免疫接种家庭医疗服务、藏医药服务、残疾人康复理疗服务等特色服务，拉萨市扎基社区卫生服务中心获得“群众满意社区卫生服务中心”的称号。

【卫生监督执法】 2014年，国家食品安全风险监测西藏中心挂牌成立。加强食品安全风险监测能力建设，自治区、地（市）级风险监测完成率保持在90%以上。加强食品安全国家标准跟踪评价工作，审核备案食品安全企业标准45个。加强医疗卫生、公共卫生、计划生育和卫生计生法律法规执行情况的监督检查，开展打击非法行医专项整治行动，检查各类医疗机构1187家，查处违法违规案件134件，取缔无证行医案件10件，罚没金额12万。公共场所、学校卫生监督覆盖率达75%。完成国家饮用水输配水管材管件、消毒产品的专项整治及抽检。开展《执业医师法》、《母婴保健法》、《医疗机构管理条例》等法律法规执行情况的监督检查。加强各级卫生监督执法队伍能力建设，对5个地区、30个县、35个乡（镇）卫生监督工作进行了督导检查及监督稽查。

【计划生育服务】 2014年，自治区政府印发《西藏自治区“单独两孩”政策实施方案的通知》，西藏自治区“单独两孩”政策启动实施。计生服务项目稳步实施，国家免费孕前优生健康检查项目覆盖全区；出生缺陷一级干预项目试点县扩大到24个；在五个地区13个县开展“幸福工程–救助贫困母亲行动”，落实资金289.70万元；全区启动流动人口卫生和计划生育基本公共服务均等化试点，山南地区贡嘎县等30个县实施了“创新全员人口信息采集”试点项目；优生优育家庭意外保险合作项目和“光彩·西藏和四省藏区健康促进工程”等稳步实施；调拨计价避孕药具和免调避孕药具共计312万元，配备避孕药具自助发放机13台。全区流动人口动态监测工作进一步加强，印发《西藏自治区方便群众办理一孩生育证及流动人口婚育证明的工作规则》和《全区加强和创新社会管理考评工作中流动人口卫生计生工作考评办法》。“一孩双女户困难家庭”和“特殊子女家庭特别扶助”等计划生育扶助政策得到落实，受助对象共计37898人，发放扶助资金达4295.92万元。组织开展家庭发展追踪调查工作、“婚育新风进万家”等活动，不断提升育龄妇女优生保健意识和出生人口素质。

【藏医藏药事业】 2014年，自治区召开全区藏医药发展大会和西藏藏医药发展新闻发布会，全面总结60年来藏医药事业发展成就，对西藏自治区藏医药事业发展作了全面部署安排，与国家中医药管理局签订对口援藏协议，国家和自治区评选表彰了第二届“国医大师”占堆同志和20位“西藏自治区名藏医”。安排800万元用于县、乡藏医机构藏医诊疗和设施设备服务能力提升。三级藏医院持续改进、藏药资源普查和区藏医院脾胃专科等国家和自治区藏医药重点项目稳步实施。加强藏药材资源保护，草拟了《西藏自治区关于进一步加强藏药资源保护和发展的意见》(征求意见稿)。加强藏医药人才队伍建设，第五批全国名老中医药专家学术经验继承及攻读学位工作稳步实施，国家批准西藏自治区新增3个全国名老中医药专家传承工作室指标，将一技之长藏医人员纳入乡村医生管理序列。开展藏医药标准化建设,制定《藏医药健康管理服务技术规范》藏汉文版。完成藏医替布肺病、俄乃赤久病等5个病种的临床指南的修订编制。组织开展了第五届藏药材辨认大赛，藏医药事业稳步发展。

食品药品监管

【概况】 2014年4月,西藏自治区食品药品监督管理局新组建成立,为西藏自治区人民政府正厅级直属机构,加挂西藏自治区食品安全委员会办公室牌子。主要承担食品、药品、保健食品、化妆品、医疗器械(即“四品一械”)的监督管理职能以及自治区食品安全会员会办公室职能。2014年,全区食品持证企业37212家,其中:生产企业125家,流通企业19285家,餐饮服务单位17802家,食品产业利税约占全区税收收入的6%左右。药品持证企业417家,其中:生产企业21家,经营企业396家,药品产业利税约占全区税收收入的23%左右。全区医疗器械生产企业2家,经营企业309家。化妆品生产企业3家。全区非公企业纳税20强名单中,食品药品企业占12家,比例达60%以上。

【食品安全监管】 建立健全食品安全分工协作机制 8月和12月,分别筹备召开自治区食品安全委员会第一、二次全体会议,总结分析当前形势,研究部署重大节日、重点时段食品药品安全工作。会后,制定印发自治区食品安全委员会工作规则和各成员单位职责分工，进一步完善了食品安全分工协作机制，有利于建立部门间协作机制，最大限度地发挥好监管效能。

农牧区食品市场专项整治行动 根据国务院食安办的安排部署,西藏自治区食安办牵头成立由区食安办、区工商局、区质监局、区食品药品监管局组成的西藏自治区农牧区食品市场专项整治行动领导小组,联合印发《农牧区食品市场“四打击四规范”专项整治行动方案》,全区共检查食品生产单位445户次,食品经营户24965户次,批发市场、集贸市场339个次,查处劣质食品案件95起,查扣劣质食品1629.1公斤。

餐饮服务食品安全监管 重点开展肉及肉制品、食用油、食品非法添加剂、明胶产品的监督检查,对夏秋季食物中毒防控、旅游景区食品安全和学校周边食品环境进行专项部署。承担自治区“两会”、“508”、阿里“塔尔钦”等30多起重大活动期间的食品安全保障工作。加强各大节日期间的餐饮服务食品安全监督检查,截止2014年底,全系统检查餐饮单位10926户次,查处案件13起，吊销餐饮服务许可证8户;检查A级旅游景区及景点周边餐饮服务单位963家,查处无证经营58家。

【药品安全监管】 推进新版药品GMP、GSP实施工作 2014年,自治区食药监局制定《西藏自治区2014年药品生产企业GMP、GSP跟踪检查工作方案》，组织人员在全区范围内开展跟踪检查，覆盖率达到70%以上。下发了关于做好新版GMP、GSP工作的通知,督促企业严格按要求推进认证工作。2014年,全区9家药品生产企业通过新版GMP认证,31家药品批发企业通过新版GSP认证。

加强医疗机构制剂管理 为全面掌握全区藏医医疗机构、民间和寺庙的藏医诊疗单位配制藏药制剂情况，引导各级藏药配制单位逐步纳入规范化管理,下发了《关于调查统计上报辖区藏药制剂配制情况的函》,在此基础上召开了藏药制剂管理座谈会议，广泛听取藏药制剂管理和发展方面的意见或建议，促进藏药制剂更加规范、有序健康地发展。完善了《医疗机构制剂许可证》审批、换证程序。

开展药品电子监管 对全区18家传统藏药生产企业相关品种入网、赋码和包装生产线改造等工作定期进行督促，做到核注核销和数据上传；对辖区内基本药物生产企业和参加配送的经营企业进行了监督检查。开展了西部药店试点项目验收工作。

进行专项检查 重点对输入性药品安全质量问题进行了专项监督检查，开展了重组乙肝疫苗销售使用、药用空心胶囊和中药鳖甲质量问题专项检查。全系统组织力量开展了拉网式排查，对查出的问题药品采取封存等管控措施，有效阻止了药品安全事件的发生。

【医疗器械安全监管】 2014 年，自治区食药监局开展医疗器械“五整治”专项治理。3 月，自治区食药监局召开电视电话会议，安排部署全区医疗器械“五整治”工作。制定《西藏自治区医疗器械“五整治”专项行动实施方案》，依法严惩虚假注册申报、违规生产、非法经营、夸大宣传、使用无证产品等五种违法行为。专项行动期间，共检查医疗器械生产、经营、使用单位 1400 家次，其中责令整改 227 家次，取缔无证经营企业 2 家。

【化妆品监管】 2014 年，自治区食药监局组织开展化妆品生产经营企业摸底和调研工作，全区化妆品生产企业 3 家，经营企业700余家。开展化妆品抽样检验工作，共抽取样品 62 个批次，其中：国产非特殊用途化妆品抽取样品 43 个批次，国产特殊用途化妆品抽取样品 18 个批次，进口特殊用途化妆品 1 个批次。本地承检 44 批次，委托检验 18 批次。加大对《化妆品卫生监督条例》及其《实施细则》等法律法规宣传力度，推进化妆品生产企业健全和落实各项管理制度。

【食品药品打假治劣】 2014 年，全区食品药品案件立案 167 起，涉案金额 31.84 万元，罚没共计 47.97 万元。捣毁非法售药黑窝点一个，抓获犯罪嫌疑人 1 名。销毁查处假劣药品及企业主动上交过期失效药品 323 个品种，货值近 78 万元。与自治区公安厅联合印发了《打击制售假劣食品药品违法犯罪活动工作制度》，建立了行政执法与刑事司法相衔接的长效机制。

【食品药品抽验检验】 2014 年，自治区食药监局将餐饮食品监督抽检和风险监测作为统筹提高食品安全监管水平，从源头控制和减少食品风险的重要措施之一，研究制定《2014 年餐饮服务食品安全监督抽检和风险监测方案》、《2014 年保健食品监督抽验和风险监测方案》，细化工作任务，明确工作要求，分批次开展监督抽检和风险监测。全区共完成食品抽验 23 大类 1975 批次。自治区食品药品检验所完成各类检品 1684 批次，其中，食品风险检测 326 批次，药品检验 1095 批次，保健食品163 批次，医疗器械 37 批次，化妆品 62 批次，完成药品国家评价性抽样 270 批次。

【技术支撑体系建设】 2014 年，自治区食品药品检验所业务大楼建成并投入使用，日喀则地区食品药品检验所正式开展工作。全区食品检验检测能力建设逐步启动，2014 年，自治区食品检验检测实验室 13 亩建设用地已落实，各地(市)正在开展前期工作。藏药审评认证质量管理体系及能力建设通过总局验收，审评认证机制趋于完善。积极开展药品、医疗器械不良反应监测工作，共收集上报药品不良反应报告 269 份，生产企业不良反应监测考评覆盖面达到 85%以上。

【川藏两省区签订合作协议】 8 月，四川、西藏两省区食品药品监督管理局在拉萨举行签字仪式，双方主要领导共同签署了《推进川藏区域食品药品监管合作协议》。协议内容包括人员交流培训、应急处置合作及检验检测等业务指导。按照协议，四川省食品药品监管局为我系统举办食品安全监督抽检和风险监测培训 2 次；四川省食品药品检测院承担 5 个品种 29 批次的食品监督抽检工作；绵阳市食品药品监管局无偿转让食品药品公众查询系统。协议的签署进一步密切了两省区食品药品安全合作关系，将双方监管合作提升到新的高度。

【受援工作】 2014 年，国家食药监总局各司局、直属单位和各对口支援省市局坚决贯彻落实中央关于对口援藏的各项方针政策，组织开展了多方位多层次的对口援藏工作，形成干部援藏、人才援藏、技术援藏、物资援藏相结合的工作格局，有力推动西藏食品药品监管事业又好又快发展。仅物资援藏方面，2014 年，总局为全区下达中央补助地方食品药品监督专项资金 3913 万元，与国家发改委联合下达食品安全检(监)测能力建设资金 3650 万元，总局还承担了西藏自治区食品药品监管系统参加各类会议、培训等交通费；中检院为自治区食品药品检验所提供了试剂、对照品和软件升级等经费 30 万余元；各对口支援省市局援助对口受援单位物资经费共计 130.3 万元。

【人员培训】 2014 年，自治区食药监局结合新职能、新任务，自治区食品药品监督管理局依托援藏优势和2014年8月与四川省局签订的《推进川藏区域食品药品监管合作协议》精神，采取"请进来、走出去"的方式，加强业务能力培训。在区内举办各类专业培训11期，受训793人次；参加区外培训45次，受训85人次。全系统受训覆盖面达75%以上。

审　计

【概况】　2014年，自治区审计机关共审计单位(项目)298个，审计处理应上缴财政资金4.2亿元，移送案件线索4件，提交审计报告和信息396篇，发布审计结果公告11个，推动建立健全制度139项。

【重大决策部署贯彻落实情况审计】　按照国务院和审计署的部署，对全区685笔政府性债务进行审计，反映了实情、揭示了问题、分析了原因、提出了建议，为各级政府强化债务管理、防范化解风险、健全管控机制提供了重要参考。对自治区本级财政管理、区高法等预算执行部门、发展与改革委政府性投资计划执行、拉萨至贡嘎机场公路等重点投资项目进行审计或审计调查。审计中既关注财政资金使用效益、效率和效果，又关注社会效益和生态效益，揭示和反映违法违规、损失浪费等问题，为促进中央和自治区宏观调控政策措施的贯彻落实发挥了积极作用。

【民生资金审计】　2014年，自治区审计机关对城镇保障性安居工程建设情况进行跟踪审计，重点关注了任务分解完成、资金筹集管理使用、工程建设管理、保障性住房的分配运行情况和各项配套政策执行情况；对自治区本级住房公积金筹集、管理情况进行审计，提出了促进住房公积金管理制度不断完善的意见与建议；对自治区2005年至2010年整乡推进扶贫专项资金进行审计，揭露了挪用资金、多报预算等问题，查出违规问题资金1亿余元。同时，对"三农"、教育、科技、卫生等专项资金进行审计，促进规范财政资金更好地用于改善民生和社会事业发展，发挥了惠民政策保基本、兜底线的重要作用，维护了人民群众利益，促进了社会和谐稳定。

【国有企业审计】　2014年，自治区审计机关围绕"质量、责任、绩效"的目标，按照"摸家底、强管理、促安全"的思路，对金珠集团等11户商贸企业、西藏香港藏通贸易有限公司、西藏盐业总公司进行审计；对154家中小企业发展资金、产业与企业改革发展资金及有关政策落实情况进行审计调查，揭露损益不实、资金使用效益不高、项目和资金审批程序不规范、部分受扶持企业或享受补贴对象虚报冒领、个别企业长期对外高额投资无效益等问题，查出违法违规资金4.5亿元，移送案件线索1件涉及资金2168万元，促进有关部门修订完善中小企业管理办法和品牌资金管理条例2项。通过揭露查处问题、提出意见建议，对维护财经秩序、加强企业管理、防控重大风险、创新机制制度、确保国有资产安全，发挥了积极作用。

【经济责任审计】　2014年，自治区审计机关受组织部门委托，全区对67名党政领导干部进行审计，查出领导干部负有直接责任、主管责任和领导责任的违法违规问题金额37.8亿元。审计中重点关注了贯彻执行国家宏观经济政策、落实上级重大决策部署、政府性资金收支管理、重大经济事项决策与执行、经济管理制度建立健全等方面的情况；着眼于经济责任审计规范化建设，积极探索与创新经济责任审计工作的方式和方法，针对领导干部在履行经济责任中存在的突出问题，提出了审计意见建议，为组织人事部门加强干部监督管理提供了重要依据，促进了领导干部守法守纪、守规尽责。

【资源环保审计】　2014年，自治区审计机关对地质矿产、环境保护监管部门，中央森林生态效益补偿基金、个别地区土地出让金和土地开发整理资金进行重点审计，揭露和查处了多领、截留、滞留森林生态补偿基金，坐收坐支、违规减免土地出让金等违法违规问题金额20.3亿元，及时追缴国家资金5000多万元；专题反映了近5年来生态环境保护项目和资金审计情况，自治区领导作出重要批示，有关部门积极整改，推进环境保护政策和制度不断改进完善。同时，重点关注道路、桥梁、水电等工程建设项目对生态环境的影响，维护环境安全，努力推进生态建设，切实保护碧水蓝天。

【机关自身建设】　2014年，自治区审计机关以班子队伍建设为基础，以作风建设为保障，以质量成果为根本，以廉政纪律为制约，不断推动审计事业科学发展。加强审计机关领导班子和干部队伍建设，提高领导干部把握大局和审计队伍依法从审、依法行政的能力；把维护社会和谐稳定作为审计机关的重要政治责任，圆满实现了“三不出”工作目标；认真开展审计项目审理、质量检查和审计结果整改落实检查等工作，扎实推进审计理论研究，提升审计信息化建设水平，保障能力明显增强。严格执行审计纪律“八不准”和有关廉政规定，完善审计业务和机关行政管理制度，形成了按制度办事、用制度管人的良好风气。

外事 侨务

【概况】 2014年，自治区外侨办认真贯彻执行党和国家的外事侨务工作方针政策，自觉服从服务于国家总体外交和周边外交大局，进一步巩固发展同周边国家的友好关系，扩大对外交流合作，外事工作成效明显。2014年，自治区外侨办共审批境外游客、港澳台同胞、印度香客等赴阿里旅游观光朝圣1276批24155人次，审批外国人前往非开放地区旅行225批1231人次，审批港、澳、台同胞赴非开放地区旅行111批994人次。全年共审核审批因公出国团组135批466人次，与2013年同比分别下降17.2%和9.0%。

【全面设计涉藏外事】 2014年，自治区外侨办召开外办主任会议，编制《西藏自治区对周边国家外事工作五年规划》、《“十三五”外事侨务对口支援工作规划》，贯彻落实好中央周边外交工作座谈会、中央外事工作会议精神。扎实做好涉藏外事工作的基础性调研，为筹备好中央第六次西藏工作座谈会预作准备。配合外交部组织安排驻外使节赴藏考察交流，自治区党委政府与率队来藏的外交部部长助理钱洪山及驻外使节们座谈交流，全面设计涉藏外事工作。坚持为国家总体外交服务、为西藏发展稳定服务，以开放的姿态，拓展同有关国家特别是周边国家的友好合作，推动和谐周边建设。以开放市场、口岸为依托，扩大西藏自治区与尼泊尔、印度的边贸往来。

【涉外维稳】 2014年，自治区外侨办根据全区维稳工作总体部署，科学研判涉外形势，超前谋划、提前部署，完善涉外工作协调机制，切实加强重要敏感时间节点涉外管理工作，实现了重要敏感时间节点“三不出”目标。严格落实区“塔指办”关于阿里塔尔钦“马年转山”维稳工作要求，区外侨办主要领导多次带队深入阿里地区实地调研，并分批选派办领导率队蹲点阿里，全程跟踪并指导印度香客接待管理工作，制定“塔尔钦”宗教活动期间涉外管理工作方案及应急处突预案，与相关部门组成专班实施联合审批管理，制订并发布《境外游客、印度民间香客、港澳台同胞赴阿里塔尔钦注意事项》，24小时开通境外游客赴阿里旅游观光咨询电话，建立涉外工作协调机制和涉外单位联络员制度等一系列管理办法，确保“马年转山”宗教活动正常有序。全年共审批境外游客、港澳台同胞、印度香客等赴阿里旅游观光朝圣达1276批24155人次。

【切实加强边界界务管理】 保持国家边界线清晰，管理和维护好国家边界界桩、界标，参与审核跨界设施建设，是一项涉及领土和主权的重要日常边界管理工作。2014年，自治区外侨办组织人员对中尼边界52号至59号14棵界桩进行全面勘察，并将界桩损坏、灭失等勘察情况及时上报外交部。原址重树因自然原因已灭失的位于中方聂拉木境内的52(2)号界桩。参与审核阿里地区普兰口岸中尼边界界河防洪、护岸堤工程项目，上报外交部批准。就中尼普兰口岸修建斜尔瓦界河公路大桥项目事积极建言献策，推动该跨界公路大桥项目协议早日签订。

【稳步推动“请进来、走出去”工作】 2014年，自治区外侨办做好“请进来”工作的政治设计，主动施加正面影响。全年接待尼泊尔副总统贾阿、副总理兼内政部长高塔姆，尼前总理巴特拉伊、尼帕尔，以及俄罗斯国家杜马第一副主席、中东欧高级官员团，捷克、荷兰、丹麦、摩尔多瓦、印度、瑞士等国家驻华大使、加拿大公使、巴西驻越南大使、新西兰驻华大使馆副馆长和澳大利亚、巴西两国驻尼泊尔大使等高级别团组共26批233人次访藏。自治区主要领导亲自出面做增信释疑工作，介绍西藏情况，阐释立场，消除误解，增进友好。中东欧国家高级别官员团在访藏后称，此访是一次触动心灵的认知之旅。

加强对“走出去”工作的谋篇布局，着力将议会外交、政府外交、公共外交与党际交流紧密结合，积极推动政治、经贸、文化、教育、学术、宗教等有实质性内容团组的出访。全年共审核审批因公出国团组135批466人次，与2013年同比分别下降17.2%和9.0%。其中，自治区主席洛桑江村率团访问尼泊尔，此为近十年来自治区政府主席首次访尼，取得了加强高层交往、拓展藏尼传统友好关系、提升交流合作水平、打击境外“藏独”势力、维护边境安宁稳定以及区域间的和谐发展等重大成果。

【持续深化与周边国家的交往和合作】 2014年，自治区外侨办贯彻落实中央周边外交工作座谈会精神，发挥区位优势，加强与尼泊尔高层往来，着力打造“朝圣外交”、“藏博会外交”、“救灾外交”三张名片，提升涉边影响力。组织接待尼副总统贾阿应邀来藏出席首届藏博会，接待尼副总理兼内政部长高塔姆、前总理尼帕尔及前总理巴特拉伊携家人访藏，并安排其赴阿里地区朝圣，推动中尼友好合作。接待尼警务代表团、财政部长、主流媒体干部考察团访藏，以及尼总理办公室首席秘书鲍迪亚赴吉隆口岸参访等，拓展务实合作。重视尼方关切，加大对尼援助力度，圆满完成第一轮2009-2013年援尼五年项目，启动新一轮五年(2014-2018年)援尼计划，稳步实施援尼沙拉公路、热索桥等基础设施建设项目。落实自治区政府对尼自然灾害提供100万元人道主义援助，积极开展对尼“救灾外交”，发挥了雪中送炭的良好效应。进一步固化中尼警务联络机制，推动双方执法安全合作更加紧密。

稳妥开展对印度、不丹、缅甸、孟加拉工作。贯彻落实国家主席习近平访问印度与印方达成的协议，组织安排印度驻华大使康特赴亚东，实地考察增开印度官方香客从乃堆拉山口入境朝圣路线及沿途接待条件。积极回应印方关切，全年共审批印度民间香客来藏朝圣471批16491人次（含尼泊尔协助人员2724人次），官方香客18批895人次，着力夯实双方民众基础。接待不丹王国外交大臣仁增·多吉赴藏参访，推动区外侨办格桑书记率团访问印度、缅甸、孟加拉等国，实现了对缅、孟工作的突破。

【涉外管理】 2014年，自治区外侨办充分发挥审核审批制度作用，全年审批外国人前往非开放地区旅行225批1231人次，港、澳、台同胞赴非开放地区旅行111批994人次。充实境外非政府组织管理信息数据库，创建境外非政府组织管理工作申报平台。2014年，西藏自治区共处理各类涉外案（事）件28件41人，件数同比2013年下降了24.3%。制定出台《西藏自治区实施<高等学校接受外国留学生管理规定>细则》、《西藏自治区省级领导干部因公临时出国实施细则》、《西藏自治区地厅级及以下国家工作人员因公临时出国管理办法》，下发《进一步加强因公出国护照和港澳通行证收缴管理工作的通知》，严格合理、规范实施年度出国计划，大幅压缩出访团组，全年取消一般性、照顾性、重复性考察出访团组38批68人次。顺利完成指纹版因公电子出国护照实施、上线，积极推动因公电子出国护照二期及配套项目建设。

【拓展民间对外交流合作】 2014年，自治区外侨办与已建友城加强接触，推动西藏自治区聂拉木、吉隆县与毗邻尼新都巴尔恰克、热索瓦县于2015年签署结好备忘录，促进山南地区同尼巴德岗市结好，探索西藏自治区与韩国庆尚南道建立省际友好关系、那曲地区与其下辖县结好事宜，助推尼加德满都市荣获2014年“对华友好城市交流合作奖”。推动区政协副主席阿沛·晋源率友协团组访问日本、韩国，组织自治区优秀青年公务员赴韩国、西藏青年代表团应邀赴尼泊尔开展人文交流，接待韩庆尚南道友好代表团访藏。组织宗教界人士应邀赴日参加佛事活动。加强与尼泊尔尼中喜马拉雅友好协会、阿尼哥协会等友好组织的务实交往。创建“中国西藏·扎西德勒”对外文化交流品牌，组织中国西藏艺术团首访非洲津巴布韦、毛里求斯等国开展文化交流活动，充分展示社会主义新西藏发展成就及新风貌，正面宣传西藏，扩大西藏自治区在非洲的影响力。派员赴尼参加“跨喜马拉雅民意对话”论坛，配合在尼成功举办“中国西藏书展”及在藏举办“中国西藏发展论坛”，有效搭建对外宣传西藏发展成就的重要平台。助推西藏航空与尼泊尔航空公司合资成立“喜马拉雅航空公司”，开创中国国内航空公司在境外开展此类航空合作的先河。

【涉藏侨务、港澳工作】 2014年，自治区外侨办助推国务院侨办裘援平主任来藏调研指导，与自治区党委政府就进一步加强涉藏侨务工作座谈交流。区外侨办主任巨建华率队赴阿里、那曲两地开展侨务调研，举办首期西藏侨务干部培训班及三期侨法宣传角活动。深入开展涉藏侨务公共外交，接待海外知名侨领、华商、华人政要、华文媒体记者、华文书画家等侨务团组8批108人次访藏，搭建海外交流合作平台。以侨务品牌活动为抓手，协调实施“应善良福利基金会”资助贫困大学生奖学金项目、“马背上的电视–点亮藏区新生活”项目，与暨南大学在卫生、教育领域开展合作，促成自治区第二人民医院与暨南大学共同开展高原病专项研究课题，创建“侨爱工程–陈沙立先生救护生命万里行”、“侨爱工程–送温暖医疗队”在藏巡回义诊、“侨资企业西部行—海外华商藏区行”等品牌项目活动，更多惠及我区基层民众。

涉港澳工作取得新进展，全区赴港澳团组61批184人次。促成香港前特首曾荫权访藏及自治区人大代表团访港，深化友好关系。自治区政协副主席珠康·土登克珠应邀赴澳门参加“佛教颂澳门庆回归祈福大法会”，增进宗教交流。先后组织6批人员赴澳参加“内地春节习俗展播”，那曲地区赴港举办产品促销会，接待港澳青年英才代表团来藏参访，增进人文交流与经贸合作。

【获奖情况】 2014年，自治区外侨办驻吉隆县吉隆镇吉普村工作队荣获自治区“创先争优强基础惠民生”活动“自治区级先进驻村(居)工作队”荣誉证书；驻吉隆县吉隆镇乃村工作队荣获日喀则市“创先争优强基础惠民生”活动“先进驻村(居)工作队”荣誉证书。

国有资产监管

【概况】 2014年，全区国有及国有控股企业实现营业收入85.54亿元、利润总额22.46亿元、缴纳税金8.48亿元，同比分别下降7.10%和增长82.92%、17.91%。其中，区管重点企业实现营业收入33.91亿元、利润总额14.02亿元、缴纳税金3.13亿元，同比分别增长30.02%、78.38%和36.46%。

区国资委出资企业作为区管重点企业中的一个重要群体，认真贯彻落实自治区政府“663”工作思路，2014年末，资产总额237.34亿元、所有者权益140.88亿元，同比分别增长0.33%和8.87%；全年实现利润总额3.05亿元、缴纳税金3.23亿元、职工人均年收入5.47万元，同比分别增长23.13%、21.14%和11.41%，基本完成了年度预期目标和任务。

【国有企业改革】 研究改革方案和政策 2014年，自治区国资委深入学习贯彻中央和自治区全面深化改革有关部署，研究起草《关于进一步深化国资改革促进企业发展的意见》及改革试点方案和控股上市公司、监事会、决策失误责任追究、实物资产处置、企业发展战略规划等配套措施和管理办法，待国家层面相关政策明确后，及时修订完善施行。昌都市研究制定了深化国有企业改革方案，开展外派监事工作。

推动企业改制重组 按照“拓展旅游、整合商贸、振兴工业、做强投资”的思路，中兴商贸集团实行实体运营；整合组建格尔木藏鑫物流有限公司、中兴成都物流公司；研究制定高争集团、中兴商贸等优势企业对矿业开发、运销、物资等部分无主业和困难企业的重组方案；依法开展山海工贸清算关闭工作；探索同中央企业开展合作，促进拉萨皮革公司转型发展。

试点发展混合所有制经济 认真开展发展混合所有制经济调研，起草了《国有企业发展混合所有制经济的意见》。扎实推进甘露藏药与国内知名医药生产销售企业合作。拉萨市监管企业西藏圣康医药股份有限公司股权转让工作有序推进。阿里地区医药公司与五家区外企业达成股份制合作意向。那曲地区雄巴拉曲神水藏药厂完成改制。日喀则藏域公司加强了同民营企业土地开发方面的合作。

实施资本证券化战略 高争民爆完成上市辅导5期，拟向国家证券委报送发行材料。西藏矿业定向增发、引入战略合作伙伴方案，募集资金5.1亿元。西藏天路已基本完成定向增发相关申报资料准备。

【培育增长点】 2014年，自治区国资委贯彻落实自治区大力发展天然饮用水产业的决定，由财政出资

1.5 亿元、国盛公司出资 1 亿元，成立西藏圣水产业发展公司，设立基金支持开发天然饮用水产业；高争集团设立水资源公司，完成了试验井水质检测分析等前期工作；阿里地区积极推动冈仁波齐矿泉水项目建设。昌都高争、日喀则高新雪莲水泥生产线投入试运行，藏中和芒康水泥生产线项目前期工作积极推进，高争建材技术改造成效显著。高争民爆公司科研综合楼主体基本完工，混装炸药基面站、导爆管雷管生产线、乳化炸药生产线等项目有序推进。中兴佳苑如期封顶，物流公司当年成立即实现当年盈利。那曲地区大型虫草交易市场建设项目有序推进。通过合作勘探，西藏矿业罗布莎矿新增储量200 万吨；江南矿业新增储量 80 万吨。深入论证国盛公司土地开发规划。落实国有企业改革发展专项资金 2000 多万元；自治区财政原则同意拟新扶持项目 11 个，计划投资 1.046 亿元。

加快开放合作步伐　积极推进中央企业、内地优势企业与西藏国有企业合资合作、兼并重组。西藏矿业分别与华冶科工、天齐锂业签署战略合作框架协议；国盛公司与华冶集团签署土地资源开发合作协议，与三峡集团签署天然饮用水资源开发战略合作协议，四项协议计划落实资金 16.17 亿元。中国电建援助西藏天路，提升重大公路、铁路和水电项目建设能力和资质。

注重创新驱动和绿色发展　全面推进技术、产品、机制、管理、经营模式等创新，使创新成为企业发展和产业优化升级的最大动力。按照自治区关于坚守生态保护底线的要求，坚持绿色发展、生态优先，保护好“最后一方净土”。

【创新企业管理】　试行职业经理人制度　2014 年，自治区国资委在拉萨饭店、能源投资、吉圣、高争建材等公司探索聘请职业经理人和经营管理团队。2014 年高争建材生产熟料 125.2 万吨、销售水泥 170.2 万吨，同比分别提高34.6%、43.7%；主营收入、利润总额、上缴税金和职工收入同比分别增长 28.5%、51.1%、25.2%和37.4%；煤耗、电耗同比分别下降12.7%、31.2%，生产成本降低 100 多元/吨；实现了首次达产，具备各种各类产品生产能力，高端水泥销售比重大幅度增加；在克服增支因素较大和市场销价大跌双重挤压中，落实责任和激励约束机制，主要技术经济指标达到了央企平均水平，完成了所有考核目标。吉圣新型建材公司推行精益管理，实施技术改造，开发新型产品，提升产品质量，积极开拓市场，扭亏增盈近千万元。能源投资公司净资产收益率是委出资企业平均值的 3 倍。拉萨饭店服务质量提升较快。

初步建立全面预算管理体系　聘请中介机构，深入调研，组织开展多批次、多层次、广范围、全覆盖的全面预算管理专业培训。通过全员、全过程、全方位试行预算编制，提升了企业管理水平，为落实经营责任、提高资产运营质量效益、加强风险管控、完善业绩考核等打下了一定基础。努力降本增效，加强“三公”经费管理，甘露藏药等企业管理费用大幅度减少。

加强企业应收账款清理　制定《关于加强应收款项管理的指导意见》和《关于进一步加强应收款项管理的通知》，督促企业建立应收账款管理制度，详细分析应收账款产生的原因、时间、责任人及清理、追责措施，按月上报进度，有效遏制应收账款持续增长和居高不下，加强现金流管理，努力防范经营风险，防止国有资产流失。

安全生产平稳运行　坚持以人为本和“红线意识”、“底线思维”，牢固树立安全发展理念，按照“三个必须”和“五个全覆盖”的要求，建立和完善“党政同责、一岗双责、齐抓共管”的责任体系。以强化企业安全生产主体责任为重点，进一步加强领导和安全管理，明确职责，强化基础，健全规章制度，完善安全标准，提高企业安全技术水平，消除各类安全隐患。依靠科技进步和重奖重罚，实现本质安全，连续四年出资企业无安全生产事故。

【国资监管】　坚持依法管理企业　2014 年，自治区国资委按照《公司法》、《企业国有资产法》等法律法规的要求，树立法治思维，全面清理历史上出台的规范性文件，理顺国资委与出资企业在重大事项决策管理上的关系，起草《西藏自治区政府国资委出资企业重大事项审批、核准、审核上报、备案目录》、《西藏自治区政府国资委出资控股上市公司管理规定》，明确“权力清单”和审批核准备案程序及要求，简化监督管理，依法履行职责。

加强基础性管理工作　编制《西藏自治区国有企业名录》，全面开展清产核资，登记国有股权。加强国有资本经营预算工作。制定印发《区政府国资委出资企业资产评估专家评审管理办法》、《关于集中采购管理的指导意见》、《区政府国资委出资企业发展战略和规划管理暂行办法》、《区政府国资委关于加强出资企业实物资产转让和房产租赁管理的意见》，起草《西藏自治区区管国有企业负责人履职待遇、业务支出管理暂行办法》。拉萨市制订了《租赁企业租金收缴管理办法》。稳步推进国有经营性资产集中统一监管，林芝地区10家农林企业全部纳入监管范围。

【党建工作】 坚持党要管党，从严治党 2014年，自治区国资委转发《中央组织部国务院国资委党委关于中央企业党委在现代企业制度下充分发挥政治核心作用的意见》。坚持党组织与企业管理机构同步设置、党建工作与企业管理机制同步运行、党建活动与生产经营活动同步开展、党组织目标任务与企业发展目标同步考核。将企业党组织工作经费纳入企业管理费用，落实企业党员党费全额返还规定。2014年底，全委系统共有党组织119个，企业党组织实现全覆盖。委系统党员3028名，包括在职党员1565名、退休党员1463名。其中生产一线党员1124名，占在职党员总数的71.82%。

深入推进党风廉政建设。强化党委党风廉政建设主体责任和纪委监督责任，支持驻委纪检组落实“三转”，加大监督、执纪、问责力度。深入开展创先争优强基础惠民生活动，完成了37个村(居)驻村干部轮换工作。

【维稳工作】 2014年，自治区国资委全面落实维稳十项措施。成立由委领导带队的维稳督导组和暗访检查组，对企业常态化值班带班情况进行督导检查，对国家公职人员和离退休干部职工参与宗教活动进行明察暗访。按照信访工作条例，认真排查调处企业矛盾纠纷，信访事件较去年同期下降30%，办结率99%，确保全委系统和谐稳定。着力解决国有企业困难职工住房问题。754套困难职工合作建房工程，一期已完工、二期完成主体建设。编制了《西藏自治区国资委委属企业棚户区改造规划》，计划5年内改造棚户区5453户。申请工矿棚户区改造项目涉及职工3000户。扎实开展扶贫助困活动，累计发放慰问金、困难职工救助、助学金等84.9万元，发放困难职工租赁住房补贴15万元。

【重要事项】 2014年，自治区国资委加强监管顶层设计。按照以管资本为主加强国有资产监管的要求，开展《西藏自治区企业国有资产监督管理条例》立法准备工作，草案拟上报政府常务会议审定后呈自治区人大常委会审议。

制定印发《西藏自治区政府国资委关于全力推进国有企业转型升级提质增效的若干意见》，激励企业稳增长、调结构、促改革、惠民生、增效益。

起草《西藏自治区政府国资委进一步深化国有企业改革试点工作方案》，在发展混合所有制经济、加强央地国企对接合作、改革国有资本授权经营体制、健全完善法人治理结构、推行职业经理人制度等方面先行开展试点相关工作。

着力化解历史遗留问题，完成原农业银行西藏分行37.82亿元、华融资产管理公司6000万元不良金融债务的回购工作。

稳妥试点发展混合所有制经济，引入江西青春康源集团联营改革自治区医药公司，优先解决GSP认证市场准入资质和增加业务收入等问题。

开展聘请职业经理人试点，高争股份通过聘请经营管理团队，水泥生产量同比提高41.32%，每吨水泥成本平均下降110元，主要技术经济指标达到央企平均水平，完成全年经营目标任务考核指标。

配齐配强了15户企业专职纪委书记、副书记，自治区党委常委、纪委书记王拥军，自治区副主席姜杰对“一明确、两推荐、三考察”的做法分别作出重要批示给予充分肯定，中纪委通过《纪检监察信息》向全国纪检监察系统进行了刊发。

【获奖情况】 2014年，自治区国资委系统共有自治区级劳模2名，自治区“三八红旗手”荣誉表彰1名。共有10个工作队、18名驻村队员、2家单位、1名工作人员分别荣获自治区“先进驻村(居)工作队”、“先进驻村(居)工作队员”、“优秀组织单位”和“自治区创先争优强基惠民活动先进个人”等荣誉称号。自治区国资委荣获“全区安全生产先进单位”荣誉称号。

工商行政管理

【概况】 自治区工商局下设7个地市工商局、6个工商分局、72个县工商局、29个工商所；自治区工商局机关内设11个处室、1个直属局、2个中心、3个协会。全系统核定编制1387人，现有在职干部职工1287名，其中：少数民族占66.6%、大专以上学历占77.1%、党员占68.6%、妇女干部占43.39%，干部平均年龄36岁。区局班子成员7人，系统处级干部89人。2014年，按照自治区党委、政府的统一部署，流通环节食品安全监督管理职能从工商部门划归食品药品监督管理部门。区工商局食品流通监督管理处已经整体移交至自治区食品药品监督管理局，相关人员已经到位并正式开展工作。3月1日起，商事制度改革工作全面启动，并取得了初步成效。

【商事制度改革】 2014年，自治区工商系统始终把商事制度改革作为转变工商职能、服务经济发展的重要举措，凝心聚力、强化措施，密切协作、深入推进。

市场主体加快发展 全区各类市场主体达到14.62万户，注册资本（金）1897.40亿元，同比增长8.76%、46.30%。其中：3月份商事制度改革以来新登记市场主体22323户，注册资本(金)564.07亿元，同比增长29.08%、92.37%。

非公经济蓬勃发展 全区私营企业1.77万户，注册资本1060.43亿元，同比增长33.91%、81.67%；个体工商户11.91万户、注册资金55.65亿元，同比增长5.33%、14.81%；农牧民专业合作社发展到2937户、出资总额20.46亿元，同比增长54.98%、52.53%。非公经济从业人员达71.22万人，同比增长12.27%，已成为吸纳新增就业的主渠道。

产业结构更加优化，发展质量不断提高 第一产业市场主体占3.38%，第二产业占7.82%，第三产业比重提高到88.80%，电子信息、餐饮业、零售业和其他服务业成为全民投资创业的首选领域，特别是企业占市场主体总量的16.54%，比2013年提升2.09%，个体工商户占比下降2.66%，充分说明经济发展质量明显向好。

登记注册更加便利快捷 严格落实国务院关于取消和调整一批行政审批项目的有关文件精神，西藏自治区第一批取消或明确改为后置的行政审批项目31项、第二批82项。企业填报的登记材料减少34种、文书规范减少29种。下放注册登记权限，名称核准当场办结，办照时限缩短到2个工作日以内，提高了注册登记效率。

【企业信息年报】 2014年，全区已有7.8万余户市场主体申报年报，年报率达53.21%，其中：企业1.19万户，年报率49.38%；个体工商户6.42万户，年报率53.92%。

【市场监管】 2014年，自治区工商系统共查处各类经济违法违章案件3370件，案值1388.65万元，罚没款425.74万元。

竞争执法工作深入推进 查处不正当竞争案件58件。查缴非法出版物8300余盘(张)，删除网络有害信息及图片1.2万条(张)。

确保流通环节食品安全 查处流通环节食品案件743件，食品抽检444批次、合格率99.7%。

商标行政保护取得新进展 举办新《商标法》暨地理标志证明商标培训班，组织企业参加2014中国国际商标品牌节。全区注册商标总量4460件，同比增长22%，其中驰名商标11件、著名商标89件、地理标志13件，查处商标侵权案件58件。

广告业秩序进一步好转 区内媒体刊播"讲文明、树新风"公益广告1760条(次)。查处广告违法案件77件，责令停播违法广告120余条。全区广告经营单位731户，广告经营额2.91亿元。

严厉打击传销 查处涉传人员41人。开展打击传销宣传300余次，建立"无传销社区、乡镇、学校"218个。

重点市场监管扎实有力 开展节日市场专项整治，打击制售假冒伪劣行为，流通领域商品质量抽检合格率达94%。查处无照经营案件730件。制定了《整治规范合同格式条款监管工作方案》、《网络商品交易信息平台技术方案》，10家企业被评为2012-2013年度国家级"守合同、重信用"企业。

【保护消费者权益】 2014年，自治区工商系统认真贯彻实施新修订的《消费者权益保护法》，加强消费维权工作。

拓展宣传广度深度 开展"3·15"国际消费者权益日纪念活动，销

毁假冒伪劣商品11.7吨。举办新《消法》培训班40余期，共有800余名维权业务骨干和2000余名商户代表参加培训，提升了消费维权意识。

推进重点领域消费维权　针对群众反映强烈、投诉集中的重点行业领域，查处侵害消费者权益案件1426件；受理消费者投诉举报1876起，挽回经济损失254.34万元。

健全12315行政执法体系　扎实开展12315"五进"活动，全区共建立12315维权联络站点1217个，聘请维权联络员1960人，维权网络覆盖面进一步扩大。

【法治工商建设】　2014年，自治区工商系统把法治工商建设作为推进依法行政的重要抓手，健全法规体系，规范执法行为，努力提高运用法治思维和法治方式促进改革发展的能力。全面推进依法行政。制定《推进法治工商建设的意见》和《关于进一步规范行政执法工作的意见》，严格执法程序，规范自由裁量权，强化执法监督，依法行政能力得到提高。开展法律法规修订和规范性文件清理，参与对《消法》和地方法规的修订，编纂《法律法规汇编》，修订了《行政处罚自由裁量执行标准》，制定《法律顾问聘用管理办法》，全面推行法律顾问制度。进一步加强执法监督。制定了《行政执法过错责任追究办法》、《行政处罚案件信息公示暂行办法》，推行《说理式执法文书制作规范》，严格案件核审、核审率达95%以上。广泛开展普法宣传活动。制定了《普法考试考核办法》，组织"一月一法、一季一考"学法活动，干部参学参考率达95%以上。自治区工商局荣获全国"六五"普法先进单位称号。

【信息化建设】　2014年，自治区工商系统完善顶层设计。针对工商改革发展的需要，局党委制订了信息化建设的总体规划，明确了发展目标、工作思路和主要措施。加快信息化基础建设。争取信息化建设专项资金2146万元，完成了区、地（市）、县三级MSTP专线升级改造，建成了与总局互联互通的企业信用信息公示平台，企业年报公示和即时信息公示功能，运行正常。加强应用推广。举办2期300余人次参加的信息化应用培训班，建立了全区工商信息化管理员队伍。西藏工商门户网站政务信息发布全面，内容日趋丰富，已成为展示形象、交流经验、便民咨询的重要窗口。

【自身建设】　2014年，自治区工商系统干部队伍建设全面加强。提任交流了43名处级干部、19名科级干部。组织干部培训70期2889人次，选派参加总局培训班339人次。党风廉政建设深入推进。建立督查工作机制，制定《廉洁从政暂行规定》。开展专项督查21次，对34人次干部职工进行了问责。厉行勤俭节约，"三公"经费节约指标20.45%。党的群众路线教育实践活动成效明显。认真落实整改方案，制定和完善制度17项，全系统"四风、两问题、一薄弱"方面存在的突出问题得到有效解决，干部作风明显好转，学风文风会风进一步转变，履职能力明显提升。基层建设投入加大。争取投资6234万元，维修和改扩建25个基层工商局（所）；投入资金583万元，为基层配备38台执法车辆；争取资金1150万元，为基层配备了办公执法设备，基层工作条件显著改善。各对口援藏省市落实援藏资金650万元。开展专项调研，启动了"十三五"规划编制工作。

【强基惠民】　2014年，自治区工商系统深入开展驻村工作。全系统选派137名干部入驻23个村（居）委会，围绕强基惠民"五项任务"，走访群众5065户，开展感党恩教育123次，发展党员280名、入党积极分子171名；慰问基层干部群众12335人次，发放慰问款物79.07万元；办实事好事129件，协调落实项目37个，投入资金272.32万元。配合做好安全生产监管工作。围绕采矿业、旅游业、交通客运、易燃易爆、建筑施工等重点领域，严格前置审查，坚守住了国家安全、生态安全、公共安全的市场准入"三条红线"。派出工作组参与自治区安全生产大检查及专项督导工作。加强系统内部安全管理。多次召开维稳专题会议，及时传达贯彻自治区有关安排部署，落实维稳措施，保证责任到岗、任务到人。严格工作要求，领导干部亲自值班带班，干部职工24小时值班，确保了全时段、无缝隙的安全防范，全年系统内未发生任何涉稳事件。

质量技术监督

【概况】　2014年，自治区质监局积极推动质量共治。制定出台《西藏自治区质量工作考核办法》，将质量工作纳入了各级政府绩效考核体系。建立政府质量奖励制度，研究制定了《西藏自治区政府质量奖管理办法》。积极配合国务院质量工作考核组完成对自治区政府年度质量考核实地核查工作。深化质量兴地工作。拉萨市创建全国质量强市示范城市获得国家批准。山南地区在全区率先设立地级政府质量奖，将质量振兴战略实施经费纳入了地区财政预算。林芝地区突出加强品牌建设，评选表彰了一批名牌企业。日喀则、昌都、那曲、阿里等地(市)召开专门会议，对推进质量工作进行部署，推动各县开展质量兴县工作。2014 年，全区已有 22 个县启动开展质量兴县活动，以质量提升推动经济升级的氛围日渐浓厚。开展“质量服务年”活动。强化重点产品质量提升工作，组织开展装饰装修材料等 4 类重点产品质量提升行动。开展“实验室开放日”活动，帮助和指导生产企业建好实验室，免费为企业培训质量管理和技术人员 580 多人次，为小微企业提供检测服务 50 多次，免收培训和检验费 50 多万元。组织质量专家和技术人员深入 80 多家企业开展“质量问诊”活动，帮助企业建立健全质量管理体系。加强质量宣传教育。深入开展“质量月”活动，重点宣传特种设备安全法、产品质量法等法律法规和质量安全知识。组织举办首届西藏宏观质量管理高级研修班、首届宏观质量管理视频大讲座、首届企业首席质量官培训班，推动各级政府、企业和社会各界更加重视质量工作。

【产品质量安全监管】 2014 年，自治区质监局加强重点产品质量监管。对儿童用品、验配眼镜、建筑材料、食品包装材料等产品进行专项整治，组织开展了复混肥、防水卷材、水泥产品获证企业生产条件清查和无证查处工作。对工业产品获证企业实行分类监管，提高了监管的有效性。坚持思想不松、人心不散、力度不减，保证了食品监管职能调整期间生产领域的食品质量安全。加强机动车安检机构监管，完成 3 家安检机构检测线的核查发证工作。加强监督抽查工作。认真制定和落实产品质量监督抽查计划，建立了工业产品风险信息月报制度。全年共抽取水泥、木工板、复混肥、眼镜、服装等 26 种 609 个批次样品，抽检合格率达 90.3%，同比提高 7.41 个百分点。加大对重点食品的监督抽查力度，共抽取食品样品 498 个，其中监督抽查 335 个，合格率 98%；风险监测 163 个，合格率100%。

【特种设备安全监察】 2014 年，自治区质监局创新特种设备监察方式，正式启用特种设备动态监管平台。深入开展“打非治违”和“大检查、大排查、大整治”专项活动，消除特种设备安全隐患 237 处，取缔和停止使用具有重大安全隐患的设备 114 台，对 2 家存在严重隐患的涉氨企业进行了重点整治。与企业合作建成西藏自治区首个汽车罐车检测中心，初步解决自治区内无法检测油(槽)罐车的问题。加强特种设备定期检验，全年检验特种设备 3943 台(套)。全区特种设备继续保持安全平稳运行态势，区质监局连续 5 年被评为“全区安全生产先进单位”。

【执法打假工作】 2014 年，自治区质监局以农资、儿童用品、建材、食品等为重点，深入开展“质检利剑”、“双打”等专项活动，全系统共开展各类执法检查 800 余次，出动执法人员 7600 人(次)，检查生产销售单位 3262 家(次)，查处假冒伪劣货值 9.3 万元。首次开展“12365 局长接线日”活动，受理群众投诉举报 24 起，为群众挽回经济损失 17 万多元。

【标准化工作】 2014 年，自治区质监局加快地方标准体系建设，审查立项地方标准 24 项，新批准发布地方标准 9 项，全区地方标准总数达到 97 项。推进标准化示范试点工作，隆子黑青稞种植等 10 个第八批国家级农业标准化示范区项目陆续启动，拉萨市市民服务中心、拉萨泽当饭店获批为国家级服务标准化试点单位，7 家“标准化良好行为”企业创建工作扎实开展。尼木藏香、林芝天麻等 8 个特色产品获批为国家地理标志保护产品。组织机构代码和商品条码工作水平明显提高。

【计量工作】 2014 年，自治区质监局结合西藏实际，制定出台贯彻落实国务院计量发展规划实施意见。加强民生计量工作，严格强检计量器具监管，全年强制检定计量器具 9665 台(件)，强检计量器具定检率和检定合格率均达到90%。组织开展加油站、电子计价秤、商品包装等计量监督检查，评定“诚信计量示范加油站”5家。深化计量服务，累计为拉日铁路、拉林高等级公路、拉萨供暖工程等重点项目检定校准计量设备2438台（件）。推进能源计量工作，完成11家重点耗能单位能源计量器具配备情况调查及建档工作。

【认证认可工作】 积极推进资质认定工作，完成24家实验室资质认定审查工作。严肃查处超范围检测、出具虚假报告等违法违规行为，促进了检验检测市场的有序发展。集中力量开展强制性认证产品获证企业专项检查，及时督促存在问题的企业进行了整改。

【自身建设】 2014年，自治区质监局深化党的群众路线教育实践活动，着力于建立长效机制，修改完善了公务接待等8项内部管理制度。严格控制经费支出，“三公”经费支出比上年下降11%。扎实开展创先争优强基惠民活动，全系统共选派66名干部开展驻村工作，为驻村实施短平快项目20多个，协调落实项目资金352万元。推进法治建设。加大制度建设力度，开展了电梯安全监督管理办法、质量技术监督行政处罚信息公开办法等规范性文件起草工作。加大简政放权力度，将行政审批项目由原来的21项精简调整为16项。深化援藏工作。加强援藏沟通协调，加快既定援藏项目的落实，利用援藏途径大力推进拉萨市特种设备动态监管系统建设、林芝地区特种设备检测机构建设和地理标志产品保护等重点工作，与上海市质监局签订了品牌、标准化、质量教育合作协议，增强了援藏工作的有效性。加快技术能力建设。结合产业发展需求，开展了13个技术装备改造项目建设，新增工业产品检验检测项目19个。自治区质检中心项目开工建设。努力为企业和社会提供质量检测服务，全年自治区级质检技术机构检验业务量达到17686个（台、件），同比增长45%。完成6个地（市）质监局综合检测所法定计量授权考核及计量标准考核工作，建立计量标准26项。

新闻出版广播电影电视

【概况】 2014年，自治区有省级广播电台1座，开办有藏语广播、藏语康巴话广播、汉语广播、都市生活广播四套广播频率和中国西藏之声网，节目播出语种有藏语（含藏语康巴方言）、汉语、英语3种。自办节目94个，每天节目播音总量80小时25分钟。省级电视台1座，开办有藏语卫视、汉语卫视、影视文化和经济生活4个频道，其中2个上星频道，自办节目35个，每天播音65小时30分钟。有地市级广播电视台6座，地市级电视台1座。广播电视人口综合覆盖率分别达到94.78%和95.91%，较2013年分别提高0.4个百分点和0.4个百分点。中波广播转播台27座，县级以上（含边境口岸）电视转播台78座，广播电视“村村通”用户总数达49.66万户。2014年，有线数字电视用户达9.7万户，新发展有线数字电视用户16658户，比2013年降低0.5个百分点，在网机顶盒达11.5万台。广播电视卫星上行站1座，传输2套电视节目和3套广播节目。广告收入1.1亿，比2013年降低0.2个百分点。广播电视有线网络收入3123万元，比2013年提高0.7个百分点。全区影视制作经营机构29家，绿色印刷认证企业5家，全区共有图书音像出版单位4家（西藏人民出版社、西藏藏文古籍出版社、西藏音像出版社、雪域音像电子出版社），公开发行报纸24种（其中藏文报纸10种）、期刊35种（其中藏文期刊14种），印刷企业40家，出版物发行单位300多家，20家企业入驻西藏出版文化产业园。2014年全区新闻出版业总产出达8.96亿元，比2013年同比增长7%。

【宣传工作】 2014年，全区各级党报党刊、电台电视台、出版单位及视听节目网站，围绕学习贯彻习近平总书记系列重要讲话精神，围绕中国梦和社会主义核心价值观宣传教育、新旧西藏对比宣传教育，围绕区党委政府工作大局，坚持报、刊、台、社、网联合联动，强化正面宣传，形成强大主流思想舆论。围绕习近平总书记系列重要讲话精神，广播电视推出深度报道、综述评论等多个专题专栏专版，进一步加大对习近平总书记系列重要讲话精神的宣传阐释，不断推动习近平总书记系列重要讲话精神进机关、进企业、进乡村、进社区、进学校、进军营、进寺庙，凝聚建设社会主义新西藏的强大精神力量，为西藏改革发展稳定提供有力舆论支持。围绕中国梦宣传教育，西藏广播电视和出版单位在深入农村、社区、学校、企业等地开展《中国梦·雪域欢歌》、《中国梦·宗山忠魂》系列慰问演出的同时，先后组织推出《中国梦·西藏故事》、《践行核心价值观·最美人物》、《党的群众路线在西藏的实践》等一批高水平的专题专栏专版，组织出版了《中国梦·后藏喜韵》、《西藏革命史》、《西藏新画卷》等一批优秀出版物；围绕讴歌新西藏、新发展、新变化、新生活，组织新闻出版广播影视单位加强精品力作创作生产和传播，全年拍摄制作播出了《天堑变通途》、《情满亚东》、《寻找唐卡真价值》等广播影视剧，推出了《直播西藏》、《供暖工程全景图》等一批高水准的广播电视节目，出版各类藏汉文图书1132种1860万册、报纸7719.94万份、期刊235.62万册、音像电子产品146种45.7万盘，发行图书3395万册；围绕社会主义核心价值观教育活动，西藏人民电台制作播出了《守护生命传递幸福》等专题节目，西藏电视台推出了《践行社会主义核心价值观·最美人物》等专栏。中国西藏之声网刊发《践行核心价值观：平凡人物点燃时代精神》等90多篇音视频稿件。围绕群众路线教育实践活动，广播电视推出了《党的群众路线在西藏的实践》、《一把手访谈录》等专栏报道。围绕对口援藏20周年，西藏人民广播电台推出《援藏20年》专栏，充分展示了援藏工作开展20年来，西藏经济社会发展取得的巨大成就和可喜变化。西藏电视台联合各援藏省(市)电视台和西藏各地市电视台，先后推出《援藏20年》、《神州爱·西藏情》、《援藏故事》3个重点系列报道。中国西藏之声网推出《中央关心西藏全国支援西藏》援藏20周年专题栏目，开设动态新闻、图说援藏、援藏故事、援藏人物等6个版块，从图片、文字、音频、视频全方位展示援藏成就，同时采用网络3D展馆形式，成功上线《援藏二十周年网上展馆》。反分裂斗争宣传报道扎实有效。以西藏百万农奴解放55周年宣传纪念活动为切入点，西藏广播电视推出了《盛开民族团结之花》、《民族团结一家亲》、《听见温暖—热烈庆祝西藏百万农奴55周年》等20多个专题节目和专栏报道，保证了《新旧西藏对比》每天1条的播出频次。围绕党的十八届三中、四中全会和区党委八届五次全委会精神，西藏广播电视开办《在新的历史起点上—全面深化改革》、《专家解读》等多个专栏，突出报道各地各部门学习贯彻会议精神，全面深化改革、推进依法治国的有力举措。在全国全区“两会”宣传报道中，西藏广播电视开办了《来自“两会”的报道》、《履职建言》、《两会微观察》等多个专栏和系列报道，深入解读“两会”精神。其他宣传报道工作有声有色。西藏人民广播电台组织开展了《触摸西藏，天路传奇—纪念川藏青藏公路通车60周年》大型采访活动和《发现美丽新西藏—梦圆米林南伊沟》全媒体公益活动。电视台推出大型杂志式新闻栏目《民生进行时》、西藏第一档早间新闻栏目《早安西藏》，推出25集大型系列报道《重走川藏青藏公路》。

【媒体建设】 加强新媒体新平台建设 2014年，自治区新闻出版广电局成立公共广播公共频道，实现七地(市)自办广播电视节目通过上星覆盖乡(镇)、村、户。西藏人民广播电台开始筹办开办藏语科教广播，并于2015年1月1日正式试播，频率为106.3MHz。西藏电视台经济生活频道正式复播，每天藏汉双语共播出16小时，实现全区覆盖。中国西藏之声网与广播电视节目全面融合，播出内容在网上同步刊发，网站及其手机客户端实现了四套广播节目、两套卫视节目在线播出和精彩节目的点播。拉萨市广播电视台藏语综合频道利用直播卫星定向覆盖拉萨市，《阿里报》正式公开发行。

提高广播电视节目质量 西藏广播电视继续以品牌节目为重点，着力打造精品节目，稳步提高广播电视节目质量。西藏人民广播电台创作了《情满亚东》和《天堑变通途》等藏语广播剧，在康巴语广播首次推出谈论类节目《聚集生活》。汉语广播两套频率推出《轻松学藏语》、《生活百科》等新节目。西藏电视台优化栏目设置和页面视觉效果，完成影视文化频道全新改版，新创办西藏电视台历史上第一个藏语自采新闻节目《新闻时空》、《欢乐大放送》、《健康零距离》等栏目，完成了《口述西藏》、《西藏——一个隆起的神话》、《唐卡》3部纪录片和3870集(期)节目的技审、900集电视剧的精编工作。2014年5月实现经济生活频道全面改版恢复播出，新办民生类新闻栏目《民生进行时》、藏语评论栏目《民生周刊》和人文地理类节目《秘境之旅》等栏目。中国西藏之声网全新推出《甜茶馆·聚说西藏》和《聚览西藏》两个板块，涵盖全区当天主要新闻资讯，每日点击量平均达100多人次。西藏影视制作中心完成《美丽新西藏》、《藏医藏药》等电视片、纪录片的拍摄任务，完成《西藏故事》、《高路入云端》等电视片、纪录片的前期筹备工作。西藏广播电视完成《遥远的黑帐篷》，《中国远征军》、《雪豹》、《英雄女侠秋瑾》、《焦裕禄》等广播影视译制任务。自治区主流媒体和出版单位全年广播节目译制量达10200小时、电影译制量达80部、电视剧译制量达1522集。

文化交流　成功举办“感知西藏—2014年尼泊尔中国书展”，建立尼泊尔中国出版文化基地。

互联互通　组织西藏广播电视代表团出访尼泊尔，与尼泊尔友谊广播电台网、林荫电视台分别签署合作意向书。组织相关行业单位参加第24届全国书博会、2014年中国(上海)国际印刷活动周等展会。

【项目建设】　2014年，自治区新闻出版广电局重点项目建设工作进展顺利。西藏广电中心建设项目各项前置手续办理审批工作进展顺利；完成亚东中波台发射机扩大功率改造，76米自立中波天线已建设完成；《西藏自治区“十二五”广播电视高山无线发射台站基础设施建设总体方案》，国家新闻出版广电总局已审核同意，现正委托总局相关部门进行可行性研究和初步设计。全面完成广播电视户户通既定建设任务，全区广播电视人口综合覆盖率达94.78%和95.91%。完成816座未通电寺庙增配直播卫星接收设备和1500套已通电寺庙“舍舍通”增配直播卫星接收设备的采购、发放工作，为寺庙广播电视长期通、优质通、全面通奠定坚实基础。完成农村电影放映9.5万余场次，观影人数达663万余人次，巩固了“一村一月一场”放映任务。拉萨数字电视用户达97080户，提前实现2014年初制定的8.8万户目标任务，实现利润258余万元。补充更新农家书屋出版物154种、217万册，选择200个寺庙书屋实施提升工程。按照国家新闻出版广电总局编制《全面提升藏区广播电视节目覆盖能力建设方案》总体要求，形成全面提升西藏广播电视节目覆盖能力建设方案上报总局，西藏新闻出版广电局上报建设项目共有加强广播电视节目传输覆盖能力建设、加强广播电视节目译制制作能力建设、加强广播电视节目服务能力建设、加强电影公共服务能力建设4个方面，涉及资金共计881776.05万元，年度维护经费共计69290.71万元。

【体制机制改革】　2014年，自治区新闻出版广电局完成新机构组建工作，取消职责8项、下放职责9项、承接职责7项、加强职责8项。启动西藏电视台体制机制改革，成立西藏网络文化传播公司、西藏影视发展有限公司，继续深化西藏新华印刷厂改革，完善拉萨、林芝、昌都等地市级城市数字影院和新华书店管理运行机制。成功召开国家新闻出版广电总局对口援藏工作会议、全国新闻出版广播影视对口援藏对接会议，制定出台新一轮援藏工作方案，各地市相继对接落实一批援藏政策和项目。启动“十三五”规划编制工作。全区新闻出版广播影视发展基础进一步夯实、发展动力活力进一步增强。

【行业管理】　2014年，自治区新闻出版广电局狠抓广播电视节目审查把关和播出调控，组织安全播出大检查，制定《出版物选题分类分级预警管理暂行办法》，开展广播电视视听评议和报刊阅评工作，编写广播电视视听评议16期，评估认定16种学术期刊。全面加强网络视听节目监管，开展境外卫星电视专项治理，整治非法卫星地面接收设施，查处非法销售点7处、查缴非法卫星接收机288台。开展打击新闻敲诈和假新闻专项行动，大力整治虚假违法广告，开展印刷复制发行行业专项检查、6家问题印刷企业暂缓年度审核登记，出版物质量专项年活动取得实效。建立全区版权登记平台，对12家重点网站实施版权主动监管，软件正版化工作长效机制更加完善。“扫黄打非·珠峰工程”深入推进，“固边2014”等一系列专项行动形成声势，全年收缴非法违禁出版物5万余件、其中“藏独”反动出版物及宣传品8000件，删除网络有害信息15万余条，查处“3·06”制售非法违禁光盘案等64起案件。成立了国家总局质检中心藏语文分中心，建立涉藏非法出版物及反宣品样本库、重点人员名录库、案例案件库、法律法规库和网络监测敏感词库。切实有力的行业监管，进一步规范了市场秩序，为全区改革发展营造了良好社会文化环境。

体　育

【概况】　自治区体育局为自治区政府直属机构，机关内设正处级机构5个，局领导职数4名，处级领导职数13名，行政编制36名;直属事业单位10个(正县级8个、副县级1个、正科级1个),编制562名，实有393人。2009年政府机构改革时，各地市体育与教育部门合并，成立教育(体育)局，编制共计62名，体育编制与教育编制未分开，体育专职工作人员很少。县级教育(体育)局基本无体育专职工作人员，基层体育公共职能被削弱。

【公共体育服务体系建设】　2014年，自治区体育局深入实施《西藏自治区全民健身实施计划(2011—2015年)》,公共体育服务职能不断加强。大力实施农牧民体育健身工程，着力加强1000个村级农牧民健身工程建设。向全区机关、学校、驻村工作队、公园等单位和场所发放健身路径器材250套、室内健身器材21套、篮球架150余副、乒乓球桌120副、羽毛球架40副、残疾人健身器材22套。创建国家级青少年体育俱乐部6个、国家级青少年户外营地1个。加强单项体育协会和健身俱乐部建设，努力为群众提供更多更好的公共体育设施服务和健身指导服务。登记注册区级体育协会7个、健身俱乐部13个，单项协会10个，各级各类体育健身站(点)40余个。推动“阳光体育运动”,促进体教结合，提高青少年身体素质。加强社会体育指导员队伍建设，培养各级社会体育指导员186名，出台《西藏自治区社会体育指导员管理办法》和《西藏自治区社会体育指导员上岗补助试点办法》,推动全民健身志愿服务“六进”(进社区、进农牧区、进学校、进机关、进企事业单位、进寺庙),建立全民健身志愿服务常态化、长效化、规范化机制。加强体育科研成果转化运用，“增氧功对提高人体抗缺氧能力研究”和“民族锅庄舞的创编与研究”在全区推广。出版《西藏自治区国民体质监测报告(2000—2010年)》,举办国民体质监测技术人员培训班，开展国民体质监测活动，完成国民体质监测总样本量2万多个。以8月8日“全民健身日”为抓手，结合各地特色和高原特点，融合重大节日和民风民情，积极开展各类健身展示、体育科普宣传、民族传统马术表演等体育活动，常年参加体育锻炼人口占全区总人口27.5%。组队参加了第一届全国武术运动大会，举办了少儿棋类锦标赛、太极剑普及推广培训班、CBA西藏行等活动。

【办好第十一届全区运动会】2014年，自治区体育局紧紧围绕“振兴高原体育、促进和谐发展”的主题，严格贯彻“热烈、节俭、安全”的原则，加强统筹、主动作为，科学策划、严谨组织，安全有序、规范高效，把第十一届全区运动会办成了一届文明精彩、务实节俭、安全和谐、团结奋进的体育盛会。本届运动会共设田径、篮球、足球、乒乓球、摔跤、围棋、象棋、吉韧、秀兹(掷骰)等10个大项56个小项;来自7地(市)、区直机关、教育系统、西藏军区、武警西藏总队、电力体协的12支代表团843名运动员参加比赛，决出金牌60枚、银牌58枚、铜牌57枚，破全区运动会纪录3项，未出现使用兴奋剂和违反赛风赛纪问题，取得运动成绩和精神文明双丰收，展示了良好形象，体现“五个首次”:即首次在拉萨以外的地区举办全区运动会，首次将秀兹和摔跤项目列入全区运动会竞赛范围，足球、篮球首次分设U—15和成年两个组别，首次进行兴奋剂抽检，首次禁止聘请外援参赛。创新人才培养机制和管理模式，狠抓业余体校建设;创新体教结合方式，提高运动员综合素质。

【户外运动大区建设】　2014年，自治区体育局立足“三服务”“三体系”“四靠拢”建设(服务中心工作、服务经济发展、服务社会和谐;培训体系、救援体系、服务体系;向群体靠拢、向竞体靠拢、向体育文化靠拢、向体育产业靠拢),推动登山运动树品牌、塑精神。以纪念中国人首次登顶希夏邦玛峰50周年为契机，成立民间救援组织—圣山高山救援队，设立西藏自治区高山救援基金会，强化登山技能培训，登山服务能力和高山救援水平不断提高。举办首届暑期大学生登山暨第二届青少年登山夏令营活动，推广户外登山知识、普及户外登山运动、锻炼户外登山意志。首届西藏户外运动大会暨第十二届西藏登山大会吸引多位奥运冠军出席和众多户外运动爱好者参加，品牌效应日益凸显。开展组建西藏国际登山学院相关前期工作。

【体育产业发展】 2014年，自治区体育局大力培育体育彩票市场，在那曲、日喀则进行体育彩票直管试点，新增体育彩票销售网点21个，全区体育彩票销售网点累计达到396个；全年销售体育彩票3.87亿元，较2013年劲增31%，筹集公益金1.03亿元，为全区体育事业发展提供了资金支持。积极拓展国内国际客源市场，严格登山审批手续和安全管理，加强团队接待服务能力建设，接待国外登山团队96支、658人，为山峰所在地政府和群众创收270万元。举办穿越喜马拉雅徒步活动、第二届环巴松措山地自行车越野竞速赛和羊八井山地越野竞速赛，探索与企业合作、共同开发户外运动项目、打造体育品牌的体育产业发展新路。开展第六次全国体育场地普查工作，初步统计，全区现有各级各类体育场地5810个。扎实做好区游泳馆开馆运营工作，共接待游泳爱好者10000人次。

【项目建设】 2014年，自治区体育局树立抓项目就是抓发展的意识，坚持城市与农村并重并举，大力推进体育基础设施建设。投入资金2.4亿元，开工建设拉萨健身竞赛训练场、日喀则地区体育馆等一批重大体育场馆设施和山南地区贡嘎县等7个"雪炭工程"以及那曲地区班戈县等4个健身活动中心，积极开展林芝高原训练基地前期工作，改善了城乡体育发展条件，促进了体育发展成果由人民共享。

【科研成果运用】 2014年，《西藏不同海拔地区人群体质监测比较研究》等2个体育科研课题结题，加强与内地体育科研学术交流与合作，选派自然科学和社会科学科研带头人到国家体育总局科研所跟班学习，提高专业人员科研能力。召开西藏自治区国民体质监测工作联络小组协调会议，举办国民体质监测技术人员培训班，开展国民体质监测活动，完成2014年国民体质监测总样本量7644个，其中幼儿组1632个，成年组4896个，老年组1116个，为倡导科学锻炼、合理饮食，提高城乡居民身体素质和健康水平提供了科学依据和指导。

【体育文化建设】 2014年，自治区体育局全面推进体育文化建设，努力挖掘和发挥体育在建设社会主义先进文化，振奋民族精神，增强民族凝聚力，提升生活质量中的作用。努力践行社会主义核心价值观，深入挖掘以"不畏艰险、顽强拼搏、团结协作、勇攀高峰、祖国至上"为主要内容的登山精神的时代内涵，增强了体育人的荣誉感、凝聚力和责任心。创新体育宣传平台、形式和内容，丰富《西藏体育》杂志内容，扩大西藏体育网影响，营造全社会关注、支持、参与体育的浓厚氛围。

【保障体系建设】 2014年，自治区体育局认真贯彻《关于进一步做好退役运动员就业安置工作的意见》和配套政策措施，积极做好退役运动员就业安置工作。出台《西藏自治区体育局老运动员、老教练员、老体育工作者医疗及家庭生活困难补助管理办法》，为51名运动员申报伤残互助保险42660元，为7名老运动员、老教练员申报医疗补助16800元。注重文化教育和培训，60名运动员参加成都体院函授教育学习。坚持依法行政、依法治体，促进体育事业健康有序发展。

【队伍建设】 2014年，自治区体育局加强组织建设。严格执行《党政领导干部选拔任用工作条例》，调整充实县处级领导班子成员2批9人，发展党员7名，培养入党积极分子17名。加强队伍建设。引进体育专业技术人员2名，招录应届毕业生3名，调入6名，考录运动员11名，招收志愿者10名。加强廉政建设。严格落实党风廉政建设各项要求，狠抓反腐倡廉教育，加大反腐败工作力度，积极营造风清气正的环境，确保了体育工作队伍遵纪守法、廉洁奉公。加强作风建设。严格执行中央八项规定、自治区党委约法十章和九项要求，制定《中共西藏自治区体育局党组党风廉政建设"两个责任"实施细则》《党建工作"联述联评联考"实施细则》，切实加强党风廉政建设。严格执行《党政机关厉行节约反对浪费条例》，规范公务接待标准，加强公车管理，降低公费出国人员比例，三公经费同比减少5%。巩固党的群众路线教育实践活动成果，扎实开展"回头看"活动，修改完善指导性、规范性制度41项，制定整改方案11个，深入开展领导干部"进村入户结对认亲交朋友"活动，看望、慰问"亲戚朋友"102户。强化驻村工作。围绕"五项任务"，为民办实事48件，落实"短平快"项目2个，投入资金642.6万元。

【高原特色体育事业科学发展】 2014 年，自治区体育局启动“十三五”体育事业发展规划编制和体育援藏受援工作中长期规划，制订“十三五”体育事业发展思路。系统研究竞技体育、群众体育、体育产业、登山运动、体育援藏受援、体育人事、体育经济等 7 个领域的专题问题，初步形成《西藏自治区体育事业中长期改革规划》和《2014 年西藏自治区体育局深化体育工作改革实施方案》，突出重点、狠抓落实，扎实推进各项体育改革任务。

安全生产监管

【概况】 2014 年，全区共发生各类事故 429 起、死亡 244 人，与 2013 年同期 745 起、死亡 261 人相比，减少 316 起、17 人，分别下降 43%和 7%。其中，生产经营性事故 98 起、死亡 115 人。较大事故 15 起、死亡 59 人(其中较大道路交通事故 13 起、死亡 53 人，较大火灾事故 1 起、死亡 3 人，较大建筑施工事故 1 起、死亡 3 人)，与 2013 年同期 14 起、死亡 48 人相比，增加 1 起、11 人，分别上升 7%和 23%；重大道路交通事故 1 起、死亡 16 人，特大道路交通事故 1 起、死亡 44 人。

道路交通方面 全区共发生道路交通事故 336 起，死亡 233 人，与 2013 年同期 645 起、死亡 242 人相比，减少 309 起、9 人，分别下降 48%和 4%。其中，生产经营性事故 71 起、死亡 108 人。

火灾方面 全区共发生火灾事故 88 起、死亡 4 人，与 2013 年同期 85 起、死亡 4 人相比，起数增加 3 起、上升 4%，死亡人数持平。其中，生产经营性事故 22 起、无人员伤亡，与2013 年同期 23 起、死亡 1 人相比，减少 1 起、1 人，分别下降 4%和100%。

工矿商贸领域方面 全区共发生工矿商贸事故 5 起、死亡 7 人(其中矿山 3 起、死亡 3 人，建筑 2 起、死亡 4 人)，与 2013 年同期 15 起、死亡 15 人相比，减少 10 起、8 人，分别下降 67%和 53%。

铁路交通、水上交通和农业机械方面 全区铁路交通、水上交通和农业机械等行业(领域)未发生人员伤亡事故。

【建立健全安全生产责任体系】

健全完善责任体系 2014 年，为进一步建立健全完善全区安全生产责任体系，由区安委会办公室(区安全监管局)牵头，在充分调研论证的基础上起草制定了《西藏自治区安全生产党政同责暂行办法》(以下简称《暂行办法》)，已由自治区党办发文正式印发执行。该《暂行办法》的出台，明确了各级党委总揽安全生产全局的职责和各级政府属地监管责任，明确了各级党政一把手安全生产第一责任人责任、各行业主管部门安全生产直接监管责任、各企业安全生产主体责任，是做好自治区安全生产工作的重要指导性文件。

强化责任落实 全年先后召开了 6 次全区安全生产工作电视电话会议、4 次区安委会全体会议和 1 次全区安监局长座谈会等会议，及时认真传达贯彻落实党中央、国务院和自治区党委政府关于加强安全生产工作的一系列决策部署及重要会议精神，明确职责分工，切实抓好组织实施，强化责任落实。

强化安全生产目标责任考核 根据国务院安委会下达给自治区 2014 年安全生产各项工作目标任务，区政府办公厅印发了 2014 年全区安全生产重点工作任务分工，自治区政府与 7 地(市)和 20 家区中(直)单位签订 2014 年度安全生产目标责任书，进一步明确落实了各重点行业主管部门和各地（市)责任。自治区安委会办公室正组织 5 个考核组即将分赴各目标考核单位进行严格考评，确保各项目标任务和责任落实到位。

加强动态监控 在坚持安全生产情况通报制度、事故查处督办制度、重大隐患挂牌督办制度的同时，不断完善“月通报、年考核”制度，每月把各地(市)安全生产形势和控制指标执行情况及时通报给地（市)、县(市、区)两级党委、政府的主要领导、分管领导和自治区安委会成员单位，对安全生产形势严峻的地(市)和行业主管部门及时发出预警通知，强化日常监控跟踪，督促责任落实。

推行安全生产点评制度 每季度对各地各部门安全生产形势进行排名，在全区安全生产电视电话会议上进行通报点评，并将通报和整改落实情况作为年度考核的重要内容。

严肃事故责任追究 严格按照“四不放过”和依法依规定、注重实效的原则，及时牵头组织有关部门，先后对 1 起重大事故进行调查处理，对“2·03”、“2·16”等 15 起较大

事故进行挂牌督办，完成了13起较大事故的审查和批复结案工作。对“8·09”和“8·18”重特大事故相关责任人进行责任追究。依法移送司法机关21人，对36名事故责任人进行了责任追究，处罚400多万元。对迟报事故的日喀则市等向全区进行了通报批评。办结非法违法生产经营建设行为举报(信访)案件7起，进一步规范了全区安全生产秩序。

【打非治违和安全生产大检查、大排查、大整治】 2014年，自治区安全监管局制定下发《西藏自治区安全生产委员会关于印发“六打六治”打非治违专项行动工作方案》，从8月底至12月初，分四个阶段，以道路交通、旅游、建筑施工、非煤矿山、油气和消防、烟花爆竹和民爆物品等高危行业(领域)为重点，继续深入开展“六打六治”打非治违专项行动。2014年，全区5424家企业开展自查自纠，发现各类隐患和问题14568个，现场纠正非法违法违规行为26543处，对各类违法违规违章行为继续保持了高压严打态势，全区安全生产秩序得到进一步规范。按照“全覆盖、零容忍、严执法、重实效”的总体要求，制定印发了《全区安全生产大检查、大排查、大整治行动专项督导检查工作方案》，明确督导检查的目标要求、方法步骤、重点任务和保障措施，决定从8月15日至12月31日，分三个阶段，在全区所有地(市)和行业领域、所有生产经营单位，开展安全生产大检查、大排查、大整治行动专项督导检查活动。同时，迅速成立由40多家单位、52名人员组成的7个督导检查组，实行组长负责制，全程跟踪指导检查和督促指导各地(市)安全生产大检查、大排查、大整治行动，一督到底，直至大检查、大排查、大整治行动结束。2014年，共检查发现各类隐患800余处，现场整改435处，下发整改指令书281份。

【重点行业领域安全专项整治】

道路交通安全专项整治　2014年，自治区安全监管局围绕着预防重特大事故，全力配合公安、交通、旅游等部门，突出重点领域和重大问题，开展一系列工作。印发《自治区安委会办公室关于进一步加强道路交通安全工作的紧急通知》(藏安委办〔2014〕20号)，按照自治区“出台一个意见，推进三项措施”的道路交通工作思路，对各项工作提出了具体要求和部署。以继续深化道路交通“双下降”专项行动和“道路交通客运安全年”为主线，按照安全生产“六打六治”专项部署，在客运市场、货运市场、危险运输市场领域深入开展专项整治行动，在事故高发路段、重要旅游干道深入开展安全隐患排查整治。下发了《全区道路交通安全专项整治方案》、《全区旅游市场安全专项整治方案》、《全区安全生产大检查、大排查和大整治行动方案》和《关于“国庆节”道路交通专项督查方案》。同时，推动道路交通智能卡口系统和道路运输行业卫星定位监控系统升级改造建设项目。

非煤矿山安全专项整治　积极开展非煤矿山复产检查验收，4月份组织召开了全区非煤矿山安全生产专题会议，点评2013年工作和安排部署2014年全区非煤矿山安全监管重点工作，讲解非煤矿山企业安全管理知识，及时动员组织地、县二级安全监管局对辖区内所有开采的非煤矿山、在建矿山、勘探点进行了全面的检查验收，自治区安全监管局组织3个检查验收组分赴七地(市)重点矿山企业进行抽查，及时消除安全隐患，确保矿山企业安全复工。强化源头监管许可，严格审查非煤矿山企业安全生产初步设计及安全专篇12家，实行安全预评价备案14家，延期办理金属矿山企业安全生产许可证7家，变更安全生产许可证5家，新办采掘施工企业安全生产许可证1家。严格验收，抓好指导服务，对重点矿山建设和存在重大隐患的烨鑫矿业尾矿库、博盛矿业尾矿库项目聘请国家安全监管总局安全生产专家现场审查指导及验收。积极推进监测监控体系建设，自治区一级、7地(市)二级、4家矿业企业三级监测监控平台已建成并接入运营，2座三等以上尾矿库已全部安装使用在线监测监控系统，实现了安全隐患的动态监控和实时上报，初步构建起自治区、地(市)及重点高危企业动态隐患排查治理监控体系。做好汛期安全生产监督管理，建立和完善电话查勤制度，定时不定时的对尾矿库汛期值班、管理、安全生产情况进行了抽查，先后抽查七地(市)及中凯矿业、宝翔矿业、华钰矿业、博盛矿业、金和矿业等企业29家(次)，督促指导企业落实责任、完善预案、加强值班值守。切实加强非煤矿山外包工程安全监管，对9家未按规定进行备案和签订总局统一合同协议的企业下达了限期整改指令。

危险化学品安全专项整治　组织开展全区油气管道安全专项整治工作，突出全区重大安全隐患的排查和督促整改工作，针对输油管道、涉氨制冷、公路交通、铁路交通等行业领域存在的一些重大安全隐患，发出督办通知进行挂牌督办，并严密跟踪整治情况，消除一批重大安全隐患。先后向拉萨市下发《关于排查治理输线安全隐患的督办通知》，督促整改了一批管线周围非法违法建筑。下发《关于拉萨市相关涉氨制冷企业压力容器和压力管道重大安全隐患限期整改督办的通知》，对润通公司等四家涉氨制冷设备进行了升级改造；印发《全区油站(库)及油气管道安全专项整治行动工作方案》、《全区汽油等易燃易爆危险化学品安全管理工作方案》、《在用液体罐体加装紧急切断装置专项整治方案》、《全区危险化学品道路运输和公路隧道安全整治工作方案》、《全区涉氨制冷企业安全专项整治方案》、《全区危险化学品槽(油)罐车安全专项整治方案》，在油气管道、涉氨制冷、危险化学品运输领域开展安全专项整治，全区各级各部门共组织排查石油库15家、油气管道250公里，排查存在安全隐患50个，整治安全隐患45个。制定印发《危险化学品登记管理实施细则》，完成全区4家危险化学品生产企业的登记上报工作。同时，积极配合自治区相关部门深入开展建筑施工、消防、特种设施、旅游市场、环保、民爆物品等专项整治，及时消除和整治了一批安全隐患。

【应急救援体系建设】　2014年，自治区安全监管局逐步完善应急管理法规政策标准体系，组建区、地(市)二级指挥中心，逐步实现全区地(市)互联互通，信息共享。建立自治区级矿山、危化专业应急救援(培训)基地，初步形成以自救互救为基础，专业救援为支撑的应急救援队伍体系。

【标准化建设】　2014年，自治区安全监管局深入开展企业安全生产标准化达标创建活动，积极推动实施安全生产“以奖代补”政策，加快推进工矿商贸企业安全标准化和地下矿山安全避险“六大系统”建设。2014年，共完成矿山企业安全标准化建设6家，危险化学品企业8家，制定《西藏自治区矿山、危险化学品、烟花爆竹、工贸行业安全标准化和地下矿山安全避险“六大系统”建设以奖代补政策实施方案》。针对危险化学品领域安全生产标准化建设工作推动缓慢，企业抵触情绪较大的情况。及时印发了《关于全面推进全区危险化学品领域安全生产标准化建设工作的紧急通知》，将安全生产标准化工作同行政许可工作相结合，要求各地(市)凡未开展安全生产标准化建设工作的危险化学品企业一律不许延期换证，同时加大对企业安全生产标准化建设工作的宣传力度，利用“以奖代补”政策等措施激励企业，使得安全生产标准化建设工作有了很大推动和起色，中石油对所属50多家加油站开展标准化建设工作，中石化所属加油站全部完成安全标准化建设工作，全区危险化学品标准化建设工作完成率达到60%。

【宣传教育培训】　2014年，自治区安全监管局举办全国第13个安全生产月系列活动，全区共悬挂宣传横幅、标语9500余条(幅)，设置咨询台310多个，摆放宣传展板、挂图4200块，发放各类安全生产宣传资料、宣传品5万多套，受教育群众3万多人次。组织举办了5期非煤矿山、危险化学品企业负责人、安全管理人员、特种作业人员专业技术培训班，培训人员达1635人。联合区党委组织部在国家安全监管总局华北科技学院举办七地(市)安全监管局局长和30个重点县分管安全生产领导专题业务培训班，进一步提升其领导和管理水平。加快推进职业健康基础性工作，对区直行业主管部门所属大中型企业以及对拉萨市七县一区安监系统及重点企业等开展职业病防治宣传教育及指导工作，发放宣传资料约2万份；组织开展全区企事业单位企业负责人、管理人员职业卫生专题业务培训，已完成了4期培训工作，培训人员达814多人；组织有关单位参加《职业病防治法》知识竞赛活动，有力地推动我区职业卫生工作宣教工作的深入开展；完成全区520多家企业网上申报工作，委托西藏职业安全健康技术研究院有限公司对拉萨市七县一区的非煤矿山(采选)、建材、水泥、炸药、木材加工、石材加工、家具制造、制药等130多家企业作业场所进行职业危害检测，指导县级安全监管局下发整改通知书350多份；深入开展“职业卫生执法监督年”活动，制定的《西藏自治区作业场所职业卫生监督管理工作联席会议制度》。推进安全生产应急管理工作，对部分地（市）安全生产应急管理机构设置及工作开展情况进行调研，提出全区安全生产应急救援体系建设的意见建议，拟定《关于加强安全生产应急管理工作的意见》，启动全区安全生产应急救援通信项目建设，开展了全区汛期安全生产应急预案演练。管理运营好“12350”举报投诉特服电话，充分发挥其监督举报咨询作用，制定出台“12350”特服电话管理办法，起草《西藏自治区安全生产举报奖励办法（暂行）》。

【基层基础建设】 2014 年，自治区安全监管局编制申报全区安全监管部门执法交通工具和安全生产应急救援指挥中心可行性研究报告，争取全国安全监管监察部门监管能力建设“十二五”规划所涉及西藏安全监管部门的建设项目资金2015年全部批复下拨实施。完成 40 个重点防控县安全监管部门执法车辆采购配备任务，剩余 34 个县安全执法车辆配备申报采购工作正在进行中。制定全区安全监管部门监管执法专业装备配备方案，采购申报工作正在实施中。积极协调解决地（市）安全监管局办公场所问题，在与区发改委协商的基础上，上报关于建设地（市）安全生产应急救援指挥中心项目的请示。加快提升和改善区安全监管局办公生活条件，区安全监管局综合业务用房主体工程已基本完工，相关附属设施及干部职工周转房正按程序报批。

统计 调查

【概况】 2014 年，西藏自治区统计局、国家统计局西藏调查总队以科学发展观为指导，深入贯彻落实党的十八大、十八届三中、四中全会精神，认真学习领会习近平总书记系列重要讲话精神，扎实开展创先争优强基础惠民生活动，积极巩固党的群众路线教育实践活动成果，紧紧围绕“三个提高”和“四大工程”建设，认真落实各项工作部署，全面深化统计调查改革，数据质量不断提高，统计服务水平进一步提升，各项统计调查工作取得了较好成效。

【第三次全国经济普查】 2014 年，自治区统计（调查）部门圆满完成第三次全国经济普查前期准备、入户登记、审核验收、数据评审和数据发布等阶段的工作。普查过程中，通过强化督导检查，坚持依法普查，严密执行方案，创新普查方式，规范普查流程，深入宣传动员，加强审核评估，确保了数据质量。通过普查，基本摸清了全区经济家底，查清了各类单位基本情况和二、三产业发展规模、结构及布局，取得了丰富翔实的普查成果，普查数据公报已向社会正式公布，普查资料开发应用工作正在积极开展。在国务院经普办直接开展的事后质量抽查中，对西藏自治区的普查工作给予了充分肯定和高度评价。

【各项统计调查业务】 2014 年，自治区统计（调查）部门坚持以提高数据质量为中心，严格按照国家统计报表制度的要求，精心组织实施农牧业、工业、建筑业、固定资产投资、房地产、批发零售和住宿餐饮、国民经济核算、服务业企业、非制造业采购经理调查、信息化统计、流通消费价格、妇女儿童、科技、交通、劳动工资、人口变动调查、月度劳动力调查、城市社会经济基本情况、城乡住户和农村贫困、农民工、退耕还林（还草）、主要畜禽监测等各项常规统计调查工作，开展了投资和房地产基层数据库清查，完成了新设立小微企业和个体经营户、全区贸易行业网上零售统计问卷、纳税人满意度、群众安全感、千村调查等跟踪调查和专项调查任务。首次编制了投入产出调查基本流量表、供给表、使用表和完全消耗系数表、直接消耗系数表，第一次进行了粮食实割实测和测产调查，启动了2015 年全国 1% 人口抽样调查筹备工作。

【统计调查改革】 2014 年，自治区统计（调查）部门按照自治区党委和国家统计局全面深化改革的部署安排，扎实推进全区统计改革工作。积极推动固定资产投资统计改革，开展小型试点，制订改革试点方案，进行工作动员和部署，为2014年新旧制度“双轨制”运行奠定了基础；继续实施城乡一体化住户调查改革，获取全体居民收支数据，正式对外提供了一体化住户收支调查新口径数据，并对数据进行详细解读；努力拓展能源统计，建立了地区能源统计制度，初步完成 2012—2013 年各地（市）能源消耗总量和单位

GDP 能耗数据的编制工作，初步建立能耗数据统一核算制度；建立文化及相关产业统计制度，完成相关产业法人单位的核查、认定和纳入基本单位名录库工作；企业一套表和联网直报工作向深度和广度延伸，完成县和乡镇卡片联网直报试点工作。

【统计咨询】 2014 年，自治区统计（调查）部门切实加强经济运行的跟踪和监测，围绕经济社会发展的热点、难点问题深入开展调查研究，以《西藏统计月报》、《西藏统计》、《西藏领导干部手册》、《西藏统计年鉴》、《统计和调查专报》和《统计分析》等各类统计资料为载体，积极强化信息报送和发布，为促进经济持续健康发展提供了翔实的数据支撑和决策参考，发挥统计的参谋助手作用。2014 年，区局、总队报送信息采用率继续提升，《西藏当前经济发展形势、面临的主要困难及具体工作措施》被中共中央办公厅采用，《西藏上半年经济运行稳中有增》、《西藏 2014 前三季度全区经济运行分析》被国务院办公厅采用，分别有 33 篇、25 篇被自治区党办和政办采用，有多篇分析报告得到自治区党委、政府主要领导的批示和好评。在做好进度分析和专题分析的基础上，加大统计课题研究力度，联合中国人民大学完成《西藏 GDP 核算评估报告》和《西藏农牧民增收及相关问题研究》，自主完成《西藏城镇化发展路径研究》、《2014 年西藏全面建成小康社会报告》、《对我区中小微企业融资问题的思考》等多项研究课题，为宏观经济决策提供重要依据。为了全面反映县域经济社会发展状况，使统计服务更贴近基层、贴近群众，在自治区有关部门的大力支持下，组织各地（市）、各县（区）统计部门编辑了《西藏县情概览》，弥补统计部门尚没有全面反映全区各县统计资料工具书的空白。

【“两项”主题活动】 2014 年，自治区统计（调查）部门进一步巩固和扩大党的群众路线教育实践活动成果。按照自治区党委和国家统计局党组的安排部署，在 2013 年开展活动的基础上，局、总队继续做好群众路线教育实践活动期间整改任务的落实。同时，加强对地（市）统计调查部门活动开展的指导，印发了《关于在全区地（市）调查队开展第二批党的群众路线教育实践活动的实施方案》，成立 2 个督导组，对各地（市）局队教育实践活动开展情况进行督导检查。局、总队领导还分赴各地（市）参加局队党组专题民主生活会和总结会。扎实开展创先争优强基础惠民生活动。按照自治区党委、政府的统一部署，做好第三批干部驻村工作，结合村第一书记的选派，坚持为群众排忧解难，为群众办实事、做好事，深入基层、建设基层、服务基层，切实转变工作作风。2014 年，区统计局、调查总队第三批驻村工作队紧紧围绕“五项任务”积极开展工作，共落实项目 10 余个，协调和落实资金 416.5 万元（含办实事经费），发放慰问物资折合价值 3 万余元。2014 年9 月局、总队驻聂拉木县亚来乡扶贫工作队被国务院扶贫办评为全国社会扶贫先进集体。

旅　游

【概况】 2014 年，西藏自治区累计接待国内外游客 15,531,413 人次，比 2013 年增长 20.3%；其中，接待入境游客 244,401 人次，同比增长 9.5%；接待国内游客 15,287,012 人次，同比增长 20.5%。旅游外汇收入14,469 万美元，同比增长 13.2%，国内旅游收入 1,949,992 万元，同比增长 24%。实现旅游总收入 2,039,989 万元，同比增长 23.5%。

【旅游行业规模】 截至 2014 年底，全区已有各类旅游企业近 2000 家，其中，旅行社 149 家，星级饭店（宾馆）266 家，A 级景区 90 个，其中 5A 景区 2 个（布达拉宫、大昭寺）。已有国家级自然保护区 6 个（珠穆朗玛自然保护区、羌塘自然保护区、察隅慈巴沟自然保护区、色林错自然保护区、雅江中游河谷自然保护区、雅鲁藏布大峡谷自然保护区）；国家地质公园 2 个（易贡国家地质公园、札达土林国家地质公园）；中国优秀旅游城市 1 座（拉萨市）；可供旅游者游览景点 297 处，形成了以拉萨和林芝为中心，辐射全区的旅游资源开发利用格局。

【重大决策】 2014 年 10 月 22 日西藏自治区旅游局调整为西藏自治区旅游发展委员会，自治区党委常委、常务副主席丁业现任自治区旅游发展委员会书记、主任。

【旅游活动】 2014 年 1 月 21 日上午，自治区副主席曾万明率自治区旅游局、自治区工商局和中国人民银行拉萨中心支行负责同志，对圣地国际旅行社和拉萨瑞吉度假酒店两家旅游企业进行实地调研。

1月27日，自治区副主席曾万明召集区发改委、旅游局等相关部门召开专题会议，对自治区旅游基础设施建设项目实施情况进行研究部署。

春节黄金周期间（1月31日至2月6日），全区累计接待国内外游客230179人次，同比增长7.81%；其中接待过夜游客107613人次，同比增长5.14%；接待一日游游客122566人次，同比增长10.27%。实现旅游总收入18518万元，同比增长13.3%。全区未发生旅游安全事故，全区各级旅游执法部门共计受理游客投诉6起，较2013年同期下降60%。

2月6日上午，自治区副主席曾万明来到自治区旅游局对春节黄金周假日工作情况进行检查。

2月18日—21日，自治区副主席曾万明率区旅游局相关负责同志赴京同国家旅游局、中国民生银行、中国免税品集团、中国美术家协会、中国摄影家协会以及中国国际旅行社总社、中国青年旅行社股份有限公司等部门和单位就加快西藏自治区旅游业发展，推进重要的世界旅游目的地建设进行了交流对接。

3月26日，西藏建设重要的世界旅游目的地总体规划座谈会在蓉召开。自治区副主席曾万明出席座谈。

3月26日，林芝第十二届“相约林芝，寻访美丽中国最美春天”桃花文化旅游招商节在林芝县嘎拉村拉开序幕。

4月1日，自治区旅游局召集相关处室和圣洁导服公司相关负责人，并协调布达拉宫管理处，对近期部分导游在布达拉宫景区正门附近私揽游客的情况进行了沟通和专题研究。

2014年1—3月份，全区接待国内外游客36.8万人次，比上年同期增长22.5%；其中接待入境游客0.2万人次，同比增长9.6%，接待国内游客36.6万人次，同比增长22.5%。实现旅游收入3.75亿元，同比增长25.1%，为完成年度旅游接待计划打下了良好基础。

4月3日，自治区副主席曾万明率工作组深入林芝地区鲁朗镇调研国际旅游小镇规划建设工作。

4月14日上午，全区旅游市场专项整治电视电话会议在拉萨国际大酒店召开。自治区副主席曾万明亲临会议，并作了重要讲话。自治区旅游产业发展协调委员会成员单位、87家旅行社代表、14家星级饭店和7家A级旅游景区，以及5家旅游协会负责人参加了会议。

4月3日—11日，自治区旅游局相关负责同志率队沿318国道前往昌都地区察雅县、左贡县、八宿县开展调研。工作组先后对卡贡乡，大脚印、美玉草原、东坝民居、来古冰川、然乌湖等景区(点)进行实地考察。

4月28日下午，“世界屋脊 神奇西藏”年度旅游巡回促销在广州拉开序幕，广东省旅游局副局长王志红应邀出席。来自广东的109家旅行商、45家媒体，共计约200余人参加了当天的促销推介活动。

5月4日、6日，“世界屋脊 神奇西藏”旅游巡回促销推介会分别在杭州、上海举行，期间浙江省旅游局副局长许澎、上海市旅游局副局长吴建国分别出席在杭州和上海的活动，给予西藏旅游推介大力支持，共65家媒体、114家旅行商260多人应邀参加了在两市的促销推介会。自治区旅游局、七地(市)旅游局及区内旅行商、西藏航空等20多家单位分别在活动中做了专题推介。

5月7日，区旅游局派执法人员前往阿里塔尔钦对旅游安全管理及旅游环境进行了为期8天的实地督导、检查工作。

5月9日，自治区旅游局召集全区149家旅行社、11家旅游汽车公司、圣洁导游服务中心负责人共165人召开了全区旅游道路安全会议。

5月14日下午，“世界屋脊·神奇西藏”之“珠三角、长三角、京津冀”旅游巡回促销推介活动在北京举行，自治区人民政府副主席曾万明出席活动，国家旅游局、北京市人民政府、北京市旅委等相关领导参加推介会，当地148家旅行商、37家媒体，约200人也应邀参会。

5月16日上午，区旅游局副局长、巡视员、区旅游局直属企业改制领导小组办公室主任王松平主持召开西藏旅游控股集团组建改制工作领导小组办公室第一次会议。自治区有关部门、区旅游局相关处室负责人及区旅游总公司改制企业人事部经理和财务部经理等参加了会议。

5月17日上午，由自治区发改委主持召开的“西藏自治区旅游信息化试点工程可行性报告”获得与会专家评审通过。

5月19日，以“美丽中国之旅2014智慧旅游年”为主题的2014

年"中国旅游日"西藏分会场在拉萨举行。西藏自治区人民政府副主席董明俊出席分会场活动，看望慰问工作人员，并于国内外游客交流。

5月24—27日，自治区旅游局组织拉萨、林芝、日喀则地区旅游局以及达洛民族手工艺有限公司等区内6家重点民族手工艺旅游企业参加了由国家旅游局和浙江省人民政府共同举办的2014年"第六届中国国际旅游商品博览会"。

由国家旅游局、西藏自治区人民政府主办，自治区旅游局承办的西藏旅游"十个百"系列宣传推介活动之"百家晚报记者西藏行"，6月3日在拉萨结束。此次活动历时5天，共有来自北京、广州、深圳、南京、重庆、郑州等区内外的25家晚报记者参加。

6月1日—8日自治区旅游局副局长红卫携旅行社一行2人赴美国参加由国家旅游局组织的"美丽中国之旅—丝绸之路"宣传推广活动。

6月9日至13日，自治区旅游局举办"世界屋脊·神奇西藏"之百家电视台西藏行活动。来自全国的19家电视台的42名媒体人先后到拉萨、山南、日喀则等地进行实地考察、踩线。

8月31日—9月1日，由自治区旅游局主办的"藏博会"旅游精品景区(摄影)图片征集评审会和"藏博会"精品旅游商品征集评选活动暨西藏自治区第二届旅游纪念品大赛在拉萨香格里拉酒店举行。

9月25日，自治区政府副主席曾万明在拉萨饭店亲切会见了前来西藏自治区参加首届中国西藏国际旅游文化博览会的亚太旅游协会首席运营官 Mario·Joseph·Michel 一行。自治区外事侨务办副主任吴伟、自治区旅游局局长喻达娃一同参加了会见。

9月27日，自治区旅游局携拉萨市旅游局、部分旅游企业在首届"藏博会"旅游精品展览展示区举办了9·27世界旅游日西藏分会场活动。

9月27日，国家旅游局副局长杜江检查指导"十一"我区旅游市场工作。杜江副局长一行工作组在自治区副主席曾万明，自治区旅游局喻达娃局长的陪同下先后检查了大昭寺，八廓街、布达拉宫广场等主要旅游景区的安全保障措施，公共服务和文明旅游等方面的工作。

11月14日至16日，自治区副主席曾万明、自治区旅游局喻达娃局长率7地(市)旅游局和部分旅游企业负责人参加2014中国国际旅游交易会。

11月15日，自治区副主席曾万明在出席中国国际旅游交易会期间，亲切会见了世界旅游组织秘书长塔勒布·瑞法依一行。

12月2日，自治区副主席曾万明在自治区旅发委、国资委主要负责同志及自治区党委改革办相关人员的陪同下，先后赴西藏旅游总公司下属中国国旅(西藏)国际旅行社有限公司、西藏圣洁导游服务公司、西藏旅游汽车公司进行实地调研，并在西藏博达旅游汽车公司西湖汽车检测站与车辆检修司机、检测人员进行了交谈，详细询问相关检测细节和业务操作流程。

【旅游宣传】 9月26日，首届中国西藏旅游文化国际博览会在拉萨举办。按照首届"藏博会"总体方案，自治区旅游发展委员会主要负责旅游展览展示工作，在展览展示工作中我委开展了"梦·净西藏"旅游图片征集大赛和首届"藏博会"精品旅游商品征集暨自治区第二届旅游纪念品大赛。

2014年"请进来"活动数量是我区宣传促销史上邀请人员种类最多、数量最多、持续时间最长的一次系统化活动。先后组织百家晚报西藏行、百家电视台西藏行、百家旅行社西藏行、百家美术大师西藏行、百家网络媒体西藏行。百家晚报西藏行、百家电视台西藏行、百家网络媒体西藏行共在各省(市)发布各类稿件500余篇，转载、转播量达到千余次，在全国范围内引起了广泛关注，西藏旅游认同度大大提高。

【旅游合作】 3月27日，四川省与西藏自治区在成都举行《四川省人民政府、西藏自治区人民政府共同促进两省区旅游业发展合作协议》签字仪式，这是四川和西藏两省区政府从战略和全局高度作出的重大决策，是两省区旅游业发展史上的重要里程碑。四川省省长魏宏、西藏自治区主席洛桑江村出席签字仪式并作重要讲话。四川省副省长黄彦蓉、西藏自治区副主席曾万明，以及两省区相关部门单位负责同志出席签字仪式。黄彦蓉、曾万明分别代表四川和西藏签署《四川省人民政府、西藏自治区人民政府共同促进两省区旅游业发展合作协议》。

9月底，自治区旅游局与青海省旅游局以及中青旅联盟、中国旅行社总社有限公司、中国国际旅行社总社有限公司等三家旅游企业签署战略合作框架协议，形成了政府与政府之间，政府与企业之间资源共享，互利共赢的交流合作性格局。

12 月 5 日，自治区旅游发展委员会副书记喻达娃与中国旅游报社吴晓梅社长助理就出版《美丽中国行—西藏篇》图书进行座谈，会后双方签订西藏旅游发展委员会与中国旅游报社《2015 美丽中国行西藏篇》图书制作合作协议。

12 月 6 日，自治区副主席曾万明在拉萨会见中国国家地理杂志社社长李栓科一行，双方就进一步加强合作进行交流。会议就旅游宣传、促销工作双方达成建立长期的战略合作伙伴关系、西藏最美观景拍摄点活动合作并出版《发现西藏》图书、“秘境西藏”系列图书出版及在线出版合作、中国国家地理摄影基地合作意向。

【市场整治】 2014 年，自治区旅游委综合执法检查组，检查旅行社门市部174 家次，星级宾馆饭店 326 家次，景区(点)136 个次，旅游车船公司 17 家次，旅游车辆 499 辆；检查旅游团队 521 团次，导游人员 445 人次。查处违规旅行社 17 家、星级饭店 3 家、导游人员 40 人，自治区旅游执法总队受理游客投诉 170 余起，受理有效旅游投诉 100 起，结案率达100%，有效净化了西藏自治区旅游环境，维护了旅游者和旅游经营者的合法权益。

【项目建设】 截至 2014 年底，全区“十二五”旅游规划内项目 32 个，其中：完工 6 个，完成投资 5440 万元，占“十二五”旅游规划内项目总投资的 11%，在建项目 15 个，涉及投资26364 万元，占“十二五”旅游规划内项目总投资的 53%，已完成前期工作待国家发改委下达投资计划项目 10 个，涉及投资 18196 万元，占“十二五”旅游规划内项目总投资的 36%，待批项目已按区发改委工作安排上报国家发改委审批。申报 2014 年度地方旅游发展资金项目17 个，其中，第一批 13 个项目共计投资 4987.68 万元，已完成资金评审核定工作，3 个项目已开工建设，第二批申报项目 4 个，涉及资金 1020 万元，现正在区财政审核。根据《关于做好 2014 年旅游发展基金补助地方项目申报工作的通知》文件要求，确定了 2014 年西藏旅游发展基金补助地方项目，项目批复资金 3963.3 万元；遴选出重点支持项目 5 个，总投资 54.18 亿元。编制完成了《2014 年招商引资储备项目》，2014 年旅游招商引资储备项目共有 152 个，总投资 348.36 亿元。

【旅游培训】 2014 年，自治区旅游委组织举办 5 期导游轮训班，对区内 2072 名持证导游从政治理论、导游业务技能和诚信教育等方面进行系统培训，并对年审考核合格人员发放了上岗证。举办了为期一个月的导游资格考试培训，参训人员达 168 人。举办了 2 期乡村旅游培训班，共计 78 名农牧民参训。按照自治区党委、政府的工作要求，对旅行社、汽车公司法人以及导游人员开展了安全生产轮训工作。

人民防空

【概况】 2014 年，自治区人防办在区党委、政府、西藏军区的正确领导下，在国家人防办和成都军区人防办的大力支持下，始终坚持以邓小平理论、“三个代表”重要思想、科学发展观为指导，始终围绕习主席“能打仗、打胜仗”重大战略思想，始终遵循“长期准备、重点建设、平战结合”工作方针，以创新的工作思路，抢抓机遇，真抓实干，较好地完成了既定的工作任务。

【指挥通信建设】 建设机动指挥所 2014 年，自治区政府和西藏军区领导及相关部门负责同志参加的人防机动指挥所交车仪式和综合演练，标志着西藏人防机动指挥所正式建成并投入使用。该项目的建成，完成了国家人防办、成都军区人防办关于“十二五”期间建成省级人防机动指挥所的计划任务，为战时应战、平时应急，更加有效地发挥人防职能奠定了坚实基础。同时也填补了西藏自治区作为重要战略方向无人防机动指挥所的空白，该项目已经区内外专家评估完成终验。

启动城市防空袭预案修订工作 针对西藏人民防空面临的形势和任务，积极沟通协调有关单位和部门，全面启动了人防重点城市防空袭预案修订工作。

编制信息化建设规划 根据全区人防重点城市工作实际，与自治区工信厅、发改委、无线电管委会等部门协调沟通，就人防基本指挥所信息化建设、中南海通信局专网专用机房建设、地市人防基本指挥所信息化建设等进行了磋商，着手制订全区人防信息化建设规划。

【工程建设】 2014 年，自治区人防办为推进防护工程体系建设和人防工程建设的基础性工作，在全区范围内开展了人防工程普查建档及重要经济目标防护建设，有关人员深入实地、认真核查，收集整理详实的第一手资料，完成《全区重要经济目标防护建设调研报告》和《关于我区人民防空工程有关情况的报告》，为自治区党委、政府、西藏军区科学决策提供了有效依据。

【依法行政】 *促成召开人防专题会议，研究起草出台相关文件* 2014 年，自治区人防办针对自治区结合民用建筑修建战时可用于防空的地下室(简称:“结建”)问题，会同拉萨、日喀则市、林芝地区人防办，在广泛调研的基础上，积极主动向区政府汇报，促成由自治区政府分管领导主持，召集有关部门召开“全区修建防空地下室暨易地建设费收取工作协调会议”，会同区党委组织部、自治区人大法制委、区发改委、财政厅、住建厅、国土资源厅、西藏军区司令部、政府法制办以及国动委综合办共同研究全区修建防空地下室暨易地建设费收取工作。同时，在广泛征求与会有关部门意见的基础上，向区政府上报《关于下发〈关于进一步加强结合民用建筑修建防空地下室工作的通知〉的请示》，经过区政府办公厅认真审核，最终以区政府办公厅的名义下发全区执行，为进一步加强人防依法行政提供了政策保障。

增强执法监督力度 2014 年，与拉萨市人防办及城关区检察院重点走访了拉萨市 17 家建设单位，查处应建和补建人防地下室数万平方米，并与相关企业负责同志进行增强人防法制观念座谈。同时，派出两个工作组前往日喀则市、林芝地区，通过跟踪检查数十家企业“结建”工程，严格执行人防“结建”有关法律法规，切实增强了人防执法工作力度，确保人防“结建”工作和易地建设费收缴工作有了实质性进展。

规范依法行政 严格执行自治区有关法律法规，加大对地(市)人防部门依法行政工作力度，日喀则市组织有关部门召开了“结建”工作和易地建设费收取协调会议；拉萨市人防办指派专人进驻市民服务中心负责人防审批窗口工作，协调各相关部门，严格把关，从源头上加强对结合民用建筑修建防空地下室的管理。

协调立法机关，着手修订完善相关法律法规 根据形势的发展，主动协调区政府法制办和人大专门委员会，将《西藏自治区实施〈中华人民共和国人民防空法〉办法》(修正案)列入自治区人大常委会 2013 年至 2017 年五年立法规划，并着手开展相关工作，真正做到人防依法行政有法可依，为全面遵循法律法规建设人防事业打下了良好基础。

实行简政放权，转变人防职能 按照国家关于简政放权的要求，向自治区审改办申请将“结合民用建筑修建的战时可用于防空的地下室审批”和“人防工程设计审查”权限下放至地(市)级人防行政主管部门实施，切实加快了人民防空职能的转变。

【综合实兵演习】 2014 年，根据成都军区空军的统一安排，经自治区政府批准，自治区人防系统参加了由成都军区空军主导的“西南亮剑-2014-2”实兵演习，这是西藏人民防空近 30 年来的首次模拟实战环境的实兵实装演习。根据演习方案，组织实施人民防空综合实兵演习，并按计划科学设置演习内容、严密组织演习行动和相关保障、主动协调专业救护队实施战时救护。此次演习按照习近平主席“能打仗、打胜仗”的战略要求，严格按照战时人民防空组织指挥流程，圆满完成了各阶段的演习内容，达到了锻炼队伍，积累经验，提高遂行人民防空任务能力的目的，受到成都军区空军的表彰。另外，还积极协调自治区应急办、地震局等相关单位，对抢险救灾、应急保障、警报传输等问题进行了深入磋商。

【宣传教育】 *围绕“五进”开展活动* 2014 年，自治区人防办围绕人防“五进”开展宣传教育，进一步加大工作力度，完成拉萨、日喀则市、林芝地区的 12 所中学，共 2 万余名中学生的“三防知识”教育活动贯彻落实情况调研，听取校方和学生代表的意见建议，制定改进措施，并首次自编印制防空防灾实用教材 5000 余套，图文并茂、通俗易懂。

依靠执法检查平台扩大人防宣传力度 充分利用执法检查的契

机，对拉萨市城关区、林芝地区八一镇、日喀则市等人防重点城市执行人防法律法规、人防工程建设、规范结建管理工作等情况进行了为期3个月的督促检查，全程宣传贯彻《中华人民共和国人民防空法》，做到每查一处，就宣传一遍人防法律法规，以量变促成质变，将人防宣传根植于城市的方方面面。

多渠道加大对人防知识宣传 充分利用广播、电视、报刊、杂志等媒体宣传主渠道的作用，向社会各界深入宣传国防意识和人防知识，持续加大向《中国人民防空》杂志、国家人民防空网的投稿力度，进一步扩大对人防工作的宣传报道。

精心筹划警报试鸣活动 借助每年一度的“国防教育日”活动平台，圆满组织完成日喀则“七·七”、林芝“九·一八”、拉萨“九·二〇”防空警报试鸣活动，发放宣传资料3000余份，使社会各界加深了对人民防空的认识与了解。其中，拉萨市作为西藏首府城市，在抓好现有无线通信网络建设基础上，积极探索空情接收自动化、电子地理信息化、卫星通信快捷化等技术措施，加大防空警报建设力度，确保了主城区防空警报覆盖率达到95%以上。

【谋发展】 2014年，自治区人防办对照检查标准，逐项抓好人防军事斗争准备检验评估工作。在抓好2014年初部署的33项业务工作的同时，按照国家人防办《关于组织人防军事斗争准备检验评估的通知》精神，组织人员借鉴内地兄弟单位好的做法，编制下发执行《全区人防军事斗争准备检验评估工作实施方案》，对6大类20个分项逐一对照检查，形成自查报告和总结上报国家、战区人防办予以评估。协调军地各有关部门，切实加大横向联系、促进工作。自治区人防办主动与军地有关部门共商人防建设，先后与自治区发改委、财政厅、住建厅、国土厅、工信厅、人大法制委、无委会、通信管理局，政府法制办、应急办，军区国动委、作战处、信息化处，拉萨市有关单位交流信息、沟通协调，促进人防工作的深入开展。加大培训力度，带着问题去学习。根据自治区人防建设的瓶颈和短板问题，组织各处(中心)及下属人防系统技术骨干赴内地先进兄弟单位，带着思考、带着问题进行短期学习培训，既增长见识、开阔视野，又与内地兄弟省(市)建立了沟通联系的渠道。与此同时，按照国家人防办、成都军区人防办培训计划，已派遣超过全办三分之一的人员参加了相关业务培训。积极争取资金，发展壮大人防项目。通过一系列走出去、请进来，充分讲透西藏人防起步晚、基础差、底子薄、差距大的道理，牢固树立西藏人防人吃苦不怕苦的良好形象，赢得上级部门和兄弟省(市)的大力支持、资金倾斜。做好筹备召开全区人防军地联席会议准备工作。为了更好地发挥人防工作军地双重领导作用，建立健全军地联动工作机制，在借鉴内地省(市)好的工作经验的基础上，积极做好筹备召开人防军地联席会议相关工作。

【维护稳定】 2014年，自治区人防办党组始终坚持全面贯彻落实自治区党委十项维稳措施，按照陈全国书记批示要求和全区维稳工作系列视频会议精神，继续把维稳工作作为硬任务和第一责任，教育干部职工牢固树立稳定压倒一切的思想，狠抓“三个离不开”思想教育工作，深入揭批十四世达赖在政治上的反动性、宗教上的虚伪性和手段上的欺骗性，组织开展反分裂斗争报告会，教育干部职工认清形势、保持清醒、站稳立场，时刻绷紧维稳这根弦。修订完善《维稳工作制度和应急措施》，认真履行“红袖标”职能、“护院队”职责、“零报告”制度，坚持常年战备值班值守不放松，努力确保“三不出”，筑牢维护稳定的牢固防线。

【强基惠民】 2014年，自治区人防办陆续选派13名干部职工和1名村党支部第一书记到昌都市丁青县沙贡乡驻村点，抓好驻村工作各项任务落实，争取资金、项目，完成通组公路、修建水渠、管涵埋设等惠民项目，项目资金累计达50万元，同时合理利用好每年的办实事经费，为农牧民群众办好事、解难事10余件，深受当地党委、政府和干部群众的好评；认真学习贯彻自治区党委书记陈全国在自治区第三批驻村工作总结表彰暨第四批驻村工作动员大会上的讲话精神，按照自治区党委的统一部署，全面总结前三年的驻村工作，有序交替派出第四批驻村队员，围绕“五项任务”抓落实，既做农牧区短、平、快项目的践行者，又做维护当地社会稳定的捍卫者。

北京办事处

【概况】 2014年,北京办事处加强同航空公司、机场车站、会议场所等接待单位的沟通联络,组织中国国际航空公司和首都机场有关工作人员进藏考察,加强接待处与三家企业、接待人员与服务对象有机联动,及时关注天气预报、航班起降、线路车辆等信息,提前与服务人员沟通对接,服务更加精细化。

【医疗协调联络】 2014年,北京办事处积极巩固和拓展首都医疗资源,加强与重点医院、特色科室和医疗专家的协调联络,两次组织首都19家三甲医院32名医疗专家进藏开展巡诊、义诊活动。按照“有需必应、有交必办”原则,积极主动、热情周到地为西藏自治区干部群众看病就医提供更加便捷的服务。及时编写保健信息。组织干部职工体检。

【经济信息联络】 2014年,北京办事处针对信息工作存在的问题,召开信息工作分析会,进一步理清信息工作思路。建立经济信息基础数据库,协助区工商联落实民建中央企业家进藏考察,为北京汉博科技公司在拉萨经济技术开发区建立子公司提供服务,加强“魅力西藏展厅”管理,做好联合记者站新闻采访报道工作,服务经济职能和“窗口”作用得以有效发挥。

【离退休人员服务】 2014年,北京办事处认真落实离退休人员政治待遇和生活待遇,妥善安置西藏自治区退休人员,以茶话会、座谈会、登门拜访等形式走访慰问西藏自治区安置在华北、东北7省区市的离退休人员,及时看望住院离退休人员,切实帮助老同志解决困难和问题,组织开展形式多样的学习活动,使得老同志各方面有保障,幸福指数提高。

【安全生产和维护稳定】 2014年,北京办事处落实自治区各项维稳措施,狠抓应急值班,加强保密防范、定期不定期进行拉网式安全排查,各项维稳措施扎实有效。

【企业服务保障】 2014年,北京办事处三家企业认真落实服务保障工作新要求,积极适应市场新变化,在服务保障上提升水平、追求卓越,在经营管理上拓宽增收渠道、降低管理成本,取得了服务保障和经济效益双丰收。

【组织建设】 2014年,北京办事处严格按照“十六字”方针发展2名党员,指导机关党委、团委、工会换届,选派11名党员干部职工参加各类培训班,调整交流5个处室的负责同志,提拔3名处级干部,提任2名科级干部,招聘3名驾驶员,为办事处服务保障工作提供坚强的组织保障。

【党风廉政建设】 2014年,北京办事处党委认真履行党风廉政建设主体责任,支持纪检组(监察室)履行监督责任,认真落实党风廉政建设责任制,加强惩防体系建设,认真落实中央“八项规定”、区党委“约法十章”和“九项要求”,严格执行有关党风廉政建设的各项规定,制定出台《区政府驻北京办事处廉政风险防控机制建设实施细则(试行)》,清理办事处负责同志在企业兼职(任职)问题,集中管理办事处机关县处级以上领导干部、三家企业领导班子成员和机关离退休厅级以上干部因私出国(境)证件,以多种形式开展反腐倡廉教育,推进了廉洁型办事处建设。

【精神文明创建】 2014年,北京办事处组织开展“文明餐桌、光盘行动”、“节能减排、从小事做起”等宣传活动,积极参加“区域青年齐参与、守望绿色什刹海”志愿服务、社会主义核心价值观网上问卷调查、“迎春杯”乒乓球比赛、“来京建设者趣味健身”等活动,干部职工文明素养有新提升。

成都办事处

【概况】 2014年,成都办事处加强纪律建设、制度建设,创新服务方式,改善服务条件,提升服务档次,规范服务流程,努力把接待服务工作打造成保障西藏各项事业发展、服务西藏各族人民、宣传西藏形象的“新窗口”。立足接待工作实际,明确岗位职责,理顺服务流程,突出重点环节,先后制定完善了《西藏成办接待处干部职工岗位职责》、《接待服务工作管理办法》、《接待服务工作流程》等一系列规章制度,推进接待服务工作向制度化、规范化迈进。畅通服务渠道,采取定期联系、加强沟通、单位联谊、组织进藏考察等方式，加强与四川省成都市、机场集团、各大航空公司、成都铁路局等相关部门的沟通协调，争取更大支持，畅通接待服务渠道。完善服务功能，对接待工作内网系统进行更新升级，新增手机捆绑、信息加密等功能，推进电子商务信息化平台建设，扩大服务范围，实行动态管理，有力提升接待服务工作的信息化、智能化水平。及时按照自治区8部门联合下发的《成都顺江苑管理办法》，研究制定相关实施细则，有效建立"一对一管家式服务"，确保各项功能作用得以充分发挥，较好地实现了为国家领导同志和区内省部级领导出差、办公、短期休养提供服务保障的目标。2014年，各接待服务部门和单位圆满完成中央督导组、中央巡视组、中央调研组和工作组、中央和国家领导同志、北京市和广东省党政代表团、援藏干部轮换、糖酒会、西博会等298个团队的接待服务工作；共接待区内外各族干部群众40余万人次。

【离退休干部职工服务管理】 2014年，成都办事处深入贯彻落实陈全国书记对老同志"政治上要重视、思想上要关心、生活上要爱护、待遇上要落实、服务上要热情、活动上要保障"的重要指示精神，进一步加强软硬件建设、充实调整人员配备。2014年，各老干部服务管理部门认真执行老干部学习制度、"三会一课"制度和重大节日看望慰问制度，积极创新老干部服务管理新模式，努力破解"双高期"养老难题，全面落实老干部政治、生活待遇，不断丰富离退休干部业余生活，切实强化医疗保健服务，有效确保了离退休干部职工老有所学、老有所乐，老有所医、老有所教、老有所为。组织老干部集中学习56次，订阅报刊杂志20余种600余册，开展文体活动100余次，看望慰问老同志2000余人次，上门巡诊3000余人次；申报老干部医药费大额商业补充保险95人次共571.6万元；兑现一次性丧葬费和抚恤金1032.7万元，共接收区内安置人员292人。特别是针对服务管理工作中出现的新情况、新问题，积极探索养老金和医疗费发放的新途径，争取完善新的跨省安置政策和社保政策，对于历史原因形成的一些矛盾和问题，党委班子敢于担当、勇于负责，攻坚克难、主动协调，努力争取到自治区领导和业务主管部门的理解支持，在妥善解决二、三所老同志社保问题的基础上，进一步理顺养老保险费用征缴与养老金待遇计发政策，确保驻蓉企业老同志在养老金发放方面的合理诉求得到圆满解决，切实从根本上解决了遗留问题。

【医疗保健服务】 2014年，成都办事处坚持从保障西藏各族干部群众身体健康和生命安全的高度出发，以提升医疗水平和服务质量为重点，不断深化多领域、多渠道对口帮扶，进一步加强成办医院与华西医院的联系协调，主动与北京医院建立对口支援关系，签订《援藏协议书》，主动工作，实现国家卫计委批准并正式发文，将成办医院纳入国家卫生援藏序列。着力完善工作机构，加强医疗协调联络处人员配备，加强协调联系，做好服务保障，确保就诊通道的高效畅通，为西藏自治区内各族干部群众在蓉体检就医提供了更加优质、更为便捷的服务。组织四川医疗专家分两批进藏义诊，为省部级领导提供各种医疗服务443人次。注重加强成办医院人才引进和特色科室建设，强化高原性疾病研究，有效提升了医疗技术水平。努力争取将成办医院改扩建项目列入自治区"十三五"规划，初步完成了项目建设可行性研究报告及建议方案，为成办医院改扩建和创建"三级甲等"医院奠定坚实基础。2014年，共接诊15万余人次，实施手术8000余台，出院病人3万余人次，全院病人就诊率(含体检)较2013年同期增长15%，患者满意率达97.6%，更多的区内外各族干部群众前往看病就医；全年引进专业人才29人，选派医务人员外出学习348人次；申报新技术、新项目40项，通过学术委员会讨论36项；随着西藏成办医院医技水平的不断提高和管理服务能力的不断完善，医院的知名度和认可度得到大幅提升，已成为西藏广大干部职工和农牧民群众心目中"自己的医院"和在内地看病就医的首选医院。

【经营管理】 2014年，成都办事处兼顾政治效益、经济效益和社会效益，积极稳妥地推进所属宾馆、饭店的统一管理和经营扶持，牢固树立全心全意为西藏各族干部群众服务的宗旨意识，努力以事业发展推进接待服务水平和质量的提高。着力对成都西藏饭店、天湖宾馆、圣地阳光宾馆、顺江苑、天驰宾馆进行软硬件改造升级，强化接待服务综合配套设施建设，提升服务质量，改善服务环境。西藏饭店成功申报获批为自治区外宣点，充分发挥龙头作用，在各经营单位中推广规范的管理方法和优质的服务模式。立足推进各经营单位长远发展，有效整合西藏优质资源和内地人才资源，以拓展发展范围、提高经济收益为重点，着力推进所属经营单位与区内国有企业合作，创办文化创意产业公司，确保国有资产保值增值。2014 年，西藏饭店、天湖宾馆、圣地阳光宾馆营业收入达到 9 千余万元，比 2013 年增长 5%，客户满意率平均达到 93%，天湖宾馆还荣获智慧型酒店、纳税先进单位等荣誉称号。

【信息调研和招商引资】 2014 年，成都办事处从服务于西藏经济社会跨越式发展的角度，紧紧围绕自治区经济社会发展实际需要，充分发挥联系内地紧密的优势，多方位、多渠道推介内地推进经济社会发展的新举措、新经验，通过开展实地调研，形成了《四川省招商引资工作的调研报告》、《西藏开发露营地旅游的思考和建议》，努力为区党委、政府科学决策提供参考。同时，全面准确掌握自治区各项招商引资和扶持企业发展的优惠政策，充分依托各类平台、利用各种机会，主动加强与内地有关方面的联系协调，积极宣传西藏优惠政策。2014 年，共向党办、政办及其门户网站报送各类信息近 3 千多条，采用率位居内地办事处第一。

【内部管理】 2014 年，成都办事处按照中央和区党委建设服务型基层党组织的要求，不断创新工作方式方法，主动承担起西藏自治区驻蓉机构党建工作职责，坚持以党建带妇建、带团建，有效强化工会职能，切实巩固党的群众路线教育实践活动成果，基层组织的战斗堡垒作用和党员的先锋模范作用得到充分发挥。以制度化、规范化、科学化管理为目标，建立健全办文办会办事、干部选拔任用和教育管理、财务审计、固定资产管理等 24 项工作制度，不断完善综合协调、调查研究、督促检查、后勤服务等工作机制，推动西藏成办各项工作运转高效、保障有力。本着客观准确、突出重点的原则，扎实做好《西藏成办大事记》编纂工作，抽调精干力量，组成专门班子，全面回顾梳理办事处从上世纪 50 年代至今各个阶段组织变迁、发展变化的历史进程。坚持围绕建设符合西藏成办实际的惩防体系目标，紧紧抓住加强党风廉政建设这条主线，全面落实党委的主体责任和纪检部门的监督责任，切实加大落实推进、探索创新力度，统一思想认识、加强组织领导，落实“一岗双责”、细化任务措施，不断巩固和发展了党委统一领导、班子齐抓共管、纪检组织协调、部门各负其责、干部职工积极参与的工作格局。同时，紧紧围绕五项重点任务，注重鼓励干部职工深入基层履职尽责，发挥自身优势，着力帮助农牧民群众拓宽致富门路，积极配合村“两委”，保稳定、促和谐，不断巩固创先争优强基惠民活动。

西安办事处

【概况】 2014 年，西安办事处围绕“一切服务于西藏、一切服从于西藏”的宗旨，2014 年，西安办事处围绕自治区信息工作会议精神，把握信息热点，突出地域特色，及时搜集报送涉及政治、经济、文化等多方面有参考价值的信息 145 期 2400 余条，提前 3 个月完成了自治区下达的考核任务。积极配合拉萨市做好第十八届中西部贸易洽谈会的协调服务工作，协助拉萨代表团圆满完成了参会、招商任务。2 次参加陕西省政府举办的会议，主动拜访有关部门，进一步加强了与陕西省相关部门的沟通联系。同时，加强与上海、广东、江苏、天津、甘肃、新疆等省驻陕西的办事处及商会的沟通联系，不断拓宽交流平台。积极筹备建设西藏自治区人民政府驻西安办事处门户网站，将为进一步宣传西藏提供了又一个平台。

【党的群众路线教育实践活动】 2014 年，按照西安办党委制定的《西安办事处党委党的群众路线教育实践活动整治落实方案》，扎实推进加强政治理论学习等 13 项任务的整改。通过深入学习党中央、自治区党委系列决策部署、特别是习近平总书记系列重要讲话精神，积极开展理想信念教育，进一步树立群众观点，不断改进文风会风和调查研究，狠抓制度建设等举措，不断加强和改进西办特别是领导班子的作风建设。

【党风廉政建设和反腐败】 2014年，西安办事处认真按照自治区党委、自治区纪委的要求，持之以恒抓党风廉政建设和反腐败工作。召开落实党风廉政建设党委主体责任和纪检组监督责任部署会议，成立了领导小组，制定、落实了具体实施意见，切实承担起了抓党风廉政建设党委的主体责任。把党风廉政建设与教育实践活动结合起来，坚决反对"四风"、"两问题"，严防作风问题反弹，推动作风持续转变。深入学习十八届中央纪委三次、四次全会精神，切实领会好"治国必先治党、治党务必从严"的精神实质。组织观看《每月一课》系列教育片、专题学习讨论等，进一步筑牢了防腐拒变的思想防线。

【离退休老同志服务管理】 2014年，西安办事处完成自治区老干局和人社厅下达的退休干部9人、工人15人的跨省安置任务。在安置工作中，向他们讲解异地安置相关政策、发放《服务指南》，使被安置人员全面了解和掌握服务内容和服务程序，解除他们的思想顾虑。进一步完善生活费、医疗费的落实制度，及时兑现离退休老同志生活费、医疗费1298万元，按时发放了自治区民政厅、社保局增补的工资补助和高龄补贴8.54万元。利用走访慰问、召开座谈会、电话沟通等方式，向老同志传达党和国家的有关方针政策，通报区内情况，老同志的政治待遇得到有效落实。重点慰问离休人员、安置后未慰问过的老同志和境况不佳的困难人员，其中，对离休干部每年至少慰问一次，对安置在西安周边的离退休老同志做到了空巢老人必访、生病住院必访、去世必访，体现对老同志的关怀。从2013年至2014年底，走访慰问了分散安置在7省区的老同志832人，占分散安置离退休人员的52%。同时，上报的45名离退休特困人员已核批30人，发放补助款17.1万元，切实做好了特困离退休人员的帮扶工作。建立来信来访工作制度，指定专人负责老同志的接访工作，全年共受理老同志来信来访和复信1307件，及时了解和解决他们提出的问题。

【集中安置人员服务】 2014年，郑州干休所细化学习内容，通过集中学习、参加会议、参观考察等多种方式，在愉悦身心的同时，加强思想教育，落实好老干部的政治待遇；建立首问负责制，由"保障服务"变"创新服务"，"八小时服务"变"二十四小时服务"，做到了服务细化周到；加强道路维修、光纤铺设、充电桩安装等基础设施建设。开封干休所认真落实"三会一课"制度，让离退休老同志及时了解世情、国情、区情；组织举办好象棋、联谊会、参观等活动，丰富娱乐生活；建立健全问询看望高龄及独居老同志制度、"四必访"制度等多项制度，为加强内部管理和提高服务老同志水平提供了制度保障；开展每天上门巡诊、送文件到家阅读、与医院建立合作等系列亲情化服务工作。西安干休所坚持每月一次政治学习、每周两次阅文制度，让老同志及时了解党和国家的政策；组织好外出春游、秋游等活动；上门为老干部看病、换药等。咸阳干休所通过参加会议、组织学习、阅读文件等方式落实好政治待遇，在政治上尊重老干部；建立定期体检制度，给老同志送生日蛋糕，及时做好水电气等维修工作，在生活上贴近老干部；组织西藏民族学院学生、咸阳道北"金秋好时光合唱团"的老人们来干休所与住所老同志一起娱乐等多项活动，在精神上关怀老干部。

【公务接待】 2014年，西安办事处共接待200余人次，其中，省级10人次，其他190余人次，为西藏自治区干部职工在西安出差休假、开会学习、办事就医提供了较为满意的服务。积极贯彻落实《党政机关厉行节约反对浪费条例》和《西藏自治区公务接待管理办法》，严格按照规定开展公务接待，如实填写接待清单，不擅自扩大接待范围，杜绝公款大吃大喝。全年公务接待费用较2013年减少了21.7万元，同比下降了28.5%，实现了钱花的少、事办的好。

【社保工作】 2014年，西安办事处编写参保职工就医服务手册，明确参保职工住院、购药流程。制定医疗保险周转经费管理办法，加强对定点医疗机构和定点零售药店的监督管理。完善特殊病门诊的审核、检查、住院报销、转诊转院审批等制度，严格执行区医保局医疗保险经费使用规定。充分利用"三大节日"、八一建军节等节日，走访慰问退休职工、企业军转干部，了解他们的困难、帮助他们反映诉求。2014年，参加医疗、工伤保险人数分别为82人、34人，申报了34人的生育保险，共支出医疗保险费

55.6 万元，有效缓解了患者的医疗费压力。

【强基惠民】 2014 年，西安办事处采取“请进来、走出去”等方式，积极开展村情民意调研，找准着力点和突破口，明晰了今后的工作思路。帮助驻村党支部建立完善村规民约、村务党务公开等制度，规范党组织建设，同时，加大党员培养力度，2014 年，达布、昌达两村党员增加到了 37 名。坚决落实区党委一系列维稳措施，组织村民巡逻，努力构建“全村是堡垒、人人是哨兵”的维稳反分裂防控网，实现了“三不出”、“三无”目标。及时慰问村里的五保户、贫困党员、孤寡老人等；投入近 40 万元修建草场围栏、改造线路、建设健身场所、购买种牛、维修公路等，为村民办了 21 件看得见、摸得着的实事好事；组织村民代表一行 10 人到陕西杨凌现代农业示范园、户县社会主义新农村建设示范点等地方考察，学习现代化农牧业、特色产业生产方式等，为村民脱贫致富提供动力。积极开展“铭记党恩”主题教育活动、宣传党中央、区党委的系列精神、惠民利民政策，组织开展新旧西藏对比等，通过教育，使村民进一步认识到了没有共产党就没有新西藏。

上海办事处

【概况】 2014 年，上海办事处积极争取成立医疗服务处，与上海市各大医院建立联系，方便区内干部群众来沪就医。2014 年已帮助多名西藏干部、学生、农牧民群众来上海治病，得到了一致好评；落实接待工作的要求，完善接待制度，认真按照接待规则办事，耐心细致、热情周到，做到无差错、无事故，并保持了和机场、车站、宾馆、酒店等单位的良好关系，建立上海及周边饭店、宾馆、景区的数据资料，全年共接待省部级领导 76 人次，厅局级领导 148 人次，其他区内干部、群众、学生共 700 余人次，各类团体 6 个。加强与内地西藏班校的联系，驻沪办领导到上海共康中学、行政学校、南通西藏民族中学、常州西藏民族中学等学校看望慰问师生；帮助西藏来沪经商、务工人员处理各类纠纷；新增和完善驾驶员及车辆管理制度，全年未出现任何违章行为和交通事故。

【招商引资】 2014 年，上海办事处做好招商引资工作。积极走出去，打好主动牌。2014 年，共引荐辽宁药品有限公司、上海中鹰置业有限公司、上海显德投资管理公司、上海盛万精细化工有限公司等 6 家内地企业进藏考察并达成初步投资意向，意向投资约 3 亿元；推介“西藏好水”在渤海大众商品交易所上市；积极协调上海 35 家企业参加藏青工业园项目推荐会，并为藏青工业园成功推介15 万吨离子膜烧碱流水线项目；对西藏在沪企业做全面调查摸底，对西藏产品在上海销售情况做调研，积极为成立上海西藏商会做准备；积极与上海东方网合作，为把西藏“非遗”和民族手工艺品产品在上海及美国洛杉矶进行展销做准备；帮助一名日喀则盲童到上海盲童学校借读。

【信息工作】 2014 年，上海办事处给自治区党委、政府报送信息的数量和质量有较大幅度的提高。办事处连续多年被自治区政府办公厅评为信息工作先进单位。

【离退休人员管理服务和跨省安置工作】 2014 年，上海办事处认真落实各项待遇，扎实做好具体工作。以落实好老同志“两费”待遇为重点，积极主动解决老同志生活中的具体问题，以老同志满意为工作目标，确保离退休人员“两费”和相关生活待遇得到有效落实。加大走访力度，做好慰问工作。以庆祝建国 65 周年为契机，办事处主要领导前往上海、广西、南京、南通等地离退休老同志家中看望慰问，把党的关怀和组织的温暖实实在在送到老同志心中。变被动服务为主动服务，在三大节日、高温天、重阳节、中秋节等特殊时期，登门探望和座谈会等形式慰问老同志，建立电话定期慰问工作制度。走访慰问离退休老同志的人数尤其是慰问省部级老同志比 2013 年有大幅度增加。做好跨省安置工作。2014 年完成异地安置 19 人，其中干部 13 人，工人 6 人。做好老同志病重、病故的后续工作。2014 年华东片区共有 31 位老同志去世，及时协助做好善后工作。

【强基惠民】 2014 年，上海办事处共落实近110 万资金，新建 2 座水磨坊、1 所农牧民群众体育文化广场，并解决各类体育器材；筹备兴建扎石马水池；扶植建起雪玛村格桑养殖农业合作社和扎西藏鸡养殖基地；修建了全长近10公里的农作田简易公路；资助乡卫生院更换救护车；邀请雪玛村10名农牧民代表到成都学习参观；干部职工为所驻村小学的老师们捐助价值近万元的运动服15套；争取上海企业家资助所驻村子女上学、困难户救助等资金近5万元。

2014年，驻村工作队被自治区党委评为"先进驻村工作队"，2名驻村队员分别被区党委、山南地委评为"优秀驻村队员"。

【维护稳定】 2014年，上海办事处始终把反分裂斗争作为首要政治任务，在思想上提高警惕，绷紧反分裂斗争这根弦，全面贯彻区党委维稳十条措施，坚守岗位，严于律己。要求办事处的干部职工坚持每天收看西藏新闻联播，关心西藏大事，了解西藏大事，一切服务于西藏，一切服从于西藏。坚持把平安示范单位创建工作和维稳工作有机地结合起来，一同安排，一同部署，全年做到了"三不出"。

【加强学习】 2014年，上海办事处结合学习贯彻十八大和十八届三中、四中全会精神，重点以学习习近平总书记系列重要讲话精神为核心学习内容。坚持理论中心组学习制度。参加上海市干部教育中心举办的"知识与创新每月论坛"。创新学习方式，主要领导上党课，订购学习光盘，派出6名县处级干部参加专题培训，推动了驻沪办学习型机关建设工作。

【党建工作】 2014年，上海办事处建立健全基层党组织党务公开、党内监督、民主评议党员、党员教育管理发展培训等制度。严格执行有关文件精神要求，贯彻"坚持标准，保证质量，改善结构，慎重发展"的工作方针，有组织、有计划地抓好党员发展工作。

【党风廉政建设】 2014年，上海办事处以落实党风廉政建设责任制为抓手，落实主体责任、认真履行"一岗双责"、与各处室签订了党风廉政建设责任书，并定期不定期地开展督促检查。狠抓廉政建设教育工作。认真开展领导干部个人有关事项报告工作，严肃财经纪律，规范接待工作，加强物资管理，取得了较好的廉政实效。

格尔木办事处

【概况】 2014年，格尔木办事处严格按照中央"八项规定"，自治区党委"约法十章"、"九项要求"各项规定，认真做好各级领导来格期间的联络、协调等服务工作。圆满完成自治区领导在视察藏青工业园区建设和格尔木基地开发建设过程中的各类会务筹备、人员安排、协调联络等工作。

【基地开发建设】 2014年，格尔木办事处及时向自治区政府办公厅上报《关于格尔木西藏基地开发建设的请示》、《关于采用招商引资联合开发方式修建格尔木西藏基地棚户区改造房方案的请示》、《关于利用我办闲置土地采用招商引资联合开发方式修建机关和办直单位干部职工安置住房的请示》等，并认真按照自治区领导"按照先急后缓、先易后难"的原则批示要求，遵照藏财行字[2014]190号、藏房办[2014]3号两个《批复》精神，积极开展了机关和办直单位住宅房建设重大项目的具体落实，以此拉开了西藏驻格尔木基地开发建设的帷幕。在确保自治区关怀补贴的1000万元专项补助经费合理使用和项目建设严格按规划、程序合理实施的前提下，于2014年10月24日与联合开发企业签订了联合开发规模达2.52亿元重大建设项目的联建协议。

抓紧开展基地棚户区改造建设项目的方案拟定，先后4次上报有关请示和报告。鉴于格尔木西藏基地棚户区改造项目由于各相关厅局驻格企、事业单位人、财、物的移交问题较多，企业拆迁、安置、债权、债务、大部分土地已长短期不等对外出租、有关企业破产已进入法定程序等难以解决的问题，办事处将在已上报政府的有关方案审批和土地问题落实后，立即着手具体开发工作的实施。

【服务园区建设】 2014年，格尔木办事处根据藏青工业园区在职及临聘人员工作和生活需要，及时解决了园区急需的办公、住宿、就餐及车辆配备等问题；根据园区工作人员增加的实际，扩充职工食堂就餐面积，修订了《格办(园区)机关食堂管理办法》；对园区工作的全体正式职工，全部由格办从机关行政经费中按机关标准发放了就餐补贴，并承担了年三十余万元的全部成本支出，有效解决了园区工作所需的办公、住宿和就餐需要；积极完成了新旧办公楼的改造和周转房的修建工作，为机关和园区职工、聘用人员解决住房24套，在格办机关自身存在办公室紧缺的情况下，采用腾退、合并等办法将社保局全部迁至机关办公楼办公，将全面改造的原社保局办公楼(45间1437平米)全部提供给园区使用，彻底解决了园区办公场所逐步紧张的实际问题。根据园区人员未到位的实际，调整班子大部分成员和6名优秀干部侧重于工业园区工作；在机关车辆有限、驾驶员紧缺的情况下，及时调配车辆和2名技术好、经验丰富的驾驶员，保证了园区日常业务用车等等，全力为园区各项工作顺利开展做好了各项后勤保障的各项工作。

【基础设施建设】 2014年，格尔木办事处新建两幢机关职工周转房，解决园区和机关干部职工目前住房难问题；机关办公楼、食堂维修、园内道路硬化项目的实施，改变了机关面貌，提升了自治区驻外机构的应有形象，职工生活、工作环境得到明显改善。

ΘΘΘΘ

【社会保障】 2014年，格尔木办事处就业中心指导人数达101人次，职业介绍90人次。指导基地26名待业青年到藏青工业园西藏浏河化工发展有限公司工作；对基地586名失业人员进行了公路养护岗前知识培训；对基地49名工人进行了技术等级鉴定等工作。稳定、及时和全面开展了全年来对4946人次，共计1336万元各类社保资金的收取、支出等工作。

【教育教学】 2014年，格尔木办事处新招录160名西藏自治区内学生，组织全校认真开展了“关注学生生活、注重学生教育”、“刻苦学习、励志成才”主题活动，培养学生的创新精神和实践能力；开展入学成绩摸底工作，全面了解、掌握学生的基础，针对部分学生底子薄、基础弱的实际，制订补课计划，得到广大学生和家长的欢迎，期中考试学生成绩有了明显的提高；为丰富学生课外生活，开设体育、音乐、美术、计算机等兴趣班，学生综合能力进一步提升；通过修订完善《量化考核管理办法》、《住宿生管理制度》等制度，校风、学风明显改善，“你追我赶”的学习风气进一步形成，学校管理进一步制度化、规范化、科学化；通过整合、维修，开办食堂等工作，住校生食宿条件明显改善，学习、生活环境进一步提高；通过倡导爱职业、爱学校、爱学生的良好道德风范，增强教师教书育人、为人师表、以身立教的使命感和责任感。

【医疗保障】 2014年，格尔木办事处认真落实藏青两省区框架协议精神，充分发挥医疗保障服务作用，推动藏青工业园区各项工作的顺利开展。通过在园区设立医务门诊室，抽调业务精熟的医务人员，为园区广大职工提供便利服务，确保各项施工的顺利进行，赢得园区广大职工的好评和赞誉。2014年，医务室接待患者915人次。为确保基地教育教学工作的正常运转，使广大中、小学生有一个健康的身体。医院按照“全心全意为病人服务”的工作理念，结合中学从西藏自治区内新招录160名学生之实际，在中学设立医务室，方便学生就诊，赢得广大家长和师生的肯定和好评。全年共完成门诊和收住病人1406人次，为基地、格尔木市干部职工和基地征兵、大中专招生健康体检848人次。

【宣传工作】 2014年，格尔木办事处利用板报、宣传栏、挂图、集中学习等形式大力宣传中央关于进一步做好西藏发展稳定工作的意见，积极宣传格尔木西藏基地开发建设和藏青工业园区建设，营造思发展、谋发展、求发展的良好氛围，通过学习宣传积极引导干部职工破除阻碍科学发展的观念，真正把思想和行动统一到中央和区党委的决策部署上来。

【信访工作】 2014年，格尔木办事处共接待和办理群众来信来访3件5人次，较去年(3件8人次)同期件数持平，人数下降60%。其中来信3件3人次，较2013年(3件5人次)同期件数持平，人数下降40%；个体访2人次，较2013年(3人次)同期人数下降33%。

【信息编报】 2014年，格尔木办事处主动与基地各单位加强联系，疏通信息渠道。以藏青工业园区建设和基地开发建设、和谐稳定发展为主要内容，收集上报了大量的政务和经济类信息。2014年，共编发信息6595条。

【公共设施管理】 2014年,格尔木办事处加大对工作人员的培训力度,积极开展爱路护路知识宣传教育活动,全力做好了基地铁路专用线单位的供水、供电等业内工作,确保基地8条铁路专用线的正常运行;通过梳理债务、加强收缴欠款和门面房管理等工作全体企业职工福利待遇有较大幅度提高。

兰州办事处

【概况】 2014年,兰州办事处党委、办事处紧紧围绕西藏中心工作,按照办事处党委、办事处工作职责,结合办事处实际,认真履职尽责,不断提高业务能力和服务水平,较好地完成各项工作任务。

【强化理论学习】 2014年,兰州办事处重点学习了十八届三中、四中全会精神和区党委八届三次、四次、五次全委会精神。办事处党委狠抓中心组学习,坚持用科学的理论武装头脑,指导工作实践。通过各种行之有效的学习方式,使广大党员干部职工对党的十八大、十八届三中、四中全会精神以及走有中国特色、西藏特点的发展路子有了更为深刻的认识和理解,增强了构建富裕西藏、和谐西藏、幸福西藏、法治西藏、文明西藏和美丽西藏的信心。

【维护稳定】 2014年,兰州办事处开展马克思主义"四观"、"两论"以及"团结稳定是福、分裂动乱是祸"、"三个离不开"等思想教育,要求广大党员干部严格遵守党的纪律。在反对分裂、维护祖国统一这一重大政治问题上,广大干部职工始终做到认识不含糊,态度不暧昧,始终做到立场坚定、旗帜鲜明,坚决与十四世达赖为代表的分裂集团作斗争。按照自治区政府办公厅关于做好节假日期间的维稳安保工作的要求,认真贯彻落实节假日干部值班制度,加强了值班期间对重点部门、要害部门的定时巡查,坚持全年每日报平安制度,确保办事处和谐稳定。

【廉政建设】 2014年,兰州办事处"三公"经费支出79.1万元,比2013年减少43.98万元,同比下降36%。

【强基惠民】 2014年,兰州办事先后选派四批16名驻村队员进入日喀则市联乡迟雄村。工作队帮助迟雄村党支部、村委会健全和完善了党支部"三会一课"、党员发展工作制度、党务、村务公开等65项制度。发展壮大党员队伍,建强基层党组织,截至2014年底,已发展新党员4人,培养入党积极分子6人。先后68次与村"两委"班子进行座谈,积极帮助村"两委"为广大群众解决生产生活中的实际问题50件。修整水渠800米,投资27万元,现已完工;修建水塘一个,投资10万元;打三口水井,投资10万元;购买农机具20马力柴油机27台及其它农具,投资8万8千元。

【"西藏家园"经适房项目】 2014年,兰州办事处"西藏家园"经适房项目被纳入兰州市2013年棚户区七大改造项目之一。"西藏家园"经适房项目各项工作进展顺利。"西藏家园"一期项目住宅楼(经济适用房)总套数496套。办事处高度重视此次预售房分配工作,7月,成立了以各部门负责人、职工代表和离退休人员代表共12人组成的分房领导小组,以"公平、公开、公正、透明"为原则,精心组织实施,顺利完成办事处98户干部职工返还房分配和超出面积预售工作和区内部分甘肃籍干部职工预售房工作,解决了他们的后顾之忧,尤其解决了青藏公路局部分长期在青藏线道班工作的干部职工的住房需求。

【党的群众路线教育实践活动】 2014年,兰州办事处党委按照整改措施,在进一步改进文风会风、整治公务接待、反对铺张浪费等方面建立健全了8项规章制度,形成改进作风、联系群众的长效机制,推动作风建设的制度化、规范化和常态化。

社会科学

【服务社会稳定】 *主动加强对策研究* 2014年,自治区社科院根据《中共西藏自治区委员会与中国社会科学院党组合作研究西藏重大现实问题协议》精神和自治区党委的明确要求,全力配合中国社科院调研组,院领导亲自带队,组织精干力量,先后深入区直单位及拉萨(含市直)、山南、日喀则、林芝、那曲、阿里、昌都等地市县乡村,完成了《"治国必治边、治边先稳藏"重大战略思想研究》、《西藏实行"强基惠民"重大举措的现实作用和长远历史影响研究》、《创新社会管理维护社会稳定实现长治久安的综合性研究》等重大现实问题的课题调研，得到了中国社科院和自治区领导的充分肯定。本院承担的国家社科基金重大特别委托项目子课题《和平解放以来民族政策在西藏的实践绩效研究》顺利结项，并鉴定等级为良好。向自治区党委统战部申报“西藏自治区各寺院活佛转世现状调研”课题，自治区党委常务副书记吴英杰和自治区党委常委、统战部部长、自治区政协副主席、党组书记公保扎西两位领导给予了高度重视，并作出重要批示对课题研究提出明确要求，课题研究已全面启动。自治区重点课题《外国人眼中的西藏》进展顺利。国家哲学社会科学基金项目《藏学研究在国际藏学界和涉藏外宣中的话语权问题研究》正式立项。本院承担的委托课题《拉萨法治发展报告(蓝皮书)》成功结项，并以此课题为重点，拉萨市在北京召开新闻发布会全面介绍法治建设情况，产生良好效果。

扎实开展维稳工作　高度重视维护稳定和安全保卫工作的落实，及时传达贯彻自治区党委和自治区维稳指挥部一系列部署要求，引导干部职工深刻认识自治区反分裂斗争和反恐防暴严峻复杂形势，切实克服侥幸麻痹思想和松懈厌战情绪，突出敏感节点和重大节庆活动，深入落实维稳和安保各项措施，做到24小时值班巡逻和“零报告”制度的无缝衔接，做到总带班人及值班人员按时交接班，做好外来人员、车辆的证件核对、询问、登记工作，严格执行全院人员外出报批和安全生产的管理，包括离退休人员在内无一人参加塔尔钦、萨嘎达瓦等宗教活动及境外法会，确保了全院的和谐稳定。

【课题研究】　2014年，自治区社科院立项国家社科基金项目4项，向自治区社科资金申报了西藏构建新型农牧业经营体系研究、基于文化资源的西藏经济发展战略研究、全面深化改革背景下西藏如何抓住机遇研究等12项项目；承担自治区党委宣传部、自治区发改委、自治区妇联等部门的《对推进我区公共文化服务标准化、均等的建议》、《西藏全面建设小康社会研究》、《西藏经济发展的外部性问题研究》、《西藏自治区志·妇女志》委托课题以及拉萨、林芝、昌都、日喀则、阿里和拉萨市城关区、达孜、堆龙德庆、丁青、班戈等县关于经济社会发展规划研究的委托课题共15项；自行立项加强黑颈鹤越冬地保护，促进西藏冬游、拉萨城市居民生活及消费观念变迁研究——基于旅游发展的促进效应分析、政府管制下的拉萨市出租车市场现状研究等院级课题20项。这些课题涉及农牧发展、改革开放、生态保护、文化建设、民生改善、旅游发展、对口援藏等推进跨越式发展中关注的现实和热点问题，也涉及部门和县域经济社会发展的前瞻性问题。特别是《西藏发展报告·2014(蓝皮书)》、《西藏新农村建设绿皮书·2014》影响广泛，受到社会各界欢迎。

【社会舆情】　强化对内宣传　2014年，自治区社科院党委书记、副院长车明怀参加由中央举办的“纪念邓小平同志诞辰110周年座谈会”和“全国纪念邓小平同志诞辰110周年学术研讨会”，并在会上交流了以《简论邓小平对西藏解放和稳定的贡献》为题的论文。配合中宣部和自治区党委宣传部组织的中央和自治区内媒体对中国社科院援藏干部孙伶伶的宣传报道工作；有关专家学者还承担了100余人次的中央和自治区主要媒体的采访任务。按照《纪念江孜抗英斗争110周年宣传教育活动实施方案》要求，筹备组织“纪念江孜抗英斗争110周年学术研讨会”，编辑出版《江孜抗英斗争110周年学术研讨会论文集》。

开展以外宣为主题的学术交流　服务国家周边外交和对外宣传工作，先后派出次仁加布、项智多杰、边巴拉姆等科研人员参加中央外宣办组织的赴德国、韩国、美国等随团出访。同时，还组织以外宣为主题的学术交流活动，2014年底，自治区政协副主席、社科院院长白玛朗杰将率团赴尼泊尔，与尼泊尔中国研究中心续签学术合作协议并开展学术访问，推动中尼官方、民间学术交流的持续发展。院党委书记、副院长车明怀带领民族、宗教专家赴美国弗吉尼亚大学进行学术交流，介绍西藏发展情况，了解美各界对西藏的认识和看法。与此同时，院领导参加了国务院新闻办组织的《西藏发展道路的历史选择》白皮书的撰写工作；组织专家接受了国外媒体的联合采访；达瓦次仁、次仁平措、顿珠拉杰、孙伶伶和次仁加布等还分别参加了西藏发展论坛、中国西藏旅游文化国际博览会主旨论坛活动，从学术和学者的视角讲述了中国梦、西藏故事，介绍和展示了真实发展变化的社会主义新西藏。

研判舆情动态 西藏自治区社科院高度重视哲学社会科学和藏学研究领域的舆情动向的收集和研判，全年编写反映动向的18期《要情》，为自治区党委、政府决策提供参考。

【继承和弘扬优秀传统文化】 2014年，自治区政协副主席、社科院院长白玛朗杰主持的国家社科基金重大委托项目《西藏百年史研究》圆满结项，并被鉴定被为优秀等级。《西藏阿里森巴战争研究》、《甘丹彭措林寺院志》翻译与研究、钦·囊喀扎所著《阿底峡尊者传》翻译与研究等课题被国家哲学社会科学基金项目成功立项。启动开展编撰《贝叶经梵藏汉英常用对照词典》项目，创办全国首份藏汉文《西藏贝叶经研究》杂志。自治区重大文化工程《格萨尔》藏译汉项目进展顺利，完成6部的出版发行。针对科研资金不足的实际，首次探索院企合作，开展藏文版《历辈班禅传记丛书》的整理编辑和出版发行项目，约420万字的首套历辈班禅传记完整版共12部(册)得以面世。藏文古籍出版社编辑的《西藏自治区非物质文化遗产图典》2014年出版发行11种图书。录音整理和编辑出版系列丛书《格萨尔民间艺人独家说唱本》和《格萨尔艺人桑珠说唱本》4部。作为本院院级课题立项并开展研究“老西藏精神”及其时代价值、从藏传佛教核心观念看宗教与社会主义社会相适应、从琦善治藏看驻藏大臣制度之成败、西藏民族文化政策梳理及有关问题探讨、藏传因明的形成与发展研究—以桑普寺为例、宁玛派南藏与北藏比较研究、藏东苯教名刹孜珠寺历史沿革及现状调研、吐蕃嘎氏家族发源地考证、关于阿底峡传记的历史价值、苯教六大世袭的历史与现状研究、卡尔梅·桑丹坚赞藏学论文翻译集。院科研人员在墨竹工卡县切卡寺和芒康县嘎托镇境内新发现的吐蕃时期遗存古石狮和大型吐蕃摩崖浮雕菩萨像群，具有很高的历史和艺术研究价值。受拉萨市委市政府委托，正在开展10卷本《幸福拉萨：拉萨历史文化经典丛书》的编撰工作。受日喀则地委行署委托，《魅力日喀则》完成了前期资料收集工作，正进入编撰阶段。

【学术交流】 *参加全国全区性学术研讨活动* 2014年，自治区社科院组织专家学者积极参加第四届全国社科院世界历史研究联席研讨会、第十届全国因明学研讨会、第三届民族志工作坊学术交流活动，交流学术研究成果，了解掌握学术发展动态。参加自治区人大举办的“庆祝人民代表大会制度建立60周年”和“民族区域自治法颁布30周年”理论研讨会，编辑出版《江孜抗英史料集》和《建设文化强区(省)与构建美丽西藏学术研讨会论文集》。

加强与兄弟省院(联)的交流合作 自治区政协副主席、社科院院长白玛朗杰赴山西运城出席第十七届全国社会科学院院长联席会议暨首届河东盐文化历史与开发研讨会。其他院领导班子成员及专家学者还分别参加了第四届全国藏学工作协调会、全国社科联第十五次学会工作会议、第二届全国藏学期刊协调会、西部社科院院长联席会、西部五省区涉藏社科院院长联席会，学习先进理念，成功做法，推动西藏哲学社会科学和藏学研究繁荣发展。

【社科理论宣传普及】 2014年，自治区社科院在《西藏研究》和本院门户网站专门推出宣传中国梦、核心价值观、江孜抗英斗争110周年、援藏20周年等专题专栏。组织百余人次的专家学者接受中央和自治区主要新闻媒体采访，介绍自治区学术研究发展和经济社会发展所取得的新成就。

【社科联工作】 2014年，自治区社科联把学会管理和服务工作做为基础性工作，进一步梳理学会、协会研究会等会员单位，从94家会员单位中明确21家为重点联系和推进工作单位。草拟了“自治区哲学社会科学界联合会关于年度工作经费列入财政预算的请示”、“自治区哲学社会科学界联合会关于设立西藏自治区哲学社会科学和藏学研究学术著作出版资金的请示”、“自治区哲学社会科学界联合会关于设立西藏自治区哲学社会科学和藏学研究优秀成果奖的请示”、“自治区哲学社会科学界联合会关于增加内设机构和人员编制的请示”，与基本工作思路和重点工作相衔接，形成了较为完备的工作措施。

【党的群众路线教育实践活动】 2014年,自治区社科院把补精神之"钙"放在首位,制定《西藏自治区社科院2014年理论中心组学习计划》,组织中心组集体学习5次,组织县处级以上党员参加自治区组织的各类报告会30余人次。围绕学习习近平总书记系列重要讲话精神等主题,举办全院党员干部学习报告会3次,加强各支部"三会一课"制度的落实,切实用马克思主义中国化的最新成果武装党员干部。把制度建设作为管根本的保障,着眼于务实管用和增强针对性,制定和完善理论学习、科研管理、队伍建设等23项制度,做到制度与制度之间彼此呼应,配套衔接,特别是在执行制度上狠下功夫,坚决纠正有令不行、有禁不止的行为,确保制度的严肃性。突出党风廉政建设,严格执行《党政机关厉行节约反对浪费条例》、《党员领导廉洁从政若干准则》等党风廉政建设的各项制度,制定《西藏自治区社会科学院关于加强廉政风险防控机制建设的实施细则》,签订党风廉政建设目标责任书,努力建设风清气正的良好氛围。把干部队伍建设作为关键,教育引导广大党员严格落实习近平总书记提出的"三严三实"要求,按照好干部的标准,严格要求自己,在思想和行动上与中央和自治区党委保持高度一致。认真落实《完善机关党员干部直接联系群众的若干意见》,在县处级以上干部结对认亲的基础上,完成33名县处级以下普通党员38户驻村点困难家庭认亲结对,完成12名驻村工作队员的轮换选派。积极协调落实新农村建设登巴村重庆援藏项目资金1080万元,协调自治区水利厅落实供电项目资金70万元。申请协调毛尼村河道整治资金14万元,种养殖项目资金45万元,路桥建设资金22万元。组织党员、干部职工为昌都芒康县曲登乡登巴村荣许组结对户巴宗家庭爱心捐款2万余元。积极落实项目建设,完成投资568万元的集中供暖工程项目和180万元的"节能减排工程"试点项目,完成了投资4840万元的"西藏社科藏学多功能图书楼"项目前期各项许可审批,原楼拆除"三通一平"和招投标资审查等工作正在有序推进。

藏语言 编译

【概况】 2014年,全区各级藏语言文字部门牢固树立藏语言文字学习是前提、使用是核心、发展是生命的理念,大力推进藏语言文字的学习、使用和发展,各项工作成效明显、亮点纷呈,为西藏自治区跨越式发展和长治久安做出了积极贡献。

【推进藏语言文字工作】 2014年,全区藏语言文字工作电视电话会议召开后,办(局)党组十分重视,先后召开党组扩大会议、2013年工作总结暨表彰会议和2014年全区各地市藏语委办(编译局)主任(局长)会议,对贯彻落实工作进行动员部署,并确定2014年为"落实年"。全区各级各部门特别是藏语言文字部门迅速行动,制定方案,精心组织,通过召开党组(党委)会、理论中心组学习会、专题学习会等多种形式,抓好会议精神学习贯彻,全面谋划推进藏语言文字学习、使用和发展工作,在全区掀起了学习贯彻会议精神的热潮。如昌都地区行署主要领导主持召开地区藏语言文字工作专题会议,传达学习会议精神,研究部署地区藏语言文字工作,提出"四个相结合"的工作要求。那曲地区行署制定出台了《关于进一步加强那曲地区藏语言文字工作的意见》。

【藏语言文字政策研究和法规建设】 2014年,自治区藏语委(编译局)全面开展修订《西藏自治区学习、使用和发展藏语文的规定》(以下简称《规定》)工作。工作专班集中时间、集中力量起草《条例》草案,并经印发区直有关部门和各地(市)藏语言文字部门征求意见,召集在拉萨的部分藏语言文字专家、学者召开座谈会10余次,广泛征求意见,充分进行论证。派出由办(局)分管领导带队的学习调研组,利用1个月时间赴北京、内蒙古、四川、青海、甘肃、云南等地开展民族语文立法调研,学习借鉴立法经验。积极配合由自治区人大常委会党组副书记、副主任嘎玛带队的立法调研组,对那曲地区和拉萨市藏语言文字的学习、使用和发展情况进行了深入调研。数易其稿,反复修改,并经办(局)党组会议讨论研究后,形成《西藏自治区藏语言文字条例》(草案)和《关于<西藏自治区藏语言文字条例>(草案)的起草说明》上报自治区政府审核,已转交自治区政府法制办负责办理。配合自治区民宗委起草中央民族工作会议政策建议材料,就完善藏语言文字政策提出了意见和建议。编制了《西藏自治区

“十三五”藏语言文字事业发展规划》。在教育部语用所的帮助支持下，选派戴红亮研究员赴藏，编写了《西藏自治区藏语言文字事业中长期发展规划纲要》。

【指导基层藏语言文字工作】 2014年，自治区藏语委（编译局）进一步推进“两面向、两加大”（即：面向基层，加大服务群众、服务基层藏语言文字部门工作；面向藏语言文字受众，加大学习、使用、发展藏语言文字工作）主题实践活动，先后5次派出由办（局）领导带队的工作组，深入7地（市）51个县、68个乡（镇）和29个行政村，采取座谈、走访、实地查看、与基层干部群众面对面交流等形式，加强对藏语言文字工作热点难点问题的调查研究，督促检查各地市各部门贯彻落实全区藏语言文字工作电视电话会议精神，基层干部学习“双语”，规范藏语文社会用字，藏语言文字部门有机构、有编制、有人员、有经费“四有”要求等情况，协调所到地县主要领导和分管领导，以现场办公形式解决基层藏语言文字部门的困难和问题，并形成高质量的调研和督查报告，为各地市藏语言文字部门提供了有力的指导与服务，在全区藏语言文字系统形成大调研、大督查的良好工作格局。

【狠抓“双语”学习】 2014年，自治区藏语委（编译局）与自治区党委教育实践活动办联合印发了《关于开展藏汉“双语”学习教育活动的通知》，积极协调自治区党委组织部和西藏大学，高标准高质量地完成了《藏文基础》、《汉语基础》、《常用藏语口语300句》的编写工作，印制近4万册发放至地县两级党校、组织和统战等部门以及各乡（镇）、各驻村驻寺干部职工。各地市各部门组织开展“双语”学习活动，取得明显成效。如，拉萨市分级建立干部职工藏汉“双语”学习档案，采取“分类施教、结对帮学、实践锻炼”等措施，结成帮扶对子6921对，有力巩固和发展了“双语”学习成果；林芝地区编印以日常用语、礼貌礼仪用语、节日风俗用语和科技知识用语为主要内容的《藏汉双语日常用语》；昌都市深入开展“小手拉大手”活动，使更多的干部群众在孩子的影响下开口学“双语”；阿里地区采取“六个一”模式推动藏汉“双语”学习；山南地区建立健全藏汉“双语”学习、培训、考核机制；日喀则市出台《“双语”培训班学员考勤制度》、《结业考试制度》，对学员提出明确要求，把责任落实到单位、人员、时间和结果；自治区高级人民法院、自治区人民检察院、自治区党委政法委、自治区人社厅等单位为解决年轻干部与群众交流的语言障碍问题，集中时间组织开展藏语学习培训，使“双语”学习开展得有声有色，有力促进了干部与群众的交流交往交融，提高了广大干部做好新形势下服务群众的能力和水平。

【提升藏语言文字规范水平】 2014年，自治区藏语委（编译局）共完成各级党委、人大、政府的文件、领导讲话、“两会”材料、地方性法规、人大代表建议、政协委员提案、《西藏自治区人民政府公报》等翻译任务2100多万汉字；完成《习近平总书记重要论述摘编》、《习近平关于全面深化改革论述摘编》和自治区党委党的群众路线教育实践活动、首届中国西藏旅游文化国际博览会材料，以及自治区党委组织部、宣传部、统战部和自治区纪委、自治区财政厅、自治区强基惠民办等单位交办的应急翻译任务近70万汉字，保证了党和国家的方针政策以及自治区党委、政府的决策部署及时准确地贯彻到基层，为广大干部群众参与经济、政治、文化和社会活动提供了优质服务。建立全区藏汉语文翻译系列职称考试题库，完成2013年度全区藏汉翻译系列职称评审和2014年度全区藏汉翻译系列职称工作。深入贯彻落实全区规范藏语文社会用字工作总结表彰会议精神，以自治区政府办公厅名义印发了《关于进一步做好藏语文社会用字检查整改工作实施方案的通知》，在全区范围内安排部署了为期1年的新一轮藏语文社会用字检查整改工作，进一步巩固扩大规范藏语文社会用字工作成果。如林芝、山南地区按照“规范化、通俗化”要求，对党政机关、新闻媒体、各级学校、公共服务领域以及旅游景点、公路沿线、寺庙的指示牌、电子显示屏等藏语文社会用字进行了整改；阿里地区行署分管领导与各县分管领导签订藏语文社会用字规范工作目标责任书，运用信息化手段为各广告装潢店提供翻译服务，并结合狮泉河镇穿衣带帽工程，扎实开展藏语文社会用字检查整改工作；日喀则市聂拉木县安排专项经费23万元用于规范藏语文社会用字，净化社会用字环境，美化了城市形象，提升了城市品位。召开第四届西藏译协第三次常务理事会，听取工作汇报，研究部署工作，译协工作得到加强。

【狠抓"三化"建设】 2014 年，自治区藏语委(编译局)共审定新词术语 1432 条。编制、印发了2013 年度藏文新词术语汇编。加强藏语言文字科研工作，《藏文科技名词数据库建设》、《藏语文传播途径及其效用分析》、《西藏边境口岸社会用字调研》和《西藏藏语文科研人才数据库》等项目获得立项，落实经费近 200 万元；向自治区财政厅呈报了申请专项科研经费的报告，落实经费 89.4 万元，争取国家项目、自主设立项目、横向合作项目的藏语文科研立体构架已基本形成。积极参加全国藏语术语标准化工作委员会例会和专家委员会会议，完成国家信标委藏文信息技术国家标准工作组换届工作，召开新一届藏文信息技术国家标准工作组第一次会议，研究通过了藏文词类标记规范、藏文分词规范、藏文排序规范、藏文短语标记规范、藏文 TEI 标记规范等5 个藏文信息处理基础标准的国家标准申请立项，并由自治区新词术语藏文翻译规范委员会转发了《全国藏语新词术语翻译审定专家委员会审定通过的藏语新词术语公报》。经与上海语委沟通衔接，就《西藏藏语言文字网》开辟《新词术语汉藏对照词典》在线查询、《藏语文工作》刊物在线阅读和《各地市藏语文工作》等栏目达成了援助协议，上海语委专门组团赴日喀则地区开展调研，召开《西藏藏语言文字网》建设暨沪藏语言文字工作座谈会。在上海市教委、上海市语委的无私援助下，成功举办首期《西藏藏语言文字网》网络管理人员培训班，区地县三级藏语言文字部门的 20 名学员参加了培训，开阔了眼界，提高了能力。《藏语文工作》刊物建设得到了自治区新闻出版局的大力支持，完成了 2013 年杂志合订本的印制和 2014 年度 4 期杂志的出版发行工作。

【受援工作】 2014 年，自治区藏语委(编译局)第七批两位援藏干部克服各种困难，创造性地开展好分管工作，积极向教育部、国家民委有关司局、直属单位以及有关部委汇报援藏工作开展情况，得到了教育部和国家民委的高度重视和极大支持，对口受援工作实现新突破，成为办(局)历年来争取援助资金最多的一次，开创了区直部门对口受援工作的先河。2014 年，已争取到各类援助项目资金近 730 万元，具体为：教育部语信司《小学词语九用词典》翻译补助经费 30 万元、语文出版社办公条件改善经费 25 万元、国家教育行政学院工作经费每年 25 万元 (3 年共 75 万元)、全国科学技术名词审定委员会项目资金 30 万元、教育部支持边境地区社会用字调研经费每年 18 万元(5 年共 90 万元)、教育部藏语文人才库建设经费 5 万元、教育部藏汉翻译培训班经费每年 40.5 万元 (3 年共 121.5 万元)、上海教委支持《西藏藏语言文字网》网络管理人员培训班经费每年 35 万元(3 年共 105 万元)、教育部支助日喀则市萨嘎县日拉村小学改造资金 190 万元；第十五次全国民族语文翻译学术研讨会国家民委教科司补助经费 7 万元、国家民委教科司翻译人员培训补助经费 30 万元、国家民委古籍办支持山南地区藏文古籍整理业务经费 20 万元。同时，与中国藏学研究中心、中央编译局、新闻出版总署等多家单位建立了联系，达成了合作意向。

【维稳工作】 2014 年，自治区藏语委(编译局)始终坚持稳定压倒一切，先后多次召开全体干部职工大会，学习贯彻中央、自治区党委关于维护稳定的一系列会议精神和工作部署，统一思想、提高认识，明确任务、落实责任。及时调整充实办(局)维稳工作领导小组和退休区治安小组，突出加强对"两区域一队伍"(办公区域、退休区域和干部职工队伍)的安全管理，扎实做好单位内部安全保卫工作，认真做好来访人员登记、车辆交通安全、防火防盗和辖区安全巡逻等工作，办(局)机关全年未发生任何刑事案件、治安案件和安全事故。

【强基惠民】 2014 年，自治区藏语委(编译局)高度重视创先争优强基惠民活动，多次召开会议听取汇报，研究解决困难和问题，第三批驻村工作圆满完成。办(局)两个驻村工作队围绕"五项工作任务"，按照"蹲得住、干得好、见成效"的要求，全面推进创先争优强基惠民活动各项工作，取得显著成绩。

建强基层组织 顺利完成村"两委"换届选举工作，建立健全事务决策和民主管理等各项制度 11 项，使村级管理更加规范。

维护社会稳定 化解各类矛盾，深入细致地做好群众工作，理顺情绪、解决问题，共排查解决矛盾纠纷22件，确保所驻村“三不出”。

拓宽致富门路 引导所驻村理清发展思路，找准发展路子，完善发展规划，鼓励村民外出经商和务工，增加现金收入。

开展感党恩教育 大力宣传党的路线方针政策、强农惠农政策和民族宗教政策，使各族群众真正明白了惠在何处、惠从何来。

办好实事好事 两个驻村工作队共为民办实事好事150余件，投入资金240多万元，得到了广大群众的高度赞扬。

农牧科学

【概况】 2014年，西藏自治区农牧科学院落实各类项目212项，总资金20000万元以上。全院共申报各类项目250多项，已落实196项，资金达19845.59万元。其中：科技项目181项，资金达12073.79万元；基本建设项目15项，总投资7771.8万元。项目数量与资金总量再创新高，进一步加大了农牧业种业科技创新和成果转化力度。2014年，获得农业部“农牧渔业丰收奖”二等奖3项，已申报国家科技进步奖1项，申报自治区科学技术奖8项。

【科技创新与成果转化】 *扎实推进四大育种攻关* 2014年，自治区农牧科学院围绕加快推进特色农牧业种业创新，全面加强青稞、小麦、油菜、马铃薯、荞麦、豆类和饲草饲料作物新品种选育研究，2014年，共种植农作物亲本、后代和田间展示材料5689份，繁殖春青稞藏青2000、藏青320、藏青13、豌豆藏豌1号原种、原原种13700亩。青稞基因组学研究领域取得重要突破，成功绘制出西藏青稞基因组遗传图谱。进一步加大牦牛、奶牛、藏系绵羊、绒山羊、肉羊、拉萨白鸡等特色畜禽本品种选育力度，已经形成了较为科学的选育路线和工作机制。白绒山羊、拉萨白鸡新品种审定进程明显加快。完成了西藏11个牦牛类群的遗传多样性评估。启动实施了天然草地植被生态恢复关键技术研究，收集到不同海拔、草原类型的披碱草、早熟禾、针茅等野生牧草种质材料100多份，野生牧草发芽试验和野外栽培、驯化和培育研究进展顺利；先后从中国农科院草原所、甘肃、吉林、青海等地引进了15个牧草品种，累计种植优质牧草10336亩，生产优质青干草捆6442.6吨，围栏打草2000吨。完成了草地的围栏封育技术示范2000亩，重度退化的禁牧草地补播3000亩，开展天然草地改良培育3500亩。强化园艺新品种引进与选育，由西藏自治区非主要农作物品种登记委员会通过现场鉴定，通过了大白菜新品种1个、萝卜新品种3个、马铃薯品种1个共5个新品种的登记工作。引进和选育出核桃新品种5个、牡丹5个、桃6个、草莓3个、苹果新品系2个。引进示范大白菜、萝卜、甘蓝、等20多种园艺作物60多个品种。

着力突破关键技术 围绕粮油高产，实施“藏青2000”、“藏青13”、“冬青18号”等青稞新品种(系)生产潜力挖掘试验，加快完善青稞新品种高产栽培技术规程，把“专家产量”转变为“农牧民产量”，为大幅度提高青稞单产储备核心技术。在全区示范推广了“藏青2000”青稞新品种43.11万亩，选派一批业务精、能力强的科技人员分赴全区6个地(市)21个县开展了49期“藏青2000”生产技术培训和实地进行技术指导服务，确保技术力量、技术环节、技术要领、技术指导准确到位，技术服务效果显著。在日喀则、山南、拉萨、昌都、林芝5个地区，示范推广了“藏青13”、“藏青690”、“藏青3179”、“藏青25号”、“冬青17号”、“冬青18号”、“藏春951”、京华165等9个农作物新品种127万亩，普遍增产10%以上。

围绕牦牛育肥、奶牛养殖、绵羊扩繁、肉羊杂交利用、绒山羊繁育，推进畜牧业大发展的目标任务，以牦牛、奶牛、绵羊、绒山羊、藏鸡、饲草6大产业为重点，以提高特色畜牧业科技含量为目标，以科技成果转化项目为载体，持续加强畜牧业高效生产综合配套技术示范推广和成果转化。累计完成牦牛育肥技术示范4677头，推广彭波半细毛羊新品种10000只，优良绒山羊种公羊760只，肉羊经济杂交育肥示范2000只。自主研发牛羊新型舔砖饲料配方4个，生产舔砖饲料产品50吨。根据全区黄牛改良工作会议精神，进一步加强了黄牛改良关键技术集成示范，进一步强化了黄牛改良科技支撑。

围绕设施园艺栽培，启动建设设施园艺高效生产科技示范基地，全区推广示范蔬菜、果树、食用菌、马铃薯等新品种43个和配套栽培技术10多项，推广面积1200多亩，从全区收集野生蔬菜、食用菌、马铃薯、冷水鱼等30多个种类80多个样本。充分发挥现代园艺科技的示范带动作用，大力开展蔬菜高效栽培、非耕地高效利用、果树高效种植和食用菌高效生产等先进适用技术示范推广。启动实施了金银花优质种苗繁育基地建设项目，加快实施金银花产业发展规划。

围绕农产品高产保优标准化生产技术攻关，充分利用自治区“绿色”、“无公害”农产品地域和生态环境优势，加强农产品质量认证、环境监测、质量控制等科技创新。以青稞为重点，实施了青稞特异品质产地环境研究，初步探索特异青稞品质与其环境的关系以及农产品质量安全与生态环境的关系。加大特色农畜产品全程质量控制和保优增效技术集成示范与成果转化力度。2014年，抽取蔬菜、水果、食用菌、水产品、土壤和水1710个样品，完成40000多个参数的测定。采集酥油样品220份，从分子生物学层面分析酥油中7种有害微生物的种类及分型。研制完成“藏青2000生产技术规程”、“青稞种子繁育生产技术规程”、“冬青8号生产技术规程”和“冬青11号生产技术规程”等11个地方标准，构建了青稞全程质量控制高产保优栽培技术及标准体系。实施藏青690、3179优质品种的标准化生产示范1200亩，“藏油11号”、“青油17号”及豌豆、油菜高效栽培技术示范300亩。通过组培快繁、种子育苗两种方式繁育红景天15万余株。启动研发八大系列特色农畜产品，持续加大金银花保健饮品、青稞红曲酒、黑青稞荞麦籽粒茶、青稞酥、牦牛人参果酸奶、特色蜂产品、红景天系列饮品、青稞牦牛肉方便面等系列产品研发力度。2014年，青稞红曲酒的研发已经进入品鉴与试生产环节，已生产15吨，灌装产品达2万瓶；已生产3个批次的金银花饮料产品。黑青稞荞麦籽粒茶、青稞酥、牦牛人参果酸奶、青稞牦牛肉方便面等产品均已进入试生产阶段。通过与西藏珠峰实业有限公司合作，加强了“雅谷都”红景天饮料生产经营与管理。完成西藏圣科种业部分生产设备和厂房改造，强化经营管理，有力提升农作物原（良）种生产加工与供种能力，加工销售青稞、油菜、豌豆等作物原种、原原种327万斤。依托相关技术成果，进一步加强与相关企业合作，积极打造西藏高原纯天然蜂蜜品牌产品，加工原料52吨。

【农牧科技成果转化示范户建设】 2014年，自治区农牧科学院启动实施“把论文写在大地上，把成果留在农户家”科技服务行动，加大科技致富能手培养力度。在拉萨市曲水县、林芝地区米林县、山南地区乃东县、日喀则地区白朗县和那曲地区班戈县重点培育农牧科技成果转化示范户20户，加速葡萄高效种植、藏鸡高效养殖、陇油9号冬油菜新品种高效栽培、野生黑木耳与野生灵芝人工驯化栽培、蜜峰养殖、青稞标准化种植、无公害蔬菜种植、奶牛高效养殖、绒山羊高效养殖10项先进实用技术成果的转化应用，加快农牧科技成果向农牧业生产的植入和嫁接，示范户最高实现年收入上百万元，平均每户增收9.9万元。

【农牧民科技培训】 2014年，自治区农牧科学院加大对农牧民全方位技术服务力度，建立以科技特派员为核心、以农牧民增收为目标，建立健全农牧民科技服务长效机制，加大新型农牧民培训力度，加强农村远程教育和科技信息综合服务，加快推进基层科技服务体系建设，为农牧民增收提供全方位的高效服务。全年在拉萨集中举办了12期“蔬菜栽培技术培训班”，累计培养基层农业技术人员200人，在全区12个县实地培训农牧民11600人。

【农牧科技创新平台建设取得新进展】 2014年，自治区农牧科学院在上年度的基础上，总投资近5亿元的“西藏现代农牧业科技创新示范区建设”项目前期工作进展迅速。“西藏现代农牧业科技创新园”项目已开工建设。农业部重点建设项目“国家小麦改良中心西藏青稞分中心”、自治区重点项目“农业所科研大楼”已开工建设。“藏区青稞育种加代与扩繁（元谋）基地建设”项目已进入施工图纸设计阶段。“西藏（拉萨市）肉牛育肥试验示范基地建设”、“西藏娟姗牛纯种繁育示范基地建设”项目已批复立项，前期工作正在加快推进。“青稞品质改良与牦牛繁育省部共建国家重点实验室培育基地”通过验收,正在评估升格为国家重点实验室。西藏动物寄生虫病实验室获批自治区级重点实验室。加快推进了中国农业科技创新海南(文昌)基地西藏农业科技创新园项目建设各项工作。

地质矿产勘查开发

【概况】 2014 年,自治区地质矿产勘查开发局共实施国家和自治区各类地质项目 186 项,地勘经费 6 亿元。其中青藏专项 63 项,经费 1.89 亿元;中央地勘基金 7 项,经费 6625 万元;局管项目 25 项,经费 3162 万元;自治区专项 1 项,经费 97 万元;科研 6 项,经费 540 万元;合作地质 20 项,经费 1.14 亿元;商业地质 64 项,合同金额 1.98 亿元。完成主要实物工作量:钻探 171721 米;槽探 105675 立方米;1:5 万区域地质调查 5739 平方千米;1:1 万地质草测 1412 平方千米;1:1 万土壤测量 181 平方千米;1:1 万激电中梯测量 380 平方千米;1:5 万水系沉积物测量 7655 平方千米;1:25 万水系沉积物测量 26200 平方千米;1:5 万区域水文地质调查 409 平方千米。

青藏专项 新发现铜、铅锌、铁、铬铁矿等找矿线索 25 处。矿产远景调查项目新发现矿点及矿化点 44 处,其中 8 处有望达到新发现矿产地要求,地玛亚举、多仁烈迁、扎隆铜多金属矿、铁陇贡玛铅锌矿、依珠兴拉镍矿、神公磁铁矿等具有良好找矿前景。矿产勘查项目对矿(化)体开展了工程控制,其中昂仁县龙根铅锌矿、革吉县亚卓铜矿、龙荣地区铜多金属矿、东巧地区铬铁矿等显示较好找矿潜力,有望扩大资源量。两个危机矿山勘查项目取得重大进展,罗布莎矿区资源储量进一步扩大。久攻未破的香卡山矿区通过综合分析研究及钻孔验证见多层厚大富矿体,最大见矿厚度达 28.68 米,初步估算可新增铬铁矿矿石资源量 40 万吨,证实该区域具备巨大找矿潜力,该项成果被评为中国地质调查局 2014 年度“地质科技十大进展”第三名。化探项目在藏西北地区圈定了一批化探异常,通过异常查证发现铜多金属矿 10 处。地热勘查取得一定成效,在措美县钻获高温地热,为进一步勘查开发利用奠定了基础,该成果被评为中国地质学会“十大科技进展”第六名。首次在岗巴地区介入页岩气调查项目,并获明显进展,配合完成了羌塘油气科研钻探工作。

中央地勘基金项目 巴弄座寺铜矿区除对具一定规模的矽卡岩型铜多金属矿体进行了工程控制外,还新发现具有斑岩型铜钼矿化特征的成矿有利区域。久垄磁铁矿地表圈定磁铁矿体 6 处,磁异常与矿体对应较好、异常规模较大,具有寻找中型以上富磁铁矿的找矿前景。南越拉铅锌矿地表圈定 2.5 千米长的矿化带,成矿条件有利,找矿前景较好,已获中央地勘基金项目管理中心批准 2015 年继续实施。联确日矿区圈定铜镍矿、铁镍矿体以及规模大、强度高的土壤综合异常各 1 处,矿区具有寻找铜镍硫化物矿床和斑岩型铜金矿的成矿地质条件,找矿潜力较大。

局筹资普查、预查项目 革吉县角龙那布西发现具有一定规模的黑钨矿,成矿条件有利,找矿前景好。革吉县岗前地区、荣嘎地区发现铜、钼矿化强烈的含矿斑岩体,具有较好找矿前景。安多县里裁地区、八宿县确得拉地区、当雄县雪古拉地区发现一定规模的铅锌矿,通过进一步工作有望扩大矿体规模。芒康县吉措发现具备大型找矿前景的斑岩型铅锌银矿。

合作勘查项目 蒙亚啊、查个勒铅锌矿区,通过深部工程控制,扩大了矿体规模,资源量均有望达到 100 万吨。改则县铁格隆南、拿若矿区新增铜资源量超过 300 万吨。改则县多不杂西矿区、波龙矿区扩大了矿体规模。昂仁县巴热拉地区、安多县楚多地区发现具一定规模的铅锌矿体。

商业地质勘查项目 积极服务地方经济发展,拓展服务领域,承担了铁路、公路勘查、矿山勘测、工业与民用建筑勘测、环境调查、灾害评估等水工环项目,为自治区及地方经济建设做出了贡献。充分发挥全局优势,积极承担社会地质项目,其中谢通门县斯弄多铅锌矿、轧轧龙铅锌矿、林周县勒青拉铅锌矿勘查取得重要进展,扩大了矿体规模。

科研项目 《冈底斯构造岩浆演化与成矿作用研究》项目完成最终评审,首次厘定了冈底斯成矿带范围及内部单元划分,确定了岩浆活动期次及与成矿的关系,成果获广泛好评。《西藏大型矿床成矿专属性研究》项目,通过主要典型矿床的对比研究,确认了矿床构造定位、成因类型及叠加矿化特征,对地质找矿提供了重要指导。西藏地勘局地调院以多吉院士为核心的科研团队获科技部“国家创新团队”称号，刘鸿飞入选中组部“万人计划”首批200人名单，并获财政部“创新人才资金”资助，这是全区目前唯一获此殊荣的团队和个人。

【地质经济】 2014年，自治区地勘局为探索全区地质勘查工作新模式，营造良好的地质工作外部环境，促进勘查与开发有效衔接，西藏地勘局与山南地区行署签订了《矿产资源勘查战略合作框架协议》，局属三个地质单位提供十四宗探矿权，与山南地区江南矿业股份有限公司协商洽谈合作风险勘查事宜，签订风险勘查合作协议，以加快山南地区矿产资源勘查开发进程，推进山南“四个矿业基地”目标建设。地矿物资销售、铁路转运以及山水宾馆、山水旅行社等关联产业，积极应对市场变化，创新管理，服务水平和经济效益得到进一步提高。全局实现地质经济总收入10.51亿元，上缴各类税金2498.62万元，净资产总量达13.70亿元。

【平安建设】 2014年，自治区地勘局认真贯彻自治区维护社会稳定和安全生产的指示精神及一系列具体安排，狠抓宣传教育，强化责任意识，强化责任落实，加强检查督促，及时调处各类问题、排除各类隐患，扎实推进各项工作，做到了全局“三不出”、“三稳定”，安全生产继续保持零事故，维稳工作获拉萨市“平安单位”称号，安全生产再次荣获自治区先进单位。

【民生工程】 2014年，自治区地勘局落实帮扶资金1108.65万元，为驻地人民群众解决了最关心、最直接、最现实的利益问题，赢得了群众的拥护和广泛赞誉。局荣获2014年度自治区驻村工作优秀组织单位奖，地热队获日喀则地区驻村工作优秀组织单位奖，13个驻村工作队分获自治区级、地区级和县级先进驻村工作队，38名驻村工作队员分获自治区级、地区级和县级先进驻村工作队员。积极多渠道筹措资金3832.54万元开展了涉及职工生产、办公、居住条件改善的基建项目，建筑维修面积达11803.37平方米，改善了局属单位生产生活条件，调动了干部职工的工作积极性；从地勘发展基金中安排1672.3万元，配备了急需设备和仪器，改善了地质单位装备条件。严格落实“两项”待遇，发放离退休人员退休金1.396亿元，节日慰问金150万元，遗属生活费140万元。根据安排部署，先后两批共派出13人赴全国30个省市区历时90天行程8.5万公里，对分散安置在全国各地的离退休干部职工进行看望慰问，慰问人数达613人，慰问经费93万元。积极争取特困补助经费69.5万元，为130名伤残人员发放保健金。为600余人次的离退休住院人员及时办理医疗费用报销，转帐汇出住院医药费438万元。及时为局系统2014年新增退休人员159人核算退休金、建立个人信息库、档案归档等工作。组织实施“进家送温暖，同筑中国梦”为主题的送温暖活动，向局453名困难职工送去了40.77万元慰问金。为478名困难退休干部职工和遗属争取到92.53万元慰问金，为77户争取到47.55万元的大病救助金，为29户47人争取到低收入困难家庭租赁住房补贴，为12名困难职工子女争取到金秋助学补贴。

【政治思想工作】 贯彻落实方针政策 2014年，自治区地勘局认真组织广大干部职工学习贯彻党的十八大和十八届三中、四中全会精神、学习习近平总书记一系列讲话及自治区党委政府各类会议精神，开展党的群众路线教育实践活动和局系统基层党建“联述联评联考”活动，坚决反对“四风”、“两问题”、“一薄弱”，全局政治思想建设不断加强，局党委在全区区直单位第一批机关党的建设工作“联述联评联考”考核中获第一名。

干部队伍建设 认真贯彻《党政领导干部选拔任用工作条例》和落实干部四项监督制度，加强对局和局属各单位党委选人用人的民主监督，进一步提高选人用人公信度；加大培训力度，开展各类专业技术培训32期352人次；组织190余名专业技术人员参加职称英语和业务知识考试；推荐1名地质专业技术人员并荣获自治区政府特殊津贴；从内地院校引进急需紧缺地质专业技术人员32名，全区公务员考试招录7人，提高了人才队伍建设。

践行社会主义核心价值观 深入开展地质“三光荣”传统和“老西藏”精神教育，开展学习全国各类先进典型事迹和模范人物活动及社会主义核心价值观教育活动；定期不定期开展职工喜闻乐见的文化、娱乐、体育活动，陶冶职工情操，有12名优秀运动员参加了全国地勘行业"找矿杯"男子篮球联赛，获得了"体育道德风尚奖"和"最佳精神奖"，展示了西藏地质人的风采；向自治区和全国推荐道德模范、民族团结等先进个人9名和先进集体1个，1名同志当选为全国和自治区民族团结先进个人。

党风廉政建设　局党委制定并积极实施《区地勘局关于〈区党委办公厅关于落实党风廉政建设党委主体责任和纪委监督责任的实施意见(试行)〉的贯彻办法》，认真贯彻中央和区党委关于党风廉政建设和反腐败工作一系列重大决策部署；局系统各级党委(总支)深入开展了理想信念宗旨和党风廉政、反分裂斗争教育，进一步筑牢了党员干部拒腐防变的思想道德防线；大力宣传并坚决执行中央八项规定和区党委"约法十章"、"九项要求"，领导干部的自律意识显著增强，作风持续好转，"三公"经费开支与2013年相比进一步降低；认真执行党风廉政建设责任制，督促检查责任落实，职工群众对党风廉政建设的满意度进一步提升。

扶贫　农业开发

【概况】　2014年，自治区扶贫农发部门共落实中央和自治区财政资金21.36亿元，同比增加2.72亿元，增长12.73%，其中中央财政资金15.79亿元，同比增加2.22亿元，增长14.1%。扶贫开发共落实中央和自治区财政资金15.19亿元，同比增加1.53亿元，增长10.07%，其中中央财政资金12.16亿元，同比增加1.91亿元，增长15.71%。农业综合开发共落实中央和自治区财政资金6.18亿元，同比增加1.2亿元，增长19.42%，其中中央财政资金3.63亿元，同比增加0.31亿元，增长8.5%。

【扶贫开发建设】　2014年，自治区扶贫农发部门实施整乡推进乡镇189个、项目595个，安排面上扶贫项目1084个，完成到户帮扶40多万人，项目资金到户率达70%以上。突出产业促动，深挖贫困地区特色优势资源，实施种植业、养殖业、农畜产品加工业、旅游业等特色优势产业项目28个，受益贫困群众30多万人，扶持龙头企业6家，培育农牧民经济合作组织161个，优势产业向规模化、基地化、产业化发展。突出技能培训，围绕稳定就业强化学历培训，结合产业发展注重技能培训，实施培训项目65个，培训贫困群众1.1万人次，实现就业0.7万人。突出金融撬动，全面落实《关于项目扶贫贴息贷款使用管理的意见》，已落实扶贫贴息贷款分别支持农村公路和电网建设59.06亿元、15亿元，贷款余额达180多亿元，扶贫贴息贷款覆盖范围不断拓展。突出社会支持，搭建社会各种资源、力量参与扶贫开发平台，举办了全国首个"扶贫日"活动，动员社会各类企业认捐236.8万元，有6个先进集体、6个先进个人受到全国社会扶贫表彰。突出激励引导，充分发挥绩效考评行政手段和奖惩激励作用，完成区直单位和各地市县的考核，落实奖励项目资金7000万元。

【农业综合开发建设】　2014年，自治区扶贫农发部门按照"两个聚焦"的要求，调整土地治理投资标准和方向，优势产业布局，强化高标准农田建设，聚焦优势区域、优势资源，坚持高标准农田建设"36字"工作方针，实施农业综合开发县38个，建成高标准农田15.06万亩。强化产业化经营，加大对龙头企业和农牧民经济合作组织扶持力度，共实施特色种养殖类、农畜产品加工类等产业化经营项目56个，扶持龙头企业和农牧民经济合作组56个，建成马铃薯基地1.6万亩、"藏青2000"7.03万亩、蔬菜温室580栋，实施黄牛改良5.8万头，农畜产品加工转化能力进一步增强。强化科技推广应用，推广先进适用技术，开展测土配方和化肥、农药使用标准，推广优质农产品种植面积1.96万亩，扩大良种种植面积12.1万亩，举办农牧业实用技术培训5.5万人次，农发区科技贡献率达45%以上。

【贫困人口减少】　截至2014年底，全区贫困人口由2013年底的45.7万减少到32.7万人，减少贫困人口13万人，贫困发生率由2013年底的19.04%下降到13.6%，贫困地区和农发区群众收入增长幅度高于全区平均水平3个百分点。

【民生改善】　2014年，自治区扶贫开发完成低产田改造3.01万亩，天然草场改良和人工种草3.2万亩，改善和扩大农田草场灌溉面积14.86万亩，新建棚圈3944套；着力解决出行发展难题，新修维修乡村道路1040公里，新建农用桥218

座、水渠 524 公里。农业综合开发实行“田水路林山”综合治理，实施生态综合治理 39.5 万亩，改善灌溉面积 13.18 万亩，新增灌溉面积 2.38 万亩，实现新增粮食 895.34 万公斤，油料 73.95 万公斤，干草 2022.4 万公斤、优质饲草料87.84 万公斤、蔬菜223.56 万公斤，农牧业综合生产能力得到较大提升。

【特色产业发展】 2014 年，自治区扶贫农发部门强化以特色优势产业为支撑的项目建设，坚持一手深挖农牧业内部增收潜力，一手培育壮大与贫困群众增收相连的优势产业，为贫困群众发放牲畜 12.9 万头（只），新建温室 287 栋，扶持以采石砂、建筑建材等农牧民经济合作组织 62 家，使 40 多万贫困群众得到受益。实施产业园区和“一县一特”，实施牲畜育肥 2.13 万头，加工肉类 0.14 万吨、青稞 0.3 万吨，辐射带动农牧民 4.6 万人。

【扶贫攻坚】 2014 年，自治区扶贫农发部门积极引导对口援藏、各类企业等参与扶贫攻坚，将强基惠民与扶贫开发有机结合，为贫困群众做好事、办实事，累计落实社会帮扶资金 11.07 亿元；协调地方部队参与扶贫工作，武警西藏部队建立“支队帮扶 1 个村、大（中）队结对帮扶 3 户贫困户”的机制。

【财政支持】 2011—2014 年，自治区扶贫农发部门共落实中央财政资金 49.41 亿元，完成“十二五”规划中央财政投资的107.8%。其中扶贫开发落实“十二五”中央财政投资 36.97 亿元，超额完成“十二五”中央财政投资的 112%；农业综合开发落实“十二五”中央财政投资 12.44 亿元，占“十二五”规划总投资的 96.7%。同时，各地（市）和县（市、区）严格落实按不低于上年地方财政收入 2%的比例安排扶贫资金政策，落实资金 2.5 亿元，较 2013 年增长 53.2%，保持较高的增长幅度。

【改革创新】 2014 年，自治区扶贫农发部门按照中办发 25 号文件精神，制定《西藏自治区贯彻<中共中央办公厅、国务院办公厅关于创新机制扎实推进农村扶贫开发工作的意见>的实施意见》（藏党办发〔2014〕41 号），明确“七项改革”和“十项重点工作”，建立“省负总责、地市直管、县抓落实、乡镇专干”的工作体制和“任务到地、资金到地、权力到地、责任到地”的工作机制，着力推动贫困县考核、精准扶贫、干部驻村帮扶等改革，项目审批权限下放、乡镇扶贫专干全部落实到位，重点领域和关键环节取得实质性突破。农业综合开发完善项目管理办法，推进项目结构性评审制度，下发“西藏自治区农业综合开发管理意见”，将自治区级农业综合开发项目审核权限下放到地（市），实行除新上自治区级农发县《五年规划》及当年的可行性研究报告、扩初设计由自治区农发办和区财政厅进行评估、审定外，以后年度项目由地（市）农发办评估、审定并报区农发办备案、确认制度。

【精准帮扶】 2014 年，自治区扶贫农发部门围绕“扶谁的贫、谁去扶贫、怎样扶贫、去扶真贫、扶贫成效”五大问题，按照精准识别、精准帮扶、精准考核、精准管理工作要求，开展建档立卡工作，摸清贫困人口的致贫根源、分布状况、实际需求，将全年减贫任务逐级分解、层层签订减贫目标责任书，将项目资金瞄准重点区域和重点人群，实行因地制宜、因人而宜的帮扶措施，让贫困群众实实在在得到帮扶，推动项目布局由多、小、散和“撒胡椒面”向聚焦重点区域、突出优势资源和做大产业规模转变，增强了项目持续带动能力；推动帮扶措施由“大水漫灌”向“滴灌”转变，有效解决了措施不实、针对性不强的问题。

【资源整合】 2014 年，自治区扶贫农发部门坚持部门联动，合力攻坚的工作原则，树立“跳出扶贫看扶贫”的意识，结合农口项目审核权力下放，引导各级扶贫农发部门强化与各行业部门的合作，按照“渠道不变、用途不变、捆绑使用、放大效益、各负其责、各计其功”原则，在有利于放大扶贫资金效益，有利于贫困群众增收，有利于提高减贫成效的基础上，对涉农项目资金实行有效整合，推动各种资源向贫困地区聚集，建立起“扶贫搭台、部门唱戏”的资源统筹整合机制。农业综合开发大力推行国家扶持与企业投入相结合，农发投入与部门投入相结合等多种投入机制，探索农发资金与农牧、水利、科技、信贷等其它资金的配合，联合开展现代农业示范园区建设、优质品种推广等，实现农业综合开发“1+1>2”的功效。如阿里地区“十二五”以来通过投入扶贫开发资金2349 万元，撬动各行业部门、驻村工作队等资金1.07亿元,形成了部门协作、资源整合、合力攻坚的工作机制。

【监督检查】 2014年,自治区扶贫农发部门把廉政建设作为事关扶贫农发事业成败的关键,融入到扶贫农发项目资金管理各环节,层层签订党风廉政建设责任制,引入扶贫农发项目绩效考评制、项目问责制、风险评估制以及领导干部述廉制,完善项目资金管理制度,下发《关于对扶贫资金项目实行扶贫、财政、审计"三方会审"的工作方案》,健全监督机制,拓宽监督渠道,发挥审计的监督作用。加大监督检查力度,发挥纪检组的监督作用,围绕重大项目、改革创新、资金管理实行有针对性的监管,对"十一五"期间面上扶贫项目和"十二五"前三年扶贫农发项目建设、资金使用情况的进行专项检查,并将各地市扶贫办"一把手"纳入谈话范围,根据形势任务开展诫勉、警示、函约谈话,增强各级领导干部廉洁从政的自觉性。

西藏大学

【概况】 西藏大学是西藏自治区所属的综合性大学,"211工程"重点建设大学,西藏自治区人民政府与教育部共建高校。办学历史可追溯到1951年的中国人民解放军进藏部队藏文干部训练班,历经西藏军区干部学校、西藏地方干部学校、西藏行政干部学校、西藏师范学校、西藏师范学院等发展阶段。1985年7月,成立西藏大学。1999年以来,西藏自治区艺术学校、西藏医学高等专科学校和西藏民族学院医疗系、西藏自治区财经学校先后并入西藏大学。2001年9月,西藏农牧学院与西藏大学合并,校名仍为西藏大学。2013年5月列入中西部高等教育振兴计划。2013年7月成功获批为博士学位授予单位。

西藏大学拉萨校本部现有新校区、老校区、医学院校区和财经学院校区四个校区,占地面积1400亩。设有文学院、理学院、工学院、医学院、艺术学院、旅游与外语学院、政法学院、师范学院、经济与管理学院、财经学院、国家开放大学西藏学院、继续教育学院、思想政治理论教学部、留学生部和藏文信息技术研究中心15个学院(部、中心)。有民族学、中国语言文学、生态学3个博士学位授权一级学科,中国少数民族语言文学(藏语言文学)、藏语言文字学、藏语计算语言学、中国古代文学、中国少数民族史、中国少数民族艺术(藏族美术)、中国少数民族艺术(藏族音乐)、中国少数民族经济(西藏经济)、高原生态系统与群落生态学、高原生物多样性与资源利用、高原生态修复与可持续发展、高原生态安全评价与自然保护区管理12个二级学科;民族学、教育学、中国语言文学、生态学、计算机科学与技术、音乐与舞蹈学、美术学、生物学8个硕士学位授权一级学科及46个硕士学位授权二级学科(含专业学位学科)和教育硕士、艺术硕士、工程硕士、临床医学4个专业硕士学位授权点。有50个本科专业,涵盖经济学、法学、教育学、文学、历史学、理学、工学、医学、管理学、艺术学10个学科门类。教学科研仪器设备总值1.5亿元,图书总藏量80万册,校园网是CERNET西藏主节点。普通本专科在校生9418人,博士研究生9人,硕士研究生558人,留学生19人。教职工1117,其中专任教师809人,具有硕士研究生学历的教师433人,比例为53.5%,博士研究生学历的教师41人;具有正副教授职称的教师310人,比例为38.3%。有"长江学者"特聘教授1人,中国工程院院士增选有效候选人2人,国家杰出青年科学基金资助1人,珠峰学者8人,入选人事部"百千万人才工程"国家级人选4人,入选教育部"新世纪优秀人才支持计划"6人,享受"国务院特殊津贴"和"自治区政府特殊津贴"专家4人。初步形成了一支多民族结合、相对稳定、素质较高的师资队伍。有国家级重点学科1个—中国少数民族语言文学(藏语言文学),14个自治区级重点学科;教育部人文社会科学重点研究基地1个—西藏大学·四川大学中国藏学研究所,教育部工程研究中心1个—藏文信息技术工程研究中心,教育部重点实验室1个—羊八井宇宙线开放实验室,国家级信息技术实验教学示范中心1个—信息技术实验教学示范中心,中国科学院和自治区共建重点实验室1个—那曲生态环境综合观测研究站,自治区高等学校重点实验室11个。

【党建和理论宣传】 2014年,西藏大学掀起社会主义核心价值观教育高潮。围绕学习贯彻十八届三中、四中全会精神、习近平总书记系列重要讲话精神和中央与自治区两级民族工作会议精神，组织中心组集中学习13次，撰写心得体会103篇、文章17篇，形成《西藏大学党委理论中心组学习纪要》12期。举办"践行社会主义核心价值观青年大讲堂"10场，举办校园明辨会12场。组织开展"培育和践行社会主义核心价值观"主题党日活动，征集主题理论文章2篇。基层组织建设有效夯实。新增党支部26个，选优配齐支部书记和支部班子，基层党组织达150个。发展党员516名，培训积极分子6130人，共有师生党员2875人，其中，教职工党员666人，学生党员2209人。干部队伍建设工作有序开展。完成25名处级、65名正科级和74名副科级干部的提(聘)任及任免职工作。对160名科级以上干部开展习近平总书记系列讲话精神远程培训。选派5名管理干部参加2014年"本科教学工作"挂职锻炼。落实99版干部履历表的填补工作，加强档案规范化建设工作。进一步推进创先争优强基惠民工作。创办西藏大学强基惠民活动专刊—《调查与研究》。争取惠民项目31项，共计资金320万元。加大党风廉政建设和反腐败工作力度。制定《西藏大学贯彻落实建立健全惩治和预防腐败体系2013—2017年工作规划》等制度，发放《西藏大学教师干部"十严禁"》宣传画册110张。开展领导干部廉政法规知识测试。向党员干部发送廉政短信4010条，公示事项200多期，开展督查70多次，参与重点领域监督180多人次。审计科研项目16项；审计强基惠民资金达200多万元。丰富大学生思想政治工作载体。举办"我的中国梦—奋斗的青春最美丽"主题团日活动272场次，校级专题辅导4场。制定《西藏大学青年马克思主义者培养工程实施方案（试行）》，开展培训12期，培养学员1000余名。举办民族团结锅庄舞大赛、民族团结书画大赛、"寻访我身边的民族团结故事"、民族团结"一帮一"等活动。开通"藏大微青年"平台。开展"中国梦·劳动美·我与改革创新"主题演讲比赛和"民族团结教育工作先进单位、优秀个人和模范家庭""最美格桑花"评选活动。启动"四育人"学习教育活动。制定《关于在全校教职工中开展"四育人"学习教育活动的指导意见》，建立整改台账，明确整改方向。校园文化建设上新台阶。开展"西藏大学'感动校园'人物评选""首届国家网络安全宣传周"和"第四届西藏自治区道德模范候选人评选"活动。开展"行走日光城"等公益活动和"三下乡"社会实践活动。完成"藏博会"志愿服务工作，获评为"优秀服务奖"。校青年志愿者行动总队"阳光行动"项目在首届中国青年志愿服务项目大赛中荣获金奖。校团委被团中央学校部选定为直接联系点，荣获全区"民族团结进步模范集体"，文学院团委获"全国五四红旗团委"荣誉称号，全区青年五四奖章获得者1人，全区优秀共青团干部1人，全区优秀共青团员2人。宣传工作卓有成效。向教育部、自治区党委、政府、教工委、教育厅上报信息近400期，区党办、政办采用40余期，区政府门户网站采用180余期，区教工委、教育厅采用150余期，位居自治区同类学校前列，其中，《西藏大学坚持"四个突出"彰显学校特色推进教育实践活动》获陈全国书记重要批示。校园网新闻点击次数达828100次。校报已印发汉文报11期，藏文报4期。协助安排区内外新闻媒体在该校开展相关采访拍摄82次，国内和区内重要媒体报道该校共132篇(次)。

【教育教学改革】 2014年，西藏大学通过制定《西藏大学"五教创新"试点工作方案》，开展"五教创新"试点工作，努力形成彰显学科特色、具有示范和推广价值的教研教改典型范例。《整体推进马克思主义"四观教育"，培养"靠得住"的高素质人才》获得自治区教学成果特等奖、国家教学成果二等奖。人才培养机制不断创新。招收首届法学专业创新人才培养实验班。74名学生获上海交通大学第二学科学士学位。完成2014版本专科人才培养方案修(制)订工作，搭建"四平台、一环节"的人才培养体系。与对口支援高校继续开展了"1+2(3)+1"联合培养本科生工作。

学生创新创业能力培养　立项124项国家级、自治区级大学生创新创业项目。完成96项大学生创新创业训练计划项目的结题验收，发表论文92篇，形成40余件作品，荣获"2012–2014年度国家级大学生创新创业训练计划实施工作先进单位"。21名同学在第五届"蓝桥杯"全国软件和信息技术专业人才大赛个人赛省赛(软件类)中获奖，1项作品在第九届全国大学生交通科技大赛中获国家二等奖。“创青春”2014全国大学生创业大赛中，获得自治区第四届“成才杯”大学生创业大赛一等奖4项、二等奖2项、三等奖7项，列全区高校之首；参赛项目《西藏西措青年旅社》成为全区唯一入选“创青春”全国大学生创业大赛终审决赛作品。

继续教育工作　加强人社部国家级专业技术人员继续教育基地建设工作，开展了4期专业技术人员培训项目。承办9期国家级教师培训项目340人次，承办3期自治区教师培训项目145人次。承办全国生态环境保护高级研修班60人次，承办第七批援藏干部研究生课程研修班200人次。国家开放大学西藏学院2014年招生1314人，投入100多万元新建了昌都和林芝学习中心。

【学科专业建设】　2014年，西藏大学完成204名硕士研究生和首届9名博士研究生的招生工作。新增政治学与行政学、广播电视工程、金融学3个本科专业，培育了“藏药资源开发与利用”交叉学科。出台《西藏大学本科专业评估方案》，开展校内首轮本科专业评估工作。

【科研工作】　2014年，西藏大学申报各类科研项目295项，获批92项，科研经费3266万元。7项科研成果获第一届西藏自治区高等学校人文社会科学研究优秀成果奖。完成7个新建科研创新团队的组建工作。《西藏大学学报》被评为“全国高校精品社科期刊”。举办了“西藏大学2014学术周”活动，组织近100场学术会议和讲座。

【人才队伍建设】　高层次人才引进工作目标明确。2014年，西藏大学招聘引进了4名博士、25名硕士，公开招录了14名硕士、34名本科生。制定《西藏大学关于进一步明确高层次人才引进费兑现办法的通知》。高层次人才队伍水平不断提高。制定《西藏大学“珠峰学者人才计划”实施方案》，由5个主体人才计划项目和三个专项业务发展计划组成。次旦扎西教授等3名长江学者候选人已通过教育部公示。舒敏勤教授入选“万人计划”第一批哲学社会科学领军人才。尼玛扎西教授入选“万人计划”第一批百千万工程领军人才，并荣获“全国杰出专业技术人才”称号。推荐中青年科技创新领军人才候选人5人，其中4人已通过自治区的评审并上报科技部。完成推荐“高等学校青年骨干教师国内访问学者”等长短期培训48人次。干部人事制度管理改革稳妥推进，完成事业单位岗位设置与岗位聘用工作。专业技术职务评聘工作规范有序。完成2013年度34名高级、34名中级、6名初级人员的评聘工作。受理63名高级、34名中级、3名初级人员的评审申请，并完成材料初审、学科组评议工作。完成320名专业技术人员续聘工作。各类奖项推评工作积极开展。高尔巴桑教授荣获2013年度“明德教师奖”荣誉称号，觉嘎博士入选2014年教育部模范教师称号，教务处被评为全国教育系统先进集体单位。

【学生管理】　加大辅导员队伍建设　2014年，西藏大学选派8名辅导员参与内地学习进修。开展2014年度“最美辅导员、最美班主任、最美大学生”评选活动。助力首届中国西藏旅游文化国际博览会开幕式，全面完成4000余名师生的排练组织、后勤协调保障任务。

学生资助体系　发放奖助学金501万多元。设立勤工助学岗位140个，发放金额15万多元。为95名家庭经济困难学生减免学费、住宿费21万多元。为118名学生办理学费代偿120万多元，为339名学生办理了生源地信用助学贷款140余万元，为247名学生办理了国家开发银行助学贷款110余万元，为8780名学生办理了居民城镇医疗保险。通过“绿色通道”为122名新生办理缓交学费、住宿费手续。发放2893名免补专业学生的学费、住宿费和生活费共计1634万元。

招生与就业　完成普高招生计划2443人。积极开展就业指导服务工作，组织30多场校园招聘会。毕业生次仁扎西同学荣获“全国高校毕业生就业创业之星”荣誉称号。

【学校内部管理】　校园信息化建设　2014年，西藏大学完成校园信息化项目总目标和实施方案的论证，制定5个子项目分年度实施方案。完成学校新门户网站的开发工作，同时完成31个二级网站建设工作，并已正式对外开放。财务和国有资产管理工作逐步规范。完成26个项目的采购工作，金额达2420万元。完成全年度奖补资金和“中西部高校综合实力提升计划”项目的编报工作，金额达1.43亿元。学校

2013 年度的部门决算、教育经费统计及固定资产投资决算均获自治区教育系统一等奖。

公共服务体系建设 成立藏文文献资源中心和藏文古籍研究所，“菩日文献”抢救整理工作初见成效。保密工作有效开展。2014 年共签收、阅办、归档校外密级文电 425 份，均做到严格登记，专人专管，实发实收，定期清理，确保密级文电不丢失，不泄密。

【对外交流】 对口支援 2014 年，西藏大学协调接收 20 余名援藏教师到校开展工作，举办新一轮高校团队对口支援西藏大学 2014 年度例会。选派 75 名学生到西南交通大学进行“1+2+1”学习，协调 4 名教师到对口支援高校攻读硕博士学位。

外教、留学生管理服务 完成9名外教的聘请工作。并制定《西藏大学留学生行为准则》等规章制度。2014 年招收留学生 9 名，在校留学生 19 名。

对外合作交流 先后邀请 30 名外籍专家进藏开展项目，接待国内外政要及兄弟院校等 20 余批共计 350 人次，派出了34 名师生出国和赴港澳交流访问。

西藏民族学院

【概况】 2014 年，西藏民族学院占地 1146 亩，有新老两个校区(咸阳文汇校区、秦汉新城校区)。截至年底，学校有全日制在校生 9966 人(藏族和其他少数民族学生占 50%)，其中本科生 7980 人，研究生 669 人。学校有各类专业技术人员 885 人，其中：正高职称 110 人、副高职称 302 人，博士、硕士生导师95 人。专任教师中，具有研究生学位教师占 67%。现有“百千万工程”国家级人选 2 人，享受国家特殊津贴专家 8 人，教育部新世纪优秀人才支持计划 3 人，教育部高校教学指导委员会委员 8 人，西藏自治区学术技术带头人 15 人。学校共有 12 个二级学院，开设 48 个本科专业，有 4 个一级学科硕士学位授权点，29 个二级学科硕士学位授权点，3 个硕士专业学位授权点。学校现有国家特色专业建设点 2 个，国家级教学团队 1 个，国家级专业综合改革试点项目 1 个，国家民委重点学科 1 个，国家民委重点建设学科 1 个，自治区重点学科 10 个，自治区级特色专业 4 个，自治区级专业综合改革试点项目 3 个，自治区级教学团队 3 个。现有国家级教学示范中心 1 个，自治区级重点实验室 2 个，自治区高校重点实验室 7 个，自治区级实验教学中心 3 个，自治区级实验实训基地 1 个，自治区级教学实验室 10 个。积极推进科研兴校战略，不断增强服务西藏经济社会发展的能力。学校作为牵头单位，组建了“西藏文化传承发展协同创新中心”，该中心成为西藏自治区“2011 协同创新中心”培育建设单位。现有国家民委人文社会科学重点研究基地 2 个，自治区重点研究基地 1 个。现出版《西藏民族学院学报》和《西藏高等教育研究》两种学术刊物。

【领导关怀】 2014 年 10 月 16 日，受中共中央政治局常委、全国政协主席俞正声委托，中共中央书记处书记、全国政协副主席杜青林深入西藏民族学院考察调研，看望慰问师生。陕西省委书记、省人大常委会主任赵正永陪同调研并主持座谈会。杜青林高度肯定西藏民族学院办学成就，认为学校办学思想明确、办学特点鲜明、管理井然有序、民族关系和谐、学风优良，处处洋溢着积极向上的青春活力。他要求，学校要认真贯彻落实中央民族工作会议精神和习近平总书记关于“治国必治边，治边先稳藏”的重要战略思想、俞正声主席“依法治藏、长期建藏”指示精神，深化教育教学改革，突出办学特色，提高办学质量，为西藏经济社会发展做出新的更大的贡献。赵正永在主持座谈会时指出，陕西省委、省政府将认真贯彻中央民族工作会议精神，把支持西藏民族学院建设纳入援藏工作规划，继续为学校发展创造良好条件。

【科学研究】 2014 年，西藏民族学院获 40 项省部级以上项目立项，争取科研经费462.2 万元，其中国家社科基金项目13 项。组织开展“西藏社会和谐稳定与法治建设”、《西藏当代文学史》通稿会等一系列学术交流活动，举办学术讲座 82 场。《学报》编审质量进一步提高，在第五届全国高校社科期刊评优活动中荣获“全国高校优秀社科期刊”、“全国高校社科期刊特色栏目”等四个奖项。

【招生就业】 2014 年，西藏民族学院完成普高招生2525 人，研究生招生 251 名，第一志愿报考率及生源质量大幅提升。扎实做好就业指导服务工作,2014 届毕业生就业率达 92.09%。精心组织开展国家职业资格培训、考试、鉴定等工作,组织 2565 名学生参加国家职业资格考试,组织师范教育类学生参加教师资格认定,234 名学生获取国家中小学教师资格证书。

【基本建设】 2014 年,西藏民族学院新校区整体规划已经通过自治区政府审批,建设规模、投资规模、建设进度已经确定;积极协调秦汉新城管委会,办理新校区用地规划许可证;在推进新校区建设同时,不断加强老校区基础设施建设,综合实验楼、大学生餐厅暨活动中心项目主体工程已经验收通过;综合实验楼 B 区改造工程顺利完成并投入使用;青年教职工公寓楼项目开工建设;协调咸阳市有关部门,完成老校区土地测绘工作,完成了土地证申报工作。

【更名工作】 2014 年,西藏民族学院更名为"西藏民族大学"工作进入攻坚阶段,教育部、国家民委,自治区党委、政府,自治区教工委、教育厅给予大力支持,学校上下齐心协力做好迎接教育部专家进校审核评估相关工作。同时,学校以更名工作为契机,以评促建,以评促改,补弱做强,在学科专业、师资队伍、教学科研等方面取得升级突破,综合办学实力得到明显提升。2014 年 12 月 20 日至 21 日,根据教育部统一部署,教育部高校设置评议委员会专家组一行 6 人到西藏民族学院开展更名评估工作。

【后勤保障】 2014 年,西藏民族学院不断增强服务意识,高标准、严要求,盯紧食品采购、配送、检测、制作等各个环节,积极排查隐患,实现食品安全"零事故"。全年落实学生食堂的饭菜补贴超过 200 万元,食堂主食品种(馒头、米饭、面条等)价格保持稳定。实施校园绿化改造工程,"小而精、绿而美"的花园式校园已经建成。

【合作交流】 2014 年,西藏民族学院各对口支援高校招收 10 名教师攻读博士研究生学位,接收 30 余名教师和管理人员进修学习、挂职锻炼。援助高校 20 余名专家教授到学校开展学术交流。开展导师互聘工作,继民族研究院索南才让研究员之后,文学院袁书会教授被华东师范大学聘任为博士生导师。学校聘任对口支援高校 9 名教师为兼职教授,选派 81 名本科生赴对口支援高校进行联合培养和交流学习。

西藏藏医学院

【概况】 2014 年,西藏藏医学院学院认真落实自治区党委、政府决策部署,深化党的群众路线教育实践活动成果,以党建和思想政治工作为保证,以学科建设为龙头,以人才培养为中心,实现了学院全面、持续、和谐、稳定发展。

【维稳工作】 2014 年,西藏藏医学院强化维稳值班工作,确保信息报送及时准确和渠道畅通。学院在重要节假日和敏感节点,严格落实维稳值班规章制度,实行 24 小时院领导带班的三级值班和校园师生联防巡逻,加大重点部位的巡查力度,严格信息记录、值班台账、岗位职责等要求,实行值班报告制度和重大事项报告制度,适时启动《校园突发事件应急预案》,并按照应急预案要求迅速及时妥善处置突发事件。

深入开展安全检查和矛盾纠纷排查工作,切实消除各类隐患和问题。3 月开学后,学院就先后通过自查、互查、抽查、督查等方式,深入查找师生在学习、生活、出行等方面存在的安全隐患以及内部管理漏洞,逐一落实整改措施。5 月、7 月、8 月、9 月份,学院先后多次对学生所持管制刀具和重点部位进行安全大检查,排查出的安全隐患,当场要求有关部门明确责任人,限期落实整改。针对校园人防、技防措施存在的薄弱环节,投入专项资金,进行整改。同时,开展校园及周边安全问题隐患集中整治排查活动,实现"三无"和"三不出",确保校园平安和谐稳定。

【教育教学质量】 深化教学改革 2014 年,西藏藏医学院先后组织开展"导师带教计划"、"名师讲堂"、"英语实践教学"、"野外采药认药活动"、"科研实践实训项目建设"等众多活动,进一步完善质量保证体系,深化教学改革;在全院范围内实行学生教学信息员制度,强化常规的教务、教学管理,保证教学秩序的正常运行。

优化师资队伍 通过职称聘任、继续教育等方式努力改善师资队伍职称、学历结构。经学院专业技术职务评审委员会评审，聘任 11 名教师为中级专业技术职务（讲师）；经自治区评审，学院聘任 9 名教师（正高 5 名、副高 4 名）为高级专业技术职务；成功举办“第二届教学竞赛决赛”暨“首届全区高校青年教师教学竞赛选拔赛”活动，推荐参加“首届全区高校青年教师教学竞赛”的教师个人荣获二等奖，集体荣获优秀组织奖；组织 8 名教师参加了全区教育学和心理学教师资格综合考试；先后组织 10 名不同专业的教师参加了 2014 年国家教育部全国高校教师在线培训工作。

研究生教育管理　开展 2014 年硕士研究生招生工作，共录取 28 人；开展北京中医药大学联合招收 2014 年博士研究生的初试、复试、面试、招生工作；新增临床医学硕士专业学位授权点，完善和修订培养方案；完成 2015 年硕士研究生招生宣传工作及专业目录库编制上报工作；召开西藏藏医学院第四届硕士研究生导师聘任大会；积极筹备首届藏医药专业研究生论坛。

拓展继续教育范围　按照教学计划安排，利用寒假时间完成 1039 人的成人（业余）教育，其中 2014 年毕业生275 人，本科、专科、中专在读的成人（业余）教育 759 人。根据学院与卫生厅的协议，开办了两期“2014 年全区基层藏医全科医师培训班”工作，共培训学员 126 名；还举办了“甘孜州卫生局藏医药学术骨干”（第二期）培训班。

完善图书与网络信息管理　完成《藏医药和天文星算特色古籍文献整理中心建设》的调研与收集工作；完成《中国藏医药影印古籍珍本（1–30 卷）》的制作和出版并继续进行收集与整理工作；完成西藏自治区科技厅重点项目《西藏藏医学院馆藏典籍目录》第 2 版的补充、修订、出版工作；2014 年图书馆购书总金额为 46 万多元（其中古籍及图书金额为 33 万多元，电子图书金额为 12.4 万元）；联系光华基金为学院捐赠图书 3 万册，金额达150 万元；图书馆积极争取清华同方中国知网、超星电子图书、学术视频、读秀等免费开放。加强学院网络运行、网络资源、技术维护等方面的管理，保障学院门户网站、各部门办公网络及教工宿舍网络的安全畅通和学生宿舍网络的正常运行，继续做好学院二级网站技术人员培训，为师生员工的教学科研提供了良好的网络服务平台。

建设实验平台　完成 2011 年提高高等教育人才培养质量与对口支援项目—“标准品、对照品建设项目”验收工作，抓紧“金属矿物煅制与水银洗炼法工艺流程标本建设”项目实施工作；完成校级科研项目“紫外可见分光光度法测定藏药藏边大黄中蒽醌类成分含量”的研究；建设“藏医临床重点实验室”和“藏药炮制重点实验室”；制订重要教学科研仪器设备标准操作规程（SOP）及《西藏藏医学院春季实验（实训）课程总表》，协助任课教师完成实验（实训）课 90 次（180 个学时），学生做实验 800 多人次；根据新制定的《实验标本中心实验（实训）室开放管理制度》，累计开放标本室、传统藏药实训室等实验、实践教学场所 598 小时；新增索县藏医院、山南地区扎囊县人民（藏）医院、拉萨市神猴藏医院、拉萨康松藏医骨病专科医院为我院实习医院，并在 8 所医院开展调研工作，先后评聘 143 名客座教授和兼职教师，加强实践教学平台建设。

加强科研管理　做好各级各类课题的申报立项工作，共组织申报各级各类科研项目 38 项，其中国家自然基金 7 项，科技部项目 2 项，教育部项目 1 项，中央财政支持地方高校专项 16 项，教育厅 4 项，科技厅 8 项；已获得立项14 项，其中自然基金项目 4 项，科技部 1 项，中央财政支持地方高校发展专项资金项目 5 项，教育厅项目 2 项，科技厅项目 2 项；组织2014 年度院级科研项目的立项评审和 2 项发明专利的申请工作，完成《中国藏医药影印古籍珍本》申报教育部“高等学校优秀成果奖”及中国民族医药学（协）会“民族医药科技优秀奖”的申报工作，承担“民族药协同创新中心”拉萨协调会的组织协调和接待工作，完成“藏药产业研发协同创新中心”建设项目的设计筹划工作。联系推动学院科研人才与科研成果请进来走出去，与中国藏学研究中心签订合作意向书；向科技部推荐上报创新人才；编写并上报国家自然基金年度工作报告；做好《藏医药教育与研究》出版发行工作；正在积极筹备开展“2014 年度全区藏医药学术会”；组织人员参加科技部在昆明举办的“科研项目及经费管理”培训会、国家食品药品监督管理总局在拉萨组织举办的“新药研发”培训班、国家中医药管理局举办的“中医药文化科普巡讲专家”培训班，组织专家参加中国科协 16 届年会并做了 2 场专题报告，取得良好的社会反响。

【关爱学生】 校园文化活动 2014年,西藏藏医学院积极参加全区第三届大学生运动会,成功举办学院第十八届田径运动会,以"红色五月"为契机,举办"高举团旗跟党走—红色五月"系列活动,组织学习习近平总书记北大讲话精神活动、学习自治区党委书记陈全国致青年的信活动、开展"圆好'团结梦'、追寻'发展梦'、实现'中国梦'"主题演讲比赛、"保护母亲河"行动和"学雷锋树新风"志愿者服务等活动,组织参加自治区和全国"创青春"大学生创业大赛,取得总分第一的成绩,并获得优秀组织奖、优秀指导教师奖等多项荣誉;举办"青春梦想秀文艺汇演"活动;举行"我的中国梦—奋斗的青春最美丽"首届西藏高校辅导员演讲大赛;成功承办西藏自治区第二届大中专学生民族团结进步演讲比赛总决赛;开展以"庆祝新中国65周年华诞,自觉践行核心价值观"为主题的校园文化月活动,通过开展迎新晚会、核心价值观理论宣讲、"玉妥杯"草本植物讲解活动、希望之舟学术节、升国旗仪式和千人签名祝福祖国活动、"我为核心价值观代言"、"培育践行社会主义核心价值观·共圆中华民族伟大复兴中国梦"知识竞赛等文化活动,在校园内掀起培育践行社会主义核心价值观的热潮。

对外文化交流 通过援藏共建项目等,积极与内地高校开展文化交流与合作,更新办学理念,推动自身的发展与改革,培养更多具有国际视野和创新思维的高素质少数民族人才。分别派学生干部及代表赴北京、吉林、香港、河南及拉萨周边地区等地开展暑期"三下乡"社会实践服务活动,进行交流学习,与北京中医药大学共同建立青年文化交流基地,接待了香港青少年代表团、北京中医药大学和中国药科大学学生代表团来访。联合知名企业为学院青年学生搭建对外交流平台。

招生宣传和应届毕业生就业 按照《西藏藏医学院2014年招生宣传实施方案》的要求,招生宣传工作领导小组奔赴山东、河南、山西、四川及区内各高中开展招生宣传。加强区内外高中的沟通和了解,提高学院的知名度,共招录新生293人(其中硕士研究生26人,汉族学生29人)。2014年学院共有毕业生288人,其中研究生19名,本专科毕业学生269名,就业率达100%。

生活保障 完善以国家、自治区奖助学金和助学贷款为主体,以社会性奖助学金为补充的学生资助体系,规范评审过程,保证国家、社会性奖助学金的有效使用,实现资助工作帮困育人、励志助学的工作目标。争取每年100万元的太极奖励基金。本年度享受各类奖助项目26个,受奖助学生共计874人次,发放金额262万元;开展了国家助学贷款工作做到了应贷尽贷的原则;完善大学生医疗保障体系,为全院在校生办理了城镇居民医疗保险,参保率100%,做到了应保尽保。

【合作交流】 加强联系协商 2014年,西藏藏医学院始终注重与支援高校的联系与协商工作。2014年,北京中医药大学、哈尔滨医科大学、江西中医药大学、中国药科大学和西藏藏医学院,共同在拉萨举行2014年五校联合对口支援工作协调会,商讨五校对口支援工作的长远大计,学院将在教学管理、科学研究、人才培养、学科建设、队伍建设、信息化建设、附属医院建设、实验标本中心建设等8个方面得到更加强劲的支持,为今后对口支援工作的稳步开展奠定坚实基础。2014年,教育部团队式对口支援2名干部、中组部第七批3名援藏干部在西藏藏医学院工作。

提高师资队伍和管理干部业务能力与管理水平 根据教育部本科教学质量工程要求,2014年,北京中医药大学、江西中医药大学、哈尔滨医科大学接收西藏藏医学院选派9名教师和4名管理干部到校进修和挂职锻炼。

西藏大学农牧学院

【概况】 2014年,西藏大学农牧学院党委、行政认真落实中央、自治区及教育工委、教育厅一系列决策部署和要求,带领广大师生,创新思路、转变作风,锐意进取、攻坚克难,各项工作规范有序、协调推进,教育事业蓬勃发展、局面良好。

【顶层设计和管理体制机制改革】 2014年,西藏大学农牧学院修订办学指导思想、办学目标等,明确总体办学定位及今后发展战略。启动"十三五"发展规划编制工作。执行民主集中制和党委领导下的校长负责制,召开第二届教职工代表大会暨工会会员代表大会第二次会议，依法治校、民主管理水平进一步提高；事业单位分类管理改革前期工作有序推进；各类经费管理水平和使用效益不断提升；下放研究生培养、成人培训权限，实行招投标、物资采购、请假统一归口审批等集中管理，实现了简政放权与集中管理同步、权力下放与责任落实并重；新建、修订各类规章制度30余项，科学管用的制度体系更加完备。

【学科专业建设】 2014年，西藏大学农牧学院开展学科建设和实验室、实习基地摸底调查，明确了学科发展目标和分类建设。兽医学获批专业硕士学位授权点，农业电气化和农村区域发展2个专业获学士学位授予资格。完成2013年中西部高校综合实力提升计划6个实验室建设项目、奖补资金8个自治区教学实验室建设项目1185万元的招标、采购。2014年中西部高校综合实力提升计划15个建设专项获批5000万元，2014年高校生均拨款奖补资金16个子项目获批3329万元。启动迎接全区普通高校本科教学工作审核评估工作，对动物医学、生态学等6个专业进行了预评估。

【教育教学质量】 2014年，西藏大学农牧学院博士、硕士研究生教育进一步加强，培养过程更加规范。实行本科、硕士研究生联合培养模式，与华中农业大学联合培养研究生。人才培养模式改革试点工作深入推进，农学、林学专业获批复合应用型人才培养模式改革试点项目，动物科学、动物医学专业获批实用技能型人才培养模式改革试点项目，学院入选首批卓越农林人才教育培养计划改革试点高校。成立教师教学发展中心，“五教创新”活动深入扎实开展。引进国家精品开放网络课程和“爱课程”网络公开课，有力促进了教学质量的提高。获批教师实践实战能力提高计划项目12万元、自治区高等学校教学改革研究项目5项。申报各级各类大学生创新创业训练计划项目，获批65万元。与区内4个单位达成校外实习基地建设合作协议。

【科学研究和社会服务】 2014年，西藏大学农牧学院国家级、自治区级科研立项62项，合同经费2062.4万元。在研项目153项，到位经费2561.6万元。教师发表论文近300篇，出版专著1部。“西藏特色农牧资源研发协同创新中心”获440万元经费资助。与西南大学联合成立“西南大学—西藏大学农牧学院药用植物联合研发中心”。国家科技支撑计划课题“藏猪品种改良及高效养殖技术集成”取得阶段性成果，独立完成首例藏猪人工授精，填补了藏猪人工授精技术在西藏高原的空白。召开第三届科技大会，明确了“建大团队、搭大平台、出大成果、大示范”的科技创新体系思路及目标。利用专业优势和科技人才资源，以科普宣传、科技培训、技术咨询、技术指导、规划设计、工程检测、科技示范等方式开展了大量服务地方、服务企业、服务三农工作，“万名专家下基层”、强基惠民送科技及各类社会服务力度加大，成效明显。承办各类培训10班次，培训人数近2000人，培训班次和人次较2013年翻两番。

【团学工作和招生就业】 2014年，西藏大学农牧学院狠抓学生教育管理服务，落实各项制度，工作成效进一步提升。落实“奖贷助补减免”资助体系，发放贷款、奖助学金、困难补助，购买防寒衣物、意外伤害保险，组织学生体检等，累计投入273万余元。青年马克思主义者培养工程进一步推进，举办演讲、志愿服务等活动70余场次，参与学生达2万余人次，收到各类征文600余篇，活跃了校园文化生活。开展寒暑假社会实践等活动，参与学生5600余人次，育人功效充分发挥。完成首届博士生招录及各类招生工作。截止年底，有全日制本专科学生、博士硕士研究生5440人，成人教育学生849人。强化就业指导服务，积极拓展就业渠道，2014年毕业生就业工作稳步推进，形势喜人，就业率达90%以上。

【三支队伍建设】 2014年，西藏大学农牧学院完善育才、引才、聚才、用才工作机制，以新时期好干部标准和好老师“四大标准”为准绳，三支队伍整体素质和工作能力进一步提升。1名副厅级干部到学院挂职，考察提拔12名处级干部，交流处级干部13人次，聘任任命科级干部30人。新聘任39名教授、副教授，1名副研究馆员。引进、招录硕士生、本科生11人。开展“雪域英才工程”人才计划前期准备和柔性引进人才工作，聘任中国工程院王浩院士为特聘院士，与内地高校9名专家初步达成到西藏大学农牧学院工作意向。选派70名教职工外出学习培训、提高学历。完成公益性岗位人员聘用工作,30名公益性岗位人员应聘上岗。

【提升基础保障能力】 2014年，西藏大学农牧学院以国家投入为主、自筹为辅，共筹集资金10443.25万元用于校园基础设施建设。高原水利发电中心、高原特色园艺技术实训示范基地和中职区维修改造工程交付使用。维修改造和新建运动场地1.88万平方米。动植物标本实验楼、教工宿舍、学生宿舍及附属工程等有序建设。自筹资金实施了图书馆外墙、部分围墙维修及校外周转房附属道路和停车场工程。种植草坪1.9万平方米,栽植花卉、苗木31000余株。图书馆馆藏资源进一步丰富，新增纸本图书15209册，能供使用的图书资源总量超过200万册（种),“第二课堂”作用有效发挥。数字化校园应用平台正式投入使用。狠抓稳定饭菜价格和饮食卫生、安全,疾病预防等工作,后勤服务质量进一步提高。

【对外合作交流和受援工作】 2014年,西藏大学农牧学院承办全区第三届大中专学生运动会，获得了巨大成功，提升了学院整体办学实力,扩大了社会知名度和美誉度,开放办学和对外合作交流迈入新步伐。承办第一届“西藏水资源利用暨水利水电技术学术会议”等国内、区域性会议5次。落实学科对口支援计划，河海大学共建学院1个实验室,捐赠价值22万元的德国电力系统分析仿真软件；中国农业大学与学院签署“中国农业大学—西藏大学农牧学院青年教师科研合作培育专项合作协议”，援助15万元专项经费，第一批青年教师科研合作培育专项3个子项目正式启动。各对口支援高校接收学院7名教师攻读博士、硕士学位,20名教职员工进修、培训和考察学习。

【维稳综治工作取得新进展】 2014年,西藏大学农牧学院加强对师生员工的反分裂斗争教育，落实各级维稳力量值班、巡逻工作,强化网络信息安全，深入开展矛盾纠纷和安全隐患排查,反应及时、处置高效、全方位覆盖的维稳立体网络进一步完善，校园全年稳定、持续稳定、全面稳定。严格落实社会治安综合治理目标管理责任制，组织开展各类教育和专项活动,积极推进“先进双联户”创建活动,平安校园、和谐校园建设深入推进，全年未发生任何刑事案件和大的治安案件。学院被评为2013年度全区教育系统安全稳定工作先进单位。

【党建和思想政治工作】 2014年，西藏大学农牧学院落实党建工作责任制，以全区高校党建工作评估为契机,坚持“以评促建、以评促改”,党的思想建设、组织建设、作风建设、制度建设和反腐倡廉建设全面加强,作用发挥充分,受到评估专家组好评。深入开展社会主义核心价值观、民族团结、反分裂斗争等教育，创办首个思想政治教育实践教学基地，思想政治工作成效进一步提升。落实校园文化建设规划,开展各类文体活动，校园文化育人功能进一步强化，被评为自治区校园文化建设示范校和第二批自治区级语言文字规范化示范校。

人民医院

【概况】 2014年,自治区人民医院完成门急诊58.42万人次(其中门诊50.04万人次，急诊8.37万人次)，留观9.06万人次，抢救6091人次，抢救成功率99%，急救出诊2616次,其中长途96次;体检中心体检13608人次，妇保院总门诊75802人次(儿保64934人次,妇保10868人次)；入院19308人次,出院19179人次,平均住院12.5天;编制床位500张，编制病床使用率131%，开放病床周转次数26.9次。医院长期承担大量免费医疗救治任务,对“三无人员”或特困患者累计减免医药费用达141.88万元。

【强基惠民】 2014年,自治区人民医院开展“结对认亲”活动,组织医院18名县处级以上党员领导干部与驻点村36户贫困农牧民家庭结对认亲交朋友,个人赠送慰问金和慰问品共7万元,密切党群干群关系;完成两批驻村工作队员的轮换交接和村党支部第一书记驻点村调整工作,院领导多次分赴四个驻点村巡视驻村工作并开展慰问活动,协助、指导各工作队全面核查近三年来的各项工程,确保项目资金落实到位，工程保质保量完成,将党和政府的各项强农惠农政策落实到位。

【思想政治工作】 2014年，自治区人民医院荣获全区民族团结模范集体、全区环境保护工作先进集体奖；1人获全国"五一"劳动奖章，3个集体、10位同志获省级表彰，3个集体、1位同志获地级表彰，4个集体、4位同志获县级表彰；收到锦旗53面，牌匾1块，感谢信3封，患者提请表扬医务人员3次；拒收"红包"5次共3500元，拾金不昧11次；员工舍己救人1次，得到社会高度评价。

【医疗业务管理】 2014年，自治区人民医院落实医疗质量核心制度，规范医疗服务行为，保证医疗质量和医疗安全，确保无一例医疗事故。制定《电子病历管理暂行办法》，每月开展门诊病历、运行病历检查，坚持终末病历的质控；狠抓手术科室入室时间和"手术安全核查制度"；加强全院每月院感相关检查，确保使用中消毒液、手术医护人员手卫生、供应室及手术室无菌物品等监测合格率100%。通过合理调配人员克服人力资源严重不足的困难，加强薄弱科室和薄弱环节工作，严防人手不足导致医疗安全事故。加强学科建设，支持和鼓励各科室、各专业争相建设优势专科，以创建国家临床重点专科建设项目为抓手，带动其他临床专科及辅助科室的技术水平和服务能力。管理好流动医院，成立应急医疗队，促进卫生应急救援能力建设。重视医生培训考核工作，完善医疗质量考评内容，发现和解决医疗服务过程中存在的各种问题，规范医疗业务管理，减少医疗安全隐患。开通门诊预约服务，为患者提供便利。

根据国家卫计委关于开展临床路径管理试点工作要求，开展临床路径管理，涉及17个专业58个病种共471例，规范医疗服务行为，降低单病种平均住院日和医疗费用。

抓好临床用药安全管理 严格执行各项管理制度，规范登记上报药品不良反应；开展处方抽查点评，提高临床医生的处方书写水平；加强合理用药特别是合理使用抗菌药物，动态监测分析使用率最高的10种抗生素和使用金额、数量最大的30种其他药品，及时发现和处理异常用药现象，开展有针对性的诫勉谈话；对全院医师进行合理使用抗菌药物和毒麻、精神类药物的考核；依法及时处理过期药品，按时编发《医院药讯》为全院用药提供指导，确保全院用药安全。

做好重大传染病防控工作 执行传染病登记报告制度，防止传染病扩散。完善信息系统，实现了门诊部、住院科室可直接从医院管理系统上报传染病；完成流感疫苗监控哨点工作，购买咽试纸及固定液，每周定期送样本至疾控中心；组织相关专业人员参加埃博拉出血热防控培训3期，做好埃博拉出血热应急防控工作，确保应对可能发生的埃博拉出血热。

解决"住院难"问题 在充分调研论证的基础上，选取与经济效益无直接关联的平均住院天数等指标，对全院医疗业务科室进行绩效考评，促进临床科室努力加快病床周转；医院改造病房，增加实际开放床位(实际床位已达804张)，有效缓解"住院难"问题，让更多患者能够及时得到住院医疗服务。

加强薄弱环节管理 针对超声室患者排长队、难以及时受检问题，医院采取增加设备、医生提前上班、门诊和住院患者分时段检查以及加强安保维持秩序等办法，缓解超声室"检查难"问题；在儿童流感高发季节，安排行后支部党员在儿科门急诊负责导医并协助安保人员维持秩序，确保患儿有序诊治等等。

【护理事业发展】 推进优质护理服务 2014年，自治区人民医院改革护理模式，开展护士分级管理，落实责任制整体护理；引入QCC即护理质量控制圈，将护理质控项目细分为23项，多方位持续改进护理质量，确保护理安全；完善护理管理系统评估内容，简化系统操作；完善护理机动人力库管理，确保紧急情况下护理人力资源的配置，克服护理人员严重不足的困难。

提高护理管理队伍素质 召开"第二届护理管理研讨会"，提升管理队伍素质；先后派出2批次共10名护理管理骨干赴内地学习护理管理知识，结合实际细化了护理质控项目；实行护士长科室管理工作问责制，加强科室日常护理管理工作和学习、培训、考核等工作；推行新版《护理管理手册》，及时监督、检查落实情况，提高护士长管理能力和执行力；向自治区卫计委申请成立全区专科护士培训基地，在进一步提高专科护理水平的同时扩大护理服务覆盖面和影响力，带动全区护理事业的发展。

推进专科护士培训 护理人员的理论和操作学习以科内学习考核为主、全院性护理学习考核为辅，强化专科8项操作、专科500题和护理核心制度等内容，按照不同年资护理人员分类指导；以“护理专业国家临床重点专科建设项目”为支撑，派遣13名专科护理赴区外参加8个专业专科护理培训，其中12人获得专科护士资格证；进一步规范和完善护理临床带教体制和各项制度，组建具有教学和临床带教经验的师资队伍；强化新进护理人员的岗前培训和操作能力培训，开展全院性操作培训24次；加强小儿穿刺技术培训，提高各科室护理人员静脉穿刺操作水平；持续开展PICC、造口等专科护理能力培训，促进护理人员提高专科护理能力和水平。

加强薄弱环节的护理管理 开展腹透患者延续护理、母婴护理、伤口造口护理等新业务。在有序开展新业务的同时，加强薄弱环节的护理管理，比如：输液中心(采血室)划归急诊科，解决采血室人员不足问题；加强节假日查房和夜查房，有效减少护理不良事件的发生；加强对压疮、难免压疮评估监控工作；制作了藏汉双语宣教标识，规范医院安全标识和患者身份识别系统；开展患者术前访视等等，得到了患者广泛好评。

【科研学术】 2014年，自治区人民医院荣获国家发明专利；SCI文章3篇，中文核心期刊3篇，中国科技核心期刊14篇，省级论文66篇，国家级会议交流论文11篇，参与编写专著5部；科研立项并到账12项，共计193.5万元；评选出新技术新业务26项(二等奖1项，三等奖5项)。向中华医学会相关分会推荐委员5名，青年委员7名，专业学组成员1名；推荐国家级专业杂志编委6名。安排副高以上专家讲座34次，华西远程继续医学教育课程开课19次450人参加，科内讲座602次7618人次参加，护理专科讲座46次2558人次参加，副高以上专家讲座39次1291人次参加；安排53名医护人员赴内地进修学习；参加区内各类学术会议19次共587人次，安排赴内地参加学术活动149人次，安排2名专家赴香港参加学术会议；完成2013年度“西部特培”、“西部之光”人才选拔培训工作；主办或承办全区性专业学术活动7期。高原病心血管病科实验室“人类适应高原转化医学研究中心”成功获得自治区重点实验室认定。全年新成立全区性学术组织4个，已有14位全区学术组织主任委员。

【教学培训】 2014年，自治区人民医院制定《西藏自治区人民医院讲课费标准及发放办法(试行)》和《西藏自治区人民医院进修学习管理规定(试行)》，进一步规范了教育培训工作。在承担西藏大学医学院授课任务的同时，完成3个班级81名医学生的实习任务，安排课间见习358人次（其中藏大医学院345人次)，安排计划外实习生18名；接受藏大医学院3个班级71名实习生和东南大学计划外实习生10名；接受自治区内进修生87人。

【受援工作】 2014年，自治区人民医院在巩固援藏成果的基础上，由院领导带队先后赴中国医科院、四川大学华西口腔医院、山东省立医院等对口支援单位进一步沟通衔接，推进对口支援工作。联合四川大学华西口腔医院成立四川大学华西口腔医院西藏分院，华西口腔医院选派4名专家进藏指导坐诊；邀请上海新华医院吴昊书记一行专家开展“贫困聋儿人工耳蜗抢救性康复项目”；邀请医科院北京阜外医院专家进藏指导，重启开展心脏外科手术，实施3例成人心脏外科手术；邀请四川大学华西妇儿医院华益民教授一行，开展儿童先心病介入术27例；迎接安排第17批援藏医疗队共3位专家；接待内地专家11批次61人进藏讲学会诊。

【社会责任】 *强基惠民活动* 2014年，自治区人民医院在驻点村广泛开展农牧民群众免费健康体检、在编僧尼健康体检、妇女“两癌”和儿童先心病筛查工作。为农牧民群众常态化开展疾病防治工作，指导当地医疗机构，对需要住院治疗、家庭困难的当地农牧民患者，护送到自治区人民医院接受诊疗，减免住院费用，给予生活补助。

支持基层卫生事业发展 选派专家分赴各地提供技术指导，帮助部分区、县开通“绿色通道”，协助解决农牧民就医“报账难”等问题；配合卫计委，选派专家分赴拉萨、日喀则、那曲等地市开展县级医院等级评审工作，对西藏基层医疗卫生事业的发展起到了重要促进作用。

承担医疗救援和医疗保障任务 认真完成各种应急医疗救援任务特别是“8·9”特大交通事故和“8·18”交通事故的医疗救治工作；完成重要领导和重要人士进藏保健任务；

完成“两会”等重大活动和敏感时段的医疗保障工作，特别是在阿里“塔尔钦”正常宗教活动期间，先后派出13位同志（总天数373天）赴阿里参与前期调研与活动期间的医疗保障工作，圆满完成上级交办的任务。

参与拉萨市“六城同创”工作　积极发挥卫生记者站作用，各类新闻采访报道80余次，媒体投放宣传稿件138篇，更新补充院内宣传栏212个版面，拍摄制作《健康与生活栏目》40期，在承担卫生系统大量宣传任务的同时，参与自治区相关部门组织的各类宣传活动。

藏医院

【概况】　2014年，自治区藏医院坚持以病人为中心，以提高医疗质量为核心，以持续改进活动为载体，以建设“三好一满意”、“平安医院”为契机，推进改扩建工程的实施，改善就医条件，强化内部管理，规范医疗行为，提高服务质量，有效推动医院各项工作的顺利开展。

【两个效益显著提升】　2014年，自治区藏医院加快推进医院信息化建设步伐，实行挂号、就诊、缴费、取药“一卡通”，门诊电子处方推广率达99%，堵住挂号、取药环节的经济漏洞。就医环境的改善和特色医疗服务的开展，赢得了患者对医院的信任，所有临床科室出现一床难求、预约排队等床的现象，业务收入首次突破1亿元大关，比2013年同期增长15%，创下了自治区藏医院成立以来的历史新高。门急诊总人次311212人次，比2013年增加27876人次；入院人数达5373人次，比2013年增加544人次；出院人数达5352人次，比2013年增加459人次；平均病床周转次数18次，比2013年增加2.6次；病床使用率102%，比2013年增加1.8%。开展白内障复明手术2185例。

【医疗质量显著提高】　医疗管理更加规范　2014年，自治区藏医院建立健全医疗质量查房、业务院长查房、名老专家查房制度。每月组织1次医疗质量查房；每季度组织1次业务院长查房，每周组织7名老专家为10个临床科室进行1次查房。对治疗室、急诊科等8个科室进行了30例次医护人员手卫生监测，65例次空气监测，20例次一次性医疗用品的监测，做到及时对监测结果进行评价，研判，提出整改措施。

急诊急救能力提升　2014年，急诊科搬迁至住院部综合楼，进一步充实急诊医护人员，优化结构，配备急需医疗设备，为急诊科的发展提供人才、物资的保障。全年急诊达6937人次，比2013年增加1884人次。7月份搬迁后救治危重病人300例次，比2013年增加46人次。如今藏医院的急诊从讯诊室功能转化为急诊急救的第一战地。

加强医疗应急工作　在各种节假日和敏感时期，医疗应急安排共10次，参加人数达64人次，应急出动（蹲点）6次，参加人数达38人次。应急演练3次，参加人数达20人次。

【专科、学科建设】　2014年，自治区藏医院将心脑血管科分设为心内和脑病两个临床科室，科学合理推动专业科室的建设和发展；组建门诊藏医传统疗法中心，加大放血、霍梅等藏医特色疗法在门诊患者中的使用率，发挥非药物疗法的应用。

加快专科及学科建设步伐，接受项目中期评估。国家中医药管理局“十二五”重点专科建设单位胃肠科于10月份接受国家中期评估，得到了专家及领导的好评。

名老藏医经典处方数据收集工作全部完成，共收集12位名医10万余张经典处方，名医处方数据库中已录入37319张处方。

【护理工作】　2014年，自治区藏医院组织召开第二次优质护理病房总结及推广会议。优质护理服务推广到了全院各临床科室，使患者满意度从原来的95%提高到98%。

开展多形式、多途径培训，提高护士专业技术水平，以藏医特色护理、新的护理文书书写规范、护理风险与安全管理、优质护理等内容，坚持院内每月1次、科室每月2次的新业务、新知识业务学习等。

完成国家重点专科护理培育项目前期各项工作，举办全区藏医护理培训。

藏医特色技术操作合格率达95%，特护级护理合格率达95%，基础护理合格率90%，藏医护理文件书写合格率98%，急救物品药品完好率100%，护理服务满意度达98%，全年护理各项指标考核汇总均达三级标准。

2014年，自治区藏医院护理部被西藏自治区妇联、总工会评为全区巾帼文明示范岗集体荣誉称号。

【受援工作、交流合作】 2014年，自治区藏医院落实万名医师支援农村工作任务，选派2名医生到对口支援单位昂仁县藏医院开展支援工作，提高了受援医院的医疗技术水平和服务能力。

加强藏医临床诊疗指南制定等标准化建设工作，组织专业人员先后到山南、日喀则等4个地区藏医院征求俄乃赤久病、替布肺病等5个病种（国家局立项2个病种上增加砸邦病等3个病种）的临床诊疗指南制定修改意见，为推进藏医药标准化工作奠定了良好的基础和积累了丰富的经验。

【藏医药文化传承和宣传】 *承办全区第五届藏药材辨认大赛* 2014年，经自治区卫计委和藏医药管理局委托，自治区藏医院精心准备参赛场地，采集标本等工作，为8个参赛队和44名参赛者提供200余种常用藏药材现场识别鉴定，完全传承了门孜康传统藏药材识别竞赛过程，还对各派别和各区域药材辨别方式进行交流。自治区藏医院参赛队员荣获集体三等奖，尼玛次仁、拉珍分别获得个人二、三等奖。

参加京交会、藏博会 2014年组团参加第三届京交会以及第二届中国（宁夏）民族医药博览会，首届中国西藏旅游文化国际博览会等，展示博大精深的藏医药文化，提供藏医现场脉诊服务，演示藏医药天文历算场景，加大了藏医药文化的宣传。

协助自治区广播电台主办的《空中门诊》栏目 组织临床科室医生每周六、天宣讲藏医疾病预防、诊断治疗知识，解答听众提出的问题，共32人次参加《空中门诊》栏目，深受广大听众的欢迎。

文化传承工作成绩斐然 2014年，自治区藏医院名誉院长、主任医师占堆荣获第二届国医大师荣誉称号，旦增扎西等3名专家获批了自治区级非物质文化传承人，格桑巴珠等2名专家获批了国家中医药管理局名医工作室建设项目，索朗欧珠等4名专家荣获第二届西藏名藏医称号。启动名老藏医临床经验口述史项目，完成近50名区内外名老藏医和天文历算专家口述影音资料的收集。计划采访130多名专家学者，形成完整、翔实、客观的藏医药、天文历算档案资料，此项工作的开展对抢救、保护珍贵历史资料、记录和丰富藏医药发展史有着深远的历史意义。

临床研究基地业务建设 国家民族临床研究基地先后与山南地区等4个地区藏医院、宁夏中医药大学回医医院以及内蒙国际蒙医医院建立固定的协作机制，开展一系列实质性合作，实施第一期全区脑瘫治疗培训班，开展《四部医典》晨颂等读经典文化传承工作，使临床研究基地研究成果、文化继承工作辐射面进一步扩大。临床研究基地业务建设通过国家评估验收，得到国家级专家的高度评价。

藏医药人才培养 全年接收四川、甘肃、青海等藏区基层藏医院技术骨干进修生50人次；接收西藏藏医学院实习生共50人，见习生124人。发挥人才培养的引领作用，扩大与区内外藏医药界的交流与合作。

【改扩建工作】 2014年，自治区藏医院完成临床研究基地和综合楼的建设任务，并投入使用，进一步改善就医环境和科研条件。

住院北楼项目建筑面积0.7万平方米，中央预算内投资2700万元，项目投资全部到位，已完成招标，并举行了开工仪式。

自治区发改委批准立项眼科、研究院、后勤保障楼、地下停车场等大庆项目建设及附属设施工程项目，投资概算9000多万元，预计2015年4月份开工。下达综合楼、临床研究基地中庭楼顶保温节能封顶改造以及高压氧舱建设经费投资近500万元，争取到老门孜康古建筑修缮工程经费近700万元，使医院本部建设规划基本得到落实。

【信息化建设】 2014年，自治区藏医院信息化建设得到自治区财政厅1003万元资金支持，是建院以来信息化建设方面投入资金的最多的一项工程。已完成信息中心机房的建设任务，严格按照行业标准进行设计和施工，保证至少5年的先进性和10年以上的可用性。

综合管理系统(HIS)系统正式上线运行，实现99%的电子处方流程管理和病人就诊“一卡通”，患者凭身份证就能建卡、挂号、就诊、缴费。完成了医保、门诊、临床科室网络的搬迁和调试和分诊导诊、LIS、PACS系统的安装调试工作。通过信息系统可以查阅33种贵种药品及后勤物质的出入、库存量。首次实现了建院来病历科学分类归档，病案号均得到电子归档（1966 年至 2013 年约 48 年无序堆积的共 63000 份病历），使得濒临破损的宝贵资料得到了抢救性的保存，并对 2014 年的所有病案基本信息进行了电子录入，部分实现了内网查阅到病案基本信息。48 年的病历见证了医院发展中的医疗质量、学术水平及管理水平，为医疗、科研、教学提供极其宝贵的基础资料，也为医院管理提供不可缺少的医疗信息。

【科研工作】 2014 年，自治区藏医院启动院内制剂毒性成分检测研究，完成啊嘎尼秀丸等 5 个院内制剂品种的乌头碱和士的宁成分限量检测标准研究；完成了国家重点基础研究发展计划红景天疗效与安全性评价项目，发表了两篇学术论文；完成国土资源部公益性行业科研专项经费项目“医疗热温泉与健康调查研究”课题；完成地区自然科学基金帕里龙胆活性筛选项目 70%的研究工作。

完成卷叶贝母、梭砂贝母、4 种绿绒蒿、亚麻籽、金荞麦、甘青青兰等藏药材种子的人工处理研究和种苗繁育研究，其中卷叶贝母、梭砂贝母、绿绒蒿的种子处理技术有了重大突破，卷叶贝母、梭砂贝母人工种苗出苗率达到 92%，比 2013 年出苗率提高了 78%。

完成西藏中(藏)药资源普查项目洛扎、错美、普兰、扎达四个县的野外资源普查任务，累计行程 72000 公里，完成样地 962 个、样方套 4810 个、样方 28860 个、收集药用植物 3200 余种，采集药用植物标本 6500 张，采集重点药材 71 个品种，特色药材 87 个品种，拍摄各种视频资料 2600 分钟。顺利通过国家督导组的督导检查，项目各项阶段性科研成果获得督导专家的一致好评，资源普查试点工作综合进展评估结果位居全国前列。

完成临床研究基地内标本馆的设计建设任务，共计鉴定标本300余种，制作标本盒 320 个，制作腊叶标本展示品 230 个，制作图片展示品 78 个。

完成自治区科技厅《西藏特有藏药材植物的基源鉴定与标本制作》项目之成果著作《奇异金穗释解·甘露本草明镜》的编排、校对、出版工作，以及《西藏中(藏)药材种质资源与可持续利用研究基于物联网技术的信息化建设》、《藏药材种子质量管理与智控机房建设》、《藏药材种植研究与产业化、标准化全产业链关键技术研究》、《云、广、赣、贵、川中(民族)药产业化发展调研报告》等重大科研项目资料的编写任务。

完成公元 2015 年即藏历木羊年《气象历书》《台历》、《撕历》、《简明历书》的编写，出版发行工作。

组织申报中国民族医药大会暨首届民族医药科学技术奖，《四部医典八十幅彩色曼唐·释难（大祥解）蓝琉璃之光》藏汉英文版获得民族医药传承贡献一等奖；《藏医药秘方整理与收集研究》、《藏医实践经典名著整理研究》、《治疗幽门螺杆菌(HP) 感染的有效藏药方剂临床应用开发研究》等 3 项获得民族医药传承贡献三等奖。《中华本草·藏药分卷》藏、汉文版和《藏传历算大全》等 3 项获得学术著作一等奖；《矿物药简易鉴定手册》、《国医大师强巴赤的藏医药读本》、《藏医中风诊疗方法》等 3 项获得学术著作二等奖；《肝病催泻及外治疗法操作规程》获得学术著作三等奖；国医大师、名誉院长占堆获得中国民族医药学会终身成就奖，名老专家阿旺平措获得中国民族医药学会突出贡献奖。

【人才队伍建设】 2014 年，自治区藏医院选派 19 名医生分别到四川大学华西医院、四川省中医药大学、上海市第十人民医院进修学习，巴珠获西部特殊培训优秀学员称号。选派 17 名医护人员先后分别参加重点专科培训和名老藏医工作室建设培训。组织参加中澳技术合作西藏卫生能力建设项目在拉萨举办的医院科室管理和医院信息管理以及感控、医疗纠纷防范处理和输血技术培训。邀请民间名藏医专家单松扎巴传授藏医水泄疗法、藏医尼如哈疗法技术和相关药物配制技术；邀请日喀则萨迦县民间藏医专家米玛在本院传授藏医扎梅疗法肝癌干预治疗，并委派部分人员前往日喀则学习扎梅疗法技术要点。

【门孜康制剂中心建设】 2014 年，自治区藏医院按照《西藏自治区藏药厂企业改制方案》要求，顺利完成原藏药厂厂房、固定资产、陈列室，以及人员的交接。门孜康制剂中心作为业务科室得到卫计委批准，明确了制剂中心负责人。启动医院制剂许可申请软件编写工作。12 月 29 日举行生产启动仪式，第一批制剂药已供医院。

援助西藏发展基金会

【概况】 2014 年,援助西藏发展基金会共筹集落实资金 1370 多万元,实施项目 34 个。

【政治理论学习】 2014 年,援助西藏发展基金会组织全体干部职工认真学习党的十八届三、四中全会精神和自治区党委、政府的重要会议精神和自治区副主席甲热·洛桑丹增检查指导工作时的重要讲话精神。通过学习,使大家的思想认识得到了进一步提高,切实把思想统一到党中央的指示精神上来,统一到区党委、政府的工作部署上来。增强了爱岗敬业、廉洁从政、遵纪守法的自觉性,有力地促进了援藏扶贫工作的开展,推动本会各项工作不断迈上新台阶。

机关各处、室、办(北办、广办、川办、活动办)以高度的使命感和责任感,围绕援藏基金会第三届理事会第十三次会议提出的指导思想、工作要求,拓宽思路、创新方式,发挥优势,使机关工作运行有条不紊。特别是自治区领导到基金会考察调研,使援藏基金会全体干部职工备受鼓舞。会领导组织大家认真学习自治区副主席甲热·洛桑丹增的讲话精神,深刻领会其精神实质,努力在扩大筹资渠道、落实扶贫项目、加强自身建设等方面下功夫,较好地完成了全年的工作任务。完成 2013 年度本会上报国家民政部民间组织管理局的年检报告。经过自治区审计部门的严格审计,本会连续多年年度检查均为合格。顺利完成本会法人登记证书换证工作,2014 年再次被国家民政部评定为3A 级全国性基金会,继续获得财政部、国家税务总局、民政部的公益性捐赠税前扣除资格。本会 2013 年度工作报告和审计报告摘要内容也已在《中国社会报》上公开刊载。按时完成自治区组织部、人社厅等下发的各类统计报表工作;选派两名干部参加自治区党校举办的 2014 年度县处级干部培训班,并圆满结业。根据自治区统战部机关党委的统一部署本会党支部委员进行换届选举,选举产生了新一届支委会。

【援藏扶贫项目】 2014 年,援助西藏发展基金会“光明工程”筹集落实资金 818 万元,实施项目 9 个,1039 名白内障患者重见光明。“育人工程”筹集落实资金 118 万元,实施项目 7 个。“公益工程”筹集落实资金 359 万元,实施项目 5 个。“阳光工程”筹集落实资金 402 万元,实施项目 13 个。

【强基惠民】 2014 年,援助西藏发展基金会第三批驻村工作队积极为群众办实事、解难事,较好地完成了任务,并再次荣获“自治区创先争优强基础惠民生活动先进驻村工作队”的称号,工作队队长桑珠被自治区评为先进驻村工作队员。驻村工作队积极联系爱心企业,为吉玛乡小学的 200 多名学生制作冬衣、冬鞋,价值 5 万余元。用前一批工作队申请到的 27 万元资金为群众打了三口饮用水井。为该村落实价值 5 万元左右的女士皮鞋等。为使当地牧民群众买到质优价廉的商品,与当地群众和干部协商,工作队决定为久贡村办一个供销合作社,正在与各相关部门联系,解决所需的资金,已筹措50 万元。按照自治区党委的统一部署和安排,完成第三和第四批本会驻村轮换工作。

国家税务

【概况】 2014 年,自治区税务系统共组织各项收入 174.86 亿元,同比增长 17.6%,增收 26.22 亿元。剔除海关代征税收 7,396 万元,税务部门组织收入 174.13 亿元,同比增长17.8%,增收 26.25 亿元,完成年度计划的 111.4%。全区税收收入连续十个月保持正增长,且十三类税种“十升三降”,普遍呈现两位数增长,税收的平稳较快增长充分体现经济平稳发展的现状,同时为全区经济社会的发展和稳定提供有力的财力保障。

【税收收入特点与分析】 *货物劳务税、所得税和财产行为税份额呈“五四一”分布* 2014 年,自治区税务系统货物劳务税实现税收 868,650 万元,占总体税收49.9%,拉动税收增长 9 个百分点。所得税完成 727,166 万元,占总体税收 41.8%,拉动税收增长 7 个百分点。财产行为各税共完成144,699 万元,占总体税收的 8.3%,比 2013 年同期增长 20.1%。全区九成税收增量来源于企业所得税和国内增值税,共同增收 245,098 万元,增收贡献率为 93.4%。

自治区级税收增长最快,县级

贡献地方级六成税收　中央级收入实现843,836万元，地方级收入实现897,417万元，分别增长15.3%和20.1%。各预算级次中，自治区级税收增长最快，实现税收71,143万元，增长46.8%；县级贡献全区六成地方税收，实现税收608,245万元，同比增长21.8%，增收贡献率达到72.5%。

公有制经济税收窄幅波动，非公有制经济税收"井喷式"增长　近五年以来，全区公有和非公有制经济税收呈现了典型的"一稳一增"的特点。即2010年—2014年全区公有制经济税收规模基本保持在10亿元至15亿元之间，且所占比重控制在20%以内，呈现规模窄幅波动的特点；非公有制经济税收则不断放大。税收规模由2010年的40.1亿元，在2012年跃上百亿，2014年增至163.1亿元，占总体税收的比重由2010年的79%提升至93.6%。小微企业作为非公有经济税收的主体来源，全年实现税收108.2亿元，占总体非公有制经济税收的68%。

主体行业集中于第三产业，且三产税收逾百亿　第一、二、三产业分别完成税收0.35亿元、40.76亿元和133.01亿元，占总体税收的0.2%、23.4%和76.4%。从行业税收规模按降序看，批发零售业、商务服务业、建筑业、制造业和金融业分别实现税收63.48亿元、34.79亿元、25.51亿元、8.76亿元和8.03亿元，五大主体行业贡献全区80.7%的税收，总体增收22.78亿元，增收贡献率达86.8%，拉动税收增长14.4个百分点。

三家征收单位组织六成全区税收，两家未完成全年税收目标　拉萨市、经济开发区和区直属局形成全区11.9的拉力，力促全区税收同比增长17.8%，三家单位税收总量位居前三，构成全区六成税收。从总量降序看分别为：拉萨市49.8亿元、开发区46.3亿元、区直属局20.5亿元、山南16.8亿元、昌都12亿元、林芝10.3亿元、日喀则10亿元和那曲6.1亿元、阿里2.3亿元。从税收完成情况看，除日喀则和阿里地区分别完成年度税收目标的84%和97%外，其余单位均超额完成全年税收目标，分别为那曲(135%)、拉萨(125%)、区直属局(114%)、开发区(109%)、山南(108%)、昌都(104%)、林芝(103%)。

【税收法治】　2014年，自治区税务系统转变作风，改进工作，依法行政，规范税收执法行为，积极推进税制改革，研究完善税收政策，加强税收法制建设，规范税收执法行为。

法治税务建设　开展依法行政考核，按照依法行政考核办法及其指标体系、依法行政示范单位创建方案及其评价标准，指导全区税务系统开展依法行政考核及示范单位创建工作。完善依法行政基础工作，对"十二五"时期依法行政工作规划任务进一步细化分解，跟踪督查任务完成情况。提升法制理念，坚持完善理论学习中心组集体学法制度，举办全区税务系统县局局长依法行政培训班，将依法行政课程作为税务人员初任、任职、更新知识等培训班的必修课程。

综合税政工作　召开全区税务系统政策法规工作视频会议，提出新形势下政策法规工作的定位和努力方向。加强业务沟通协调，加强合法性审核，严把政策出口关。开展实地调研，加大课题研究，对"十二五"时期依法行政相关工作任务推进、行政审批制度改革落实、税收规范性文件制定和管理、减免税管理等执行情况进行调研，撰写《关于贯彻落实农牧业发展税收政策问题的调研报告》《关于中央民族工作会议有关文件资料的整理汇总》等材料，承接总局关于西部大开发的税收政策研究课题。

政策法规制度建设和执行工作　规范税务行政处罚裁量权，对税收执法权力清单与行政处罚权力清单进行梳理，出台《规范税务行政处罚裁量权实施办法》及《税务行政处罚裁量基准(试行)》。推进税务行政审批改革，完成行政审批项目税务部分的梳理、审查、备案，初步摸清税务行政审批项目底数，发布公开行政审批事项公告，实现行政目录化管理。注重税收执法依据合法性管理，加强对各类税收规范性文件的合法性审查力度，严格规范税收规范性文件的制发程序，从源头上防止税收规范性文件的违法违规制定。加强对税收规范性文件的指导，按照"有件必备、有备必查、有错必纠"的要求，定期审查各地(市)税务机关的各类规范性文件。做好规章及税收规范性文件的清理工作，开展区域性优惠政策的清理检查工作，提出废改建议。发挥依法行政的牵头作用，充分发挥重案审委会办公室的职能作用，加大组织协调及与成员单位的沟通力度，完善审理程序和案件卷宗管理。执行《税收个案批复工作规程》,把好合法性审查关口。合力夯实行政复议基础工作,从自治区人大财经委、政协、司法、法制办、检察院、律师事务所、西藏大学等单位和部门中推选7名同志担任行政复议委员会专家委员。

【税种管理】 2014年,自治区税务系统不断完善税收政策和征管措施,强化税种管理。加大对农产品进项税额抵扣情况的政策执行力度,开展西藏特色产业的调研测算工作,为扩大农产品增值税进项税额核定扣除试点范围做好前期准备工作。加强增值税一般纳税人认定管理,加强卷烟批发环节消费税的管理,做好卷烟消费税计税价格信息采集相关工作。广泛宣传个人住房转让营业税政策,确保该项政策贯彻落实到位。积极落实新修订的《车辆购置税征收管理办法》,运用车辆合格证电子信息加强车辆税收管理,完善车辆购置税车价信息采集方式。协助自治区政府出台《西藏自治区企业所得税政策实施办法》,制定具体问题实施办法,修订《企业所得税涉税事项管理办法(试行)》,充实西藏自治区有关企业所得税程序性政策,规范企业所得税管理,促进经济结构调整和产业优化升级,激发市场和社会活力。采取深入企事业单位、上门辅导、电话咨询等多种渠道和方式,做好年所得12万元以上个人所得税自行纳税申报工作,全区9549名纳税人申报年所得额451838.57万元,均创历史新高。完成贯彻落实《西藏自治区人民政府关于改革资源税征收方式的通知》工作,制定《西藏自治区国家税务局关于贯彻自治区人民政府关于改革资源税征收方式的通知》,确保资源税征收方式的改革工作的顺利实施。深入开展完成土地增值税清算工作的宣传培训和督导落实工作,完成土地增值税清算督导检查。推进车船税联网征收工作,制定《西藏税源监控平台车船税管理子系统上线工作实施方案》,完成车险信息平台建设和运维工作,积极推进两平台的联网征收。强化出口退税管理,深化出口退(免)税预警分析,完善出口退税审核关注信息管理,加大对出口量大、增长异常的税收函调力度,建立健全防范骗取出口退(免)税体系。切实加强发票管理,加强增值税防伪税控开票系统服务单位监督管理,及时编写发放《海关进口增值税专用缴款书“先比对后抵扣”管理操作指南》,加强增值税发票管理。

【税收征管】 2014年,自治区税务系统做好税收征管制度建设及基础工作,完成《西藏自治区税收征管保障办法》的起草、修改和送审工作,科学调整自治区直属税务分局征管范围,制定管户移交方案。贯彻落实取消进户执法相关项目后续税收管理工作要求,清理并取消要求纳税人重复提供的涉税资料,减轻纳税人负担。加强企业所得税减免税管理,查找并纠正税款混库问题。建立符合西藏实际的税收风险管理机制,制定税收风险工作意见,实施《西藏自治区国家税务局税收风险管理暂行办法》,建立税收征管风险指标通报制度,完成对纳税人在征管系统中相关涉税信息数据抽取脚本编写、建立由多个不同侧重点指标共同组成的税收风险指标体系,完成对各税源管理单位14项风险管理指标数据的抽取和分析工作,并以税收风险指标通报形式定期发布风险指引。开展全区征管绩效考核指标设定,印发《西藏自治区国家税务局征管科技工作绩效考评实施办法》和《绩效考核指标口径说明》,明确绩效考评数据来源、考评方法、考评等次和考评结果运用等。加强发票管理,完成全区发票物料的印制、调拨、核算入库调拨工作,按期组织发票抽奖活动,全力配合打击制售、使用假发票行为,强化税控票表比对异常数据监控。

【大企业税收服务与管理】 2014年,自治区税务系统提升大企业管理手段,在综合征管软件中添加大企业“大企业管理层级”、“所属总局定点联系企业集团”两项标识。落实《2014年大企业税收风险识别工作方案》,对冶金矿产、建筑安装、电子机械及技术服务四个行业开展全行业税收风险特征收集工作,形成《大企业税收风险特征表》,加强总局定点联系企业税收服务和管理工作,对8户企业集团开展全流程风险管理,开展对大唐集团在藏三家分支机构的税务审计工作,开展烟草总公司所属独立法人单位的现场审计工作,促使企业建立健全税收风险内控体系。

【国际税收管理】 2014年,自治区税务系统开展对外支付大额费用反避税调查，对 2004–2013 年向境外关联方支付服务费和特许权使用费的企业，尤其是向避税地等低税国家和地区支付项目开展排查，防止企业通过对外支付费用转移利润。开展股息、红利非居民税收专题检查，对 2012–2013 年度非居民企业取得来源于中国境内的股息、红利等权益性投资收益和税款缴纳情况开展全面检查。安排学习税基侵蚀和利润转移（BEPS）最新成果。对非居民企业税收征管情况进行调查指导，对中国税收居民身份证明、非居民享受协定待遇、单边APA、服务贸易等项目对外支付税务备案、境外注册中资控股居民企业所得税管理等工作进行调查摸底。

【税务稽查】 2014 年，自治区税务系统充分发挥税务稽查的职能和作用，出台重大税收违法案件信息公布办法，严厉打击曝光涉税违法犯罪活动。全区稽查部门共实施检查纳税户 107 户，查出有问题 103 户，选案准确率 96.26%；组织企业自查71 户；全区稽查部门实现收入 10295 万元，同比增长 154.51%。认真开展房地产及建筑安装业、办理出口退（免）税企业、股权转让交易企业及个人、合伙企业、物流公司、投资公司、高收入者个人所得税等项目的专项检查工作，对林芝地区开展区域税收专项整治工作，进一步整顿和规范税收秩序。开展重点税源企业和重点行业检查，对重点税源企业、私人会所、“营改增”企业、农副产品收购企业、出口退税企业、“两行、华能”等开展税收风险分析和税收检查。开展打击发票违法犯罪活动，对 303 户企业进行发票使用情况的检查，开展餐饮企业发票使用情况检查，对发放小卡片兜售假发票的行为，加强与公安部门的协作检查，与公安部门联手破获制售假发票案 3 起，捣毁窝点 4 个，打掉团伙 3 个，查获犯罪嫌疑人 13 人，缴获作案机器 12 台，缴获发票 16717 份；查办非法取得发票案件共 35 起，缴获发票 200 份；查办虚开发票案件共 10 起，缴获发票 1 份。治理发票违法手机短信 8 条，关停手机号码 4 个，治理短信群发器 2 台，曝光案件 27 例。认真开展案件协查，通过系统委托发出协查 7 起，涉及企业 28 户，涉及发票数量 258 份，金额 5890.55 万元，税额 988.53 万元，收到受托协查 17 起，涉及发票 60 份，金额 1328.60 万元，税额 225.86 万元，回复发票 73 份，按期回复率 100%。强化对举报案件的查处，受理各类涉税违法举报案件 15 件，查处举报案件金额 220.19 万元。

【执法督察与内部审计】 2014 年，自治区税务系统对组织收入原则执行情况、“营改增”试点过程中虚增虚报税收收入情况、保障民生税收优惠政策落实情况、土地增值税征收管理情况、取消和下放税务行政审批项目的贯彻落实情况、税收优惠文件清理情况、发票管理情况、注销清算税收管理情况、增值税（含营改增）、企业所得税、土地增值税税收政策执行情况、增值税一般纳税人认定情况、税收规范性文件、税收个案批复工作、税务稽查和税务行政处罚等项目进行重点执法督察。执法督察单位达到 29 个，自查单位 10 个，完成执法督察项目 39 个，完成执法督察工作报告 20 份，下发税收执法督察通知书 23 份，税收执法督察处理意见书20 份，执法督察追究责任 21 人次，提出建议 108 条。发现违规执法行为 313 个，涉及纳税人 441 户次，涉及税款 244.5 万元。对 36 个单位开展内部审计，占全部预算单位的 46.75%，完成财务收支审计项目 6 个，占已完成审计项目总数的 17.1%；完成专项审计项目 5 个，占已完成审计项目总数的 14.3%；完成经济责任审计项目 24 个，占已完成审计项目总数的 68.6%。审计查出问题 138 个，比 2013 年减少 6 个。审计查出及纠正问题涉及金额共计 593.7 万元，比 2013 年增加 307.6 万元，增长 107.5%。提出审计建议数共计 142 条，已制定整改措施 13 件，已完善规章制 6 件。

【强基惠民】 2014 年，自治区税务系统派出 160 余名干部进驻 78 个村（居）委会，为各驻村点开展加强基层建设、维护社会稳定、帮助勤劳致富、开展感恩教育和解决实际困难等工作。驻村干部人数占全系统干部职工的 10%以上。2014 年，自治区国家税务局创先争优强基惠民驻村工作队共 20 名干部进驻到错那县觉拉乡五个行政村（年扎村、德吉村、扎洞村、觉拉村、罗堆村），驻村工作队紧紧围绕“5+2”工作任务（即：建强基层组织、维护社会稳定、寻找致富门路、感党恩教育、为民办实事、强化创业意识、创建“十星模范村”)开展各项驻村工作,竭力为群众办好事解难事,深入开展党的群众路线教育实践活动,达到了党员干部受教育、人民群众得实惠、基层加快发展、社会和谐稳定的目标。

海　关

【概况】　2014 年,拉萨海关深入践行总署“四好”总体要求,积极实施“政治立关、业务兴关、管理强关、文化固关”战略,大力推进“五型海关”建设,不断巩固党的群众路线教育实践活动成果,深化改革,依法治关,圆满完成了各项工作任务。全年税款实际入库 1.14 亿元,增长13.78%,创近 18 年来新高。贸易结构进一步优化,保持平稳健康发展,全年区内口岸进出口贸易总值达130.53 亿元,同比(下同)增长2.67%,其中边境小额贸易 121.76 亿元,增长 2.19%。推进无纸化通关改革,签约企业达 34 家。审核通关作业无纸化进出口报关单 1950 份,占同期进出口报关单量的 35.7%。加强对行邮、快件、货运渠道的实际监管和风险分析,加大对运输工具的登临检查力度。全年监管进出口货物 14.23 万吨、进出境运输工具 2.28 万辆(架)次、出入境人员 21.89 万人次、邮递物品 30621 件。

【严肃政治纪律,维护社会稳定】　2014 年,拉萨海关严格落实政治纪律,结合第二批教育实践活动,学习落实习总书记“治国必治边、治边先稳藏”的重要战略思想,深刻理解全面把握党中央“五位一体”的总布局和保卫国家安全的深刻内涵和精神实质,在大是大非面前要旗帜鲜明、立场坚定,管住自己、管住家人,始终保持西藏长期稳定、持续稳定、全面稳定的良好局面。多措并举,着重提高全体党员干部的学习转化能力,将世情、国情和西藏区情紧密结合起来,全面学习落实于广洲署长视察拉萨海关时的重要指示,立足西藏地处经济欠发达地区的实际,不断解放思想,开拓思路,深入践行“四好”总体要求,深化各项改革,主动把握适应经济发展新常态,切实把总署党组要求转化为拉萨海关发展的新思路、新举措。

确保“塔尔钦”活动圆满完成　围绕“塔尔钦”转山、转湖,来自印度、尼泊尔等周边国家的香客成倍增长。拉萨海关党组按照总署党组要求,周密部署,制定监管实施方案,并由主要领导带队抽调精干力量赴阿里坐镇指挥。同时动员各边境口岸现场所有监管力量,对进出境香客携带的行李物品实行 100%查验,综合施策,联合监管,提高整体监管效能。自 5–9 月共监管进出境香客 7000 人(次)、行李 6000 余件,确保“塔尔钦”活动的安全稳定。同时加大对反动宣传品的查缴力度,全年共查获各类违禁印刷品 961 份、音像制品 27 张、印度“达兰萨拉”藏药厂生产的违禁药物 11141 件、管制刀具 36 把,有效净化了关区政治生态环境,压缩了达赖集团分裂渗透的空间,维护了西藏的安全稳定。

【党的群众路线教育实践活动】　2014 年,拉萨海关 22 个党组织、234 名党员,分 2 批参加了活动。第一批活动整改措施 31 项、专项整治 14 项已全部完成,综合整改率达 100%。第二批活动制定整改措施 99 项,完成整改 97 项,整改任务完成率达 98%。活动期间,关党组成员下基层深入联系点调研20 人次,累计约谈隶属海关班子“一把手”23 人次,以点代面,加强指导,树立标杆,督促履行第一责任。各活动单位集中学习累计 40 天,党员干部撰写体会文章 82 篇,摘抄学习笔记 96 本,开展学习讨论 7 场、观影活动 13 场,邀请领导干部、老同志上党课 9 场。主动走访地方党政部门,主动下基层、进企业、问群众,真听意见、听真意见,召开海关内外部座谈会 61 次,征集意见建议 195 条,班子查摆“四风”问题 88 条。集中开展清理超标办公用房等 22 项专项整治,从联系服务群众、反对铺张浪费、规范权力运行、加强监督问责、从严管理干部等方面形成 55 项制度成果。总署第一巡回督导组先后 3 次进藏检查我关教育实践活动,对活动取得的成果给予了充分肯定。全关上下以作风建设的新成效推动关区监管服务工作呈现出了新气象、新面貌,整体活动的群众满意率达 98.7%。

【促进西藏外贸健康稳定发展】　助力全面深化改革　2014 年,拉萨海关成立深化改革领导小组及加快推进区域通关一体化暨关检合作“三个一”改革专项小组、公务用车改革专项小组,对全面深化改革工作进行部署。积极做好区域通关一体化改革前期准备，通关作业无纸化改革在进出口环节均已成功实施。完成空运新舱单及运输工具管理系统切换上线工作。稳步推进关检合作“三个一”工作，已在具备条件的口岸开展试点。报关单位注册登记管理制度改革和企业信用管理制度改革均已完成。

落实行政审批事项　积极落实取消和下放行政审批事项，降低报关企业注册登记准入门槛，简化报关企业申请注册登记的材料，取消报关企业跨关区分支机构许可，改为备案制。减少进出口货物收发货人注册登记材料。将临时注册企业登记有效期延长至一年。

提升综合治理效能　认真落实中央和总署打私工作部署，研究制定加强新形势下西藏地区打私工作的意见和加强打击毒品走私工作的意见。深化反走私综合治理，加强与地方公安、边防等部门的联防联动，提高缉私综合效能。开展“紫光”、“绿风”、“守卫者”和打击武器弹药走私等专项行动，打击毒品、武器弹药、濒危野生动植物及其制品等走私活动。开展边境巡查，加强对边境口岸和非设关地走私活动的打击力度。2014 年，共立案 76 起，案值 1393.81 万元，其中刑事案件 5 起，案值 139.94 万元，行政案件 71 起，案值 1253.87 万元，查获豹皮 2 张、穿山甲鳞片 64 公斤、红木 1677.25 公斤、象牙制品 1.17 公斤。

推进法治海关建设　开展为期 12 天的“海关法制进边镇、进民家”活动。法制宣传小组深入日喀则地区亚东、吉隆县的 10 个村镇，实地走访边镇居民 120 多户，举办法制讲座 4 期，召开座谈会 3 次，发放藏文宣传资料1261 册，宣传“六·五”普法内容、海关法律法规及党和国家的惠民政策。开展“弘扬宪法精神，建设法治中国”首个国家宪法日主题宣传活动，与西藏人民广播电台《新闻早世界》栏目组联合录制海关法制宣传节目，系统宣传，扩大覆盖面，收到了较好的效果。

【支持西藏经济社会跨越式发展】

署区合作备忘录成功签署　2014 年，拉萨海关推动署区合作备忘录签署工作，结合西藏经济社会发展实际，突出实施性、可操作性，拟定署区合作备忘录，主动加强与西藏自治区有关部门的联系沟通，广泛征求意见，促使总署与西藏自治区就备忘录文本达成一致意见，并于 8 月 7 日成功签署《海关总署西藏自治区人民政府关于支持西藏经济社会跨越式发展合作备忘录》，建立署区紧密合作机制。

促进西藏对外开放　围绕推动地方开放型经济发展进行专项研究，形成《拉萨海关关于落实国务院加快沿边地区开发开放若干意见支持西藏自治区加快边境口岸开发开放的调研报告》，出台《拉萨海关关于支持西藏外贸稳定增长的具体措施》，有力促进西藏外贸稳中有进，并就正确履行海关职责，加快格尔木藏青工业园建设，加大对重点项目的扶持力度等积极向自治区政府建言献策。落实国家减免税政策，主动支持重点企业、骨干项目引进先进的技术装备，共审批减免税货值9217.82 万美元，审批减免税款 7151.87 万元。加强与尼泊尔海关的合作交流，成功举办 27 轮中尼边境海关会晤，为尼方借道运输提供通关便利，完成 8 批次货物监管工作，进一步巩固中尼经济合作发展。

支持吉隆口岸扩大开放　协助自治区修改制定《吉隆口岸热索一线口岸区整体布局方案》、《吉隆口岸海关工作场所设施需求报告》，参与《吉隆口岸出口货物查验场可行性研究报告》评审工作，完善《吉隆口岸边民及边民互市贸易监管工作规程》，促进口岸边民互市贸易发展。妥善应对尼方泥石流塌方等突发事件对中尼贸易的重大影响，做好吉隆口岸紧急分流樟木口岸出口货物监管服务工作，确保西藏对尼贸易正常开展。向总署申请吉隆口岸海关机构及人员编制、监管设备等，完善业务制度和工作流程，选派一批业务骨干前往吉隆海关协助工作，确保吉隆口岸正式扩大开放海关相关工作顺利进行。

统计分析服务　强化统计分析研究和预警监测，及时反映西藏外贸运行基本特点、规律和发展趋势。首次公布以人民币计价的海关统计数据。发挥统计分析服务领导决策作用，向自治区报送《海关统计专报》11 期，其中《西藏宏观调控成效卓著 1 至 5 月实体外贸稳定增长》得到自治区领导的高度重视，先后作出重要批示。2 篇经济运行报告被统计司作为范例和工作参考材料转发全国各海关。

【强基惠民】　2014 年，拉萨海关落实自治区党委进一步巩固和深化驻村成果的要求,全年共派驻3批36人驻村,投入资金近百万元,为群众办实事解难事。继续做好藏拉河采沙场、卡久村白绒山羊养殖基地、排嘎村大棚温室蔬菜种植基地等扶贫项目的效益分析和后续推进工作。积极投身扶贫济困爱心工程,先后向西藏自治区红十字会捐赠服装鞋帽等物资4万余件,总价值约120万元。

检验检疫

【概况】 2014年,西藏出入境检验检疫局共检验检疫货物573批次,货值3243万美元,批次和货值分别下降66.23%、83.31%。检出不合格入境货物6批次、货值4万美元。共完成出入境人员健康检查和艾滋病监测各1481人次,同比增长8.9%。健康检查中发现病例38人次,预防接种65例。检疫查验汽车2.27万辆次,同比下降15.75%;飞机386架次,同比增长38.35%。共查验出入境人员16.46万人次,同比增长10.89%。检疫查验行李40.44万件,邮包共7159件,出境尸体/棺柩/骸骨共20具。完成现场消毒卫生处理16.98万次。进行口岸服务行业从业人员健康体检619人次,发放健康证550份,签发口岸卫生许可证341份。

【执法把关】 2014年,西藏出入境检验检疫局着力提升进出口商品质量,开展以"践行质检为民,优化消费环境"为主题的"3·15"消费者权益保护日活动,"四个一" 食品安全宣传周活动。全面贯彻实施《新形势下西藏口岸出口商品检验监管模式》,出台并实施《小额贸易检验检疫工作指南》、《2014年<目录>外出口商品监督抽查计划》、《进口货物现场检验检疫流程及要点》等监管工作方案。制订了《2014年度进出口食用农产品安全风险监控实施方案》,组织开展食品农残摸底调查,对口岸副食品商店经营的蔬菜、水果分别抽样,进行快速检测及实验室送检。

【卫生检疫】 2014年,西藏出入境检验检疫局对口岸219家餐饮单位、272家食品经营单位和126家服务行业经营单位实施了卫生监督执法,没收过期和变质食品、酒水饮料515公斤,货值24824元。面对埃博拉疫情的严峻形势,成立领导小组和应急队伍、严格口岸查验、完善应急预案和联防联控机制、配备防控设备和物资,共投入资金160多万元购置相关物资。强化口岸核生化反恐工作,确保口岸反恐工作落实到位。按照"五定"原则,确定口岸医学媒介生物监测的重点区域和重点对象,开展医学媒介监测及本底调查。联合边检、环保、公安、卫生、海关等部门,开展了口岸核与辐射突发事件和埃博拉疫情防控应急处置演练。樟木和机场口岸已按照口岸卫生检疫核心能力建设相关标准顺利通过达标验收。

【动植物检疫】 2014年,西藏出入境检验检疫局结合实际适当调整实蝇监测区域及监测点,把监测重点放在进口水果、蔬菜的入境口岸、境外旅客旅游热点地区、蔬菜种植基地、水果、蔬菜零售批发市场,完成120个实蝇监测点的设置工作。完成西藏出口尼泊尔牦牛检疫工作,实现了西藏种用牦牛首次对外出口。组织开展了"国门生物安全进校园"活动。

【服务发展和长治久安】 2014年,西藏出入境检验检疫局进一步密切与地方党政机关和口岸联检单位的沟通和联系。以群众路线教育实践活动为契机,加强口岸部门联动,与口岸联检部门形成常态化的沟通、配合、协调机制,共同提高通关效率。主动服务西藏开放型经济发展。加强窗口建设,继续执行"5+2"和"7×24"工作模式,利用集中审单系统实现自动审单,审单流程效率提高70%以上;创新口岸查验工作机制,合理确定查验比例及查验周期,查验流程效率提高50%以上;扎实推进无纸化通关,降低了企业通关成本。主动帮扶外贸发展,加强边民信息宣传,帮扶企业扩大进口业务范围;对尼泊尔面粉进口等新业务提供政策指导,力促西藏进出口货物结构的多元化。认真抓好维护稳定工作。继续落实24小时值班制度,确保单位"三不出"。继续做好强基惠民工作,先后派出5批60人/次前往吉隆县驻村点。全年共实施75万元的惠民项目,募捐物资10万余元。

【党的群众路线教育实践活动】 2014年,西藏出入境检验检疫局以"坚持群众路线,促进西藏检验检疫事业又好又快发展"为主题,切实按照"小局更要主动破局、小局更有更大作为"的目标要求，紧紧围绕反对和纠正"四风"，抓紧抓牢活动各个环节，不折不扣全面做好各项"规定动作"，结合实际精心开展西藏局特色的"自选动作"。通过开展教育实践活动，党员干部受到深刻思想教育，群众观念有了新增强；"四风"问题得到明显遏制，党风政风有了新转变，党性修养得到明显强化，党内政治生活有了新改善，群众关切问题得到明显解决，各项工作有了新促进。

【内部管理和业务建设】 2014年，西藏出入境检验检疫局以群教活动为契机，切实加强领导班子建设，始终坚持民主集中制原则。"五位一体"的内部综合管理系统运行良好。公文处理、会议视频管理进一步加强。对规章制度进行全面梳理、整合、修订，行政管理进一步规范。加强财务管理，制定完善《西藏出入境检验检疫局差旅费管理办法》等三项制度。加强后勤管理，及时完成各项修缮工程，切实提高职工生活水平，车辆行驶安全无事故。科技工作扎实开展，组织召开2014年度第一次西藏局科技委工作会议。组织开展公益性项目申报工作，上报《藏香产品质量及功效成分研究》。首次参与西藏自治区科技奖励评选推荐活动。科研课题《西藏冬虫夏草指纹图谱的研究与建立》结题。完成了《青稞中溴酸盐检测方法的研究》成果登记工作。基建工作稳步推进，樟木局完成了综合实验楼的主体工程验收和装修工作；亚东办事处综合实验楼和倒班宿舍主体工程及装修工作已全部竣工并投入使用；对成都办事处办公楼维修项目《工程工程量预算书》进行复核；完成机关办公、生活区供暖供气工程的室外工程，完成局机关锅炉房土建和锅炉安装工作。对外宣传力度加大，编发政务、业务信息105期，被质检总局和各类媒体采用45篇。邀请中国国门时报的资深记者赴藏，深入各口岸一线和驻村点现场进行采访，5篇重量级的新闻报道陆续刊发，在系统内引起热烈反响。

【党风廉政建设】 2014年，西藏出入境检验检疫局严格执行各项政治纪律；坚持教育在先，警示在先、预防在先，倡导各级领导干部讲政治，顾大局、守纪律，确保风清气正。根据总局的统一安排，在全局范围内组织开展了以"严明党的组织纪律，增强组织纪律性"为主题的纪律教育月活动。加强监督，规范领导干部从政行为。认真贯彻落实中央八项规定和总局关于贯彻落实中央八项规定实施办法的精神，组织全局干部职工参加"反腐倡廉专题讲座"，印发了《西藏局关于推进廉政风险防控工作的通知》。

烟草专卖

【概况】 西藏自治区烟草公司组建于1998年1月，西藏自治区烟草专卖局成立于1998年1月，实行合署办公。2001年1月，西藏自治区烟草公司正式上划中国烟草总公司。下辖拉萨市、山南地区、日喀则地区、林芝地区、昌都地区、那曲地区、阿里地区等7个地市级烟草专卖局(公司)，其中，那曲地区烟草专卖局(公司)体制尚未上划。2014年全区烟草行业拥有总资产(年末值)22.64亿元，其中，固定资产(年末净值)3.35亿元、流动资产17.81亿元，资产负债率25.09%。截至2014年底，西藏自治区全行业共有从业人员1022人。

【专卖管理】 专卖内管监督 2014年，自治区烟草专卖局(公司)通过国家局APCD市场监管法，获取、分析、应用监管对象的各类信息，有针对性地进行市场监管，全面提升专卖市场监管效率。组织对拉萨市局、日喀则局、山南局、林芝局、昌都局、阿里局的市场监管、零售许可证的使用情况、后续监管、卷宗管理、归档等情况进行了交叉检查，针对查出的问题限期进行了整改。通过对各地(市)局进行抽查，持证、亮证经营率达到了95%以上，市场净化率普遍达到了90%以上。

严格规范 围绕加强和完善内部监管长效机制建设，梳理不符合要求的制度和流程，及时调整内管信息平台监管参数。有针对性地完善经营管理制度和监管制度，使监管效率提高。对全区7个地(市)级市场和16个县级市场的卷烟经营、内管内控制度、执法是否规范等情况进行了大检查，针对查出的问题限定时间要求整改。切实抓好"六个严禁、一个严控"、"六个坚决禁止"各项要求落到实处，坚决防止了"天价烟"问题出现反弹。

卷烟打假 坚决遏制真烟非法

流通蔓延势头，制定专卖管理工作重点；切实做好治源头、打转移、防扩散工作；发挥烟草、公安、海关联合打假的作用，及时通报线索，主动联系，协调到位，形成全方位信息共享和协作办案机制。2014年，全区共查获各类卷烟违法案件160起，查获卷烟603.8万支，涉案金额达616余万元，抓获涉案嫌疑人14人，上缴罚没款34.28万元。

【经济效益】 2014年，自治区烟草系统实现销售收入同比增长14.85%。实现卷烟税利74506万元，同比增长23.83%，其中实现卷烟利润同比增长26.63%。单箱销售收入35598元，单箱税利6995元；三项费用率9.88%，同比减少1.11个百分点。

【卷烟经营】 卷烟销售 2014年，自治区烟草系统共销售卷烟53.35亿支(10.67万箱)，同比增长7.74%。其中，一类烟销售17亿支(3.40万箱)，同比增长15.56%;二类烟3.05亿支(0.61万箱)，同比下降1.48%；三类烟20.1亿支（4.02万箱)，同比增长12.79%;四类烟8.66亿支(1.71万箱)，同比下降20.16%;五类烟4.4亿支(0.88万箱)，同比增长8.74%。国外烟(含雪茄烟)0.24亿支(0.048万箱)，同比下降20%。销售前三位的卷烟品牌是云烟、白沙、天下秀；销量分别为：18.6亿支(3.72万箱)，5.6亿支（1.12万箱)，4.25亿支(0.85万箱)。

品牌培育 形成了以全国性知名品牌为主导、区域性优势品牌为依托、创新型特色品牌为引领的品牌竞争发展格局的总思路，精心选择32个品牌、80多个有市场、有潜力的规格，加强“全覆盖、不断档、不积压、稳价格、促销售”的精准营销工作。低焦卷烟及细支烟的销售形势向好。全区销售低焦油品牌卷烟8503箱，同比增长4.5%，销售收入达49146万元，增长6.19%，单箱均价达57800元，同比增长6.45%，低焦油卷烟的销量、结构以及品牌规格数量都呈现加速发展的态势。新引进利群(西子阳光)、黄鹤楼(名楼)、南京(雨花石)等5个细支烟品牌规格。

库存结构 健全库存管理机制，按高端、紧俏、常规、新品、过度五个区间制定存销比，原则上单品牌规格存销比最高不得超过1.5。根据卷烟的动销率、存销比及市场价格等因素，加大对品牌规格清退及过度品牌的清理工作，确保库存结构的持续优化。

网络建设 继续开展“新商盟”网上订货推广工作，针对比较落后的阿里地区和那曲地区实际制定《新商盟网上订货推广实施方案》。将“135”工作法的优化完善作为切入点，积极开展零售终端建设工作。截止年底，全区网上订货户达到1865户，占城区零售户的36%，网上订货成功率达100%。

【企业管理】 财务管理 2014年，自治区烟草专卖局(公司)严格执行会计准则，规范会计核算行为。加强国有资产监督和权证管理，提高国有资产运营效益。将货币资金增收作为重要任务，将四项费用和差旅费管理作为突出重点，完善财务制度，着力降低费用、提高效益。2014年，差旅费341万元，同比下降65.4%；会议费61万元，同比下降37.7%；业务招待费57万元，同比下降91%；涉外费11万元，同比下降54.1%。三项费用率为9.91%，同比减少1.08个百分点。

精益管理 深化精益管理理念，召开全区烟草行业精益管理工作动员视频会议，举办企业精益管理培训班，倡议员工提出合理化的建议，注重推动精益理念的普及，流程、制度、机制的完善和实施。采取试点先行、整体推进的方式，在拉萨市局和日喀则地区局开展了精准物流、精益营销试点工作。

信息化建设 信息化统一平台和数据中心建设有序推进，开展信息化容灾暨基础设施扩容(一期)项目，完成了全区行业电子政务系统项目的部署、推广实施工作。

审计监督 制定《区局(公司)两方案、一计划专项整治情况和重点费用执行情况审计(检查)工作方案》、《西藏烟草行业“三公经费”审计监督暂行规定》，对各地市局(公司)违规车辆整改情况、违规多占办公用房情况、中央八项规定和国家局党组“九条要求”贯彻执行情况、业务接待费、车辆购置及运行费、因公临时出国费等进行了自查。

对标管理 印发《关于西藏烟草行业对标指标解释说明的通知》、《西藏烟草行业对标工作管理办法》。开展日常全区对标指标统计分析，细化统一对标指标计算方法、构成要素及基础数据采集范围。

维护稳定与民族团结 建立安全生产检查工作责任制，制定了《西藏自治区烟草专卖局(公司)安全管理实施细则》、《安全工作检查百分考核实施办法》，与各单位签订《安全生产综合治理目标责任书》。做好阿里“塔尔钦”、境外“法会”、“萨嘎达瓦”宗教活动等各个节日期间的安全维稳工作。牢固树立稳定压倒一切和长期作战的思想，在反分裂斗争中，行业上下头脑清醒、立场坚定，在维护稳定上不动摇、不懈怠、不犹豫，时刻紧绷稳定这根弦，贯彻落实好区党委、区政府各项维稳措施，落实好区党委关于开展“联户平安、联户增收”的双联户工作要求。

【党风廉政建设】 2014 年，自治区烟草专卖局（公司）采取集中学习、自学及交流研讨三种形式，学习习近平总书记在十八届中央纪委三次全会上的重要讲话精神、国家烟草专卖局凌成兴局长在行业纪检监察会上的重要讲话精神和国家局预防腐败体系工作规划的实施办法为主题；学习《中共十八届四中全会公报》、《王岐山在十八届中央纪委四次全会上的讲话》、《中共中央关于全面推进依法治国若干重大问题的决定》。明确全行业要着力加强纪律建设，加强作风建设，加强反腐倡廉建设，提高广大党员对党风廉政建设认识。

【职工教育培训】 2014 年，自治区烟草专卖局（公司）利用各级党校、郑州进修学院、自主培训、自学成才等多条渠道，不断加大对领导人才、管理人才、专业技术人才的培训力度。2014 年，共自主举办各类培训班 23 期，培训 396 人、903 人次；外派参加国家局、职工进修学院组织的培训班 63 期，参训人数 119 人、464 人次。

【强基惠民】 2014 年，全区烟草系统共投入资金 280 万元，用于维修乡政府办公设施、修建乡小学教学楼、修建草场围栏、养鸡场改扩建等项目建设，着力解决农牧民群众生产、生活上的困难，行业社会形象也得到提升。

民用航空

【概况】 2014 年，民航西藏区局坚持“稳中求好、好中求进”的发展总基调，围绕“安全、发展、民生、稳定”等中心工作。共保障飞机安全起降 3.08 万架次，完成旅客吞吐量 315 万人次，货邮吞吐量 2.45 万吨，同比增长 16.6%、14.2%、9.8%。

【安全生产】 2014 年，民航西藏区局不断强化安全“红线”意识和“底线”思维，落实安全生产责任；持续加大安全投入，组织开展各类安全专项整治活动，推进安全管理体系建设，安全风险管控工作取得较好成效。充实监察员队伍，重点加强对各安全生产保障单位和基地航空公司的运行监管，提高安全监管效能。推进“平安机场”建设和安保审计，适时调整防控戒备等级，空防部门成功查获疑似毒品及藏匿爆炸物，空防安全工作取得较好成效。全年，区局未发生事故征候以上不安全事件，实现第49 个安全生产年。

【行业发展】 发展环境持续改善　2014 年，民航西藏区局贯彻落实民航局关于《进一步促进西藏民航发展的若干意见》及促进西藏民航发展工作协调领导小组第一次会议精神，召开小组第二次会议，明确西藏民航发展目标任务。推进航油重组工作，开展区内机场航油保障能力评估及供油设施建设，提高航油保障能力。总结援藏 20 周年经验成绩，加强与援藏兄弟单位交流，健全援藏工作机制。成立区县两级机场保护委员会，加强机场保护工作。

基础设施建设　全年完成基础建设固定资产投资1.5 亿元，涉及成都-拉萨航线西藏区内航段通信监视覆盖完善工程、阿里机场职工活动中心工程等一大批安全、民生工程项目。落实“十二五”重点项目规划投资 4.5 亿元。完成拉萨机场航管楼迁建工程“三通一平”、昌都机场飞行区改造工程新跑道建设项目土石方地面处理和数据采集、林芝机场航站区改扩建工程立项批复和初步设计。

企业经营管理　开展内控体系建设，强化风险意识；开展“财务整顿回头看”和“小金库”专项治理，规范财务管理；探索辅业发展新思路，完善辅业管理体制，拓宽增收渠道，推进主辅业协调发展。严格落实中央八项规定要求，合理控制三公经费支出，在 2013 年下降413 万元的基础上继续下降 204 万元。开展各类培训活动，提升员工资质能力水平；推进绩效考核管理，借助沿海企业先进管理理念，开展绩效管理咨询；推进全局 OA 系统建设，提升工作效能；加强服务质量监督管理，优化服务流程，解决旅客困难，及时有效处理旅客投诉建议。

【党群工作】 2014年，民航西藏区局深入贯彻学习党的十八大、十八届三中、四中全会精神和习近平总书记系列讲话精神，继续巩固党的群众路线教育实践活动成果，完成整改任务61项，完成率82.4%；全力推进房改工作，把关系群众切身利益的事情办好、办实；扎实开展严明纪律教育活动和反腐倡廉专题教育，不断推进廉政风险防控和惩防体系建设。在全局范围内开展班组建设活动，进一步显现班组凝心聚力作用。发挥文体协会作用，切实用好手机报、区局电视台、文苑、信息等宣传平台，不断加强文娱阵地建设。开展民航志续修编工作，初步完成西藏民航自2001年以来十年间发展历程的史料整理和编撰。

防震减灾

【概况】 2014年，自治区地震局坚持突出重点、全面防御的工作思路，坚持走防震减灾融合式发展道路，统筹推进监测预报、震害防御、应急救援和科技创新"3+1"体系工作；按照防大震、抗大灾的要求，强化震情跟踪监视，夯实抗震设防基础，认真做好应急预案和各项应急准备工作。防震减灾工作体制和机制进一步理顺，防震减灾基础进一步夯实，防震减灾能力进一步提升，防震减灾事业取得明显进步。

【监测预报】 台站运维 2014年，自治区地震局严格遵从规范，创新运行维护方法，努力推进全区台站维修及观测环境改造项目建设。全区地震台网技术系统运行率达到98%，有人值守台站仪器运转率达到95.02%，无人值守台站仪器运转率达到90%。全年西藏地震台网共监测到区内地震3349次，其中5.0级以上地震5次，4.0–4.9级地震35次，3.0–3.9级地震240次，3.0级以下地震3069次。

震情速报 完成地震速报76次。每次有影响的地震事件发生后，都以最快的速度将准确的震情信息向自治区党委、政府汇报，充分发挥好自治区党委、政府领导决策的参谋作用。并按规定要求向社会公布相关震情信息，及时消除群众的恐慌情绪，起到了稳定社会生产和生活秩序的作用。共上报震情简报57期。根据全国地震趋势会商会和西藏自治区2014年地震趋势意见，为切实做好重点危险区的震情监视跟踪工作，研究制定了《全区2014年度7级地震危险区强化监视跟踪工作实施方案》，成立了应对7级地震组织机构，明确了工作要求，提出了具体措施，实行分级负责，各守其责。

震情跟踪研判 紧盯全区震情，强化震情跟踪研判工作，实行周、月、年会商制度、特殊时段实行日会商制度，紧急情况实行随时会商，2014年召开会商会78次。同时，加强"川、滇、藏"联席会商制度，建立危险区协作机制，实行三省（区）震情信息、预测预报意见及地震前兆和宏观异常资料的交流沟通，共同研究解决震情跟踪工作中的重大问题，共同对协作区重要异常进行分析研究。较好地把握了全区地震总体形势，有效地处理了林芝地震、尼玛地震、吉隆地震群等显著地震事件。

【震害防御】 抗震设防要求管理 2014年，自治区地震局积极争取中国地震局支持、积极配合自治区有关部门，通过有效协调工程建设单位、地震安全性评价从业单位，完成自治区20多个重大项目的地震安全性评价报告，其中包括当雄军用机场、日喀则多功能广播电视发射塔等一批自治区督办重点建设项目，履行了行政许可手续。

规范工程地震安全性评价 为加强对地震安全性评价资质单位和从业人员的监督管理，在全区范围内开展地震安全性评价丙级资质单位清理和注册地震安评师挂证取酬专项整治工作，进一步规范了西藏自治区地震安全性评价相关行为。

地震监测设施与地震观测环境保护 2014年初向自治区政府报送了《规章项目建议书》，经过与政府法制办多次协商，在广泛征求意见并修正的基础上，通过《西藏自治区人民政府2014年度规章制定计划》已将《西藏自治区地震监测设施与地震观测环境保护办法》列入2014年自治区立法计划。

防震减灾宣传教育 利用"5·12"防灾减灾日、"7·28"唐山地震纪念日等时段进社区、学校、企业、机关、农牧区的同时，实现对干部防震减灾宣传教育的新突破，防震减灾课程进入区委党校，突出对各级领导干部进行防震减灾宣传教育。开拓创新，丰富防震减灾知识宣传内容，开展了《防震减灾天天看》西藏防震减灾科普画册制作工作;面向农牧区的《防震减灾宣传挂图（农牧区版)》已进入图片制作阶段。

地(市)防震减灾　2014 年初，下发《关于进一步加强各地市防震减灾工作的指导意见》，对地市防震减灾工作开展进行了具体指导,各地市地震局不断完善群测群防和专群结合的地震监测预报体系,积极开展宏观异常的监视跟踪、震情灾情的搜集和报送，开展防震减灾宣传教育活动,大力建设、培训各地区地震应急救援青年志愿者服务队等工作。林芝地区地震局、昌都地区地震局被评为 2013 年度全国地市防震减灾工作综合考核先进单位、优秀单位和地震应急救援工作先进单位。

【应急救援】　完善应急指挥体系　2014 年,自治区地震局结合《西藏自治区地震应急预案》,通过向各地(市)地震局、局属各部门发放征求意见稿等方式，局党组多次召开专题会议研究,数易其稿完成了《西藏自治区地震局地震应急预案》的修订工作。

健全防震减灾工作机制　根据全西藏自治区地震形势，为加强地震应急各项准备，根据自治区党政主要领导批示要求，对自治区抗震救灾指挥部成员单位进行了相应的调整,成员单位由原来的 31 个调整为 50 个;规定自治区抗震救灾指挥机构下设 17 个工作组并明确了牵头单位和组成部门；对地震应急响应分级标准进行了调整。进一步提高自治区应对破坏性地震的应急指挥能力和各部门协同开展防震减灾的能力。

强化地震应急救援队伍　为切实做好 2014 年地震现场应急准备工作,做到未雨绸缪,震而有备,在地震现场工作队伍管理方面。制定了《2014 年西藏自治区地震局地震灾害现场工作方案》。在地震应急救援队伍建设方面。区拥有两只专业救援队伍,处于良好的备震状态。根据自治区防震减灾工作联席会议精神,与两专业救援队伍密切联系沟通,促进地震应急救援队伍建设良性发展,分析研判救援工作中存在的问题，提出救援队伍 2014 年建设规划。做好地震紧急救援志愿者队伍建设,昌都、林芝两地区都进行了志愿者的招募和培训工作。

强化应急保障　根据防震减灾联席会议要求，区财政部门做好应急资金安排，民政部门做好应急救灾物资的储备，确保地震重点危险区发生 7 级左右地震时能够做出及时、有效的处置。地震重点危险区将学校操场、广场、绿地等设置为避难场所。认真落实“三网一员”建设工作，全方位做好地震应急保障能力建设。完善应急保障物资管理规章制度,全力做好备震工作,更新卫星电话等应急工作装备，加强地震应急指挥系统的运维工作。

气象事业

【气象服务】　公众和决策气象服务　2014 年,自治区气象部门准确预测了春末初夏干旱及 1 月中旬、2 月中旬、5 月下旬、10 月中旬和 12 月中旬藏南大暴雪以及强降水、强降温等天气过程，及时发布气象专报和预警信息，适时开展了人影增雨防雹作业。各级政府依据气象信息印发预案、明传电报、召开专题会议组织防灾减灾工作，气象信息由“消息树”转向“发令枪”。完成首届中国西藏旅游文化博览会、第四届中国西藏发展论坛、西藏自治区第十一届运动会、羌塘赛马文化旅游节、阿里塔尔钦宗教活动等重大社会活动气象保障服务。建成拉萨首府城市便民警务气象精细化预警服务系统，建成了交警气象信息发布平台,加强“双联户”户长兼职气象信息员的培训工作。首次开播主要国道公路交通气象预报,开通“西藏气象”微信、气象服务热线、藏语天气预报短信,开展青稞、冬虫夏草、现代设施农业等特色气象服务。

气象防灾减灾和应急保障气象服务　区、地(市)及 10 个县出台气象灾害防御规划,29 个县出台气象灾害应急预案,24 个县开展气象灾害应急准备认证工作,各级党委、政府出台支持气象工作的政策性文件 65 份。与 13 家单位建立了合作机制。联合区党委组织部在京举办了“第二届西藏防灾减灾县长培训班”。完成区级人影指挥中心基地建设。开展雷击风险评估和防雷减灾农牧民技能培训工作,易燃易爆、矿山、人员密集区及中小学校舍等重点场所防雷装置检测覆盖率 100%。建成了 5 个校园气象站，阿里地区开展了“气象防灾减灾唐卡挂图进万家”活动。

气象为农牧业服务　建成 1 个标准化气象为农服务示范县、3 个标准化气象灾害防御乡镇。融入乡镇综合信息服务站建设，建成了

196个乡镇气象信息服务站。

【气象业务与现代化建设】 气象现代化建设 2014年，自治区气象部门启动“现代化兴局工程”，成立区局党组全面深化改革和推进气象现代化领导小组，印发全面深化气象改革工作方案，编制全面推进气象现代化实施方案及评价指标体系，注重以西藏特色气象现代化为目标，统筹各类资源，加强“十二五”项目建设和“十三五”规划编制工作。

综合观测系统建设 加强观测网络能力建设，建成狮泉河、改则、申扎全自动探空试验系统。完成5个交通气象站、10个自动土壤观测站、3套应急移动指挥系统、4套移动观测通信系统、14套能见度、8套称重式降水、39个国家级台站北斗卫星通信备份系统建设，地面高空一体化业务进展顺利。

信息网络通信系统建设 完成MDOS业务化和CIMISS业务系统安装应用。完成了区、地(市)、县气象局信息系统升级改造等基础能力建设。

预报预测系统建设 加强预报预测和服务能力建设，实现MICAPS县级预报业务平台、SWAP系统、集合预报工具箱等的本地化，建成中小流域山洪地质灾害预警业务系统，首次实现全区692个乡镇乡乡有预报，《孟湾风暴监测预警服务系统》被中国气象局评为2014年度全国气象部门创新项目。完成CIPAS等气候业务系统本地化建设，气候预测水平在全国排名第8。完成了区、地两级国家突发事件预警信息发布系统和18个县局综合气象业务平台、14个县局公共气象服务平台建设。完成了气候中心、人影中心集约化综合业务平台建设。启动西藏气象业务一体化平台建设和第一批新建县局试点工作。

【气候与气候变化】 2014年，自治区气象部门加强气候变化监测评估和气候可行性论证工作，进行气候变化对草原、湖泊、森林、积雪等生态系统变化遥感定量化监测应用研究，开展草原生态保护补助奖励机制效果评估工作。启动了西藏自治区遥感中心能力建设研究，提交了《加强遥感在西藏生态屏障保护与建设中的应用》“两会”提案。与区发展改革委、统计局联合出台《西藏加强应对气候变化统计工作意见》，对全区二氧化碳排放量进行统计分析并上报了自评报告。对自治区应对气候变化工程类项目进行了遴选和初审。多项气象工作纳入了《西藏自治区主体功能区规划》和《西藏自治区大气污染防治行动计划》。

【科研与教育】 科技创新 2014年，自治区气象部门与气科院等完成了第三次青藏高原科学试验年度任务，与气科院、上海市局开展“布达拉宫雷电灾害防御基础研究”，与中科院、国家卫星气象中心等合作开展“青藏高原遥感数据集”和“实测气象数据集研究”。争取省部级和地方科研项目23项，发表论文28篇。《藏汉大气科学词典》完成编译，《西藏怒江流域气候变化及其生态环境演变特征》出版，“西藏气候变化监测评估与应对研究”项目获西藏自治区科技进步一等奖。

人才培养 启动“人才强局工程”，加强四支队伍(业务科技骨干和学科带头人队伍，管理骨干人才队伍，一线高技能人才队伍，基层青年少数民族气象专业人才队伍)和三个创新团队建设（高原灾害性天气预报创新团队，高原气候与气候变化创新团队，高原遥感应用技术创新团队)。与成都信息工程学院合作开办了硕士研究生、本科等学历进修班，全年711人参加各类培训。评选了首席预报员和首席服务专家。规范新进人员招录程序。1人取得正研级高工资格，7人取得副研级高工资格、29人取得工程师资格。1人评为“邹竞蒙气象科技人才奖”，1人评为“全国优秀科技工作者”，3人享受“西部青年优秀人才津贴”，2人评为“全国优秀青年气象科技工作者”，1人被评为“全国气象科普先进工作者”，2人被评为“西藏自治区首届优秀科技工作者”，3人评为“自治区技术能手”。

【气象法规建设与社会管理】 2014年，西藏自治区十届人大第十四次会议审议通过《西藏自治区防雷减灾条例》。区人大开展了日喀则、山南两地(市)5县气象“一法一条例”监督检查。下放行政审批事项4项、取消3项。修订出台20余项内部管理制度。

【基层气象工作】 2014年，自治区气象部门完成那曲、山南、普兰县气象局采暖工程和安多、班戈、错那等8县气象局基础设施综合改造工程，基层台站的各项工作有新提升。

【党的建设】 党的组织建设 2014年，自治区气象部门32个县局中已有26个县气象建成独立党支部。建立了“局机关党团活动室”。对局机关大院直属的17个党支部进行分类定级，组织开展党支部、党员承诺践诺活动。6个党支部进行了换届补选工作。

强基惠民 全区气象部门17个驻村工作队常年开展强基惠民活动，区局机关普玛江塘乡下索村驻村工作队被评为自治区优秀驻村工作队，受到陈全国书记肯定。

维护稳定 做到了“三不出”和“三无”，区局被评为“自治区级平安单位”。

防腐倡廉 三公经费同比减少8.5%，会议经费减少25%，发文数量减少2%。启动了“廉政保障工程”，印发了《中共西藏自治区气象局党组贯彻落实<建立健全惩治和预防腐败体系2013-2017年工作规划>实施细则》、《中共西藏自治区气象局党组落实党风廉政建设主体责任和监督责任实施细则》和《2014年西藏气象部门廉政保障工程实施方案》，在重点领域启动了廉政风险防控及信息化试点工作，深化领导干部经济责任审计，强化财务交叉和跟踪审计。

通信业管理

【概况】 2014年，自治区通信管理局坚持稳中求进工作总基调，把改革创新贯穿于通信业发展的各环节，坚定不移推动通信业发展，夯实通信基础设施有效供给，提升通信业服务能力和监管水平，促进信息消费规模快速增长，提高维稳和应急通信保障能力，维护网络与信息安全，促进了行业持续、快速、健康发展。

【消除移动通信盲区】 加快消除移动通信盲区工作是自治区党委、政府根据西藏自治区实际，破解西藏通信基础设施瓶颈制约，切实保障和改善民生所做出的一项重大决策部署。全区通信行业高度重视，将加快消除移动通信盲区工作作为2014年工作的重中之重，积极组织开展调研、周密部署，明确思路、强化落实。圆满完成了639个行政村的移动通信盲区覆盖任务。

【电信业务增幅明显】 2014年，全区电信业务总量累计完成45.43亿元，同比增长14.6%；电信主营业务收入累计完成37.79亿元，同比增长7.1%；电话用户总数达到327.7万户，电话用户普及率为107部/百人；互联网用户总数达到217.6万户，固定互联网宽带用户家庭普及率为32%；完成重点工程项目投资15.1亿元，超额完成计划的151%。

【宽带普及加速发展】 2014年，自治区通信系统积极实施“宽带西藏2014”专项行动，贯彻落实光纤到户国家标准，宽带网络覆盖能力进一步加强，通光缆乡镇为668个，占全区乡镇总数的97.8%，提前完成“十二五”规划95%以上的目标；深入推进“通信村村通”工程，加快农村通信基础设施建设，累计完成行政村通宽带3816个，村通宽带率为72.5%，超出全年目标2.5个百分点；加强对寺庙通信的建设力度，完成全区所有1770座颁证寺庙通电话任务。

【三网融合】 2014年，自治区通信管理部门推动自治区政府下发《关于进一步贯彻落实自治区人民政府关于加快通信业发展意见的通知》，建立有利于扩大信息消费的政策环境和长效机制。调研我区信息消费需求和供给能力，积极支撑智慧城市建设；组织编制《通信业服务西藏经济社会发展业务应用汇编》，提高通信业为西藏经济社会发展服务的能力。落实“三网融合”推广实施方案，推进广电和电信双向进入，组织电信企业和广电部门完成双向进入业务许可申报工作。

【地市机构逐步建立】 2014年，自治区通信管理部门为更好地服务地市发展稳定，在无编制、无机构的情况下，创造性地发挥现有专用通信地市机构的作用，按照“先急后缓”的原则，实现昌都、那曲两地通信监管办公室的顺利挂牌，明确和理顺了地方通信监管工作职责，得到了当地党委政府的充分肯定。

【互联网行业管理】 2014年，自治区通信管理部门深入推进网站备案信息真实性核验材料电子化处理，开展了网站备案管理专项行动，重点处理了网站未备案接入、黑名单反复接入等突出问题，清理、注销关停597家违规网站，全区网站备案率达100%，初步实现IP地址精细化管理，切实净化了网络空间，加强了互联网行业管理。在巩固总结电话用户实名登记“建制度、上系统、重培训、勤督查、严考核”五环节工作的基础上，推出了电话回访、上线高拍仪、查找漏洞三项新举措，建设完成电话用户实名支撑监查系统，使区电话用户实名登记工作再上新台阶。

【应急通信保障】 2014 年，自治区通信管理部门完成应急通信装备更新，面向全区通信行业开展了应急通信培训和信息报送演练工作，新增西藏电信机动通信局作为国家应急通信一类保障队伍；在“8·09”、“8·18”两起重特大交通事故及首届藏博会等应急通信保障活动中发挥了重要作用。在“塔尔钦”宗教活动保障中，通信管理局、专用通信局、各电信运营企业连续 9 个月蹲守现场，领导坐镇指挥、多次带队徒步穿越 5700 米的神山沿线检查通信保障情况，深入无人区、边境区域为自治区督导组提供通信保障，出色完成了“塔尔钦”宗教活动期间的各项通信保障任务，得到自治区领导的高度肯定。

【专用通信】 2014 年，自治区专用通信局积极协调推进西藏党政专用通信基础设施“十二五”规划建设项目审批工作，并顺利得到国家发改委的批复，批复投资总额 1.87 亿元。推进国专局援助项目建设，建设完成党委三号院专用通信网络建设，做好拉萨市区、贡嘎机场和部分地市的无线集群指挥调度系统建设前期准备工作，完成部分党政单位接入机房建设工作，有效提升了专用通信保障能力和服务水平。

【安全生产】 2014 年，自治区通信管理部门开展打击“伪基站”违法犯罪活动、治理移动互联网恶意程序、网上暴恐音视频、“扫黄打非”等专项行动，各类专项行动都取得了良好成效。加强安全生产工作组织领导，专门邀请消防部门专家，组织开展了通信行业安全生产大检查、隐患大整改活动，确保通信网络运行安全，提高了安全生产管理水平。

【电信市场管理】 2014 年，自治区通信管理部门积极落实总经理市场联席会议制度和市场协调会机制；加大电信业务市场的主动监管力度。规范行政审批，简化行政审批流程，做好电信业务市场准入管理改革工作。推进了电信业务资费的改革，充分让资费回归市场化，指导企业开展资费公示，完成年度资费调查、资费感知和统计分析调查工作。开展治理垃圾短信专项行动，对社会反映突出的热点难点问题研究对策并制定相应的整治措施；以用户申诉反向追责为指导，强化用户申诉受理工作。

【提升电信服务质量】 2014 年，自治区通信管理部门组织“全国用户满意电信服务明星”和“全国用户满意电信服务明星班组”推荐评选活动；组织开展通信服务质量和增值企业服务情况评测活动；坚持行风建设和纠风工作两手抓，组织电信运营企业参加“政风行风热线”节目。组织开展“5·17 电信日”宣传活动和校园市场巡查工作，规范电信市场营销行为、业务宣传行为和渠道推广行为。

中国人民银行拉萨中心支行

【概况】 2014 年，全区金融机构本外币各项存款余额 3089.19 亿元，同比增长 23.52%；本外币贷款余额达到 1619.46 亿元，同比增长 50.37%，辖区信贷增幅稳居全国前列，超额完成年初提出“力争实现社会融资规模增幅不低于 10%，全区各项存款增幅不低于 10%，各项贷款增幅不低于 30%，其中，中小微企业贷款突破 500 亿元，涉农贷款突破 200 亿元，扶贫贴息贷款突破100 亿元”的目标。

【风险监测和金融管理】 金融稳定协调机制建设 2014 年，人行拉萨中心支行全力推进跨监管机构的信息交流共享。与西藏银监局、证监局、保监局、自治区金融办等金融监管机构签订了《金融管理信息交流共享维护西藏金融稳定合作备忘录》，畅通信息交流渠道，强化金融监管合力，并在此基础上建立“西藏辖区金融风险防控会商机制”。

金融管理 对“两管理、两综合”相关制度和流程进行全面修订，增强工作流程的规范性，提高工作效率；稳步推进开业管理工作，对 6 家商业银行分支机构加入人民银行与外汇管理局金融管理服务体系履行开业管理工作程序事宜；督促重大事项报告制度落实，及时、准确、全面了解和掌握全辖银行业金融机构动态风险状况；完成对辖内 8 家银行机构的2013年度综合评价工作；依法开展对辖内两家银行业机构的综合执法检查工作，促进辖区商业银行的规范运营和有序发展。

金融风险监测分析　在加强对地方法人金融机构运行情况，银行、证券、保险分行业风险情况，辖区经济金融风险状况，辖区金融稳定状况进行监测分析的基础上，开展银行业稳健性现场评估工作，探索性开展保险业稳健性现场评估工作，尝试性开展对地方法人金融机构压力测试工作。

鼓励符合条件的企业进行股权融资　按照人民银行、证监会、发改委等部门联合出台的有关政策，进一步加强与证券监管部门的沟通协调，培育和挖掘优质企业资源。支持中小企业利用全国中小企业股份转让系统挂牌融资，支持引导小微企业在成都川藏股权交易中心进行股权托管和挂牌转让，努力拓展中小企业直接融资渠道。

金融消费权益保护　2014年1月顺利开通辖区12363咨询投诉电话，西藏自治区成为西南地区首个开通金融消费权益保护咨询投诉热线的省区。

【金融服务】　改善支付环境　2014年，人行拉萨中心支行积极协调辖内银行业机构达成银行卡助农取款协议，在原有助农取款服务点的基础上不断推广助农取款覆盖面，助农取款工作取得突破性的进展，农村支付环境明显改善。2014年，全区累计设立助农取款服务点2436个，新建助农取款服务点1088个，完成2014年全年任务的161.19%；布放机具2398台；累计填补金融空白行政乡镇682个、填补空白行政村1700个，已完成全区符合填补条件行政村（通电、通网络2157个）的78.81%。本年全区助农取款交易金额2179.31万元，比2013年同期增长215.53%，累计交易笔数71791笔，较2013年同期增长397.98%。同时，还积极推进“惠农取款示范村”创建工作。组织试点财政补贴资金通过银行卡发放。拉萨、林芝、山南、日喀则均做到了一户一卡，实现了26项财政补贴通过银行卡发放，占比约为21.67%。昌都地区实现6项财政补贴资金银行代发。现代化支付工具推广应用取得长足进步。进一步扩大支付工具的应用，IC卡快捷闪付、手机支付、近场支付等现代支付工具在拉萨市示范街逐渐推开。日喀则、林芝、阿里、山南地区“银行卡刷卡无障碍示范街”已正式挂牌。结合西藏实际，日喀则、阿里、樟木口岸等地区中支开展的“口岸刷卡直通车”、“旅游刷卡便利店”等特色活动，取得突破性进展，助推了边贸银行卡受理环境的改善步伐。2014年，在重点口岸和香客朝圣路线布放POS机具84台，其中37台能够受理境外银联卡，为出入境国内外游客带来了便捷。拉萨城市处理中心新支付系统成功切换上线。按照工作部署，历时6个多月的建设，顺利完成了支付系统新核心机房装修，以及新核心设备集成、应用部署、测试等工作，并于11月28日至12月1日，圆满完成了拉萨城市处理中心新支付系统的切换上线运行。积极推进辖内第二代支付系统的推广上线工作。按照总行的统一部署，已分批完成国开行区分行、工行区分行、农行区分行、中行区分行、建行区分行的账户归并，以及西藏银行第二代支付系统的推广上线。

社会信用体系建设　征信系统建设成效显著，实现了西藏银行和自治区住房公积金中心成功接入个人征信系统。2014年，企业征信系统共收录全区企事业单位及其它经济组织7469户，累计查询7131余次；同比增长8.5%；个人征信系统收录全区自然人约120.3万人，个人征信系统累计查询23.5万次，同比增长55.6%。以西藏自治区社会信用体系建设联席会议办公室名义下发了《关于在公务活动中推广使用企业和个人信用报告的意见》，有效拓展了西藏自治区信用信息使用范围，按规定做好异议处理工作，维护了信息主体权益。农牧区信用体系建设稳步推进，正式启动山南地区琼结县农村信用体系试验区建设工作，成为农牧区信用体系建设探索的有效途径和模式。与自治区工信厅、环保厅、住建厅、工商局和拉萨海关5家单位于10月17日签订了《信用信息共享与信息服务合作协议》。9月辖区开通了互联网个人信用报告查询平台，有效拓宽了个人查询信用报告查询渠道。

强化货币发行管理　2014年，全辖共组织完成发行基金调运任务29次、金额229.86亿元。创新性改变以往发行基金调拨直接入中心支库的做法，将从总行四川重点库调运的发行基金直接摆布至分库，使发行基金调拨途径更加通畅、调拨方式趋于优化。完成全区21个代理发行库管理信息系统的上线运行工作。辖区人行系统深入寺庙、学校、火车站、农贸市场、菜市场、社区等人员密集场所多次开展小面额人民币集中兑换活动。加大残损人民币回笼力度,截至11月底,共计回笼残损人民币36.58亿元,流通人民币整体整洁度达73.6%,圆满完成清分、复点以及销毁任务。各级反假办、各家商业银行机构认真履行职责,加强假币收缴和堵截力度,全区共收缴假人民币63.93万余元,同比增长77.09%。

国库信息化建设　继续提高国库会计核算质量,不断推进现代服务型国库建设。成功上收拉萨市代理中心支库,完善了国库经理职能。完成了民生银行、西藏银行以及柳梧新区代理支库加入财税库银横向联网工作,实现拉萨市区所有代理支库和商业银行全部加入横向联网系统。2014年,完成各级预算收入168.78亿元,同比增加53.70亿元,增长46.7%,省级(即自治区级)预算支出完成1342.96亿元,同比增加359.36亿元,增长36.5%。同时,开展国库现金管理工作,在保证支付需要和资金安全的前提下,联合财政部门开展3期国库现金管理,滚动操作规模达203亿人民币,为地方财政实现2.87亿元收益。

提高反洗钱监管　不断提高反洗钱监测水平。充分发挥反洗钱监测作用,配合公安反恐部门预防和打击恐怖融资活动,配合公安机关、检察院、自治区监察厅进行反洗钱、反恐怖融资协查237笔,协助公安机关破获经济犯罪案件4笔。2014年对辖区上报的可疑交易中的31笔进行分析研判,其中6笔提交反洗钱监测中心,3笔已移送公安部经济犯罪侦察局。加强与各金融机构的协调、沟通与交流,强化与公安机关之间案件协查、信息交流、情报会商等方面的合作,加强与工商、税务、财政、海关等联席单位间的沟通与交流。

金融业信息化管理　金融信息化建设取得突破性进展。做好全年以及重要时期和敏感日子的信息安全保障工作,确保行业及系统内信息安全,尤其是确保了拉萨中支搬迁工作的网络与核心机房搬迁,并指导、协助阿里、山南、樟木中支完成机房搬迁工作。有序组织网络与信息系统的规划和建设,第二代支付系统等一批重要系统完成升级和上线运行。金融科技服务社会作用不断体现。稳步推进区域信息安全协调机制建设。印发了《西藏辖区金融业信息安全应急工作协调预案》,将协调机制从银行业机构扩展到公安、通信、电力等部门,信息安全风险防范的规范性和有效性进一步增强。顺利完成辖区ATM、POS关闭金融IC卡降级交易工作。积极推进金融IC卡在公共服务领域的"一卡多用"工作。指导邮储银行西藏分行发行了华西健康卡,在金融IC卡上加载医疗服务功能。同时,积极推动金融IC卡在公交、出租领域的应用工作。

【外汇管理】　提高工作效能　2014年,人行拉萨中心支行根据外汇管理职能的变化,增设监测核查科,全面系统整合非现场分析资源,采取非现场分析与现场核查有机结合的监管方式,切实提高监管效能。2014年,按季度进行跨境资金流动非现场集中分析3次,对73家企业货物贸易收结汇情况进行了重点监测,核查个人项下数据493笔,核查服务贸易数据279笔。

打击外汇领域违法违规行为　积极开展对银行和企业外汇业务合规性检查与调查工作,共对银行开展现场检查6次,企业现场调查3次。共计发现违规问题5大类12小类,及时发现银行和企业的违规问题。配合自治区党委督查室开展外汇资金流出入督查工作,参与地区反恐资金监测检查工作。加强与拉萨海关缉私局、自治区外事办公室等单位的沟通与合作,实现优势互补、资源共享,打击非法跨境资金流动。配合跨境办开展跨境人民币业务检查工作,深入了解全区NRA账户资金流动情况,提出合理化建议。

维护地区外汇市场稳定　加强区域外汇收支形势分析,多角度多层次挖掘数据信息,切实提高《区域国际收支运行报告》的质量。推进新版国际收支申报办法实施。采取多种措施确保新旧代码顺利更替,提高国际收支申报数据的科学性和精准度。引导建设银行西藏自治区分行办理外币代兑业务,对国家开发银行西藏区分行进行银行即期结售汇准入备案,使其成为首家在辖区备案办理结售汇业务的政策性银行。

促进贸易投资便利化　积极参与中尼经贸洽谈与协调事宜,搭建中尼边境贸易金融服务平台,更好服务边境贸易。鼓励中国银行到尼泊尔开立分支机构,丰富尼方商人的结算渠道。鼓励双方银行互开账户,用于边境贸易过渡结算。引导中国银联在尼泊尔发行银联标识卡,2014年8月26日银联国际与尼泊尔喜马拉雅银行在加德满都发行喜马拉雅银行银联卡。促成吉隆农行营业所升格为县级支行,确保口岸开放进程中金融服务与边境贸易发展相配套。积极引导商业银行和外币兑换机构在口岸开展外币兑换业务,保证口岸外币兑换顺畅。2014年,全区跨境收支额达到21.01亿美元,同比增长16.02%,跨境收支顺差额为17.8亿美元,同比增长16.34%。其中跨境外汇收支额为4.4亿美元,同比增长37.50%,跨境人民币收支额达16.6亿美元,同比增长11.41%,跨境人民币收支顺差额为14.8亿美元,同比增长9.63%。2014年,银行代客结售汇有所下降,总额为3.76亿美元,同比下降2.58%。其中,银行代客结汇额为2.98亿美元,同比下降0.13%,银行代客售汇额为0.78亿美元,同比下降10.91%。

银行业监管

【概况】 2014年,全区银行业经营效益持续向好,资产负债规模稳步增长,银行业资产总额达3311.21亿元,同比增长24.8%,总负债为3214.07亿元,同比增长23.52%。全年实现利润同比增盈24.82亿元。不良贷款余额为6.95亿元,同比下降10.55%,不良贷款率为0.43%,同比下降0.29个百分点。2014年末,西藏银行业金融机构本外币各项存款余额为3089.19亿元,比年初增加588.25亿元,增长23.52%;各项贷款余额为1619.46亿元,比年初增加541.31亿元,增长50.21%,同比回落11.91个百分点。2014年末,小微企业贷款余额达267亿元,占比16.49%,较年初增加69亿元,同比增长34.85%,比各项贷款增速高11.33个百分点。涉农贷款余额达297.3亿元,占比18.36%,较年初增加147.2亿元,同比增长98.1%,比各项贷款增速高74.6个百分点,两项贷款均实现"两个不低于"目标。

【围绕全区战略,强化政策引领】 10月24日,中国银监会会同自治区党委、政府在北京召开"银行业支持西藏经济社会发展座谈会",银监会、自治区党委政府、国内19家银行业金融机构主要领导出席会议。这是西藏银行业史无前例的一次高层次高质量的会议,会议争取了银监会和各银行总行空前的监管支持和一系列特殊优惠政策,解决了西藏银行业可持续发展面临的紧迫困难,打开了西藏自治区银行业改革发展新局面。积极贯彻落实中央赋予西藏的包括贷款利率、扶贫贴息、特殊费用补贴等一系列优惠金融政策,力促优惠金融政策和差异化监管政策落地。积极向自治区提出了"十三五"期间推动西藏银行业持续发展的政策建议,建议涵盖了完善西藏银行业体系等十三个方面的内容。努力实现信贷政策和区域经济发展政策有效对接,重点支持一批涉及节能减排、结构调整、水利水电、交通运输、城乡建设、环境保护及生态建设等重大基础领域的项目建设。

【完善西藏银行业机构体系】 2014年,西藏银监局推动西藏银行业向"多层次、广覆盖、可持续"目标发展。在中国银监会支持下,西藏金融租赁公司、中信银行拉萨分行获批筹建。各银行业金融机构加大向县域、乡镇和农牧区延伸机构网点和金融服务。2014年,西藏银行股份有限公司墨竹工卡县支行、日喀则分行、林芝分行相继开业。引导邮政储蓄银行稳步推进自营网点的设立,批复邮政储蓄银行林芝县支行开业。辖区银行业金融机构年度新设机构网点11个,其中县域、乡镇机构5个,全辖金融机构总数达到658个,覆盖全区684个乡镇中的414个,覆盖率达到60.53%,机构布局更趋合理,普惠金融不断提升。

【注重资源整合,增强监管质效】 2014年,西藏银监局强化市场准入,深化高管、机构和业务的行政许可和持续监管;改进非现场监管手段,增强风险监测的科学性、前瞻性;提升现场检查质量,组织人员学习运用银监局版EAST系统和MAST系统,提升大数据时代监管工作能力,加强对现场检查的过程评价及后评价,促进了现场检查制度化、规范化。落实简政放权要求,优化市场准入操作,完善高管考试管理办法等制度。加强与银监会、自治区党委政府和相关各部委的汇报与沟通,增进理解、寻求支持。加强对银行业协会的履职指导,充分发挥其在行业自律、人员培训、银团贷款协调、搭建银企银担合作平台等方面的积极作用,增强了监管质效。

【坚持民生导向,发展普惠金融】 2014年,西藏银监局贯彻落实银监会关于“提升城镇金融服务均等化、加大弱势群体金融服务关注度、扩大乡镇金融服务覆盖面”的普惠金融发展总体战略,按照自治区党委、政府提出的“乡乡有网点、村村有服务”的普惠金融发展目标要求,引导各银行业机构创新“网点入基层、服务进社区”等普惠金融服务方式,新增自助存取款设备616台,POS机3019台,在20多个社区布放安装了160余台报亭式自助设备,在全辖乡镇设立“金穗惠农通”暨银行卡助农取款服务点2472个,较年初新增1053个,覆盖乡(镇)和行政村分别达到631个和1951个,覆盖率分别达到92.39%和37.13%。推动金融产品创新,委托代理、咨询评估、投资理财等多类别多收益的金融产品日渐丰富,以电子化建设为主要载体,网上银行、电话银行、金融超市等多功能、多样化的服务手段趋于齐全,市场竞争更加充分,服务功能不断增强。银行业金融机构还通过采取“马背银行、摩托车银行、汽车银行”以及定时定点、按月入乡、按季集中等流动服务举措,实现了金融服务全覆盖。

【突出改革主题,增强发展活力】 2014年,西藏银监局银行业改革工作领导小组,成立制定了《西藏银监局银行业改革工作规则》、《西藏银监局关于促进银行业改革创新发展的实施意见》。推进政策性银行体制改革,提高集约经营和服务水平。督促辖内银行机构延伸服务网点,建行阿里分行恢复设立,西藏银行墨竹工卡县支行、日喀则分行、林芝分行相继开业,支持设立中国邮政储蓄银行林芝县支行。加强法人机构公司治理,多次与交通银行总行沟通协调,完成西藏银行增资扩股、续派高管、IT建设和公司治理等各项工作,西藏信托各项机制不断完善,信托业务较好开展,全年实现刚性兑付。林芝民生村镇银行内控机制健全,发展势头强劲。

【坚持转变作风,强化内部建设】 加强党的建设、狠抓内部管理,理顺内外关系,机关向心力和凝聚力不断增强。践行“三严三实”,坚持正确的用人导向,选好配强领导班子、机关处室负责人和相关管理干部,队伍结构逐渐优化。切实履行落实党风廉政建设的党委主体责任和纪委监督责任,不断推动党风廉政建设。转变工作作风,党的群众路线教育实践活动持续深入推进,林芝分局党的群众路线第二批教育实践活动顺利完成,“四风”问题有效整改,修订和完善监管、人事、财务、公务经费管理办法,监管保障切实增强。成立消费者权益保护处,专职负责辖内银行业消费者权益保护监管工作,消费者权益保护工作逐步规范。推动西藏金融工会成立,恢复成立西藏金融体协,充分发挥工青团妇作用。维护社会稳定,促进民族团结,抓好驻村工作,积极履行社会责任。

证券业监管

【概况】 2014年,西藏地区共有10家A股上市公司和1家H股上市公司。10家A股上市公司总市值为835亿元(不含H股公司市值55亿元),占西藏2014年国内生产总值的90%,证券化率居全国前列。有1家证券公司,8家证券营业部,1家期货营业部。

【遏制市场违法违规行为】 2014年,西藏监管局主动承办证监会稽查局交办的一起股票异常交易案和一起信息披露违法违规案。根据证监会稽查局要求,及时成立调查组进行案件调查。截止2014年底,两项稽查执法工作已基本完成,其中一件已立案,一件已结案。通过严格执法,有力地打击了市场违法违规行为,对辖区各市场主体也起到了震慑作用。2014年,共对9家上市公司及中介机构采取了监管措施。其中,采取行政监管2家次,下发限期整改通知书2份、监管提示函25份,约见谈话36家次61人次。通过实施监管措施,有效督促上市公司更正相关问题,促进公司规范运作。辖区西藏旅游、西藏天路、西藏矿业、西藏发展、西藏珠峰等公司不同程度地解决历史遗留问题,及时消除了风险隐患。尤其是对西藏药业董事会控制权纷争的果断处理,避免形成双董事会的不良后果,确保了公司信息披露及时充分,法人治理的合法运行和生产经营的稳定运转,未对市场和投资者造成重大影响,切实保护广大中小投资者的利益,得到证监会的认可。统一检查标准,完善日常监管与稽查执法协作。稽查部门通过舆情监测发现的上市公司问题线索,及时通报日常监管部门。在日常监管中,注重按稽查标准开展检查与核查工作。对于重大问题公司的现场检查,稽查部门提前介入。日常监管与稽查执法的无缝对接,有效地提高了现场检查质量和稽查执法效率。

【提高监管的针对性和有效性】 2014年,西藏监管局多管齐下,夯实基础,进一步提高上市公司质量。按照“以信息披露为核心,以问题为导向”的监管思路,现场检查与非现场检查有机结合。以舆情监测为基础,以现场检查为抓手,以防范风险为目标,持续做好上市公司监管工作。出具重大舆情监控报告2份、一般舆情监控报告15份。完成2家上市公司年报现场检查及年审会计师事务所延伸检查。妥善处置了西藏药业和西藏旅游的媒体质疑事项及西藏旅游、西藏珠峰信访投诉举报事项;持续关注西藏珠峰重大资产重组和西藏天路稽查立案后续处置情况。辖区上市公司风险得到有效化解,违规行为得到遏制。强化措施,督促指导辖区证券期货经营机构健康规范创新发展。加大现场检查力度,对辖区证券公司流动性风险及全面风险管理、港股通业务筹备情况、信息系统安全、商用密码安全、投资顾问业务、投资者适当性业务进行了现场检查,下达整改通知书6份;督促辖区证券公司进一步完善三会运作制度、提高公司治理水平;督促证券公司做好年度分类评价工作;结合承接机构部下放和取消的部分行政许可项目,进一步优化审核制度和审核流程;加大对辖区证券经营机构例行报告的审核分析工作;规范辖区证券经营机构经纪业务活动;对证券公司营业网点进行了合理布局。加强对中介机构监管,促进中介机构归位尽责。强化会计师事务所审计责任,提高上市公司、证券公司财务信息质量。强化保荐机构持续督导责任,要求保荐机构细化持续督导流程,保证持续督导工作质量。延伸检查会计师事务所和保荐机构的中介工作,督促其勤勉尽责。同时,实现“借力监管”。加强协同配合,完善综合监管协作体系。树立底线思维,牢牢守住不发生系统性区域性风险的底线,完善综合监管协作体系,加强与证监会系统、证监会管理单位的联系,形成了业务处对应证监会相关部门、交易所的系统内监管协作体系。同时,积极加强与西藏自治区公安厅、纪委、国资委、人行、银监局的监管协作,综合监管体系不断完善。

【加大投资者保护力度】 推进“投保、投教”工作 2014年,西藏监管局将维护中小投资者合法权益贯彻监管工作始终,大力开展投保投教工作。组织开展监管部门、自律组织、行业机构和投资者的现场座谈会;设立机构监管咨询专线,并向投资者公示;协调当地新闻媒体持续做好投保投教内容的宣传教育工作;督促辖区各证券期货经营机构做好投保投教工作。

资本市场培训 抓紧做好“西藏自治区资本市场培训基金会”的设立工作。在上海期货交易所捐赠2千万元的基础上,协调西藏自治区财政配套2千万元。基金会设立已完成,基金会将持续开展西藏地区资本市场及金融知识、证券期货行业教育培训工作。2014年,完成“西藏证券期货讲坛”、“西藏地区2014年资本市场培训会”、“内幕交易警示教育展西藏巡展”等资本市场培训及宣讲活动。与西藏大学联办的“西藏青年证券金融人才培养计划”也在持续进行中。

开展“打非”、“整非”工作 坚持“预防为主、打防结合,建立健全打非整非长效工作机制”的工作思路,加大监控力度,加强协作监,做好“打非”、“整非”工作。与辖区自律组织共同在报刊上刊登区内合法证券经营机构和上市公司名录,并开设“保护投资者合法权益”专栏,普及证券法律知识。督促辖区证券期货经营机构开设“整非”咨询柜台。结合12386社会公益服务热线和信访投诉,切实做到及时发现、及时制止、及时处置。联合自治区相关部门,完成清理整顿交易场所现场检查以及以电子商务名义违法违规开展标准化合约交易活动现场检查公司的工作。

【支持地方经济发展】 推动西藏企业首发上市 2014年,西藏监管局在对拟上市企业进行监管的同时,还对辖区企业首发上市工作进行协调、沟通。全区有两家公司首发上市申请已被受理;3家公司进入辅导验收阶段;1家拟于2015年4月在“新三板”挂牌。

上市公司再融资和并购重组 2014年,西藏城投通过非公开发行股票募集资金14.9亿元;西藏矿业再融资工作已启动,拟募集资金5.1亿元;西藏珠峰已再次向中国证监会申报重大资产重组材料;梅花生物重大资产重组方案已公告,拟募集配套资金10.41亿元,该重组如若完成,梅花生物的生产规模将跃居全球行业第一；西藏旅游正在筹划非公开发行。西藏上市公司质量不断提高。

发展区域性股权市场 西藏自治区与四川省联合成立了“川藏股权交易中心”。目前,已有186家企业挂牌,其中西藏有8家企业挂牌。

丰富市场主体 西藏首家基金公司正在积极筹建。新设一家证券公司的事项也在调研筹划中。积极支持部分证券期货公司在藏设立分支机构。同时,对辖区私募基金进行摸底,掌握第一手资料。

市场培育 通过走访、调研、座谈等方式,加大市场后备企业的挖掘和培育工作。截至年底,辖区拟上市企业已达15家,其中10家已完成股改,筹备上市工作有序推进。

信息平台建设 为实现西藏实体企业与多层次资本市场有效对接,由西藏监管局推动构建的,包含后备上市企业数据库、中介机构数据库等信息的“西藏资本市场信息平台”已正式启用。该平台不但是全国首家资本市场信息平台,也将成为我区多层次资本市场的“孵化器”,将全面整合区内优势产业、优惠政策和区外优势资源等信息,更好地服务于西藏地区企业和广大投资者。

出台奖补政策 为贯彻“新国九条”精神,提高西藏自治区资本市场服务实体经济能力,我局积极与西藏自治区政府、金融办、财政厅沟通,推动《西藏自治区支持资本市场发展奖补政策》出台,奖励政策的实施将进一步推动西藏资本市场的持续健康发展。

保险业监管

【概况】 2014年,西藏保险业实现原保费收入12.76亿元,同比增长11.59%;赔付支出6.06亿元,同比增长8.35%;保险业总资产达到6.53亿元,同比增长15.31%。截止2年底,全区共有5家产险公司、2家寿险公司,48家保险分支机构,8家保险专业中介机构、212家保险兼业代理机构,2092名保险从业人员。

【差异化保险监管】 西藏保险市场发展水平较内地落后,政治环境和自然环境极为特殊,把握好监管与服务的关系,不能搞全国“一把尺”,务必根据实际情况实行差异化监管。经过近几年的努力工作,在探索差异化监管的道路上取得了一些新成效。

积极争取支持 要求全行业务必增强政治意识、属地意识,任何工作都必须把讲政治顾大局放在第一位,经济效益服从社会效益。先后促成太保集团、人保集团、国寿股份分别向自治区捐赠2000万、2500万元和200万元。同时,国寿股份、平安集团、阳光保险集团先后与自治区政府签订战略合作协议。2014年,全区保险公司的总公司均与自治区政府签订了战略合作协议。

监管政策差异化 针对西藏保险业所处的历史方位,着力于促进发展、壮大行业实力;在高管任职资格、代理人条件等方面放宽学历要求;在机构设置、服务创新等方面不断适应特殊区情的需要;在产品创新、销售渠道等方面争取并得到会机关相关部门的支持。

严防政治风险 要求保险公司站在维护社会稳定的高度,做到“快出、快处、快撤、快赔、快息”,提高理赔工作效率,绝不允许惜赔、拖赔、无理拒赔,防范可能引发的群体性事件等政治风险。

研究县域保险综合试验工作 与地方政府合作建立县域保险综合试验区一事赴日喀则地区开展调研,获得大量宝贵的第一手资料。各方一致赞同合力建设保险试验区,力争为保险业服务于全区民生保障、城镇化建设、小微企业发展和经济转型升级探索出一条适应西藏特殊区情的可行道路。

做好农险现场检查和中介市场清理整顿 对于检查发现相关保险公司存在内控管理不健全、承保工作不规范、理赔工作不规范等问题。提出整改要求,采取相应的监管措施。

【提升商业保险的保障水平】 “三农”保险让农牧民群众得实惠 2014年,全区农业保险实现保费收入3.2亿元,地域已经覆盖了全区74个县(市、区),覆盖面达100%;险种涵盖西藏地区种植业、养殖业、农机具最主要的十种标的;保险责任囊括西藏几乎所有的自然灾害。

补充医疗保险让各族群众看得起病 补充医疗保险主要包括城镇职工大额补充医疗保险、城镇居民大额补充医疗保险、农牧民大额补充医疗保险,以及孕产妇和新生儿补充医疗保险,由自治区财政全额出资,全年保费合计5203万元,覆盖人群达277万,提供风险保障

2400 亿元。大额补充医疗保险的开办，有效放大财政资金的使用效应，使每一位西藏户籍人员，在无需支付一分钱保费的情况下，即可享受 7 万元–22 万元不等的保险保障。

意外险解决了干部群众的后顾之忧 由自治区各级财政出资，为全体西藏户籍人员和在藏工作人员提供了至少 6 万元的意外伤害保障，保障了人民群众的切身利益。意外险主要包括强基惠民驻村工作队和驻寺管委会人员团体人身意外伤害保险、西藏户籍人员（含在编僧尼）及援藏干部团体人身意外伤害保险、公检法司（含交警）人身意外伤害保险、基层工商人员意外伤害保险、拉萨市环卫工人意外伤害保险、计划生育保险等，覆盖人群达 305.6 万，提供风险保障超过 3000 亿元。

广泛开展责任险 校园方责任险，由自治区教育厅为投保人，出资 250 万元为西藏自治区大中专院校、中小学、内地西藏班的 50 万名学生投保。

【保护消费者权益】 2014 年，西藏保监局按照中国保监会《2014 年保险消费者权益保护工作要点》，不断创新工作载体，强化保护保险消费者权益措施，杜绝因销售误导和理赔难等现象引发涉稳事件。

普及干部群众的保险知识 引导全行业积极主动和政府相关部门沟通协调，大力宣传商业保险的功能，形成多层次、多角度的宣传格局。督促落实《西藏保险知识普及读本》赠送给全区各行政村，以及向全区各级党政机关主要负责人、分管领导和自治区相关部门免费赠阅 2014 年度全年《中国保险报》；大力开展“7.8 保险公众宣传日”活动。

发布西藏保险业发展报告 7 月，向全社会发布西藏保监局成立以来的《西藏保险业发展报告（2010—2013）》。介绍西藏保监局立足西藏实际，围绕“六个西藏”建设，在拓宽保险服务领域，深入探索符合西藏特点的保险业发展道路，切实维护人民群众和保险消费者权益，为全区经济社会发展和各族群众安居乐业提供风险保障和经济补偿等方面取得的成绩。

营造公平竞争的市场环境 开展第二轮优惠费率补贴申请工作，争取对西藏辖内所有保险机构执行优惠费率补贴政策。西藏保险业不断打破行政垄断和地域垄断，开放更多市场领域，放宽机构准入和高管任职要求，为所有在藏保险机构搭建公平有序的竞争平台。

【服务社会管理】 *在重大意外事故中发挥重要作用* 2014 年 8 月，西藏自治区先后发生“8·09”特大交通事故、“8·18”重大交通事故。西藏保监局按照保险应急处置程序，及时启动应急预案，带领全区保险行业顾大局、识大体，积极进行现场查勘、事故调查、善后处置等工作，预付赔款总计 1700 万元，为善后处置工作的顺利完成提供了有力支持和保障。

坚守责任 围绕“五个严防”，牢固树立“常年作战、长期作战、连续作战”的理念，对维护稳定工作不松懈、不松劲。不断查漏补缺、总结经验，切实做到防范不留缝隙，结合行业实际，依照“八个到位”的要求，坚持体制机制不变、总体力量不减、防控力度不降，确保全行业不出现各类涉稳事件。

驻村工作卓有成效 根据自治区党委的统一部署，派出干部组成的第三批工作队围绕经济建设，服务改善民生，推动中铝新村改革发展。修通了德日、索日两村简易道路，修建占地 630 亩的果园，新建 317 亩温室大棚和拓宽加固现有蓄水池等项目。西藏监管局被自治区评为优秀组织单位，驻村工作队队长白志刚被评为全区先进工作队员。

【重要事项】 2014 年 6 月，中国保险监督管理委员会主席项俊波在自治区党委理论学习中心组学习会上作了《保险业的改革与发展》专题报告，强调西藏保险业要坚持政府与市场并重、培育与开发并重、共性与特色并重、服务与监管并重。自治区党委书记陈全国在主持会议时提出各级各部门要更多地关注保险工作、支持保险事业的发展。

8 月 10 日，国务院印发《关于加快发展现代保险服务业的若干意见》（国发〔2014〕29 号），西藏保监局结合西藏“两屏四地”战略定位，紧紧围绕“一个中心”、“两件大事”和“四个确保”，代拟《西藏自治区人民政府贯彻落实〈国务院关于加快发展现代保险业的若干意见〉的实施意见》。该意见以充分发挥保险服务西藏跨越式发展和长治久安为目标，统筹考虑保险推动其他领域改革共同发展，对西藏自治区加快发展商业健康保险、巨灾保险、责任保险、“三农”保险、以森林保险为重点的生态保险、保险资金运用、保险法人机构建设等方面进行了规划。

8月,西藏自治区先后发生"8·09"特大交通事故、"8·18"重大交通事故,共计51人死亡、9人失踪、18人受伤。事故发生后,西藏保险业根据西藏的特殊情况,坚持政府主导、多方协作的原则,在自治区党委、政府的统一领导下,统筹交通厅、旅发委、安监局等部门,有效形成合力,在一周内分别完成安抚罹难者家属、签订赔偿协议等善后处置工作,整个过程快速、高效。陈全国书记给予充分肯定并批示"保监局工作主动、大局意识强",丁业现常务副主席强调"保险业在两次事故善后处置中发挥了不可替代的作用"。

【获奖情况】 2014年9月29日,中央民族工作会议暨国务院第六次全国民族团结进步表彰大会上,西藏保监局办公室荣获"全国民族团结进步模范集体"荣誉称号。

邮　政

【概况】 2014年,全区邮政经营发展稳中有升,整体保持平稳运行态势,运行质量总体良好。三大板块共完成收入5.05亿元。

【陈全国、洛桑江村会见张亚非】 8月19日,区党委书记陈全国、自治区主席洛桑江村在拉萨会见中国邮政集团公司党组书记、副总经理张亚非一行。自治区副主席德吉、秘书长许雪光等参加会见。陈全国、洛桑江村向张亚非一行介绍了和平解放以来,西藏经济社会发展历史进程,代表区党委政府对中国邮政集团长期给予的支持和援助表示感谢。陈全国、洛桑江村与张亚非达成共识,一致认为:邮政与地方经济发展休戚相关,必须要保持同步前进。地方经济的增长将推动邮政事业不断前进,邮政企业的快速成长也将为地方经济发展提供良好支撑。今后,双方将携手共同为实现西藏小康社会建设目标而努力奋斗。

【全国邮政人才援藏工作暨第五、六批援藏干部轮换工作座谈会】 8月20至21日,座谈会在拉萨召开,自治区副主席德吉出席会议,对邮政人才援藏工作成效给予充分肯定,对邮政援藏干部寄予殷切希望。中国邮政集团公司党组书记、副总经理张亚非出席会议并讲话。会议提出要进一步增强做好西藏工作的政治责任、经济责任和社会责任意识。要结合新要求、新形势,不断改进和完善人才援藏工作机制,进一步深化援藏工作。

【主要领导换届】 9月2日,西藏邮政以电视电话会议形式召开全区邮政干部大会,中国邮政集团公司副总经理李丕征宣布杜卫红不再担任西藏自治区邮政公司党组书记、总经理,任命陆学鹏为新任党组书记、总经理。自治区政府副主席甲热·洛桑旦增出席会议并作重要讲话。

【服务质量提升】 5月,西藏邮政召开服务质量山南现场会。在全区范围内开展服务质量问题大整改活动,强化了全区服务意识和管理意识,进一步提升了服务质量,用户评价综合满意度达91.08分,高于集团公司平均水平。全年视检人员累计出检1205天,填写检查报告书365份,发现问题785个,整改757个,整改率96.43%。处理查询1216起,赔偿35起;受理用户投诉112件,其中有理由投诉36件,结案率100%。全区11185呼入话务量36万次。客服满意度达99.45%。

【乡邮通信改善】 2014年,地方财政给予农牧区普遍服务和空白乡镇邮政局所专项补贴资金600万。邮政企业在全区范围内深入开展乡邮投递网优化工作,新增邮路69条,优化投递段道116条。全年共向农牧区投递邮件3450万件(份),其中报刊投递量3289万份、函件47万件,包裹8万件,汇兑2807笔。

【空白乡镇网点运营】 2014年,各地因地制宜,积极尝试乡邮员、乡镇政府、电信代办、个体商户承包等多种方式运营补建网点。截至2014年12月31日,全区补建局所开业运营81处,运营率14.3%,顺利完成年内运营率10%的工作目标。

【举办《唐卡》特种邮票首发式】 5月18日,区邮政公司与区党委宣传部在拉萨联合举办《唐卡》特种邮票首发式。此次发行的《唐卡》特种邮票1套4枚,内容分别为释迦牟尼佛、无量寿佛、绿度母、白度母;小型张1枚,内容为千手千眼观世音菩萨。这些内容均由北京故宫博物院提供,全套邮票面值10.80元人民币。西藏邮政还配套发行《传世唐卡》大版邮册、《唐卡》首日封及《锦绣唐卡》邮折等系列邮品。中国邮政首次将唐卡绘画元素运用到邮品创作中，为弘扬藏民族悠久的传统文化艺术，推动西藏文化产业的发展起到了积极的促进作用。

【开通拉萨至西宁省际干线汽车邮路】 6月12日，西藏邮政增开拉萨至西宁逐日班一级干线汽车邮路，撤销拉萨至格尔木临时一级干线汽车邮路。这是区邮政公司2014年度重要改革内容之一。拉萨至西宁汽车邮路的开通，弥补了火车运能不足，运行时限更加稳定，有效加快了邮件传递时限。调整后，干线汽车邮路疏运的省际进出口邮件时限缩短2天以上。

【通信能力增强】 重点项目顺利实施 2014年，自治区邮政系统完成固定资产投资建设项目26个，总投资7818万元。昌都地区邮区中心局、区机要通信局综合用房，日喀则新区、仲巴县邮政局业务综合用房等重点项目完工或已进入收尾阶段。

网运能力得到提升 投入402.65万元更新、新增干线车辆及网运生产设备。优化调整拉萨、阿里、日喀则部分干线邮路，实现了日喀则进出邮件提速1天，阿里进出邮件提速3天；干线沿途部分县局邮运班期达到了周四班，进出口邮件提速3天以上。

信息化建设不断加强 完成邮政储蓄逻辑集中系统上线、高清视频会议系统改造、阿里地区分公司机房改造等十余项信息化工程建设任务。

【西藏首个主题邮局开业】 6月5日，区邮政公司以宣传西藏旅游文化为切入点，在拉萨设立“畅游西藏”主题邮局。这是邮政公司着眼于西藏独特地域的旅游资源，创新发展思路、拓展转型路径进行的积极尝试。通过将主题特色与社会资源相结合，以丰富主题邮局产品线、延伸服务内容为宗旨，研发制作各类迎合西藏特色旅游的产品，主要销售以西藏风光、名胜、人物、文化等内容为主题的明信片、邮折、邮票等邮政产品，还为游客提供西藏知名旅游景点纪念戳加盖服务、“旅游护照”、DIY明信片制作等服务，深受游客欢迎。

【企业管理水平提高】 人力资源管理逐步深化 2014年，自治区邮政系统做好各级后备干部和中长期培养对象民主推荐选拔工作。加大培训力度，推行“送教上门”，开展各类远程培训，培训覆盖率100%；全年共组织422人参加邮政通信特有职业技能鉴定考评，合格率81.75%；建立援藏工作三项制度。

财务管理趋向精细 制定《西藏邮政公司财务标杆管理实施方案》，运用标杆数据系统地分析各单位的经营发展和企业管理情况。首次将集团考核的经济增加值指标（EVA）与我区考核指标进行对接，引导企业关注投资效益。严控非生产性支出，三公经费同比下降10.66%。开展严肃财经纪律和“小金库”专项治理清查工作，邮政“营改增”顺利实施。

机构设置更加优化 地市邮政企业更名工作顺利完成。成立代理保险业务局，与代理金融业务局合署办公；新设运营支持中心；乡邮办挂靠到市场经营部；完成分销业务管理和生产职能分离。拉萨邮区中心局完成机构和人员管理扁平化改革。

审计监督不断强化 全年实施审计项目55项，提出审计意见或建议18条。

安全生产形势愈加稳定 全力做好重要时段和重要会议期间维稳工作，加强邮件、资金、消防、车辆、内保等安全管理。围绕网点、金库和枪支弹药以及运钞车等关键部位和环节，不断强化安全技防措施，全区邮政远程集中监控中心启动运行。

【党的群众路线教育实践活动】 2月21日，西藏邮政公司召开全区邮政企业党的群众路线教育实践活动第一批总结暨第二批部署视频会议。区公司以党组理论中心组为平台，深入学习贯彻党的十八大、十八届三中、四中全会和习近平总书记系列重要讲话精神，扎实有效开展了第一、二批党的群众路线教育实践活动。第一批教育实践活动整改落实任务20项、专项整治任务27项、制度建设计划22项均全部完成。全年筹集资金近40万元慰问困难职工，为37名职工发放互助保障金11.18万。持续深入开展强基惠民驻村工作，全区邮政系统选派269人，筹集资金共计110余万元，用于强基惠民项目。

【精神文明建设】 2014年，自治区邮政系统建成“职工小家”59个，“职工书屋”7个。设立了“总经理信箱”和“主席信箱”，畅通职工诉求渠道。开展形式多样的文体活动和劳动竞赛，提升职工素质。全年，拉萨邮区中心局等6个单位（集体）以及嘎发等6人荣获省部级以上荣誉。其中：山南地区邮政分公司女工委被评为全国“三八红旗集体”，拉萨邮区中心局被评为为“西藏自治区民族团结先进集体”，拉萨市分公司投递局、拉萨市大楼支行、西藏物流业务部被评为为“全国邮政系统先进集体”，拉萨市投递局荣获“全国邮政城市‘投递员之家’示范点”称号；山南隆子县乡邮员嘎发被评为全国“五一”劳动模范、西藏自治区第四届劳动模范、全国“最美邮递员”，浪卡子县普玛江塘乡乡邮员次仁曲达荣获“西藏自治区第四届劳动模范”称号，山南地区分公司总经理、党委书记布林、拉萨邮区中心局报刊分发班班长向永、拉萨市支行行长周涛、西藏邮政速递业务部城北揽投部揽投员列巴被评为“全国邮政系统先进个人”。

国家开发银行西藏自治区分行

【概况】 2014年，国家开发银行西藏自治区分行累计发放贷款36.75亿元、775万美元。本外币贷款余额65.84亿元，较年初增加23.29亿元，增长54.74%。全年日均存款13.25亿元，不良贷款率0.02%，实现净利润1.01亿元。

【支持重点项目建设】 2014年，国家开发银行西藏区分行重点支持了拉林公路等项目建设，支持西藏综合交通运输体系的完善，支持重点水电站等等特色优势产业发展，积极支持保障房、水利等领域建设。

【突出保障房融资】 2014年，国家开发银行西藏区分行坚持规划先行，加强与各级政府的沟通，做好顶层设计。编制完成全自治区保障房系统性融资规划，测算资金缺口与资金平衡方案。与自治区签订的《共同支持棚改等保障性住房开发性金融合作备忘录》基础上，推动确定由自治区投资公司作为统贷平台；与住建厅等部门联合起草《西藏自治区棚改等保障房建设项目银行专项贷款管理办法》等相关制度；积极支持昌都地区2014年棚户区改造项目。对自治区乡镇干部周转房项目，分行积极协调总行按“绿色通道”审议承诺。

【扶持民生】 2014年，国家开发银行西藏区分行积极支持中小微企业发展。向西藏大学、西藏民族学院等五所高校“应贷尽贷”，发放贷款240万元，支持家庭困难大学生的学习和生活。扎实做好在阿里革吉县的驻村工作，向雄巴乡小学捐款30万元。于10月17日全国扶贫日，向自治区扶贫开发捐款30万元。此外，还向自治区普法捐款20万元。

【内控管理和合规经营】 2014年，国家开发银行西藏区分行成立重点业务发展工作组，加大向总行的汇报沟通力度，争取差异化的信贷支持政策，努力提升重点项目开发评审承诺工作效率。全年承诺各类贷款163亿元，超过之前三年总和。建立经营分析调度机制、开发评审高效一体化调度机制、办公管理精细化工作机制。进一步强化分行制度建设工作，推进依法治行，加强对干部的监督管理。四是开展全面风险管理和基础合规建设工作，对薄弱环节不断排查，及时堵塞漏洞，严加防范，强化问责。

【反腐倡廉】 2014年，国家开发银行西藏区分行抓好“四个建设”，提高党建科学化、规范化水平。加强纪检监察和反腐倡廉建设，党委履行主体责任，纪委履行监督责任。以构建和谐分行、促进持续发展为目标，工会、共青团积极组织开展各类活动，分行的凝聚力和战斗力增强。

中国农业发展银行西藏自治区分行

【概况】 2014年，中国农业发展银行西藏自治区分行在总行、自治区党委、政府的正确领导下，深入贯彻落实农发行全国分行行长会议和全区经济工作会议精神，积极进取，开拓创新，各项工作保持平稳健康发展的良好势头，先后被总行授予“先进基层党组织”“文明单位”荣誉称号，被自治区扶贫开发领导小组授予“全区社会扶贫先进集体”荣誉称号。

【粮油收储工作】 实现中央、地方两级储备粮统贷统还 2014年，农发行西藏区分行在做好区级储备粮统贷统还的基础上，多次向自治区政府分管领导汇报，与中储粮成都分公司多次交流沟通，提出由农发行、区粮食局、中储粮西藏办公室以及地方行署四方加强监管的建设性意见，历时近一年，最终与中储粮成都分公司达成中储粮统贷统还的协议，做到了“执行总行政策西藏没有例外”。

足额供应政策性收购资金　2014年，累计发放粮油收储贷款1.3亿元，同时，积极支持全区粮食企业市场化收购工作。在派专项工作组赴粮食主产区日喀则和山南地区充分调研的基础上，结合西藏的实际情况，贷款3000万元支持有收购资质、经营管理情况较好的2家国有粮食企业进行市场化收购。

支持牛羊肉收储工作　发放国家储备肉全额补贴贷款2516万元，用于中央储备冻牛羊肉共计500吨，。

加强库存监管　5月，派出员工4名，与区发改委、财政、粮食等部门组成库存核查工作组，行程万余公里，完成全区粮食库存核查，对全区粮食库存数量、质量和企业经营状况做到了心中有数。

【中长期信贷业务工作】　明确工作思路　鉴于农分行成立时间短、人手紧、骨干缺的实际，在前期全力做好粮棉油工作和维稳工作、认真开展调研的基础上，成立中长期贷款项目专项领导小组，结合农发行政策和西藏具体实际，提出“项目围绕政府转”的发展思路。

实行高层营销　行领导充分履行首席客户经理的职责，多次向自治区政府领导汇报，相关项目得到了自治区党委、政府的高度重视和大力支持，自治区党委书记陈全国等领导多次就项目作出重要指示，自治区相关领导多次组织发改委、财政厅、住建厅、人行、银监、西藏投资公司和农发行召开专题协调会议，解决项目推进过程中遇到的困难和问题，为项目的顺利落地奠定了坚实的基础。

加快推进项目落地　成立项目贷款推进领导小组，落实人员，明确职责，按周上报工作进度，全力服务项目。全区乡镇干部周转房项目审批贷款32亿元，已投放4.9亿元。

【存款组织工作】　抢抓系统性存款　2014年，农发行西藏区分行成立以行领导为组长的财政性存款组织小组，集中开展对系统性、源头性、集团性客户的专项营销活动，密切关注财政资金、项目资金、援藏资金“三金”到位情况，积极拓展财政和社保资金存款，通过提高金融服务水平，巩固和深化与优质事业法人、机关团体等系统性客户的合作。

开展中小企业“扩户”工程　通过“抓客户、争账户”，重点锁定各类优质中小企业客户，充分利用资产业务的撬动牵引作用，巩固和培养农分行对公存款的基础客户群体。同时，进一步拓宽与金融同业的合作领域，寻找新的存款增长点。

发挥资产负债联动作用　实施“以贷引存、以存增贷”，全行信贷投放向潜力大、附加值高的客户倾斜。推行保证金到账率、新建项目自有资金到账率、货款归行率的“三率”管理，最大限度确保信贷类客户资金留存。

【“基础管理年”工作】　强化整章建制　2014年，农发行西藏区分行围绕信贷、财会、人力资源等工作重点，在对现行的规章制度进行全面清理的基础上，结合实际，针对当前重要岗位、重点部位和关键环节，共制订并完善各类规章制度51个，基本实现了对岗位、流程和操作环节的全覆盖。

强化监督检查　对重要空白凭证的查库、交接、领用、保管等环节的真实性及合规性、基础信贷档案管理、以及业务发展中存在的问题、风险分析、贷后管理评价、限制性条款落实情况等开展专项治理工作，并对检查中发现的问题及时进行整改。各处室按规定向活动办报送周报、季报，形成基础管理年活动简报34期、专项简报19期。

强化员工培训　针对工作中出现的问题和查找的薄弱环节，有针对性地组织员工开展学习总行各项规章制度和操作流程，每周确定三天晚上作为“学习夜”，重点学习总行新出台的制度，并开展交流讨论，写出学习心得，确保学有所获，所有员工均通过了银行业从业资格考试或总行专业上岗考试，员工行为得到进一步规范，员工素质得到进一步提高。

【维稳工作】　始终抓好员工教育　2014年，农发行西藏区分行针对西藏处于反分裂斗争最前沿和全国反恐形势不容乐观的实际，把爱国主义教育、反分裂教育、维稳教育和农发行核心价值体系作为重要内容贯穿教育工作始终，将区党委政府领导讲话和指示精神第一时间传达到全体员工，组织员工参观西藏军史博物馆、“七一”重温入党誓词,教育员工时刻听党话、感党恩、跟党走,时刻与区党委政府同心同德、同心同向、同心同行。

开展主题实践活动 全行员工敞开心扉畅谈如何搞好工作,如何争作业务能手、争当技术标兵,如何为农发行大家庭添砖加瓦奉献才智,爱岗敬业、无私奉献的职业道德和素养得到进一步提升,在农发行工作的自豪感和自信心进一步增强。

加强维稳力量和维稳投入 在原有实行行领导带班、2 人值班的基础上,增加 1 名中层干部、4 名员工实行 24 小时值班,并增加 2 名外聘保安,确保岗上随时有人、岗后随时待命、责任落实到人。同时加大维稳投入,凡是与维稳相关的设施设备,优先安排资金及时采购更新。

中国工商银行西藏自治区分行

【概况】 2014 年,中国工商银行西藏自治区分行各项贷款余额 181.02 亿元,比年初增加 49.95 亿元,增幅38.11%。全部存款(含同业)106.45 亿元,比年初增加 11.07 亿元,增幅 11.61%。余额存贷比 148.84%,增量存贷比 446.92%。

【维稳力度】 2014 年,工商银行西藏区分行始终把维稳工作作为第一责任和首要任务,坚持不懈抓好维稳保安教育,全员签订《维稳保安承诺书》,印制下发人手一份的《维稳工作手册》,确保每名员工都熟知各类维稳管理工作要求,牢固树立稳定压倒一切和长期作战的思想,全年继续实现自治区党委提出的“大事不出、中事不出、力争小事也不出”维稳工作目标。严格贯彻落实自治区党委政府部署的“强基础惠民生”驻村工作,履行驻江孜县日星乡吹美村“村支部第一书记”工作职责,全年选派六批工作队员赴阿里地区革吉县森布村开展驻村工作,累计投入 84.99 万元扶贫资金,争取自治区专项经费 270.6 万元,较好地完成自治区党委政府交办的“五项任务”。

【金融服务创新】 2014 年,工商银行西藏区分行通过深入市场调研,分析客户需求,整合产品资源,开展各项金融服务创新,为客户提供全方位的金融服务。公司金融业务方面,通过牵头组建流动资金银团贷款、国内保理业务、半年期流动资金循环贷款等为企业提供所需的金融服务。机构金融业务方面,为多家国内大型企业在藏分支机构办理第一笔集中式银期转账业务。贵金属业务实现创新突破,2014 年下半年先后投产实物贵金属、账户贵金属、积存金等业务。零售业务方面,开通个人质押贷款、个人家居消费贷款、个人住房按揭贷款等业务,开办薪金卡、商友卡、武警军人保障卡、军人保障卡辅卡等品种。中间业务方面,新增个人安心账户托管、个人联名账户、大额分期付款等业务。通过推进服务创新,填补了诸多业务及市场空白点。

【转型发展】 2014 年,工商银行西藏区分行拓户增存工程全面推进,个人客户年末达到 3 万户,比年初增加 8200 户,增幅 38%;对公客户年末达到 600 户,比年初增加 300 户,增幅 100%。互联网金融推动有力,企业网银由年初 109 个增加至 240 个,增幅 120.18%;个人网银由年初 6854 个增加至 8894 个,增幅 32.23%;手机银行由年初 2656 个增加至 4686 个,增幅 76.43%。银行卡业务发展迅速,信用卡发卡量由年初的 925 张增加至 1500 张,增幅 62.16%;借记卡发卡量由年初的 22000 张增至 28500 张,增幅 29.52%;POS 布设由年初 78 台增加至 190 台,增幅 143.59%。分行本部机构改革不断深化,新设银行卡业务部,改设公司金融业务部、机构金融业务部和业务保障部,对本部各部门的职能进行整合优化。

【学习型银行建设】 2014 年,工商银行西藏区分行新一届分行党委针对西藏特殊的区情、行情提出了建设“学习型银行”举措。积极开展教育培训,参加总行举办的各类教育培训 89 人次,回行后开展“转培训”,采取“走出去”和“请进来”相结合的方式,请系统内其他兄弟分行的业务骨干进行专业培训,有针对性地提升员工职业素质。加强属地化人才培养,选派多名属地员工赴内地进行为期 3 个月的交流锻炼。创新活动载体,组建分行图书室和“图书角”,购买 400 多本书籍、学习 70 余次、分享学习心得 30 多篇,充分调动全行员工的学习热情;以部门、支行为单位,有针对性地形成集中学习制度;实施“薪火计划”,通过

“师徒结对”对属地化员工进行一对一重点培养。

【获奖情况】 1. 分行营业部被西藏银行业协会评为“良好银行机构”。

2.分行营业部被西藏银行业协会评为“2014 年度中国银行业文明规范服务千佳示范单位”。

3.分行营业部被西藏银行业协会命名为“中国银行业文明规范服务五星级营业网点”。

4. 分行副行长格桑曲珍荣获“2014 年西藏自治区民族团结进步模范个人”。

5.分行驻村工作队被自治区强基办授予 2013—2014 年度地区、县创先争优强基础惠民生活动“优秀组织单位”奖。

中国农业银行西藏自治区分行

【概况】 2014 年,中国农业银行西藏自治区分行各项存款余额达 1125 亿元,同比增加 163 亿元;各项贷款余额达 475 亿元,同比增加 150 亿元。其中,实体贷款余额达 465 亿元,同比增加 151 亿元。实现中间业务收入 2 亿元;不良贷款余额和占比实现“双降”;实现拨备后利润 16 亿元;存贷款、中间业务收入四行(工农中建)市场份额持续居首位,分别为 44.36%、37.28% 和 49.75%,同比分别提高 0.15、2.26、0.66 个百分点。

【各项贷款快速增长】 2014 年,农行西藏区分行积极争取特殊信贷配置政策,总行在原核定 100 亿元信贷规模基础上,再追加 50 亿元贷款额度。全年累放实体贷款 316 亿元,同比多投放 98 亿元,有效满足了西藏重大项目、基础设施建设、中小微企业、“三农” 及民生领域旺盛的融资需求。2014 年作为全国银行业唯一一家分支机构荣获《每日经济新闻》第五届“扶持当地经济发展优秀分支机构”金鼎奖。特别是坚持“面向‘三农’”的市场定位,进一步扩大扶贫贴息贷款的受益面,全年累放扶贫贴息贷款174 亿元,让利约 4 亿元,加快了农牧民脱贫致富的步伐。

【重要工作】 2014 年,农行西藏区分行先后与拉萨市政府、林芝行署签订全面战略合作协议,明确财政性存款向中国农业银行西藏自治区分行倾斜等利好政策,银政合作进一步巩固和深入。科技与业务发展日益融合,以科技搭建系统为支撑,加大对财政、税务、社保、部队等重点客户的渠道金融服务,全行机构类对公存款实现快速增长。全力推进金穗惠农通工程,新增助农取款点 1053 个,实现金融机构空白乡镇助农取服务款点全覆盖。确立“新、重、拓”金融服务思路,出台对公目标客户、重大项目跟单计价奖励办法,首次推进重大项目挂牌金融服务。与 13 家商业银行联合发放银团贷款 79 亿元,同业合作实现新的突破。加大新业务新产品推广,代保管箱、银行承兑汇票和银赁通业务实现零的突破。

【内部管理】 加强基础管理 2014 年,农行西藏区分行坚持依法治行、合规经营,有效开展自律监管、风险排查、案件防控和专项治理,加大发现问题的整改力度,确保了全年案件“零”发生。

强化作风建设 精文减会成效明显,调研更有实效;落实限时办结、执行力评价和督办通报制度,机关工作效率和服务基层的能力持续提升;加强人文关怀,在条件艰苦的阿里、那曲营业机构安装了弥漫式制氧设备,员工幸福感和归属感进一步增强。

深植企业文化 出台并实施区分行 2014–2018 年企业文化建设规划,成功策划“雅江边上看农行”大型系列宣传活动,引起社会良好反响,并得到自治区领导的重要批示予以充分肯定。2014 年,作为全国农行 4 家单位代表,在总行企业文化推进会上就“缺氧不缺精神”作了交流发言,同时被中国企业文化研究会授予“企业文化顶层设计与基层践行优秀单位”荣誉称号。

【“三农”金融服务】 2014 年,农行西藏区分行累放涉农贷款 187 亿元,余额达 231 亿元,同比增加 114 亿元,增长97%。充分利用“四卡”贷款及农村个人生产经营贷款等产品,积极做好春耕备耕及接羔育幼等金融服务工作,有效满足了农牧民生产生活信贷需求。全年累放农户到户贷款92 亿元,余额 125 亿元,增长 87%。按照“四个支持”的原则,做好信贷扶贫工作,2014 年底其贷款余额达204 亿元,同比增加 128 亿元,增长 166%。大力推进“千县百镇”工程,积极支持藏医药、民族手工业、农牧区基础设施建设等项目，发放农网改造贷款15亿元。对总行级和区分行级重点县域支行，国家级和自治区级农村改革试验区落地行给予政策倾斜和优先发展。抓住城乡社保一体化改革的机遇，做实涉农代理和各类渠道业务。推进县域零售业务提升工程，加大县域营业机构新产品金融服务推广力，并做好县域资金组织。截至年底，累计设立助农取款服务点2472个，覆盖全区93%的乡镇和37%的行政村，新发放惠农卡45878张，进一步加强流动金融服务，实现了农牧区普惠金融服务广覆盖。扎实推进三级信用环境体系建设，年内新评定信用县7个、信用乡(镇)96个、信用村712个。

【城市业务金融服务】 加强对公业务金融服务 2014年，农行西藏区分行出台实施加快城市对公业务发展指导意见和对公负债业务专项金融服务工作实施方案。将“十二五”226个重点项目及调增项目、援藏项目、央企在藏对接项目、光彩事业西藏行招商引资项目等作为重点服务目标，优先提供金融服务。切实加强对财政、社保、部队、住建、税务、水电、铁路、烟草、交通运输、文化旅游、冶金矿产、援藏专项资金及金融同业的金融服务，并逐户落实符合项目实际需求的金融服务方案。实行“高层对接、层层落地”的金融服务模式，实现金融服务层次对等和链条最短，以效率致胜。全年累放重点客户、重大项目贷款189.2亿元，其中累放农村公路贷款140笔63亿元。提升中小微企业金融服务能力，全年累放中小微企业贷款78亿元，余额达121亿元，增长73%，同比多增51亿元，实现了“两个不低于”监管目标。

加强零售业务金融服务 出台加快零售业务发展意见，积极开展支行零售客户培育工程和个人优质客户群建设。组织开展“春天行动”等大型主题金融服务活动，推动了全行零售业务的持续快速发展。其中“春天行动”首次荣获总行十佳“金钥匙春天行动优秀金融服务组织奖”。制个贷中心在区内7家二级分行实现全覆盖，上线个人网贷平台系统，创新个人异地房产抵押贷款及个人循环贷款，2014年底全行个贷余额达45亿元，增长29%。

理财、中间及国际业务金融服务 在做好信用卡、代理保险、代发工资、手机银行等传统业务的基础上，推广独具西藏特色的贵金属业务，现金管理、货币基金自动理财、个人网银结售汇业务，成功上线吉隆口岸支行外汇和单位结算卡业务系统，完成个人业务集中系统(超级柜台)、对公免填单系统、翼柜通系统的业务测试工作。

【网点、服务及渠道建设工作】 城乡网点建设改造 2014年，农行西藏区分行完成人工网点和离行式自助银行建设项目立项审批，立项额度5亿元。根据2013年总行和自治区签订的战略合作协议，及时向总行、自治区呈报《金融机构空白乡镇网点规划(2014–2020)》相关请示，进一步加大网点建设进度。

服务质量提升 制定网点服务专项治理活动方案，启动了为期半年的网点服务专项治理活动。召开“神秘人”暨客户满意度视频通报会，实施样本网点软转型导入和6S标杆网点的打造工作，3家网点入选中国银行业协会五星级网点，2家网点入选中国银行业协会千佳示范单位，在整个西藏银行业中占据了半数以上的绝对优势。

电子渠道业务发展 电子渠道分流持续提升，2014年底电子渠道金融性交易量占比达75.58%。积极推广渠道产品应用，引导客户自觉使用网银等电子渠道完成基金、理财等业务。推广有效IC借记卡、信用卡，开通西藏农行微信公众平台，完成短信银行、K令、通用K宝及藏文版智付通、企业智付通、无线智付通的推广工作，拓展日喀则分行BMP项目等优质特约商户。

【内部改革】 优化信贷业务运作流程 2014年，农行西藏区分行出台关于优化信贷业务运作流程的意见，落实客户分层经营管理制度，推进信贷业务流程整合，改进集团客户管理，优化小微企业运作流程，落实限时办结制度，切实提高了办贷效率。同时取消部分个贷流程，规范个人住房贷款、随薪贷、房抵贷三类主流品种的客户申请资料，整合简化手续。

运营改革 出台柜员等级管理实施细则和柜面劳动组合实施意见，解决营业网点临柜窗口和柜员配置不适应发展需要的问题。

人力资源综合改革 拟定员工工资管理实施细则、基层机构岗位管理实施细则，向一线员工兑现差别化年功津贴。同时加大员工到龄批退工作，优化员工队伍年龄结构。

【基础管理】 2014年，农行西藏区分行组织召开风险、信贷管理和资产处置工作会议。树立“大风险”理念，完善风险考核评价机制，持续构建风险管理组织体系。抓好贷后管理工作，2014年底全行到期贷款现金收回率达99.89%，排名位居全国农行第二；规范服务收费管理，严肃财务收支行为，深化全额资金和全行经济资本管理。切实抓好安全运营基础工作，强化IT风险管控，二级分行机房全部达标，实现所有具备条件网点监控报警设备应联尽联。制定员工行为管理工作考核评价方案和员工行为排查方案，对辖内4203在岗员工开展行为排查。落实基层网点负责人定期轮换和基层机构内外部账务核对工作。执行总行、自治区的各项维稳决策部署和单位内保制度，确保了全行近5000名员工政治立场始终坚定，未发生任何涉稳敏感负面事件。

【党建和队伍建设】 *加强党建工作* 2014年，农行西藏区分行出台实施建立健全惩治和预防腐败体系2013-2017年工作规划实施细则和2014年度工作推进计划、关于落实党风廉政建设党委主体责任的实施细则等，抓好党风廉政建设和反腐败工作，全年未发生一起党员干部腐败案件。

充分总结第一批党的群众路线教育实践活动，开展第二批党的群众路线教育实践活动。加强第一批教育实践活动的整改落实工作。

加强队伍建设 积极选派人员参加总行组织的习近平总书记系列讲话轮训、高级管理人员业务培训等项目，同时举办了处级干部学习贯彻习近平总书记系列讲话精神专题培训班。完成2014年校园和合同制柜员招聘工作，共招录新员工350名，为全行业务发展注入了新鲜血液。

加强员工培训 挂牌成立农银大学西藏分校，启动各专业条线岗位职业轮训，走上良性发展的“快车道”。

【作风和企业文化建设】 2014年，农行西藏区分行落实“加强人文关怀、关爱基层员工”的实施意见，着力为基层员工办好十二件实事。在福利待遇、薪资分配等方面持续加大向基层和偏远地区倾斜力度。同时组织推进区分行全部及辖内员工周转房建设、小食堂等职工之家建设项目。建立运作了“西藏农行爱心基金”，2014年对全辖189名困难员工兑现233万元爱心基金，帮扶率达100%。出台并实施关于培育和践行社会主义核心价值观及企业文化的意见、区分行2014-2018年企业文化建设规划及2014-2015年精神文明创建及系列宣传工作的方案，首次开通西藏分行官方微博，全行企业文化建设及宣传工作有序推进。成功召开西藏分行第二届一次职代会，推进民主管理工作。积极配合自治区做好强基惠民驻村工作，2014年全行又有4家单位、4个驻村队及11名员工荣获自治区表彰奖励。

中国银行西藏自治区分行

【概况】 中国银行西藏自治区分行成立于1980年。截至2014年末，中行西藏分行全辖共有24个营业网点，其中区分行营业部1个、拉萨城区支行15个、日喀则分行5个、山南地区分行1个、林芝地区分行1个、昌都支行1个。全行共有员工1091人，其中：少数民族员工人、占比56%，本科及以上学历665人、占比61%，35岁以下员工629人、占比57.6%。2014年，全行负债总额621.15亿元，较2013年末增加67.95亿元，增长12.28%。全行资产总额631.73亿元，较2013年末增加69.82亿元，增长12.43%。新增贷款主要投向区内优质实体客户。国际结算和跨境人民币业务四大行市场份额持续保持在90%以上。信贷不良率为0.06%，资产质量领先系统内及当地同业。在全区经济工作会议上，自治区党委陈全国书记对中行西藏自治区分行快速响应自治区政府年末信贷工作要求，积极向总行争取信贷规模，加强银团贷款组织，加大信贷投放，支持地方经济发展的做法给予高度肯定，成为唯一一家在全区范围内受到点名表扬的金融机构。

【社会责任】 2014年，中国银行西藏自治区分行以“担当社会责任，做最好的银行”为使命，做国家战略的执行者，积极融入西藏经济发展和社会进步的格局里，为全区经济社会的全面进步提供强有力的金融支持和信贷保障。推出“负效应清单管理”模式，主动接触客户，提高服务效率，打造客户最佳体验，为全区民众提供高效优质的金融服务。深入开展创先争优、强基惠民驻村活动，严格遵照强基惠民驻村要求，做好驻村工作，安排74人次在日喀则、阿里、山南、林芝和昌都的9个村开展驻村工作，先后投入资金350余万元，为群众办实事。年初，按照“从宽、从简、从速”的原则，把184名派遣制员工全部一次性予以转聘，成为区内唯一一家将派遣制员工实现全部转聘的国有企业。向自治区红十字会捐款10万元，向拉萨市部分学校捐赠书籍。

【创新金融服务】 2014年，中国银行西藏自治区分行严格按照中国银行总行内生动力机制要求优化贷款拨备、费用分配、定价管理等管理模式，为业务发展提供强劲的支撑。加强业务流程梳理，实现流程整合优化，提升客户体验。推进产品创新基础工作，参加总行新产品推介会，结合市场情况和客户需求，创新推出适合西藏特点的新业务、新产品，先后赴河北、山西、四川等兄弟行学习，借鉴兄弟行经验成功推出多项新产品。加强科技系统日常维护，通过特色产品研发提高对业务发展的支撑能力，全年实施了新版西藏分行地方公务卡系统等7项特色项目开发，改造和升级完成网点排队管理系统、冠字号项目等11项重点项目。

【风控建设】 2014年，中国银行西藏自治区分行严格按照“拓业务、增效益、保稳定、强基础”的总体工作要求，推行全面、主动风险管理，资产质量保持良好，风险管理能力持续增强。顺利完成人行、银监等监管部门的综合执法检查工作。以集中运营为“助力点”，围绕提升客户体验和减轻前台负担两个重点，以流程标准化作业为抓手，确保全行安全运营。开展声誉风险培训，修订完善声誉风险管理办法，将声誉风险纳入分行风险系统绩效管理，实行7＊24小时舆情监控，全年无重大声誉风险事件发生，提升了品牌影响力。

【维稳和案防要求】 2014年，中国银行西藏自治区分行以保障全行安全发展为中心，坚持预防为主，深入推进“平安中行”建设，突出维护稳定、案件防控等重点工作。与各单位签订安全保卫、保密、计算机安全生产管理等多项责任状，加强车辆管理，全年实现车辆安全运营。加强行政值班管理，做好安全维稳工作，实行全天候24小时值班制，自成立以来未发生重大安全事故。全面加强员工行为管理，严格员工八小时外管理，做好案件防范工作，连续4年保持零案件、零信访、无重大违规违纪事件发生，营造了良好的金融秩序，保障了业务可持续发展。

【党建工作】 2014年，中国银行西藏自治区分行认真落实党委“两个责任”。加强党风廉政建设党委主体责任和纪委监督责任“两个责任”的落实，深入推进党风廉政建设和反腐败工作的开展，把党风廉政建设与全行发展大局各项工作同部署、同落实、同检查、同考核。加强党风廉政建设。认真贯彻落实总行党风廉政建设暨纪检监察工作会议总体部署和要求，扎实推进党风廉政建设工作。出台《中国银行西藏分行关于改进作风、厉行节约的补充规定》、《中国银行股份有限公司西藏自治区分行班子成员联系群众制度》、《中国银行股份有限公司西藏自治区分行精简会议实施办法》等制度，切实改进作风。

【党的群众路线教育实践活动】 2014年，中国银行西藏自治区分行以第一批教育实践活动整改落实和第二批教育实践活动的开展为契机，以党建强化组织力量，以企建和团建汇聚员工力量，助推全行中心工作的开展。充分发挥各级党团、工会及青联组织的力量，形成企业文化建设的整体合力，推进中后台为前台服务、全行为客户服务的经营管理文化。

【品牌形象建设】 2014年，中国银行西藏自治区分行各分分支机构、党团工会、运营服务、后勤保障、宣传机要等相关部门和员工，立足服务基层、服务客户，改进服务、改进作风，进一步提升了品牌形象，总行和社会各界也通过不同形式进行感谢了和表扬。中国银行西藏分行以良好的形象展示和优异的经营业绩，得到了总行和自治区党委政府和广大客户的肯定。

【获奖情况】 林芝地区分行、区分行营业部、纳金支行：银行业协会（自治区级）良好银行机构

山南地区分行：银行业协会中国银行业安全管理先进单位、全国

总工会全国五一巾帼标兵岗

区分行营业部：银行业协会银行业文明规范五星级网点、银行业协会银行业文明规范千佳示范单位

法律与合规部：银行业协会全国银行业法律风险管理先进单位、人民银行拉萨中心支行西藏自治区金融系统反洗钱工作先进集体

林芝地区分行营业部：妇联(全国级)全国巾帼文明岗

中国建设银行西藏自治区分行

【概况】 2014 年，建设银行西藏自治区分行一般性存款余额705.78 亿元，比 2013 年新增111.81 亿，增幅18.82%，完成总行计划的207.02%；一般性存款日均余额618.07 亿元，增幅 18.42%。各项贷款达 378.26 亿元，当年实际新增133.70 亿元，是年初计划新增的 2.4 倍，同比增速55.42%。全年实现中间业务净收入9,830 万元，同比增长 1,010 万元，增速11.45%，完成全年计划的 98.61%。实现税前利润 19.92 亿元，完成全年计划的 137.09%；实现净利润14.91 亿元，完成全年计划的138.01%；实现经济增加值 11.70 亿元，完成全年计划的 138.73%。不良贷款余8087 万元，比年初减少 4215 万元，不良率 0.21%，比年初下降了0.3 个百分点。

【资产业务】 2014 年，建行西藏区分行贷款余额突破 300 亿元。小企业客户贷款余额84.02 亿元，较年初新增 33.52 亿元。个人贷款余额达 249703 万元，比年初新增 64849 万元，完成全年新增计划的 324%。住房贷款不良余额 1099 万元，比年初减少 223 万元，不良率 0.44%。

【负债业务】 2014 年，建行西藏区分行公司机构客户新增 2796 户，计划完成率 138%；个人有效客户新增 110,924 户；私人银行 AUM300 万以上新增140 户，其中 AUM1000 万元以上客户新增 14 户，完成计划的 200%。阿里分行、拉萨东城区支行顺利开业，林芝米林分理处、那曲色尼路分理处以及拉萨江苏路支行完成装修及搬迁工作，新设 3 个自助银行。分行机构类存款时点余额386.83 亿元，对公存款中占比为67.78%，财政资金承接率 63%。

【中间业务】 2014 年，建行西藏区分行累计完成藏青工业园、拉萨市教育城、高原之宝、西藏银行、等公司造价业务以及行内基本建设项目预算，涉及预算15.74 亿元，实现收入 464 万元，比 2013 年同期增长349 万元，增幅达到175%。2014 年销售基金 1.07 亿元，比 2013 年同期增长 259%，实现中间业务收入134.17 万元。

【战略业务】 2014 年，建行西藏区分行大力发展手机银行和短信银行业务，提升电子渠道主渠道作用，电子银行离柜账务性交易量占比为79.12%，比年初提升 4.69 个百分点。拉萨市师范学校校园卡顺利发卡，校园金融 IC 卡发卡3000 多张。运营养老金业务客户 7 户，受托资产规模 2 亿元，账户管理人数 6500 人。

【推动经营转型】 2014 年，建行西藏区分行有力推动对公业务转型，制定对公业务转型方案。统筹区域发展。建设专业队伍，加快重点客户营销团队建设，明确包括行领导在内的五个层级团队职能，加快目标推进。加快营销平台建设，提升转型成果，改变单兵作战营销模式。制定条线员工绩效考核方案、收益分成管理办法。圆满完成“三综合”建设目标，基本实现“网点综合化转型、网点综合柜员制、综合营销队伍建设”的目标。完成新一代一期上线工作。有序推进产品创新。搭建产品创新组织架构，成立分行产品创新委员会，组建分行批发、零售产品创新团队和产品创新保障团队。

【风险管理】 2014 年，建行西藏区分行提高新放贷款和重点行业贷款的管控能力和管理水平，及时督促整改问题。2014 年处置不良资产6336.7 万元，完成全年计划的166.76%，已核销呆账资产回收1235.27 万元，完成全年计划的1403.72%，分行资产质量持续优化。

【机构改革】 2014 年，建行西藏区分行加强纪检监察队伍建设，新增巡视办公室，选调 4 名优秀员工为纪检监察特派员。新设对公信贷放款中心，加强贷中发放环节风险审查和管理。办公室与总务部部门合并，后勤保障职能有效整合。优化领导班子结构，2014 年配置了一名党委副书记、两名党委委员。出台了《中国建设银行西藏区分行管理人员退出暂行办法》，制定内设科室(团队)负责人和网点型支行负责人

聘任管理办法，中层领导全年共平级调整 20 人次，提拔使用22 人次(含网点型支行负责人)。细化后备人才队伍管理工作，增补各类后备人才 32 名。做好员工总量新增规划,2014 年共招录大学毕业生 108 名(含总审室 4 人),其中硕士研究生 21 名。开展定向招聘员工转制工作,稳定定向招聘员工类群,经严格选拔，与 8 名定向招聘员工签订了无固定期限劳动合同。加强与天津市分行人员的合作与交流，先后选派 5 批共计 26 人赴天津分行跟岗学习。全行自主举办各类培训班 629 期,总计培训 9173 人次。

【党建工作】 2014 年,建行西藏区分行认真组织党的群众路线教育实践活动的整改落实和“回头看”活动,以各级领导为重点,突出作风建设,着力整顿“四风”,对照方案逐条落实整改,建立了行长接待日、行领导下基层调研、部门工作联动、执行“八项”规定及关爱员工成长等一系列长效机制。深入学习贯彻党的十八大,十八届三中、四中全会精神,深入学习习近平总书记系列重要讲话,持续落实关心关爱员工活动,党团工会组织慰问走访退休、内退、在职特困职工和生病住院员工 18 人次;积极组建职工书屋,丰富员工文化生活。持续推进温暖工程,为全行员工发放温心卡。完成员工周转房供暖工程建设,测试供暖,改善工作生活条件。

西藏银行股份有限公司

【基本情况】 西藏银行是自治区第一家地方性法人银行,2012 年 5 月 22 日正式对外营业,始终坚持“立足西藏、面向全国、服务西藏”的经营宗旨,以市场为导向,以客户为中心,致力于提高区内金融服务水平,建立基本覆盖区内城乡的金融服务网络,逐步缓解区内中小企业“贷款难”和银行“难贷款”的问题,改善农牧区金融服务,为农牧区经济发展、农牧民增收提供金融支持,促进西藏实现跨越式发展和长治久安。

【业务发展】 西藏银行通过不断完善公司治理,强化内控建设,加大市场拓展,加强基础管理,提高资产质量,各项业务取得了长足发展,服务地方经济社会发展的能力和自我发展能力不断增强。截止 2014 年末,总资产达到 255.23 亿元,较年初增加 90.61 亿元,增长 55.04%。各项存款 210.32 亿元，较年初增加 65.3 亿元,增长 45.03%。各项贷款 142.55 亿元，较年初增加 54.37 亿元,增长 61.66%。上缴税收 9930.8 万元，比上年增加 5887.3 万元,增长 145.6%。实现净利润 4.51 亿元,完成目标任务的 112.87%。

【机构建设】 2014 年,日喀则分行、林芝分行、墨竹工卡支行顺利开业,西藏银行分支机构已达到 4 个;经济技术开发区支行即将开业,城东支行已装修完毕;昌都分行、山南分行、那曲分行和色拉路支行已完成前期相关工作，各项筹备筹建工作稳步推进。

【经济建设】 西藏银行切实用足用活中央赋予西藏的特殊优惠金融政策,发挥地方法人银行机制灵活、决策链短的优势，积极贯彻落实区党委、政府宏观调控政策和重大决策部署，不遗余力支持全区经济社会发展。在支持重大项目建设方面，重点支持了拉日铁路、拉林高等级公路、拉萨暖气工程等一大批涉及交通能源和社会公益的项目。在服务中小微企业方面，出台了一系列管理办法,成立了小微信贷中心,建立了符合西藏实际的小微企业信贷流程和分级审批授权体系，实行快审、快批、快放款政策,共计投放贷款 24.91 亿元。

【内控管理】 高度重视全面风险管理,进一步完善风险管理体系,风险防控能力不断增强。加强合规教育,倡导风险文化,提高全体员工的风险意识；明确风险管理的战略目标和风险偏好,积极调整信贷结构,强化全流程管理；进一步完善风险防控制度,规范和加强了支付结算、银企对账、反洗钱、票据等重点风险环节和部位的管理。通过全行上下共同努力,截至 12 月末,全行风险和内控管理继续保持“零不良、零案件、零事故”。

【党建工作】 充分发挥党委的核心领导作用。认真贯彻落实中央、区党委的各项方针政策和决策部署；坚持党委中心组理论学习制度,坚持党的民主集中制原则，对事关西藏银行改革、发展、稳定的重大问题进行集体决策；落实了党风廉政建设党委主体责任，成立了纪检委和监察部,建立了党风廉政考核机制。较好地整改了群众路线教育实践活动查摆出来的问题，进一步巩固了教育成果。重视发挥党支部、工会、女工委、共青团的作用，开展丰富多彩的群体活动；加强党性党风和廉政教育，认真贯彻落实中央“八项规定”和区党委“约法十章”、“九项要求”，坚持勤俭办事，在营销、采购、用车等环节上严格要求，严格管理。党员队伍进一步壮大，截止年底，全行党员127名，预备党员14名，入党积极分子13名。

【公司治理】 加强公司治理，重视发挥“三会一层”的职能作用，按有关章程及时召开了董事会、股东会，审议重大事项，听取董事、股东关于西藏银行改革发展的意见建议。制定了《西藏银行2013-2017年战略发展规划》，确定了我行的战略方向。

【维稳工作】 高度重视维稳工作，认真贯彻落实区党委的决策部署，狠抓责任落实，加强值班工作。严格执行24小时值班制度和领导带班制度，确保了随时岗上有人；健全了单位内部联防队，充实了相应的安防设备，进一步完善相应预案。加强监控值班工作，不定时进行查岗和调取监控数据，确保监控人员24小时在岗并履行职责，对检查中发现的漏洞及时进行调整，杜绝重大事故及案件的发生。及时传达贯彻上级文件精神，积极开展员工的反分裂教育，要求员工做到不传谣、不信谣，积极参与全区的维稳工作，实现了全行“三不出”的责任目标。

【强基惠民】 围绕自治区党委、政府提出的建强组织、维护稳定、帮助致富、感恩教育、办好实事等五项任务，扎实开展驻村工作。根据区党委部署，我行派出优秀员工组成了驻村工作队进驻那曲地区香茂乡宗热格村，在当地乡党委、政府、村委的统一安排下，在充分听取群众意见建议的基础上，结合当地实际为当地牧民群众解决生产生活中的困难出谋划策，驻村工作队按照所制定的工作思路，开展感党恩教育，举办维护稳定平安和谐的社会环境宣讲会，对守护铁路值班进行巡查；帮助村里改造道路，帮助村里搞特色产业，帮助村里改善居住环境；帮助解决子女就业，提高困难家庭经济收入；帮助贫困家庭，发放物资和现金。积极为群众办实事、办好事，广寻致富门路，拓宽致富渠道。提出切实可行的项目计划和发展规划，切实把党的关心和温暖送到牧民群众的心坎上，赢得了牧民群众的一致欢迎。2014年西藏银行被自治区党委、政府授予“优秀驻村工作队”、“优秀单位组织奖”。

中国民生银行拉萨分行

【基本情况】 2014年，中国民生银行拉萨分行班子成员5人，下设5个职能部门和3个行业金融部，对外营业机构为分行营业部。第一家支行---拉萨经济技术开发区支行已获得西藏银监局开业批复。拉萨分行员工共计130人（不含派遣），其中：选调员工54人，社招员工76人；藏族员工31人，占比23.8%；硕士研究生26人，占比20%，大学本科92人，占比70.8%，大专生12人，占比9.2%。

【经营业绩】 2014年，中国民生银行拉萨分行坚定践行2.0版民生银行办行思想，立足于民生银行理念优势、机制优势、创新优势、文化优势、服务优势，围绕总行整体发展战略规划和西藏自治区独特政治、经济形态，深刻研判，积极开展各项业务，发展总体态势良好。截止12月31日，拉萨分行各项存款余额58.91亿元，各项贷款余额45.83亿元。

【拓展业务市场】 围绕自治区财政类负债业务，开展针对性营销。2014年，中国民生银行拉萨分行在各家商业银行激烈拼抢的情况下，成功营销21亿元财政存款入行。优化零售组织架构，利用“商贷通”和消费贷款两个抓手，资产带动负债，在只有一个营业机构的情况下储蓄存款达亿元，零售金融资产过10亿元。

强力聚焦、深耕细作“八廓商圈”，做成、做好、做精小微金融。通过深度调研“八廓商圈”，确定将商圈内虫草及土特产、工艺美术品、服装百货三个行业作为小微优先开发重点行业，培育小微商户内生增长力。截止12月31日，小微贷款余额达1.59亿元。

做不一样的小区金融。以自治区级、市级优质行政事业单位、大型国有企业及拉萨分行已开发的重点公司类授信客户等在编员工为突破口，对其进行消费信贷、家庭综合消费贷款、住房按揭贷款等综合开发，迅速扩大分行优质客户群。截止12

月31日，拉萨分行累计发放消费贷7598.3万元。

【扩大基础客户群】 2014年，中国民生银行拉萨分行研判客户经济活动，将专业化管理和客户资源整合贯彻到工作的全流程中去，同客户沟通时在信任上下功夫，建立完善的信任机制，调整获客的理念、思路、方式和方法，切实“急客户所急”，做好综合服务，真正获客，建立一个稳定的基础客户群。

【风险管理】 2014年，中国民生银行拉萨分行始终将风险管理视作生命线，严抓风险防控和管理。从人员编制上一步到位，风险团队阵容整齐，全是熟悉民生文化的员工，100%的持证上岗；夯实全面风险管理基础，建立、健全全面风险管理的组织体系，从岗位设置、流程控制、制度体系三方面加强全流程服务与管控。推行“痕迹化管理”，对检查、整改、后督等各环节实时记录并落实责任，建立风险管理委员会的管理权威。倡导并推行“风险端”与“市场端”结成分行发展的共同体，助推业务发展。全面加强信贷管理基础工作，定期开展业务“回头看”活动。强化风险意识，培育合规文化。

【抓服务，树口碑】 2014年，中国民生银行拉萨分行党委提出要把服务打造成为西藏金融业一道亮丽的风景线。在人员新、经验少的情况下，广开思路，勇于创新，在总行召开的第四次服务管理会上，拉萨分行以软件服务满分、客户投诉最少、投诉处理效率最高、投诉处理质量最好获得总行肯定。

【党群工作】 2014年，中国民生银行拉萨分行按照规划已先后成立团委和工会，并按照工会流程召开第一次职工代表大会。拉萨分行工会和团委坚持全心全意依靠员工的指导方针，积极推进民主化管理进程。同时，大力开展员工关怀，通过员工生日祝福、婚丧生育关怀、定期体检、家访谈心等形式，本着“相聚高原、惜缘同行”的理念，积极营造休戚与共、互敬互帮、相亲相爱的员工团队氛围，不断凝聚员工向心力。

中国人民财产保险股份有限公司西藏分公司

【概况】 2014年，中国人民财产保险股份有限公司西藏分公司坚持以科学科学发展为统领，解放思想，更新观念，努力拼搏，勇于创新，加快转变发展方式，抓重点，破难题，出亮点紧紧围绕自治区党委、政府中心工作，围绕总公司“加大改革创新力度，继续保持稳健增长，更加注重价值创造”的工作主基调，以打造人保财险升级版为指引，为全区经济社会发展做出了应有的贡献。2014年，人保财险西藏分公司累计实现保费收入92,574万元，同比增长4.67%；累计承担保险责任金额7397亿元，同比增长3.37%；累计赔付金额50,252万元，同比增长17.54%；累计已结赔付案件59,672件，同比增长11.61%，未结赔付案件4745件，同比减少17.42%。

【提升理赔服务水平】 2014年，人保财险西藏分公司以“降赔”和“理赔提速”为核心，强化成本管控、细化理赔服务、优化理赔流程、加强基础建设。全险种案均赔款下降625元，理赔周期提速45%。

【承担社会责任】 2014年，人保财险西藏分公司围绕党委、政府的中心工作，以“党委信得过，政府靠得住，人民群众满意”为工作目标，以“新西藏、新发展、新变化、新生活”凝聚力量，在自身不断发展壮大的同时，勇担社会责任，积极参与西藏经济社会发展和社会和谐稳定事业，缴纳各种税款11,126.43万元；其中代扣代缴车船税4,833.67万元；为西藏自治区五保集中供养项目捐赠2500万元。

【政策性涉农保险】 2014年，西藏政策性涉农保险签单数量1000余笔，签单保费31973.34万元，理赔工作分别建立健全防灾减损制度、政策性农业保险理赔回访制度、政策性农业保险投诉处理制度等，为更好的完成理赔工作打下夯实的基础。2014年，除阿里、日喀则、昌都三个地市外，其余地市已完成该年度案件处理工作，该年度全区因疾病、雪灾、洪涝、冰雹等造成了养殖业、种植业、农牧民住房相继出现，累计赔款12311.58万元（拉萨市2826.70万元；日喀则市1886.76万元；山南地区891.16万元；阿里地区410.56万元；林芝地区644万元；昌都地区1699.15万元；那曲地区3953.24万元），其中区财政承担8618.11万元，公司承担3693.47万元，得到了74个参保县政府及群众的拥护和好评。

【强基惠民】 2014年，人保财险西藏分公司三年来共派遣驻村工作队员56人，其中5名驻村工作队员连续3年坚持守岗，共有6名工作队员荣获“优秀队员”称号。工作队紧紧围绕强基惠民活动“五项任务”蹲守基层，开展扶贫和慰问，并多次投入资金帮助当地群众购买青稞种子、收割庄稼、修筑农田灌溉水渠、防洪堤坝、草场围栏、砖厂、羊毛加工点等设施，以实际行动支持新农村建设。

中国平安财产保险股份有限公司西藏分公司

【概况】 2014年，平安产险西藏分公司保费收入13765万元，比2013年同比增长31.25%。共缴纳各项税款900.91万元，代扣代缴税款1256.01万元，同比分别增长37.36%、37.27%。理赔立案11060件，赔款支出6467万元。

【战略合作】 2014年7月29日，西藏自治区党委常委、自治区常务副主席丁业现会见了中国平安保险(集团)股份有限公司总经理任汇川一行。双方就战略合作相关事宜进行了深入探讨，经充分协商，双方决定开展多层次、多领域的战略合作关系，最后双方在全体参会人员的见证下签订了具有里程碑意义的战略合作协议。

【机构建设】 2014年，平安产险西藏分公司已建立5家外围机构，网点覆盖山南、林芝、日喀则、那曲、昌都并在阿里地区设立服务网点，完成全区保险服务网络的覆盖和建设，企业知名度和品牌美誉度不断提升。

【人才发展】 2014年，平安产险西藏分公司合计人力169人，同比增长27.1%。通过多年的内部帮扶和外部培训，已初步形成了人才队伍的梯队建设，专业人才稳步发展的良好局面，有力地保障了公司发展所需。

【服务提升】 为提升平安保险在藏品牌形象，平安产险西藏分公司于2014年12月正式搬迁至“西藏自治区拉萨市柳梧新区国际总部城12幢(平安财富中心)。平安产险西藏分公司从此结束了租用办公楼的历史，在藏拥有了自购办公大楼，并将打造成为具有领先标准的客户服务旗舰店，更好地为全区人民提供服务。

分公司始终坚持以“服务促发展”为指导，不断提升客户服务的品种和手段，不断刷新客户服务体验，“VIP增值服务”、“万元以下，一天赔付”、“快、易、免”、“举办客服节”等各项活动有序推进，注重实效，取得了客户满意和社会高度认可的效果。

特别是在日喀则“8·09”、林芝“8·18”重特大交通事故中，分公司严格按照自治区党委、政府以及保监局的要求，第一时间启动应急响应，成立绿色理赔小组，迅速开展事故处置工作。面对林芝“8.18”大案，分公司在事故发生的第二天就迅速完成500万元的预赔款支付，为善后工作分担压力。在10月份接到自治区政府及保监局通知，要求“退还实施“两限一警”政策以来及免除新承保车辆20个座位以外旅游客运和班线客运车辆座位险”的专项工作，分公司高度重视，迅速组织落实。2014年，分公司涉及“两限一警”实施以来预计需要做退费处理的保单共计626单，涉及客运公司28家，退还保费共计近190万。

【社会责任】 2014年，平安产险西藏分公司“办好实事、解决难事”是驻村工作的头等大事，驻村工作队抢抓不懈，为驻村点申请63万项目修建蓄水池，申请93万元修建引水渠，解决农田灌溉问题，并根据需求向市林业局申请1.5万元修建孜村围栏。同时，分公司多次号召和组织全国平安员工捐赠衣物和生活必需品送到村里。因此，获得了日喀则地区优秀驻村工作队称号。

由平安投资105万元在西藏参与修建三所希望小学，其中“林芝八一镇希望小学”、“昌都察雅县烟多镇若普村平安希望小学”已在2013年正式投入使用，第三所平安希望小学“日喀则地区江孜县龙马乡平安希望小学”已于2014年挂牌成立并投入使用。为巩固对希望小学的支持，平安每年为每所希望小学投入2万元，用于3所希望小学的日常维护。

安邦保险股份有限公司西藏分公司

【基本情况】 安邦财产保险股份有限公司(以下简称“安邦产险”)是安邦保险集团旗下重要专业子公司。凭借一流的企业文化和创新机制,安邦产险发展迅速,已经成为全国分支机构最全的财产保险公司之一,在全国所有省、市、自治区都设立了分支机构,已拥有37家分公司,400多家中心支公司,1000多家县、区级机构。机构的广泛铺设不仅推动了安邦业务的快速发展,也为安邦给客户提供及时、周到的服务打下了坚实的基础。

安邦产险通过出众的资源配置能力、卓越的创新精神,坚持为客户提供优秀的产品、优质的服务、优惠的价格,实现客户增值。安邦重视建立与客户的相互信任和长期发展,努力为客户提供多层次、全方位的金融服务,实现与客户、股东、战略伙伴、员工的共赢发展。

安邦财产保险股份有限公司西藏分公司于2006年3月正式成立,目前所辖机构有山南中心支公司、林芝中心支公司、日喀则中心支公司、阿里中心支公司,另在拉萨车管所及那曲车管所设立出单点,从业人员100余人。

【概况】 2014年,安邦西藏分公司实现保费收入1322万元,同比增长6.71%;赔款支出502.3万元,为西藏跨越式发展和长治久安提供了有力支撑。

【重大承保】 2014年,安邦西藏分公司承保武警西藏消防总队团体意外伤害保险项目,单笔保费37.62万元。

【科技创新】 2014年,安邦西藏分公司启动全区首个车险快赔系统,车辆发生不涉及人伤、物损及其他财产损失,损失金额5000元以下并不需要救援的事故,只需车主动手发几条微信,30分钟内赔款到账。提高了车辆发生事故后的处理速度和效率,为广大客户提供了更专业、更高效、更优质的理赔服务。

【强基惠民】 2014年,安邦西藏分公司开展自治区创先争优强基础惠民生驻村活动,安排工作人员在日喀则地区定日县尼辖乡宗措村、亚白村两个驻村点长期驻村,帮助当地农牧民解决日常生产、生活等问题。

【获奖情况】 在2013—2014年度创先争优强基础惠民生活动中,安邦西藏分公司驻村工作队获得“日喀则市2014年度先进工作队”表彰,驻村队员钟志君、次旦平措均被评为“先进驻村(居)工作队员”。

阳光财产保险股份有限公司西藏分公司

【基本情况】 阳光保险集团股份有限公司是中国500强、中国服务业100强企业。成立3年跻身七大保险集团,5年超越了与其同期成立的71家保险主体,9年同时布局互联网金融及不动产海外投资领域,10年成功进军医疗健康产业,成为全球市场化企业中成长最快的公司之一。阳光保险集团旗下已拥有财产保险、人寿保险、信用保证保险、资产管理、融和医院、惠金所等多家专业子公司,逐渐成为引领行业变革的中坚力量。

创新的管理模式、优秀的企业文化和持之以恒的社会责任与担当,得到了社会的高度认可,阳光保险相继获得:中国公益50强、中国红十字勋章、最具社会责任保险公司、中国最佳商业模式、最佳管理创新奖、金融行业首家“全国企业文化示范基地”、最佳雇主企业、最佳企业文化奖、最佳理赔保险公司、最具竞争力保险公司、最具幸福感企业、最佳年度海外并购创新奖、中国最佳保险资产管理公司等多项荣誉,公司品牌形象和影响力不断提升。

阳光财产保险股份有限公司西藏分公司于2011年7月28日在圣城拉萨盛大开业,标志着阳光产险完成了除港澳台之外的全国性的布局。

阳光保险致力于打造符合人性与最具活力的金融保险服务集团,围绕“一切为了客户”的追求,发扬“战胜自我、拥抱变革”的企业精神,创造价值,共同成长,从而“让人们拥有更多的阳光”。

【公益活动】 自2012年11月,阳光产险西藏分公司与西藏保监局组成联合驻村工作队以来,赴昌都地区察雅县烟多镇中铝新村执行驻村工作。在三年多的时间里,公司驻村工作队以自治区党委的方针政策为指引,想村民之所想、急村民之所急，思想靠前、措施得当、工作扎实，得到了镇、乡、地委乃至自治区的高度肯定，先后荣获：强基础惠民生活动先进组织单位、先进驻村工作队队长、优秀驻村工作队队员多名等多项荣誉。

中国石油西藏销售公司

【概况】 2014 年，中国石油西藏销售公司成品油销售 79.3 万吨，同比增加 6.1 万吨，增幅 8.3%。零售 70.6 万吨，同比增加 4.5 万吨，增幅 6.8%。

【经营管理】 2014 年，中国石油西藏销售公司新开发林芝墨脱等 5 座加油站，扩建日喀则南郊等 5 座加油站，6 座加油站竣工投产，8 台撬装加油设施完成安装，新增销售能力 1.42 万吨。落实“攻坚年”重点部署，投入资金 3768 万元。持续规范现场管理，累计 96 座加油站完成藏文包装，7 座改造站配备定置化物品。开展“贺岁迎春”、“金秋送爽”促销活动，增加销量 0.5 万吨。重点完成 3000 米到3500 米油库站制氧机的安装，以及新增加油站共 45 座制氧设施，重视富氧工程的使用和管理，进一步改善库站工作生活条件；持续落实银行上门收款，服务率达 97%。与自治区农行积极协调，重新签订银行上门收款服务协议。注重监督检查，规范银行上门收款全过程管理，及时识别资金风险点。部署上线加油站资金管理平台，实现与加油站管理系统的有效融合。形成上下结合监督检查机制，地区公司每年组织抽查，二级公司按季度自查。根据《国家税务总局办公厅关于开展税收风险管理工作有关事宜的通知》(税总办函[2014])对中石油集团开展税收风险管理工作的要求，按照集团公司税收自查工作整体部署，认真组织和实施了税收风险自查工作，积极开展 2014 年企业所得税汇算清缴工作。

【队伍建设】 2014 年，中国石油西藏销售公司大力引进人才，创新用工方式，录用内地石油和地方院校 62 名毕业生，接收 193 名见习和实习生，队伍文化结构进一步优化。优化用工存量，集中组织考试，与低于分数线的 172 名市场化用工有偿解除劳动关系，用工总量较年初降幅 13%。强化技能培训和业务交流，全年举办培训项目 14 个，培训管理人员和业务骨干 822 人次，1033 人参与“冬季大练兵”活动；邀请内地专家进藏指导，统一组织出去交流 49 人次，员工业务技能进一步提升。强化人员流动，通过政策、交流、竞聘、调整等渠道，6 名干部提前退职、退休，机关与基层、高海拔与低海拔、大公司与小公司间共交流 14 人，34 名员工走上了二级单位部室和库站经理岗位，重业绩、重实干、重人本的导向进一步强化。

【群团工作】 2014 年，中国石油西藏销售公司打造七二五油库安全文化教育基地和铁路接卸库示范化油库，开展“送欢乐下基层”、主题巡回演讲、“加油站好声音”才艺比赛及读书笔记征文等活动，形成党政工团齐抓发展、共保稳定的合力。狠抓领导班子建设，首次召开组织人事会议，开展“一报告两评议”，补充完善议事规则和决策程序，严肃党内政治生活，全年提拔、交流和调整处级干部 20 人，两级班子引领发展、维护团结和抵御风险的能力进一步增强。落实党建目标责任，建立季度推进工作机制，组织党支部书记培训，新增党支部3 个，发展党员 26 名；首次全覆盖开展“联述联评联考”，党组织的政治核心和战斗堡垒作用不断增强，机关党委荣获了“集团公司优秀党组织”称号，公司党委也在 12 家中直企业区直机关党建考核和“联述联评联考”中分别获得了第一、二名的好成绩。加强党风廉政建设，落实党委主体责任和纪委监督责任，制定中长期惩防体系规划和推进计划，首次在那曲、格尔木公司开展党内巡视，严肃查处润滑油短少和个别加油站违规事件。强化教育实践活动整改落实，开展“说真话、办实事、践行三严三实”主题教育，整改完成公司班子 19 项“四风”突出问题，新建、修订和废止 61 项制度。

按照创建自治区级职工书屋的要求，二级单位共购买价值 28 万元图书，创建全国职工书屋 2 个，自治区级职工书屋 3 个，确定了山南、林芝、昌都、那曲公司为 2015 年自治区级职工书屋创建单位。集团公司向公司 136 个基层库站、班组配发了 2720 本图书。公司工会、拉萨公司工会还向当地中小学生分别捐赠《美丽西藏·低碳行动》《大爱无疆》2000 册和 800 册，进一步加强了公司工会与自治区相关人民团体的联系。

【安全维稳】 2014 年，中国石油西藏销售公司细化落实有关领导、属地管理和直线责任，整改板块两次体系内审问题 67 项，识别上报公司安全事件 136 项，1200 人次接受安全宣传、教育和培训，全员持证上岗率达 98%。连续 2 年派驻维稳专员深化思想政治工作。以库站标准化建设为契机，严格检查、巡查和抽查，重点整治七二五油库等安全隐患，完成 20 座加油站油气回收治理，国务院安委会第 16 督察组、自治区安全监督检查第六组抽查出的 61 项问题已列入计划，逐步整改。强化应急管理，实行一、二级戒备期间领导带班和全员值班，坚持重要信息的第一时间报告、流转和协调处置，经常性组织应急演练，应对风险和危机处置的能力进一步增强，公司连续 7 年获得了“自治区安全生产先进单位”荣誉。狠抓数质量管理，严格加油机和计量化验器具检定，集中化验油品 3850 批(车)次，实施油罐车铅封 30 余万枚，严肃查处私自改装车辆等 6 起违规行为，无重大数质量负面事件发生。高度重视保密和网络安全，及时应对投诉和舆情等事件，切实维护品牌良好形象。

【企业文化】 2014 年，中国石油西藏销售公司首次荣获了“自治区民族团结进步模范集体”称号。连续 3 年荣获“自治区强基惠民优秀组织单位”称号。强化宣传报道，精心组织活动，弘扬主旋律，传播正能量，组织“最美一线石油工人”电视片展播，获得了 3 个奖项；开展“最美加油员”摄影比赛，征集作品上万幅；全年出版杂志 4 期、报纸 11 期、工作动态 50 期，网页发表新闻 266 篇，32 篇被中国石油报、中国石油新闻网转载，44 篇被西藏电视台、西藏日报引用，墨脱加油站投运等报道在区内外引起广泛影响。全年2 个项目夺得先进单位奖旗，21 个集体、8 名员工荣获集团公司、自治区及地市层面表彰，公司实现了物质文明与精神文明建设“双丰收”。

【强基惠民】 2014 年，中国石油西藏销售公司四个驻村工作队共成立村级维稳、综合治理、安全生产等 77 个领导小组，组建人民调解委员会等综治网络 16 个，制定维稳等工作机制、工作制度共 69 项；培养和发展党员(预备党员)12 名，入党积极分子 14 名，成立了 15 人的女子服务队，定期开展村居卫生大扫除和看望帮助孤寡老人等活动。

驻村工作队积极谋划“短、平、快”产业发展项目，确保项目的“造血”功能。驻保吉乡热她村工作队争取到专项推进项目，用于摩托车维修厂、茶馆、大件商品经营等。2014 年商店利润从月均 2000 元上升到了 3000 元，茶馆利润从 3500 元上升到了 6500 元；驻保吉乡地如村工作队争取到 50 万元以下 “短、平、快”项目，修建简易桥和与主路的连接公路，解决群众出行不方便问题；驻保吉乡热她村工作队选派青年牧民学习大棚蔬菜种植技术，2013 年建成的两个蔬菜大棚成功种出萝卜、白菜、菜瓜等 6 种蔬菜，2014 年增收蔬菜 500 斤。驻保吉乡扎嘎村工作队积极行动，多方筹措资金，争取到短、平、快项目资金 20.2 万，扶贫款 30 万，强基惠民项目资金 10 万，西藏公司慰问资金 5 万，牧民自筹 25 万，合计 90.2 万元资金，在班戈县城建立沿街商品房，将为四村合作经济社每年带来 18 万元的现金收入。

2014 年员工同心互助捐款 21.51 万元，“三大节日”和“中秋国庆”慰问困难员工 714 人、基层库站共 172 万元。慰问日喀则公司受灾家庭 3.15 万元，慰问驻村干部 20 万元，“金秋助学”3 万余元，看望生病住院员工 16 人共送去慰问金 4.4 万元。公司 70 多名副处级以上干部与 78 名困难家庭结成帮扶对子，自筹帮扶款近 10 万元。公司积极研究解决基层食堂补助不足问题，由原来补助 8 万元提高到了 10 万元。工会女职工委员会启动了“巾帼关爱”活动，关爱困难女职工。日喀则公司工会组织为员工遗属爱心捐款 3 次，募集捐款 1.5 万余元。

【获奖情况】 中国石油西藏销售公司 21 个集体、8 名员工获得自治区、集团公司及地市级层面的先进荣誉。公司首次荣获自治区民族团结进步模范集体、自治区级平安单位、连续 8 年荣获全区安全生产先进单位荣誉称号、连续 3 年荣获全区创先争优强基惠民优秀组织单位荣誉称号。

中国电信集团公司西藏分公司

【概况】 2014 年，中国电信西藏公司深化改革，加快转型，抢抓机遇，勇于担当，经受住营改增、销售费用压降等考验，各项工作按照既定目标稳步推进,企业市场地位、发展规模和质量效益进一步巩固提高。创造了企业快速健康发展的新局面。截止 2014 年底,西藏公司主要经营指标位居集团前列，移动过网用户份额,全集团排名第一。有线宽带用户市场份额全集团排名第一。全年完成业务超目标7.7%,全业务收入市场份额达到 32.62%,全集团排名第五。移动终端市场份额达全集团排名第一。新兴业务快速崛起。全区月均 3G 手机用户户均 DOU 值全集团排名第三。流量 ARPU 值全集团排名第三，警务 e 通、客运 e 通等信息化应用大单上线。翼支付合作商户、活跃用户、交易额达大幅提升。新兴业务占比达到 21.95%。渠道效能大幅提升。2014 年西藏公司实施"强渠"行动,自营、合作渠道继续快速发展,荣获集团"实体渠道综合评估十佳单位"。全区核心商圈终端销售份额全集团排名第一；电子渠道扩大线下代理商，服务能力达到集团整体水平,企业市场拓展能力进一步增强。经营举措务实见效。集约营销活动中 CDMA 终端销售占比达到 81%,全集团排名第一。智能终端销量同比增长 22%,全集团排名第三。开展体验互动营销，天翼手机在线服务中心易信关注度全年保持在集团前三名。积极适应营改增、销售费用压降,企业运营效率进一步提升。

【重大事项】 力推烟草信息化。2014 年,中国电信西藏公司携手各地草专卖局，成功举办"新商盟"、"烟草 e 通"手机订烟系统推介会，着力推进西藏烟草信息化。

全力推进翼支付业务暨全面合作协议。5 月 16 日,中国电信西藏公司与中国民生银行拉萨分行在拉萨香格里拉饭店隆重举行翼支付业务暨全面合作协议签订仪式，标志着中国电信西藏公司与中国民生银行拉萨分行正式建立全面战略合作伙伴关系。6 月 1 日,中国电信西藏公司与西藏百益商贸有限公司签订 44 家连锁超市翼支付业务合作协议。此次合作范围覆盖拉萨、日喀则和林芝44 家连锁超市,将全面引入"翼支付"。

天翼手机交易会暨移动终端发展论坛在拉萨召开。7 月 30 日,由天翼电信终端有限公司和中国电信西藏公司联合举办的"2014 年天翼手机交易会暨移动终端发展论坛"在拉萨饭店举行。此次交易会作为首届移动终端发展论坛,以"合作共赢天翼先行"为主题,无论本次参展的规模,还是参与单位的数量,均创历年之最,参展国代商、厂家、大连锁、上游供货商 17 家,到场参观交流、洽商合作的代理商和零售商代表 150 多名。交易会现场终端成交总量 2.2 万部、手机款型 143 款,成交额达到 2031.43 万元，创历届手机交易会的新纪录。

中国电信服务站成功入驻西藏自治区党委政府。8 月 1 日,"中国电信驻自治区党委政府服务站"于正式成立并营业，标志着政企行业客户渠道"扎根行动"拉开帷幕。10 月,中国电信西藏公司党组书记、总经理李晓华赴中国电信驻西藏自治区党政大院服务站进行实地调研,检查服务站运营情况，了解自助缴费、手机销售等业务发展情况,强力指导服务站工作。

中国电信拉萨分公司携手传媒企业打造藏文化推广基地。11 月 19 日，中国电信拉萨分公司与西藏影视发展有限公司、西藏雅卓网络文化传播有限公司、拉萨岗日文化传播有限公司共同签署藏文化推广基地战略合作协议，共促藏文化推广传播。12 月,拉萨分公司藏文化基地成功推出了基于 Android 系统的雪翼藏文语音软件。雪翼藏文语音软件的推出是以五省一区小学藏文教材为主题,具有标准拉萨语发音、小学藏文教材同步、即点即发音的功能。

3 月 21 日,中国电信拉萨分公司与拉萨市教育局在拉萨市曲水县茶巴拉乡小学举行拉萨市农牧区中小学"宽带网络入校"启动仪式,标志着拉萨市教育信息化基础建设正式拉开序幕。

2014 年,中国电信昌都分公司携手地区教育局，成功建成昌都地区教育信息化网络，有效提升了昌都偏远山区教育信息化应用水平。

9 月，林芝地区朗县一个偏僻的小村庄—卓村，沉浸在一片欢呼雀跃声中,林芝地区首个"行政村盲区覆盖工程"C 网基站与全区首个无线宽带村同时顺利开通，翻开了农村信息化建设新的一页。

同月，那曲地区班戈县门当乡宗隆村 3G 基站顺利调试开通,从此结束了该村常年不通电话的历史。

2014 年,西藏公司在有效解决移动覆盖问题上首次采用了全向微波通信新技术。全向微波设备体积小、功耗低、安装调试简单方便,且有效减少了电源等配套设备配置及安装量，在无阻挡情况下可传输40公里，有部分阻挡的情况下可传输20公里。门当乡宗隆村3G基站于9月29日晚上22点整成功开通。

9月20日，由中国电信山南分公司承建的乃东县社会管理综合与服务网格信息化项目顺利通过验收并投入使用。该项目于2014年1月5日开工建设，历时八个多月，总投资2065.4万元。

11月29日凌晨00:13分，那曲地区安多县岗尼乡当果岗尼村CDMA基站成功开通，标志着西藏电信提前30天圆满并率先完成了区党委政府、中国电信集团公司部署的消除行政村移动通信盲区的重大政治任务，同步实现了全区3340个行政村中国电信移动信号的覆盖。

12月25日，中国电信西藏公司举行西藏机动通信局挂牌仪式暨五万门市话交换局光荣退役仪式。同日，西藏电信五万门市话交换局光荣退役，标志着中国电信西藏公司在企业变革创新中通信技术随之更新升级和传统交换网络迈入光网络时代的发展阶段。

【运营管理】 2014年，中国电信西藏公司网络品质进一步提升。新建区内干线和乡镇光缆1200公里，中尼国际光缆线路工程完成初验，出省带宽加快扩容，建立应急、网优、各传输分局协同的联动疏忙支撑体系，对全区业务电路、用户电路路由进行优化，建立系统集成两级产品支撑体系和“基地团队+本地团队”联合支撑模式，有效增强行业应用维护支撑

【改革创新】 2014年，中国电信西藏公司实施“向改革要红利，向流程要效率，向管理要效益”的全面改革。这是公司化以来规模声势最大、涉及面最宽的一次改革，梳理了308条改革清单，实施“335”重点服务专项提升，移动、宽带业务满意度实现行业双第一，工信部客户申诉量、申诉率均全集团最低。宽带服务派单流程三级变二级，线上线下联动，就近派单，钻金卡宽带用户故障工单处理时限从8小时缩短至1小时，普通用户从24小时缩短至2小时。在拉萨分公司试点空中调度中心，宽带受理后安装时长从48小时缩短至24.6小时，最短可在2.5小时内实现。创新外线管控手段，实现3小时内核查资源。集团年度网优平台使用活动中，以两个百分之百榜上有名。全区还有29项员工创新成果参加全区岗位创新成果评选，西藏电信焕发出勃勃生机。

【党建工作】 2014年，中国电信西藏公司深入践行党的群众路线。以教育实践活动整改和为员工办实事好事专项工作为抓手，真心实意地为员工谋福祉。教育实践活动中员工反映的87个问题全部整改完成。新建5个职工之家、5个“爱心小屋”、45个海拔3800米以上县局“阳光小菜棚”、2县1地饮用水净水工程，新建和完善57个县支局暖通项目。持续开展员工思想调查、矛盾摸查和问题排查，每月区公司直接向30个左右县支局抽样调查生产生活的困难、问题以及意见建议，区公司专项解决或答复。实实在在地改善了基层员工的待遇，激发了员工的热情。圆满完成各项政治任务。提前30天完成386个行政村移动通信盲区覆盖任务，320个村通宽带，新增通光缆乡镇16个，全区乡镇光缆覆盖率达到94.73%。圆满完成了全年维稳综治任务、多项重大应急通信保障任务。应急通信局晋升为国家一类应急通信保障队伍，组建为西藏机动通信局。全区8个强基惠民驻村工作队荣获区、地、县表彰。充分展现了中国电信担得起重任、经得起考验的政治品格和一心为民的情怀。积极承担社会责任。认真落实实名制登记，保护用户个人信息，净化网络环境。超额完成了传统设备退网，节约机房1263平方米，节约能耗费用126万元。积极共建共享，有力地维护了西藏的碧水蓝天和行业生态环境。转变作风从严治企。严格遵守中央八项规定，坚决反对“四风”，全年全公司接待费下降了21.28%，区公司发文数量大幅下降。

中国移动通信集团西藏有限公司

【概况】 2014年，中国移动通信集团西藏有限公司(以下简称“西藏公司”)深入落实集团公司“战略转型、改革创新、廉洁健康”三篇文章，坚定“有价值、可持续”的经营理念，加快解放思想、改革创新，弘扬“自力更生、积极进取”的企业精神，积极履行企业社会责任，不断加强企业创新改革，深化“为西藏架起沟通世界桥梁”的梦想，肩负起“固边惠民、消除鸿沟”的特殊使命，助推西藏信息化发展，服务于西藏经济发

展、社会稳定和民生的改善。

【网络建设】 2014年，中国移动西藏公司投入专项资金，开展村通、边通、寺通、盲区覆盖工程，网络覆盖不断向偏远农牧区延伸。从2000年至2014年，公司已累计投资132.2亿元，架设基站6386个，铺设光缆4.82万皮长公里。全区行政村移动网络覆盖率90%以上，乡镇光缆通达率98%以上，重要国道、铁路沿线覆盖率91.5%以上，3G、WLAN无线宽带覆盖全区所有县，边境通商口岸网络覆盖100%；寺庙网络覆盖近50%；超过167万农牧民从中受益。7月以来，根据自治区党委陈全国书记在年初全区经济工作会和人大代表会上提出的消除通信盲区相关要求及指示，中国移动西藏公司累计投资3.6亿元，确保任务高质量、高标准、高效率完成。2014年12月28日下午，随着昌都地区江达县邓柯乡色日村基站成功开通，中国移动西藏公司"消除移动通信盲区"工程历时4个多月正式完成，承建的253个基站运行正常，提前完成自治区政府部署的消除移动通信盲区任务，进一步增强了西藏偏远农村地区的通信能力。

【推进移动互联网转型】 2014年，中国移动西藏公司依托基地平台，打造"天上西藏"项目。1月10日，"天上西藏"项目联合TVB、香港联合知识产权交易所正式在香港面向全球发布；2月16日，"天上西藏"运营中心正式在成都挂牌；4月2日，"天上西藏" 项目参展全国第五届物联网大会，被评为"中国中西部最佳智慧应用奖"，成为通信运营商唯一获奖项目；下半年以来，"天上西藏"组织天籁之音歌手选拔赛、"骑行进藏"活动，汇集优秀藏元素歌曲和原生态旅游资源。到年底，"天上西藏"项目已建成权威藏元素内容库和垂直互联网平台，实现文化、旅游、信息产业的跨界经营。形成门户网站、魔幻明信片、"跑向珠峰"手机游戏、实景视频、旅行助手、天籁之音客户端、虚拟现实实景旅游系统、微信导游等一系列文化和智慧旅游类互联网产品。2014年被列入"科技部文化遗产示范项目"。

【数字服务】 2014年，中国移动西藏公司升级部署"端、管、云"。端口产品快速发展，集团号簿、校讯通、企信通、行业手机报、物联网等成长为百万级产品；管道入口优化整合，加快大数据融合能力部署，基于集团用户、家庭用户、个人用户实现入口优化和需求精准挖掘；云平台资源加快整合，依托"人口计生信息智能采集、智慧柳梧、高法专线、农村信息文化站"等项目，面向用户提供包括网络接入、云资源、行业应用在内的一站式信息服务，加快各行业数字化服务与应用。召开"信息化产品"推荐会，为公安、医院等特种行业提供个性解决方案。打造西藏首个智慧新区，为拉萨提供智能城市管理和智能家居生活。推出藏语语音播报、一县一报业务、"惠农网"、农村综合信息文化站等西藏特色产品。

【优化资费套餐】 2014年，中国移动西藏公司打破区域隔阂，"惠农网"、"合家欢"、"集团网"等圈子产品不断发展普及，累计为农牧区群众减少50%以上的语音通信费用。"惠农网"发展3604个圈子；"合家欢"发展1.6万个圈子；集团网1万多个圈子。11月1日，西藏公司加大信息惠民力度，面向用户正式推出"国内漫游免费"政策，年底正式开通"国内漫游免费"用户25万户，客户感知不断提升。

【践行企业责任】 2014年，中国移动西藏公司推进农村综合信息服务平台、人口计生智能终端实时统计项目、藏语语音播报等惠农项目，西藏公司农村信息化被列入"工信部宽带示范项目"。参与西藏创先争优强基惠民活动，向18个驻村点派出100余干部员工扎根基层，被自治区党委评为"优秀组织单位"。实现新增实名率100%，存量实名率99.93%，集团排名第一。随着"冈仁波齐" 马年转山等重大活动通信应急保障圆满完成、公司员工其美多吉和边巴卓玛当选"中国网事·感动2013"年度网络感动人物、邀请"网络大V和意见领袖" 进藏等系列活动完成，公司企业形象得到彰显。

【管理创新】 2014年，中国移动西藏公司推行"标准化、标杆化"管理，编制标准操作手册、补齐标准程序、完善关键控制点、设计可复制推广达标模式。落实采购标准化，一级集采集中度53.54%。启动专项审计，改进高风险点，规避企业风险。打造基于企业特点的微创新，加强管理集中化、运营专业化，打造"会计工厂"，调整市场营销体系组织架构，成立专业运营中心，首次与内地省公司尝试联合招聘，开展历时半年的西藏流程大穿越活动，储备优质人才，搭建流程管理体系。人才援藏和智力援藏同步进行，集团公司第12批共19名援藏干部进藏，同时搭建三纵三横的人才培养体系，助力集团内训“送课到基层”整体项目的开展与复制。优化组织流程，从“时间、质量、成本”等维度出发，提出包括精简流程，细化执行标准在类的优化案189项。落实八项规定和反腐倡廉，2014年累计接待各类团队同比下降45%，人数同比下降34%，外事出访经费同比下降69.7%，办公用品费用同比下降48.14%。以“改进作风”为重点，开展反腐倡廉集中教育活动，建立特邀监督员队伍。完善高原特色员工关爱政策，为海拔4000米以上县分公司建设高海拔供暖工程，筹备员工积分福利超市，推出企业年金制度，与北京邮电大学合作开办本科和硕士班，搭建任职资格体系，启动领航计划，加大人才梯队培养。

国网西藏电力有限公司

【概况】　国家电网公司和西藏自治区人民政府为加快西藏电力工业建设，促进西藏自治区经济社会发展，根据国家发展改革委员会《关于组建西藏电力有限公司有关问题的批复》(发改能源〔2007〕61号)，2007年7月在原西藏电力公司基础上成立了由国家电网公司控股、西藏自治区人民政府参股的国网西藏电力有限公司(以下简称：公司)。公司统一规划、统一建设、统一管理地市电网，经营相关的发输配电业务；按照国家统一规划，合理有序开发西藏电力资源，投资或参与投资建设相关电源项目，促进国家规划电源基地的开发和前期工作的开发；制定并组织实施公司的发展规划和重大生产经营决策；开展电力建设项目前期工作和其它工作。截止2014年底，经营管理范围为西藏中部(以简称藏中)(包括拉萨市、日喀则市、山南地区、那曲地区、林芝地区)、昌都、阿里狮泉河三个地市电网。西藏地市电网总装机容量达到143.357万kW，发电量25.60亿kWh，售电量28.65亿kWh。完成固定资产投资55.80亿元，新开工110kv及以上线路764.40km、变电容量81.60万kVA；投产110kv及以上线路1914.89km，变电容量79.26万kVA。公司管理机组完成发电量18.42亿kWh，青藏联网工程送电8.488亿kWh，完成售电量28.65亿kWh。藏中电网(除那曲电网)均通过220kV线路相连，藏中220kV主网络已形成“日”字型环网结构。2014年10月份昌都电网通过220kv双回交流线路与四川电网实现联网，阿里电网仍作为独立电网运行。

截至2014年底，西藏电网总装机容量比2013年增加31.277万kW，增长率为27.90%。其中：水电77.97万kW占54.39%，燃油38.79kW占27.06%，其余26.597万kw占18.55%为光伏、地热等机组。藏中电网装机容量为131.007万kW，其中水电机组70.21万kW占53.60%，抽水蓄能机组9.0万kW占6.87%，火电机组34.88万kW占26.62%，地热机组2.62万kW占2.00%，太阳能光伏12.0万kW占9.16%，风电0.75万kW占0.57%，余热1.55万kW，占1.18%。昌都电网装机容量为8.98万kW，其中水电7.12万kW占79.28%，燃油机组1.86万kW占20.71%。阿里电网装机容量为3.37万kW，其中水电0.64万kW占19.0%，燃油机组1.73万kW占51.31%，光伏机组1万kW占29.67%。2014年，藏中电网新增装机容量31.0万kW(光伏2.0万kW、旁多电站12.0万kW、藏木电站17.0万kW)，增长率为30.1%。

【电网建设与发展】　2014年，自治区电网建设规模和完成投资均创历史新高，累计完成电网基建投资50.39亿元，新开工程18项，新开线路长度764.4km，新开变电容量81.6万kVA；投产工程24项，投产线路长度1914.89km，投产变电容量79.26万kVA。全力配合川藏联网工程建设，全面优质完成承建任务、受托项目、属地协调和生产准备工作，为工程提前半年建成投运作出了积极贡献。青藏直流一期扩容工程完成主体施工任务。藏木送出“一站四线”输变电工程建成投产，藏中电网网架完善工程、220kV色麦、林芝、鲁朗输变电工程、阿里狮泉河110kV升压站等工程开工建设。城网获批项目和户表改造工程全面开工，年度里程碑计划完成100.70%。加快无电地区电力建设和农网改造升级，主电网覆盖面由44个县增加至51个县(区)，解决和改善了2.59万户、9.37万人的用电问题。积极服务新能源发展，完成区内首座分布式电源接入工作，填补了西藏电网无分布式电源的空白。大修技改项目实现100%完成目标,直孔、巴河公司水电站集中监控项目加快推进。公司多个电网建设项目获得上级表彰,老虎嘴-墨竹220kV输电线路、赤康110kV变电站等11项输变电工程评为国家电网公司优质工程。

【经营管理】 2014年,国网西藏电力公司全面加强计划和预算管控,强化综合计划、预算执行跟踪分析和监督检查,综合计划、财务预算执行进度和均衡性明显改善。加强资金和资产管理,严控计划和预算外开支,努力降低经营成本。深化集中招标采购和仓储体系标准化建设,加大废旧物资处置力度,盘活利用库存物资2293万元。加强营销基础管理,加快营销信息化建设,建立电费回收指标管控常态机制和预存电费机制。积极推进分压、分线、分台区信息化手段建设和试点应用。加大电费回收攻坚力度,全面实现电费"双结零"目标。加强向国家电网公司、自治区党委政府和相关部门的汇报,努力争取有关政策和支持。电价调整取得重大突破,新电价自2013年7月1日开始执行,调整幅度0.08元/千瓦时。精心组织与策划,实现新电价执行"零投诉"。积极应对冬春季工业生产用电矛盾,促成自治区出台"高进高出"协议电价。执行新电价调整和"高进高出"协议电价。申请到位财政燃油补贴资金2.80亿元,落实户表改造资金10亿元及农网建设借款资金20.11亿元,有效缓解公司经营压力和资金困难。配合完成国家电网公司经济责任审计、人力资源专项审计和依法治企"回头看"工作,认真落实整改意见,持续开展重点单位、关键岗位和专项审计检查,公司依法治企能力和成效显著提升。

【安全生产】 2014年,国网西藏电力公司未发生人身伤亡事件、重大电网和设备事故,未发生信息、消防、交通安全事件,圆满完成了2014年度安全生产工作目标。

开展安全生产教育。学习贯彻新《安全生产法》,深入开展安全管理提升和安全月、安全日活动。全年公司系统参加国家电网公司和公司举办的各类培训教育达347期,培训人次4475人次。强化电网调度和运行管理,科学安排运行方式,优化完善稳定控制策略,狠抓"三道防线"。高度重视青藏直流、川藏联网工程安全工作,深入现场开展专项检查、业务指导,保障电网安全稳定运行。强化设备运维管理,顺利完成青藏直流年度检修、30万kw大负荷试验、功率反送试验以及9E机组C级检修。全面建成地市公司应急指挥分中心,实现了三级应急指挥中心互联互通。加强全面质量监督管理,资产全寿命周期管理体系建设进入试运行阶段。强化基建安全管理,深入开展施工现场安全隐患排查治理。加强基建与生产统筹,严把项目投产安全关。全面落实防汛、消防、信息、保密等安全管理要求,实现全口径安全。公司连续5年荣获全区安全生产先进单位称号。

【营销工作】 2014年,国网西藏电力公司完成交易电量25.61亿kwh,同比增长37%,完成售电量28.65亿kwh,同比增长10.99%。加强电费回收与管控,发扬"三千"精神,电费回收提前7天实现结零,是历史电费回收工作最好的一年。全面深化"大营销"体系建设,着力解决影响新体系运转的突出问题。促进市场发展与供电保障工作,积极应对西藏电网季节性供需矛盾,制定有序用电措施,平衡电网峰谷负荷,积极保障西藏社会经济和人民群众用电。顺利完成客户服务中心95598全业务集中,实现服务管理与国网统一,服务质量进一步提升。坚持以电力市场化改革推动公司改革,积极为西藏电力体制改革建言献策。坚持市场化方向,主动研究上网电价与销售电价联动机制。积极稳妥完成电价调整,实现全区七地市电价的规范统一,公司销售电价同比提高85元/千千瓦时,2014年增加收入1.2亿元,为在西藏逐步建立与市场相适应的电价体系奠定了基础。全年组织重要保电现场服务800余次,圆满完成"三大节日"、"塔尔钦"、"雪顿节"、"藏博会"等一系列重大节日、重要活动和维稳敏感时期保电工作。开展营业普查工作,清理线-变-户关系,查处问题2023起,挽回经济损失191.89万元。开展营销稽查、用电检查工作,及时检查、即时纠正,查处安全隐患279起,完善客户档案5789项,挽回经济损失231.11万元。通过公司户表改造工程扩大智能电表与用电信息采集覆盖面,采集覆盖率超过60%,较2013年提升7%,公司专公变采集覆盖率实现全采集全覆盖。充分发挥公司计量中心支撑作用,公司采集成功率达到国网95%的考核标准,提升幅度超过 17%。

【科技与信息化】 2014 年,国网西藏电力公司加强科技创新体系建设，积极承担国网公司总部科技项目,制定《科技项目年度监督检查实施方案》、开展月度、季度工作督促检查，顺利完成 2014 年科研任务，取得了项目研究预期成效和成果。积极推进西藏公司实验室建设工作。2014 年 10 月 25 日,西藏电科院获得了国家能源局承装(修试)电力设施一级许可证。2014 年西藏电科院申报西藏自治区“西藏电网防护与高海拔地区雷电监测技术重点实验室”,已通过西藏自治区科技厅技术认定。

编制技术标准,编制《配网不停电作业分级分类培训和能力认证实施方案》、《不停电标准化作业指导书》。“藏中电网交直流混联系统安全运行特性及光伏接入影响的深化研究”荣获国网公司科技进步奖三等奖。信息通信专业“规划业务管理系统推广及实施”项目获得国家电网公司信息化优质工程，实现“零”的突破。

2014 年，完成通信投资 19969 万元,新增通信站点 46 个,全区光通信覆盖站点达到 160 个,较 2013 年增长 40%,公司直管35kv 变电站光纤覆盖率由 2012 年的 31%提升至 56%,110kv 及以上变电站光纤覆盖率达到 100%。通信光缆增加 52 条，增加 2890.61km，达到 8381.9km。光通信设备新增 63 套，达到 274 套。通信支撑能力进一步提升。

开展信息通信安全防护工作。加强系统、终端日常安全巡检,形成 4 种信息设备及信息系统的巡检模版。加强对特殊攻击、敏感信息的全过程监控等手段，建立联合应急处置机制,开展红蓝攻防演练。开展信息通信联合反事故演习，完善信息通信系统应急处置预案，检验公司信息通信应急处置能力。开展三期信息安全技术督查技能培训，参加国家电网公司信息安全相关技术培训六期，提升公司信息安全技术督查能力。开展 3 个重要信息系统及全区信息通信基础设施供电消防隐患排查治理等工作，消除隐患 24 项,保障信息系统安全稳定运行。

【强基惠民】 2014 年,国网西藏电力公司在驻村工作中投入捐赠资金 95 万元,帮助 4 个驻村点实施 6 个项目，投入专项帮扶资金 86 万元，支持公司 77 名驻村队员与 98 户困难户结对,开展帮扶活动。党员干部捐款45 余万元,帮助基层单位 39 户、驻村点 62 户困难户。

简略语注释

寺庙“九有”：有领袖像、有国旗、有道路、有水、有电、有广播电视、有电影、有书屋、有报纸。

寺庙“一覆盖”：在西藏全区在编僧尼实现养老、医疗保险全覆盖落实，即医疗保险、养老保险、低保、人身意外伤害保险全覆盖。

寺庙“两保一低”：持证僧尼参加社会养老保险，参加社会基本医疗保险，按照“五保”和“应保尽保”的要求，将各寺庙符合条件的持证僧尼全部列入最低生活保障对象。

两限一警：限制行驶速度、限制载客数量、跟车配备警察。

铁路“三不让：不让一个职工家庭生活在贫困线以下；不让一名职工子女上不起学；不让一名职工看不起病。

铁路三个出行：安全出行、方便出行、温馨出行。

卫生“三好一满意”：服务好、质量好、医德好，群众满意。

安全生产“六打六治”：一是打击非煤矿山企业无证开采、超越批准的矿区范围采矿行为，整治图纸造假、图实不符问题；二是打击破坏损害油气管道行为，整治管道周边乱建乱挖乱钻问题；三是打击危化品非法运输行为，整治无证经营、充装、运输，非法改装、认证，违法挂靠、外包，违规装载等问题；四是打击无资质施工行为，整治层层转包、违法分包问题；五是打击客车非法运营行为，整治无证经营、超范围经营、挂靠经营及超速超员、疲劳驾驶和长途客车夜间违规行驶等问题；六是打击“三合一”、“多合一”场所违法生产经营行为，整治违规住人、消防设施缺失损坏、安全出口疏散通道堵塞封闭等问题。

三会一课：定期召开支部党员大会、支部委员会、党小组会，按时上好党课。

精准帮扶：针对不同贫困区域环境、不同贫困农户状况，运用科学有效程序对扶贫对象实施精确识别、精确帮扶、精准考核、精确管理的治贫方式。

两个责任：党风廉政建设党委主体责任和纪委监督责任。

བོད་ལྗོངས་ལོ་རིམ་མེ་ལོང་།

西藏年鉴

TIBET YEARBOOK

2015

【第五篇】

地市、县(区)

拉萨市

【概况】 2014年，拉萨市实现地区生产总值353.7亿元，比2013年增长16%;全社会固定资产投资490亿元,增长30%;社会消费品零售总额170亿元,增长18%;财政收入突破90亿元大关,增长52.72%,其中公共财政预算收入64.8亿元、增长29.13%，政府性基金预算收入25.2亿元、增长286.36%,财政收入再创历史新高；城乡居民人均可支配收入23350元、9750元,分别增长9%、18%；城镇登记失业率控制在2%左右；基本公共服务满意度位列全国38个主要城市之首,荣列“2014中国全面小康特别贡献城市”、“全国首批民生改善典范城市”。

【产业发展】 净土健康产业推进 2014年,拉萨市确立种植业“两区八带”、养殖业“一区二带三板块”的发展格局,培育壮大九大主导产业,宣传推介“拉萨净土”区域公用品牌,大力推进产业项目建设,拉萨净土健康产品进入全国市场，吞巴藏香、古荣糌粑成为国家地理标志保护产品，净土健康产业实现从“产品”到“品牌”的重大转变,企业数量达到89家,总产值达到36.6亿元。农牧业发展势头强劲。农田水利、农机装备、科技服务等基础支撑坚实有力，曲水农村综合改革实验区取得新突破，农村土地承包经营权颁证工作全面铺开,流转土地1.63万亩,才纳、林周现代农业示范区建设经验在全区推广；新型农牧业经营体系日趋完善，新增专合组织146家、龙头企业5家,3家农民专业合作社被评为国家示范社，粮油总产19.17万吨、蔬菜总产27万吨、牲畜出栏45.33万头，认证无公害农产品生产基地13个、无公害农畜产品73个。

工业经济提质增效 发展循环经济,推进科技成果转化应用,投入1972万元实施10个研发项目,新能源、新材料、高原特色农畜资源精深加工等新兴特色产业加速壮大,用18天时间建成拉萨市特色产业展示馆，科技对全市经济和农牧业发展贡献率分别达到40.8%、46.8%。加快实体经济发展,出台5个方面加快园区发展的支持政策，园区工业增加值、销售产值和税收分别增长30%、30%和63.3%,园区集聚效应明显增强，产城互动格局初步形成。“四个一百”工程稳步推进,投资158.38亿元完成161个产业项目,高原天然水、大昭圣泉、卓玛泉、天佑德青稞白酒等项目建成投产,西藏屋脊之宝饮料、新希望集团有机饲料等项目基本建成，实现工业增加值40亿元、增长30%,新增规模以上企业8家。

第三产业全面发展 规范完善旅游公共服务,突出旅游宣传促销,推动观光游向体验游、休闲游发展,成功举办雪顿节，配合举办首届藏博会，接待游客925.74万人次、增长15.87%，实现收入111.67亿元、增长35.91%。改造提升传统服务业,培育壮大新型服务业,大力发展节庆经济,推进银政企合作,优化金融生态环境,香格里拉大酒店、圣地天堂洲际大饭店、西藏会展中心、八廓商城等建成运营，总投资182.8亿元的76个商贸项目顺利实施,购物、会展、物流等区域性服务能力日益增强。

发展活力竞相迸发 推进产业链招商,落实项目252个,到位资金207.11亿元、增长34.66%,其中文化旅游创意园签订出版文化产业园、藏医药文化创意园等6个投资项目、协议投资51.51亿元。非公经济发展势头强劲,截止2014年底全市，民营企业4632家，个体经营40327户,注册资金218.96亿元,从业人员18.35万人,上缴税收48亿元、占总税收的96%。实施55个援藏项目,受援资金6.54亿元,全方位、多层次、宽领域受援格局完善。

发展后劲显著增强 围绕“五大战略”开展产业、旅游、交通等7个方面的基础性调查研究，初步形成“十三五”规划思路。主动融入“两带一路”战略,着力提升投资拉动能力,加快推进重点项目投资扩量,完成投资245亿元,实施特警支队二期、儿童福利院、海淀小学改扩建等重点项目42个,旁多水利枢纽4台机组发电,生态路桥顺利贯通,迎亲大桥通车在即,生活垃圾焚烧发电厂加快建设,林周机场、轨道交通等前期工作有序推进,组建公共交通集团、净土产业公司。市属国有企业资产总额214.72亿元、比2011年增长269.7%。

【城镇建设】 统筹推进新型城镇化 2014年,拉萨市突出地域、民族、文化、时代特点,统筹利用国家支持、对口支援、地方配套、社会投资,着力推进以人为核心的城镇化,初步形成“中心城市辐射、多点联动发展”、“城关一马当先、梯次竞相跨越”的新型城镇化发展格局。

规划引领作用充分发挥 修改《城市总体规划(2013-2020)》,完善城乡规划体系,完成2个特色村庄规划,全力推进十大专业市场搬迁,大力整治非法买卖集体土地和违法违章建筑,城市品质有效提升。

基础设施更加完善 城市建成区供暖供气入户率达到98%,红旗路、贡布堂路等市政项目建成使用,污水处理厂二期、垃圾填埋场二期、嘎玛贡桑道路改造等有序推进,配套功能更加完善,承载能力明显增强。

城市管理更加精细 整合城市管理资源,完善综合执法机制,全力推进市政设施维护管理,加大城市环境整治监管力度,节能改造市政路灯1.6万余盏,安全供水1.2亿吨,日处理污水4.3万吨,建成运行流浪犬收养中心,顺利通过全国文明城市综合测评。

城乡交通畅达安全 完成投资4.75亿元,建成乡村公路320.72公里,乡镇通畅率100%,行政村通路率85.4%;完成出租汽车改制,实现公车公营,新增运力200台;落实公交“七个优先”政策,推广清洁能源公交,新增3条线路、76辆公交车。

环境保护成绩斐然 坚守生态底线,严格环境保护监管和责任追究,取缔关闭8家小作坊小企业,停产停建2家涉矿企业;创卫进入综合评审,成功创建国家环保模范城市。南山绿化560亩,植树造林10.16万亩,城市建成区绿化覆盖率38%,森林覆盖率18.3%,创建自治区生态村124个,拉鲁湿地周边29户居民房屋、9处鱼庄如期搬迁,拉萨河3#闸投入使用,全年空气质量优良率97.6%以上。

【民生和社会事业】 民生投入大幅增加 2014年,拉萨市民生事业投入61亿元,着力办好自治区利民惠民“十件实事”,民生保障标准进一步提升,孤儿基本生活补助、城乡最低生活保障在自治区标准基础上分别提高100元、50元和100元。

“四业工程”成效明显 健全培训考核、资金分配机制,投入1977.69万元培训2.09万人,新增就业1.55万人次、增长52.4%,开发岗位1.58万个,继续保持零就业家庭动态清零,3861名高校毕业生实现就业。

社保体系不断健全 参保人员43.8万人,征缴4.4亿元、发放3.5亿元,五险覆盖率达到95%以上。孤残弃儿童集中供养率和五保老人意愿集中供养率达100%;发放残疾人特殊生活补贴261万元、康复补贴194.4万元,残疾人托养康复服务中心一期工程基本完工。

各类教育优先发展 加快教育改革发展,合理调整中心城区学校布局,促进义务教育均衡发展,全面提高教育教学质量,普通高考录取率全区领先,职业教育取得新突破;学龄儿童入学率99.82%,初中毛入学率100.47%,职普比3.5:6.5,年生均“三包”经费提高至2900元;教育城一期投入使用,北京、江苏实验中学开学运行。

卫生服务持续优化 医疗保障、公共卫生、监管体制综合改革稳步推进,率先在全区启动县级公立医院改革,农牧区基本医疗补助提高至380元,大病统筹报销最高6万元;城乡居民免费健康体检率100%,孕产妇和婴幼儿死亡率分别下降到0.52‰、12.3‰;开展食药专项整治,保证群众饮食用药安全。

住房保障日臻完善 推进干部职工周转房分配改革,建设保障性住房5687套,改造1394户10.46万平方米棚户区;新开工商品房225万平方米,销售90万平方米。

公共文化普惠群众 启动拉萨古城申遗,曲水雄色绝鲁入选国家非遗名录,尼木吞达村荣膺第六批中国历史文化名村称号。新建乡镇综合文化站51个,实现全覆盖;广播电视综合人口覆盖率达到98%以上,公共文化设施免费开放,各种文艺活动广泛开展。群众文体中心投入使用,牦牛博物馆建成开馆,《文成公主》实景剧接待观众32万余人次,知名度和影响力不断扩大。

推广全民健身运动　投资2083万元建设体育设施5处,足球、篮球、围棋等群众性体育赛事广泛开展。

扶贫开发深入推进　投资1.62亿元,实施93个扶贫开发项目,受益贫困户8373户,帮助2.3万贫困人口越过帮扶线。

物价保持基本稳定　市场调控能力不断增强,常态化开展主要农副产品调运和应急投放,异地调运牦牛肉1600多吨,平价销售酥油21吨,投入3200万元购置投放100辆"菜篮子"工程直销车,设立1000万元价格调节基金,努力保障市场供应充足和物价水平基本稳定,居民消费价格指数控制在3.5%以内。

提升殡葬公共服务　坚持移风易俗,投入2000万元建设完善殡葬基础设施,殡葬环境得以优化。其他事业协调发展。

【社会稳定】　筑牢维稳防线　2014年,拉萨市坚持依法治藏,完善立体化社会治安防控体系,提升情报信息搜集研判能力,强化维稳协调联动机制,严厉打击十四世达赖集团各种渗透干扰破坏活动,圆满完成重要时段、敏感节点和重点部位维稳防控安保任务。

创新社会治理　深化"1+5+X"管理模式和"双联户"运行模式,推选联户代表1.7万人,吸纳家庭近16万户;推进强基惠民,创新寺庙管理,推进户籍改革,大力推行居住证制度,强化铁路护路联防,提升网格化管理水平,实施"六五"普法,推进"法律七进",受教育群众超70万人次,社会局势更加和谐稳定。

加强民族团结　全面贯彻落实民族政策,充分尊重民族风俗习惯,推进民族团结示范市创建工作,开展民族团结"闪光""牵手"行动,促进各民族手足相亲、守望相助。

依法管理宗教　引导宗教与社会主义社会相适应,完善寺庙基本公共服务,评选37座和谐模范寺庙、3601名爱国守法先进僧尼,宗教事务管理迈上法制化轨道。

妥善化解矛盾　建立涉法涉诉信访依法终结制度,推行领导包案化解和分级受理办结制度,强化领导干部接访下访,受理群众来访1527件,办结1467件,办结率96%,实现旧案不搁置、新案不累积。

强化安全生产　全面开展安全生产大检查大排查大整治专项行动,对道路交通、非煤矿山等13个重点领域开展拉网式排查治理,严格执行客运车辆"两限一警"政策,消除安全隐患5800余处。

提升应急水平　完善应急体系,有效处理"8·09"道路交通事故,有序处置墨竹工卡、林周洪水险情,有力保障人民生命财产安全。

【自身建设】　坚持依法行政　2014年,拉萨市坚决落实市委决策,自觉接受人大监督,积极支持政协履职,认真听取工商联和无党派人士意见,办理人大建议议案112件、政协提案122件,办结率、满意率均达100%。加强和改进立法工作,向人大报送1件地方性法规草案,颁布4件政府规章。

践行群众路线　开展党的群众路线教育实践活动,严格贯彻八项规定、约法十章、八项要求,创新开展"五访"活动,着力解决"四风""两问题""一薄弱""三不够"等突出问题,工作作风明显转变,"三公经费"下降33%,文件减少43.5%,会议减少21.2%。

加快转变职能　稳慎推进政府机构改革,完成626家事业单位预分类,行政审批事项精简调整率达64.68%。以市民服务中心为龙头的三级政务服务体系不断完善,设立公共资源交易中心并投入使用,在全区率先实现工程交易全程电子化招投标。

强化人才保障　优化人才发展环境,加大引进培养力度,引进急需紧缺专业人才57名,培训各类人员1.17万人次,建立院士工作站,139名教育、卫生、科技人才支援拉萨。

打造阳光政府　全面公开涉及国计民生的重大问题、财政预算等信息,人民网"拉萨发布"政务微博、拉萨政务网正常运行,及时公开政府工作动态和相关政策,政府与群众的交流渠道不断拓宽;及时办结"市长信箱"445件、"市长热线"346条,办结率100%。圆满完成村(居)换届,群众的知情权、参与权、表达权、监督权得到有效保障。

城关区

【基本区情】　城关区位于西藏自治区中部偏东南的雅鲁藏布江支流拉萨河下游段南北两岸,东与达孜县接壤,南与山南地区贡嘎县和扎囊县毗邻,西与堆龙德庆县紧靠,北与林周县相依。城区面积525平方千米，行政区域东西跨距28千米，南北跨距31千米。下辖4个乡、8个街道办事处、51个村(居)委会。截至2014年底,区属人口数62183人,其中:农牧区人口15114人,城镇人口47069人。

【概况】 2014年，城关区实现地区生产总值79.29亿元，同比增长19.5%,占全市经济总量的22.4%。本级财政预算收入8.11亿元，同比增长30.5%；区属社会固定资产投资76.05亿元,同比增长39.1%;区属社会消费品零售总额46.85亿元,同比增长20%；城镇居民人均可支配收入23713元,同比增长11.1%,高出全市平均收入363元；农牧民人均可支配13000.3元，同比增长18.2%，高出全市平均收入3250.3元；城镇登记失业率控制在2.2%以内。圆满完成城关区十一届人大四次会议确定的各项目标任务。其中,第一、二、三产业分别实现增加值0.97亿元、21.67亿元、56.65亿元,分别同比增长10.2%、44.4%、12.3%。

【工业发展】 2014年，城关区规模以上工业增加值1631.4万元,同比增长81.3%；区属工业增加值2.23亿元,同比增长137.2%;规模以上工业企业销售产值1.07亿元,同比增长94.5%；工业税收1200万元，同比增长215.8%；工业投入1.76亿元,同比增长60%。

【第三产业】 2014年，城关区旅游业收入16.66亿元，同比增长17.53%;旅游接待人数642万人次,同比增长16.6%；服务业收入1.8亿元,同比增长22.4%；贸易业收入703.11万元,同比增长10%;手工业产值收入7776.95万元,同比增长1%。

【项目建设】 2014年，城关区出台《城关区人民政府投资项目管理(暂行)办法》和《城关区人民政府小型基本建设项目实施管理办法》,抓好项目科学化管理。2014年,实施新建续建项目103个，涉及净土健康产业、社会事业、基础设施、棚户区改造、生态环保等11大类,总投资33.7亿元,已落地82个。

【招商引资】 2014年，城关区加大“走出去、请进来”的工作力度,招商引资落地项目29个，协议资金62.3亿元,实际到位资金17.8亿元。

【受援工作】 2014年，城关区向北京援藏指挥部争取涉及教育、基础设施、民生以及人才智力培训项目资金3180.8万元。

【教育事业】 2014年，城关区制定出台《区委、区政府关于深入实施科教兴区战略加快教育现代化建设步伐的意见》(区委〔2014〕1号文件)。投入1.6亿元，占上年本级财政收入的26%，加大教育优先发展保障力度。安排3000万元设立教育教学质量奖,全面调动学校和教师打造高效课堂、优质教育的积极性;完善帮困助学机制，安排1600万元对农牧民和社区居民子女在校期间的学费进行全额资助。多渠道筹措资金,投资3.2亿元的14个公办幼儿园项目正有序推进。做好招生服务工作,解决31390名流动人口子女入学问题,占学生总数的66.7%。实施“盟校共同体”建设计划和“名校办分校”工程,完成八中、海城小学、实验小学三所学校的布局调整,改善了办学条件。

【民族团结】 落实《拉萨市民族团结进步条例》，开展少数民族流动人口服务试点工作,建立健全少数民族流动人口与县级领导结对认亲工作机制,将当巴、扎细等四个社区作为试点单位,实行动态化服务管理。开展“和谐模范寺庙暨爱国守法先进僧尼评选”“民族团结进步”表彰工作,弘扬民族团结主旋律。荣获全国“民族团结进步模范集体”荣誉称号。

【文化产业】 2014年,城关区科学制定《城关区旅游文化产业发展规划》,规范旅游文化市场,开展旅游市场联合执法检查186次，查处违规导游34名,试点推行“无理由退货”旅游购物商店。参加首届“藏博会”,旅游纪念品销售总额达到15万元,提升旅游文化认知度。申报以文化产业项目为主的少数民族发展项目9个,为26个文艺团体发放扶持资金142万元,建设完成7个街道综合文化站和两个民间艺术团排练场项目。开展全民健身活动。成功举办首届“幸福拉萨、魅力首府、活力城关”干部职工运动会。为群众发放音像制品3.5万册(盘),组织开展“五下乡、四进社区”活动49场次、放映电影869场次,“幸福拉萨”规范舞普及工作常态开展。

【公共卫生】 2014年，城关区推行医保刷卡结算业务，全部药品实行“零差价”销售。投入350万元提高农牧民住院医疗报销比例，达到

80%。开展与区、市大医院业务协作互动，建立“双向转诊”机制。投入24万元，聘请自治区7名专家在社区卫生服务中心坐诊300余次，诊治患者5370人次。发放孕产妇奖励资金51.2万元，住院分娩率达到99.8%，全年无孕产妇死亡。完成49701人的全民免费健康体检工作，体检率99.8%，农牧区医疗管理个人筹资率达到100%。

【社会保障】 2014年，城关区精心实施“四业工程”。组织1822人参加各类培训，解决城乡劳动力转移就业2086人，新增就业人数2025人，招聘公益性人员497名，实现劳务输出1447人，通过劳务输出、转移就业增收5127万元。强化社会保障。职工医疗保险参保3310人，城乡居民养老保险参保23200人，城镇居民医疗保险参保39243人，工伤保险参保7654人，城镇职工养老保险参保3389人。为7142名低保对象发放低保资金4638.5万元，发放本级政府低保惠民补贴1636万元，救助医疗困难群众1592人，救助资金1283.6万元，发放残疾人惠民补助661.8万元，发放寿星老人补贴113.8万元，发放义务兵优待金及自主就业一次性补偿金155.4万元，五保户供养对象按意愿入住率达100%，散居孤儿全部实现集中供养。积极推进保障性住房建设工作，完成了1882套公租房、448套廉租房建设，统建社区和老城区294套公租房和132套廉租房已开工。投入2362.3万元开展创先争优“强基础、惠民生”活动，为群众办好事、解难事。统计八个乡办1995–2012年2163户失地农民农田3064亩，兑现失地农民保障金857.6万元。积极兑现八廓商城3031个摊位补贴及物业补贴2291万元。投资1121万元顺利实施寺庙僧舍修缮工程，寺庙“9+5”项目已实现全覆盖。投资2248.2万元实施色拉天葬台、帕崩岗天葬台网围栏、附属设施改造维修及周边绿化工程，并已投入使用。

【城市管理】 2014年，城关区开展精神文明创建活动，倡导和践行社会主义核心价值观。深化“六城同创”，顺利完成全国文明城市复查测评和环境保护模范城市测评任务。加大环境保护宣传，加强环境综合整治及水源地周边环境安全监督，编制完成城关区夺底沟流域地质灾害危险性评估报告，并已在自治区国土厅备案。创建蔡村、仙足岛等7个村(社区)为自治区级生态村(社区)。投资8012万元，完成拉鲁湿地自然保护区三期工程古玛当热29户居民搬迁安置工作，恢复湿地19879.4平方米。投资1583万元采购40辆环卫作业车，全年清运生活垃圾20.1万吨，抢修公共卫生间2727次，升级改造18座。落实市容问题督办机制，针对菜市场环境、夜间施工扰民、渣土乱倒、占道经营、乱停乱放等难点问题开展专项整治，出动26359人次，查处违章摊位2423处，下发整改通知729份，进一步优化城区环境，提升城市生态文明形象。

【防控体系】 2014年，城关区深化平安城关创建工作，提高平安创建覆盖面和达标率。强化联动机制，整合力量，将城关区划分为37个维稳责任区域，共签订责任书5000余份，投入力量16809人。合理划分174个工作网格，优化“1+5+X”网格配置，科学搭建了“三级平台、四级服务”管理组织体系。投入3000万元深化“双联户”工作，将“双联户”纳入网格化信息系统，发放“双联户”代表、居民组长补助3472万元。认真贯彻落实《拉萨市民族团结进步条例》，积极开展少数民族流动人口服务试点工作，建立健全少数民族流动人口与县级领导结对认亲工作机制，将当巴、扎细等四个社区作为试点单位，实行动态化服务管理。开展“和谐模范寺庙暨爱国守法先进僧尼评选”“民族团结进步”表彰工作，大力弘扬民族团结主旋律。高度重视信访工作。共接待各类群众来访91批400余人，化解89批，化解率97%；法院化解重点涉诉信访案件121件；建立信访联席会议制度，矛盾纠纷排查100起，化解95起，化解率95%；县级领导包案23件，已化解11件；受理重大工程项目社会稳定风险评估70件，形成复核报告64件；受理法律援助案件79件，结案41件，全年未出现越级上访事件。加大依法治理力度。检察机关受理起诉案件388件501人，法定时限结案率达100%；法院受理各类案件2931件，审结2500件，占全市的43%。认真开展土地整治工作。入户调查3600余户，查处非法买卖农村集体土地违法案件2380余起，涉及土地面积100余万平方米，涉及金额3亿余元，立案侦查24人，依法惩处11人，收缴赃款600余万元。加强信息化建设力度。铺设了覆盖全区乡(街道)、村(社区)的综合治理专网，强化了网格化平台的运行。

高标准推进智慧城关信息化项目顶层设计,精心实施区机关办公区域、一线指挥部、藏热“和美家园”小区、拉鲁社区4组、城馨苑小区和北京海淀小学信息化建设。加强国防动员和民兵预备役队伍建设。落实安全生产党政同责制度,做到安全生产“五个覆盖”,加大采石、采砂、非煤矿山、烟花爆竹等安全生产领域的监管力度,深入排查安全隐患,全力打击违法行为。加大消防安全的宣传教育力度,投入581.9万元为消防大队、老城区居民大院、寺庙更新消防器材,实现了安全生产零事故。加大卫生执法力度,餐饮服务行业监管覆盖率达到100%。

【依法行政】 2014年,城关区扎实开展党的群众路线教育实践活动,共组织学习71次,形成笔记150余万字,班子及班子成员查找问题21条,公示16条,已完成整改21条,建立健全各项制度11项,班子成员结对认亲28户,为群众办实事、办好事16件。贯彻执行中央“八项规定”,厉行勤俭节约,严格执行《城关区财政资金管理办法》《城关区公务接待管理办法》《城关区政府采购管理办法》《城关区办文办会工作制度》等10项制度。高起点设计,高标准建设区机关OA办公系统,推行无纸化和网上办公,降低了行政成本,提高了工作效能。压缩各项公务支出,会议费、公务接待费、公务用车购置及运行费用同比下降25.6%、61.2%、3.2%。深化农村改革,推进嘎巴村农村土地确权登记颁证试点工作。清理超标准占用办公用房1017平方米,查处“慵懒散拖”问题三起,处理3人。推进依法行政和便民服务,简政放权、提高效率。加强公民因私因公护照的受理、审核、签发等工作。开展“整顿干部作风,提高工作效能”大讨论大整改活动,重点整治政令不畅、效率低下等影响机关效能的突出问题,实地督查292次,下发整改通知82份。推行政务公开,主动公开政府信息1700余条,处理群众咨询问题1600余件。自觉接受人大法制监督、政协民主监督和社会舆论监督,共办理人大代表建议意见66件,政协提案32件,办复率均达到100%。

当雄县

【基本县情】 当雄,藏语意为“挑选的草场”。当雄县属西藏拉萨市纯牧业县,位于西藏自治区中部,藏南与藏北的交界地带,拉萨市北部,距拉萨市170公里。地理坐标为东经90°45′—91°31′,北纬29°31′—31°04′。全县下辖6乡2镇、28个村(居)委会,172个村民小组,全县总人口54321人,在职干部职工1812人,退休干部职工252人,全县共有党支部130个,党员4046人,现有中学1所,小学9所,教职员工299人;县中心医院1所,乡镇卫生院7所、防疫站1所。截至2014年底,牲畜存栏44.89万头(只、匹),出栏17.04万头(只、匹),出栏率达到37.95%。肉产品产量7000.64吨,奶产品产量1.09万吨,农林牧渔业生产总值3.54亿元。

【概况】 2014年,当雄县实现地区生产总值10.88亿元,增长19.42%;公共财政预算收入完成2.81亿元,增长45.6%;全社会固定资产投资完成19.58亿元,增长30.1%;工业增加值完成1.78亿元,增长34.85%;社会消费品零售总额完成0.82亿元,增长20.59%;农牧民人均可支配收入达到10730.52元,增长18.2%。

【牧业基础建设】 2014年,当雄县投资569.73万元,为711户牧民群众购置发放农机具716台(套)。投资758.5万元,实施2011年至2013年高寒牧区牲畜棚圈建设,完成藏系绵羊标准化规模养殖场、当曲卡镇护路营区蔬菜温室大棚和格达乡藏药加工坊建设项目,实施4个乡(镇)兽防所维修。兑现2013年和2014年草补资金共计5224万元。

【科技工作】 2014年,当雄县举办科技特派员、兽医技能和蔬菜种植等各类培训10期、2500人次,培养出一批科技示范户和科技明白人。实施农技推广项目,聘请8名区市专家、23名技术指导员为全县230户示范户和3个示范基地提供技术服务,取得良好效果。当雄县科学技术协会正式成立,并荣获科技部“全国科技进步先进县”和拉萨市“科技特派员先进集体”荣誉称号。

【防灾防疫】 2014年,当雄县完成春、秋两季牲畜疫苗注射工作,免疫密度达100%。投入资金300万元,完成纳木湖乡防抗灾物资储备库建设,在县、乡(镇)、村(居)三级储备库储存防抗灾饲草料836吨及兽用盐巴、药品,畜牧业抗风险能力明显提升。

【旅游发展】 2014年,当雄县投入资金809.53万元,在念青唐古拉山景区设立便民警务站,新建公厕和水房;将纳木湖乡至扎西岛景区109户板房改为黑帐篷,在纳木错景区售票处及二号桥安装门禁系统及监控设备,旅游基础设施不断完善,服务能力不断提升。全年共接待游客59.25万人次,同比增长18.41%;实现旅游收入6374.68万元,同比增长17.13%;旅游业带动相关产业实现收入2.4亿元,同比增长10.25%;全县从事旅游业和服务业的牧民群众3125人,以比增长9.4%。

【项目建设】 2014年,当雄县开复工项目231个,总投资41.67亿元。完成县城供水工程、县医院急救中心和乌玛塘乡郝如村新型城镇化建设等项目131个,完成投资6.16亿元。

【招商引资】 2014年,当雄县以打造水资源和新能源"两个基地"为目标,不断创新招商引资方式,引进新兴产业。全年招商引资合同引进项目14个,协议资金32.2亿元,实际到位资金11.02亿元,同比增长25.36%。

【工业经济】 2014年,当雄县西藏冰川矿泉水有限公司和华钰矿业拉乌分公司等龙头企业的带动引领作用更加明显,全县工业企业累计实现销售产值3.85亿元,同比增长12.1%;完成工业投入6.65亿元,同比增长33.07%。初步完成"十三五"规划基本思路,圈定了101个特色产业、城市建设和基础设施类项目。

【城乡发展】 2014年,当雄县投入资金1145.23万元,实施偏远牧区143户危房改造和公塘乡拉根村等5个点的人居环境整治,不断改善群众居住条件;投入资金2246万元,完成县农贸市场、当雄驻拉萨群众工作站和县城公厕等基础设施建设。争取资金1530万元,配套资金566.67万元,实施148套公租房建设,不断满足干部职工的住房需求。

【环境保护】 2014年,当雄县投入专项资金500万元,实施增绿工程,不断增加县城"绿色肺活量"。实施3次县域环境质量监测,全县24个村(居)委会创建为自治区级生态村,"创模"工作顺利通过国家环境保护模范城市考核组验收。投入资金310.4万元,为6个乡(镇)各配备1辆垃圾清运车,聘用35名专职环保人员,大力整治全县环境卫生。

【教育事业】 2014年,当雄县坚持教育"优先发展"战略,投入资金5866.03万元(占全年财政收入的21.73%),完成格达乡中心小学等5所学校暖廊建设,实施县完小和羊八井幼儿园附属工程。投入资金470.97万元,对全县789名区内外就读大学生进行全额资助。全县小学适龄儿童入学率、巩固率分别达到99.5%和99.81%;初中入学率、巩固率分别达到98.65%和99.73%,农村学前两年教育达到65.15%,城镇学前三年教育达到91.67%,教育"三包"经费和营养改善落实率达100%。

【医疗卫生】 2014年,当雄县投入资金1297.2万元,将县医院旧住院部改造成医技中心,为县医院购买CT机和全麻机,新建县急救中心、县医院食堂和乌玛塘乡卫生院机井,实施县医院环境绿化和职工宿舍区道路硬化,为县医院门诊楼和乡(镇)卫生院购置医疗及办公设备。继续推行"先治疗、后结算"绿色通道,为532名患者兑现住院押金106.4万元。邀请市人民医院眼科专家为33名白内障患者免费实施复明手术。投资60万元,在援藏医疗队的协调下,组织16名先天性髋关节脱位及唇腭裂患儿赴北京进行治疗。全民免费健康体检率达99.85%,孕产妇死亡率为零,婴幼儿死亡率控制在16.2‰以内,国家免费孕前优生健康检查率达100%。

【文化事业】 2014年,当雄县完成1055套直播卫星设备的发放、安装、调试及信息录入工作,全县广播电视综合覆盖率分别达到98.5%和99.4%。县文化广播(影视)局组织民间艺术团赴广西宜州参加"刘三姐杯"全国山歌邀请赛,荣获优秀组织奖、最佳歌唱奖和最佳风采奖。

【农饮工程】 2014年,当雄县投入资金617.48万元,实施完成2013年农村安全饮水工程续建项目,新建大口井94处、机井1处和维修管引4处,完成江热寺、色德寺等18座寺庙的供水工程,基本实现了全县安全用水的全覆盖。

【扶贫开发】 2014年,当雄县争取国家扶贫和农业综合开发资金2156万元,本级财政配套资金423万元,群众自筹资金296.6万元,落实当雄县借畜还畜以及羊八井镇国家农业综合开发土地治理等2013年扶贫(农发)项目21个,受益群众1736户7826人。完成了全县人均可支配收入2300元以下贫困户的建档立卡工作,全县贫困人口共计2620户10466人。

【社会保障】 2014年,当雄县城乡居民养老保险参保人数29326人,参保率达98%以上。为10667人次发放各类社会保障金1877.27万元。其中,为4479人发放养老保险金713.97万元;为5463人发放城乡低保金845.53万元;为725人次发放医疗救助金317.77万元。同时,稳步推进"三县社会福利院"建设,老年人集中供养事业有了新进展。

【维稳工作】 2014年,当雄县投入专项维稳经费2713万元,开展交通安全整治和社会治安防控等工作,对全县240个"先进双联户"单位、4座和谐模范寺庙及235名爱国守法先进僧尼进行表彰,发放963名"双联户"联户长误工补贴,实施203户僧舍修建改造工程,全力筑牢维护社会稳定的"第一道防线"。投入资金280万元,进一步提高全县792名护路队员的生活待遇,全年共出动护路联防队员26.1万人次,累计巡线里程达24.07万公里,确保了青藏铁路当雄段的安全畅通。

【信访工作】 2014年,当雄县各乡(镇)、县直各部门共受理群众来信来电来访182批242人次,办结率98%;县处级、乡科级领导干部开展接访下访回访376次,解决群众实际困难和化解矛盾纠纷98件。变被动接访为主动下访,梳理出1997年以来全县遗留的14件疑难信访案件,并严格落实领导包案调处化解,已解决12件,因工作权限暂未完全解决的2件。坚持直面诉求、直通民心,印制发放1.1万册《当雄县群众诉求直通联系册》,设立县四套班子主要领导民生直通热线,全年共受理群众来电事项50余件,已全部予以解决。

【民生工作】 2014年,当雄县扎实抓好自治区10件民生政策落实,全面提高民生补助,落实资金3463.68万元,惠及干部群众2.01万人次。年初县政府向群众承诺的12件民生实事已全部完成:投入资金3396.37万元,从区内引进优良种公牛172头在全县推广;扶持7家专合组织发展;提高全县73名村医和224名动物防疫员的工资待遇,对224名动物防疫员进行绩效奖励;向6名重大疾病患者发放医疗救助金;购置28辆民生专用车和6辆垃圾清运车;表彰奖励172个"孝敬父母"模范家庭;为村(居)党支部书记、村(居)委会主任,村(居)党支部副书记、村(居)委会副主任和村(居)"两委"委员分别解决误工补贴每人每年2万元、1.6万元、1.2万元;利用大型机械完成格达乡、宁中乡和当曲卡镇等7个乡 (镇)220公里村(组)道路的养护工作等。

林周县

【基本县情】 林周,藏语意为"天然形成的沃土"。林周县位于拉萨市东北,距离市区65公里。全县辖9乡1镇,45个行政村,14943户63248人;全县总面积4512平方公里,耕地23万亩,天然草场505万亩,人工草场8万亩,水域5.4万亩,是拉萨市7县1区中的第一产粮大县、第二牧业大县。全县南北狭长,跨度达180公里。念青唐古拉山支脉—恰拉山横贯全境,将林周县分割为南北两大部分。北部属拉萨河上流及其源流区域,平均海拔4200米,以牧业生产为主。南部属拉萨河支流澎波河流域,平均海拔3860米,是拉萨市的主要粮食生产基地。全县有黑颈鹤保护区、白唇鹿保护区等国家级、自治区级自然保护区5个;全县有寺庙38座,著名的藏传佛教寺庙热振寺坐落于北部群山之中,距今已有千年历史,周围有风景秀丽的热振国家级森林公园。

【概况】 2014年,林周县实现地区生产总值13.83亿元、同比增长9.8%,全社会固定资产投资15.99亿元、同比增长19.1%,公共财政一般预算收入1.07亿元、同比增长30%,农村居民人均可支配收入8634.34元、同比增长18.2%,社会消费品零售总额0.78亿元、同比增长18%。

【农牧业发展】 2014年,林周县农作物播种总面积达到17.0242万亩,其中:粮油面积15.892万亩,粮油产量达13800.21万斤,同比增长500.03万斤;蔬菜面积1.1322万亩,蔬菜产量5268.91万斤;牲畜存栏达29.7万(头)只,其中牛14.7万头、羊14.5万只、猪0.52万头;

肉 399.84 吨、蛋 104.43 吨、奶 4485.65 吨，被评为“全区粮食生产先进县”，名列第二。强农支农资金 1.64 亿元，财政补贴资金500 万元购置农业机械 570 台(套)，推广作物良种 1.11 万亩。净土产业稳步发展。注册资本 3000 万元成立林周县净土健康产业投资开发有限公司，编制完成林周县净土健康产业发展规划(2014--2020)；成立林周县城投公司，资产达到 10800 万元；新建林周县鹏博净土健康产业园区。投资 1000 万元建设完成两个奶牛养殖基地和两个奶牛小区，并投入使用；投资 700 万元引进奶牛 400 头；全县饲草种植面积达 4 万亩，其中青饲玉米 5000 亩、紫花苜蓿 10000 亩、箭舌豌豆 25000 亩；高效日光温室达到 1225 余栋，投资 500 万元用于特色经济林种植，种植桃树 186 亩、3.5 万株，种植葡萄 10 亩，种植玫瑰 10 亩；投资 2178 万元新建西藏南天牧业养殖基地，规模化养猪 0.6 万头，出栏 3685 头。总投资 4530 万元的 37 项 2013 年农发扶贫项目完成建设，并通过市级验收；总投资 6399 万元的 2014 年新建农发扶贫项目 16 个正在实施，全年脱贫 5500 人，完成 1.58 万贫困人口识别工作。

【工业经济发展】 2014 年，林周县实现工业投入 4.8312 亿元，同比增长 10%；实现工业销售产值 2.948 亿元，同比增长 10%；全年规上企业工业增加值完成 0.75 亿元、增长 195.4%，工业税收完成 2292 万元。

【旅游业发展】 2014 年，林周县旅游收入累计达 320 万元，同比增长 28%；旅游人数 21000 人次，同比增长 2%。

【深化改革】 2014 年，林周县援藏投资达到 5739.73 万元；招商引资力度加大，实际到位资金 4.5 亿元，同比增长 27.84%。

启动农村土地确权登记颁证工作，基本完成农村宅基地确权登记颁证工作。依法开展非法买卖农村集体土地整治专项行动。全县小型水利工程管理体制改革稳步推进。加快电力体制改革，成立林周县供电公司。教育改革任务目标基本实现。医药卫生体制改革特别是县级公立医院改革有序推进，“先诊疗，后结算”医疗模式得到实施，惠及群众 2167 人次。实现投融资体制改革创新，注册资本 3000 万元成立林周县净土健康产业投资开发有限公司，林周县城镇化建设发展投资有限公司资产达到 1.08 亿元，县鹏博健康产业园区建设积极推进；企业投资和财税改革得到落实，企业注册由实缴制变为认缴制，营业税、增值税改革政策正式实施，全县工商企业达到 60 家，注册资本 4.25 亿元，同比增长 19.7%。

【城乡建设】 2014 年，林周县总投资 1350.41 万元的公租房和廉租房建设项目和总投资 2300 万元的县城供水、垃圾处理等公共服务设施已完工。疾控中心建设、乡镇卫生院改扩建、县医院供氧设备配套及医技楼改造工程等项目有序推进。总投资 732 万元对 183 户进行棚户区改造项目正在推进，完成鹏博净土健康产业园第一期征地 851.4 亩。总投资为 9082.37 万元 29 个水利建设项目，全部完工；总投资 5607.12 万元的新建 7 条农村公路，实现全县乡镇、行政村通达率 100%，乡镇畅通率 90%；投资 2990 万元的农村人居环境和村容村貌整治工程、投资 2062 万元的 3 个林周县游牧民定居工程、9 个乡级邮政网点建设等项目完成 80%。林周县县城污水人工湿地处理项目正在进行前期相关工作。全县完成造林和封育面积达 5284.7 亩（造林面积 2784.7 亩）。完成投资 1081.74 万元的旁多水利枢纽工程占补平衡一期 3000 亩土地治理项目，全县土地治理面积达到 5 万多亩；耕地保有量 236708.93 亩，基本农田 224210 亩，基本农田保护率达 94.7%。

【民生事业】 2014 年，林周县实现转移就业 2924 人、劳务输出 10827 人、培训 3107 人、自主创业 36 人，实现劳务输出经济收入 5058 万元、自主创业增收 123.26 万元，28 名城镇就业困难人员实现全就业，动态消除城镇零就业家庭 2 户。2014 年，总投资 5376 万元的 11 个教育领域基建项目完工率达 91%；8 所幼儿园投入使用，总投资 400 万元的甘曲镇加孜雪村、强嘎乡切玛村、松盘拉姆村、旁多乡日布村 4 所村级幼儿园完成主体建设，总投资 925 万元的 5 所乡中心小学附设幼儿园建设项目完成前期工作，教育建设重点由义务教育学校向学前教育转变；落实“三包”经费 1330.25 万元。2014 年，全县农牧区医疗保障覆盖面和筹资率均达到 100%，筹资人数达57706人；全民体检工作圆满完成，参加体检人数60667人，体检率达到99.9%；“先诊疗，后结算”医疗模式得到实施，惠及群众2167人次，报销补偿1271.4万元。

【社会保障】 2014年，林周县发放养老金6550692.7元，医疗保险报销346951.73元，工伤保险参保人数2323人、收缴基金1043731.02元；落实1171名城镇低保的2014年低保资金460万元，落实4519名农村低保的2014年低保资金473.8万元，兑现660名困群群众医疗救助资金390.646万元。林周县五保供养中心建设项目进展顺利，完成工程量的30%。县级财政自筹552.783万元，积极争取区、市有关部门解决资金用于水利设施、桥梁涵洞及损毁房屋等修复重建工作。县级财政筹措资金1270.59万元办好10件民生实事，逐步实现每年10件民生实事的长效机制。

【文化宣传】 2014年，林周县召开县委理论中心组集中学习38次，专题研讨会20次；开展纪念西藏百万农奴解放55周年百姓巡回宣讲报告会及习近平重要讲话精神、群众路线教育实践活动、生态文明建设、“八看、一算账、一揭批、四增强”感党恩主题教育活动宣讲40余场；全年提供新闻素材300余篇，各类媒体宣传报道林周达271次，印发《林周之窗》4期；开展以环境卫生综合治理、关爱空巢老人、“学雷锋”等为主题的志愿服务活动80余次，“道德讲堂”40余次；为全县45个行政村拨付90万元用于开展党建、宣传文化工作，县财政投入100万元为边远村小组修建群众文化活动室10个；集中开展“五下乡”活动20余场，发放各类宣传图册9万余本，免费发放药品价值6万余元，义诊群众达3000余人次；开展文化执法检查活动55次，各乡镇设立文化市场联络员10人；发放安装广播电视卫星直播接受设备1008套，发放非遗传承人资金1.2万。

【党建工作】 2014年，林周县深入开展党的群众路线教育实践活动，举行专题辅导讲座116场，全县开展集中学习783场次，受众1.9万人次，放映爱国主义影片和廉政教育影片240余场次，企信通平台发送教育实践活动信息5260条，各级领导班子共查摆梳理出问题1248条、班子成员查摆问题2968条。圆满完成村“两委”换届工作，产生新一届村“两委”班子成员311名，选派4名优秀机关干部到软弱涣散村担任村党支部书记，完成10个软弱涣散基层党组织整顿转化工作，全年发展党员206名，农牧民党员达到3737人，在农牧民总人口的6.5%。为每个村设立5万元村级组织集体经济发展启动资金，投入2万元用于村级组织党建和宣传文化经费，进一步调整提高村干部补贴标准。在全区率先实现纪委书记从党建副书记职能中分离，选派10名优秀干部担任乡镇专职纪委书记，并选配10名专职纪检员。

【和谐构建】 2014年，林周县投入专项经费为1673.73万元，全面落实十项维稳措施，圆满完成维稳任务。群防群治队伍数量达1483人、网格工作人员达778名、联户代表1232名，评选和表彰“先进双联户”3209户、资金71.55万元；提升强基惠民活动水平，实施总投资3158万元89个惠民项目；强化矛盾化解，各类社会矛盾调解率100%，群众来信来访化解率达95%；全县平安乡镇创建率达100%，群众安全感满意度达98.17%。公共安全管理得到加强，全面开展安全生产大检查大排查大整治活动。依法管理民宗事务，全面落实各项利寺惠僧政策，深化民族团结教育，加强宗教事务管理，出版《林周县寺庙人文志》。扎实开展寺庙法制宣传教育，表彰和谐模范寺庙20座、爱国守法先进僧尼501名。在自治区僧舍维修资金标准基础上，全县每名僧尼再增加3000元；投入资金417.86万元维修10座寺庙有关设施。

【作风建设】 2014年，林周县县级会议同比减少33.3%，县委、县政府文件同比减少6.2%，先后开展5次惠民资金落实和“三公”经费使用情况检查，“三公”经费同比下降3.1%。取消公务用车专段号牌12幅，对28名党员干部迟到早退、擅自脱岗进行诫勉谈话、批评教育，对其中的3名干部进行通报批评，整治为政不廉、以权谋私1件，给予党纪政纪处分1人，通过明察暗访形式对公车私用、私驾公车进行9次200余台次检查，通报批评1起，检查在岗在位、值班备勤300余次。与各乡镇、县直各单位、寺管会主要负责人及所有县级领导干部签订《正风肃纪承诺书》105 份,开展正风肃纪专项检查 40 余次,通报正风肃纪专项整治工作不力的单位 12 家。先后 3 次研究党风廉政建设工作,与各乡镇、县直各单位签订《林周县党风廉政建设责任书》71 份,并督促各乡镇党委与各村"两委"签订党风廉政建设责任书。设立 58 个举报信箱,公布电子举报邮箱 1 个。收到信访举报 6 件,已处理 3 件,给予党纪政纪处分 2 人;着重案件受理查办 5 起,已办结 3 起,给予政纪处分 2 人。2014 年以来,依托市政府门户网站发布政务信息 700 余条,印发各类动态 66 期。2014 年,梳理出各届代表、委员提出的建议和提案110 件,答复率 100%。

墨竹工卡县

【基本县情】 墨竹工卡,藏语意为"墨竹色青龙王居住的中间白地"。墨竹工卡县位于西藏中部、拉萨河中上游,地理坐标为北纬 29°8′、东经 91°77′。东与林芝地区工布江达县相邻,西靠拉萨市达孜、林周两县,北连那曲地区嘉黎县,南接山南地区乃东县,交通区位优势较为明显,川藏公路(318 国道)横穿而过。县域面积 5492 平方公里,人口 5 万余人,平均海拔 4200 米以上,辖 7 乡 1 镇 40 个行政村。境内名胜古迹众多,旅游资源得天独厚,距今 850 多年历史的直贡梯寺闻名中外,具祛病美容效用的日多温泉、德仲温泉和有财神湖之称的思金拉错等自然景观独具魅力,直孔水磨糌粑、斯布牦牛等农畜产品驰名区内外,以松赞拉康、松赞干布纪念馆、霍尔康庄园、甲桑古道徒步为重点的藏王松赞干布出生地甲玛景区已完成并对游客开放,西藏首家民间博物馆墨竹工卡县群觉古代兵器博物馆已建成,待开馆。

【概况】 2014 年,墨竹工卡县实现地区生产总值 21.01 亿元,同比增长 7.6%(按可比价),其中:一产实现增加值 2.35 亿元,同比增长 6.5%,二产实现增加值 16.55 亿元,同比增长 7.29%,三产实现增加值 2.11 亿元,同比增长 10.07%;公共财政预算收入完成 3.31 亿元,同比增长 43.2%;农牧民人均可支配收入 9683.69 元,同比增长 20.1%;完成社会固定资产投资 73.56 亿元,同比增长 33.86%;社会消费品零售总额达到 1.93 亿元,同比增长 20.4%,圆满完成县十二届人大三次会议确定的各项目标任务。

【农牧业发展】 *基础设施建设* 2014 年,墨竹工卡县投入 7468.99 万元,修建了扎西岗乡、工卡镇等区域防洪工程,完成了尼玛江热乡、唐加乡小型农田水利工程,开展扎西岗乡土地治理工程,实施巴洛藏鸡、荣多奶牛等扶贫开发项目 25 个。

农牧业生产 全县农作物播种面积达到 7.88 万亩,粮食产量达到 2.4 万吨。牲畜存栏达到 21.52 万头(只、匹),出栏率达 38%,新生仔畜成活率达到 98%;全年发放草补奖励资金 1069.53 万元;采集虫草 903.51 斤,实现收入 7047 万元,人均增加现金收入 1309 元。

专合组织 全县农牧民专业合作组织达到 93 家,藏鸡养殖业、糌粑加工业、民族手工业等初具规模,有力促进了群众致富增收。

"四业工程" 全县共完成劳动力输出 3.07 万人次,实现收入 1.4 亿元;完成就业再就业培训 204 人,农牧民转移技能培训 923 人,实现城镇及农牧民转移就业 1757 人,城镇登记失业率控制在 2.2%以内。

【县域经济】 *工业发展* 2014 年,墨竹工卡县华泰龙矿区、巨龙矿区、天仁矿区等重大工业项目全力推进,全县实现工业销售产值 22.1 亿元,同比增长 126%;实现工业增加值 7.52 亿元;实现工业税收 4.01 亿元,同比增长 33%;实现工业投入 64.85 亿元,同比增长 35%。落实招商引资项目 7 个,投资总额 62.89 亿元,同比增长 33.3%。全县规模以上工业企业达到 6 家。

旅游产业 投入 500 万元注册成立了县旅游文化公司;投资 3080 万元,扎实推进直贡梯寺、德仲温泉、达普天文历算台等景区基础设施建设,大思金拉措景区规划初步完成。特色产品参加了西藏首届旅游文化国际博览会。全县累计接待国内外游客 82 万人次,同比增长 21%;实现旅游收入 1727 万元,同比增长 22%。

净土产业 投入 1000 万元注册成立县净土健康产业公司,投入 1834.97 万元实施净土产品展销厅及销售中心、藏鸡养殖、糌粑加工、经济林种植等 11 个净土健康产业项目,投入 110 万元扶持 2 家中小微企业,12 辆净土产品直销车投入使用,形成特色农业、特色养殖业、特色手工业齐头并进、共同发展的良好格局。

【城乡建设】 增强县城承载能力 2014年,墨竹工卡县完善县城控制性详细规划及7个乡的集镇规划,整治非法买卖集体土地和违法违章建筑。投入4519.1万元建成嘎则新区附属设施,建成南京路南段、新区供电线路工程等项目,推进设施维护管理,加大环境整治监管力度,县城的交通、绿化、停车、住宿、商贸等服务配套设施不断完善,承载能力明显增强。

乡村基础设施建设 完成扎西岗乡扎西岗村农村土地确权登记试点工作。甲玛乡孜孜荣村176户1047人完成搬迁入住工作,甲玛乡赤康村荣获"中国特色村"荣誉称号。投入4992.37万元,实施了19个村(组)人居环境整治项目,建设了12个村组活动场所,修建了甲玛乡供水工程,改造提升了8处宗教活动场所和7处农村饮水。建成扎雪乡龙珠岗道路、德仲寺道路等4条乡村、寺庙、旅游公路。

援藏工作成效显著 南京与墨竹交流交往交融不断深入,墨竹工卡县青少年代表团观摩南京青奥会开闭幕式,政法代表团赴南京考察学习,安排8名干部在南京进行为期3个月挂职锻炼,组织53名第二批党政副科级以上干部赴南京专题培训。南京市小教中心派出5名老师在暑期来县支教。格桑花开爱心基金接收南京社会各界捐献143.94万元,支出帮扶济困资金5.8万元。共落实援藏项目资金5825万元,先后实施实验小学、扎西岗希望小学、斯布村多嘎小组搬迁工程、巴尔卡路等援藏项目4个。全国政协主席俞正声在对口支援西藏20周年会议上先后两次表扬南京市对口墨竹工卡县的援藏工作。

【民生和社会事业】 教育事业 2014年,墨竹工卡县继续保持本级财政25%比例投入教育,达到8279.75万元。基本完成南京实验小学等8所小学的改扩建项目,建成唐加冲尼村幼儿园、日多怎村幼儿园等14所幼儿园,完成县中学教学楼维修项目。投入435.47万元慰问和资助墨竹学生,为50名特困大学生发放援藏助学金20万元。投入355.44万元,推行义务教育阶段学生"营养餐"计划,受益学生达6232人。全县适龄儿童入学率、小学在校巩固率分别达到99.81%、99.75%,初中入学率、巩固率分别达到100%、98.83%。

卫生服务 全年投入1992.5万元发展卫生事业,县医院附属工程建设项目基本完成,乡村卫生综合服务设施更加完善。积极创建县医院二级乙等医院。大力开展"先诊疗、后结算"工作,爱心救助基金受益人数593人,预借大病爱心资金260万元,大病救助185.9万元。全民健康免费体检4.57万人,体检率达99.95%。孕妇住院分娩率达到99%,孕产妇实现"零死亡"的目标,婴儿死亡率控制在12.35‰以内。

文化建设 开工建设扎雪乡堆绣唐卡传习所、直孔刺绣唐卡传习基地,完成全区首家民间博物馆装修布展工作。积极开展"五下乡"主题活动,为7乡1镇配备书籍2000余本,发放法律法规等宣传资料5200余册,在农牧区免费放映电影1980场。普堆巴宣舞被选入拉萨市电视台与四川康巴卫视藏历新年晚会。在南京日报要闻版开设每月一期的"情系墨竹"专栏,完成《墨竹梦·南京情》、《追梦 "天边之乡"》等外宣品的策划和制作工作。巩固提升"村村通""户户通""舍舍通"建设成果,广播电视覆盖率达到98.9%。

社会保障 与区市县6家医保定点医院签订"一站式"即时结算协议,为794名城乡群众提供医疗救助,救助资金达325.36万元。对271名有意愿的五保户实施集中供养,发放五保供养经费129.21万元,意愿集中供养率达到100%。发放低保金714.98万元,发放低保一次性补贴212.37万元。发放新型农村养老待遇金655.8万元。全面落实夕阳红养老补贴、提高村组干部待遇、改造农村水电网、改善村容村貌、提高寺庙管委会僧尼成员津贴等县自办十件民生实事。

【发展环境】 建机制严执法 2014年,墨竹工卡县建立重点企业县级领导联系制度,深化政企联席制度,加强工业经济运行分析及预警预测,做好企业发展过程中的协调服务工作,为企业提供宽松的发展环境。制定《墨竹工卡县生态环境保护监督管理实施办法》,严格落实环境影响评估和"三同时"制度,对未批先建和未经环保验收擅自生产等违法行为进行专项清查。实施城乡环境绿化、美化、净化、亮化工程,及时兑现森林生态效益补偿资金772.23万元,全县共植树造林4626.9亩,成活率达到85%以上,森林覆盖率达到35.96%。

打基础促创建 设立专项资金

1000 万元在拉萨市率先实施国家级、自治区级生态县创建工程,《墨竹工卡县生态县建设规划(2014—2020 年)》及《8 个乡镇环境保护和生态建设规划(2014—2020 年)》通过评审,格桑村、塔巴村等 15 个村成功创建为自治区级生态村。完成 38 个行政村水和废水、空气和废气、噪声和振动的检测并形成报告,投入160 万元对 16 个点进行保护工程试点,投入 690.35 万元建成湿地污水处理工程。

【社会稳定】 社会局势和谐稳定 2014 年,墨竹工卡县共落实维稳资金 2174.06 万元,着力构建驻村驻寺、"双联户"创建等维护稳定长效机制,有效防范和打击十四世达赖集团的渗透破坏活动,先后被自治区评定为"县域平安边界" 和先进双联户创建评选工作"先进县(区)",在全市社会治安综合治理工作考评中取得第二名佳绩。

治理体系不断完善 "六五"普法教育深入推进,法律"七进"工作成效明显,法律援助力度加大。推进寺庙"六建"、"六个一"和"9+5+2"工作,投入 515 万元维修 200 间僧舍。办理群众来信来电来访 26 批 75 人次,处信处访率达 100%。认真落实重点人员管控、社会面防范、重点部位值守、流动人口管理等各方面的责任制,社会管理能力不断强化。

安全生产更加有力 在全区率先成立县安委会生产综合执法大队,在华泰龙矿区、巨龙矿区、天仁矿区设立派出所。5 家企业完成标准化建设,4 家企业完成 "六大系统"安装。妥善处置尼玛江热乡邦浦沟特大山洪泥石流自然灾害。安全生产监督检查 500 余次,查处安全隐患 970 处,现场整改 860 余处,下发整改指令书 200 余份,整改率达 99%。

【自身建设】 深入推进依法行政 2014 年,墨竹工卡县自觉接受人大监督,积极支持政协履职,全年共办理人大代表、政协委员建议、提案 124 件,办复率、满意率均达到 100%。全县 7 乡 1 镇 40 个行政村顺利完成换届选举工作,依法选举产生新一届村"两委"班子成员 272 名。

提升服务效能 开展党的群众路线教育实践活动,全县 926 名党员干部与 1148 户困难群众结对认亲,单位和个人共投入 231.6 万元,办实事好事 282 件;7 乡 1 镇办实事及工作经费达到 2400 万元,共解决实事 165 件;第三批驻村工作队共投入资金 560 万元,为民办实事 468 件。认真贯彻落实中央八项规定,着力整治"四风"等方面突出问题,建立健全了公车配备使用、"三公"经费管理和公务接待等制度,全县"三公"经费同比减少 20.62%。

廉政建设 落实党风廉政建设主体责任,对 40 个村委会开展财务专项审计,先后有 7 名党员干部被给予党纪政纪处分。在政府门户网、电视台、报刊等载体上主动公开信息 600 余条,切实保障群众的知情权、参与权和监督权。

达孜县

【基本县情】 达孜,藏语意为"虎峰"。达孜县位于西藏自治区中南部,念青唐古拉山东段南侧,拉萨市东北部,属于雅鲁藏布江中游北岸支流拉萨河的中游区域。地跨东经 91°81′—91°38′,北纬 29°40′—30°01′。东与拉萨市墨竹工卡县相连。南与山南地区扎囊县接壤,西与拉萨市区毗邻,北与拉萨市林周县紧连,川藏公路东西横穿而过。县府驻地德庆镇,海拔 3686 米,距离首府拉萨 25 公里。达孜县全县总面积 1373 平方公里。

达孜县下辖有邦堆乡、雪乡、唐嘎乡、章多乡、塔杰乡和德庆镇共 5 乡 1 镇,20 个行政村,131 个村民小组。全县共有 8602 户 29152 人,其中农牧民为 6420 户共计25971 人,占人口总数的 89.1%。

【概况】 2014 年,达孜县实现地区生产总值 10.98 亿元,同比增长 21.4%;公共财政预算收入 3.02 亿元,同比增长 197.5%;全社会固定资产投资 17.68 亿元,同比增长 31.8%;社会消费品零售总额 1.06 亿元,同比增长20%;税收收入 7.65 亿元,同比增长247.73%;农村居民人均可支配收入 9204.08 元,同比增长 18.4%。

【农牧业发展】 2014 年,达孜县农牧业综合生产能力稳步提高,全年落实农作物播种面积 6.9 万亩,实现粮食作物产量4803.18 万斤,经济作物产量5608.51 万斤,饲草作物产量 1339 万斤,牲畜总存栏 7.3 万头(只、匹),牲畜出栏 3.41 万头(只、匹),牲畜疫苗注射率达 100%。农牧业产业化规模不断壮大,新增农牧民专业合作社39家,累计发展农牧民专业合作社134家,辐射带动农户3487户,户均增收1.2万元。大力实施推进净土健康产业发展,不断提升产业化经营水平,引进企业6家,注册资金1500万元,签订意向协议1.56亿元,通过实施"一条主线""两大体系""三个园区""四大重点""五大特色基地",全县已基本形成青稞标准化生产、玛卡、高原特色草莓种植、金银花和饲草种植、奶牛养殖、藏鸡养殖等六大特色产业,惠及农牧民群众12515人,净土健康产业总产值达1.22亿元,有效带动农牧业提质增效、农牧民增收致富。

【生态环保】 2014年,达孜县加快生态文明制度建设,加大环境保护、监管和责任追究力度,重点区域生态公益林建设项目、安全生态屏障保护与建设工程稳步实施,新增造林绿化面积1.19万亩。认真开展爱国卫生活动,环境综合整治有效推进。成功创建新仓村、尊木采村、塔杰村、主西村4个自治区级生态村。加强对拉木村、叶巴村等6处农村集中式饮用水水源地的环境保护,全县生态环境质量进一步提升。

【招商引资】 2014年,达孜县全面参与重点招商活动,主动把握沿海各地招商洽谈商机,积极参加"雪顿经贸洽谈会"及首届"藏博会",总投资28亿元的江苏恒顺集团、西藏圣桃食品、中电科卫星导航运营服务公司、南京优科、西藏靓帝生物等10个重点项目顺利签约,落户达孜。

【项目建设】 2014年,达孜县强化重点项目建设在拉动投资增长和带动经济发展的重中之重地位,全年落实政策类建设项目127个,总投资27.97亿元,其中,新落实投资项目85个,投资21.93亿元;续建项目42个,投资6.04亿元。健全"项目领导挂钩制度",加快项目生成力度和建设进度,强化重点项目跟踪服务和督查督办,对未按计划开工的项目找出难点和关键节点,分解落实推进责任,促进早日开工;对进度较慢的实施项目,梳理存在制约项目推进困难和问题,分层协调解决。重点项目强力推进,配合区、市政府和交通运输厅,全面完成境内林拉高等级公路的路基工程。对国家投资工程和重大建设项目按照"四个一批"的要求,实行分类指导。出台《达孜县固定资产投资和重点项目建设推进考核办法(试行)》,进一步完善《达孜县向上争取资金的奖励办法(试行)》,形成各乡(镇)、各单位比学赶超的良好局面。

【城乡建设】 2014年,达孜县综合利用国家支持、对口支援、地方配套、社会投资等各方资金,统筹推进新型城镇化建设,形成"东城西园"的发展格局。

【城乡体系规划】 2014年,达孜县加快新型城镇化建设力度,完成《达孜县县城总体规划(2013—2030)》修编,完善城乡规划体系,实现城乡建设的同步推进、相互提升、共同繁荣。

【基础设施】 2014年,达孜县加强道路、水利、电力、消防等城乡基础设施建设,落实市政基础设施建设14项,总投资4.75亿元。投入108万元新建章多乡恰村831.175米混凝土路面;总投资1500万元的防洪排洪系统项目建设全面启动;达孜大桥已完成工程总量的75%。

【受援工作】 2014年,达孜县以对口支援西藏工作20周年电视电话会议为契机,进一步完善全方位、多层次、宽领域的受援工作格局,受援项目8个,受援资金2.62亿元。德庆西路、达孜民族手工艺创业基地、农业科技示范园配套设施等援建项目,有力助推了城乡加快发展。

【教育事业】 2014年,达孜县教改工作稳步推进,总投资1.4亿元的达孜县中心小学顺利完工,新建的13所村级幼儿园、县中学标准化建设、县职教中心厂房顺利运行。全面提高教育教学质量,切实抓好师德师风建设,加强师资队伍培训力度,参培教师达500余人次。全年累计发放义务教育"三包"经费1201.6万元,学生营养改善计划经费185.16万元,中小学在校生巩固率均保持在100%。

【医药卫生】 2014年,达孜县医疗保障、公共卫生、监管体制综合改革有序推进,二级乙等综合医院创建工作全面实施。继续落实新型农村合作医疗制度,参合农牧民26441人,参合率达100%。积极开展全民健康体检,体检率达99.7%。持续开展食品药品联合执法和专项整治,确保了食品药品安全。

【文化事业】 2014 年,达孜县广播电视实现“村村通”“户户通”“舍舍通”,信号覆盖率分别达 98%和99%。加快公共文化体系建设,总投资 510 万元,建成 5 乡 1 镇文化站 6 座,农家书屋 20 座,村级放映室 6 座。文化产业欣欣向荣,全年总产值达到 1.08 亿元,同比增长 72.2%。

【四业工程】 2014 年,达孜县帮助建立村集体经济和合作组织 10 个,落实项目 61 个,涉及资金 1503.72 万元。深入开展“四业工程”,共举办各类培训 27 期,培训 3243 人,全年输出劳动力3098 人次,实现转移就业 1465 人,实现创收 4897 万元。建立城乡社会救助体系,及时发放低保金、医疗救助金等各类民政资金 930.71 万元,全县 14 座农村社区便民服务综合大厅全部建成,县老人护理院暨社会福利综合提升项目已开工建设。住房保障日臻完善,建成公租房 72 套、廉租房 48 套。

【社会稳定】 2014 年,达孜县逐步完善社会治安防控体系,强化维稳协调联动机制,圆满完成重要时段和节点维稳任务,实现“三不出”工作目标。深入推进“双联户”工作,进一步细化联户单位划分,新增联户单位 42 个,共改选、增选或连任联户代表 681 名。深化干部驻村工作,第三批与第四批驻村干部顺利交接。提升网格化管理水平,调整充实网格员队伍 565 人,发放务工补贴 10 余万元,进一步夯实了基层基础。严厉打击各类违法犯罪,人民群众的安全感和满意度继续保持在 95%以上。

【信访工作】 2014 年,达孜县完善信访和矛盾纠纷排查调处工作联席会议制度,多次召开矛盾纠纷排查调处专门工作会议,安排部署矛盾纠纷排查化解工作,实行领导包案制度,强化领导干部接访下访,妥善调处化解矛盾纠纷 60 件,调解率达 100%,受理来信来访案件 48 件 289 人次,成功化解 44 件,化解率达 91.66%。

【寺庙管理】 2014 年,达孜县严格落实寺庙属地管理责任和领导干部联系寺庙制度,“六建”工作不断巩固,“六个一”活动常态化发展,“9+5”工程全面完成。全年表彰和谐模范寺庙 8 座、爱国守法先进僧尼 158 人次,表彰资金 15.8 万元。投入 464 万元对 5 座寺庙主殿、食堂等进行维修;投入 159 万元对全县 14 座寺庙僧舍进行维修。

【安全生产】 2014 年,达孜县加大对道路交通、非煤矿山、危险化学品、消防安全等重点领域进行拉网式排查治理,开展安全生产专项行动 53 次,落实整改各类隐患 60 处,全年无较大安全事故发生。严格执行客运车辆“两限一警”规定,切实保障人民群众生命财产安全。

【双拥共建】 2014 年,达孜县全面加强国防动员、民兵预备役和拥军优属、拥政爱民工作,驻县各部队和民兵预备役人员踊跃承担急难险重任务,军政军民关系更加密切。

【自身建设】 2014 年,达孜县深入开展党的群众路线教育实践活动,坚决贯彻落实中央八项规定和区党委“约法十章”“九项要求”及市委“八项要求”,改进调查研究,精简会议文件,加强督促检查,完善管理制度,“三公”经费支出比 2013 年下降 30%。扎实整改“四风”问题,整改完成率达到 98%以上,将“为民务实清廉”落到实处。

【依法行政】 2014 年,达孜县政府坚决落实县委决策部署,自觉接受人大监督,积极支持政协履职,认真听取工商联和无党派人士意见,办理人大代表建议 56 件、政协提案 37 件,答复率 100%,满意率达 92%以上。

【政务公开】 2014 年,达孜县政务服务中心正式运行,15 家行政审批单位入驻,方便了群众办事。全面推行政务、乡务、村务、校务、财务公开,及时公布各级财务及重大事项,促进政务服务提速提质,圆满完成村(居)换届,群众的知情权、参与权、表达权、监督权得到有效保障。

曲水县

【基本县情】 曲水,藏语意为“流水沟”。曲水县位于自治区首府拉萨市的西南部。居北纬 29.2°—29.5°,东经 90.4°—90.9°,地处雅鲁藏布江和拉萨河交汇处,318 国道横贯全境,是内地空港至拉萨的重要窗口和门户。全县总面积 1624 平方公里,耕地面积 6.5 万亩。全县最高海拔 5774 米,最低海拔 3500 米,县城海拔 4272.84 米。全县辖 5 乡 1 镇、17 个行政村、133 个村民小组。全县常住人口共有 3.53 万人,其中农业人口 3.26 万人。全县共有宗教场所 25 个,其中有僧尼的寺庙为 14 座;目前全县共有僧尼 246 人。目前仍是一个典型的以农业为主,牧业为辅的农业县。

【概况】 2014 年,曲水县实现地区生产总值 9.75 亿元,同比增长 18.85%,完成年度目标任务的 101.87%。全社会固定资产投资完成 21.78 亿元,同比增长 30.40%,完成年度目标任务的 100.30%;地方财政本级一般预算收入首次突破亿元大关,达到 1.34 亿元,同比增长 55.14%,完成年度目标任务的 108.06%;社会消费品零售总额 2.10 亿元,同比增长 28.05%,完成年度目标任务的 102.44%;农牧民人均纯收入 9667.16 元,同比增长 20.84%,完成年度目标任务的 100.12%;城镇登记失业率控制在 2%以内。

【产业发展】 2014 年,曲水县加快农牧业转型升级。充分依托全国农村改革试验区和国家现代农业示范区建设平台,加快推进改革步伐。农村土地和宅基地使用权的确权、登记、颁证工作全面铺开,积极探索农村土地集体所有制的有效实现形式,落实集体所有权、稳定农户承包权、放活土地经营权,建立县土地流转服务中心、仲裁委员会,探索出了一批可复制、可推广的“曲水农村改革经验”,为四个自治区级农改试验区和拉萨市提供了很好的示范作用。在土地流转中,鼓励支持承包土地经营权向专业大户、家庭农场、农民合作社、农业企业有序流转,2014 年流转土地 1.63 万亩,规模种植面积达 2 万亩。合作社增至 101 家,入社率达到 35.64%,有 31 家合作社积极开展农超、农校、农社对接,其中 2 家合作社被评为国家示范社。推进净土健康产业发展。制定产业政策,优化产业布局,科学整合资源,编制《曲水县净土健康生物产业发展规划》,推进“一区两园三基地”建设,提升了特色产品的供给能力;率先在全市成立净土产业投资开发有限公司,加强种植技术指导,推广种植特色经济作物、藏药材 19 种 5500 亩,实现了品种多元化和种植规模化。引进 7 家净土健康产业企业,签约资金达 5.2 亿元,已生产出玛咖系列产品、辅酶 Q10、藏红花面膜、玫瑰精油等 7 个品种。建立 2014—2016 年净土健康产业项目库,包含 39 个项目,总投资 7.8 亿元;2014 年,全县推广种植玛咖 4443 亩,每亩实现增收 7500 元,种植户年人均增收 6800 元。同时,精心打造才纳 AAA 级四季花卉景区,建设西藏农耕藏药材博物馆、土特产展示及乡镇特色产品销售中心,推动曲水净土健康产业产加销一体化发展,形成一产抓特色、二产抓加工、三产抓体验经济及服务业的发展新格局。2014 年,粮食作物产量为 5024.26 万斤,油菜产量为 404.67 万斤,蔬菜产量达到 5.93 万吨,分别完成全年目标任务的 100.49%、101.17%、100.1%;牲畜存栏 89111 头(只、匹),牲畜总出栏 37301 头(只、匹),出栏率 43%;农机购置补贴项目投入资金 1092.99 万元,购置各类机械共计 1444 台套,机耕、机播、机收水平分别达到 6.5 万亩、5.5 万亩和 5.5 万亩,基本实现了农作机械化。工业经济快速发展。坚持“工业强县”战略,完成工业总产值 7.58 亿元,同比增长 41.73%;销售产值 8.54 亿元,同比增长 33.94%;完成工业增加值 4.46 亿元,同比增长 80%;上缴税金 1.05 亿元,同比增长 34.18%。规模以上企业增加至 6 家,利税超过百万元的企业达 15 家。招商引资到位资金 9.48 亿元,同比增长 26.6%。加快旅游服务业发展步伐。依托区位优势,结合净土健康产业服务业,大力挖掘旅游潜力,抓好旅游资源开发项目争取工作,全年共上报旅游项目 8 个;加大对旅游景点周边环境的整治工作,规范旅游服务业,加强环境卫生建设。全年共接待国内外游客 20.76 万人次,同比增长 20%;实现旅游收入 1062.36 万元,同比增长 20.04%;解决和带动景点周边群众 836 户 3346 人就业,同比增长 19.94%和 20.01%。

【项目投资】 2014 年,曲水县“十二五”项目规划,共争取项目 70 项(解捆后子项),总投资 30.98 亿元。到目前,已落实项目 61 项、资金 30.58 亿元,占“十二五”规划投资的 98%。2014 年,开复工项目 381 个,总投资47.39 亿元,本年度完成全社会固定资产投资21.78 亿元。其中续建项目 42 个,总投资 8.60 亿元,完成全社会固定资产投资 1.46 亿元;新开工项目 339 个,总投资 38.79 亿元,完成全社会固定资产投资 20.32 亿元。深化援藏工作,实施援藏项目 11 个,落实资金 1.33 亿元。

【城乡建设】 规划不断完善 2014年，曲水县编制《曲水县城市总体规划(2013-2030)》，完善城乡规划体系，整治非法买卖集体土地和违法违章建筑。城区建设再添亮点。成立曲水城市经营管理公司，加大城区卫生保洁和危旧房改造力度，实施以泰州路延伸段、曲水镇二期棚户区改造等建设项目为重点的城镇基础设施建设，完善城区主干道道路标识、标线和防护栏设置，坚持建管并重，加大城区净化、绿化、亮化力度，城镇形象品位有较大提升。

交通建设实现大突破 全年落实农村公路建设项目5个，建设里程50.01公里，总投资6085.36万元；维修县城客运站，成立曲水县农村客运公司，全县交通环境进一步改善。

生态文明建设加快推进。实施周边防护林工程，加快重点区域、荒山荒坡、防沙治沙等工程建设，全年共造林34741亩，林木成活率达85%以上，超额完成10442亩，森林覆盖率达28.3%。扎实开展污染减排和环境安全隐患专项排查行动，严把生态环保底线。

【改善民生】 民生投入 2014年，曲水县突出以人为本、民生为先，全面落实惠民政策，着力办好自治区利民惠民“十件实事”，民生保障标准进一步提高，全年投入民生工程资金达7200万元，占公共财政预算支出的58%，农村基础设施、人民幸福指数、城乡人民生活水平得到持续提高。

教育文化事业 继续深化“六大提升工程”，优化资源配置，推进义务教育均衡发展，全面落实市委市政府关于《拉萨市振兴教育教学质量三年行动计划（2014-2017年)》的各项任务目标，教育教学质量稳步提升，设立专项基金，制定《关于对大学生中职生进行资助的实施意见(试行)》，资助350名贫困家庭学生140.75万元，年生均“三包”经费提高至2800元；全县在校生3703人，适龄儿童入学率达100%，在校生巩固率达100%，适龄少年入学率达98.87%，在校生巩固率达100%，基本普及学前幼儿教育。进一步加强文化基础设施建设，现已建成农家书屋18个，寺庙书屋10个，17个村级文化室，73个组文化室，1个县级文化资源共享工程中心，11个乡级资源共享点。认真贯彻落实文化、广电惠民工程，完成355套新增户“户户通”设备安装，深入基层放映电影1200场次。

医药卫生 医疗保障、公共卫生、监管体制综合改革稳步进行，启动县医院改革，农牧区基本医疗补助提高至380元，大病统筹报销最高6万元，设立专项基金，制定《关于设立曲水县农牧民重大疾病医疗救助基金的实施意见(试行)》；新农合参合人数31806人，参合率100%；乡村医生工资从750元提高到了1050元；积极开展全民体检，体检人数34367人，体检率99.75%；僧尼体检率100%。

“四业工程” 全年开展31期农牧民技能技术培训，培训6344人，完成转移就业1784人，集中劳务输出5196人，完成城乡劳动力转移、创业和劳务输出收入8535万元。社保体系不断健全。2014年全县城乡居民参保21832人，征缴181.8万元、发放60岁以上养老金385.41万元，“五险”实现制度全覆盖；低保评定实行动态管理，实现应保尽保，全年为1151户、2831人发放低保资金401.9万元，为3099人发放兑现临时价格补贴资金88.25万元，为21名农村低保家庭大学生发放高校特困生一次性资助金6.2万元，发放各种补贴、救助、伤残抚恤金及救灾物资447.375万元，落实供养资金138.7万元；投资2300万元扩建县社会福利院并投入使用，实现五保老人意愿集中供养率100%的目标。

住房保障 2014年，投资1659.81万元建设保障性住房128套，投资950万元建设周转房56套；“安居工程”进入收尾阶段。

扶贫开发 争取扶贫项目19个，扶贫财政资金2537万元，县本级财政300万元，互助社资金60万；完成农业综合开发项目5个，总投资3712万元。其他事业协调发展。监察、审计、档案、保密、编译、工会、共青团、妇女、残联、人民武装、人防、消防、双拥和供电、通信等取得新成绩。

【社会稳定】 筑牢维稳防线 2014年，曲水县坚持依法治藏，完善立体化社会治安防控体系，提升情报信息搜集研判能力，强化维稳协调联动机制，严厉打击十四世达赖集团各种渗透干扰破坏活动，完成重要时段、敏感节点和重点部位维稳防控安保任务。

创新社会治理 巩固深化“1+5+X”管理机制、“双联户”运行模式和“一二三四”工作机制，共建立联户单位935个，推选联户代表935

人，吸纳家庭10689户，实现农户、城镇居民、商户、寺庙、机关、社会流动人员全覆盖；推进强基惠民，强化铁路护路联防，提升网格化管理水平，实施“六五”普法，推进“法律七进”，受教育群众达10万人次，社会局势更加和谐稳定。2014年，曲水县综治工作考评获全市第二名，在先进“双联户”创建活动中，获区、市两级先进县荣誉称号。

推动民族团结　全面贯彻落实民族政策，充分尊重民族风俗习惯，推动民族团结进步，广泛开展民族团结“闪光”“牵手”行动，发放奖金12.8万元用于表彰民族团结进步模范集体、民族团结进步模范个人和民族团结通婚模范集体。

创新寺庙管理　积极引导宗教与社会主义相适应，完善寺庙基本公共服务，投入346.3万元完善寺庙基础设施，评选“和谐模范寺庙”4座，“爱国守法先进僧尼”189名，“先进寺管会”4个，“优秀驻寺干部”13名，被自治区评选为“和谐模范寺庙”2座，“爱国守法先进僧尼”26名，“先进寺管会”2个，“优秀驻寺干部”9名，宗教事务管理迈上法制化轨道。

【自身建设】　2014年，曲水县共办理人大代表建议意见26件、政协委员提案20件，办复率、满意率均为100%。践行教育实践活动，严格贯彻落实中央“八项规定”、区党委“约法十章”“九项要求”及市委“八项要求”，深化“五访”、“三进四同三一”活动，践行“三严三实”，推进“当学生、找问题、教方法”活动常态化，着力解决“四风”突出问题，工作作风明显转变，“三公经费”下降9.7%，文件减少12.6%，会议减少11.2%，所列23件为群众做实事好事清单全部完成。深入推进政务信息公开，全年主动公开政府信息800多条。加强行政效能建设，扎实推进三级政务服务体系建设，事项办结率大大提高。严格落实党风廉政建设责任制，加强审计监督，廉政建设和反腐败工作不断加强。圆满完成村(居)换届，群众的知情权、参与权、表达权、监督权得到有效保障。

尼木县

【基本县情】　尼木，藏语意为“麦穗”。尼木县地处雅鲁藏布江中游北岸，系前后藏结合部，距拉萨市约140公里，是一个以农业为主的半农半牧县。全县总面积3275.8平方公里，平均海拔4000米，辖32个行政村，127个自然组，总人口34623人，塔荣镇为县城驻地，海拔3809米。全县辖七乡一镇(包括塔荣镇、吞巴乡、续迈乡、普松乡、帕古乡、麻江乡、卡如乡、尼木乡)，其中农业乡(镇)6个、半农半牧乡1个(帕古乡)、纯牧业乡1个(麻江乡)。矿产业为全县经济支柱产业，藏鸡养殖业为农牧业特色产业。

尼木县属高原温带半干旱季风气候区，四季分明，夏季雨水集中，辐射强，年日照时数2947.2小时。年无霜期100天左右。年降水量324.2毫米。自然灾害主要有干旱、山洪，泥石流，虫灾，霜冻和冰雹。

尼木县矿产资源主要有铜、钼、泥炭等，野生动植物资源主要有豹子、狗熊、猞猁、獐子、黑颈鹤、贝母鸡、野鸡及贝母、虫草、黄连、雪莲等。

【概况】　2014年，尼木县实现地区生产总值5.96亿元，同比增长12.3%(可比价)，完成任务指标的100.5%(指标为5.93亿元)；完成公共财政预算收入5180万元，同比增长36.7%，完成任务指标的101.2%(指标为5116.5万元)；全社会固定资产投资9.13亿元，同比增长30.8%，完成任务指标的100.7%(指标为9.07亿元)；农村居民人均可支配收入达到9521元，同比增长18.9%，完成任务指标的100.8%(指标为9450.44元)；工业增加值4565万元，同比增长54%，完成任务指标的100.1%(指标为4560万元)；社会消费品零售总额3614万元，同比增长18.8%，完成任务指标的100.4%(指标为3600万元)。

【“三农”工作】　2014年，尼木县粮油播种面积36562.22亩，粮油总产量2810.8万斤，粮经饲比例调整为72.5:15:12.5；牲畜存栏11.67万头(只、匹)，出栏54902头(只、匹)，猪牛羊肉产量3089.36吨，奶产量4048.55吨，山羊绒产量1.074吨，禽蛋产量94.87吨，牲畜良种覆盖率5.02%。购买良种公牛76头，完成黄改任务2763头。作为全区水利改革试点单位，尼木县在全区率先挂牌成立县级水务局，全年实施水利项目22个，总投资9152.31万元。年内，尼木县首次纳入自治区级农业综合开发县，《尼木县农业综合开发规划(2014-2018年)》通过评审；总投资1100万元的尼木乡农业综合开发4000亩高标准农田建设项目顺利开工;总投资1210万元的2015年尼木乡农业综合开发项目通过审批。相继组建23家农牧民合作经营组织，增强了农牧业综合生产能力。实施重点区域造林352.8亩、周边造林3500亩、乡镇“四旁”植树11万株;投资180万元,在续迈乡霍德村实施封沙育林(草)9045亩;投资240余万元,新建果塘万亩林水泥砖围墙16000余米;兑现2013年度退耕还林补助资金120.9万元、生态管护费115.81万元。

【招商引资】 2014年,尼木县全年开工建设项目150项，总投资17.45亿元；实施援藏项目4个,总投资4999.4万元,进一步改善了县城和农牧区基础设施条件；积极参与各类招商活动，先后前往内地多省市对接洽谈项目，同广东瑞德兴阳光伏科技有限公司、西藏藏能有限公司、浙江盾安集团、中国三峡集团、西藏聚鑫投资有限公司等企业签订了战略合作协议。全年招商引资到位资金3.36亿元，同比增长29%。尼木厅宫5000吨电解铜矿项目到位资金9000万元,天利矿业项目到位资金8800万元,羊绒毛制品加工项目到位资金1620万元,吞弥旅游藏香厂及其他设备改造项目到位资金1600万元,尼木县10MW高倍聚光光伏发电项目到位资金7150万元,铜业矿产资源开发项目到位资金2150万元。城投公司助推产业发展。年内,注册成立尼木县城乡建设投资发展有限公司，注册资金5000万元。完成西藏第三极冰川天然饮用水有限公司的筹建；精心筹划与北京德青源农业科技股份有限公司共建藏鸡研究所及藏鸡养殖基地。

【特色产业】 2014年,尼木县财政投入资金1000万元，推动以藏香、藏鸡为主的净土健康产业快速发展,实现年产值5400.46万元,解决农牧民就业743人。年内,以吞巴旅游景区为龙头，充分发挥辐射带动作用,开发如巴湖旅游新路线,推介琼姆岗嘎新景点。吞达村荣获“中国最美村镇”传承奖,并被评为“国家级历史文化名村”。全年“一日游”游客51840人次,同比增长16%,旅游收入2290万元，同比增长15%。年内，以尼木藏香原产地保护为主的特色产品注册、包装、销售、产品标准定制等工作进一步完善，并以此为突破口,带动“尼木三绝”、经幡等特色民族手工业全面发展。实现藏香经济收入1516万元，经版、经幡收入1100万元。

【民生保障】 2014年,尼木县财政投入资金2297.21万元，继续为民再办好十二件民生实事。年内,完成全县中小学、四所乡幼儿园和五所村幼儿园标准化建设，推进义务教育均衡发展,扎实开展教改工作,教育教学质量全面提升。县财政投入教育经费1663万元，占2013年财政收入的43.87%，初中入学率99.73%,巩固率98.81%,小学入学率99.85%,巩固率99.95%;全年县财政投入资金405.7万元，进一步完善了全县基础设施和公共卫生服务体系。投资185.4万元建设县人民医院急救中心；全民体检及建立健康档案工作圆满完成；筛查出6名“先心病”患儿,均已在北京接受免费治疗。合作医疗参合率100%,综合覆盖率达100%。全年,无重大疫情和食品、医疗安全事故发生,无一例孕产妇死亡。发放“一孩双女”困难家庭及“特别扶助”资金62.86万元。完成158对准怀孕夫妇及200对出生缺陷干预对象的免费体检工作。“五大保险”工作成绩显著,参保人数达到25205人，征缴基金1740.35万元，报销、发放资金649.07万元,社会保障实现全覆盖。公共文化服务体系日趋完善，乡镇综合文化站全面建成。文化遗产保护工作深入推进;争取资金57万元做好自治区级文物保护单位曲德寺的抢救性维护维修工作，完成了投资1000万元的曲德寺和980万元的吞弥·桑布扎故居维修项目的评审。尼字体培训成功举办,全区首届“藏博会”上“尼木三绝”传承人应邀出席。投入30.2万元打造的原生态节目“尼木白面具藏戏”,已在拉萨市藏历年晚会上演。全年放映电影1685场、观众达12.74万人次,广播电视覆盖率均达到99%。全年为1239户低保户发放低保金546.42万元；为164户五保户发放供养金104.6万元，其中县级财政投入50万元；以实报实销的方式为县福利院集中供养老人报销超支生活费；为315人发放医疗救助金142.71万元；临时救助877人，发放救助金21.1万元；投入42.59万元，解决2366名受灾群众口粮；投入123.75万元,购置救灾储备物资(县财政投入80万元，救灾专项资金列支43.75万元);向801名残疾人(重度残疾83人）和14名孤儿共发放生活补贴47.09万元；为6户优护对象发放抚恤金6.04万元；为9名退伍军人发放一次性补助66.6万元；“三县”合并福利院尼木楼4月份开工建设,12月份竣工验收，县财政投入征地补偿资金319.75万元；在市级配套资金的基础上，由县级财政投入54.98万元，对寿星老人健康补贴、残疾人生活补贴和0–16岁残疾儿童康复补贴进行提标扩面。年内,积极改善干部职工居住条件,全年续建廉租房48套、公租房72套,总投资1201.29万元；开工建设公租房80套、周转房48套,总投资1416.06万元；在上级未下达建设任务的情况下，利用结余资金为131户群众解决了住房问题，总投资584.8万元,进一步缓解了干部职工及群众住房困难的问题。全年实施“短、平、快”项目32个，总投资916.82万元。驻村工作队帮助群众劳务输出2686人次,增加现金收入606万元；帮助驻在村创办集体经济项目24项,为民办实事1061件。全年开展农牧民技能技术培训20期,共计4696人；农牧民劳动力转移就业1643人,劳务输出4100人,新增创业项目150个。完成了扶贫开发项目19个，项目总投资3009万元(县级财政扶贫投资102万元,县级财政配套200万元,群众自筹/劳务投资457万元)；组建完成18个贫困村互助资金协会，互助资金总额达到424.5万元；完成了1988户8043人的贫困户建档立卡工作。此外,《尼木县土地利用总体规划》已完成初审稿,《尼木县(2014–2030)县城总体规划编制》已通过“拉规委”审核,“十三五”规划编制有序进行，鲁热特色村庄规划正在推进；非公经济发展势头良好,生态环境保护有力,人居环境持续改善。全县32个行政村已有26个完成了人居环境综合整治试点工程建设；安全饮水自然村覆盖率达100%；全年征地195.47亩,兑现征地补偿资金340.38万元。

【社会管理】 2014年，尼木县共投入维稳资金976万元。圆满完成敏感节点和维稳时段的安保任务，保持了社会局势全面稳定，人民群众的安全感和满意度进一步增强；司法“调诉对接”机制逐步完善,人民群众依法维权意识不断提高。全年开展司法、人民调解166起；排查化解矛盾纠纷123起，化解率达到100%；接待群众来信来访32批(件)78人次(均属初信初访),办结率达到100%。共兑现“先进双联户”奖励资金34.08万元,各联户代表共开展治安巡逻124次；组建护路队,先后投入资金51.5万元，用于护路办前期购买办公设备、制作制度、护路队员培训生活费、服装费等开支,给予护路队员每人每月135元出勤补助和300元生活补助。依法加强宗教事务管理，对550余处民间宗教活动点进行全面普查登记,这项工作,得到上级部门的充分肯定，并已向其它兄弟县(区)进行推广。加大完善寺庙基础设施，全年共投入资金722.2万元,为寺庙、僧尼家庭办实事161件,完成全县22座寺庙通水改造,实现全部通电、通路、广播电视“舍舍通”；为22座寺庙新建澡堂，对驻寺干部宿舍及僧舍进行维修，全县在编僧尼全部实现了城镇居民社会保障全覆盖。全年对道路交通、非煤矿山、危险化学品等重点领域，开展检查843次，发现隐患417处,整改396处,其余21处隐患正在整改过程中。发生火灾事故1起,无人员伤亡,直接经济损失0.4万元；工矿商贸实现安全生产零事故。全年共发生道路交通事故30起,其中1起特大交通事故,死亡44人,伤14人。认真汲取“8·09”特大道路交通事故的教训，先后召开3次专项部署会议,对全县9个行业(领域)进行全方位的隐患大排查、大整治。县级财政投入197万余元对卡如一级公安检查站进行改扩建；投入164万余元对县域内道路交通安全基础设施进行了维护，确保了9月以来全县安全生产形势持续好转。严厉打击各类违法犯罪行为，2014年共受理刑事案件8起,破获7起；治安案件22起,破获22起,发案率同比下降12%；查处手机储存和转发敏感信息、图片问题17起,行政拘留6人,教育11人。

【作风建设】 2014年,尼木县大力倡导勤俭节约之风，压缩一般性支出，节约一切财力为群众办好事办实事,不断加强公务用车管理,进一步完善《尼木县“三公”经费管理制度》和《尼木县公务用车管理制度》,“三公”经费同比下降27%。全县27名县级干部结对认亲54户，开展帮扶活动81次,为群众办实事好事135件，个人投入资金27万元,单位投入资金81万元。持续深化行政审批制度改革，建立行政审批和服务事项动态清理机制，不断完善政务公开平台建设，积极推进政府信息公开，行政权力运行更加规范透明。在推进乡镇便民服务站规范化建设的同时，县政务服务中心正式投入运行,健全了县、乡、村三级便民服务体系。严格落实“一岗双责”,开展反“四风”、“慵懒散”专项治理，政府作风及效能建设取得明显成效,发展环境持续优化。开展常态化作风专项督导3次，对不严格遵守上班纪律的23名干部职工进行了通报批评，共受理举报案件6起,办结案件4起。坚持县委核心领导,自觉接受人大、政协、人民群众监督,广泛听取意见建议,全年办理人大代表议案及建议57件、政协提案34件,满意率均达100%。

堆龙德庆县

【基本县情】 堆龙,藏语意为“上谷”,德庆,藏语意为“极乐”。堆龙德庆县地处西藏中南部、雅鲁藏布江中游、拉萨河南拐弯处及其支流堆龙河两岸。全县总面积2704.25平方公里,其中耕地5544.95公顷,草场面积39万亩，森林面积0.57万亩（以灌木为主），森林覆盖率0.44%。辖2个镇、5个乡（含柳梧乡，当年从8月1日起划归柳梧新区托管),年末总人口49784人。人口自然增长率10.2‰。

【概况】 2014年,堆龙德庆县实现地区生产总值26.92亿元，同比增长22.58%;实现公共财政预算收入5.3亿元,同比增长37.41%;完成全社会固定资产投资44.71亿元，同比增长30.38%;实现社会消费品零售总额7.42亿元，同比增长15.76%；农村居民人均可支配收入10457.6元,同比增长18.5%,主要经济指标全部完成既定目标，高于全市平均增长水平，总量和质量实现新的提升。以优化经济发展空间格局为着力点，加快推进产业结构调整,产业发展呈现出“一产稳固、二产壮大、三产提质”的良好态势，三产结构由7:64:29调整为6:75:19。全年落实强农惠农补贴资金1388.39万元,重点围绕净土健康产业,农牧、农发落实4417万元,实施了16个产业项目，本级投入6000万元着力扶持培育乡镇净土健康产业,实施项目17个。全区农牧业产业化现场会在堆龙德庆县的召开，助推了堆龙德庆县净土健康产业的发展,荣获全区“农牧业产业化经营示范县”殊荣。工业强县战略成效显著，实现工业总产值19.2亿元,同比增长36%；工业增加值8.09亿元,同比增长32%。园区基础设施不断完善,污水处理厂、强电入地等项目有效提升了园区服务功能，推动了产业集群、要素集聚、资源集约效应的有效发挥,6家新兴产业、新型工业企业向园区集中入驻。招商引资引进项目41个，实际到位资金13.05亿元,同比增长36.33%,工业经济乘势而上，工业实现了经济质量与效益的同步提升。城郊乡村文化旅游基础进一步夯实，全年投入1790万元，实施了6个旅游项目，接待国内外游客69.12万人次,旅游收入达到2203.03万元。

【城乡建设】 2014年,堆龙德庆县着力提升投资拉动能力，加快推进项目投资增容扩量，实施基本建设项目70个,总投资22.3亿元;其中,本级财政投资占11.2%。在抓好20个续建项目同时，投资15.5亿元,围绕基础设施建设、产业发展、社会事业、基层政权、社会管理、生态环境保护6个重点领域，实施了50个新建项目。援藏投资力度持续加大，完成羊达现代设施农业示范园二期、堆龙德庆县社会福利院等一批涉及民生事业、产业发展的援藏项目建设。发展环境持续改善,基础设施建设力度进一步加大，着眼于以人为核心的新型城镇化发展，稳步推进撤县设区工作，加快城镇化建设进程，城镇化率达46.17%，提高0.89个百分点。统筹推进城乡环境综合发展，大力实施人居环境综合整治工程,完成11个农村人居环境综合整治项目，落实1000万元，实施了小型农田水利基本建设重点县项目，完成6个行政村农村公路通畅工程建设,2个行政村通畅工程完成招投标,实现了全县30个行政村通油目标。35KV线路改造工程、电力改造工程解决了农牧区用电问题。全年完成造林绿化工程3723.5亩，高原生态安全屏障建设项目防护林建设5850亩、防沙治沙建设9045亩,109国道、318国道和重点旅游项目沿线绿色长廊建设初见成效。本级投入2985.31万元实施63个为民办实事项目,有效改善了农牧区基础设施条件。

【社会事业】 教育事业 2014年，堆龙德庆县投入8396.39万元大力发展学前教育、义务教育,重点实施21个教改项目,新建各类教学及辅助用房4.65万平方米;探索实施了羊达校园“暖冬”工程,完成了教育信息化前期准备工作。

医疗卫生　县医院完成整体搬迁,县级公立医院改革试点工作全面推进,实行医疗救助“绿色通道”,推行“先诊疗、后结算”的优质医疗服务,进一步缓解了群众看病难问题,新农村合作医疗实现全覆盖,全年报销合作医疗资金1512.16万元,僧尼和农牧民免费健康体检率分别达到100%和99.7%。

文化事业　完成新华书店、县级民间艺术团排练场所、乡镇文化站建设,体制外争取北京援藏资金2000万元,实施堆龙德庆县文化活动中心项目,公共文化资源共享机制不断建立,公共文化服务体系持续完善。

社会保障　城乡低保金兑现率达100%,全面清理城乡低保户,规范低保户动态管理。完成县社会福利院项目建设,后续安置工作有效推进。完成160套廉租房及公租房建设,县城周边实现供暖,与拉萨城区全面对接。

“四业工程”　全年完成27期业务技能培训,实现重点项目劳务输出6490人,企业吸纳、自主创业转移劳动力3663人,人均收入达到8839元。发挥国家级餐饮服务安全示范县引领示范作用,食品药品监管力度持续加大。

【社会稳定】　2014年,堆龙德庆县全年投入维稳资金7052万元,加大人防、技防力度,全力做好常态和非常态下维护稳定各项工作。创新社会管理综合治理,巩固深化双联户工作,深入推进干部驻村驻寺工作。认真开展矛盾大排查、大调处工作,排查调处各类矛盾纠纷89起,化解率达100%。强化领导干部包村接访下访工作,办结群众来信来访108批,办结率达99%。加强民族宗教工作,全面落实民族宗教制度,推动民族宗教事务管理法制化建设。民族团结工作取得新突破,荣获“全国民族团结进步模范集体”。强化安全生产责任落实,吸取“8·09”“8·19”特大交通事故教训,不间断开展“打非治违”“六打六治”“大检查、大排查、大整治”专项活动,坚决遏制各类安全生产事故发生。

柳梧新区管委会

【基本区情】　柳梧新区位于拉萨河东南岸,是青藏铁路最重要的火车站—拉萨车站所在地,与拉萨老城区隔河相望,向北通过柳梧大桥,可直接进入拉萨老城区中心,并通过拉贡公路可达贡嘎机场;向东可与川藏公路相连,到达林芝、昌都等藏东地区,规划面积约为24平方公里,分北、中、南三个组团进行开发建设。

【概况】　2014年,柳梧新区完成地区生产总值17.72亿元,同比增长25.1%;税收从无到有,实现税收12亿元,同比增长40%;实现财政收入7.4亿元,同比增长40%;完成固定资产投入42亿元,同比增长55%;完成招商引资到位资金34亿元,同比增长60%;新增注册企业260家;农牧民人均纯收入达到10595元。

【基础设施建设】　2014年,柳梧新区固定资产投资累计达到100亿元,年均增长60%以上,结合现代化城市建设和实践需要,柳梧新区和中国移动合作,着手打造智慧柳梧建设,已经初步完成基础设施和骨干网络布置,到年底形成雏形;新区交通路网基本形成;水、电、气、供暖、通讯、学校、医院、商场等公共配套设施建成或在建,城市功能日趋完善,现代化城市雏形基本形成。

【招商引资】　2014年,柳梧新区现代要素市场体系基本建立,银行、证券、保险、房地产、矿业、商贸、物流、电子商务、商品交易所等各类企业相继入驻;非公经济不断壮大发展,工商登记等简政放权效果明显,新区注册企业总量达到1000家,经济可持续发展能力明显增强。

【民生改善】　2014年,柳梧新区累计投资2亿多元为村民办实事解难事,尤其8月份柳梧乡托管以来,管委会决定每年安排5000万以上的资金用于发展集体经济、乡村经济和改善村容村貌,并决定从当年开始建设美丽柳梧、美丽乡村,成立乡村环卫队,为每个村配备环卫车,结合净土健康产业栽种各种经济林木和花卉果木。在市政、物业、安保、车队等安排解决当地群众就业300余人,仅2014年柳梧车队收入就近亿元,有多户农牧民家庭收入过百万元。

【党建工作】　2014年,柳梧新区认真开展党的群众路线教育实践活动,聚焦“四风”、“两问题”、“一薄弱”、“三不够”方面的突出问题,扎实抓好规定动作，认真开展自选动作，使全体干部职工受到了一次深刻的思想洗礼，群众路线教育实践活动取得了实实在在的成效。

【强基惠民】 2014 年，柳梧新区自柳梧乡整体托管以来，柳梧大幅度提高了村居两委班子和基层干部群众待遇。两委班子人均工资达到 4.5 万元，两委正职达到 5 万元，比 2013 年均增加 2 万元；最低生活和公益性岗位收入达到 3000 元，比 2013 年月均增加 1000 元，到 2016 年力争达到 4000 元；村两委公用经费达到 20 万元，在此基础上专门安排党建活动经费 5 万元。

【维护稳定】 2014 年，柳梧新区坚决贯彻落实维稳“十项措施”，加大矛盾纠纷排除力度，把矛盾化解在基层，仅 2014 年就化解防范较大和多年积累的铁路、工程施工、土地、部队等信访问题 20 余件。

日喀则市

【概况】 2014年,日喀则市实现地区生产总值146.4亿元,同比增长10.6%,其中:一、二、三产增加值分别为28.09亿元、48.2亿元、70.11亿元,分别增长3.2%、16.7%、9.7%。地方公共财政预算收入累计完成8.14亿元,同比增长10.7%。全社会固定资产完成115.86亿元,同比增长8.5%。城镇居民人均可支配收入、农牧民人均纯收入分别达到21694元和6717元,分别增长7.5%和11.9%。实现社会消费品零售总额66.03亿元,同比增长12.9%。全市金融机构人民币各项存款余额达314.32亿元(不含西藏银行),比年初增加95.26亿元,增长43.49%;各项贷款余额达111.56亿元,比年初增加10.05亿元,增长9.9%。

【产业发展】 农牧业稳步发展 2014年日喀则市农业喜获丰收。改造中低产田17万亩,农田基础设施修复率达100%。农作物播种面积达129.48万亩,粮油产量达到40.58万吨,比2013年增产0.94万吨。牧业形势良好。认真做好接羔育幼工作,加强动物疫病防控,保证牲畜成活率,降低死亡率。新生仔畜174万头(只、匹),成活率91%,成畜死亡率控制在1.6%。农牧业产业化步伐加快,农业产业化经营龙头企业达到15家,实现产值4.9亿元,同比增长10.8%。虫草采集管理进一步规范、秩序井然,产量达336.14公斤,实现收入3203.4万元。

工业经济健康发展 召开首次工业工作会议,出台《工业企业发展激励办法》,优化服务平台,促进中小企业和非公经济健康发展,工业经济结构不断优化。已年检的三个矿山(宝翔、扎布耶、龙地)矿业总产值3.25亿元,上缴税收5435.68万元,雄村铜矿进入实质性开发阶段,珠峰冰川矿泉水扩大产能,高新雪莲年产60万吨新型干法水泥生产线投入试生产。2014年,完成工业总产值12.89亿元,同比增长12.1%。规上企业增加到10家。国有企业平稳运行,13家国有企业实现营业收入8876万元,同比增长7.98%,实现利润927万元,同比增长42.39%,上交税金978万元,同比增长19.85%。

三是旅游产业优化提升 突出"五位一体",围绕"神奇珠峰、神秘后藏、吉祥日喀则",进一步加大旅游基础设施建设,做好旅游景区景点等级申报,成功举办第十二届珠峰文化旅游节,积极参与西藏旅游文化国际博览会活动和旅游推介会,加大旅游宣传,提高日喀则知名度。启动了"十三五"旅游规划编制工作,为推动旅游工作转型升级、提质增效提供指导。2014年,全市新增3A级景区3处、2A级景区2处、1A级景区2处,接待游客310万人次,实现旅游总收入28.5亿元,同比分别增长36%、24%。

【项目建设】 2014年,日喀则市累计完成全社会固定资产投资115.86亿元,项目涵盖农林牧水、城镇基础设施、交通能源、产业发展、民生保障、生态保护、维护保障等领域。拉日铁路正式建成通车,相关配套设施建设进入收尾阶段。拉洛水利枢纽及配套灌区工程上马实施,城郊湿地保护与恢复工程开工建设,G318线至曲宗公路、日喀则市污水处理厂等项目进展顺利,北郊水厂、市第二职业技术学校等项目前期工作有序推进。实施援藏项目240个,累计完成投资8.06亿元,其中,山东省援建的年楚河生态橡胶坝项目、吉林省援建的贡觉林湖改扩建项目已经竣工,黑龙江省援建的科技宫项目正在开展前期工作,上海市援建的市人民医院新院区项目开工建设。

【城乡发展】 2014年,日喀则市坚持规划先行,认真做好城市总体规划工作,科学布局城镇化建设。2014年,完成了14个县县城总体规划和35个重点乡镇总体规划。大力实施小城镇建设,在萨迦县、江孜县召开旅游型城镇建设现场会议,明确方向,依托资源,借助旅游,丰富小城镇建设内涵,提升小城镇品位。积极建设市政道路、供排水、垃圾填埋场、污水处理厂等基础设施,城市综合承载能力进一步提高。投资24414万元实施了日喀则市、亚东县、聂拉木县污水处理厂建设项目,投资24064.98万元实施了13个县城垃圾填埋场项目。加大保障性住房和安居工程建设力度,大力实施美丽乡村建设,推进农村净化、亮化、绿化、美化建设,改变农牧区面貌,推动城乡互动、城乡交融、城乡一体发展。2014年,自治区下达保障性住房项目计划7558套(户),总建筑面积452430万平方米,国家和自治区财政补助资金42704.6万元,已开工7406套,累计完成投资8424.83万元。投资45315.54万元实施安居工程建设14481户,投资1625万元实施农村危房改造6500户,投资33624万元对358个村进行人居环境整治,进一步改善了群众生产生活条件。

【深化改革】 2014年,日喀则市以撤地设市为契机,稳步推进机构改革,转变职能,理顺职责,提高工作效率和服务水平。深化行政审批制度改革,简政放权,清理取消行政审批项目1项,下放5项,保留执行250项。坚持和完善农村基本经营制度,深化农牧区综合改革,白朗县自治区级农村改革实验区全面启动。大力发展农民专业合作和非公经济,各类专业合作经济组织发展到463家,资产总额达3.41亿元,实现经营收入1.78亿元,辐射带动17915户群众。全市个体工商户数达到29706户,从业人员达到16.53万人,注册资金总额85.13亿元;私营企业发展到1527家,就业人数达到4.9万人,非公经济组织税收达10亿元。大力实施"万村千乡市场工程",改善农牧区消费环境,投资3076万元,实施了434家农家店、4个配送中心和16个乡镇商贸服务中心项目。举办拉孜、桑珠孜两片区物交会,交易额6871.53万元;引导组织边境9县开展边贸活动,交易额1.1亿元。积极参加首届中国–俄罗斯博览会,与俄罗斯签订意向性协议11份,资金达3630万元。推进公立医院改革,完善公立医院用药管理、处方审核制度和对口支援制度,提高县级医院技术和管理水平。进一步加大招商引资力度,2014年共签订招商引资项目25个,协议资金147116万元,实际到位资金41596万元。深化对外开放,正式开通吉隆口岸,做好了印度香客接待事宜,加强对印、对尼双边交往交流,2014年边贸进出口总额达21.65亿美元,比2013年增长7%。

【民生改善】 2014年,日喀则市认真落实自治区"十大"民生工程,全年落实民生资金57.67亿元,大力推进各项社会事业发展,群众生活水平进一步提高。就业创业进一步推进,开展职业技能培训4408人,分配高校毕业生1300人,自主创业15人,开发公益性岗位1100个,城镇登记失业率控制在2.5%以内。农牧区富余劳动力转移就业30.6万人次,实现劳务收入6.5亿元。社保体系进一步完善,社会保障能力进一步加强,城乡居民养老保险、医疗保险等五大保险应保尽保。城镇、农村居民低保标准分别提高到540元/月、2150元/年,全年落实低保资金20860.65万元,兑现医疗救助、临时救助和特困学生资助资金共计3467.56万元。五保集中供养1330人,供养率为65%。关心关爱残疾人,积极推进残疾人事业,发放残疾人扶助资金33.36万元。积极推进商业性保险,实现保费收入11536万元,赔款支出5292万元,涉农保险实现全覆盖。扶贫工作进一步加强,实施整乡推进项目225个、面上扶贫项目96个、劳动力转移项目3个,认真开展扶贫建档立卡工作,预计完成36000户172800人的帮扶任务和11111户50000人的脱贫目标。教育发展水平进一步提高。大力实施义务教育均衡发展,积极推进学前"双语"教育,巩固提高义务教育,全面落实教育"三包"政策,加大教育事业投入力度,大力改善教育软硬件条件,努力提高教育教学质量。全市小学、初中入学率均达到99.9%,高中阶段入学率为75%。白朗县通过国家义务教育均衡发展评估验收,学前教育、职业教育、特殊教育发展成效显著。科技发展进一步加强。积极推进科技创新,加强良种改良推广,加快科技园区建设,进一步发展生产力。全市科学普及率达85%,科技对经济发展的贡献率达35%。医疗保障体系进一步健全。加大医疗卫生基础设施建设,稳步推进公立医院等级评审工作,健全公共卫生服务体系。大力实施卫生惠民工程,完成先心病儿童救治399例,城乡居民免费健康体检652752人,体检率为99.06%。积极加强结核病、鼠疫、地方病防治工作,提高疾病防控能力。文化广电事业进一步发展。江洛康萨文化产业发展公司正式成立,江洛康萨文化产业项目推进顺利,“魅力后藏”书系编纂工作有序开展,宗山博物馆布展工作顺利完成,13个县市(口岸)新华书店顺利建成,乡镇综合文化站、民间艺术团排练场正抓紧建设。全市广播电视综合覆盖率达98.09%和96.41%。投资12624万元实施“兴边富民”项目225个,投资3912万元实施少数民族发展资金项目57个,边境群众生产生活条件进一步改善。

【生态建设】 2014年,日喀则市始终坚守生态保护底线,因地制宜,优化布局,大力开展生态保护与建设,积极推进“两江四河”造林工程,实施了雅江北岸南木林生态示范区建设,扎实推进年楚河流域、G318沿线、拉日铁路沿线、萨迦古镇区绿化造林工作,加强防沙治沙、高原生态安全屏障建设和重点领域造林工作,进一步扩大绿化,改善生态,全年共完成造林40.8万亩。推进珠峰国家级自然保护区及雅江中游河谷黑颈鹤国家级自然保护区基础设施建设,加强日喀则城郊湿地保护,提高了保护能力。积极推进美丽日喀则建设,申报自治区级生态村53个。深入推进环境整治和监管工作,出台了《河道采砂管理办法》,制定了《河道采砂清理整顿方案》,加强对重点道路沿线河道采砂的清理整顿,严厉查处违法滥采行为。制定出台了《环境保护考核办法》,严格建设项目准入,严把生态环境关、产业政策关、资源消耗关,严禁“三高”项目进入。加大环境保护执法监管力度,处理环境安全事件5起。

【维稳举措】 2014年,日喀则市全面落实自治区维稳十项措施,强化维稳协调机制,深入开展“反自焚”斗争,牢牢掌握反分裂斗争主动权,严厉打击十四世达赖集团分裂渗透破坏活动。启动了与尼泊尔的边境县级友好关系建设,确保边境和谐稳定。城镇网格化管理深入推进,社会治安综合治理得到明显加强,2014年共打击刑事案件197起、治安案件1366起。驻村驻寺工作深入开展,批复“短平快”项目938个,投入帮扶资金737.32万元。“先进双联户”创建活动成效明显,表彰双联户先进集体72个,联户单位75个(包括699户)。深入开展爱国主义教育,广泛开展民族团结模范评选活动,促进了各民族交流交往交融。依法管理宗教事务,扎实推进寺庙管理法治化、规范化。寺庙“六建”、“六个一”、“九有”、“一覆盖”、“三保一低”等利寺惠僧政策措施全面落实,广大僧尼的国家意识、法制意识和公民意识不断增强。大力开展安全生产监管,特别是认真落实自治区“两限一警”举措,深入开展道路交通安全整治,实施了五家易燃易爆企业搬迁工程。全年无重特大安全生产事故发生,安全生产事故起数、死亡人数实现“双下降”。高度重视信访工作,深入开展矛盾纠纷排查调处,切实将矛盾纠纷化解在基层、化解在萌芽状态,坚决杜绝集体上访、越级上访现象。2014年全市共办理(接待)群众来信来访388批(件)3237人次,同比分别下降2.8%、3.4%;排查调处矛盾纠纷和信访突出问题160件。“六五”普法深入开展,法治日喀则建设进一步推进。

桑珠孜区

【基本区情】 桑珠孜区为日喀则市辖区,市政府所在地。属国家历史文化名城,位于西藏自治区南部、日喀则地区东部、喜马拉雅山北麓,总面积3700平方公里。全区辖2个街道、10个乡:城北街道、城南街道、曲美乡、聂日雄乡、曲布雄乡、联乡、甲措雄乡、纳尔乡、年木乡、东嘎乡、边雄乡、江当乡。区政府驻城南街道。

雅鲁藏布江贯穿东西,蜿蜒145千米,年楚河与之汇流。气候相对温和,具有明显的季风和干旱高原性气候特征。年均温度6.3℃,年降水量400毫米。318国道过境。名胜古迹有扎什伦布寺、夏鲁寺、恩归寺、俄尔寺及素有“小布达拉宫”之称的“基宗”遗址。

2014年6月26日,《国务院关于同意西藏自治区撤销日喀则地区设立地级日喀则市的批复》:同意撤销日喀则地区,设立地级日喀则市。原县级日喀则市改为桑珠孜区。

【概况】 2014年,桑珠孜区实现地区生产总值52.6亿元,同比增长14%;地方财政一般预算收入突破1.13亿元,同比增长17.9%;固定资产投资达22.79亿元,同比增长24%;城镇居民可支配收入、农牧民人均纯收入分别达22197元、9315元,同比增长11%、13%。

【农牧产业】 2014 年,桑珠孜区围绕农业增效、农民增收,加快推进品牌农业高地建设。推广"良田+良种+良法"种植模式。建设优质青稞生产基地 2 万亩、创建标准化粮油高产区 6.5 万亩、测土配方施肥示范区 10.8 万亩。推广"藏青 2000"、"喜马拉雅 22 号"等良种 15.7 万亩,良种覆盖率达 81.5%,粮油总产量超过 1.6 亿斤,先后被评为"全国粮食生产大县"和"全区粮食生产先进县"。推广"公司(合作社)+农户"模式。大力扶持龙头企业和专业合作社,农牧民专业合作社发展到 86 家,阿古邢巴、娘麦、藏雄等 3 家合作社被认定为国家级农民合作示范社。稳步推进农业机械化。加大农机具补贴力度,建成甲措雄乡比杂村农业机械化示范村,全区机耕、机播、机收率分别达到 78.6%、65%、60%。大力提升土地利用率。鼓励和支持土地承包向种粮大户、养畜大户流转,累计流转土地 8710 亩。

【工业产业】 2014 年,桑珠孜区努力适应经济发展新常态,推进特色工业重地建设。

推进园区经济发展 实施"一园两区"战略,构建具有日喀则特点的新型工业园区,北区明确新能源、新材料、制药、民族手工业的发展布局,园区北区初具规模,3 家企业投产运营,年产值 2.7 亿元,全区规模以上标准企业 4 家。

推进商贸物流发展 抓住吉隆口岸通商的机遇,依托火车站货运站着力面向南亚陆路大通道发展商贸物流产业和高原特色加工产业,编制完成了南区物流园区规划,成功引进商贸型企业 3 家、注册资金 1.7 亿元,达成投资意向企业 16 家、协议资金 58 亿元。

推进项目建设 "十二五"规划进展顺利,累计完成项目 62 个,剩余 16 个项目前期工作全部完成;《"十三五"桑珠孜区经济社会发展规划方案》完成初稿,项目涉及 6 大领域、10 个方面,规划资金 94 亿元;积极配合国家、自治区、市以及援藏项目落地建设,拉日铁路、市人民医院、电视塔、明珠湖改造、橡胶坝等一大批项目进展顺利。

【服务产业】 2014 年,桑珠孜区依托"一峰三线三口岸"等旅游资源和"五大环游线"核心区优势,推进生态旅游胜地建设。

提升旅游品牌形象 打造效益高、带动广、精品化的旅游线路和旅游产品;连续举办两届生态林卡节,累计创收 403 万元;投资 100 万元,开启年木乡后藏民俗旅游第一村建设;2014 年接待国内外游客 78 万人、实现旅游收入 3.8 亿元,同比增长 10%、18%;鼓励发展非公有制经济,各类市场主体发展到 10716 户,注册资金 17.3 亿元,社会消费品零售总额达 15 亿元,同比增长 13%。

切实改善生态环境 完善环保规划,协助上级有关部门实施《西藏生态环境功能区规划》编制工作。推进饮用水源地保护、湿地保护项目,实施湿地保护、退耕还林、护林造林、黑颈鹤保护等生态项目,被确定为"全国生态保护与建设示范区"。

【文化事业】 2014 年,桑珠孜区加快推进后藏文化强地建设。

狠抓文化惠民 投资 240 万元实施区新华书店项目,投资 935 万元建成乡级文化服务中心 11 个,实现农家书屋及广播电视全覆盖,完成电影放映 5800 余场次,观众达 49.5 万人次;推进《魅力后藏》书系的编撰工作,投入援藏资金 50 万元成立"格桑花"民间艺术团,成功举办首届日喀则市青年歌手大赛、广场舞比赛、书画摄影比赛等赛事,丰富群众文娱生活。

唱响主旋律 深入开展社会主义核心价值观、"中国梦"、"老西藏精神"等主题宣传教育,开展各类宣讲 380 余场次,大型文艺演出 16 场次,受教群众 8 万余人次;深入推进精神文明创建评选活动,评选出自治区文明乡镇(单位)3 个、文明户 56 个;加强新闻宣传报道,完成全区 12 个乡(街道)亮点工作的拍摄任务,协助《遍地格桑花》、《雪域飞鸿—寻找基层最美的人》、《新旧西藏对比》等栏目的拍摄;协助青岛市采访团完成青岛市援藏二十周年新闻报道活动等。

发展文化产业 推进江洛康萨文化产业项目,争取和申报文化产业项目;推进民族手工业园建设,加大民族手工业扶持力度,打造富有后藏特色文化的精品产业;推进全国文物普查工作,实施非物质文化遗产保护工作。

【城镇建设】 2014 年,桑珠孜区按照"一城、两线、五乡、多点"的城镇化发展思路筹城乡发展,在市区整合资金 4.22 亿元,实施市政道路、街景改造和供排水管网改造;累计投资 2.7 亿元,改造市区巷道

102.3公里；投资2.7亿元，实施“六化”(净化、亮化、绿化、硬化、美化、规范化)项目14个，城区面貌大为改观。在乡村，318国道、204省道沿线乡城镇化规划进展顺利，以斯玛占堆村为重点的新农村建设成效突出，农村综合环境整治全面推进，乡村面貌焕然一新。加强城乡一体化发展进程，城区面积扩大到24.6平方公里，人口增加到11.7万人。

【维稳举措】 2014年，桑珠孜区全面维护社会稳定，贯彻落实区党委“十项维稳措施”要求，开展创先争优强基惠民活动，夯实基层维稳基础；深入网格化服务管理，充分发挥“双联户”的“联户增收、联户平安”作用和36个便民警务站“便民服务、维稳处突”职能；开展民族团结进步创建活动，并对首次民族通婚家庭予以表彰，江洛康萨社区荣获国家级民族团结进步模范集体、青岛市第七批援藏干部组荣获自治区民族团结进步模范集体；加强和创新寺庙管理，实现干部驻寺常态化，落实“六个一”“九有”“一覆盖”“一创建”“一教育”“一工程”等利寺惠僧措施，依法依规管理宗教事务，确保藏传佛教秩序正常。

【民生改善】 2014年，桑珠孜区整合资金2.8亿余元实施10项40件“区办实事”项目，60岁以上老年人免费乘坐公交车，中小学生免费接送等惠民举措全面落实，让各族群众共享改革发展成果。

【教育事业】 2014年，桑珠孜区通过国家“两基”验收，中小学入学率分别达到98.7%、97.8%，2014年创造了考录内地初中西藏班学生39人的历史新高；大力发展学前教育，开办乡村幼儿园(学前班)43所(个)，幼儿入园率达61%；加快教育信息化建设，成为全市第一个开通校园网的县(区)。

【医疗服务】 2014年，桑珠孜区健全区、乡(街道)、村(居)三级卫生服务体系，新建区卫生服务中心，打造甲措雄乡标准卫生院，“一村一卫生室”的目标全面实现；新型农村合作医疗覆盖率达100%，各种防疫疫苗注射密度达96%以上，为全体城乡居民和寺庙僧尼提供免费健康体检服务。

【社会保障】 2014年，桑珠孜区城乡养老、失业、生育、工伤、医疗保险制度初步建立，农村新型养老保险实现全覆盖，各险种参保率达到95%以上；建成城镇保障性住房1290套，公租房168套，有效解决了城镇困难家庭的住房问题；连续2年实施整乡推进扶贫开发项目，帮助836户、3194名群众脱贫；落实应往届大学生、退伍军人就业安置政策，引导农村富余劳动力转移，城镇登记失业率控制在2.6%以内；完善社会保障机制，投资1200万元建设的“五保户”集中供养中心基本完成，集中供养率达66.1%。

【基础设施】 2014年，桑珠孜区累计完成农牧民安居工程7882户，惠及农牧民群众39000余人；实施了一大批小型农田水利设施项目，修建水塘17座、水渠40余公里；累计投资17.6亿元，铺设道路51条、754.3公里，实现农村(通寺)道路全部通达；农牧区人畜饮水安全工程覆盖率达100%，建成农用沼气池3856座，建设牲畜暖棚52座。

江孜县

【基本县情】 江孜，藏语意为“胜利顶峰，法王府顶”。江孜县位于西藏自治区南部，日喀则市东部，雅鲁藏布江中段南侧年楚河上游河谷地带。东起乃钦康桑雪山，西连白朗县，南邻康马县，北接仁布县、桑珠孜区。全县总面积3800平方公里，平均海拔4100米。县辖18个乡1个镇，152个行政村3个居民委员会，全县总人口7.2万人，城镇规模4.8平方公里。1996年被国务院批准为全国历史文化名城，是著名的“英雄城”，县域内有宗山抗英遗址、白居寺、帕拉庄园、乃钦康桑雪山等旅游景点，也素有“西藏粮仓”、“卡垫之乡”的美誉。江孜县是一个以藏族为主体的少数民族地区。广大藏族以信仰藏传佛教为主，其主要教派有格鲁派、噶举派、萨迦派、宁玛派、普鲁派和苯教，共有寺庙32座。

【概况】 2014年，江孜县实现地区生产总值14.74亿元，同比增长12%；完成全社会固定资产投资3.6975亿元；财政收入2594万元，同比增长15%；农牧民人均纯收入达到8801.53元，同比增长11.5%。

【农牧业发展】 2014年，江孜县农作物实播面积达16.19万亩，粮经饲种植比例为58:20:22。藏青

2000、喜拉22号等良种推广5.5万亩。启动了3.39万亩高标准农田建设。全年粮油总产量为13948.5万斤，新生仔畜成活13.2万头（只、匹），成活率90%。黄牛改良完成12307头，绵羊改良完成21930只，绵羊短期育肥完成70080只。肉类产量672万斤，奶产量17400吨，绵羊毛、山羊绒、牛绒产量分别达到140.2吨、3.28吨、47吨。

【特色产业】 现代农业方面 2014年，江孜县把红河谷现代农业示范区建设作为推进“现代农业立县”的重要突破口和抓手，按照“立足西藏，面向全国”的战略定位，着眼建设具有辐射与集聚功能的种苗基地、农业机械化和物流加工基地、西藏和上海农业科技集成创新基地、西藏高原特色农产品展示展销基地，高起点规划，高标准建设，高效率推进。已投资3400万元完成一期工程建设。现代化育苗厂、高效日光温室、藏药种植区、生态餐厅等部分功能区已投入生产，初步形成集生产、加工、运输、餐饮、休闲为一体的示范区雏形。同时，江热乡西瓜栽培、食用菌生产、扎西洁白绿色压缩饼干等特色产业产量进一步提高。全县农业机械化推广率高达64%。

文化旅游业方面 全面启动江孜古城4A级景区和生态旅游示范县申报工作。在现有景区景点的基础上，深度挖掘历史文化资源，高标准开发自然生态资源，重点实施了帕拉庄园复原工程、紫金湿地开发工程、宗山抗英纪念馆改造工程。上海市第七批援藏江孜小组投资5000余万元，充分利用江孜独特的文脉、地脉、人脉，以宗山古堡、白居寺和祭祀山为背景，倾力打造全区第一个县级原生态实景剧《江孜印迹》，有效地促进了江孜旅游从“过境地”到“目的地”的转变。2014年，江孜县旅游总人数达到16万人次，旅游总收入达3600万元，其中农牧民群众参与旅游收入980万元。

民族手工业方面 以藏改谢玛氆氇加工、卡麦陶瓷、江孜地毯为主的民族手工业发展迅速，逐步形成了“公司+合作组织+农户”的特色手工业发展模式，有效地拓宽了农牧民群众增收渠道。其中，卡麦乡陶瓷制造已经形成农牧民合作组织，并把第一批定制的3000个陶罐完成交付，总收入达10万元。日朗红玉石、卡若拉冰川矿泉水开发勘探有序开展。

【民生改善和社会事业】 安居工程、人居环境建设 2014年，江孜县农牧民安居工程建设任务为771户，其中贫困户198户、普通户573户，已完成建设670户，占全年目标的87%，11月底全部完工。农牧民安居工程建设项目上预制板已制作9360个。32个行政村人居环境建设和环境综合整治工程已全部完工。

教育事业 基础教育不断巩固，小学适龄儿童入学率达到99.74%以上，巩固率达到100%。初中毛入学率达到100.98%以上，巩固率达到99%以上。幼儿园在园人数达到1531人，学前教育毛入园率达到82.80%以上。2014年高考上线人数高达516人，其中本科上线人数达到260人，高考总上线率90.56%。发放援藏贫困大学生救助资金30万元，解决了部分困难家庭学生上学难的问题。

医疗卫生 2014年，县人民医院二级甲等医院创建通过自治区评审。农牧区医疗制度参合率达99.9%，共筹资129.63万元。城乡居民健康体检人数达68500人，体检率达到97%；在编僧尼健康体检人数为387人，体检率达97%。筛查先天性心脏病1000人，确诊2人。落实优生优育政策，完成了180对待孕夫妻体检工作。完成57例疑似先天性髋关节脱位矫治工作。组织医务人员深入乡镇开展了农村妇女“两癌”筛查工作。

社会保障 2014年，新型农村养老保险参保人数达到33563人，参保率达到98%，征缴新型农村养老保险金333.9万元，征缴率达到98%，发放60岁以上基本养老金620万元，基本养老金发放率达到100%，城镇居民社会养老保险参保人数(含僧尼)达到1590人，参保率达到92%，征缴城镇居民社会养老保险金19.44万元，征缴率达到93%，发放60岁以上城镇居民基本养老金41.76万元，城镇居民养老金发放率100%。新型农村养老保险统筹满60岁及以上享受养老金待遇人员5305人，将新型农村养老保险60岁以上人员的基础养老金提高到120元/人/月，并从1月起开始兑现。95名退休人员共调整基本养老金31108元。全县476名在编僧尼全部纳入社保统筹体系，统筹金额490.49万元，征缴基本养老保险金490.49万元。2014年，在册生育保险参保人数达2484人，统筹金额67万元；失业保险参保1464人，统筹金额 257 万元；工伤保险参保 2743 人，统筹金额 67.62 万元；城镇职工基本医疗保险参保人数达 3023 人；城镇居民基本医疗保险参保人数达 1596 人。累计发放城镇低保金 243.11 万元；农村低保金 333.86 万元；足额兑现 116 名五保户供养金 17.57 万元；全县城乡医疗救助累计救助 508 人(次)，累计医疗救助资金支出 136 万元。下拨 33.85 万元口粮款和 16.67 万元的临时救灾款；为流浪乞讨人员、贫困大学生发放救助金近 58 万元；兑现退役士兵优待金 66.6 万元；累计发放优抚慰问金 17.6 万元。

城乡居民就业　投入资金 112 万元，共开展技能培训 5 次，就业咨询 174 人次，发布就业信息 6 次，职业指导 200 人次，培训人数 305 人次。完成劳务输出 20152 人次，收入达 9280.3 万元。

科普工作　围绕“加强科普宣传、提高科学素质”主题活动，全年开展科技下乡活动 8 次，共发放科技普及资料 15000 余份。先后选派 6 名分管科技部门领导和工作人员前往上海、藏大农牧学院等地开展科技知识更新培训；邀请沈阳食用菌专家、自治区农科院专家开展科技技能培训，参训人数达 500 余人次。

生态环保　全完成重点区域植树造林 1016 亩，荒山荒地造林和防沙治沙 5000 亩，封山育林 2000 亩，维护 7700 亩林地。育苗 250 亩，165 万株。继续进行曲龙沟水源保护、日朗沟上游水土保持项目；投资 140 万元实施 14 个农村饮用水水源地进行试点性的保护项目。关停 8 家砂场，清查和办理 9 家砂石场的相关手续。进一步加大对集中式饮用水源和县域主要河流、水库水质及县城空气质量的监测频率。

“八件实事”　2014 年，江孜县筹措资金 1830 万元，实施“八件实事”民生工程。乡镇卫生院设施完善、偏远乡完小完善、特困家庭住房改造、偏远放牧点太阳能照明购置等项目建设已完成 80%以上。

【项目建设】　2014 年，江孜县开工项目建设 85 个，完成投资 4.3 亿元。

交通方面　日亚线(S204)岔口至康卓乡公路、浪江线(S307)岔口至日朗公路完成总工程量的 85%。金嘎乡至白朗县杜群乡公路、纳如乡纳恰公路、日雪自然村公路已开工建设。龙马乡达龙村至康马县涅如麦公路、江热乡卡姆寺公路工程已完工。

水利方面　投资 7851 万元分别实施了年河部分干流的治理工程，江孜县电站引水渠道维修项目，20 个小型水塘、引水管道、引水渠道修建工程，日朗沟上游水土保持综合治理工程，重孜乡水土保持项目。由援藏投资 1200 万元的 27 个点高标准饮水安全工程项目前期工作已完成，9 个点已实现通水。

农牧方面　投资 955 万元建设 115 座温室大棚、195 座新型农村沼气。

农发扶贫方面　投资 1710 万元，实施第一批面上扶贫项目 2 个，第二批面上扶贫项目 9 个，整乡推进项目 10 个，劳动力转移扶贫项目 1 个。

科技扶持方面　实施 2013 年总投资达 494.42 万元的项目 21 个。

“两房”方面　投资 1617.81 万元建设 170 套公租房已开工。投资 1059.68 万元的 80 套廉租房 10 月底完工。投资 838.78 万元建设 66 套职工周转房已完成发布招标公告。

棚户区改造方面　投资 724 万元，实施 286 户棚户改造。

招商引资方面　蓝青稞推广和卡麦陶器加工项目共招商引资 115 万元。光伏发电站建设项目已初步达成投资协议，总投资 5 亿元，正在申报过程中。

【财政收入】　2014 年，江孜县财政各级各类收入完成 2594 万元，比 2013 年增收 338 万元，同比增长 15%。其中，税收收入 2164 万元，比 2013 年增加 230 万，同比增长 11.89%；非税收入 430 万元，比 2013 年增加 108 万元，同比增长 33.54%。2014 年财政支出 67536 万元，同比增加 6285 万元，同比增长 10.26%。

【受援工作】　2014 年，江孜县共投资 7644 万元实施了涉及文化旅游业发展、城镇建设、卫生事业、教育事业等多个领域的项目 16 个。通过“走出去、请进来”的方式，先后选派农牧、卫生等部门工作人员 200 余人次前往上海开展业务技能培训；邀请上海方专家来江孜县开展有关文化旅游业、卫生事业发展等一系列讲座 10 余次。

【维稳举措】　2014 年，江孜县做好各敏感时段的维稳工作。加强辖区重点目标单位的安全管理和防范检查力度，加强巡逻检查和社会面控制,设卡堵截,及时查处可疑车辆和人员,确保全县社会局势的稳定。加强寺庙管理,寺庙管理创新工作不断深化,确保敏感期间和传统佛事活动期间寺庙的绝对安全与稳定。充分调动综治专职人员、治保员、调解员、司法助理员、民兵等基层治安力量,组建治安联防队,加强了治安管理。社区矫正工作创新开展,在江孜成功举办了全区社区矫正工作现场培训会议。着力打牢“六五”普法工作,“民主法治村”创建率达45%。认真办理来信来访,全力维护劳动者权益。全年共受理劳动纠纷案5件,涉及工资60余万元,其中正在协调解决4件。提供劳动法律知识咨询43次。驻村工作扎实开展,全年共落实为民办实事项目140个,涉及资金2445万元。“双联户”工作扎实推进,平安与发展并进,双联户各阶段工作的扎实开展。加强安全生产、食品安全和交通安全等工作,全年无一起特重大安全事故。推动工青妇等人民团体工作,举办“弘扬爱国主义精神,纪念江孜抗英110周年”演讲暨征文比赛。青年劳动力转移4500余人次,推进“青春建功新农村”活动。落实党的群众路线。加强政府自身建设,严格执行中央“八项规定”和自治区“约法十章”。推行政务公开,严格控制“三公”经费,有效降低行政运行成本。2014年,政府“三公”经费支出488万元,比去年同期减少13.52%。

白朗县

【基本县情】 白朗,藏语意为“两姓氏名”。白朗县地处西藏自治区南部,南北长约120公里,东西宽约50公里,总面积2758.98平方公里,平均海拔4000米以上。全县地势南高北低,山峦起伏,沟壑纵横。按顺时针方向分别与桑珠孜区、江孜县、康马县、亚东县、岗巴县及萨迦县接壤。

白朗县辖2镇9乡,111个行政村。全县总户数7089户,人口4.7万人,其中农业人口40845人,非农业人口2210人,牧业人口3916人。

白朗县是自治区粮食主产县和国家级蔬菜标准化种植示范区,同时也是国家现代农业示范区、国家农业科技园区核心区、自治区农村改革示范县,现有大棚蔬菜、优质青稞、农区畜牧业和传统民族手工业等四大支柱产业。

【概况】 2014年,白朗县实现地区生产总值6.9亿元,同比增长13%,人均生产总值14508元,三次产业比例优化为32:27:41;农牧民人均纯收入达8435.99元,同比增长16.5%,其中,现金收入5820.83元,占69%。公共财政预算收入完成1312万元,同比增长16%;税收收入完成1545万元,同比增长19%;固定资产投资完成4.72亿元,同比增长17.4%;社会消费品零售总额达到7410万元,同比增长8%。

【产业建设】 农机作业 2014年,白朗县共落实农机购置补贴750万元,补贴购置各类农机具1696台(套),全县农机总量增至16209台(套);完成机耕11.7万亩、机播10.2万亩、机收8.3万亩,分别占总播种面积的92%、80%和65%。

农村改革 作为全区4个自治区级农村改革试验区之一,先期在巴扎乡乃琼村开展了农村土地承包经营权确权登记试点工作;现已完成全县农村经营主体调查;建立完善了三级农技服务体系。

粮油产量 全县农作物播种面积12.78万亩,粮经饲三元比例调整为66:21:13;通过落实各项稳产增产措施,2014年粮油总产达10071.4万斤,比上年增加14.24万斤。

蔬菜产业 全年新增61座大棚,现有蔬菜大棚5418座,蔬菜种植面积1.17万亩,果蔬品种达116个;推广蔬菜标准化种植3000亩,申报认证无公害蔬菜品种15个,无公害产地认证完成2万亩,成功举办“白朗县第四届蔬菜采摘节”;举办蔬菜培训班10期,参训4120人次。

畜牧产业 全县牲畜存栏24.9万头(只、匹),同比减少470头(只、匹),其中,适龄母畜存栏13.47万头(只、匹);牲畜总增6.65万头(只、匹),总增率26.65%;牲畜出栏9.27万头(只、匹),出栏率37%;成畜死亡率1.3%,幼畜成活率83%,畜产品商品率45%。六是惠农政策全面落实。共落实各项强农惠农资金1548.43万元,其中能繁母猪补贴12.83万元、良种补贴150万元、农机购置补贴750万元、草原生态奖励补助605.6万元、牲畜良种补贴30万元。

【项目建设】 社会生产安全有序 2014年,白朗县共发放各类安全生产宣传资料3.2万份,妥善处理机动车辆非法改装上访事件,开展安全生产检查762次,出动执法人员3650人次,实现了事故起数和死亡人数“双下降”。

基础建设稳步推进　全年共实施各类项目93个，完成固定资产投资4.72亿元；建设公租房、廉租房290套，总投资2656.75万元；完成扶贫农发项目31个、投资5574万元；完成嘎东镇高标准农田建设项目，投资948.62万元；农村危房改造769户，完成30个行政村人居环境综合整治；实施交通项目4个，完成投资3750万元；完成水利项目投资2568.8万元

援藏项目成效显著　实施援藏项目9个，完成投资5472万元；其中，市政道路改扩建及绿化亮化项目投资1916万元，觉如村等3个新农村建设投资1584万元，县委党校投资780万元，县城入口景观工程投资654万元。

妥善处理嘎东洪灾　嘎东镇“7.25洪灾”共造成11个行政村1206户7460人受灾，207户群众房屋受损，直接经济损失2090.4万元。为此，县委、政府投入大量人力财力物力，妥善安置受灾群众，灾后集中安置项目总投资1442万元，53户民房主体建设已完工。

【招商引资】　制定完善相关规划　2014年，白朗县“十三五”规划全权委托中科院编制，现已基本编制完成；聘请山东鲁建规划设计院对《白朗县城发展总体规划》进行全面修编，待区、市两级审查后全面实施；进一步完善全县土地利用总体规划，已上报自治区等待批复实施。

园区建设步伐加快　“日喀则国家农业科技园区”机构、编制、人员已到位，积极争取批复项目3个，投资288万元；上报待批项目9个，总投资1.98亿元。

招商引资取得突破　与西藏鼎誉医疗器械有限公司签订5000万元合作协议，已完成公司注册手续。

【生态建设】　加强生态环境保护　2014年，白朗县完成曲奴乡昂嘎村封育任务2000亩，在全县6个乡镇种植沙棘14.7万株，人工造林803亩，播撒草种2400斤，土工网格固沙300亩；投资100万元实施了10个乡村水源地保护项目，饮用水质量得到改善。

优化县域发展环境　对济南大街、洛江路和日江公路县城段进行了绿化、亮化改造，安装太阳能路灯88盏，增设交通信号灯2处；新增绿化隔离带2920米，铺设人行道面砖3564平方米；对15家河道采砂企业进行了整顿治理，制定了《白朗县采砂采石和取土管理暂行办法》，乱采乱挖问题得到有效解决。

【民生事业】　义务教育均衡发展　2014年，白朗县协调资金7810万元，对12所义务教育学校进行改扩建，现已全部竣工并交付使用；自筹资金170万元为者下乡小学等5所学校实施了无塔供水项目，投资300万元对各学校仪器设施等进行了全面升级；经过不懈努力，白朗县在日喀则市18个县(区)中第一个实现了“义务教育均衡发展”目标。

社会保障不断健全　干部职工医疗保险参保1977人，其中，在职参保1747人；1282户5046人纳入城乡低保，发放低保资金747.13万元；发放临时生活救助金4.65万元，救助44人次；发放医疗救助金120万元，救助310人次；发放教育救助金、老龄人员(80岁以上)寿星补助、流浪乞讨人员、孤儿、五保户等补助资金155.29万元。

劳务输出成效明显　积极开发公益性岗位，安置72名城镇人员就业；实际完成劳务输出2.35万人次，实现总收入4168万元；争取培训经费128万元，培训397人，培训合格率98%、就业率75%。

医疗服务水平提高　重点加强乡村医务人员管理，精简合作医疗报销流程，兑现资金1230万元；发放健康知识宣传资料1799份，孕产妇住院分娩率和农牧民健康体检率分别达96.5%和98.3%；药品资金与合作医疗基金分账管理，药品以周转金形式单独运行，100%参加地区统一招标采购，严格执行药品零差率销售。

文化广电全面覆盖　白朗县政府投资15万元，精心设计布置宗山博物馆白朗展厅；积极参与《魅力后藏》系列丛书编纂，全书用16万字描绘了魅力白朗；为11个乡镇文化站分配工作人员28名，统一配备活动设备；将全县21座寺庙列为县级文物保护单位，参卓林寺和谢珠林寺被列为自治区级文物保护单位。

科技事业不断进步　累计编制和报送科技项目8个，开展科技培训44期2.44万人次；新增特派员53名，总数达到141名，制定并通过《白朗县农业科技特派员管理考核暂行办法》，据此兑现特派员补助44万元。

民营经济健康发展　白朗县共登记注册内资企业13家，注册资金

914 万元,从业人员 111 人;私营企业 130 家,注册资金 14309.95 万元,从业人数 3142 人;个体工商户 790 户,注册资金 1051.9 万元,从业人员 1843 人。

【维稳举措】 群众路线活动 2014 年,白朗县针对转变作风服务群众、维护稳定治标治本、改善民生促进增收、农村改革先行先试、义务教育均衡发展等问题,政府领导班子共征求并整改落实意见建议 20 条。

社会服务管理 积极推行城镇网格化管理,充分发挥便民警务站的服务管理作用;成立“县城综合管理执法大队”,济南援藏和县政府每年共同列支 150 万元专项经费,县城管理水平明显提升;为 6 个乡镇派出所派驻警力 36 人,在区公安厅和济南援藏的支持下,为公安系统配备警务用车 17 辆。

寺庙管理服务 将原有 15 个驻寺机构整合为 13 个,其中,管委会 9 个、特派机构 4 个,均配备了交通工具,共派驻干部 80 人;解决了 83 户僧舍维修改造资金 66.4 万元,新增 64 名低保僧尼,至此,全县 242 名持证僧尼已全部享受上述待遇;援藏投入 200 万元为寺庙建设集体食堂和澡堂,已全部建成并投入使用;为 238 名僧尼进行免费健康体检。

普法工作 推进“六五”普法,通过“法律七进”等方式进行宣传教育引导,群众法律意识普遍提高;顺利通过全区“六五”普法中期考核。

亚东县

【基本县情】 亚东,藏语意为“旋谷、急流的深谷”。亚东县地处北纬 27°03′—28°18′,东经 87°55′—89°02′,东面与不丹接壤,西、南面与印度锡金邦毗邻,北面与境内的康马、岗巴、白朗三县相邻,边境线长达 290 公里,通外山口(通道)45 处,为典型边境县。县域总体呈北宽南窄,北高南低的阶梯形地貌,全县总面积 4240 平方公里,平均海拔 3400 米。亚东县有森林 55 万余亩,灌木 60 万余亩,天然草场 1000 万余亩,耕地 1.18 万亩。

亚东县辖 5 乡 2 镇,25 个村(居),67 个自然村。2014 年底总人口 13368 人,其中藏族人口占 98%以上。亚东县距日喀则市区 300 公里,距拉萨 480 公里。县城驻地距边境一线的乃堆拉山口 31 公里,由亚乃公路相连。由该山口出境,距印度锡金邦首府甘托克仅 48 公里,均有良好的公路相连。

【概况】 2014 年,亚东县实现地区生产总值 4.04 亿元,同比增长 6%;全社会固定资产投资完成 4.93 亿元,同比增长 12%;社会消费品零售总额完成 1.06 亿元,同比增长 5%;边境互市贸易额完成 1.3 亿元,同比增长 12.5%;地方一般公共预算收入完成 4662 万元,同比增长 17.1%;农牧民人均纯收入完成 6995.16 元,同比增长 9.2%;城镇登记失业率控制在 2.1%以内。此外,全县教育、卫生、文化、社会保障、城镇化等稳步发展,社会局势持续和谐稳定。

【城镇建设】 2014 年,亚东县抓住“9·18”地震灾后重建带来的新机遇,认真贯彻落实地委、行署《关于加快推进亚东县城镇化建设的意见》及“把亚东打造成全区城镇化建设的先行县”的定位要求,按照先易后难的原则,突出抓好帕里镇、下司马镇建设,积极推进上亚东乡撤乡建镇,打造了以“三岗”为代表的新型城镇,以帕里镇为代表的美丽高原新型城镇,以夏日村为代表的美丽乡村,基础服务设施有序跟进,完成了重建任务,灾区群众的生产、生活达到并超过了震前水平。委托实力强、资质高的设计单位对亚东城乡总体规划和控制性详细规划进行修编和制订。年内,全县城镇化率已达到了 60%。同时,对城镇街道、巷道内乱搭建、乱摆摊、乱停车等现象进行了专项治理,提高了城镇综合管理能力和服务水平。

【农牧业发展】 2014 年,亚东县充分利用农闲时期,落实投资,改造低产田 2000 亩,治理坡耕地 500 亩。积极修复受损的各类农田水利设施,维修引水渠 67 条,水塘 8 座,农田水利设施修缮率达 100%。加快农牧基础设施建设,新开工农牧业项目 4 个,总投资达 3075 万元,开复工项目 2 个,总投资 963.98 万元。

抓为农服务,落实日喀则市下达的第一批农技购置补贴,补贴资金 100 万元,目前已完成农机购置补贴和资料登记造册存档。已调运化肥 150 吨,各类农药 0.25 吨。

不断健全农牧业防抗灾体系,调整充实了县乡防抗灾工作领导小组,做到县有指挥协调系统,乡(镇)有落实机构,村(居)有突击队,县乡两级防抗灾工作机构已达8 个,有成员 114 人。先后投入资金 938.96 万元新建了暖棚圈 109 座。储备盐巴5.7吨，颗粒饲料30吨，常用兽药126箱，群众自筹储备青饲料3250吨，并计划筹备油饼50吨，麦麸50吨，饲草10吨，提高畜牧业抗风险能力。

开展接羔育幼工作，派驻兽医人员，加强为牧服务。2014年，新生仔畜28931头(只、匹)，成活23851头(只、匹)，成活率较去年同期下降12.9%，成畜死亡5482头(只、匹)，死亡率达6.08%，主要原因是受2013年10月15日雪灾影响，2014年接羔育幼期间新生仔畜体弱且母畜缺奶，导致大量新生体弱仔畜及成畜死亡。春秋两季动物免疫密度达100%，“O”、“A”型口蹄疫免疫率达100%，实现全县无疫情。

落实良种推广工作，调运粮食种子27.24万斤，调运土豆良种39.7万斤，油菜种子4440斤。

及时完成春耕春播，完成农作物播种面积13350亩，粮、经、饲比例调整为44:21:35，其中粮食播种面积5882亩，经济作物播种面积2761亩，青饲料播种面积4707亩，年内粮食作物产量达到300万斤，蔬菜产量达到300万斤，青饲料产量达到550万斤。

狠抓支农惠农政策落实，已举办农村户用沼气等农牧区适用技能培训600人次;2013年总投资296.27万元的500口农村户用沼气项目，已全部完工，完成投资100%;年内，已完成全县年末牲畜清点和数据核算工作，并顺利通过区市两级验收，已发放草补奖资金921.27万元(其中牧草良种补贴3.6万元，纯牧户生产资料补贴61.5万元，草畜平衡及禁牧补助724.02万元，天然草场监督员补贴132.3万元)。

【项目建设】 2014年，亚东县成立县项目办，加大项目建设力度，共实施项目70个，项目总投资6.2亿元，已完成3.96亿元，约占投资总额的53.64%。其中，堆纳乡实施项目5个，总投资为4103万元;吉汝乡实施项目3个，总投资为599.02万元;康布乡实施项目3个，总投资为250万元;上亚东乡实施项目12个，总投资为4662.43万元;下亚东乡实施项目3个，总投资为2260万元;帕里镇实施项目13个，总投资为14454.17万元;下司马镇实施项目16个，总投资为20157.76万元;综合实施项目15个，总投资为15558.23万元。

【招商引资】 2014年，亚东县以加强招商服务中心工作为重点，加大服务力度，重点围绕藏白酒加工、曲美辛谷矿泉水开发、出租车公司筹建等开展工作，促进特色产业、服务业等多领域招商，逐步实现以招商促就业、促增收、促发展。通过招商引资县财政实得收入1800万元。

【民生和社会事业】 2014年，亚东县落实各项惠民政策，坚定不移地发展民生事业，不断提高保障水平。

教育事业 调整充实中小学校领导班子和师资队伍，教育“两基”成果得到持续巩固，城乡教育均衡发展工作健康推进，“三包”政策和控辍保学联系点制度得到持续落实，推进平安校园创建，教育事业得到了发展。2013年投资1215万元的5个乡(镇)幼儿园建设项目，正在等待招投标;2013年投资770万元的堆纳乡7个村级幼儿园建设项目和投资1500万元的实验小学重建项目，主体工程已全部完成。4名教师通过了初级、中级、高级职称评审，培训教职工达80人次，落实“三包”、“营养补贴”等教育经费488.5万元。小学辍学率为0%，初中辍学率降至0.02%。小学入学率实现了100%，初中入学率提高到99.98%，小学升学率达100%，初中升学率达68%。

社会保障 养老保险、失业保险、医疗保险、工伤保险、生育保险覆盖范围不断扩大，参保人数逐步增加。2014年农牧民应参合人数10112人，实际参合9753人，参合率达96.45%。建立家庭账户2863册，建账率达98%。人均筹资达到20元，各级财政出资423.71万元，总筹资443.22万元。年内，全县产妇116人，活产92人，兑现住院分娩补助2650元，叶酸服用率为59%，全县育龄妇女3372人，累计开展计划生育措施709人，累计综合节育率达到87.3%;兑现“一孩双女”困难家庭及独生伤残子女家庭扶助资金13.91万元;健全农牧民和在编僧尼健康档案，建档率达99.3%;累计为农牧民(居民)健康体检8357人次，体检率为77%;为在编僧尼健康体检34人次，体检率为98%。筛选先心病例564例，未发现疑似病例;巡回医疗诊疗450人次，免费发放各类药品4850元。

食品药品监管 2014年，累计出动行政执法检查9次，执法人员25人次，执法车辆4台次，下达整改通知书23份;发放餐饮服务许可证 29 份。

加强社会保障　城镇居民养老保险方面，日喀则市下达的目标任务应参保人数为 2232 人(含僧尼)，应征缴基金为 51 万元。年内，实际参保缴费 1547 人（含僧尼 20 人)，完成目标任务的 69.31%；征缴基金 21.43 万元，完成目标任务的 42.02%；同时为 2422 人 60 岁以上城镇老人发放基础养老金 29.07 万元(其中：城镇居民基础养老金享受 2366 人，发放养老金 28.40 万元，僧尼基础养老金享受 56 人，发放养老金 0.67 万元，发放率达 100%)；农村社会养老保险方面，日喀则市下达的目标任务应参保人数为 5004 人，应征缴基金为 60 万元。实际参保 2703 人，完成目标任务的 54.02%；征缴基金 55.63 万元，完成目标任务的 92.72%。同时为 5068 人 60 岁以上老人发放养老金 60.82 万元，发放率达 100%。城镇职工养老保险方面，日喀则市下达的目标任务应参保人数为 260 人（包括在职和退休)，应征缴基金为 303 万元。年内，实际参保 560 人(包括在职 164 人、退休 194 人、个体工商户 24 人、公益性岗位 178 人)，完成目标任务的 215.39%；征缴基金 397.57 万元，完成目标任务的 131.22%。职工医疗保险方面，日喀则市下达的目标任务应参保人数为 1544 人，应征缴基金为 695 万元。年内，实际参保 1620 人，完成目标任务的 104.93%；征缴基金 515 万元，完成目标任务的 74.1%。职工医疗保险支出户累计待遇支出 182.55 万元(其中，基本医疗保险统筹基金支出 37 人，费用 38.9 万元；公务补助支出 16 人，费用 6.37 万元；销户支出 17 人，费用 7.64 万元；药店支出 129.65 万元)。居民医疗保险方面，日喀则市下达的目标任务应参保人数为 650 人，应征缴基金 26 万元。实际参保 1061 人，完成目标任务的 163.23%；征缴基金 46.71 人，完成目标任务的 179.66%。居民医疗保险支出和累计待遇支出 23.65 万元(其中，基本医疗保险统筹基金支出 25 人，费用 17.12 万元；销户支出 1 人，费用 400 元；药店支出 6.49 万元)。工伤保险方面，日喀则市下达的目标任务应参保人数为 550 人，应征缴基金为 12.5 万元。年内，实际参保 1222 人，完成目标任务的 222.19%；征缴基金 25.41 万元，完成目标任务的 203.28%。生育保险方面，日喀则市下达的目标任务应参保人数为 850 人，应征缴基金为 22 万元。年内，实际参保 1182 人，完成目标任务的 139.06%；征缴基金 25.07 万元，完成目标任务的 116.28%。职工生育保险支出户累计待遇支出 21 人，费用 13.58 万元。失业保险，日喀则市下达的目标任务应参保人数为 500 人，应征缴基金为 62 万元。年内，实际参保 522 人，完成目标任务的 104.4%；征缴基金 72.53 万元，完成目标任务的 116.99%。为全县城乡低保户和“五保户”建立了电子管理档案，按照应保尽保的原则。年内，为全县 489 户 584 人发放城镇低保金 211.62 万元，为 541 户 1304 人发放农村低保金 67.51 万元，为 23 名退伍军人发放生活补助 1.66 万元，为 7 名优抚对象发放优抚金 5.17 万元，为 3 名孤儿发放生活补助 1.7 万元，为 9 名僧人发放僧尼低保金 4455 元，为困难群众 623 户 1869 人发放了春荒口粮 15.3 万斤，折合人民币 42 万元。针对今年 5 月份出现的大面积持续降雪、降雨天气引发的自然灾害，为受灾群众 1118 户 5494 人发放了价值 25 万元的救灾物资。发放医疗救助金 56.6 万元。县社会福利院工作稳步跟进，推动了老年人集中供养进程。2014 年上半年已下达批复的扶贫项目共有 6 个，总投资 928 万元；2013 年扶贫续建项目 7 个；并初步确定了“十三五”期间贫困户共 973 户 3269 人。实现劳务输出 5706 人次，实现收入 1197 万元；城镇居民登记失业率控制在 2.1%以内，困难家庭高效毕业生实现全部就业，年内新增“零就业家庭”实现动态消零。续建 2012 年第二批县职工周转房 78 套，总投资为 1068.48 万元，已完成总工程的 87%；续建 2013 年共租、廉租房棚户区改造项目(其中，公租房 30 套，总投资 449 万元；廉租房 56 套，总投资 650 万元；棚户区改造 363 户，总投资 46 万元)；投资 268.8 万元的 74 套公租房建设项目，选址、地勘工作和项目前置手续全部办完；投资 800 万元的帕里垃圾填埋场建设项目及附属设施，前置手续已办完；2014 年棚户区改造项目总投资 646 万元，涉及 323 户，已开工建设。

推进文化惠民　强化文物管理，深入开展“扫黄打非”，加大县文化活动中心开放力度。共放映各类影片1159 余场次，观看人数近 6.12 万人次。

【旅游边贸】　2014 年，亚东县共

接待游客23712人次，同比增加6373人次，同比增长26.9%，实现收入433余万元，同比增长65.3%，旅游效益得到有效发挥。亚东仁青岗边贸市场管委会成立并投入运转以来，边境互市贸易的管理、服务得到大幅加强。边检、边防、工商、交警、公安等部门“一站式”办证服务制度得到落实，有效缩短了办证周期，使更多边民参与到边境互市贸易当中。全县边贸运转良好，帕里贸易点直至第二季度边境互市贸易额为1363.1万元，同比增长8%(其中，进口552.31万元，出口810.79万元)；阿桑贸易点直至第二季度实现边境互市贸易总额为78.71万元，同比增长15%(其中，进口19.81万元，出口58.9万元)；仁青岗边贸市场自5月份开关至今已实现边贸总额5542.4万元，同比增长19%。(其中进口4521.49万元，出口1020.19万元)。仁青岗边贸市场二期建设进展顺利，切玛村搬迁安置工作积极推动。

【特色产业】 2014年，亚东县根据资源优势，逐步发展特色产业，开发特色产品，促进群众增收。正式启动“亚东鲑鱼”、“亚东木耳”、“帕里牦牛”三个产品地理标志证明商标申报工作，目前三个商标申请材料已被国家工商总局审查通过，正在受理阶段。启动亚东木耳、帕里牦牛有机食品认证工作，亚东木耳产品质检已完成，符合有机食品要求，正在进行认证报告专家评定，有望年底完成认证工作。帕里牦牛被列为国家保护名录。瞄准亚东木耳市场大、利润高、效益好等优势，广泛吸纳群众参与，扩大亚东木耳人工种植规模。实施完成了帕里牦牛原种场二期项目建设。加强亚东鲑鱼孵化管理工作，努力推进运行和探索创新农牧民群众参与亚东鱼养殖的新模式，不断提高亚东鱼产量和经济增收效益。

【财税金融】 2014年，亚东县加强财源点、税源点建设，力促财政增收。全年完成县财政一般预算收入4662万元，比2013年增加681万元，增长17.1%。严格落实收支两条线原则和各项财政制度，强化监督审计，优化支出结构，缩减“三公”开支，财政保障能力显著增强。全年财政一般预算支出为3.153809亿元，实际执行完成为预算的100%。认真贯彻落实中央“八项规定”、区党委“约法十章”“九项要求”，“三公”支出大幅度下降。全年“三公”经费总支出为1135万元，比2013年下降12.6%。

【生态建设】 2014年，亚东县以天然林保护为重点，狠抓封山育林、植树造林、森林防火、野生动物保护等工作，着力打击偷伐、偷猎等林业犯罪行为。全县未发生一起森林火灾案件。加强人工造林工作，年内，共完成义务植树(桂花、红叶李、樱花)256株，道路绿化造林5公顷，防护林工程（人工造林1500亩、封山育林1500亩），生态安全屏障292亩，林场重点区域造林1500亩，成活率达87%。发放2013年度生态补偿资金521万元；发放2013年防护林工程项目资金196万元；发放2012年野生动物肇事补偿资金64.8万元；发放2009年、2013年、2014年野保监测人员工资2.93万元；兑现2007年至2010年重点区域造林尾款资金173.37万元。严格执行禁牧轮牧休牧政策，兑现草原保护奖励补助金921.27万元，扩大了草场生态保护面积。加强环境监察执法，叫停违法违规行为，依法监管采砂、采石行业。推进项目环评环保督查力度，加大环境执法力度，积极推进生活垃圾、废水处理进程，积极创建、申报生态村。

聂拉木县

【基本县情】 聂拉木，藏语意为“颈道”，聂拉木县地处东经85°27′—86°37′，北纬27°55′—29°08′，位于西藏自治区以及日喀则市西南部，喜马拉雅山脉北麓，少部分地区位于喜马拉雅山脉南侧；东邻定日县，南以喜马拉雅山脉分界与尼泊尔国毗邻，西连吉隆县，北接萨嘎、昂仁县。全县总面积7863.92平方公里，南北最大距离179公里，县驻地海拔3810米，边境线长153公里，县境内聂拉木口岸是国家一级陆路通商口岸。境内平均海拔4300米，最高点为希夏邦玛峰（海拔8012米），最低点为中尼边境54(3)号界桩(海拔1433米)。

聂拉木县辖5乡2镇44个行政村(居委会)。全县人口由汉族、藏族、回族、土家族、夏尔巴人等民族组成，卡查尔(藏尼混血儿)在境内定居的人员也逐渐增多，截至2014年底，全县4511户1.96万人，形成以藏族为主、其他少数民族共存的边境口岸县。

聂拉木口岸位于日喀则市西

南,距日喀则市约443公里,坐落在喜马拉雅山脉南麓山坡上,面积约334.2平方公里,平均海拔2300米。口岸与尼泊尔隔河相望,是西藏自治区与尼泊尔、印度等南亚国家发生贸易往来的主要口岸,为中尼协定的通商口岸之一。聂拉木口岸面对尼泊尔中腹地区,畅通的中尼公路带来了樟木边境贸易市场的发展和繁荣,地理上形成了从聂拉木口岸到日喀则、江孜、拉萨以至国内兄弟省区的连接,与尼泊尔山水相连、隔河相望,是西藏自治区发展外向型经济和对外贸易的重要基地,有“西藏小香港”之美誉。

【概况】 2014年,聂拉木县实现地区生产总值5.61亿元,同比增长14%(其中第一产业达8782万元,同比增长12.4%;第二产业达1.09亿元,同比增长12.5%;第三产业达3.63亿元,同比增长12.5%);社会消费品零售总额实现1.76亿元,同比增长5.7%。农村经济总收入达1.37亿元,同比增长5%;农牧民人均纯收入达7000.44元,同比增长5%;其中现金收入达4915.71元,同比增速15.3%,占人均收入70.22%。

【农牧业发展】 *农业发展* 2014年,聂拉木县加强春耕春播工作,全县农作物播种面积为2.99万亩,其中粮食种植面积1.61万亩,经济作物种植面积5596亩,青饲料种植面积8161亩,粮经饲种植比例为54:19:27。大力推广藏青“2000”、“320”、拉孜系列油菜等良种种植面积,良种种植面积1.86万亩,基本实现全县良种全覆盖目标。完成总投资628万元133座优质蔬菜大棚温室建设项目。全年土豆出口61.5吨,创收达9.84万元;粮油总产6510.97吨,青饲料产量为2850吨。

畜牧业发展 完成总投资1101.6万元612套牲畜暖棚圈建设工程和总投资240万元种植2000亩人工饲草地、草地围栏2000亩以及配套水渠4240米工程。加强疫病防疫工作力度。疫病防疫、疫病普查面和圈舍消毒面均达到100%。同时,联合县公安局、樟木公安分局、各边防检查站、国检局等有关单位,加大边境地区动物检疫、活畜及其产品走私查处管控力度,将疫情拒之国门之外。2014年牲畜存栏控制在19万头(只、匹)。产仔总数7.15万头(只、匹),成活数5.65万只,成活率达到79%,成畜死亡数7207头(只、匹),成畜死亡率控制在3.79%。全年肉产量301.94万斤。

农牧合作组织 随着农牧业经济结构的调整和特色产业化经营进程的加快,全县各乡镇先后成立了一批农牧民合作组织,共有21家注册农牧民合作组织,包括农畜产品及加工、砂石加工、建筑、民族手工业、旅游等行业。县政府先后投入400余万元资金扶持帮助农牧民合作组织发展壮大。合作组织覆盖全县5乡2镇40个行政村,参与农牧民户数达533户,带动户215户,参与农牧群众达到3179人。

技能培训和劳务输出 根据农村富余劳动力的求职意愿和特长进行分类指导培训,多渠道促进就业。组织开展钢筋工技能培训班、汽车驾驶、春季职教班等农牧民技能培训班六期,培训农牧区富余劳动力达到705人。组织引导农村富余劳动力有序流动,不断使劳务输出扩总量、增效益,全年实现劳务输出1.96万人次,输出各类劳务人员9100人,创收3600万元。

【项目建设】 2014年,聂拉木县组织实施项目138个,总投资5.63亿元。其中:续建项目39个,投资2.29亿元;2014年新建项目99个,投资3.34万元。全县已完成固定资产投资3.38亿元。初步规划“十三五”重点项目231个,规划总投资达220.79亿元。

重大项目建设 投资8747.52万元的曲乡电站厂房建设、投资4245万元的樟木污水处理厂、投资2699.97万元的县城供水项目、投资699.81万元的樟木镇饮用水水源地保护工程、投资1494万元的聂拉木县城市基础设施建设项目等一大批重点项目进展顺利。计划投资13.73亿元的琐作乡农业综合经济开发区水利配套项目前期工作进展顺利;计划投资18亿元的波曲河梯级电站流域规划工作正在多方积极争取过程中,已向自治区督导组递交《聂拉木县人民政府关于开发波曲河流域水电资源报告》,向日喀则市政府上报《聂拉木县人民政府关于开发波曲河流域水电资源的请示》;投资38.87亿元的樟木地质灾害综合治理项目正在积极衔接过程中,力争项目早日落地。

农牧区基础设施建设 随着农牧区基础设施投入力度的加大,农牧区基础设施建设扎实推进。水电方面:投资180.3万元的波绒乡夏

嘎村草场灌溉工程顺利完工并通过地区初验；投资1083.21万元的藏拉河聂拉木县琐作乡卓木嘎段防洪工程,已完成全部建设任务的60%；投资994.92万元的聂拉木县水电站线路延伸工程，已完成全部施工任务的50%。道路交通方面:2014年共建设农村公路项目7个，建设里程为58.22公里，总投资为8085.68万元；完成养护农村公路430公里，兑现农村公路养护补助资金60.9万元。

小城镇建设　坚持高起点、严要求、规划合理、使用功能尽量凸显的总原则,围绕“一轴、两区、三节点”重点规划打造乃龙乡、聂拉木镇充堆村、樟木立新村小城镇建设示范点。其中山东省烟台市第七批援藏投入2200万元重点打造的乃龙乡小城镇建设项目已完成建筑面积1700平方米,24户农牧民民居工程已完成建设任务，商贸区已完成总工程量的50%，综合文化广场已完成总投资的90%；聂拉木镇小城镇建设项目已全面启动，其中包括烟台西路改造、小学路改造和波曲河景观公园建设在内的“两路一公园”的县城基础设施建设工程已全面开工，充堆路民房改造已完成规划设计；聂拉木口岸小城镇及综合服务设施建设项目部分工程已开工建设,立新村小城镇建设进展顺利,口岸国门新气象正在逐步提升。

保障性住房建设　根据城镇化建设的有关要求，全力推进城镇居民住房建设。总投资1695.54万元(总面积4858.76平方米、共68套)第二批周转房已完成总工程量的80%。总投资734.82万元(2411.6平方米、共48套)廉租房项目已完成总工程量的90%。总投资734.82万元(4800平方米、共120套)公共租赁租房现已完成总工程量的65%。总投资428.68万元(总面积1010平方米、共20套)的第二批乡镇周转房20套已完成总工程量的90%。总投资370万元的波绒乡、琐作乡大院改造及周转房、维修改造项目已完成总工程量的90%。

危房改造及村容整治　完成总投资758万元(其中本级财政配套40万元)296户的农村危房改造建设、抗震加固任务,受益人口达1439人。完成投资420万元4座村级活动室的新建扩建任务。投资85.5万元完成19个行政村的全民健身器材安装任务。

【经济发展】　财源建设　狠抓增收节支工作,严格依法理财,深化财政改革,强化财政管理。2014年地方财政净收入完成1670万元,同比增加223万元,增长15.4%。其中税收收入完成1150万元，同比增加213万元,增长22.7%;非税收入完成520万元,同比增加9万元,增长1.7%。通过招、拍、挂,实现土地收入98万元。征缴砂石资源补偿费12万元。

旅游业发展　按照坚持“统一规范,依法行政,各负其责,整体联动”的原则,认真开展规范和整顿旅游市场秩序工作，加强旅游服务行业技能培训,提高行业服务水平。同时加大旅游基础设施建设投入力度。投资305万元建设聂拉木自驾车营地和投资324.57万元建设希峰观景台项目自治区旅游局、财政厅已下达批复。援藏投入200余万元资金对全县的景区、景点及近期的旅游景区进行了设计规划。县政府投资180万元，修建了4处旅游户外广告牌，着力营造人人关心旅游、人人支持旅游、人人参与旅游的良好氛围。年全县共接待国内外游客13.94万人次（国内游客8.27万人次;国外入境游客4.26万人次,其中香客1.41万人次），同比增长13.28%，旅游接待上共实现收入为1199.1万元,同比增长3.6%。旅游门票总收入达到143万元，同比增长4.7%。

边贸业发展　围绕全市确定的“南亚贸易大通道的战略框架”和“打造旅游边贸经济带”的部署以及全县提出的打造“口岸国门新气象”的要求，加快聂拉木口岸基础实施建设,不断完善服务功能,推动口岸经济社会快速发展。口岸管委会综合楼及附属工程、友谊桥公厕改造及城区危险区域加装护栏项目、管委会接待室等基建项目和国门区域整治项目等全部竣工,并交付使用。2014年,进出口贸易额在中尼公路尼方段山体滑坡中断近两个半月的情况下仍然达到20.67亿美元,同比增长1.15%。

招商引资　完成总投资1200万元聂拉木口岸物流中心建设项目;总投资1100万元亚来乡阿当矿泉水厂已动工建设；波曲河梯级电站流域开发已与四川瑞恒投资有限公司签订了合作备忘录。

【民生改善】　2014年，聂拉木县把改善民生作为全局工作重中之重来抓,“十件实事”全部完成,兑现了对全县人民的承诺，公共财政支出更多向基层民生倾斜，民生支出达7489万元，兑现落实各类惠民资金2705万元。

坚持教育优先发展，中小学及幼儿园教育教学条件显著提高。县中学综合楼、樟木镇中心小学综合教学楼、樟木镇立新村幼儿园、琐作乡中心小学附设幼儿园、乃龙乡中心小学附设幼儿园、波绒乡白玛曲林村学前班等教育基建项目建设进展顺利。小学适龄儿童入学率达100%，巩固率达100%。初中入学率达100%，巩固率达99.2%。全县各学校“三包”经费管理规范，拨付及时到位，做到了专款专用。

卫生工作扎实有效，群众看病难得到有效改善。共整合资金182余万元为各医院、疾控中心等配备了医疗设施设备，农牧民合作医疗筹资工作进展顺利，已完成全年合作医疗筹资工作，共参合1.55万人。为农牧民和寺庙僧尼免费体检1.58万人。继续加强疫苗接种工作，全县计划免疫接种8965针次。

大力实施文化惠民工程，文化体育事业持续发展。援藏投资700万元的聂拉木县群众文化活动中心主体基本完工。投资133万元新建乃龙乡综合文化广场。继续巩固农村广播电视“村村通”工程，全县广播电视覆盖率分别达到98%、97%，户户通覆盖率达到89%，年内全县已开通“户户通”设备近2880多户，已基本完成17座寺庙和日追的“舍舍通”设备，广播电视人口覆盖率达到91%以上。加大对网吧等娱乐服务场所的整治力度；努力抓好文物普查工作；管理好基层文化队伍建设，丰富文化内容体系，构建群众文化活动常态化。

以关注低收入群众为重点，社会保障水平不断提高。新型农村养老、城镇居民养老、职工医疗、居民医疗、企业职工基本养老、生育、失业、工伤保险等实现全覆盖。及时兑现新农保养老基金165万元；及时报销城镇职工、居民医保费用61.8万余元。大病统筹报销300.38万元；救助小曲珍等7名患大病的妇女儿童共21万元。健全农村“五保”保障体系，做好受灾群众生活救济工作。共发放城乡低保资金393.8万元。为全县24户132名流浪乞讨群众解决了住房问题。加强监督检查，各种强农惠农补助资金及时兑现到位。及时兑现2014年度国家发放的草场承包保护补助资金1249.9万元，农牧民生产资料补贴22.6万元，草原监督员补贴48.6万元，2013年粮食直补和综合直补73.6万元。兑现了2014年生态效益补偿资金336.63余万元、2013年造林劳务费120余万元和2012年野生动物肇事补偿金83.01万元。兑现伤残补助4.48万元、“一孩双女”及特别补助12.1万元、住院分娩补助3.88万元。

建立精准扶贫机制，扶贫开发工作取得新成就。完成扶贫项目17个，涉及资金1536万元。项目覆盖了全县7个乡镇44个行政村1170户4068名贫困户。较好地实现了农业增效、农民增收的目标，帮助370户1718名贫困群众越过帮扶线。

狠抓生态环境保护，群众生活环境更加舒适。完成面积1468亩重点区域造林和县城政府大院、县城周边30亩美化绿化工作。同时，打造了聂拉木口岸至友谊桥8.7公里风景带，并实施了高原生态屏障建设造林1500亩及封山育林1500亩，全县2014年造林任务完成率达到100%，成活率达到87%以上，在建设口岸国门新形象中发挥了重大作用。

强基础、惠民生，基层基础不断夯实。第四批驻村工作轮换之后，各项工作有序开展。全县共批复专项资金“短平快”项目34个，总投资937.6万元，共实施31个项目。已在2013年强基项目普遍覆盖县44个行政村的基础上，按照县委、政府“着重解决好南北差异”的指导思想，不断朝着倾向北部完善基础，重点打造农牧业方向向纵深发展，务求强基惠民项目，在强基础、惠民生增加群众现金收入上发挥更加重要作用。项目涉及人畜饮水、农田灌溉、蔬菜大棚、创办实体经济、牧场道路、环境整治等，受益群众达1.6万余人，受益率达100%，极大改善了农村人居环境和基础设施条件，加快了新农村建设的步伐。同时，深入开展环保专项行动，加大环境安全隐患排查力度，加强项目建设环境管理工作。

【受援工作】 中央对口支援西藏工作20周年电视电话会议进一步明确了援藏工作的新举措，20年来，山东省烟台市委、市政府累计落实援藏资金2.96亿元，项目143个，捐助各类物资价值4300万元，援藏干部和技术人员多达123名。山东省烟台市第七批援藏三年计划投入1.1亿元，项目27个；山东省烟台市研究确定增加计划外援藏资金1100万元，先期拨付500万元。2014年完成援藏投入3700万元，土建项目16个;8个费用类援藏计划投资1837万元,完成投入870万元。乃龙乡小城镇建设、聂拉木县群众文化活动中心、聂拉木县城两路一公园基础设施改造（烟台西路改造、小学路改造、波曲河公园)、聂拉木县周转房配套项目、东山宾馆改造和民俗文化演艺中心项目、苗木苗圃基地项目、如甲村新农村配套建设、援藏公寓改造项目、德庆塘温泉开发项目已陆续开工建设。同时，“高原梦·山海情”公益惠民活动,已实施农牧民“四个一百”救灾救助、查嘎寺维修、警务车辆配备等17项工作,累计投入资金1870万元。

【维稳举措】 开展反分裂斗争 2014年，聂拉木县严格落实区党委、市委关于维稳工作一系列安排部署,落实各项维稳措施,牢牢掌握反分裂斗争主动权，确保全县持续稳定、长期稳定、全面稳定。

网络体系建设取得实效 全力构建“巡逻防控网、封堵过滤网、城镇管理网、农牧区治理网、信访领域稳控网、公共安全防护网”六个网络建设,社会治理水平显著提升。

平安聂拉木建设 加强社会治安综合治理，开展治爆缉枪行动,依法打击黑恶势力、非法组织,推进“先进双联户”创建评选活动。驻寺工作深入开展。按照“简明、管用、能用”的原则,修订完善寺庙内部及驻寺机构各项制度,以完善管理体制机制为重点，在全县17座寺庙落实“六建”举措,以深入开展“六个一”活动为抓手,密切僧尼与党和干部的关系。

边境防控工作 完善边境地区军警民联防工作机制,按照“两个一律”和“军管线、警管点、民管片”要求,加大对边境主要山口、通道、口岸的巡逻设卡堵截工作力度，坚持“一线堵”“二线查”，有效遏制了偷渡活动。

妥善调处矛盾纠纷 完善了县乡村三级台账登记制度，信访、综治、司法、公安、人社等部门严格落实例会、周报和“零报告”制度,定期深入乡镇、村居开展矛盾纠纷大排查,确保将矛盾纠纷化解在基层、消除在萌芽状态。

安全生产管理 完善应急预案和应急管理体制，积极推进防灾减灾体系建设。积极开展安全生产活动,切实做好旅游安全、道路交通安全、食品药品安全、重点场所消防安全工作，保障人民群众生命安全和财产安全。

拉孜县

【基本县情】 拉孜,藏语意为“神山顶,光明最先照耀之金顶”。拉孜县地处西藏自治区西南部、日喀则市中部，东连萨迦县，西南接定日县,西靠昂仁县,北邻谢通门县。全县总面积4405平方公里，辖9乡2镇,98个行政村,人口58085人。县城位于西藏东西、南北交通大动脉318国道和219国道交汇处,是西藏东南部与东部地区与尼泊尔、樟木口岸、珠峰大本营和阿里地区往来的必经之地。县城驻地曲下镇,海拔4010米,东距日喀则市150公里,经日喀则至拉萨430公里,距樟木、吉隆口岸各约400公里，距日屋口岸200公里以内,是距离各边境口岸最近的规模较大的县城，基本属于南亚贸易陆路通道的前沿地带。

【概况】 2014年,拉孜县实现地区生产总值6.9亿元，同比增长12%。农牧民人均纯收入达6550元,同比增长13%;地方财政总收入1310万元,同比增长16%;全社会固定资产投资完成5.9亿元,较2013年翻一番。第一、二、三产业分别完成增加值3036.52万元、8263.84万元和21420.25万元,同比分别增长7.6%、2.2%和17.9%。

【农业生产】 2014年,拉孜县耕地面积11.89万亩,实播面积11.82万亩,其中:粮食作物播种面积为6.94万亩，经济作物播种面积为3.85万亩，饲草饲料种植面积为1.03万亩。拉孜县的粮、经、饲比例由原来的57:33:10调整为59:33:8。2014年粮油产量8152.98万斤，比2013年增产3.29万斤。其中粮食产量7248.47万斤，油菜产量901.2万斤；蔬菜产量5221.34万斤;饲草饲料产量626.25万斤。现已在5个行政村开展土地流转试点工作,共流转土地9627.2亩,532户参与流转。

【产业建设】 2014年,拉孜县以“文化拉孜”为目标,加大旅游文化设施建设和宣传推介力度，在各大节日期间做好文化系列活动，组织县民间艺术团到各学校及相关单位开展文化活动30余场次。圆满完成上海亚信峰会文艺演出，藏博会文艺演出。2014年共接待游客41055人次，实现旅游收入656.04万元。制定拉孜县特色轻工业、新能源产业、商贸物流与服务业发展“十三五”规划(初稿)，汇总45项拉孜县商务、招商领域的“十三五”规划重点项目并编制了项目建议书。

【城镇建设】 2014年，拉孜县按照《中华人民共和国城乡规划法》和《西藏自治区城乡规划条例》要求，认真贯彻落实有关加强城乡规划管理工作的精神，狠抓规划管理工作，推进规划管理工作更上新台阶。健全规划审批机制在规划审批中，从简化审批程序、减少审批环节着手，调整现行的审批工作运行机制，坚持管理与服务相结合，以开展创先争优活动为契机，推行审批服务承诺制度，对重点项目实行专人负责。规划管理力度加大，严格按照总体规划、控制性详细规划进行项目审批，规范“一书三证”管理，从严把好规划选址审查关，加大对违法违规建筑的查处力度，确保各类建设按规划实施，维护规划的权威性和严肃性。在各类建设项目前期审批手续中，共审核发放“一书两证”42份，审查项目选址意见11个。

【生态建设】 2014年，拉孜县落实自治区环境保护监督管理办法，实行排污收费制度。严格项目准入，执行环保一票否决制。全县生态公益林面积达66.76万亩，退耕还林15355.35万亩得到有效的保护。已完成高原生态安全屏障保护与建设工程防护林体系建设6416亩（含318国道绿化补植17万株）；拉萨及周边造林工程项目2000亩；封育保护工程2800亩；党员干部职工义务植树500亩；实施防沙治沙工程建设4000亩，按照年初制定的目标全面完成。

【民生改善】 2014年，拉孜县严格落实教育“三包”等政策和学生营养改善计划。截止年底，累计享受“三包”助学金政策的学生为6.6622人次，按月足额转拨“三包”助学金经费1634.9616万元；享受农牧区中小学学生营养改善计划政策的学生为4.4106万人次，按月足额转拨营养改善计划资金264.636万元。学前两年适龄儿童1407人，入园率达到70%以上；小学阶段适龄儿童在校生达到5105人，辍学率控制在0.5%以内；初中阶段适龄儿童少年在校生达到2087人，辍学率控制在1%以内。全县农家书屋98家、寺庙书屋30家、文化广场1个、综合文化活动中心1个，“村村通”“户户通”“寺寺通”“舍舍通”工程正在实施中。农牧民合作医疗参合率达99.07%；乡镇卫生院疫情网络报告建设率达到55%，孕产妇建卡率86.5%，新生儿死亡率由去年同期的12‰下降至4‰；僧尼体检率达100%；完成农牧民体检50502人，全年医疗基金总支出964.29万元，当年资金使用率46.18%，累计资金使用率32.14%。25个行政村农村人居环境建设和环境综合整治工程已竣工，完成投资2459.6万元，1775户农牧民安居工程已完成投资2627万元。全年共发放城乡低保资金790.28万元；兑现冬春受灾群众生活救助资金141.3万元；为139名高校特困生发放2013年一次性资助资金共计32.2万元；救助医疗救助对象190人次，共发放城乡医疗救助资金69.29万元。全县新增城镇就业27人，转移农牧区劳动力6017人，实现劳务输出2474.57万元，人均收入4112.6元。城镇登记失业率控制在2.1%以内。本着“培训一批、脱困一批、稳定一批、带动一批”的原则，共投入培训资金65万余元，成功举办农牧民技能培训4期，共计287人次，合格率达到90%，就业率达到85%以上。累计争取完成扶贫项目28个，总投资2183万元，实现减贫441户2863人。2013年公共租赁住房、廉租住房即将竣工，公共租赁住房项目已开工建设。

【维稳举措】 2014年，拉孜县继续开展“严打”整治斗争，加大打击整治力度，不断强化社会治安综合治理，破获刑事案件12起，查处各类治安案件58起。建立了“拉孜县人员基础信息数据库”。把全县56000余人的个人信息、家庭信息、生产信息等录入信息库，同时还开发了事件管理系统，该系统以便捷的信息反馈系统，确保基层对于各类民生问题、发展问题、宗教问题、维稳问题的反馈能及时处理与督办，有效实现了社会服务管理工作“上下联动、齐抓共管、共建共享”工作格局。年内，通过该信息平台，累计反馈各类问题177起，处理149起。

【党建工作】 2014年，拉孜县坚持“两手抓、两手都要硬”的方针，紧扣改进工作作风、密切联系群众这个主线，着力开展党员干部廉政纪律教育，结合教育实践活动，由组织部牵头，与县委党校开展的“周学堂”活动，每周组织全县党员干部观看《拒腐防变每月一课》警示教育片，年内，共开展26次，参学人数达8000余人次。贯彻落实中央“八项规定”、区党委“约法十章”和地、县关于党风廉政建设责任制的各项规定，本着厉行节约的原则，2014年，全县“三公经费”支出707.54万元，较2013年同期减少370.46万元。

昂仁县

【基本县情】 昂仁，藏语意为“长沟”，历史上“昂仁”也曾称为“昂惹”、“傲不仁”、“章阿不林”等。昂仁县域介于东经85.76°—87.75°，北纬29°—31°，位于日喀则市西北部，雅鲁藏布江上游，岗底斯山脉中脊线上，“一江两河”(即雅鲁藏布江、多雄河、梅曲河)流经县域南部。东邻谢通门和拉孜两县，西接措勤和萨嘎两县，南靠聂拉木和定日两县，北依那曲地区尼玛县，县城距日喀则市驻地217公里。县域地势由东向西逐渐抬升，总面积3.96万平方公里，占日喀则市总面积的21.78%。县内平均海拔4513米，县城驻地海拔4380米，年降雨量400毫米左右，年平均气温4.5℃。全县耕地面积7.46万亩，草场面积190.99万公顷，林地面积69957.77公顷。

昂仁县下辖2镇15乡，其中农业乡镇6个，即：卡嘎镇、多白乡、日吾其乡、亚木乡、达局乡、秋窝乡；牧业乡镇11个，即桑桑镇、阿木雄乡、切热乡、如萨乡、孔隆乡、宁果乡、查孜乡、贡久布乡、措迈乡、达若乡、雄巴乡。全县共有185个行政村，485个自然村，总户数为11857户。总人口55650人。

昂仁县共有初级中学1所，县职教中心1所，完小20所。县卫生服务中心、藏医院、疾控中心和乡镇卫生院等医疗机构21所。县城开通有线电视，乡镇驻地建成广播电视卫星接收站和收转站。县域内有曲德寺等44座寺庙(拉康)。全县公路通车里程达1581公里，四通八达的公路交通网已经形成。

昂仁县属半农半牧县。农作物主要有青稞、冬小麦、春小麦、马铃薯、豌豆、油菜等。主要饲养牦牛、犏牛、黄羊、山羊、绵羊、马、骡、驴、猪等。名特产品为桑桑镇的酥油，因味香色美而颇有名气，为寺庙上等供品。珍稀野生动物种类繁多，如藏野驴、藏羚羊、岩羊、盘羊、旱獭、雪豹、狗熊、獐、猞猁、狐狸、水獭、斑头雁、黑颈鹤、鱼鹰、隼、大鲵、丹顶鹤等。

昂仁县气候严格受青藏高原大气候的影响，气候干寒，无霜期60~100天。基本可分为两个大气候带；即东南河谷地带，相对温暖、少风，呈半干旱气候，年平均气温4.5℃，最热月(7月)均温12℃，年降雨量400毫米左右；西北高山地带，为多风寒冷，呈半干旱气候，年平均气温4℃以下，年降雨量约300毫米，东南与西北气候的垂直变化较明显。昂仁县降水集中于6~9月份，这段时期几乎天天阴雨连绵，其余月份干旱少雨，风沙较多。

昂仁县矿产资源丰富，有矿种20多种，其中有色金属有金、银、铜、铅、锌等8种，黑色金属有铁、铬等3种，非金属有砷、硫、硼、盐类等9种，另外还有一定量的大理石、煤、石油等。目前，全县共发现矿化点及找矿线索30余处，分布于9个乡镇。其中，金、银、铅锌矿均为热液型多金属矿床，储量大、品位高、极有投资价值。

昂仁县是一世班禅的故乡，古迹和旅游点众多，如日吾其金塔、铁索桥，亚洲最大的间歇性高温喷泉达格架。大小湖泊19个，西藏著名的第三大湖——扎日南木措的一部分在昂仁县境内。海拔4500米至6300米的山峰80余座。昂仁县被誉为藏戏之乡，日吾其迥巴藏戏属西藏藏戏蓝面具四大流派之一，被列为国家级非物质文化遗产。

【概况】 2014年，昂仁县实现地区生产总值58460万元，同比增长16.4%；完成全社会固定资产投资4.53亿元，同比增长0.7%；完成地方财政收入1678万元，同比增长35%；公共财政预算收入60280万元，同比增长31%；完成税收收入1636万元，同比增长33%；社会消费品零售总额1亿元，同比增长10%；农村居民人均纯收入5383元，同比增长12.9%；实现劳务输出29302人次、劳务收入5567万元，城镇登记失业率控制在2.5%以内，“三公经费”支出同比减少5%。

【产业发展】 2014年，昂仁县粮经饲比例为80:12:8。农牧业再获丰收，粮油总产量达到3920.22万斤，同比增产133.46万斤。推广“藏青2000”等新品种5000亩，建设高标准农田 2.5 万亩，占全部耕地的 33.5%。年末牲畜存栏达 52.3 万头(只、匹)，出栏 16.17 万头(只、匹)，肉产量达 3207 吨；新生仔畜 12.92 万头(只、匹)，成活率达 83.8%。落实《重大动物疫病防控责任书》，并制订考核办法、考核方式和重大动物疫病应急预案。开展春季和秋季防疫注射疫苗工作。5 号病免疫注苗 603709 头（只），禽流感免疫 9645 只，小反刍免疫 154967 头(只)，免疫密度达到了上级要求，全年没有出现重大动物疫情。高度重视草原生态保护奖励机制工作。于 2014 年 2 月 3 月通过地区初验并于 4 月通过了自治区验收，落实补助资金 6434 万元。以 2009 年统计户数为基础，全部实施完成农牧民安居工程，并完成新增户 2014 年度安居工程指标 1154 户，完成 45 个行政村人居环境建设和环境综合整治，行政村移动通信基本全覆盖、通邮 90%以上，农牧民生产生活条件不断改善，农牧业基础进一步夯实。以“三条底线”核心，强力推进矿业发展。2014 年 4 家企业进点探(采)矿，涉及矿点 5 个，嘎日选矿厂完成挂牌督办整改，于 2014 年 5 月经地区环保局同意，进行试生产。同时，进一步完善矿业开发工程中政府、企业、群众之间的利益共享机制，优化了矿业发展环境。

【基础建设】 2014 年，昂仁县加强沟通协调，积极争取上级投资。全年共落实固定资产投资 5.2 亿元，项目带动成效显著，共实施项目 80 个，涉及农发、水利、交通、市政基础设施、公共基础设施、教育、卫生七大类。开工建设的项目有县城至秋窝乡通公路、孔隆乡完小教师周转宿舍、亚木乡萨那达村幼儿园、昂仁县人民检察院、昂仁县公租房、草场灌溉建设项目、昂仁县公租房、县城垃圾填埋场、县公安局综合业务用房、亚木古曲河道治理工程、昂仁县城区基础设施改造及绿化工程、日吾其等十乡卫生院改扩建工程等。

【民生改善】 2014 年，昂仁县把保障和改善民生放在突出位置，强化民生先动，以民生“十件实事”为抓手，全面落实民生政策，落实各项支农惠农资金，其中社会保障和就业资金 5823.73 万元，医疗卫生资金 5656.19 万元，退耕还林退牧还草资金 5811.65 资金，农林水事务资金 24949.49 万元，商业服务业等事务支出 370.79 万元等。

【就业和社会保障】 2014 年，昂仁县城乡居民基本养老制度合并实施，社会保险参保人员达 39082 人次。先后两次提高城乡居民最低生活保障标准，近 9226 名城乡低收入居民基本生活得到有效保障。“双集中”供养工程顺利推进，实现五保对象集中供养 68 人，15 名孤儿得到有效救助。利寺惠僧政策全面落实，基本解决寺庙饮水安全、出行等问题，新建僧舍 320 间，维修改造僧舍 98 间。第三批强基惠民活动投入资金 1707 万元，实施项目 75 个。

【社会事业】 2014 年，昂仁县义务教育均衡发展步伐加快，新增幼儿园 6 所，改扩建基础设施薄弱学校 6 所，以县职教中心为平台，争取西部技能培训示范点落户昂仁，整合培训资金 324 万元，培训六个工种共 295 名学员。卫生计生服务能力不断提高，全县总诊疗人数 13.63 万人次，为群众报销补偿医疗费用 1385.74 万元。开展先心病筛查，送内地就医治疗 9 人，开展居民和在编僧尼免费健康体检工作，体检人数共计 50857 人。积极推动藏医药事业发展。文化事业繁荣发展，17 个乡镇综合文化站和民间艺术团排练场全面建成，广播电视人口综合覆盖率达 98%，可移动文物普查成效显著。小城镇建设有序实施，新农村建设进行了试点。

【安全生产】 2014 年，昂仁县高度重视安全生产，开展打非治违专项行动和安全生产大检查、大排查、大整治行动，消防安全形势持续稳定，食品药品安全监管有力，安全生产秩序得到有效整治，开展矿山企业、危化品企业、人员集中场所、建筑领域等重点部位、重点区域集中检查 95 余次，下发执法文书 74 份，查找隐患 102 条，限期整改 102 条，已完成整改 94 条。

【扶贫开发与新农村建设】 2014 年，昂仁县抓好面上扶贫、整乡推进扶贫、贫困村互助资金试点等项目工作，改善生产生活条件。积极落实扶贫开发项目 20 个，2300 元以下低收入贫困户 1137 户 4223 人受益，减少贫困人口 759 户 4147 人。

【深化改革】 2014 年，昂仁县进行简政放权工作，逐步减少审批事项，做到权力下放，权为民所用。全面开展农村宅基地和集体土地所有权确权登记发证试点，深化电价改革。扶贫贴息贷款有效全面落实，年末存贷款余额分别为65843万元、51861万元，增长169.89%、190.9%。涉农、中小微企业贷款超额完成目标任务。

【受援工作】 2014年，山东淄博市完成援藏投资5394万元，建设项目8个，援藏力度和效益不断提升。

【生态建设】 2014年，昂仁县开展生态文明宣讲活动，开展以涉矿企业、城镇生活垃圾、农村公路建设为重点的环保专项行动。兑现退耕还林、中央森林生态效益管护、重点区域造林、巩固退耕还林就业转移培训等各项惠农资金455.16万元。完成义务植树312.5亩，种植沙棘2.5万株、绿化道路7公里，种植树木4500株，拉萨市及周边地区造林工程500亩及其封育工程1000亩和工程造林补植补造约2085亩等植树造林任务。城镇垃圾填埋场、污水处理厂等项目已批复立项并有序实施。淘汰黄标车、老旧车21辆，圆满完成市政府下达的任务。

【维稳举措】 2014年，昂仁县着力推动社会治理体系和治理能力现代化，平安昂仁建设扎实推进。深入开展反分裂斗争，全面落实十项维稳措施，严密防范、严厉打击十四世达赖集团渗透破坏活动。城镇网格化管理水平不断提高，先进双联户创建评选工作进一步深化，干部驻村驻寺深入推进。创新寺庙管理，平安和谐寺庙创建活动深入开展，“塔尔钦”等大型宗教活动安全圆满。全面贯彻党的民族政策，扎实开展民族团结宣传教育，表彰民族团结进步模范集体、民族团结进步模范个人、民族通婚家庭、民族通婚先进集体，共兑现奖金12.2万元。做好和谐模范寺庙暨爱国守法先进僧尼、优秀寺管会、特派点、优秀驻寺干部、民警评选工作，对13座和谐模范寺庙、65名爱国守法先进僧尼、3个先进寺管会（特派机构）、5名优秀驻寺干部进行表彰。

定日县

【基本县情】 定日，藏语意为“定声小山”。定日县地处喜马拉雅山脉中段北麓珠峰脚下，东临定结、萨迦两县，西接聂拉木县，北连昂仁县，东北靠拉孜县，南与尼泊尔王国接壤。县域平均海拔4500米，县城驻地海拔4325米，距日喀则243公里。全县总面积约1.4万平方公里，辖13个乡（镇），175个行政村，381个自然村，总人口56255人，是西藏人口最多的边境大县，是全区非法出入境活动最为严重的边境大县。

【概况】 2014年，定日县实现地区生产总值62000万元，同比增长16.64%；地方公共财政预算收入4020万元，同比增长30%；农牧民人均纯收入5251元，同比增长20.3%；社会消费品零售总额7800万元，同比增长8.7%；全社会固定资产投资59833万元，同比增长5.13%；全年接待游客8.9万人，同比增长10%，实现旅游收入4790万元，同比增长14%；城镇化率达到13.5%；植树造林2791亩，围栏湿地4500亩。

【三大项目】 总投资4.2亿的国道318线至曲宗公路于年初开工建设，现已完成挡墙、边沟、桥梁、涵洞等路基工程，完成路面工程的20厘米砂砾垫层铺设工作，已到位资金2.54亿元。珠峰冰川矿泉水厂从德国引进并安装第三条生产线，油电改水电工作顺利完成；新产品—珠峰圣泉即将推向市场。投资1200万元的关帝庙（即格萨尔拉康）主殿主体工程顺利开工，主殿立柱及廊柱已完成建设。

【旅游发展】 2014年，珠峰北坡大本营景区国家5A级申报材料已呈送国家旅游局评审，国家级标准化示范区建设已经启动；景区管理公司化、市场化加快了步伐；曲宗旅游综合体即将进入到招投标阶段；全年景区游客5.91万人，实现门（车）票收入1771.48万元，同比增长4%。《珠峰东坡——嘎玛沟高山生态旅游区发展规划（2014—2030年）》已经制定并通过评审，景区大门及收费站已经开工建设，景区综合服务中心已经竣工并通过验收，徒步区内6座驿站、2座简易桥梁已经投入使用，移动通讯保障设施建设前期工作已开始进行；全年进入景区游客5670人次，同比增长30%，实现门（车）票及卫生费收入13.75万元，牦牛驮运收入89.46万元。启动了国道318旅游景观带建设；定日北大门、加措珠峰观景台配套项目和梅木观佛祈福台均已开工建设，恩巴湿地尼让印刷寺景区已开始设计。开展了“冬游西藏,乐在珠峰”活动,从 2014 年 11 月 1 日~12 月 31 日,进入景区游客达到 560 人,同比增长 70%,实现门(车)票收入 10.47 万元。加强了日喀则市珠穆朗玛文化旅游投资发展有限公司制度化、规范化建设,公司投融资能力显著增强。加大了同各大旅行社交流合作和营销宣传力度,展开了“增客”攻坚行动。全年攀登珠峰和卓奥友峰人数近 600 人,财税收入约 40 万元。

【项目建设】 2014 年,定日县全年开复工项目 155 个,总投资 81459.8 万元。“十二五”规划剩余项目前期工作全部完成,仅剩 7 个项目因资金未到位而尚未开工。公安业务楼、国安综合项目建设等“十二五”规划外项目相继竣工或基本建成。投资 4.8 亿的岗嘎—绒辖油路项目已经完成规划设计;绒辖陈塘村和剩余两座寺庙通路工程、协白路改造项目、尼辖—白坝油路项目均已列入区市交通部门 2015 年建设计划或“十三五”项目规划。珠峰机场项目争取工作取得进展,相关部门领导和专家已多次赴实地勘察。盆吉、尼辖两乡并入国家电网并通电,绒辖水电站线路延伸工程已进入施工阶段。澎曲河流域河道综合治理项目、协格尔河中上游防洪治沙项目进展顺利,白坝泥石流治理项目已经竣工。岗嘎镇珠峰国家级登山基地已完成规划设计并列入到了自治区相关部门“十三五”项目规划草案。县“十三五”项目规划编制和县重大项目争取列入区市“十三五”规划工作有序推进。

【城镇建设】 2014 年,《定日县土地利用总体规划(2006—2020)》已送审。完成县城修编,启动县城控制性详规编制工作;完成岗嘎、曲当、加措等小城镇总规编制、白坝国际旅游集镇概念性设计和其它乡(镇)的草规,启动白坝总(控)一体性规划编制工作。基本完成白坝、岗嘎、扎果等小城镇部分房屋拆迁重建及硬化、绿化、亮化等综合整治工作。重点加强县城基础设施建设,开工建设松江路、正义路、宗甲路、上海东路、甲谐路,改扩建了北环路,县城老规划区内路网及给排水管网基本形成;沙棘林公园、皮林拿玛公园均已开工建设;县城供水逐步正常,给排水项目顺利推进;珠峰小区周边土地成功拍卖,小区建设有序进行。岗嘎镇西南环城路已经完成设计,西南城区的人民路、洛谐路开工准备工作已经就绪。白坝国际旅游集镇防洪堤工程开工建设,“两桥一路”工程完成设计,已列入区地相关部门 2015 年建设计划。成立岗嘎镇城管大队。岗嘎镇继协格尔镇之后被国家住建部确定为国家重点小城镇,被自治区人民政府确定为首批新型城镇化重点建设小城镇。

【招商引资】 2014 年,定日县以自治区招商引资办法出台为契机,加大招商引资工作力度。关帝庙(格萨尔拉康)、岗嘎加油站、白坝家庭旅馆等招商引资项目相继开工建设。签定了预计投资 1.4 亿元的白坝 10 兆瓦太阳能光伏电站项目建设合同并全力推进项目前期工作,签定了预计投资分别过亿元孜布日山壹号泉水厂、长所森嘎泉水厂意向性合同。预计投资近 2000 万元的白坝青年旅舍项目已经开展前期工作。结合对口援藏 20 周年庆祝活动,邀请上海部分企业家到定日考察投资环境。

【特色农牧业】 2014 年,定日县引进的岗巴母羊、种羊试养成功,加措岗巴羊饲草种植基地和集饲养、加工、销售、观光于一体的岗巴羊基地初步建成。长所红皮土豆种植规模扩大至320 亩,产量达到25 万公斤,已有部分产品投放到上海出售;玛卡和黑枸杞试种取得成果;人参果走向市场。尼辖藏鸡养殖示范性基地建设稳步推进,雪鸡人工驯养试验有序进行。良种推广面积 6.1 万亩,藏青 2000 种植扩大到 9.5 万亩,青稞标准面积达到 2.5 万亩,实现增产 60 万公斤。整合农牧、科技、人社、扶贫等各方力量农牧民实用技术培训。新建扎果乡和协格尔镇农牧服务中心,完成 7 个乡(镇)农牧服务中心前期工作。投资 1994.4 万元建设高寒棚圈 1662 座。牧区三配套注入资金 1042.6 万元。新注册成立 3 个农牧民专业合作社。

【重点工业项目】 2014 年,定日县按照“打造天然饮用水大县”目标,除努力推进珠峰冰川矿泉水增产提效外,展开了全县找水、鉴水和引资兴建天然饮用水厂工作。年内,已签定两项开发建厂意向性合同。建筑建材业随着各重点项目落地施工获得健康快速发展。县城宽带通信网、有线电视网等信息基础设施建成并投入使用。在县城和重点城镇大力推广了 4G 网络,电子商务和办公自动化方面取得新进展，完成了政府网站建设、政府办公系统建设和县乡两级电视电话会议系统改造并相继投入使用。绒辖藏白酒完成了品牌和商标工商注册。

【特色文化产业】 2014年，定日县成功举办定日县第九届珠穆朗玛洛谐文化旅游节。县民间艺术团和各乡（镇）文化队开始走进宾馆饭店,走向日喀则、拉萨进行演出。县城及重点建设小城镇各类文化广场、标志性建筑、地标性雕塑建设加快推进，洛谐文化广场竣工并投入使用,林卡公园北广场已开始施工。珠穆朗玛国家公园博物馆已完成初步设计,并列入区市“十三五”项目规划。协格尔古城文化保护区、岗嘎山历史文化遗迹保护区规划已经启动，文化保护紫线已经划定。启动《魅力后藏·定日卷》编纂工作。建设了县非遗文化传习室。布设日喀则宗山博物馆定日馆。定日县选派的节目在中央人民广播电台、西藏自治区党委宣传部联合举办的全区原生态民歌大赛上荣获金奖。

【边贸和商业】 2014年，定日县通过兰巴拉传统边贸通道向尼泊尔输送30头牦牛。绒辖雪扎边贸互市点、兰巴拉传统边贸通道检验检疫点、岗嘎边贸市场改扩建规划设计方案已向上级部门申报。景区景点、小城镇和农牧区的商店、饭店、商贸市场与摊位建设等进展顺利。第九届珠穆朗玛洛谐文化旅游节物资交流会成功举办，交易额达到175万元。县城新农贸市场开工建设。加大培养和扶持县域内民营企业发展力度。吸引和支持各方面在定日注册公司投资兴业，新注册成立个体工商户188家,私营企业22家。

【民生改善】 2014年，定日县各类惠民资金标准全面提高并及时兑现到广大干部群众手中。加强学校安全工作,完成小学校长调配,开展薄弱学科攻坚，兴建中学职教楼及一大批师生宿舍楼、教学楼、澡堂等基础设施,新建2所幼儿园,初中两校区成功申报为两所初级中学,启动了县小学迁建工作并完成布局规划。县卫生服务中心开展二级乙等医院创建工作，县藏医院等项目前期工作进展顺利。全年完成劳务输出3.6万人次，实现收入6700万元；城镇失业率控制在2.1%以内。继续按照“整乡推进和县城小区化建设”思路加快推进保障性住房建设，县城2个保障性住房小区已经竣工,1个保障性住房小区和尼辖、措果等乡(镇)干部职工周转房开工建设,2014年县直机关干部职工周转房已经进入到招投标阶段。县城“五保集中供养”项目开工建设,本级财政将五保老人每日生活补助调整增加一倍。扶贫产业规划项目落实了5个,资金达到834万元;尼辖温泉项目完成招投标；完成建档工作,全年精准脱贫4065人。完成40个行政村人居环境整治，投资300多万元的长所杂村24户贫困户安居搬迁项目基本完成。仓木坚村地质避害搬迁工作有序进行，施工队已进场施工。全力推进防抗灾和安全生产工作，加快防抗灾物资储备和交通安全设施建设。牦牛工报酬标准进一步提高。为2个高海拔乡(镇)干部职工宿舍安装地暖,配备制氧机。

【生态建设】 2014年，定日县林区无火情、无虫害。加大河滩沙棘林保护力度，在全县范围内启动严禁砍伐灌木林工作。加快澎曲河及其支流沿岸重点保护湿地的划定和围栏工作。打击滥采河砂行为,把岗嘎已关闭采砂场初步改造成人工湖。启动“五边”造林工程,重点推进县城和国道318沿线“绿色小城镇”、“绿色村庄”建设,协格尔镇、扎果乡、曲当乡及气象局、人民医院等植树造林工作取得显著成绩。积极开展生态县和生态小城镇、生态村庄、生态单位创建活动，曲当乡优洛村成功创建自治区级生态村。落实草补金2638.9万元、野生动物肇事2012年补偿金72万元、国家公益林生态效益补偿金567万元等一系列生态补偿资金。推进扎西宗、岗嘎及县城垃圾处理系统建设。县城水源保护地工程仅剩绿化工作。被国家环保部纳入生态功能区资金转移支付县。

【维稳举措】 2014年，定日县强化维稳第一责任,加强维稳工作。加大边境防控力度，有效阻止敌对分裂分子潜入潜出。加大社会面管控,确保社会面和谐稳定。加大寺庙、教育和经商群体等“三大领域”维稳工作，加强塔尔钦专项维稳安保及情报信息、矛盾排查化解、法制宣传与平安建设等若干专项工作。加强民族团结工作，举行民族团结和民族通婚家庭表彰活动，创设藏族与其他民族通婚家庭探亲交通费补助制度(初定每户每年 1000 元)。成功进行村“两委”换届,投资近 800 万元对全县村级活动场所进行维修。开展“先进双联户”创建评选表彰工作。全年投入维稳资金 4000 多万元(其中本级财政全年投入维稳资金约 1050 万元),实施公安业务大楼、司法业务楼、行政拘留所、边防鲁鲁检查站绿色通道、县人民法院、寺庙值班室等一大批政法维稳项目建设,完成新维稳指挥中心、部分派出所等一批工作和生活设施的装配备,持续改善基层干警和官兵工作生活条件。2014 年,荣获自治区平安县称号,被评为全市 2014 年度综治工作二等奖,创建“先进双联户”工作也受到市委市政府隆重表彰。

南木林县

【基本县情】 南木林全称“南木杰林”,藏语意为“胜利之地”或“至上境地”。南木林县位于西藏自治区的中南部,日喀则市东北部,地处冈底斯山脉东段的河谷地带,雅鲁藏布江中上游北岸。位于东经 88°46′—90°,北纬 29°18′—30°18′。南木林县东与拉萨市的尼木县交界,西与日喀则市的谢通门县相邻,北与那曲地区的申扎、班戈两县接壤,东南与日喀则市的仁布县毗邻,南与日喀则市的桑珠孜区隔江相望。县境东西 98 公里,南北长 110 公里,总面积 8813 平方公里,占西藏自治区总面积的 0.74%,日喀则地区总面积的 4.86%,平均海拔 4300 米。县地形地貌起伏较大,最高海拔 6043.3 米,最低海拔 3740 米,相对高差 2303.3 米,除河谷、风沙地貌外,一般为深切高山窄、狭谷地貌,绝大部分地区海拔在 3790~4950 米。

南木林县辖 1 个镇,16 个乡,146 个行政村,人口有 14343 户 85346 人(其中农民 71869 人,牧民 8816 人),为西藏自治区第二人口大县,人口自然增长率控制在 10‰以内;有耕地面积 11.84 万亩,人均占地 1.47 亩。

【概况】 2014 年,南木林县实现地区生产总值 6.63 亿元,同比增长 8%;地方财政预算收入 1424 万元,同比增长 19%;固定资产投资 4.16 亿元;农牧民人均纯收入达到 5194 元,同比增长 38.6%;农村经济总收入达 5.63 亿元,同比增加 6427.12 万元,同比增长 13%;完成财政预算收入 1424 万元,同比增长 19.%;完成一般预算支出 3.6 亿元,同比增长 28%;完成公共财政基金收入 78 万元,同比增收 67 万元,增长 6 倍;各项存款期末余额 4.9 亿元,增长 3979 万元,同比增长 9%;贷款期末余额 4 亿元,增长 1.6 亿元,同比增长 67%。

【农业经济】 2014 年,南木林县农村经济总收入达 5.63 亿元,比 2013 年增加 6427.12 万元。

农业结构调整 全县完成农作物播种面积 11.84 万亩,其中粮食作物 6.3 万亩、经济作物 5.3 万亩、饲草作物 0.21 万亩,粮、经、饲比例为 53.2:44.8:2;大力实施马铃薯基地建设,播种面积保持在 4 万亩以上;蔬菜种植面积 280 亩,特色产业总产值达到 1.4 亿元,实现人均收入 1713 元。

畜牧产业发展 全县牲畜存栏 370236 头(只、匹),出栏 138133 头(只、匹),适龄母畜 151156 头(只、匹),共产仔96056 头(只、匹),成活 91133 头(只、匹),成活率达到 95%。

农业科技培训 全县共开展县乡两级技术员培训 5 次,培训 386 人次;培训农牧民种子精选和包衣技术等 26 次,共培训 1.4 万人次。

【工业经济】 *矿业开发* 2014 年,南木林县全县登记备案的矿产勘探单位共 5 家 5 点,其中进点单位 3 家 3 点。浦桑果矿业开展采选场选点、环评等前期工作。南木林县委、县政府依法依规积极应对群众针对浦桑果矿业的非法聚集事件。

石材开发 全县扩大石材开发规模,开采人数达到了 822 人,石材开发收入达到了 261.7 万元,人均收入 3183 元;兴办了 80 人参加的石材精细加工厂,石材加工纯收入达 40 万元。

民营经济 全县个体工商户发展到 1573 户,总注册资金 2900 万元;私营企业发展到 112 户,总注册资金 14513 万元;内资企业 39 户,总注册资金 12499 万元;专业合作社 23 家,总注册资金 1447 万元;农牧区经纪人发展到 154 人,交易额达 896 万元。

【第三产业】 *旅游产业* 2014 年,南木林县投资 53 万元,启动旅游发展总体规划;接待游客 6.39 万人次,同比增长 2.2%,实现旅游收入 296 万元,同比增长 87%。

劳务经济 全县实现劳务输出

33703人次，比去年增527人次，创劳务收入1.5亿元，比去年增892.6万元，比指标增722.8万元；人均收入5194元，比去年增768.17元，增速达17.4%，比地区指标增324元。

交通运输　全县开通客运线路8条，运营车辆达25辆；通村通寺新、续建项目有6个，建设里程共29公里，项目总投资884万余元。

【新农村建设】　小城镇建设　2014年，南木林县积极打造小城镇建设的示范点，改善乡镇人居环境，推进农村小城镇建设。重点组织实施卡孜乡小城镇建设、艾玛乡柳果村新农村建设、562国道县城段路域综合治理、县城环卫设施建设等示范工程建设；同时，投入1537.82万元实施34个行政村的村内道路硬化、配套排水沟、管涵、篮球场等工程；投入136万元建设34个行政村的垃圾填埋场工程；投入492万元建设了雪麦群众文化广场。

新农村建设　农牧民安居工程扎实推进，全县完成1308户农牧民安居工程，其中民房改造960户、相对贫困户348户，建筑面积达19.63万平方米，总投资1.07亿元；完成34个农村人居环境建设和环境综合整治项目建设任务，投资概算总额为3556.4万元。

【项目建设】　2014年，南木林县通过争取国家资金、落实援藏项目、加大社会投资等措施，项目建设有新突破。实施项目76个，其中新建项目65个、续建项目10个、改扩建项目1个，涉及发改、安居、林业、农牧、教育、交通、水利、扶贫、卫生、住建等方面，总投资5.8亿元，已完成4.13亿；援藏项目方面，启动生态示范区配套建设、艾玛乡柳果村新农村示范建设、南木林县湘巴文化艺术中心等13个项目，总投资9000余万元；强基惠民“短平快”项目58个，总投资1437万元。

【生态建设】　2014年，南木林县投入6484.7万元，完成防护林体系934亩、拉萨周边建设工程4000亩、人工造林2000亩、封山育林2000亩、完成防沙治沙工程建设14145亩和草方格沙障7500亩；雅江北岸南木林生态示范区建设扎实推进，共栽种苗木65万余株，种植面积1.3万余亩，苗木成活率达到99%；兑现森林生态效益补偿金314.789万元，实现人均现金收入3000元。

【社会事业】　教育事业　2014年，南木林县推进义务教育均衡发展，各级各类办学质量提高。全县在校生13515人，其中幼儿园1420人，学前毛入园率69%；小学在校生7011人，入学率100%；初中在校生人数3339人，入学率99.52%；高中在校生1745人。2014年，南木林县财政投入资金201万元，不断改善办学条件；落实“三包”助学经费2543.7万元。

城乡医疗救助　全县上缴个人筹资总额达158.6万元，合作医疗实际参加人数79351人，人参率达99.3%，实参户13910户，户参率达100%；为1266名农牧民困难群众和33名城镇困难居民发放医疗救助金400.23万元，缓解了“因病致贫、因病返贫”等问题。

社会保障　全县参加职工养老保险361人、工伤保险2136人、生育保险2118人、失业保险1267人，参保率均达100%；医疗保险4461人，参保率99%；城镇居民社会养老保险1119人，参保率64%；新型农村社会养老保险42105人，参保率90.1%；同时，为6656人发放基础养老金120万元。加大扶贫投入力度。全县批复扶贫项目32个，总投资3535万元，受益群众1655户8701人；共脱贫1426户9892人。

文化惠民　开展文化民生工程建设宣传活动，切实保障基层群众的文化利益。全县文艺演出20余场次，观看演出群众达4600余人次；《魅力后藏》南木林篇已进入专家评审阶段；“广播电视户户通工程”，截至2014年底，完成15917套直播卫星接收设备安装调试，完成了31座已通电寺庙，588间僧舍的广播电视“舍舍通”，3座未通电寺庙的广播电视“寺寺通”建设。2014年8月，非遗项目湘巴藏戏荣获全区第三届藏戏大赛及唱腔比赛三等奖，被誉为“银嗓子”称号。

【维稳举措】　“严打”整治　下发《南木林县2014年维稳工作方案》等13份工作方案，建立完善27个方面的维稳工作机制和15个维稳工作领导小组。同时，南木林县维稳指挥部与各乡镇、单位签订5类目标责任书，共计230份。全年南木林县投入维稳资金1000余万元，开展排查整治活动37次，排查治安隐患46处。

社会管控　落实“一车一警”及路段包干工作制度，提升农村群众交通安全意识和自身防范能力，有效预防和减少农村重特大道路交通安全事故的发生；公安检查站严格执行“四必查”的工作要求，全面加强出入县城各交通要道过往车辆、人员、物品的盘查力度。

安全生产　打击出售假冒伪劣食品药品违法犯罪活动，收缴假冒、过期、变质食品350余公斤，价值9700余元，在辖区内进行43次“严厉打击假冒伪劣食品药品”专项行动；排查道路交通安全隐患20余次，查处交通违法行为403起。

和谐宗教　成立寺管会15个，评选表彰和谐模范寺庙10座，先进寺管会10个，优秀驻寺干部15名，兑现奖励资金75万元。

信访工作　妥善解决群体信访案件，共接待来信来访案件11件，办结率95%；三级调节组织共解答群众咨询439人次，接待来访94人次，调节各类纠纷336件，调解成功率达到99%。

【党建工作】　教育实践活动　2014年，南木林县开展党的群众路线教育实践活动，使党员干部深受教育，作风转变取得明显成效，突出问题得到切实解决，群众工作得到明显加强，制度建设取得重要成果。活动中清理废除制度6条，拟建制度92条，新建制度82条，修订完善制度127条，群众测评结果97%以上。

党建工作　加强村级班子整顿工作。将2014年党建工作细化为六大类五十四项具体工作，对90余个软弱涣散村、一般村进行打分验收。继续开展“六个一”联系服务工作。县级领导干部为基层讲党课23场次，党员领导干部深入基层下访176批次1758人，各级党组织共结成互帮互助对子457对，投入慰问资金20.3万元。加强党建经费保障。落实党建工作经费100余万元，其中县级配套党建工作经费30余万元，援藏投入70万元，确保党建工作的顺利开展。积累品牌创建经验。在“一证四表一办法”、“两述四评三公开评议”的基础上，创新实施“五项工程”、“4311”、“九个一”等工作法，打牢了基层党建基础。抓实村“两委”换届工作。按照自治区、地区关于村“两委”换届的要求，扎实开展村“两委”换届各项工作。

【受援工作】　2014年，南木林县援藏项目开工早、推进快、亮点多。4月，举行“2014年度十大援藏项目集中开工仪式”，列入2014年援藏计划的总投资5908万元的生态示范区配套建设、艾玛乡柳果村新农村示范建设、卡孜乡小城镇建设等10个项目开工建设，年内全部实现竣工。

全方位、宽领域、多渠道构建援藏新格局。进一步加大人才和智力支持援助，协调从内地选派4名技术援藏人员到南木林县参与建设工程项目管理工作，邀请内地组织人事、医疗卫生等方面6名专家以“公推公选”方式遴选卫生系统领导干部，委托内地2家高资质规划设计单位为重点乡镇编制小城镇发展规划。积极运用援藏资金撬动社会资本参与南木林县经济建设，引进西藏天源食品有限公司、西藏浩鸢农牧生态开发有限公司两家企业，年内实际完成投资4200万元。

以援藏项目、援藏事迹和庆祝援藏二十周年活动为载体加大宣传南木林。2014年，新华网、中新网、中国政府网、《西藏日报》、《大众日报》等主流媒体对南木林县援藏项目多次进行报道，众多新闻网站转载报道；西藏电视台、山东电视台、西藏广播电台以新闻专题形式4次报道过南木林县援藏项目及做法；潍坊市委宣传部组织潍坊当地报纸、广播电台、电视台和省级主流媒体驻潍坊记者站的8名记者利用一周时间深入南木林县，对经济社会发展情况进行深入采访报道；新华社西藏分社副主编亲赴南木林县进行实地采访，撰写专题通讯，以《山东第七批援藏队围绕生态做文章打造新亮点》为题在新华社《动态清样》上向俞正声主席作专报，详细介绍南木林县生态建设情况。通过多渠道的宣传报道，南木林县在全国特别是鲁藏两省区的影响力不断扩大，有效提升南木林县整体形象。

萨迦县

【基本县情】　萨迦，藏语意为“灰白土”。萨迦县位于喜玛拉雅山北坡，东与日喀则市接壤北与谢通门隔雅鲁藏布江相望，西北与拉孜县相邻，南与白朗、定结相邻。地理坐标为北纬28°23′—29°21′，东经87°40′—89°，全县总面积8146平方公里，占日喀则市总面积的4.6%，占西藏自治区总面积的0.68%。县城驻地萨迦镇位于县境西南部，距日喀则150公里，距拉萨410公里，境内有中尼公路(318国道)从县北部经过，长约30

公里,交通便利,优势明显。

萨迦县境内平均海拔为4468米,其中最高处为桑齐日山峰,海拔6131米,最低为夏布曲河出口处,海拔3888米。矿产资源主要有金、铁、铅、铜、云母、石灰岩等。有丰富的水能、太阳能、地热资源。

萨迦县辖11个乡(镇),107个行政村,其中:查荣、雄玛、吉定、扯休四个乡(镇)为二类区,其余木拉、赛、拉洛、雄麦、麻布加、扎西岗、萨迦镇七个乡镇为三类区。2014年末,全县共有人口52550人,其中,农牧业人口48039人。现有耕地面积为11.4万亩,草场总面积655万亩,牲畜总数为28.8万头(只、匹)。

【概况】 2014年,萨迦县实现地区生产总值52734.76万元,同比增长16%;人均生产总值达10034.4元,同比增长15%;农村经济总收入达到3.5亿元,同比增长16.5%;农牧民人均收入达到5484.67元,同比增长16%;全社会固定资产投资达6.3亿元,同比增长24%;地方财政一般预算收入达到2501万元,比年初预算增收1521万元,同比增长59.7%;社会消费品零售总额达到7107.19万元,同比增长16%;各项税收完成2009万元,同比增长35%。

【农牧业发展】 2014年,萨迦县强农惠农政策全面落实,农牧业再获丰收。全年完成农作物播种面积11.4万亩,青稞标准化生产基地3万亩,二级种子0.45万亩,推广“藏青2000”等新品种1万亩,粮油总产量达6093.72万斤。全县适龄母畜16.24万头(匹、只),新生仔畜12.18万头(匹、只),死亡率控制在0.37%以内,短期育肥出栏11万只绵羊单位,实现总收入9379.346万元;狠抓牲畜改良工作,优质黄牛15638头、优质绵羊49934只、白绒山羊14250只、牦牛1038头。积极开展重大动物疫病防控工作,防疫密度达100%。壮大农牧业优势产业,规模养殖蓬勃发展。在扯休乡建立了优质高效奶牛养殖示范基地,在木拉乡培育了白绒山羊养殖示范村3个,在扯休乡朗巴吉村建立了蔬菜示范基地,建成绿色蔬菜大棚温室70座,肉类、奶产量分别达到1412.6吨、1298吨,年蔬菜产量达49万斤。加强农田水利基础建设,农牧业生产和防洪能力显著提高。全年共投入6700万元,新建塘坝5座、水渠16条,配套相应渠系建筑物150座,吉定镇夏拉木山洪得到有效治理,冲曲河扎西岗乡段防洪工程进展顺利。同时,扎实开展防汛抗旱工作,农牧业防抗灾能力不断加强。劳务经济不断壮大,农牧民持续增收。全年共劳务输出32555人次,其中政府组织输出3125人次,能人带动输出5283人次,实现总收入9922.25万元,人均年收入达3138.04元。

【项目建设】 2014年,萨迦县开复工项目74个,完成固定资产投资6.3亿元,建成一批打基础利长远的交通、水利、农牧、生态等工程项目,进一步夯实了全县经济社会发展的基础。全面坚强协调配合服务工作,扎实推进三大重点项目建设,拉洛水利枢纽及配套灌区工程顺利开工建设,高新雪莲水泥有限公司投入试运营,历史文化古城初步建成,萨迦县文化旅游优势逐渐凸显。上海对口援藏工作力度进一步加大,共投入资金4930万元,实施13个项目。新建冲曲河大道,开辟了萨迦旅游观光线;建成萨迦北寺游步道观景台,将萨迦北寺遗址、萨迦五祖白塔、仁青岗寺连成一线;实施新农村示范点建设,极大改善了农牧民群众的生产生活条件。

【城镇建设】 2014年,萨迦县按照“一个中心”“两个重点”和“两条线路”工作思路,充分利用古城资源优势,本着先易后难,先急后缓的原则,整合国家投资、援藏资金,围绕萨迦古城“八个亮点”,重点打造以萨迦古城为中心的旅游城镇,萨迦寺周边环境得到有效整治,“四横四纵”的城市路网骨架已成型,一个布局结构较合理、文化内涵较丰富、基础设施逐渐完善、公共服务不断提高、产业加快发展、环境日趋优美的小城镇初具雏形,萨迦古城建设成为典型,萨迦县被列为日喀则市五个重点发展县(区)之一,萨迦镇被列为全区特色小城镇,圆满完成了日喀则市推进旅游型城镇建设现场会;以吉定镇、扯休乡两个乡(镇)所在村为重点的新型工业化和农牧业现代化城镇初步建成;318国道、563国道沿线新农村建设进展顺利。完成《萨迦县总体规划暨控制性详细规划》、9个乡(镇)的详规初步成果编制工作。落实资金3851.8万元,完成了1597户农村危房改造、35个行政村人居环境整治。

【旅游发展】 2014 年,萨迦县依托萨迦古城深厚的历史文化资源,以古城旅游景区建设为核心,切实加强旅游基础设施及服务体系建设,建成 4.5 公里旅游景观大道、古城景区大门、北寺游步道和观景台、八思巴文化广场等旅游亮点项目,新投入一家上海援建宾馆,对两家民俗旅馆进行改扩建,进一步提升萨迦县休闲旅游服务水平;依托原有的援藏广场,利用萨迦古城中心区滨河大道沿边,萨迦古城保护区内的黄金地段等优势资源,建成了以旅游服务、售票、宣传、展示、销售、停车等功能为一体的旅游服务中心,提升了萨迦县旅游接待和服务能力;萨迦纪事馆正式对外开放,全面展示萨迦历史文化、人文风景和民风民俗,成为萨迦文化旅游新亮点;萨迦特色工业园区已开工建设,主要扶持唐卡、泥塑面具、藏香、金银饰品等萨迦民族手工艺品,提高营销水平,使唐卡等民族手工艺品市场化、商品化。一个设施齐全、功能较完善的综合性景区初步形成,全面带动了旅游业的快速发展,全年共计接待国内外游客 15.85 万人次,销售唐卡 1491 幅,实现收入 538475 元,其中当地群众受益 22.1 万元,实现旅游总收入 1650 万元,同比增长 20%。

【社会事业】 教育事业　共落实 988 万元,加强了基础设施建设;落实资金 614.64 万元,不断改善办学条件;6984 名义务教育阶段农牧民及低保家庭学生享受"三包"经费补助 1938.38 万元,6111 名学生享受"营养计划"资金 369.8 万元,义务教育均衡发展步伐加快,全县中小学毛入学率、巩固率均达到 100%,5 名学生考入内地西藏班,64 名学生考入区内重点高中,教育教学质量不断提高。共兑现 21.24 万元资助 135 名贫困大学生。

科技创新　不断提高科技服务"三农",支撑特色农牧业发展的能力和水平,加大对农牧民科学种养殖技能的培训,为农牧业产业发展提供技术和人才支持,新发展科技特派员 78 名,开展各类科技培训 16 场次,培训农牧民 2.4 万人次,全县农牧区科技普及率达到 90%,科技对农牧民增收贡献率达到 45%。

公共卫生　深化医药卫生体制改革,县乡村三级藏医院基本建成,农牧民住院报销 2691 人次、996 万元,门诊核报销 16 万人次、413 万元;僧尼体检 204 人,城乡居民体检 47831 人;扎实做好计划生育工作,落实农牧区"一孩双女"、"特别扶助"资金 62.3 万元;常规免疫接种 16064 人次,接种率达 96%;为 13 名髋关节脱臼儿童在上海进行了免费手术,筛查先天性心脏病儿童 4879 人、白内障 376 人,并为 149 人进行了手术。

文化事业　成功举办第二届八思巴文化旅游节。以地方特色文化需求为出发点,积极开展文化下乡文艺演出活动;农村流动电影放映队累计放映电影 1400 场次,为全县 107 个农家书屋充实图书 25670 册,初步完成《魅力后藏·萨迦卷》的编写。11 个乡(镇)文化站投入使用,新建新华书店,改扩建了县影剧院。完成强竿踏许、萨迦寺羌姆、麻布加乡夏尔巴贡的国家级非物质文化遗产和萨迦贴布脱胎面具制作、扎西岗谐热、八思巴藏香生产的自治区级非物质文化遗产申报工作,非物质文化遗产的保护和申报工作进一步加强。

社会保障　各项社会保险参保达 6865 人次,农村新型养老保险参保达 30007 人,实现全覆盖;努力扩大就业、再就业,新增城镇就业 346 人,开发公益性岗位 70 个;投入使用各类保障性住房254 套,切实解决干部群众住房难问题。困难群众生活得到妥善安置。为 2298 户、8123 人兑现低保资金 931.33 万元;为 141 户、231 人城镇低收入家庭发放租赁补贴 70.69 万元;发放医疗救助资金 187.48 万元,581 人次得到医疗救助;65 名五保户对象实现了集中供养,33 户贫困家庭得到临时救助金 10.1 万元,3244 名受灾群众得到口粮款 184.48 万元。积极争取上级扶贫资金,加快实施整乡推进、扶贫等项目,使 3112 人实现脱贫。各项惠农资金落实到位。共兑现粮食直补资金 123.33 万元,农资综合补贴资金 229.15 万元,农村公共服务保障资金 196.67 万元,农村税费改革资金 529.34 万元。

【生态建设】 2014 年,萨迦县采取专业施工队三年保活三年分期付款的合作方式,实施县城环林、通道绿化、庭院绿化和旅游大道沿线植被修复等重点生态建设工程。完成重点区域生态公益林 3622 亩,县城环城林 670 余亩,县城植被修复 1470 亩,人工种草约 140 亩,养护天然草地约 330 亩,树木成活率达 90%以上。同时,紧紧围绕保护生态环境,保护生物多样性,维护生态系统平衡实现人与自然和谐共处的战略目标,实施县、乡、村以及管护人员四级签订的管护人员建档立卡工作,发放生态效益补偿金 171.2 万元,发放野生动物肇事补偿金 20 余万元。积极落实草场承包暨草原生态补助奖励机制,共落实草畜平衡奖励资金 981.81 万元。

【维稳举措】 2014 年,萨迦县着力推动社会治理体系和治理能力现代化,社会面"网格化"管理水平不断提高,群防群治不断深化,共发生刑事案件 13 起,已侦破 12 起,破案率 92.3%,受理治安行政案件 9 起,查处率 100%,"平安萨迦"建设扎实推进。先进双联户创建评选工作进一步深化,干部驻村驻寺深入推进。加强寺庙创新管理,加大寺庙及僧尼的教育、服务、管理工作力度。全面落实寺庙"六建"、"九有"、"六个一"、"一覆盖"、"一创建"等利寺惠僧政策,确保了萨迦县宗教和睦、佛事和顺、寺庙和谐。排查化解隐患,按照领导牵头,属地管理和部门职责相结合,深入摸底排查务工劳资、乡村邻里矛盾纠纷隐患,做到早发现、早介入、早调处,把矛盾纠纷隐患化解在萌芽状态,共排查各类矛盾纠纷 12 件,成功调处 12 件,没有发生群体性事件和越级上访事件。落实安全生产责任制,安全生产工作形势持续稳定。加强食品药品安全监管,保障人民群众饮食和用药安全。

谢通门县

【基本县情】 谢通门,藏语意为"一见则喜"。谢通县位于日喀则市西北部,雅鲁藏布江北岸,东邻南木林县和桑珠孜区,北接那曲地区申扎县,西邻昂仁县,南与萨迦县和拉孜县接壤,全县东西长 142 公里,南北宽 106 公里,总面积 14042.74 平方公里,县城距日喀则市政府驻地 83 公里,平均海拔 4200 米以上,全县辖 1 镇 18 乡、95 个行政村、11449 户,4.9283 万人(农业户 6510 户、31844 人;牧业户 2940 户、12759 人;非农牧业户1999 户、4680 人)。其中,牧区乡有:美巴切勤乡、切琼乡、纳当乡、娘热乡、青都乡、春哲乡、孜许乡、南木切乡、查布乡、措布西乡;农区乡有:卡嘎镇、达那答乡、仁钦则乡、荣玛乡、塔定乡、通门乡、达木夏乡;半农半牧乡有列巴乡、达那普乡。

谢通门县属冈底斯山中西段的一部分,境内多高山,地形复杂,山峦起伏,沟谷纵横,境内平均海拔 4200 米以上。境内属高原温带半干旱季风气候类型区,北部干冷,南部相对湿润,季风一般集中在 2—5 月,年平均气温 6.36℃,年降水量约 400 毫米。县境内以近似平行的雅鲁藏布江和多雄藏布河以及各支流构成基本水文网络,全境水系呈格子状,水质优良、含沙量少。县境内处于国土资源部规划的重点找矿区块内,矿产资源种类多,储量丰富,已发现有工业价值的矿种有:铜、金、富铁、银、铅锌、黄岗岩及稀有金属等。境内动植物种类繁多,动物种类主要有西藏野驴、藏羚羊、麝、猞猁、雪豹、棕熊、斑头雁、黑颈鹤等,植物种类主要有杨树、香柏、苹果树、梨树、桃树、贝母、虫草、雪莲花等,森林覆盖率达 7.02%。

谢通门县地理位置特殊,有着旅游业发展的独特优势,旅游资源丰富独特、品味极高。自然景观主要有:卡嘎温泉、雪拉普日山、里布底错、强布温泉、查布温泉、嘎布温泉、索布寺溶洞,人文景点主要有:20 座寺庙,其中僧寺 15 座、尼寺 5 座,格鲁派 10 座、萨迦派 2 座,人文古迹最为代表性的有"一山一水两寺",即欧曲山、卡嘎温泉、扎西坚白寺、日嘉寺。旅游商品主要为卡嘎朗玛藏刀,通门皮具,仁钦则陶器。

【概况】 2014 年,谢通门县实现地区生产总值 7.7 亿元,同比增长 12%;财政收入 1.19 亿元,同比增长 15%;税收 1.89 亿元,同比下降 24.4%;固定资产投资 4.9 亿元,同比增长 16.7%;农牧民人均收入 6778.53 元,同比增长 13.5%。

【稳农牧强矿业】 2014 年,谢通门县农牧业生产基础实。粮油总产保持稳定,全县农作物播种面积 6.1 万亩,粮、经、饲三元种植比例为 63:28.5:8.5,全县粮油总产 3173.11 万斤。牧业生产有序开展,各类重大动物疫病免疫率达 100%,全县新生仔畜 97866 头(只、匹)、成活率达 88.5%,年末牲畜存栏 29.7 万头(只、匹);2013 年草奖工作顺利通过自治区验收。特色产业加快推进,达那答乡果蔬基地运转良好,积极开展卡嘎镇藏土鸡商标注册和有机认证工作,结合扶贫开发项目正式启动通门乡生猪养殖工作。基础设施有效改善,实施游牧定居、退牧还草、2013 年基层农机推广服务体系、2014 年本级财政小型农田等农牧水利项目30个,完成强布水库及恩久塘灌区工程项目前期工作。防抗灾工作全面加强，本级财政安排资金310万元用于购置防汛抗旱、饲草料、民政救灾等各类物资,确保了各项防抗灾工作有效落实。

工矿业生产效益稳。矿产资源开发进一步规范，通过狠抓矿产资源开发规范化管理，切实加强环境保护和安全生产工作，实现了矿产资源的合理、有序开发。2014年,共有宝翔、中瑞、豪仁、大宇、宝明等10家矿企和4个国家项目进点作业，共征缴各类涉矿税收1.47亿元。

【商务、旅游发展】 2014年,谢通门县消费品零售业稳步增长,全县144家“万村千乡”农家店,全年销售总额达630.4万元，实现利润252.16万元；全县社会消费品零售总额预计达3901万元，同比增长45%。旅游开发工作加快推进,上报“十三五”旅游规划项目13个;藏刀、皮具、陶器等民族手工业品在地区旅游纪念品研发中心正式上架销售,全年销售收入达650万元;全年接待区内游客29980人次，实现旅游收入495万元。

【项目建设】 2014年，谢通门县项目建设扎实开展。全年开复工项目76个,总投资5.01亿元。基层基础条件有效改善,完成16乡镇业务用房、文化站、5个乡镇周转房建设。道路交通建设不断加强,实施了县城至塔定乡油路、原则拉公路改线、美切乡锐村等6条公路以及达那答乡至达那普乡油路等项目建设,本级财政安排资金380万元用于公路维修保通。能源建设力度加大,列多电站主体及线路延伸工程全部完工,完成荣河电站增效扩容项目前期工作。援藏项目进展良好，已确定10个第五批对口援藏项目,总投资2689万元。

【县城建设】 2014年,谢通门县小城镇建设加快推进。实施县城建设项目11个，总投资1.79亿元,自开工累计完成投资1.3亿元,完成部分街道绿化工作，县城新区初具规模。小城镇建设不断推进,本级财政投资648.91万元，实施达那答乡如贵村街景改造项目，日谢公路沿线村居环境改造项目加快实施。

【强基惠民】 2014年,谢通门县惠民政策有力落实。新农村建设扎实推进,实施22个村级人居环境综合整治项目，完成611户农村危房改造建设,完成2013年农村饮水安全工程建设,有效解决950户、5601名农牧民群众安全饮水问题。社会保障体系不断健全，全县各项社会保险参保31579人次，基本做到了应保尽保；累计发放农村低保口粮折价及城乡低保资金1290.27万元;集中供养五保人员99人,发放五保户生活补助金66.3万元;开展医疗、教育及临时性救助516人次、涉及资金144万余元，兑现孤儿一次性生活补贴资金46.62万元。扶贫开发工作有序开展，实施整乡推进扶贫开发项目27个,2014年面上扶贫项目3个，受益群众1762户、6619人。强基惠民工作成效显著，全年各级驻村工作队共落实资金2115.4万元,实施296个项目建设；落实办好事资金118.75万元，为群众解决急事难事225件次。就业增收工作卓有成效，实现高校毕业生全就业，全年劳务输出1.734万人次,创收3235.6万元。本级支农力度不断加大，安排各类强农惠民资金6400万元,用于加强农田水利设施建设、改善乡村道路条件、扶贫开发配套、完善社会救助体系、推进科教文卫事业发展等各个方面。

【社会事业】 2014年，谢通门县教育健康发展。全年本级配套教育资金达2116万元；争取国家资金2947万元,实施了县中学操场、县完小学生宿舍和食堂等11个项目建设，全年中小考内地西藏班共上线22人。医疗卫生服务水平不断提升。合作医疗参合43914人，参合率达99.5%，完成农牧民及寺庙僧尼43577人免费健康体检工作,累计报销各类住院费用832万元。科技兴农力度加大。为群众发放价值38000元的《农村科技推广手册》1900余册，开展各类科技培训6791人次；争取资金250万元，实施了藏土鸡繁育基地等9个科技兴农项目。文化事业繁荣进步。15个乡镇文化站全部竣工并交付使用,完成95个行政村农家书屋、20个寺庙书屋出版物更新配送工作，组织县民间艺术团下乡演出53场次,发放“户户通”接收设备1748套；继续实施“2131工程”,累计播放电影1246场,观看人数达14.9万人次；完成“魅力后藏”书系通门篇编纂和地区博物馆谢通门县特色展区展示工作。

【安全生产】 2014年,谢通门县安全生产工作有效加强。明确工作责任,结合工作实际,修订完善安全生产目标责任书,按照“一岗双责、党政同责”要求,层层签订目标责任书,成立各乡镇安全生产工作委员会,安全生产“五个全覆盖”工作体系初步成型;不定期对全县安全生产情况进行通报。加强宣传培训,精心组织“安全生产月”宣教活动,全年开展活动6次,发放各类宣传材料9000余份;组织县内17家矿企30余人召开矿产资源勘查开发协调培训会,进一步增强了矿山企业安全生产主体责任意识。严查安全隐患,针对矿山、消防、食品药品、建筑施工等重点领域,扎实开展安全隐患排查及打非治违等各类专项整治行动,共排查各类生产经营单位1735个(次),排查各类安全隐患984条。严格落实“两限一警”措施,对县内公路按乡、村分段包干明确责任,本级财政投入资金35万元增设道路警示标志、购置农用车反光膜,切实保障了道路交通安全。

【生态建设】 2014年,谢通门县植树造林成果显著。植树造林力度进一步加大,落实生态建设资金1253万余元,完成重点区域及拉萨周边植树造林4766亩,拉萨周边封育2000亩,防护林建设6220.5亩,防沙治沙11640亩,确定全县“两江四河”规划总规模14.5万亩。各项强林惠农政策有力落实,兑现2013年中央森林生态效益补偿金、退耕还林补助金、8年退耕户直补资金等各类强林惠农政策性资金740万余元。扎实推进县城绿化工作,本级财政投资900多万元对县城新区进行绿化,林木成活率达70%左右。

环境保护有效加强。健全完善机制,建立出台《谢通门县人民政府关于规范建设项目环境影响评价文件报批程序规定》、《谢通门县环境保护考核办法(试行)》。加强宣传引导,开展环保宣传活动10次,发放各类宣传资料1000余册。强化执法检查,对县内矿山企业、建筑工地、采砂厂、水源点等重点场所环保执法检查115次,下发整改通知书13份,监督落实整改13件,整改合格率100%。

【党建工作】 2014年,谢通门县不断加强基层党建工作。以“村矿共建”和“十星级示范户”为抓手,通过开展“基层党务工作者素质提升”、“藏汉双语学习”、“机关党建规范化建设”、“无职党员设岗定责”、“乡镇干部设岗定责”、“四联两发挥”、“党建三带”等活动,打出一套党建工作的“组合拳”。全面加强党风廉政建设。认真落实“两个责任”,层层签订目标责任书,专门组织开展惠民资金专项检查工作,并对乡镇、单位“一把手”进行党风廉政建设约谈。切实加强对公务用车、办公经费、公务接待等方面的管理,全县三公经费支出同比减少60.72万元,减幅4%。严格管理干部,处理违纪违规人员54人次,有力整治了部份干部职工精神不振、纪律不严、落实不力等现象。

定结县

【基本县情】 定结,藏语意为“水底长出”。定结县位于西藏自治区西南部,喜马拉雅山北麓,东连岗巴县,西临定日县,北靠萨迦县,南与尼泊尔和印度锡金毗邻。总面积7566平方公里,平均海拔4300米。边境线长达176公里,共有17个界桩,21个通外山口。有1个国家二级通商口岸—日屋边贸市场。全县辖3镇7乡70个行政村,5682户22286人,其中农牧民3927户18573人,属自治区级贫困县。经济结构以半农半牧为主,耕地面积4万余亩,主产青稞、油菜、土豆、豌豆等作物;草场面积528万余亩,饲养牦牛、犏牛、绵羊等牲畜;林地面积44万亩,有11万亩连片湿地。地势东高西低,平均海拔4300米左右。气候属高原内陆季风性气候,日照充足、紫外线强、昼夜温差大、干燥少雨、多大风,年平均气温2℃。多年平均年降水量236.2毫米,年蒸发量2500毫米左右,无霜期短100天左右,年日照时间3326小时,最大冻土深度1.4米左右。主要珍稀动物有国家一类保护动物羚羊、鬣羚、喜马拉雅塔尔羊、盘羊、长尾猴、斑羚、雪豹等;国家二类保护动物熊猴、小熊猫、金猫、林麝、马麝、喜马拉雅麝等;国家三类保护动物黑熊、豹猫、赤麂和岩羊等。主要珍贵植物资源有:国家重点保护植物长蕊木兰、水青树、锡金海棠、西藏延龄草、胡黄莲、桃儿七、天麻、参三七、雪莲花等。县境内主要矿藏有硼砂、食盐、瓷土、泥炭等。自然风光有陈塘沟、叶如湿地、多布扎湖、定结湖等;人文景观有定结宗、扎西群培寺、贡布强寺、群桑寺,特别是夏尔巴民俗文化古朴独特。

【概况】 2014年,定结县实现地区生产总值30076万元,同比增长25.27%;固定资产投资完成19319

万元,同比增长12.26%;财政收入达到824.38万元,同比增长47.9%;农村经济总量预计达到15234.27万元,同比增长30.98%;农牧民人均纯收入达到4985.34元,同比增长9.39%;工业总产值实现660万元,同比增长12.98%;边贸总额2800万元,其中:进口额700万元,出口额2100万元。接待游客人数1.28万人次,实现旅游收入632万元,经济形势持续向好,综合实力稳中有增。

【项目建设】 2014年,定结县开复工项目109个,总投资49162万元,完成投资19319万元,完成地区下达投资计划12334万元的156.63%,完成县内自定计划14695万元的131.47%。召开项目推进现场会,创新项目建设新举措,从"五抓"、"五结合"出发,狠抓项目建设,以项目建设带动全县经济社会发展。"十三五"规划编制工作顺利推进,已完成材料整理和上报工作。初步测算,"十三五"期间,计划实施175个项目,总投资122.8046亿元,用于改善基础设施薄弱的现状,增强发展后劲。援藏项目进展顺利。加强了项目建设工作的组织领导,突出成熟项目抓开工、在建项目抓进度、开工项目抓管理的工作重点,确保项目工作任务的推进。2014年已完成总投资3898万援藏项目总量的80%。

【农牧业生产】 *农业生产* 2014年,定结县加大农业种植结构调整力度,优化种植品种结构,继续改善土壤肥力,加大良种推广力度。同时,邀请地区农技推广中心技术员进行技术培训450人次。组成土壤重金属普查工作小组普查土壤重金属,全面掌握土壤重金属含量,为保障农产品质量安全提供了重要依据。全年粮油总产达1392.48万斤,同比增长58.82万斤,每亩单产347.2斤。其中:粮食产量达1239.25万斤;油菜产量达153.23万斤。蔬菜产量达249.78万斤;饲草料产量达373.94万斤。

牧业生产 完成草畜平衡减畜工作,2014年年末牲畜存栏230898头(只、匹),其中大畜18068头(只、匹),小畜212830只。肉产量717.06吨,奶产量936.64吨。加强接羔育幼工作,深入到各乡镇开展了接羔育幼培训工作,购买了母畜保胎药、接羔常规用药,宣传教育广大农牧民,鼓励购买哺乳用奶。全年新修羊圈461座、维修羊圈837座,维修率达到98%以上;新修羔宫168座、维修羔宫1274座,维修率达到100%,接羔育幼基础设施得到有效改善。

基础设施 投资700万元建设优质蔬菜大棚,提高蔬菜生产能力,增加蔬菜供给。总投资935.47万元的江嘎镇水土保持综合治理工程稳步推进。总投资1232.56万元的2014年县专项小型农田水利工程改扩建水塘4座,总库容达33500立方米,覆盖郭加乡等8个乡镇。覆盖4个乡(镇)8个行政村总投资为200万元的2012年农村安全饮水工程续建项目全部完工并投入使用,项目的实施改善农牧区水利设施薄弱的现状,为农牧业生产持续增收夯实了基础。

【边贸旅游】 2014年,定结县按照全市"一峰三线三口岸"旅游规划和"边贸旅游经济带"的发展定位,着力发展具有定结特色的旅游产业,各项工作成效明显。口岸建设工作成效显著,成立了日屋口岸管理委员会,落实了人员编制,边贸口岸管理工作进一步规范。同时,陈塘口岸已正式升级为中尼双边性口岸。争取到2015年口岸建设资金不低于全区口岸建设资金的50%。边贸基础设施不断完善。陈塘口岸商务综合服务中心项目等四个口岸建设项目正在办理前置手续;总投资360万元的陈塘边贸市场部分已建成;日屋边贸口岸二期工程总投资300万元,资金已到位,正抓紧开展前期工作;日屋口岸边贸互市点基础设施建设项目200万元资金已下达,正在抓紧推进前期工作;边贸从业人员信息登记造册工作顺利完成。旅游发展平稳起步。旅游规划设计已通过审查。邀请《西藏发现》北京摄制组与《中国国家地理杂志社》西藏考察队在定结县开展了为期15天的专题宣传拍摄活动,为宣传定结旅游发挥了积极作用;由援藏投资500万元建设的夏尔巴文化陈列馆项目主体已完工;《边贸奖励资金实施办法》已制定完成。

【产业发展】 2014年,定结县陈塘镇鸡爪谷酒厂改扩建工程正在建设,建成后将极大提高鸡爪谷酒的产量和品质。岗巴羊产业化进程加快,全年共育肥出栏绵羊16550只并已出售,总收入达到900万元,利润236万元,项目户年人均增加纯收入1200元。藏系绵羊短期育肥项目实施顺利,累计育肥出栏6.7万只,参加项目农户年人均增加收入约800元。藏香猪产业开发稳步推进，项目建设顺利实施，建成后将提高藏香猪存栏数量，满足日益旺盛的市场需求，进一步提高边民收入水平。

【民生改善】 市政设施 2014年，定结县由援藏投资1000万元的县城日屋路建设工程正在有序推进。县城供水工程总投资1900万元，已动工建设并完成了机井勘探和水厂水池建设部分。总投资1100万元的县城排水工程拟建排水管网18.2公里及附属配套设施，已完成可行性研究。

住房建设 全县续建保障性住房项目3个，建设房屋290套，总建筑面积13810.8平方米。新建保障性住房项目3个，建设房屋284套，总建筑面积13960平方米。实施农村危房改造工程419户。

扶贫攻坚 全年实施扶贫项目19个，总投资1067万元，项目实施后能够有力改善项目区的基础设施，使1115户5337人受益，年内完成减贫529户2379人。通过大力开展培训，积极引导群众外出务工，2014年全县实现劳务输出5953人，劳动力就业转移15398人次，实现收入2169.5万元，纯收入1518.44万元。

社会保障 全县参合农牧民17871人，参合率达到99.17%，落实农牧民住院补偿金171.93万元。新型农村社会养老保险参保10460人，完成参保率100%，落实农村养老保险金150.25万元，落实低保资金537.61万元，落实医疗救助资金81.91万元，开展双拥慰问支出17.59万元。为保障农民工合法权益，对新开工的61个项目征收工资保障金，全年共到帐641.5万元。

教育教学 制定完成《定结县推进县域内义务教育均衡发展规划》和《定结县2014–2018年全面改善贫困地区义务教育薄弱学校基本办学条件校舍改造类项目规划》，全面落实“三包”经费、学生营养改善专项补助和乡镇教师生活补贴金，投入58万元改善了乡镇学校教学和生活条件。

能源建设 藏中电网萨迦至定结35千伏线路及以下工程建成送电，以大电网为主，以小水电、光伏电站和太阳能户用系统为辅的电网构架基本形成，全县实现了城乡用电全覆盖。

【强基惠民】 全年落实“短平快”项目25个，落实资金621万元；各派驻单位落实项目47个，落实资金96.27万元；个人、企业筹资16.5万元；各驻村工作队共为群众办好事实事629件，投入资金856万元；共组织劳务输出113人次，增加群众现金收入75.3万元；开展慰问、送医药、送卫生等活动落实资金68.33万元。

【深化改革】 2014年，定结县以项目审批为重点，在规划选址、用地预审、环境评价、节能登记和风险评估等方面已承接上级权限下放。县环保局对1000万元以下的建设项目进行环境影响评价登记，住建部门办理项目选址20余个，发放乡村规划许可证24个，国土部门依法审批项目用地26件，项目用地总面积11.78公顷，占用国有土地面积11.78公顷。工商注册登记方面，取消企业年检和个体工商户验照，企业年检制度改为年度报告制度，简化市场主体住所(经营场所)登记手续，实行公司注册资本认缴登记制。全年共登记各类市场主体258户，注册资金1969.1万元。

【生态建设】 植树造林 2014年，定结县完成高原生态屏障防护林561亩、拉萨及周边防护林4000亩、防沙治沙封育17430亩、荒山荒地造林5500亩，义务植树造林300亩。争取人居环境工程建设任务，完成30个行政村人居环境绿化建设。加大环保宣传和执法力度，进一步加强森林防火宣传工作，加强森林资源保护管理，全面禁止乱砍滥伐和乱捕滥猎行为，强化林业行政执法力度，加大工程建设占用林地跟踪检查监督，有效确保生态安全。

生态村创建 2013年6月成功召开自治区级生态村创建示范现场会，完成了3个村自治区级生态村创建工作，同时力争把琼孜乡牧村等3个村申报为国家级生态村。

湿地保护 以湿地保护与恢复工作为重点，完善湿地保护青年志愿队，关闭湿地区域砂场，实验推广替代能源，扎实推动湿地项目前期工作，争取早日使定结湿地列入国家级湿地保护与恢复项目中，并以此全面推动美丽定结的建设，增加群众政策性收入，促进湿地观光旅游发展，加强湿地动植物资源保护。

【维稳举措】 2014年，定结县围绕“3月敏感期”、“萨嘎达瓦”和阿里“塔尔钦”以及境外“法会”等宗教活动，先后制定18个工作方案，召开维稳安保会议、视频会议40余次,狠抓社会面管控、边境防控、寺庙管控等工作,切实履行“保一方稳定,促一方发展”的政治使命,为全县经济社会发展提供良好的社会环境。

社会面管控　充分发挥县城36处电子眼的作用,在敏感时段、重大节庆日执行武警、公安24小时车巡步巡相结合的武装联合巡逻,常态下在县城主要街道、复杂区域不定期巡逻,做到白天见警察、晚上见警灯,增强威慑力、提高安全感。依靠民兵、治安联防队员和边民群众积极开展治安联防,形成社会各方共同参与共同维稳的工作合力。

边境巡逻和查控　有效打击十四世达赖集团的派遣、渗透、破坏等活动。全年先后出动警力2700余人次,车辆800余台次,对治安重点地区排查26次,排查出租房屋1400余间,流动人口2500人次。严厉打击犯罪,全年立案7起,破5起,破案率达71%,同比提高9%。按照“军管线、警管点、民管片”的边境防控原则,全年共投入设卡警力3870人次、治安联防队员4258人次,卡点设卡87天,检查车辆5142台次,检查人员30377人次,抓获三批8人企图非法出入境人员,兑现举报和协助抓捕的群众、大学生村官奖励资金1.1万元。公安、公安边防与尼泊尔比务、吉玛塘嘎的警方开展会晤8次,电话联络19次,并赠送价值1万余元的礼品,全力争取到尼警方的大力支持,达到了预期效果。

安全生产　召开5次道路安全专题会议,制定完善相关制度措施。县政府出资4万余元,在必要场所配备了消防器材。出动警力1800余人次,警车450余台,排查安全隐患点段104处,查出交通违法行为152起。同时投入10万元完善交通标志、警示牌等道路交通基础设施,确保了道路安全,维护了社会稳定。

仁布县

【基本县情】　仁布,藏语意为“聚宝盆”。仁布县位于西藏自治区南部、日喀则市东部、雅鲁藏布江中游南岸一带。介于东经89°45′—90°22′,北纬29°02′—29°30′之间。全县平均海拔3950米,县驻地海拔3780米。东倚山南地区浪卡子县,南邻江孜县,西接桑珠孜区、南木林县,北与拉萨市尼木县隔江相望。全县东西长66公里、南北宽42.5公里,扼前后藏的咽喉要道。

仁布县总面积2124平方公里,耕地面积5.12万亩,林地面积26.79万亩。属于高原山区县,地势东北高、西南低,沟壑纵横,地形险要,山峦起伏,河流密布。雅鲁藏布江从县境西北部穿过,发源于境内那钦康萨雪山的门曲河,自南向北贯穿境内三乡一镇,在仁布乡白林村汇入雅鲁藏布江。仁布县是一个以藏族为主体的少数民族地区,除藏族外,还有汉族、回族、满族、彝族、土家族、布衣族、侗族。全县辖8乡1镇,73个行政村,总人口34494人,其中农牧民5765户32176人。

仁布县有17座寺庙和1座拉康,分属格鲁、宁玛、萨迦、噶举4个教派,190名在编僧尼,其中以黄教寺庙强钦寺最为著名,信仰藏传佛教群众占全县总人口的绝大多数。强钦寺的强钦仲曲“跳神展佛节”、甘丹桑阿曲林寺的“跳神法会”都是全县较大的佛事法事活动。

【概况】　2014年,仁布县实现地区生产总值36973万元,同比增长17.2%;全社会固定资产投资38184万元,同比增长10.46%;公共财政预算收入1322万元,完成年初预算207.86%,农村居民人均可支配收入5139.59元,同比增长16.90%。全年劳务输出22680人次,创收4140万元。

【农牧业发展】　2014年,仁布县组织化、规模化发展取得新进展,农牧民专业合作经济组织增至66家,通过资质年检的建筑队发展至40家,组织化水平迅速提高。推广“藏青2000”等青稞良种2.8万亩,建设高标准农田5000亩。农牧业再获丰收,全年牲畜出栏46200余头(只、匹),粮油总产量达2122万斤,增产219万斤。农机化、水利化、科技化水平不断提高,全县兑现农机购置补贴320万元,购置农机设备和配套设施400多台(辆),全县机械化水平达到30%。编制完成“十三五”水利总体规划,投资1142万元加快小型农田水利建设步伐,改善灌溉面积12792亩,新增灌溉面积1435亩。科技惠农兴村工程实施顺利,蜜蜂养殖、玛咖种植、马铃薯良种引进推广等项目,为4000多名群众增收240万元。仁布乡瓜果蔬菜种植基地被中科协、财政部评为全国科普惠农兴村先进单位,全县2人被评为“全国科普惠农兴村带头人”。标准化、产业化显现良好效益。实施“菜篮子”工程,投资230万元修建蔬菜温室大棚39座；投资1200万元，建设5000亩现代农业青稞基地。

【项目建设】 2014年，仁布县狠抓项目争取、储备和建设管理工作。全县“十三五”储备项目276个，概算投资超过78亿元。全年共实施项目125个，总投资5.96亿元，“保4争6”目标基本实现。110V变电站、急救站、全民健身中心、乡镇卫生院、康雄幸福大桥等一大批民生项目陆续完工投入使用，项目建设在投资规模、效益上取得新突破。

城乡建设凸显新面貌。完成县城总规、控规和康雄乡、查巴乡、仁布乡等8个乡镇的小城镇总体规划初审工作，其中康雄乡被列为全国重点建设乡镇。投入337万元对县城排水、公厕、停车场等市政基础设施进行维护，加快老城改造进度；投资1471万元的公安局业务用房和周转房项目、投资420万元的人社局综合办公楼等项目先后落地新区。援藏投入2105万元，“三路一桥”建设项目全面开工，新区基础设施不断完善；投资979万元的查巴乡公租房、卫生院、菜籽油加工合作社、养猪场和水塘项目、投资215万元的康雄乡公租房等项目先后建成投入使用，小城镇建设稳步推进。投资682万元惠及368户的农村危房改造工程、投资3142万元惠及7乡31村的农村人居环境综合整治工程和1050户农村危房改造建设项目全部完成，人居环境不断改善。行政村移动通信实现全覆盖，全县手机用户接近2万户，宽带用户超过1000户。

【园区建设和招商引资】 2014年，仁布县坚持“建设园区承载企业、招商引资发展企业、改善环境服务企业、发展企业带动产业”的思路，把工业园区打造成仁布新的经济增长点。完善园区功能，仁布县现代生态工业园区规划初步方案已完成，并通过日喀则市行业部门审核，土地利用规划正在审核中。截止2014年底，工业园区累计投入资金1.6亿元。加大招商引资力度，根据园区功能定位，围绕生态种植、农畜加工、旅游文化、商贸物流等产业进行招商引资。生态种植区投资500万元完成客土改良1300亩、人工种草1000亩、新建温室蔬菜大棚100座，推广良种马铃薯种植面积300亩，最高单产达8022斤。加强与仁布玉开发、肉联厂、青稞茶厂等沟通洽谈，玛咖种植及深加工、石材加工项目已落地实施。包括工业园区在内，全县共有内资企业17家，私营企业99家，个体工商户632家。

【民生和社会事业】 社会保障 2014年，仁布县全面贯彻积极的就业政策，以提高人才实用技能水平为目标，重点对电焊、采石、蔬菜大棚种植、酥油花制作、玉石加工、驾驶等技能进行培训，全年就业培训人数485人，培训合格率达95%。困难家庭高校毕业生全部实现就业。2014年全县各类社保参保人数22985人，参保率达95.67%；基金征收1553万元，医疗保险报销资金130万元，发放养老保险514万元。新开工保障性住房210套，完工入住144套。发放优抚对象各类生活补助、优待金124万元。

教育事业 “两基”教育水平得到巩固提升，幼儿园升小学、小学升初中升学率均为100%，中学升高中升学率由64.9%上升到85.2%。全年落实义务教育“三包”经费1361万元、营养改善经费268万元。体育事业发展迅速，仁布中学在日喀则市组织的足球少年杯比赛中荣获亚军。投入资金1572万元，用于全县教学基础设施建设。

文化事业 新华书店和9个乡镇综合文化活动站全面建成，乡镇干部和农牧民广播电视“户户通”覆盖率分别达到100%和98.45%，县城新增有线电视用户100余户。县民间艺术团节目创作水平再上新台阶，参加“第十二届珠峰文化旅游节”文艺调演荣获三等奖，创历史最好成绩；首届珠峰汉子比赛中，仁布县荣获第三名；积极支持各乡镇举办具有地方特色的文化节庆活动，查巴乡荣仁布措拉嘎布农牧民艺术团成为仁布县首支乡级艺术团体。

卫生服务 农牧区医疗管理覆盖率达100%，群众自愿集资率达99.88%，受益群众66126人次；率先开通区、市7家医院即时结算通道；重视民族医学，将藏医业务推广到20个村卫生室；完成全县32363名农牧民和18座寺庙僧尼免费健康体检和建档工作，仁布县卫生局被评为全市2014年度疾控工作先进集体。

社会救助 加大社会救助力度，对3250人发放63万元灾害应急补助。全县纳入农村低保1827户5046人，占农牧民总人口的15%。扩大医疗救助范围，简化救助程序，累计医疗救助867人，发放救助资金234万元；逐步提高五保供养标准，实现集中供养 47 人。落实 321 万元,实施县社会福利院改扩建项目,新增床位 25 张;积极实施特困大学生教育救助。加大扶贫开发力度,实施精准扶贫,全年完成贫困户建档立卡工作 2653 户 13527 人,实施扶贫及农发项目 23 个,总投资 2955 万元,有效实现特色农业增效、贫困农牧民增收。

【文化和旅游产业】 文化基础 2014 年,仁布县完成江嘎尔藏戏传习基地建设,推进江嘎尔藏戏传承保护;购置交通工具,改善农村电影放映条件;加大电视台自办频道投入,争取援藏资金 30 万元更新采编设备,投入 20 余万元改善电视台采编、播音和办公条件,新配备专业新闻工作人员 3 名。《仁布新闻》微信公众账号及时发布各类新闻讯息,进一步拓宽新闻宣传渠道。投入 30 余万元,为各寺庙购置保险柜,为嘎布久嘎寺配置安保设施。

文化资源 做好江嘎尔藏戏、喇嘛玛尼等“非遗”资料搜集、整理工作,出版发行《喇嘛玛尼说唱》《仁布民歌Ⅰ》《仁布民间文学》等,完成《魅力后藏》(仁布篇)初稿。积极推荐江嘎尔藏戏参加区、市相关演出比赛,江嘎尔藏戏队成员篇多参加全区藏戏唱腔比赛多次获奖,2013 年再次获得银奖。非物质文化遗产和文物普查保护工作成效显著。

文化产业 文化产业工作进一步推进,组建成立“西藏仁布江嘎尔文化传媒有限公司”,重点做好仁布玉器和康雄细褐羊毛推介工作,推动仁布文化产业发展。2013 年康雄细褐、仁布玉器、酥油花产值分别为 37 万元、110 万元和 157 万元。

旅游产业 2013 年全县旅游接待人数达到 72078 人次,旅游收入为 304.33 万元。编制完成全县旅游总体规划,组建成立了“西藏仁布神湖旅游开发有限责任公司”。重要旅游节点建设推进顺利,雍泽绿观相湖景区毛石路基道路全线贯通,已于 2013 年 10 月底通车。各方投入 400 万元,建设嘎布久嘎生态民俗旅游项目。

【生态建设】 2014 年,仁布县顺利通过区、市草原生态保护补助奖励验收,落实 2013 年度草奖资金 380 万元、落实 2014 年野生动物肇事补偿资金 199 万元。建立健全环境保护考核奖励机制,严格落实环境保护一票否决制。淘汰 13 辆 2000 年前登记的黄标车。大力实施农村薪柴替代工程,过去两年累计投资近 1100 万元建设沼气池 2550 座。完成县城和农村水源地监测工作,对县城和 73 个行政村的 274 个农村水源点进行调查,实施 19 个农村饮用水源地的保护试点工作。申报创建自治区级生态村 5 个。造林绿化工作力度不断加大,投资 2800 万元,完成 6272 亩重点区域造林和 1000 亩拉萨周边造林工作。全县森林植被覆盖率由 2002 年的 8.38% 增加到 2014 年的 11.98%,生态环境进一步优化。

【维稳举措】 社会管理 2014 年,仁布县高度重视综治维稳工作,加强情报搜集、研判,有效化解潜在隐患,通过部门联动维稳联抓,构筑“横向到边、纵向到底、全面覆盖、不留死角”的维稳防控格局。大力表彰民族团结先进集体和个人,兑现 19 万元表彰区、市、县民族团结进步先进集体 14 个、先进个人 22 人;兑现75 余万元表彰和谐模范寺庙 12 座、爱国守法先进僧尼 239 人,先进寺管会 7 个、优秀驻寺干部 12 人。成功告破“8·04”特大文物盗窃案,全年破获刑事案件 4 件,抓获犯罪嫌疑人 7 人。全力抓好铁路护路工作,成立护路办,招录专职护路员 90 人,投入 256 万元确保拉日铁路仁布段 44.7 公里平安顺畅。大力表彰县、乡、村先进“双联户”,夯实社会发展稳定基础,仁布县荣获日喀则市 2014 年度社会治安综合治理二等奖。

安全生产 落实安全生产主体责任,加强对重点行业和领域监督检查,对建筑工地组织联合检查 3 次,专项检查 7 次,发现安全隐患 55 处,安全整改率达 100%;安排 40 万元增设交通警示镜,维修危桥、危涵,有效减少了道路交通事故的发生。安全生产形势趋好,获得日喀则市 2014 年度安全生产二等奖、消防安全二等奖。

信访工作 加大法制宣传力度,增强全民维权意识,规范信访流程,引导群众依法有序反映信访问题。共办理群众来信来访 15 批(件)次 65 人次。协调解决涉铁运费、民工工资和工伤以及农田损坏赔偿等各类矛盾纠纷 260 件(次),为 3450 人次追讨各项资金 1058 万元,为铁路工程顺利建设和铁路安全运营,做出了积极贡献。

萨嘎县

【基本县情】 萨嘎,藏语意为“可爱的地方”。萨嘎县位于喜马拉雅山北麓,冈底斯山脉以南,雅江上游。地处北纬28°80′—29°80′,东经84°—86.3°之间,东与昂仁县、西与仲巴县、北与措勤县、东南与聂拉木县、吉隆县为邻,西南与尼泊尔共和国接壤,边境线长约105公里。全县平均海拔在4600米以上,最低海拔4300米,最高海拔7095米,县人民政府驻地加加镇海拔4513米。全县总面积约为1.24万平方公里,境内219国道贯穿全县东西,县城驻地加加镇距日喀则市约450公里,距拉萨市约720公里,是往来拉萨和阿里的重要节点,具有重要的政治、经济、军事和交通地位。

萨嘎县下辖7乡1镇,即昌果乡、拉藏乡、如角乡、达吉岭乡、雄如乡、旦嘎乡、夏如乡和加加镇(其中雄如乡、拉藏乡、昌果乡为边境乡),共38个村委会。

萨嘎县是一个以藏族为主的少数民族地区。截止2014年年底,全县总人口为15385人。其中,县城人口约为1880人。

【概况】 2014年,萨嘎县实现地区生产总值27770万元,同比增长11.5%;实现地方财政一般预算收入850万元,同比增长24.8%;完成社会固定资产投资24328.16万元;农牧民人均纯收入达到5410元,同比增长11%。

【农牧业发展】 2014年,萨嘎县落实农作物播种面积7439.3亩,其中粮食播种面积5773.3亩,油料作物播种面积455亩,蔬菜播种面积619亩,青饲料播种面积592亩,粮食产量达到256万斤。全县新生仔畜76339头(只、匹),成活率90%,牲畜存栏达到197000头(只、匹),牲畜出栏90997头(只、匹),牲畜短期育肥7715只。实施人工种草3500亩,从仲巴县调运22只霍尔巴羊进行示范改良培育,扎实推进草场承包和草原生态保护补助奖励机制工作。兑现牧户生产资料综合补贴和牧草良种补贴136.65万元。2013年草畜平衡补助、禁牧补助、草原监督员奖励部分缺口资金尚未下达,待下达后统一拨付。兑现农机购置补贴220万元,购置农机具309台。实施草原鼠害治理50万亩,完成200户农村户用沼气项目和农牧业防抗灾物资储备仓库建设,2012年天然草地退牧还草工程已全部完成,新建蔬菜基地温室大棚12座,建设完成草原监理站项目,新建暖棚圈200套,农牧业基础地位得到进一步巩固。积极申报《萨嘎县牦牛选育改良项目》和《高产青稞新品种高效栽培技术示范项目》,组织开展农牧业技术培训,农牧业生产科技含量不断提高。

【项目建设】 2014年,萨嘎县开复工项目50个,计划投资25952.16万元,其中,援藏投资2391万元,完成投资24328.16万元,新建项目38个,续建项目12个,实施完成县人民法院审判业务用房、县加达电站线路延伸项目、如角电站主体工程、如角电站线路延伸建设项目、县文化广场、县城主街道街景改造、德吉路改扩建工程等一大批重点工程,开工建设县城生活垃圾填埋场、县旅游服务中心、加布河下游改造、县政府大院道路改造等项目,县城亮化、绿化、美化、净化“四化”工程圆满完成,城镇品位不断提升,“西部驿站”建设取得明显成效。

【第三产业】 2014年,萨嘎县接待国内外游客50052人次,同比下降3.95%,实现旅游总收入700万元,同比增长24.84%;全县实现消费品零售总额1.22亿元,同比增长100%;对外贸易进出口总额实现1.2亿元,与2013年持平;活畜出口共计103385头(只、匹),其中活羊100002只,牛3339头,马44匹,出口品种有活羊、牛、牛绒、牛皮等14个。非公经济得到快速发展,各类市场主体发展到834户,注册资金达9111.7万元,同比分别增长17%和12.3%。其中,个体工商户发展到791家,从业人员达1723人,注册资金达3212.7万元,同比分别增长19%、20%、44%。已登记注册企业39家,私营企业发展到26家,内资企业12家,农牧民专业合作社6家其中,雄如乡羊毛加工厂被确定为地区39家农牧民专业组织合作社国家扶持对象。

【财税金融】 2014年,萨嘎县预算可供财力27846万元,累计支出23205万元,完成83.3%。重点加大教育事业、政府、党的事务、公共安全、统战民宗部门的支出。实现一般预算收入850万元,其中税收收入823万元。存贷款业务方面,全县人民币各项存款余额达38400万元,其中储蓄存款余额达 7396 万元，对公存款余额达31004 万元；金融机构各项贷款余额达 13410 万元，其中涉农贷款余额达 12416 万元，个人贷款余额达 791 万元。农业保险实现全覆盖，理赔效率进一步提高，2014 年共获得 2013 年直接赔款 38.95 万元。

【社会事业】 2014 年，萨嘎县教育工作力度不断加大，教师队伍建设更加规范。2014 年萨嘎县教育“三包”经费预算为 749 万余元，本级财政对教育支出占到 21%，实施教育基础设施建设项目 9 个，投入资金 826 万元。医疗制度改革全面推进，实施医院绩效考核，健全基层医疗卫生服务体系，加大医务人员培训力度，完善农牧区合作医疗制度，共有 12963 人参加新型农牧区合作医疗，办理家庭账户本 3101 户，参合率达 98.9%，集中开展先心病筛查工作，筛查患者 931 例，确诊 5 例，加快“村村通”向“户户通”转变，29 个行政村实现户户通，广播、电视覆盖率分别达到 94.5%、95.5%。扎实推进电影“2131”工程，放映各类影片 987 场次，累计观众达 46264 人次。组织民间艺术团下乡演出 56 场次，创作编排 6 个节目，丰富了乡镇干部职工和群众的精神文化生活。大力加强基层文化设施建设，全县已建成乡镇文化站 8 个、农家书屋 38 家、寺庙书屋 5 家，完成县文化广播影视中心、民间艺术团排练场所建设和宗山博物馆展厅布置工作，切实抓好文物和非物质文化遗产保护工作，文化产业整体实力不断增强。

【新农村建设】 2014 年，萨嘎县开展农村人居环境建设，完成安居工程危房改造 528 户，边境村民小组建设 20 个、农村危房改造建筑节能 1570 户；续建 6 条农村公路和寺庙道路，改建县道比玛线夏如大桥，完成旦西线改扩建勘察设计工作，加强农村公路养护，制定水毁实施方案，有效改善农牧区出行条件；完成雄如乡麻亚防洪堤工程建设，实施重点县牧区水利工程 3 个，包括达孜主干渠、模嘎主干渠工程、卓巴布草场灌溉工程，现已全部完成；推进寺庙饮水工程建设，改善农牧区生产生活条件；搞活农牧区商贸流通，“万村千乡”农家店发展到 53 家，碘盐覆盖率达到 100%。邮电通信事业发展迅速，全县完成邮政业务收入 67 万元，同比增长 18.89%；电信固定电话用户达到 710 户，3G 互联网用户达到 3200 户、宽带用户达到 950 户，38 个行政村通讯信号实现全覆盖。

【民生改善】 2014 年，萨嘎县不断促进农牧民群众增收致富。实现劳务输出 5691 人（5829 人次），收入达 1250 万元，人均收入 2195 元。加强农牧民劳动就业技能培训，开展各类就业技能培训达 165 人，投入资金达 50 万余元。城乡最低生活保障工作稳步开展，城镇低保对象达到 240 户 543 人，全年累计发放低保金244.9 万元。农村低保达到 668 户 2354 人，累计发放低保金 305.8 万元。五保户对象 120 人，累计发放五保资金 38.4 万元。城乡医疗救助 3055 人次，累计支出救助资金 76.22 万元。新农保和城镇居民社会养老保险工作进展顺利，在编僧尼医疗保险参保率达 100%、养老保险参保率达 90.9%，城镇居民养老保险参保率达 100%。努力推进扶贫工作，共实施整乡推进项目 20 个、面上扶贫项目 11 个，国家投资达 1617 万元，567 户 2215 人实现脱贫目标。做好防抗灾工作，年初拨出 72.1 万元春荒救济款购买棉被、衣物、粮食等物资解决困难群众生活问题，全县累计储备青稞15 吨、糌粑 35 吨、大米 50 吨、被子 1200 床、毛毯 1000 床、棉衣棉裤 3000 套、藏袍 500 件、帐篷 150 顶、防雪眼镜 8000 副、饲草料 341.9 吨等各类防抗灾物资。

【生态建设】 2014 年，萨嘎县实施自治区级生态村创建申报工作，清理整顿水泥制品厂和采砂场，有效保护加布河及雅江上游沿岸的生态环境。开展水源地保护工作，严格执行《排污费征收使用管理条例》，共征收排污费 5.3 万余元。开展环境综合整治活动，多次组织全县干部职工开展雅江县城段及加布河垃圾清理活动，改善了县城环境，提升了县城形象。加强公益林管护、森林防火与病虫害防治，兑现 2013 年野生动物肇事补偿资金 183.4 万元、森林生态效益补偿资金 345.32 万元。完成了“两江四河”流域造林绿化工程规划。

【维稳举措】 2014 年，萨嘎县累计召开维稳例会 52 次，实现敏感节点，特别是阿里“塔尔钦”宗教活动期间“三不出”的目标。深入开展干部驻村驻寺工作，各驻村工作队牢牢把握“实现一个目标，完成五项任务、建立一个机制”的总体目标，积极开展工作，取得阶段性成效，累计争取“短平快”项目16个，总投资268万元，并从其他项目口子争取项目40个，总投资1080万元。寺庙“九有”、“六建”工程全部完成，“六个一”活动不断拓展，宗教和睦、佛事和顺。加强安全生产，进一步落实安全生产责任制，加大安全生产执法力度，严格落实“两限一警”工作，确保道路交通安全，重点加大食品安全、药品安全等领域的执法力度。

康马县

【基本县情】 康马，藏语意为“红色庙宇”或“红房子”。康马县地处西藏自治区南部、日喀则市东南部，是一个典型的以高山牧业为主的半农半牧边境县。境外与不丹王国迦莎宗接壤，边境线长近80公里；境内与亚东、白朗、江孜、浪卡子四县相邻。县域内山大沟深，高山占全县总面积的一半以上，全县东西长约100公里，南北约60公里，总面积约7000公里，平均海拔4300米。县政府驻地康马镇距日喀则市135公里，省道204线(日亚公路)纵贯全县中部，在康马县境内总长约110公里，是通往亚东仁青岗边贸市场的必经之路。

康马县现辖8乡1镇（康马镇、少岗乡、涅如麦乡、涅如堆乡、嘎拉乡、萨玛达乡、康如乡、南尼乡、雄章乡)47个行政村，115个村民小组。2014年，全县总人口达到22667人，农牧人口20406人，占总人口的90%。

康马县草场面积700.95万亩，占土地总面积的67%；耕地面积4.71万亩，占土地总面积的0.45%。矿产资源有金、银、铜、铁、铅、大理石、玉石、花岗岩、硼砂等，其中石材资源丰富，已探明在10亿立方米以上；经济药用植物已查明的有400余种，其中比较著名的有贝母、雪莲、紫草、红景天、大黄、虫草、黄芪、蕨麻(人参果)等，主要分布在大山峡谷中。

境内野生动物主要有野驴、黄羊、岩羊、盘羊、黄狼、黑狼、獐子、狐狸、旱獭、雪猪、雪鸡、黄鸡、灰鸡、斑鸠鹰、猫头鹰、细鳞鱼、裸鳞鱼等。

境内河流湖泊众多，水量比较充沛，水力资源丰富，水质普遍较好，主要有康马河、康如河、涅如河、冲巴湖、嘎拉湖、色木湖等。县城北边山脚下有108眼温泉，四季长流，据检测，108眼泉水出自一源，具有治疗疾病的的功效。在距县城东部10公里处有一眼泉水叫休巴岗吉(一棵白松树)，水质好，常饮不胀肚，含有人体需要的微量元素，是真正的纯天然矿泉水，无污染，开发利用价值大。

境内人文景观有抗英遗址乃宁曲德寺(自治区重点文物保护单位、爱国主义教育基地)、朗通庄园、少岗摩崖石刻、藏扎寺、门康拉康等7座寺庙，3座拉康，自然景观有冲巴湖、多庆湖、擦多温泉、色木湖、美龙湖等。

【概况】 2014年，康马县实现地区生产总值3.47亿元，同比增长16.91%；一、二、三产业完成8285万元、6122万元、20316万元，同比增长10.67%、12.96%、20.83%；农村经济总收入实现1.87亿元，同比增长11.14%；工业总产值完成884.4万元，同比增长14.26%；社会消费品零售总额完成4576.6万元，同比增长11.11%；社会固定资产投资完成2.36亿元，同比增长2.42%；城镇居民人均可支配收入8310元，同比增长9.7%；农牧民人均纯收入6803元，同比增长13.35%。

【增收节支】 2014年，康马县公共财政预算收入完成882万元，同比增收232万元，增长35.69%，完成年初预算531万元的166%，完成考核指标748万元的118%。严格执行中央“八项规定”和区党委“约法十章”“九项要求”，进一步健全公务用车、公务接待制度，全县“三公”经费累计支出750万元，比2013年减少138万元，降幅15.54%，公务用车运行及维护费支出578万元，减少13万元，降幅2.2%；公务用车购置费减少120万元，降幅100%；公务接待费用支出172万元，减少5万，降幅2.82%。

【项目建设】 2014年，康马县争取项目投资3.54亿元，实施交通、农牧、水利等基础设施建设和民生改善项目50个，其中新建项目39个、总投资2.81亿元，续建项目11个、总投资0.73亿元。完成项目41个，完成率达82%。农牧区交通条件进一步改善，投资1亿元的少岗乡至雄章乡公路全面开工建设，乡镇油路除涅如麦乡外全部通畅，通畅率达89%，农牧民群众出行更加便捷安全。农牧基础设施进一步加强，

2013 年重点县小型农田水利建设、康如普曲康如乡防洪堤工程建成使用,2014 年中小河流治理、昌果电站改扩建工程扎实推进。基本公共服务水平进一步提高,2013 年公租房廉租房、全民健身活动中心、广播影视服务站、县城生活垃圾填埋场等一批项目顺利竣工、投入使用。新一轮援藏项目全面启动，总投资超过 4000 万元。“十三五”项目规划库初步形成,项目总数 300 个,规划总投资 63.48 亿元。

【农牧业发展】 2014 年，康马县农牧业再获丰收。粮油总产 2387.33 万斤,牲畜存栏 18.52 万头(只、匹),肉奶产量 3754.42 吨。农牧业产业结构进一步调整,全县总播种面积 4.71 万亩,粮食播种面积 3.44 万亩,粮经饲三元结构比例调整为 71.33:19.33:9.34。农牧业基础设施进一步增强。总投资 1500 万元的 10000 亩高标准基本农田建设项目顺利实施;投入本级财政资金 574 万元新建水渠 11 条、水塘 2 座，保障了 1100 亩农田灌溉用水;整合投入资金 250 万元,新建蔬菜大棚 47 座。强农惠农优惠政策全面落实，兑现各类补贴 205.77 万元。实施良种推广,“藏青 2000”示范推广 8000 亩，建设良种繁育基地 3000 亩、高产创建 15000 亩、测土配方施肥推广 5000 亩。推广农机化,农业综合机械化率达 72%。农牧业专业化、组织化程度进一步提高,农牧民专业合作社达到 43 家，产业化经营组织达到 18 个。开展防灾减灾,筹备防抗灾饲草 441.8 万斤、饲料 159.74 万斤,灭鼠面积 20 余万亩,注射禽流感疫苗 7021 只。

【城镇化建设】 2014 年,康马县投入 48 万元，编制完成康马镇、南尼乡、嘎拉乡小城镇建设控制性详规。按照“先易后难,梯次推进”的原则,投入资金1695 万元,实施了“南大门”嘎拉乡小城镇建设;争取资金 2000 万元实施县城人民西路、幸福路延伸工程，进一步提升县城品位和“财气”、“人气”的聚集能力。积极规划“北大门”南尼乡小城镇建设。

【特色产业】 2014 年,康马县积极融入“岗巴羊经济圈”,岗巴羊短期育肥 40768 只,纯收入 787.31 万元,受益群众达 2066 户。新发展农牧民专业合作社 3 个，申请认证岗巴羊、犏牛酥油 2 个绿色有机产品,扶持培育 3 个示范基地、260 个种养殖示范户,岗巴羊、“冲巴湖”藏鸡蛋、犏牛酥油、“嘎姆古日”糌粑等特色产业“一乡一品”项目有效推进。成功举办第二十一届涅如物资文化交流会,参展区内外客商 350 家,交易额 467 万元,比 2013 年增加 260 万元,增长 55.6%,无论参展规模、规格,还是参展商品数量、种类、成交额均创历史新高。为提高康马旅游知名度和影响力,实施“一书、一碟、一册、一会”旅游宣传推介,完成红河谷之旅康马景区第一期旅游基础设施建设。顺利完成日喀则火车站广场硬化 421.52 万元的石材订单，在实现经济效益的同时进一步提高了“康马石材”的知名度;全面启动少岗石材厂转型改制，成立了改制领导小组,积极开展政策宣传、资产评估、招商引资等前期工作,取得阶段性重大成果。弘康旅游文化商贸投资有限责任公司的组建前期工作顺利完成，为下一步注册成立打下了坚实基础。

【民生和社会事业】 重视教育 2014 年,康马县落实教育优先发展战略地位,保障教育投入,争取国家投资 1226 万元,本级财政投入配套资金 133 万元，开工实施 6 个教育基建项目,办学条件进一步改善。兑现“三包”经费 740.35 万元、营养改善经费 105.4 万元，教育惠民资金全面落实。

扩大就业 加强农村富余劳动力的就业技能培训，投入 67.6 万元,开展车辆驾驶、厨师技能、石材加工、建筑施工等技能培训 191 人次;完善劳务输出服务管理,有序组织劳务输出 10460 人、25409 人次，实现劳务收入 4016 万元。

卫生保障 全县新农合参合人数达到 20160 人，参合率 100%;为农牧民免费健康检查19727 人,体检率 97.83%;完成儿童先心病筛查 2942 人、农牧民妇女免费孕检 140 人、两癌项目筛查 560 人。县卫生服务中心通过“一级甲等医院”评审验收，各乡卫生院完成直报网络覆盖和暖廊项目建设。

文化惠民 广播电视覆盖率达到 92%、99.2%,“村村通”工程实现天天通、长期通,发放安装“户户通”直播卫星接收设备 1000 多套;放映公益性电影 1760 场，观众 33 万人次;县民间艺术团创编 22 个文艺新节目,在各乡镇开展巡回演出,将文化大餐直接送到群众家门口;9 个乡镇综合文化站全部建成投入使用,47 个行政村农家书屋全面开放;“南尼果谐”、“嘎拉谐钦”等非物质文化遗产得到有效保护和扶持。

社会保障　统筹推进养老、医疗、失业、工伤、生育“五大保险”,做到了应保尽保。扎实落实最低生活保障制度，享受城乡低保群众2889人,足额落实低保资金472.46万元、边民补助资金1889.22万元。关心弱势群体,完善社会救助体系,五保集中供养24人，医疗救助442人次、救助资金133.84万元，下拨救灾款物折合100万元、帮助14466名群众渡过“雨雪关”、“春荒关”。投入1977万元，完成农牧区危房改造240户,受益群众1035人。

扶贫工作　坚持点面结合、精准扶贫,投入2014万元,实施面上扶贫项目9个,整乡推进项目5个,实现脱贫458户1507人。全县2300元以下低收入人口减少到1404户6440人。

【生态建设】　2014年,康马县植树造林3200亩,人居环境植树1.11万株;投入819.8万元,完成40亩草场网围栏建设;投入300多万元,实施人工种草2000亩;协助国家林业局完成“两江四河造林绿化规划”内外业工作。草原生态保护补助奖励机制工作继续推进，实施草畜平衡面积614.09万亩，严禁破坏生态环境的行为发生。以生态文明村创建活动为切入点，加大生态文明建设,申报南尼乡楚嘎村、康马镇康马村和朗达村为自治区级生态村。对全县47个行政村饮用水源保护情况进行专项调查，检查水源点79个。严格执法检查及环评手续报批、备案工作，完成排污费征收2.8万元。加强采石采砂点、矿点安全生产隐患排查,确定52处地质灾害隐患点,建立健全防灾避灾体系。

【维稳举措】　守好边境线　2014年,康马县组织开展山口、要道巡逻360多次,大型武装巡逻6次,发展边境牧民信息员211人，动员群防群治队伍7800多人次,形成“村村是堡垒、户户是哨所、人人是哨兵”的防控格局,筑牢铜墙铁壁,成功堵截企图非法出境人员8人。

用好检查站　充分发挥辖区内少岗公安一级检查站、嘎拉公安边防检查站的检查、盘查、验证、堵截作用,严格落实逢人、逢车、逢物、逢疑“四必查”措施,检查车辆3万余台次、人员1.2万余人次、物品8.3万件次，劝返无证人员18人次,封堵、消除了各类输入性隐患。

打好专项战　深入扎实开展反自焚防暴恐专项斗争,配备安防“十件套”285套;严格执行加油实名制登记管理制度，审核销售汽油429万公升、柴油39万公升,从源头上管住管好汽油等易燃易爆物品;加强社会突出矛盾、突出问题集中专项整治，及时有效开展矛盾纠纷排查调处,防止人民内部矛盾激化;保持“严打”高压态势,依法打击违法犯罪;抓好枪支弹药、管制刀具收缴管理;组织应急处突实战演练9次,确保关键时刻拉得出去、冲得上去,会处置、能处置、效果好。

管好社会面　加强和创新社会管理服务，完善网格化管理服务体制机制。健全和完善以公安局、公安派出所、公安便民警务站、村警务室(一村一警)为网格的公共安全管理服务体系;健全和完善县综治委、乡(镇)综治办、村治保组织、“先进双联户”为网格的社会管理、综合治理体系;健全和完善“护院队、护厂队、护校队、护村队、红袖标”等为网格的群防群治体系。通过网格化建设,织密社会面防控管控网络。特别是在“先进双联户”创评工作中,制定“十创公约”,实施“双十双百”考核机制，全县522个双联户单位认真完成“十联任务”,深入开展“七项基础工作”,扎实落实“四防举措”,取得了党员干部受教育、经济发展上水平、社会稳定见成效、人民群众得实惠的良好效益。

抓住重点领域　抓住安全生产这个重点,实行安全生产党政同责,强化安全生产宣传教育，严格落实安全生产责任，开展安全隐患大检查大整治，确保项目工程、食品卫生、道路交通、消防安全各领域的绝对安全。抓住重点部位的值守,抓好党政军警机关、水源地、乃宁曲德寺、藏扎寺、中小学校、电视台、加油站等重点部位的值班备勤工作,确保绝对安全。抓住重点人员的管控,落实联保帮教措施，确保知其行踪且行为可控。

健全维稳机制　完善和固化党政军警民协调联动、应急处突、维稳督查、重大活动风险评估机制,制定实施《维稳戒备等级启动转换规定》、《维稳应急处突预案》、《维稳工作奖惩办法》等维稳机制,不断提升维稳工作规范化、科学化水平,严格落实维稳工作“三个无论”责任追究制度,对失职渎职严肃问责。全力构建人防、物防、技防三位一体的维稳防控体系,确保康马平安和谐。

吉隆县

【基本县情】 吉隆,藏语意为“舒适村,快乐村”。吉隆县位于日喀则市西南部,距离日喀则市490公里,东与聂拉木县交界,北与萨嘎县相邻,南与尼泊尔联邦民主共和国接壤,边境线长162公里。全县国土面积9300平方公里,耕地面积1.8万亩,林地面积194万多亩,森林面积45.9万亩。现辖4乡2镇41个村(居)委会,总人口1.5万余人。全县地势北高南底,县城驻地海拔4200米,吉隆镇海拔2950米。

吉隆口岸位于县城南部78公里处,距离中尼边境热索村23.5公里,是西藏历史上对尼泊尔最大的陆路通商口岸之一,素有“商道”、“官道”、“战道”之称,有过悠久的对外贸易历史。

【概况】 2014年,吉隆县实现地区生产总值38883万元,同比增长14.8%;全社会固定资产投资35093.25万元;社会消费品零售总额5310万元,同比增长10%;公共财政预算收入1505万元,同比增长38.8%;农牧民人均可支配收入7098元,同比增长18%;城镇登记失业率控制在2.1%以内。

【农牧业发展】 2014年,吉隆县农作物播种面积18806.79亩,粮油产量1067.09万斤,创历史新高。推广良种5850亩,尤其是推广“藏青2000”新品种1000亩,取得亩产670斤的好收成,确保了粮食安全特别是青稞安全。牧业成效显著,新生仔畜53610头(只、匹),仔畜成活率达92%以上,成畜死亡率控制在1.9%以内,牲畜出栏55809头(只、匹),出栏率达45%,绵羊短期育肥7300只,实现收入584万元,年末牲畜存栏120086头(只、匹)。投资272.4万元,新建暖棚圈227座。特色农牧产业发展迅速,按照“一乡一业,一村一品”工作思路,依托喜玛拉雅产业园区,建立专业合作组织,组建和培育一批产业示范基地和示范户,全年建立专合组织12家,藏猪养殖351头,藏鸡养殖8113只,白绒山羊7300只,萨福克肉羊改良274只,种植茶叶141亩,野葱种植40亩,新建温室大棚65座。虫草产量280斤,产值1680万元。

【边贸发展】 2014年,吉隆县推进口岸基础设施项目建设,“一关两检”、口岸停车场等功能性项目竣工投入使用,口岸具备了开通运行的基本条件,12月1日吉隆口岸正式开通运行,标志着吉隆口岸发展进入了一个新的历史发展阶段。口岸开通运行以来,各项工作运行良好,秩序井然,边民往来频繁,边贸发展活跃。充分发挥达当、贡当等传统边贸互市点作用,加大服务和保障力度,形成多层次、宽领域、全方位的边贸发展格局。加强与“一关两检”等业务部门沟通衔接,全力做好服务协调保障工作,确保了口岸各项工作的顺利运行。全县边贸总额6.52亿元,同比增长近4亿元,货运总量3778.5吨,同比增长440.2%。

【旅游发展】 2014年,吉隆县积极争取国家投资,完成1250万元的景区大门、招题壁垒等景区项目招投标工作。制作完成吉隆沟景区旅游宣传标示牌和旅游线路图。推进文化旅游经营体制机制改革,组建“同甲拉”旅游文化投资有限公司,成立旅游管理服务中心。协助完成世界旅游目的地摄制组的拍摄和央视新闻媒体的采访工作。通过聘请专业团队创作《千年吉隆》等旅游宣传歌曲。利用市珠峰旅游文化节、上海旅交会、乐途旅游网等平台,发放宣传手册2300余册,提高吉隆的美誉度和知名度。年内,全县共接待游客6.8万人次,实现旅游收入2520万元。

【项目建设】 2014年,吉隆县完成固定资产投资35093.25万元。县城供排水、垃圾填埋场、县机关业务用房等10个续建项目全部完工,完成固定资产投资14979万元。新争取项目50个,总投资28360.86万元,其中:县城基础设施改造、完小改扩建、广播影视中心等32个项目已竣工;海关监管仓库、五保集中供养等22个项目已下达概算,总投资14373万元,部分项目已经完成招投标;待概批下达项目4个,总投资5270万元。全县基础设施进一步完善,改变了县城环境脏乱差的现状。总投资1497万元实施了达木村、热索村整村新建,启动了卓塘村、热玛村、帮兴村、冲堆村、新江村美丽乡村建设,乡村条件逐步改善,城乡面貌焕然一新。

【招商引资】 2014年,吉隆县成立招商引资工作领导小组,制定出台《关于加强招商引资工作的意见》,首次召开招商引资工作会议。

组建圣诚投资有限责任公司，招商引资工作得以顺利启动。优化招商引资环境，重点宣传推介吉隆边贸、旅游、特色产业优势，主动上门为企业服务。与安鸿实业、宏绩公司、中石油日喀则地区分公司、地区烟草局和内地商家等40多家企业进行洽谈，经过考察筛选，签订《招商引资意向合作书》的企业有5家，资金总额约2.06亿元。

【生态建设】 2014年，吉隆县加强生态保护，强化环境监察执法，征收排污费、噪声污染费5.12万元。集中治理"两无"、"三乱"、"三超"等违法乱纪行为，对折巴乡桑旦林村、宗嘎镇贡村、沃玛村、加木村4处河道采砂进行合理整治，对38个行政村饮用水水源地进行了调查。完成生态造林1750亩，落实生态效益补偿金579.73万元，兑现野生动物肇事损失补偿金45.6万元，林业行政案件查处率达95%以上，有效保护森林资源，实现生态持续良好。

【民生和社会事业】 2014年，吉隆县兑现教育配套资金249.32万元，达到23%的目标。投资1087.68万元，完成县完小改扩建等5个项目建设。推进"薄弱学科攻坚"工作，推进县级领导包校制度。全县中小学入学率和巩固率分别为99.59%和100%，98.94%和100%，城镇和农牧区学前两年毛入园率分别为77.04%和38.82%。县医院通过初级甲等评审，农牧民合作医疗参合率为100%，住院分娩率达99.98%，农牧民及僧尼免费体检建档率100%。积极推动文化建设，圆满完成《魅力后藏》书系吉隆篇编纂工作和日喀则博物馆吉隆馆布展工作。完善41个村(居)和3座寺庙图书屋。对县城电视进行数字化改造。开展文艺下乡表演58场次，放映电影1100余场次。投资727.5万元对全县414户农村危房进行改造，投资690万元进行23个边境自然村组活动室建设。兑现低保资金354.82万元，惠及群众2679人，发放各类救助和优抚金285.84万元，投入社保金598万元，共征缴各类社会保险1311万元。开发各类公益性岗位145个，劳务输出7921人次，实现劳务收入1642.58万元。实现再就业137人。

【受援工作】 2014年，吉林省第五批援藏工作队按照中央"两个倾斜"的要求，共确定援藏项目9大项，涉及市政基础设施、特色农牧业发展、干部培训、办公信息化建设、文化发掘与保护、乡村基础设施、扶贫民生等领域，总投资2960万元。同时，组织2批11名医务、2名广电人员到内地进行培训。突出解决实际问题，帮助县卫生、旅游和消防等相关部门解决资金50万元，受援工作成效显著。

【维稳举措】 2014年，吉隆县落实维稳"十项"措施，实施军警民联防联控，强化"双联户"服务和城市网格化管理，打击非法出入境活动，维护了边境和谐稳定。高度重视信访工作，强化矛盾纠纷排查调处，受理各类矛盾纠纷43件，受理劳动争议11件，办结率达100%。开展中尼地方会晤4次，进一步促进了双边关系。推进"六五"普法教育，开展法制宣传教育活动37场次，受教育群众23840人次。深入开展打非治违专项行动和安全生产大检查、大整治行动，安全生产形势持续稳定。扎实推进寺庙"六个一"、"九有"等工作，确保宗教和睦、佛事和顺、寺庙和谐。加强重点人员管控和安全隐患排查整治，对虫草采集、"塔尔钦"宗教活动等敏感时期进行周密部署，实现"三无"、"三不出"的目标。吉隆县"双联户"服务管理工作得到区市党委政府的表彰。

贯彻中央"八项规定"、区党委"约法十章"和市委"九项要求"，开展党的群众路线教育实践活动，坚决反对"四风"，厉行勤俭节约，反对铺张浪费，全县"三公"经费节约178万元，同比下降5%。

仲巴县

【基本县情】 仲巴，藏语意为"野牛之地"。仲巴县地处日喀则市最西端，喜玛拉雅山以北，马泉河两岸，西衔阿里普兰县，北靠阿里革吉、改则县，东邻阿里措勤县和日喀则市萨噶县，南与尼泊尔接壤。

因岗底斯山东西阻断，全县南北形成迥然不同的地貌气候区，属高原温带半干旱气候区，是全县牧业生产的主要地区，有8个乡(镇)分布于此区域，因西北风剧烈，时间长，沙丘、沙垄、沙滩遍布该区域沿河阶地。

仲巴县县城距自治区首府拉萨910公里，距日喀则市632公里，219国道横穿全县境内400余公里。全县辖13个乡镇58个行政村、

5811 户,总人口 22854 人。

全县国土面积为 45900 万平方公里,约占日喀则地区总面积的 1/4,平均海拔在 5000 米以上,县城驻地海拔 4772 米。边境线长 357 公里,占全地区边境线长的 1/4,历史上形成 5 个边贸互市点和 23 个对外通道,共计 20 个界桩,依次为 13 号界桩至 32 号界桩。

仲巴县下辖 1 个镇、12 个乡:帕羊镇、拉让乡、亚热乡、偏吉乡、纳久乡、霍尔巴乡、吉拉乡、琼果乡、布多乡、吉玛乡、隆嘎尔乡、帕江乡、仁多乡。共 58 个行政村,县人民政府驻拉让乡。

仲巴县境内矿产资源独特丰富,初步勘探的矿种有锂矿、硼矿、砂金矿、铬铁矿、原盐、硭硝、铜金矿等 10 余种。境内具有开发价值的矿种有帕江乡扎布耶锂矿、吉拉乡达荣金矿、秋里南木湖硼矿等。

仲巴县域内有着国家级保护动物藏羚羊、野牦牛、野驴等众多野生动物,还有雅鲁藏布江源头杰玛央宗冰川、千年古寺、达荣温泉、天然溶洞、湖泊等旅游资源。

【概况】 2014 年,仲巴县实现地区生产总值 4.8 亿元,同比增长 11%;财政收入 2628 万元,同比增长 16.9%;牧民人均纯收入达 7577.21 元,同比增长 4.9%;三产比例调整为 36:23:41。

【产业发展】 2014 年,仲巴县畜牧业基础地位不断夯实,全县年末牲畜存栏 54.83 万头(只、匹),出栏 20.29 万头(只、匹),新生仔畜成活数 20.13 万头(只、匹),成活率达 75.7%,成畜死亡 2.34 万头(只、匹),死亡率控制在 4.1%以内。兑现建立草原生态保护补助奖励机制各项资金 7970.73 万元,实现人均现金增收 0.37 万元,户均现金增收 1.7 万元。矿产税收业稳定增长,共完成 7000 吨锂矿生产和 7.6 万吨硼矿的开采,实现税收 1748 万元,兑现地方经济补偿费 425 万元。边贸业增长显著,边贸进出口总额达 8462.1 万元,同比下降 0.26%,出口活畜 5.05 万头(只、匹),出口额达 3665.8 万元。旅游业带动效益明显增强,共接待国内外游客 5.54 万人次,旅游总收入 498 万元,同比增长 53.7%。金融业持续健康发展,全县非公有制经济发展到 415 户,注册资金总额达 2437.5 万元。金融机构各项存款余额达 4.249 亿元,同比增加 5520 万元;贷款余额 1.997 亿元,同比增加 1.35 亿元。

【民生和社会事业】 社会保障 2014 年,仲巴县新增就业岗位 38 个,失业率控制在 2.1%以内,劳务输出 4692 人次,实现劳务收入 657 万元;机关、企事业单位职工参加医疗、养老、失业、生育、工伤保险参保率达100%,居民养老保险参保率达 99%,全年发放基础养老金 315 万元。五保供养标准进一步提高。共发放城乡居民最低生活保障金 461.713 万元,医疗救助金 32.74 万元,五保户供养金 48.47 万元,孤儿基本生活补助 22.36 万元,寿星老人生活补助金 5.28 万元,优抚对象生活补助 28.69 万元,发放三大节日慰问金 132.96 万元。

教育事业 加大教育基础投入,启动薄弱学科攻坚工作,学生营养改善计划惠及3525 名学生,“三包”经费足额落实,小学、初中毛入学率分别达99.15%、102.9%。

医疗服务 完成城乡居民健康体检21847 人次,在编僧尼健康体检 74 人次,累计筛查儿童先心病 1500 人。县卫生服务中心顺利通过一级甲等医院等级评审工作,投资 105 万元的霍尔巴乡卫生院新建项目即将投入使用,免费孕前检查使 45 户家庭受益。

文化事业 总投资 974 万元的县城广播影视中心、新华书店新建和扎东特委(含烈士陵园)修缮项目均已完工,投资 1170 万元的 13 个乡级文化站均已配齐设备,并投入使用。全县广播、电视人口综合覆盖率分别达 89.56% 和 91.26%。

安全生产和环境保护 完善相关机制,加强了食药、道路交通、矿山、建筑施工、危险化学品、密集场所等领域的安全隐患排查,全年累计专项检查 72 次,排查安排隐患 25 处,发放环保双语宣传手册 380 余份,宣传单 400 余份,提高了安全防范及环境保护能力。

扶贫开发 实施扶贫开发,向上争取扶贫专项资金 1352 万元,开展隆嘎尔乡隆嘎尔村温泉项目建设和拉让乡扎东扶贫香客旅馆项目建设等。

科技科普 共投入 5 万元,对 70 名科技特派员进行科普知识培训,申报科技富民强县项目 5 个。

【项目建设】 2014 年,仲巴县实施各类项目 81 个,总投资达 36121

万元，项目完工率为 86.79%，完成投资31334 万元。随着帕羊镇小城镇建设、检察院技术业务用房、公安局综合业务用房等重大项目相继实施完工，有效缓解全县基础设施瓶颈制约。小城镇规划建设有序推进。积极开展帕羊小城镇规划建设工作，先后投入 2500 余万元，用于帕羊镇市政道路建设和民房改建工程。按照“统一规划、统一建造”的原则，对 219 国道沿线民房进行统一改建，已完成 83 户民房建设。重视公路交通设施建设。共投资 9554 万元，实施帕羊镇至吉拉乡公路建设、219 至亚斯马边贸公路建设、偏吉乡至玛永边贸公路建设等项目建设。雅江源头公路(第一期)、达热至革金公路、琼果乡仁玛至热珠公路已全面竣工，县城至琼果乡油路已完成 40%的建设。农村公路养护 1373.15 公里，养护补助资金 586 万元，完成抢险保通 21 次，累计抢通 63 千米。水利能源发展成效显著。累计投资 2024.72 万元，实施新、续建项目 8 个，涉及农村饮水安全工程、牧区水利重点工程、水利技术推广站及水利服务信息处理中心等项目建设。

【维稳举措】 2014 年，仲巴县按照敏感节点戒备等级要求，狠抓社会治安综合治理工作。开展寺庙爱国主义和法制宣传教育，推进平安和谐寺庙创建活动。开展矛盾纠纷排查调处，解决土地征用、环境污染、涉法涉诉、城镇拆迁、矿产开发等方面群众反映强烈的问题，预防和妥善处置各类群体性事件，最大限度地减少不和谐因素。调解民间各类矛盾纠纷 6 批 20 人次，把各类社会矛盾纠纷化解在基层。社会形势总体平稳，“平安仲巴”建设全面推进，保持了社会的稳定和谐，完成第八届村委会换届选举。

【自身建设】 2014 年，仲巴县控制三公经费，不断转变政府职能。支出接待费 379.5 万元，同比减少 6%；车辆运行维护费 1252.2 万元，同比减少 5%。自觉接受县人大及其常委会的监督，认真执行其决议、决定，主动接受县政协的民主监督，充分吸纳各界人士的意见、建议。高度重视、认真办理县人大代表建议和县政协提案，共办理人大代表建议 116 件、政协提案 58 件，办复率 100%。

岗巴县

【基本县情】 岗巴，藏语意为“雪山附近”。岗巴县位于西藏南部，喜马拉雅山中段北麓，是一个以牧业为主且伴有少量农业的高寒边境县，边境线长达 97 公里。地理坐标介于东经 88°08′—88°56′47"，北纬 27°56′32"—28°45′27"之间。东与亚东县、白朗县交界，北与萨迦县为邻，西与定结县毗连，南与锡金雪山接壤。东距日喀则市 307 公里，距拉萨市 580 公里。县境东西长约 74.4 公里，南北宽约 92.76 公里。县城距日喀则市 307 公里，距西藏自治区首府拉萨市 577 公里。县城离边境最近处仅有 25 公里，通外山口共 17 处。全县平均海拔在 4700 米以上，总面积为 4203 平方公里，其中耕地面积 2.25 万亩，草场面积 555.7 万亩。全县辖有 4 乡 1 镇、29 个村委会。

【概况】 2014 年，岗巴县实现地区生产总值 22500 万元，同比增长 12.87%；完成社会固定资产投资 20618.142 万元，同比增长 16.5%；财政总收入达 892 万元，同比增长 44.1%；完成各项税收 1284 万元，同比增长 33.3%；农牧民人均纯收入达 6908.73 元，同比增长 15%以上。全年共实施项目 128 个，总投资 35194.87 万元，其中续建项目 16 个、投资 5524.48 万元，新建项目 112 个、投资 29670.39 万元；同比增长近 1 亿元，创历史新高。

【项目建设】 重点项目建设 2014 年，日喀则市“十二五”重点水源工程总投资 3.194 亿元的恰央水库工程项目已通过水利部审批；投资 1089.42 万元的叶汝藏布孔玛乡防洪工程顺利完工；投资 1386 万元的吉荣电站线路延伸工程已完成 80%；投资 2991.2 万元的曲岗公路岔口至直克乡公路工程已完成 35%；投资 1080 万元的自然村组织活动场所建设已完成；投资 1650 万的生活垃圾卫生填埋场项目正在实施；县电力局域网并入藏中电网工程完成 80%。

项目监管 落实项目法人责任制、项目行政领导责任制、监理制、合同制、招投标制。在按规定预留两个 10%分别作为民工工资保障金、工程维修金的基础上，严格按工程进度拨款，以拨款控制工程质量。并在项目拨款申请单上增加县人社局关于劳资纠纷意见，有效减少了劳资纠纷。

调整充实了县基建领导小组，定期、不定期组织开展工程监督巡视工作。开展了工程建设领域人大代表、政协委员视察与工程勘察设计质量专项治理活动。全面推行了甲方驻场代表制度,各项目部门统筹协调向各工地派出懂施工、会监管的专业技术人员常驻施工现场,进行全程监督。大力扶持本地农牧民施工队，将40万以下、技术含量不高的小项目交由农牧民施工队承建。

“十三五”规划进展　成立“十三五”规划领导小组,组建办公室,启动岗巴县“十三五”规划编制工作。确立“一羊一水一景”的特色产业发展思路,初步形成“十三五”规划项目库,拟建项目280余个,总投资超过50亿。

【特色产业】　2014年,围绕“岗巴羊核心区、岗巴种羊繁育区、珠峰旅游补充区”的整体定位,把岗巴的“一羊一水一景”三大产业做大、做强、做出特色,切实增强自身造血功能,增强发展后劲。

“一羊”开发　成立岗巴县岗巴羊养殖专业合作总社，以岗巴羊繁育基地为龙头，以本地品种选育为重点,做好岗巴羊种羊产业,确保岗巴县在岗巴羊开发经济圈中的核心地位。向周边县提供岗巴种羊400多只,实现收入30多万元。有机认证工作进展顺利。岗巴县岗巴羊有机认证各项工作已接近尾声，待国家质检总局审批。9月3日,岗巴羊已通过国家质检总局地理标志产品保护技术审查。力争2015年内完成岗巴羊、岗巴雪鸡蛋商标注册。注册岗巴羊中文域名保护网络知识产权。为保护岗巴羊网络知识产权,适时推出岗巴羊宣传网站，提升其知名度,岗巴县于2014年5月安排专项资金对“岗巴羊”、“西藏岗巴羊”两个词汇的“.com\.net\.cn”的6个域名进行注册。

“一水”开发　继续把曲登尼玛矿泉水开发作为岗巴县矿泉水开发的主攻方向，探寻新的政府与企业合作开发模式,加大招商引资,提高企业实力,扩大产能、打响品牌、拓展市场,严格税收与资源费的征收,促进企业与政府、社会“三赢”。邀请西藏冰露水资源开发有限公司共同对岗巴县梅朵泉、增布沟泉开发相关事宜进行洽谈。

“一景”开发　围绕“康体神水体验游”的岗巴旅游品牌,围绕“水”字做文章，着力开发曲登尼玛风景名胜区、龙中温泉、孔玛温泉等特色旅游资源,以“天边岗巴、泉水之乡”为宣传口号，抓好旅游宣传推介工作。10月10日,曲登尼玛风景名胜区总体规划通过住建厅批复。

【基础建设】　县城建设　2014年,岗巴县县城总规通过地区审查,报自治区有关部门审查中，县城详规正在着手进行。2014年在县城新区投资310.5万元续建中化大道185米，投资400万元新建幸福路350米,投资800万元完善市政道路建设，投资350万元完善供水支管网工程,完善排水系统。环境整治工作顺利推进，城管执法大队作用明显,撤除街面垃圾箱,垃圾定时巡回收集措施,自筹资金近31.59万元新建和改扩建水冲式公共厕所3处。

乡镇建设　完成乡镇规划，2014年,岗巴县各乡镇围绕“布局优化、路面硬化、路灯亮化、村庄绿化、环境净化”的乡镇规划要求,重点打造小城镇建设，实施村级公路硬化、人居环境综合整治、河道综合治理、路灯亮化工程、绿化带及垃圾池建设。大力实施兴边富民、游牧民定居和扶贫项目，投入3443.89万元完善农田水利基础设施建设,完成了交通、水利“十三五”规划编制工作。县委、县政府把2014年作为小城镇建设年,按照“全域规划、乡村联动、产业推动、群众自愿”的工作思路，全年共筹集小城镇建设资金4061.15万元，以每户补贴4万元的标准，实施5个乡镇10个村681户小城镇建设（剩余资金结转下年)任务。为减轻农牧民负担,县财政每年拿出30万元为群众贷款贴息。共完成517户小城镇建设任务,完成率达总任务的75.92%。

【民生和社会事业】　教育事业　2014年，岗巴县中小学适龄青少年、儿童入学率达100%。2014年起本级财政对教育的投入增加至22%。实施教育基建项目7个、投资1740.96万元,进一步完善教育基建项目。足额发放“三包”经费226.52万元,营养改善经费21.27万元,筹资教育育才基金30.48万元用于表彰成绩突出的教育工作者、学生,并资助教师参加培训。2014年,参加岗巴县中考考生142人，其中118人(含46名重点高中生)达到普通高中录取分数线，在日喀则市排名第五;岗巴籍高中(含中职)学生考入大学共80名,其中中职考入大学7名；小学参加内地西藏班招生考试学生41人，其中9人被录取，比2013年增加2人，在日喀则市18县区中排名第一。

社会保障　坚持社会保险与社会救助，扶贫开发与最低生活保障，五保户供养，劳动培训与转移就业、再就业的有序衔接，全力保障贫困群众与弱势群体的基本权益。认真落实“两提高一统筹”，完成2013-2020年产业扶贫规划编制工作。

卫生事业　以巩固新型农村合作医疗为基本，加大医疗技术人员培训与奖惩力度，提高医技与服务水平，注重优生优育、保健预防。新型农牧区合作医疗保险参合9524人，筹资金额共计190480元，新农合参合率、筹资率均达到100%。完成4479名农牧民和在编僧尼免费体检和健康档案工作，完善医疗保障体系。稳步推进农牧民医疗报销，完成各项疫苗接种、结核病排查和婴幼儿商业保险等工作。

环境保护　实施天然草地保护、退牧还草工程，投资369.59万元栽种沙棘、青皮柳、本地柳、藏青杨1800亩，成活率达70%以上，县城街面绿化2000珠。对2013年以前所造的林地未成活苗木进行补植约2000亩。

安全生产　定期不定期组织开展安全生产大检查，对学校、医院、金融部门、通讯单位和加油站、加气站等重点部门、要害部位进行检查，发现隐患，及时整改，确保群众的生命财产安全得到保障。2014年岗巴县未发生任何安全生产事故。

科技文化　科普与技术推广继续深入，发放碘盐53.746吨，碘盐推广覆盖率达到100%。为全县54名科技特派员共发放补助工资35.08万元；深入乡村、学校、军营、寺庙开展了电影放映公益活动，放映场次达350场，观众达31500人次。成立了岗巴县民间艺术团，“昌龙谐钦”、“岗姆冲”成功申报为“自治区级非物质文化遗产”。

【维稳举措】　2014年，岗巴县落实自治区维护社会稳定工作十项措施，围绕“履行一个义务、尽到一个职责、发挥两个作用、强化五个重点”的维稳工作主线，明确责任、细化措施，积极推进社会管理服务创新，坚决确保边境一线和谐安宁。

坚持党建为先　岗巴县注重发挥基层组织在维护社会稳定中的战斗堡垒作用，以村“两委”换届工作为契机，以高标准、严要求，大力整治不发挥作用、软弱涣散等问题，使政治上靠得住、致富能力强、责任意识强、群众威信高的优秀共产党员、预备党员、优秀双联户长当选为村干部，不断增强村级组织战斗力、凝聚力、向心力。

坚持民力为基　充分利用人民群众在维护社会稳定工作中的战斗堡垒作用，坚持按照边境封边控边“村村是堡垒，户户是哨所，人人是哨兵”和“生产是放哨，放牧是巡逻”的群防群治工作思路，广泛发动群众，利用人熟、地熟、口音熟等优势，组织群众参与到社会管理、边境防控等工作，采取各种防范措施，消除各类不稳定因素和隐患，防范堵截不法分子在岗巴县边境潜入潜出，严防分裂分子实施“挺进”、“闯关”和派遣人员入境滋事，有效减少各类违法犯罪活动。

坚持责任为要　县维稳指挥部督导小组不定期对基层的维稳工作落实情况、驻村、驻寺人员在岗情况进行督导检查，同时，全面实行县级领导包乡、乡级领导包村、村两级班子成员包联户单位、双联户长包户的维稳工作机制，对工作中存在问题和薄弱环节的要求立即整改。严格按照“守土有责、守土尽责”，“谁主管、谁负责”的要求，对维稳措施落实不到位的严肃追究主管领导及相关责任人责任，对维护社会稳定工作起到了有效的助推作用。

坚持协同为重　按照一切为稳定服务和让路的工作方针，充分调动各成员单位在维护社会稳定工作的积极性，坚持协作配合，各司其职，分工负责，切实形成维护社会稳定的强大合力。

山南地区

【概况】 2014年，山南地区实现生产总值、固定资产投资、财政收入、税收收入、社会消费品零售总额、城镇居民人均可支配收入、农牧民人均可支配收入分别完成101.13亿元、137.36亿元、9.86亿元、16.81亿元、33.35亿元、20797元、8006元，同比分别增长16.8%、28%、24.4%、13.9%、14.3%、8.9%、13.2%。提前一年基本完成“十二五”规划主要经济发展目标。山南地区被纳入国家公共文化服务体系示范区、国家生态文明先行示范区和全区统筹城乡发展试验示范区，被评为全区社会治安综合治理第一名。2014年的工作主要表现为“快、实、好、强、优”。

【经济发展】 2014年，山南地区生产总值继续保持10%以上的增长速度，三产比重为5.5:51.8:43.7，“二三一”格局更加巩固。

一产效益不断提升 粮食生产实现“六连丰”，粮油总产16.6万吨，年末牲畜存栏165万头（只、匹）。大力实施“质量兴地”和“三推进”战略，打造了优质青稞、茶叶、葡萄等7个特色产业。改良黄牛5万头以上。一产实现增加值5.55亿元，增长4.3%。

二产发展不断加快 大力实施工业强地战略，工业总产值完成23.96亿元，总量保持在全区第二。藏木水电站实现2台机组发电，加查和大古水电站准备工程开工建设，建成太阳能发电项目30兆瓦。优势矿产、建筑建材、民族手工和藏医药等产业加快发展。整合培育农牧民施工企业37家。二产实现增加值51.84亿元，增长15.8%。

三产活力不断增强 全年接待游客196.9万人次，创收7.52亿元，分别增长18.7%、23.3%。成功举办了中国西藏雅砻文化节和地区物资交流会。最终消费对地区经济增长的贡献率达33%。全地区金融机构存贷余额达235.72亿元、189.29亿元，分别增长20.1%、12.3%。三产实现增加值43.74亿元，增长5.6%。

【民生改善】 2014年，山南地区提高群众收入水平。实施了农牧民增收八大工程。落实民生补助提标政策资金9.87亿元。培训农牧民和城镇失业人员1.48万人，输出劳务10.58万人次、创收5亿元。1.77万人稳定脱贫。提升了公共服务能力。建设幼儿园31所，扎囊和贡嘎两县义务教育均衡发展通过国家验收，落实资金1476万元资助考上大学的农牧民子女5436人。开展了卫生工作规范年活动，新建村卫生室220所，免费救治先心病患儿15名，全民健康体检、“两降一升”等工作走在全区前列，地区人民医院成功创建三级乙等医院。国家公共文化服务体系示范区加快建设，广播电视覆盖率达90%、96.9%。新增国家级非遗项目4个、自治区级非遗项目12个。科技对农牧业的贡献率达44%。藏语文工作不断加强。加大民生保障力度。开发就业岗位3764个，120名山南籍高校毕业生到湖南、湖北、安徽三省就业，城镇登记失业率控制在2.1%以内。五大保险参保率均达到97%以上。建成保障性住房5016套。五保有意愿集中供养率和孤儿集中收养率均达到100%。寺庙僧舍新建和维修工作走在全区前列。残疾人事业健康发展。投资37.64亿元实施了为民服务“十心”活动。强基惠民、教育实践活动为民办实事5800余件。

【发展基础】 2014年，山南地区缓解了基础设施瓶颈。实施重大交通和水利工程推进年活动。拉林铁路和泽贡专用公路控制性工程、雅砻水库、洛扎县农网改造等重大项目顺利实施，基础设施条件明显改善。国家、招商、援藏、民间投资分别完成99.25亿元、16.08亿元、4.61亿元、17.42亿元，分别增长29.2%、9.4%、217.2%、24.4%。打牢了城乡发展基础。编制了地区统筹城乡发展试验示范区总体规划。泽当老城区供排水管网、加查县县城供水等市政工程有序建设。完成9998户农村危房改造工程、500户建筑节能示范工程、13个居委会人居环境综合整治、152个边境县村民小组活动场所、11个基层政权示范点和3个生态文明小康示范村建设。开展了重点基础工作。明确了"十三五"规划基本思路,储备"十三五"项目2400多个。制定建设美丽山南、清廉山南的意见,出台促进农牧民持续稳定增收的意见和坚守安全生产底线的办法。协助自治区相关部门召开了全区第十一届运动会和教育、农牧科技、良种推广、公共文化服务体系建设、农村公路建设、平安建设、加强和创新寺庙管理等现场会。

【发展活力】 2014年,山南地区重点领域改革有成果。落实11个方面的改革任务。清理调整地区行政审批事项178项。完成了泽当城市公交改革。推行了公立医院"先住院后结算"制度。启动了地区建筑施工集团组建工作。实现了地、县、乡三级"一站式"便民利民为民服务点全覆盖。"产城一体示范区"建设前期工作扎实推进。开展了乃东县农村综合改革试验工作。生态文明制度建设取得新进展。非公经济发展有突破。全地区共有各类非公市场主体1.46万户、从业人员8.7万人,分别增长14.7%、18.1%,非公经济上缴税收15.6亿元,同比增长13.9%,占地区税收总额的92.96%。招商引资在建项目39个,累计到位资金28.8亿元。对口援藏工作有成效。七(五)批援藏项目开工率达77%,完成总投资的49.6%。教育、卫生、工青妇等系统援藏工作力度不断加大。出台了短期援藏专业技术人才管理办法。组织地区党政代表团赴湖南、湖北、安徽三省和中粮集团汇报衔接了援藏工作。

【发展环境】 2014年,山南地区底线工作明显加强。坚守和谐稳定底线,认真落实自治区十个方面的维稳措施和地区维稳十条规定,建立健全维稳长效机制,深入开展了"六五"普法和民族团结进步示范创建活动,社会局势和谐稳定。坚守安全生产底线,加强隐患排查和执法监管,安全生产事故起数下降32.7%,死亡人数占控制指标的48%。食品药品安全监管成效明显。坚守生态保护底线,启动了国家生态文明先行示范区建设。开展了城乡环境综合整治、污染减排、环境执法监管和县域环境质量考核等工作。建成泽当污水处理厂。启动实施了羊湖生态环境保护等项目。完成植树造林14.2万亩、封山育林16.2万亩。建成乃东金鲁居委会国家级生态示范村和16个自治区级生态乡镇、60个自治区级生态村。工作作风明显好转。深入开展教育实践活动,突出整治了"四风"、"两问题"、"一薄弱"等方面存在的突出问题,全地区"三公"经费、会议、发文和评比表彰活动分别下降32.7%、22.4%、20.2%、14%。因公组团出国(境)下降16%。党风廉政建设和政风行风评议工作成效明显。审计工作不断加强。清廉山南和法治山南建设全面推进。

乃东县

【基本县情】 乃东,藏语意为"象鼻山尖前"。乃东县位于念青唐古拉山南麓与喜玛拉雅山北侧的雅鲁藏布江中游地段,是山南地委、行署所在地。全县总面积2208.85平方公里,其中耕地6.5万亩。全县下辖5乡2镇47个村(居)委会,全县总人口8.2万人,其中农牧民人口3.7万人。境内水资源丰富,河流均属雅鲁藏布江水系。雅鲁藏布江在县境内流程49公里。雅砻河由南向北流入雅鲁藏布江,在县境内流程64公里。温曲河、多雄河由北向南注入雅鲁藏布江,温曲河全长54公里,多雄河全长27公里。乃东县属于独特的高原温带半干旱大陆性季风气候,气温偏低、四季较分明。每年11月至次年4月为冬季,5月至10月为春秋季。气温日变化大,年变化小。常年平均气温8.2℃。极端最高气温29℃(1961、1972年共4天),极端最低气温-17.6℃(1962年1月3日)。年降水量平均410.5毫米,年蒸发量可达2640.3毫米。最大月蒸发量在5月。全年降雨集中在6-9月,占全年总降水量的88.5%,多夜雨。10月至次年5月干燥少雨,多大风,形成分明的干雨季。太阳辐射强烈,日照时间长。立体气候显著,全县呈现河谷温暖半干旱气候、山地温和半干旱气候、山地温凉半干旱(半湿润)气候、高山寒凉半湿润气候、高山寒冷半湿润气候5个垂直气候类型。乃东县地形地貌类型复杂。山地众多,谷地开阔,大地貌表现为高山与宽谷的混合型。山地面积 1883.1 平方公里，占全县总面积的 85.3%。谷地面积 284.3 平方公里，占全县总幅员面积的 12.9%。矿产资源主要有铬、金、铜、铁、水晶、云母、沙金、花岗岩、石灰岩等。水能、电能资源：除雅鲁藏布江、雅砻河、温区河等河流以外，还有大小河流 40 余条。

【概况】 2014 年，乃东县实现生产总值 34.16 亿元(含地直)，同比增长 16%；完成固定资产投资 12.9 亿元，同比增长 32.3%；完成财政收入 9664 万元，同比增长 18%；完成税收 1.1 亿元，同比持平；实现农牧民人均纯收入 10010 元，同比增长 16.9%，其中现金收入占 75%；完成社会消费品零售总额 26.56 亿元(含地直)，同比增长 18%。

【产业发展】 巩固提升一产 2014 年，乃东县全年实现一产增加值 9700 万元，同比增长 6.5%。粮经饲结构调整为 63.8∶22.6∶13.6，主导品种大田统供率达 90%以上，实现粮油产量 2.45 万吨，其中粮食产量达 2.25 万吨；新生仔畜成活率达 98%，牲畜免疫率 100%，牲畜出栏率 39.8%，成畜死亡率控制在 0.8% 以内，完成肉类产量 0.29 万吨、奶类产量 0.55 万吨；以“三推进”为抓手，着力加强“白青稞、红土豆、禽类养殖、奶产品加工、绿色蔬菜”五大特色基地建设，种植优质青稞 1.79 万亩、红土豆 0.1 万亩、蔬菜 0.3 万亩，完成禽类养殖 150 万只，蔬菜市场供给率达 60%。

培育壮大二产 实现二产 GDP9.63 亿元，同比增长 16.5%；其中完成工业产值 1.56 亿元，同比增长 42.7%。江北产城一体示范区完成规划，努日铜矿进入详探阶段，协和太阳能建成投产，乃东地毯厂改造完成，哔叽改扩建项目前期工作基本完成，雪域冰川矿泉水、加气砖生产线、宏山快修市场等招商引资项目进展顺利，积极促成北京朗姿与泽当哔叽合资成立西藏哔叽服饰有限公司，山南藏禾、西藏泽峰成功落户“乃东武汉产业援藏园”，全年完成招商引资 4.14 亿元，有效夯实了乃东的工业基础。

做大做强三产 三产实现增加值 23.56 亿元，同比增长 15.8%；其中旅游综合收入 643.7 万元，同比增长 29.6%。开展旅游宣传促销活动，编制完成乃东县 2014—2025 年旅游总体规划、旅游业发展实施方案和雍布拉康、昌珠寺景点详细规划；全力推进旅游基础设施建设，昌珠统筹城乡示范点、克松生态文明小康示范点、门中岗生态绿化等项目圆满竣工，以“藏民族之宗、藏文化之源”为品牌的特色旅游业加快推进。非公经济迅速发展，累计注册私营企业 85 家、个体工商户 3760 户、专合组织 123 户，同比增长 30%以上。

【项目建设】 2014 年，乃东县继续推行“工作专班衔接项目、县级领导督导项目和项目推进会议制度”等经验做法，全年开复工项目 140 个、总投资 20.2 亿元，完工率达 93%，重点实施了雅砻水库建设和第一期征地搬迁安置、小型农田水利重点县、果乃杰朗子灌区续建配套、多颇章乡土地开发、高标准农田建设等一批重大项目，昌珠统筹城乡示范点、克松生态文明小康示范点、雅砻水库建设和移民搬迁三个专班为重大项目建设作出了积极贡献；全年农牧民实现项目增收 2.09 亿元，占固定资产投资的 16.2%。始终坚守耕地红线，积极推进第二职业技术学校、万人小区、武警反恐支队、泽当大道、第二幼儿园等地区重大项目建设征地拆迁工作，城镇功能得到有效提升。

【民生和社会事业】 民生实事 2014 年，乃东县累计投资 2 亿余元，其中本级财政投入 2700 万元，重点实施了 12 个村居卫生室标准化建设、7 个村居基层政权建设、3 所完小塑胶跑道工程、7 个乡镇农牧综合服务中心建设等“十件实事”项目，赢得了基层干部群众的高度评价；扶贫建档立卡工作圆满完成，为全县 8885 人精准扶贫工作奠定了良好基础；实施安居工程 66 户，人居环境综合整治 3 处，6 个乡镇便民服务站建成使用；投资 3050 万元新建乡镇周转房 48 套、公租房 120 套及棚户区基础设施改造项目，五保集中供养工程、乃东扶贫就业楼基本建成；通过多种渠道投入强基惠民资金 2416.9 万元，为群众办实事、办好事、解难事 277 件，实施民生项目 130 个；“三大节日”期间，共落实资金 88 万元对全县困难职工、退休干部、政协委员、寺庙僧尼、驻军部队及维稳在岗人员进行了慰问，各级干部群众切实感受到党和政府的关心关怀。

教科文卫事业 开展“教育管理深化年、教育质量提升年、队伍建设强化年”活动，在全力巩固“两基”

和“教育均衡发展”成果的基础上，落实15年“三包”政策，城乡学前双语教育入园率达98%以上，小学、初中入学率均达100%，资助大学阶段农牧民、城镇低收入家庭子女372人、资金127.83万元。科技三下乡活动广泛开展，发展科技特派员94名，科学种养、黄牛改良、户用沼气等先进适用技术得到普及应用。大力推进文化事业繁荣发展，积极开展第二批国家公共文化服务体系示范县创建，在乡镇、村居、寺庙全部建成文化站(室)及书屋，在80%的行政村实施了体育健身工程，广播电视基本实现户户通，精神文明创建实现常态化。卫生事业快速发展，卫生医疗体系、疾病预防控制体系和突发公共卫生事件救治体系覆盖城乡，研究制定《乃东县“两降一升”工作实施意见》，投入73万元为各乡镇卫生院和47个村居卫生室添置了医疗设备，基层卫生基础设施得到有效改善，全民健康体检全面完成，“一村两医”实现全覆盖，农牧民医疗参合率达99%，积极推行“先住院后结算”工作，地方病和传染病防治取得有效进展，食品药品监管不断加强。

社会保障　城乡居民养老保险参保率达98%，在编寺庙僧尼“三险一保障”全覆盖；完成各类技能及引导性培训2000余人次，荣获自治区级、地区级劳务品牌各1个，城镇登记失业率控制在2%以内；通过公平、公正、公开措施，落实政府购买公益性岗位24个，其中安置失地农牧民10人；兑现各类民生补助资金1470万余元，最低生活保障实现应保尽保，消除2300元以下的贫困人口548户1529人。

【三条底线】　2014年，乃东县始终把坚守和谐稳定、安全生产、生态保护“三条底线”作为全县工作的基本要求，全力落实自治区、地区维护稳定的各项决策部署，着力强化县、乡、村值班值守、三级接访、“双联户”制度和群防群控网络，不断加强寺庙僧尼教育管理、涉稳重点人员管控、矛盾纠纷排查调处、社会面巡逻防控、维稳应急处突、法制宣传教育、社会治安综合治理及道路交通专项整治等工作，圆满完成47个村(居)换届工作，确保了社会局势“持续稳定、全面稳定、长期稳定”。落实安全生产责任制，开展道路交通、消防危化、非煤矿山、食品药品等重点行业安全检查，安装完善了省道、县道、乡村公路标识，实行了公路客运“两限一警”制度，全年共发生各类安全生产事故8起、死亡2人，安全生产形势持续稳定。认真开展生态环境建设，完成人工造林5347亩、封山育林5000亩、防沙治沙3.9万亩，全县森林覆盖率达32.67%，超额完成“十二五”规划近8个百分点；以江北三乡为主的生态公益林管护试点改革取得圆满成功，有害生物防治成效显著，制定出台环境综合整治实施方案、环境保护工作目标及考核办法，实行环境综合治理责任制和激励机制，积极创建金鲁居委会国家级生态示范村和2个自治区级生态乡镇、5个自治区级生态村，在公路沿线27个村居配套建设了垃圾处理设施，昌珠、泽当、结巴三乡镇环境保护规划启动编制，不断加大对重点资源开发和重大基础设施建设项目的环境执法力度，生态环境保持良好。

【受援工作】　2014年，乃东县争创项目援藏、产业援藏、智力援藏、系统援藏“四个特色”，坚持服务基层、引入市场机制、输血造血兼顾、农牧民直接受益、理念援藏“五大原则”，援藏项目开工率达60%、占3年总投资5400万元的92%，为“三年项目两年完成”打下了坚实基础；开展武汉市民献百元爱心、救助乃东百名特困人群的“双百爱心行动”和“先心病患儿免费救治项目”，促进了汉藏交往、交流、交融。

【深化改革】　2014年，乃东县按照自治区关于《乃东县农村改革试验区方案》，制定2014年农村改革工作要点，突出城乡发展一体改革“一个主题”，打造乃东武汉产业援藏园和特色旅游业“两大亮点”，争创全国现代农业示范县、全国小型农田水利重点县和第二批国家公共文化服务体系示范县“三个示范县”，推进城乡土地利用一体化、城乡基础建设一体化、城乡产业发展一体化和城乡公共服务一体化“四个一体化”。启推进农牧民施工队整合、地材运输市场整治规范，完成中巴车退市工作。

琼结县

【基本县情】　琼结，藏语意为“房角悬起多层”。琼结县地处西藏南部、雅鲁藏布江中游南岸的河谷地带，琼结河横贯南北，县城距山南地区行署驻地泽当28公里，全县总面积1030平方公里，总耕地面积2.73万亩，草场面积137.63万亩，林地总面积27.264万亩，总人口1.87万人，辖1镇3乡20个行政村，是一个以农为主农牧结合的河谷农区县。

琼结县东北与乃东县相连，西南与措美县接壤，西北与扎囊县为邻。全县西、南、北三面环山，东南为狭窄谷地，地势西高东低，平均海拔3850米，最高海拔6450米，境内有一条季节性琼结河贯穿全境流入雅砻河至雅鲁藏布江，气候属高原温带季风半干旱气候类型，年无霜期125—152天，年日照时数2832小时，年降水量为287毫米，年均气温8.6℃。矿产资源主要有：锑、铬铁、水晶石、玉石等；动物资源主要有：藏羚羊、黑颈鹤、水獭、天鹅、獐子等；植物资源主要有：贝母、雪莲花、麻黄、红景天等。

【概况】 2014年，琼结县实现地区生产总值32380万元，同比增长13.5%；完成固定资产投资51840万元，同比增长14.4%；完成社会消费品零售总额3440万元，同比增长18.2%；完成财政收入1663万元，同比增长38.6%；完成税收收入1588万元，同比增长15.9%；完成农牧民人均纯收入8340元，同比增长18.6%。

【三农工作】 2014年，琼结县调整了农牧业产业结构，使全县的农牧业生产效益稳步提高。粮、经、饲比例从2013年的58:26:16调整到2014年的63:23:14。全县的粮食产量为10224吨，油菜产量为1138吨。牧业方面全县牲畜存栏为66577头(只、匹)，适龄母畜31090头，新仔畜20929头(只、匹)，成活率达到97%，成畜死亡664头(只、匹)，死亡率控制在1%，牲畜出栏总头数25534头(只、匹)，出栏率为37.1%。全面落实农业机械购置补贴300万元。加快农牧业特色产业发展的步伐，逐步形成以加麻乡白松短期育肥、琼结镇高效温室、下水乡藏猪养殖、拉玉乡藏鸡养殖为基地的特色合作经济组织，有效带动当地群众发家致富。带动农牧民参与项目建设，落实将项目总投资15%的工程交给农牧民实施的政策。全县交由农牧民实施的项目总投资达16797.6万元，占项目总投资的35.1%。制定出台《琼结县促进农牧增收实施意见》，实施农牧民收入倍增计划，转移农村富余劳动力5630人，实现劳务收入4706.9万元。组织群众演员参加区、地各类文艺汇演活动，带动农牧民群众增收39.6万元。农村信用体系建设初见成效。开展农村信用体系实验区创建活动，各项存款余额达35359万元，同比增长17%；各项贷款余额达17120万元，同比增长46%。2014年，琼结县被选定为西藏唯一的农牧区信用体系建设试验区，荣获全区“AAA”级信用县荣誉称号，并成功举办示范乡(镇)、示范村、户授牌仪式。

【项目建设】 2014年，琼结县开复工项目87个，投资总额达51840万元，重点实施了琼结县旅游开发、光伏电站、藏王墓保护与维修、坚耶寺抢救性保护、2013年小型农田水利重点县建设、五保集中供养中心、县公安业务用房、县城整体功能提升、村居环境综合整治、村卫生室建设等项目。

【财源建设】 2014年，琼结县已有四家上规模的企业，产值实现新的突破，对全县的贡献力日益增大。雅拉香布实业有限公司产值1250万元，产能较2013年翻倍；光伏电站一期项目在县直部门及下水乡的积极协调下，进展顺利，预计投产后年产值可达3600万元；县水晶玉石厂正在融资扩大产能，预计年产值可达100万元以上。招商引资力度不断加大。全年完成招商引资19908万元，超额完成地区任务数的17%。与湖北丰华能源投资有限公司签定总投资16亿元的第三期光伏发电项目意向协议书。与西藏天苗生物科技有限责任公司签订总投资6000万元的玛卡深加工项目协议，该项目已完成育苗基地建设、生产厂房完成工程量的20%。与鑫畜牧业有限公司签订总投资2800万元的仔猪繁育项目。

【生态建设】 2014年，琼结县建立环保奖惩问责机制，将城乡环境综合整治、环境保护考核结果纳入年终目标考核内容，制定出台了《琼结县创建自治区级生态乡镇实施意见》、《琼结县环境保护工作考核细则》等一系列文件，成功申报了加麻乡、金珠、扎西、特日、白松村为自治区级生态乡(村)，并于10月顺利通过自治区环保厅的验收。加大环卫投入力度。县政府投入专项资金139万元，着力推进美丽琼结建设，认真开展生态创建活动，配备环卫人员12名，购买垃圾清运车8个，安装垃圾箱20个，设立环境保护标志牌和宣传栏，切实完备环卫硬件设施。构建生态安全屏障。县政府出台《琼结县森林管护人员管理办法》,建立奖惩机制,有效提高了护林员工作积极性。加大项目争取力度,投入资金1469万元实施了重点区域造林工程、生态安全屏障体系防护林、防沙治沙、拉萨周边造林等项目,使5710亩荒沙土地变成绿荫,树苗成活率有大幅度提高。申报了加麻沟为主的琼结县国家湿地保护项目。

【民生和社会事业】 教育工作 2014年,琼结县全面落实义务教育"三包"及学生营养改善政策,中、小学适龄儿童入学率达100%。教育教学质量有了大幅度提高。与湖北文理学院合作成立"格桑花"支教团队志愿服务基地。落实资助资金52.8万元帮助161名考上大学的农牧民子女全部入学,针对贫困大学生发放助学金7万元。村居幼儿园建设覆盖率达到100%,实现幼儿园"两教一保"全覆盖。在今年地区教育督导评估中我县幼儿园"两教一保"工作经验在全地区予以推广。2014年,琼结县初中升高中214人,平均成绩335,升学率为100%,考入内地西藏班10人,获得全地区中学教学质量一等奖,小学升初中184人,考入内地西藏班4人,获得全地区小学质量二等奖荣誉称号。

卫生工作 健全完善三级卫生服务网络,投资405万元建设了下水乡卫生院、11个村级卫生室和远程诊疗服务系统。实施农牧民健康体验,孕产妇保持零死亡率,婴儿死亡率下降30‰。农牧合作医疗实行了"先住院后结算"和重大疾病及特殊门诊报销制度。

文化方面 投入资金268万元全面改善县、乡、村、寺庙文化阵地建设,实施数字电视网络改造工程,开展全国第一次可移动文物普查工作和文物保护项目申报工作,完成重点单位可移动文物普查工作,并将久河卓舞和强吉庄园等4个文物古迹成功申报为国家级非物质文化遗产及自治区级文物保护单位。启动国家第二批公共文化服务体系示范区创建工作,成功召开全区公共文化服务体系现场会,率先与措美县、扎囊县开展文化联动活动。有序开展青瓦达孜广场文化活动,群众性文化生活不断丰富。"五下乡"活动扎实开展,全年民间艺术团共演出43场,业余宣传队演出52场。积极开展农村数字电影放映工作,全年共放映电影1424余场,观众人数达19.5万人次。完成342套基层干部卫星接收器安装调试工作,深入农户家中检修户户通设备131次,更新老化设备876次。

社会保障 推进安居工程建设,投资509万元完成人居环境综合整治项目4个,投资1267万元建设公租房和周转房,投资160万元的棚户区改造工程。新增城镇就业120人,城镇登记失业率控制在2.1%以内。及时兑现各类民生资金994.5万元。五大保险参保率达到98%以上,实现有意愿集中供养的五保户供养率达100%,使五保户"衣、食、住、医、葬"得到全面保障。深入开展扶贫建档立卡工作,争取资金3300万元实施扶贫开发项目,实现了199户、599人脱贫。全县7个寺庙管委会"温馨工程"全面建成,实现了寺庙管委会"温馨工程"全覆盖,共投入资金110.568万元。

民生工程 投资2100余万元实施了"文化惠民、僧舍维修、卫生健康、村村通路、社会养老、扶贫助困、教育助学、安全饮水、农牧民素质提升、改善村居办公条件"十大民生工程,除三条农村公路外,兑现年初县政府承诺的"十件实事"。

【党建维稳】 2014年,琼结县落实中央、自治区、地区关于维稳工作的安排部署,抓好"三大节日"、三月敏感月等重要时期的维稳工作,强化社会面的管控,加强和创新寺庙管理工作,全面实现社会局势和谐稳定。党风廉政工作取得新突破。县政府机关认真贯彻落实党的十八大精神,做好党风廉政建设责任制推进惩治和预防腐败体系建设工作,坚持标本兼治、综合治理、惩防并举、注重预防的方针,落实党风廉政建设责任制,推进惩治和预防腐败体系建设,确保各项工作取得了较好成绩。

扎囊县

【基本县情】 扎囊,藏语意为"刺树沟内,山桃林中"。扎囊县地处雅江中游,雅鲁藏布江中游,平均海拔3620米。东临乃东,西连贡嘎,北靠拉萨,全县总面积2173平方公里,耕地保有面积9.42万亩。是交通便利县,距拉萨市103公里,距泽当镇45公里,101省道和江北油路横穿县境,泽贡快速通道和拉林铁路已列入"十三五"规划,建成后将进一步提升该县交通便利功能,长约4.5公里的扎囊雅江特大桥预计于

2015年6月全面贯通,届时将实现南北互通、南北互动;是人口大县,辖三乡两镇,62个村(居),总人口3.99万人;是旅游大县,拥有"AAAA"、"AAA"和"AA"级景区各1处,以及众多的特色旅游景点;是维稳大县,共有19座寺庙(不含桑耶寺)、5个宗教活动点、4处修行区,在编持证僧尼228名(不含桑耶寺),外来修行人员众多,维稳工作任务较重。

【概况】 2014年,扎囊县实现地区生产总值56084万元,同比增长14.4%;完成社会固定资产投资93778万元,同比增长43.1%;完成税收收入2111万元,同比增长29.1%;完成财政收入2432万元,同比增长61.1%;实现社会消费品零售总额5428万元,同比增长11.4%;实现农牧民人均纯收入7385万元,同比增长12.1%。

【农牧业发展】 2014年,扎囊县继续抓好结构调整,2014年全县粮食产量23292吨,同比增长7.9%;油菜产量2545吨,同比增长0.8%;牲畜出栏率39.8%;成畜死亡1044头(只),死亡率控制在1.2%以内;新生仔畜37356头(只),成活率达95%;完成黄牛改良8212头。积极开展动物疫病防治工作,"W"病O型、牛A型、高致病性禽流感等免疫率均达到了100%,全年未发生任何重大动物疫病。加大科技推动农业发展力度,县级财政2014年科技投入20万元,同比增长33.33%;全县124名科技特派员合格率达100%;新建农村沼气344户,正常使用344户,使用率达100%。

【项目建设】 2014年,扎囊县抓好项目管理与项目建设。

水利项目　全县水利建设投资完成6396.09万元。重点开展了扎其河防洪工程、农发中型灌区节水配套改造项目、扎囊河热正岗段防洪工程、小型农田水利重点项目等工作,保障了农业健康发展。

交通项目　由地区财政下拨公路改造资金70余万元,对全县境内的吉汝乡油路、桑耶镇油路、敏珠林油路等进行维修改造,9月已经全部完工。

农发(扶贫)项目　全县扶贫和农发项目共完成投资7189万元,其中国家投资5925万元,自筹或投劳折资1264万元,包括2014年整乡推进和财政专项扶贫资金共计2444万元,其中国家投资1955万元,自筹或投劳折资489万元;2014年农业综合开发土地治理项目共计3575万元,其中国家投资3320万元,自筹或投劳折资255万元;2014年农发产业化项目总投资1170万元,其中国家投资650万元,自筹或投劳折资520万元。

林业项目　总投资4778.29万元,开展重点区域生态公益林建设、防护林建设、防沙治沙、退耕还林等项目,完成造林绿化及防沙治沙任务10.46万亩。

【招商引资】 2014年,扎囊县共有招商项目3个,分别为千山矿业探矿项目、松卡铜矿选矿项目和朗赛岭庄园景区开发项目。其中,千山矿业计划投资7100万元,实际完成投资6100万元;松卡铜矿计划投资3000万元,实际完成投资3000万元;朗赛岭庄园景区开发项目计划投资1000万元,实际完成投资300万元。

【旅游发展】 2014年,扎囊县以调整结构和产业升级为主线,以规划为先导,本级财政投入旅游发展专项资金15万元用于旅游宣传与基础设施配套建设。全县共接待游客33.9万人次,增加1.2万人次,同比增长3.6%;实现旅游收入4461万元,同比增长1.2%。积极开展旅游产业开发工作,桑耶景区开发前景广阔,与西藏行者自驾游营地开发有限公司签订了桑耶景区战略合作开发框架性协议,预计投资3亿元。已申请资金258.59万元用于扎央宗、宗贡布溶洞旅游基础设施建设,现已建设完成。地区旅游局从旅游发展资金中安排30万元,用于敏珠林寺大门处修建旅游公厕及休息亭等附属设施建设。安排资金33万元,用于新建阿扎乡江津村村民农家乐6户,户年均创收达9200元。

【教育事业】 2014年,扎囊县义务教育均衡发展工作高标准通过国家验收,在全区范围内率先推出"三包"大宗物资集中采购配送制度和"三包"会计业务电算化管理,被地区确定为试点县,有望在全区推广,同时,在全县范围内提出"十五字"主题目标和"3421"管理模式。全县共有各级各类学校32所,在校中小学生3979人,在园学龄前儿童910人。积极资助农牧民子女上大学,2014年落实农牧民子女上大学资助资金 72.4 万元，惠及学生 293 人。学前双语教育入园工作扎实，全县现有乡(镇)学前“双语”幼儿园 4 所，村级学前“双语”幼儿园 4 所，18 所村级教学点均设学前“双语”幼儿班。城镇学前三年适龄幼儿 146 人，入园率达 100%；农村学前两年适龄幼儿 787 人，在园幼儿 764 人，入园率达 97%。小学适龄儿童入学率和巩固率双保持，共有小学在校生 2506 人，入学率、巩固率均达 100%，与 2013 年持平。初中入学率和巩固率完成优良，现有初中在校生 1473 人，毛入学率达 104%，巩固率达 100%。文盲率得到巩固，15—50 周岁人口非文盲率达 99.9%，文盲率控制在 0.1%以内。学校安全得到进一步加强，教育主管部门与各学校签定了涉及社会综合治理、维稳、消防安全管理等目标责任书，做到制度完善，责任明确，措施得力，2014 年，全县各学校未发生学生交通、食品、消防、群体伤害等安全责任事故。

【卫生事业】 2014 年，扎囊县城乡居民(寺庙僧尼)健康体检和儿童先心病筛查工作圆满完成。城乡居民(寺庙僧尼)体检 38676 人，体检率达 100%，共筛查先心病儿童 8020 人，发现 3 例疑似病例，经湖南省专家进一步确诊全部排除。“两降一升”工作得到全面加强。孕产妇死亡控制在 0 以内；5 岁以下儿童死亡 5 人，死亡率 9.46‰，同比减少 7.84‰；婴儿死亡 5 人，死亡率 9.46‰，同比减少 5.94‰；活产数 528 人，其中住院分娩 519 人，住院分娩率 98.29%，比去年提高 3.69%。疾病防控工作扎实推进。共报告法定乙、丙类传染病 7 种，发病总数 81 例，总发病率为 204.6/10 万，同比降低 42.9/10 万，无因传染病死亡病例。

【就业再就业】 2014 年，扎囊县以市场为导向，以产业为依托，以建设领域为重点，依托交通运输、民族手工业、旅游产业、餐饮服务等行业，强化组织领导，抓劳务输出，为增加农牧民现金收入开创门路。全年实现劳务输出 14032 人，创收 4786 万元，分别完成地区任务的 100.2%、102%。开展技能培训工作，人社、农牧、农发、教育等部门按各自职能，先后开展了精细木工、藏香制作、缝纫加工、缝纫技能、工程机械维修、农牧业科技等技能培训 22 期 2251 人。城镇登记失业率严格控制在 2.1%以内。

【社会保险统筹】 2014 年，扎囊县企业职工养老保险共有 221 人参保，缴纳保费 220.65 万元，参保率达100%。工伤保险，全年共有2269 人参保，缴纳保费 857.41 万元，参保率达 100%。失业保险，全年共有 672 人参保，缴纳保费 111 万元，参保率达 100%。城镇职工基本医疗保险，全年共有 1796 人参保，缴纳保险金 679.88 万元，参保率达 100%。生育保险，全年共有 1489 人参保，缴纳保险金 33.56 万元，参保率达 100%。城镇居民医疗保险，全年共有 1088 人(包括寺庙僧尼)参保，缴纳保费 5.85 万元，参保率达 100%。城镇居民养老保险，全年共有 484 人参保，缴纳保险金 6.74 万元，参保率达 100%，其中 305 名在编持证僧尼(含桑耶寺)参加城镇居民养老保险，缴纳保费 4.35 万元，参保率达100%。新型农村社会养老保险，全年共有 20025 人参保，缴纳保险金 150.34 万元，参保率达 117%。

【文化事业】 2014 年，扎囊县开展了文化惠民活动，农家书屋全年开放时间达 6 个月以上，开展“文化、科技、卫生、法律和爱国爱教宣传服务”五下乡活动 5 次，电影放映 1680 场；县民间艺术团在各重要节日期间，深入各乡(镇)、村、建筑工地开展了 50 场(次)的文艺演出，得到广大干群和建筑工人的一致好评；2014 年，县民间艺术团代表西藏赴成都、重庆参加了全国性的文化交流活动，荣获了文化部颁发的“全国金土地组织奖”；全县文化领域未发生文物失窃、破损事件，未发现非政治性和淫秽出版物。重视藏语言文字和社会用字规范化管理，全年共检查藏语言文字和社会规范用字 12 次，发放宣传资料 200 余份，全县藏语言文字和社会用字未发现不规范使用现象。

【受援工作】 2014 年，第七批援藏工作队投资 2362 万元先后投资到扎囊县五保户集中供养项目、阿扎完小运动场建设项目、园区东路建设项目等，援藏力量有力促进了全县各项工作的快速发展。

贡嘎县

【基本县情】 贡嘎，藏语意为“寨后白山，山顶白色”。贡嘎县位于西藏自治区山南地区西北部，地处北纬 29°00′~29°30′、东经 90°30′~91°15′之间,东邻扎囊县,西南与浪卡子县接壤,北面与拉萨市的曲水县、堆龙德庆县相连,全县东西长 73.5 公里,南北最宽处为 61.5 公里,呈长条形,总幅员面积 2283.84 平方公里。平均海拔 3750 米。地形地貌以高山和谷地为主,其余部分为小湖盆地等,地质构造复杂。县委、县政府驻地吉雄镇。全县辖 5 镇 3 乡,41 个行政村。总人口 50589 人,耕地面积 7.7 万亩。

贡嘎县属高原温带半干旱季风气候区。气候四季不分明,无霜期短,年均 142 天左右。年平均气温 8.6℃,极端最高气温 30.2℃,极端最低气温-17.0℃,气温年较差小,日较差大。年降水量小,年平均降水量 391.8 毫米集中在 6 月至 9 月。日照时间长,年平均日照时数为 3171 小时,在山南地区属于最高值,日照百分率达 73%。常见的自然灾害有干旱、风灾、霜冻、冰雹、洪水和农作物病虫害。

贡嘎县野生动植物资源丰富,有高等植物 72 科 225 属 427 种,野生脊椎动物 23 目 52 科 212 种,其中,国家和自治区一级重点保护野生动物 8 种,二级重点保护野生动物 22 种。矿藏资源有花岗石、石灰石、磁铁、铜等。

【概况】 2014 年,贡嘎县社会生产总值、固定资产投资、社会消费品零售总额、农牧民人均可支配收入、财政收入、税收收入、招商引资分别完成 91392 万元、147604 万元、6886 万元、8230 元、7680 万元、5984 万元、15043 万元,同比分别增长 15.3%、57.1%、19.1%、12.4%、20.2%、66.9%、150.7%。各项存款余额达到 73899 万元,同比增长 15.46%;各项贷款余额达到 24236 万元,同比增长 41.99%。贡嘎机场客流量达 2563204 人次,同比增长 11.6%;货物吞吐量达 22211.1 吨,同比增长 5.9%。全年各项指标均创历史新高,经济建设再上新台阶。

【产业调整】 一产不断发展 2014 年,贡嘎县一产完成 6034 万元,同比增长 5.6%。全年生产粮食 30037 吨,同比增长 2.8%;油菜籽 1345 吨;肉 2369 吨,同比增长 16.4%;奶 3774 吨,同比增长 1.9%。全年新生仔畜 9.99 万头(只、匹),成活 9.59 万头(只、匹),成活率 96%,牲畜出栏率 36.4%,成畜死亡率 1.3%。黄牛改良完成冻配 8062 头,配种率达 100.8%。成功处置牛 A 型口蹄疫疫情。新建、续建牲畜暖棚圈等农牧业项目 7 个,总投资 6540.2 万元。

二产凸显希望 二产完成 45003 万元,同比增长 29.5%;其中工业完成 2839 万元,同比增长 44.1%。

三产快速增长 三产完成 40355 万元,同比增长 3.9%。旅游产业迅速发展,全年旅游接待人数 29.75 万人次,创收 931.7 万元,分别完成年初计划的 103.6%、103.5%,新建陇巴民俗文化村、旅游产品研发基地和 4 个旅游环保厕所。非公经济实力增强,新增各类专业合作社、专业协会、公司等非公经济实体 52 家,共有 1092 家。

【项目建设】 2014 年,贡嘎县争取项目,整合各类资金,全年开复工项目136 个。项目开复工顺利,工作在规定时间内顺利完成,呈现出良好势头。重大项目推进顺利,江北公路、东拉至浪卡子公路、雅江特大桥、嘎拉山隧道、五保集中供养服务中心等一批大型国家投资项目有序推进,有力带动了全县主要经济指标的增长和相关产业的发展。实施省道 101 空港段市政环境整治项目,民航三期改扩建项目协调工作取得阶段性进展,完成拉林铁路贡嘎段沿线和贡嘎机场三期改扩建区域现场影像资料拍摄。开展"十三五"规划编制前期调研工作并形成了基本思路,已规划"十三五"经济发展项目 429 个。

【社会事业】 农牧民保障 劳务输出 12648 人次,创收4121 万元,人均劳务创收 3315 元。举办农牧民技能培训 9 期,培训剩余劳动力 410 人次,就业率达 60%。农牧民广泛参与项目建设,全县 31 个农牧民施工队参与到项目建设中。全年交由农牧民施工队的项目涉及资金 18179 万元,人均项目增收 911 元。

城镇建设 城镇化进程快速推进,2014 年末城镇人口比重达到 9.1%。重点提升城镇基础设施建设和改善人居环境,乡(镇)及重点村规划编制不断推进,城乡居民居住条件逐步改善。投资 309.99 万元实施 2014 年棚户区改造项目。投资 557.97 万元实施 2014 年第二批县直周转房建设项目。投资 1202.37 万元实施 2014 年县乡公租房建设项目建设。完成 2013 年廉租房及公租房附属工程建设。完成总投资 518.6 万元的斯麦、朗杰林两个居委会人居环境整治项目建设。投资1000万元在森布日和德吉新村实施美丽乡村建设项目。

水利设施　完成县城水源地建设和江南灌区甲竹林子灌区项目，实施江北灌区昌果子灌区水库项目，建设水利技术推广站。

交通建设　全县通车里程达到520.3公里，其中油路通车里程233.4公里，交通网络日益完善。

新农村建设　完成德吉新村生态文明小康示范点建设，61户农牧民群众搬入新居。在8个乡(镇)完成新建108户的农牧民安居工程建设任务。

【受援工作】　2014年，长沙市委选派10名短期农牧和医疗技术人才对口支援，并争取50万元用于农牧业基地项目建设和农牧业技术推广。投入2340万元先后实施了德吉新村、五保集中供养服务中心、县城功能整体提升等项目。争取项目外1‰到位资金200万元，投入150万元为6个乡(镇)购置公务用车，投入农牧产业发展资金50万元。

【民生事业】　教育事业　2014年，贡嘎县共投入2100余万元用于发展教育事业（830万元用于义务教育均衡发展），义务教育均衡发展工作先后通过自治区、国家验收。资助农牧民子女上大学391人。现有学前双语幼儿园19所，在园人数1144人，入园率达到92%。小学适龄儿童入学率99.94%，巩固率100%；初中毛入学率100.1%，巩固率99.82%。文盲率0.24%，低于1%的控制水平。

卫生事业　全年孕产妇活产数784人，未出现死亡，孕产妇住院分娩率达到95.41%，五岁以下儿童死亡率为12.76‰。合作医疗参合人数达47543人，参合率97.91%，全年落实住院补偿医疗费用1420.24万元，受益1730人次，门诊报销522.95万元，受益58296人次。完成在编僧尼及城乡居民健康体检50610人，参与孕前优生健康检查夫妇373对，参与出生缺陷一级干预检查夫妇361对。开展先天性心脏病患儿筛查工作，共计筛查5453人，确诊4名患儿并完成治疗。投入480万元新建24所规范化村级卫生室，实现县域全覆盖。

文化事业　全年投入文化发展资金163.2万元。公共文化服务体系不断完善，成功举办全区公共文化服务体系现场会。投入779万元，建成德吉新村综合文化服务站、县文化活动中心、6个乡(镇)综合文化活动站等公共文化服务体系建设工程。

社会保障　五大保险参保人数7583人，金额1216.7万元，参保率达到100%。本级财政投入79.2万元，为4万余名农牧民群众购买人身意外伤害保险。享受城乡低保人数5498人，共发放城乡低保资金849万元。开展城乡医疗救助，支出救助金195.9万元，受益823人次。五保集中供养服务中心预计年内正式投入使用。现有集中供养场所9个，集中供养人数289人，供养入住率达60%。符合集中供养条件的30名孤儿送往地区儿童福利院集中收养。

扶贫(农发)工作　扶贫、农发共投入资金7150万元，开展项目30个。江塘镇保吾村防渗渠道、甲竹林镇陇巴村农家乐、托嘎铜器、朗杰学藏帽加工等扶贫项目初具规模。完成高标准农田建设1.3万亩、生态综合治理0.2万亩。

强基惠民　投入资金585万元，为民办实事好事265件，落实“短平快”惠民项目共17个，总投资达480万元。

寺庙工作　开展寺庙“六六九”、“两保一低”工作。积极开展和谐模范寺庙暨爱国守法先进僧尼创建评选工作，兑现奖励奖金共50.4万元。投入132.28万元分批实施寺管会“温馨工程”项目，全面改善寺管会基础设施。区地县三级投入资金459.5万元维修全县所有僧舍。

【协调联动】　生态保护　2014年，贡嘎县以环境基础设施建设、环境监管、环境卫生综合整治为切入点，投入环保经费268万元，严格执行“三同时”制度，对1个招商引资项目予以否决，对3个选址不合理的项目不予办理环保手续。开展环境综合整治，建立完善了村居保洁机制。地区环保考核达到良好指标。申报了杰德秀镇4个村自治区级生态村。植树造林面积不断扩大，完成重点区域生态公益林建设5201.8亩，总投资1389万元。完成拉萨周边地区造林1000亩、高原生态屏障防护林体系人工造林建设2610亩，完成防沙治沙47250亩，总投资855万元。实施德吉新村绿化工作。纳入生态效益补偿基金的林地面积74.47万亩，总投资233.41万元。

安全生产　完善制度、严明责任、强化监管，有效防止了道路交通、建筑、消防等领域发生重大事故。全年共发生非经营性安全生产事故3起、死亡3人,事故起数和死亡人数分别占控制指标的25%和60%,工矿商贸领域未发生伤亡事故、未发生火灾,实现了"双下降"目标。严格落实"两限一警"措施,投入45万元治理道路交通安全隐患。

社会和谐 严格贯彻自治区、地区各项维护稳定工作措施,年初安排疑难信访工作专项经费36万元。开展信访隐患大排查9次,排查信访隐患及矛盾纠纷12件。各类调解组织排查矛盾纠纷50起,调解成功50起。加强和创新社会治安综合治理。年初安排维稳专项经费100万元。投入385万元新建公安二级检查站。扎实开展"双联户"工作,打牢基层维稳基础。荣获自治区级平安县荣誉称号,荣获区地两级"双联户"先进县称号,综合考评、综治考评位列全地区第二名。

推进第二批党的群众路线教育实践活动,坚决反对"四风",政府班子完成整改24项,完成专项整治28项。政府自身建设不断加强,坚决做到服从县委领导,主动接受县人大及其常委会和县政协的监督。全县"三公"经费支出大幅缩减,公务接待费、会议费、公车运行费支出同比下降23%、10%、47%。投资260万元的"一站式"便民服务大厅已竣工验收。加大廉政建设和反腐败工作力度,召开政府廉政工作会议。坚持用制度管人管事,突出工程在项目建设、土地使用、行政执法等重点领域的监管,营造出了风清气正、廉洁高效的政务环境。支持国防建设,投入后备力量建设资金44万元。

浪卡子县

【基本县情】 浪卡子,藏语意为"白鼻尖"。浪卡子县地处喜玛拉雅山中段北麓,处前后藏交界地,东与山南地区的措美、扎朗、贡嘎县相连;南与洛扎县交界;西与日喀则市康马、江孜、仁布县毗邻;北与拉萨市的尼木、曲水隔江相望,与不丹王国接壤。浪卡子县是以牧为主、以农为辅的边境高寒县,有25公里的边境线,是全区离自治区首府拉萨最近的边境县,距拉萨164公里,距泽当217公里。全县辖8乡2镇、98个行政村、175个村民小组、7689户、37056人。全县平均海拔达4500米以上,普玛江塘乡政府所在地5373米,是全世界海拔最高的乡镇。全县总面积8500平方公里,其中总耕地面积3.87万亩,草场面积680万亩,水域面积1054平方公里。

县内旅游资源丰富,拥有西藏三大"圣湖"之一的羊卓雍措,面积638平方公里,蕴藏有近3亿公斤的高原无鳞鱼和裂腹鱼,素有"西藏鱼库"之称。野生动植物种类繁多,诸如野驴、豹、黑颈鹤、水獭和贝母、麻黄、雪莲花、龙胆等。

【概况】 2014年,浪卡子县实现地区生产总值45663万元,同比增长23.98%;固定资产投资66407万元,增长36.66%;财政收入2167万元,同比增长17.01%;社会消费品零售总额7773万元,同比增长18.13%;农牧民人均纯收入7749元,同比增长22.88%。

【项目建设】 2014年,浪卡子县委、政府确定2014年为"项目建设质量年"。年初,预算项目前期工作经费100万元,不断调整投资方向,完善基层基础设施。

分解项目任务 根据"十二五"规划,将2014年项目任务进行梳理、调整、充实、汇总,形成项目计划表。按照职责权限进行分解任务。

加强项目管理 制定出台《政府投资项目管理(试行)办法》,严格执行"五制"管理制度,建立项目巡查和人大代表、政协委员参与项目监督的工作机制,杜绝出现半拉子、"豆腐渣"工程现象。全年实施项目104个,主要有打隆至张达、打隆至普玛江塘、县城至阿扎、道布龙至卡龙油路,五保户集中供养、城乡统筹项目、县城基础设施等一批重点项目开复工。

【农牧业发展】 2014年,浪卡子县以打造"牧业大县"为目标,以扶贫农发为载体,加大"三农"工作的投入力度,夯实农牧业基础。专题召开农牧业生产和重大动物疫病防控工作会议,研究部署农牧业生产工作。安排农技人员深入田间地头,加大科技宣传和农机具使用指导,引导田间科学管理、病虫害防治和疫病防控,促进农牧业持续安全生产。粮、经、饲比例控制在71∶13∶16以内,调运化肥279.32吨,药剂拌种85.09万斤,完成各种农作物播种面积3.87万亩,粮食产量7939.9吨,油菜籽819.9吨。仔畜成活率93.94%,成畜死亡控制在1.06%以内,牲畜出栏102454头(只、匹),出栏率30.7%,肉类产量2920.9吨,奶类产量8270.5吨。草场承包工作成效显著,完成减畜折合羊单位15万只,三年兑现草场补助奖励资金5773万元。

【城乡建设】 2014年,浪卡子县城总体规划逐步修改完善,组织编制打隆镇、伦布雪乡小城镇规划,完善小城镇附属设施,扩大辐射带动功能。援藏投资3450万元,建设县城基础设施,本级财政预算20万元,实施县城主干道绿化项目;继续改善农牧民群众居住条件,投入340.8万元,实施1136户农房建筑节能示范工程,受益群众3076人;投入2223万元,完成1164户危房改造项目,受益群众4738人,其中,曲增村重建新房65户;投入265万元,建设曲龙村和学宗村基层政权示范点项目等。

【生态保护】 2014年,浪卡子县羊卓雍措被纳入国家100个良好湖泊生态环境保护试点工程,并已正式立项。按照区、地要求,全面启动羊卓雍措及周边生态环境保护工作,预算国家重点生态功能区经费381万元和生态村创建等费用20万元。成立环境综合整治工作领导小组,制定出台环境综合考评办法,落实生态环境综合考核机制,建立环境综合整治及环境安全问责工作机制。拨付城乡环境综合整治工作经费150万元,开展对公路沿线、村(居)周边环境卫生综合整治。宣传推广生态游、观光游,成功举办2014环羊卓雍措自行车体验游,倡导绿色出行、文明旅游。对省道307线羊卓雍措段环境卫生实行分段承包,加强旅游环境执法检查,杜绝不文明行为。全年共接待国内外游客27.34万人(次),实现旅游创收1230.3万元,征收租赁税收179.67万元。

【惠及民生】 困难群众生产生活 2014年,浪卡子县按时足额发放困难群体各项补助资金7575.26万元,解决特困户、五保户和老、弱、病、残等群体生产生活问题,确保他们有饭吃、有衣穿、有房住、有病能治。

节日慰问和“送温暖” 开展元旦、春节、藏历新年和七·一、八·一慰问活动,切实把党和政府的关心和温暖送到千家万户。

为民办好事、办实事 开展创先争优强基础惠民生活动,推进“十心”工程建设,全面落实各项社会保障政策,真心实意为基层干部群众做好事、办实事、解难事。

群众增收工作 利用农闲时间,整合教育资源,加大农牧民实用技术培训。引导农牧民抓住有利时机,加大农畜产品出售变现力度。

文化娱乐活动 安排好群众文化娱乐活动,农家书屋、寺庙书屋适时开放,供群众阅览,丰富科普知识。

【社会事业】 优先发展教育 2014年,浪卡子县兑现“三包”经费1561万元,落实农牧区义务教育阶段学生营养改善经费289.17万元,兑现308名在校大学生补助资金87.2万元。巩固入学率,学前“双语”入园率50%以上,小学入学率100%,初中毛入学率达到113%。教学质量不断提高,6名同学在中考中取得600分以上的好成绩,职业教育全面发展,职中开设卡垫编制、木工、绘画等课程,45名同学参加专业学习,组织366名农牧民群众参加民族手工艺、驾驶、厨师等技能培训,并建档发证。

健全卫生体系 着力改善农牧区医疗卫生条件,对县卫生服务中心进行了规划,国家投资650万元建设藏医院;援藏投资500万元建设25所村级卫生室,本级财政投资235万元建设12所村级卫生室;本级财政配套25.205万元配备乡镇卫生院办公设备。继续巩固“一村两医”目标,抓好了“两降一升”工作,住院分娩率达到94.4%,婴儿死亡率控制在7.18‰,无孕产妇死亡。先后引进了10名援藏医疗技术人员,增强卫生服务中心技术力量,成功实施急性阑尾炎、植皮、断肢残留修复等37例手术,打破了8年来县卫生服务中心无手术治疗的现状。落实农牧区合作医疗制度,参保率达99.9%,兑现农牧区大病统筹资金1100余万元,医治1738名农牧民。全面完成全民免费健康体检建档和先心病患儿筛查工作。

繁荣文化事业 按照地区创建国家公共文化服务体系示范区要求,完善文化设施、完善管理、完善制度、落实人员及经费、加强文化交流,扎实推进创建工作。投入230万元,维修县城影剧院、羊湖边贸文化广场等。加强村级农家书屋、村文化活动场所、村文化活动设备、村级健身器材等文化设备管理使用,加大民间非遗保护力度,开展可移动文物普查工作。配备基层一线文化工作人员65名,基本满足工作需要。积极筹措50万元,作为基层文化创建经费,保障创建国家公共文化服务体系示范区工作扎实推进。组织民间艺术团创作新节目 15 个、下乡演出 50 场次、完成农村电影放映 2895 场次，开展与兄弟县文化交流活动。打隆镇、阿扎乡被命名为“自治区民间文化艺术之乡”，代表作《谐旺歌舞》、《姜谐歌舞》。《卡热卓舞》被列入自治区级非物质文化遗产名录。《羊卓姜谐》被选上 CCTV-7 农民春晚外景拍摄节目，《羊卓谐旺》、《江塘孔丝》被选入 2015 年春节、藏历新年晚会演出。县民间艺术团在山南地区各县艺术团文艺调演中荣获金奖和 4 个单项奖。

【安全生产】 2014 年，浪卡子县安全生产是“三条底线”之一，具有底线思维意识，抓好安全生产管理责任落实，促进全社会安全生产。

道路交通 落实“两限一警”措施，加大 307 线的监控，严厉打击超速超载、无证驾驶、酒后驾驶、客货混装等违法违规行为，有效遏制重特大道路交通事故的发生。

火灾隐患 以危险化学品、消防安全、建筑工地、人员密集场所等行业和领域为重点，开展全方位、拉网式大检查，从源头上消除和减少事故隐患。

食品药品 对食品药品市场集中开展拉网式反复检查，严厉打击销售假冒伪劣食品药品行为。落实传染病疫情监测防控、医疗急救服务、突发事件紧急医疗救援等措施，切实维护了公众身体健康。

【维稳工作】 2014 年，浪卡子县巩固扩大寺庙“六建”成果，深入开展寺庙“六个一”活动，扎实做好寺庙“九有”工作，依法加强寺庙管理。加强和创新社会管理，抓好社会治安综合治理工作，严格落实综治工作责任制，防范和严厉打击各类违法犯罪行为。开展矛盾纠纷排查调处工作，及时发现和处置带有瞄头性、倾向性的矛盾和问题，重点抓好建设领域“双清欠”工作，防止发生群体性事件和越级上访，把矛盾纠纷化解在基层、消灭在萌芽状态。严肃维稳值班纪律，对各重大节点、敏感时段，落实值班带班制度，确保各自所管辖区维稳工作落到实处，实现全年维稳工作目标任务，为构造和谐平安浪卡子县营造良好环境。

洛扎县

【基本县情】 洛扎，藏语意为“南方大悬崖”。洛扎县地处喜马拉雅山南麓，东经 90°22′—91°36′，北纬 27°43′—28°28′。外与不丹王国接壤，东北、东南与措美县、错那县相邻，北面与浪卡子县相连。全县边境线长 240 公里，有通外山口 8 个(多为季节性通道)，争议地区 1 处(拉郊乡白玉地区，总面积 580 平方公里)。县境内最高海拔 7538.1 米、最低海拔 2310 米，总面积 5031 平方公里。其中，耕地面积 3.2 万亩，草场面积 333 万亩，森林面积 255 万亩。全县辖 2 镇 5 乡，26 个村(居)民委员会，100 个村(居)民小组，边境乡(镇)6 个(扎日乡、生格乡、色乡、拉康镇、边巴乡、拉郊乡)、边境村(居)委会 21 个。截至 2014 年底，全县有 6326 户 20218 人，其中，边境乡(镇)4088 户 14233 人。全县有 1 个地方党委、7 个乡（镇）党委、1 个县直属机关党委、1 个非公经济组织党工委，5 个党组；25 个党总支，138 个党支部，共有党员 2603 名(其中，农牧民党员 1931 名)，占全县总人口的 12.7%。该县是藏传佛教噶举派的发祥地，主要教派有噶举派、宁玛派、格鲁派，共有 24 个宗教活动场所，僧尼核定人员 99 人，实有僧尼数 84 人。境内水能、林业、野生动物和旅游等资源十分丰富。其中，野生动植物资源中有国家一级保护动物雪豹、棕尾虹雉和国家一级保护植物红豆杉等。“赛卡古托”粉丝、洛扎清油等洛扎土特产在区内享有一定知名度。

【概况】 2014 年，洛扎县实现地区生产总值 36706 万元、社会固定资产投资 69996 万元、县级财政收入 1795 万元、税收收入 1415 万元、社会消费品零售总额 6833 万元、农牧民人均纯收入 7740 元，分别同比增长 16.6%、34.4%、40.1%、38%、18.2%、13.3%，全县国民生产总值、社会固定资产投资、财政收入、社会消费品零售总额、农牧民人均纯收入分别完成“十二五”目标的 110%、105%、120%、100%、95.3%，基本实现了提前一年完成“十二五”规划的发展目标。

【发展速度】 一产方面 完成 3.1 万亩作物种植，统筹完成了 1 万亩油豌基地和 5000 亩现代农业青稞生产基地建设种植，实现粮食产量 9700 吨、油菜产量 880 吨，以“订单”方式收购油菜 25.6 万斤、豌豆 19 万斤。完成草畜平衡 4522 户、黄牛改良 1306 头，牲畜出栏达 25914 头，出栏率达 31%，肉类产量

1106.46 吨，奶类产量 2869.35 吨。完成洛扎粉丝加工厂、菜籽油加工厂标准化建设和糌粑加工厂改扩建项目，赛卡古托粉丝品牌成功获得自治区著名商标认证。

二产方面 拉郊电站已完成开工前相关手续，雄曲流域梯级电站开发取得实质性进展。出台了《整顿规范地材销售运输和建筑领域不良行为的管理办法》，建筑建材业稳步发展。

三产方面 在《远方的家》、《西藏风情》等栏目宣传洛扎县旅游文化资源，洛扎镇洛珠牌手工艺品在西藏自治区第二届旅游纪念品大赛中获得铜奖，民间投资 300 万元的卡久宾馆已建成投入使用。2014 年，全县共接待游客 5.4 万余人次，创收 249 万余元。

【发展活力】 2014 年，洛扎县改革取得新进展。针对政府职能转变和机构改革，承接地区下放行政审批事项 4 项。同时推行县医院“先住院后结算”制度改革。实现县、乡两级“一站式”便民利民服务点全覆盖。非公经济有新突破。三川控股有限公司在洛扎县注册了三家企业，完成招商引资 4187 万元。全年新增个体工商户 65 户、私营企业 2 家、专业合作社 24 个。金融支农能力有新加强。年末存贷款余额分别达到 6.91 亿元、1.28 亿元，比年初增长 29.2%、35.1%，实现全县金融服务全覆盖，代理发放惠农资金 5634 万元，发放涉农贷款 4839 万元；扶持小微企业 7 家，发放贷款 163 万。受援工作取得新成效。援藏资金由每年 800 万元增加至 1000 万元，完成 10 个涉及产业发展和民生改善的援藏项目建设，产业援藏工作取得新进展。

【民生福祉】 2014 年，洛扎县整合资金 2000 余万元，开展全县失地群众生活补助扩面、失地群众产业楼建设、26 个村卫生室建设等为民服务“十件实事”。社会事业协调发展，投入 2100 余万元改善办学条件，落实 42 万元提高边境教师待遇，兑现 450 名在校农牧民大学生资助金 92 万元，有序推进教育均衡发展验收筹备工作，实现幼儿园入园率达 84%，中小学校适龄儿童入学和巩固率均达 100%。完成影剧院维修改造和乡镇文化广场“三化”工程，公共文化服务体系不断完善，新增 4 处自治区级重点文物保护单位，由自治区级非物质文化遗产色乡若浪夏卓改编的《吉祥舞即顶礼舞》成功搬上 2015 年藏历新年晚会。人民医院创建二甲工作完成初审，完成城乡居民和在编僧尼免费体检，“双降一升”工作顺利完成上级指标，免费救治先心病儿童 2 人。社会保障更加有力，五大保险参保率均达到 98%以上。农村低保由每人每年 1750 元提高到 1950 元，落实城镇低保资金 100 万余元、农村低保资金 239 万余元。集中供养五保户 91 人。组织各类培训 15 次，参训人数 940 人次，完成劳务输出 6170 人，创收达 3680 万元，城镇登记失业率为 1.8%。

【发展基础】 2014 年，洛扎县共实施项目 121 个（其中续建 10 个、新建 111 个），分别完成国家投资 51919 万元，援藏投资 800 万元，民间投资 13090 万元，招商引资 4187 万元。县城垃圾填埋场、拉康基础设施、县城至生格乡、色桥至色乡油路、农网改造等一批重大项目得以完成或开工新建。全县通车里程达到 858 公里，行政村通达率达到 100%，耕地有效灌溉面积 2.5 万亩以上，农村安全饮水达到 95%以上，电力覆盖率达到 97%，广播、电视覆盖率分别达 94%、97%，群众生产生活条件不断改善。开展“十三五”规划项目申报工作，上报“十三五”规划项目 200 个，总投资 110 亿元，其中，雄曲流域梯级电站开发计划已列入地区发改委规划内，松布曲、拉康两个电站已列入地区“十三五”项目总盘子。

【城乡环境】 2014 年，洛扎县完成色乡、拉康小城镇规划初稿和县城总体规划，实施拉康镇基础设施建设和县城街道绿化项目。完成 237 户新增户农房改造工程、1321 户建筑节能改造示范工程、108 个边境自然村活动场所建设和 21 户地质灾害避险搬迁，人居环境不断改善。制定印发《洛扎县重点生态功能区建设工作实施方案》，完成重点区域造林 6078 亩，防护林建设 679.5 亩，拉郊乡、嘎波居委会、门切居委会和杜鲁居委会成功获得“自治区级生态村、乡镇”称号。开展环境保护自查自评工作，落实各项环保措施，生态环境得到有效保护。

【党建工作】 2014 年，洛扎县深入开展党的群众路线教育实践活动，集中整治“四风”、“两问题”、“一薄弱”等方面存在的突出问题,会议、发文、节庆活动和三公经费分别同比下降8%、8.5%、16%、15.2%,公开和简化办事程序的单位7个,群众满意度达100%。严格程序、严格把关,积极向地委推荐优秀干部,坚持公道正派,选拔任用109名科级干部,调整部分不能胜任现职的干部,干部队伍进一步优化。加强非公企业、社会组织、双联户等基层党组织建设,实现全覆盖,深化“优秀服务型部门”和“优秀服务型干部”创建评选活动,推进“党建边境长廊”建设。完成26个村(居)“两委”换届工作,推进驻村、驻寺工作,党在基层的执政基础进一步巩固。履行党风廉政建设主体责任,清理调整纪委参与议事协调机构73个,纪委监察回归监督执纪问责主业,加大案件查办力度,全年查处各类案件14起,给予政纪处分2人,保持了反腐败的高压态势。

措美县

【基本县情】 措美,藏语意为“湖之下游”,措美县地处西藏南部,喜马拉雅山北麓,是一个以牧为主、农牧结合的牧业县。县政府驻措美镇当许村,离泽当130公里,距拉萨300公里,海拔4242米,全县总面积4549平方公里,其中耕地总面积1.53万亩,草场总面积631万亩,下辖2乡(乃西乡、古堆乡)2镇(哲古镇、措美镇)16个村(居)委会91个自然村,在山南地区12个县中属于地域相对较大、人口相对较少的高寒偏远县。

县境内野生动植物品种繁多,有黑颈鹤、野驴、盘羊、黄羊、獐子、狐狸、豹子等几百种野生动物和冬虫夏草、贝母、雪莲花、当归、黄连等300多种药用植物,自行研制的藏药临床疗效很好,一定程度上缓解了医药消费紧张,深受群众信赖;矿产资源主要有锑矿、铅锌矿等12种矿藏;古堆藏獒在全区乃至全国都非常有名;有着浪漫爱情寓意的“扎扎服饰”被列入“国家级非物质文化遗产”;哲古湖风景区被评委国家AA级风景区;由宁玛派伏藏大师阿达·娘·尼玛维色始建,在藏传佛教后宏期有“藏南朝圣古道第一刹”之称的玛悟觉寺随着公路等基础设施的不断改善,吸引了区内外大量游客前来朝圣。

【概况】 2014年,措美县实现地区生产总值、固定资产投资、社会消费品零售总额、本级财政收入、农牧民人均纯收入等主要经济指标,分别完成24868万元、43178万元、4630万元、1235万元、7931元,持续保持两位数增长态势。

【抓三农】 *发展基础牢* 2014年,措美县农牧业生产效益稳步提高,粮经饲比例继续保持67:14:19,全县播种面积14762.55亩,全年粮食产量达到3418.85吨,油菜产量420吨,肉类产量2310.4吨。全年新生仔畜成活63193头(只、匹),成畜死亡1972头(只、匹),死亡率控制在1.38%以内,牲畜年末存栏143950头(只、匹),出栏率47%。

发展后劲足 出台《措美县促进农牧民增收实施意见》,大力实施农牧民增收“八大工程”,转移农村富余劳动力4266人,实现劳务收入2954万元。开展农牧民各类实用技能培训12次,参与培训农牧民960人。积极带动农牧民参与项目建设,农牧民增收渠道不断拓宽,与2013年相比,人均纯收入增加1638元。

发展活力强 成功举办县物交会,累计销售总额280万元。地区物交会,措美县上市商品总额达2500万元,累计销售总额达2150万元。充分利用哲古景区品牌效应,旅游创收32.4万元,同比增长2.2%。完成各项存款40076万元,较年初增加9761万元;完成各项贷款17225万元,较年初增加6934万元。

【城乡发展】 2014年,措美县累计建设项目99个,总投资43178万元。其中国家项目84个,完成投资22458万元;招商引资2个,完成投资3000万元,援藏项目10个,完成投资5055万元;民间投资项目3个,完成投资12665万元。

基础设施 通过大力投资,光伏发电、下巴河、当巴电站维修、古堆油路、县城供水、新建职教中心、县级机关业务用房、县城道路等一大批关系国计民生的重大项目得以实施或即将实施,这必将极大缓解制约经济社会发展的瓶颈,基础设施逐渐牢固。

能源建设 开发新能源产业,推进资源优势转化,在风能、光伏、地热等新能源开发上迈出新步伐。与6家投资企业达成总投资37亿元的意向协议,其中雪热、当许光伏电站有望2015年3月份开工建设。古堆地热开发项目正在办理探矿权。

乡村面貌 完成安居工程建设

任务363户,总投资为590.5万元,完成480户农村危房改造节能示范户建设任务。卡珠村整体搬迁66户主体工程已全部完工。投资582万元实施卡珠村、扎西松多村、哲古居3个村(居)委会示范点建设项目,已陆续投入使用。

【社会事业】 教育事业 2014年,措美县投入2358万元用于教育事业基础设施建设和办学条件改善,有力推动义务教育的均衡发展,中、小学入学率分别达99.5%和100%。县中学两名学生分别以全地区第二名、第四名的好成绩考入地区高中。

文化事业 投入318.64万元用于县文化活动中心改造、乡镇文化站附属设施、措美之歌、县新华书店、农(牧)家书屋等文化基础设施建设,实现了群众有歌听、有书看,丰富了群众业余文化生活。成功举办了第五届"哲古牧人节",使措美具有特色的扎扎服饰、舞蹈等民族文化在全地区乃至全区得以推广。

卫生事业 村卫生室、"一村两医"实现全覆盖,农牧民群众健康体检工作顺利完成。孕妇住院分娩率达94.3%,无死亡现象,五岁以下儿童死亡率同比下降4.5%,筛查和确诊2例先天性心脏病儿童。县卫生服务中心"二级甲等"医院创建工作有序推进。县卫生局在地区卫生综合考评验收中荣获第一名的优异成绩。

社会保障 社会保障事业持续推进,全县新增就业77人,合作医疗参合率达100%,城镇居民养老保险、基本医疗保险参保率分别达95.8%、98%。投入101万元,为宗宗村、雪热村2个村建设综合服务中心项目,有效发挥议事决策、便民服务、教育培训、文化娱乐作用。

【生态建设】 2014年,措美县守住生态保护这条底线,围绕创建"生态措美"这个要求,从加大宣传、健全机制、资金投入入手,保障群众喝干净水、吸纯净氧,永保措美碧水蓝天。

注重宣传转意识 开展以"保护环境,人人有责"为主题的环保宣传活动,增强农牧民群众爱护环境的环保意识,提高共创美好家园的积极性和主动性。2014年,共开展环保宣讲活动56场次,投入资金10万元,制作环保宣传栏25个。

健全机制重责任 把城乡环境综合整治工作纳入年终目标考核内容,制定出台《措美县环境综合整治奖评办法》,成功申报玉美、波嘎、宗宗为自治区级生态村,并于2013年10月顺利通过自治区环保厅的考核验收。

投入资金强基础 加大环保基础设施建设力度,投入资金105.22万元,为乡村购置垃圾箱30个,修建简易垃圾池82个,建设临时垃圾填埋场14处,使县城规划区内环境卫生和垃圾处理实现托管运营。投入53.34万元,实施当许居委会农村人居环境建设和环境综合整治项目,完成重点区域造林1651.1亩,义务植树50余亩。同时淘汰黄标车和老旧车17辆。

【社会稳定】 2014年,措美县落实维稳各项措施,守住和谐稳定这条底线,全面提升群众和谐感、安全感。

民族关系 贯彻党的民族政策,开展"三个离不开"民族团结宣传教育,使各民族做到"同呼吸、共命运、心连心",自觉抵制各种狭隘的民族意识,增强中华民族的归属感和认同感。2014年,荣获自治区民族团结先进集体2个,先进个人1人,荣获地区民族团结先进集体1个,县表彰民族团结先进集体10个,先进个人16人。

维稳根基 开展反分裂斗争,全面落实十项规定维稳措施,严密防范、严厉打击十四世达赖集团渗透破坏活动。以综治工作为抓手,落实社会治安综合治理的各项措施,强化社会面的管控。城镇网格化管理水平不断提升,先进"双联户"创建评比工作扎实推进,干部驻村驻寺工作深入开展。2014年,该县被评为山南地区"双联户"先进县,荣获自治区级"和谐模范寺庙"2座、爱国守法先进僧人29人,荣获地区级"和谐模范寺庙"4座,先进僧尼58人。

安全措施 开展"六打六治","大清查、大排查、大整治"安全生产工作,突出抓好重点行业、重点领域的专项治理,及时排查和消除了重大安全隐患,完善应急预案,提高应急处置能力,有效预防和减少事故的发生。全年投入170余万元用于人武、消防、武警标准化建设。

法律意识 以全国"六五"普法工作为载体,全面部署和启动各类法律法规宣传活动。全年共开展普法宣传活动78场(次),参与人数8000人(次)。

错那县

【基本县情】 错那,藏语意为“湖的前面”。错那县地处东经 91°28′—94°22′,北纬 26°25′—28°27′,位于西藏自治区首府拉萨的南部、喜马拉雅山脉东南,东与印占珞隅地区相接,西邻不丹,南与印度交界,西北与区境内的洛扎、措美,东北与隆子、郎县毗邻。全县主要居民有藏族和门巴族,另外有汉族、回族、珞巴族;县辖 1 镇 1 处 9 乡 24 个行政村(其中居委会 2 个)、55 个村民小组,6858 户 15919 人(其中农业 5478 户 13661 人、非农业 1380 户 2258 人),人口出生率 11.9‰,人口死亡率 3.5‰,自然生长率 8.4‰。

全县平均海拔 4400 米(县城所在地海拔为 4380 米),年平均气温-0.6℃,极端最低气温-37℃,全年无霜期仅有 42 天,常年天气寒冷,自然条件十分恶劣。错那是西藏主要的水汽输送通道之一,特点是降水多,气候湿润,日照时间短,旱雨季不分明,在冬季 10 月——次年 2 月,寒冷多雪,季平均气温在-0.8℃以下,平均降雪量 17.5 毫米,时有大雪,冰冻天气易遭自然灾害,县境内雪灾、霜冻灾害频繁,历年最低气温-38℃,降雪日数为 256 天,冬季寒冷,大风多,不适宜油粮作物及畜牧的生长。县城经济结构以半农半牧为主。

【概况】 2014 年,错那县完成地区生产总值、固定资产投资、财政收入、社会消费品零售总额、农牧民人均纯收入分别为 37438 万元、63332 万元、1794 万元、6605 万元、6790 元,同比分别增长 11.17%、19.57%、40.16%、20.18%、14.7%。

【项目投资】 2014 年,错那县开复工项目 82 个,完成投资 63332 万元,比去年同期增加 10365 万元。汀汀拉至勒边防公路、浪坡乡油路已建成通车,觉拉乡油路、卡达乡油路、库局乡改线公路正顺利推进,在全区率先实现县城电力地埋,县城供水工程、五保户集中供养工程、县城安徽达到扩建工程、觉拉乡防洪堤、卡达防洪堤工程竣工。争取 9 个规划外的大项目、好项目,计划投资 3 亿元,2015 年年初将全部开工。成立了“十三五”项目规划领导小组,启动了“十三五”项目规划工作,梳理上报项目 248 个,总投资 340.41 亿元,项目涵盖了乡镇城镇化、项目、能源、交通等多个领域。

【特色产业】 2014 年,错那县投入 2500 万余元,实施觉拉乡雅洁塘现代农业开发园区建设及丰收坝灌溉渠系建设,基本形成“田成方、林成网、路相连、渠灌通、旱能浇、涝能排”的现代农业开发格局。整合资金 1520 万余元,完成 1000 多亩勒布茶叶种植工作,使勒布茶叶经营管理正有序、科学推进,“门隅佛芽·玉罗冈吉”新包装品牌产品已经批量上市。加大勒布木碗、竹器、门巴服饰加工等民族手工业的传承和技能培训力度,委托四川大学完成人参果、荞麦系列产品、门香、门隅野猪等特色产品的包装设计,完成商标注册等工作,提升特色产品档次,增加了产品附加值。投资 2504 万元实施了勒布沟景区大门、森木扎景区基础设施建设项目,旅游发展迅猛,接待游客人数同比增长 70%。

【城乡面貌】 2014 年,错那县按照“政府主导、群众参与、信贷支持”的原则,整合10028 万元资金,打造勒布麻麻门巴生态文明小康示范村、错那居委会二组统筹城乡小康示范小区和觉拉乡江木、贡、参地质灾害避险搬迁工程及 3 个城乡统筹重点工程,惠及群众 148 户。本级财政安排 147.6 万元完成了全县 27 户弱势群体危房改造工作(其中新建 25 户,维修 2 户)。投入 2338.2 万元,实施 3 个村人居环境综合整治和 50 个边境村民小组活动场所建设项目。

【生态保护】 2014 年,错那县抢抓“藏东南边缘森林生态功能试点示范”机遇,抓紧出台实施方案,争取政策扶持,争取项目和资金,构建藏南生态安全屏障,大力植树造林,狠抓环境保护,划定水源保护区和湿地保护范围,推进试点示范县建设。推进美丽乡村建设,加快县城污水处理厂建设进度,加强乡镇、村居周边生活垃圾和医废处置,主要污染物排放总量控制在自治区下达的指标范围内。重大开发建设活动环评执行率达到 100%。建立定期听取环保工作汇报制度、环境保护联席会议制度、项目联合审批和环境联合执法机制,强化了县域环境质量考核,认真落实了奖惩措施。

【维稳工作】 2014 年,错那县加强城区网格化管理,充分发挥 4 个便民警务站作用,加强县城和卡达乡网格化管理试点工作,服务人民、做群众工作、识别维稳隐患、应急处突能力不断提高。“先进双联户”创建评选活动不断深入,建立联户单位682个,产生682名联户长,覆盖率达100%,创建8个县级先进双联户。驻寺工作不断强化,寺管会(驻寺特派员)切实履行教育服务管理三项职能,全面落实“六建”、“六个一”、“九有”、“一个创建”、“一个教育”、“一个覆盖”等举措,严格寺内外安防措施,严格外来人员管理,确保宗教和睦、佛事和顺、寺庙和谐。反自焚专项斗争不断深化,安排2名机关干部和2名民警在县加油站24小时驻守,全程参与成品油的储存、销售、加注、使用的全过程监管,落实实名制加油登记管理,确保油品管严控牢。落实车辆“双限”要求,安排干警随车出警,在危险路段设立警示标志和限速标志,经常组织民警开展道路交通安全大检查,全年依法查处超速、超员、超载和酒后驾车等交通违法行为2起,处理2起,确保了道路交通领域安全。

【党建工作】 2014年,错那县邀请县人民检察院援藏副检察长任振新上廉政课,县委常委带头给全县干部职工做廉政专题讲座,组织15名科级干部到地区检察院警示教育基地进行参观;县委约谈各乡镇书记和10个县直部门“一把手”。集体约谈其余县直部门“一把手”,2014年,全县没有违反政治纪律的行为,无贪污贿赂、渎职侵权等职务犯罪案件。

【受援工作】 第五批援藏工作队全年共协调安排援藏项目8个,总投资6700万元,项目涵盖经济发展、民生改善、基层建设等。安徽省宿州市援助1‰计划外资金800万元。在援藏计划外,第五批援藏干部还积极联系内地的企业家、爱心人士不断加大社会援助力度,争取资金和物资为全县孤寡老人、五保户、残疾人、贫困学生送关怀与温暖。12名技术援藏专家,充分发挥“传、帮、带”作用,培养了一批医疗技术、环境保护、新闻报道等技术后备力量。

【改善民生】 公共服务 2014年,错那县协调解决干部群众用电难、吃水难、住房难、供暖难的“四大难”问题,“用电难”已于5月解决,电力人口覆盖率达到90%;县城自来水厂完工,“吃水难”问题于10月份解决;建成干部职工周围房140多套,有效缓解干部职工住房难的问题;开展地热资源钻探打孔验证,为尽快解决“供暖难”问题奠定基础。加大对教育的投入,适龄儿童入学率、双语幼儿入园率分别达到100%、90.89%。基础设施条件明显改善,乡镇通油路率达到70%,安全饮水工程覆盖率达到100%,乡镇通邮率和通电话率均达到100%,移动、电信信号覆盖率分别达到80%、85%。乡镇文化站和农家书屋免费向农牧群众开放。农村电影“2131”放映工程扎实开展。文物保护工作成效明显。开展文化、科技、卫生、法律和爱国爱教宣传服务5次。县民间艺术团组建完成,管理运行良好,下乡演出达到40场次。藏语言工作扎实开展。

社会保障 制定出台《错那县促进群众增收工作实施意见》,出台最低工资保障制度;落实“把工程项目的15%交由农牧民实施”的要求,每年安排一定数量的项目交由农牧民实施,将促进群众每年增收3000万元左右;城镇登记失业率已控制在2.1%以内,本级财政安排100万元开展汽车驾驶等农牧民实用技能培训,有序组织劳务输出,安排参与工程项目建设,输出劳力逐年增加,实现劳务创收2000万元以上。结合实际,安排实施“十项惠民举措”,确保了弱势群体看病就医先住院、后结算;所有农牧民子女上大学学费纳入财政保障范围,减轻了群众负担;设立教学质量奖,促进了教学质量提高;残疾人、健康寿星老人补助标准已全部落实到位,让改革发展成果惠及弱势群体。推进村居卫生室建设,基本实现“一村两医”目标,全民健康体检工作实现常态化,新农保参保率达到99%。

隆子县

【基本县情】 隆子,藏语意为“须弥山顶”。隆子县位于西藏南部,山南地区南部偏西,喜马拉雅山东段北麓。全县境域面积10566平方公里,实控面积8165平方公里,辖2镇9乡、80个行政村、445个自然村,总人口36519人,居住有藏族、汉族、珞巴族等十几个民族。与我国领土印控区交界,交界线长163公里,是山南地区四个边境县之一,也是1962年对印自卫反击战的主战场之一。有13条通外通道。有6个边境乡,辖28个边境行政村,边民人口

2675 户 8032 人,其中:斗玉珞巴民族乡是全区 9 个民族乡之一,珞巴族人口 56 户 213 人;玉麦乡是全国人口最少的建制乡,农牧民人口 9 户 31 人;列麦乡在农业学大寨期间有“远学大寨、近学列麦”的美誉。

农牧民人口 10359 户 32386 人,占全县总人口的 88%。有耕地 4.85 万亩,是全区 35 个粮食主产县之一。可利用草场 612.86 万亩。林业用地总面积 17.51 万公顷,森林面积 5.02 万公顷,森林覆盖率 26.65%,是全区 30 个有林县之一,也是山南地区的主要林区。

隆子县有冬虫夏草、贝母、红景天、雪莲花、当归、党参等野生植物资源和岩金、铅、锌、锑、水晶、石棉等矿产资源。有丰富的水资源、太阳能资源和风力资源,水资源可开发利用量 30—50 万千瓦。有吾金扎布溶洞、达瓜西热神山、措嘎湖山色等自然景观,扎日风景区是第一批自治区级风景名胜区。有禄东赞、达波拉杰故居遗址和独特的寺庙建筑、风格各异的壁画艺术等人文景观。

【概况】 2014 年,隆子县实现地区生产总值73886 万元,同比增长 8.7%,全社会固定资产投资 8.03 亿元,同比增长 6.3%,县本级财政收入7223 万元,同比增长 67.5%,是规划目标的 3.2 倍;社会消费品零售总额 7980 万元,同比增长 17%,比“十二五”规划目标增长 10%;农牧民人均可支配收入 7455 元,同比增长14%。税收突破亿元大关,达到 1.2354 亿元,同比增长 71.6%,成为山南地区第 3 个税收过亿的县。

【项目建设】 2014 年,隆子县列入地区“十二五”规划的 100 个项目,完工 79 个、在建 7 个、完成手续待开工 14 个。安排项目前期工作经费 1500 万元。全年开复工项目 97 个。全社会固定资产投资完成 80335 万元,其中:国家投资 42092 万元、招商引资 25000 万元、民间投资 11256 万元、援藏投资 1987 万元。斗玉珞巴生态文明小康示范新村、日当镇基础设施建设、法院业务用房、五保集中供养中心、县城垃圾填埋场、第七批援藏项目等重大项目有序推进。整合资金 1.6 亿元扎实推进为民服务“十心”活动。5 兆瓦分布式光伏发电招商引资项目落户隆子。安排专项资金 20 万元开展“十三五”规划编制工作,初步拟定项目 356 个,总投资 125.1 亿元。

【产业建设】 2014 年,隆子县本级财政投入支农资金 561 万元。粮经饲比例调整为 67:20:13。落实草补资金 1139 万元、农机具购置补贴 150 万元。预计粮食总产 17782 吨、油菜总产 1087 吨,持续丰产丰收。新生仔畜成活率 95.2%,成畜死亡率 0.47%,牲畜出栏率 34%。牲畜强制免疫覆盖率 100%。完成黄改冻配 7073 头。出售改良牛 1731 头,创收 770 万元。接待旅游人员 19392 人次,带动群众增收 314.1 万元。全县工业总产值完成 69919 万元,增长 41%。加玉青稞基地 2014 年 6 月份投入运营,实现纯收入 130 万元,“加玉黑青稞糌粑”在“西藏自治区第二届旅游纪念品大赛”中荣获铜奖。注册资本登记制度改革正式启动以来,全县新增个体工商户 269 户。第 32 届聂雄物资文化交流会交易额达 2530 万元,同比增长 7%。

【民生和社会事业】 2014 年,隆子县落实“三包”经费和农牧区学生营养改善经费 1534.74 万元。学前“双语”农村两年毛入园率 81%、城镇三年毛入园率 100%。小学入学率、巩固率均达 100%。初中入学率 99.8%,巩固率 99.84%。小学内地班统考成绩名列全地区第三。扎实推进第二批国家公共文化服务体系示范区创建工作。大型珞巴族原生态歌舞《犀鸟之魂》在雅砻文化节期间成功演出。全区首座县级虚拟演播室投入使用。民间艺术团开展主题文艺演出 59 场,开展群众性文化活动 130 场。斗玉乡被自治区政府命名为“西藏自治区民间文化艺术之乡”(珞巴艺术)。安排 150 万元启动人民医院创二甲工作。出台《隆子县“两降一升”工作实施方案》,孕产妇住院分娩率 97%,实现“零”死亡。五岁以下儿童死亡率 7.9‰。五大保险参保率达 99%以上。兑现城乡低保、城乡医疗救助等资金 618 万元。有意愿五保集中供养率达 100%。安排 60 余万元为群众购买农牧民人身意外伤害保险。新建公共租赁住房 134 套、周转房 78 套,实施棚户区改造 222 户、农村危房改造 990 户。建设 52 个自然村组织活动场所。实施 27 个扶贫开发项目,完成 16 个“兴边富民”项目。交由农牧民实施的项目资金总量占完成国家投资的 20%。采集虫草 712 斤,创收 4841 万元。组织劳务输出 14122 人,创收 7040.9 万元。实施就业技能培训 1684 人。在党的群众路线教育实践活动中,党员结对认亲3333户,投入资金821.5万元为民办实事166件。

【生态保护】 2014年,隆子县实施重点区域工程造林4824.3亩、高原生态安全屏障防护林体系建设1332亩、义务植树1300亩。退耕还林工程保存合格率达85%以上,顺利通过国家验收。成功创建玉麦乡玉麦村、扎日乡曲松村、斗玉珞巴民族乡加麦村3个自治区级生态村和玉麦乡、扎日乡2个自治区级生态乡镇。强化资金投入改善农村、寺庙环境卫生管理硬件设施,组建“乡管村用”的保洁队伍,建设再生资源回收交易市场。加强县城环卫软件和硬件建设,强化管理,打造园林城市。在全区环境保护考核中评定为“良好”。

【社会稳定】 2014年,隆子县受理来信来访24件54人次,全部妥善处理,全年未发生群体性事件。安排经费254.9万元支持职能部门履行安全监管职责,依法妥善处理涉矿矛盾纠纷,为打造山南地区“铅锌矿基地”营造良好环境。圆满完成村“两委”换届选举工作。全面落实社会面管控、边境封控、反自焚、重点人员管控、反恐防暴、宗教领域管控等维稳措施,刑事案件、治安案件发案率呈下降趋势,人民群众安全感普遍增强,维稳工作实现“三不出”、“四无”目标。

【亮点工作】 2014年,隆子县加大工作调度力度,组织召开11次县长办公会议,研究解决重大事项175件,涉及资金1.22亿元。

打造生态文明小康示范点 在地委、行署的高度重视下,投入资金3810万元建设斗玉珞巴生态文明小康示范新村,聘请内地专业队伍进行高规格设计,对原斗玉村的民居、公共设施等进行重新设计、建设,积极打造珞巴原乡。该项目2014年5月25日开工,规划面积200.83公顷,其中斗玉村48.017公顷,建筑总面积23989.81平方米,建设内容包括滨水景观打造、民房改造50户(其中珞巴式34户、藏式16户)、新建民房23户、给排水、珞巴原乡广场、商业网点、村委会等11个项目。

实施“六大民生工程” 安排本级财政资金3131万元实施“六大民生工程”,占2013年县本级财政收入的73%,上马项目121个,年内完工率达92%以上,重点解决农牧民安全饮水、农田灌溉、乡镇机关和寺管会“三化”、“温馨工程”等问题,特别是安排1000万元新建46所村卫生室,对部分乡卫生院和村级卫生室进行了修缮,提前一年全面实现“一村一室”的目标;安排资金73.7万元实施5个寺管会“温馨工程”,全县寺管会“温馨工程”实现全覆盖,切实改善驻寺干部的工作和生活条件。

打造山南边境第一县城 投入援藏资金850万元实施城镇功能提升项目,将常德广场升级改造为集健身、集会、休闲、文化展示、停车于一体的标志性项目。常德广场文化区包括隆子物语、列麦精神、珞巴风情、戍边前哨、唐蕃佳话、援建情谊等六大板块,全面展示了隆子历史文化。安排本级财政资金1500万元上马常德东路和雄哲路改扩建工程,主干道管线全部入地,清除城市上空的“蜘蛛网”。打造周边。投入援藏资金790万元实施隆子河沿河路堤改造项目,建设集湿地林地保护、水利防洪、风光游览、旅游配套服务等功能于一体的隆子河风光带。

美化环境 出台《隆子县市政公用设施管理暂行办法》、《隆子县城区建筑工地及建筑垃圾管理办法》、《隆子县县城生活垃圾处理收费标准》、《隆子县城市供水管理暂行办法》等制度。定时定点收集县城生活垃圾。投入资金103.7万元新建改造8个公共厕所。对县城环卫、路灯、绿化管养实行托管运营。

曲松县

【基本县情】 曲松,藏语意为“三条河”(即色布河、江扎河、贡布河三条河穿流而过),曲松县位于喜玛拉雅山北侧,雅鲁藏布江中游南岸,行政区划属于山南地区。东部与加查县、朗县接壤,南部与隆子县相连,西部与乃东县毗邻,北部与桑日县交界。全县平均海拔4200米,县城所在地海拔3987米,距行署所在地泽当镇60公里,距贡嘎机场147公里,距拉萨210公里。国土面积1967平方公里,其中耕地2.49万亩、林地4.35万亩、草场250万亩。农作物主要有青稞、小麦、油菜等,牲畜养殖主要有牦牛、绵羊等。曲松县属高原温带半干旱季风气候区,冬、春两季多大风、沙尘,年平均气温5.3℃,无霜期在110天左右,年平均降雨量470毫米,全年平均日照时数达2774小时。

全县现辖3乡2镇,21个行政

村，总人口 16878 人，有藏、汉、门巴、珞巴等民族，其中藏族占 90%。辖 5 个乡(镇)党委、1 个直属机关党委、79 个党支部和 10 个党总支，党员 1925 名。初中及以下教学机构 19 个，医疗机构 6 个。境内矿产资源丰富，罗布莎矿是目前全国最大的铬铁矿勘查和开发基地，累计探明储量为 600 万吨，占全国储量的 50%。此外还有花岗岩、沙金、岩金、矿泉水、金刚石、柯石英、多金属矿、铁旦和新矿物等矿产资源。

【概况】 2014 年，曲松县实现地区生产总值 4.44 亿元，同比增长 6.9%；固定资产投资 5.4 亿元，同比增长 23.6%；财政收入 3681 万元，同比增长 16%；税收收入 3804 万元，同比增长 2.8%；社会消费品零售总额 4211 万元，同比增长 23.4%；农牧民人均纯收入7811 元，同比增长 12.7%。全年目标基本完成，特别是社会消费品零售总额和农牧民人均纯收入提前一年超额完成“十二五”规划目标。

【项目建设】 2014 年，曲松县开复工项目 177 个、竣工 122 个、完成投资 4.72 亿元，其中交由农牧民实施 145 个、完成投资 8866 万元、占基建项目总投资 18.8%。第七批援藏项目开工 5 个、完成投资 2925 万元、进度达 79%。围绕“十三五”规划编制，储备项目 306 个，总投资达75 亿元。

【产业发展】 2014 年，曲松县农作物播种面积 2.49 万亩，完成粮、油产量 7327 吨、994 吨。牲畜出栏率、成畜死亡率、仔畜成活率分别达 38%、0.07%、98%，全年未发生重大动物疫情。整合资金继续实施“一乡一品”打造工程，以藏药材种植加工、藏香、民族手工业、畜产品加工为代表的特色产业初具规模，有效带动了群众增收。支持合法企业有序进入辖区开展矿产勘查，近年新增铬铁矿储量 280 万吨，全年销售 9.8 万吨，实现工业增加值 12880 万元。完成招商引资4660 万元，增长 133%。完成色吾温泉旅游景区基础设施建设规划，积极与林芝大峡谷旅游开发公司洽谈旅游开发项目。全年接待游客 4.87 万人次、创收 183.35 万元，分别增长 37.2%、29.6%。加大市场培育，新增市场主体 65 户、注册资金 6394.2 万元、吸纳就业 139 人，分别增长 11%、65.3%、4.05%。农行存款余额 4.53 亿元、增长 10.19%；各类贷款余额 2.29 亿元、增长 31.68%，其中三农贷款占 52.08%，金融保障有力；曲松县被评为“AAA”级信用县。

【城乡建设】 2014 年，曲松县加强县城公共服务体系建设，曲松河整治工程和统筹城乡工程主体完工投用，增强了县城服务功能；建成保障性住房 154 套，改造棚户区 48 套，怡馨小区建成入住，极大解决干部群众住房紧张问题；县五保集中供养服务中心、新华书店和便民服务中心建成，为全县干部群众提供了更加便捷、丰富、舒适的服务。加强农牧区基础设施建设，新建标准化村委会 2 座，完成 128 户农牧民危房改造(重建)工程和 281 户安居工程，电力人口覆盖率 99%，通组公路率 67%，广播电视覆盖率 98.6%。委托德胜公司管理县城卫生，成立了县供电公司，城市管理改革力度加大、行为进一步规范。

【民生改善】 2014 年，曲松县安排 1100 万元实施民生领域“七件实事”，建设项目 15 个，有效改善农牧区基础条件。县财政配套教育事业发展资金 634.6 万元，完善了教育硬件、软件配置，义务教育均衡发展基本达到上级验收标准，教育教学质量实现大幅提升。做好国家第二批公共文化服务体系示范区创建工作，制作完成《美丽曲松》歌碟，加大非遗项目保护和申报力度。藏语文社会用字规范工作成效明显。新建标准化村卫生室 11 个，实现了标准化村级卫生室和“一村两医”全覆盖，全民健康体检、“两降一升”成果进一步巩固，新农合参合率达 97.82%。新增就业 292 人，劳动力转移就业 5230 人、创收 3580 万元，城镇登记失业率控制在 2.1%以内。“五大保险”参保率达 97%以上，落实低保资金 297.33 万元，有意愿五保集中供养率 65.3%。减少贫困人口 191 户 675 人。创造性开展“黄石·曲松百梦共圆”活动。

【环境保护】 2014 年，曲松县投入 420 万元实施兴边富民、寺管会“温馨工程”和僧舍改造工程，表彰民族团结进步模范集体和先进个人，确保了社会局势持续和谐稳定。落实“环保第一审批权”，协助完成“两江四河”规划编制，制定出台农村环境综合整治工作方案，加强“六大领域”环境专项整治和执法监管，加大生态保护投入和基础设施建设，顺利通过地区环境保护考核验收，确保了生态环境持续良好。落实安全生产责任制，加强道路交通、矿山企业、建筑施工、危化物品、食品药品、消防安全等专项整治，多数重点行业领域实现"零"工作目标，事故起数和死亡人数均控制在地区下达指标内。落实道路交通领域"两限一警"措施，有力应对自然灾害，安全生产形势总体稳定。

加查县

【基本县情】 加查，藏语意为"汉盐"。加查县位于西藏自治区东南部，系山南地区东大门，属多河流峡谷地带，县境东与朗县交界，北与工布江达县接壤，西与桑日、曲松两县相连，南与隆子县毗邻，东西跨度88.2公里，南北距离102.2公里，全县国土面积4646平方公里，森林覆盖面积14万公顷，草场面积19万公顷，总耕地面积2.3万亩。全县平均海拔4000米左右，属高原温带半湿润半干旱气候。县城位于雅鲁藏布江中下游南岸，海拔3240米，八邛公路(306省道)由城区南侧穿过，西距山南地区行署所在地泽当镇107公里，距自治区首府拉萨市250公里，距朗县73公里。全县辖5乡2镇，77个行政村。

【概况】 2014年，加查县实现地区生产总值11.05亿元，同比增长25.29%；固定资产投资完成29.11亿元，同比增长24.4%；社会消费品零售总额完成2亿元，同比增长28.47%；地方财政收入实现7524万元，同比增长16.1%；各项税收完成7925万元，同比增长7.18%；农牧民人均纯收入实现11291元，同比增长28.1%。主要经济指标均稳中有升，财政收入、税收收入、农牧民人均纯收入实现新突破。

【产业发展】 2014年，加查县继续实施产业结构战略性调整，三次产业比重由2013年的7:74:19调整为现在的5:81:14。特色产业不断壮大，建设蓝莓种植基地120亩，带动群众增收76万元。核桃种植规模扩大至1.6万亩、44.58万株，成活率达85%以上。重大动物疫病防治工作进展顺利，春秋两季免疫率均达到100%。工业经济加速发展，藏木电站1#、2#机组正式发电，邦布岩金矿平稳生产，预计工业增加值实现6445万元。重点扶持拉姆拉措、安绕利民建筑和博盛矿业等公司，民营企业实力逐步增强。旅游产业蓬勃发展，全年接待游客5.21万人次，实现综合收入1458.8万元，同比分别增长28.15%和28.73%。

【项目建设】 2014年，加查县实施新建续建项目61个，完成投资29.11亿元。其中：国家投资27.16亿元，援藏投资1540万元，招商投资6350万元，民间投资1.16亿元。着手开展"十三五"规划编制前期工作，完成项目库储备上报工作。统筹推进藏木电站、加查电站场外建设、220KV藏木输出工程以及通乡油路等在建项目和冷达、街需、嘎堆三座水电站、拉林铁路加查段等拟建项目协调服务工作，江南灌区(核桃产业基地)、县城供水工程、达布文化艺术中心、安绕镇综合体育设施、加查县统筹城乡建设等项目陆续开工建设。

【城乡发展】 推进"现代化新型县城"建设，加强棚户区改造项目监督管理，积极衔接雅鲁藏布路、康桑路延伸段等市政基础设施项目，投资246万元实施2013年廉租房、公租房和2012年第二批县乡周转房附属工程。统筹抓好保障性住房争取与实施，投资1673万元的72套周转房和公租房开工建设，干部职工住房难问题得到有效缓解。社会主义新农村建设稳步实施，完成了795户农牧民安居工程和24个农村人居环境综合整治续建任务，"八到农家"工程同步推进。清理城乡流浪狗1000余条。完成植树造林1100多亩，8个生态村建设通过自治区现场技术审核，顺利通过地区2014年环境保护考核验收。加强执法监管，森林、草原动植物保护扎实有力。

【社会事业】 2014年，加查县投入8870万元为民办好了十件实事，各类主题活动为民办实事594件，实施总投资1143万元的"短平快"项目42个。投入1298万元推进学校规范化建设，落实控辍保学责任制，农牧区学前两年和城镇学前三年入园率分别达97%和100%。县医院"二甲"创建工作顺利推进，全民免费体检推广普及，一村两医目标基本实现，孕产妇住院分娩率提高至95.68%。公共文化服务体系示范区创建工作扎实开展，第三届达布核桃节和第二十八届物资文化交流会成功举办，广播电视覆盖率提升至97.6%。统筹推进农牧区科技致富带头人培训工作，培养科技特派员137名，科技明白人77名，乡村兽医85名。加快扶贫开发进程，投入2430万元实施面上扶贫和整乡推进项目21个，实现了429户1242人的脱贫任务。全力做好社会保障工作，城乡养老保险及在编僧尼养老、医疗保险实现全覆盖，有意愿五保户集中供养和孤儿集中收养率分别达60%、100%。积极引导农牧民参与项目建设和多种经营，实现劳务输出6012人，创收3227万元。新增就业211人。

【财税金融】 2014年，加查县开源节流并举，加强财源建设和培植骨干财源，税收收入完成7925万元，非税收入达到1291万元。厉行节约和深化财政体制改革相结合，加强资金管理和使用，扩大政府采购范围，"三公"经费支出同比下降38%。落实利民补贴政策，通过本级财政兑现各类强农惠农资金3962万元，政策促进增收成效明显。加强银地协作，金融单位的支持保障力度进一步加大，存、贷款余额分别实现8.15亿元、5.71亿元，比年初分别增加5137万元、2.54亿元。

【深化改革】 2014年，加查县草场承包经营制度、草原生态保护补助奖励机制有效落实，基本草原划定工作正式启动。协调湖北省、宜昌市多家企业来加查考察和开展对口援助工作，全年洽谈招商项目3个，现有5个招商企业累计上缴税收1132万元。非公经济活力迸发，全年新登记注册个体工商户202户，注册资金1945万元，同比分别增长14%、28.08%。受援工作成效明显，计划援藏投资3700万元的5个大项目8个子项目进展顺利，争取1‰总盘子外援助资金576万元。系统援藏扎实有效。

【维护稳定】 2014年，加查县加强和创新社会管理综合治理，严厉打击各类犯罪行为，刑事案件侦破率、矛盾纠纷调处化解率和治安案件查处率分别达100%、96%和100%。扎实推进领导干部下访群众试点工作，推行联动联排联处的工作机制，全年办理群众来信来访52件，调处各类矛盾纠纷267起，基本实现了"三不出"的工作目标。严格落实安全生产责任制，深入开展食品药品、道路交通、消防矿山、建筑施工等重点领域的安全隐患排查治理工作，全县未发生重特大安全生产事故。"六五"普法规划有序实施，法律援助成效明显，获评全国司法援助先进集体称号。先进"双联户"创建评选、民族团结进步模范创建评选和爱国守法先进僧尼表彰活动深入开展。按照"十个一"规定，扎实开展"六建"、"六个一"活动和"九有"工程，寺庙管理不断创新。实施总投资583万元的兴边富民项目10个。虫草采集和市场交易秩序井然，办理虫草收购许可证411个，劝返外来及无证采集人员350人。

【自身建设】 2014年，加查县以服务发展为根本，全面实施"素质提升、惠民便民、创先争优、效能提升、爱岗敬业、廉洁从政"六项行动，八型机关建设初见成效。健全完善议事决策机制，自觉接受县人大及其常委会的依法监督和政协委员的民主监督，加强同工、青、妇等人民团体联系，广泛听取社会各界人士的意见和建议，办理人大代表意见建议50件、政协委员提案23件，答复率100%。制定《政府投资项目监督管理办法》，加大行政监察和审计监督工作力度，深入开展工程建设领域突出问题，严肃查处违纪违法案件，注重从源头上加强预防和治理腐败，政府廉政建设和纠风工作取得明显成效。

第二批党的群众路线教育实践活动深入开展，第八届村居"两委"换届选举和第三、四批强基惠民驻村工作队轮换交接工作顺利完成。国防教育和双拥工作得到加强，统计、审计、物价、档案、保密、质监、气象、方志、防震减灾、人民防空、金融保险、社会福利、妇女儿童等工作也都取得了新的成绩。

桑日县

【基本县情】 桑日，藏语意为"铜山"。桑日县位于西藏自治区中南部，东邻加查县，东南接曲松县，西、南与乃东县毗邻，北靠墨竹工卡县，东北与工布江达县相连，是山南地区五个沿江县之一。县境东起夕拉崇山，西至大布卓布山口，北起那果木日，南到多果日山脚以南约1.5千米处，地跨东经91°50′—92°36′、北纬29°00′—29°50′，东西最宽61千米，南北最长62.2千米，总面积2634平方公里，辖1个镇、3个乡42个村(居)。

县境地处冈底斯山南麓，雅鲁藏布江中游河谷地段，属藏南谷地，地质构造复杂，地形以高山谷地为主,昼夜温差大,气候较干旱。铜矿、石灰石、大理石、太阳能、水能资源丰富。主要景点有丹萨梯寺、沃卡温泉、达古峡谷、马鹿自然保护区等。

桑日县是湖南省岳阳市的对口支援县。农牧业是桑日县经济基础，境内主要种植青稞、冬小麦、油菜等作物,饲养牛、羊、马等牲畜。县域内有华新水泥(西藏)有限公司,中电投、中广核、保利协鑫、无锡尚德 10 兆瓦光伏电站等招商引资企业,二产逐步成为全县支柱产业。

【概况】 2014 年,桑日县实现地区生产总值、固定资产投资、财政收入、税收收入、社会消费品零售总额、农牧民人均纯收入分别完成 9.53 亿元、12.88 亿元、7600 万元、1.66 亿元、6500 万元、9060 元,同比分别增长 12.8%、39.3%、16.1%、4.6%、19.3%、17%。保持了经济又好又快、民生持续改善、生态环境良好、民族团结进步、宗教和睦和顺、社会和谐稳定的大好局面。

【农牧业发展】 2014 年，桑日县粮油总产量1906 万斤，各类牲畜存栏 8.4 万头(只、匹),黄牛改良 2603 头，动物重大疫病免疫密度达到 100%,确保了"零疫情"。继续实施万亩现代青稞示范基地项目，建设高标准农田 6353 亩，新增农田 1096 亩。争取投资 683 万元,大力实施暖棚圈、沼气建设。争取投资 722.4 万元、本级财政投入 215.9 万元,实施 16 类水利项目,5441 人受益，覆盖农田 5349 亩,全县饮水安全工程全覆盖，被评为区级农村饮水安全优秀工程。完成投资 1160 万元的农业综合开发县项目。投资 1084 万元的万亩高效农田项目开工建设。本级财政投入支农资金 1000 万元,其中投入 500 万元继续实施重点农田网围栏建设，架设 5.2 万米网围栏,保护农田8463 亩，受益群众 7731 人。本级财政投入木本产业发展资金 200 万元,争取地区"三推进"产业资金 450 万元,完善核桃基地建设,扩建葡萄基地。第三批强基惠民活动争取资金 475 万元、本级财政投入 179 万元，实施为民办实事项目 82 个。本级财政投入400 万元试点在 5 个点启动人口集中村民小组人居环境整治，拉开了村民小组环境提升的序幕。争取实施 2 个高寒牧区行政村、117 户牧户节能住房改造项目。争取上级投资 445 万元,本级财政投入 260 万元,实施巴朗、奴卡、颇章行政村村委会改扩建,以及颇章村民小组活动室建设。全年完成农牧区危房改造 239 户。42 个行政村实现通讯信号覆盖。落实草奖补助资金、农机具补贴等 890 万元。争取实施总投资 1712 万元的扶贫项目 22 个,脱贫 1098 人。农牧民生产、生活条件得到持续改善。

【生态建设】 2014 年,桑日县植树 101 万株,成活率达到 93%。配备护林人员 598 名,兑现 2013 年生态效益补偿基金 448.5 万元。打击破坏森林和野生动物资源的违法犯罪活动,做好森林防火工作。落实企业和项目环境影响评价制度，加强饮用水源地环境保护。本级财政投入环境综合整治资金 312 万元,为乡镇、村居解决环境整治经费。7 个行政村被评为区级生态村。规范土地管理,严格土地预审、建设用地报批,确保耕地总面积保持在 5.13 万亩，基本农田保持在 4.83 万亩。

【基础建设】 2014 年，桑日县"十二五" 规划项目完工 18 个,"十二五"规划投资累计完成 77.2%。全年 67 个项目开复工建设,新增建筑面积 2.1 万平方米，新增公路里程 35.9 公里,新增水渠 1.2 万米、水塘 2.3 万立方。围绕实现城乡面貌大变样的目标,编制通过县城,增期乡、绒乡整体规划。全年争取城乡基础设施建设资金 3.9 亿元，援藏资金投入 2356 万元,本级财政投入资金 3000 万元,实施县机关政权业务用房，奴卡村棚户区改造，县乡公租房、周转房，比巴村和扎巴村水泥路,颇章村水泥路,柳桥,金久桥,桑日路改扩建，解放路和扎西路建设等项目。成立重点项目协调、服务专班,完成大古水电站实物指标调查,协助拉林铁路桑日段地勘、选址工作,宣传引导群众支持项目建设,为大古水电站"三通一平"工程顺利推进，拉林铁路桑日段控制性工程开工建设,创造了良好的条件。

【社会事业】 教育事业 2014 年,桑日县中学入学率稳定在 99.8%,小学入学率达到 100%，学前双语幼儿入园率达到 81.2%。争取上级投资 486 万元、本级财政投入 489 万元实施教育项目建设，新增校舍面积 1196 平方米。本级财政投入资金 136.9 万元，资助桑日籍非义务教育阶段学生 716 人。全县 205 名农村户籍在校大学生，享受地区资助资金

25.5 万元、本级财政配套资助资金 40.8 万元。公共卫生服务持续改善。农村合作医疗参合率达 100%，农牧民孕产妇住院分娩率达 93.33%，农牧民健康体检率达到 100%，先心病患儿筛查全面完成。实行"先住院后结算"惠民政策，收治农牧民患者 368 人。投资 650 万元的县藏医院综合楼竣工。本级财政投入 672 万元实施 32 个村卫生室规范化建设，投入 30 万元改善县人民医院设施设备、投入 30 万元奖励农牧民孕产妇住院分娩，华新水泥投入 20 万元援建冲达村卫生室。同时，争取外科能力建设国家级项目支持，成功完成胆囊、阑尾切除及妇产科手术 80 例，建立起符合桑日实际的卫生服务体系。

文化事业　广播电视人口覆盖率达到 98.5%，县民间艺术团到农牧区巡演 62 场。本级财政投入 42 万元继续实施"数字电视进农户工程"，全县数字电视用户达到 1537 户。鲁定藏文化风情园项目入选国家级文化产业重点项目库。藏语文社会用字不断规范。

社会保障　全县城镇新增就业 260 人。开展农牧民技能培训 42 期，培训 2046 人，劳务输出 5125 人次，实现劳务收入 2302 万元。新型农村社会养老保险参保率、五大保险参保率分别达到 99.6%、100%。兑现城乡低保资金 240.5 万元、五保资金 78 万元。本级财政投入残疾人、五保户生活补助金 61 万元。投资 2832 万元的县五保集中供养项目主体建设完工。

【深化改革】　2014 年，桑日县完成农电代管体制改革，成立桑日县农电公司。严格实行政府采购制度，全年集中采购 20 次，采购资金 475 万元，节约资金 27 万元。本级财政投入非公经济发展资金 30 万元，非公市场主体达到 691 个，非公经济占全县市场主体的 95%，纳税达到 1600 万元。加大招商引资力度，中广核光伏电站二期 20 兆瓦工程基本完工，引进壶天药业在桑日县注册。金融支持县域经济社会发展的作用凸显，全年金融机构"三农"信贷投入 8513 万元，各项存、贷款余额分别为 5.17 亿元、3.03 亿元，同比增长 15%、12%。

【受援工作】　2014 年，桑日县争取总投资 5770 万元的 7 个第七批援藏项目，其中 2014 年投资 2356 万元援建了桑日路改扩建、广播电视差转台、五保集中供养配套项目。并投入 310 万元实施鲁定林卡品位提升、岳阳宾馆升级改造工程。加大技术援藏力度，协调派遣 9 名卫生援藏人员。不断推动桑日发展软实力，组织民间艺术团到岳阳汇报演出，争取民间艺术团发展资金。大力协调内地企业、慈善团体开展捐助活动，有力地促进了全县各项工作发展。

【社会管理】　2014 年，桑日县大力推进民族团结。全面开展爱国主义教育、反分裂斗争教育、新旧西藏对比教育、民族团结宣传教育等活动，广泛开展民族团结模范个人和集体，模范家庭评选活动，有力促进了全县各民族交流交往交融，被评为"自治区民族团结先进县"。依法管理宗教事务。开展寺庙法制宣传教育，开展和谐模范寺庙创建和爱国守法先进僧尼评选活动。优化寺庙基础设施和公共服务，争取上级资金 400 余万元、本级财政投入 360 万元，实施丹萨梯寺文化保护、增期寺"温馨工程"、僧舍维修改造等项目。实现全县在编僧尼社会养老保险、医疗保险全覆盖，66 名僧尼纳入低保。完成僧尼健康体检工作。一系列惠寺惠僧举措，使广大僧尼共享改革发展成果，维护了全县宗教领域稳定。保持社会和谐稳定。全年本级财政投入维护稳定经费 500 余万元，全面落实维稳十项措施，强化维稳协调联动机制。驻村驻寺工作深入开展，先进双联户创建活动取得明显成效，被评为"自治区平安县"。加强创新信访工作，纵深开展矛盾纠纷排查调处，21 起纠纷得到妥善化解。开展"六五"普法，支持法院、检察院工作，本级财政投入资金 300 余万元，全力推动公安执法规范化建设，被公安部确定为全国公安执法规范化建设示范单位，法治桑日建设有序推进。强化安全生产监督检查，集中开展食品药品、道路交通、工矿商贸和消防安全等专项整治，人民群众生命财产安全得到有力保障。全年投入党建经费 130 万元，完成村(居)"两委"换届，支持工青妇等群团组织发挥作用，基层组织战斗力明显增强。国防动员工作不断加强，军政军民团结，军民共建共创共保活动深入推进，民兵预备役建设不断规范。社会局势持续稳定，为经济社会发展创造了良好环境，人民群众安全感和满意度进一步增强，在山南地区 2014 年社会管理综合治理考评中取得第一名。

林芝地区

【概况】 2014年,林芝地区生产总值完成92.86亿元，同比增长10.8%；固定资产投资完成130.69亿元,同比增长30.7%;地方公共财政预算收入完成7.58亿元,同比增长13.7%；农村居民人均可支配收入达到9582元，同比增长11.7%；城镇居民人均可支配收入达到19526元,同比增长7.5%;社会消费品零售总额完成25.53亿元，同比增长12.7%；居民消费价格指数(CPI)为101.7%,涨幅控制在预期范围之内。人均生产总值、农村居民人均可支配收入等指标继续位居全区前列。

【产业发展】 2014年,林芝地区以“产业推进年”为抓手,积极调结构、转方式、强举措,特色优势产业带动相关行业实现增加值24.8亿元,占地区生产总值25.6%。生态旅游业逐步成为推动经济发展的主导产业,接待游客280万人次、实现收入26亿元,分别同比增长12.2%和16.6%。林芝生态旅游区总体规划通过评审,A级景区集群建设和巴松措、大峡谷入口处5A级景区创建工作开始启动。参加西藏首届国际旅游文化博览会，旅游对外宣传效果显著。旅游市场综合整治成效明显，游客满意度达96%以上。墨脱景区对外营运,门票收入突破300万元。特色农牧业逐步成为推动经济发展的基础产业，农作物播种面积达32.53万亩，粮油总产量达8.13万吨。建立良种繁育农田1万亩、标准化高产示范田6万亩。新增藏猪养殖4万头,新增核桃种植3.7万亩、优质水果9500亩、茶叶3500亩、蔬菜500亩，带动项目区人均增收1800元。发展农牧民专业合作组织172家,新增涉农商标44件。林芝灵芝、林芝天麻列入国家地理标志产品保护名录，林芝春绿和朗县核桃列入农业部名特优产品目录。水电能源业逐步成为推动经济发展的强地产业,全地区发电量达6.73亿千瓦时,向拉萨输送电力3.88亿千瓦时，林芝地区用电量达2.5亿千瓦时,同比增长56.3%。多布、波堆、波罗、亚让、果达、冰湖五级等电站加快建设，累计完成投资20.6亿元。投资6.2亿元的老虎嘴至拉萨第二回220千伏输电线路建成投运,八一、鲁朗城网改造完成投资1亿元。松塔、轰东、俄米、扎拉等电站前期工作进展顺利,雅江中游、察隅曲、易贡藏布、玉曲河等流域水电开发规划工作有序推进。藏医药业逐步成为推动经济发展的活力产业，藏医院制剂中心获得国家GPP认证,完成制剂研发60种,生产藏药6.3吨。“藏天安”、“藏天康”、“高原舒”成功申报国家保健食品批号。种植各类藏药材1900多亩。编制完成藏医藏药业发展规划。文化产业逐步成为推动经济发展的新兴产业，新增各类文化市场经营单位21家。《寻找·香巴拉》被列入藏羌彝文化产业走廊重点项目。启动传统工艺文化传承与发展综合项目，成立天上文化创意有限公司，研发设计非遗文化产品200多种。

【项目建设】 2014年，林芝地区涉及林芝“236”项目落实投资173.2亿元，占“十二五”规划总投资58.6%。国道318线102段滑坡群、通麦至105段整治工程进展顺利，拉林高等级公路林芝段、八一至米林机场专用公路分别完成工程量70.5%、25%,拉林铁路、机场改扩建工程开工建设。加快农村公路建设，乡镇公路通达率96.3%、通畅率81.5%，建制村公路通达率95.7%、通畅率46.4%。加快米林才巴、朗县巴曲等灌区建设，解决1万名农牧民群众安全饮水、4万亩农田灌溉问题。实施消除移动通讯盲区工程,新建通讯基站820个，通讯覆盖率达93%；补建邮政空白网点35个,乡镇通邮率达100%。探索形成“双审、双签、双管、双覆盖”管理新模式,鲁朗国际旅游小镇、波密产业园二期、工布江达全民健身活动中心等援藏项目进展顺利。

【深化改革】 2014 年,林芝地区金融运行持续良好,建立银政联席会议制度,签署西藏银行、农行西藏分行战略合作协议,各类存款余额达 212.3 亿元,各类贷款余额达 172 亿元,分别同比增长 35.6%、124.8%。主动下放项目管理权限,将 500 万元以下的政府投资项目、节能评估审批、投资核准权限下放到各县。完成事业单位分类目录,挂牌成立食品药品监督管理局。扩大"营改增"征收范围,按 15%税率征收企业所得税。加强"三公"经费管理,支出同比下降 24.96%。米林县自治区级农村改革试验区工作开局良好。落实招商引资到位资金 32.5 亿元,同比增长 16.1%。新增非公经济各类市场主体 1794 户,总量突破 1 万户,新登记各类企业 251 户,达到 1222 户。

【城乡建设】 2014 年,林芝地区完善城镇基础设施,加大人口转移力度,城镇化率达 34.2%。编制完成《林芝地区城市总体规划(2013—2030)》,积极申报国家新型城镇化试点地区。完成香港路基础设施改造、八一大街亮化工程等项目建设。加强绿化带和苗圃管护,八一镇绿化覆盖率 46.54%,绿地率 45.89%,人均占有公共绿化面积 39.47 平方米。林芝地区土地利用总体规划获自治区批复实施。完成八一镇城市规划区基准地价调整,供应国有用地 191 宗,挂牌出让国有用地 32 宗。扎实开展城乡环境综合治理,完成农村人居环境综合整治 115 个,建成小康示范村 26 个,完成农牧民危房改造 2746 户。落实资金 2.16 亿元,完成 1.25 万人建档立卡户脱贫任务,提前完成"十二五"扶贫任务。落实耕地保护目标责任制,耕地保有量不低于 41.3 万亩。实施"兴边富民"行动和扶持人口较少民族发展项目 119 个,总投资 7692 万元。继续加大墨脱、察隅扶持力度,边远困难地区发展步伐加快。

【民生改善】 2014 年,林芝地区集中力量办好民生大事、民生实事,让各族群众共享改革发展成果。教育方面,坚持落实教育第一民生理念,在察隅县召开全地区教育工作会议和教育管理现场会,出台了《关于促进教育事业发展若干政策措施的意见》和《林芝地区教育教学激励办法(试行)》,兑现优秀教师、学生、家长、重教家庭奖励资金 720 万元。加快县域义务教育均衡发展,林芝县以全区第一名成绩通过国家层面督导评估验收。林芝县幼儿园和 22 所农牧区幼儿园建设稳步推进,城镇学前三年入园率达 95%,农牧区学前两年入园率达 75%。开展"五教创新"活动,全面提高教育教学质量,高考录取率创历史新高。加快教育信息化建设步伐,交互式教学终端覆盖率达 39.1%,宽带入校开通率达 52.7%。稳步推进地区职校"国家中等职业教育改革发展示范学校"创建工作。组团参加全区第十一届运动会,取得了奖牌数第三名、金牌榜第四名的好成绩。规范社会用字,荣获自治区藏语文社会用字先进集体称号。科技方面,成功申报国家级可持续发展实验区,实施国家农业科技成果转化项目 3 个、自治区重点科技项目 6 个、尼洋河可持续发展实验区项目 7 个,科技对经济增长的贡献率达到 39%。文化方面,开展群众文化广场活动 9000 余场次,参与人数 80 余万人次。举办首届"尼洋河-我美丽的家乡"原生态民歌民星比赛活动,成立全区首个摄影基地,出版全区首个非物质文化遗产名录,全面启动《林芝地区区域文化丛书》112 篇的编撰工作。卫生方面,积极开展即时结报试点和等级医院评审工作,认真落实农牧区医疗制度,农牧区免费医疗补助资金提高到 380 元/人。城乡居民、在编僧尼健康体检工作实现常态化,体检率分别达 98.3%、100%,免费实施白内障手术 208 例。加强县级藏医院和乡镇卫生院藏医科建设,藏医药服务能力显著提高。加强疫病防治工作,单苗接种率均在 95%以上,传染病漏报率控制在 2%以内。在全区率先启动了精神卫生工作,录入国家系统 28 例。创建国家卫生城市通过国家爱卫办综合评估,进入公示期阶段。食品药品方面,积极举办餐饮服务企业和新版 GSP 培训班,建成"餐饮服务食品安全示范街",药品零售企业全部实现电子监管。就业和社会保障方面,积极落实就业再就业政策,开发就业岗位 2500 个,购买公益性岗位 1860 个,城镇登记失业率控制在 2.2%以内。开展农牧民就业创业培训 2640 人,实现就业创业 2390 人。各类社会保险参保人数突破 19 万人次,均等化程度迈出重要步伐。人保、平安等保险公司主动承担社会责任,为经济建设提供有力保障。开工建设保障性住房 2023 套,完成投资任务的40%。开工建设幸福小区，完成工程量的40%。完成5县五保集中供养中心项目建设,地区儿童福利院和老年护理院项目建设进展顺利。加强灾害应急救助和地震物资储备,形成以地区库为中心、6县库为骨架、32个乡镇库为脉络的救灾物资储备网络。

【和谐发展】 2014年,林芝地区被确立为全国首批生态文明先行示范区,全国共有55个,西藏只有林芝和山南两个地区。林芝和工布江达县获自治区级生态县,38个乡(镇)、316个行政村获自治区级生态乡（镇)、生态村命名,28个乡(镇)、28个行政村完成国家级生态乡(镇)、生态村申报,林芝县、波密县纳入国家重点生态功能区，林芝地区共有5个县纳入国家重点生态功能区。加强林业管理和森林防火工作,召开全区森林管护现场会,大力开展植树造林，完成造林绿化13.5万亩。大力开展平安创建活动,全地区所有县获自治区级平安县。不断深化“先进双联户”创建工作,获自治区级先进县2个、先进乡镇4个、先进村居6个。切实加强社会治安综合治理，共立刑事案件125起、破案率76%,共发生各类治安案件244起、查处率95%。加强和创新寺庙管理，表彰和谐模范寺庙70座、爱国守法先进僧尼727人次。深入推进民族团结教育和民族团结进步创建,表彰模范集体20个、模范个人30人。加强军政军民团结,拥军爱民意识不断增强。创新群众工作方法,解决信访突出问题,受理群众来信来访470批(件),排查矛盾纠纷287起。全年共发生各类安全生产事故50起,死亡38人,其中道路交通事故死亡36人,各项指标控制在自治区下达范围之内。妥善处置“8·18”重大交通道路安全事故，最大限度消除社会负面影响。

林芝县

【基本县情】 林芝,藏语意为“娘氏家庭的宝座或太阳的宝座”。林芝县地处青藏高原念青唐古拉山东南麓，天河雅鲁藏布与工布人的母亲河尼洋河在此相汇,平均海拔3000米。川藏公路318国道和306省道横贯全县,距首府拉萨400公里,距西南中心城市成都1700公里,距林芝机场约50公里。全县区域面积10238平方公里,下辖4镇3乡,分别是八一镇、林芝镇、鲁朗镇、百巴镇、布久乡、米瑞乡和更章门巴民族乡,有67个行政村,2个居民社区,134个自然村。总人口6.7万余人,其中农牧民1.7万人，以藏族为主体，聚居着藏、汉、回、门巴(780人)、珞巴(150人)等十多个民族和僜人。八一镇是林芝地区政治、经济、文化的中心,也是林芝地区行政公署和林芝县政府驻地。

【概况】 2014年,林芝县实现地区生产总值45.55亿元，同比增长13.9%;财政收入完成1.28亿元,增加3923万元，同比增长44.2%,在全地区率先突破1亿元，财政收入实现两年翻一番；社会固定资产投资完成42.63亿元，同比增长79.65%；社会消费品零售总额完成15.6亿元,同比增长4.55%;农牧民人均纯收入达到11910元，同比增长15.99%,其中现金收入8338元，同比增长16%。

【产业发展】 2014年,林芝县以地区“产业推进年”为契机,狠抓特色农牧业、生态旅游业、藏医藏药业和水电能源业培育。

农牧产业 加大“四个园子”建设力度,重点打造大棚蔬菜种植、藏香猪养殖和水果种植三大基地。新修温室大棚50座,全县温室大棚达2550余座,面积约3800亩;通过国家和援藏投资,按照“公司+基地+农户+网销”的模式,强力打造306省道水果产业带和米瑞水果产业乡，水果种植规模7000余亩;通过招商引资引进新希望六和养殖有限公司、林芝宇高生态有限责任公司,实施长白猪和藏香猪养殖，目前两家企业已建成投入运营,初具规模。同时依托集镇发展城郊经济，种植蔬菜7500亩、草莓60亩、灵芝2亩、玉米6600亩,建成黑木耳种植基地50亩。

生态旅游 启动卡斯木和比日神山至大柏树两个旅游小环线建设，全力打造全新的以鲁朗国际旅游小镇为龙头的318旅游经济带。修编完成了《西藏林芝县旅游业发展总体规划》(2014-2025)和《鲁朗国际旅游小镇旅游发展总体规划》。深入推进旅游宣传促销，分别在拉萨、北京、广东、福建等省市举行了2014年西藏林芝桃花文化旅游节推介及产品发布会等宣传活动。成功举办了以“相约林芝,寻访中国最美的春天”为主题的林芝第十二届桃花文化旅游招商节，吸引中央电

视台等 90 余家媒体 100 余名记者跟踪报道，提升了桃花节作为西藏春季旅游启动器的影响力。2014 年，全县共接待区内外游客 140 万人次，同比增长 16.7%；实现旅游收入8.4 亿元，同比增长 16.7%。

藏医藏药　引进东阳光集团、湖南尔康制药集团等企业发展藏药业，实施虫草、天麻、玛卡等藏药产品研发和加工，目前全县种植天麻、玛卡等药材 1000 余亩。同时组织农牧民采挖野生药材，增加现金收入。

水电能源　争取国家投资 29 亿元建设多布水电站；引进入西藏亿业水电投资发展有限公司，投资 4 亿元的八及曲流域冰湖五级水电站已实施。县域内其它江河流域的水电开发正在加紧规划。

【项目建设】　2014 年，林芝县国家投资项目共计 83 个(不包含拉林铁路项目)，总投资为 98.28 亿元，完成投资 42.63 亿元。其中，重大项目 3 个，总投资为 95 亿元，多布电站项目总投资 29 亿元，2014 年完成投资 9.53 亿元；林拉高等级公路项目林芝县段总投资 57 亿元，2014 年完成投资 28.2 亿元；机场快速通道项目林芝县段总投资 9 亿元，2014 年完成投资 3 亿元。其余中央预算内投资项目共 80 个，总投资 3.28 亿元，完成投资 1.90 亿元(其中，续建项目 14 个，总投资 7762.84 万元，完成投资 2705.76 万元；新建项目 66 个，总投资 2.5 亿元，完成投资 1.63 亿元)。另有拉林铁路建设项目已与中铁二院接洽了解林芝县境内相关基本信息，林勘、地勘和设计已基本完成。

【维稳举措】　2014 年，林芝县落实综治维稳专项资金 245 万元。

创新社会管理　在调研的基础上，实行“1+4”式管理创新模式和推行“一站四化”服务模式，组建城区街道办事处筹备组和社区管理服务中心。以社区服务为重点，城区“网格化”管理为目标，推进社区公共服务“网络化、信息化、民主化、社会化”建设。在林芝镇康扎村和米瑞乡“巴嘎夏杰”新建治安卡点 2 处，实施全天 24 小时监控，加强对苯日神山信教转山人员管控，有效保障了转山活动期间的安全稳定。

便民警务站建设　充实八一镇 4 个派出所和 21 个警务站警力，全县城区范围内每隔 1 公里左右就有一个便民警务站，警务站以便民服务、维稳处突为主要职能，实现了便民警务站网格化管理没有盲区、便民服务没有距离。

“双联户”服务管理　以城区 5 户、农村 10 户为单位、划分联保单元，签订联保公约，按照“住户相邻、邻里守望”的原则，以 6 至 8 户联保小组组成一个联保片区，8 至 10 户联保片区填充一个网格，城区 21 个网格统一汇总到社区服务管理中心的模式，基本形成了社区-网格-片区-联保小组四级网格。继续深入开展“先进双联户”创建评选活动，2014 年拿出了 87.95 万元，作为“双联户”的户长补助。

信访工作　健全和完善多方面、多层次的矛盾纠纷排查调处机制，落实《信访突出问题交案、督办和领导包案制度》，发挥人民调解、司法调解和行政调解的作用，深入开展矛盾纠纷大排查、大调处、大化解工作，把问题和矛盾解决在基层和萌芽状态。

社会面管控　在敏感时段和节庆期间，加强军警民联防联控、严密掌控社会局势，强化全县 15 座寺庙(拉康)和 75 名在编僧尼的管控，确保宗教活动依法有序开展；建立和完善治安防控体系，并且全县民警实行 24 小时值班备勤，确保各项维稳工作的有序开展。

安全生产监管　开展消防安全隐患排查、交通整治和路面巡逻工作，严格落实“两限一警”制度，有效遏制重特大交通事故和群死群伤现象的发生。围绕“创建平安林芝，构建和谐社会”这一目标，突出平安创建，大力提升创建水平。

综治平安建设与宣传　利用 3 月综治宣传月、6 月综治宣传周和“9.16 平安西藏宣传日”为契机，深入开展综治平安及“双联户”等为内容的集中宣传活动，营造了人人支持平安建设、人人参与平安建设的良好局面。

专项行动　组织开展对非法出入境人员、被依法处理过的“两劳”释放人员、境外回流人员、社会闲散人员等高危人群的排查管控，严厉打击涉枪涉爆涉恐等严重暴力犯罪活动，严厉打击以盗窃、抢劫、抢夺、诈骗等为重点的多发性侵财犯罪。

【党建工作】　2014 年，林芝县共预算安排党建经费 100 万元，根据各行政村党员规模配发 2 至 4 万元不等的党组织活动经费。

创新载体　助推基层党组织建设工作迈上新台阶。利用“党的群众路线教育实践活动”的深入部署和开展的契机，继续以创建“五型党建”为载体，以实施“八大工程”为抓手，以“双星”创建为引领，抓班子、强队伍、办实事、破难题、转作风、提素质，抓好基层党组织建设的分类管理和整体水平提升，为全县经济跨越式发展提供坚强的组织保证。

落实政策　激发村干部工作活力。通过实施“定权责立规范让村干部在职责上有干头，给予合理待遇让村干部在经济上有甜头，注重政治激励让村干部在政治上有奔头，实施组织关爱让村干部在离任后有靠头”等措施，将书记和主任“一肩挑”的年工资提高到10577元，书记和主任分设的年工资提高到10077元。对连续担任或累计满10年至15年、15年至20年、20年以上的村党组织书记和村主任分层次按月发放400元、500元、600元的离任补贴。

坚持标准　提升党建科学化水平。以农牧区党建为重点，强化党建示范点建设，按照“高标准选点、高标准建点、高标准评点”的要求，筹集16万元党建经费，在全县选定19个农村党建示范点，并按“四室四队两栏一阵地”的标准对示范点进行了建设。

示范带动　推进农牧区家庭和谐建设和党员队伍先进性建设。积极开展“十星农户、五星党员”及爱国主义教育示范基地创建活动，进一步推进了农牧区家庭和谐建设和党员队伍先进性建设。

党建引领　农村经济合作组织健康稳步发展。全县共注册登记农村经济合作组织73家，注册资金达3917.3万元。2014年各农村经济合作组织总创收2050万元，利润达960余万元。

【民生和社会事业】　科技培训　2014年，林芝县结合县域农牧业实际情况与农牧业生产需求，开展以科技培训、科技“三下乡”、科技活动周、科普进农牧区和日常宣传活动等形式多样科技活动。2014年累计完成各类科技培训5950人次。

教育事业　按照教育经费“三个增长”和20%投入的要求，全年落实教育经费1775万元。其中争取项目资金3425万元大力改善各中小学和幼儿园的硬软件设施；投资3300万元新建县幼儿园项目主体工程已基本完工，附属设施正在加紧实施；逐步实施乡镇幼儿园，力争在两年内建立镇村级幼儿园。义务教育均衡发展顺利通过自治区和国家评估验收，教育发展水平排名在全区首批均衡发展评估验收6个县中居第一。

卫生事业　安排625万元援藏资金，在全县四镇三乡新建25个村级医疗室，2014年完成15个村卫生室建设，其中2个已交付使用。利用海军总医院对口帮扶的契机，加快配套县乡医院医疗设备，加强医务人员培训，提高医疗水平。制定实施了林芝县户籍农牧民在县乡两级医疗机构就医费用全免政策，得到当地群众的一致好评。

民政事业　设立爱心慈善基金，积极开展社会捐助和助残，助学、助孤等活动。全县防灾减灾体系逐步健全，制定下发《林芝县2014年自然灾害救助应急预案》，并建立县、乡、村三级灾害信息员应急响应机制，严格做到24小时值班制度。开展抢险救灾工作，做好应急救助物资储备工作，共发放各类救灾物资价值2.6万元。广泛开展向城乡困难群众送温暖活动，2014年在全县范围内开展了向城乡低保户、农村五保户、城乡低收入群众、回乡退伍军人及困难残疾人送温暖活动，共发放慰问金3.57万元。

社会保障　城乡低保工作稳步实施，2014年共发放城镇低保金125.98万元，发放农村低保金60.74万元，一次性生活补贴46.29万元，物价联动补贴7.45万元。发放五保供养金63.22万元，一次性生活补助资金6.36万元，临时价格补贴资金2.12万元。城乡医疗救助320人次，发放救助金140.78万元。五种人合作医疗补助2.24万元。“一站式”救助45人次，发放救助金1.05万元。2014年征收“五金”社保资金1982.2万元。新型农村养老保险参保人数10710人，共征缴养老保险金86万元，参保率达99%。积极实施五保集中供养工程，投入资金772万元建设林芝县五保户集中供养中心，援藏资金安排295万元，争取区、地配套477万元，项目于2013年底开工建设，2014年底全部完工。

就业规模　投入培训资金42万元，举办农牧民转移就业和实用技能培训5期，培训农牧民群众285人，新增农村劳动力转移就业185人。在农牧林、道路交通、旅游环保等基建项目中，安排和组织农牧民劳动力实现转移就业6000人、12000人次，收入达2300万元。投入就业培训专项资金65万元，开展城镇失业人员就业培训 3 期，培训失业人员 272 人，就业率达到 63%，城镇登记失业率控制在 2%以内，完成了城镇登记失业率控制在 2.3%以内的目标，零就业家庭保持了动态清零。

惠农补贴　兑现 2013 年下半年农机购置补贴资金 77.14 万元；2014 年农机购置补贴资金共 514 万元，其中国家补贴 400 万元，地、县共配套资金 114 万元，已分配给七个乡(镇)及一个农机合作社；兑现涉农保险 122.67 万元；兑现粮种补助资金 41.88 万元；兑现农资综合补贴资金 77.81 万元。

民生实事　全面启动 14 个村的人居环境建设，项目总投资 1694.25 万元，其中自治区投资 1053.92 万元，地区投资 407.33 万元，县投资 233 万元。投入建设资金 445.5 万元，完成了全县 297 户农牧民安居房建设和危房改造。投入资金 1125 万元，其中援藏资金 900 万元，县财政配套资金 225 万元，用于改善大坝村 90 户搬迁困难群众的住房条件。

【文化建设】　文化基础设施建设　2014 年，林芝县全县广播、电视覆盖率分别达到 92.8%和 98.2%；农家书屋、寺庙书屋覆盖率达 100%。县级新华书店和 5 个乡镇综合文化站项目建设已完工。

公共文化服务体系　县民间艺术团影响力与日俱增，组织各类文艺演出 93 场次，参加人数 10 万余人，创作舞蹈、歌曲类新作品 8 个，制作和申报林芝县县歌两首（《林源放歌》、《心语》）；同时代表西藏文艺代表队在青岛参加了世界园艺博览会，在“国际园专场”和“花艺园专场”举行演出 60 场次。积极发挥文化活动中心综合效益，常年为广大干部群众提供免费服务。

互联网文化市场监管　将宣传部互联网信息办公室升级为正科级单位，完善机构，增强干部力量。建立了 20 人的网评员队伍，联合文化市场综合执法大队开展“剑网行动”。

新农村新文化建设　全年建成 7 个“新农村新文化”示范村，其中八一镇尼西村和布久乡嘎玛村被列为地区级“新农村新文化”示范村。

【生态建设】　环境监管　2014 年，林芝县与各乡镇、各单位、各个重点企业签订《环境卫生目标责任书》，深入开展了交通沿线、旅游景区、乡镇等环境综合整治工作，重点开展了排污申报登记和饮用水源地监管。严格建设项目环境准入，预防和控制新污染源产生，强化对在建重点项目监管，保证了重点项目建设不造成环境破坏。

生态创建与保护　全县已有 48 个村(社区)获得自治区级生态村(社区)命名，6 个乡(镇)获得自治区级生态乡(镇)命名，年内有望完成 6 个国家级生态乡(镇)命名工作，自治区级生态县创建工作已通过国家环保厅专家组验收，生态县规划已报国家环保部备案，预计 2015 年完成林芝县国家级生态县申报工作。

造林绿化　全年共义务植树约 2.3 万株，面积约 700 亩，重点区域生态公益林建设工程造林面积 7913.7 亩，迹地更新总造林 1600 亩，防沙治沙工程总面积 15107.9 亩，完成率达 100%。

草原生态保护　在完成 2012 年草场承包基础上，已完成 2013 年草畜平衡的数据核实、公示和数据的录入工作和整该工作，并顺利通过地区、自治区级验收。落实兑现 2013 年林芝县草原生态保护补助奖励资金 632.55 万元。

林政管理　健全森林防火行政领导负责制，层层落实《林芝县保护与发展森林资源目标管理责任书》。深入开展了“春季行动”、森林防火隐患大排查、清山、巡山、木材市场清理大整顿行动。组建了森林防火突击大队和义务消防队，开通 12119 森防报警值班电话，不断加大执法力度，开展林业综合整治，积极解救和保护野生动植物资源，2014 年为国家挽回经济损失总计约 30 余万元。

【强基惠民】　驻村驻寺　2014 年，林芝县继续在全县 69 个村(居)、15 座寺庙（拉康）开展驻村和驻寺工作，同时选派公安干警、机关干部各 2 名进驻辖区内各个加油站。

干部培训　采取送校培养、外出培训、挂职锻炼、参观考察等多种形式，对各级各类干部进行有计划、分步骤地培养。

村医和兽医待遇　自 1 月起，提高村医和兽医补助标准，由 300 元/月/人提高至 600 元。

产业发展帮扶　安排援藏资金 300 万元，帮扶八一镇色定村发展农家乐家庭旅游项目；安排援藏资金 500 万元，帮助林芝县部分乡镇建设生态农业示范区；安排援藏资金 650 万元，打造 306 省道水果产业带和米瑞特色水果产业乡。

自身造血能力　设立 2000 万元援藏发展基金，注入县属旅游企业，配套完善县域内旅游景点景区基础设施，将每年 300 万元收益回报用于解决各乡镇、各行政村办公经费不足的问题，每个乡镇年收入将达到 20 万元以上，每个村年集体经济收入达到 2 万元以上，进一步强化基层造血能力。

【受援工作】　重点项目　2014 年，林芝县打造鲁朗国际旅游小镇建设项目，全年总共完成投资 3.02 亿元，其中林芝县完成投资 1.4 亿元；援藏投资完成 1.62 亿元，占第七批援藏安排资金 3.5 亿元的 46.29%，为确保该项目 2015 年全面建成奠定坚实基础。

小康示范村(镇)建设　为确保实现林芝县 2018 年率先全面建成小康社会的总体目标，安排援藏资金 2080 万元用于 8 个小康示范村项目建设，同时，积极争取到东莞一类镇帮扶资金 820 万元，开工建设 4 个小康示范村；3700 万元建设“林芝县百巴镇基础设施建设项目”。

援藏项目建设　积极争取第七批援藏 6 类 17 个项目总投资 2.05 亿元。其中，2014 年度计划投资 6461 万元，2015 年计划投资 6854 万元，2016 年计划投资 7185 万元。2014 年已批复项目 14 个，完成投资 6461 万元（含 2013 先行启动 620 万元）。林芝县第七批援藏项目除 2 个项目需进行调整，其余 15 个项目均已全面开工。

引进造血项目　2014 年共引进项目 13 个，引进资金 40 多亿元。

对口外援　全年争取到社会援助资金共计 2000 余万元，其中包括东莞市结对帮扶林芝县建设 4 个小康示范村建设资金共 820 万元（每个村 205 万元）、喇嘛岭僧尼安居房工程建设资金 150 万元；韶关市援助林芝县县级幼儿园建设资金 500 万元；惠州市大亚湾经济技术开发区援助林芝县农牧民家庭太阳能热水器安装工程 130 万元等一大批援助项目资金。

工布江达县

【基本县情】　工布江达，藏语意为“凹地大谷口”。工布江达县地处西藏自治区东南部，念青唐古拉山南麓，雅鲁藏布江以北，尼洋河中上游，东邻波密、林芝县，南接米林、加查、桑日县，西连墨竹工卡县，北至嘉黎县，为林芝地区面向外界的西大门。全县东西长 180 公里，南北宽 71 公里，总面积 12886 平方公里，其中耕地面积 5.4 万亩，林地面积 65.57 万公顷，草场面积 17.2 万亩。全县下辖 3 镇，6 乡，79 个行政村，1 个居委会，总人口约 3.47 万人，其中农牧区人口 2.79 万人，城镇人口 6816 人（全县共 8356 户 34723 人、其中农牧区 6365 户 27907 人），有藏、汉、回、门巴、珞巴等多个民族，藏族人口占全县总人口的 94%。县城常住人口约 3500 人，暂住人口约 5000 人。

【概况】　2014 年，工布江达县实现地区生产总值 9.69 亿元，人均 GDP 达 28822 元；财政收入完成 7175 万元。农牧民人均纯收入完成 10624 元、万元村 41 个。固定资产投资完成 8.683 亿元，其中：国家投资完成2.52 亿元；招商引资投资完成 4.5 亿元；民间投资完成 1.3 亿元；援藏投资 3629.7 万元。粮油产量 9226 吨。

【项目建设】　2014 年，工布江达县开复工项目有五保集中供养服务中心、人居环境整治、全民健身活动中心等重点国投项目共 85 个，计划总投资 3.36 亿元，实际完成投资 2.52 亿元，投资完成率为 75%。其中：续建项目 38 个，计划总投资 7388.83 万元，投资完成率为 100%；新开工项目 47 个，计划总投资 2.62 亿元，实际完成投资 1.78 亿元，投资完成率为 67.9%。

【招商引资】　2014 年，工布江达县围绕产业发展思路，精心谋划招商引资项目，充实完善项目库，并依托对口支援优势，组织参加“9·8 厦交会”、“林洽会”、“西博会” 等区内外招商活动。年内，工布江达县招商引资项目 21 个，其中续建项目 10 个，新建项目 11 个，累计到位资金 46580.6 万元，完成全年任务的 103.5%，缴纳税金 2873 万元。

【非公经济发展】　2014 年，工布江达县争取并落实国家、自治区、地区等项目资金，落实各项免税、减税政策，共为中小企业减免税 167.71 万元；建立完善企业项目库和企业运行监测机制，实行动态监测，随时掌握企业运行状况；不断健全全县工商联组织，县工商联现有编制 2 名，县财政每年安排预算资金 10 万元，保障其正常工作开展经费。年内，全县各类企业达到 53 家（去年 44 家），净增企业 9 家，增幅达 20.45%，注册资金 11.32 亿元，净增注册资金 8.74 亿元；个体工商户 1463 户（去年 1230 户），净增个体工商户 233 家，增幅达 18.94%，注册资金 7563.7 万元，净增注册资金 1671.7 万元；其中乡镇企业 23 家，乡镇企业总产值完成 5412 万元，多种经营性收入完成 17675.78 万元。

【旅游业发展】 旅游规划 2014 年，工布江达县按照“先规划、后建设”的原则，投资 1100 万元编制《工布江达县巴松措生态旅游区重点区域修建性详细规划》，投资 35 万元编制了《工布江达县旅游业发展总体规划》，投资 25 万元编制《巴松措至东久段公路旅游设施修建性详细规划》，并通过地区评审；申报巴松措 5A 景区，投资 215 万元的《西藏工布江达巴松措风景旅游区创建国家 5A 级旅游景区整改提升与创意设计总体方案》正在编制当中。

基础建设 全县各景区点旅游基础设施建设总投入 9229.25 万元。其中：国投及县级财政共投资 1597.25 万元，新建了巴松措湖心岛厕所、打造巴河镇拉如桃花源景点、开通了巴松措景区游客免费 wifi、实施了甲嘎东赞景区基础设施建设；争取地区投资 520 万元，建设了甲嘎东赞游客中心、景观标识物、管理房、观光车停车场等相关配套设施、动工实施结巴村游客集散中心项目；巴松措旅游开发有限公司落实投资 7123 万元，实施巴松措度假村改造项目、游艇项目、游客中心项目、景区员工宿舍和食堂建设项目；尼洋河旅游开发有限公司落实投资 509 万元，实施太昭古城房屋仿古装修、路面整修、修建了秀巴景区游步道和游客服务中心。

旅游推介 与西藏畅行旅游投资有限公司签订景区营销合作协议，与 40 余家旅行社签订客源输送协议，开通了旅游官方微信平台，累计旅游宣传覆盖 63 万余人次；投资 12.5 万元制作全县旅游地图；成功举办第九届“工布民俗文化旅游节”和第二届“环巴松措山地自行车越野竞速赛”；参加 CCTV-7 中国十大最美乡村评选活动，错高村被评选为中国十大最美乡村；投资 158 万元，举办“2014 年工布百景·工布江达摄影”大展，工布江达县旅游风光片正在拍摄当中，邀请摄制了 CCTV-7“美丽中国乡村行—走进工布江达”、CCTV-4“远方的家”、湖南卫视“变形计”和西藏卫视“骑行 318”等旅游宣传片，进一步提高了工布江达县旅游知名度。

旅游服务 开展景区、家庭旅馆、宾馆饭店的评星、评 A 工作，已完成 38 家家庭旅馆评星工作，其中三星 7 家、二星 3 家、一星 28 家；大力加强旅游示范村建设，开展错高乡结巴村、工布江达镇阿沛村示范村建设，组织有关专家编制每个旅游示范村的建设和发展规划，并将于 2015 年 11 月至 12 月期间组织相关部门对建设工作进行验收考评；引导和服务县城蓝天酒店和巴松措度假村开展好绿色酒店创建工作。

旅游增收 举办 2014 年全县农牧民景区讲解员培训，共培训 16 名农牧民学员，举办农牧民子女导游培训班、家庭旅馆从业人员技能培训班各一期，共计培训 58 人，并录用了 5 名合格导游；组织 21 名特色旅游村的“两委”班子和致富带头人赴云南、四川两省考察，进一步提升旅游从业群众的综合素质。年内，已经建设 3 个旅游乡镇、8 个旅游特色村和 55 户家庭旅馆，农牧民参与旅游业人数达到 418 人。全县旅游总收入 6844.96 万元，同比增加 6.68%；全县接待游客 56.38 万人次，同比增加 11.15%。农牧民群众参与旅游收入达到 470.94 万元，户均增收 2.27 万元。

文化促旅游 挖掘文化内涵，结合林芝地区列为藏羌彝文化产业发展区域契机，编撰《巴松文化产业走廊总体规划》；开展旅游节庆活动，巴松措工布民俗文化旅游节、娘蒲乡跳神节等特色文化活动蓬勃发展，已成为重要的特色旅游品牌；发展以县民间艺术团为主的民族特色文化产业，加快村级民俗表演队发展步伐，充实、壮大太昭民俗表演队、错高梗舞、县民间艺术团等民族歌舞队伍，已组建村级民俗表演队伍 22 支，新编排节目 10 余个，并坚持“文化进市场”，组织村级民俗表演队进景区进行商业演出 192 场次。

旅游执法 组织旅游、工商、卫生、安监、交警等相关部门，在松多至巴河 318 国道沿线开展联合执法，打击各类损害游客权益和扰乱景区秩序的行为，塑造工布江达良好的旅游形象。年内，共开展旅游市场综合整治活动 6 次，开展旅游执法 116 次，检查旅游经营单位90 余家、导游 555 人，检查旅游车辆2120

余车次,受理旅游投诉案件2起,无群体性事件发生。

【特色农牧业】 农牧基地建设 2014年,工布江达县已培育特色农牧业基地2个:错高乡错高村藏猪繁育基地,种猪养殖规模600头,养殖人员3名,养殖场采取集体所有、按户参与的方式经营,共有70户群众参与经营;错高乡结巴村藏猪繁育基地,现有100户群众以入股的形式参与,有种猪600头,繁育场采取"协会+基地+农户+市场"的运营模式,由协会负责销售,年底按收入的70%按参股比例进行分红,每年销售仔猪3000头以上。

培育龙头企业 引进雏鹰集团入驻工布江达县,开发以藏香猪为重点的特色农牧产业,意向投资总额达1.37亿元,并积极做好跟踪服务,督促落实投资,该集团下属独立法人企业浙江东元食品有限公司已在工布江达县注册子公司工布江达县东元食品有限公司,由该公司投资的巴河藏猪肉联厂已运营投产;培育本土龙头企业,指导朱拉乡松茸加工农牧民专业合作社注册成为多吉扎森农需土特责任公司,形成了一套完整的企业经营管理制度,将成为工布江达县第一家本地龙头企业,该企业2014年产值达600余万元;发展农牧业专业合作社,目前工布江达县有效运行的合作组织有20个,注册资金643.95万元,从业人员450人,带动农牧民500多户3000余人,并为四家实力较强的合作组织提供了贴息贷款。

农牧市场体系建设 组织朱拉松茸合作社等农牧民合作社骨干前往内地参加厦门商品展销会、汶川博览会等活动,参与市场中介活动,朱拉松茸合作社仅在福建,干片松茸销售就达1吨左右,国外市场销售额达300万元;推进"万村千乡市场工程",在县城、松多小集镇、巴河小集镇等几个较大的集镇,由县、乡两级扶持,借助工布江达县扶贫专项资金,帮助农牧民群众开设农家店,出售奶渣、酸奶、酥油、牛肉等农产品,完善农牧区市场建设。

项目带动战略 投资180万元在西三乡6个牧业行政村进行高寒牧区暖棚工程建设,面积达3万平方米,棚圈150座,惠及群众150户;争取投资1010万元实施退牧还草工程;投资87万元的巴河藏猪颗粒饲料加工厂项目已完工,已具备投产条件;错高乡、巴河乡、工布江达镇乡镇农牧综合服务中心已完成招标工作;争取投资160万元建设草原监理站、农技推广站一体办公楼项目目前已完成工程总量的80%;整合农牧项目资金113万元,在县城周边村庄新建高标准温室大棚13栋、50亩,着力打造城郊蔬菜种植业示范性基地。

品牌化道路 向国家工商行政管理总局申请注册的"工布江达藏猪"国家地理标志目前已进入公示末期阶段,多吉扎森松茸品牌已于年内注册成功,邦杰塘牦牛地理标识正在申请中,藏丹参认证工作前期工作已经完成。

【水能矿产业】 2014年,工布江达县共有3家企业办理采矿证,其中2家进场开采。有探矿企业16家,新设置探矿权19个,米拉山片区进场4家企业,金达片区进场8家企业,整装勘察顺利推进。做好矿业管理工作,调整工布江达县矿产产业开发管理领导小组,出台了《工布江达县矿产业发展实施方案》、《工布江达县矿产资源管理规定》及《工布江达县矿政工作管理办法》,创新出台了《工布江达县矿山部门联动监管机制》,定期召开矿政管理例会,分析探讨矿政管理开发面临的新形势、新任务;实行矿政管理量化考评,明确各部门职责,建立县、乡、村、企业联动机制,形成齐抓共管的工作机制和工作格局。年内,共开采矿石4.9万吨,矿产业产值5800万元,财税收入230万元,带动群众增收246万元。

推进水电能源开发。尼洋河一级支流娘曲水能资源理论蕴藏量约20万千瓦,可开发水电站装机容量4.5万千瓦;巴朗曲水能资源理论蕴藏量约23万千瓦,可开发水电站装机容量15.3万千瓦;二级支流朱拉曲水能资源理论蕴藏量约40万千瓦,可开发水电站装机容量14万千瓦。巴朗曲、朱拉曲两处小流域已列入地区水能开发近期规划,根据《林芝地区行政公署关于地区小流域水电开发有关事项的通知》文件精神,进一步规范了中小河流水能开发管理,解除了与西藏林芝江南实业有限责任公司签订的巴朗曲流域水电开发项目协议书和与厦门亿业集团有限公司签订的朱拉曲流域水能资源开发意向书。

【科教文卫事业】 教育事业 2014年,工布江达县围绕教育均衡、全面、科学发展的目标,抓好控辍保学、教育投入、学校管理、队伍建设和创新改革五项工作，巩固和提高“两基”成果。落实教育工作领导责任制，把教育工作列入县政府重要议事日程，层层签订教育工作目标责任书。落实教育经费，加强教育项目建设。2014年，县财政落实教育经费1253.8万元，实现了“三个增长”；落实投资1984.4万元实施乡镇小学教师周转房建设项目、乡镇幼儿园、村级幼儿园、学校食堂、教学楼、交互式终端、学校亮化、旱厕改造、饮水试点等13个建设项目；追加投资40万元为全县10所义务教育学校接入光纤宽带网络，实现了县域义务教育学校网络全覆盖；投资55.5万元建设了教职工之家，解决基层教职工的吃饭、娱乐问题。落实控辍保学目标责任书，严格兑现“三包”经费，提高群众送子女上学积极性。年内，共计兑现“三包”经费888.4万元，2014年中小学入学率分别达99.1%、99.98%，巩固率达100%。着力推进义务教育均衡发展，努力提高教学质量，进一步落实《义务教育均衡发展方案》，加快薄弱学校改造，强化制度管理，深化优质课程建设，提高师资水平，开展教学研究活动，教学质量得到极大提升，小升初考入西藏内地班19名。加强学校德育工作，推进平安管理，创新德育模式，开展“新旧西藏对比”朗诵比赛等各类主题教育活动十余次，推进平安校园建设，2014年未发生任何校园安全事故。推进职业教育，结合工布江达县农牧、旅游产业发展方向和经济发展特点、切实考虑学生毕业后就业前景，开设义务教育分流职教班，在县中学职业教育中心开设裁缝、卡垫编织等实用技术课程，开展实用技能培训，实现“就业有技能，升学有希望”的教育目标。发展公共体育事业，组织参加地区尼洋河杯和体彩杯足球赛，举办环巴松措自行车越野赛；开展学校阳光体育一小时活动，投资1998.87万元的全民健身活动中心开工建设。

文化事业 落实关于支持文化发展的政策措施，全年投入文化事业专项资金65万元。图书馆、电子阅览室、健身房、数字影院、棋牌室、乒乓球室、台球室全部实行免费开放，全年免费共投入资金20余万元，使用人数2万余人次。实施各类文化惠民工程。2014年，工布江达县已实现5899户“户户通”、20座寺庙、拉康、日追和150个僧舍的“舍舍通”；投资65万元为全县79个农家书屋充实书籍1.4万余册、为3个乡镇综合文化站配齐了设施设备；开展送电影4000余场次、送文艺30余场次，惠及群众3万余人次。推动民间艺术事业发展，壮大太昭民俗表演队、错高梗舞、县民间艺术团等民族歌舞团演员队伍，新组建6支村级民俗表演队，新编排节目10个，投资83万元建设了民间艺术排练馆。保护民俗文化，启动《林芝区域文化丛书》编撰工作，完成全县184个自然村、16座寺庙的编辑工作，上报民间故事20个，收集民歌47首。投入资金110余万元完成乡镇有线电视线路恢复及林芝公共文化频道、县台自办节目向各乡镇传输工作，实现县台自办节目和林芝公共文化频道向各乡镇的同步播放。加强文化遗产保护和申报工作，制定《文物保护实施方案》和《文物安全应急预案》，明确12名野外文物点看护人员，有效遏制了各类文物安全事故发生；完成全国第一次可移动文物普查工作，初步完成662件待审文物的数据、图片等收集工作；新申报非遗传承人1名，新申报自治区级文物保护单位4处。年内共有自治区级文物保护单位7个、县级文物保护单位8个、自治区级非物质文化遗产4个、自治区级非遗传承人2名、县级非物质文化遗产3个。加强藏语言社会用字管理，由县编译科牵头，对全县所有党政机关、学校、景区、公路沿线、工地进行检查，开展整改社会用字专项活动5次，开展宣传横幅、标语、会议用字、公文用字专项检查3次，整改率达到了100%。

医疗卫生服务 农牧区医疗制度稳步推进。推行即时结报，全县农牧民参加农牧区医疗制度筹资率达到98%，政策落实覆盖率达到100%，建立家庭账户率达100%。2014年，共报销补偿农牧民住院医疗费用1639人次、936.58万元。做好疫病防控。完成手足口病、鼠疫、艾滋等重点传染病的疫情监测，全县七种疫苗接种率达96%以上，脊髓灰质炎及麻疹疫苗接种率达98.3%；开展麻风病入户线索调查和碘缺乏病防治工作，检测结核可疑及确诊病人35人，发放大骨节病药物70人；举办2期鼠疫防治知识培训班，培训418人，先后开展两轮保护性灭獭、鼠疫监测和鼠防宣传教育活动，发放双语宣传资料7400余份，受教育群众6000人，鼠疫监测面积达261.14公倾，保护性灭獭面积达460公顷，采集各种可检材料共159份,检测结果均为阴性。加强妇幼保健和优生优育工作,2014年,全县住院分娩率95.6%,较2013年上升6.6%,婴幼儿死亡率为18.4‰,较2013年下降16.6‰。实施孕妇叶酸发放和居民健康检查及建档工作,加强农牧区优生优育和惠民政策落实,全年为578名产妇发放救助经费11.39万元,为322名产妇投服叶酸543盒,0–7岁新入托儿童体检388人,为352个"一孩双女"困难户家庭发放补助金33.79万元,为71个"西藏特殊子女"家庭发放补助金15.26万元。加强人口信息化建设工作,目前,全员人口信息采集33796条,其中常住人口31772条,流动人口信息2024条,已婚育龄妇女信息7447条。完成全县86对计划怀孕夫妇免费优生体检,达到目标任务的114%;完成260对怀孕夫妇出生缺陷一级干预体检,达到任务目标的104%。加强医疗质量管理和人才建设,执行《工布江达县卫生服务中心绩效考核实施办法》,改善服务态度、服务方式和服务质量,成立了高血压专科、普外科、藏医科等重点专科,顺利推进二级乙等医院创建工作。年内,门诊病人数37983人次,比2013年同期增加39.8%。住院病人数752人次,比2013年增加11.4%,开展手术31台次,病床使用率108.1%,实施首例急诊剖宫产手术、全麻手术等高难度手术,填补了近三年来多项手术业务空白。加大农村和公共卫生人才建设力度,累计培养各类专业技术人才60人次,教育培训人员70人次,专业技术人员61人次;配齐了70个村卫生室和158名村医,对72名村医进行了为期40天的轮训;邀请专家讲学授课以及院内业务骨干授课等形式,完成培训近100人次。开展便民利民惠民服务,深入9个乡镇开展义务就诊活动10次,就诊人数1800余人次;在编僧尼暨城乡居民免费健康体检全面实施,完成全县115名僧尼、29008名城乡居民的免费健康体检工作和建立健康档案工作,体检完成率达到100%。加强卫生监督执法检查力度,全年组织食品安全联合检查12次,开展食品药品安全专项检查42次。食品安全监督检查覆盖至县、乡、村三级,其中县城覆盖率达100%,乡、村覆盖率达80%以上,全年餐饮服务单位两证持证率达100%,完成3期餐饮单位从业人员食品安全知识培训,从业人员岗前培训合格率达100%,特殊药品"五专"管理率达100%,餐饮服务单位食品安全量化分级管理率95%,学校食堂量化等级评定100%。全年无食物中毒事件发生。发展藏医药事业。继续推广藏医药适宜技术,充分发挥藏医药在预防保健和慢性病防治中的优势和作用。2014年,藏医门诊收治患者12823人次、住院42人次、理疗1691人次,完成制剂藏药7种(其中自主研发藏药1种:帝达芒觉),共1002.3斤,为藏医院提供了价值7万余元的藏药。

科技服务　与自治区农科院、西藏大学农牧学院、山东农大等科研院所以项目带动、交流互动、农牧科教等方式进行合作,参与工布江达县特色农牧业发展和人才培训工作。投资34万元大力开展各类科普、教育、宣传、培训活动,先后组织科技下乡10余次、农村科普讲座238场次、发放各类宣传材料1.2万余份、为农家书屋配备科普书籍20余万册、组织放映科普教育片1000余场次。建立健全农村科普服务组织网络和人才队伍,全面完成"一村一科技特派员"工作,共下派78名科技特派员,并积极培养农民群众中的"土专家",发挥科技特派员的作用。开展试种工作,试种金银花、黑枸杞,成活率达40%;新种植玛卡200亩、箭舌豌豆371亩、黑青稞50亩、饲料玉米596亩。推广农业机械化,全年兑现农机购置补贴资金是128万元,购置32马力时风小四轮10台、背负式收割机21台、联合收割机9台,扩大了工布江达县农机覆盖率。

【新农村建设】　城乡环境综合治理　2014年,工布江达县按照《林芝地区城乡环境综合治理工作实施方案》的要求,成立城乡环境综合治理领导小组,制定《工布江达县城乡环境综合治理实施方案》、《工布江达县城乡环境综合治理工作"七进"活动方案》等一系列规章制度和工作方案,确保城乡环境综合治理工作扎实开展。加强宣传力度,动员全员参与,通过广播电视宣传、走村入户宣传、管护员宣传、群众大会宣传、宣传牌(栏)宣传等形式,累计开展专项宣传活动10次、制作宣传展板3个、制作小型广告粘贴栏3个、入户宣传30人次,发放各类宣传资料、环保手册2000余份,形成了村村争当创卫先进、人人参与环境治理的良好氛围。投入专项资金265.76万元,为9乡镇购买了9台垃圾压缩车、5 台垃圾清运车、540 个塑料垃圾桶和 100 个铁质垃圾桶，沿 318 国道修复生态挡墙 50 米；为每个乡镇配备了 1–2 名保洁员，并按每公里 1000 元的补贴标准，对 318 国道沿线乡镇给予了环境卫生治理补贴，按每年 3000 元标准对偏远乡镇进行补贴，夯实了城乡环境综合治理的设施基础和人员保障。在全县范围内实行环境卫生区域责任制，开展环境卫生大评比，定期组织各村通过选取人大代表开展督查评比、流动红旗评比法、禁白活动等形式开展城乡环境综合治理工作。年内，全县各乡镇、各单位共组织干部群众开展专项治理活动 5 次，大检查、大评比活动 2 次，全县环境卫生得到了极大提升。

小康村建设 按照《工布江达县小康村建设三年行动计划实施方案》，全年拟建设完成 27 个小康村，由县财政和援藏投资 7020 万元，惠及群众 1418 户 6231 人。在完善提高水、电、路、讯、广播电视、邮政等基础设施基础上，按照巩固提升社会公共服务能力、提高农牧区自我发展能力和强化村民自治能力三个类型，重点实施 20 项工程。

人居环境建设 2014 年，实施人居环境建设村 27 个，总投资 3493.15 万元，受益群众 944 户 4481 人；实施小康示范村建设 27 个、总投资 7020 万元。着力改善农牧区的生产生活条件，2014 年实施了加兴乡牧场道路、娘蒲乡米瑞钢架桥等一批通路工程，新建道路84.6 公里、桥梁 4 座，硬化道路59.84 公里，总投资 9683.9 万元；投资 275 万元，养护农村公路 2000 余公里，修复水毁路段 13 处，在各乡镇建设农村公路养护站；完成总投资 560.34 万元的农村安全饮水工程，解决 19 个村 3905 人的饮水问题；投资 3914 万元实施了甲热灌区、仲巴灌区和小型农田水利工程，解决 16900 余亩的耕地灌溉；投资 134.61 万元对加兴电站、松多电站、下巴电站进行了维修，保障了加兴乡、金达镇农牧民群众的生产生活用电。

农村危房改造 高度重视危房改造工作，将之作为保障民生的一件大事来抓，建立健全县、乡、村、户四级工作责任制，制定 2014 年农村危房改造规划和实施方案，并建立农村危房动态档案，随时掌握全县农村危房的情况，落实资金 225 万元，完成了危房改造任务。

开展扶贫工作 设立400 万元的专项扶贫资金，制定《工布江达县 2013 年–2016 年扶贫工作方案》，深入开展党员干部“结穷亲、交朋友、心连心”定点帮扶活动，进行“一对一”、“一对多”的结对帮扶，实施总投资 300 万元的扶贫项目，帮助 332 户贫困家庭实现了脱贫的目标。扶持农牧民参与旅游服务、餐饮服务、交通运输、工程建设，努力增加非农收入全年县共输出劳务 10145 人次，实现收入 5800 万元。保障群众资源性收入和政策性收入，强化虫草资源采集管理，2014 年，群众采集虫草达 1280 公斤，收入 5300 万元；落实各项惠民政策，全年兑现各类惠民资金 5480.76 万元。抓好项目扶贫，全县共实施扶贫项目 26 个，总投资 2637 万元，其中群众投工投劳 441 万元，带动项目区低收入群众人均增收 1500 元。年内，全县所有收入在 2300 元以下有劳动能力的贫困户全部实现脱贫。

推进城镇建设 加大城镇建设力度，重点实施松多集镇基础设施建设、泉州公园二期工程、全民健身活动中心、旅游综合接待服务中心、农贸市场升级改造等30 余个重点城镇建设项目，总投资2.2 亿余元，提升了城镇化品质；开展城镇建设规划编制工作，制定总投资 17.86 亿元的工布风情旅游小镇项目实施方案，引进企业围绕巴松措进行木巴小集镇商业旅游开发，编制《西藏自治区工布江达县城市总体规划(2012—2030)》，编制《工布江达县城市设计规划》、《尼洋河沿线重点地段修建性详细规划》及《错高木巴旅游规划》，着力把小城镇建设成为旅游的集散地、贸易流通的集中地、群众文化的根据地。加大城镇建设土地储备力度，投入 933 万元收回木巴集镇 7 宗长期闲置土地和泰港集团 7000 亩长期闲置土地，制定全县 9 乡镇建设储备用地征收方案，总征地面积3744 亩，为城镇建设奠定了基础。

【生态建设】 *生态创建* 2014 年，工布江达县成立分管县长为组长，环保及相关单位负责人为成员的生态创建领导小组，负责生态县、生态乡和生态村创建工作的指导、检查和申报。2014 年，县财政投入资金 80 万元用于生态创建，完成了工布江达镇、巴河镇、江达乡等 7 个乡镇创建“自治区级生态乡镇”的申报及验收工作和阿沛、林则“国家级生态村”、“自治区级生态县”的申报和初验工作。全县 51 个行政村获得了“自治区级生态村”命名、7个乡镇获得“自治区级生态乡镇”命名，编制《工布江达生态县建设规划》，将于2015年完成“自治区级生态县”命名。

环境和生太保护 全县完成义务植树造林任务180亩、2700棵；完成补植补造197.7亩、16884株；完成重点区域造林196亩、10792棵；投资13.5万元，在县生态苗圃中心培育果树3000珠；兑现重点公益林管护资金815万元；全面实施草原生态保护补助奖励机制，兑现补偿资金1698.35万元。做好森林防火和林政管理工作，通过采取巡山检查、增设林政检查站等方法，严厉打击乱砍滥伐、非法占用林地、非法捕猎野生动物等行为，查处治安案件1起，没收原木1.36立方米，罚款1000元，行政拘留15天，处罚1人次；查处林业行政案件6起，没收椽子木456根、下降木4810根，罚款1.9万元，处罚8人次。规划环评和项目环评不断加强，资源开发环境监管和环境监测能力显著提高，关闭西藏锦华矿业开发有限公司金达镇沙让500t/d钼矿浮选厂，督促洪城亚桂拉铅锌矿开采工程和西藏电力有限公司巴河发电分公司巴河老虎嘴水电站完成整改，并通过自治区验收；严把“环评关”和“三同时”制度，共办理建设项目环境影响评价59个；加强水源地保护，县财政自投资金30万元完成7个村庄水源地保护，县城水源地保护工程建设完工，协助地区环保局完成了18个村庄水源地保护；加强环境卫生和城市管理，重点对公路沿线、医院、小集镇、县城、景区、自然保护区进行规范和整治，树立林芝地区“西大门”、“生态旅游名县”的良好形象。

【社会保障】 *就业再就业* 2014年，工布江达县城镇登记失业率控制在2.3%以内；新增城镇就业124人，完成地区下达任务110人的112.7%；积极推进零就业家庭和“3545”人员等困难群体的就业帮扶工作，年内新增“零就业家庭”实现动态消零；开展职业指导403人次，职业介绍321人次，成功介绍就业263人；新开发就业岗位122个，完成目标任务的110.9%，建立未就业高校毕业生数据库，保障困难家庭高校毕业生全部实现就业；组织606人开展职业技能培训，共转移农村富余劳动力0.52万人、10153人次，完成地区目标任务的101.5%；转移就业收入突破5800万元，完成地区目标任务的161.1%。

社会保险 企业职工基本养老保险参保人数达到309人，征缴基本养老保险费306.92万元，征缴率为100%，分别完成地区目标数的102%、108.8%；失业保险参保人数达到778人，征缴失业保险金104.9万元，分别完成地区目标数的136.5%、116.6%；城镇职工基本医疗保险参保人数达到1880人，征缴基本医疗保险金1037万元，分别完成地区目标数的100.6%，121.7%；城镇居民基本医疗保险参保人数达到1110人，个人缴纳医疗保险费3.97万元，分别完成地区目标数的100.4%，100%；工伤保险参保人数达到1988人，征缴工伤保险费54.4万元，完成地区目标数的100%；生育保险参保人数达到1988人，征缴生育保险金43.61万元，分别完成地区目标数的107.7%、112.8%；城镇居民社会养老保险参保人数达到423人，征缴养老保险费13.2万元，分别完成地区目标数的100.7%、148.3%；新型农村社会养老保险参保16479人，完成地区下达目标的100%，征缴养老金145.8万元，征缴率100%、参保率达99.3%，累计发放新农保基础养老金301.98万元，发放率为100%，2014年未出现新的社会保险费欠缴。

城乡救助 2014年，共有城镇低保153户、229人，农村低保310户、725人，五保222人，优抚对象34人，退伍军人204人，现役军人家属35人。落实各项提标工作，城镇低保保障标准从480元提高到530元，农村低保标准重点保障对象补贴从1600元/年提高到1800元/年、特殊保障对象补贴从1191元/年提高到1355元/年、一般保障对象补贴从818元/年提高到913元/年，五保户供养标准从2900元/年提高到3650元/年。共落实城镇低保金1147784元、落实农村低保金86.6万元、落实五保户供养金81.03万元；推进五保户集中供养工作，集中供养五保老人共128名，分别供养于县城、乡镇敬老院，自愿集中供养率达到71%，县五保集中供养中心已经完成建设，届时五保对象自愿集中供养率将达到100%；“三大节日”期间，为所有低保户、五保户、优抚对象发放慰问金22.28万元、兑现一次性生活补贴金30.2万元；做好优抚双拥工作，开展“缅怀革命先烈、继承革命传统”寄语签名活动，为5支驻县部队、208

名困难退伍军人、31 名现役军人家属、41 名优抚对象发放慰问金和抚恤金共计 19.3 万元；发挥城乡困难群众大病救助基金和贫困生助学金的作用，为 60 名群众提供大病医疗救助救助金 39.8959 万元，为 92 名贫困学生发放救助金 17.0192 万元；做好临时救助工作，共计发放临时救助金 85850 元，帮助困难群众 114 户、救助流浪乞讨人员 50 人次；发放孤儿供养金 16.2 万元，寿星老人健康补贴 81000 元。

米林县

【基本县情】 米林，藏语意为“药洲”。米林县位于西藏自治区东南部，林芝地区西南部，地处雅鲁藏布江中下游，与印占区接壤，是一个边境县。县城距林芝地区行署所在地八一镇 72 公里。全县总面积9471.11平方公里（含印占区），平均海拔 3700 米，县城所在地 2950 米。于 1959 年建县，全县辖 5 乡 3 镇，沿岗派公路和 306 省道东西分布。共 66 个行政村和 1 个居民社区。米林县是一个以农业为主、牧业为辅的半农半牧县，现有耕地 4.6 万亩，主要种植青稞、小麦、油菜、玉米等农作物，草场面积 15 万公顷，林地面积 46 万公顷。境内有丰富的旅游文化资源，有世界闻名的“第一大峡谷”雅鲁藏布大峡谷，有《中国国家地理》杂志评选为“中国最美山峰”的南迦巴瓦峰，有“藏医药发祥地”圣地南伊沟，有中国极少数民族珞巴族和门巴族聚居村，还有丰富的水利资源和最原始的森林资源，生态良好，环境优美。

【概况】 2014 年，米林县实现地区生产总值 10.53 亿元，同比增长 16%；财政收入达到 6002 万元，同比增长 15.4%，其中：税收收入完成 3216 万元，同比增长 50.2%，非税收收入完成 2786 万元，同比减少 8.9%；政府性基金预算收入 1553 万元，其中：本级财政政府性基金预算收入 1304 万元，上级补助收入 249 万元；政府性基金支出完成 1581 万元，同比减少 32.8%；农牧民人均纯收入达到 11569 元，同比增长 15%，其中现金收入达到 8987 元，同比增长 14.63%；2014 年全年实现社会消费品总额 14341 万元，同比增长 18.1%。获得全国“六五”普法中期先进县、全区文化先进县、全区公共文化服务体系建设先进县等荣誉称号，并连续七年蝉联全国“双拥”模范县。

【产业发展】 农牧业 2014 年，米林县农作物播种面积 51700 亩，粮油总产量 10448 吨，较 2013 年略有增长。牲畜存栏 133250 头（只），出栏 22357 头（只），肉产量达到 1253.32 吨。扎实开展春秋两季重大动物疫病防控工作和消毒灭源工作，无重大动物疫病发生。投入资金 1022.2 万元，新建水果（干果）基地 3600 亩，推广种植藏耳 20 万袋、灵芝菌 21.3 万袋。扶持派镇吞白村、丹娘崩嘎村发展藏香猪养殖 800 余头。引导南迦巴瓦食品有限公司向韩国出口产品 110 吨，实现外贸收入 880 万元，带动农牧民增收 600 余万元。完成猪舍建设 53 座、饲养种猪 1250 头、繁育仔猪 4200 余头，完成核桃种植 1.37 万亩。藏香猪、藏鸡、犏奶牛、优质水果（干果）和无公害蔬菜、玉米、藏药材、藏耳种植等特色农牧业带动农牧民增收 4200 万元。

藏医药产业 推动藏医药生命科技园区建设，协调米林藏医院落户科技园区。投入援藏资金 1892.89 万元的藏医药产业园区基础设施和基地建设已开工实施。扩大藏药材种植规模，种植天麻、棱子芹、玛卡等藏药材 816 亩。引导农牧民成立了藏药材种植合作社和土地合作社。着力为藏药材发展建立市场通道，与企业合作在上海设立米林藏药城，探索集藏药材展售、藏药养生 SPA、藏药膳等为一体的城市消费综合体。

生态旅游业 全县旅游接待总人数达到 53 万人次，实现旅游收入 1.3 亿元，分别同比增长 15.1% 和 19.3%。加大旅游建设力度，成功打造运营色苏庄园景点，引导大峡谷、南伊沟两家旅游公司投入资金 1315 万元实施了二期停车场、景区厕所、景区摊位等工程，启动大峡谷景区 5A 级创建工作。加大旅游宣传力度，新建米林旅游宣传网站、微信微博平台，举办“西藏米林第八届黄牡丹暨藏医药文化旅游节”。组织人员前往杭州、厦门等地参加旅游博览推介会，米林旅游的知名度和影响力进一步提升。加大旅游惠民工程建设，兑现旅游惠民基金 270 万元；投入资金 300 万元实施了索松村、大渡卡村、才召村 3 个旅游示范村建设；投入援藏资金 229.3 万元，新建土特产品售卖亭 109 间，供农牧民免费使用。扶持发展家庭旅馆 51 家，其中 37 家成功创建为林芝地区星级家庭旅馆。全县农牧民参与旅游业人数达到 2500 余人，带动农牧民增收 993.4 万元，同比增长 22.65%。

【农村改革】 2014 年,米林县编制完成《米林县农村改革试验区方案》,并通过自治区审核。藏医药科普苑总体规划设计已完成,正在与西藏灵芝生物科技有限公司、天那农牧资源开发有限公司和西藏药业三家企业洽谈入驻事宜。组织县国土局围绕南伊乡南伊村认真开展农村土地承包经营确权颁证试点工作，完成该村土地测量工作，羌纳乡羌渡岗村当扎藏猪养殖合作社等 5 家合作社的规范化工作也已完成,农村改革试验区工作扎实推进。扶持非公经济组织发展，安排县财政资金 300 万元用于非公经济发展专项资金，争取地区“以奖代补”资金 85 万元,帮助南伊乡、卧龙镇两个农牧民合作组织发展。2014 年全县共注册非公企业 73 家，农村专业合作社 123 家,其中 2014 年新增非公企业 37 家,农村专业合作社 40 家。

【项目建设】 2014 年，米林县成立重大项目建设协调指挥部，确保工程建设力度,初步完成“十三五”项目规划编制工作。全年主要开工建设项目 183 个，其中：续建项目 92 个,新开工项目 91 个。完成全社会固定资产投资 10.7 亿元,同比减少 19.75%。建设完成了 2013 年公租房、派镇基础设施、县城二期防洪堤等项目，岗米公路路面铺设已全部完成,派墨公路、八一至机场高等级公路、米瑞至派镇环线公路全面开工建设成立米林县城投公司,由公司负责建设的“药洲”一期商住楼工程已开工建设。

【招商引资】 2014 年,米林县完成招商引资和民间投资到位资金 7.55 亿元,同比增长 12.8%。新推招商项目 22 个,开展招商引资回访和商务推介活动,与北京、四川等 26 家公司进行了投资商洽,签约项目 8 个，签约资金 33.82 亿元。引进米林利昌大酒店、林芝大峡谷精品度假山庄等多个项目。2014 年,米林利昌大酒店项目完成主体建设，招商引资重点项目金查尔顿五星级酒店建设基本完工。

【受援工作】 2014 年，米林县加强援藏队伍建设和资金管理，援藏工作更加科学规范。投入援藏资金 3672 万元实施 10 个小康示范村建设和 8 个乡(镇)公厕改造等工程。福建省发改委援助 400 万元用于米林厦门广场建设与改造；厦门市公路局援助 138 万元实施扎绕乡吞布容村危桥改造,已开工建设;厦门市集美区援助 500 万元用于米林幼儿园扩建项目资金，已到位资金300 万元。

【财政金融】 2014 年,米林县各项贷款余额 24199 万元，完成年计划的 250.53%,其中:累计发放个人贷款 5207 万元,涉农贷款 14143 万元,扶贫贷款 12801 万元;各项存款余额达 99128 万元，完成全年计划的 121.85%。引进建设银行入驻米林并开始营业。推进农牧区金融服务渠道建设，在距离金融服务网点较远、交通不便的农牧区设立了 47 个“惠农卡”POS 助农取款点,为空白网点和偏远村庄农户及时查询惠农补贴资金、小额取款等服务“三农”事业提供了保障。

【社会事业】 教育事业 2014 年,米林县加大教育事业投入力度，落实资金4990.94 万元实施乡（镇）幼儿园、学生宿舍、教学楼建设等 21 个项目。开展“控辍保学”工作，全年共发放助学金 20 万元,帮助贫困学生 127 人，全县中小学适龄儿童入学率和巩固率分别达到 98.75%、99.19% 和 99.79%、100%。2014 年，全县共有 63 名中小学生考取了内地西藏班,其中:中学 12 人、小学 51 人,考取人数位居林芝地区第一,利用“教师节”,拿出 10 万元援藏资金，对考取内地西藏班的师生进行奖励资助。推进平安校园建设,组织安监、消防等部门开展学校安全隐患大排查，及时消除各类安全隐患。多次组织学校开展地震灾情逃生演练，有效提升广大师生的应急防灾能力。

文化事业 完善基层文化服务设施,投入资金 590 万元,实施县广播影视中心、民间艺术团排练场、珞巴织布技艺保护基地等项目；投入资金 1200 万元建成了米林县群众体育馆；投入资金 120 万元，为乡（镇）综合文化站购置了相关设备。加强农家(寺庙)书屋管理,完善书屋管理制度 8 项,为全县 66 个农家书屋、4 个寺庙书屋配备书屋管理人员。里龙乡德吉新村农家书屋荣获自治区“五星级农家书屋”称号；卧龙镇单嘎日追寺庙书屋管理员荣获自治区“优秀管理员”称号。重视文化遗产保护和传承工作，圆满完成第一次全国可移动文物普查工作。投入资金900万元实施羌纳寺文物保护修缮工程，投入资金200万元拍摄了珞巴文化题材电影《博嘎尔》,并成功将3人申报为自治区级非物质文化遗产项目传承人。新建6个乡(镇)邮政所,乡邮工作得到了群众的肯定和欢迎，服务“三农”的功能更加突出。

医疗卫生　推进卫生应急机制建设,修订完善《米林县突发公共卫生应急预案》。落实新型农牧区医疗制度,全县覆盖率达到100%,参合率达到99.3%。开展重大传染病和地方病防治工作，针对鼠疫防治工作开办10期培训班,对489名基层医疗服务人员、村干部进行了培训。强化基层医疗基础设施建设，投入资金200余万元完成了里龙乡、丹娘乡卫生院改扩建和县120急救站建设工程。卧龙镇、里龙乡、羌纳乡3个卫生院周转房建设项目正在办理前置手续。选派10名技术骨干前往区内外进修学习，协调福建省选派3名专技人员、解放军101医院4名专技人员来我县县医院进行技术指导，并争取到解放军101医院捐赠信息化系统1套，医疗队伍建设得到加强。

科技服务　举办米林县科学技术协会第一次代表大会，选举产生第一届委员会。落实科技承包责任制和科技特派员制度，选派科技特派员94人,开展科技培训,全年共举办农牧业实用技术培训班38期,培训农牧民4000余人次。加强气象工作,建立米林气象公众微信号,定时播报气象信息,防灾、抗灾、救灾工作的水平进一步提高。执行农机具补贴制度,推广农业机械化,全年共落实农机具补贴资金385.7万元，购置农机具387台，惠及农户887户。

【城乡建设】　2014年，米林县特色风貌建设、厦门广场和县城亮化工程设计全面完成,即将开工。县农行和广播影视中心立面改造已完成。幸福小区开发建设进展顺利,旅游服务中心周边商业区建设、滨江支路工程顺利实施。新农村建设扎实推进，投入资金751万元完成了474户农牧民安居房建设；投入资金1979.2万元实施了15个村的人居环境综合整治工程；为全县8个乡(镇)购买了垃圾转运处理设备，有效改善乡村环境卫生。推进农牧区扶贫开发工程，全年共争取扶贫项目25个,总投资1453万元,对扎绕乡实施了整乡推进工程。

【生态建设】　2014年，米林县开展生态创建工作，完成自治区级生态乡(镇)、生态村创建工作。7个国家级生态乡（镇)、9个国家级生态村的申报材料已编写完成，并上报国家环保部审批。开展环境监管和生态环境建设，全年完成义务植树552.8亩,完成重点区域造林2841.9亩,完成2013年度退耕还林配套荒山荒地造林5000亩,实施高原生态安全屏障建设防沙治沙项目2.27万亩。落实林业全面禁伐制度,集中力量打击盗伐、无证非法运输木材等违法行为，全年共查处林业案件13起，挽回经济损失28.8万元,打击林业违法犯罪行为。强化森防工作,修订完善《米林县处置森林火灾应急预案》，排查消除森防隐患60起。强化森防队伍建设,对全县78个森防应急处突队伍进行了专业技术培训。

【社会保障】　2014年，米林县推进零就业家庭和困难群体的就业帮扶工作，共开办农牧民就业再就业和农牧民转移就业培训班41期,培训591人次，实现农牧区劳动力转移就业8076人次,创收1186万元。实现城镇新增就业人员191人,城镇登记失业率控制在2%以内,2014年,新增“零就业家庭”实现动态消零。强化保险征缴工作,完成五大社会保险和新型农村社会养老保险征缴目标,及时足额发放新农保养老金224.66万元。加大困难群众救助力度，对全县369户低保进行全面梳理,对不符合低保条件的家庭依法清退,实现低保动态管理,有效保障真正困难群众的生活。全年共发放冬令春荒救济粮10万公斤，发放临时救助资金33.27万元。加强救灾物资储备，共调运救灾帐篷900顶，棉被4000床,棉衣裤2000套。推进五保集中供养工作和五保集中供养中心建设,全县五保集中供养人数达140人,占五保户总人数的66%,五保集中供养中心已完成主体建设。

【维稳举措】　2014年，米林县开展平安创建活动，深化“先进双联户”工作,针对重点场所、区域开展排查整治行动，加强社会治安综合治理,获自治区级平安县。创新寺庙管理，开展和谐模范寺庙暨爱国守法先进僧尼创建评选活动，严格落实寺庙“六建”、“九有”、“六个一”工作要求，投入资金2300余万元实施利寺惠僧工程。对13名在编僧尼进行健康体检工作，并全部纳入医疗养老保险体系。加强军政军民团结，拥军爱民意识不断增强。创新群众工作方法，解决信访突出问题，受理群众来信来访40批(件)，排查矛盾纠纷20起，均得妥善处理。全年仅发生1起安全生产事故，死亡1人，有力保障了群众的生命财产安全。强化虫草采集管理，设置了10个检查点，检查过往人员5万余人次，妥善处理矛盾纠纷5起，保障了虫草采集工作安全有序进行。

朗县

【基本县情】 朗，藏语意为“显现”之意。朗县地处喜玛拉雅山北麓，雅鲁藏布江中下游，往山南方向距离拉萨约420公里，离地区所在地八一镇240公里，中印边境线长约100公里，雅鲁藏布江、林邛公路穿境而过，县政府所在地为朗镇朗村。朗县总人口1.8万余人，辖6个乡镇52个行政村（居)136个自然村。有藏族、汉族、回族、珞巴族、门巴族、蒙古族等民族，其中：藏族占99.02%，农牧民群众普遍信仰佛教。有学校11所（其中县初级中学1所，小学7所，幼儿园3个)，学生2083人、教职工257人，县级医院1所，乡镇卫生院6所，共有医务人员85人。朗县现有耕地面积20329.42亩，主要作物种植小麦、青稞、辣椒、油菜、豆类、马铃薯等，草场面积246.3万亩，主要有牦牛、黄牛、马、羊等畜种；林地面积20.98万公顷，森林面积17.18万公顷，森林覆盖率达43.83%。以苹果、辣椒、花椒、核桃、藏冬桃、葡萄为主的“一果两椒三桃(萄)”特色农牧业在区内享有盛名。矿藏主要有铬铁、铅、锌、沙金、水晶等；名贵药材有虫草、贝母、蛤蚧等；旅游资源有列山考古遗址公园、朗敦庄园、十三世达赖喇嘛出生地—冲康庄园、拉多藏湖、仁布圣水、嘎贡瀑布、工字荣原始森林、雅江巨柏等。

【概况】 2014年，朗县实现地区生产总值4.48亿元，同比增长15%；社会固定资产总投资完成5.64亿元；地方公共财政预算收入累计完成1877万元，同比增长17.75%；农牧民人均纯收入达10104元，其中现金收入达7073元，分别同比增长15%；社会消费品零售总额完成8152.5万元，同比增长16.8%。

【特色产业】 2014年，朗县按照“产业推进年”目标要求，大力发展特色优势产业。农牧业特色产业成效明显，全年新种植经济林木6562亩，辣椒360亩；经济林木总面积累计达4.5万余亩，辣椒总面积累计达2640亩(含复播)，产量达283万斤，实现产值2631.2万元。发展特色养殖基地4个，土鸡养殖基地6个，全县肉、蛋、奶供给能力明显增强。成立专业合作社28家，生产经营涵盖养殖业、加工制造业、种植业，尤其是洞嘎镇朗敦专业经济合作社被认定为国家农民合作示范社，年产值达83万元，龙头带动作用显著。生态旅游业发展良好，全年接待游客4.2万人次，同比增长189%；实现旅游收入1091万元，同比增长183%。冲康庄园景区建设具备了试开放条件；旅游标示牌系统更新项目顺利完工；卓村农家乐银星级、冲康景区3A级评星整改工作正在进行；雅江巨柏观景台开工建设；举办“西藏朗县2014年民族特色文化旅游产品展示会”。水电能源业有序推进，总投资1.3亿元的工字荣电站升级改造项目开工建设，累计完成投资7476万元。历经三年摸索实践的江水上山项目获得成功，提水高度124米，可极大解决朗县灌溉缺水问题。藏医药产业实现起步，藏医院获地区批准成立，《藏医药产业规划》初步完成；藏药材普查工作顺利开展，收集藏药材426种，全套县域藏药材标本制作正在进行；总价值5.16万元的藏医外置器械及《藏医药古籍》投入使用；《藏医四部医典八十幅曼唐》中12幅曼唐即将完成；总投资900万元的藏药材种植基地建设项目正在积极申报。文化产业初见成效，与全国创意龙头企业—福建神画时代数码动画有限公司签订合作发展协议；投资54万元的冲康庄园陈列馆内部家具购置工作已完成；金东乡和巴尔曲德寺被国家文化部列为文化产业建设示范点。民族特色手工业初步启动，成功引进漳州市申辉广告有限公司推动苏卡药香市场开发；引进天上文化创意有限公司分期分批投入5000万元，精细开发自治区级非遗物品巴尔曲德寺藏香。

【重点项目】 2014年，朗县开复工项目71项，总投资5.98亿元，完成投资 2.96 亿元。其中:续建项目 15 项,包括朗加油路、县城供水工程、朗县光明新区“三通一平”及引道工程、朗县 2013 年保障性住房等项目;新开工项目 56 项,包括工字荣跨江桥、嘎贡村村道硬化工程、朗县黄香蕉苹果种植、2014 年重点区域造林、朗县普曲拉多乡防洪工程、朗县核桃加工产业建设、林芝地区朗县中心小学运动场等项目。“十三五”规划编制工作顺利启动,初步完成项目库建设,共涉及 7 大类 303 个项目,概算总投资 251.48 亿元。

【深化改革】 2014 年,朗县充分利用援藏渠道,组团参加福州市海峡两岸交流促进会、2014 年第十九届中国国际投资贸易洽谈会。福州市鼓楼区与朗县结为友好合作县区,并为仲达新区建设援助 790 万元。全年招商引资到位资金达 1.44 亿元,同比增长 18.9%,民间投资完成 1 亿元,同比增长 46.69%。金融业存贷款余额达 5.81 亿元,同比增长 20.1%,贷款余额达 1.97 亿元,同比增长 39.3%。“三公”经费管理进一步加强,全年共支出“三公”经费 1074.89 万元,同比下降 10.14%。注册私营企业 29 户,同比增长 11.54%,个体工商户728 户,同比增长 17.42%。积极落实“营改增”“小微企业”等政策法规,累计减免税收 7.17 万元。

【城乡建设】 2014 年,朗县坚持集约节约用地原则,统筹城乡协调发展,逐步缩小发展差距。城镇建设步伐加快,全力推动光明新区开发,已完成第一标段路网回填工程、供水工程项目和水厂管理房、2013 年县直保障性住房等项目,光明大道路面工程、引道和横五路路面工程、排水排污和引道挡墙工程、通信线路工程开工建设。乡镇建设步伐加快,朗镇、仲达镇、洞嘎镇、登木乡 2013 年公共租赁房项目总投资 1252 万元,已顺利完工;登木乡、仲达镇 2014 年公共租赁房项目总投资 497 万元,于 2014 年 8 月开工建设;总投资 3840 万元的乡镇 256 套干部职工周转房项目已进入招投标程序。交通设施建设步伐加快,全县 52 个行政村(居)公路通达率达 100%,其中 16 个行政村已实现通畅,通畅率为 30.7%。边远地区建设步伐加快,落实扶贫项目 25 个,到位资金 2003 万元,实现 1730 人贫困群众脱贫,超出地区目标任务 2.4%;落实兴边富民资金 1168 万元,实施项目 17 个。

【民生和社会事业】 教育事业 2014 年,朗县“两基”成果不断巩固提高,小学适龄儿童入学率99.8%,巩固率 100%;中学毛入学率 103%,巩固率 99.65%;农牧区学前两年入园率 81.2%,城镇幼儿入园率 100%。义务教育均衡发展,各项评估指标基本达标。认真落实“三包”惠民政策,全年支出“三包”经费 831.39 万元。教学质量稳步提高,2014 年小学毕业生考入内地西藏班 9 人,中学毕业生考入内地西藏班达 19 人,创历史新高。顺利通过国家三类语言文字评估验收,藏语文社会用字进一步规范。

文化事业 六乡镇文化站配套设备全部到位;发放卫星直播设备 936 套,实现了农牧户广播电视全覆盖;向各行政村发放图书 2360 册、光碟 290 张,农家书屋不断充实。持续开展县城夏季广场舞活动,参与人数达 3000 余人次,干部群众业余生活日益丰富。完成县电视台播控机房和演播室设备更新改造。

卫生事业 合作医疗制度实现突破,大病统筹报销 541.18 万元,住院分娩报销 97.41 万元;疾病防控工作措施得到落实,报告法定传染病 27 例,无甲类传染病发生,无重大传染病暴发流行;城乡居民、在编僧尼免费健康体检和建档立卡工作完成目标任务;鼠疫防控工作扎实开展,全县无一例鼠疫事件发生。食药、妇幼、计生、卫生执法监督工作卓有成效。

科技工作 全年举办各类科技培训 7 期,培训群众 8000 余人次,发放培训资料3000 余份。落实农机具购置补贴资金 128 万元,购置农机具 23 台(套)。朗县科学技术协会挂牌成立,顺利召开第一次科协代表大会,成为全区首个召开县级科协代表大会的县。

社会保障 城乡五大类八大险种参保人数 1.56 万人,征缴基金合计 1429.38 万元,八大险种参保率均达到 100%;发放城乡低保资金 113.79 万元,农村五保资金 50.43 万元,兑现各项惠农资金 4413.36 万元。

【生态建设】 2014 年,朗县城乡环境综合治理成绩显著,安排 228.92 万元完成 6 个乡镇垃圾填埋点和 30 个行政村垃圾收集点建设工作。完成

7个行政村人居环境综合整治、419户农牧民危房改造、3个小康示范村建设。林业管理和森林防火工作持续加强,春季义务植树完成3600亩,超出地区任务指标1100%;落实森林防火各项措施,开展各类宣传41场次,发放宣传资料2000余份。生态创建稳步推进,完成5个乡镇创建自治区级生态乡镇、9个自治区级生态村命名工作,5个创建国家级生态村等待国家环保部审核。

波密县

【基本县情】 波密,藏语意为“祖先”。波密县位于西藏东南部,林芝地区东部,是第一代藏王聂赤赞普的出生地。波密县位于西藏东南部,念青唐古拉山与喜马拉雅山交界处,即东经95°70′,北纬29°08′,东邻八宿县,北靠洛隆、边坝县,西与嘉黎、工布江达县接壤,南连林芝、察隅、墨脱县,川藏公路318国道横贯东西,距自治区首府拉萨市636公里,距地区所在地八一镇234公里,距林芝机场279公里。西藏交通大动脉之一的川藏公路纵贯全县东西200多公里。县城驻地海拔2720米,年平均气温8.5℃,年平均降水量800~1000毫米。全县总面积1666569公顷。境内旅游,草原资源、森林资源、林下资源极为丰富,享有“高原氧吧”、“藏王故里”、“绿海中的明珠”、“大美波密·冰川圣地”等之美誉。

人口与民族　全县总人口3.5万,以藏族为主体,汉族、蒙古族、回族、苗族、壮族、布衣族、满族、侗族、白族、纳西族、锡伯族、怒族、门巴族、珞巴族、僜人在内的多民族地区。

行政区域　全县下辖3镇7乡84个村委会,1个居委会。即,扎木镇(10个村)、玉普乡(6个村)、松宗镇(9个村)、多吉乡(9个村)、古乡(6个村)、玉许乡(14个村)、倾多镇(13个村)、易贡乡(5个村)、八盖乡(7个村)、康玉乡(5个村),扎木居委会。

【概况】 2014年,波密县实现地区生产总值16.5亿元,同比增长15%;固定资产投资完成15.77亿元;本级财政收入完成7839万元,其中预算收入完成5844万元,同比分别增长38%、3.75%;农牧民人均纯收入达11263元,同比增长15%,首次突破万元大关;农牧民现金收入达8144元,同比增长15.5%;社会消费品零售总额达1.56亿元,同比增长19%。

【产业发展】 2014年,波密县落实强农惠农富农政策,加大对特色农牧业、生态旅游业的扶持力度。

特色种植业　天麻种植面积达14.02万㎡,产量达112.16万斤,年总收益达5608万元;注资500万元成立了波密县藏利天麻产业开发有限责任公司,麻种供应首次突破3万斤。投入378万元完成产业园区基础设施建设,建成640㎡箭麻培育智能温室1栋、45亩高产示范栽培区,完成育种基地引水灌溉系统,顺利启动1758㎡育种智能温室和育种基地办公及菌种培育大楼等项目。“天麻灵芝黄芪胶囊”、“天麻灵芝酸枣仁胶囊”、“灵芝红景天胶囊”3个保健品通过国家食品药品监督管理局审批。灵芝菌种植规模达25万袋,种植面积1.5万㎡,年产量达6.8万斤,实现年产值408万元;易贡柴胡新增面积180亩,累计种植面积400亩,实现年产值240万元;玉许波凌瓜种植面积达250亩,年产值80万元;丹参种植面积扩种至1100亩,实现年产值385万元。

特色养殖业　各类牲畜存栏数103674头(匹、只),新生仔畜13994头,成活率达98%;建立了玉许、多吉等3个犏奶牛养殖基地,犏奶牛养殖规模达9097头;建立古乡蜜蜂养殖基地,养殖规模达1950桶。

生态旅游业　启动《朗秋冰川景区控制性详规》编制工作,《米堆冰川景区控制性规划》获地区旅游局评审通过,首次启动1-7日游精品路线。安排300万元专项资金,鼓励和扶持农牧民兴办专业合作组织和家庭旅馆,制订《波密县农牧民家庭旅馆管理办法》、《波密县农牧民专业合作组织“以奖代补”考评办法》。农家乐、藏家乐达98家,农牧民专业合作组织达41家。全年接待游客35.1万人次,实现旅游收入10012.38万元,首次突破亿元大关,分别同比增长75.5%和54.8%。

【项目建设】 2014年,波密县开工项目168项,其中续建35项,新建133项。

道路交通　省道305线K54—K87段水毁恢复工程完成投资2465万元,完成工程量的95%,总投资1.7亿的通麦至易贡乡油路改扩建工程开工建设,国道318线102滑坡群和通麦至105道班整治项目完成投资75269万元。总投资

4127 万元的扎木镇达兴村等 8 个村道硬化项目顺利完工,硬化道路总长 34 公里。

水电能源　波堆水电站项目完成投资 44915 万元。总投资407.39 万元的波密县 2013 年农村饮水安全项目,新建 25 处安全饮水项目工程点,解决了 7 个乡镇 3364 名农牧民群众和 264 名师生的饮水安全问题。总投资 8481 万元的 110KV 输变电工程、总投资 1.24 亿元的波密县局域网工程已获区发改委概批。

广电讯邮　全县84 个村通讯信号覆盖率达 98%以上、广播电视覆盖率为 100%,建成 10 个乡镇邮政所,有线互联网已覆盖各乡镇政府所在地。

【深化改革】　土地交易　2014 年,波密县土地储备交易中心成立,建立健全土地出让"招拍挂"制度,出台《波密县征收集体土地补偿管理规定(暂行)》,依法依规对3 宗储备土地进行招拍挂出让,投入 1426 万元进行了征地拆迁补偿。

农电改革　成立波密县电力有限公司,对全县 19 座电站统一管理。投入 95 万元,对县城及各乡镇用户电表进行升级,统一更换为预付式磁卡电表,有效提升供电质量,缓解用电紧张压力,为国家电网并网接轨工作打下坚实基础。

"三公"经费　制定《波密县公务接待管理办法》、《波密县公车管理试行办法》,全年"三公"经费支出同比减少 15%。

招商引资　举办波密县 2014 年招商引资项目推介暨签约会,成功引进广东增城纵横创展有限责任公司、广东中旅(林芝)旅游文化投资公司、深圳前海千斤方生物科技有限公司等区内外企业前来投资兴业,签约总金额 3.78 亿元。参加了广博会、厦洽会、林洽会等各项活动,宣传波密,提高波密知名度。

非公经济　全面落实"五放六支持"政策,发展非公有制经济。个体工商户达 1628 家,企业达 43 家,注册资金 19175.86 万元。投资 1219 万元建成汽车修理厂,优化了城镇布局。

【生态建设】　造林工作　2014 年,波密县总投资 396.44 万元,造林面积 1807.2 亩,种植各类苗木 10.9 万株;投资 182.42 万元,实施防护林体系建设面积3649.5 亩;建立了百亩核桃示范基地 1 个。

林业严打　集中开展了 3 次严打行动,深入乡(镇)、企业、村,召开群众大会 47 场次,参会人员 2.6 万余人次,签订各类责任书 682 份,受理各类林业案件 19 起,查处 19 起,为国家挽回经济损失 30 余万元。

城乡环境治理　投资 3046 万元完成农村人居环境综合整治村 24 个。投资 170 万元建成扎木镇桑登村、多吉乡德吉村 2 个小康示范村。制定《波密县城乡环境综合治理工作实施方案》,以"波密县环境日"为契机,治理"六乱"现象,投入资金 147.4 万元购买了垃圾清扫车及垃圾压缩车等一批环卫设施。

【民生和社会事业】　2014 年,波密县正确认识和处理经济发展和民生改善的关系,实现两者良性循环,努力让更多发展成果惠及于民。

科教文卫　投资 3170 万元完成教师周转房、中小学改扩建及乡镇附属幼儿园等项目建设;为8 所小学建成学生网络机房,改善全县远程教育办学水平;组织骨干教师179 人次赴北京、成都等地参加培训,提高教育教学水平。开展天麻种植、编奶牛养殖、沼气使用、农作物病虫害防治、温室大棚种植、动物疫病防控等技能培训 15 期,培训人员 3221 人次。选派科技特派员 93 名,实现 84 个行政村全覆盖。投资 773 万元,建成 10 个乡(镇)综合文化站,84 个"农家书屋"和 18 个"寺庙书屋"。投资 100 万元配备文化站管理设备和器材,图书40 万册。出版发行 16 首《波密颂》县歌,推出波卓舞蹈精品《桃花深处》。打造"一乡一品"的文化品牌,举办多吉乡西巴斗熊节、松宗赛马节等民俗文化活动。编撰整理《波密县域文化丛书》和《地方志》。配备乡镇、村居卫生院(室)医疗设施,改善基层就医环境。投入 391 万元开展城乡居民、僧尼免费体检。救治"先心病"患儿、脊椎侧弯和白内障 40 人。完成农牧民健康体检 23415 人次,农牧区医疗累计报销 2279 人次,兑现报销金额 487.8 万元。

社会事业　推动"五大保险"扩面工作,参保人数达 23933 人次,征缴金额达 1682 万元。投资 592 万元建成五保集中供养项目,投资 330 万元建成残疾人综合服务中心项目。发放 631 万元,兑现城乡低保、寿星老人、"一孩双女"困难户家庭补助,解决了 500 多人的实际困难。积极落实就业再就业政策,开发就业岗位 195 个,新增就业 172 人、农牧民转移就业4691人,城镇登记失业率控制在2.5%以内。开工建设保障性住房140套。投资256万元完成全县126户政策性天保集中搬迁户扶贫工作。创新“七式扶贫”办法,开展结对帮扶活动,帮助770户贫困户脱贫致富。

【强基惠民】 2014年,各驻村工作队帮助村“两委”班子理清发展思路170条,完善发展规划340项。投入896.9万元落实“短平快”项目39个。帮助群众劳务输出2760人次,增加现金收入151万元。投入129万元,为民办实事、解难事360件。慰问困难群众、“三老”人员3100人次,发放慰问金99.4万元。

【维稳举措】 2014年,波密县创新寺庙管理,推进寺庙“六建”、“六个一”和“九有”工程建设。发挥便民警务站作用,深化网格化管理模式,落实重大节日和敏感日工作制度,实现了持续稳定、长期稳定、全面稳定的目标。加强信访工作,深化三级领导干部定期接访工作,调处化解信访案件8起,办结8起。落实安全生产责任制,开展道路交通、消防、油气、建筑工地、非煤矿山、烟花爆竹、食品药品等重点领域的安全生产综合整治工作,实现事故起数和死亡人数“双下降”目标及森林火灾“零发生”目标。加强社会治安综合治理,受理各类治安案件45起,查处45起,查处率100%,受理各类刑事案件23起,破16起,破案率69%。开展各类法制宣传活动250场(次),发放宣传资料4.3万份,直接受教育群众3.5万人(次)。社区矫正工作全面推开,解除矫正9人。各级人民调解委员会调解矛盾纠纷83起。落实“双联户”服务管理各项工作,建立107个联户片区和848个联户单位,实现“双联户”全覆盖。加强军政军民团结,国防和军队建设进一步增强,拥军爱民意识不断提升。

察隅县

【基本县情】 察隅,藏语意为“人居住地”。察隅县地处西藏东南部,属喜玛拉雅山脉和横断山脉交汇的高山峡谷区,与印度、缅甸接壤,与区内外6县毗邻,北与波密县、昌都地区八宿县、左贡县相邻,西与墨脱县相接,东西长约250千米,南北宽约180千米,距八一镇537公里,距拉萨934公里。全县总面积31659平方公里(实控面积19200平方公里),辖3乡3镇96个行政村和1个居委会,总人口28730人(其中农牧民24617人)。全县耕地面积40014.6亩。

【概况】 2014年,察隅县实现地区生产总值5.82亿元,同比增长13%;固定资产投资完成14.04亿元,同比增长6.4%;财政收入2882万元,同比增长15%;社会消费品零售总额完成1140万元,同比增长27%;农牧民人均纯收入达7050元,同比增长19%;粮油总产量完成18966吨,同比增长1.08%。

【产业发展】 生态农牧业 2014年,察隅县春秋两季农作物播种5.28万亩,粮油总产量达1.89万吨,同比增长1.08%。牧业方面,加强畜牧业生产,全年肉类产量达0.23万吨,出栏肉猪2.41万头、肉牛0.37万头、肉用羊0.85万只、家禽1.5万只,禽蛋产量达1.3万吨,同比持平。抓好特色产业基地建设。引进水稻、玉米、青稞等27个新品种在5个乡(镇)试种,推广优质水稻1038亩,试验种植铁皮石斛5亩、灵芝菌7.3亩、油茶252亩、天麻17亩,新增核桃种植3614.3亩等。全年,水稻种植达到9868亩、花生2980亩、油桐4万余亩、油茶500余亩、辣椒950亩、杂粮1400亩、核桃2.5万余亩和藏药材130.3亩。重点发展天麻、灵芝育种基地、优质水稻推广种植基地、小杂粮种植基地、生猪养殖基地等7个,科研基地2个,扶持发展200头(只)以上养殖大户6户。加快农牧业基础设施建设。投资1643万元,实施高标准农田改造3870亩,中低产田改造2000余亩,土地平整2000亩。建设植保田间观测场、应急药械库、乡镇农牧综合服务中心和农牧业防抗灾物资储备库等项目。深化农畜产品加工销售。投资520.27万元,完成特色产品加工厂建设,引进花生、水稻等先进加工设备。扶持发展龙头企业4家,成立西藏桑昂曲宗生态农业有限公司,开发生产“僜巴山寨”“桑昂曲宗”等粮酒系列食品20种,并成功申报“僜巴山寨”系列杂粮无公害绿色食品认证10余种,同时在内地建立销售网络。全年特色农牧业实现增收900余万元。

水电能源业 加大与大唐等水电开发公司和相关部门的沟通力

度,提高服务协调能力,确保各重大水电开发项目前期工作进展顺利。加强了与水电开发大型企业沟通合作,中电投、藏能和东送集团已决定在察隅县建设基地,其中东送集团已完成公司注册。加快推进察隅河、怒江等水电开发各项工作。

文化旅游业 狠抓宣传促销和文化交流,实施"六个一"文化工程,与云南贡山县签订察贡文化交流合作协议,扩大察隅知名度。狠抓旅游发展规划,编制《察隅县旅游发展总体规划》,完成"滇藏丙察察线"(云南丙中落—察瓦龙—察隅)景区修建详规,正在开展阿丙旅游村,沙琼僜人村及温泉宾馆的规划设计。狠抓旅游环境建设,计划投资7602.2万元,实施察隅县英雄纪念坡、察隅县博物馆等重点旅游项目10个,发展星级家庭旅馆4个,重点打造甲兴旅游景点和阿丙、沙玛2个旅游村。加大对旅游管理人员和服务人员的培训。全年共接待游客3.12万余人次,实现旅游收入1934.4余万元,同比增长88.04%、111.96%。

房地产业 通过新区开发、商业地段土地拍卖和招商引资等形式,进一步拓宽融资渠道,发展房地产业。全年社会投资房地产6879万元,国投公司一期商住楼即将开工建设。在抓好生态保护的基础上,有选择性开发经济效益突出的矿产资源,重点开发大理石矿等建筑石材,开办更多创收能力强、带动效果好、纳税多的经济实体和企业,确保群众收入和财政收入明显增长。

【项目建设】 2014年,察隅县共开工建设项目101个(其中续建项目28个,新建项目73个),累计完成投资14.04亿元,对经济的发展贡献率28%。截至年底,察隅县广播影视中心、县级政权机关综合业务用房与档案馆合建工程、农贸市场、五保集中供养中心等20个续建项目和农牧业防抗灾物资储备库、"丙察察线路"规划等18个新建项目建成并投入使用。地区财政投入1.2亿扶持资金,实施五大类41个项目,目前已全部建成,共计完成投资12108.66万元,效益突出。

【生态建设】 2014年,察隅县完成66个自治区级生态村、5个自治区级生态乡镇申报命名工作;实施水源地保护、饮用水水源地污染整治、乡镇公厕改建和乡镇简易垃圾填埋场建设,总投资428万元;深入开展"净化环境,美化察隅"环境卫生大整治活动,清理各类垃圾120余吨;加快农村公共厕所和垃圾处理设施建设,改善群众生活环境,同时加强环境监管,严把项目建设环保准入关,加大环境保护监管力度。加快建设城镇生活垃圾集中处理设施,抓好乡镇环境保护规划编制和落实。确保经济发展与生态保护协调发展。

【城镇建设】 2014年,察隅县完成县城沙通坝区域、嘎巴新区建设规划和上、下察隅镇小集镇规划;《西藏林芝地区察隅县察瓦龙乡旅游小镇修建性详细规划》顺利通过地区评审。投资641.1万元的全民健身中心、农贸市场建设项目均已完工;拟计划投资2800万元县城民族化街道二期改造、幸福大道建设项目前期工作进展顺利;下察隅镇基础设施建设、察瓦龙乡集镇道路硬化工程将于近期开工建设。

【道路建设】 2014年,察隅县共实施道路交通项目16个,总投资7.48亿元。其中"村村通"工程9个,通寺工程3个,96个行政村中有90个实现通车,通车率达到93.75%。县城至沙玛边防公路改建工程和上、下察隅镇通乡油路工程已分别完成总工程量的85%、70%;滇藏新通道前期各项工作已完成,完成了楚尼、察格等8个通村道路项目建设规划。

【农村电网建设】 2014年,察隅县完成11座微型水电站建设,果达、波罗水电站等项目建设进展顺利,农村局域网工程预计在"十二五"内建成投入使用。松塔水电站科研报告通过国家能源局审查。全县用电乡镇覆盖率为100%,行政村覆盖率为84.38%,人口用电覆盖率为85.53%,群众生活用电问题基本得到解决。

【农田水利建设和通讯网络建设】 2014年,察隅县总投资1746.31万元的农村安全饮水工程、沙通坝新区给水管网工程顺利完工并投入使用,有效解决了674户农牧民饮水问题及5362亩农田灌溉难题;沙通坝新区等8个新建防洪堤项目通过地区审查。中国电信和中国移动在偏远村庄新建通讯基站14座,移动通讯信号覆盖率达95%以上,通讯条件大为改善。

【新农村建设】 2014年，察隅县推进农村住房、公路、供水等公共服务配套设施建设，加大扶贫工作力度。投资9168.4万元，实施了2个小康示范村、7个后进村、16个边境地区村级活动场所、29个农村人居环境整治和692户安居工程等建设项目，均在2014年全部建成。申报扶贫项目22个，总投资2500余万元，现已实施13个，可使1200余名贫困人口脱贫。

【保障性住房建设】 2014年，察隅县新建公共租赁住房284套，总投资3789.97万元，总建筑面积11360平方米。共分两批实施，第一批124套，总投资1589.95万元；第二批160套，总投资2200.02万元；周转房36套，总投资550万元，总建筑面积1800平方米。

【教育事业】 2014年，察隅县启动了18个项目建设，已完工3个。落实教育“三包”、学生营养餐等政策补助资金837.05万元；县财政投入教育专项经费540万元，占去年财政收入的21%；建立健全县中、小学及幼儿园骨干教师到偏远乡镇小学交流教学机制，培训教师120余人次；健全教师职业保障体系，建立教师超量工作经济补助制度，完善乡、村教师生活补助制度；2014年小学应届毕业生中有17人考上内地西藏初中班，同比增长13.5%；中学应届毕业生20人考入内地高中班，同比增长17%。

【医疗卫生】 2014年，察隅县投资713万元，实施县卫生监督所维修、古拉乡卫生院等4个项目，县、乡、村三级医疗条件不断改善，全县现有注册医疗机构11家，村级卫生室94个（其中14个已完成标准化建设）；深化医疗卫生体制改革，农牧民免费医疗补助提高到人均380元；深入开展群众健康教育和医疗卫生人员培训工作，培训卫生系统人员137人次，通过援藏途径引进内地医疗专家13名，到察隅县进行医疗援助；全面落实医疗惠民政策，农牧民群众大病统筹报销1356人次，报销金额765.68万元；居民免费体检工作进展顺利。

【文化事业】 2014年，察隅县加强公共文化活动阵地建设，累计投入400余万元，完成县广播影视中心和新华书店项目建设，文化信息资源共享工程进展顺利，县级综合文化活动中心改扩建工程已获地区批复；“六个一”文化工程已初步完成；全县广播覆盖率达85.41%；电视覆盖率达92.61%；有线电视行政村覆盖率为6.05%；有线电视入户率9.55%；大力实施“西新工程”、“五下乡”活动，全年共为群众放映电影865余场30余部影片，新组建农牧民文艺表演队10支，组建察隅县民间艺术团(队)20个，组织各类演出319场次，丰富了群众的文化生活。

【社会保障】 2014年，察隅县各险种参保率和征缴率达95%以上，基本实现应保尽保；城乡医疗救助580人，发放救助金125万元；兑现五保、低保资金92.57万元；五保集中供养中心、残疾人康复中心、社会服务中心等建设项目进展顺利。开展职业技能培训10期1146人，促进农牧民增收42.31万元；农牧民转移就业6332人次，促进农牧民增收863.7万元；开展就业指导、职业介绍92人次，增收176.64万元。

【防灾减灾】 防灾减灾 开展地质、气象等灾害预防和应急救灾知识安全教育活动38场次，为各教学点发放报警器62台，为各乡镇发放测距仪4台。组织应急避灾演练12次，确定直升机降落点和应急避难场所132点(处)。

地质灾害隐患村搬迁 全年察隅县共排查出地质灾害点93个，其中泥石流53处、滑坡9处、崩塌31处；灾害点分布于51个村庄附近，急需搬迁农牧民281户、1433人；正在开展搬迁村庄5个，分别是竹瓦根镇雄久村达巴组、空当村然巴组，察瓦龙乡梦扎村、贡卡村、布巴村，项目总投资7899.44万元。

墨脱县

【基本县情】 墨脱，藏语意为“隐藏的莲花”。墨脱县位于西藏东南部，喜马拉雅东段与岗日嘎布山脉的南坡，地处东经93°45′—96°05′、北纬27°33′—29°55′；总体呈北高南低的走势，东起念青岗日山和阿拉亚日山脉与察隅县相连，西至多雄拉和丹娘拉与海拔7782米的南迦巴瓦峰和海拔7151米的加拉白垒峰相倚，并与米林县和林芝县相邻，北隔岗日嘎布山脉与波密县相接，南面海拔154米的巴昔卡与印度毗邻，全县平均海拔1100米。

墨脱下辖7乡1镇（其中包括1

个珞巴民族乡)46个行政村，主要居民为门巴族和珞巴族，此外，还有部分藏族、汉族及其他少数民族(苗族、满族、侗族、彝族等)。截至2014年，全县总人口13052人，乡村人口10191人，其中：门巴族7872人、珞巴族1471人、藏族808人、汉族及其他少数民族共40人，所占比例分别为：77.24%、14.4%、7.93%、0.39%。

【概况】 2014年，墨脱县实现地区生产总值4.06亿元，同比增长31.3%；全社会固定资产投资完成12.98亿元，同比增长44.7%；县本级财政累计收入完成8463万元，同比增长84%；农牧民人均纯收入完成7473元，同比增长30.4%；全社会消费品零售总额为3117万元，同比增长22.2%。

【特色产业】 2014年，墨脱县以“四大产业”发展战略为抓手，积极调结构、转方式、强举措，四大产业取得了较好成果。

特色农牧业　整合国家及援藏投入资金3328.39万元的7个茶园共种植3193亩茶叶。完成投资20万元的茶叶中长期发展初步规划。利用年初茶叶种植培训预算资金20万元，从广东、福建、四川聘请专家，向农牧民讲解科学合理施肥、修剪茶苗和传授炒制绿茶的方法，累计培训2000人次。全县播种农作物面积2.37万亩，主要种植水稻、玉米。应用综合高产栽培技术在全县推广三系杂交稻，覆盖4乡1镇种植面积达到5466亩；全县粮油产量达到4560.89吨；全县牛存栏达4040头；生猪存栏达1.2万头；禽类存栏达1.3万只；骡马存栏达2000匹。畜牧业生产创收720.66万元。成立了8个农牧民施工队。注册帮辛石锅、德兴乡农副产品、墨脱镇蔬菜等特色农牧民专业合作社10个，注册资金达860万元，入社户数60户，入社人口400人，实现户均增收1万元，人均增收1500元。

特色旅游业　墨脱景区于6月10日正式发售门票，全年共接待游客9.61万人次，出售门票2.02万张，门票收入达到286万元。旅游总收入达2112.99万元，其中：农牧民收入1408.66万元，同比增长60%；完成旅游公司管理人员、讲解员等42名当地农村青年选聘、培训及上岗工作；K52综合项目已开工建设；协调西藏银行贷款的旅游基础设施建设资金8400万元，这将加快墨脱县旅游基础设施建设；成功举办中国(墨脱)第二届徒步·自驾车旅游文化节，扩大了墨脱旅游的影响。

特色门珞文化业　完成藤网桥、竹编、门巴服饰、珞巴藤竹帽、门巴黄酒等县级非物质文化遗产名录申报工作。确定《墨脱邀请你》和《锅庄》两首为县歌，已完成录制。门珞文化挖掘、保护、收集和传承有序进行。整理文字3万字、照片180张、视频20个，收集到手工制作技艺9个、宗教法会仪式1个、民间体育竞技4个、行政村地名由来46个、民间谜语10个和神话传说3个。

【项目建设】 2014年，墨脱县新建、续建项目166项，总投资23.54亿元，已完成投资10.45亿元(其中：续建项目54项，投资达8.04亿元；新建项目112项，投资达15.5亿元)。166项项目中：国家投资的项目有128项，投资达19.7亿元；援藏投资已启动项目有20项，完成投资8477万元；社会投资项目有18项，投资达1.62亿元。

【财政金融】 2014年，墨脱县农行各项存款余额为6.13亿元，同期增加1.5亿元，同比增长32.89%；各项贷款余额为3.77亿元，同期增加3.01亿元，同比增长395.74%，其中：涉农贷款余额为3.26亿元，同期增加2.84亿元，同比增长675.02%。全年累计发放各项贷款3.38亿元，其他涉农贷款发放3.06亿元，其中农户到户贷款发放5127万元。全县“三公”经费支出870万元，同比下降42.8%。其中：公务接待费支出491万元，同比下降16.78%;会务费支出23万元，同比下降38%；公务用车购置运行维护费支出356万元，同比下降60.18%。全年实际采购金额942.25万元，节约采购资金108.58万元，资金节约率为10.3%。全县共开展“正风肃纪”专项行动明查暗访142次。村务公开入户公开率达到100%;公开药品费7大类243个品种。确认了22个部门的46个行政审批项目。共调整清理办公用房面积988.4㎡，整治比例达100%。

【城乡建设】 2014年，墨脱县实现城镇新增就业92人；农牧区转移就业培训164人；城镇登记失业率控制在2.3%以内；剩余劳动力转移达到4400人次，新增再就业岗位71人，其中：公益性岗位12人。墨脱县《2006年-2020年土地利用规划》已通过区、地两级评审。2014年,共征用土地6宗326亩,兑现征地补偿金573.76万元,挂牌出让土地31宗,确保莲花湖主题公园、亚东市政道路等援藏项目及公租房、干部职工周转房等重点建设项目顺利实施。完成基准地价和背崩、达木2个乡指导地价工作,为墨脱县合理开展国有建设用地使用权出让工作提供了科学依据。实施"兴边富民"、扶贫项目共52个,总投资3331.5万元。

【民生和社会事业】 2014年,墨脱县交通建设逐步加强。全年交通新建、续建项目共有12项,总投资达3.08亿元,全县公路里程为270.13公里,通乡公路通达率为75%、油路通畅率12.5%;通村公路通达率为46%、油路通畅率为2.2%。通乡和通村公路的油路通畅率分别同比增长12.5%和2.2%。

水利电力 新建、续建项目7项,总投资达4958.09万元。总投资4.1亿元的亚让电站及线路延伸建设正在建设中,将极大程度改善全县用电问题。

教育事业 中央共投资4075万元用于6所乡小学改扩建,自治区财政投资1662万元用于中学和8所乡小学附属设施建设,建成后将极大程度改善教学基础设施。初中毛入学率为99.8%,巩固率为99.2%;小学毛入学率为99.48%,巩固率为100%。小学至初中、初中至高中升学率均达100%,2名小学生顺利考入内地西藏班。全年发放各类贫困学生资助金及奖学金138.65万元。2014年,帮辛乡中心小学副校长格桑德吉荣获全国民族团结先进模范个人、最美乡村教师、感动中国人物;达木乡小学、背崩乡小学荣获2014年林芝"平安学校"荣誉称号。

卫生事业 共投资969.7万元用于实施急救中心、卫生监督所整合以及各乡镇简易卫生室建设等项目,建成后将进一步改善县、乡、村级医疗基础设施,缓解农牧民群众"看病难、就医难"的问题。全县参加农牧区医疗制度人数为9692人,参合率达100%。100%完成25名在编僧尼免费体检工作;共完成城乡居民健康体检11064人。农牧区医疗制度各级财政拨款人均提高至380元。全县门诊诊治患者、住院病人、住院分娩、围产期保健、藏医门诊、针灸理疗达10761人次;大小手术共120例。全县儿童单苗接种率达到96.8%以上;入托、入学儿童查验接种证215人。完成421人疟疾血检发热病人个案调查登记、服药治疗及疫点区消杀等工作。

文化事业 投资932.39万元的各乡(镇)文化站建设项目正在稳步推进中。完成投资100万元的文化活动中心整改及投资60万元的县新华书店工程项目建设。开展农村放电影活动,播放次数达95场,观众达1万人次。共组建县、乡、村11个基层文艺队并及时为广大农牧民群众营造了丰富多彩的精神文化生活氛围。

社会保障 全县城镇、农村低保户共有356户960人,发放低保资金122.1万元;孤儿、五保户共有108人,共发放生活补贴49.86万元。年内30名有意愿的五保户已安置在福利院集中供养。2300元以下贫困户共有732户3211人,实现全部脱贫。驻村工作队共慰问五保户、低保户等4700人次,慰问资金达120.12万元,共解决群众困难事件2463件,投入资金达1000多万元。完成失业保险、工伤保险等8类各项社会保险指标,共计收缴各类保险金1243.34万元,参加人次达9879人次,参保率、征缴率均超额完成。制定了《墨脱县公有房屋管理办法》等管理条例,完善了保障性住房申请、审批、入住、退出等各项管理制度。发放178.24万元用于干部职工休假包干、公用经费提标及"上三乡"艰苦地区补贴。发放1336.23万元用于兑现背崩村边民补助等民生改善方面。

安居工程 投资约3.47亿元,惠及1850户的农牧民安居工程分三批实施(2012年、2013年、2014年分别为429户、910户、511户),截至目前,全县363户的农房改造基本完成。根据2014年安排的987户安居工程实施方案,已完成总工程量的50%。县委、县政府整合三峡集团资助、援藏资金及其他各类资金,增加全县987户农牧民安居工程建设资金共计1011.53万元,现60㎡(1-2人)每户增加至9.2万元、90㎡(3人)每户增加至10.3万元、150㎡(4-6人)每户增加至12.106万元、200㎡(7人以上)每户增加至13.623万元,确保了安居工程高标准、按期完成。全年安居工程木材供应量已达到1925.39m^3。

【生态建设】 2014年,墨脱县投资536.9万元的重点区域公益林建设项目、雅鲁藏布大峡谷保护区三期建设项目、红豆杉保护基地等6个建设项目,均完成工程量的80%。投资184.79万元的生态环保宣传牌、垃圾池等项目,已完成工程量的60%。2014年四川地质勘察院环境工程中心为墨脱县开展4次空气质量监测和地表水监测,根据报告显示:墨脱县空气质量优良,总体评定结果为Ⅰ级,地表水质量优良,总体评定结果为Ⅰ类。墨脱村、德兴村已通过自治区验收并确定为自治区级生态村。

【安全生产和防灾减灾】 2014年,墨脱县专门成立安委会,通过建立"党政同责、一岗双责、齐抓共管"责任体系,制定《墨脱县安全生产大检查活动实施方案》、《2014年17项专项整治工作实施方案》、《2014年防灾减灾抗灾工作方案》等10余个安全生产专项整治实施方案以及采取定期、不定期排查与整治,全年未发生重特大安全生产事故。完成投资154.13万元的农牧、水利、卫生、民政、国土救灾物资采购工作,品种达118种,已运送至各乡镇。完成投资39.65万元的消防设备、安全警示牌、限速公告牌配备工作。

【维稳举措】 2014年,墨脱县落实维稳各项措施,实现了"三不出"目标。巩固民族团结,加强和创新寺庙管理,开展创建和谐模范寺庙和爱国守法先进僧尼活动,落实寺庙"九+六"项目,改善僧尼生活条件。创新社会治安管理体制,全年接到农民工上访投诉案件32起,涉案人数达214人,已调解31起,为民工追回拖欠工资456.7万元,劳动争议案件调解率为97%。充分发挥"车载流动法庭"优势,深入基层巡回办案,积极开展"法律伴我行"等一系列法制宣传活动。全年法律普及9700人次,完成县、乡、村三级人民调解组织的规范化建设,提升干部群众的法制意识。投入资金1037.85万元用于改善政法系统办公软、硬件设施建设。输送符合征兵条件的青年11名,发放慰问金5500元;对4名因公致残的城镇、农村优抚对象发放优抚金34720元;妥善安置了5名退役士兵;发放4名退役普通义务士兵优待金及一次性生活补助29.6万元。2014年,墨脱县人民政府荣获"全国民族团结先进模范集体"。全县荣获先进驻村工作队等各级、各类集体荣誉奖的共有39家;荣获优秀公务员等各级、各类个人荣誉奖的共有284人次。

【受援工作】 2014年,墨脱县计划项目19项,已全部启动。援墨工作队各项工作取得了多个"率先",在林芝所有的援建县(场)中,援墨工作队率先全部启动门路民俗文化古街等援建项目;率先建成县电视台改造工程。目前52K旅游配套设施、62K喜荣湖景区、80K游客服务中心、核心区门珞民俗文化古街、莲花湖主题公园、县旅游服务中心以及贡日、米日、玛迪小康示范村等重大工程正在建设。除计划内安排2亿元援墨资金外,2014年,援墨工作队各队员利用节假日积极向支援地政府和社会各界额外筹资筹物共计2396万元,所筹资金全部用于完善县农牧区生产生活设施及卫生、教育、敬老院等民生工程建设。

【作风建设】 2014年,墨脱县受理群众信访举报2件、办理上级转交案件2件、县委办理2件;同时不断强化作风建设,全年共开展"正风肃纪"明查暗访142次,处理违反"八项规定"13起,处理16人,进一步澄清了墨脱的政风,确保了墨脱政治生态的"山清水秀"。

昌都市

【概况】 2014年,昌都市实现生产总值117.11亿元,同比增长10.9%(不变价);固定资产投资达到152.6亿元,同比增长23.9%;社会消费品零售总额达到32亿元,同比增长13.8%;农村居民人均可支配收入达到6616元,同比增长12.7%;城镇居民人均可支配收入达到19256元,同比增长8.6%;税收12亿元,同比增长13.4%。

【基础设施建设】 2014年,昌都市累计实施交通项目108个,完成投资27.2亿元。国道214、317线昌都镇过境段工程S线建成投入使用,矮拉山隧道、珠角拉山隧道及连接线工程、类乌齐至丁青段改扩建,以及省道303线洛隆至边坝、边坝至比如段整治改建工程,贡觉至拉托、拉托至芒康公路改建工程加快建设,建成通村、通寺公路310条2321公里,年末公路通车总里程达到13916.51公里。邦达至重庆航线通航,邦达机场飞行区改造工程动工建设。电力建设完成投资54.64亿元,川藏联网工程全面建成投运,汪排电站进入主体工程施工阶段,边坝镇电站实现首台机组发电,丁青巴登等8座电站开工建设,边坝沙丁等12个电站线路延伸和局域网工程加快实施,建设无电地区电力项目23个,发放户用光伏系统6.7万套,全年解决和改善了12万人的用电问题。23条河流流域综合规划工作完成,实施了18个防洪堤工程,完成了5个灌区及节水改造工程,开展了8县小型农田水利重点工程建设。新建通讯基站311座,新增通村宽带392个,广播、电视人口综合覆盖率分别达到97%、97.8%。开通邦达至重庆航线,邦达机场安全起降2102架次,完成旅客吞吐量20.2万人次,分别增长32.3%、36.3%。

【产业发展】 2014年,昌都市农牧业总产值达到32.38亿元,增长8%。推广“藏青2000”等新品种9.8万亩,全市粮食产量18.02万吨,肉、奶产量分别达到8.87万吨、8.2万吨,蔬菜产量10万吨。共落实农牧业特色产业项目资金5.5亿元,农牧业特色产业产值突破1亿元。完成葡萄种植5200亩、荞麦种植2万亩,建成蔬菜基地3万亩。“三江”水电资源开发完成投资21.2亿元,同比增长48.6%。如美等10座电站取得路条,叶巴滩、苏洼龙电站下达“封库令”,果多、觉巴电站有望在2015年实现首台机组发电。矿业勘查完成投资1.69亿元,《非整装勘查区矿业权设置方案》编制完成。矿业开发完成投资5.56亿元,实现产值5.12亿元。玉龙铜矿一期工程建成并调试生产,二期工程顺利建设,全年生产铜金属4533吨,实现产值4.1亿元。煤炭资源板块矿权整合完成。藏东矿业完成昂青银多金属矿矿权收购。新型干法水泥厂及“卡诺圣”天然饮用水项目正式投产。旅游业加快发展,接待游客有望突破120万人次,实现收入9.76亿元,同比均增长24%。

【民生和社会事业】 2014年,昌都市整合各类资金85.5亿元,实施“十二项民生工程”项目1008个。各类民生补贴政策全面落实,补贴资金及时足额发放到位,新农保标准提高到月人均120元,城乡居民最低生活保障标准分别提高到月人均540元和年人均2150元,五保户供养标准提高到年人均3650元,城镇居民基本医疗保险和农牧区医疗制度财政补助标准分别增加40元,“三老”人员生活补贴标准人均增加50元。完成农村危房改造15485户,实施人居环境综合整治240个村。建成民生水磨坊220座。争取国家投资3.25亿元,实施扶贫农发项目437个,发放扶贫贴息贷款35亿元,全年共解决6300户3.15万人的脱贫与发展问题。大骨节病区群众异地搬迁及综合防治工作全面启动。建成保障性住房3454套。“8·12”地震抢险救灾、过渡安置和民房恢复重建工作顺利完成,共落实恢复重建资金12.5亿元,3770户受灾群众迁入新居。加快推进美丽昌都建设,完成造林绿化15.97万亩,天保工程封山育林等各项育林造林取得良好成果。

教育事业 牢固树立教育优先发展意识,大力实施教育追赶战略,大打教育翻身仗,教育基础设施不断改善,教育教学质量不断提高,学前幼儿毛入学率达到51.66%,小学适龄儿童、初中、高中入学率分别为99.14%、52.6%、37.1%。高考人数及升入重点大学、普通大学学生数大幅增加。新建成49所乡(镇)小学附设幼儿园,续建63所幼小一体化学校,改扩建58所小学和6所初级中学,553套偏远艰苦地区教师周转房竣工投入使用。职业教育获得较大发展,成人教育稳步推进,特殊学校建成并招生。体育事业获得较快发展,地区参加全区体育运动会金牌总数、含金量及体育道德风尚均有历史性突破。

文化事业 公共文化体系逐步完善,实现了县县有综合文化活动中心、民间艺术团、新华书店、文化信息资源共享工程服务点,乡乡有综合文化站,村村有农家书屋,寺寺有寺庙书屋的目标。强巴林寺、类乌齐查杰玛大殿等10个文物保护工程顺利竣工。成立了康延川文化产业有限公司,并成功引进公司合作建设文化产业园。卡若康巴欢乐谷开发建设工作有序推进。创作了一批影视剧本。文艺演出水平有了较大提高,在区内外引起良好反响。广播影视工作不断加强,广播电视覆盖面进一步延伸,舆论宣传引导能力得到提高。

卫生事业 2014年10县卫生监督所、急救站、地方病防治所投入使用,市人民医院、藏医院改扩建工程进展顺利,111个乡(镇)卫生院开工建设,市人民医院、藏医院改扩建工程完成主体施工,三级医院创建工作顺利推进。完成城乡居民健康体检63万余人,僧尼体检1.2万余人,实施"先心病"患儿手术70例,免费治疗白内障患者410人。人口和计生工作进一步加强,人口素质整体提升。大骨节病普查工作基本完成。成功筹办川甘青藏四省区六州一地鼠疫联防会议。食品药品监管力度进一步加大,未发生重大食品药品安全事故。

社会保障 全年共开展军旅式培训85期培训1万余人,开发就业岗位3600个,实现城镇新增就业3500人,应届高校毕业生和中职班毕业生基本实现就业,城镇登记失业率控制在2.5%以内。各县区敬老院和市福利院新建项目全面启动,集中供养孤寡老人2568人,转移和集中收养孤儿181人。47.9万人次参加各项社会保险,社保基金总收入4.13亿元,落实各项社会保险待遇3.04亿元。9.1万人享受到城乡低保政策,落实城乡低保资金1.09亿元,5.5万人得到城乡医疗救助,落实城乡医疗救助资金1282.45万元,10.2万困难群众得到救助,落实救助资金1.57亿元。妥善解决历史遗留问题,完成99名半脱产兽医的退休审批工作并落实养老保险待遇。

科技工作 实施国家、自治区等各类科技项目21项,完成投资3781万元,全市现有科普活动站56个,农牧民科技特派员1493名,科技进步对经济发展贡献率为38%,对农牧业发展贡献率为43%,科技普及率达83%。

【城镇建设】 2014年,昌都市实施"提升中心、创建新区、发展乡镇"战略,城镇建成区面积不断扩大,城镇综合功能不断完善,综合承载能力明显增强,城乡面貌有了较大变化。旧城改造和新区建设加快推进,累计完成投资近50亿元,中心城镇规模不断扩大。茶马大道、胜利桥、康巴文化演艺推介展示中心、昌都自来水厂俄洛分厂等一批市政基础设施项目相继建成投入使用,9县垃圾填埋场和3县供排水管网以及丁青县供暖工程建成使用,察雅县供水工程、洛隆县绕城路等市政设施相继开工建设。昌都经开区开发建设稳步推进,已注册落户企业35家,注册资金8.9亿元,实现税收3664万元。继续推进50个重点乡镇规划建设,57个美丽乡村集中安置点顺利实施,完成安居工程4514户和240个行政村农村人居环境综合整治。昌都彻地设市顺利完成。

【优化发展环境】 2014年,昌都市开展发展环境综合治理工作,不断优化发展软环境,着力推进行政效能建设。进一步清理行政审批事项。积极搭建便民服务平台,市民服务中心办理各类审批事项4807件,受理咨询522人次。签约招商引资项目87个,协议资金61亿元,到位资金16.7亿元。金融业规模不断壮大,存贷款余额显著增长,金融服务体系进一步完善，落实投资项目贷款99.7亿元。切实强化援藏工作，完成援藏投资3.1亿元，实施援藏项目52个。鼓励支持非公有制经济发展，非公经济组织达到13183户，注册资金23.98亿元，同比分别增长1%和31%。切实加强生态环境保护，造林育林15.97万亩，分别兑现草原生态补奖资金和森林生态效益补偿资金1.98亿元和1.42亿元。

【社会稳定】 2014年，昌都市牢牢把握维稳第一责任，认真落实“十项维稳措施”和“十五项维稳意见”。以严打整治专项行动和“排雷除瘤挖根强基”行动为重点，深入开展“四个揭批”夯实“三个基础”教育活动，在左贡县东坝乡、昌都县拉多乡集中开展“点对点、面对面、重点对重点”群众路线教育实践专项活动，人民群众的安全感大幅提升。实行重点信访案件“包案”制度，妥善处理各类人民内部矛盾，共接待（受理）群众来信来访来电604批（件）、1162人次，办结475批（件），办结率78.6%。“六五”普法成效明显，群众学法、知法、守法意识不断增强。突出抓好重点行业、重点领域的安全生产工作，安全生产事故起数和死亡人数得到有效控制。

【夯实基层基础】 2014年，昌都市认真开展党的群众路线教育实践活动，“四风”、“两问题”、“一薄弱”、“六不强”等问题得到有效解决；“一坚定三忠于”、“三热爱·三创建”、“热血青年爱国成才创业”、“双模双建”、“四个认同”等系列教育活动成效明显，领导班子、干部队伍、人才队伍建设稳步推进；按照“十四个不提名”和“过六关”的要求，圆满完成村（居）“两委”换届选举；党员队伍不断壮大，基层组织建设不断加强；干部驻村开展强基惠民工作扎实推进，党群干群关系更加密切；组织开展一系列转作风、强纪律、抓落实、提效能、树形象活动，全市2万多名党员干部与3万多户困难群众结对认亲，为群众办好事1万余件，与广大农牧民群众架起了“连心桥”。

卡若区

【基本区情】 卡若，藏语意为“逐渐收拢”。卡若区位于西藏自治区东北部，昌都市的中北部，地处东经96°42′—97°58′，北纬30°44′—32°19′，东与江达、贡觉县为邻，南与察雅、八宿县接壤，西与类乌齐县相望，北与青海省玉树州毗邻。

自清末改土归属昌都府以来，卡若区便一直是“藏东明珠”、“藏东门户”昌都市的政治、经济、文化和交通中心。以卡若区为中心，北到青海、东联四川、南下云南，西至拉萨，处在联系西藏与内地商贸往来的枢纽地位。

人口与面积 卡若区总人口13.2万人，其中农牧业人口8.6万人，非农业人口4.6万人。有藏、汉、回、苗、蒙古、珞巴、门巴等民族。全区总面积1.1万平方公里。

地理概况 卡若区位于横断山脉西北部，青藏高原东南部的边缘地带，地势北高南低，地形十分独特，东西呈“W”型。最高海拔6100米，最低海拔2900米，平均海拔3500米，境内地形复杂多样，峰峦叠嶂，山崖陡峭，河谷深切，相对高差达1500—2500米，形成了起伏强烈的典型高山峡谷地貌。

资源概况 卡若区是一个半农半牧业区，现有8个农业乡镇，4个半农半牧业乡镇，3个牧业乡镇，2014年农牧业产值占全区国内生产总值的5.95%。卡若区水资源丰富，总流量达152亿立方米。“一江三河”贯穿全境，其中扎曲河流经境内达145公里，昂曲河、金河和澜沧江分别流经境内85公里、50公里和60公里。卡若区境内自然资源丰富，森林、矿产、水力、药材、特色产业、特色资源旅游并称为卡若区“六大财宝”，有极高的开发、研发、文化、市场价值和前景。全区森林面积达54.44万公顷，主要树种有冷杉、云杉、柏树、松树、桦树等，蕴藏量居全自治区前列，蓄积量达4669万立方米。矿产资源主要有煤、铁、砷、金、银、硫磺、水晶石、铅、锌等36种，地矿条件优越。名贵药材主要有虫草、知母、贝母、鹿茸、麝香、雪莲、当归等；富饶的山川是马鹿、野山羊、棕熊、獐、雪豹、白马鸡等珍稀动物的乐园。卡若区的旅游资源富含民族气息，境内有新石器时期的“卡若遗址”、“小恩达遗址”，强巴林寺，谷布溶洞等。

【概况】 2014年，卡若区实现地区生产总值41.94亿元，同比增长24.49%；财政收入达到12399万元，同比增长20.5%；社会固定资产投资达到21.5亿元（不含川藏联网）；农牧民人均可支配收入达到8413

元，同比增长16%，其中现金收入5902元，同比增长16%；城镇居民人均可支配收入达到19142元，同比增长10.2%；社会消费品零售总额完成11.59亿元，同比增长20%。城镇登记失业率控制在2.5%以内。

【经济发展】 *农牧业生产* 2014年，卡若区粮食作物总产4017万斤，经济作物总产5786万斤，饲料作物总产1902万斤。新生仔畜成活率保持在97.5%以上，牲畜综合出栏率保持在32%以上，2014年末牲畜存栏数为29.87万头(只、匹)。

特色产业 卡若区蔬菜种植面积2300亩，大黄种植面积6000余亩、玛咖种植面积700余亩，并建成昌都首个规模化生产销售一体化的生猪繁殖基地。已完成“阿妈菜”、“藏家特贡”、“俄洛桥”三个商标的注册申报工作，包装设计了“阿妈菜”系列产品。

水能、矿产开发 果多水电站建设已完成投资19.5亿元，实现利税4000万元以上。卡若镇拉诺玛铅锌矿、妥坝乡昂青银多金属矿等矿业开发有序推进。高争新型干法水泥生产线已建成并点火试运行。

发展第三产业 加大特色旅游商品、民族手工业产品开发销售力度，共接待国内外游客30万人次，旅游收入2.4亿元。2014年实现第三产产值20.18亿元。

重点项目建设 果多水电站项目、新型干法水泥厂项目、川藏联网工程、昌都镇自来水厂俄洛分厂项目、昌都商贸大楼工程、生格村、野堆村和达瓦村村民回迁安置房工程、“8.12”地震灾后恢复重建工程等一大批重点建设项目顺利实施，涉及资金30余亿元，投资拉动作用明显。

基础设施建设 全区境内公路总里程达2484.979公里(不含城区道路)，其中国道214线和317线共222公里；开通了昌都至成都、重庆、云南迪庆等6条省际客运班线和昌都至拉萨、那曲等7条市际客运班线，以及至10个县的16条县级和12个乡(镇)的客运班线。乡(镇)、行政村公路通达率达100%，自然村公路通达率达41.76%。全区农业灌溉面积3.55万亩，农田灌溉水渠337条82.184公里，灌溉水塘240座24.78万立方米。70%农牧民群众用上了安全饮用水，76%的农牧民用上了大电网的电，城镇居民通电率达95%以上。辖区内有通讯基站136座，15个乡镇均实现移动通讯覆盖、宽带上网等数字化通讯。重点水利项目的俄洛灌区工程、妥坝妥曲河流域治理工程、昌都镇城区山洪灾害治理工程、小型农田水利“重点县”工程等全部建成。

【民生和社会事业】 *教育事业* 从2013年开始，卡若区财政收入以每年增加一个百分点投入教育事业，有效地改善了全区的办学条件。学生到位率、学生规模明显增加，教学质量明显提升。2014年，内地西藏初中班考试在全市11县(区)评比中名列第二。

文化事业 修建了12个乡镇文化站、158个“农家书屋”、52座“寺庙书屋”。广播电视“村村通”和寺庙“舍舍通”工程基本完成。2014年24幅嘎玛嘎赤画派和康·勉萨画派的代表作品入选“首届中国唐卡艺术节精品展”，卡若区获得“首届中国唐卡艺术节精品展组织奖”，被自治区评为2014年“先进文化县”。

医疗卫生 加强食品卫生市场监管和合作医疗家庭账户本与户籍核对更换、新办和建档工作，加强基层医疗卫生队伍建设，完善基本公共卫生服务、城乡医疗卫生服务体系。未发生重大医疗和生产事故，为13774名农牧民按规定从大病统筹医疗资金中报销医药费4967.84万元，兑现率达100%；培训基层医务人员330余人，更换、新办合作医疗家庭账户本14264本69525人，为职工、僧尼、城镇居民共695人次报销医疗费用520.29万元。

社会保障 农牧区医疗保险参保率达到98%以上，农村新型养老保险参保率达到93%以上，及时落实城镇、农村低保资金和救助金，104名五保供养人员实现了集中供养，有效的提升了社会保障能力。下拨救济款192万元，为城乡困难户186人次解决临时救济款43.1万元。完成城镇居民医疗保险5671人，城乡居民基本养老保险38868人，征收保费477.62万元。

生态环境 加强重点区域造林、退耕还林、补植补造、生态安全屏障林及义务植树造林、人工造林、封山育林工作。对森林管护、乱砍滥伐、盗伐、盗卖、盗运木材、非法狩猎行为进行了整治，使生态环境得到了进一步改善。

城乡就业 通过开办餐饮、酒店服务、建筑施工、摩托车维修、种植等各类培训班，成立农牧民施工队等，开发就业岗位290个，培训10

期技能型农牧民共1021人次,有效增加了农牧民收入。通过加大经济结构调整力度,发展订单式农业,培育特色产业6个;全区共有农牧民施工队伍57支,共实施工程项目76个,涉及工程资金突破1亿元。

新农村建设　生格村、野堆村和达瓦村村民回迁安置房工程、"8.12"地震灾后恢复重建工程得以顺利实施,启动了柴维乡整体搬迁建设项目和库区安置点建设工作;本级财政安排资金580万元用于100户增加分散安置户建设。完成14个乡(镇)(柴维乡除外)"四小工程"建设任务,以及涉及7个乡(镇)、31个行政村的农村人居环境建设和环境综合整治工程。通过11个乡镇的基层政权业务用房建设、30座民生水磨坊建设、农牧民安居工程建设等,解决了无劳力、家庭经济条件差的农牧户住房困难问题。

【城镇建设和管理】　提升经营城市科学管理水平　2014年,卡若区政府制定出台一系列市政管理规章制度,完善公共设施有偿使用和征收城市垃圾处理费的管理办法,逐步走上"以城养城、自我发展"的经营道路。实施城市环卫工人"同工同酬"工资待遇,逐步提高环卫工人的收入水平。加大市政设施投入,兴建了一系列公共设施和居民娱乐设施。针对违法建筑突出问题,专门设立三个市政监控站,有效杜绝了违章建筑的扩大蔓延。

加快旧城改造和新区建设步伐　2012年以来,完成了31.85万平方米房屋建筑及7461.756平方米门面的昌都城区旧城改造、道路改扩建项目以及新区开发建设拆迁任务,完成12宗地2379.83亩的征收和城关镇通夏村283.06亩地的前期工作,共兑现补偿款22656.39万元。政府还出资710.7万元对昌都商城进行改造,于2014年7月投入使用。

【社会稳定】　2014年,卡若区加强为民办实事、积极兑现惠寺惠僧政策、加大寺庙僧舍维修工作、为寺庙僧尼建立健康档案、定期体检等,促进宗教领域的和谐稳定。开展严打专项整治和重点地区治理工作,有效打击了十四世达赖集团的各种分裂渗透破坏活动,实现"三不出"、"四无"的目标,确保社会局势持续、全面稳定。

江达县

【基本县情】　江达,藏语意为"江普寺沟口"。江达县位于青藏高原东部,地处横断山脉上段的高山峡谷之间,地理位置为东经97°21′—98°53′,北纬30°01′—32°,平均海拔约3650m,最低海拔2800m,最高海拔5436m。年平均温差大,太阳辐射强烈,日照时间长;最高温度28℃,最低温度-15℃。海拔较低的东南部农业区内,生长着大面积的森林,是农、林、牧多种经营的优势地带。境内最高的山峰有5300米。

江达县水资源以金沙江流域为主,金沙江分布于江达县东北、东南部;字曲河和独曲河分别流入金沙江;江达县河流分布十分广泛,基本上全县各自然村的村口都有河流分布,全县共有大小河流147条,其中可开发利用的河流116条,为江达县群众提供了丰富的人畜饮水及土地灌溉水源,也为发电动力等提供了丰富的资源。

【概况】　2014年,江达县实现地区生产总值15.68亿元,同比增长20.3%;固定资产投资8.56亿元,同比增长29.8%,其中社会投资4.14亿元;公共财政预算收入完成6378万元,同比增长24%;农牧民人均纯收入6425元(其中现金收入4398元),同比增长15%;全年完成税收收入6534万元,同比减少22.19%;金融机构存款余额5.2747亿元,同比增长5.64%,贷款余额9.2385亿元,同比增长21.8%;社会消费品零售总额1.7491亿元,同比增长14%;全县个体工商户872户,注册资金6386.92万元,分别比去年同期增长6.6%和35.2%。

【经济发展】　农牧业发展　2014年,江达县粮食总产量2751.4万斤;青稞总产量2291.1万斤;油菜总产量72.4万斤。蔬菜总产量28.8万斤;良种覆盖率达89%;主导品种大田统供率为71%;化肥使用量586吨;农作物有害生物灾害损失控制率为3%。仔畜成活率为97.5%,新生各类牲畜15.9万头只匹,总增长率为38%;成畜死亡率为1.8%。牲畜年末存栏数47万头只匹;适龄母畜比例为50%;综合出栏13.6万头匹只;猪牛羊肉产量1.33万吨;奶产量1665万斤;绵羊毛产量66吨;山羊绒产量11吨。完成邓柯乡农业示范园区规划工作,落实农民生产资料综合补贴、种子和农机购置补贴等惠农政策,兑现2013年种植业、养殖业和房屋损失赔付资金157.60万元，直接受益群众达498户，2988人。培训农牧民738人次。涵盖种植、养殖、农机具维修、操作等方面。开展科普宣传活动5次，下发科技资料78500余份；兑现禁牧补助、村级草场监督员补助和草畜平衡奖励3188.86万元；调运口蹄疫疫苗72箱(35万毫升)，注射牲畜428725头(匹、只)，免疫密度达到100%。

工业方面　完成玉龙工业园区规划工作，玉龙铜矿基建工程、剥离工程和采场公路顺利开工；已完成玉龙二期征地协议签订工作，玉龙生产处理铜4533吨，实现产值4.1亿元。推进矿产资源开发风险评估工作，积极推进娘西乡颠达铅锌矿开采事宜。

旅游产业　完成《江达县旅游总体规划2014-2030》和《江达县岗托民俗村修建性规划》的编制工作。积极参加在天津市举办的2014年中国旅游产业博览会和在拉萨举办的首届西藏旅游产品展览会，提升江达对外知名度，江达虫草酒获得了西藏第二届旅游商品大赛(展)金奖，波罗木刻和邓柯系列产品(“丹满”公司山珍套装)获得铜奖。积极与邻省、邻县开展“五·一”、“十·一”黄金周旅游合作，全年共接待游客9.2万人次，实现旅游总收入837万元，同比增长33%、28%。

【项目建设】　2014年，江达县完成投资4.42亿元，开复工项目158个。

交通建设　新续建农村公路23条，矮拉山隧道、同波公路、卡娘公路项目顺利开工。全县新增农村公路里程236.067公里，村公路通达率为95.74%，寺庙通达率为97%。

水利设施建设　实施独曲河水电站厂区堤防、县城二期防洪工程、小型农田水利重点县建设等8个项目，改善灌溉面积8320亩；实施人畜饮水安全工程，解决和改善6.9908万人饮水，实现人均通水率87.5%，正常通水率79.6%。

市政建设　完成县城、13乡(镇)、玉龙小城镇总规、控规和修规的编制工作；《江达县土地利用总体规划》的规划文本、规划说明和规划图件编制工作基本完成；县垃圾填埋场投入试运行，县城自来水厂、江达镇基础设施等项目建设进展顺利；新建各类保障房198套。

能源建设　川藏联网工程全线贯通，实现青泥洞乡、江达镇110KV变电站通电试运行；全县电站总装机容量5235KW，完成邓柯乡、汪布顶乡电站线路延伸工程，新增用电人口6584人，用电人口覆盖率提高到42.3%；叶巴滩电站实物指标调查公示、移民意愿调查工作已完成，岗托电站项目前期工作有序推进。

农牧业　总投资4229.5066万元，实施农牧业项目建设7个，完成投资2480万元，占总投资的58.64%。2012年天然草场与退牧还草和2013年天然草场与退牧还草2个续建项目总投资2989.8万元，完成投资2200万元，完成73.59%。青稞生产基地和牧业科技示范园等3个新建项目总投资859.7066万元，完成投资280万元，完成32.57%。种草养畜和乡镇农牧技术推广站2个项目总投资380万元，计划于2015开始实施。

林业　全年完成义务植树1181.8亩13万株；重点区域公益林建设面积8431.4亩107万株；天保工程生态公益林建设12000亩8万株；迹地更新建设1000亩11.1万株；防护林体系建设1304.4亩15万株；退耕还林补植补造1000亩11万株。在邓柯乡种植沙棘454.5亩5万株。足额兑现护林员工资、风险金等资金共计4512.416万元；兑现2013年度草原生态保护补助奖励资金、牧民生产综合补贴资金等共计3438.4万元。有序推进5个生态村创建工作。

【民生和社会事业】　教育工作　2014年，江达县教育在建项目21个，总投资4542万元。按县财政收入的20%以上加大教育经费投入，县财政教育支出1200万元。县委、县府与各乡镇签订了《江达县教育事业发展目标责任书》和《江达县控辍保学目标责任书》，对2013年教育工作成效突出的卡贡等8乡镇进行奖励。整合县财政、援藏资金各100万元，注入江达教育圆梦基金，继续实施优惠政策，多策并举提高学生到位率。兑现圆梦基金43.25万元，惠及130名大学新生。落实农牧区义务教育学生营养改善计划资金251万元，惠及全县学生10472人，惠及率达100%。全县现有小学适龄儿童在校生7311人，小学适龄儿童入学率为98.82%；初中在校生3011人，初中入学率为90.82%。

美丽乡村建设　实施美丽乡村建设，完成20个人居环境建设和环境综合治理工程；加快推进玉龙镇、岗托镇小城镇建设；完成散户建设

150户。总投资4404.14万元，实施字嘎乡上白玛村和岗托镇矮美村美丽乡村集中点建设142户，完成投资3220.30717万元，占总投资的73.12%。乡、村砂石公路通达率分别为100%、95.74%；用电人口占42.3%；安全饮水人口覆盖率达73%；广播电视覆盖率分别达到22%、65%。固定电话通讯率为35%，移动通讯覆盖率为57%，乡镇通邮率为100%。

公共卫生服务　农牧区新型医疗制度年人均配套资金从340元提高到380元，报销最高封顶线执行60000元标准。新型合作医疗实现全覆盖，落实医疗报销资金2430.7万元，报销人次22934人，通过新型农牧区医疗制度的深入实施，解决群众看病难、看病贵等问题。全年，中心门诊病人量达31025人次，住院病人达2600人次，开展巡回医疗及僧人体检工作，完成58478人的体检和建档工作；兑现“一孩双女”奖励补助资金1362720元。开展免费巡回医疗活动，深入偏远乡村36点，接诊群众达15600余人，共计免费发放药品40万余元，共注射各类疫苗24427人次。传染病、地方病监测防治工作不断加强，突发公共卫生事件应急处置能力逐步增强。

文化事业　开展“新春五下乡”“纪念西藏百万农奴解放55周年爱国主义影片展映”“践行群众路线新春送文化下乡”等丰富多彩的惠民文化活动，演出21场，放映电影42场，受益群众4万余人次。县、乡、村三级文化服务体系不断健全，服务能力和水平逐步提高，群众基本文化权益得到了有效保障。完善非遗及文物普查工作，申报江达服饰2014年自治区非物质文化遗产专项经费保护补助、岗托藏戏为自治区级非物质文化遗产和燃灯寺为自治区级文物保护单位。县科教文化活动中心已建设完成80%，有线数字电视相关机房、线路等设施已完成，县城数字电视二期工程开工建设，并于7月份投入工作。4个乡镇综合文化站建成并交付使用，广播电视人口综合覆盖率达73%，68座寺庙实现了全覆盖。

社会保障　新农保、医疗保险等各类保险参保人数达122570人次，征缴各类参保金共计789.84万元。新建干部职工周转房54套、廉租住房48套、公共租赁住房88套。新建敬老院1所，占地面积7992平方米，建筑面积14631.67平方米。切实提高干部生活待遇，落实乡镇机关干部职工生活补贴，县直机关每月200元生活补助；县财政预算90余万元，为全县干部职工购买人身意外保险。累计开发就业岗位259个，实现新增就业259人，城镇登记失业人员8人，失业率有效控制在2.0%以内；实现农牧区富余劳动力转移就业5300人，实现转移就业收入2800万元；开办农牧民军旅式培训人数738人，培训后就业率将达到72%；开展创业培训两期，参加培训人数35人，培训合格人数19人，创业合格率达到55%。扶持创业带头人5人，主要从事唐卡绘画、农牧民施工队等创业工作，带动就业622人。

扶贫工作　实施娘西乡邦达村村级公路等28个扶贫项目，总投资2776.95万元，完成投资2638.1万元，占总投资的95%。其中面上扶贫项目9个；邓柯、卡贡、娘西等6个乡镇整乡推进项目19个，农业综合开发项目1个，新建温室大棚60座。已竣工扶贫项目25个。完成325户1528人的脱贫任务，脱贫巩固率达到98%。水磨坊建设共31个点，已交付使用，有效解决2641户、16714名群众磨糌粑的实际困难。积极与县农行协调联系，通过小额扶贫贷款为582户贫困群众落实小额扶贫贷款836万余元。组织贫困户460余人参加了各类项目建设，实现劳务创收146.2万元，实现年人均增收1693元。推进定点扶贫工作，落实定点扶贫资金1832万元(含物资)，解决了621户3168人群众的实际困难。

受援工作　全年落实援藏资金2680万元，实施援藏项目8项，完成招商引资5150万元。

强基惠民　各驻村工作队共落实强基惠民活动“短平快”项目近38个，落实项目资金1064万元；慰问“三老”人员1920人/次，发放慰问金或慰问品价值367700元；慰问基层弱势群体(五保户、贫困群众、困难群众)近4810人/次，发放慰问金或慰问品价值1068700元；通过联系派驻单位捐款、个人捐款等，为群众捐款捐物办实事解难事金额达63800元；送科技、送文化、送卫生、送信息、送服务活动240次，投入资金466805元。各工作队合理利用为民办实事专项资金，解决群众实际困难多511件，累计投入919万元；各驻村工作队以各类活动、技能培训活动为载体，引导基层群众克服“等、靠、要”思想，组织群众参加各类职业技能培训，发展壮大村集体经济,帮助群众解决就业 414 人;组织群众劳务输出 11540 人/次,增加群众现金收入 3100 余万元。帮助农牧民群众参加培训 233 人/次,帮助所驻村(居)发展集体经济组织实体 45 个,合作经济组织实体 36 个。

【社会稳定】 2014 年,江达县共发放宣传资料 96000 份,各类法律 27000 余本,解答法律咨询 300 余人次,悬挂横幅 160 余条,刷写宣传标语 480 余条,出动宣传车 40 余车次,受教育群众 128900 余人次。各检查站共累计检查登记进出藏人员 132569 人(次),检查车辆 54936 辆,检查物品 67952 件,因证件不齐劝返 2569 人,办理“一卡通”8756 张。

为全县编内、编外的 320 名困难僧人办理了城镇居民最低生活保障,发放低保金 216960 元,解决他们的生活困难;实施少数民族发展资金项目 5 个,总投资 209 万元,其中国家投资 190 万元、农牧民劳务投入 19 万元,现已完成。

2014 年,全县刑事案件立 14 起,破 12 起、破案率达 86%,共抓获犯罪嫌疑人 25 人。受理各类治安案件 7 起,调解纠纷 33 起,处罚违法治安管理 25 人,查处率为 100%。收缴枪支 122 支、子弹 206 发、收缴管制刀具 418 把、炸药 40 公斤、雷管 9 枚、零散炸药 20 根、汽油 470 公升、柴油 830 公升、车辆假牌照 25 个、淫秽光碟 236 张、违禁光碟 402 张、反宣品 16 张、低音炮 61 个、扣押被盗车辆 10 辆、套牌车 10 辆、各类假证 108 本、法制培训教育转化 249 人;县检察院受理各类刑事案件 18 件 68 人,其中提请批捕案件 16 件 29 人、提起公诉案件 11 件 37 人;县法院受理各类案件 193 件,审限内结案 190 件。

贡觉县

【基本县情】 贡觉,藏语意为“佛地”。贡觉县位于西藏昌都市东部,金沙江西岸,地处藏东三江流域的横断山脉峡谷区,东与四川白玉县隔江相望,南接芒康县,西邻察雅县,北邻卡若区和江达县,全县总面积 6244 平方公里,东西长 106.6 公里,南北宽 118.3 公里。平均海拔 4021 米,县城驻地海拔 3640 米,距昌都镇 254 公里,距自治区首府拉萨 1385 公里。

县境内有芒康山脉,最高峰乃波山峰,海拔 5443 米。属高原温带季风气候,空气稀薄,光照充足,年温差小,日温差大,年平均气温 6.3℃,年均降水量 482.25 毫米,年无霜期 80 天。

全县以农业为主,以牧业、林业为辅。全县耕地面积 6.12 万亩(其中水浇地 4.1 万亩),草场 595 万亩,农作物以青稞、小麦、大麦、荞麦和油菜为主。

矿产资源有岩金、银、铜、铁、锌、铅、钼、煤、矿盐、云母等。

境内动物种类繁多,兽类有数十种,鸟类有百余种,爬行类有四种,两栖类有五种,鱼类十种。其中珍稀动物列入国家一级保护的有豹、鹿、金雕、黑颈鹤、贝母鸡等,列入国家二级保护动物的有麝、黑熊、棕熊、水獭、马鹿、盘羊、岩羊等。

境内水系发达,河流纵横交错。主要河流有金沙江极其马曲河、热曲河、纳曲河、蛙曲河、董曲河、斜曲河、昌曲河等。

全县辖三岩管委会 1 个(副县级机构),1 镇 11 乡,149 个村(居)委会,8051 户,总人口 42513 人(城镇 3405 人,非农业 1829 人,农牧区 37279 人),全县干部 1938 人,各级党组织 251 个,党员 3041 人(其中农牧民党员 2104 人),学校 41 所,医疗卫生机构 16 个,寺庙 64 座,编内僧尼 1146 人。新华书店 1 个,农家书屋 136 个,寺庙书屋 59 个,藏书 40000 册。

【概况】 2014 年,贡觉县实现地区生产总值 53043 万元,同比增长 20.49%,其中:第一产业完成产值 9433 万元,同比增长7.9%;第二产业完成产值 14800 万元,同比增长 21.5%;第三产业完成产值 28810 万元,同比增长 24.8%。农牧民人均收入达4860 元,同比增长 15.2%,其中现金收入实现 3694 元,同比增长 15.2%。财政收入完成 2862 万元,同比增长 13.8%,全县社会商品零售额 11329 万元,同比增长 15.8%,发电量达 1768 万千瓦时,完成客运量达 5.82 万人次,同比增长 4.7%。

【项目建设】 2014 年,贡觉县基本建设项目开复工 159 个,项目总投资 72009.39 万元,完成投资35666.88 万元。重点项目有:贡觉县新农村建设工程,2014 年公租房工程,贡觉县人民法院业务用房建设工程,贡觉县小学搬迁工程,贡觉县“五保户”集中供养机构,三岩管委会业务用房工程,贡觉县 9 乡镇幼儿园工程。

【"三农"工作】 农业方面 2014年，贡觉县农作物播种6.72万亩(含复耕),耕地6.12万亩,其中:粮食播种5.5万亩,油菜0.5万亩,蔬菜(含土豆)0.42万亩,饲草料0.3万亩;完成机耕1.3万亩,机播2.3万亩,机收面积1.3万亩;预计完成粮食产量2760万斤；实施中低产田改造0.7万亩,高产创建良种推广2.1万亩,良种覆盖率达到89%以上。

牧业方面 牲畜出栏3.5万头(只、匹),出栏率为35%,商品率为31%,2014年底牲畜总数19.9923万头(只、匹),仔畜成活数8.7295万头(只、匹),仔畜成活率达97.5%。

林业方面 实施森林资源管护337.7万亩,落实管护人员928人(包括管护站工作人员),联户管护2934户。累计完成核桃种植11万株,投入资金80万元。重点区域造林5426.6亩,义务植树造林132亩。完成天保工程公益林建设1.13万亩。免费为15个村（寺庙）提供苗木5万株;完成城镇绿化面积39.8亩。

特色优势产业 各类农牧民专业合作社效益凸显。扶持三岩夏龙绿色农畜产品专业合作社，成功推出藏香、夏龙糌粑、青稞挂面、荞麦挂面等9个产品，实现年产值300余万元,年利润近90万元,解决贫困人口就业44人，人均年增收14000元；投资100万元扶持相皮乡孜荣热曲利民农产品加工专业合作社,以"公司+农户+基地"的方式运作,年加工菜籽油8余吨,解决就业8人,年利润近60万元;培育壮大了哈加乡蔬菜协会，目前该协会已发展至37户192人,户均实现增收1160元；投入30万元培育木协乡犏奶牛养殖合作社。发展培育"庭院经济",扩大藏猪、藏鸡养殖。通过扶贫项目为全县12乡镇配发了藏猪235头、藏鸡4000只。实现销售收入90余万元,实现利润40万元。水能、矿产资源开发初见成效。加强与华电金上公司、恒坤矿业、通达矿业等公司的沟通协调，从政策上给予帮扶,已初见成效。叶巴滩水电建设已进入实物指标调查阶段，与京祥水电开发有限公司签订了《董曲河水电资源开发意向协议的补充协议》,正在做相关设计编制工作。

【民营经济】 2014年,贡觉县个体工商户521户,注册资金5116.33万元,从业人员1175人。私营企业发展33家,注册资金9115万元。国有企业10家,注册资金300万元。

【招商引资】 2014年,贡觉县完成招商引资5050万元,其中:夺盖拉煤矿完成投资1300万元,贡觉县综合商贸中心完成投资2350万元,贡觉县电力宾馆完成投资1100万元,阿中铅锌矿完成投资300万元。

【受援工作】 2014年,东风公司援助项目涉及5个方面共9个项目,总投资675万元,已完工项目8个。其中:配置交通工具等项目100万元；加大维稳工作资金投入项目10万元;设立东风"育苗"奖助学基金20万元;贡觉县宣传事业发展项目20万元；加强基层组织建设40万元;贡觉县远程医疗会诊系统50万元：阿旺乡政府硬化绿化工程200万元,医疗援藏35万元。在建项目1个:东风示范村建设工程。

【民生和社会事业】 扶贫工作 2014年，贡觉县申报两批19个面上扶贫项目，总投资1145万元,其中:国家投资930万元,群众自筹或投劳215万元。申报14个整乡推进项目,总投资1123万元,其中国家投资966万元，群众自筹或投劳157万元。全年共复工项目17个,总投资779万元，其中：国家投资706万元，群众自筹或投劳73万元,目前已全部完工并投入使用。

"8·12"灾后重建 全县共有农村人居环境综合整治工程建设任务21个，总投资2196.6万元;3个"8.12"灾后恢复重建集中点建设项目95户,总投资4373.99万元;4个乡镇基础设施提升工程，总投资3799.82万元;150户分散户建设项目总投资870万元。

落实强农惠农政策 全年社会保障基础性工作不断加强，养老保险、失业保险、城镇职工医疗保险、生育保险、工伤保险等"五大保险"参保率不断提高。养老保险:机关、企事业单位参保61人，僧尼参保1069人、城镇居民参保39人,个体参保6人，征缴基本养老保险费492498.96元;医疗保险:城镇职工参保1911人;失业保险参保人数达519人；工伤保险参保人数达1732人,征缴金额246013.77元;生育保险参保人数达1732人，征缴金额411750.2元。开展军旅式培训336人,开展职业介绍2次61人,成功61人。救灾、救济工作力度加强,兑现299人城镇低保对象91.1万元,兑现6513人农村低保救助金736.7万元。兑现7291人"三大节日"慰问资金219.2万元;为25名城镇低保对象报销医疗费 9.1 万元;发放 495 人五保供养金 162.1 万元;落实“两项扶助”制度,2014 年新增 20 名“一孩双女”扶助对象,“特扶”对象 1 名,累计确认“一孩双女”扶助对象 460 名,“特扶”对象 44 名。养殖业、种植业、住房及农用机被纳入涉农保险范围内,牲畜、农田、房屋、农用机绝大多数已参保。2014 年地区保险公司共兑现 2013 年理赔资金 857986.8 元。

完善各项社会事业　加快文化基础设施建设。完成 6 个行政村农家书屋建设,已完成 146 个农家书屋建设,覆盖率达 97%;利用地区配发的东风流动售书车前往各乡镇开展“送知识、送文化”下乡活动,共发放 1000 余本科技、法律类知识读本;开展送“电影、电视、科技”下乡活动,共播放电视剧 8 部,播放科技类节目 60 次,微电影 40 场次;共配发 1016 套卫星接收设备,对全县 12 乡镇的广播电视接受设备进行巡回检查维护,升级 316 套广播电视接收设备,维修 103 套广播电视接收设备,为未通电的偏远山区群众更换 17 套太阳能便携式电视接收设备。全县 12809 人参与新农合,共缴纳新农合集资款 256180 元;大病住院报销 3970 人次,报销金额 1006.2170 万元,极大地减轻了农牧民群众医疗负担;加强医疗卫生人才队伍建设,对新分配的卫生人员进行岗前培训,东风公司总医院于 6 月份派出 4 名专家到贡觉县人民医院工作,实施医疗援藏;全年共组织 34 名卫生人员前往成都华西医院、拉萨卫校、地区人民医院、解放军 75 医院培训;东风公司援助开通县卫生服务中心和武汉协和医院远程会诊系统,降低患者的医疗成本,使广大干部职工及农牧民群众能享受知名专家的诊疗服务。教育事业取得新突破。通过狠抓控辍保学工作,中学生到位率达 41%,在校生 686 人,小学生到位率达 84.6%,在校生 3582 人。

【环境和生态保护】　2014 年,贡觉县专门设立生态创建办公室,从相关单位抽调骨干充实工作,5 个自治区生态创建示范点已通过自治区考核验收。完成全县 110 个农村水源地保护工程前期勘察工作,并制定《贡觉县饮用水源保护制度》,推进集中式饮水源地规范化管理。对在建农村公路和在建项目开展环境评估,环评率达 100%。

【党的建设】　2014 年,贡觉县开展示范点“标杆工程”创建工作,抓好“强乡兴村固本”工程。前后 3 批选派 1023 名干部职工参加强基惠民驻村工作,选派 143 名干部驻寺。投资 1501 万元新建 7 个乡镇办公业务用房,投资 200 万元新建 4 个乡镇“四小工程”,不断改善基层干部工作、生活条件;开展“党员素质提升工程”,加强干部队伍建设。共培训、轮训县乡机关党员干部以及驻村工作队队员 1130 余人次,举办 2 期预备党员和入党积极分子培训班,对 28 名县乡机关预备党员和 63 名入党积极分子进行集中培训。

【反腐倡廉】　2014 年,贡觉县查处违法违纪案件,共收到各类举报及上级部门交办线索 9 件,立案 4 件、转立案 1 件。结案 7 件,正在审核 1 件。给予政纪处分 10 人,涉及乡(科)级干部 6 人,一般干部 4 人,坚持以零容忍态度惩治腐败。县委书记和副书记、纪委书记对下级党委(党组)书记进行约谈,通过听取履职情况、询问相关党风廉政建设情况进行单独约谈或电话约谈,同时对乡党委书记履行党风廉政建设的主体责任和纪委履行督导责任提出相关要求,增强廉洁从政、务实为民意识。

【强基惠民】　2014 年,贡觉县第三批驻村工作队共帮助村(居)理清发展思路 543 条,找准发展路子 216 个,完善发展思路 284 项,帮助发展集体经济组织实体 3 个,合作经济组织实体 4 个;为民办实事完成项目 168 个、落实资金 678.8793 万元,农牧民群众增收 35.856 万元,解决就业 245 人,解决民生方面突出问题 485 件,落实资金 202.7664 万元,帮助群众解决就业再就业 680 人;帮助群众劳务输出 1824 人,增加现金收入 294.9268 万元;共“结对”认亲 1863 人,帮助建立健全农牧区维稳工作机制 1161 条,健全村规民约 1886 条、健全党务、村务公开制度 1322 条,健全党风廉政建设等方面规章制度 1308 条;召开揭批十四世达赖集团图谋分裂祖国的专题会议 843 场,受教育群众 41550 人(次),发放《揭批十四世达赖集团》宣传手册 10000 余本,召开维稳宣讲大会 1187 场次,参会群众 41274 人,组织宣讲党的十八大、十八届三、四中全会及习近平总书记系列重要讲话精神 997 场次，入户宣讲 2295 场次，发放宣传资料 11004 份，开展新旧对比活动41650 人次，播放爱国主义影片 537 场次，征求意见 1083 条，整改 891 条；开展感恩教育大会 776 场次，政策宣讲 840 场次；培养入党积极分子 762 人，发展新党员 204 名，把 54 名致富能手培养成党员，把 113 名党员培养成致富能手，把 76 名党员致富能手培养成村(居)干部。

察雅县

【基本县情】 察雅，藏语意为“岩窝”。察雅县地处藏东横断山脉北段、澜沧江中上游，位于西藏东部、昌都市东南部，县城距市委、市政府所在地 88 公里，与卡若、贡觉、芒康、左贡和八宿 5 县(区)毗邻。全县总面积 8413 平方公里，海拔高度在 2990—5600 米。全县辖 3 镇 10 乡、138 个村（居）委会，476 个自然村，共计 11751 户 63495 人。全县耕地面积 5.02 万亩，人均占有 0.85 亩，林地面积 533.08 万亩，属半农半牧县。天然草场 846.32 万亩，其中可利用草场面积 812.95 万亩，畜均占有草场 12.58 亩，属半农半牧县。县境属典型立体型的内陆干燥气候，气候冬寒夏凉，常年干燥，雨量稀少，气温变化剧烈，年降雨量 350 毫米，年蒸发量 1800 毫米，全年无霜期 160 天，年平均气温 8.2℃，全年光照 2289 小时。地形独特，山高谷深，沟壑纵横，气候宜人，具有“一山有四季，十里不同天”的典型高原气候特征，素有“藏东江南”之称。

【概况】 2014 年，察雅县完成地区生产总值 91556 万元，同比增长 20.4%。其中第一产业完成 14650 万元，同比增长 6.7%；第二产业完成 49445 万元，同比增长 28.6%；第三产业完成 27471 万元，同比增长 44.6%。三次产业比例为 16:54:30，产业结构渐趋合理。全年完成财政收入 2561 万元，同比增长 28%。社会消费品零售总额 18726 万元，增长 17%。农牧民人均纯收入 6966 元，同比增长 19.3%，

【经济发展】 *农牧业发展* 2014 年，察雅县完成总播种面积 5.822 万亩，其中：粮食播种面积 4.542 万亩，良种面积达到 4.1 万亩，覆盖率 89%；经济作物 0.42 万亩；完成机耕面积 1.2 万亩，机播面积 2.1 万亩；推广高产创建田 4700 亩，饲草料 4100 亩；全年粮食产量 2675 万斤，青稞 2310 万斤；全年综合商品率达 13%；全年订购化肥 1635 吨，调运优质良种青稞 320 种子 4 万斤；组织群众共积造农家肥 2260 公斤；修建高效日光温室 30 座，投资 850 万元；全年完成草场承包到户 13.97 万亩，占全县承包到户总量的 1.6%；补奖机制到户面积累计达到 812.95 万亩，发放补助奖励资金 1900.095 万元，其中：禁牧补助资金 360 万元，草畜平衡奖励资金 1129.425 万元，牧民生产资料综合补贴资金 94.55 万元，草原监督员补助 204.12 万元；全年共接羔育幼 9.97 万头（只、匹），成活 9.7 万头（只、匹），仔畜成活率 97.3%，与上年同期相比持平，成畜死亡 0.21 万头(只、匹)，死亡率 1.3%，仔畜成活和成畜死亡情况呈现“一高一低”的良好态势。全面加强对进入我县上市的畜禽类检查、检疫，共检疫生猪 507 头，活鸡 159 只，冻牛肉 19 吨，确保群众吃上放心肉。

林业 全年义务植树 1437.5 亩，退耕还林补植补造 3000 亩；重点区域造林 8138.8 亩，高原生态安全屏障防护林建设 2410.5 亩；栽植新型枣树苗 9000 株，成活率、保存率均达标。实施草原生态保护奖励机制，落实草原生态奖励补助资金1179 万元；执行林业生态保护政策，落实退耕还林资金 498 万元、落实重点区域造林资金 322 万元、落实森林生态效益管护员工资 1163 万元；落实资金 570 万元，开展退牧还草和鼠虫毒草害防治工程。

水利电力 全部完成农村饮水安全工程建设目标任务，加大农田水利建设，全年耕地保灌面积增长率达到 0.5%。农村饮水工程冬季通水率达 80%以上，落实资金 1144 万元，实施农村安全饮水、乡镇防洪堤建设。完成川藏电力联网工程察雅段的建设任务，正式投运后将改善全县 3391 户 17395 人的用电问题。截止年底，全县 138 个村(居)中通电村（居）委会 106 个，通电率达 76.8%；通水村(居)委会 96 个，通水率达 69.6%。

基础设施建设 按照《2014 年度基本建设项目目标责任书》，全县共续建和新开工建设项目 135 项，总投资 73332.03 万元，全年累计完成投资 5 亿元，其中：目标责任书内新、续建工程 38 个子项，完成投资 13353 万元，主要建设项目有察雅县宗沙乡防洪工程、察拉乡夏达村

公路、阿孜乡小学附设幼儿园、县城供水工程、五保供养对象集中供养工程等项目;目标责任书外新、续建工程97个子项,完成投资37356.6万元,主要建设项目有色曲吉塘镇防洪工程、2013年度公共租赁住房工程、安全局业务用房工程、“8.12”地震灾后重建工程等项目。为加快“8.12”地震灾后恢复重建工作,落实灾后恢复重建资金7137万元,对地震灾区269户受灾群众进行集中安置;2014年续建农村公路项目共计28项,其中目标责任书内8项,责任书外20项,已完工并交付使用。落实资金3526万元,修建了23条乡村(寺庙)公路;落实资金270万元,支持20座小水磨房建设。

扶贫工作 全年扶贫特困户988户5104人,户均增收28006元,完成脱贫任务1250户6482人,脱贫率达98%。对全县108名贫困人员进行了医疗救助,发放农村医疗救助资金307.9972万元。落实财政扶贫建设资金2718万元,推进扶贫攻坚,实施整乡推进、产业扶贫、面上扶贫及以工代赈项目44个。

安居工程 全年共完成农牧民安居工程建设任务100户,总投资580万元;安居工程抗震加固设防100户;为实现“清洁水源、清洁田园、清洁家园”的要求,总投资3536万元,完成33个建制行政村人居环境综合整治工作,受益人口3198人;投入资金290万元,组织实施了深化安居工程分散户建设50户,受益人口166人。

招商引资 全年招商引资项目9个,累计引资8100万元,投入建设利民民族特色商贸楼、县城扎西林卡、烟多中路步行街商贸楼、烟多镇中铝新村屠宰场等项目。

【民生和社会事业】 *教育事业* 2014年昌都地区对察雅县预算“三包”经费1890.98万元,预算各学校公用经费516.5947万元,2014年春季学期营养改善计划经费167.67万元,追拨县中、小学营养餐试点计划资金194.04万元。落实农牧民子女教育“三包”及助学金政策资金2374万元,将学前教育阶段农牧民子女和中小学校农牧民子女教育“三包”及学前和中小学城镇困难家庭子女补助标准提高到2900元;落实资金1005万元,实施义务教育阶段学生营养改善计划、食堂建设以及中小学校舍维修改造。全年完成了898人的学前双语教育任务,完成率达160.5%;全年小学适龄儿童为5710人,小学在校生4977人,到位率达92%,小学在校生巩固率达到98.7%。全年初中在校生922人,完成率为45.8%,七年级升八年级巩固率达到100%,八年级升九年级学生巩固率达到100%。初三毕业生全部升入高一年级就读,内地西藏高中班上线7人,比2013年增加2人。经多方协调,内地企业注资200万元成立慈善教育基金,帮助察雅县在全国均衡教育示范市新郑市一中开办了察雅县高中借读班,45名察雅籍高中生已顺利入学就读。实现“初中升不了高中、高中升不了大学”学生的免费职业教育全覆盖工作。采取多种形式宣传职业教育开展情况和取得的成绩,加强招生的宣传力度,宣传党的支农惠农政策和就业政策,县中学开设木工、绘画、艺术三个职教专业,长期在校职教学生52人。完成2014年学校基建项目投资3875万元,主要任务包括:全县12所乡镇中心小学附设幼儿园及村级幼小一体化项目、学生浴室及多个村级教学点等工程,全年投入资金40万元对各学校电化教育设备、办公设备进行补充和更新,保证了教学工作的正常运转。落实资金794万元,实施“幼小一体化”学校建设。

医疗卫生 全年农牧民人均4元的防保经费累计到位22万元,兑现率达100%;全县农牧民人均30元的基本公共卫生事业专项经费共计173.21万元,到位率达100%。农牧区医疗制度财政补助标准从年人均340元提高到380元,城镇居民基本医疗保险财政补助标准从年人均300元提高到340元。全年落实农牧区医疗制度财政补助2060万元;落实城乡医疗救助财政补助资金308万元;落实资金366万元,对全县在编僧尼、城镇居民、干部职工进行健康体检;村医、兽医待遇由每人每月300元提高到600元,落实待遇资金294万元。

社会保障 实施农牧民转移就业培训和城镇失业人员再就业培训工作,全县城镇失业人员新增就业202人,城镇登记失业率控制在2.5%以内;开发就业岗位220个,职业介绍186人,介绍成功112人;军旅式(建筑施工)技能培训310人,藏靴制作技能培训30人,开展汽车驾驶员培训班,300人参加。农牧区富余劳动力转移就业4125人次,增收2262万元;城镇职工基本医疗保险参保人数1966人,完成106.6%,征

缴基金807.2万元，完成119.05%；城镇居民(含僧尼)基本医疗保险参保人数2428人,完成94.22%,征缴基金105.78万元,完成102.6%;企业职工养老保险参保人数280人,完成60%，征缴基金297.99万元,完成87.65%;城镇居民(含僧尼)社会养老保险参保人数1452人，完成77.03%,征缴基金12.8万元,完成54.89%；新型社会养老保险参保人数26834人,完成96.2%,征缴基金216万元,完成63.16%;失业保险参保人数1145人,完成113.3%,征缴基金121.1652万元，完成129.5%；生育保险参保人数1937人，完成144.55%,征缴基金37.4万元,完成156%;工伤保险参保人数1937人，完成325%,征缴基金32.3万元,完成294%;城镇居民最低生活保障标准由每人每月440元提高到540元；农村居民最低生活保障标准由每人每年1750元提高到2150元；农村五保户供养标准从每人每年2600元提高到3650元；"三老"人员生活补贴标准在原基础上人均增加50元。全年落实城镇低保资金99万元、农村低保资金737万元、农村五保户供养资金126万元；落实"三老"人员生活补贴资金114万元、落实低收入人群联动价格补贴101万元；落实孤儿基本生活补助49万元；落实城镇低收入家庭租赁住房补贴111万元；落实"三大节日"慰问金248万元；落实老年人健康补贴22万元；落实公益性岗位补贴资金327万元。

文化旅游　全县138个行政村已全部设立农(牧)家书屋,78座寺庙均设立寺庙书屋，书籍及新增农家书屋出版物配发完毕。补充建立115个农家书屋电子档的建设任务，全年完成106座农家书屋规范化建设，民间艺术团今年文艺演出19场次,乡村藏戏演出3场次。电影管理站全年共完成2850场（次）放映,完成放映任务100%,累计观看人员达3.6万余人。全县县级非物质文化代表性传承人3人，传统戏剧传承人2人，传统技艺传承人1人。落实文化体育与传媒资金1478万元，同比增加356万元,增长31%。县财政投入专项经费10万元用于发展旅游事业,投资80万元修建了朗拉山观景平台等项目,为214国道沿线3家"藏家乐"经营主提供了价值3.2万元的物资资助。

科技工作　全年举办各类农牧业生产技术现场培训或室内培训班8期,培训人数1812人,其中科技带头人51人，科技明白人459人；全县财政收入10万元用于科技、科普经费，已发展农牧民科技特派员79名,其中:果树栽植技术上的有24名,以青稞生产等农作物种植技术为主的有37名，以牲畜养殖、疫病防治、草原生态工程建设等技术为主的有18名;县农牧民科技特派员工作经费足额兑现，科技进步对农牧业发展贡献率达到30%。

【社会稳定】　2014年，察雅县公共安全支出4192万元。其中:落实维稳专项资金636万元、落实"先进双联户"表彰奖励资金172万元。落实爱国守法先进僧尼表彰奖励资金418万元;落实资金65万元,支持开展民族团结进步宣传教育和强基惠民评选表彰活动。开展"治爆缉枪"专项行动,全年共收缴非法枪支404支、子弹946发、炸药100公斤、管制刀具550把、雷管5个、导火索1020米、成品油1150公斤、盗版光碟63张,及时消除了社会隐患。加强社会治安综合治理，全年共发生刑事案件13起,县公安局立案侦查13起,侦破11起,破案率84.6%;共抓获犯罪嫌疑人19人,提请逮捕12人,起诉3人;发生命案3起,侦破2起,现行命案侦破率66.7%;依法取缔了巴日乡拉麦村等5村以珠某为首的14名"头人"非法组织,巩固党在农牧区的执政根基；开展矛盾纠纷排查调处工作，以社会网格化管理和"先进双联户"创建为载体,落实属地管理和信访包案制度，全年共排查各类矛盾纠纷20起,成功调处18起，调处成功率90%;受理群众来信来访8件，已办结4件,4件正在办理中。抓好寺庙管理,落实党的宗教政策和区、市系列利寺惠僧政策,关心关爱爱国爱教僧尼,同7名活佛、堪布交朋友,组织13名僧尼到北京、郑州等地培训学习,引导藏传佛教与社会主义社会相适应。

【党建工作】　2014年，察雅县各项主题教育活动成效明显，党的群众路线教育实践活动、"一坚定三忠于"、"三热爱三创建"、"热血青年爱国成才创业"、"双模双建"、"四个认同"等系列活动深入开展,各级党政组织和广大党员干部"四风"、"两问题"、"一薄弱"、"六不强"等问题得到有效解决;村(居)"两委"换届工作圆满完成,村(居)"两委"班子人员配备更加合理,结构更加优化,基层政权得到了进一步巩固；基层组织更加健全，在非公有制经济组织中新设立临时党支部2个，乡(镇)中心小学设立党支部12个，138个村(居)党支部下设党小组159个，覆盖党员1500名。

【强基惠民】 2014年，察雅县各级驻村工作队帮助基层落实好党内激励关怀帮扶资金30417元。虫草采挖期间个驻村工作队出动人员274人次上山零距离服务，帮助建立健全农牧区维稳工作机制362条。完成为民办实事经费项目69个，投入资金614万元，申报落实“短平快”项目29个，资金投入800万元，项目涉及水利、交通、畜牧等方面，14个项目完工并投入使用，其余项目正在实施过程中。帮助农牧民群众劳务输出2679人次，增加现金收入155.2479万元。为群众办实事47件，投入资金35.9610万元，开展送科技、送技术、送卫生、送信息、送服务24次，投入资金10.4593万元。帮助驻在村(居)解决民生方面突出问题211件，为群众办实事好事204件，投入资金70.7282万元，帮助群众解决就业再就业194人。

芒康县

【基本县情】 芒康，藏语意为“善妙之地”，芒康县位于西藏自治区东南部，藏、川、滇三省交界处，东面与四川省巴塘县隔江相望，南与云南省德钦县山水相连，西面和北面分别与昌都地区的左贡县和贡觉、察雅县毗邻；芒康是西藏的东大门、昌都对外开放与交往的窗口；是藏东的人口大县、农牧大县和资源大县；是二十一世纪旅游黄金精品路线、素称第二条丝绸之路的“茶马古道”进藏的第一站，地处“中国香格里拉生态旅游区”腹心地带和康巴文化的核心区域。全县总面积11635平方公里，县境内最高海拔6434米，最低海拔2200米，平均海拔4317米，县城驻地海拔3890米，县城年平均气温10℃，年降水量550毫米，日照充足，具有典型的高原气候和横断山区“一山有四季，十里不同天”的立体气候特征;全县森林面积392186.7公顷，林地面积628223.2公顷，草场面积923.15万亩，耕地面积89681.74万亩，全县现有牲畜存栏445725头/只、匹；全县辖2镇14乡、60个行政村、1个居委会、362个村民小组，人口105383；芒康县城距昌都地区所在地440公里，距四川省巴塘县110公里，距云南德钦县220公里，邦达机场320公里，国道318、214线在县城境内交汇后连昌都、拉萨、外接成都、昆明，交通相对便利。芒康县有与丝绸之路媲美的茶马古道文化，世界闻名的帮达仓商豪、世界独有的盐井古盐田、西藏唯一的天主教堂、迁化的纳西民族、被誉称为“古道”神韵的弦子、锅庄，还有人与动物和谐相处的尼果自然保护区和国家级红拉山滇金丝猴自然保护区、野生飞禽的乐园高原神湖莽措湖等文化旅游胜地。

【概况】 2014年，芒康县实现地区生产总值14.84亿元、同比增长21.4%，社会消费品零售总额27991万元、同比增长12.5%，农作物播种面积完成11万亩、全年粮食产量达5589.3万斤经济发展各项综合指标全部完成或超额完成，并获得了“自治区粮食生产先进县”的荣誉称号。

【项目投资】 2014年，芒康县开复工实施项目153个，完成固定资产投资15.75亿元、同比增长82.5%，川藏电力联网芒康段落地工作扎实有序推进；苏洼龙、如美、拉哇电站各项工作进展顺利；招商引资项目装机3200千瓦、总投资3500万元的白洋电站已进入试运营发电阶段；觉巴水电站工程已完成总工程量的65%，预计2015年底将实现首台机组发电。

【受援工作】 2014年，芒康县落实援藏资金2007万元、协调计划外资金720万元，总投资3650万元的二道班温泉旅游服务中心完成前期各项准备工作。医疗援藏方面，开展下乡义诊15次，诊治病人1500人次、抢救危重病人70例、完成手术100例。

【城乡建设】 2014年，芒康县发挥规划“龙头”作用，加强城乡建设规划的编制和实施工作，县城总体发展规划现已通过自治区评审，5个乡镇的总体发展规划和南部三乡的产业发展规划已经完成；总投资9533万元的“拓展盛世新区”工程等一大批基础设施建设项目相继启动、建成；工业园区建设已完成总量的10%；涉及4个村，投资164.9万元的人居环境综合整治项目已经完成；总投资3638万元的3个新农村建设点，已完成主体建设。

【效益增收】 2014年,芒康县财政收入完成5804万元,同比增长38.55%,完成税收收入7886万元,同比增长49%;农牧民人均纯收入7243元(其中现金收入5794元)、同比增长16%,劳务输出达到50076人次、实现劳务收入7793万元;资金融通活力增强,全县各项存款余额达8.66亿元,同比增长12%,贷款余额达50.88亿元、同比增长147.7%;对外开放持续扩大,招商引资签订意向协议书8份,落实到位资金6000余万元。

【特色产业】 2014年,芒康县蔬菜、花椒、索多西辣椒、徐中大蒜、康巴蜜橘和黑山羊、藏鸡、藏猪等种养殖产业基地建设发展迅速,南部三乡葡萄基地规模扩展至3900余亩,带动葡萄种植户1015户6209人,人均增收4380元,在藏东珍宝和绿野食品两大龙头企业的带动下,有力促进了全县农业增效、农牧民增收和农村经济的全面发展。

【能源建设】 2014年,芒康县矿产、水电产业稳步推进,现拥有采矿点21个,14家矿产企业,有4家在开展探矿工作,1家企业正在进行开采;金沙江、澜沧江支流上13座在建(规划)大型水电站建设有序推进,全年共完成水电开发投资3.9亿元。

【旅游产业】 2014年,芒康县共完成旅游基础设施建设投资3455万,盐井天主教堂配套设施、登巴吾宗旅游公厕、拉乌山国际自驾游露营地一期工程、曲孜卡弦子乐园相继建成,曲孜卡温泉供水工程、觉巴山观景台改扩建工程,曲登荣许旅游小镇建设项目有序推进。全年接待国内外游客49.2万人次,旅游总收入5652万元,同比增长17%。

【生态保护】 2014年,芒康县落实管护面积891.7万亩,完成天保生态公益林建设封山育林8700亩、人工造林1000亩、森林抚育5万亩,重点区域生态公益造林1812亩,义务植树700亩,觉龙村、小昌都村被纳入自治区生态村序列,滇金丝猴国家自然保护区三期工程,已完成作业设计。坚守环保安全底线,严禁"三高"项目进入,加强对矿产资源开发、重点项目建设的日常监管,督促企业项目落实环境整改,推进"白色污染"防治,推进生态芒康建设。

【民生改善】 2014年,芒康县推进自治区"十件实事"、市委"十二项民生工程"和"八到农家"工程,全县61个村(居)公路基本畅通;完成14个水利项目建设,保障灌溉面积达11000余亩,全县6万余农牧民实现安全饮水;60个行政村"农家书屋"和53座"寺庙书屋"建设全覆盖;教育事业蓬勃发展,全县共有各类学校89所,教师638人,在校学生达11373人,其中小学在校生7862人、入学率达99.81%,初中在校生3511人,入学率达98.02%;医疗保障、公共卫生服务保障能力不断提高,各项社会保险参保达124650人次,"五保"供养、孤儿集中收养机构建设顺利推进;建设保障性住房474套,总投资2516万元的38个扶贫项目和总投资650万元的5个产业发展项目现已基本完成,30个农村水磨坊建设现已基本竣工;灾后重建749户中轻度受损房屋维修加固任务全部完成,5个集中安置点287户集中安置工作进展良好;城镇居民新增就业256人,完成农牧民转移就业7365人,实现转移就业收入3468万元。

【党的建设】 2014年,芒康县实施强乡兴村固本、党员素质提升工程、党建示范标杆工程;结合村(居)"两委"换届选举工作,共调整30名村"两委"成员,培养村"两委"后备干部415名,将123名农牧民党员培养成了致富带头人,加大村级财务公开力度,完善村规民约145项,村务公开制度43条;新发展党员436名,发展入党积极分子631名。实施培养选拔优秀年轻干部行动计划,先后组织123名干部分两批开展为期4个月的"南北乡镇干部交流"活动,先后组织455名机关、乡镇、寺管会干部到北京、天津、重庆等地考察学习和挂职锻炼;共提拔和进一步使用21名县级干部、113名科级干部。

左贡县

【基本县情】 左贡,藏语意为"犏(耕)牛背"。左贡县位于西藏自治区东南部,北靠察雅,东依芒康,南接云南德钦,西与察隅、八宿相连。地理坐标为东经97°06′—98°36′,北纬28°30′—30°28′。左贡县地处藏东南高山峡谷地带,地势北高南低。境内主要山脉有东达山、多拉山、茶瓦珠山、茶瓦多吉志嘎山,以及与云南交界的梅里雪山,最高峰雀拉山峰,海拔5434米,全县平均海拔3750米。

左贡县属藏东南高原温带半干旱气候。气温年差较小,热量可利用率较高。降水分布不均匀。夏季降水集中,冬春季气候干燥寒冷。无霜期90天左右。平均年降水量为408.2毫米。气温年差19.2度,气温日差年平均14.5℃。

左贡县境内大小河流交错,共有81条,总河长1463公里,年径流量32.8亿立方米。主要河流有玉曲河、澜沧江、怒江、列曲、伟曲。还有吾通乡的措贡湖(传说是帕巴拉的灵湖),面积约3000平方米;田妥乡的措姆达湖,面积2500平方米。

左贡县主要矿藏资源有铁、锡、金、银、煤、硫、石墨等。主要野生动物有獐子、金鸡、黑颈鹤、滇金丝猴。

【概况】 2014年,左贡县实现地区生产总值7.9亿元,同比增长20.5%;完成固定资产投资5.9亿元,同比增长42%;一般预算收入完成2461万元,同比增加387万元,同比增长18.6%;税收收入实现2150万元,实现县级收入1706万元;年末存款余额7.3亿余元,同比增长75%,贷款4.7亿,同比增长171.6%。农牧民人均纯收入6110元,同比增长15%,其中现金收入4288元,同比增长15%。城镇居民人均可支配收入1.8万元。社会消费品零售总额1.37亿元,同比增长24%。截止12月底,共有个体工商户580户,从业人员2243人,投资额4500万元。注册私营企业52户,雇用人数1461人,注册资本7481万元,全年新增私营企业19户,注册资本1664万元。

【基础设施建设】 2014年,左贡县10乡(镇)基层政权机关用房、110套公租房、88套周转房完成95%;县城72套廉租房、88套公租房、36套周转房、县级机关业务用房投入使用;投资7717万元的20项交通项目全面完成;12项水利项目、23个农村安全饮水工程点竣工使用,川藏联网110千伏农网工程基本完成,县城基本用电得到保障,35千伏及以下配电工程完成60%;建成32座通讯盲区无线基站,全县通讯覆盖率进一步提升。

【产业建设】 2014年,左贡县“三产”发展显著,优势产业稳步提升。一产、二产、三产分别完成1.71亿元、1.92亿元和3.67亿元。全年粮食产量达到3038万斤,同比增长1.8%,蔬菜产量1610万斤,增长23.37%;牲畜存栏20.95万(头、只、匹),出栏8.82万(头、只、匹),出栏率达35.08%;肉奶产量分别达0.63万吨、0.27万吨。全年接待游客9.8万人次,实现旅游收入1100万元,分别增长35%,完成招商引资3850万元,建成农家店119家,中林卡万亩葡萄种植基地平整土地7412亩,基础设施基本到位。

【民生和社会事业】 2014年,左贡县民生资金落实到位,全年落实各项惠农资金3.3亿元,占财政总支出的65%以上。发放各类救灾救济、节日慰问、社会低保以及医疗救助资金1182.14万元,惠及群众8000余人;实施自治区利民惠民、利寺惠僧“十件实事”、市委“十二项民生工程”、“八小工程”和扶贫农发项目80项112个子项;保障民生服务到位,全年新增就业岗位242个,解决5780人次农牧区富余劳动力转移就业,529户2380人实现脱贫;城镇职工、城镇居民基本医疗、养老、工伤、失业、生育保险实现全覆盖,城镇登记失业率控制在2.5%以内。

教育事业加快发展 全年县财政投入398.4万元,用以改善办学条件;17项教育基础建设项目总投资7817.4万元,16项已完成主体工程,县幼儿园建设进展顺利。义务教育阶段适龄儿童入学率、巩固率明显提高,小学在校生4771人,入学率达100%,初中在校生849人,入学率达46.37%,同比提高14.37%,巩固率达到98%。教育教学质量不断提高,小升初报考人数651人,参考率达100%,中考人数134人,升入普通高中106人,重点高中13人,就读西藏内地中职班15人。

卫生事业稳步推进 除下林卡乡外,6乡(镇)卫生院改(扩)建项目投入使用,发放农牧区“一孩、双女”及“独生子女伤残死亡家庭”补助631人61.01万元。全年门诊就诊2.94万人次,住院治疗2037人次,开展各类手术140例。

文化事业繁荣进步 县新华书店、综合文化活动中心、民间艺术团、广播电视中心、乡镇文化站、农家书屋、寺庙书屋不断完善;左贡寺、田妥寺等文物普查工作顺利开展;全县数字电视实际用户达到583户,寺庙广播电视覆盖率达到

100%，全年开展各类文体活动57场、播放电影2166场。

科技工作不断加强　开展科技信息、实用技术、医疗保健、公共安全等各项宣传活动，开展科技“帮带”活动，136名农牧民科技特派员帮带农牧民群众1085人。

灾后重建进展顺利　8个灾后重建暨新农村建设点共平整土地9.9万平方米，安置群众268户，除仁果乡仁果村因道路打通较晚，未完工外，其余集中安置全部完成。市通局承建的8条灾后重建公路全部完工，完成投资4525.5万元，建设总里程104.4公里；6个集中安置点水利工程投入使用，受益群众2840人；暖棚建设进展顺利，5项农牧项目总投资2376万元，已开复工4项，完成投资1120万元。

【环境和生态保护】　2014年，左贡县推进国道“318”线卫生环境治理，环境明显改观。全年种植各类苗木38万余株，发放退耕还林补助74万余元，累计造林面积6497.5亩。强化巡山护林、防火宣传、打击乱砍滥伐盗伐行为、保护野生动物，聘任护林员2452名对全县613万亩公益林实地看护，森林资源得到有效保护。

【维稳工作】　2014年，左贡县开展东坝、田妥、旺达等乡镇“点对点、面对面、重点对重点”群众路线教育实践专项活动，开展“排雷除瘤挖根强基”活动，创新社会管理，社会治安秩序良好。实施重点信访案件“包案”制度，妥善处理各类人民内容矛盾21件，办结17件，办结率达81%，持续推进“缉枪治爆”专项行动，全年消除各类安全隐患17次，清查人员7451人次，收缴各类非法枪支50支、子弹92发、炸药528斤、散装汽油255公升。全面落实党的民族宗教政策，开展民族团结、爱国守法主题教育活动255场(次)，评选表彰和谐模范寺庙10座(次)、爱国守法先进僧尼492人，优秀驻寺干部15人，实现寺庙和睦、宗教和顺。深化“强基惠民”活动，派出驻村工作队518人，理清发展思路156条，实施“短平快”惠民项目30项。

八宿县

【基本县情】　八宿，藏语意为“勇士山脚下的村落”。八宿县位于西藏昌都市西南部，全县面积12564平方千米，境内最高海拔6800米，最低海拔2700米，县城所在地海拔3260米。在这片广阔而富饶的土地上，汇集着众多的原生态旅游资源，积淀着厚重而璀璨的地方文化，从南向北318、214国道与历经风雨的茶马古道交相辉映，融会贯通。连接着全县3镇11乡。形成“南湖北寺、一带三镇”的旅游资源分布格局，南湖即美丽的然乌湖-来古冰川景观区、北寺即历史悠久的八宿寺-仁错湖景观区，“一带三镇”即318、214国道沿线和然乌镇、同卡镇、邦达镇为节点的景观带。八宿县是一个以农业为主，农牧结合的县。粮食作物有青稞、小麦、玉米、荞麦、豌豆、扁豆、油菜等，种植的蔬菜有小白菜、大白菜、黄瓜、菜瓜、南瓜、西红柿、茄子、青椒、韭菜、芹菜、葱、土豆、莴笋、菠菜等。牲畜有牦牛、黄牛、绵羊、山羊、马、骡、藏毛驴、猪等。

【概况】　2014年，八宿县实现地区生产总值60865万元，同比增长21%；地方财政收入完成3386万元，同比增长22.42%；农牧民人均纯收入达5752元（其中现金收入4028元），同比增长15.1%；社会消费品零售总额达到14186万元；全社会固定资产投资完成4.41亿元；全年招商引资达1.2亿元，全县经济保持平稳较快增长，社会事业稳步推进，社会局势持续稳定。

【经济发展】　项目建设　2014年，八宿县计划组织实施项目162项，计划完成投资61202万元。全年完工97项，未完工25项，共完成投资44100万元。水电方面，萨漠通灌区工程、县城水源地建设工程和吉达乡防洪堤工程已全面竣工投入使用。瓦达灌区工程完成投资2220万元。安全饮水工程完成投资317.55万元，共解决13个片区4850余人的安全饮水问题。汪排水电站于2014年底投产发电，并全面组织实施了汪排电站线路延伸工程、县城局域网工程，解决了29300余人的生产生活用电问题；交通方面，全年共组织实施农村公路建设项目10个，完成投资4311.1万元。全县通车里程达2822.8公里，建制村通达数达98个，通达率89%，自然村通达201个，寺庙公路通达21条；城乡建设方面，在然乌、吉达、林卡、郭庆、同卡、夏里等7个乡镇有序组织实施了100户安居工程新农村分散点建设，吉达乡东然依村30户灾后恢复重建完成投资505.3万元，郭庆乡纳夏村50户灾后重建完成投资437万元，“8.12”地震中78户中度受损和543户轻微受损民房的维修加固工作全面完成。国道(省道)沿线9个乡镇小城镇建设的总体规划编制资料已上报市住建局审查。邦达、拉根、白马3个小城镇建设已全面完工，共完成投资3241.9万元。按照廉租房租赁补贴政策，审查核实了42户65人，共为35户51人发放保障房租赁补贴资金15.6万元；公共服务保障方面，组织实施乡镇卫生院等11个医疗卫生项目，部分学校师生食堂、宿舍等教育项目4个，全面完成县城及白马镇两个社区服务中心、残疾人康复中心以及拉根乡救灾仓库等项目，“五保”户集中供养工程完成投资715万元。各乡镇邮政网点建设和消除移动通信盲区工程全面完成。全年共发放项目施工许可证86个，开展项目监管检查20余次，办理产权证98件，他项权利证66个，办理“一书两证”48个；援藏工作方面，全年共实施援藏项目5项（其中协议内援藏项目4项，协议外增加援藏项目1项)，完成投资1112万元。投资200万元的八宿县政府办公楼附属工程、投资70万元的八宿县同卡镇敬老院附属工程和投资92万元的八宿县白马镇日吉村村委会附属工程已完工投入使用；投资150万元的八宿县自来水厂灾后重建项目已完成；投资600万元的八宿县康巴文化展示中心正在做项目设计。

农牧业生产　全年完成农作物总播面积5.08万亩，改造中低产田5100余亩，调运推广青稞良种16万斤2.11万亩，落实畜牧良种补贴25万元、农机补贴330万元，全年粮食总产量达2201.8万斤；完成接羔育犊124548头(只、匹)，仔畜成活率达97.7%，牲畜存栏224468头（只匹)，牲畜综合出栏率达35.1%，肉、奶产量分别达到5510吨、5320吨。全年累计完成乡镇企业产值1300.01万元，多种经营收入达3705.43万元，农牧业产业化经营龙头企业实现产值214.14万元，农牧民专业合作化组织实现产值650万元，劳务输出17126余人次，劳务收入完成2851万元；群众采集虫草610公斤，直接收入达到6710万元。

优势产业　种养殖方面，全年共种植葡萄、核桃、苹果、桃树等经济林木200余亩2万余株，新修建10座温室大棚，全县蔬菜温室大棚达100余座，河谷地带荞麦种植已达6000余亩。藏鸡养殖场规模逐步扩大，实现了规范化养殖，从芒康引进的奶牛已分发到户进行试点养殖；产业集群化方面，2014年5月，县委、县政府与内地一家企业正式签约，合作开发荞麦系列产品，企业方正购买相关设备、办理相关手续，荞麦系列产品加工厂正式在产业园区投产运营后，年产值预计可达3000万元。县产业园区内的民族服饰加工厂于2014年3月正式入驻园区投产运营，共招收员工17名(其中：特困户家庭人员11名，聋哑人6名)，有效解决了困难群众和特殊群体的生产生活困难，年产值达到120余万元。来古山泉水加工厂在产业园区内的生产附属设施建设已完成，投产运营后，年产值可达1800万元。首批入驻园区的三家企业年产值总和预计可突破5000万元，可解决就业岗位150余个，年税收收入可达200万元；资源开发方面，吉达乡汪排村花岗岩开采厂由政府引导、企业自主经营、自负盈亏生产经营，企业方从改善生产设施设备和工艺技术等方面入手，进一步扩大花岗岩开采规模，提升了产量，全年销售产值达300余万元，群众参与运输、搬运等劳务收入达30余万元；旅游产业发展方面，全年完成旅游业基础设施项目投资1960余万元。组织实施然乌湖旅游景区大门、观景台等基础设施建设。组织群众50余人次到山南、云南等地考察学习，引导群众参与旅游产业增收，发展藏家乐20余家。完善八宿旅游信息网，通过发放宣传资料、制作发布网站手机二维码、组织全国摄影大赛、参加旅游推介会等有效方式，加大县域内的旅游资源、民族文化和特色手工艺品等宣传力度，共制作发放宣传册、《八宿旅游地图》、光碟2200余份，组织人员参加旅游推介会等区内外展销活动4场。加强旅游行业安全设施、餐饮服务、卫生防疫、市场调查等服务保障工作，强化与内地旅行社衔接协调，拓展旅游增收空间、挖掘旅游产业资源。全年共接待游客13.7万人次，实现旅游收入4795余万元。

财税金融　全年发放招商引资优惠政策、招商引资指南等宣传册300余份，完成招商引资项目4个，共引资1.2亿元。全年地方财政一般预算收入完成3386万元(不含增值税、企业所得税、个人所得税上划部分)；地方财政一般预算支出达

5.1亿元;完成税收4000万元,同比增长78.41%;全年共兑现强农惠农资金3250.46余万元,全县银行存款额达40939万元,各项贷款余额35888万元。全县个体工商户累计达到888户,从业人数2609人,注册资金达6698.81万元。私营企业达40户,雇用620人,注册资金3284万元。共计培训11家农牧民专业合作社,农牧民成员1124人,出资额达836.75万元。全县共组建农牧民施工队达41个,注册资金超过2000万元。

【民生和社会事业】 教育方面 2014年,八宿县教育基础设施进一步完善,学校标准化建设和义务教育均衡发展工作有序推进,2014年小考、中考和高考均取得了较好的成绩,特别是中考,取得全市11县排名第一的优异成绩。

农牧区医疗卫生 医疗保障、公共卫生、监管体制综合改革统筹推进,乡镇卫生院标准化建设有序推进,县乡两级门诊就诊人数达115675人次,住院人数达1948人。基础免疫疫苗接种率达96%以上。全县农牧区医疗管理覆盖率达100%,共为农牧民群众减免门诊费220.31万元,报销医药费1149.93万元。孕前优生健康检查、大骨节病和结核病核查治疗等工作稳步推进。

基层文化 全年开展净化文化市场常规检查6次,组织民间艺术团深入农牧区开展排演活动35场次。普查登记备案文物1200余件,登记公布不可移动文物点54处,已登记造册文献资料58件。

就业和社会保障 全年累计开展农牧民劳动技能培训820人次,解决城镇失业人员再就业45人,城镇失业率控制在2.5%以内,农牧区富余劳动力转移就业3017人,督促各用工单位与农牧民签订用工合同600余份。养老、失业、城镇职工医疗、工伤、生育保险参保率均达100%。参加城乡居民基本养老保险人数达24346人,参保率达93%。

农发扶贫 全年投资1400万元组织实施同卡镇俄觉桥、然乌镇高效日光温室等21个扶贫项目。共为贫困群众购买犏牛280头、藏猪20头、山羊40只、藏鸡8000只、农机具12台,修建温室65栋、水渠8公里、小型桥梁2座、菜油加工厂1座、榨油厂1座。累积帮扶贫困人口803户4238人,脱贫巩固率达99%。

民政救助 加大城镇低保户的入户调查和财产收入清查,强化城镇低保户的动态管理,共为85户208人兑现城镇低保补助资金91.59万元,发放“三大节日”慰问资金15.12万元。设立八宿县农牧区特困群众基金专户,依法救助744人,落实医疗救助资金157.49万元。按规定程序开展社会救助98人次,落实救助资金3.98万元;对全县67名孤儿基本情况进行了全面复查审核,并与监护人签订《孤儿监护协议书》,按照600元标准共兑现基本生活补助金48.24万元。为12名优抚优待对象发放“三大节日”慰问资金3.15万元,发放补助金7.42万元。登记80周岁以上老人364人,并按照年龄标准兑现寿星补助金共计11.98万元。

民宗工作 全年累计进寺庙开展宗教慰问、法制宣传、爱国主义教育、重点寺庙排查整治等工作93次,发放宗教法律法规书籍543本。开展寺庙防火防盗、安全防护等检查74次。对8个乡镇的12座寺庙的有据可循的19名活佛体系进行了详细调研,按照寺庙创新管理规定实施8座寺庙的维修改造,共为345名僧尼解决了低保,依法按程序申报审批传统惯例宗教佛事活动21起,评选表彰民族团结进步模范集体10个、模范个人15人。

环境和生态保护 全年开展义务植树10800余株。组织实施8个作业区重点区域造林1048亩,种植苗木131000株。实施防护林建设工程1600亩,种植苗木20万株。向涉及野生动物肇事的乡(镇)发放补偿款共计213.48万元,共发放生态效益补偿款512.84万元,共兑现草原生态保护补助奖励资金2676.8万元,投入资金98万元完成县城垃圾填埋场设施设备维修及整改工作,完成了措那铅锌矿200亩尾矿区植被恢复。全年耕地保有量达46275.6亩,依法办理土地换证28本,土地抵押47宗、农村宅基地登记发证25户,完成土地变更调查图斑核查23处,开展土地执法巡查13次,为14个乡镇配备了国土协管员。健全城乡环境卫生大扫除、“白色污染”治理、公路干道沿线和旅游景区景点卫生管护相关制度措施,落实每周五定期大扫除、商铺卫生责任区“三包”等制度。处罚乱放牲畜、乱停车、无序堆放、景区私搭乱建等126起,教育群众800余人次。

【社会稳定】 2014 年八宿县全面落实区党委十项维稳措施、市委十五项维稳意见以及县委的维稳工作部署,专项严打整治和"排雷除瘤挖根强基"行动持续开展,干部驻村驻寺工作加强,双联户、网格化管理和社会治安综合治理体系不断完善,治安案件发案数同比下降 40%。群众安全感和满意度增强;道路交通、消防安全等重点领域安全生产专项整治工作深入开展,有效控制了安全事故。妥善处理各类矛盾纠纷,群众来信来访同比下降 8%。

洛隆县

【基本县情】 洛隆,藏语意为"南谷"或"南川",洛隆县位于西藏东北部,昌都西南部,地处藏东横断山脉、怒江流域,东邻类乌齐,南连波密,西靠边坝,北与丁青交界。全县东西长 129 公里,南北宽 110 公里,幅员面积为 8060 平方公里,平均海拔 3700 米。东距藏东门户昌都 302 公里,西距首府拉萨 1256 公里。境内地势南北高,中部较低,地势起伏大,沟壑纵横,路况险峻。属高原温带半干旱气候,年日照时数 2500 小时以上,年平均气温 5.1 摄氏度,年平均降水量 439.7 毫米,年平均相对湿度 53%,年无霜期 120 天左右。

洛隆县辖 7 乡 4 镇,66 个行政村(居),332 个自然村。截至 2014 年底,全县总户数 9868 户,总人口 51369 人,其中农牧户 8121 户、农牧区人口 48503 人。

洛隆县是一个以农业为主,牧业为辅的半农半牧县,基本农田面积 81500 亩,人均耕地面积 1.77 亩;林地面积 1143.9 平方公里,草场面积 350559.9 公顷。

【概况】 2014 年,洛隆县实现地区生产总值 67863 万元,同比增长 10.2%;全县总财力为 5.26 亿元,财政总支出完成 5.25 亿元,同比增长 22%;财政收入完成 2932 万元,同比增长 17%,其中:本级税收收入完成:1296 万元,非税收入完成 1636 万元;固定资产投资达到 37519 万元,同比下降 14.38%;农牧民人均纯收入 6324 元,同比增长 12.6%,其中现金收入 4697 元,同比增长 14%;城镇居民人均可支配收入 16128 元,同比增长 9.2%;社会消费品零售总额达到 15824 万元,同比增长 11.7%;物价指数控制在4%以内;城镇登记失业率控制在 2.5%以内;粮食作物总产完成 4462 万斤;招商引资达到 5600 万元,同比增长 101.7%,其中到位资金 4800 万元,同比增长 35%。

【经济发展】 农牧业 2014 年,洛隆县完成农作物总产量 6886.4 万斤,其中:粮食作物总产 4462 万斤;完成农作物播种面积 9.19 万亩,完成机耕面积 3.6 万亩,机播面积 3.9 万亩,机收面积3.55 万亩。完成中低产田改造面积1 万亩,完成荞麦种植面积 623 亩。完成优质青稞种植面积 1 万亩,积造农家肥 15.7 万吨。完成建设良种繁育田 6555 亩,完成测土配方施肥 4 万亩,完成粮食作物高产创建 4 万亩。落实国家补贴农机购置补贴资金 784.21 万元,补贴各类农机具1468 台(套),农户粮食储备罐 3627 套。全县共计接羔牲畜 62086 头(只、匹),成活 60596 头(只、匹),仔畜成活率达 97.6%,出栏牲畜 61767 头(只、匹),出栏率达到 31%,成畜死亡率控制在 1.62%以内,年末牲畜存栏 19.28 万头(只、匹),肉、奶产量分别达到 5200 吨、6400 吨。开展县、乡、村三级兽防人员巡回医诊 418 人次,治愈牲畜 2548 头(只、匹),开展春秋两季强制免疫接种工作,共免疫接种各类牲畜 53.37 万头(只、匹),全年共计检疫生猪 2324 头,牦牛 726 头。认真落实草原生态补奖机制工作,兑现各类草奖资金 714.08 万元。

林业 全年完成义务植树 15.5 万株,同比增长 0.07%;完成重点区域、退耕还林配套荒山荒地造林、生态安全防护林体系建设等各项工程造林 17369.3 亩,同比增长0.06%,成活率达 85%以上;完成历年退耕还林及其他项目补植补造 2600 亩、退耕还林封山育林 2500 亩,项目完成率 100%,平均成活率达 80%以上。完成经济林种植 505 万株,实施县城城区主干道绿化造林 360 株,成活率达 80%以上。县林业局荣获昌都市"森林防火暨林政管理先进集体"荣誉称号。

特色产业 县糌粑加工厂发展迅速,新研发糌粑饼干、虫草糌粑、贝母糌粑、青稞挂面、精装白青稞糌粑礼盒、炒青稞等多种"洛宗"系列产品,由最初单一的白青稞糌粑生产逐渐发展壮大。县糌粑加工厂年生产能力达 120 万斤,实现产值 480 万元,创造利润 68 万元,上缴税金 30 万元,解决了贫困户家庭 12 人的就业问题,以高于市场价

0.3-0.5 元/斤的价格，订单收购 380 户种植户的白青稞，使户均增收近 1000 余元。辐射带动全县11 乡(镇)农牧民增收。

金融业　截至年底，县农行贷款余额为 31650 万元（其中扶贫贷款余额为 19723 万元），较 2013 年增加 12719 万元；《农牧户贷款证》发证面达到 99.48%，使用率达 99.83%；个人贷款余额为 2690 万元，较 2013 年增加 96 万元；各项存款余额达到 44388 万元，较年初增加 8717 万元，增幅达 5.09%。

水利电力　全县水利总投资 18765.8 万元。县局域网工程、东尼电站及线路延伸工程、一二级电站线路延伸工程、县二级水电站技改维修工程、中亦水电站技改维修工程基本完成，新荣水电站开工建设。截至年底共清淤加固水渠 103 条，水塘 112 座，清淤水渠累计长达 51.5 公里。为修复水毁工程投资 115 万元，订购修复材料钢渡槽 1800 米，200 型管材 2000 米，发放 200 型 PE 管材 155 根，钢渡槽 69 根。

交通业　全县 11 个乡(镇)已全部通车；65 个行政村 1 个居委会已全部通车；25 座寺庙中已全部实现通车。2014 年完成自然村公路设计里程达 191 公里。其中俄西乡它布自然村、新荣乡卡堆自然、新荣乡雄自然村和马利镇久修牧场公路正在建设中。

项目建设　全县基本建设项目共 129 项，计划投资 48926 万元(其中续建项目 40 项，计划投资 8988 万元；新建项目 89 项，计划投资 39937 万元)，截至年底累计完成投资 37519 万元。全县“十二五”期间，纳入上级规划盘子项目共 39 个大项，计划投资 178040 万元，截至年底已完成 35 个大项，实际落地项目总投资为 129105 万元。

【民生和社会事业】　教育工作　2014 年，洛隆县财政投入教育金额达 630.94 万元，较 2013 年增加 56.54 万元。全县共有各级学校 47 所(其中初级中学 1 所，乡(镇)中心小学 11 所，村完小 4 所，教学点 20 个，幼儿园 11 所)。小学在校生 5333 人，小学适龄儿童入学率达 99.81%。初中在校生 1839 人，初中入学率达 98.24%。小学专任教师 325 人，学历合格率达 99.1%。初中专任教师 121 人，学历合格率达 99.17%，幼儿园教师 22 人，合格率 100%。2014 年，中远格桑梅朵助学金发放 380 人次，共计 61.11 万元。

医疗卫生　县卫生服务中心创建综合二级医院工作已顺利通过地区卫生局初评验收，待自治区评审。顺利完成大骨节病、麻风病、重性精神病等地方的普查工作，大骨节病搬迁、换粮计划、药物发放工作、精神病人诊治计划有序进行，农牧民群众、僧尼免费体检全面完成，各类疫苗接种率达 97.3%，医疗救助工作成效显著，共为 1027 名城乡困难群众实施了医疗救助，落实医疗救助金 284.46 万元，农牧区医疗制度覆盖率达到 100%，集资率达到 99%，建账率达到 100%，报销率达到 100%。2014 年，县人民医院门诊人数达 19170 人(次)，其中藏医门诊就诊人数达 9350 人(次)。

社会保障　全县实现城镇新增就业 241 人，完成市目标任务的 120%，城镇登记失业率控制在 20.5%以内；共开展农牧民职业技能培训 6 期，合计培训农牧群众 468 人。开发就业岗位 195 个，职业指导 316 人(次)，职业介绍 234 人(次)，职业介绍成功 113 人(次)，成功率达 48%。实现农牧区劳动力转移就业 5670 人(次)，转移就业收入达到 2078 万元。五保险征缴工作圆满完成上级任务，发放基本养老金人数 3435 人，发放率达到 100%；受理 26 起重大劳务纠纷案件，结案 26 起，涉案金额达到 566.7 万元，涉及人数330 余人，劳资纠纷调解率达到 100%；收缴的农民工工资保证金共计 1085.28 余万元；

新农村建设　全县共投入资金 1.15 亿元，实施乡镇基础设施提升工程 3 个，村容村貌整治工程9 个，建设“8·12”地震集中安置点 5 个 197 户，分散安置“8·12”地震 100 户，加固“8·12”地震轻微受损房屋 177 户，截至年底，各项工程建设进展顺利。

扶贫工作　全年共计实施扶贫农发项目 38 个，国家投入资金3124 万元，完成国家投资 2180 万元。全年减少贫困人口 1255 人。

【强基惠民】　2014 年，洛隆县各工作队帮助村两委制定规章制度 132 项，建立规范档案 530 余宗。培养村委后备干部 65 名，发展新党员 245 名，入党积极分子 671 名，发展团员 359 人，建立并完善村级组织制度 657 余条。调解纠纷 750 余起，建立民兵联防队 130 支、党员干部联防队 71 支；帮扶困难户 360 多户，累计发放慰问金和物资折价共计 25 万元。修建或维修村级公路 177 条、新建或维修桥梁 94 座、维修水渠 200 余条，新建或维修水塘 40 余个，新修安居房 25 栋；为群众提供 220 余次免费体检和义诊咨询服务，赠送药品 60 多种，价值 12 万元。共开展义务教学 920 余课时，为学校捐赠衣物被褥等折价总计 20.5 万元；驻村工作队共申报项目 269 个，项目总资金达 11266 余万元，其中经区、地审批第一批共实施涉及水利、农牧、林业、电力等方面的 53 个项目，项目总资金 1460 万元。驻村工作队自筹资金 2410.2 万元，新建 29 个项目，改扩建 18 个项目；累计开展各类政策宣讲 1211 场次，发放各类宣传材料 6 万余份，受教育群众 19 万余人。

【宣传文化工作】 2014 年，洛隆县先后组织 11 个宣讲组深入各乡(镇)、虫草采挖点、学校、寺庙开展巡回宣讲 90 多场次。对党的十八大、十八届三中、四中全会精神，区党委八届五次全委会以及区党委、昌都工作会议、地委和县委(扩大)会议精神、新旧西藏、新旧洛隆对比等内容进行巡回宣讲 20 多次，乡村、学校、寺庙覆盖率达 100%。开展 6 次“五下乡”活动，演出节目 30 余出，开展免费义诊 1100 余人次，免费发放价值 3.6 万元的常规药品，发放科技、卫生、法律等反面的宣传资料 7000 余份(册)。全县进行爱国主义专题宣讲 23 场次，累计发放各类宣传资料 1 万余份，受教育群众 2 万余人次。先后组织成立志愿服务队 348 支，开展各种志愿服务 780 次，其中开展文艺汇演志愿服务 70 多场。开展全县文化市场专项整治和常规检查 42 次，清理违规从业人员 3 人，警告 3 家/次，收缴各类非法音像制品 400 多张，删除不良歌曲 300 多首。实现了全县文化市场的持续和谐稳定。全年县委宣传部共上报宣传信息 360 期，编写精神文明工作简报 241 期，投稿 76 篇，其中：被西藏日报、西藏人民广播电台、中国西藏网、昌都报、人民网-中国西藏网等新闻媒体采纳稿件 60 余篇。县电视台制做电视新闻 123 条，上传电视新闻稿件 123 条，被地区级以上电视台采纳 97 条。县电视台播出新闻、典型宣传等自办节目时间 190 天以上，每周整理播出节目 4 次以上，真正做到广播上有声，电视上有影，报刊上有字。

【社会稳定】 2014 年，洛隆县发生刑事案件共 6 起，破获 6 起，涉案人员 9 人，破案率达 100%；治安案件立案 8 起，破案 8 起，治安处罚 14 人，查处率达 100%，无群体性事件、重特大公共安全事故、危安案件发生。检察院受理公安机关提请批捕案件 4 件 6 人，其中批准逮捕案件 3 件 5 人，不批准逮捕 1 件 1 人，受理公安机关移送审查起诉案件 4 件 6 人，均被提起公诉，有罪判决率均达 100%。

【党建工作】 2014 年，洛隆县发展农牧民党员 453 名，激励帮扶贫困党员、老党员 803 名，培养村级后备干部 462 名；2014 年，县委党校开展各类培训班 132 期(次)，培训各级各类人员 7030 余人次，内容涉及政策理论、党建业务、廉政教育、实用技术等多个方面。科学合理选派 153 名干部职工参加区内外培训。2014 年，全县共计选拔任用各级各类人才 77 人，落实4 名机关事业编制和 109 名乡镇事业编制，及时有效的将机构调整设置到位、编制职责核定到位。2014 年，全县 160 个党组织，参学党员 2888 名顺利完成党的群众路线教育实践活动三个环节及“回头看”阶段的各项工作任务，基本达到了“干部受教育、群众得实惠”的总体目标。全县村(居)“两委”换届选举工作自 7 月底全面启动，12 月底基本结束。通过换届，全县 66 个村(居)选举产生了新一届“两委”班子成员 467 人。

边坝县

【基本县情】 边坝，藏语意为“吉祥光辉、祥焰”。边坝县位于西藏自治区东部，昌都地区北部，念青唐古拉山脉北麓，介于东经 93.7°—95.4°和北纬 30.3°—31.4°之间，其东连洛隆县，北与丁青县毗邻，南连林芝地区波密县，西与那曲地区嘉黎、比如、索县三县接壤。全县土地总面积 8894 平方公里，辖 2 镇 9 乡，共有 81 个行政村和 1 个社区居委会。全县共有藏族、汉族、苗族、侗族、土家族、回族、纳西族、瑶族、珞巴族 9 个民族，共 40135 人。

【概况】 2014 年，边坝县实现地区生产总值 47573 万元，同比增长 10.6%，其中：第一、二、三产增加值分别达到 14621 万元、15788 万元、17164 万元，同比分别增长 9.6%、6.7%、15.3%。财政收入完成 2106 万元，同比增长17%。固定资产完成33000万元,同比增长1%。农村居民可支配收入达到6283元,同比增长13.2%,城镇居民人均可支配收入达到14143元,同比增长9.5%。社会消费品零售总额完成17068万元,同比增长11.8%。全县完成工业总产值975万元,同比增长8.33%。完成发电量1305万千瓦时，同比增长8.75%。城镇失业率控制在2.5%以内，居民消费价格涨幅控制在3.5%以内,城镇化率达到17%。

【项目建设】 2014年,边坝县重点项目建设实现新突破。全年基本建设项目116项,总投资4.9亿元,完成固定资产投资3.3亿元。加快边坝镇电站、加贡电站建设力度,边坝镇电站已具备发电条件。完成投资500万元的县城排水工程建设,完成投资2000万元的县城供水二期工程建设。加大交通瓶颈破解力度,省道303线洛隆至边坝、边坝至比如段整治改建工程进展顺利,总投资1641万元的怒江大桥已完工。全年共新增通路行政村3个，新增公路通路里程104.4公里，全县通车里程达到1286.01公里。边坝县青稞生产基地、草卡镇防洪堤、公租房、边坝镇夏林村8个新农村建设等一批重点项目扎实推进。

【农牧业发展】 2014年,边坝县农作物总播种面积为52991.4亩,总产量达到3607.81万斤。完成建设高产创建示范田2.2万亩，建设青稞二级种子田2590亩,推广“藏青320”1000亩、“藏青2000”5500亩、“喜拉22”1000亩,青稞良种平均增加单产50斤以上。建设马铃薯种子基地300亩，每亩产量达到3000斤。年初牲畜总数211508头（只、匹),牲畜综合出栏率33%,新生仔畜67163头（只、匹），成活率达97.5%,全年无重大疫情发生。本地牦牛上市729头,牛、羊、猪肉产量0.46万吨,奶产量0.66万吨,羊绒产量3吨。基本完成5个乡(镇)农技推广服务站修建工作,400座畜棚圈建设进展顺利。

特色优势产业不断壮大　投资423.8万元完成36座蔬菜大棚建设工程，在建36座蔬菜大棚预计2015年5月全面完工,届时全县蔬菜大棚增加到142座，年产值预计达到213万元。投资140万元新建了集养殖厂房、孵化室、育雏室、消毒室、阳光温室等为一体的康巴土鸡育雏基地，共有康巴土鸡种鸡3000只。投资214万元在金岭乡结玉村修建康巴藏香猪繁育基地,支持本地康巴藏香猪繁育项目。

【城镇建设】 2014年,边坝县修建了县城水厂二期工程、县城市政二级供水管网和三级入户管网工程，基本实现县城供水管网系统全覆盖。完成县城垃圾填埋场工程,投资50余万元修建县城主街道人行道防护栏工程，确保街道人行道彩砖无摩托车乱停乱放现象发生。投资1908万元修建县城和5个乡(镇)共计182套公共租凭住房。筹措资金61余万元,对县城、拉孜乡、都瓦乡、热玉乡等乡镇干部职工周转房进行了修缮保养。

完成《边坝县城市总体规划》并通过区住建厅审批,完成草卡、边坝等6个乡(镇)的总规和详规,并通过地区审查。《边坝县旅游总体规划》已市旅游局初审。新农村建设进展顺利。完成12个行政村人居环境建设和环境综合整治工程，落实100户分散安置户建设工作。

交通、水利基础设施条件得到改善　省道303线洛隆至边坝、边坝至比如段整治改建工程进展顺利,全县11个乡(镇)通路,75个建制村通路，行政村通车率达到91.46%。完成53个不通公路自然村的项目前期工作。全年新增用电户数457户1846人,解决563户2846人的农村饮水安全问题。启动麦曲、姐曲、霞曲流域综合规划工作。

【民生和社会事业】 农牧民就业增收　2014年,边坝县城镇新增就业210人，签订劳动合同人数132人,城镇登记失业率控制在2.5%以内。农牧区转移劳动力转移就业5400人次，实现就业收入2100万余元。开展农牧民技能培训班3期,共培训822人。开展农牧民转移就业培训班2期,共培训118人。县、乡分别成立由分管领导任组长的农牧民增收工作领导小组。在综合考虑安全生产、工程施工技术、工程质量等因素基础上，按照农牧民施工队现有生产能力，筛选了总投资1934.3万元的47个强基惠民、人居环境整治、人畜饮水、扶贫农发等项目交由农牧民施工队修建。严格执行工程履约保证金制度、民工工资保证、竣工结算公示制度和民工合同制，全年累计收缴工程履约保障金和民工工资保障金380余万元,保障金缴存率达95%以上。处理民工投诉 12 件，兑现农民工工资 133.64 万元。

农发扶贫　准确识别出 3168 户 16499 人的贫困人口，稳妥解决 596 户 2678 人的脱贫问题。总投资 1191 万元的整乡推进项目、第二期 20 座民生水磨坊等扶贫农发项目基本完成建设。完成“十三五”扶贫产业规划，规划总投资 8.24 亿元共 143 个项目。

社会保障　各类社会保险参保人数、资金征缴率均达到地区指标。全县应参加新型农村养老保险人数 17842 人，实际参保 16233 人，参保率为 91%，征缴金额为 172.55 万元，征缴率达到 93%。参加城镇职工基本养老保险 337 人，征收基本养老保险费 292.11 万元。参加城镇职工基本医疗保险 1173 人，征收城镇职工医疗保险费 343.56 万元。对城乡低保实行动态管理，兑现低保户各类资金 894.48 万元。兑现五保户供养资金 60.31 万元。发放困难群众医疗救助资金 121.45 万元，累计救助 380 人次，发放临时救助资金 7.22 万元，救助 83 人次。“三大节日”期间发放慰问金 20.57 万元，向加贡、金岭两乡调拨 24 吨救灾粮，下拨救灾资金 5 万元。为 5 个乡(镇)46 名重度残疾人办理了二代残疾证，为 48 名孤儿发放“爱心保险卡”，发放孤儿基本生活补贴 14.4 万元。中国电信集团援助边坝县预防“大骨节病”的 10 万斤大米已全部发到病区 0-15 岁儿童手中。发放寿星老人补助资金 11.95 万元、残疾人慰问金 1.2 万元。兑现 2013 年农业保险出险理赔资金 238.76 万元，其中人身意外伤害保险理赔资金 181 万元，农机具保险理赔资金 12.77 万元，种植业、养殖业和农房等出险理赔资金 44.99 万元。

教育事业　投资 1758 万元，完成了 8 个村教学点用房暖廊工程、马秀乡中心小学附属设施和金岭乡中心小学教学及辅助用房改扩建等一批教育项目。对全县一年级学生发放爱心书包 698 套。在边坝镇多许、尼木乡叶嘎等 5 个教学点组织召开了县域内教学点管理现场会。顺利完成了边坝县 2014 年小升初内地西藏初中班招生考试、本地初中班质量检测考试和普通高中（中专）升学考试。全县小学巩固率达 95%，中学巩固率达 48%。

卫生工作　全年参加新农合总人数 27665 人，收缴个人筹资 55.33 万元。大病统筹基金报销 1816 人次 856.67 万元，家庭账户基金报核销 57427 人次385.13 万元。开展大骨节病调查摸底工作，建立健全综合防治大骨节病患者资料汇总台帐，发放价值达4.75 万元的大骨节病患者治疗药品。完成 17301 人免费健康体检和建档工作，完成 20 座寺庙 310 名在编僧尼健康体检工作，免费发放药品 12.69 万元。完成健康素养促进行动和青少年烟草流行监测项目，适龄儿童计划免疫接种率达96.25%。完成 3 例“先心病”患儿赴北京手术治疗和 3 例精神病人到内地系统治疗的工作。完成都瓦、热玉等 8 个乡镇卫生院改扩建工程。完成总投资 1992 万元的边坝县藏医院、10 个乡镇卫生院职工周转房、县疾控中心、妇幼保健站等项目申报工作。

文化惠民　申报国家级、自治区级非物质文化遗产项目，兑现自治区级《格萨尔说唱》和《边坝锅庄》传承人补助经费。开展第一次全国可移动文物普查工作，共统计可移动文物 628 件。全年共开展各类文艺演出 10 次，“文艺下乡”活动 6 次，发放宣传资料 3000 余份。推进电影“2131”工程，共放映爱国电影 1900 余场，观众达 3 万人次。加强对 82 家农家书屋、20 座寺庙书屋的管理和使用，推进“全民读书日”、“送书进农户”等活动。做好“村村通”“户户通”“舍舍通”工程的维修升级工作，全年共发放广播电视卫星接收设备 1134 套，为农牧民群众升级接收机 650 余台。

旅游业　完成边坝县旅游总体规划修编并以报审，投资 60 万元聘请四川阿兰公司开展旅游宣传规划修编工作，完成三色湖基础设施建设中期评估调整项目的可行性研究报告以及光彩事业项目的项目建议书申报工作，参加重庆第三届西部旅游产业博览会和浙江义乌国际旅游产品博览会，共发放旅游图册页 85 份，接受游客咨询 30 多人次。

【环境和生态保护】　2014 年，边坝县完成重点区域造林 6546 亩，成活率达 80%以上。完成退耕还林工程补植6352.6 亩，成活率、保存率均达 80%以上。完成高原生态安全屏障防护林 2070 亩，退耕还林工程荒山荒地造林 3000 亩，封育 2500 亩。组织 600 余人开展植树活动，植树 5000 余株。全年无森林火灾发生，无疫源疫病发生。兑现 2014 年林业管护资金 741.01 万元。兑现 2002 年度退耕还林第十二年生产费及管理费补助

62.49万元,2003年度退耕还林第十一年生活费及管理费补助28.40万元。坚持环境影响评价制度、"三同时"制度和"一支笔"审批制度,开展重大建设项目环境安全大排查,开展旅游环境卫生整治工作,对环境卫生、旅游环境、交通卫生、私搭乱建等进行全面整治。初步完成《边坝县县级土地利用总体规划》编制。

【社会稳定】 平安边坝建设 2014年,边坝县城镇网格化管理水平不断提高,先进双联户创建评选工作进一步深化,干部驻村驻寺深入推进。创新寺庙管理,平安和谐寺庙创建活动深入开展。社区矫正工作全面推开,信访、调解、仲裁等排查调处工作不断加强,社会局势持续和谐稳定。

安全生产 全县辖区内没有发生一起一次死亡10人以上的重特大安全生产事故。建立健全"一岗双责""党政同责"的安全生产体系,配强县安监局工作人员。汲取西藏拉萨尼木县"8.09"和西藏林芝"8.18"交通事故的深刻教训,对全县范围内的危险路段,事故多发隐患路段开展多次安全隐患排查和整治,落实客运车辆限载、"一车一警"制度,制定安装250个道路警示标牌。

国防建设 开展拥军优属、拥政爱民和军民共建活动,完成征兵任务。推动军民深度融合发展,做好人防工作,实现国防建设与经济社会良性互动、协调发展。

丁青县

【基本县情】 丁青,藏语意为"大台地"。丁青县地处西藏东北部、昌都市西部、他念他翁山麓。县属藏东峡谷。海拔5000米以上的山峰有10多座,最高海拔6328米,最低海拔3500多米,相对高差2000多米。丁青气候属高原寒带气候,年温差小,日差较大,日照时间长,年均日照时间为2457.3小时,年平均气温为3.4℃,资料记载最高气温为27℃,最低气温为-25℃,最大冻土层达111厘米,年均降水量为641毫米,没有明显无霜期。

丁青土地肥沃、气候宜人,盛产青稞、麦子和各种豆类。属半农半牧区,是昌都地区粮食生产基地之一。牧区牧业发达,有牦牛、黄牛、犏牛、山羊、绵羊、马、骡、驴等畜种。植物共有一千余种,其中许多为药用植物,部分为稀有名贵药材,如虫草、知母、秦艽等。矿产资源也十分丰富,现探明的有金、银、铂族元素、铁、钛、铅、百云岩、象牙玉、黑绿玉、大理石、铜、铬、镁、煤炭等50多种。

【概况】 2014年,丁青县实现地区生产总值12.75亿元,同比增长22.4%;农牧民人均纯收入达6848元,同比增长16%;城镇居民可支配收入达15375元,同比增长9.5%;固定资产投资完成7.02亿元,比既定目标增长35.7%;县财政一般预算收入达5449万元,同比增长12.47%;社会商品零售总额完成2.9亿元,同比增长25%;各项存款达到7亿元,贷款达到6.2亿元;城镇登记失业率控制在2.5%以内;居民消费价格指数控制在3%以内。

【农牧业发展】 2014年,丁青县农作物播种面积11.78万亩,其中粮食播种面积9.62万亩,粮食总产量达4920万斤,比2013年增产28万斤。调整种植产业结构,经济作物播种面积逐年增加,油菜1.25万亩,蔬菜0.27万亩,青饲料0.64万亩。继续加大良种繁育田及良种推广工作,青稞高产创建面积4.3万亩,主导品种统供率达80%。推广科学养畜技术和牲畜疫病防控,新生仔畜成活率达97.5%,牲畜存栏25.6万头(只、匹),牲畜出栏率达38.27%,奶产量5957吨。

【基础设施建设】 2014年,丁青县开复工项目70项,总投资11.48亿元,全年完成投资7.02亿元。

新区建设 总投资1655万元的2013年公共租赁住房、廉租房全面建成并已通过验收;总投资4700万元的县城东出口市政工程进展顺利,投资840万元的国安局业务用房已完成主体工程建设;县人民法院审判法庭、审判庭附属工程、县公安局业务技术用房均已投入使用。

乡村建设 在3乡5村开展总投资8644.47万元的美丽乡村建设,集中安置农牧民331户、分散安置368户,已完成国家投资4101万元。

水利建设 投资9700.05万元的巴登电站顺利复工建设、8984万元的巴登电站线路延伸工程、2740万元的协雄乡河道治理工程、1274.73万元的协曲河协堆段防洪工程进展顺利;总投资2628万元的丁青县局域网工程、投资160万元的色扎电站维修工程和1209.28万元的2013年重点县农田水利项目,均已完工。

公路建设　全年完成农村公路、桥梁开复工项目6项，总投资1299.13万元，截至年底，全县13个乡(镇)全部通车，行政村通车63个，1个未通车的行政村正在建设当中；协调做好国道317线类丁段改扩建工程、色木公路改扩建工程，确保项目顺利推进；全年农村公路养护里程达30公里，国道317线县养护里程达126.3公里。

强基惠民　落实强基惠民项目37项，总投资1104.1万元，已完成投资924.5万元；各工作队积极跑办、自筹资金518.35万元，用于村(居)基础建设及群众生活改善。

通讯建设　全年新建4G移动基站15个，实现县城和13乡(镇)所在地全覆盖；新建移动、电信基站22个，行政村移动信号覆盖率达90.6%；电信覆盖率达90%以上，电信宽带用户达1100余户。

【民生和社会事业】　教育事业　2014年，丁青县各项社会事业发展加快，民生问题得到基本缓解，全年落实民生资金2.96亿元，实施民生项目54项。县中学学生巩固率达34.7%，小学生巩固率达99.7%；各类教育基建项目总投资达4944万元(其中包含930万元实施“幼小一体化”学校建设资金)，完成投资70%。投资250万元的巴达乡中心校操场新建工程已完成基础建设。

文化事业　全年组织开展文化市场大检查8次，清理整顿10次；完成农家书屋、寺庙书屋补充增加书记1万余册；县民间艺术团开展“三下乡”、“送戏进军营、进校园、进寺庙”共40场次，电影管理站送电影下乡2800场次；全县广播、电视人口综合覆盖率达到94%和95.6%，广播电视“户户通”覆盖率达65%；完成嘎塔乡、甘岩乡“户户通”工程1342套，新增加的“户户通、寺寺通、舍舍通”正在安装当中；完成“丁青热巴舞蹈”视频、图片、文字录入工作，资源数据已上报国家非遗中心数据库。

医疗卫生事业　全年儿童计划免疫接种856人，补种140人，建证建卡率达100%；住院报销3216人次，补偿1354.22万元；住院分娩补偿215人次，121.32万元。投资775万元的8个乡(镇)卫生院改扩建工程，并交付使用。协调完成白内障术110例、肝包虫术14例、先天唇腭裂术1例。

技能培训　举办农村实用技术培训和农村沼气培训3次，培训人员500余人(次)；开展科学技术教育活动6次，教育人数936人；完成科技特派员培训283人(次)，技术咨询500余人(次)；组织农村劳动能力技能培训305人，创业培训29人；军旅式培训750人(次)，农牧区劳动力转移就业6550人(次)，实现转移就业收入3451万元。

社会保障　全县新增就业岗位232个，城镇失业人员明显减少，失业率稳定控制在2.5%；新农保应参保30106人，参保25146人，与2013年同比增长11.8%；城乡居民社会养老保险参保1105人，其中城镇居民(含僧尼)参保1025人；参加城镇居民基本医疗保险1902人，其中僧尼998人，城镇居民904人；参加职工医疗保险1839人；城镇低保99户193人，落实低保资金70.43万元；农村低保1552户，8968人，兑现资金1001.04万元；城乡医疗救助274人，落实救助146.12万元，落实救灾资金100万元。

【发展环境】　2014年，丁青县开展综合治理发展环境工作，不断优化发展软环境。

招商引资　成功引进金元煤业有限公司、三江源加油站等项目，协议投资6200万元，实际到位资金5000万元；丁青家园、虫草藏街项目计划投资2.35亿元，一期项目已顺利开工建设。

非公有制经济　全县个体工商户达到1593户，从业人员4533人，注册资金1.34亿元。

环境卫生治理　总投资1750万元的县城垃圾填埋场，已交付使用，目前全县有城管、保洁员68人，平均日清除垃圾16吨。

环境保护建设　完成重点区域造林3851.9亩，义务植树27亩。落实草原生态保护资金2377.4万元，森林生态效益补偿资金376.8万元。

【受援工作】　2014年，天津援藏团队共投资2600万元加大丁青县基础设施建设力度，其中投资1000万元整合建设协雄乡小学；投资1104万元整合美丽乡村建设项目；在当堆乡、丁青镇、布塔乡投资350万元修建桥梁3座；并通过自身努力，共协调援藏外资金和社会投资约950万元，改善丁青县社会公共服务水平；联系天津援建投资30万元的“天津图书馆西藏丁青分馆”暨“天津市少儿图书馆西藏丁青分馆”已投入使用，馆藏书籍8000余册。

为县医院无私捐赠新生儿喉镜、新生儿气囊等抢救器械，引进产科子宫下段剖宫产技术，组织进行危重产妇抢救，抢救成功率达 100%；争取天津市华北集团捐建资金 400 万元，修建学前教育中心；争取自治区投资 830 万元，整合援藏资金 1200 万元，建设丁青县藏医院。同时，加大两地沟通交流，组织 15 名校长和优秀教师前往天津开展业务培训。

【特色优势产业】 2014 年，丁青县投资 230 万元在协雄乡协麦村建设 20 座日光蔬菜大棚，扶持农户 50 余户 600 余人，年产蔬菜达 10 万公斤，年销售收入 100 余万元；在沙贡乡、觉恩乡等 8 个乡(镇)推广种植油菜籽 6000 亩，引进油菜籽加工企业，试加工菜油 50 吨；总投资 68 万元的巴达乡奶制品加工厂，已完成投资 20 万元；投资 900 万元的县藏药厂即将建成；民营企业不断壮大，布加藏香实现收入 30 万元，石磨糌粑实现收入 90 万元；完成自家浦煤炭资源整合工作，全年完成采煤 8000 吨。以举办丁青县第十五届热巴文化旅游艺术节暨冬虫夏草、象牙玉交易会为契机，推进旅游业发展，全年旅游接待人数达41288 人次，旅游收入完成 384 万元，积极邀请各方媒体，提升“琼布(丁青)虫草”和“丁青象牙玉”品牌知名度。

【环境和生态保护】 2014 年，丁青县实施天然林保护、退耕还林、森林生态效益补偿基金、重点区域造林、自然保护区建设等各项林业工程建设。完成重点区域造林 3851.9 亩，义务植树 27 亩。落实草原生态环境保护资金 2377.4 万元，森林生态效益补偿资金 376.8 万元。加强土地管理和耕地保护，节约集约利用土地资源。加强环境保护和生态文明建设，全面推进城乡、寺庙环境卫生综合大整治，强化污染防治和环境监管，促进生态环境保护，加大对水能、矿产、旅游等重点资源开发和重大基础设施建设的生态环境执法监管力度，避免因开发建设不当造成生态破坏和环境污染。

【社会稳定】 2014 年，丁青县狠抓维稳体制机制建设，推进干部驻村驻寺、创新寺庙管理、城镇网格化管理、“先进双联户”创建评选工作，确保社会大局稳定。年内，共破获各类案件 17 件，破案率达 100%，实现了刑事案件再度全破。收缴各类枪支 15 支、子弹 327 发、炸药 10 公斤、雷管 182 发、弹夹 2 个、各类管制刀具 523 把。查处非法存储、运输、倒卖汽(柴)油 80 余桶。收缴达赖唐卡画像 35 副，照片 27 张，反动光碟 23 张，吊坠 2 个，有力地打击了不法分子的嚣张气焰，人民群众安全感明显提高；全年信访部门共办理(接待)群众来信来访 11 件；开展爱国宣传教育活动 20 场次，法制宣传 33 场次，悬挂国旗、彩旗 45000 余条，悬挂横幅 130 余条，发送手机报 380 余条(次)，发放各种宣传资料 40000 余份(册)。

类乌齐县

【基本县情】 类乌齐，藏语意为“大山”。类乌齐县位于西藏自治区东部，昌都市中部，西接丁青县，南邻八宿县，北邻青海省玉树市，与昌都市相连，地理位置为东经95°7′—96°9′，北纬 30°9′—31°8′，全县总面积约 6147 平方公里。类乌齐县处于青藏高原三江流域西南部、横断山脉上段的高山峡谷之间，平均海拔 4500 米。全县有可供旅游者游览的景点 15 处(查杰玛大殿、长毛岭马鹿场、伊日温泉、伊日峡谷、卡玛多塔林、达日通湿地、德钦颇章神山、崩勒神山、崩勒溶洞、多普峡谷、释迦牟尼佛祖圣印、当日湖、卡孜塔林、乃塘寺、昂乃日追寺)，国家级自然保护区 1 个 (长毛岭马鹿场)，国家公园 1 个(紫曲河湿地)。共登记文物点 130 处，其中全国重点文物保护单位 1 处(查杰玛大殿)，自治区级保护单位 3 处 (乃塘寺、宗洛寺、甲桑卡乡铁索桥)，县级文物保护单位 6 处(乃登寺、甲桑寺、郭庆寺、宾达茶马古道遗址、曲雅玛塔林玛、堆江古遗址群)。

截至 2014 年底，类乌齐县常住人口 54055 人，人口自然增长率 12.08‰。主要有藏、汉、回、满等六个民族，藏族人口占总人口的 99%。全县共设 2 镇 8 乡。即桑多镇、类乌齐镇、宾达乡、卡玛多乡、伊日乡、吉多乡、甲桑卡乡、岗色乡、尚卡乡、长毛岭乡，其中类乌齐镇、卡玛多乡、长毛岭乡、岗色乡、伊日乡为牧业乡；全县辖 80 个村民委员会、2 个居民委员会。

【概况】 2014 年，类乌齐县实现地区总值 7.0435 亿元，同比增长 22.5%；一、二、三产分别完成 1.629 亿元、2.466 亿元和 2.9485 亿元，同比分别增长7%、28%和28%，三产比例分别为23:35:42；财政一般预算收入完成3007万元，同比增长23%；社会消费品零售总额2.4亿元；农牧民人均纯收入达到7470元（现金收入3735元），同比增长16%。经济运行总体呈现出了“稳中有升”的发展特点。

【经济发展】 农业经济持续增效 2014年，类乌齐县推广试种青稞“藏青2000”品种，推广面积达900亩，调运化肥380吨，粮食单产得到提升，实现粮食产量1644万斤；耕地保有量和基本农田保有量与2013年相持平；农机购置补贴政策继续实施，农业机械水平持续提高，全年完成农机购置补贴300万元。

牧业经济稳步推进 牲畜存栏15.5万头(只、匹)，仔畜成活率达到97.5%以上，成畜死亡率控制在1.8%以内；完成牲畜出栏49616头(只、匹)；出栏上市17366头(只)；完成肉产量达到0.8万吨、奶产量达到1万吨。

落实惠农政策 全年兑现草原生态保护补助奖励资金2073万元，7864户、44440余人受益；兑现种粮直补、农资综合补贴、农作物良种补贴等补贴资金达198万余元。

农牧业项目开展有序 由国家投资5000余万元在类乌齐县实施农牧业项目10余项，涉及牲畜棚圈建设、人工种草、沼气建设、温室建设、药材种植等项目。

特色产业培育得当 在桑多镇恩达村建成设施较为完善的蔬菜基地，占地85亩，建成日光温室40座，解决了干部群众吃菜难问题；类乌齐县农畜产品加工产业园区（牦牛肉深加工基地)建设项目落地，类乌齐牦牛肉品牌将形成市场效应；实施和建设藏药材种植基地，种植经济价值较高的大黄、白芥子、芫荽和波棱瓜等藏药材，正在试种玛咖。

虫草资源优势发挥明显 全年完成虫草采集3244斤，群众收入5320万元。于2013年建设的虫草交易市场于2014年8月份建成验收，为进一步推广类乌齐虫草及流通打下坚实基础。

拓展致富途径 类乌齐县牦牛肉深加工基地成功入驻并进行试生产，正式投产后年产值将达1亿元，项目区农牧民群众人均增收1200元。打造达日通花都，力争将达日通花都建设成为集旅游、休闲、农家乐为一体的新型度假胜地，实现聚集效应，为群众增收铺路。

发展第三产业 全年实现旅游人数达50000人，增长6.8%，旅游收入350万元；全县服务行业完成增加值29458万元，同比增长28%。

【基础设施建设】 2014年，类乌齐县加大水利发展。续建水利项目为类乌齐县岗色水电站工程，拟新建水利项目2项。包括类乌齐县孟达村河治理工程及甲桑卡乡边普村河道治理工程。解决好群众出行难问题，抓好养护保畅通，国道317线类乌齐至丁青段改扩建工程投资总额为20724.1696万元，使桑多镇和卡玛多乡等2个乡镇受益，2014年完成产值7500万元，预计在“十二五”末完工。同时，加强对乡镇通畅建设、寺庙(日追)公路建设、断头路建设、一般农村公路建设、桥梁建设的力度。全年开复工4个乡镇通畅项目，其中：续建2个，新建2个，批复总投资15864.436万元，建设里程100.805公里。续建项目共3条寺庙（日追）公路，批复总投资516.76万元，建设里程6.529公里。完成长毛岭乡隆桑村接岗色乡油路公路工程续建项目。完成宾达乡宾达村乃通自然村荣或居民点公路工程续建项目。完成长毛岭乡岗雄村亚塔自然村桥梁工程续建项目和桑多镇新区大桥工程。

【民生和社会事业】 2014年，类乌齐县以妇女、儿童、老年人、残疾人、慢性病人等人群为重点，以家庭为单位建立统一、规范的居民健康档案；完成农牧区居民健康体检47279人次，僧尼1042人次，体检完成率100%。实施农牧民健康工程，创新药品招标采购配送管理体系，在乡(镇)卫生院实行零差率销售；农牧民参合率达到100%。新增城镇就业150人，城镇登记失业率控制在2.5%以内，农村劳动力转移就业5000余人。养老、医疗、失业、工伤、生育等社会保险覆盖面继续扩大，社保待遇不断提升。发放广播电视户户通设备6579台，广播电视“村村通”和“户户通”覆盖率达到95%以上，广播电视“寺寺通”“舍舍通”达到95%覆盖率，设备后期管理维护完好率达98%以上。小学、初中在校生分别达到5530人、2156人，入学率分别达到99.98%和96%；落实教育“三包”经费1958.53万元，财政配套522.69万元，落实均衡发展专项资金300万元、学生营养改善计划资金316.62万元，新建、改建校舍11500平方米，2014年10月，顺利通过国家义务均衡发展验收，教育水平居 11 县前列。廉租房现入住率达 97%(新建 72 套正在入户调查)，周转房入住率达 100%(新建 88 套正在公示)。五保供养款兑现工作全面完成，为全县 406 户 406 人五保户兑现五保供养款 117.74 万元。兑现 25 户 213 人城镇低保补助资金 115.13 万元，兑现 2199 户 5803 人农村低保补助资金 597.84 万元。规范“一书两证”办理制度。按照相关文件精神启用新版“一书两证”。并将办理完成的证件做成电子文档永久存档保存。

【环境和生态保护】 2014 年，类乌齐县全面完成巩固退耕还林成果专项规划补植补造；完成重点区域造林 6999.6 亩，种植苗木 93 万株；同时，完善对重点生态功能区的生态补偿机制，层层签订护林责任书，采取“县、乡、村、护林员”的运转模式，形成层层抓落实、人人管生态的良好局面。同时，以环境卫生管理和市容秩序管理为重点，开展环境综合整治。建立和完善长效管理机制，成立领导小组，抽调精干力量开展整治工作，提高城镇管理水平。重点开展治脏、治乱、治差战役，解决城镇卫生环境的突出问题。强化监督和管理，尤其是解决私搭乱建问题。

【受援工作】 第七批援藏计划内项目建设情况 2014 年，类乌齐县重庆广场建设总投资 2600 万元，其中：计划内资金 2100 万元，计划外资金500 万元，目前主体已完成，收尾工作将于明年 4 月底完工；完成类乌齐县桑多镇巴仁巷居委会新农村建设的 A1 道路；类乌齐县桑多镇桑多村新农村项目排水系统已完成，道路建设预计 2015 年 8 月底前竣工。

第七批援藏计划外项目建设情况 重庆市援藏干部积极与重庆市中机中联集团进行衔接，为类乌齐县进行县城详规设计，构建相互联动、协调发展的城镇建设新格局；帮助实施县卫生服务中心中央供养系统及县医院手术室建设、县城地形图测绘、伊日乡院坝整治、尚卡乡人行步道建设等，为类乌齐县发展进一步打牢基础。

那曲地区

【概况】 2014 年，那曲地委、行署以开展党的群众路线教育实践活动为契机，以全面深化改革为动力，进一步创新思路、强化措施、狠抓落实，形成了奋力推进跨越式发展和长治久安的好势头。

【社会稳定】 2014 年，那曲地区贯彻落实自治区党委、政府十项维稳举措，以严防发生自焚极端事件、暴力恐怖事件等“六个严防”为重点，坚持抓早抓小抓快抓好，确保了那曲社会局势持续稳定。

抓防控确保面上稳定 突出敏感时段。动态分析形势，科学部署力量，依托各军警固定值守点、便民警务站、公安检查站和派出所等基层警务机构，发挥视频监控探头和群防群治力量的作用，实行总体上严密布防和敏感时段高度戒备相结合，使分裂分子不敢轻举妄动。突出重点区域。始终把“六县、五条生命线、一条边界线和 28 座重点寺庙”作为重中之重，统筹做好其他区域维稳工作，点线面有机结合、军警民协调联动，确保面上不出问题。突出重点人员。建立动态管控机制，确保了重点人员不失管漏控。突出社会面排查。对宾馆旅店、出租房、娱乐场所、加油加气站进行拉网式清查，各检查站逢人必查、逢车必查、逢物必查，劝返“三无”人员、重点关注人员等。坚持人性化管理和制度管理相结合，完善安全生产隐患排查和预防制度，安全生产事故起数和死亡人数同比下降 68 和 58%。

抓重点打好维稳攻坚仗 强化反恐防暴。成立反恐工作专班，对重点目标军警民联防联控，深入开展治爆缉枪专项行动，最大限度排除社会安全隐患，保障人民安居乐业。坚持属地管理、源头防范、依法打击，村民维稳责任书、承诺书签订率达到 100%，成功抓捕 4 名非法偷渡入境人员；分别向阿里、拉萨、贡嘎机场派出工作专班，加强那曲籍外出人员管理，全地区无一人出境参加“法会”。强化全区性宗教活动维稳安保。出台《那曲地区农牧民外出朝佛服务管理暂行办法》，与所在乡镇逐一签订责任书、填写《审批表》、确定联络员，各乡镇指定专人定期联系、动态跟踪，为减轻拉萨“萨嘎达瓦”和阿里“塔尔钦”宗教活动安保压力发挥了重要作用。强化虫草采集管理。在虫草采集前，组派工作组蹲点一线、提前调处 32 起重大虫草资源纠纷，特别是经过 7 个多月的谈判协商，成功化解比如县与索县挡风拉虫草采集点历史遗留 10 多年的资源纠纷；在虫草采集期，组织 5644 名干部组成 618 个工作组，部署 1666 名警力设立 147 处检查点，在虫草采集点设立临时党支部，零距离开展服务管理工作，近 18 万群众参与的虫草采集工作秩序井然，没有发生一起治安、刑事案件和群体性事件。

抓主动治理促进长远稳定 巩固提升比如县专项治理成果。进一步深化群众教育、做实宗教工作、推进综合治理、建强基层组织，比如县社会大局不断趋稳向好；成立由地委分管副书记任组长的专案组。持续开展打击整治专项行动。及时消除 2 起非法聚集隐患，成功侦破危安案件 5 起，全地区危安案件发案率同比下降 50%，特别是地委书记挂牌督办，破获一起系列反标案。加强社会治安综合治理，全地区刑事、治安案件发案率分别下降 9.5% 和 19.4%。严厉打击造谣传谣行为。查处网上造谣传谣行为 177 起、207 人，对重点区域 83 名造谣传谣人员进行了为期 91 天的法制培训。

抓寺庙促进宗教和睦 提升寺庙“六建”水平。配齐配强寺管会班子，对驻寺干部分期分批培训，制定《对寺管会实行乡镇属地管理的意见》、《驻寺干部管理办法》、寺管会干部“七不准”等一系列规章制度，确保驻寺干部全面正确履职。狠抓利寺惠僧政策落实。寺庙“六个一”活动不断深化。全面推进寺庙“九有”，实现了国旗、领袖像、报纸、寺庙书屋、广播电视和寺庙通电全覆盖,寺庙通路、安全饮水项目基本完成;实施“9+X”,为83座寺庙配备了药箱及常规药品,为具备条件的寺庙解决了太阳能热水器设备。落实“一个覆盖”,僧尼医疗、养老保险参保率达到93%和76%,符合条件的僧尼全部纳入了低保、五保等社会救助范围。深化“一个创建”。深入开展和谐模范寺庙暨爱国守法先进僧尼创建评选表彰活动,地县两级表彰和谐模范寺庙219座(处)、爱国守法先进僧尼7208人次,发放奖励资金1108万余元。依法管理宗教事务。主动治理宗教领域乱象,那曲县色雄乡藏嘎日追清理工作有序推进。严格佛事活动审批管理,确保了全地区700多场传统宗教活动和6751名信教群众参加阿里“塔尔钦”朝佛活动的安全有序。加强活佛转世管理和教育培养,积极开展9位活佛寻访转世。举办首期政府认定活佛读书班,对8个县的20名政府认定活佛在地区集中学习培训。培养壮大宗教界爱国力量,举办僧尼培训班6期、培训300人。加强寺庙财务管理。地区举办4期寺庙财会人员培训班,对83座正科级以上寺管会、12个寺庙管理特派员机构的91名驻寺干部、89名僧尼财务人员进行了培训,建立了寺庙财务管理制度。

抓基础创新社会管理体制 纵深推进城镇网格化管理,全地区92个便民警务站、那曲镇7个居委会39个网格和社区信息化平台作用发挥良好;制订了《那曲地区社会管理综合治理信息系统实施方案》,坚持统筹规划、分批实施,加快形成贯通地、县、乡镇、村居的四级综治信息管理系统。深化“先进双联户”创建评选活动,制定《那曲地区进一步深化“先进双联户”创建工作的实施意见》,将自治区要求的“十联”内容丰富拓展为“十八联”;召开“先进双联户”创建工作培训会暨现场推进会,组织政法综治干部实地观摩、交流经验。深化铁路护路联防“线格化”管理,确保了青藏铁路那曲段的安全畅通。

抓督导推动工作落实 完善维稳分包责任制,3名地委副书记分包负责11县3个片区的维稳工作,落实县级干部包乡、乡级干部包村、驻村驻寺干部包户包僧制度。建立大督导工作机制,成立由地级领导任组长的4个面上督导组和统战民宗、政法综治、青藏铁路护路联防3个专项督导组,对各级各部门贯彻落实区、地维稳决策部署情况进行全年全面督查;严格责任追究,对维稳工作中失职渎职、擅自离岗的干部给予党纪政纪处分。

【经济发展】 2014年,那曲地区实现生产总值81.99亿元,同比增长12.5%;公共财政预算收入完成4.04亿元,同比增长8%;农牧民人均纯收入达到7229元,同比增长13%;社会消费品零售总额完成15.67亿元,同比增长15%。

基础设施 全地区到位各类基本建设资金117.6亿元,累计开复工项目158项,全年完成投资97亿元,增长18.3%。启动《那曲城市总体规划》修编和22个中心城镇规划编制工作,那曲镇城市基础设施建设全面推进,已完成投资3.38亿元,占工程总投资的41.73%,热源厂、污水处理厂、取水厂、净水厂、加压泵站和16个换热站主体工程基本完成,城区主干道管网工程已开挖85公里。交通建设加快推进,省道303线比如至边坝段、省道301线班戈至雄梅段、省道301线雄梅至申扎段、国道317线至巴青县嘎洛卡段等交通干线项目今年完成投资9.3亿元;51个建制村通达工程、12条通寺公路、4个乡镇通畅工程进展顺利。能源瓶颈加快缓解,藏中电网延伸至嘉黎、索县、巴青县项目已完成总工程量的85%、三县县城年底供电,藏中电网延伸至比如县明年全面启动并于年内供电;嘉黎忠玉水电站前期勘探顺利进场,金桥电站计划明年开工建设。

产业建设 一、二、三产实现增加值12.84亿元、20.79亿元和48.36亿元,分别增长3.5%、15.18%和14%。一是加快农牧业产业化发展。农牧业总产值完成18.32亿元,同比增长5%。虫草产量2.14万公斤。着力壮大农牧民专业合作经济组织,发放扶持资金250万元、对13家合作组织进行了重点扶持,向15户合作组织农牧户发放扶贫贴息贷款2544万元,全地区新增农牧民专业合作经济组织39家,累计达到433家,注册资金3.42亿元,发展会员1.27万人,带动农牧户1.45万户;那曲县被评为自治区农牧业产业化经营先进县,聂荣县色庆乡帕玉牧民合作社等4家合作组织被评为国家级示范合作社。投入2300万元,实施本地优良品种选育场、牦牛养殖小区和肉羊生产基地建设,逐步形成畜牧业特色产业相对集中、连片发展的格局。二是大力发展园区经济。那曲物流中心引进落地企业7家,注册企业达到65家,预计全年完成税收2.9亿元,增长12.5%。那曲国家级高新技术产业开发区和综合保税区申建工作稳步推进。三是积极发展特色旅游业。联合五家企业组建了西藏那曲地区羌塘旅游发展有限公司,与地区行署签订了投资1.7亿元的项目合作意向协议书。制作了那曲旅游画册及宣传片《羌塘风情》、《天际牧歌》,积极参加自治区举办的“珠三角、长三角、京津冀”旅游巡回促销活动、首届中国西藏旅游文化国际博览会,大力宣传推介那曲旅游产品。参加西藏第二届旅游商品大赛,获得全区第三名的好成绩。全年接待游客70万人次,实现旅游收入8000万元,同比分别增长9.9%、14.3%。

招商引资　成立地区招商引资工作委员会,坚持“走出去”与“请进来”相结合,参加第三届京交会、第十六届浙洽会、第十五届西博会,成功举办地区招商引资项目推介会暨项目签约仪式、西藏那曲招商(宁波)推介会,与中广核、宏绩集团、长江源等公司签订16个项目开发协议、意向投资192亿元,已完成投资项目5个、落实投资2.25亿元。

经济体制改革　国企业改革稳步推进。全地区第一家混合所有制经济改制企业——雄巴拉曲神水藏药厂公司化改制顺利完成,地区商办综合加工厂和圣峰公司改制年内完成,部分政策性破产企业遗留问题得到及时处理。财税体制改革不断深化。地区本级财政已将所有专户归并至国库统一专户,财税库银税收收入电子缴库横向联网那曲县试点工作稳步推进;出台了《那曲地区关于进一步加强乡镇财政建设的意见》,年内实现114个乡镇财政所全覆盖;积极开展“营改增”试点工作,全地区94家商企纳入试点,减免税收184.58万元。投资体制改革有序推进。以国家投资为主、援藏投资和社会投资为补充的投资机制进一步完善,由地区本级财政注资5000万元组建的那曲地区纳木措投资有限公司正在登记注册。金融支付体系建设。新增“惠农通工程”服务点85个、累计达到200个,实现了金融服务空白乡镇全覆盖,截止10月底,全地区涉农贷款36.84亿元,比上年末增长92.36%。非公经济加快发展。全面推进工商注册制度便利化,落实扶持资金576万元、对4家中小企业给予扶持,全地区各类市场主体达到11011户、注册资金18.11亿元,同比增长3.8%和16.3%。牧区改革不断深化。围绕“构建新型牧业经营体系,加快转变牧业发展方式”主题,全面启动了班戈县自治区级农村改革试验区建设,班戈县已与10家企业签订合作开发协议、协议投资8.48亿元,完成人工种草2.48万亩,建成首座高海拔农业生态示范基地、24座温室种植大棚投入使用。扎实推进基本草原划定工作,各县选定了试点区域,年内完成60%以上的外业工作;推进饲草保障体系建设,召开地区人工种草(申扎)现场会,大力“十百千万”人工种草工程,全地区人工种草面积达到15.71万亩。

对口支援　狠抓援藏项目建设,全年落实援藏投资5.16亿元。认真贯彻落实中央对口援藏工作20周年电视电话会议和全区对口援藏工作电视电话会议精神,地区党政代表团赴辽宁、浙江两省和五大中央企业进行回访答谢,衔接谋划援藏工作,收到了良好效果;召开地区对口援藏工作20周年暨援藏干部座谈会,推进援藏工作体制机制创新。

发展环境　转变政府职能,地直部门行政审批项目精简调整30%,对政府决策、服务程序、审批项目、职责权限、办事方向向社会公布。进一步规范基本建设程序,执行项目“五制”、项目评审制度、限时办结制度,做到依法、依规、依制度办事。以那曲镇为重点,推进土地整治工作,严厉打击违规违法用地行为,对闲置土地资源进行清理整合,基本制止了私搭乱建现象,有效遏制了违法用地建设行为上升的势头。严厉打击“地霸、车霸、沙霸”,维护了正常经济秩序。

环境和生态保护　地委、行署提出了建立“那曲地区国家生态文明特区”的构想,自治区政府专门召开会议,邀请中国工程院专家学者进行了初步研究论证。整体推进天然草地、天然林和湿地保护等重点生态工程,麦地卡湿地保护与恢复建设项目全面完工,“两江四河”那曲片区怒江流域造林绿化工程完成规划,那曲地区纳入全国第二批水生态文明城市建设试点,那曲、安多两县水资源生态保护奖励机制试点前期工作全面展开。草原生态保护补助奖励政策全面落实,兑现2013年奖补资金6.7亿多元,牧民人均增收1506元。强化生态环境监管，全面开展环境大排查，依法查处3起环境违法案件，对自治区挂牌督办的10家环保违法企业跟踪督查、限期整改。

“十三五”规划编制　地委、行署组织三个党政考察团，分赴拉萨、昌都市和山南地区考察取经、交流工作，认真研究那曲的发展战略和发展重点。围绕地委提出的实施“三大战略”(改革推动战略、畜牧带动战略、园区拉动战略)、建设“五个基地”(西藏畜产品生产基地、野生动物保护基地、高寒草原生态保护基地、清洁能源基地和物流园区基地)、推进“十大工程”(畜牧业生产转型工程、招商引资促进工程、文化旅游整体打造工程、民营经济提振工程、项目拉动快进工程、基础设施整体推进工程、人居环境改造工程、基础教育提升工程、社会管理创新工程、干部健康关爱工程)的总体工作思路，启动了那曲地区“十三五”总体规划、25个专项规划和11个县域规划编制工作。

【民生和社会事业】　2014年，那曲地区抓好自治区和地区惠民利民“十件实事”的落实，大力推进社会事业改革创新，使改革发展成果更多、更公平惠及广大群众。

改善城乡居民生活条件　保障性住房建设，开工建设公租房1912套，实施棚户区改造1405套；整合资金启动那曲镇二期旧城改造项目，810套住宅小区主体工程完工。加快改善农牧区条件，10896户农村危房改造、7500户建筑节能示范、327个行政村人居环境建设和环境综合整治项目基本完工，新解决了25557人和2186名僧尼的饮水安全问题，新建移动、电信通讯站215个，乡镇通邮率达到70%。牧区小康村建设规划编制初步完成。

优先发展教育　制定了《那曲地区推进县域义务教育均衡发展的意见》，在11县建立挂牌督学制度和义务教育均衡发展督导评价机制，城镇、农牧区学前教育入园率达到90%和47%，小学适龄儿童入学率达到99%以上，初中入学率达到95.7%，地区特殊教育学校在校生达到109人。实施了地区城北幼儿园新建、城东幼儿园改造、13所村级幼儿园新建项目，薄弱学校改造、学习标准化建设步伐明显加快，拉萨那曲第二高级中学建成并投入使用。体育事业成绩显著，在全区第十一届运动会上，那曲运动健儿取得奖牌总数第一名的历史最好成绩。

强化医疗卫生　完善医疗卫生服务体系，地区人民医院住院综合楼、藏医院制剂中心改扩建等项目进展顺利，11个县急救站建设全部完成，为每个村卫生室配备了价值1万元的医疗设备。提高基层卫生专技人员能力，培训卫生专技人员1294人，选派17名县级卫生骨干人员赴浙江、辽宁两省大型医院跟班学习。城乡居民和在编僧尼免费健康体检全面落实，先心病儿童筛查率达到100%、确诊717名、手术治疗492人，213例白内障患者完成免费复明手术，群众就医“绿色通道”全面推行。

完善就业和社保体系　千方百计促进就业，落实公益性岗位2194个，实现就业再就业1973人，城镇登记失业率控制在2.4%以内；农牧民富余劳动力转移就业2.86万人次，劳务创收6000万余元。加强农牧民技能培训，举办农牧民技能培训班44期、培训2146人，培训人员就业率达到75%以上；地区举办第二、三期农牧民驾驶技能培训班，670名农牧民参训、482人考取了驾照。城乡居民养老保险参保人数24.03万人、参保率达到90%以上，其他各险种参保率达到94%以上。“双集中”工作扎实推进，地区儿童福利院和11个县五保集中供养机构建设进展顺利，项目建成后将新增床位2179张。

推进扶贫开发　完成第二轮贫困人口建档立卡工作，确定4个重点开发县、59个重点扶贫乡镇、765个重点扶贫村，在扶贫资金投入上给予重点倾斜；新增国家级农业开发县1个、自治区级农业开发县2个。落实信贷扶贫优惠政策，累计发放扶贫贴息贷款26.97亿元，增长179.86%。全年完成扶贫农发投资2.53亿元，实现脱贫2.43万人。建立扶贫、纪检、审计“三方会审”的项目资金监管机制，确保项目资金专款专用。

地区“十件实事”　完成村医培训1136名；为1378名贫困学生发放生活补助275.6万元；为1841名驻村、驻寺干部免费健康体检；对30名优秀环卫工人进行表彰、慰问困难环卫工人121名；那曲镇9条市政道路已完成招投标工作；那曲镇扎西桑旦尼寺通寺公路全面完工；地委、行署干部职工食堂主体工程基本完成；首届“最美乡村教师、最美乡村医生”评选顺利完成，表彰最美乡村教师和医生各11名,每人奖励1万元;扶持培育农牧民专业合作经济组织11个;在城区各学校门口设置了红绿灯、交通标志和斑马线。

抗救灾工作　健全社会应急救援机制,有效应对各类自然灾害,特别是那曲镇"8·11"洪涝灾害发生后,地委、行署紧急动员部署,组织干部职工、驻地部队和武警官兵2000余人连夜抢险救灾,及时转移安置群众,确保了受灾群众有饭吃、有住处、有病能及时医治。嘉黎县忠玉乡灾后重建工作顺利推进,道路交通、防洪设施等项目基本完工,气象监测站、通讯基站等设施投入使用,48户民房重建全面完工,11村教学点基础设施主体完工。

【民主法制建设】　民主政治建设　加强人大工作,地委出台了《关于进一步加强人大工作的意见》,积极支持人大机关依法行使职权;强化代表培训,地区选派32名人大代表外出培训,各县人大常委会培训人大代表2320人;着力强化监督,配合自治区人大常委会开展6次执法检查和立法调研,组织6次专项执法检查和视察调研活动。切实加强政协工作,支持地区政协履行职能,为解决发展稳定中的重大问题建言献策、献计出力,形成视察报告5篇;发挥地区重大决策咨询委员会的作用,借助国内知名院士、专家的力量,完成了《藏北牦牛产业化规划》、《藏北高原特色藏医药资源保护与利用规划》、《建设藏北高原生态文明特区项目建议书》的编写工作,有效发挥了"智库"作用。巩固发展爱国统一战线,积极做好党外人士的教育培养和培训工作,坚持重大工作向党外人士通报制度,定期走访慰问党外爱国人士、政协委员和归国藏胞,落实了31名党外代表人士的生活待遇,地区社会主义学院(藏胞接待站)基本完工;完成了地区第六届佛协理事人选考察工作,为明年佛协换届奠定了基础。

民族团结进步事业　开展党的民族政策、民族法律法规以及民族基本知识的宣传教育,集中开展民族团结宣传月活动,广泛开展民族团结进步创建活动,加强那曲镇民族团结示范点建设,"三个离不开"和"团结稳定是福、分裂动乱是祸"的思想更加深入人心。争取少数民族发展专项资金1327万元,实施交通、水利、畜牧业等短平快项目28个。全面贯彻中央民族工作会议和自治区民族工作会议暨民族团结进步表彰大会精神,召开那曲地区民族工作会议暨2014年民族团结表彰大会,对做好新形势下的民族工作、推动民族团结进步事业创新发展作出全面部署,表彰民族团结模范集体16个、模范个人20名。

依法治理　全面启动社区矫正工作,全地区84名社区服刑人员建档率、管控率均达到100%,已全部纳入教育矫治工作;完善刑释解教人员安置帮教工作机制,确保了659名刑释解教人员衔接到位、帮教到位、管控到位。全面推进"一站式"司法服务,地、县两级法律援助工作机构共接待群众1948人次、受理法律援助案件113件。完善人民陪审员工作机制,全地区共有93名人民陪审员经过人大任命。深入推进"六五"普法规划的实施,以"送法下乡"、"法律八进"、"综治宣传月"等活动为载体,全年开展各类法制宣传教育活动3500多场次、发放宣传资料32.2万份(册、张)、受教育群众38.2万余人次。

国防和军队建设　坚持党管武装原则,召开地委议军会议,对各县人武部党委第一书记履职尽责情况进行讲评,部署国防后备力量建设工作,对落实专武干部编制、整治生产营营区环境、制定"四县"应急民兵连管理细则事宜进行专题研究。妥善安置8名退伍军人,对"四县"应急民兵连建设情况进行了专题调研。开展"双拥"和军民共建共保活动,主动为武装工作排忧解难,发挥驻地部队在经济建设中的重要作用和维护社会稳定中的关键作用。

【宣传思想文化工作】　实施同心工程,狠抓理论武装工作　2014年,那曲地区结合开展党的群众路线教育实践活动,坚持用中国特色社会主义理论体系武装广大党员干部,突出抓好党的十八大和十八届三中、四中全会精神,习近平总书记系列重要讲话精神和区党委一系列会议精神的学习贯彻,大力加强理想信念教育,提高党员干部的理论水平和政治素养,发放《习近平总书记系列重要讲话读本》2.2万余册,地委班子和地委理论学习中心组开展集中学习20余次,举办县处级领导干部学习习近平总书记系列讲话精神及党的十八届三中全会精神培训班10期、培训党员干部600余人。以开展"万名干部进千村、万户牧家学精神、结对认亲暖万家"主题活动为载体,推动十八届三中、四中全会和习近平总书记系列重要讲话精神进机关、进企业、进乡村、进社区、进学校、进寺庙、进军营,宣讲面和干部群众受教育面达到100%。

实施春风工程,抓好群众思想教育　强化社会主义核心价值观教育,持续推进中国梦宣传教育,深化新旧西藏对比教育,印发《那曲地区“感党恩、听党话、跟党走”主题教育活动宣传提纲》、《社会主义核心价值观宣传手册》5.7万余册,组织地委讲师团、各县宣讲小组和宣讲志愿者、农牧民宣讲员深入基层巡回宣讲。加强精神文明建设,启动那曲地区青少年“践行核心价值观、共圆伟大中国梦”主题教育实践活动,表彰“美德少年”及提名奖60人。

实施阵地工程,确保意识形态安全　坚持党管媒体,完善正面宣传引导机制,每月召开媒体通气会,建立健全了新闻报道策划、突发事件新闻报道、监督问责和奖惩等机制;在各县、地(中)直各单位确定213名新闻通讯员,拓宽了正确宣传报道渠道。强化网络阵地管理,成立了地县互联网信息办公室,组建了一支294人的网评员队伍和90人的网络志愿者队伍;规范建设政府新闻网站,为3家网站建立了党支部。从严落实电话和互联网用户真实身份登记制度,对38.4万名网络、手机用户身份信息核查清理,补登1642个身份信息不符用户。加大文化执法检查力度,查缴销毁非法音像制品和出版物8000余件(其中政治性非法光碟2000余张),收缴非法卫星接收设备65套,删除互联网反动图片503张,落地查处发送、接收涉藏敏感信息人员303人,破获制售反宣品案1起3人。

实施文化惠民工程,推动文化繁荣发展　完善公共文化服务体系,地区图书馆全面完工,县级新华书店和综合文化活动中心、乡镇综合文化站基本实现全覆盖,为牧家书屋更新补充图书7.9万册,广播电视人口综合覆盖率达到86.27%和90.37%。“五下乡”活动深受群众欢迎,累计开展文艺演出33场,举办法律法规讲座10场,免费接诊群众3693人次,为群众维修家电1510件,发放科普资料1.07万份。地县乡民间艺术团开展文艺演出581场次、观众达32万人次,各级公共文化服务场所免费开放368场次、2.56万人受益。文化遗产和文物古籍保护成效明显,《那曲民间文化系列丛书》收集整理和1314卷古籍普查、登记、录入工作基本完成,全国格萨尔工作领导小组办公室授予我地“岭·格萨尔艺人之家”称号,联合国教科文组织授予我地“格萨尔史诗传承者”称号,列入世界级、国家级、自治区级非物质文化遗产目录分别达到1个、8个和31个,国家级、自治区级非遗传承人分别达到3个和43个。

地区赛马节圆满成功　坚持“文化搭台、经贸唱戏”,成功举办2014年羌塘恰青格萨尔赛马文化商贸旅游节,参加群众达13.6万人次,这是2008年以来那曲地区举办的参与人数最多、规模最大的一次综合性节会,整个赛马节期间没有发生一起治安和刑事案件,实现了“安全、祥和、精彩、圆满”的预期目标。通过赛马节的举办,进一步提升了那曲的知名度,促进了招商引资工作,助推了旅游发展,丰富了群众精神文化生活,鼓舞了各族干部群众信心和斗志,产生了良好的政治、经济和社会效益。

【党的建设】　2014年,那曲地区落实管党治党责任,抓班子带队伍,抓基层强基础,抓党风促政风,为推进那曲跨越式发展和长治久安提供坚强组织保证。

干部人才队伍建设　树立正确用人导向。坚持新时期好干部“五条标准”和“重党性、重品行、重实绩、重担当、重基层、重团结、重作风、重廉洁”的选人用人导向,提拔调整县处级干部50人,新提拔的25名县处级干部中具有乡镇党政正职工作经历的占40%;对空缺的26个正县级领导岗位和优秀正科级干部进行民主推荐,建立了总人数491名的县级后备干部库。批准县级干部退休、离岗休养175人。强化干部教育培训。启动实施“十百千万”干部素质提升工程,已培训各级干部1963人次、同比增长28.3%,其中组织343名党员干部到林芝、山南地委党校和浙江、辽宁两省异地学习培训。举办了5期“那曲地区羌塘大讲堂”,近万名干部听取了讲座。推进人才队伍建设。地区设立了100万元人才发展基金,首次从内地院校引进18名人才到我地公安系统工作,与19名内地应届大学毕业生签订了工作协议。

干部人事制度改革　调整科级干部管理权限,乡镇党委书记、乡镇长由地委任免,地直单位科级干部由各单位党组(党委)任免。规范干部调配秩序,出台《那曲地区干部调配工作暂行办法》,规定新录用乡镇公务员和专业技术人员在基层最低服务年限为3年,进一步稳定基层干部队伍。建立干部交流机制,制定《那曲地区干部双向挂职锻炼和双向交流暂行办法》,积极推进高低海拔县之间、地直部门与县乡之间干部双向交流锻炼,把20名长期在艰苦偏远、高海拔县乡工作的干部交流到地直单位和那曲县工作。完善新录用人员工作分配制度,邀请纪检监察、公证部门工作人员和"两代表一委员"、新录用人员家长代表、群众代表、新闻媒体进行现场监督,对940名新录用人员通过公开抽签分配了工作单位。全地区事业单位分类基本完成,初步确定事业单位承担行政职能事业单位改革对象32家。

夯实组织基础　推进村居"两委"换届工作。加强组织领导,成立了由地委书记任组长的地区村(居)"两委"换届工作领导小组,精心制定实施方案,地区先后3次召开部署推进会、5次领导小组会议部署换届工作;安排151万元换届专项经费,派出地级领导带队的4个片区督导组和11个正县级干部带队的驻县督导组,加强全过程督导。坚持先整顿、后换届,下功夫解决"一薄弱"问题,166个软弱涣散基层党组织全部实现晋位升级,为稳妥推进换届工作奠定了良好基础。开展先行先试,在11县53个村居开展试点,为全面铺开积累了经验。强化工作措施,严把人选关、程序关、纪律关、安保关,坚持"五选五不选"标准,确保换届工作程序不少、步骤不减、标准不降,确保换届选举不受分裂势力、宗族宗教势力、黑恶势力和别有用心之人干扰破坏,确保真正选优配强"两委"班子。目前,双湖、申扎等6县已全面完成村居"两委"换届选举工作,其余5县12月10日前全面完成。加强乡镇政权建设。实施乡镇队伍建设提升、运行机制提升、基础条件提升、便民服务提升"四提升"工程,积极推进乡镇机关食堂、澡堂、图书室等"十小安心工程"建设。实施干部健康关爱工程,为114个乡镇增加事业编制1329名,对海拔4700米以上工作的乡镇干部职工发放年度高寒补贴。加强村级组织建设。扎实推进村干部队伍正规化、村级班子运行规范化、村级活动场所标准化、村级组织经费保障机制化"四化"建设,积极实施"六室两房一厕"工程,全地区37个居委会改为社区居委会工作全面完成。妥善处理了嘉黎县措拉乡20名村干部集体辞职事件,选拔考录28名优秀村(社区)党支部书记进入乡镇公务员队伍,对5名村党支部第一书记进行了岗位调整,地(中)直72家单位与266个村(社区)党组织结成互帮互助对子。推进村干部全员培训工作,地委党校举办村干部培训班12期、培训1170人。加强基层党组织建设。全面推进各领域党的基层组织建设,选派了49名党员到非公企业和社会组织担任党建工作指导员。积极推进党建示范点创建工作,确立党建示范点89个。加强党员队伍建设,制定《那曲地区党员进出口制度(试行)》,在索县开展"疏通党员进出口"试点工作。健全创先争优激励机制,地委决定每3年开展一次党内表彰,召开庆祝建党93周年暨表彰大会,对近年来涌现出的"两优一先"进行了表彰奖励。健全党建工作经费保障机制。地县两级从2014年起每年按上年本级财政收入的3%纳入财政预算,今年地区本级财政落实党建工作经费672万元。

干部驻村工作　建立驻村干部与驻寺干部联动互动机制,坚持群众路线,突出维稳首责,抓好"五项任务"落实,进一步筑牢发展稳定的根基。第三批驻村工作开展以来,各工作队开展集中宣讲教育3.3万余场,化解矛盾纠纷2986起,落实资金1亿多元、实施"短平快"项目477个,为民办实事好事10626件,走访慰问群众3.9万人次,发展农牧民党员3196名、入党积极分子4213人。在地委、行署的倡议下,各村党支部、村委会为三批1.1万余名驻村干部颁发"荣誉村民"证书。

党风廉政建设　制定《那曲地区关于落实党风廉政建设党委主体责任和纪委监督责任的实施意见(试行)》,推动"两个责任"落到实处。深化纪律检查体制改革,在49家地区正县级党政机关事业单位中成立4个纪检组(监察室),打破了全地区纪检监察派驻机构"零记录"。从严落实中央八项规定和区党委"约法十章"、"九项要求",建立常态化监督检查机制,对顶风违纪的16名党员、干部给予了严肃处理。加大民生领域监督检查力度,组派联合工作组对惠民政策落实情况进行全面检查。加大违纪违法案件查处力度，给予 79 人党纪政纪处分和组织处理，其中移送司法机关 2 人。

那曲县

【基本县情】 那曲，藏语意为“黑色的河流”，因怒江上游那曲河流经境内而得名。那曲县位于西藏自治区中部偏北方向、那曲地区中东部，地处唐古拉山(北)和念青唐古拉山(南)两大山脉之间，平均海拔 4500 米以上。地理坐标介于东经 91°10′—93°05′，北纬 30°30′—31°55′。东部与那曲地区的比如县和嘉黎县毗邻，南部与拉萨市的当雄县接壤，西部与那曲地区的班戈县相连，北部与那曲地区的聂荣县、安多县相接。

那曲镇为那曲县政府和那曲地区行政公署所在地，为藏北的政治、经济、文化、金融中心。有青藏公路(G109)、黑昌公路(G317 线)、黑狮公路和那(那曲镇)嘉(嘉黎县)、那(那曲镇)聂(聂荣县)公路等汇集，那曲火车站为青藏铁路进藏第一站，为藏北的交通枢纽。

那曲县为纯牧业县。全县总面积为 16195 平方公里，其中草地面积为 2080.73 万亩（可利用草场面积 2017.45 万亩）、林地 2.86 万亩。地貌特征为高原丘陵，平均海拔 4500 米。属高原亚寒带半干旱季风气候。那曲县自然资源十分丰富。矿产资源主要有：铬、铁、锌、硫、砂金、煤等 19 种。野生动物资源主要有：野山羊、岩羊、獐、猞猁、野驴、狗熊、狐狸、狼、藏雀、褐北地鸦、野鸡、秃鹰、野鸭、天鹅、黑颈鹤等三百余种。野生植物资源主要有：虫草、贝母、红景天、雪莲花等 189 种。

那曲县下辖 3 个镇、9 个乡，141 个行政村（居民委员会），1154 个自然村。2014 年底，全县共有 18780 户、81462 人。县城那曲镇与拉萨相距 320 公里。境内以藏族为主，聚居着藏、汉、回、蒙、门巴、络巴等民族。全县有寺庙、拉康、日追 34 所，活佛、僧尼 1000 人。

【概况】 2014 年，那曲县实现地区生产总值 125567.5 万元，其中一产、二产、三产分别为 24607.5 万元、30550 万元、70410 万元。实现社会商品零售总额 28235.06 万元；农村居民人均纯收入 7341.1 元，同比增长 13%。2014 年全县财政总收入完成 71907 万元，同比增长 32.16%；财政总支出 71901 万元，同比增长 32.15%；一般预算收入完成 3570 万元，同比增长 16.55%。各项经济社会发展指标均达到或超出了年度预计指标。

【经济发展】 农牧业发展 2014 年，那曲县加强对农牧民经济组织的指导协调，从培训、扶持、自立、发展四个环节不断帮助农牧民经济发展壮大，促进农牧民经济合作组织的健康发展。全县农牧民经济合作组织已达到 150 家，创收 5900 万元，落实 23 个示范点的建设项目。加强草场管理工作，对 134 个建制村草场承包工作进行细化完善，兑现 2013 年草补资金共计 4938.89 万元，将 75%的草原划定为基本草原，退牧还草项目工程累计投资 13496.071 万元，完成禁牧 159.95 万亩、休牧 181.8 万亩、草地补播 87 万亩、草原三害治理 35 万亩。那曲坚持“三个一百”的标准，即免疫密度覆盖率 100%、防疫知识宣传覆盖率 100%、技术指导覆盖率 100%，积极开展动物防疫工作，实现疫苗注射全覆盖，全年未发生重大疫情。截至年底，牲畜存栏 683982 头(只、匹)，其中牦牛 384552 头、羊 292238 只、马 7192 匹。完成选育和推广优良牦牛 560 头、优良绵羊 1630 只。

新农村建设 实施那曲县香茂乡 2 村试点小康村项目，完成小康新村一期建设选址及新房图纸设计，落实 718 户农村危房改造项目和 1607 户节能示范工程建设项目，改善了农牧民群众的生活条件。

招商引资 县委、县政府实施优势资源转换战略，以经济建设为中心，加大招商引资工作力度，拓宽招商引资领域，招商引资工作取得较好成绩。引进缘青冰川开发有限公司，投资 1.5 亿元对古露镇 4 村佳热曲果冰川泉水资源进行开发。参加“2014 首届中国(杭州)报商大会”，在会上与中国报商联盟签署战略合作协议。

项目建设 那曲县积极沟通协调上级单位，全年争取交通、政法、水利、住建等各类项目共 104 个，总投资 37903.155 万元，完善了基础设施建设。

【受援工作】 援藏干部坚持把中央要求与县实际紧密结合起来，富援藏内涵，开展经济、教育、科技、卫生等援藏工作。实施小康新村建设、藏金菇深加工等项目。开展“中国微笑”走进那曲活动，为 12 名唇腭裂患儿进行免费治疗。设立“爱在那曲”微信公众号，动员社会各界积极参加公益事业，已在县部分学校设立图书馆和电教室，为每个教室配置图书架和图书角。并拍摄、制作完成那曲县旅游宣传片。

【民生和社会事业】 文化工作 2014年，那曲县群众文化生活更加丰富。组建和完善153个乡镇文艺宣传队(村级业余演出队)，演出近80余场次，观众人数平均每场达到450人以上。隆重举行“3·28”《幸福那曲》大型文艺演出，成功协办2014年那曲地区羌塘恰青格萨尔赛马文化商贸旅游节。文化市场秩序更加规范。加强对文化市场的清理整顿，开展专项行动20余次，收缴各类盗版书籍、光盘及卫星接收器材1200余册(件)。文物保护工作更加完善。完成巴荣寺、孝登寺、夏荣布寺三座自治区级文物保护单位的立碑工作。

广播电视 完成“舍舍通”“村村通”“户户通”“广播影视进寺庙”和“电视进万家”工程，配发广播电视“村村通”“户户通”直播卫星接收设备9760套。实现全县141个行政村广播电视“村村通”覆盖率达到100%，“户户通”覆盖率达到56.4%；“寺寺通”覆盖率达到100%，“舍舍通”覆盖率达到46.53%。

教育事业 积极贯彻教育优先方针，围绕“巩固、提高、稳定、安全”四大任务，加大教育投入，调整优化教学资源，提高教学质量，巩固义务教育“控辍保学”成果。全县现有初中在校生2499人，小学在校生9185人，幼儿园在园700人。小学适龄儿童入学率达到98.74%，巩固率达到99.12%；初中入学率达到91.65%，巩固率98.91%；幼儿入园率达到50%。并筹资556万元，完成对县中学，色雄乡、达萨乡、孔玛乡中心小学、达萨二小的“穿衣戴帽”维修改造工程。

卫生事业 开展医务人员技能培训。2014年，那曲县对361名医务人员进行藏医、妇幼保健、疾控等方面技能的强化培训，其中自治区、地区级共10名、县级45名，乡镇级22名、村级284名，轮训完成率达98%以上。实施藏医药服务能力提升工程。落实药品“零差价”补贴57万元，确保全年无一起药品“加价”等违法行为。9月25日，那曲县人民医院启动试运行，共接诊病人15800人次，住院61人次，门诊核销4.42万元，现金收入19.2万元，为301名在编僧尼进行免费体检，为600对夫妇进行免费孕前检查和出生缺陷干预检查，为1000名城乡居民进行免费体检和建档工作，为50名应征入伍的青年进行健康体检。多方筹集资金，投入750万元购买了彩色B超、核磁共振设备、全自动深化分析仪、手术器械等医疗仪器。与拉萨广升医院、地区人民医院、地区藏医院达成协议，将三家医院新增为全县农牧民医疗救助“绿色通道”定点医院。

社会保障 坚持以民为本的原则，落实各项惠民政策，加大社会保障工作力度。全年落实城镇低保金943.48万元，农村低保金1087.46万元，共计2030.94万元；为低保户发放慰问金513.7万元。医疗救助1092人次，共兑现资金437.14万元，其中农村医疗救助418万元，城镇医疗救助19.14万元；全年参加城镇居民基本养老保险33594人，参保率86.28%。兑现五保户生活补助资金171.03万元。核定参加城镇居民基本医疗保险的单位共87家，参保人数为5329人。开展农牧民群众传统民族手工艺编织、传统藏式服装制作、驾驶、挖掘机、装载机等技能培训，提高群众增收致富能力，全年共计培训324人次。

积极应对“8·11”洪涝灾害 “8·11”期间，那曲镇城区受到严重的内涝，致使2286户群众受灾，倒塌房屋177户409间，造成直接经济损失达1.7亿元。面对灾害，县委、县政府调集人力、物力积极开展救援工作，妥善安置群众1770人次，发放救灾被褥320套，帐篷30顶，购买糌粑、煤炭、药品等生活必需品，落实救灾资金50.22万元。争取自治区民政厅、发改委、财政厅救灾款和保险公司理赔款共计4116.6万元。受损定损工作已完成，正按照方案顺利推进灾后恢复重建工作。

【社会稳定】 安全生产 2014年，那曲县坚持“安全第一、预防为主、综合治理”的方针，依法加大对交通、矿山、建筑等重点领域的隐患排查和整治，安监部门排查各类安全隐患315余处，下达整改指令书15份，行政处罚决定书13份，行政处罚14万元，有力的震慑了“三违”、“三超”等违法违章行为。全年共发生各类安全生产事故7起，死亡9人，同比分别下降70.8%、65.4%，没有发生死亡10人以上的重大事故，实现事故起数和死亡人数的双下降。

民族宗教工作　寺庙“六建”“六个一”“九有”“两保”“一个教育”等工作顺利开展。全面加强僧尼意识形态教育,全年共安排43名僧尼参加培训，其中参加自治区级培训7名,参加地区级培训29名,参加区外考察7名。认真开展和谐模范寺庙暨爱国守法先进僧尼评选表彰活动，累计评选县级和谐模范寺庙20座/次、爱国守法先进僧尼893名、先进寺庙管委会6个、彰寺管会6个、优秀寺管会干部20名,共计发放表彰资金106.8万元，其中县级财政配套17.5万元。

防抗灾工作　在做好防抗灾各项工作的同时，建立健全适合各乡镇实际的防抗灾工作体系，成立乡(镇)抗灾小组17个,村抗灾突击队142个,总人数达到了8038人。严格按照“五储备”要求,动员组织群众提前做好粮食、饲料、燃料、衣物、药品等防抗灾物资储备工作，储备防抗灾粮食16391万斤、燃料1260万袋、饲料28326吨,购买20万元的防抗药品,棉衣、棉裤1000套,内带毛雨靴800双,棉手套700双,冬棉帽1000顶,眼镜150副。全年农牧区未出现重大自然灾害。

社会治安　加大路面巡逻防控力度，投入维稳力量共计46240人次、车辆5730台次。依托检查站、便民警务站,加大对那曲镇进出车辆、人员的排查力度，共检查盘查各类人员228420人次、车辆806426台次、物品40820余件,发现各类治安隐患208处,督促整改208处。加强社会管理综合治理工作，全年共受理各类治安案件312起624人,调处各类矛盾纠纷368起674人,其中包括成功调处的孔玛乡5村与达前乡4村、色雄乡2村与达塘乡长达30年的草场纠纷。加大“严打整治”力度，公安机关受理治安案件979起1786人,刑事案件64起,侦破40起,破案率达到62.5%。

人民调解　充分发挥人民调解“第一道防线”作用,健全基层调解组织，提高人民调解工作的质量和水平。2014年,全县有基层调解组织186个、调解人员671名,覆盖率达到100%。共排查各类矛盾纠纷112起,调处成功99起,调处成功率达88%。

【创新管理】　网格化服务管理　2014年,那曲县完成对39个网格点83名工作人员培训工作，增强网格工作人员的业务能力。加强网格化服务管理制度建设，建立定期不定期督导检查制度、责任追究制度和年终考评制度。全年建立民情日志1823条，统计流动人口4097户,常住人口8290户,受理各种业务2700件,上门代办业务达1200条次。

“双联户”机制建设　按照“住户相邻、邻里守望”的原则,建立划分3674个“双联户”联保单元,实现双联户”机制对乡镇、村居委会、街道及城镇各干部职工住宿区域的全覆盖。开展县、乡、村三级“先进双联户”创建评选活动，发放奖励资金703.4万元,其中本级财政配套资金115.56万元,共评选出村(居)级“先进双联户”631户，乡（镇）级150户,县级46户;评选乡(镇)级先进集体43个,县级先进集体17个。全年排查矛盾纠纷27起，成功调解25起;开展环境卫生整治32次、文化下乡活动7场次。

土地专项整治　根据地区关于开展发展环境综合大整治的要求，成立那曲镇违法用地、违法建设专项整治现场指挥部，抽调100余名干部组成七个工作专班，对那曲镇七个居委会土地使用情况进行摸底调查,对违法用地、违法建设行为进行专项整治。4月开始,现场指挥部共对7个居委会6809户住户房屋信息进行统计造册，核查承包草场倒卖草场总面积约162104.5㎡,承包草地转租面积约608755.62㎡。开展巡逻排查500余次，共制止新建136起，教育拆除93栋违章建筑，与190余户住户签订《危房维修承诺书》,有效遏制违法用地、违法建设势头,实现对违法建设的零容忍。

环境保护　加强生态建设,开展环境综合整治活动，环境保护的监管工作得到扎实开展，全年共审批新建项目42个，完成自治区2014年环境保护考核工作。完成12个优美乡镇和123个生态村的申报工作。

平安创建　全年创建平安乡镇12个、平安村居141个、平安社区2个、平安学校21个、平安寺庙13个、平安地县单位137个、平安医院1个、平安家庭43个。

群众路线教育实践活动　严格执行中央“八项规定”,区党委“约法十章”“九项要求”,公务用车经费缩减34.62%、公务接待经费缩减7.13%;征求到各方面对县人民政府班子及班子成员意见建议320条，归纳梳理为20条，并逐一进行整改,提升了政府服务水平。

安多县

【基本县情】 安多,藏语意为“末尾或下部”。安多县地处西藏北部,著名的唐古拉山脉南北两侧,东与青海省治多县、扎多县、西藏聂荣县为邻,南与那曲县接壤,西与班戈县、双湖特别行政区搭界,北靠青海省格尔木市。全县面积约10万平方公里,县城所在地位于109国道3420至3430公里处,距那曲地区所在地那曲镇135公里,距自治区首府拉萨市464公里,离格尔木市703公里,交通发达,是西藏的北大门。

安多幅员广大,地形复杂,草原辽阔,河湖众多,冰川纵横,气候独特,蕴藏着极为丰富的自然资源,是全国最大的自然资源处女地。安多草原是藏北四大草原之一,草原面积占藏北草原的二分之一多,可利用草原面积4.5万平方公里,主要植物是矮蒿草、小蒿草、披背草,紫花针柔等,牧草营养成份比较丰富具有三高一低的特点。正三高一低即蛋白质高,脂肪高,无氮浸出物高和纤维低。

安多县是一个天然的野生动物王国。家养动物有牦牛、绵羊、山羊、马匹等,常见的野生动物有:野牦牛、藏野驴、藏羚羊、岩羊、盘羊、黄羊、狐狸、狼、猞猁、狗熊、草豹、旱懒、野兔等。其中:藏野驴、藏羊、野牦牛、盘羊系青藏高原特有的珍稀种类,有很高的经济价值和观赏价值,均属国家保护动物。主要鸟类可分鸠鸽种类,雁鸭种类和雉科种类,闻名世界的藏雪鸡、黑颈鹤、白天鹅,在安多所辖的草北草原常能看到。

安多河流纵横,湖泊众多,鱼类丰富。著名的错那湖境内主要有裂腹鱼、亚科鱼类,因常年没有捕捞,鱼的单位面积较大。西藏鱼类有着独特的风味,肉厚膘肥,少刺味鲜,是鱼类中的珍品。卤虫卵资源丰富,开发前景广阔。

矿产资源也极为丰富,属本县的三大优势之一,目前发现的矿产多达30余种,主事有煤、铁、铬铁、铜、锌、锑、钼、砂金、岩金、硼砂、铂、银、水晶石、玉石、石膏、云母、盐、石油等,大部分矿物储量均属国内各县的首位,且品位高、易开采。

【概况】 2014年,安多县实现地区生产总值5.85亿元,同比增长11.6%。其中,第一产业完成1.05亿元,同比增长3.7%;第二产业完成1.37亿元,同比增长14.62%;第三产业完成3.43亿元,同比增长13.03%;农牧民人均纯收入达到6731.96元,同比增长13.02%;公共财政收入完成2120万元,同比增长8.16%;税收收入完成1296万元,同比增长7.5%。

【“三农”工作】 2014年,安多县强农惠农富农政策全面落实。在自治区11项惠农政策提标后,安多县积极盘活资金,在上级资金未到位的情况下,按季度或月垫付各项惠民资金,支农资金达1.23亿元,增长11.3%,确保弱势群体生活得到基本保障。牧业综合生产能力不断增强,全县肉产量1.31万吨、奶产量6959.44吨、毛绒产量731吨、牛皮产量7794张、羊皮产量2.59万张。农牧民专业合作经济组织蓬勃发展,政府投入300余万元从资金、技术、项目等方面加大农牧民专业合作组合化经营的扶持力度,共发展、培育、整合专合组织21家,固定资产达到2397.57万元,注册资金1576.45万元,培养致富带头人25人,入社牧户1114户4446人,户均增收2800元。大力实施扶贫攻坚,减少贫困人口1300人。改造农村危房1690户,实施农村建筑节能工程1000户,完成39个行政村人居环境建设和环境综合整治,行政村移动通信基本实现全覆盖、通邮90%以上。

【基础设施建设】 2014年,安多县落实中央投资9.07亿元,实施基础建设项目共74项,同比增长32.5%。其中援藏投入4076.44万元,为20年援藏总额的50%。帕那镇三产小区升级改造、雁石坪镇小城镇基础设施建设、县城农贸市场改扩建、全民健身活动中心、残疾人综合服务中心、检察院业务用房、雁石坪镇小康村建设、人畜简易桥项目及乡村公路、通寺公路等重点工程全部完工,老年护理院工程、农村危房改造项目、扶贫开发项目、农牧区教育、文化基础设施等重点项目建设顺利推进,经济发展的后劲逐步增强。

依托资源、产业和区位优势,起草上报“十三五”储备项目,多玛乡迁址、新能源发电项目、国家生态功能区及风景名胜区建设项目等加快全县小城镇建设及长期发展的500多个项目,总投资额达408.81亿元。

【民生和社会事业】 2014年,安多县投资8180余万元,推进为民办实事工程。政府承诺的13件实事全部兑现完成。

就业和社会保障　全年新增就业3300人,转移就业560人次。城乡居民基本养老制度合并实施,各项社会保险参保人员达3.2万人次,参保率达86.6%。先后两次提高城乡居民最低生活保障标准,1058名城乡低收入居民基本生活得到有效保障。发放临时生活救助资金7.73万元,救助67人次;发放三大节日慰问金217.26万元;发放价格联动补贴资金45.3万元;发放寿星老人补贴资金9.36万元;办理第二代残疾证717人,下拨的残疾人事业发展专项补助资金4.2万元,推动残疾工作逐步完善;总投资1380万元的老年护理院建设和残疾人综合服务中心建设项目,现已竣工。利寺惠僧政策全面落实,基本解决寺庙饮水安全问题,维修改造僧舍173间。新开工保障性安居工程1230套,5000余人住房条件得到改善。共争取到第三批创先争优强基础惠民生活动"短、平、快"资金750万元,覆盖13个乡(镇)村道、简易桥、商品房、蔬菜大棚、扶持项目、牧业经济合作组织等27个项目全部得到落实。

社会事业　义务教育均衡发展步伐加快。2014年,县财政对教育投入达1052万元,占财政收入的53.67%,为历年之最。县第二完小正式投入使用,县四所中小学校全部实现供暖,牧民子女参加中考和升学比例均达到100%,重点高中录取人数同比翻一番达到68人,创安多历史新高。卫生计生服务能力不断提高。落实农牧区新型合作医疗制度,全县享受农牧区医疗制度的牧民人数3.65万人,参合率达98%。积极开展村医培训工作。投入经费14万元,举办4期村医培训班,组织299名乡村医集中培训,强化村医技能。文化事业繁荣发展。顺利举办第三届格拉丹东-长江源草原旅游赛马艺术节,安多服饰、谚语、牧歌、采盐歌等非物质文化遗产得到充分展示;"欢乐安多、幸福锅庄"广场舞活动已在各乡(镇)开展,效果突出;民间艺术团"五下乡"巡回演出48场次,观众人数达到1.8万人次;新华书店全面对外开放,为广大牧民群众及中小学生解决了买书难的问题;加大文化市场整治力度。开展文化市场整治工作27次,收缴违禁反宣品130余张,文化市场健康有序发展。

安全生产　推进以道路交通事故预防为重点的安全生产工作,事故起数和死亡人数同比分别下降88.89%,76.92%,实现了"双降"目标。不断加大人、财、物的投入力度,投入安全生产资金超过210万元,为历年之最。开展打非治违专项行动和安全生产大检查、大排查、大整治行动,消防安全形势持续稳定,食品药品安全监管有力,安全生产秩序得到有效整治。

【优化产业结构】　2014年,安多县瞄准特色,充分发挥资源优势、区位优势,科学谋划产业布局,把旅游文化、清洁能源、天然饮用水作为强县产业重点培育,把安多多玛绵羊作为富民产业大力扶持,产业发展重点进一步突出,产业结构进一步优化。

优化一产　安多多玛绵羊羊肉、羊毛成功申报成为国家地理标志产品,加大重点特色产业基地建设力度,带动牧业产业化、规模化和集约化经营,提升产业链价值,多玛绵羊2014年在县、地两级畜产品展销会上单价平均提高3-5元。改变传统靠天养畜的传统牧业方式,通过半饲半养的路子,试点推广应用"短期育肥"等关键增产增效实用技术,实现产业利益最大化。加大防抗灾暖棚申报建设力度,防范了雪灾来临导致的牲畜冻死、饿死现象。

管好二产　出台《安多县矿产资源管理办法》等规章制度,企业在办理矿产开发相关手续时,环评标准要达到国家中等以上标准。依拉山、孝文石膏矿环境恢复工作顺利完成并通过自治区、地区验收。打好"江河源头冰川、高原净水"这张牌,结合唐古拉山脉水、太阳能、风能等绿色资源丰富的实际,与山西永鑫煤焦化有限责任公司签订投资8亿元、在雁石坪镇建设年产100万吨天然矿泉水厂的意向书,与浙江盾安新能源发展有限公司签订投资280亿元,建设安多县太阳能、风能发电项目的合作意向书,为二产大发展奠定了坚实基础。

服务三产　以三江源三星级大酒店运营为契机,投入420万元完善巴木茸神山生态旅游景区附属设施建设及铁路沿线牧家乐旅游项目附属设施建设;投入570万新建旅游功能服务区及雁石坪镇自驾游营地。加快唐古拉山—措那湖国家级风景区的开发,坚持"走出去"与"请进来"相结合,开发雪山、草原、蓝天、湖泊及民族特色的旅游项目,提高安多知名度和吸引力,以三产带动一产、二产,增加牧民群众的现金收入。

【深化改革】 重点改革扎实推进 2014年,安多县加大简政放权力度,在乡(镇)实施的项目权力下放,没有乡(镇)负责人签字盖章一律不予拨款,杜绝施工单位和项目监理、主管单位责任心不强,水井冬季不出水、房屋裂缝多、桥梁水毁严重、乡道变成“搓板路”、跨年工程隐患大和拖欠民工工资、“五大员”不到位等现象。开展农村宅基地和集体土地所有权确权登记发证试点,“营改增”扩面、资源税从价计征和社会领域各项改革全面推进。

推行绩效考评机制 制定下发《安多县人民政府办公室印发2014年乡镇绩效考核实施办法(暂行)的通知》,采取由乡镇联系点的县级干部、县直各单位、县级领导按照考评分占综合考评分的20%、50%、30%的评分比例方式进行考评。

【环境和生态保护】 2014年安多县开展生态文明宣讲活动,开展以涉矿企业、城镇生活垃圾、农村公路建设为重点的环保专项行动。狠抓执法监管,减少县城“白色污染”,环保专项行动成效显著。全年共实施环境现场检查121次,其中发出现场整改通知书6份,停工责令2份。加大草原沙化、退化综合治理和减畜养草力度,继续抓好退牧还草、水土保持等重点生态建设工程。高度重视交通、能源、水利、资源开发、农牧民安居工程等项目建设中的生态保护工作。加大县城土地治理工作,对无证、超面积用地进行清理整顿,签订临时用地租赁合同23份、无条件拆迁承诺书14份。加大县城环境卫生整治工作。新建县城公共厕所4座,维修2座,支出11.8万元购买了20个垃圾斗,改善城市环境面貌;更换井盖31个,发放环境整治通知单60份。加强对羌塘国家级自然保护区和色林错国家级自然保护区的巡护,兑现2012年野生动物肇事补偿131.16万元,实现人与自然的和谐发展。严厉打击偷猎、盗猎等违法犯罪活动。

【城镇建设】 城乡规划编制工作 2014年,安多县城总体规划通过自治区住房城乡建设厅审核,并下达规划批复;扎仁镇规划及多玛乡搬迁规划已完成,并移交地区住建局审查。同时,回购66公顷县城发展用地,并设立市政用地永久性界桩。

市政项目建设 三产小区升级改造及雁石坪小城镇基础设施建设项目顺利完工;总投资828万元的72套廉租房建设项目和总投资1214万元的120套公租房建设项目全部交付使用;总投资1076万元的2012年第二批干部职工周转房和总投资669.9万元的2013年第一批乡镇职工周转房,主体建设全部完工;出台《安多县基本建设项目管理实施细则》等多项规章制度,积极实行“差别化”管理,从工程类型、实体质量和施工、监理资质等方面分级,进行动态管理。

安全监督管理工作 针对建筑行业特点,严格执行施工许可制度、批准开工和工程竣工验收及备案制度,从项目决策开始到项目建设、竣工、验收、评价等全程跟踪督察,规范工程施工建设管理。积极实行“差别化”管理,推行质量、安全标准化工作,通过文明工地、优质工程的培育,以点带面推动全县建设工程质量安全水平的提高。2014年,开展10次安全生产大检查,发出整改通知书16份,纠正42起质量责任问题。

聂荣县

【基本县情】 聂荣,藏语意为“盘羊的山谷”。聂荣县经纬度为北纬32°11′,东经90°3′,位于那曲地区中部,县城所在地距地区90公里,属唐古拉山山脉地带。为纯牧业县,东连比如县、巴青县,南邻那曲县,西接安多县,北与青海省杂多县接壤,平均海拔4700米以上,全县总面积2.14万平方公里,其中可利用草地面积1.85万平方公里。县委、政府驻地聂荣镇,距藏北重镇那曲90公里,三面环山,一面是一片沼泽湿地。全县下辖9乡1镇,139个行政村,3个居委会。

【概况】 2014年,聂荣县实现地区生产总值4.27亿元,同比增长18.63%。其中,第一产业完成1.15亿元,同比增长3.50%;第二产业完成1.51亿元,同比增长15.2%;第三产业完成1.99亿元,同比增长13.8%,地方财政一般收入完成815.48万元,同比增长16%。

【产业建设】 一产方面 2014年,聂荣县牧业总产值完成0.77亿元,同比增长5%,年底牲畜存栏达到25.96万头(只、匹);全年没有发生重大动物疫情,春季“口蹄疫”免疫注射率达到100%,常见普通病治疗牲畜9.23万头(只、匹);县本级财政安排20万元设立了"牲畜疫病防治基金";涉牧项目有序推进,完成高寒棚圈建设200套,启动查吾拉牛原种场建设项目,抓好"金牦牛"科技专项续建工作,为县查吾拉牛扩繁场新购进查吾拉牛73头,开展了6月龄查吾拉犊牛断奶实验工作。年内,新增牧民专业经济合作组织6家,目前,全县共发展各类牧民专业经济合作组织37家,在工商部门注册26家,带动牧户1070户4585人。

二产方面　完成产值1.51亿元,同比增长15.2%。通过援藏渠道,引进资金880万元开发畜产品加工业,在牦牛肉、牦牛角深加工方面进行了积极探索。

三产方面　完成产值1.99亿元,同比增长13.8%,成功举办2014年赛马物资交流会,尼玛乡玉寨温泉开发效益初显,促进旅游业的发展。交通运输、邮政、通讯、餐饮和娱乐等现代服务业稳步发展。

【项目建设】　2014年,聂荣县开复工项目130个,其中新开工建设89个、复工41个,已完成投资2.07亿元。实施县城给水、查曲路一期、五保户集中供养、公安司法业务用房、公安干警和县乡干部职工周转房、团结居委会棚户区改造、县城防洪堤护栏、神华小学操场等新建项目和小康新村、县政府综合业务用房、雪炭工程、寺庙通水通路、乡村公路等续建项目。完成"十二五"规划项目前期各项工作。启动聂荣县"十三五"规划编制工作,建立"十三五"发展规划项目库,并筛选355个项目,预计总投资37.73亿元。

【民生和社会事业】　教育事业　2014年,聂荣县制定《振兴聂荣教育工作行动计划》,全面启动创建自治区级县域义务教育发展均衡县工作。实施"教学质量提升工程、教师队伍建设工程、学前"双语"教育工程、义务教育均衡发展工程、职业教育创新工程、教育经费投入工程、依法治教工程、教育信息化工程、校园安全工程、优化教育发展环境"十项教育工程。加快实施"教育强县"战略,实现义务教育均衡发展,制定《加快聂荣教育发展规划》。

文化事业　全县广播、电视人口覆盖率分别达到90.2%和93.7%,实施聂荣县数字电视和电视台搬迁项目。群众性文化活动常年不断,现有县级民间艺术团1个、乡级文艺队10个,村级文艺队24个,开展以庆祝"3.28"西藏百万农奴解放纪念日等重大节日文化下乡活动,举办各类文艺演出活动40场次,放映电影1260场,观众分别达到1.1万人次、7.6万人次,广场锅庄舞在县乡村广泛开展,深受广大干部群众喜爱。完善全民健身服务体系,成功举办聂荣县干部职工运动会和2014年赛马物资交流会。落实公共文化设施免费开放政策,接待干部群众4800余人次。聂荣县被自治区文化厅评为"文化先进县"和"全区公共文化服务体系建设先进集体"。

医疗服务　完善《聂荣县牧区医疗管理制度实施细则》。参加新型农牧区合作医疗制度的覆盖率达到100%,筹资率达到98%。计划免疫2535人次,对14526人进行结核病筛查,确诊治疗63人。城乡居民和寺庙僧尼免费健康体检工作顺利完成。对238名儿童进行"先心病"筛查,发现疑似病例15人。为270名牧民群众开通了"绿色通道"。对283人进行免费孕前优生健康检查。为261名孕产妇提供住院分娩服务。免费治疗6名唇腭裂患者,实施白内障复明手术66例。开展免费义务巡诊治疗4216次,发放3.5万余元。组织16名卫生行政管理人员和医疗技术人员赴拉萨、日喀则考察学习。新招录村医34名,全县村医达到218名。改扩建当木江乡卫生院,为10个乡镇卫生院和142个村(居)卫生所配备基本医疗器械和设备。启动县卫生服务中心供暖工程,完成县藏医院维修改造。

牧区面貌　全年开工实施871户危房改造工程和1000户农村危房改造节能示范项目。完成142个村(居)村容村貌规划工作,在55个村(居)委会实施人居环境建设和环境综合整治村工程。新建农村公路546公里,通公路村(居)委会累计达到120个,通达率达88%。投资87万元维修、养护乡村公路317公里。为无电户发放50套"金太阳"户用系统设备。发放和安装"户户通"设备1400套。7个乡(镇)实现通有线宽带,北部三乡实现通无线网络宽带,乡(镇)宽带覆盖率达100%。

惠民政策　开展"惠民政策大落实、惠民项目大检查、惠民资金大兑现"活动,落实义务教育阶段"三包经费"、五保户供养经费、城乡居民低保金、"三老"人员生活补助、村干部基本报酬及业绩考核奖励、村医岗位补贴和村级动物防疫人员补助、城镇居民基本医疗保险补助、草补资金等惠民资金。发挥县乡“一站式”便民服务大厅(中心)作用,在142个行政村建立“一站式”便民服务站,让群众在家门口享受便捷服务,前9个月共兑现各类惠民资金9848.35万元。

社会保障 “五大保险”征缴、支付工作顺利推进,工伤、医疗、生育保险征缴率均达到100%,养老、失业保险征缴率分别达到97.3%、98.1%。累计为1.39万人办理新农保,参保率达到96.8%,招聘公益性岗位及临时工34名,27名低收入群众参加青藏铁路护路联防,成功调解劳动争议纠纷15起,为外来务工人员协调解决劳务费383.17万元。启动社会救助专项整治工作;五保集中供养130人,集中供养率达到67.01%;及时足额为5459名城乡低保对象发放低保资金493.76万元;医疗救助842人次、临时救助148人次。为36户低收入住房困难群众发放住房补贴。保障性住房稳步推进,全年开复工周转房120套、公租房150套。全面启动第二轮贫困人口建档立卡工作;统筹开展整乡推进和面上扶贫工作,投资2031万元实施经济实体项目、牧民施工队、母牦牛扶持、蔬菜温室大棚、草场围栏建设、采沙场、扶贫招待所、人畜简易桥等扶贫项目19个;推进“两项制度”有效衔接工作,截止目前,全县最新“两项”户12611人,实现脱贫473户1815人,返贫率控制在3%以下。

嘉黎县

【基本县情】 嘉黎,藏语意为“神山”。嘉黎县地处那曲地区东南部,东连昌都边坝县、林芝波密县,西接拉萨当雄县、林周县,南临拉萨墨竹工卡县和林芝工布江达县,北依那曲县、比如县,属藏北高原与藏东高山峡谷结合地带的高原山区,交通网络四通八达,区位优势十分明显。地势自西北向东南倾斜,平均海拔4500米左右,属高原亚寒带半湿润季风气候区。由于受地带的影响,西北寒冷、东南温和,冬寒夏凉,降水充足,年、日温差较大,冬季降雪频繁,无霜期短。年日照时数2344.9小时,年降水量746.9毫米。

县内资源丰富,矿产资源有金、铅、锡、水晶、云母等。野生动物有羚羊、黄羊、岩羊、盘羊、狼、野兔、狐狸、猞猁、豹子、豺狼、鹿、獐子、猴子、马熊、狗熊、獾等。野生药材主要有虫草、贝母、大黄、雪莲花、麝香、鹿茸、熊胆等500余种,极具开发价值。

嘉黎县现辖2镇8乡,122个村(居)委会,人口35703人。

嘉黎县有藏北草原风情、茶马古道、常年不化的雪山、星罗棋布的湖泊及风景秀丽的原始森林、高山峡谷等。

嘉黎县是藏传佛教格鲁派十一世班禅和热振活佛的故乡,人文资源丰富。境内有拉日寺、阿扎寺、达则寺等10座寺庙。有常住僧尼的拉康4座。其中拉日寺位于嘉黎县多加乡的拉日山,为清代格鲁派寺院,有较为深厚的历史文化渊源,保留了汉藏文化融合及冲撞的历史古迹。

阿扎湖位于青嘎山下,湖水清澈,山映水照,美不胜收。萨旺瀑布,位于萨旺乡,瀑布从山顶落入河滩,瀑声震天,雾气蒸腾,奇丽壮观。

【概况】 2014年,嘉黎县实现地区生产总值5.2亿元,增长37.1%;完成固定资产投资4.7亿元,增长20.5%;完成公共财政预算收入2419万元,增长60.94%;实现社会消费品零售额12628万元,增长11%;农牧民人均纯收入8230.7元,增长13.1%。嘉黎县在那曲地区经济目标考评中荣获第三名和安全生产先进县的好成绩。

【产业发展】 第一产业平稳发展 2014年,嘉黎县各类牲畜存栏总数18.7万头(只、匹),幼畜应生42239头(只、匹),已生40980头(只、匹),成活40813头(只、匹),成活率为99.59%。成畜死亡率为2.1%。牲畜出栏工作是解决草畜矛盾、减轻草场压力、增加农牧民收入的有效举措,过去的一年,嘉黎县通过加大工作宣传教育力度,积极引导农牧民群众加大牲畜出栏,牲畜暖季出栏4477头(只),上市3585头(只),年末牲畜出栏75222头(只),出栏率达到39.17%;嘉黎县农作物耕地面积4869亩,引进推广“山东7号”2500亩、“藏青2000”2200亩;蔬菜播种面积169亩;2014年虫草产量达到3798.91公斤;生态保护补助奖励机制工作顺利实施,全年共兑现草补资金2682.84万元。

第二产业加速发展 全年第二产业增加值完成14751万元,增速53.1%;工业增加值实现2515万元,增速44.4%；建筑业增加值12236万元，增速55%；税收收入完成2758万元。

第三产业迈出新步伐　全年第三产业增加值完成28986.9万元，同比增长42.2%；社会消费品零售总额实现12628万元，同比增加1251万元，增长11%。

【基础设施建设】　2014年，嘉黎县开工复各类工程项目81个（其中，新建项目59个、续建项目22个），涉及教育、交通、城镇基础设施、卫生、文化、民宗、林业、农牧、水利等方面，重点涵盖了绒多乡铅锌矿资源开发、旁多至嘉黎110千伏变电站工程、农村人居环境建设和环境综合整治、农村安全饮水、藏比乡油路项目。

【民生和社会事业】　民生保障　2014年，嘉黎县实施房建市政续建项目22项，主要为县乡学校、县乡职工周转房、公安(法院)业务用房、廉租房以及县政府大院基础设施改造项目等，完成投资5994.9万元；新建项目8项，包括教育、农牧、县城垃圾填埋场等，总投资1852.61万元。全县新增城镇就业人员96人，新增农牧民劳动力转移就业4899人次，城乡居民社会养老保险适龄人员参保率达到99.2%，新型农村合作医疗参合率98.9%，创历史新高；成功调解劳资纠纷16起，为136名农民工追回工资292万余元；农村五保户分散供养标准达2900元/年，五保集中供养36人，核实全县城乡低保人数4702人，兑现资金144.7万元，发放医疗救助资金40.39万元；建设廉租房48套、县城棚户区改造88套。

教育事业　“两基”巩固成绩优异，初中入学率96%、巩固率94%、升学率100%，64名学生考入重点高中；小学入学率99.5%、巩固率99.3%、升学率100%，5名学生考入内地西藏班；县幼儿园持续发展，各小学校均开设学前班，阿扎镇幼儿园、嘉黎镇幼儿园新建完毕，农牧区学前两年毛入学率达到53%以上，城镇学前三年毛入园率达到100%。蹲点驻校指导学校工作扎实有效开展，教育教学环境得到明显优化。

文化卫生事业　成功举办“喜迎2014年藏历新年”、“3.28百万农奴解放纪念日”、“第二届拉日旅游文化艺术节”、“五下乡”等文艺活动，全年各类文艺演出达26场次，观众人数达3万余人次。为全县10个乡(镇)文化站和16座寺庙(拉康)配备总价值89.42万元的音响等文化设备。加大文物、非物质文化遗产的保护工作，出版两部国家级《嘉黎民间故事》书籍和CD光盘(故事书籍4000册、CD光盘2000余张)。全年农牧民住院补偿报销资金794万余元，完成儿童先心病筛查10824人，筛查率100%，确诊45人，已手术治疗33人；落实零差率补贴资金36.9万元，提高人民群众用药安全，减轻群众用药负担。加强乡、村医生队伍培训管理，组织10个乡镇卫生院对辖区的村医进行2个月的医技培训，培训人数为57人；县人民医院成功实施6例静脉曲张及1例斜疝手术。藏医院增设了藏医特色疗法，研发了300多种常用藏药，特别是治疗乙肝、糖尿、肿瘤、风湿等疾病的新药品，其中，治疗水肿的“燃木协曼”藏药已列入自治区级非物质文化遗产。建立神山治疗养身保健中心。全年共开展食品药品市场监督检查10次，没收过期、变质食品价值3.6万元。

【环境和生态保护】　2014年，嘉黎县推进城乡同建同治，推进农村环境综合整治，实施农村能源建设、退耕还林、草原荒漠化综合治理等一系列生态建设工程。推进创建自治区级生态乡镇及生态村活动，申报阿扎镇1、2村为自治区级生态村；下发环境保护整改令11份，对26个工程项目进行环保专项验收，验收全部通过。生态文明建设成效明显。

【受援工作】　2014年，第七批援藏干部主动作为，争取援藏资金1000余万元，周龙、余国平、潘道亮三名专业技术援藏干部圆满完成援藏任务后返回原籍。

比如县

【基本县情】　比如，藏语意为母牦牛角。比如县地处那曲地区东部，位于藏北草原和藏东峡谷结合部，G317、G558过境该县，是那曲地区通往昌都地区的重要门户。比如属怒江上游流域，东与昌都市边坝县接壤，西与那曲县毗邻，南靠嘉黎县，北与巴青、索县相连。全县国土面积1.12万平方公里，草场面积1566万亩，耕地面积3万余亩，林地面积13万多公顷，平均海拔4000米以上，县城所在地海拔3960米。属高寒季风半湿润气候，因相对较好的气候条件，素有“藏北江南”的美誉。下辖2镇8乡，175个行政村(含7个居委会)。2014年底，全县总人口70411人，是那曲地区第二人口大县。

【概况】 2014年，比如县实现地区生产总值6.55亿元，增长9.28%；地方财政一般预算收入完成1156万元，增长22.85%；农牧民人均纯收入达到9272.71元。

【经济发展】 县域发展 2014年，比如县农牧业基础地位不断提升。比如县农牧业完成生产总值1.86亿元，同比增长4.06%。牲畜存栏21.73万头(只、匹)，出栏9.2万头(只、匹)，肉产量9768.46吨，奶产量7553.87吨，毛绒产量195.07吨，商品率达59.98%。全县农作物播种面积23121.44亩，蔬菜427.63吨，豆类451.41吨，其他作物总产78.43吨。农牧民专业合作经济组织增加到156家，带动3363户、10189人增收。全县牲畜春、秋疫苗注射率均达100%。第二产业稳步发展。在建筑业的强势带动下，全县二产完成生产总值1.54亿元，增速达到19.42%。县水电公司全年发电360万度，收入260万元。第三产业持续发展。实现收入3.13亿元，同比增长15.42%。年内，县客运站累计输送旅客2.88万人次，邮政局完成邮政业务收入123万元，通信部门完成业务收入2672.4万元。全县实现各项存款余额69442万元，较年初增加11714万元，增长20.29%；各项贷款余额51687万元，较年初增加26866万元，增长108.24%；累计收回贷款14650万元，无不良贷款。新增邮政网点6个，空白乡镇基本完成邮政网点建设。

基础设施建设 全县新续建项目共计203个，总投资6.59亿元，完成投资3.66亿元；共争取援藏资金4403.8万元，已完成投资640万元。完成白嘎、比如、达塘电站维修，1581户农村危房改造项目完成总工程量的50%，70个村的人居环境建设与环境综合整治项目完成总工程量的90%，行政村道路通达率达95.42%，农村饮水安全项目新覆盖农牧民群众1055人，完成整乡推进和面上扶贫项目27个，减少贫困人口911人。羊秀乡亚贡村至嘉黎县公路工程、达塘乡常驻应急民兵连等项目开工建设。通过BT形式，完成娜秀文化广场、娜秀休闲广场改扩建项目，新建白嘎乡市政道路、章达社会矫正培训中心，顺利实施宁波支路、比如南路、吉扎路、卡欧路、布曲路等道路延伸项目。

【民生和社会事业】 教育事业 2014年，比如县落实偏远乡镇小学教师生活补贴、教师伙食补助等政策，发放补贴资金270.08万元，购买笔记本电脑344台、价值119.07万元，教师福利待遇得到提高。办好县完小汉文班，干部职工、经商户和外来务工人员子女上学难问题得到解决。安排16.8万元对84名困难大学生进行资助。落实学生营养改善计划，投入资金167.3万元。推进全县义务教育均衡发展，均衡发展档案资料完善。加强电化教育工作，建立比如教育城域网，搭建比如教育网络电视平台和视频会议系统。做好控辍保学工作。2014年全县中考成绩名列全区第三，15名小学生考入内地西藏班，小学、初中入学率分别达到99.85%、95.54%，学前三年毛入学率49.01%。

卫生事业 全县参加农牧区合作医疗62152人，发放农牧民合作医疗报销资金2927.14万元。孕产妇1321人，住院分娩率96%，发放住院分娩补助57.29万元，婴儿死亡率下降到1.5‰，人口自然增长率12.9‰。落实“一孩双女”家庭扶助资金68.83万元，完成孕前优生健康检查农牧民夫妇258对。城乡免疫规划疫苗接种率95.3%。城乡居民免费体检率87%，在编僧尼免费体检率100%。年内，先后选派5名医务骨干前往对口援藏省市学习，从地区人民医院调整4名技术骨干充实到县卫生服务中心工作，服务群众的能力显著增强。

文化事业 全年开展各类文艺演出48场，观众人数达3万多人次。开展文化市场专项整治行动87次，出动执法人员469人次，收缴反动音响制品等政治性反动光碟69张、盗版光盘642张、无证销售非法地面卫星接收设备5套。175个行政村、25座寺庙、58处拉康、日追书屋覆盖率达到100%。实施2131工程、农村公益电影放映和电影进学校、进军营、进寺庙、进工地工程，全年放映电影2000多场次，观影人数达81279人次。新华书店、健身房、舞蹈排练室等改扩建项目全面完成，干部群众文化生活进一步丰富。

社保事业 全年招录30个寺管会驾驶员公益性岗位和20名环卫工人，落实国家对农民工的相关政策,依法维护劳动者权益,调解劳资纠纷 16 起,追回拖欠民工工资 168.28 万元。截止 2014 年底,全县参加养老保险 17699 人、医疗保险 4959 人、工伤参保 2235 人、生育参保 2237 人,兑现 5266 名 60 岁以上城乡居民养老保险金 758.3 万元。

民政事业　全县城镇低保户 342 户、721 人,农村低保户 2146 户、8481 人,五保户 254 人,切实做到应保尽保。兑现社会救助资金 1687.29 万元。社会慈善事业扎实推进,全县向玉树鲁甸灾区捐款 36.24 万元。"双拥"工作全面开展,"三大节日"慰问驻县任务部队、169 名在乡退伍军人和 19 名现役军人 3.22 万元;解决县人武部、生产连、武警那曲支队四大队、县消防大队、县武警中队建设资金 124 万元。白嘎乡、达塘乡撤乡设镇上报工作、香曲乡搬迁前期工作全面完成。全县地名普查工作取得阶段性成果,收录地名 1162 个。比如镇 5 个居委会便民服务中心前期筹备工作全面完成,投资 250 万元。办理城乡居民结婚手续 2061 个。175 个行政村(居)"两委"换届工作顺利完成。

防抗灾工作　全县农牧民共储备粮食 1787.1 万斤,饲草料储备 4699.85 吨,燃料储备 709.3 万袋。各乡镇储备粮食 12 万斤,饲草料 43 吨,人药价值 25.88 万元,兽药价值 5.82 万元。县卫生服务中心储备药品价值 10 万元;农牧业科技服务站储备牲畜疫病防治药品价值 8.97 万元;县商务局代储大米 5 万斤、面粉 5 万斤、糌粑 3 万斤、方便面 300 件;县粮食局有地方储备粮 30 万斤、县级储备粮 30 万斤。县农牧局储备饲草料 27 吨。全年投入道路保通资金 680 万元。

【社会稳定】　2014 年,比如县开展矛盾纠纷排查调处工作。全年受理信访问题 54 起,调处成功率 96.3%,排查矛盾纠纷 86 起,调处成功率 98.84%;开展"缉枪治爆"专项行动,最大限度排除社会安全隐患;虫草采集工作进一步规范,虫草采集期间没有发生一起矛盾纠纷;宗教领域工作取得显著成效,全区试点建立 8 个拉康、日追片区管理寺管会,形成了做好宗教工作的"比如经验";村级管理更加高效。全面推行"一村一警"警务模式,警务工作触角向基层延伸,175 个行政村(居)配备村警 161 人,配备率达 92%;"先进双联户"创建活动进一步深化。全县"联户体"增加到 1789 个,干部、群众、商户覆盖率均达到 100%,发放 2013 年度联户长补贴资金 240.2 万元。户籍管理更加规范。县公安局积极开展户籍清理整顿工作,走访 14406 户、核查户口成员信息 68552 人,办理户籍主项变更 815 人、非主项变更 31006 人。

【环境和生态保护】　2014 年,比如县兑现2013 年度草原生态保护补助奖励机制资金 2718.98 万元。兑现公益林管护资金 587.34 万元。大力实施绿化工程,重点区域造林 496.7 亩,总投资 180.26 万元;防护林体系建设工程造林 707.2 亩,总投资 220.09 万元。加强项目环评工作,项目竣工环保验收 7 个,收取建筑领域排污费 1.16 万元。昂荣沟饮用水水源地环境保护工程建设项目完工,总投资 100 万元。

索县

【基本县情】　索,藏语意为"蒙古"。索县位于藏北高原和藏东高山峡谷的结合部,属羌塘大湖盆区,怒江上游的索曲流域。东、南、西、北分别与丁青县、边坝县、比如县、巴青县为邻,下辖 2 镇 8 乡 122 个行政村 2 个居委会,338 个自然村,10282 户、49518 人,其中农牧业人口 46427 人。国土面积 0.56 万平方公里,耕地面积约 4.38 万亩,林地面积约 95.6 万亩,草场面积约 641.7 万亩,是那曲地区人口密度最大的县。地形以平地为主,地势西高东低,由西到东逐渐倾斜,平均海拔 4100 米。受自然条件限制,交通依然滞后,冬冰雪、夏冰雹,洪涝灾害、山体滑坡等自然灾害频发。自然经济条件呈现"四有四不突出":有农田、有森林、有草场、有虫草,但相对于周边县区都不突出,是典型的半农半牧县。由于历史原因,索县社会状况极为复杂,突出表现在:宗教场所多、僧尼多、编外僧尼多、信教群众多、宗教活动多、重点人员多、矛盾纠纷多、突发事件多、各类案件多、热点问题多等"十多"的特点。境内峰峦叠嶂、沟谷静幽、林木葱郁、物种繁多、生态良好、景色旖旎,索县交通便利、气候宜人,拥有"小布达拉宫"之称的赞丹寺、国家级文物保护单位邦纳寺、享誉藏区的藏医脉泻疗法,拥有怒江大转弯、原始森林等诸多人文和自然资源，都会给观光旅游者带来超值的享受，格萨尔王妃珠姆的美丽传说、茶马古道的远古遗迹、十八军进藏的坚实路线昭显着索县厚重的历史，尤其是随着317国道柏油公路的建成通行，藏中电网在索县不断延伸贯通，更是铺就了索县发展的前景。

【概况】 2014年，索县实现地区生产总值5.5亿元，同比增长20%；社会固定资产投资4.5亿元，同比增长28%；社会消费零售总额达1.59亿元，同比增长11%；全县财政收入预计完成1449万元，同比增长14%；农牧民人均纯收入达6051元，同比增长15%。各项经济社会发展指标达到或超出了年度计划目标。

【项目建设】 2014年，索县成立县基本建设项目建设领导专班，并由政府各县级领导对各乡镇项目实行包片区负责制，加强全县基本建设项目建设管理，强化项目建设监管，提升了工程建设质量。全年实施的各类基本建设项目137项，其中复工项目72项，新开工项目65项，总投资13.14亿元，完成投资4.5亿元。2014年，索县坚持城乡发展一体化，同步推进县城、乡镇、村庄建设，城乡面貌呈现新的气象。城乡基础设施建设步伐加快，投资2820万元建设的县城给排水工程、投资1900万元建设的县完小改扩建项目、投资3590万元建设的永久性民兵连用房项目和投资700万元建设的索县烈士陵园等一批重点项目顺利开工实施；完成全县72套廉租房和88套公租房建设和县幼儿园、职教实训楼等工程项目；顺利完成全县“十三五”总体规划初编工作；新开工公路建设项目3个，正常养护农村公路380公里；落实寺庙及宗教场所饮水安全工程50处，完成60个行政村人居环境与环境综合整治工程，安居工程实现全覆盖；积极实施县急救站、县卫生综合服务中心改建工程、五个乡镇卫生院和高寒牧区牲畜棚圈建设、退牧还草工程等基层基础项目建设，优化农牧业发展条件，夯实农牧区发展基础；实施国有土地整顿治理工作，县城乱圈乱占的违法占有国有土地的现象得到有效遏制，发展环境得到净化；通过县城环境综合整治工作，特别是规范车辆停放秩序、安装太阳能路灯和自筹资金在县城修建6座公厕，使县城环境卫生、交通秩序、县城亮化得到明显改善。

【农牧业发展】 2014年，索县农作物总播种面积2591.52公顷，农作物总产量8740.79吨，农牧业总产值达1.02亿元，牲畜存栏12.8万头(只匹)，牲畜出栏率达34%，畜产品商品率达59%，牲畜疫苗接种率达100%。全年举办农牧民技能培训906人次、劳务输出5325人次，实现收入1093.82万元；注册农牧民经济合作组织61家，注册资金达7932.86万元，入社群众达1812户、6343人，实现创收529.6万元；积极采购近400万元防抗灾物资已运抵各乡镇；2014年我县虫草采集量达3852.51公斤，实现虫草现金收入1.08亿元。

【民生和社会事业】 教育事业 2014年，索县共有各级各类学校38所，初中阶段入学率为93.5%，小学适龄儿童入学率为98.98%，幼儿入园率为58%，中小学、幼儿教师学历合格率为100%。积极组织教师进行考察学习和交流，加强县完小与拉萨市城关区吉崩岗小学在教研教改方面的合作交流，安排教研骨干人员采取蹲点检查指导等方式到边远乡镇学校开展教研教改工作，教研教改工作成效显著；全年有36名小学毕业生考入内地西藏班，小考成绩名列全地区前茅；全面启动县域义务教育均衡发展工作，为逐步实现适学儿童从“有学上”到“上好学”的目标奠定了基础。

医疗卫生事业 完善以县人民医院、藏医院、脉泻诊疗中心、县卫生服务中心、10个乡(镇)卫生院、124个规范化村卫生室的农牧区医疗卫生服务网络。索县农牧区医疗制度参加人数为4.37万人，参保率96%，为农牧民大病统筹报销1209万元，报销人数达1759人；索县与北京306医院、北京武警总医院成功签订友好帮扶合作协议书，建立了合作交流、对口援助关系；邀请北京武警总医院派专业医疗队开展0—18周岁儿童及患者先天性心脏病免费筛查和治疗活动，共筛查全县1700余名儿童，确诊25例，赴内地治疗14例。对全县1–4周岁儿童进行乙肝疫苗查漏补种，共6700针次，接种率达100%。由索县全国著名藏医专家、脉泻疗法传承人旦松扎巴教授带队的藏医药交流团赴大连开展义诊活动，受到大连各界人士和市民的热情欢迎。县藏医院积极与那曲地区藏医院、藏药厂进行合作洽谈,达成合作意向。

社会保障　城镇居民养老保险参保率27.69%;60岁以上已领取养老金人数33人,发放养老金13.9万元。2014年寺庙僧尼有801人参保,参保率89.52%;60岁以上已领取养老金人数72人,发放养老金5.2万元。2014年新型农村社会养老保险13201人参保,参保率52.23%;60岁以上已领取养老金人数4136人,发放养老金289.43万元。2014年全县参保人数(含僧尼)1429人,共报销住院费用57.59万元,报销生育费用20.29万元。惠民资金得到及时兑现,实现了一周内惠民资金兑现到群众手中的承诺。

文化事业　群众性文化活动常年不断,举办各类文艺演出活动185场次,观众达到4.2万人次;放映电影1068场次,观众达1.5万人次;索县"雪"热巴节目成功在2015年春节·藏历木羊新年电视联欢晚会上展演;积极申报第三批自治区级非物质文化遗产代表性项目,现有自治区级非物质文化遗产代表性项目传承人6人;由县人民政府批准公布加勤乡民间彩酥画等92项县级非物质文化遗产名录和西昌乡热登寺等27个县级文物保护单位,6个古建筑(村居)、1个红色遗迹和45个旅游景点;索县自办台正式启动试播,制作播出索县新闻125期、党的群众路线教育实践活动各类讲座16部147集、社会主义核心价值观自制宣传片362期次、虫草采集交易法制培训片1部、播出那曲新闻等各类节目236期;为10个乡镇干部群众发放户户通设备656套,为农牧民群众免费升级接收机283台次;完成了49座宗教活动场所寺寺通、舍舍通建设,广播电视基本实现了全覆盖。

扶贫工作　全年争取国家扶贫资金1564万元,贫困户下降到3383户、1.54万人。在4个乡、19个行政村、622户2885人扶贫人口中实施整乡推进工程,实施项目13个。

创新寺庙管理　加强和创新寺庙管理扎实推进,寺庙"六个一"、"六建"、"九有"工程基本实现全覆盖,不断提高寺庙工作经费,保障了寺管会的正常运转。积极为寺庙和僧人解决实际困难,把党和政府的关怀温暖送到广大僧人的心坎上,做到聚人心、稳人心、暖人心,确保加强和创新寺庙管理各项措施的有效落实。

土地市场整顿　县城乱圈乱占乱建的违法占有国有土地现象得到有效遏制,取得阶段性成效。制止在国有土地上非法占地并强行拆除10户建筑物,制止在集体土地上违法修建住宅29户,强行拆除9户,非法圈占国有土地现象得到遏制。

生态文明建设　全年补植补退耕还林地共1164.2亩,植树4.3万余株,并通过国家验收。实施西藏生态安全屏障保护与建设工程植树造林项目777.4亩,已完成总任务面积的70%,义务植树2976株;落实项目建设领域环保工作"三同时",为全县的环境保护提供有力支撑。

援藏工作　大连第七批援藏干部团队深入调研,提出"变介入为融入、变援藏为建藏"的新时期援藏工作方针和以"宽容、包容、从容、笑容"为主要内容的团队"容"文化,实施索县人民医院、藏医院供暖工程,启动索县医疗急救中心、博爱藏药厂和藏医藏药进大连等项目,项目数量、资金投入均是索县历史之最。

【社会稳定】　2014年,索县公安部门受理治安案件21起、查处21期,查处率100%;治安案件受理比2013年同期下降52%;县检察院受理提请批准逮捕案件15件19人,经审查依法批准逮捕11件14人;受理移交审查起诉案件14件18人,经审查依法提起公诉14件18人。县法院受理各类案件129件,其中刑事案件结案率86%,民事案件结案率100%,执行案件执结率100%,总标的额为24.84亿元。为进一步强化与昌都地区边坝县、丁青县边界稳定,2014年签订《丁青县、索县建立平安友好边界协作机制协议书》和《边坝县、索县建立平安友好边界协作机制协议书》。积极排查调处加勤乡10村与赤多乡5村、荣布镇吉若塘村与西昌乡色昌卡和热布村等各类矛盾纠纷,2014年全县各类矛盾纠纷调处率达98%。全年未发生安全事故。

【基础事业】　2014年,索县中直各部门大力支持索县发展,共实现税收1302.7万元。农行索县支行各项存款5.76亿万元,贷款余额4.2亿元,发放涉农"四卡"贷款2.2亿元。工商加大无照经营处罚力度,全年开展专项整治行动49余次,出动执法人员207人次,执法车辆49台次。移动、电信、联通业务拓展迅速,通讯覆盖率逐年提高,固话、移动用户达3.7万人,通讯覆盖率达到76%;邮政全年完成业务量59.5万元,汇兑业务金额1.74亿元。农电公司全年发电316.8万千瓦,实现收入270万元。气象部门全年发布各类重要气象预报113期。

巴青县

【基本县情】 巴青,藏语意为"大牛毛帐篷"。巴青县位于西藏自治区东北部、那曲地区东部、怒江上游。该县地处藏北高原南羌塘大湖盆区,地势北离南低,全县平均海拔在4500米以上。境内主要山峰东有布加山,北有瓦马拉山、珠洛山,西北有仓来山、曲如拉山、吾尔膏拉山。属高原亚寒带半湿润季风气候区。高寒缺氧,空气稀薄,冬寒夏凉,太阳辐射强,日照时间长,年温差相对较大,无霜期短,冬季多大风雪。年日照时数2400小时左右,年降水量约500-600毫米。降雪日数约在150天以上。已知的主要矿种有煤、铁、铬等。主要野生植物资源有冬虫夏草、贝母、知母、大黄、黄连等。主要野生动物资源有白唇鹿、棒子、黄羊、岩羊、旱懒、水徽、高原兔、狐狸、拾剩、熊、狼、材等,其中白唇鹿为国家级保护动物。

巴青县经济以牧业为主,种植业比重很小。主要饲养牦牛、犏牛、马、绵羊、山羊。由于河流多,雨水充沛,牧草生长良好,有发展畜牧业的优越条件。

【概况】 2014年,巴青县实现地区生产总值58779.68万元,同比增长9.56%,其中:一产增加值13909.11万元,同比增长3.78%;二产增加值10532.72万元,同比增长8.92%(其中工业增加值88.62万元,同比增长7%,建筑业增加值10444.10万元,同比增长8.99%);三产增加值34337.85万元,同比增长9.89%。固定资产投资4.9亿元。财政收入完成1436万元,同比增长73.01%,其中税收收入1085万元,同比增长57.47%。人口自然增长率控制在12‰以内。

【农牧业发展】 2014年,巴青县投资770万元,实施鼠虫害治理项目,治理鼠害100万亩、毛虫害90万亩;投资180万元,实施高寒棚圈建设,新建牲畜棚圈2万平方米。投资300万元,实施游牧民定居工程公共救灾饲草料基地建设,建设公共饲草料基地1.5万亩。投资185万元,实施标准化高产蔬菜栽培技术示范项目,修建高效蔬菜温室大棚6座。县乡两级农牧业技术推广服务体系初步形成。开展农牧民实用技术技能培训170人次,农牧民科学素质得到提升。加快畜牧业先进技术推广应用,选育良种牦牛700头。幼畜成活率达95.90%,成畜死亡率控制在2%以内,暖季出栏10347头(只),上市9131头(只),肉产量达7055.51吨,奶产量达2836.16斤,毛绒产量达240.61吨。积极参加那曲地区畜产品展销会,销售额达134万余元。多种经营收入达8432万元,劳务输出收入达786万元。收获冬虫夏草4483.26公斤,现金收入达1亿多元。新发展农牧民专业经济合作组织17家,增资2130.30万元,带动了218户农牧民群众增收。2014年,全县农牧民人均收入达6859.83元,同比增长13%。

【项目建设】 2014年,巴青县共落实基建项目112项,总投资92197.52万元,其中新建项目70项,总投资35089.64万元;续建项目42项,总投资57107.92万元。交通建设方面:新修公路343.86公里,列养农村公路31条、938.79公里,行政村公路通达率明显提高。国道317线巴青至丁青段改扩建工程进展顺利,预计年内铺油。江绵乡油路建成通车。水利建设方面:投资4082.23万元,实施易曲河拉西镇段防洪堤工程、牧区水利重点县工程、山洪灾害防治非工程建设等项目,洪涝防御灾害能力明显提高。电力建设方面:投资218.58万元,对阿尔丹一级电站和雅安电站进行维修,解决了554户、5332人用电问题。藏中电网110千瓦变电站已经通电,结束了全县不通国电的历史。保障性住房建设方面:投资3411.65万元,新修廉租房72套、公租房72套、周转房84套,困难群众和干部职工住房条件明显改善。政权建设方面:投资6840.71万元,实施县乡两级政权建设,机关办公条件明显改善。在各乡镇建立了财政所。新农村建设方面。投资2860.50万元,实施安居工程1693户;投资6380.60万元,实施行政村人居环境建设项目61个。实施空白乡镇邮政网点建设项目9个,完工7个,预计2015年年底实现全覆盖。

【民生和社会事业】 教育事业 2014年,巴青县加大招生劝学工作力度,小学巩固率和入学率达100.60%、100.50%,中学入学率和巩固率达到95.3%、98.2%;扫盲率和小学升学率均达到100%;“两基”成果进一步巩固，中考成绩位列全地区第一，义务教育水平均衡化进一步提高。开工建设本塔乡、玛如乡、岗切乡完小附属幼儿园，缓解了学前教育适龄儿童入园难问题。学前教育完成招生850人。发展职业教育,职业教育完成招生150人。投资2800万余元,加快教育基础设施建设,新建教学用房5479.895㎡、学生食堂280.52㎡、学生宿舍3390.30㎡,新修教工食堂3个、塑胶跑道2个、县中学供暖设备1套,实施校园硬化75144㎡，办学条件明显改善。贯彻落实《西藏自治区人民政府关于调整我区学前教育阶段农牧民子女补助和中小学校农牧民子女教育“三包”及学前和中小学校城镇困难家庭子女助学金标准的通知》精神，发放“三包”物资2122万余元。强化校园安全建设，在县城各学校路口设置了交通标识和减速带，确保师生及家长接送学生出行安全。开展消防安全疏散演练25次,确保防火安全。开展学校及周边食品药品检查13次,确保师生饮食用药安全。

医疗服务　实施农牧区合作医疗制度，农牧区医疗制度财政补助标准提高到420元，城镇居民基本医疗保险财政补助标准提高到380元。医疗保险累计报销2210.63万元，受益群众达20937人次。完成“一孩双女”和独残子女的年审和核查工作,新增“一孩双女”扶助对象89人、“独残”扶助对象45人。完成全民健康体检49230人。开展免费妇科病检查工作，减免检查费25.5万元,跟踪治疗70人。开展免费孕前检查225人,发放补助9万元。孕产妇住院分娩率达100%。认真开展基层医护人员培训，培训医护人员119名。常规开展乙肝、结核等疾病防治工作，确保各项免疫率符合国家标准。开展食品药品安全检查工作,查处过期、“三无”商品81种、价值11340元,确保食品药品安全。

社会保障　全县城乡居民社会保障体系进一步完善，五大保险参保率明显提高，城乡居民养老保险参保率达96%、医疗保险参保率达94%,事业保险参保749人,生育保险参保1568人,工伤保险参保1554人。加大劳动维权力度,征收民工工资保障金1000万余元,帮助追讨民工工资及运费121万余元。落实《西藏自治区人民政府关于调整2014年城乡低保对象最低生活保障标准的通知》和《西藏自治区人民政府关于调整农村五保户供养补助标准的通知》。全年共兑现农村最低生活保障资金503.08万元、低收入群体价格联动补贴资金39.97万元。兑现城镇低保生活保障资金116.97万元和低收入群体价格联动补贴资金5.64万元;兑现五保供养资金71.50万元、低收入群体价格联动补贴资金1.06万元;实施医疗救助338人次,发放救助金142.84万元。给予城乡困难群众临时救助22人,解决救助资金6.73万元,按要求发放乡(镇)机关事业单位干部职工生活补助，调整老党员老干部老模范生活补贴、村级动物防疫员基本报酬、村干部基本报酬和业绩考核奖励。强化职业培训,多渠道开发就业岗位,2014年求职登记11人次，组织农牧民技能培训106人次，完成城镇新增就业21人,城镇登记失业率控制在3%以内。实施扶贫项目25个、总投资1680万元。全年实现脱贫895户、1502人,返贫率严格控制在3%以内。

文化广电　完善公共文化服务体系,大力实施“文化惠民、文化育民、文化乐民、文化富民”工程。投资88万元的拉西镇文化站项目已经开工建设，文化基础设施进一步夯实。组建乡镇文艺队6支，演员达136人,村级文艺队75支,演员达1140人。开展“三大节日”、“3.28”等节日庆典活动，共举行各类文艺演出51场次。参加那曲地区羌塘恰青格萨尔赛马文化商贸旅游节，取得优异成绩。成功举办巴青县首届十佳歌手大赛,取得良好效果。开展文物保护工作，巴青县鲁布寺、巴仓寺、冲仓寺3处文物保护单位列入自治区级文物保护单位；全县古籍普查工作已经完成90%；县级文物保护单位立碑工作正在开展;“门莫琼查神山”、“布加永忠拉则神山”等列入第三批县级非遗名录，全县非遗名录已经增至26项。加大文化市场清查力度，确保文化市场有序健康发展。加强舆论引导,全年播发巴青发展、稳定、繁荣新闻374条,巴青县新闻网站成功开通，宣传创新能力进一步提升。加大广播电视“村村通”、“户户通”工作力度,全县牧民广播电视综合人口覆盖率分别达到93.1%、94.01%。开展电影2113工程,放映数字电影680余场次,观众达69570人次。

【社会稳定】　2014年,巴青县圆满完成“三大节日”、虫草采集、国庆及日常维稳工作任务,实现“三不出”的目标,确保社会持续稳定、长期稳定、全面稳定。社会网格化管理服务水平不断提升,以便民警务站为平台的城市综合服务管理平台基本形成。深化强基惠民活动,为民办实事 756 件,实施民生项目 48 个、总投资 1000 余万元,免费发放各类物资价值 365.20 万元。深化“先进双联户”创建评选工作,培育专业合作组织 17 家,总投资 2130 万余元,帮扶困难家庭 305 户,投入帮扶资金 11.5 万元,真正实现了联户安全、联户发展、联户增收。加强社会治安综合治理,依法打击各类违法犯罪活动,刑事案件、治安案件发案率实现双下降。开展民族团结进步表彰活动,表彰模范先进集体 10 个、先进个人 15 名。开展民族团结宣传 56 次,各民族实现和睦共处、共同发展。开展各类执法行动和安全生产联合执法检查行动 320 余次,各类企业、建筑工地监管覆盖率达 100%,排查各类隐患 832 次,隐患整改率达 100%;开展各类宣传活动 26 场次,受益群众达 1 万余人;有效遏制了各类事故的发生,安全生产成绩喜人,安全生产工作连续 4 年受到地区表彰。加强和创新寺庙管理,寺庙“九有”、“六个一”工程全面推进。发放寺庙“金太阳”户用光伏发电设备 558 套,增发液晶电视 31 台、卫星接收设备 31 套,完成“广播影视进寺庙”全覆盖工作任务。认真开展寺庙僧尼免费体检工作,体检率达 100%。投入 376 万元,实施僧舍维修工程。加强寺庙属地管理工作,2014 年全县寺庙属地管理工作受到那曲地区的褒奖。继续开展和谐模范寺庙暨爱国守法先进僧尼表彰活动,对全县 5 座和谐模范寺庙、245 名爱国守法先进僧尼、1 个先进寺管会、5 名优秀驻寺干部进行表彰。

【环境和生态保护】 2014 年,巴青县实施城乡规划,生态环境得到改善。累计投入规划资金 2000 余万元,加大城乡规划实施力度,城镇面貌明显改善。拉西镇政府、岗切乡政府搬迁延伸工作基本完成,其余 8 个乡镇政府办公用地均在不同程度上有所扩展或延伸。扎色镇完小搬迁工作初步启动,县城龙腾路、巴青路、卓达那路、和谐路硬化建设项目已经获批。草原生态保护补助奖励机制工作继续推进,统计人工种草面积 2.77 万亩,划定禁牧草原 170 万亩,设置草原地面监测点 17 个,兑现补奖资金 3756.99 万元。投入 148.55 万元,完成重点区域造林 370.30 亩,生态安全屏障防护林面积增加到 719.20 亩,兑现护林员工资58.28 万元。开展环境卫生整治工作,县城卫生条件和人居环境得到改善。

班戈县

【基本县情】 班戈,藏语意为“吉祥保护神”。班戈县隶属于西藏自治区那曲地区,因境内的湖泊班戈措而得名,地处藏北西部,位于藏北高原的纳木措、色林措两大湖之间。东与那曲县为邻,西与申扎县搭界,南与拉萨市当雄县、日喀则地区南木林县相邻,北与双湖县和安多县相接;北边和东边分别与新疆维吾尔自治区和青海省接壤。

班戈县总面积 30138 平方公里,总人口 41579 人。民族主要以藏族为主,居住着少量汉、回、蒙、门巴、珞巴等民族。旅游景点有孜日贡巴寺、恰多朗卡岛、纳木措、色林措等。西藏第一大湖纳木措,为班戈县与当雄县的界湖。它一向被牧民们视为神湖,每年前来转湖的游客络绎不绝,特别是每逢藏历年,前来转“神湖”的游客就更多,以求得到神灵的保佑。

班戈县属高原亚寒带半干旱季风气候区。气候寒冷,空气稀薄,四季不分明,多风雪天气,年温差相对大于日温差。班戈县境由于群山隔断,印度洋潮湿空气难以进入,属高原亚寒带季风半干旱气候区,空气稀薄,寒冷干燥,气候变幻无常,昼夜温差大,无绝对无霜期。年平均气温零度左右,年日照时间为 2850 多小时,年最高气温 21.9℃,最低气温-28.6℃。一月份平均气温为-17.1℃,七月份平均气温 16.5℃,冻土深度 3 米。班戈县年降水量为 289—390 毫米,主要集中在 6—9 月份,占全年降水总量的 80%。年蒸发量为 1993.4—2104.1 毫米,为降水量的 6.9—7.3 倍,年相对湿度为 41%,年径流量为 59.6mm。

班戈县主要矿产有硼、砂金、锡、铬铁、盐、油页岩、玉石、云母、紫水晶等。

班戈县野生动物有野驴、黑颈鹤、藏羚羊、熊、獐子、雪豹、雪鸡、岩羊、猞猁、狐狸、秃鹫等;鸟类主要有黑颈鹤、斑头雁、秃鹫、藏雪鸡、棕头欧、秋沙鸭等;鱼类品种主要有西藏裂腹鱼、裸裂尻鱼等。

班戈县药用植物有角苗伞根、虎耳草、大叶秦芜、小叶秦芜、麻黄、红花、刺参、葫芦苗、高山党参、青活麻、大黄等40多种。牧草品种有紫花针茅、高山蒿草、苔草、莎草、禾草和杂草等。

班戈县土壤类型以高山草原土、高寒草甸土及高山荒漠土为主。有高山草原土16775平方公里,高山草甸土4474平方公里,高山荒漠土3950平方公里。土壤种类繁多,共分布有5个土类,7个亚类,12个土属,36个土种。

2013年到2014年,国家投资9759万元实施了班戈县农村公路建设,建设31条通村(寺)公路,总里程586.15公里。截至2014年底,31条公路工程项目基本完工。

【概况】 2014年,班戈县实现地区生产总值51446.58万元,其中一产完成13150.78万元、二产完成14110.41万元、三产完成24185.39万元;县财政收入完成1133万元,同比增加130万元,同比增长12.96%;牧民人均收入完成5409.99万元,同比增长0.15%;现金收入实现2968.18元,同比增长0.04%;社会消费品零售总额完成2481万元,同比增长21.9%;项目建设涵盖市政、教育、畜牧、扶贫、交通、水利等96个,总投资达到61093.56万元。

【经济发展】 第一产业 2014年,班戈县牧民人均收入完成5409.99万元,同比增长0.15%;现金收入实现2968.18元,同比增长0.04%。2014年,班戈县积极争取中石化援藏项目,并整合扶持农发、援藏等方面资金300万元(其中援藏投资100万元,扶贫农发投资200万元),建设了5000平方米的温室大棚,努力打造"班戈县高海拔生态农业示范基地"。

第二产业 2014年,班戈县第二产业完成14110.41万元。班戈县工业主要有畜产品的加工等手工业。

第三产业 2014年,班戈县第三产业完成24185.39万元。班戈县社会消费品零售总额完成2481万元,同比增长21.9%;项目建设涵盖市政、教育、畜牧、扶贫、交通、水利等96个,总投资达到61093.56万元。

【民生和社会事业】 医疗卫生 2014年,班戈县有1所县人民医院、1所县防疫站、1所藏医院、10所乡级卫生所,共有医护人员142名、每千人拥有医生4.3人。实施农村医疗救助211人次、发放救助金57万元;实施临时性生活救助63人次、发放救济资金2.11万元。全年实施城镇医疗救助34人次、发放救助金5.71万元。

社会保障 2014年,班戈县在全面做好城乡居民低保户、五保户供养等工作的同时,积极落实各项惠民保障救助政策,及时兑现救助资金,保证困难群众得到有效救助。全县享受城镇低保对象441户、677人,落实资金235.8万元;农村低保享受对象1765户、5637人,落实资金394.01万元。全年共对100名一、二级伤残人士发放补助资金6万元;对95名肢体伤残人士发放2013年度机动轮椅车燃料补贴资金3.61万元;对292名80岁以上寿星老人发放健康补贴资金9.14万元;对73名孤儿发放2013年度基本生活费70.96万元;节庆期间,开展走访慰问驻军官兵、退伍军人活动,发放慰问金3.64万元。及时兑现5至9月份低收入物价补贴57.7556万元;发放五保户护理费11.04万元;发放高校特困生补助2.9万元。

申扎县

【基本县情】 申扎,藏语意为"洁白、透明,无暇的精盐"。申扎县地处藏北高原腹地南部,东经88°38′,北纬30°57′,南以念青唐古拉山为界与日喀则相连,北与双湖特别区相望,东与班嘎县接壤,西与尼玛县为邻。高原亚寒带半干旱气候,干旱少雨,多大风天气。年均气温0.2℃,最高气温25.1℃,极端最低温度为-30.1℃,年均降水量299毫米。地势南高北低,由海拔5900米以上的念青唐古拉山向海拔4530米的色林措湖倾斜,最高峰甲岗山突居中南部,海拔6448米,终年积雪。最低处为色林措湖面,与最高峰相差1900多米。

申扎县城位于甲觉低布(现申扎镇三村),距西藏自治区首府拉萨520公里,距那曲地区505公里,城区规划面积约1.39平方公里,三面环山,一面为沼泽湿地。全县总面积约2.429万平方公里,平均海拔4700米以上,县城所在地海拔4672米。

申扎县水系分布广泛,季节变化明显,县内主要河流有申扎藏布、准布藏布、阿里藏布、扎加藏布、永珠藏布。主要湖泊有色林措、嘎仁湖、错鄂湖、吴汝措、孜桂措、恰桂措等等。动植物资源丰富,有雪豹、西藏棕熊、藏狐狸、荒漠猫、野驴、藏羚羊、岩羊、盘羊、黄羊等二十多种国家一、二级野生动物资源和黑颈鹤、天鹅、斑头雁、黄鸭、白鸭、藏雪鸡、高原裸鱼、水獭等诸多鸟类和鱼类资源。申扎县雄梅镇错鄂湖鸟岛为世界上海拔最高的鸟岛,近千平方米,鸟类多达一百多种。另有雪莲花、当归、红景天、贝母等名贵中药材,有多处温泉。申扎县境内有丰富的矿产资源,现勘探查明的主要金属有铅、锌、沙金、铜、铬、铁、钼等;非金属矿有小玉石、水晶石、煤等。申扎县境内有许多新石器时代文物,如下过石器、多格则石器、江扎遗址、查刚遗址等。

【概况】 2014 年,申扎县实现地区生产总值完成 4.19 亿元,同比增长 33.69%,其中第一产业完成 5963.67 万元,同比增长 5.55%;第二产业完成 10995.42 万元,同比增长71.69%;第三产业完成 24958.5 万元,同比增长 29.32%。人均纯收入达到 6701.07 元,同比增长 16.78%。全县财政收入完成 1380 万元,同比增长 12.2%。金融机构各项存款和贷款余额分别达 5.52 亿元和 2.47 亿元,同比增长 42.27%和 114.65%。

【农牧业发展】 牧业生产平稳 2014 年,申扎县牲畜存栏 53.76 万头(只、匹),各类幼畜成活率 90.02%,同比降低 3.48%;大畜死亡率 2.89%,死亡率同比增长 0.66%。牲畜出栏率和畜产品商品率分别达到 44%和 84.26%,皮、乳产量较往年相比分别提高 1.53%和 9.23%,毛、绒、肉产量与往年持平。

防减灾基础夯实 按照“5317”的工作思路,自筹资金 520 万元修建村级防减灾物资储备库,购买相应储备物资,成为全地区第一个村级防减灾储备库全覆盖县。安排专项资金建成气象预警综合发布系统。县乡村三级防减灾指挥体系进一步健全,乡村两级基础工作进一步完善,应急处突能力进一步提高。防减灾物资“五储备”数量明显提高,户均储备三年以上燃料的目标基本完成。

专合组织发展 新培育 4 家专合组织,全县培育发展至20 家,工商注册 13 家。先后成功注册“那宗宗拉”、“曲布”、“西卓”、“达拉玉措”、“西梦达”4 个专业合作社和1 个特色产品开发基地版权商标。牧民合作经济组织促增收 387.45 万元,产生极大的典型引路和示范带动效应,群众对专合组织道路的认同感和向心力明显增强。抓住“人、草、畜”三要素,实现草原增绿与牧民增收双赢目标。先后组织 65 名乡镇、村干部和驻村工作队到区内外进行考察学习,基层干部的发展思路更加开阔。成立种草办公室,投入 70 余万元,大力实施高寒牧区人工种草,种草面积达 6683 亩,补播面积 1.2 万亩,鲜草产量达 1.6 万吨,有效治理草原沙化、退化和半荒漠化面积近 2 万亩。那曲地区第一个标准化养殖场在申扎镇 6 村和下过乡 3 村开花结果,在放牧与补饲相结合的新型牧业发展道路上起到明显的示范作用。选育推广优良种畜 980 头牦牛,2560 只绵、山羊。研究出台群众购买兽药政府补贴50%的政策,鼓励群众主动参与牲畜疫病防治。先后组织举办地、县两级畜产品展销会,实现交易额 4061.49 万元,政府补贴资金 112.42 万元,群众现金收入明显增加。

【项目建设】 2014 年,申扎县坚持抓前期、抓落地、强管理,全年开复工项目 75 项,总投资达 10.54 亿元,同比增长 18.56%。完成社会固定资产投资 5.69 亿元,同比增长 18.54%,投资规模和固定资产完成均创历史新高,取得无重大质量隐患、无安全生产事故、无人为拖延进度的良好成绩。

项目拉动 成立驻拉萨项目办,设立项目前期专项经费,制定年度投资计划,计划项目 60 项,预算总投资 25.48 亿元。顺利建成广播影视中心、286 套职工周转房和保障性住房、就业和社会保障服务中心、便民服务站、2014 年第一批面上扶贫项目等重大项目,开工建设县城三期供水、老年护理院、法院审判业务用房、2013 年退牧还草等项目。中信集团投资 1999 万元,实施完成下过乡敬老院、小康村二期工程挡墙及安居房维修改造、便民办事服务区基础设施建设、查朗路西侧挡墙工程。

牧区基础设施建设 开工建设 496 户农村危房改造,实施完工 1125 户节能示范工程和 231 户小康新村安居房维修改造工程,安居工程和人居环境项目覆盖率分别达 87.2%和 96.8%。全线贯通雄梅至申扎油路,班戈至雄梅段油路顺利开工,基本完成雄通、雄玛和巴前 3 条乡村道路,完成申南油路前期路线设计,总投资达12.5亿元,完成申马、申买通乡油路的实地勘测设计,预计总投资3.5亿元,县、乡、村道路养护里程达1324.82公里,全县公路好路率达80%以上,农村和寺庙公路通达率分别达96.8%和100%。续建完成2013年15个安全饮水保暖井、马跃1村机井和2012年小型牧区水利重点县项目,完成雄梅镇1村小康示范村防洪堤,开工建设2013年重点水利县项目,集中定居和寺庙安全饮水覆盖面达100%,零散放牧点覆盖面达70%。续建和新建799户棚圈项目,高寒棚圈户均覆盖率达46%。新建电信、移动基站32座,基本实现行政村通讯信号覆盖率100%。完成7个乡(镇)邮政网点业务用房建设,乡、村通邮率达100%。

招商引资　全年招商引资企业4家,落户项目6个,引资额达507万元,同比增长11.43%。加大本地企业扶持力度,先后返还县粮食局上缴地方粮油税款,解决防抗灾物资储备管理费,积极申报塔尔玛、马跃、下过3个乡镇的粮食仓库及雄梅、下过2个乡镇的粮油供应店等建设项目。帮助贸易公司员工解决养老问题。

城市建设储备用地管理　立足经济社会快速发展,土地供需矛盾日益突出的基本县情,通过有偿征用,将县城周边半荒漠化土地、荒坡和废料堆积点共2849.28亩土地征购为县城发展储备用地,有效破解项目建设用地的瓶颈制约。

“十三五”规划编制和项目申报　成功与西藏自治区社会科学院农村研究所合作,初步确定全县经济社会发展思路,梳理申报“十三五”期间重点项目588个,总投资达103.71亿元。

【环境和生态保护】　2014年,申扎县坚持生态环保是一条不可逾越的“红线”,不断维护生态安全,改善生态环境质量。加强建设项目监管,环保部门监管职能进一步提升,项目建设取料取土点合理划定,施工建筑垃圾有效清理,项目开工审批和竣工验收环保审批程序更加严格,确保所有建设项目环评执行率达到100%。矿山整治取得成效,依法依规重拳出击,通过政府主动投资治理、督促监管企业作为,完成自治区挂牌督办问题的整治,巴扎乡查藏措东铜多金属矿山环境整治顺利通过自治区环保部门验收,巴扎乡嘎日阿铜铜多金属矿和雄梅镇舍索铜矿顺利通过自治区人民政府摘牌。塔尔玛乡砂金矿非法盗采苗头性问题得到及时治理,有效防范了砂金矿非法盗采行为。生态屏障得到有效保护,完成2013年度草原生态补助奖励任务,高标准通过自治区级验收。草补工作连续三年顺利通过自治区级验收,三年减畜量达21.17万只绵羊单位,超额完成任务的12.73%,全县达到草畜平衡。兑现草奖资金共计1.67亿元。组织网围栏维修55次。自然生态得以有效恢复,据检测,部分禁牧点每公顷鲜草产量增加289公斤,提高到围封前的1.49倍,可食性牧草种类增加4种,草原植被平均盖度提高15–25个百分点,平均高度提高3–8厘米。城镇环境整治成效显著,城管大队作用发挥明显,占道经营、乱搭乱建、乱摆乱放等严重影响市容市貌整治取得良好成果。县、乡“白色垃圾”和沿路垃圾得到有效治理,全年清理处理各类垃圾2500余吨。生物多样性有效保护,加强色林错国家级自然保护区建设管理,色林措二期项目落地实施。建立健全各类应急预案,野生动植物保护体系不断完善,开展野生动物野外巡护工作,普及野生动物保护法,打击野生动物非法偷盗猎活动,加强野生动物疫源疫病的监测和防控。

【民生和社会事业】　民生改善　2014年,申扎县投资512万元,完成2014年为民办“十件实事”。本级财政投入教育、卫生、文化、社会保障等各领域民生资金1189万元,兑现落实各级各类强农惠民资金16104.94万元。

教育事业　本级财政收入的26%用于发展教育事业,积极推进义务教育均衡发展。继续加强和巩固“两基”成果,入学率和巩固率在全地区均名列前茅。出台对考入大学的牧民子女家庭奖励机制政策,并长期实施。

医疗卫生　“绿色通道”就诊医院增加至8家,安排15万元资金用于重病群众紧急输送。兑现“一孩双女”扶助资金21.79万元,发放农牧区“独残”扶助奖励资金9.11万元。人口自然增长率控制在11.09‰。僧尼、城乡居民、驻村驻寺干部免费健康体检率100%。投入20万元扶持藏医院藏药水银洗练技术开发工作,支持特色产业研发,生产出100斤“仁青佐塔”,藏药服务群众水平不断提升。

社会保障　购买22个公益性岗位，安置城镇就业再就业岗位123人，培训351人，农牧区富余劳动力新增转移就业3266人次。新农保和城居保参保率达100%，发放各类养老保险金240.55万元。投入37.8万元为全县群众、僧尼、城镇居民和特殊行业从业人员购买人身意外伤害保险，投入涉农商业保险县级配套资金45万元。投入15万元设立五保户营养改善基金，出台五保老人和寺庙僧尼丧葬补助政策，五保户集中供养率达到86.79%。完成第二轮贫困人口建档立卡，完成总投资1887.6万元的20个扶贫开发项目，实现脱贫493户1998人，返贫率控制在3%以内。

文化广电　乡镇文化站和县级新华书店基本投入使用。投入40万元配备县级综合文化活动中心健身器材，制作牧家书屋、寺庙书屋书柜并购买设施设备。县、乡两级文艺团队奉献演出607场次，顺利举办"舞动甲岗·腾飞那仓"大型锅庄舞会，干部群众文化生活不断丰富。投入24万元对广播电视线路进行维修改造，确定申扎电视台台标，全县广播、电视覆盖率分别达到86.29%和71.02%。加强文化遗产和文物保护力度，拉伊、泥笛、评马诗、牧鞋制作技艺、申扎语、巴扎服饰首次列入地区级非物质文化遗产名录，制作50套巴扎服饰舞蹈便装，并在地区赛马节上进行集中展示，投入专项资金编写《藏北西部那仓部落民间文学丛书》，充分挖掘、传承和发展本民族优秀文化。加大文化市场出版物的监管力度，有效预防政治性有害出版物的渗透，文化市场进一步净化。

【社会稳定】　2014年，申扎县突出重点，强化治理，社会局势实现持续和谐稳定。

"双联户"管理　完善"双联户"户长工作职责，健全评选"先进双联户"工作办法等体制机制，优化联户划分格局，加大宣传培训力度，兑现"双联户"各项优惠政策，注重联户长考核管理，全县"双联户"工作取得了辖区平安率明显提高、群众办事和诉求渠道明显宽广、群众生产生活水平明显提升的实际效果。

寺庙属地管理　落实党的民族宗教政策，依法管理宗教事务和宗教活动场所，各项利寺惠僧政策得以全面落实，投资390万元开工卡龙寺、鲁仓寺、拉拢寺三座寺庙维修工程。在寺庙"9+5"基础上先后投入80万元，为14座寺庙(日追、拉康)修建蔬菜大棚；配发书架和部分书籍，制作阅览桌椅；完善规章制度和制度牌；为僧尼和驻寺干部购买人身意外伤害保险；解决每名僧尼僧舍维修款和六个一活动经费；提高驻寺干部人头经费等形成寺庙"9+14"，使广大僧尼切实感受到党和政府的关怀与温暖。

安全生产　高度重视安全生产工作，加大矿山、交通、建筑、校园、危化品等领域的安全监管力度，加大火灾隐患的排查和治理，消除安全隐患。全年未发生重大安全生产事故，伤亡人数严格控制在地区指标范围。

尼玛县

【基本县情】　尼玛，藏语意为"太阳"，尼玛县位于东经83°53′—89°29′，北纬30°20′—36°41′，平均海拔4800米左右，地处羌塘高原大湖盆地带，东与双湖县和申扎县相接，南望日喀则地区昂仁县，西临阿里地区改则县、措勤县，北靠新疆维吾尔自治区。全县行政区划总面积为15万平方公里，可利用草地1.01亿亩，(10112.12万亩)。县城距地委、行署所在地600公里。

尼玛县境内主要山峰有藏色岗日、江爱达日那、角木日、岗日伯鲁等，海拔均在6000米以上。最高峰藏色岗日，海拔6460米。还有昆仑山、可可西里山、冈底斯山。尼玛县境内湖泊众多，均为典型的高原封闭型湖泊。主要有当惹雍错、昂孜错、布若错、依布茶卡等，湖面海拔均在4500米以上，其中布若错湖面海拔5158米。尼玛县属高原亚寒带季风干旱气候和高原寒带干旱气候，其特点为空气稀薄、多风、年降雨量不足200毫米、年平均气温0℃左右、年日照时数3000小时以上，自然灾害主要有风灾、雪灾、地震。文部、来多、甲谷、达果等乡的部分村受"当惹雍措"湖畔影响形成小气候，适宜青稞、油菜、元根、萝卜、白菜等作物生长。

尼玛县辖1个镇、13个乡，77个村(居)委会，基层党组织118个，1个党总支，2个党组，15个党委，100个党支部。共有人口30552人、7924户，其中农业人口28844人、7090户，党员3207名，其中农牧民党员2619名。全县干部职工838人。共有学校19所，其中小学16所，初级中学1所，初级职业学校1所，幼儿园1所。全县专职教师300人，其中小学175人，中学93人，幼师14人。全县有7

座寺庙、3 所拉康、1 处日追。

尼玛县自然资源十分丰富，作为全地区牧业大县之一，畜产品资源极为雄厚，尤其以绒山羊更具特色；矿产资源品种多、分布广、储量大、质量好，有丰富的砂金、锂矿、铜矿、盐碱等资源，特别是现已探明储量，具有较高开发价值的优势矿产品有当穹措锂矿、江拉昂宗铜矿，其中当穹措锂矿具备开发条件；尼玛县为国家级羌塘自然保护区的重要组成部分，玛依雪山位于自然保护区的中心，野生动物资源丰富而珍贵，藏羚羊、藏野驴、野牦牛、雪豹、黑颈鹤、棕熊、雪鸡、藏原羚、岩羊、盘羊、斑头雁、灰鸭、黄鸭等国家一、二级保护动物达 20 余种；旅游资源十分丰富，独特的自然景观和人文风情以及著名的达果雪山、当惹雍措、荣玛温泉，还有远近文明的古象雄国遗址、嘉林岩画，吸引着越来越多的游人、各教派信徒慕名前往。此外，水产(卤虫卵、高原无鳞鱼等)、风能、太阳能、藏药材资源也相当丰富，具有很大的开发潜力。

【概况】 2014 年，尼玛县实现地区生产总值 49082.74 万元，同比增长 8.64%，其中，一产完成 10631.31 万元，同比增长 4.00%，二产完成 7749.80 万元，同比增长 6.30%，三产完成 30701.63 万元，同比增长 9.42%，农牧民人均纯收入达到 7502.19 元，同比增长 14.27%；公共财政预算收入完成 1193 万元，同比增长 10.77%，全县经济呈现出稳步增长的态势。

【农牧业发展】 2014 年，尼玛县成功举办第二届畜产品展销会，销售牛肉酮体 317.6 个、绵羊肉酮体 2270 个、各类皮张 3380 张、酥油 1065.6 斤、奶渣 1427.3 斤，销售金额达 1429 万元，有效提高牧民群众对牲畜出栏的积极性，全县牲畜出栏率达到 30%，出栏收入 6900 万元；加大草原生态保护补助奖励机制工作落实力度，兑现草补资金 1.43 亿元，牧业可持续发展前景良好。同时，依托县原种场，探索牧业改革路子，实施畜种改良、人工种草、短期育肥等项目，使白绒山羊所占比例达到 43%以上，收割鲜草 300 余吨，牦牛绵羊短期育肥取得初步成效，牧业产业化发展迈出了第一步。

【项目建设】 2014 年，尼玛县项目建设总投资 48638 万元，新开工和复工项目共 99 个，4 个援藏项目全面完工，完成固定资产投资 38050 万元，同比增长 12%。提前着手“十三五”项目的规划编制工作，为尼玛县经济发展超前规划论证、筛选、储备一批重大项目。

【改善民生】 2014 年，尼玛县统筹安排资金 838 万元继续为民办好“十件实事”，把 112 名孤寡老人列入五保户救助对象，公开招聘公益性岗位人员 21 名，培训各类专业技术人员 730 人，全县劳务输出达到 9337 人次，总收入 2038 万元。同时，争取资金 1634 万元投资 18 个扶贫开发项目，全年共脱贫 586 户、2125 人；投资 929 万元建设 32 个强基惠民项目，驻村工作队为群众办实事好事 776 件，群众生产生活条件得到进一步改善。援藏人才培训更加突出实用性、紧缺性，培养项目管理、酒店管理等专业人才共 10 名，为培育劳动型新牧民提供了专业基础。

【特色产业发展】 2014 年，尼玛县加大对藏医药事业发展的扶持力度，县藏药厂已能生产巴桑姆酥油丸等 90 个品种的藏药，藏医药事业得到初步发展。旅游业不断发展，制作《大美尼玛》、《野性尼玛》等旅游宣传片，进一步规范、完善和扩大“牧家乐”，从事旅游业人数达 560 余人，全年接待游客达 6000 余人次，实现旅游创收 1200 余万元。

【社会稳定】 2014 年，尼玛县强化社会面管控，推进“双联户”和网格化服务管理，加强1054 名参加阿里“塔尔钦”宗教活动群众的服务管理工作，并把维稳专项督导与尼玛县大督导工作相结合，严明维稳工作纪律和责任，全年实现 “三无”、“三不出”的目标，荣获自治区级“平安县”的称号。

【党建工作】 2014 年，尼玛县完成第八届村(居)“两委”换届选举工作，12 个软弱涣散村级组织得到有效整顿。基层党建工作述职评议层层召开，党风廉政建设主体责任全面落实，各级党组织书记党建责任意识得到提高，重视党建、上下齐抓蔚然成风，党的基层基础进一步夯实。贯彻落实中央“八项规定”、自治区“约法十章”“九项要求”，切实加强党风廉政建设，转变工作作风，文风会风明显改善，全县会议平均减少 32%，“三公”经费同比下降 20%。

双湖县

【基本县情】 双湖，藏语意为“两个湖”。双湖县位于西藏那曲地区西北部，全境地处羌塘国家级自然保护区腹地，东邻安多县，南与班戈县和申扎县接壤，西与尼玛县毗邻，北部跨可可西里与新疆维吾尔自治区和青海省交界。全县总面积约 11.67 万平方公里，土地可利用面积约 14741.89 万亩，平均海拔约 5000 米以上。县政府所在地索嘎鲁玛，距离那曲镇 560 公里，海拔4990 米。全县现辖 7 个乡镇 31 个行政村，有藏、汉、回、水、土家等民族，截止 2014 年底总人口 13421 人，其中牧业人口 12311 人。

双湖野生动物种类繁多，国家一、二级保护动物就有 25 种，其中一级保护动物藏羚羊、野牦牛、藏野驴、藏原羚数量多、分布广。境内已探明的矿种有 10 多种，其中石油、锂、硼砂、锑、铬、砂金等储量丰富；经中科院专家组实地勘测，颚雅措、朋叶措锂资源开发价值超过百亿元；其香措卤虫卵资源是双湖县财政收入和牧民群众收入的重要来源。海拔 6482 米的普若岗日冰川是除南北极以外的世界第三大陆地冰川，藏北无人区探险、野生动物观光等旅游资源开发潜力巨大。双湖区域内羌塘国家级自然保护区面积约为 6.01 万平方公里，按照上级划定的区域，共分为实验区、缓冲区与核心区三个区域：

实验区　县境内自然保护区实验区面积约 1.875 万平方公里，区域内行政单位有嘎措乡、措折羌玛乡 3 村、雅曲乡 1 村和多玛乡 1 村，共有人口 1668 人，牲畜 95804 头(只、匹)。区域内藏羚羊、棕熊、藏野驴、雪豹、野牦牛、狼等野生动物活动较频繁。

缓冲区　县境内的自然保护区缓冲区约 2.411 万平方公里，区域内行政单位有措折羌玛乡 1、2 村、多玛乡北部和政府牧场，共有人口 1118 人，牲畜 45109 头(只、匹)。

核心区　县境内自然保护区核心区约 1.7256 万平方公里，该区域处于无人区内，无行政单位，无固定居住人口，属于禁止无关人员入内区域。

【概况】 2014 年，双湖县实现地区生产总值 3.46 亿元，同比增长 11%，获地区经济目标考评二等奖；基本实现一产推进平稳、二产发展较快、三产实现突破，其中一、二、三产分别达到 6585.09 万元、6219.84 万元、21771.25 万元，同比分别增长 13.5%、9.1%、13.9%，三产比例为 19:18:63。固定资产投资达 2.86 亿元，同比增长 42.16%；公共财政收入 29596 万元，地方财政收入达到 1720 万元，同比增长 8.3%；其中税收完成 427.4 万元，同比增长 13%。实现社会消费品零售总额达到 505.96 万元，同比增长 60.65%。牧民人均收入达到 7661 元，人均现金收入达到 6636 元，分别增长13.04% 和 9.11%。市场物价基本稳定，人民生活水平明显提高。

【项目建设】 2014 年，双湖县基建项目共计 84 个，总投资 2.86 亿元，其中新建项目 51 个，续建项目 33 个。实施通乡、通村公路 8 条，464.24 公里，总投资超过 1.01 亿元；实施农牧项目 9 个、总投资 2908 万元；开工建设扶贫项目 8 个，总投资 834 万元；保障性住房建设投资 2263.8 万元，已完成 50%；援藏投资 2000 万元的综合市场二期工程、第一期干部周转房竣工；招商引资工作初见成效，投资 250 万元的加气站开工建设。双湖县“十三五”总体规划、县城及 7 个乡镇发展总规和详规、旅游发展规划初步形成，同时编制了 2014-2018 年农发县项目规划和“十三五”畜牧业发展规划；投资 1.2 亿元的供暖工程、投资 5400 万元的给(排)水、投资 1.2 亿元的光伏电站项目、投资 12 亿元的班戈至双湖县油路、投资 2299 万元的县城垃圾填埋场等重点项目前期工作进展顺利，有望 2015 年落地实施；高寒棚圈、退牧还草、职工周转房等项目得到上级相关部门的较大倾斜。

【牧业持续健康发展】 2014 年，双湖县围绕牧业产业化发展目标，完善牧业基础设施，增强防抗灾能力。截止年底，全县牲畜存栏为 50.6 万头(只、匹)，牲畜出栏 15.7 万头(只、匹)，出栏率 28.3%，应生牲畜 19.39 万头(只、匹)，实生 18 万头(只、匹)，幼畜成活 17.1 万头(只、匹)，成活率94.96%，成畜死亡率 2.05%。肉产量3924.45 吨，商品率 35.41%。全县实施房前屋后、棚圈和集中连片人工种草 1350 亩；新建高寒棚圈 322 座，建成草原监理站、防抗灾物资储备库等项目。合作组织增收511.12万元,新增牧民合作组织3家,其中嘎措乡牧民专业合作组织注册了那曲地区普若岗日牧业发展有限公司。成功举办双湖县首届畜产品展销会,实现交易额294.73万元。

【民生和社会事业】 教育事业 2014年,双湖县继续把财政收入20%投入教育发展,安排贫困大学生助学基金25万元,营养改善资金77.64万元。建成并投入使用乡、村幼儿园4所。"两基"巩固工作成效显著,学前入学率达41.67%,中学入学率达97.48%,小学入学率达99.3%。师资培训不断加强,41名教师受到培训,72名教师完成初级职称业务考试。

医疗卫生 加大医疗卫生工作的投入,落实资金24.22万元,其中三项扶助资金21.02万元,计划生育技术服务奖励资金3.2万元。新型农村合作医疗参合率100%,居民健康体检工作和建档工作完成率为100%。做好妇幼计生工作,免费孕前健康检查夫妇34对,新生儿建卡率100%,先心病儿童筛查工作常态化,4名先心病儿童在北京海军总医院接受免费先心病手术。对全县325名65岁以上老人和44名重性精神疾病患者全部进行了登记服务管理。

社会保障 全县五大险种参保率均达到100%,落实新农保资金138.6万元,参保人数6661人,参保率98%,发放率达100%,缴费金额64万元。五保集中供养27人,孤儿集中收养20人,2014年新纳入低保对象的城乡居民13户。干部职工和城镇居民报销住院费用36.09万元,民政救助资金2万元。兑现涉农保险赔付资金166.95万元。落实补助资金654.9938万元,其中低保对象补助302.8661万元,66名孤儿和198名残疾人补助58.74万元,累计支出城乡医疗救助129.7943万元,冬春受灾群众救灾生活补助127万元,低收入群体物价补贴27.0934万元;80岁以上老人及五保户救助8.5万元,救助贫困家庭大学生4人1万元。扶贫扶持对象4068人,建档立卡工作全面完成。开展各类技能培训340人次,培训内容主要包括驾驶、餐饮、摩托维修等,实现城乡就业再就业人数89人。

文化事业 6个乡(镇)文化站建成,基层文化基础设施得到改善。全县牧家书屋和寺庙书屋接待阅览者达12300人次,广播电视"村村通"实现全覆盖,发放接收器1000套,累计发放4818套。县民间艺术团下乡巡回演出17场次,累计观众达1305人次;放映数字电影1637场,观众人数80408人次,群众文化活动不断得到丰富。"双湖精神展厅"筹备工作进展顺利。开展"扫黄打非"专项检查行动,加强了文化市场的监管,净化了文化市场。传统牲畜治疗法正在申报国家级非物质文化遗产项目,藏北双湖谚语保护工作稳步开展。向那曲电视台上报新闻85条,县自办电视台播放双湖新闻40条,全年安全播出无事故。扶持雅曲1村合作社设立普诺岗日冰川旅游帐篷接待站,旅游门票收入14万元,接待国内旅客450人(次)。便民服务工作成效显著。投入资金54.9万元,配齐县、乡(镇)便民服务中心设备,70余名工作人员累计接待群众2026人次,受理各项业务895件。

【生态建设】 2014年,双湖县加强宣传教育,强化生态环境监管,提高生态保护意识,跟踪项目建设过程中的环保工作,严格落实项目环保规定,确保了生态安全。野生动物保护得到加强,对保护区进行定期或不定期的巡逻,严防偷猎、盗猎行为,严厉打击各种野生动物制品交易案件,兑现野生动物肇事补偿资金212.05万元。草原生态补助奖励机制深入推进,严格履行草原监督员职责,加强禁牧草场的监管,实现草畜平衡,兑现补助资金6020.4669万元,实施草原鼠毒草害治理84万亩。积极配合地区关于那曲国家生态文明特区申报和水生态文明城市建设工作,收集整理了详实的双湖相关资料。2014年被列为全国生态功能县。

【夯实基层基础】 2014年,双湖县开展创先争优强基惠民活动,落实资金390万元,实施"短平快"项目13个,为民办实事办好事200件,解决资金65.35万元。以村两委换届为契机,整治软弱涣散基层村级组织5个,配齐配强新一届村两委班子,夯实基层基础。建立乡镇财务所,加强乡镇财务人员跟班培训工作,规范乡镇财务管理。加强自身建设,建立健全《政府工作规则》等制度,规范政府工作行为。

阿里地区

【概况】 2014年,阿里地区实现生产总值32.4亿元、增长12.1%、完成全年计划的100%,完成全社会固定资产投资40.33亿元、增长28.4%、完成全年计划的100.8%,地方财政收入完成2.25亿元、完成全年计划的100%,社会消费品零售总额7.8亿元、增长15.8%、完成全年计划的100%,城镇居民人均可支配收入2.6万元、增长5.6%、完成全年计划的97.7%,农牧民人均纯收入达到7449元、增长15%、完成全年计划的100%。

【投资拉动】 2014年,阿里地区坚持把投资拉动作为经济跨越式发展的引擎和抓手,抓机遇、增投资、扩内需、促发展、谋跨越,投资实现较大突破。2014年,完成固定资产投资40.33亿元、增长28.4%,超额完成年初40亿元目标任务,其中,国家投资36.1亿元、增长36.4%,援藏投资2.5亿元、增长19.6%,撬动民间资本和社会投资,招商引资推动冈仁波齐矿泉水资源开发和物流园区建设,全年实现民间资本投资1.7亿元。完成"十二五"规划项目投资82亿元、占规划总投资122亿元的67.2%。国省干道黑色化加快推进,措勤至国杰公路改扩建工程完成工程主体的90%,S301线改则至革吉油路项目完成招投标并签订合同,国道317线洞措至改则公路改建工程、国道216线洞措至特荣海、特荣海至措勤段公路改建工程可行性研究报告已批复,边防公路空尼至班摩掌、札达至达巴、札达至波林边防公路主体工程完工、完成95%的投资量。农村和寺庙公路项目建设步伐加快,49个农村公路、32个寺庙公路续建项目基本完工。高寒高海拔县给排水工程建设计划覆盖七县、明年开工建设,成立工作专班加快推进狮泉河镇给排水、"一河两岸"、集中供暖、市政道路改造工程。总投资8217万元的多玛、霍尔、门士、盐湖4乡小城镇建设项目完成招投标,房屋拆迁、商品房建设、穿衣戴帽等工程进展顺利。巴嘎乡塔尔钦国际旅游小镇规划与风貌设计通过初步评审。日土、革吉、札达三县农网升级改造工程完成投资5.2亿元,占总投资8.63亿元的60.3%,其中,35千伏及以下工程完成投资1.08亿元、建设杆塔2782基,110千伏工程完成投资4.12亿元。措勤水电站顺利发电,普兰二级电站主体完工,措勤、改则电站线路延伸顺利完成,欧果、文布当桑等5座水电站维修改造完成。

【"十三五"规划编制】 2014年,阿里地区全面启动《地区"十三五"时期国民经济发展规划》编制工作,形成初步成果。一是成立了规划编制领导小组及其办公室,印发实施了地区"十三五"规划编制工作的意见,组建了规划咨询委员会,研究确定了前期研究课题及承担单位,严格落实编制工作责任,确保了规划编制工作扎实推进。二是深入开展基层调研,集思广益,广泛听取意见,摸清家底,完成规划编制调研和基础研究。三是明确地区经济社会发展的战略定位和"十三五"规划发展的目标、任务、举措,提出了地区"十三五"规划基本框架、"十三五"时期重点工作,确立了突出"一条主线"、强化"两个抓手"、破解"三大瓶颈"、做强"四大产业"、实施"五大战略"的"十三五"时期国民经济和社会发展基本思路。

【农牧业生产】 传统农牧业2014年阿里地区,没有发生大的自然灾害和牲畜疫病,年景与去年相当。2014年,预计农林牧渔业实现总产值6.68亿元、增长8.4%,其中,农业产值3438万元、增长8.39%,林业产值119万元,增长8.73%,牧业产值6.21亿元、增长8.4%,农林牧渔服务业产值1125万元,增长8.43;粮食产量5762.3吨,增长2.2%,蔬菜产量2535吨,增长10.7%,油菜产量213.9吨,下降2.7%,新生仔畜成活率80%,成畜死亡3%，牲畜存栏数235万头（只、匹）。

现代农牧业　按照“突出重点、整合资源、典型示范、提质增效、转型升级、惠及民生”的发展思路，以“两化一园”(规范化、产业化、示范园)为抓手，在“西四县”适宜区域和河谷地带大力发展设施农牧业，积极打造设施农牧业平台，整合各渠道资金实施西四县生态农业示范园项目新建温室156座、四县温室规模达到349座、实现蔬菜产值1700多万元，昆莎奶牛养殖基地新增人工种草5000亩、种草规模达1.2万亩、新增奶牛300头、养殖规模达到500头。

牧业改革　安排扶持资金200万元实施措勤县加荣村草原生态保护与牧民转移就业工作试点、革吉县加布村牦牛养殖基地建设项目试点。

羊绒产业　绒山羊养殖示范户达到1854户，象雄半细毛羊国家级品系申报工作扎实推进、种群量达2.4万只、养殖示范户达88户。日土县良种场被命名为“西藏山羊(白绒型)原种场”。

扶贫工作　整合扶贫资金投向专合组织，将扶贫资金作为贫困户参股资金，通过发展实体经济分红，实现贫困户滚动式动态脱贫。

【旅游发展】　2014年，阿里地区接待国内外游客35.1万人次、增长85.6%，实现旅游收入4.47亿元、增长83.4%。一是成立地区旅游产业建设领导小组，对重点旅游工作实行月调度制，确保各项工作全面得以落实。二是旅游资源开发步伐加快。完成了地区旅游总体发展规划，“神山圣湖”、古格王国遗址4A级景区申报工作积极推进。国道219沿线5处黑帐篷营地建成运营、接待游客3150人次、救助救援游客38人。亚洲首家以星空旅游为主题的阿里暗夜公园建成开园，接待游客3000余人，助科研、促环保、兴旅游多重功能初步显现；阿里地区探索发展星空文化产业在国内备受关注，2014年10月新华社内参清样44号就阿里暗夜公园进行了详细报道。三是旅游发展条件不断改善。评定4A级景区1家，3A、2A级景区10家，4星级酒店3家，3星级酒店6家，2星级酒店10家。受旅游业发展带动，全地区各类住宿餐饮店发展到1898家、增长15.1%。四是旅游带动群众增收能力不断增强。旅游业吸纳当地群众就业8967人次，实现收入1.14亿元。五是旅游管理服务水平不断提升。研究设立600万元旅游文化产业发展资金，加大营销，培训旅游从业人员2800人次，清理整顿旅游市场，旅游市场管理服务水平进一步提升。

【工业经济】　2014年，阿里地区推动天然饮用水产业发展，岗仁波齐资源开发总公司完成改制，投入厂房改造维修、产品营销等资金3800余万元，改造维修工程全面完工，新生产线投入试生产。噶尔县工业聚集园区控制性详规编制完成、通过初审，在原有3家入驻企业基础上新引进牦牛肉干、保温管生产、木材加工、旅游产品开发4家企业，入驻企业达到7家。2014年，预计第二产业实现增加值9.5亿元、增长12%，工业总产值1.75亿元、增长3.6%，总发电量3665万千瓦时、增长5.8%，自来水生产3060千立方米、增长80.7%；预制砖实际生产9.58万块、增长6.3%，实际调运硼镁矿6.05万吨、增长20.9%。建筑行业营业税完成入库5313万元，占营业税总额的67.6%、增长43.9%，以建筑企业为主体的企业所得税完成入库2772万元、增长40%。

【消费旺盛】　2014年，阿里地区全社会消费品零售总额实现7.8亿元、增长15.8%，城镇消费5.1亿元、增长15.1%，乡村消费5918万元、增长14.2%，餐饮消费1.4亿元、增长16%，商品零售消费4.24亿元、增长14.7%。

旅游消费　受马年转山人流增长、维稳力量群体异地驻守消费等综合因素影响，旅游消费保持旺盛。

市场主体　住宿餐饮商户发展到1898家、增长15.1%，批发零售商户达到2707户、增长9.7%，内资、私营企业及个体工商户分别发展到465家、63家、5708家，同比分别增长25.3%、18.8%、12.1%。

油电气运　成品油销售3.6万吨、增长11%，其中汽油销售量1.08万吨、增长20.6%，柴油销售量2.57万吨、增长7.3%。预计电力消费量3665.7万千瓦时、增长5.8%，其中社会用电3432.5万千瓦时、增长15.3%，工业用电235.21万千瓦时、增长12.4%。销售液化气1124吨、降低11.9%。公路旅客运输11.4万人次、增长90%，其中，各客运站运送旅客3.69万人，实行“两限一警”政策后政府安排车辆运送旅客1771

人，公路货运量 51.2 万吨、增长 65%，航空旅客运输 3.3 万人次、增长 49.8%。

电子通讯　各类快递业务量 6.5 万件，2 家新注册快递企业完成业务量 5200 件，邮政和快递企业业务收入 226 万元，电信、移动、联通三家企业业务量分别达到 5500 万元、6500 万元、706 万元，同比分别增长 3.7%、7%、5.2%。

城乡消费　屠宰生猪 3356 头、增长 279%，供应鲜猪肉 423 吨、增长 391%，各乡村便民商店进货投入资金达 5442.5 万元、增长 17%，城乡各类生活必须品消费保持旺盛。地区家电家具补贴政策方案出台实施，革吉县举办物资交流会实现销售收入 180 万元，地区商业网点规划工作启动，地区物流配送中心项目有序推进，3 家物流企业入驻阿里，农牧区市场体系建设步伐加快，城乡消费环境不断改善。

【财税金融】　2014 年，阿里地区完成公共财政预算收入 2.25 亿元。其中，地本级一般预算财政收入完成 8900 万元；县级公共财政一般预算收入完成 1.36 亿元。公共财政支出 39.3 亿元。

公共财政"保运转、保民生、保稳定"支撑作用增强　公共财政支出 39.3 亿元、同比增加 10.66 亿元。"三公"经费支出 971 万元、比去年同期 1230 万元减少 259 万元、下降 21.06%。

税收收入总量和增速不断提高　各项税收收入 2.33 亿元、增长 4.35%。受固定资产投资增长拉动，营业税等主体税种增幅较快，营业税完成入库 8911 万元、增长 12.33%；受矿产品品位和销量下降等因素影响，增值税完成入库 5399 万元、下降 2.84%；消费税完成入库 600 万元、增长 9.09%。

金融存贷运行平稳，支持经济力度加强　金融机构人民币存款余额 90.98 亿元，比年初增长 36.95%；各项贷款余额 14.57 亿元，比年初增长 146%；涉农贷款余额 10.61 亿元，比年初增长 279%(其中扶贫贴息贷款 10.52 亿元)。

【生态建设】　生态环保工程　2014 年，玛旁雍措晋升为国家级自然保护区，玛旁雍措和班公湖国家级森林公园规划获国家林业局批准，噶尔河、热帮河流域和扎日南木措、洞措湿地保护与恢复工程扎实推进。噶尔、日土两县纳入自治区"两江四河"造林绿化工程规划，到建设期末将完成造林绿化面积 51.5 万亩。

生态建设成效明显　实施重点区域生态公益林建设工程、生态安全屏障保护建设防沙治沙和防护林体系工程等造林项目 6 个，完成工程封育造林面积 3.47 万亩，义务植树面积达到 2600 多亩，栽种各种苗木 31 余万株。

环保监测能力　地区环境监测站通过计量认证和实验室资质认证，环境监测能力进一步加强。

城乡环保建设　狮泉河镇屠宰场废水处理工程全面启动；设立 100 万元考核奖励基金强化乡村环境综合整治，研究上报生态村创建项目 5 个，完成狮泉河镇和札达、普兰两县生活垃圾环保问题整改、塔尔钦旅游集镇环境整治。

野生动物保护　政府每年补助农牧 20 万元扩大金丝野牦牛栖息地 12 万亩。通过修建专用通道和迁徙时段交通管制等保护性措施，藏羚羊种群安全迁徙问题逐步得到解决，被誉为生态状况"晴雨表"的雪豹出现次数明显增加。积极配合"高原利剑"行动，打击盗猎野生动物和矿产资源领域违法行为，依法查处"8.09"非法捕杀藏野驴案、革吉县萨弄普盗采砂金案犯罪嫌疑人。

噶尔县

【基本县情】　噶尔，藏语意为"帐篷、兵营"。噶尔县位于中国西南部、西藏自治区西部、阿里地区西南部，为阿里地委、行署所在地，平均海拔 4500 米以上。北与日土县相邻，南与普兰县相接，西与札达县相望，东与革吉县相连，西北同印控克什米尔地区接壤，典角边境村与印度隔河相望，是西藏 21 个边境县之一。县城驻地狮泉河镇，海拔 4297 米，G219 和 S301 交汇于此，距西藏自治区首府拉萨市 1500 千米，距新疆叶城县 1067 千米。县域总面积 19983 平方公里，是一个以牧为主、农牧结合的半农半牧县。全县辖 4 乡 1 镇、12 个行政村、2 个居委会，总人口 9626 人（其中农牧民 2106 户、7231 人)，境内有藏、汉、蒙、维、回、土家等 10 个民族，藏族占总人口的 93%以上。

【概况】　2014 年，噶尔县实现地区生产总值 2.23 亿元，比 2013 年增长 13.7%，其中第一产业产值 4415

万元、第二产业产值7190万元、第三产业产值10708万元;县财政收入5117万元,同比增长29%;全社会固定资产投资19783万元，同比增长0.42%;社会消费品零售总额7560万元,同比增长20.3%;城镇居民人均可支配收入25835元,农村居民人均可支配收入7468元，分别增长4.5%、10%;城镇登记失业率控制在2.5%以内。全年劳务输出1874人,实现劳务收入1660.2万元。

【社会事业】 教育事业 2014年，噶尔县落实本级财政收入的23%支教资金优先发展教育事业。实施农牧区义务教育“三包”政策和学生营养改善计划,狠抓控辍保学,抓好乡村学前教育工作，推行教师聘任制和领导听课评学制度，抓好学校维稳工作。强化师资力量,参加国家、自治区级培训12次,参训教师达63人次。资助贫困大中专学生31人,发放助学金13.95万元。考入内地班8人、拉萨体校1人。全县幼儿园入园201人,入园率达85.4%;小学入学147人，入学率达100%;初中入学244人，入学率达107%;高中入学233人,入学率达93.7%。新建孔繁森小学多功能教研楼、两乡小学教学楼。全县各学校办学条件基本达到自治区二类标准。

文化事业 县文化活动中心完成搬迁改造并开放使用。5个乡镇文化站均配备相关人员、设备,落实各乡镇每年5万元文化服务经费。筹资22万元改善县民间艺术团的排练场地，演职人员充实到28人，创作文艺节目28个，演出90余场次。干部职工数字电视安装工作稳步推进。全面完成四个寺庙维修工程。上报民间食品“居”、“达拉”传说、噶尔婚俗3个非物质文化遗产项目。

医疗卫生 落实各项卫生惠民政策，农牧区合作医疗补助提高到每人每年380元，农牧民个人出资额提高到每人每年20元,农牧区合作医疗制度覆盖率达100%。左左乡、扎西岗乡卫生院改扩建项目完工并投用。县卫生服务中心创“一甲”工作有序开展。加大地方病、传染病的防治力度，完成城乡居民和在编僧尼免费体检、干部职工体检及建档工作。引进4名援藏专业技术人员，为320名儿童进行先心病筛查,确诊并救治13人。完成儿童各类计划免疫疫苗接种2148人,接种率达98%以上。狠抓食品药品监管工作，全县实现食品药品安全零事故。

科技推广 成立县科学技术协会，促进科技工作蓬勃发展。下派21名农牧民科技特派员,加大农畜良种和实用新技术的引进、培训、示范、推广力度,以人工种草为基础的奶牛养殖、短期育肥等为一体的种草养畜集成技术和青稞地膜覆盖技术全面推广。

扶贫减灾 顺利完成贫困户建档立卡及“两项制度”数据录入等精准扶贫前期工作。落实资金1599万元,实施扶贫农发项目14个。开展县、乡“一对一”、“一对二”帮扶活动,实现脱贫93户378人。县防抗灾指挥部多次召开防抗灾工作协调部署会，按照“五有”、“四储备”要求,储备各类防抗救灾物资,加强防灾减灾宣传。全年配套防抗救灾资金182万元，并配备救灾装载机2辆、牵引车1辆,发放饲料145吨、衣物7450件、口粮50吨、油料5吨和40余种常用药品,成功应对雪灾造成的困难。

社会保障 各项社保基金征缴率达100%。新增农牧民转移就业355人,新增城镇就业194人,城镇失业率控制在2.5%以内。投入40多万元组建噶尔县劳务市场，内设劳务市场管委会办公室、流动党员办公室、务工人员休息室和娱乐室,进一步促进和规范零散务工人员就业,依法签订劳动合同77份。妥善调处劳资纠纷,成功为民工讨薪20余万元。落实“两个低保、七个救助、两个供养、四个补助”政策,救助城乡低保820户1881人,发放低保金344.72万元，发放城乡医疗救助和临时救助金45万元。县财政预算五保户供养和服务经费12万元,全县五保对象集中供养率为53.1%。

【特色产业】 城郊农牧业 2014年,噶尔县提升以人工种草、奶牛养殖、短期育肥等为主的城郊农牧业,以提高商品率和出栏率的农牧业产业链基本形成。依托发展蔬菜种植和奶牛养殖，着力打造特色农牧业品牌。先后投资3850万元修建噶尔县生态农业示范园区，建设高标准保暖式各类蔬菜大棚195座，水、电、路等基础设施齐全,已培育出食用菌、花卉、蔬菜、苗木等57个品种,实现经济产值380万元,转移农牧民就业15人。总投资1103.83万元的昆莎乡奶牛养殖基地完成改扩建,现有产奶奶牛350头,日产奶量约6300斤,年户均增收8000元。完成农作物播种面积2340.3公顷,同比增长10%。实现粮食总产量616.7吨、蔬菜产量869吨、油菜籽产量4.2吨。年末牲畜存栏184297头(只、匹),牲畜出栏率为35.15%。全县肉类总产量1283吨、奶产量910吨、羊毛产量110.2吨、羊绒产量24.6吨、皮张产量61756张,累计实现销售收入2800余万元,农畜产品综合商品率达63.3%。

园区经济　发展高原医药、绿色种植、皮毛加工、旅游纪念品等产业,西藏金达药业有限责任公司等7家企业成功入驻狮泉河绿色产业集聚区,总投资超过9300万元,利税突破2000万元。修建噶尔县民族手工艺加工藏香、藏辣椒厂,市场反响良好。全县共有各类市场主体2878户,总注册资金达18537.14万元。

旅游产业　广泛宣传"千年古道,山川形胜"噶尔旅游形象,推动以加木红柳湿地公园、那木如温泉、索麦民俗村、芝达布日寺和古入江寺为重点的旅游景区建设。恢复建设中共阿里分工委旧址纪念馆并对外开放。研发和制作噶尔银城藏香、噶尔小米辣粉等特色旅游纪念品,噶尔小米辣粉获自治区物交会银奖。配合地区旅游局完成暗夜公园建设和"黑帐篷"营地建设及运营。县财政调剂资金100余万元实施"噶尔一日游"项目,并修建停车场等基础设施。完成阿里大酒店等3家酒店星级评定工作。申报完成门士乡芝达布日寺等3个景区为"国家3A级景区"。全年接待国内外游客5.4万人次,实现旅游总收入7560万元。

【环境和生态保护】　2014年,噶尔县落实生态环保政策法规和环评第一审批权,开展生态文明宣讲活动,加强工程建设、矿业开发等领域环境检查治理,打击非法盗采砂金矿行为。成立美丽噶尔建设及环境保护考核领导小组,与各乡镇签订环境综合整治目标责任书,切实抓好乡村和旅游景区景点环境卫生综合整治,集中清除219国道、301省道沿线、噶日交界处、城乡结合部、城市出入口等重点区域的垃圾,并在重要路口和醒目地段设立大型环保宣传牌。投资40余万元加强各乡镇垃圾处理配套设施建设。扎实开展狮泉河镇燃煤锅炉污染大气环境专项整治行动,限期各单位和企业安装使用脱硫除尘减烟设施,确保狮泉河镇空气质量良好。强化市政市容管理。抓好狮泉河镇城区死角垃圾清理、街道围栏、路灯维修安装及绿化、补植补栽、后续管理工作。开展占道经营、出店经营、环境卫生和违法建筑四项整治活动19次。完成焦炭市场和狮昆路汽修行业整体搬迁工程,城市面貌明显改观。完成重点区域公益林建设107.5亩,完成退耕还林荒山荒地造林3000亩、封育2000亩、封沙治沙55842亩,义务植树、县城周边造林和校园绿化450亩。同时,扎实做好野生动植物资源保护等工作。

【财税金融】　2014年,噶尔县强化财源建设,加大与地区国税部门沟通协调力度,做到应收尽收,实现财政总收入9793万元(其中税收4676万元)。金融服务经济社会发展支撑作用进一步增强,县金融机构各项存贷款余额分别达119080万元、13352万元,其中农牧民存贷款额分别为5560万元、4525万元。

【维稳举措】　2014年,噶尔县坚持"点线面结合,党政军警民联防联控"的维稳机制,全年投入维稳经费1172.2万元,狠抓"4422"维稳措施落实,充分调动四大维稳专班和广大人民群众力量,全面落实惠寺利僧政策,加强边境防控,推进城市网格化管理和"先进双联户"创建评选活动。开展强基惠民活动,投入资金564万元,落实"短、平、快"项目20个,为基层群众办实事做好事解难事400余件。推进"六五"普法和"法治县"创建工作,广泛开展精神文明创建活动,群众文明素质不断提高。开展科级以上领导"大接访"活动,成功调解各类民间矛盾纠纷78宗,妥善处理拖欠民工工资等7例信访案件。依法开展食品药品、产品质量、道路交通、工矿商贸、消防安全和社会治安等专项整治行动,安全生产形势总体平稳,保持了社会局势持续和谐稳定。

日土县

【基本县情】　日土,藏语意为"枪叉支架状山下"。日土县位于西藏自治区的西北部、阿里地区的最北端,东距拉萨1700公里,南距狮泉河镇120公里,东和东南分别与改则、革吉、噶尔三县相连,北靠新疆维吾尔自治区和田地区,西与印控克什米尔地区接壤,土地总面积8.03万平方公里,平均海拔4600米左右,属高原温带季风干旱气候区，县内有班公湖(国家级3A景区)、日土宗、日土岩画、鸟岛等知名景点，藏羚羊、金丝野牦牛、棕熊、藏野驴等国家级珍稀野生保护动物世世代代在这里繁衍生息，每年吸引了数以百万计的游客前来观光旅游。新藏公路纵贯全县500多公里，边境线长350公里，通外山口25处，有传统边贸点3个，是西藏自治区的一个边境县，战略和交通位置十分重要。全县现辖一镇四乡十三个行政村，现有耕地面积8614.9亩，草场面积7072.4万亩，水域面积794万亩，是一个以牧业为主，兼有农业的农牧结合的边境县。

【概况】 2014年，日土县实现地区生产总值2.47亿元，同比增长13%；地方公共财政预算收入完成2206万元，同比增长57.23%，首次突破2000万元大关，其中完成税收收入1392万元，同比增长35.94%；实现劳务创收1525万元，同比增长88.5%，完成劳务输出5869人次，同比增长63.48%；农牧民人均纯收入达到7968元，同比增长14.6%；城镇居民人均可支配收入2.8万元，同比增长8%；社会消费品零售总额7322万元，同比增长18.2%；全社会固定资产投资3.34亿元，同比增长38%，涉及各类大小项目共181个，其中国家投资2.9亿元，实施项目158个，援藏投资2852.5万元，实施项目9个，自筹资金1519.82万元，实施项目14个。

【经济发展】 综合竞争力 2014年，日土县争取到2家大型企业入驻日土发展。投资5000万元成立的西藏阿里日土雪域情羊毛制品有限公司建成，初步计划在2015年上半年投产，投资1500万元的日土县民俗特色商业街一期工程完工并开始销售。全县大中型企业发展到6家，投资总额逾8亿元；日土本地公司企业发展到11家，注册资金2544万元，个体工商户485户，从业人员725人，注册资金1196.35万元。

白绒山羊产业 大力实施高寒牧区牲畜棚圈、绒山羊养殖基地以及人工种草等项目，逐步缓解白绒山羊产业发展与草畜平衡之间的矛盾，打破养殖规模小、群众积极性不高的僵局。县白绒山羊原种场向龙门卡村60户绒山羊示范户推广输送种羊1200只，白绒山羊个体平均产绒量达到253.1克，比选育前提高99克。

旅游业 狠抓城市发展与旅游开发一体化建设，推进日土民俗商业街建设、多玛旅游小城镇建设、日土生态餐厅建设和日土宗遗址、日土岩画保护，开展德汝度假村人工湖建设、县维稳指挥中心广场建设、城市景观小品打造、县城南北入口改造等项目规划设计，探索“新藏公路第一驿站”、“松西藏家第一村”、“日土科技示范村”、“乌江特色旅游村”开发建设。日土迎宾馆被评为自治区级三星级酒店，德汝度假村被评为自治区级二星级酒店。全年接待游客1.8万人次，实现旅游收入350万元，城乡居民参与旅游从业人员达到320人，实现创收215万元。全县各类酒店、宾馆、招待所、牧家旅社已发展到54家，拥有床位655个，游客接纳能力巩固提升，日土已经逐步发展为集“吃、住、行、游、购、娱”为一体的综合旅游目的地。

重点村建设 为缩小城乡差距，改善农牧区基础设施条件，提升农牧民群众生产生活水平，增强基层发展后劲。2014年，日土县争取筹措资金2826.1万元实施日土村、甲岗村、多玛村、松西村四个重点村建设。日土村以村容村貌整治为主线，投资926万元，主要实施农牧民商品房建设、老村村容村貌整治、新建垃圾池、新建水磨糌粑加工厂等11个项目。甲岗村投入资金977万元，以农田水利改造、人畜饮水安全、转场道路建设等为重点，实施各类项目8个。多玛村紧抓多玛小城镇建设有利契机，投资352万元新建藏式商品房1100平方米，惠及群众131户、467人，其中低保户35户、125人；投资52.8万元新建高棚羊圈88座，确保16250(头、只、匹)牲畜夜间免受野生动物袭击；投资50万元植树造林1000亩、1.5万株；投资30万元整修转场道路3.79公里；投资13万元新修安居房4套；投资6.3万元为21户农牧民群众安装了节能设施。松西村投资419万元，实施高寒棚圈、短期育肥基地、便民加油站等18个项目。

边境贸易 完成2013年度为期40天的都木契列边贸开放工作。全县共有36家、96名商户参与其中，主要出售卡垫、毛垫、暖瓶、饮料、酒水、糖类食品、衣服、活畜等商品，累计成交商品价值达528.61万元（出口商品价值272.64万元，进口商品价值255.97万元），贸易额同比增长 78.6%，帮助和带动日松乡农牧民群众盈利 110 万元。

札达县

【基本县情】 札达，藏语意为“下游有草的地方”。札达县位于西藏自治区的西北部，阿里地区西南部，地处喜玛拉雅山西北段及其支脉阿伊拉山之间一个古湖盆中，其地理座标是东径 78°23′—80°58′，北纬 30°29′—32°43′。东邻普兰县，北靠噶尔县，西南与印度交界，总面积 2.75 万平方公里，边境线长达 575 公里。属“两山夹两谷(盆地)”，地势是两边高中间低，从东西两面向中间倾斜。在西藏地貌分区上，属藏南山原湖盆宽谷区札达盆地亚区，盆地长 150 公里。其西北原是一个发育于侏罗系砂极岩及灰岩中的曲松山间盆地，也是札达县湖盆中的一部分。全县最高点位于县境南面喜玛拉雅山脉中的卡美特山冰峰，海拔 7756 米，最低点为象泉河流入印度的出境河水面，海拔 2900 米，全县平均海拔 4000 米左右。

札达县辖香孜乡、曲松乡、底雅乡、达巴乡、萨让乡、楚鲁松杰乡、托林镇 6 乡 1 镇，15 个行政村 1 个居委会，58 个作业组。境内居住着藏族、汉族、回族、青族。2014 年统计资料表明，全县总户数为 3131 户，其中乡村户数 1677 户；全县总人口 7577 人，其中农牧民人口 5929 人，农牧民劳动力 2742 人。

【概况】 2014 年，札达县实现地区生产总值 18859.68 万元，同比增长 12%；其中第一、二、三产业增加值完成 2336.88 万元、5718 万元和 10804 万元；全社会固定资产投资 9.6826 亿元，完成固定资产投资 7.0288 亿元；社会消费品零售总额 1155 万元，同比增长 0.5%；本级财政收入完成 1262 万元，同比增长 15.04%；农牧民人均纯收入 6825.5 元，同比增长 15.2%；城镇登记失业率控制在 2.5%以内；年末各项存贷款余额分别达到 14301 万元和 26248 万元；邮政业务总量达到 46 万元，“三大公司”运行收入达到 901 万元。保持了经济又好又快、民生持续改善、生态环境良好、民族团结进步、宗教和睦和顺、社会和谐稳定的大好局面。

【农牧民增收】 *农牧发展* 2014 年，札达县狠抓基础设施建设，完成投资 262 万元，新建小型农田灌溉专项建设项目，改造中低产田 700 亩，治理坡耕地 320 亩，维修水渠 61 条，水塘 17 座，农田水利设施修缮率达 100%。狠抓为农为牧服务。下派科技特派员 16 名，及时调运化肥 79 吨，农用地膜 2 吨，农药 1.8 吨；落实农机补贴 100 万元，新购置农机具 274 台，惠及 268 户农牧民群众。加强接羔育幼工作，新生仔畜 36826 头(只、匹)，成活 31302 头(只、匹)，成活率 85%。春秋两季动物免疫密度达 100%，“O”、“A”型口蹄疫和“W”病免疫率达 100%，实现了全县牲畜零疫情。牲畜出栏 30000 头（只、匹），牲畜出栏率 30%。毛绒产量达 9.2 吨。充实防抗灾体系建设。调整县乡防抗灾工作领导小组，做到县有指挥协调系统，乡(镇)有落实机构，村(组)有突击队。组织各乡(镇)、县抗灾办做好防抗救灾物资的储备工作，分发了油料、饲草料、衣物等。加大种植业结构调整。结合县情，大力调整种植结构，全县农作物播种面积 7641.5 亩，其中粮食作物种植面积 5807.5 亩，经济作物种植面积 840.5 亩，饲草料种植面积 993.5 亩，粮、经、饲的种植比例调整到 76:11:13。全年农作物产量达到 1337.26 吨。狠抓强农惠农政策落实。为 1427 户农牧民群众兑现草原生态保护补助奖励金 3068.3992 万元，发放生态林补贴资金 1301.0901 万元，全年共发放边境补贴 435.12 万元。

扶贫开发 投入财政资金 200 万元，楚鲁松杰乡 2 个村作为参与式整村推进扶贫开发项目实施村，整修牧业基础设施建设、转牧场道路，添置生产畜，改造圈舍发展养殖业。在托林镇区域内大力实施生态旅游项目、中低产改造等项目建设。在底雅、萨让 2 个乡重点实施经济林建设项目。2014 年，共投入 1487 万元，全县实施参与式整村推进扶贫开发项目的乡镇已达到 7 个。

【基础设施】 2014 年，札达县共实施在建续建项目 85 个，总投资达到 9.6826 亿元，完成投资 7.0228 亿元，其中国家投资 3802.9 万元，援藏投资 540.9 万元，县上自筹资金 1459.9 万元。投资 4.5 亿元，续建县城至达巴、县城至波林边防公路建设项目，改善农牧民出行条件；投资 6800 万元，改善曲松至楚鲁松杰道路建设；投资 4300 万元，实施楚鲁松杰乡基层政权建设，改善楚鲁松杰乡办公条件和住宿条件；投资900万元，实施县城东郊环城道路建设工程;投资112万元,实施干部职工餐厅建设项目和物资采购,解决干部职工吃饭困难的问题；投资196.3万元,新建托林镇蔬菜种植基地地面硬化和打井工程；投资490万元,建设一大批“兴边富民”工程,整修了基层牧业、基础设施、通寺、转牧场道路等项目；投资2780万元,建设170套干部职工周转房、公租房，由于此项目到位资金晚,待2015年交付使用。投资600万元,实施150套安居工程建设任务，改善了农牧民群众居住条件。投资100万元，完成底雅乡鲁巴村乡工作站建设;投资160万元,完成楚鲁松杰乡、萨让乡2个乡的停机坪建设。电力建设取得明显进展，阿青水电站建设取得重大成果，前期各项报批工作得到有关部门的审批,2015年可开工建设;投资3.8亿元的国家电网10kv线路铺设工作完成总工程量的68%，县国网变电所建设完成工程量的80%,2015年7月可投入运行,达巴、香孜2乡的乡级线路架设工作也都完成总工程量的70%,2015年底可投入运行，农电覆盖面不断扩大，托林和萨让2个电站的维修工作已完成审批,2015年可望得到全面维修，冬季和枯水期供电更加稳定。实施以托林蔬菜大棚、底雅草果、藏药种植等为重点的产业拓展项目，逐步形成新的经济增长点。援藏工作顺利推进,全年共实施援藏项目3个,总投资540.9万元。

【招商引资】 2014年,札达县土林城堡大酒店顺利完成建设，于5月份正式进入试运行阶段，给本级财政收入注入了新的经济增长点。

【旅游发展】 2014年,札达县加强旅游规划和服务设施建设，鼓励发展农家旅馆和“农家乐”,夏日生态旅游村建设初具雏形，旅游接待服务水平进一步提升，全年共接待国内外游客16063人次，旅游总收入2412.6万元，实现门票收入284.1万元。

【财政保障】 2014年,札达县加强财源点、税源点建设,力促财政增收。全年完成本级财政一般预算收入1262万元，比2013年增加148万元,增长15.04%。按照收支两条线的原则,严格落实财政制度,强化监督管理,缩减“三公”开支,优化支出结构,财政保障能力显著增强。全年财政一般预算支出27845万元,完成预算的100%。“三公”经费总支出为735.5万元,同比下降54%。

【民生和社会事业】 2014年,札达县落实各项社会保障政策，推进教育、卫生、文化、社保等基本公共服务全覆盖、均等化。成功抗击2月份的雪灾天气，萨让乡底加木沟一带特大泥石流灾害，维护了人民群众生命财产安全。小学、初中升学率不断提升,广播、电视覆盖率分别达98%和98%,“五大保险”覆盖面进一步扩大,就业率显著提高。

教育事业　巩固教育“两基”攻坚成果,加强教育教学设施建设,调整充实中小学校领导班子和师资队伍,“三包”政策、激励机制和控辍保学联系点制度得到有效落实，大力创建“平安校园”,城乡教育均衡发展工作有序推进。投资229.3万元,实施札达县九年一贯制学校干部职工周转房建设;投资188.3万元,全面改建香孜乡学校工程;9月份完成全县的学校撤并工作。本级财政投入教育374.5万元,落实“三包”、“两免一补”、“营养补贴”等教育经费277.16万元，惠及957名学生。教育教学质量逐步提高，素质教育方针得到全面贯彻，小学入学率保持100%，初中入学率提高到99.41%。

卫生事业　加强乡(镇)卫生院标准化建设,推进村卫生室建设,认真贯彻落实各级卫生政策。农牧区合作医疗制度参加人数达5831人、参合率达100%,建立家庭健康档案1610册、建档率达100%,人均筹资10元,总筹资60.75万元。医疗经费应到位233.24万元，到位率达100%,新农合大病统筹资金中报销96.2万元。为47名孕产妇提供了保健服务,孕产妇叶酸服用率达63%。逐步健全农牧民和在编僧尼健康档案,建档率达100%;完成城乡居民和在编僧尼健康体检6209人,比例达到99.6%;筛查先心病502例,筛选出疑似病例2例；我县被列为孕前免费检查县，全县孕前检查率达97.1%，完成了地区下达的指标;加强重大疫病监控预防，计划免疫接种率不断提高。落实“一孩双女户”、独生子女伤残等扶助政策，落实计划生育政策及经费,依法出具《出生医学证》28张，人口自然增长率为5.3‰。加强食品药品监管,查办药品案件1件，吊销《餐饮服务许可证》1个,责令停业整顿4家,查处不合格食品120斤，促进了食品药品消费安全。

文化惠民　古格王国、玛朗寺维修工程全部结束，通过国家有关部门的验收。强化文物保护意识，推进对弦舞、札达服饰舞等传统非物质文化的挖掘与弘扬；新建民间艺术团排练场地，推进文化繁荣。深入“扫黄打非”，净化文化环境，营造积极健康的文艺土壤。改善广播电视传输质量，继续抓好“西新工程”、“户户通、寺寺通”工程和“2131”工程。

社会保障　养老保险、工伤保险、医疗保险、生育保险、失业保险全部超额完成上级指标，覆盖范围不断扩大，参保人数不断增加。城乡居民养老保险参保人数达2763人、征缴基金32万元；为596名60岁以上老年人发放养老金66万元，城乡居民养老保险覆盖率达100%。城镇居民养老保险参保人数达70人，完成上级指标的100%。农村社会养老保险参保人数2693人，完成上级指标的100%。县社会福利院年底正式开工建设，有效解决了老年人集中供养事业。为全县城乡低保户和“五保户”建起了电子档案，按照应保尽保的原则，落实城乡低保户救助金136.9万元，元旦、春节、藏历新年期间给城乡低保户发放一次性生活补助38.21万元。发放医疗救助金40.8万元，救助大病人数达54人。发放一次性教育资助金1.6万元。落实“五保户”社会福利救助金7.25万元、孤儿救助金8.8万元。调运口粮35.9万斤。继续推进“兴边富民”战略，编制了2015年至2020年产业扶持及兴边富民项目规划资金1.7亿元，争取扶贫资金1000万元，实施扶贫项目23个，培训农牧民70余人次。逐步建立农牧民工工资保证金制度，劳动合同签订率保持90%以上；应届高校毕业生实现全部就业；城镇居民登记失业率控制在2.5%以内。

【生态建设】　2014年，札达县以天然林保护为重点，狠抓森林防火、封山育林、植树造林、野生动植物保护等工作，着力打击偷伐、偷猎等违法犯罪行为。2014年，组织全县军警民义务植树3万株，完成重点区域造林105亩，种植各类景观树500株，完成县城至扎布让绿色通道补栽12000株；投资9.02万元，完成封山育林3500亩；兑现森林生态效益补偿金1301.0901万元，封山育林资金49.1805万元，重点区域造林资金63.1万元。落实草原禁牧轮牧休牧政策，兑现草原保护补助奖励资金3068.3992万元，扩大草场生态保护面积。加大环境执法、督查力度，开展综合执法24次，依法监管挖沙、采石行业，叫停环境违规违法行为。推进项目环评工作，落实项目建设环保准入。加强生活排污、札达县垃圾填埋场、医疗废物等管理，完成了县城污水处理场建设的前期工作，推进生活垃圾、废水科学处理进程。积极创建生态村，生态文明建设得到推进。

【维护稳定】　2014年，札达县坚持把维护稳定作为硬任务和第一责任，落实自治区、地区和县委的一揽子维稳措施，坚持抓小抓早抓快抓好，做细做深干部驻村驻寺、加强寺庙管理、落实城镇网格化管理、“先进双联户”创建评选、民族团结、社会综合治理等工作，社会局势持续稳定。协调推进玛朗寺庙维修事宜，确保宗教领域和谐稳定。加强舆论引导，防控不良信息传播，筑牢反分裂斗争的思想基础。落实县级领导24小时带班制度，提高维稳补贴，跟进带班、值班后勤保障，加强党政机关和重点部门的24小时值守、巡逻，确保安全，全年共落实维稳经费510万元。加强流动人口管理，做到了底数清、情况明。实行军警民联防联控，推进边检站(卡)建设，狠抓敌社情搜集研判，重点加强通外山口（通道）和边境一线的管控，严厉打击非法出入境行为，着力构建反渗透、反蚕食、反分裂斗争的钢铁长城。落实安全生产责任制，抓好交通运输、消防、食品药品、易燃易爆、危险化学品等领域的安全监管，突出抓好专项整治，全年未发生一起大的安全生产事故。畅通群众诉求渠道，及时处理群众反映的各类问题，努力把矛盾化解在萌芽状态。

普兰县

【基本县情】　普兰，藏语意为“一根毛成独毛”。普兰县位于西藏自治区西南部、阿里地区南部、喜马拉雅山南侧的峡谷地带及中国、印度、尼泊尔三国交界处。位于东经80°27″–82°30″，北纬30°00″–31°13″之间，平均海拔4500米，是全国十二个三国交界县之一，是典型的半农半牧县。边境线长414.75公里，通外山口21处，寺庙(拉康)14座，是自治区确定的重点维稳县。全县总面积1.25

万平方公里，辖一镇两乡(普兰镇、霍尔乡和八嘎乡)、10个村（居)委会、51个村民小组。全县总面积12539平方公里，共有10个行政村(社区)。县政府驻普兰镇。

【概况】 2014年，普兰县实现地区生产总值2.05亿元、增长13.9%市、县财政收入达到2504万元、增长46%，农牧民人均收入达到7938.3元、增长25%。农牧业基础不断巩固。全年农作物播种面积为15921.91亩。草原生态保护补助奖励机制工作通过自治区复查验收，落实2013年草补奖资金2479.29万元。落实农机具购置补贴70万元。牲畜出栏率实现42%，疫苗接种和免疫密度均达到100%，年末牲畜存栏10.41万头(只、匹)。西德白糌粑和清油加工厂、岗莎村牦牛运输队等13家农合经济组织实现收入2300多万元。完成农牧民农牧业技能培训719人次。投资840万元建成21个边境村民小组活动场所。筹资132万元建设章杰奶牛养殖基地。协调王强公司投资3800万元完成冈仁波齐矿泉水老厂房改造，生产矿泉水30吨。

【项目建设】 2014年，普兰县共实施94个项目，固定资产投资2.67亿元。投资1.31亿元的普兰二级水电站项目进展顺利，预计2015年投产发电。新建周转房52套、公共租赁房80套。全面启动“十三五”规划编制工作。完成“十三五”项目储备库，涵盖交通、水利、农牧、扶贫、兴边富民、能源等10类310个项目，计划投资49亿元。通过援藏渠道实施农牧业示范基地、小商品批发市场、援藏安居工程、村容村貌整治等项目。

【旅游边贸产业】 2014年，普兰县进出口贸易总额3664万元。接待国内外游客和转山转湖群众425780人次，旅游收入历史性突破亿元大关。城乡居民参与旅游从业人员2619人，创收3700余万元。开展了旅游执法检查和市场整顿工作，安全顺利接待印度官方香客18批895人。加大普兰口岸规划执行力度，斜尔瓦监护中队项目完成主体工程建设，斜尔瓦旅检现场停车场等项目前期工作已完成，县城中心货物联检现场改扩建工程项目开工建设。霍尔乡地埋式撬装加油站主体建设完工，建成巴嘎、霍尔两乡扶贫商贸中心。

【民生和社会事业】 2014年，普兰县兑现各类补贴帮扶资金9938.78万元。争取援藏资金建设安居房153套，对多油、吉让村容村貌进行整治。2014年，县财政在投入20%的基础上，增加投入306.19万元，专门用于改善普兰县义务教育学校特别是乡村薄弱学校的办学条件。中小学生享受“三包”政策100%，小学入学率99.8%，初中入学率98.57%。义务教育实现基本均衡，顺利通过自治区和国家验收。落实各项卫生惠民资金320.3万元。农牧区合作医疗参与率100%，计划免疫接种率98%。开展儿童先天性心脏病的排查和免费治疗工作，确诊13例，救治13例。开展了农牧民和寺庙僧尼免费体检工作，体检率96.1%。各项社会保险征缴率不低于95%，城镇失业率控制在2%。落实城镇低保37户52人、农牧区低保477户1358人。实现“五保集中供养”21人，集中供养率84%。实现乡乡通邮、通光缆，村村通电话。完成劳务输出5405人次，实现创收1470万元。全年实现脱贫82户346人，返贫3人。做好特色小城镇建设试点工作，完成霍尔乡涉及街道穿衣戴帽、拆迁安置等的统计和实地测量，塔尔钦国际旅游小镇规划及风貌设计通过初审。开展“扫黄打非”专项工作，净化文化市场环境。数字电视网络改造完成并投入使用，“户户通”实现全覆盖。

【生态建设】 2014年，普兰县开展环境安全与环境卫生清理整治工作，投入资金406万元。落实128万元将县城垃圾清扫清运托管给纵横市政环卫有限公司。严格落实环境保护第一审批权制度，全年办理环评手续26个。投资2189.8万元实施天然草原退牧还草项目。投入援藏资金500万元，对吉让居委会和多油村的路面、房屋、绿化面积进行达标治理，积极开展植树造林、环境卫生、村容村貌整治等工作。完成重点区域造林1170亩、退耕还林荒山造林2000亩、封育2000亩、封沙治沙4599.9亩。落实2013年森林生态效益补偿资金892.22万元。严格建设用地的规划审批，确保基本农田面积不低于7609.05亩红线。

【救灾抗雪】 2014年，普兰县坚持将县财政收入的2%用于防抗灾工作，备足300万元的防抗灾应急资金。投资250万元建成5个易灾牧业点防抗灾仓库。投资223.2万元建成124套牲畜高寒棚圈。做好防抗灾和抢险救援机械的维修、保养和管理工作，备齐备足防抗灾所需的粮食、防寒物资、药品、燃料等。妥善应对去冬今春的6次降雪，地县两级共发放精饲料704.5吨，青饲草1553吨，御寒衣物7892件(双、床、套)，救灾大米333袋、面粉364袋，糌粑17200斤。实现“大雪无大灾、无一人因灾冻死、无一人因灾饿死、牲畜安全过冬越春、群众生活井然有序”的目标。

【教育发展】 2014年，普兰县义务教育均衡发展工作于6月顺利通过自治区级验收，10月份顺利通过国家验收。被自治区确定为义务教育均衡发展试点县，也是阿里地区唯一被自治区列为义务教育均衡发展的试点县。目标确定后，县委、政府始终把教育事业放在优先发展的战略地位来抓，明确指出教育是推进普兰科学发展和长治久安的根本和关键，多次就义务教育均衡发展工作进行安排部署，深入学校调查指导。形成了县委统筹、政府主导、教育主抓、部门联动、群众支持、社会参与的工作机制。从提高教师队伍整体素质、优化教师队伍结构、加强骨干教师培养等方面入手，通过交流培训、援藏支持等方式，邀请3名陕西省资深教师来该县传授经验，全面提升教师教育教学水平。健全完善教师考核评价体系和激励机制，充分发挥职称评定、评优争先的杠杆作用，最大限度地调动教师的积极性和创造性。整合资金，加大对教育事业的投入，坚持将县级财政收入的20%投入教育事业的同时，增加投入306.19万元用于改善4所义务教育学校的办学条件和附属设施建设。切实解决学校用水、用电困难问题，提高学校的硬化度和信息化、网络化程度，配齐教学仪器设备、实验药品和图书等，有效地改善了学校办学条件。同时，加大对义务教育均衡发展工作的宣传力度，与党的群众路线教育实践活动相结合，宣传《义务教育法》和义务教育均衡发展的深远意义，为各项工作的开展营造良好的氛围。在继续加强“两基”巩固提高的基础上，整合教育资源，落实困难学生资助政策，确保义务教育阶段学生不因灾、因贫失学、辍学，全面推进义务教育均衡发展工作。

【农牧业发展】 2014年，普兰县引进市场主体，争取政府适当补贴的方式，建成总投资2450万元的以高效节水灌溉、设施水果蔬菜、温棚养牛养羊、林草间作为主，集农牧林、种养加为一体的农牧业循环示范基地，得到了自治区、地区主要领导的充分肯定，被确定为全地区的示范点。按照“三化同步、三农统筹”的思路，扩大示范面积，提高标准质量，推广一些附加值高、适应性强、需求量大的蔬菜、水果、花卉、林果、牧草、养羊、养牛、养鱼、农产品加工等产业，让农牧示范基地成为引领农牧发展的样板、推动产业转型的关键、培训当地群众的基础、增加农牧收入的典范，示范园区全面完成后，可以满足全县干部职工和农民群众夏季蔬菜的供应。

【宗教工作】 2014年，普兰县围绕“安全圆满、统筹指挥、适度从严、内紧外松、以证管人、属地管理”的总体要求，以民族宗教方面的相关政策法规规定为依据，充分尊重当地宗教习俗、历史定制和“塔尔钦”佛事活动的传统惯例，坚持把“管理、服务、便民、利民和指导”贯穿工作始终，通过区、地、县三级统筹指挥，同心协力，确保马年塔尔钦竖经杆活动万无一失，实现马年转山活动安全、顺利、圆满、和谐、“三无”“三不出”目标。

措勤县

【基本县情】 措勤，藏语意为“大湖、大海”。措勤县位于阿里地区东大门，是阿里地区三大纯牧业县之一，素有“世界屋脊的屋脊”之称。县城距首府拉萨970公里，距离阿里地委行署所在地狮泉河镇783公里。全县总面积2.2万平方公里，辖4乡1镇21个行政村。措勤是西藏海拔最高的县之一，平均海拔4700米以上，高寒缺氧，多风沙，多寒流，自然条件极为恶劣，雪灾、旱灾、风灾、寒冷等自然灾害频发，属典型的易灾县。县域内每年约有8个月的冬季时间，年平均最高温度为0.3℃—12℃，其中每年12月份至次年2月份平均气温为-10℃—-27℃。受高海拔、气温低、多自然灾害等自然条件和基础设施滞后、发展后劲不足等因素的制约，该县仍属贫困县。

【概况】 2014年，措勤县实现地区生产总值2.26亿元，同比增长12.83%；社会固定资产投资2.6亿元,同比增长 6.9%;社会消费品零售总额完成7034.55 万元,同比增长13.04%;劳务创收完成 1348 万元,同比增长 1%;财政收入完成 1052 万元,同比增长 13.4%;牧民群众人均收入完成7181 元,同比增长14.94%;城镇居民人均可支配收入达 25200 元,同比增长 5%;城镇登记失业控制在2.5%以内。

【牧业生产】 2014 年,措勤县牲畜存栏总数为 32.46 万头(只、匹),其中绵羊 16.53 万只,山羊 14.03 万只,牦牛 18.3 万头,马 731 匹,接羔育幼 7.9 万头(只、匹),成活率达55.84%。抓好人工种草工作,整合农牧、扶贫、科技等渠道资金 230 万元,从拉萨购买草种籽 192 吨,群众投劳 6000 余人次,保质保量完成了2.26 万亩的人工种草工程。抓好重大动物疫病防控工作,按照“县不漏乡、乡不漏村、村不漏户、户不漏畜”的工作要求,疫苗注射密度达100%。抓好牧业基础设施建设,组织实施 2014 年优质绒山羊养殖基地建设项目,组织实施诺仓村、查仓村、赤玛村、加绕村等 4 个易灾村的防抗灾物资储备库建设项目,组织实施 400 套高寒棚圈和600 套舍饲棚圈建设项目。抓好牧区改革工作,针对“人、畜、草”矛盾突出、牧业人口压力极大这一问题,专门制定《措勤县江让乡加荣村草原生态保护与牧民转移就业改革试点方案》,重点从核定区域牧业人口、转移就业人口及调整牧区经济结构等方面,展开牧区改革的步伐,并于 2014 年 8 月 9 日正式通过行署的审核,将措勤县加荣村草原生态保护与牧民就业群众工作纳入阿里地区牧业改革工作试点项目。

【项目建设】 2014 年,措勤县紧扣县域经济发展靠投资拉动的特点,有序推进项目建设工作。

交通道路 206 省道果杰(22 道班)至措勤县改扩建工程的主体已基本完成;县城至曲洛乡和县城至江让乡油路已分别于 2014 年 10 月份和 2014 年 11 月份竣工,县城至磁石乡油路建设项目已完成工程量的 40%。

能源建设 县城 500KW 光伏电站于 2014 年 10 月竣工投产使用;县级水电站线路延伸工程于2014 年 10 月竣工使用,解决了措勤镇门东居委会、措勤村及达雄乡达瓦村等 3 个村 (居)795 户 1865 人的用电难问题;达雄乡水电站线路延伸工程于 2014 年 10 月竣工使用,解决了达雄乡达瓦村 40 户 124 人的用电难问题。

水利建设 落实 2013 年度小型农田水利重点县项目工程,总投资 1390 万元,项目建设内容为:修建渠道 17277 米,改善草场灌溉面积 7860 亩;落实 2013 年农村饮水安全工程,总投资 538 万元,解决4861 人牧民群众的饮水难问题。

保障性住房 落实安居工程建设 358 套、干部职工周转房 58 套、公租房 148 套、廉租房 144 套、棚户区改造 89 套。

【特色产业】 2014 年,措勤县围绕紫绒山羊这一区域资源特色,加快紫绒山羊养殖示范户建设,截至年底,全县共有紫绒山羊养殖示范户359 户,紫绒山羊养殖规模达 3 万余只。依托“金紫绒”品牌效益,做好紫绒山羊绒的收购分类、绒制品加工、广告宣传及销售等系列工作,完成优质羊绒收购 3 吨,实现绒产品销售额近 160 万元,兑现牧民群众收入 63 万元。做强“精品”旅游业。成立措勤县扎日南木措旅游文化传播有限公司,相关的扎日南木措景点及雪鸡养殖观光的门票收费工作已完成申报,办理相关手续;同时,在地区旅游局的指导下开展扎日南木措生态旅游景区的国家级3A 景区创建工作,并完成 3A 景区的挂牌资料工作;新建措勤县游客综合服务站,于 2014 年 5 月 1 日运营,旅游接待功能得到进一步充实;注重加强住宿、餐饮、交通等旅游服务的监管管理,全年共接待游客20100 人次,较 2013 年增长 54%,实现旅游收入 1250 万元。做好风干肉加工的产业链规划,强化夏岗江风干牛肉加工厂的经营管理,明确风干牛肉产品形状及包装的规范建设,打造措勤县风干肉特色品牌,实现销售额 13.5 万元。抓好藏雪鸡养殖、藏香生产,截至年底,藏雪鸡养殖基地共有雪鸡 120 只;藏香厂年生产能力 2 万包,产值 30 万元。

【农牧民创收】 2014 年,措勤县抓好牧民群众技能培训,注重以市场需求为主导,以实用性技能培训为方式,先后开展餐饮培训、光电维护培训、藏式烹饪、车辆驾驶技能、大棚蔬菜种植培训、摩托车及拖拉机维修培训等培训,完成牧民群众技能培训 166 人次。抓好购置公益性岗位促进就业,采取政府购买公益性岗位促进就业的方式，先后安置就业 58 人。抓好劳务经济，结合措勤县正在大力实施基础设施建设的实际，坚持“凡是牧民群众能干的事，要坚定不移地交给牧民群众干”的原则，鼓励和引导牧民群众参与到县基础设施建设的队伍中来，全年劳务输出 6115 人次，劳务创收 1348 万元。

【社会事业】 2014 年，措勤县贯彻落实自治区、地区关于做好教育工作的相关要求和指示精神，提升和巩固“两基”迎“国检”成果，狠抓学前教育、“控辍保学”等一系列教育工作，2014 年，全县小学入学率为 99.93%，初中入学率为 98.47%，均保持在国检水平以上；6 周岁儿童入园 283 人；实现高中招生(含职校)207 人；考入内地西藏班 7 人，考入重点高中 10 人。卫生方面，以创“一甲”医院工作为目标，完成了曲洛乡和磁石乡卫生院改扩建项目、县卫生监督所(120 急救站)建设项目；完成了在编僧尼、城镇居民体检工作，并建立健康档案；完成先心病儿童救治 15 人；各类疫苗注射率均达到 100%。文化方面，大力推进“文化惠民”工程，组建措勤县文化旅游传播有限公司，强化县扎日南木措民间文化艺术团的运营管理，组织下乡文化义演 56 场次；注重加强对牧家书屋、寺庙书屋的管理，并配备各类藏文、汉文图书及报刊；“村村通”广播电视覆盖率达到 98%以上，“户户通”覆盖率达到 80%以上。社会保障方面，严格落实“两个低保、七个救助、一个供养、四个补助”政策，2014 年发放和兑现各类资金 471.63 万元；2014 年，全县共有 1 个县福利院、5 个乡级农村敬老院、拥有 116 个供养床位，五保集中供养率达到 56%。

【环境和生态保护】 2014 年，措勤县与各乡(镇)签订草原生态保护补助奖励机制工作专项责任书，确保各项目标任务细化到乡镇，责任到乡镇；注重组织各驻村工作队参与草原生态保护补助奖励机制工作宣传教育的专项培训，突出宣传草原生态保护补助奖励机制的各项政策、措施，全面完成 2013 年度草原生态保护补助奖励机制各项工作，完成草畜平衡户 2218 户，天然草原监督员 589 名，享受牧户综合生产资料补贴 2943 户，享受补助奖励资金共计 4416 万元，并于 4 月份通过自治区级验收。

【受援工作】 2014 年，国家电网公司对口援助措勤县资金涉及 2550 万元，支持项目建设 11 个。其中实施安居工程 260 套，总投资 1300 万元；实施变电站建设项目，投资 198.9 万元；实施集中办学附属工程，投资 371.1 万元；落实支教资金 290 万元；实施县人民医院医疗卫生硬件设施建设，投资 140 万元；还涉及其他民生领域项目建设投资。

改则县

【基本县情】 改则藏语意为“诗顶”。改则县地处西藏西北部、阿里地区的东部、藏北高原腹地，平均海拔 4700 米以上，牧民居住分散、交通不便，高寒缺氧，常年风沙不断，空气含氧量仅为海平面的 45%左右。全县总面积 13.56 万平方公里，草原总面积 10388 万亩，可利用草场面积 9308 万亩，是阿里地区面积最大的一个纯牧业县，下辖 1 个镇、6 个乡，1 个居民委员会、47 个行政村。

【概况】 2014 年，改则县实现地区生产总值 4.2 亿元、增长 13%，固定资产投资 1.44 亿元、增长 1.4%，社会消费品零售总额 6184 万元、增长 10%，财政收入 1539 万元、增长 13%，农牧民人均纯收入 7321 元、增长 15.5%，脱贫 390 户 1647 人、返贫率控制在 6%以内。组织劳务输出 9000 人次、劳务创收 1700 万元，城镇登记失业率控制在 2.5%以内，居民消费价格涨幅控制在 3.5%以内。旅游接待总人数达 1.4 万人次，实现旅游综合收入 744.89 万元，分别较 2013 年同期增长 12.8%、16%。财政出资140 余万元扶持了次日果来村、日玛村、达热村、玛果村经济合作组织。

【社会事业】 教育事业 2014 年，改则县落实教育经费 520 万元、“三包”经费 1049 万元，县财政配套 22.72 万元、资助 136 名贫困学生顺利就学。接收解决外来务工人员、随迁子女、留守儿童 126 名实现就近入学。组织开展中小学教师培训 18 次，参训教师252 人次，有效地提升了教师队伍的综合素质。

卫生工作 完成医疗保险、工伤保险、生育保险的征缴工作，征缴率均达到 100%。落实药品零差价政策，发放药品零差价补助 21.75 万元。农牧民合作医疗住院报销3586人次,报销金额3556800元。建立完善牧民群众家庭健康档案,完成2.2万牧区群众的免费健康体检工作。

社会救助　落实城镇低保金117.6万元、农村低保金304万元,报销城乡特困群众医疗救助128.45万元,开展临时救助48人次、落实救助资金12.5万元,对6名特困大学生实施救助、落实救助资金1.9万元,为310名残疾人发放生活补助资金18.6万元,解决社会福利院和敬老院生活补助资金45万元。全县五保老人实现集中供养47人、分散供养70人,共发放一次性慰问金2.67万元。

文化事业　配套8.24万元用于新闻互转系统改造,追加20万元购置民间艺术团专用演出车,投资8万余元建立以自治区级非物质文化遗产森郭服饰为主要保护对象的非遗展览室。安装数字电视机顶盒55套,为各乡(镇)发放卫星电视接收器500套,完成4556个机顶盒常用信息录入工作。组织民间艺术团、放映队深入乡村、寺庙、驻军部队,演出55场、播放影片890场。开展"扫黄打非"专项活动22次,没收销毁盗版光碟287张,净化了文化市场环境。

【环境和生态保护】　2014年,改则县全面推进生态保护重点工程建设,实施天然草场禁牧0.16亿亩,实施牧草良种补贴面积0.83万亩,落实2013年各项草补资金1.1亿元,完成总投资56万元的洞措乡防沙治沙工程建设。强化国有土地清查整治,预算专项经费20余万元,共清理拆除183户违规建筑,清理国有土地面积达20480平方米。依法严厉打击非法开采砂金矿行为,预算专项经费10万元,组织有关部门开展矿区巡查5次,共查处6起偷盗砂金矿案件,处罚金121.5万元,有力地维护矿产资源开发秩序。落实环境影响评价制度和"三同时"制度,开展重点行业和领域节能减排工作。全年投入834.847万元用于生态环境保护建设。创建自治区级生态村2个,2013年县域环境质量监测、环境数据统计工作通过了省级评审,全年落实与执行环评项目69个、执行率达100%,投入150余万元用于县、乡、村三级环境整治改造,城乡环境大为改观。

【受援工作】　2014年,改则县贯彻落实全区援藏工作座谈会精神,争取援藏配套资金1571万余元,投入安居工程建设、农牧民文化中心广场、防抗灾饲草储备、治安交通检查站建设、住建局业务用房、中小学生过冬燃料等方面。配合援助单位开展"和你在一起"爱心帮扶活动,接受援助单位援助资金及物资折合100余万元,帮助困难学生和群众解决生活困难。

革吉县

【基本县情】　革吉,藏语意为"美丽富饶的土地",革吉县位于狮泉河镇东部,距离拉萨1640公里,南同普兰县、仲巴县毗邻,北与日土县相连,东靠改则县,西与噶尔县接壤,全县平均海拔4700米以上,有"世界屋脊的屋脊"之称。全县总面积为47225平方公里,自然条件恶劣,属于自然灾害多发县,雪灾、疫情尤为严重。境内大小湖泊30多个,河流10多条,流量最大的为狮泉河。

革吉县现辖4乡1镇(亚热乡、盐湖乡、文布当桑乡、雄巴乡、革吉镇),18个行政村和1个居委会,52个村民小组。该县是阿里地区三大纯牧业县之一,全县草场总面积5638.49万亩,可利用草场面积4784.84万亩。

【概况】　2014年,革吉县实现地区生产总值2.84亿元,固定资产投资达2.14亿元,县级财政收入完成1855万元,农牧民人均纯收入达到7254.88元,社会消费品零售总额完成3541.6万元,各项税收收入完成1500万元,城镇登记失业率控制在2.0%以内,银行存款余额达4.6亿元、各项贷款达到8181万元,邮政、移动和电信营业额分别达58万元、900万元和337万元。

【特色产业】　2014年,革吉县大力促进羊绒、酥油、肉、奶、民族手工业等特色产品的生产销售,全年共投资270万元扶持绒山羊5250只。投资1219.2万元,建设高寒棚圈958套。投入37万元,在革吉镇加布村组建了牦牛养殖基地。收购山羊绒52.34吨,绵羊毛187.88吨,皮张11.74万张,牛绒10.6吨。一产实现产值8597万元。推进扎仓茶卡固体硼镁矿资源开发力度,全年调运硼镁矿4.87万吨,全年发电量达到10万千瓦时。二产实现产值6674万元。提升旅游从业人员接待能力和服务水平,全年城乡居民参与旅游从业人员 87 人，创收 45.67 万元，接待旅游人数 10152 人次，实现收入 129.4 万元。三产实现产值 13152 万元。

【农牧民增收】 2014 年，革吉县劳务创收 1377.058 万元、劳务输出 5329 人次。全年安置城镇就业困难人员就业再就业和农牧区富余劳动力转移就业 350 人次。县政府安排 58 万元，举办群众技能培训班 12 期、256 人次。革吉县农牧民经济合作组织已建 19 个，其中注册的有 18 个，成员总数 9302 人，固定资产达 2215.56 万元。2014 年 11 月 20 日至 12 月 5 日在地区举办革吉县首届畜产品展销会，出售 1260 只羊，109 头牦牛，销售金额达 180.365 万元，县政府补助 4.05 万元。

【项目建设】 2014 年，革吉县社会固定资产投资达 2.14 亿元，其中复工项目 15 个，总投资 5148.63 万元，新建项目 113 个，总投资 16234.11 万元。项目涉及牧区道路、扶贫整乡推进、五保集中供养、附属设施和农牧区基础设施建设等。援藏方面积极沟通协调中国联通总部申报和争取援藏项目 4 个，总投资 1998 万元。

【社会事业】 社会保障 2014 年，革吉县农牧民参加新型农村养老保险 9361 人，参保率 93%；城镇居民（僧尼）参加养老保险 120 人，参保率 91%。55 户 121 人享受城镇最低生活保障，每人每月补助标准 590 元（实行差额补助），共补助 57.37 万元；农村低保对象 929 户，2535 人，保障标准提高至 A 类 1770 元、B 类 1325 元、C 类 883 元，实物兑现 109.9 万元，做到了低保对象有进有出、应保尽保、动态管理。2014 年城乡医疗救助 506 人次，55.6 万元；救助困难户 17 户、3.3 万元；救助贫困学生 49 人次、8.8 万元；全县五保户老人 130 人，补助标准提高到每人每年 3650 元，兑现 47.45 万元；孤儿人数 45 人，兑现补助 37.42 万元；寿星老人137 人，兑现补助 4.51 万元；2014 年城镇低保租赁补贴对象 37 户、59 人，兑现 18.06 万元。县政府安排 3.75 万元，对全县 100 名特困残疾人和 35 名退伍军人进行走访慰问。

教育事业 2013 年县财政一般预算收入 20%用于支持教育事业外，还投入 336.112 万元用于改善办学条件和增加人员经费。为 24 名考入重点高中和区内外大学的本县户籍学生兑现 20.1 万元奖金。投资 827 万元，新建盐湖乡小学附属幼儿园、县完小教职工周转房、亚热乡小学高寒暖廊、雄巴乡小学和文布当桑乡小学学生宿舍供暖工程、文布当桑乡小学光伏电站等 5 个项目。投入 140 余万元，为各学校安排 47 名后勤工作人员。安排 6.7 万元，对教育系统涌现出来的先进集体和个人进行了表彰奖励。

卫生事业 协调渭南市妇幼保健院和富平县人民医院 11 名主治医师，对该县在编僧尼、19 个行政村农牧民群众进行健康体检，体检率、建档率均达 100%。全县统筹基金补偿 234 人次、30 万元；大额医疗补偿 4 人、11 万元；“降消” 项目补偿 84 人次、1.9 万元；发放“一孩双女”补助 144 人、13.8 万元；发放“独生子女”伤残补助 13 人、1.56 万元；发放孕产妇住院补助 149 人、2.38 万元。县政府还安排 57 万元，修建藏医院住院部并添置了设备；安排 22.3 万元，用于改造卫生服务中心放射科；投资 68 万元，新建雄巴乡结克村、亚热乡罗玛村、革吉镇森布村便民医疗室。

文化事业 为县文化中心落实配套资金 4 万元，为四乡一镇 5 个综合文化站配套资金 25 万元。为那布艺术团配套资金 46 万元，用于下乡演出工资补助以及设备购买。投入 5 万元，用于该县第一次全国可移动文物普查工作。安排 10 万元，用于文化发展奖励基金。安排 18 万元，新增设 10 个外宣点，在全县营造了积极向上的外宣氛围。投入 8 万元，对全县有线电视设备和线路进行了大规模的维修，2014 年底农牧区“户户通”、广播覆盖率达 95%，有线电视覆盖率达 96%。

牧业发展 全县牲畜存栏总数 41.4 万绵羊单位，完成了自治区规定三年减畜任务。安排 45 万元，用于草补专项经费，确保了 2013 年草补奖工作顺利开展，并通过了自治区终验。开展疫情监测预警预报，对全县各类牲畜进行了疫苗注射，疫苗注射做到“六不漏”，注射密度、剂量均达 100%。

小城镇建设 实施盐湖乡特色小城镇建设。县政府在地区政策基础上出台了地方配套政策，现已申报新建商品房屋 6 套、沿街风貌改造 1388㎡，市政建设已完成招投标，总投资 2062.9 万元，各项前期工作现已完成,预计 2015 年 5 月开工建设。

安居工程 全年安居工程建设户数 574 户,总投资 2049.5 万元。新建公租房 116 套,68 套周转房完成招投标,283 套棚户区改造入户调查、测量、改造工作、打通步行街等市政道路工作完成。

【环境保护】 2014 年,革吉县投入 40 万元,用于城乡环境卫生综合整治以奖代补专项经费,奖励城乡环境整治成绩突出的单位;投入 16.5 万元,为县城增设垃圾箱 10 个,并对县城历史性存留垃圾进行了集中处理;投入 15.7 万元,用于环境保护宣传经费,包括制作广告牌、环保袋、宣传册等;针对环卫工人岗位的特殊性和工作量,县政府决定为 16 名环卫工人和 4 名巡逻员解决 200 元(/每人/每月)的加班补助;投入 336.23 万元,为亚热乡、文布当桑乡、雄巴乡建设垃圾集中收集池各 1 个。投入 138.5 万元,为各乡镇建设公厕、大门、围墙、硬化及附属设施;投入 41 万元,开展国家重点生态功能县和生态功能村环境监测工作,文布当桑乡夏玛村被评为自治区级生态功能村。按照“缺什么就建什么”的原则,实施“八到农家”工程,全县 19 个行政村的基础设施基本配套、环境质量明显改善、村容村貌大大改观。投入 6 万元,用于革吉县农村水源地现状调查。投入 389 万元,用于革吉县水源点建设和划定水源保护区工作。投入 381 万元,完成防沙治沙 3560 亩。投资 71 万元,建设革吉县绿化网围栏。投入 80 万元,植树造林 17500 株。安排 10 万元,用于打击非法偷盗采沙金矿专项行动,全年办理 5 起偷盗采矿产资源案件,进行行政处罚 167 万元。

【强基惠民】 2014 年,革吉县完成强基惠民项目 18 个,涉及资金 486 万元。县政府安排 45 万元,用于解决革吉县驻村工作队燃油费。

【维稳工作】 2014 年,革吉县对重点人员实行监管措施,做到底数清、情况明。在原有三个检查站基础上增设四个公安临时检查站、一个维稳防控点和一个联络点,确保各阶段稳定安全。开展“六五”普法、社区矫正和“法律七进”活动和人民调解工作,在各乡镇、村建立人民调解办公室,配备办公设备,依法调解能力得到明显提升。

推进城镇网格化管理,深入开展“双联户”工作,共建立基层联保单元 698 个,参联居民4905 户,参联群众 17997 人,人民群众安全感不断增强。

推进寺庙“六建”、“六个一”、“9+1”工作,各寺庙僧尼参加医疗保险率和养老保险率各达 100%。扎实开展和谐模范寺庙暨爱国守法先进僧尼创建评选活动,在各寺庙和广大僧尼中营造爱国爱教、遵规守法的良好氛围。

按照“属地管理、分级负责”的原则,对全县信访问题进行及时排查、化解,全年共受理来信来访案件 57 批(件),化解率达 100%,排查化解各类矛盾纠纷 106 件。

安排 115.2 万元资金开展“三大节日”慰问活动,为驻革部队、爱国宗教人士、一线职工、退休老同志、困难职工群众送去了党和政府的关怀与温暖。

开展议军会议、军地联合维稳会议,开展国防教育工作,有效强化军民团结的良好氛围。

执行“两限一警”、每车限载 20 人、部门责任等制度,明确县城至各乡、地区限速标准,并严格按照“全覆盖、零容忍、严执法、重实效”的要求,定期不定期开展道路交通旅游安全大检查、大排查、大整治。加强成品油管理,按照“三证审核”和“五个坚决”制度办事,长期派遣安全联络员在各加油站、加气站进行蹲点,监督安全生产制度执行。通过制作交通安全提示卡、安全警示牌、安全常识挂图,树立“以人为本、安全第一、预防为主”的理念,提高了全民道路安全意识。

简略语注释

净土健康产业:以青藏高原纯天然环境和无污染草原、耕地、水土为条件,以提高高原生态环境服务生命的效能和价值为核心,以推进高原有机农牧业生产为基础,以开发高原有机健康食品、高原有机生命产品、高原地道保健药材、乐活旅游和清洁能源为主体,以先进技术改造和提升传统产业为重点,以聚合多种独特资源,实现产业升级和效益倍增为目标的地域型、复合型产业。

种植业"两区八带":"两区"指近郊种植区和远郊种植区;"八带"指在近郊种植区内重点构筑优质青稞、高原蔬菜、食用菌、特色林果和特色经济作物五大产业带,在远郊种植区内重点构筑优质青稞、藏药材、特色经济作物三大产业带。

养殖业"一区二带三板块":"一区"指以城关区和中地生态牧场为主的良种奶牛繁育区,重点建设种子母牛场;"二带"分别指318国道现代养殖业发展带和109国道现代养殖业发展带,重点建设养殖基地和规模化养殖场;"三板块"分别指以林周县为主的半细毛羊养殖板块,以当雄县为主的牦牛养殖板块,以墨竹工卡县为主的斑头雁养殖繁育板块。

"四个一百"工程:用100天时间抓100个重点项目、抓100家重点企业,最终实现工业产值100个亿。

五大战略:环境立市、文化兴市、产业强市、民生安市、法制稳市。

四业工程:以业育人、以业管人、以业富人、以业安人工程。

寺庙"六建":建管理机构、建党组织、建领导班子、建干部队伍、建管理职能、建管理机制。

寺庙"六个一":交一个朋友、进行一次家访、办一件实事、建一套档案、畅通一条渠道、形成一条机制。

9+5工程:为全面贯彻落实自治区党委、政府关于在寺庙开展"九有"工程的决策部署,拉萨市委、市政府在落实自治区"九有"工作的基础上,结合全市寺庙实际,进一步增加惠及广大僧尼的五项内容(即:修建一个食堂、一个澡堂、一个垃圾池、一栋温室、培养培训一名卫生员),把"九有"创新为"9+5"工程。

五位一体:日喀则市将全力推进的生态文化、边境文化、民俗文化、红色文化、佛教文化世界旅游目的地建设目标。

两屏四地:重要的国家安全屏障、重要的生态安全屏障、重要的战略资源储备基地、重要的高原特色农产品基地、重要的中华民族特色文化保护地、重要的世界旅游目的地。

四个全面:全面建成小康社会、全面深化改革、全面依法治国、全面从严治党。

"三高"项目:高污染、高能耗、高排放项目。

六城同创:创建全国文明城市、国家卫生城市、国家环保模范城市、国家生态园林城市、国家民族团结示范城、全国双拥模范城市。

三公开制度:政务公开、司法公开、执法公开。

三清单制度:行政权力清单、责任清单、负面清单。

十大专业市场:木材交易市场、旧货市场、铁器电焊加工市场、钢材市场、工程机械交易市场、活禽定点屠宰场、牛羊屠宰场(升级改造)、二手车交易市场、娘热路综合农贸市场(规范治理)、虫草市场。

八看、一算账、一揭批、四增强:"八看"指看衣服着装功能、款式的变化,餐饮食品种类、结构的变化,房屋居所面积、环境的变化,交通出行工具、条件的变化,家居摆设、电器信息的变化,学校建设、子女教育的变化,治病就医、健康保障的变化,政治地位、人格尊严的变化,引导广大群众忆旧西藏的苦,思新西藏的甜。"一算账"指通过"八看",仔细算好西藏民主改革前和现在政治、经济、文化、生活方面的对比账,使广大群众深刻体会到只有中国共产党才会真心实意地实现好、维护好、发展好广大群众的根本利益。"一揭批"指深入揭批十四世达赖集团祸藏乱教、制造动乱、分裂祖国的阴谋罪行,不断夯实反对分裂、维护稳定的群众基础。"四增强"指进一步增强党的意识、国家意识、民族团结意识和法制意识。

四进社区:科教、文体、法律、卫生进社区。

九大净土健康产业:天然饮用水、奶业、藏香猪(生猪)养殖、藏香鸡养殖、食用菌种植、藏药材种植、经济林木与特色花卉、高原特色设施园艺和斑头雁养殖。

公交七个优先:政策优先、投入优先、基础优先、规划优先、改革优先、民生优先、资金优先。

七个着力:着力建强基层组织、着力健全维稳机制、着力强化宣传教育、着力助推农村改革、着力推进精准扶贫、着力发展集体经济、着力联系服务群众。

"五访"活动:基层访、网络访、交叉访、专题访、重点访。

六个提升:实现乡村治理体系和治理能力有新提升、村级组织和干部队伍建设有新加强、社会稳定和民族团结有新局面、密切党群干群关系有新气象、农牧区改革发展有新成效、农牧民生活水平有新提高。

"两新"组织:新经济组织、新社会组织。

民族团结"七进"活动:民族团结进机关、进农村、进社区、进学校、进企业、进寺庙、进部队。

四个认同:对伟大祖国的认同、对中华民族的认同、对中华文化的认同、对中国特色社会主义道路的认同。

七破七立:坚决破除立场不坚定现象、树立远大理想信念,坚决破除形式主义、树立求真务实之风,坚决破除官僚主义、树立一心为民公仆情怀,坚决破除享乐主义、树立艰苦奋斗思想,坚决破除奢靡之风、树立清正廉洁形象,坚决破除作风漂浮懒散、树立钉钉子抓落实精神,坚决破除基层党组织软弱涣散现象、树立抓基层强基础的工作导向。

八项要求:加强调研工作,切实掌握实情;严控会议规模,切实改进会风;严控发文数量,切实改进文风;严格审批程序,切实改进事风;严格宣传报道,切实提升质量;严控评比活动,切实规范表彰;严格信访制度,切实化解矛盾;严格廉洁自律,切实厉行节约。

八个力戒:力戒保守、勇于创新,力戒空谈、敢于真抓,力戒虚假、敢求实效,力戒浮夸、敢于碰硬,力戒推诿、敢于担当,力戒慵懒、甘于奉献,力戒松散、勤于合作,力戒奢侈、乐于清廉。

三进四同三一:进基层、进村居、进农户,同吃、同住、同学习、同提高,交一户农牧民朋友、做一件好事、写一篇民情日记。

五型一化:学习型、服务型、和谐型、创新型、廉洁型,建设规范化。

双百方针:百花齐放、百家争鸣。

两带一路:长江经济带、丝绸之路经济带,21世纪海上丝绸之路。

委员三亲:委员亲闻、亲见、亲历。

禁白:禁止白色垃圾污染。

བོད་ལྗོངས་ལོ་དེབ་མེ་ལོང་།

西藏年鉴

TIBET YEARBOOK

2015

【第六篇】

大事记

2014 年西藏自治区大事记

1月

1 日 ●自治区党委书记陈全国到拉萨市、昆仑能源西藏有限公司拉萨天然气站,亲切看望慰问环卫工人和气站工作人员,代表自治区党委、政府向节日期间坚守在各条战线上的广大干部职工表示亲切慰问,向全区各族人民致以新年的美好祝福。

3 日 ●自治区党委书记陈全国就严肃法纪、严厉查处打着领导旗号从事不正当活动作出重要批示。

●自治区以电视电话会议形式在拉萨召开全区财政工作会议。

●自治区十届人大常委会第八次会议在拉萨召开。自治区人大常委会主任白玛赤林主持会议。会议审议并原则通过了《西藏自治区人民代表大会常务委员会工作报告(稿)》,同意提请自治区十届人大二次会议审议等事项。

●自治区党委常务副书记吴英杰到自治区纪委监察厅和自治区强基惠民办进行调研,并就下一步纪检监察工作提出要求。

7 日 ●自治区党委书记陈全国在拉萨会见那曲地区比如县白嘎寺僧人代表。

自治区党委农村工作领导小组在拉萨召开 2014 年度第一次全体会议,传达学习中央农村工作会议精神和区党委常委会的部署要求。自治区人大常委会主任、区党委农村工作领导小组组长白玛赤林出席会议并讲话。

8 日 ●自治区人大常委会主任白玛赤林等自治区领导到代表驻地,看望参加自治区十届人大二次会议的基层代表。

●至 13 日,自治区政协十届二次会议在拉萨召开。会议审议通过了政协第十届西藏自治区委员会第二次会议关于常务委员会工作报告的决议等事项。陈全国等自治区领导出席会议。全国政协副主席、自治区政协主席帕巴拉·格列朗杰主持会议并讲话。

10 日 ●至 14 日,自治区第十届人民代表大会第二次会议在拉萨召开。会议表决通过了关于政府工作报告的决议,表决通过了关于自治区 2013 年国民经济和社会发展计划执行情况与 2014 年国民经济和社会发展计划的决议等事项。陈全国等自治区领导在主席台全排就坐。会议由大会主席团常务主席、执行主席白玛赤林主持。

11 日 ●自治区党委党的群众路线教育实践活动领导小组专题会议在拉萨召开。会议听取各组汇报,研究部署第一批教育实践活动总结工作和第二批教育实践活动准备工作。自治区党委常务副书记、区党委党的群众路线教育实践活动领导小组常务副组长吴英杰主持会议并讲话。

14 日 ●自治区领导出席第十八届中央纪委第三次全体会议西藏分会场会议。自治区党委书记陈全国就贯彻落实会议精神强调,一定要统一思想、深化改革,严明纪律、落实责任,不断开创全区反腐倡廉工作新局面。

15 日 ●自治区党委在拉萨召开常委会议,传达学习中央政法工作会议精神特别是习近平总书记的重要讲话精神,研究部署自治区贯彻落实意见。自治区党委书记陈全国主持会议并讲话。

●自治区党委在拉萨召开常委会议,传达学习全国统战部长会议精神,研究部署全区统一战线工作。自治区党委书记陈全国主持会议并讲话。

●自治区党委书记、西藏军区党委第一书记陈全国在拉萨出席武警西藏总队党委三届七次全体(扩大)会议时强调,要以党在新形势下的强军目标为统领，全面加强部队革命化现代化正规化建设，牢记职责、不辱使命，为西藏发展稳定再立新功。

●自治区党委在拉萨召开常委会议，传达学习全国宣传部长会议精神，研究部署全区宣传思想工作。自治区党委书记陈全国主持会议并讲话。

16日 ●自治区人大常委会在拉萨召开主任会议。会议研究了西藏自治区人大常委会2014年工作要点和立法工作计划、监督工作计划、代表工作计划、调研工作安排等事项。自治区人大常委会主任白玛赤林主持会议。

●自治区国防动员委员会在拉萨召开第五次全体(扩大)会议，深入贯彻落实党的十八大精神，贯彻落实习近平总书记关于加强国防和军队建设一系列重要讲话精神，传达学习成都军区国动委第七次全会精神，总结近年来自治区国防动员建设各项工作，表彰自治区国防动员建设各项工作，表彰自治区国防动员工作先进单位和个人，研究部署进一步加强全区国防动员建设各项工作。自治区主席、区国动委主任洛桑江村出席会议并讲话，为受表彰的党委和个人颁奖。

●自治区党委议军会议在拉萨召开。自治区党委书记、西藏军区党委第一书记陈全国出席会议并讲话。

16日 ●至17日，中国佛教协会西藏分会第十次全区代表大会在拉萨隆重召开。会议审议通过了《中国佛协西藏分会第九届历史会工作报告》等。全国政协副主席、自治区政协主席、中国佛教协会名誉会长、中国佛教协会西藏分会名誉会长帕巴拉·格列朗杰，自治区党委常务副书记吴英杰出席会议。

17日 ●自治区党委书记陈全国在西藏公安边防总队调研时强调，要认真贯彻落实党中央、中央军委和习近平主席的部署要求，牢记强军目标，忠实履行职责，权力构筑坚固的边防安全屏障，为确保西藏持续稳定长期稳定全面稳定再立新功。

●自治区纪委在拉萨召开机关干部大会，宣布中央关于自治区纪委主要领导同志的任职决定。自治区党委常务副书记吴英杰出席会议并讲话。

●全区人力资源和社会保障工作电视电话会议在拉萨召开。自治区党委副书记、自治区常务副主席、区党委政法委书记邓小刚出席会议并讲话。

18日 ●自治区党委、政府在拉萨召开全区农村工作会议，认真贯彻落实中央农村工作会议精神、特别是习近平总书记、李克强总理的重要讲话精神，分析自治区“三农”工作面临的形式任务，部署当前和今后一个时期的农业农村工作。自治区党委书记陈全国出席会议并讲话，对当前和今后一个时期的农村改革发展工作进行全面部署。

●自治区党委在拉萨召开常委会议，传达学习习近平总书记在十八届中央纪委三次全会上的重要讲话和全会精神，研究部署全区党风廉政建设和反腐败工作。自治区党委书记陈全国主持会议并讲话。

19日 ●自治区党委副书记自治区主席洛桑江村在拉萨主持召开自治区政府2014年第一次常务会议，安排部署2014年重点工作，逐一细化分解各项任务。

●全区统战民族宗教工作会议在拉萨召开。会议贯彻落实全国统战部长会议、民委主任会议和宗教工作会议精神，传达学习自治区党委书记陈全国关于进一步扎实做好西藏统战工作的指示要求，回顾总结2013年全区统战民族宗教工作，安排部署2014年各项工作。

●自治区党委常务副书记、区党委党的群众路线教育实践活动领导小组常务副组长吴英杰在拉萨主持召开自治区党委第一批党的群众路线教育实践活动总结工作座谈会。

20日 ●全区金融工作电视电话会议在拉萨召开。会议传达了自治区党委书记陈全国在人行拉萨中心支行党委情况报告上的重要批示，总结了2013年全区金融工作，对2014年全区金融工作进行了安排部署。自治区主席洛桑江村出席并讲话。

●第二批党的群众路线教育实践活动区地市活动办和督导组工作人员培训班在拉萨开班。自治区党委常务副书记、区党委党的群众路线教育实践活动领导小组常务副组长吴英杰出席开班式并讲话。

21日 ●自治区党委在拉萨召开常委(扩大)会议，认真传达学习习近平总书记在中央党的群众路线教育实践活动第一批总结暨第二批部署会议上的重要讲话。

●自治区党委副书记、自治区主席洛桑江村在拉萨主持召开自治区政府常务会议，就当前十项重点工作进行安排部署。

●全区发展改革工作会议在拉萨召开。自治区党委副书记、自治区常务副主席、区党委政法委书记邓小刚出席会议并讲话。

●全区宣传部长会议在拉萨召开。会议贯彻落实全国宣传思想工作会议和全国宣传部长会议精神，传达学习自治区党委书记陈全国关于做好西藏宣传思想文化工作的重要指示要求，回顾总结 2013 年全区宣传思想文化工作，安排部署 2014 年各项工作。自治区党委常务副书记吴英杰出席会议并讲话。

23 日 ●全区党的群众路线教育实践活动第一批总结暨第二批部署会议在拉萨召开。会议认真贯彻落实中央党的群众路线教育实践活动第一批总结暨第二批部署会议精神、特别是习近平总书记重要讲话精神，对西藏自治区第一批教育实践活动进行认真总结，对第二批教育实践活动进行动员部署。中央第七督导组组长陆浩、自治区党委书记陈全国出席会议并讲话。

24 日 ●自治区党委副书记、自治区主席洛桑江村到自治区总工会、区残联、自治区国资委亲切看望慰问农牧民工、贫困残疾人和工伤人员，代表自治区党委、政府和自治区慰问总团，代表区党委书记陈全国向他们，并通过他们向全区 40 多万农牧民工、近 20 万残疾人和所有工伤人员送上节日慰问与祝福。

●自治区党委政法委在拉萨召开党的群众路线教育实践活动总结大会，认真学习贯彻全区党的群众路线教育实践活动第一批总结暨第二批部署会议精神，对自治区党委政法委机关教育与实践活动进行总结，对进一步加强委机关作风建设进行安排部署。自治区党委副书记、自治区常务副主席、区党委政法委书记邓小刚出席会议并讲话。

25 日 ●自治区党委政法工作会议在拉萨召开。自治区党委书记陈全国出席会议并讲话。他强调，要以改革创新精神开创政法工作新局面，努力实现持续稳定长期稳定全面稳定。

●自治区党委副书记、自治区主席洛桑江村到达孜县社会福利院和拉萨市儿童福利院，看望慰问五保老人和福利院儿童，代表自治区党委、政府和自治区慰问总团，代表自治区党委书记陈全国向他们致以节日的问候。

●自治区党委政法工作会议继续在拉萨召开总结部署会和政法委书记座谈会。自治区党委副书记、自治区常务副主席、区党委政法委书记邓小刚出席会议并讲话。

26 日 ●自治区党委、政府在拉萨举行 2014 年春节、藏历新年团拜会。自治区党委书记、西藏军区党委第一书记陈全国出席。自治区党委副书记自治区主席洛桑江村和西藏军区司令员许勇在团拜会上致辞。区党委副书记、自治区常务副主席、区党委政法委书记邓小刚主持。

●全区公安处局长电视电话会议在拉萨召开。自治区党委副书记、自治区常务副主席、区党委政法委书记邓小刚出席会议并讲话。

●武警西藏总队在拉萨召开宣布命令暨第一书记座谈会。自治区党委副书记、自治区常务副主席、区党委政法委书记邓小刚出席会议并讲话。

28 日 ●自治区党委副书记自治区主席洛桑江村视察了拉萨市节日市场和安全生产情况。

●自治区领导党委书记陈全国，自治区党委副书记、自治区主席洛桑江村等分别看望或委托有关单位负责同志以不同方式慰问了全国人大常委会副委员长向巴平措，全国政协副主席、自治区政协主席帕巴拉·格列朗杰，十届全国人大常委会副委员长热地以及江村罗布、列确等离退休老同志和部分离退休老同志遗属。

29 日 ●自治区党委书记陈全国到山南地区贡嘎县吉雄镇红星社区，走访慰问在教育实践活动中结认的贡嘎亲戚朋友，向他们祝贺新春，向全区各族人民致以新春的祝福和节日的问候。

30 日 ●自治区党委书记陈全国到西藏电力公司，视察节日期间供电保电工作，看望慰问一线电力干部职工。

●自治区党委副书记自治区主席洛桑江村到墨竹工卡县，看望慰问结对户、寺庙僧人、驻村驻寺干部和基层干部群众，向他们祝贺新春，祝全区各族人民新春快乐、日子美满、生活幸福、扎西德勒。

●自治区党委副书记自治区主席洛桑江村在拉萨看望慰问了节日坚守岗位的医护人员、电力干部职工和环卫工人，代表自治区党委、政府和陈全国书记向节日期间坚守在各条战线上的广大干部职工表示亲切慰问，致以新年的美好祝福。

●自治区党委副书记、自治区常务副主席、区党委政法委书记、自治区维稳指挥部总指挥邓小刚在拉萨主持召开区维稳指挥部专题会议，就深入贯彻中央和自治区有关维稳工作会议精神，认真落实自治区党委书记陈全国“提高警惕、坚守岗位、落实责任、严而又实、万无一失”的指示要求，就切实做好春节期间的维稳安保工作，为各族群众欢度佳节创造安全祥和的社会环境进行了强调部署。

31 日　●自治区党委书记陈全国到布达拉宫广场，亲切看望慰问西藏军区某部四连和武警西藏总队拉萨支队十五中队的官兵，代表自治区党委、政府和全区各族人民向驻藏人民解放军指战员、武警和公安现役部队官兵、民兵预备役人员表示诚挚的慰问，致以新春的祝福。

●自治区党委副书记、自治区主席洛桑江村到自治区公安厅指挥中心、拉萨市一线指挥部和德吉北路、八一南路便民警务站，视察节日慰问工作，看望慰问节日值班人员。

2月

1 日　●自治区党委书记陈全国在拉萨亲切看望了节日期间坚守在维稳一线的公安民警，代表自治区党委、政府向大家致以节日的祝福。

●自治区党委副书记、自治区常务副主席、区党委政法委书记、区维稳指挥部总指挥邓小刚到拉萨市城关区两岛派出所、拉萨市交警支队城东大队执勤点和拉萨市国保支队，代表自治区党委、政府和自治区维稳指挥部，代表陈全国书记、洛桑江村主席，亲切看望节日期间坚守岗位的执勤民警，为他们送去自治区党委、政府的亲切关怀和节日祝福。

2 日　●自治区党委书记陈全国到自治区公安厅指挥中心，检查值班备勤情况，亲切看望慰问节日期间坚守维稳一线的政法干警和干部职工。

3 日　●自治区党委副书记、区常务副主席、区党委政法委书记、区维稳指挥部总指挥邓小刚亲切看望慰问节日期间坚守岗位的执勤民警、基层工作人员和消防官兵，代表陈全国书记、洛桑江村主席向节日期间辛勤奋战在一线的广大执勤民警、基层工作人员和消防官兵表示衷心感谢和崇高敬意。

●自治区党委副书记、自治区常务副主席、区党委政法委书记、区维稳指挥部总指挥邓小刚到色拉色基索派出所和自治区监狱，代表自治区党委、政府和自治区维稳指挥部，代表陈全国书记、洛桑江村主席看望慰问节日期间坚守岗位的值班民警、执勤官兵。

5 日　●中国共产党的优秀党员、忠诚的共产主义战士、西藏自治区第四、五、六、七届人民代表大会常务委员会副主任布多吉同志逝世后，习近平、刘云山、赵乐际、胡锦涛、向巴平措、帕巴拉·格列朗杰、热地等对布多吉同志逝世表示哀悼并对其亲属表示慰问。中央组织部和自治区党委、人大、政府、政协、西藏军区对布多吉同志逝世表示悼念，对其亲属表示慰问。陈全国、白玛赤林等自治区领导前往家中吊唁或以不同方式表示哀悼和慰问，并转达了习近平总书记等中央领导同志对布多吉同志逝世的悼念和对其家属的慰问。

●自治区党委副书记、自治区常务副主席、区党委政法委书记、区维稳指挥部总指挥邓小刚到堆龙德庆县通嘎村和东嘎发电公司，亲切看望慰问节日期间坚守岗位的驻村队员、值(带)班人员，代表自治区党委、政府，代表陈全国书记、洛桑江村主席向全体驻村队员、值班人员表示诚挚的慰问，致以新春的祝福。

●自治区党委副书记、自治区常务副主席、区党委政法委书记、区维稳指挥部总指挥邓小刚到昆仑能源西藏有限公司拉萨天然气站和城关区惠民蔬菜直销车七一农场点，亲切看望慰问节日期间坚守岗位的工作人员，代表自治区党委、政府，代表陈全国书记、洛桑江村主席向他们表示诚挚的慰问并致以新春的祝福。

6 日　●自治区党委副书记、自治区主席洛桑江村到自治区农科院调研农牧科技工作，看望农牧科技专家，代表自治区党委、政府和陈全国书记向广大农牧科技工作者致以春节和藏历信念的诚挚问候。

7 日　●自治区党委副书记、自治区主席洛桑江村到自治区农牧厅、自治区水文水资源勘测局、拉萨市动物卫生及植物检疫监督所调研农口工作，代表自治区党委、政府和陈全国书记向全区农牧林水系统干部职工和科技人员致以节日的问候。

●自治区党委常务副书记、区党委党的群众路线教育实践活动领导小组常务副组长吴英杰到拉萨市检查指导拉萨市党的群众路线教育实践活动开展情况，看望慰问工作人员。

8 日　●自治区党委常务副书记、自治区维稳指挥部总指挥吴英杰主持召开自治区维稳指挥部视频会议，检查督导七地市慰问工作和值班带班情况，亲切看望慰问节日期间维稳值班带班人员，就扎实做好当前维稳工作进行再强调、再部署、再细化、再落实。

●自治区党委常务副书记、自治区维稳指挥部总指挥吴英杰到堆龙德庆县公安局羊达检查站考察检查，人员、车辆登记、服务管理措施落实情况，代表自治区党委、政府看望慰问长期坚守岗位的公安民警。

10 日　●自治区党委常务副书记吴英杰到四省藏区驻拉萨联络点，检查指导四省藏区来拉萨人员引导服务工作开展情况，代表自治区党委、政府看望慰问各联络点工作人员。

11 日　●自治区党委副书记自治区主席洛桑江村出席国务院第二次廉政工作电视电话会议西藏分会场会议并讲话。

●自治区党委常务副书记吴英杰到百益超市拉百店、八廓商场，视察拉萨市节日市场物价和商品供应情况。

12 日　●八届自治区纪委第四次全体会议在拉萨召开。自治区党委书记陈全国出席会议并在讲话中强调，要切实把思想和行动统一到党中央决策部署上来，扎实深入推进全区党风廉政建设和反腐败斗争。

13 日　●自治区党委召开常委会议，传达学习全国组织部长会议精神，研究自治区贯彻落实意见。自治区党委书记陈全国主持会议并讲话。

●自治区党委召开常委会议，传达学习 2014 年对口工作会议精神，研究部署自治区贯彻落实意见。自治区党委书记陈全国主持会议并讲话。

●自治区党委在拉萨召开常委会议，研究自治区贯彻中共中央办公厅《关于培育和践行社会主义核心价值观的意见》的实施意见。自治区党委书记陈全国主持会议并讲话。

14 日　●自治区党委常务副书记吴英杰到格日寺，代表陈全国书记、洛桑江村主席看望慰问寺庙尼姑和寺管会干部，调研加强和创新寺庙管理工作。

17 日　●自治区党委常务副书记吴英杰到青藏铁路拉萨段加入护路中队、高天护路大队，考察青藏铁路沿线护路联防工作，并向驻守在青藏铁路沿线的护路联防队队员送去了自治区党委、政府的亲切慰问。

18 日　●自治区党委常务副书记吴英杰在拉萨亲切接见了郭毅力同志先进事迹报告团成员。

19 日　●自治区党委常务副书记吴英杰到拉萨市功德林加油站，就西藏自治区成品油销售管理等情况进行考察调研。

●自治区党委常务副书记吴英杰到拉萨市公共交通总公司，代表自治区党委、政府亲切看望辛勤工作在一线的公交职工，考察交通安全运行和城市交通建设等情况。

24 日　●自治区第二批党的群众路线教育实践活动督导组有关负责同志会议在拉萨召开，传达学习陈全国书记重要批示精神，就扎实做好有关督导工作进行安排部署。区党委常务副书记、区党委党的群众路线教育实践活动领导小组常务副组长吴英杰主持会议。

●自治区党委常委、自治区常务副主席丁业现在拉萨主持召开自治区人民政府第二次常务会议。会议审议并原则通过《关于调整羌塘国家级自然保护区范围和功能区的请示》等。

25 日　●自治区党委书记陈全国，自治区党委副书记、自治区主席洛桑江村会见了中央第十巡回督导组组长杨崇汇。

●自治区党委常务副书记吴英杰到由北京市援助建设的德吉罗布儿童乐园和拉萨市群众文化体育中心，就项目公共服务效益和建设情况进行考察调研。

●自治区党委在拉萨召开座谈会，欢送出席全国两会的代表委员。区党委常务副书记吴英杰出席会议并讲话。

26 日 ●自治区党委常务副书记吴英杰到色拉寺，检查拉萨市创新寺庙管理、组织落实宗教活动服务引导工作。

27 日 ●自治区党委在拉萨召开常委(扩大)会议，传达学习省部级主要领导干部学习党的十八届三中全会精神全面深化改革专题研讨班精神、特别是习近平总书记的重要讲话精神，研究部署贯彻落实工作。自治区党委书记陈全国主持会议。

●自治区党委召开全区维护稳定工作电视电话会议。会议传达学习了陈全国书记重要批示精神，安排部署了全国两会、藏历新年期间全区维护稳定工作。自治区党委常务副书记、区维稳指挥部总指挥吴英杰出席会议并讲话。

●自治区党委书记陈全国在拉萨主持召开自治区党委常委(扩大)会议，研究部署全区维护稳定工作。

●自治区党委常务副书记吴英杰在拉萨亲切会见了中央主要新闻媒体记者赴藏采访团。

3 月

1 日 ●自治区党委副书记、自治区常务副主席、区党委政法委书记、区维稳指挥部总指挥邓小刚到哲蚌寺和色拉寺，看望慰问节日期间坚守岗位的驻寺干部、政法干警和执勤官兵，代表自治区党委、政府和区维稳指挥部，代表陈全国书记、洛桑江村主席向节日期间辛勤奋战在一线的驻寺干部职工、政法干警和执勤官兵表示亲切慰问，向全体寺庙僧人致以藏历新年的美好祝福。

2 日 ●自治区党委副书记、自治区常务副主席、区党委政法委书记、区维稳指挥部总指挥邓小刚到大昭寺，实地督导检查朝佛活动现场安保维稳措施落实情况，看望慰问节日期间坚守岗位的驻寺干部、政法干警和执勤官兵。

●自治区党委副书记、自治区常务副主席、区党委政法委书记邓小刚在拉萨亲切看望了全国人大常委会原委员、全国人大民族事务委员会原副主任委员列确和自治区党委原副书记、全国妇联原副主席巴桑，代表自治区党委、政府，代表陈全国书记和洛桑江村主席，向他们致以节日的问候和新春的祝福。

●自治区党委副书记、自治区常务副主席、区党委政法委书记邓小刚到城关区金珠西路街道办事处八一社区、拉萨市自来水公司西郊水厂、拉萨市公交公司一分公司看望慰问节日期间在岗职工和基层工作人员，代表自治区党委、政府，代表陈全国书记和洛桑江村主席，向节日期间辛勤奋战在一线的广大职工和基层工作人员表示衷心感谢和崇高敬意，为他们送去节日的祝福。

●自治区维稳指挥部在拉萨召开会议，传达学习中央关于做好当前维护稳定工作的部署要求和陈全国书记关于进一步强化维稳工作的重要批示精神，就扎实做好全国两会和藏历新年期间全区维稳工作进行再安排、再部署。自治区党委副书记、自治区常务副主席、区党委政法委书记、区维稳指挥部总指挥邓小刚主持会议并讲话。

3 日 ●出席十二届全国人大二次会议的西藏自治区全国人大代表在驻地举行全体会议，正式组建西藏代表团。全国人大代表、自治区党委书记陈全国主持会议。

●自治区党委副书记、自治区常务副主席、区党委政法委书记、区维稳指挥部总指挥邓小刚，出席驻藏武警部队在全区七地市举行维稳誓师动员大会并讲话。

4 日 ●自治区党委副书记、自治区常务副主席、区党委政法委书记、区维稳指挥部总指挥邓小刚到西藏公安边防总队和拉萨火车站、贡嘎机场，代表自治区党委、政府和自治区维稳指挥部，代表陈全国书记、洛桑江村主席检查指导边境防控工作和安保措施落实情况，看望慰问节日期间辛勤奋战在一线的执勤官兵、公安民警和工作人员。

5 日 ●十二届全国人大二次会议西藏代表团举行全体会议，认真审议李克强总理代表国务院所作的政府工作报告。西藏代表团团长、自治区党委书记陈全国等出席会议。

●自治区党委副书记、自治区常务副主席、区党委政法委书记邓小刚等自治区在家领导集中收听收看了十二届全国人大二次会议开幕盛况，认真聆听和学习了国务院总理李克强所作的政府工作报告。

●自治区党委副书记、自治区常务副主席、区党委政法委书记、区维稳指挥部总指挥邓小刚主持召开自治区维稳指挥部视频会议，就进一步贯彻落实好中央和自治区党委、政府关于做好维护稳定工作的部署要求，贯彻落实好陈全国书记一系列重要批示指示精神，扎实做好当前全区维护稳定工作进行再安排、再部署。

6 日　●十二届全国人大二次会议西藏代表团举行全体会议，继续审议政府工作报告。西藏代表团团长、自治区党委书记陈全国主持会议并发言。

●自治区党委副书记、自治区常务副主席、区党委政法委书记邓小刚到达孜县，看望慰问结对户、贫困户、寺庙僧人、驻村驻寺干部和基层干部群众，向他们表示藏历新年的美好祝福。

●全国人大代表、自治区党委书记陈全国在参加西藏代表团审议时强调，要深入贯彻落实习近平总书记系列重要讲话精神，以改革创新精神推进西藏跨越式发展和长治久安。

7 日　●十二届全国人大二次会议西藏代表团举行全体会议，认真审议关于 2013 年国民经济和社会发展计划执行情况与 2014 年国民经济和社会发展计划(草案)的报告等。国家民委副主任李昭到会听取意见建议。陈全国等自治区领导参加审议。

●自治区党委副书记、自治区常务副主席、区党委政法委书记、区维稳指挥部总指挥邓小刚到青藏铁路羊八井护路大队、羊八井 1 号隧道武警中队和堆龙德庆县羊达乡公安检查站，实地督导检查青藏铁路护路联防和公安检查站服务管理措施落实情况，看望慰问在一线辛勤工作的广大护路联防队员、公安民警和武警官兵。

8 日　●自治区党委副书记、自治区常务副主席、区党委政法委书记邓小刚专程到拉萨市公安局交警支队女子交警大队，看望慰问节日期间坚守岗位、工作在执勤一线的女民警，向全区广大政法女干警以及全区各族各界妇女致以节日的慰问和美好的祝福。

●自治区维稳指挥部召开电视电话会议，传达学习中央西藏工作协调小组社会稳定专项工作小组视频调度会和陈全国书记的重要批示精神，对近期维稳工作再部署、再安排、再强调。自治区党委副书记、自治区常务副主席、区党委政法委书记、区维稳指挥部总指挥邓小刚出席会议并讲话。

9 日　●自治区党委副书记、自治区常务副主席、区党委政法委书记、区维稳指挥部总指挥邓小刚出席自治区公安机关、公安现役部队慰问应急拉动演练活动并讲话。

10 日　●自治区党委副书记、自治区常务副主席、区党委政法委书记、区维稳指挥部总指挥邓小刚到布达拉宫转经道、大昭寺广场和老城区，督导检查拉萨市维稳安保工作情况。

11 日　●自治区党委副书记、自治区常务副主席、区党委政法委书记邓小刚一行到西藏大学，看望慰问广大教职员工和学生，检查指导学校建设和维稳安保各项工作。

●自治区党委副书记、自治区常务副主席、区党委政法委书记邓小刚到西藏日报社、西藏电视台，转达了陈全国书记对全区媒体在藏历新年及全国两会期间的新闻报道的充分肯定，向长期奋战在新闻宣传战线的广大干部职工表示诚挚的慰问。

13 日　●自治区党委副书记、自治区常务副主席、区党委政法委书记、区维稳指挥部总指挥邓小刚到区公安厅反恐怖特别侦查总队，检查反恐装备，检验部队快速反应能力。

●自治区党委副书记自治区主席洛桑江村在北京会见国家电网公司副总经理栾军一行，就深入推进西藏电力建设进行友好交谈。

14 日　●自治区党委副书记、自治区常务副主席、区党委政法委书记邓小刚到拉萨乐百隆广场，实地检查人员密集场所的安全管理、应急防范等各项工作。

●自治区党委副书记、自治区常务副主席、区党委政法委书记、区维稳指挥部总指挥邓小刚主持召开区维稳指挥部视频调度会，通过视频连线检查抽查各地市及部分县(市、区)值班带班和慰问工作开展情况，转达了陈全国书记对全区维稳战线全体同志的慰问，对进一步做好当前维护稳定各项工作进行再安排再部署。

●自治区党委副书记、自治区常务副主席、区党委政法委书记邓小刚到拉萨迎亲大桥，检查项目建设、安全生产情况。

15 日 ●自治区党委副书记、自治区常务副主席、区党委政法委书记邓小刚到墨竹工卡县扎西岗乡斯布村多嘎组,检查基层组织建设情况,视察安居点,了解农牧民群众生产生活情况。

16 日 ●至 23 日，以全国人大代表、自治区党委副书记、自治区人大常委会主任白玛赤林为团长的全国人大西藏代表团,对波兰、拉脱维亚进行友好访问。

17 日 ●自治区党委副书记、自治区常务副主席、区党委政法委书记邓小刚到墨竹工卡县中国黄金集团西藏华泰龙公司，检查矿区生产经营、安全生产工作情况。

●自治区党委副书记、自治区常务副主席、区党委政法委书记、区维稳指挥部总指挥邓小刚主持召开区维稳指挥部会议，传达学习陈全国书记重要批示精神，听取有关方面情况汇报，就认真贯彻落实中央和自治区党委、政府的部署要求,扎实做好当前全区维稳工作进行再安排、再部署。

18 日 ●中国共产党的优秀党员，忠诚的共产主义战士，西藏自治区第七、八届人民代表大会常务委员会副主任阿扣同志逝世后,习近平、刘云山等领导同志以不同方式对阿扣同志逝世表示哀悼，并对其亲属表示慰问。陈全国、白玛赤林等自治区领导前往家中吊唁或以不同方式表示哀悼和慰问。

●自治区党委常务副书记、区党委党的群众路线教育实践活动领导小组常务副组长吴英杰到曲水县才纳乡才纳村和南木乡江村，代表自治区党委、政府亲切看望慰问基层干部群众和驻村工作队队员,就党的群众路线教育实践活动开展情况、乡村公共服务管理和“双联户”工作等情况进行调研。

19 日 ●自治区党委在拉萨召开常委会议，传达学习习近平总书记在河南兰考县调研指导党的群众路线教育实践活动的重要讲话精神，研究部署全区第二批党的群众路线教育实践活动。自治区党委书记陈全国主持会议。

●自治区党委在拉萨召开常委会议,传达学习全国两会精神。自治区党委书记陈全国主持会议并讲话。

20 日 ●自治区党委党校、自治区行政学院 2014 年春季学期开学典礼在拉萨举行。区党委常务副书记、自治区党校校长吴英杰出席开学典礼并讲话。

21 日 ●自治区党委常务副书记、区维稳指挥部总指挥吴英杰到自治区高级人民法院和拉萨市城关区人民检察院调研,代表自治区党委、政府看望慰问政法干警。

●全区国土资源工作电视电话会议召开,会议回顾总结了 2013 年工作,安排部署全区国土资源工作。自治区党委副书记、自治区常务副主席、区党委政法委书记邓小刚出席会议并讲话。

23 日 ●自治区党委常务副书记、区维稳指挥部总指挥吴英杰到拉萨市网络数据中心，就拉萨市社会管理信息化、社会治安维稳综合预警等方面工作进行调研。

24 日 ●自治区党委副书记、自治区主席洛桑江村，广东省省长朱小丹到林芝视察鲁朗国际旅游小镇规划建设和乡村旅游开发工作。

●自治区党委常务副书记、区党委党的群众路线教育实践活动领导小组常务副组长吴英杰在拉萨主持召开区党委党的群众路线教育实践活动领导小组第 6 次会议，学习贯彻习近平总书记关于第二批党的群众路线教育实践活动的重要讲话精神和中央教育实践活动领导小组会议精神,总结前一阶段工作,安排部署下一步工作。

●受全国政协副主席、自治区政协主席帕巴拉·格列朗杰委托,自治区政协党组副书记、副主席罗松多吉主持召开政协第十届西藏自治区委员会第 13 次主席会议。

25 日 ●自治区党委书记陈全国,自治区党委副书记、自治区主席洛桑江村会见了以广东省委副书记、省长朱小丹为团长的广东省代表团。

●自治区召开全区统计和调查工作会议，回顾总结全区统计调查工作，安排部署2014年重点任务。自治区党委副书记、自治区常务副主席、区党委政法委书记邓小刚出席会议并讲话。

26日　●自治区党委常务副书记吴英杰在拉萨亲切会见了新华社五省区采访报道团一行。

27日　●全区组织部长会议在拉萨召开，深入学习贯彻习近平总书记系列重要讲话精神，学习贯彻全国组织部长会议和全国编办主任会议精神，学习贯彻自治区党委八届五次全委会和全区组织工作会议精神，总结2013年工作，部署2014年任务。自治区党委常务副书记吴英杰出席会议并讲话。

●自治区十届人大常委会第30次主任会议召开。会议审查了有关人事任免事项，听取了自治区人大法制委员会关于《西藏自治区无线电管理条例(草案)》修改情况的汇报等。自治区人大常委会副主任周春来主持会议。

●自治区党委常务副书记、区党委党的群众路线教育实践活动领导小组常务副组长吴英杰代表自治区党委在拉萨向中央第十巡回督导组汇报了全区第二批党的群众路线教育实践活动开展情况。

28日　●自治区各族各界人士隆重纪念西藏百万农奴解放55周年。自治区党委常务副书记吴英杰出席座谈会并讲话，自治区党委副书记、自治区常务副主席、区党委政法委书记邓小刚主持会议。

●自治区党委在拉萨召开全区维护稳定工作电视电话会议，传达学习陈全国书记的重要批示精神，总结近期工作、研判当前形势，安排部署下一阶段全区维稳工作。自治区党委常务副书记、区维稳指挥部总指挥吴英杰出席会议并讲话，自治区党委副书记、自治区常务副主席、区党委政法委书记、区维稳指挥部总指挥邓小刚部署工作。

29日　●自治区人民政府与四川省人民政府在成都签署共同促进两省区旅游业发展合作协议，积极推进川藏两省区旅游合作。自治区主席洛桑江村、四川省省长魏宏出席仪式并致辞。自治区副主席曾万明、四川省副省长黄彦蓉代表双方共同签署合作协议。

30日　●至31日，自治区十届人大常委会第九次会议在拉萨召开。会议表决通过了《西藏自治区无线电管理条例》和《西藏自治区实施<中华人民共和国非物质文化遗产法>办法等。自治区人大常委会主任白玛赤林主持会议并讲话。

4月

1日　●自治区十届人大常委会第九次会议闭幕，自治区人大常委会主任白玛赤林主持并讲话。

●自治区在拉萨召开政府系统第二次廉政工作电视电话会议。自治区党委副书记、自治区主席洛桑江村出席并讲话。

●自治区党委巡视工作领导小组2014年第一次会议在拉萨召开。自治区党委常务副书记、区党委巡视工作领导小组组长吴英杰主持会议并讲话。

2日　●全区审计工作会议在拉萨召开，会议传达李克强总理在全国审计工作会议上的重要讲话精神，总结2013年全区审计工作，研究部署2014年审计工作。自治区党委副书记、自治区主席洛桑江村出席会议并讲话。

3日　●自治区党委副书记、自治区主席洛桑江村在自治区发展和改革委员会调研当前经济形势时强调，突破难点，以问题倒逼促进各项任务落到实处，突出重点，以扎实举措确保工作目标圆满完成。

4日　●自治区党委书记陈全国在拉萨市调研第二批党的群众路线教育实践活动时强调，把学习弘扬焦裕禄精神这条红线贯穿始终，践行“三严三实”要求以实际成效取信于民。

●自治区党委副书记、自治区主席洛桑江村在自治区交通运输厅工信厅西藏电力国资委农牧厅水利厅调研。

5日　●自治区在拉萨市烈士陵园隆重举行清明烈士公祭活动。自治区党委书记陈全国，自治区党委副书记、自治区人大常委会主任白玛赤林，自治区党委副书记、自治区主席洛桑江村，自治区党委常务副书记吴英杰等领导与各界代表一起到烈士陵园，向烈士纪念碑敬献花蓝，深切缅怀先烈。

6 日　●中央第十巡回督导组向自治区反馈督导情况，自治区党委书记陈全国主持会议。自治区党委副书记、自治区人大常委会主任白玛赤林，自治区党委副书记、自治区主席洛桑江村，自治区党委常务副书记吴英杰出席会议。

8 日　●自治区党委书记陈全国参加拉萨市义务植树活动时强调，保护生态环境，绿化雪域高原。自治区党委副书记、自治区人大常委会主任白玛赤林，自治区党委副书记、自治区主席洛桑江村，自治区党委常务副书记吴英杰等参加活动。

●自治区党委副书记、自治区主席洛桑江村主持召开自治区人民政府第3次常务会议，研究自治区人民政府职能转变和机构改革相关事宜。

9 日　●自治区党委书记陈全国在拉萨主持召开自治区党委常委会议就进一步深入学习贯彻习近平总书记系列重要讲话精神进行安排部署。

●自治区党委在拉萨召开2014 年巡视工作动员会。自治区党委常务副书记、区党委巡视工作领导小组组长吴英杰出席会议并讲话。

10 日　自治区党委副书记、自治区主席洛桑江村到拉日铁路沿线视察工程建设进展情况。

11 日　●自治区党委副书记、自治区主席洛桑江村赴日喀则督导调研并沿途视察公路项目建设情况。

●自治区维稳指挥部视频会议在拉萨召开，自治区党委常务副书记、区维稳指挥部总指挥吴英杰出席会议并讲话。

14 日　●自治区党委副书记、自治区主席洛桑江村在山南地区贡嘎、扎囊、乃东调研时强调，坚持民生为先，切实提高农牧民群众的幸福感。

15 日　●自治区党委副书记、自治区主席洛桑江村到乃东、琼结等地调研农牧业经营、特色产业开发、特殊教育发展、基层政权建设、驻村工作第二批教育实践活动开展等情况。

16 日　●自治区党委书记陈全国到拉萨市城关区和经济技术开发区调研经济运行情况。

17 日　●自治区党委副书记、自治区主席洛桑江村在山南地区调研时强调努力开创跨越式发展和长治久安新局面，确保率先实现全面建成小康社会目标。

●全国“十三五”规划编制工作电视电话会议召开，就“十三五”规划编制工作进行了全面安排和部署。自治区党委副书记、自治区常务副主席、区党委政法委书记邓小刚出席西藏分会场会议。

18 日　●自治区新闻工作者协会第四届理事会第一次会议在拉萨召开。自治区党委书记陈全国对会议作出重要批示。

19 日　●自治区党委书记陈全国主持召开自治区党委理论学习中心组集体学习会。会议上强调把学习总书记系列重要讲话作为长期重要政治任务，凝聚起全面建成小康社会实现中国梦的强大正能量。

●自治区党委书记陈全国主持召开自治区党委常委会议，审议并原则通过《组织推动全区培育和践行社会主义核心价值观工作方案》

20 日　●自治区党委副书记、自治区常务副主席、政法委书记邓小刚在拉萨主持召开自治区党委政法委员会全体会议，传达学习中央关于司法体制和社会体制改革的有关精神，就进一步做好全区政法工作进行安排部署。

21 日　●自治区党委书记陈全国主持召开自治区党委常委会议。传达部分省区市党委组织部长座谈会精神。

●自治区党委副书记、自治区主席洛桑江村在拉萨主持召开自治区政府第四次常务会议，讨论并原则通过《2014 年第一季度全区经济运行分析和下一步经济工作建议》。

22 日　●全国农村金融服务经验交流电视电话会议在拉萨召开。自治区党委副书记、自治区常务副主席、区党委政法委书记邓小刚出席西藏分会场会议，并就做好西藏农牧区金融服务工作进行了安排。

23 日　●自治区党委书记陈全国

在拉萨主持召开自治区党委常委会议。听取全区一季度经济运行情况汇报，研究部署下一步经济工作。

24日 ●全区第一季度经济运行情况通报电视电话会议在拉萨召开，自治区党委副书记、自治区主席洛桑江村出席并讲话。自治区党委副书记、自治区常务副主席、区党委政法委书记邓小刚主持会议，并传达陈全国书记关于当前经济工作重要讲话精神。

25日 ●据《西藏日报》报道，自治区党委书记陈全国在拉萨主持召开自治区党委常委会议，研究部署全区老干部工作。

●自治区政府以电视电话会议形式举行2014年第一次专题学习会。自治区党委副书记、自治区主席洛桑江村主持会议。

28日 ●自治区党委副书记、自治区常务副主席、区党委政法委书记邓小刚到日喀则地区拉孜县锡钦乡锡钦村、拉孜县公安检查站，详细了解村委会工作情况，驻村工作队、“双联户”工作开展情况及公安检查站服务管理工作，看望慰问基层干部、驻村工作队队员和一线公安民警。

29日 ●自治区第四届劳动模范和先进工作者表彰大会在拉萨召开，自治区党委副书记、自治区人大常委会主任白玛赤林主持会议，自治区党委副书记、自治区主席洛桑江村讲话，自治区党委常务副书记吴英杰宣读表彰决定。会议表彰了2009年以来各条战线为自治区改革发展稳定作出突出贡献的劳动模范、先进工作者和2014年自治区“全国五一劳动奖状”、“全国五一劳动奖章”、“全国工人先锋号”获得者，号召全区各族干部职工以劳动模范和先进工作者为榜样，积极支持改革、努力促进发展、坚决维护稳定，凝聚起奋力推进西藏自治区跨越式发展和长治久安的强大正能量。

30日 ●自治区党委副书记、自治区主席洛桑江村深入教育实践活动联系点墨竹工卡县，实地调研指导第二批党的群众路线教育实践活动和当前经济社会发展情况。

●自治区党委常务副书记、自治区维稳指挥部总指挥吴英杰在拉萨主持召开全区维稳视频会议。对当前维稳工作进行再强调、再部署。

●自治区党委常务副书记吴英杰来到大昭寺广场和八廓街，与广大市民、游客亲切交谈，看望慰问各族劳动者和干部群众。

5月

1日 ●自治区党委副书记、自治区主席洛桑江村先后来到西藏自然科技博物馆、西藏博物馆和牦牛博物馆，考察调研工程进展和改扩建设计方案等情况，向奋战在施工一线的建设者致以节日的问候。

4日 ●自治区党委书记陈全国致信全国各族青年，勉励广大青年朋友认真学习贯彻习近平总书记在北京大学考察时的重要讲话精神，自觉培育和践行社会主义核心价值观，在实现中国梦的伟大征程中唱响青春之歌。

●全区第二批党的群众路线教育实践活动推进会在拉萨召开，会议传达学习了刘云山、赵乐际同志关于深入推进第二批教育实践活动的有关重要讲话精神，传达学习了陈全国书记重要批示精神，总结交流经验、安排部署下一步工作。区党委常务副书记、区党委教育实践活动领导小组常务副组长吴英杰出席会议并讲话。

5日 ●自治区党委副书记、自治区主席洛桑江村在调研医疗卫生工作时强调，促进优质医疗资源向基层和农牧区倾斜，更好保障各族群众日益增长的健康需求。

6日 ●自治区党委书记陈全国出席中央党的群众路线教育实践活动视频会议西藏分会场会议，并就贯彻落实会议精神强调，以习近平总书记重要批示精神为指导，扎扎实实开展好第二批教育实践活动。自治区党委副书记、自治区主席洛桑江村，自治区党委常务副书记吴英杰出席西藏分会场会议。

●自治区党委常务副书记、区党委教育实践活动领导小组常务副组长吴英杰在拉萨城关区实地调研指导拉萨市党的群众路线教育实践活动及维稳工作开展情况时强调，带头查找突出问题，贴近群众转变作风，更好践行全心全意为人民服务的根本宗旨。

●自治区十届人大常委会召开主任会议。会议研究了自治区十届人大常委会第十次会议议程(草案)及日程安排。

8日 ●自治区党委书记陈全国在拉萨贡嘎机场检查安保工作时强调，全力以赴认真细致做好各项安保工作，确保各族群众中外游客生命财产安全。

●自治区党委副书记、自治区主席洛桑江村主持召开自治区政府常务会议，研究部署循环经济发展和加快发展节能环保产业；决定启动大气污染防治行动，开展重要江河湖泊水功能区分阶段限排总量控制工作。

9日 ●自治区党委常务副书记、自治区维稳指挥部总指挥吴英杰在拉萨主持召开维稳指挥部会议，传达学习公安部有关会议和陈全国书记指示精神，专题研究部署加强全区反恐维稳工作。

10日 ●自治区党委副书记、自治区主席洛桑江村近日主持召开自治区政府常务会，研究并通过了《西藏自治区地震应急预案（修订）》、《西藏自治区实施〈中华人民共和国国家安全法〉办法》、《西藏自治区人民政府2014年政府规章项目制定计划》等。

11日 ●自治区党委在拉萨召开常委会议，传达学习习近平总书记在指导兰考县委常委班子专题民主生活会议时的重要讲话精神，研究部署全区第二批党的群众路线教育实践活动。自治区党委书记陈全国主持会议并讲话。

13日 ●自治区党委常务副书记吴英杰专程前往拉萨机场检查指导，并主持召开现场工作会议，研究部署全区场所、重点部位反恐防暴维稳工作。

14日 ●自治区维稳指挥部视频会议在拉萨召开，会议就认真贯彻中央有关部署和八届自治区党委第83次常委会精神，全面落实陈全国书记在重要批示指示要求，扎实做好全区反恐维稳工作进行了部署。自治区党委常务副书记、区维稳指挥部总指挥吴英杰主持会议并讲话。

15日 ●自治区党委书记陈全国分别在成都和拉萨主持召开老干部座谈会，通报全区党的群众路线教育实践活动开展情况，征求老干部对教育实践活动的意见建议。

16日 ●自治区党委书记陈全国到拉萨市堆龙德庆县调研经济运行情况。

17日 ●至18日，自治区党委副书记、自治区主席、自治区咨询委主任洛桑江村在北京主持召开专题咨询论证会，就西藏建设重要世界旅游目的地进行咨询论证。

18日 ●至19日，自治区党委副书记、自治区主席、自治区咨询委主任洛桑江村在北京主持召开西藏新型城镇化规划专题咨询论证会。

20日 ●自治区党委书记陈全国与在拉萨工作生活的各族群众代表座谈。强调，高举爱党爱国旗帜，争做民族团结模范，为实现中华民族伟大复兴作出积极贡献。

21日 ●自治区十届人大常委会在拉萨召开第33次主任会议。会议研究了《西藏自治区国防教育条例(草案)》及说明等。自治区人大常委会主任白玛赤林主持会议。

22日 ●自治区党委书记陈全国与僧尼代表座谈，强调以爱国爱教为宗旨争当促进发展稳定的好僧尼，为实现中华民族伟大复兴的中国梦作出新贡献。

●自治区党委常务副书记吴英杰在拉萨亲切会见中央编办机构编制核查赴藏指导调研组一行。

23日 ●全区反恐维稳工作电视电话会议在拉萨召开。自治区党委书记陈全国出席会议并讲话。他强调，认真贯彻落实总书记的重要指示精神，确保全区持续稳定长期稳定全面稳定。自治区党委副书记、自治区人大常委会主任白玛赤林传达中央领导批示精神，自治区党委常务副书记吴英杰主持会议，自治区党委副书记、自治区常务副主席、区党委政法委书记邓小刚作具体部署。

●自治区党委农村工作领导小组召开2014年度第2次全体会议，审议通过4个自治区级农村改革试验区实施方案，安排部署近期“三农”工作。自治区党委副书记、自治区人大常委会主任、区党委农村工作领导小组组长白玛赤林出席会议并讲话。

24日 ●自治区党委书记陈全国暗访宇拓路便民警务站和罗堆西路便民警务站时强调，警钟长鸣、狠抓落实、严密防范,为各族群众营造安全和谐的良好环境。

25 日 ●自治区党委常务副书记吴英杰在拉萨亲切会见了中央组织部干部教育局副局长王新堂率领的赴藏督查组一行。

27 日 ●自治区十届人大常委会在拉萨召开第十次会议。会议审议通过了本次会议议程等事项。自治区党委副书记、自治区人大常委会主任白玛赤林主持会议。

●自治区人民政府与青藏铁路公司在拉萨举行座谈会，就加快推进西藏铁路建设和铁路运输发展等事宜深入沟通,达成共识。自治区党委副书记、自治区主席洛桑江村主持座谈会。

●自治区人才工作协调小组召开第 4 次会议,自治区党委常务副书记、自治区人才工作协调小组组长吴英杰主持会议并讲话。他强调,肯定成绩坚定信心,创新机制求真务实,进一步提升自治区人才工作科学化水平。

●自治区维稳指挥部在拉萨召开专题会议,扎实做好全区维稳安保、反恐防暴工作进行再强调再部署，自治区党委常务副书记、区维稳指挥部总指挥吴英杰主持会议并讲话，自治区党委副书记、自治区常务副主席、区党委政法委书记邓小刚部署工作。

●自治区党委副书记、自治区常务副主席、区党委政法委书记邓小刚在达孜县调研指导第二批党的群众路线教育实践活动时要求,认真贯彻落实习近平总书记系列重要讲话精神，高标准高质量扎实推进教育实践活动。

28 日 ●自治区党委书记陈全国出席尼泊尔联邦民主共和国驻拉萨总领事馆举行国庆招待会，庆祝第七个“共和日”。

●自治区政府与中国长江三峡集团在拉萨举行座谈会签订新一轮战略合作协议,成立三峡集团西藏能源投资有限公司。自治区党委副书记、自治区主席洛桑江村出席并讲话，自治区党委副书记、自治区常务副主席、区党委政法委书记邓小刚主持。

29 日 ●自治区党委书记陈全国在拉萨主持召开自治区教育实践活动领导小组会议。学习贯彻习近平总书记在指导兰考县委常委班子专题民主生活会时的重要讲话精神，传达学习中央政治局常委联系点经验座谈会精神，研究部署全区第二批教育实践活动。

●自治区党委常务副书记、区党委教育实践活动领导小组常务副组长吴英杰在拉萨主持召开全区第二批党的群众路线教育实践活动视频会议。

●全区禁毒工作电视电话会议在拉萨召开。会议全面总结2013 年禁毒工作,深刻分析当前面临的毒情形势，安排部署下一步全区禁毒工作。自治区党委副书记、自治区常务副主席、区党委政法委书记、自治区禁毒委员会主任邓小刚出席会议并讲话。

30 日 ●全区重点项目建设推进工作电视电话会议在拉萨召开。自治区党委副书记、自治区主席洛桑江村出席并讲话。

6 月

1 日 ●自治区党委书记陈全国与拉萨市吉崩小学学生共庆“六一”。

●据《西藏日报》报道,端午小长假期间，自治区党委书记陈全国来到自治区公安厅指挥中心，亲切看望慰问辛勤奋战在全区各地维稳一线的广大党员干部和各族群众。自治区党委常务副书记吴英杰、自治区党委副书记、自治区常务副主席、区党委政法委书记邓小刚一同慰问。

3 日 ●自治区召开“十三五”规划编制工作电视电话会议，全面启动西藏自治区“十三五”规划编制工作。自治区党委副书记、自治区主席洛桑江村出席并讲话，自治区党委副书记、自治区常务副主席、区党委政法委书记邓小刚主持。

●自治区党委常务副书记吴英杰来到藏医学院、西藏大学调研高校党建工作,看望慰问广大师生员工。

●自治区党委常务副书记、区维稳指挥部总指挥吴英杰主持召开区维稳指挥部会议，传达学习中央有关通知和陈全国书记批示精神，就再接再厉做好全区反恐维稳各项工作进行部署。

5 日 ●自治区党委在拉萨召开常委会议，传达学习王岐山书记重要讲话精神。自治区党委书记陈全国主持会议并讲话。

6日 ●自治区党委书记陈全国在指导贡嘎县委常委班子专题民主生活会时强调，坚持把作风建设作为永恒的主题，不断巩固扩大教育实践活动成果。

●自治区党委副书记、自治区主席洛桑江村在拉萨主持召开自治区人民政府常务会议,传达国务院关于拉萨市土地利用总体规划的批复等。

●自治区党委副书记、自治区常务副主席、区党委政法委书记邓小刚在拉萨主持召开自治区推进城镇化工作领导小组会议。

7日 ●自治区党委书记陈全国主持自治区党委理论学习中心组集体学习会。

●自治区党委副书记、自治区主席洛桑江村先后到拉萨中学、拉萨市第二高级中学考点和自治区国家教育考试考务指挥中心巡查自治区全国高考工作。

8日 ●自治区党委副书记、自治区主席洛桑江村宣布拉洛水利枢纽及配套灌区工程开工。

11日 ●自治区党委副书记、自治区人大常委会主任白玛赤林在拉萨主持召开自治区十届人大常委会第35次主任会议,会议研究了关于对检查《西藏自治区民用机场保护条例》贯彻实施情况报告的审议意见等事项。

12日 ●自治区党委书记陈全国在拉萨会见全国政协社会和法制委员会赴藏调研组。

●自治区级农村改革试验区启动暨培训班开班仪式在拉萨举行,全区四个自治区级农村改革试验区工作正式启动。自治区党委副书记、自治区人大常委会主任、区党委农村工作领导小组组长白玛赤林出席并讲话。

●自治区党委常务副书记、区维稳指挥部总指挥员吴英杰在拉萨实地调研维稳安保工作,并主持召开区市两级维稳指挥部联席会议,就近期有关工作进行再强调再部署。

●至13日，自治区党委副书记、自治区主席洛桑江村来到格尔木视察藏青工业园规划、建设、招商各项工作,听取相关工作汇报,现场办公推进园区建设。

13日 ●自治区党委书记陈全国来到拉萨市街头，亲切看望各族群众、中外游客和执勤人员。自治区党委常务副书记吴英杰陪同。

14日 ●自治区党委副书记、自治区主席洛桑江村视察西藏格尔木基地部分单位建设发展，看望干部职工,代表自治区党委、政府,代表陈全国书记向基地所有建设者致以崇高的敬意和亲切问候。

15日 ●自治区人民政府与中央赴藏调研组座谈，就对口援藏工作大计进行深入交流。自治区党委副书记、自治区主席洛桑江村出席并讲话。

16日 ●自治区领导与中央西藏工作协调小组经济社会发展专项工作小组调研组座谈，共商加强和改进援藏工作。自治区党委书记陈全国出席并讲话。

18日 ●自治区党委书记陈全国在拉萨主持召开民族通婚家庭座谈会。强调以各民族通婚为重要抓手，推动西藏各民族大团结大融合。

19日 ●自治区党委书记陈全国，自治区党委副书记、自治区主席洛桑江村乘坐轨道车实地考察了拉日铁路建设情况。

●自治区党委常务副书记吴英杰在拉萨主持召开自治区宗教工作领导小组会议，研究自治区加强和创新宗教事务管理相关工作。

20日 ●自治区党委在拉萨召开全区维护稳定工作视频会议，传达学习习近平总书记等中央领导同志重要批示精神和中央有关文件精神，安排部署下一阶段全区反恐维稳工作。自治区党委书记陈全国作重要批示。

●自治区党委副书记、自治区主席洛桑江村到尼木县实地检查矿山同“三条底线”落实情况。

21日 ●自治区党委书记陈全国在拉萨会见国侨办主任裘援平一行。

21日 ●至22日，国务院侨务办公室主任裘援平就发展稳定、涉藏外宣及侨务工作在西藏考察调研。自治区党委书记陈全国，自治区党委常务副书记吴英杰陪同调研。

22 日 ●自治区领导与国侨办领导会见文化中国——2014 海外华文媒体西藏行采访团和欧洲侨务公共外交人士代表团一行。自治区党委副书记、自治区主席洛桑江村讲话，区党委副书记、自治区人大常委会主任白玛赤林主持，区党委常务副书记吴英杰出席。

24 日 ●自治区党委书记陈全国在拉萨会见了武警部队司令员王建平一行。自治区党委副书记、自治区主席洛桑江村，自治区党委常务副书记吴英杰一同会见。

●自治区党委副书记、自治区人大常委会主任白玛赤林主持自治区十届人大常委会第 36 次主任会议。会议研究了自治区十届人大常委会第十一次会议议程（草案）及日程安排。

●自治区党委副书记、自治区主席洛桑江村在指导墨竹工卡县委常委班子专题民主生活会时强调，做到思想高境界标准不降低力度不减弱，确保教育实践活动取得群众满意的成效。

●至 25 日，自治区党委副书记、自治区人大常委会主任白玛赤林在拉孜县调研指导县、乡、村第二批党的群众路线教育实践活动和发展稳定工作。

25 日 ●武警部队司令员王建平率工作组深入拉萨、阿里等调研。自治区党委书记陈全国陪同考察布达拉宫广场便民警务站。

26 日 ●自治区党委书记陈全国在国际禁毒日就做好全区禁毒工作作出重要批示。坚持不懈地开展好禁毒工作，保护人民身心健康，维护社会和谐稳定。

●自治区党委副书记、自治区人大常委会主任白玛赤林出席指导拉孜县委常委班子专题民主生活会。

●自治区党委常务副书记吴英杰在拉萨会见国家新闻出版广电总局党组成员宋明昌率领的调研组一行。

27 日 ●自治区党委常务副书记、区维稳指挥部总指挥吴英杰在拉萨实在视察反恐防暴维稳工作，并主持召开自治区维稳视频会议，督查各地区近期反恐防暴维稳工作，就再接再厉做好下一阶段全区维稳工作进行再强调再部署。

30 日 ●自治区党委书记陈全国在自治区庆祝建党 93 周年座谈会上强调，以总书记重要讲话精神为指导开创党建工作新局面，为实现跨越式发展和长治久安提供坚强的组织保证。

●全区农牧业产业化现场会在拉萨召开。全区贯彻落实中央和区党委关于全面深化农村改革的总体部署和要求，总结自治区农牧业产业化发展成就，安排部署当前和今后一个时期的全区农牧业产业化工作。自治区党委副书记、自治区人大常委会主任、自治区党委农村工作领导小组组长白玛赤林讲话。

7月

1 日 ●自治区党委常务副书记吴英杰在拉萨亲切会见了国务院扶贫开发领导小组专家咨询委员会主任、第三届西藏自治区发展咨询委员会副主任范小建一行。

2 日 ●自治区党委书记陈全国在拉萨会见第十一世班禅额尔德尼·确吉杰布。自治区党委副书记、自治区人大常委会主任白玛赤林，自治区党委常务副书记吴英杰等一同会见。

3 日 ●自治区领导与中央部委联合调研组在拉萨举行座谈会，就发展稳定工作及相关问题深入交换意见。自治区党委书记陈全国出席会议并讲话。自治区党委副书记、自治区人大常委会主任白玛赤林，自治区党委常务副书记吴英杰等出席座谈会。

●自治区党委常务副书记、自治区维稳指挥部总指挥吴英杰在拉萨召开自治区维稳指挥部视频会议，传达学习有关文件精神和陈全国书记重要批示精神，就做好近期全区维稳工作进行再强调、再部署。

6 日 ●自治区党委书记陈全国，自治区党委副书记、自治区人大常委会主任白玛赤林，自治区党委副书记、自治区主席洛桑江村在拉萨会见了中央统战部常务副部长张裔炯一行。自治区党委常务副书记吴英杰等一同会见。

●自治区党委副书记、自治区主席洛桑江村出席自治区人民政府与西藏冰川矿泉水公司座谈会时强调，大思路大目标大手笔，做大做强天然饮用水产业，让西藏好水世界共享，让泉泉活水成致富之源。

7 日 ●西藏佛学院第四期边境偏

远地区寺庙僧尼培训班即将结业，自治区党委书记陈全国来到西藏佛学院，与佛学院学员进行座谈，强调要牢记使命，珍惜荣誉，爱国爱教，提高造诣，普度众生，为推动藏传佛教与社会主义社会相适应作出新贡献。

●自治区党委常务副书记吴英杰在拉萨主持召开八届区党委第45次专题会议，传达学习自治区党委书记陈全国重要批示精神，就进一步做好全区涉藏外事和对外宣传工作进行安排部署。

7日 ●至8日，中央统战部常务副部长张裔炯率工作组在西藏检查指导反恐安保维稳工作，看望慰问各族干部群众。自治区党委常务副书记吴英杰陪同检查指导。

8日 ●自治区党委副书记、自治区主席洛桑江村主持召开自治区人民政府常务会议，全面分析2014年上半年全区经济运行情况，深入研究下半年经济社会发展重点工作。

●自治区党委常务副书记吴英杰到自治区民宗委、佛协西藏分会、自治区党委统战部，考察调研全区统战民宗工作，代表自治区党委、政府亲切看望统战民宗部门干部职工。

9日 ●自治区党委常务副书记吴英杰在拉萨会见宝钢集团有限公司党委常委、宝山钢铁股份有限公司公司总经理戴志浩一行。

11日 ●自治区党委常务副书记吴英杰在拉萨与中央主要媒体记者代表团进行座谈。

13日 ●自治区党委召开常委会议，传达学习习近平总书记在第五次全国边海防工作会议上的重要讲话精神，听取上半年全区经济运行情况汇报，研究部署下半年经济工作。自治区党委书记陈全国主持会议。

●自治区党委在拉萨召开常委会议，传达学习中央巡视工作领导小组第19次会议精神，听取自治区纪委关于落实党风廉政建设主体责任和巡视工作情况汇报，研究部署全区党风廉政建设和巡视工作。自治区党委书记陈全国主持会议并讲话。

●自治区党委书记陈全国在拉萨会见了由中国剧协驻会副主席季国平率领的中国剧协梅花奖艺术团一行，自治区党委常务副书记吴英杰一同会见。

●《西藏日报》报道，全区村(居)“两委”换届工作电视电话会议近日在拉萨召开，会议传达学习了全国部分省区村“两委”换届工作座谈会精神和自治区党委书记陈全国重要指示精神，部署了2014年全区村(居)“两委”换届工作。自治区党委常务副书记吴英杰出席会议并讲话。

14日 ●自治区党委书记陈全国，自治区党委副书记、自治区主席洛桑江村在拉萨会见了中东欧国家高级官员代表团，自治区党委常务副书记吴英杰一同会见。

●自治区党委书记陈全国在拉萨会见了香港特别行政区前行政长官曾荫权一行。自治区党委常务副书记吴英杰一同会见。

●中国戏剧家协会梅花奖艺术团在拉萨举行慰问演出，自治区党委书记陈全国，自治区党委常务副书记吴英杰等同各族各界干部群众一起观看演出。

15日 ●自治区领导与陕西省党政代表团在拉萨举行座谈会，共商对口援藏大计。自治区党委书记陈全国出席座谈会并讲话，自治区党委副书记、自治区人大常委会主任白玛赤林，自治区党委副书记、自治区主席洛桑江村，自治区党委常务副书记吴英杰出席座谈会。

●自治区党委全面深化改革领导小组专题会议在拉萨召开，会议总结前一阶段工作情况，安排部署当前和今后一个时期全区改革工作。自治区党委常务副书记、区党委全面深化改革领导小组副组长兼办公室主任吴英杰主持会议并讲话。

16日 ●自治区党委书记陈全国，自治区党委副书记、自治区主席洛桑江村在拉萨会见了俄罗斯国家杜马第一副主席梅利尼科夫·伊万·伊万诺维奇一行。

●陕西省委书记、省人大常委会主任赵正永率领陕西省党政代表团前往阿里地区噶尔县，考察部分陕西援藏项目建设情况，看望慰问援藏干部。自治区党委副书记、自治区人大常委会主任白玛赤林一同考察调研。

18日 ●自治区党委副书记、自治区人大常委会主任白玛赤林主持召开自治区十届人大常委会第37次主任会议。会议听取关于《西藏自治区国防教育条例(草案)》修改情况的汇报等事宜。

●自治区党委副书记、自治区主席洛桑江村在拉萨主持召开自治区人民政府第 9 次常务会，研究中国西藏旅游文化国际博览会相关事宜，正式全面启动中国西藏旅游文化国际博览会筹备工作。

21 日　●至 22 日，自治区十届人大常委会立法工作会议在拉萨召开，会议传达学习全国人大常委会立法工作和全国地方立法研讨会精神，总结近年来西藏自治区地方立法工作，分析立法工作面临的新形势，部署自治区十届人大常委会立法工作。自治区党委副书记、自治区人大常委会主任白玛赤林在开幕会上讲话。

22 日　●自治区人大常委会党组理论中心组召开集体学习会，邀请全国人大常委会法工委副主任郑淑娜作题为《关于在新形势下加强立法工作的几个问题》专题讲座。自治区党委副书记、自治区人大常委会主任白玛赤林听取讲座。

23 日　●中共中央政治局委员、中央政法委书记孟建柱深入西藏自治区城市、牧区、政法机关、社区、企业、寺庙、学校、军营、便民警务站、城乡居民家中，看望慰问各族干部群众和广大僧尼，就发展稳定工作、平安中国建设进行调研。自治区党委书记陈全国，自治区党委副书记、自治区人大常委会主任白玛赤林，自治区党委副书记、自治区主席洛桑江村，自治区党委常务副书记吴英杰陪同调研。

●自治区党委在拉萨召开常委(扩大)会议，传达学习中共中央政治局委员、中央政法委书记孟建柱在西藏考察时的重要讲话精神。自治区党委书记陈全国主持会议。

●自治区十届人大常委会第十一次会议在拉萨召开。自治区党委副书记、自治区人大常委会主任白玛赤林主持。会议审议通过了本次会议议程和有关任免职事项的说明等事项。

24 日　●中共中央政治局委员、中央政法委书记孟建柱近日到拉萨市和山南地区，向各族干部群众、政法干警以亲切慰问和崇高敬意，就进一步做好西藏稳定工作进行调研。自治区党委书记陈全国，自治区党委副书记、自治区人大常委会主任白玛赤林，自治区党委副书记、自治区主席洛桑江村，自治区党委常务副书记吴英杰陪同调研。

●自治区党委书记陈全国在拉萨会见由全国政协外事委员会副主任朝方明率领的中央统战部建言献策调研组社会组一行。自治区党委常务副书记吴英杰一同会见。

●自治区人大常委会第十一次会议举行第二次全体会议，会上听取了《2014 年上半年自治区国民经济和社会发展计划执行情况与下半年国民经济和社会发展计划安排的报告》等。自治区党委副书记、自治区人大常委会主任白玛赤林出席会议。

●2014 年上半年全区经济运行情况通报电视电话会议召开，自治区党委副书记、自治区主席洛桑江村出席并讲话。

25 日　●自治区党委书记陈全国，自治区党委副书记、自治区人大常委会主任白玛赤林，自治区党委副书记、自治区主席洛桑江村在拉萨会见全国人大外事委员会副主任委员、济南军区原政委刘冬冬一行。

●自治区十届人大常委会第 11 次会议举行联组会议，结合审议自治区政府关于自治区公共文化建设与服务保障情况的报告进行专题询问，自治区党委副书记、自治区人大常委会主任白玛赤林出席。

26 日　●自治区党委书记陈全国，自治区党委副书记、自治区主席洛桑江村在拉萨会见交通运输部翁孟勇、冯正霖一行。

●自治区十届人大常委会第十一次会议闭幕，会议表决通过了《西藏自治区人民代表大会常务委员会关于批准西藏自治区 2013 年财政决算的决议》等决议。自治区党委副书记、自治区人大常委会主任白玛赤林主持并讲话。

●自治区党委副书记、自治区主席洛桑江村出席自治区在拉萨举行川藏青藏公路通车 60 周年座谈会。共同回顾西藏交通运输的发展历程，追忆革命前辈的丰功伟绩，展望西藏交通运输美好的明天。

27 日　●中央第四巡视组巡视西藏工作动员会在拉萨召开，自治区党委书记陈全国主持会议并作动员讲话。

●《西藏日报》报道，日前，自治区党委书记陈全国，自治区党委副书记、自治区人大常委会主任白玛赤林在拉萨会见公安部党委委员、政治部主任夏崇源一行。

●交通运输部西藏交通运输工作座谈会在拉萨召开，会前印发了《关于进一步推进西藏交通运输科学发展的若干意见》，自治区党委副书记、自治区主席洛桑江村出席并讲话。

28 日　●自治区在拉萨召开全区维护稳定工作电视电话会议，认真贯彻落实孟建柱书记在藏考察调研时的重要讲话精神、分析当前维稳形势，部署下一阶段维稳工作。自治区党委书记陈全国出席会议并讲话。自治区党委副书记、自治区人大常委会主任白玛赤林传达中央政治局委员、中央政法委书记孟建柱在藏考察调研时的重要讲话精神，自治区党委副书记、自治区主席洛桑江村主持，自治区党委常务副书记吴英杰出席。

●自治区党委副书记、自治区主席洛桑江村在拉萨主持召开首届中国西藏旅游文化国际博览会组委会第一次会议，听取筹备工作进展情况，对首届藏博会进行总部署、总安排、总动员。

29 日　●《西藏日报》报道，日前，自治区党委在拉萨召开常委会议，传达学习习近平总书记关于职业教育的重要指示精神和全国教育工作会议精神，研究西藏自治区贯彻意见。自治区党委书记陈全国主持会议并讲话。

●自治区党委副书记、自治区常务副主席、区党委政法委书记邓小刚在指导达孜县委常委班子专题民主生活会时强调，深入学习贯彻习近平总书记指出的“三严三实”的要求和“作风建设关键是在抓常、抓细、抓长上下功夫”的重要指示精神，贯彻落实好陈全国书记“七破七立"要求，坚持为民务实清廉，持之以恒抓好作风建设，确保教育实践活动取得群众满意的成效。

30 日　●自治区党委副书记、自治区主席洛桑江村在拉萨会见来藏参观访问的不丹外交大臣仁增·多吉一行。

31 日　●自治区党委农村工作领导小组在拉萨召开 2014 年度第 3 次全体会议，总结分析上半年农村经济运行情况，盘点重点项目建设情况，安排部署下半年“三农"工作。自治区党委副书记、自治区人大常委会主任、区党委农村工作领导小组组长白玛赤林出席会议并讲话。

●自治区党委副书记、自治区主席洛桑江村主持召开自治区人民政府常务会议，研究推进新型城镇化工作，通过《自治区<退役士兵安置条例>实施细则》，原则通过《自治区防雷减灾条例》。

8 月

1 日　●在建军 87 周年之际，自治区在拉萨举行庆八一军政座谈会，认真学习习近平总书记看望慰问驻福建部队官兵时的重要讲话，共叙军政军民鱼水情深，共谋军政军民团结大计。自治区党委书记、西藏军区党委第一书记陈全国主持会议并讲话，自治区党委副书记、自治区主席洛桑江村出席。

●《西藏日报》报道，日前，自治区党委副书记、自治区主席洛桑江村在拉萨会见中国民用航空局党组成员、副局长周来振一行。

●自治区党委常务副书记吴英杰出席指导波密县委常委班子专题民主生活会，强调以解决“四风”“两问题”“一薄弱" 成效推动改革发展稳定。

2 日　●全国人大常委会民族地区经济社会发展情况专题调研组在拉萨听取自治区工作汇报。自治区党委书记陈全国，自治区党委副书记、自治区人大常委会主任白玛赤林，自治区党委副书记、自治区主席洛桑江村，自治区党委常务副书记吴英杰，自治区党委副书记、自治区常务副主席、区党委政法委书记邓小刚出席。

●《西藏日报》报道，日前，自治区党委副书记、自治区主席洛桑江村在拉萨主持召开自治区人民政府常务会议，讨论通过《关于加快天然饮用水产业发展的意见》、《西藏自治区城乡居民基本养老保险实施办法(试行)》和《西藏自治区公益性岗位开发管理暂行办法》。

3 日　●自治区党委在拉萨召开党委(扩大)会议，传达学习中央关于对周永康立案审查情况的通报。表示坚决拥护中央对周永康立案审查的决定，坚决支持中央从严管党治党的一系列措施，坚决落实中央推进党风廉政建设和反腐败斗争的各项部署要求。自治区党委书记陈全国主持会议并讲话。

4 日　●自治区党委书记陈全国在

拉萨主持召开自治区党委常委会议，研究部署全区城镇化工作，强调坚持走有中国特色西藏特点的新型城镇化道路。

●自治区党委书记陈全国在拉萨会见中宣部副部长、国家新闻出版广电总局局长蔡赴朝一行。自治区党委常务副书记吴英杰一同会见。

5 日 ●自治区党委常务副书记吴英杰在拉萨亲切会见了人民日报社内参部专题调研室主编柴哲彬和新华社央采中心经济采访室副主任车玉明一行。

6 日 ●自治区党委书记陈全国，自治区党委副书记、自治区主席洛桑江村在拉萨会见了海关总署署长于广洲一行。

●自治区党委常务副书记吴英杰在拉萨会见了由广东省人大常委会党组副书记、副主任肖志恒率领的赴藏调研组一行。

7 日 ●自治区在拉萨召开区、地(市)、县(市、区)、乡镇四级视频会议传达学习习近平总书记关于川藏、青藏公路通车 60 周年的重要批示。自治区党委书记陈全国主持会议并讲话，强调以学习贯彻总书记重要批示精神为动力，弘扬“两路”精神开创治边稳藏新局面。自治区党委副书记、自治区主席洛桑江村，自治区党委常务副书记吴英杰等出席会议。

●自治区人民政府与海关总署在拉萨举行座谈会，共商合作发展大计，签订《关于支持西藏经济社会跨越式发展合作备忘录》。海关总署署长于广洲，自治区党委副书记、自治区主席洛桑江村讲话。

8 日 ●自治区党委副书记、自治区主席洛桑江村在拉萨会见了中华全国供销总社监事会主任诸葛彩华一行。

●自治区党委副书记、自治区主席洛桑江村在拉萨会见了国家粮食局党组书记、局长任正晓一行。

9 日 ●《西藏日报》报道，中宣部副部长、国家新闻出版广电总局局长蔡赴朝率领调研组在自治区调研新闻出版广播电视工作。自治区党委常务副书记吴英杰陪同调研。

●16 时 25 分，西藏自治区尼木县境内国道 318 线发生一起交通事故，一辆旅游大巴车、一辆越野车、一辆皮卡货车连环相撞，大巴车坠入悬崖，事故造成 44 人遇难，11 人受伤。

10 日 ●自治区党委书记陈全国，自治区党委副书记、自治区主席洛桑江村到西藏自治区人民医院、西藏军区总医院看望慰问在“8·09”交通事故中受伤的伤员。

●自治区党委副书记、自治区人大常委会主任白玛赤林在拉萨会见尼泊尔财政部部长拉姆施仁·马哈特率领的尼泊尔财政部代表团一行。

●自治区党委常务副书记吴英杰在拉萨会见了澳门明德慈善会理事长颜婉明一行。

11 日 ●自治区党委副书记、自治区主席洛桑江村会见参加“2014·中国西藏发展论坛”的专家学者代表一行。

●自治区党委常务副书记吴英杰在拉萨会见了国务院新闻办公室副主任崔玉英一行。

12 日 ●由国务院新闻办公室、自治区人民政府联合主办的 2014·中国西藏发展论坛于 12 日上午在拉萨隆重开幕，来自世界 30 多个国家和地区的近百位政府官员、专家学者和各界人士出席。自治区党委副书记、自治区主席洛桑江村，国务院新闻办公室副主任崔玉英致辞。

●《西藏日报》报道，近日，全国人大常委会副委员长向巴平措率全国人大常委会民族地区经济社会发展情况专题调研组，深入拉萨、山南、日喀则、林芝，就自治区经济社会发展和民族区域自治法贯彻落实情况进行调研，看望慰问基层干部群众。自治区党委副书记、自治区人大常委会主任白玛赤林一同调研。

●自治区党委常务副书记、自治区党校校长吴英杰在拉萨与中央党校原教育长、中央党校中国马克思主义研究基金会副理事长郝时晋率领的中央党校“创新社会治理体制、促进西藏长治久安”课题调研组座谈。

13 日 ●自治区在拉萨召开全区安全生产工作电视电话会议，全面开展安全生产大检查，安全隐患大排查。自治区党委副书记、自治区主席洛桑江村讲话。

●自治区党委常务副书记吴英杰在拉萨会见以尼泊尔媒体委员会主席博尔纳·巴哈杜尔·卡尔基为团长的尼泊尔主流媒体干部

考察团。

14 日　●自治区党委副书记、自治区主席洛桑江村在拉萨会见交通银行董事长牛锡明一行。

●自治区党委常务副书记吴英杰在拉萨会见了由中国广播电影电视社会组织联合会播音主持委员会常务副会长、秘书长，中央电视台播音员主持人业务指导委员会秘书长李瑞英和中央电视台新闻中心地方联播新闻主编、《新闻联播》西藏成就系列报道采访组领队杨松涛率领的中央电视台赴藏工作组一行。

15 日　●自治区在拉萨召开全区落实党风廉政建设主体责任电视电话会议。自治区党委书记陈全国出席并讲话。强调扎扎实实落实党风廉政建设主体责任，深入开展党风廉政建设和反腐败工作。自治区党委副书记、自治区人大常委会主任白玛赤林，自治区党委副书记、自治区主席洛桑江村，自治区党委常务副书记吴英杰出席会议。

●自治区党委常务副书记吴英杰在拉萨会见了浙江省副省长朱从玖，福建省厦门市人大常委会党组书记、主任郑道溪分别率领的浙江、福建两省赴藏考察组一行。

16 日　●自治区党委书记陈全国与中央学校课题调研组和中央主要媒体座谈，全面介绍了西藏改革发展稳定情况。

17 日　●自治区党委常务副书记吴英杰在拉萨会见了福建省委常委、组织部部长姜信治一行。

18 日　●《西藏日报》报道，日前，自治区党委书记陈全国就贯彻落实俞正声主席致 2014·中国西藏发展论坛的贺信作出批示，坚持走有中国特色西藏特点发展之路，不断开创跨越式发展长治久安新局面。

●自治区党委书记陈全国，自治区党委副书记、自治区主席洛桑江村在拉萨会见了“北京网络媒体红色故土·西藏行”媒体团。

●11 点 20 分左右，西藏自治区林芝工布江达县加兴乡境内 318 线发生一起交通事故，一辆由拉萨前往林芝的旅游大巴坠入尼洋河中，事故造成 3 人遇难、13 人失踪。

19 日　●自治区党委副书记、自治区主席洛桑江村在拉萨会见中国邮政集团公司党组书记、副总经理张亚非一行。

20 日　●自治区领导与国家电网公司在拉萨举行座谈会，共商电力援藏和西藏电力事业发展大计。自治区党委书记陈全国主持座谈会，自治区党委副书记、自治区主席洛桑江村，国家电网公司董事长刘振亚出席并讲话。

●自治区党委副书记、自治区人大常委会主任白玛赤林主持自治区十届人大常委会第 40 次主任会议。会议听取了关于日喀则地区创建“代表之家”情况的调研报告。研究了《西藏自治区道路交通安全条例》立法后评估报告的审议意见等。

22 日　●自治区党委书记陈全国在拉萨主持召开自治区党委常委会议，审议并原则通过《中共西藏自治区委员会、西藏自治区人民政府关于加快农牧业产业化经营的意见》。

●自治区党委常务副书记吴英杰在拉萨会见了中国社会科学院民族学与人类学研究所所长、劳动与社会保障研究中心主任、中国廉政研究中心副理事长王延中一行。

●自治区维稳指挥部在拉萨召开专题会议，研究部署雪顿节期间全区维稳安保工作。自治区党委常务副书记吴英杰主持会议并讲话。

24 日　●自治区党委常务副书记吴英杰在拉萨会见印度、尼泊尔、不丹记者团。

25 日　●对口支援西藏工作 20 周年电视电话会议在北京人民大会堂召开，自治区党委书记陈全国出席主会场会议并作交流发言。自治区党委副书记、自治区主席洛桑江村出席主会场会议，自治区党委常务副书记吴英杰出席西藏分会场会议。

●自治区党委常务副书记吴英杰在拉萨会见了山东省委常委、统战部部长颜世元。

28 日　●自治区党委书记陈全国给 109 道班的工人回信，鼓励他们认真学习习近平总书记就川藏、青藏公路通车 60 周年作出的重要批示精神，继承发扬“两路”精神，为西藏交通事业发展作出积极贡献。

●自治区党委常务副书记吴英杰在拉萨会见了由中央电视台新闻中心联播部副主任王志明率领的赴藏调研组一行。

31 日 ●自治区党委在拉萨召开常委会议，传达学习习近平总书记在听取兰考县委和河南省委党的群众路线教育实践活动情况汇报时的重要讲话，安排部署扎实推进全区教育实践活动。自治区党委书记陈全国主持会议。

●自治区党委在拉萨召开常委会议,传达学习中央对口支援西藏工作20周年电视电话会议精神，研究贯彻落实的具体措施。自治区党委书记陈全国主持会议并讲话。

●自治区党委副书记、自治区主席洛桑江村在拉萨会见中国工程院副院长、院士刘旭率领的院士、专家赴藏调研组一行。

9月

1 日 ●自治区党委常务副书记吴英杰在拉萨主持召开自治区民族团结宣传教育活动和民族团结进步创建活动领导小组全体成员会议。强调树立典型营造氛围,进一步促进全区各族人民共同团结奋斗共同繁荣发展。

●自治区党委与上海市代表团在拉萨举行座谈会,自治区党委常务副书记吴英杰主持座谈会并讲话。

2 日 ●自治区党委副书记、自治区主席洛桑江村在拉萨主持举行自治区人民政府 2014 年第 4 次专题学习电视电话会议。国务院发展研究中心副主任、研究员刘世锦应邀作了题为《我国经济中长期发展趋势与改革战略》的专题讲座。

●自治区党委副书记、自治区主席洛桑江村在拉萨会见国务院发展研究中心副主任刘世锦率领的赴藏调研组一行。

3 日 ●自治区党委常务副书记吴英杰在拉萨会见了河北省副省长秦博勇一行。

4 日 ●全国林业援藏工作座谈会在拉萨召开，自治区党委副书记、自治区主席洛桑江村出席会议并讲话。

●自治区党委副书记、自治区主席洛桑江村在拉萨会见国家林业局党组副书记、副局长张建龙一行。

●自治区党委副书记、自治区主席洛桑江村在拉萨会见湖南省委常委、常务副省长陈肇雄率领的湖南省党政代表团一行。

5 日 ●自治区党委常务副书记、自治区党委党的群众路线教育实践活动领导小组常务副组长吴英杰在拉萨召开领导小组第 9 次会议,强调以总书记重要讲话精神为指导,确保全区教育实践活动取得实效。

6 日 ●自治区党委书记陈全国在拉萨主持召开自治区党委常委会议,传达学习《中央全面深化改革领导小组印发<中央改革办关于上半年全面深化改革工作进展情况的报告>的通知》，安排部署全区全面深化改革工作。

●自治区党委书记陈全国在拉萨主持召开自治区党委常委会议，听取全区县级党校工作情况汇报，研究部署加强县级建设工作。

7 日 ●自治区在拉萨召开全区教师工作会议。自治区党委书记陈全国会见与会代表并向全区广大教师和教育工作者致以节日的祝贺和诚挚的问候。自治区党委副书记、自治区主席洛桑江村出席会议并讲话。

8 日 ●自治区党委副书记、自治区主席、首届藏博会组委会主任洛桑江村在拉萨主持召开首届藏博会组委会办公室各组组长会议,听取工作进展情况汇报,研究主要活动开展相关事宜，部署下一步工作。

9 日 ●自治区党委、政府在拉萨召开全区对口援藏工作电视电话会议。自治区党委书记陈全国出席会议并讲话。强调扎实做好新形势下的对口援藏工作，不断开创西藏发展稳定工作新局面。自治区党委副书记、自治区人大常委会主任白玛赤林，自治区党委常务副书记吴英杰出席会议,自治区党委副书记、自治区主席洛桑江村主持会议。

●自治区领导与辽宁省党政代表团在拉萨举行座谈会，共商对口援藏大计。自治区党委书记陈全国出席座谈会并讲话。自治区党委副书记、自治区人大常委会主任白玛赤林,自治区党委副书记、自治区主席洛桑江村，自治区党委常务副书记吴英杰出席座谈会。

10 日 ●共青团对口支援西藏工作会议在拉萨召开，贯彻落实中央对口支援西藏工作 20 周年电视电话会议精神，研究部署共青团对口援藏工作。自治区党委书记陈全国，团中央书记处第一书记秦宜智出席会议并讲话。自治区党委副书记、自治区主席洛桑江村出席会议。

●赴藏考察羌塘、珠峰国家级自然保护区保护建设情况的民革中央考察团在拉萨听取了自治区工作汇报。自治区党委书记陈全国，自治区党委副书记、自治区主席洛桑江村，自治区党委常务副书记吴英杰出席会议。

●自治区党委党校、自治区行政学院2014年秋季学期开学典礼在拉萨举行。自治区党委常务副书记、区党委党校校长吴英杰出席开学典礼并讲话。

11日　●自治区党委副书记、自治区主席洛桑江村专程来到拉林高等级公路林芝至工布江达段各建设现场，代表自治区党委、政府，代表陈全国书记亲切看望慰问奋战在一线的工程建设者和管理者，对工程建设取得的良好进展给予充分肯定；详细了解工程进展情况，召开现场办公会，对下一步建设提出明确要求。

12日　●自治区党委副书记、自治区人大常委会主任白玛赤林主持自治区人大常委会党组召开理论学习中心组学习(扩大)会议，围绕学习贯彻习近平总书记重要讲话精神进行学习交流，进一步统一思想、提高认识。

●至16日，由中共中央政治局委员、广东省委书记胡春华和广东省委副书记、省长朱小丹率领的广东省党政代表团就进一步加强对口支援西藏工作赴藏考察，并出席广东·西藏对口支援工作座谈会。自治区党委书记陈全国，自治区党委副书记、自治区人大常委会主任白玛赤林，自治区党委副书记、自治区主席洛桑江村，自治区党委常务副书记吴英杰陪同考察或出席座谈会。

14日　●《西藏日报》报道，日前，自治区党委书记陈全国到林芝地区看望慰问基层干部群众，就发展稳定工作进行调研。

●自治区党委常务副书记吴英杰在拉萨会见前来自治区考察的复旦大学党委副书记刘承功一行。

15日　●《西藏日报》报道，日前，自治区党委书记陈全国在拉萨与中国国际航空股份有限公司党委书记樊澄一行进行座谈。

16日　●自治区党委书记陈全国与中央党校课题调研组、中央主要媒体在拉萨进行座谈，全面介绍了西藏改革发展稳定情况。

17日　●自治区党委副书记、自治区人大常委会主任白玛赤林在拉萨主持召开自治区十届人大常委会第42次会议。会议听取了关于《西藏自治区实施<中华人民共和国国防教育法>办法(草案三审稿)》审议结果的报告。

●自治区党委常务副书记、全区村(居)“两委”换届工作领导小组组长吴英杰在拉萨主持召开第二次领导小组会议，传达贯彻陈全国书记重要批示精神，总结前一阶段村(居)“两委”换届工作情况，研究部署下一步工作。

18日　●自治区党委常务副书记吴英杰在拉萨会见了中组部研究室(政策法规局)巡视员、副主任(副局长)张景虎一行。

19日　●自治区领导在拉萨与外交部驻外使节团进行了座谈，深入交流进一步做好新形势下的涉藏外交工作。自治区党委书记陈全国介绍了西藏发展稳定情况，自治区党委副书记、自治区主席洛桑江村出席座谈会。

●自治区党委副书记、自治区主席洛桑江村在拉萨主持召开自治区人民政府常务会议，传达学习中央近期关于经济发展有关会议精神，就自治区政府职能转变和机构改革作出研究部署。

20日　●自治区党委副书记、自治区主席洛桑江村来到藏博会开幕式和展览展示布展现场，实地检查筹备各项工作，强调精抠细节精雕细琢精益求精，确保藏博会精彩纷呈。

21日　●自治区党委在拉萨召开常委会议，传达学习党的群众路线教育实践活动理论研讨会精神，听取全区第二批教育实践活动开展情况汇报，研究部署相关工作。自治区党委书记陈全国主持会议并讲话。

●自治区党委召开常委会议，传达学习培育和践行社会主义核心价值观工作经验交流会精神，研究西藏自治区贯彻落实意见。自治区党委书记陈全国主持会议并讲话。

●自治区党委副书记、自治区主席洛桑江村日前在拉萨主持召开自治区人民政府常务会议，讨论并原则通过西藏自治区《招商引资若干规定(修订稿)》等事宜。

22 日 ●自治区党委在拉萨召开第七批援藏干部领队第三次座谈会。自治区党委书记陈全国出席会议并讲话，强调把对口援藏工作做到各族群众心坎上，为西藏的发展稳定注入动力提供支撑。自治区党委常务副书记吴英杰主持座谈会。

●自治区党委理论学习组在西藏人民会堂举行集体学习会。自治区党委书记陈全国主持会议时强调，用中国梦汇聚起磅礴的正能量，不断开创发展稳定工作的新局面。

●自治区党委副书记、自治区人大常委会主任白玛赤林主持召开自治区十届人大常委会第十二次会议。听取《西藏自治区实施<中华人民共和国国防教育法>办法(草案第二审稿)》审议结果的报告等。

●自治区人大常委会以“坚持和完善人民代表大会制度,充分发挥人大在全面深化改革进程中的重要作用”为主题,在拉萨召开庆祝人民代表大会制度建立60周年、地方人大设立常委会35周年理论研讨会。自治区党委副书记、自治区人大常委会主任白玛赤林作重要讲话。

●自治区党委副书记、自治区主席、首届藏博会组委会主任洛桑江村来到藏博会经贸洽谈活动筹备现场,检查工作,听取经贸洽谈工作汇报。

23 日 ●自治区十届人大常委会第十二次会议举行第二次全体会议,自治区党委副书记、自治区人大常委会主任白玛赤林出席会议。会上作了关于 2014 年财政预算收支变化情况的报告和关于税收工作情况的报告等。

●自治区党委副书记、自治区主席、首届藏博会组委会主任洛桑江村检查展览展示和开幕式彩排,亲切看望慰问全体工作人员和演职人员。

24 日 ●自治区党委书记陈全国,自治区党委副书记、自治区主席洛桑江村在拉萨会见前来出席首届中国西藏旅游文化国际博览会的尼泊尔副总统帕马纳德·贾阿及其夫人一行。

●自治区十届人大常委会第十二次会议举行联组会议,专题询问农牧业特色产业建设与促进农牧民增收情况。自治区党委副书记、自治区人大常委会主任白玛赤林出席会议。

25 日 ●首届中国西藏旅游文化国际博览会在拉萨隆重开幕。自治区党委书记陈全国宣布开幕；自治区党委副书记、自治区人大常委会主任白玛赤林主持；自治区党委副书记、自治区主席、首届藏博会组委会主任洛桑江村致辞。

●自治区党委书记陈全国,自治区党委副书记、自治区主席洛桑江村在拉萨会见前来出席首届中国西藏旅游文化国际博览会的文化部党组书记、部长蔡武。

●自治区十届人大常委会第十二次会议完成各项议程，于下午闭幕。自治区党委副书记、自治区人大常委会主任白玛赤林主持会议并讲话。

●至 27 日,自治区党委常务副书记吴英杰来到第二批党的群众路线教育实践活动联系点林芝地区波密县，实地调研乡镇基层党建工作和村(居)“两委"换届工作开展情况，检查指导第二批教育实践活动整改落实工作。

26 日 ●自治区人大常委会在拉萨召开纪念《中华人民共和国民族区域自治法》颁布实施 30 周年座谈会。自治区党委副书记、自治区人大常委会主任白玛赤林出席会议并讲话。

●文化部、国家旅游局、西藏自治区人民政府在拉萨举行藏博会中国西藏旅游文化论坛，共商西藏旅游文化长远发展大计。自治区党委副书记、自治区主席洛桑江村发表演讲。

●首届中国西藏旅游文化国际博览会展览展示正式开幕,自治区党委副书记、自治区主席、首届藏博会组委会主任洛桑江村出席观展。

27 日 ●首届中国西藏旅游文化国际博览会项目集中签约暨闭幕式在拉萨举行。自治区党委副书记、自治区人大常委会主任白玛赤林,自治区党委常务副书记吴英杰出席闭幕会。

●自治区党委副书记、自治区人大常委会主任白玛赤林在拉萨会见前来自治区考察调研的中央国家机关工委副书记陈存根一行。

28 日 ●自治区维稳指挥部在拉

萨召开视频会议，总结前一阶段维稳工作，传达学习有关文件精神，研究部署近期全区维稳安保工作。自治区党委常务副书记、区维稳指挥部总指挥吴英杰主持会议并讲话。

29日 ●自治区党委书记陈全国，自治区党委副书记、自治区主席洛桑江村与出席中央民族工作会议暨国务院第六次全国民族团结进步表彰大会的自治区代表一道参观了西藏展厅。

●《西藏日报》报道，日前，自治区党委在拉萨召开常委会议，听取全区村(居)“两委”换届工作情况汇报，研究部署下一步工作。自治区党委书记陈全国主持会议。

10月

1日 ●在庆祝中华人民共和国成立65周年之际，自治区党委副书记、自治区人大常委会主任白玛赤林，自治区党委常务副书记吴英杰，自治区党委副书记、自治区常务副主席、区党委政法委书记邓小刚分别在拉萨看望慰问了全国民族团结进步模范、全国劳动模范、全国见义勇为道德模范、十八军老战士和烈士遗属，代表自治区党委书记陈全国，表达对在西藏革命建设各个历史时期为党和人民事业作出重要贡献的有功之臣的崇高敬意。

●自治区党委副书记、自治区人大常委会主任白玛赤林来到自治区公安厅指挥中心、大昭寺广场，看望慰问执勤民警、武警官兵，考察保障性住房项目建设情况，强调加快推进民生工程项目建设，巩固发展和谐稳定大好局面。

2日 ●自治区党委常务副书记、区维稳指挥部总指挥吴英杰在拉萨通过视频连线，检查督导国庆长假期间各地市维稳工作情况，实地调研拉萨教育城学校教育管理工作。

3日 ●自治区党委副书记、自治区常务副主席、区党委政法委书记邓小刚前往拉萨市群众文化体育中心对项目建设管理情况进行调研。强调提进度重质量保安全，努力把项目建设成民心工程和精品工程。

●自治区党委副书记、自治区人大常委会主任白玛赤林，自治区党委常务副书记吴英杰，自治区党委副书记、自治区常务副主席、区党委政法委书记邓小刚在拉萨会见前来自治区考察调研的武警部队参谋长牛志刚中将一行。

●武警西藏总队在拉萨召开党委常委会。自治区党委副书记、自治区常务副主席、区党委政法委书记邓小刚出席会议并讲话。

●自治区党委副书记、自治区常务副主席、区党委政法委书记邓小刚前往拉萨市和自治区维稳指挥部检查节日期间反恐维稳安保措施落实情况。要求坚守岗位履职尽责，为各族群众欢度佳节创造良好的环境。

5日 ●自治区党委常务副书记吴英杰来到北京援藏公寓和江苏援藏干部公寓看望北京市、江苏省第七批援藏干部，为他们送去自治区党委、政府的亲切关怀和节日的祝福。

8日 ●中共中央召开党的群众路线教育实践活动总结大会。自治区党委书记陈全国，自治区党委副书记、自治区人大常委会主任白玛赤林，自治区党委副书记、自治区主席洛桑江村，自治区党委常务副书记、区党委教育实践活动领导小组常务副组长吴英杰，自治区党委副书记、自治区常务副主席、区党委政法委书记邓小刚出席分会场会议。自治区党委书记陈全国强调，要以习近平总书记重要讲话精神为指导，不断巩固拓展党的群众路线教育实践活动，持续推动作风转变，始终坚持党要管党、从严治党。

●自治区党委副书记、自治区常务副主席、区党委政法委书记邓小刚前往拉萨便民警务站看望慰问舍己为人勇救落水老人的一线人民警察。

●自治区党委常务副书记吴英杰在拉萨亲切会见了中央电视台人力资源管理中心主任范昀一行。

●国家推进新型城镇化工作部际联席会第一次电视电话会议在北京召开。自治区党委副书记、自治区常务副主席、自治区党委政法委书记邓小刚出席西藏分会场会议并讲话。强调吃透精神、把握重点、紧贴实际、积极稳妥扎实推进西藏自治区新型城镇化。

9日 ●全国科协系统对口援藏工作会议在拉萨召开。自治区党委副书记、自治区人大常委会主任白玛赤林致辞，自治区党委常务副书记吴英杰，自治区党委副书记、自治区常务副主席、区党委政法委书记邓小刚出席会议。

●自治区十届人大常委会第44次主任会议召开，会议研究了自治区人大常委会关于《自治区人民政府税收工作情况报告》等五个审议意见。自治区党委副书记、自治区人大常委会主任白玛赤林主持会议。

●西藏检察官文联成立大会暨检察文化援藏会议在拉萨召开。自治区党委副书记、自治区常务副主席、区党委政法委书记邓小刚，中国检察官文联主席、最高人民检察院原党组副书记、常务副检察长张耕出席会议并分别讲话。

●至10日，全区公共文化服务体系建设现场会在山南召开。自治区党委副书记、自治区主席洛桑江村就会议召开作出批示。批示指出，近年来，全区文化战线干部职工工作努力、成绩显著，希望继续努力；要注重会议实效，加快推进全区公共文化体系建设。

10日　●自治区党委在拉萨召开常委会议，传达学习中央民族工作会议暨国务院第六次全国民族团结进步表彰大会精神。自治区党委书记陈全国主持会议并讲话。

●自治区党委书记陈全国，自治区党委副书记、自治区主席洛桑江村在拉萨会见了出席全国工会对口援藏工作座谈会的全国总工会党组书记、副主席、书记处第一书记陈豪一行，自治区党委书记陈全国代表自治区党委、政府和全区各族人民对全国工会对口援藏工作座谈会的召开表示热烈祝贺。

11日　●全国工会对口援藏工作座谈会在成都召开。全国总工会党组书记、副主席、书记处第一书记陈豪出席并讲话，自治区党委副书记、自治区主席洛桑江村致辞。全国总工会副主席、书记处书记李世明主持座谈会。

12日　●全区党的群众路线教育实践活动总结大会在拉萨召开。会议认真学习贯彻习近平总书记在中央党的群众路线教育实践活动总结大会上的重要讲话精神。中央第十巡回督导组组长杨崇汇、自治区党委书记陈全国出席会议并讲话。自治区党委副书记、区人大常委会主任白玛赤林，自治区党委副书记、自治区主席洛桑江村，中央第十巡回督导组副组长李佑才，自治区党委常务副书记吴英杰，自治区党委副书记、自治区常务副主席、区党委政法委书记邓小刚出席会议。

●自治区党委副书记、自治区人大常委会主任白玛赤林在拉萨会见了前来自治区考察调研的中国科协党组书记、书记处第一书记尚勇一行。自治区党委副书记、自治区常务副主席、区党委政法委书记邓小刚，自治区党委常委、区直机关工委书记多托，自治区党委常委、自治区常务副主席丁业现，自治区副主席曾万明和中国科协副主席、书记处书记陈章良，中国科协党组成员、书记处书记徐延豪，中国科协党组成员、中国科技馆馆长束为一同参加会见。

14日　●自治区深入开展创先争优强基础惠民生活动领导小组在拉萨召开第6次全体会议，认真学习贯彻习近平总书记在中央党的群众路线教育实践活动总结大会上的重要讲话精神。自治区党委常务副书记、自治区深入开展创先争优强基础惠民生活动领导小组组长吴英杰主持会议并讲话。强调贯彻中央精神，加强作风建设，立足西藏实际，深化强基惠民。

15日　●自治区党委副书记、自治区主席洛桑江村在拉萨主持召开自治区人民政府常务会议，深入分析前三季度经济运行情况，研究部署下一步重点工作；认真总结首届中国西藏旅游文化国际博览会成功举办的经验。

●至18日，中共中央政治局委员、北京市委书记郭金龙率北京市代表团赴藏考察指导对口援藏工作，进一步深化两地交流合作，促进京藏共同发展。自治区党委书记陈全国，自治区党委副书记、自治区人大常委会主任白玛赤林，自治区党委副书记、自治区主席洛桑江村，自治区党委常务副书记吴英杰，自治区党委副书记、自治区常务副主席、区党委政法委书记邓小刚陪同考察或出席座谈会。

17日　●自治区在拉萨召开全区电视电话会议，通报全区前三季度经济运行情况，安排部署第四季度经济工作。自治区党委副书记、自治区主席洛桑江村讲话，强调要深入学习贯彻以习近平同志为总书记的党中央关于西藏工作的指示要求。自治区党委副书记、自治区常务副主席、区党委政法委书记邓小刚主持会议。

18 日 ●自治区党委副书记、自治区主席洛桑江村在拉萨会见了尼泊尔副总理兼内政部长高塔姆一行。

●自治区党委在拉萨召开常委会议，传达学习习近平总书记在文艺工作座谈会上的重要讲话精神，学习全国党委秘书长会议精神特别是习近平总书记重要批示精神。强调要深入学习贯彻习近平总书记系列重要讲话精神，持之以恒地将强作风建设，坚决保障中央政令畅通、决策落地生根。自治区党委书记陈全国主持会议并讲话。

19 日 ●自治区维稳指挥部在拉萨召开视频会议，传达学习有关文件精神和陈全国重要批示精神，安排部署近期全区维稳工作。自治区党委常务副书记、区维稳指挥部总指挥吴英杰主持会议并讲话，自治区党委副书记、自治区党委副主席、区党委政法委书记、区维稳指挥部总指挥邓小刚部署具体工作。

20 日 ●自治区党委副书记、自治区常务副主席、区党委政法委书记邓小刚在拉萨会见了尼泊尔副总理兼内政部长高塔姆一行。

22 日 ●自治区党委常务副书记吴英杰在拉萨市调研重点工程项目建设情况，强调坚持民生为本，突出生态效益，抓好重点项目建设，造福各族干部群众。自治区党委常委、拉萨市委书记齐扎拉，自治区党委常委、秘书长王瑞连陪同调研。

●自治区党委副书记、自治区常务副主席、区党委政法委书记邓小刚在拉萨主持召开自治区人民政府常务会，传达学习《国务院关于加强地方政府性债务管理的意见》，讨论通过《西藏自治区主体功能区规划》。自治区副主席孟德利出席会议。

23 日 ●自治区党委常务副书记吴英杰在拉萨主持召开公开遴选干部座谈会，强调始终与党中央保持高度一致，努力为西藏的发展稳定献智发力。自治区党委常委、组织部部长梁田庚出席座谈会。

●自治区党委副书记、自治区常务副主席、区党委政法委书记邓小刚在拉萨主持召开区党委政法委员全体会议，传达学习中央司法体制改革试点工作推进会精神，要求统一思想，统筹谋划，精心组织，全力以赴抓好司法体制改革各项工作。

24 日 ●自治区党委在拉萨召开常委会议，传达学习党的十八届四中全会精神。会议要求，把学习贯彻落实全会精神作为当前的重大政治任务，以扎扎实实的工作推动依法治藏落到实处取得实效。自治区党委书记陈全国主持会议。

26 日 ●中国·泛西南警务合作第五届联席会议在拉萨召开，9 省(市区)签订《警务合作机制》。自治区党委副书记、自治区常务副主席、区党委政法委书记邓小刚出席会议并致辞。

●自治区党委常务副书记吴英杰在拉萨会见了中央保密副主任、国家保密局副局长杜永胜一行。自治区党委常委、秘书长王瑞连一同会见。

27 日 ●自治区党委党的群众路线教育实践活动领导小组办公室和督导组座谈会在拉萨召开，会议强调，扎实做好教育实践活动后续工作，持之以恒推进西藏自治区党的作风建设。自治区党委常务副书记、区党委党的群众路线教育实践活动领导小组常务副组长吴英杰出席会议并讲话。

●自治区党委副书记、自治区常务副主席、区党委政法委书记、拉萨市城市供暖工程建设工作领导小组组长邓小刚主持召开拉萨市城市供暖工程建设工作领导小组会议。要求认真做好收尾验收总结，全力抓好运营监管，充分发挥经济效益、社会效益、生态效益。

●至 31 日，自治区党委副书记、自治区主席洛桑江村率西藏自治区政府代表团对尼泊尔联邦民主共和国进行为期 5 天的友好访问。访问中，双方承诺联手推进全方位、宽领域、多层次、高水平交流合作。

28 日 ●自治区党委在拉萨召开常委会议。会议传达学习十八届中纪委第四次全会精神，深入推进党风廉政建设和反腐败斗争，为全面推进依法治藏提供坚强有力保证，研究贯彻落实意见。自治区党委书记陈全国主持会议。

●全区社区矫正工作电视电话会议在拉萨召开。自治区党委副书记、自治区常务副主席、区党委政法委书记邓小刚出席会议并讲话。强调提高认识把握规律加强领导，全面推进自治区社区矫正工作。

●自治区党委常务副书记吴英杰在拉萨考察调研自治区档案馆新

馆、西藏革命建设改革纪念馆项目筹建进展情况，要求立足实际体现特色，努力打造精品工程。

●中国银监会、自治区召开银行业支持西藏经济社会发展座谈会，回顾总结银行业支援西藏工作的经验和成绩，研究部署进一步做好银行业支持西藏经济社会发展工作。自治区党委书记陈全国、中国银监会主席尚福林讲话，自治区党委副书记、自治区主席洛桑江村，自治区党委常委、自治区常务副主席丁业现出席，中国银监会副主席阎庆民主持座谈会。

30 日 ●自治区党委常务副书记吴英杰到堆龙德庆县乃琼镇岗德林村、羊达乡通嘎村，调研指导村(居)“两委”换届工作。强调坚持党的领导，推进依法治藏，夯实改革发展稳定根基。

11 月

2 日 ●自治区撤地设市工作领导小组在拉萨召开会议，传达通报日喀则、昌都撤地设市工作有关情况，安排部署相关工作。自治区党委常务副书记吴英杰主持会议。

3 日 ●全区藏医药发展大会在拉萨召开。会议号召，要在强基础、重普及，强产业、惠民生，强科研、促创新上下功夫，以大思路大战略大决心整体推进藏医药事业跨越式发展。自治区党委副书记、自治区主席洛桑江村出席并讲话。

4 日 ●自治区党委在拉萨召开常委会议，传达学习习近平总书记关于巡视工作和在庆祝全国人民代表大会成立 60 周年、中国人民政治协商会议成立 65 周年大会上的重要讲话精神，研究中央第四巡视组对西藏巡视情况反馈意见的整改工作，贯彻落实意见。自治区党委书记陈全国主持会议并讲话。

●自治区党委常务副书记、区维稳指挥部总指挥吴英杰在拉萨召开区维稳指挥部视频会议，强调克服松懈麻痹思想，狠抓部署落实确保 APEC 期间全区社会和谐稳定。

5 日 ●自治区党委落实中央巡视组反馈情况整改工作领导小组办公室第 1 次会议召开。自治区党委常务副书记、区党委落实中央巡视组反馈情况整改工作领导小组副组长、办公室主任吴英杰主持会议并讲话。

6 日 ●自治区在拉萨召开纪念张国华同志诞辰 100 周年座谈会。追思张国华同志的历史功绩，缅怀张国华同志的革命精神。自治区党委书记、西藏军区党委第一书记陈全国出席座谈会并讲话。自治区党委副书记、自治区主席洛桑江村主持座谈会。自治区党委常务副书记吴英杰宣读了帕巴拉·格列朗杰的纪念文章和热地的信函。

7 日 ●自治区人大常委会党组在拉萨召开理论学习中心组学习（扩大)会。学习贯彻习近平总书记在党的十八届四中全会上的重要讲话和十八届中央纪委第四次全会精神。自治区党委副书记、自治区人大常委会主任白玛赤林主持会议并讲话。

●自治区党委副书记、自治区主席洛桑江村在拉林铁路建设总指挥部调研。强调抢抓自治区铁路建设面临的难得机遇，全力以赴推进拉林铁路建设各项工作。

●自治区党委在拉萨召开常委会议，传达学习习近平总书记在中央财经领导小组第八次会议上的重要讲话精神，研究部署全区经济工作。自治区党委书记陈全国主持会议并讲话。

10 日 ●至 11 日，自治区党委书记陈全国在昌都地区调研，强调要认真学习贯彻党的十八届四中全会精神，贯彻落实习近平总书记系列重要讲话精神，全面深化改革，推进依法治国，紧紧抓住撤地设市的好机遇，加快推进和谐富裕新昌都建设。

●至 13 日，自治区党委副书记、自治区主席洛桑江村在那曲地区西部县乡深入调研，强调要认真贯彻落实党的十八大和十八届三中、四中全会精神，时时刻刻把保障和改善民生作为一切工作的根本出发点和落脚点，面向基层、面向群众，解决好牧区最基本的民生问题，让广大牧民群众生活得更幸福。

12 日 ●自治区党委对中央巡视组反馈意见整改落实工作领导小组办公室第 2 次会议召开。自治区党委常务副书记、区党委对中央巡视组反馈意见整改落实工作领导小组副组长、办公室主任吴英杰主持会议。强调严明各级责任，细化任务措施，有力有序推进全区整改落实工作。

13 日 ●自治区第十届人民代表大会常务委员会第十三次会议在拉萨召开。自治区党委副书记、区人大常委会主任白玛赤林主持会议。

●自治区党委书记陈全国在萨迦寺调研，强调全面贯彻落实党的宗教信仰自由政策，促进藏传佛教与社会主义社会相适应。

●至 14 日，自治区党委副书记、自治区主席洛桑江村在那曲城区和那曲县罗玛镇就城市基础设施、基本公共服务、民生改革、防抗灾和寺庙管理等工作进行深入调研。强调努力把藏北建设得更加美丽，让各族人民生活得更加美好。

14 日 ●自治区第十届人民代表大会常务委员会第十三次会议完成各项议程。自治区党委副书记、自治区人大常委会主任白玛赤林主持会议并讲话。

●自治区人大常委会党组理论学习中心组举行学习会，邀请自治区党委党校、行政学院科研部主任次旺，作题为《维护宪法权威保证宪法实施》的专题讲座。自治区党委副书记、区人大常委会主任白玛赤林听取讲座。

16 日 ●自治区党委、政府在拉萨召开全区点三批驻村工作总结表彰暨第四批驻村工作动员大会，强调深入贯彻十八届四中全会和习近平总书记重要讲话精神，巩固教育实践活动成果，夯实西藏发展稳定基础。自治区党委书记陈全国出席会议并讲话，自治区党委副书记、自治区人大常委会主任白玛赤林主持会议，自治区党委副书记、自治区主席洛桑江村宣读自治区党委、政府关于表彰先进驻村(居)工作队、先进驻村(居)工作队员、优秀组织单位的决定。

17 日 ●自治区党委在拉萨召开落实中央巡视组反馈意见整改工作动员会。自治区党委书记陈全国出席会议并讲话，强调落实两个责任不折不扣完成整改任务，营造风清气正的政治生态和社会环境。自治区党委副书记、区人大常委会主任白玛赤林，自治区党委副书记、自治区主席洛桑江村，自治区党委常务副书记吴英杰，自治区党委副书记、自治区常务副主席、区党委政法委书记邓小刚出席。

●全国进一步推进户籍制度改革工作电视电话会议在北京召开。自治区党委副书记、自治区常务副主席、区党委政法委书记邓小刚出席西藏分会场会议。

●自治区党委召开县乡党委书记、行业系统党工委书记抓基层党建述职评议考核工作动员会。自治区党委书记陈全国出席会议并讲话，强调认真贯彻落实习近平总书记从严治党重要指标，全面加强党的建设，巩固党的执政地位。自治区党委副书记、区人大常委会主任白玛赤林，自治区党委副书记、自治区主席洛桑江村，自治区党委常务副书记吴英杰，自治区党委副书记、自治区常务副主席、区党委政法委书记邓小刚出席。

18 日 ●全区民族工作会议暨 2014 年民族团结进步表彰大会在拉萨举行。会议强调，要全面贯彻中央民族工作会议精神，谱写全区民族团结进步的新篇章。国家民委发来贺电，自治区党委书记陈全国出席会议并讲话，自治区党委副书记、区人大常委会主任白玛赤林宣读表彰决定，自治区党委副书记、自治区主席洛桑江村主持并作总结讲话，自治区党委常务副书记吴英杰作说明，自治区党委副书记、自治区常务副主席、区党委政法委书记邓小刚出席。

19 日 ●至 21 日，自治区党委副书记、自治区主席洛桑江村在参加川藏电力联网工程投运仪式昌都分会场活动期间，就昌都基础设施和城市规划建设等进行调研。强调深化改革加快发展，让各族群众共享改革发展稳定成果。

20 日 ●川藏电力联网工程投运仪式举行。中共中央政治局常委、全国政协主席俞正声在京出席仪式并宣布工程投运。自治区党委书记陈全国在投运仪式上发言。投运仪式在西藏昌都变电站、四川巴塘变电站设立分会场。自治区党委副书记、自治区主席洛桑江村出席昌都分会场投运仪式，强调加快推进“三步走”战略，全力构建国家能源接续基地。

22 日 ●自治区在拉萨举行党的十八届四中全会精神宣讲报告会。自治区党委书记陈全国主持报告会。自治区党委副书记、自治区人大常委会主任白玛赤林，自治区党委常务副书记吴英杰，自治区党委副书记、自治区常务副主席、区党委政法委书记邓小刚出席。

●阿里地区儿童福利院建设获中国太平洋保险(集团)股份有限公司捐款2000万元。自治区党委副书记、自治区主席洛桑江村出席捐赠仪式并讲话。

23日 ●自治区党委在拉萨召开常委会议，传达学习深化平安中国建设会议精神，深入学习贯彻党的十八届四中全会精神，以法治思维法治方式推进平安西藏建设，研究全区贯彻落实意见。自治区党委书记陈全国主持会议。

●藏木水电站首台机组正式投产发电。自治区党委副书记、自治区主席洛桑江村与中国华能集团公司总经理曹培玺共同启动机组。

●“民生在行动”主题活动启动。自治区党委副书记、自治区主席洛桑江村出席活动并讲话。

●自治区人民政府与中国华能集团举行座谈会。自治区党委副书记、自治区主席洛桑江村出席并讲话。自治区党委副书记、自治区常务副主席、区党委政法委书记邓小刚与中国华能集团公司副总经理张廷克代表双方签字。

25日 ●自治区党委政法委员会、区综治委员会在拉萨召开全体会议，会议传达学习了深化平安中国建设会议和区党委常委会精神。自治区党委副书记、自治区常务副主席、区党委政法委书记邓小刚主持会议并讲话。

●自治区党委副书记、自治区主席洛桑江村检查贡嘎机场至泽当专用公路嘎拉山隧道、雅江特大桥扩建工程建设。强调加强组织密切配合鼓足干劲,保质保量完成建设任务。

26日 ●全区见义勇为表彰大会在拉萨召开。自治区党委副书记、自治区常务副主席、区党委政法委书记、区综治委主任、区见义勇为奖励基金会理事长邓小刚出席会议并讲话,要求大力弘扬见义勇为精神,深入推进法治西藏平安西藏建设。

27日 ●“西藏好水世界共享”主题宣传活动在人民大会堂举行。自治区党委副书记、自治区主席洛桑江村出席活动并讲话。并接受中央电视台等中央媒体采访，表示培育知名品牌打造优势产业，让国内外消费者用上更多更好的“西藏好水”。

●自治区人民政府专题会在拉萨召开。自治区党委副书记、自治区常务副主席、区党委政法委书记邓小刚主持会议，要求统一思想理清思路明确目标，全力推进全区交通旅游改革。

28日 ●自治区党委常务副书记吴英杰对拉萨市践行党的群众路线、改进公共服务管理有关工作情况进行调研，强调突出民生导向增强服务意识，进一步巩固教育实践活动成果。

29日 ●纪念孔繁森同志牺牲20周年座谈会在阿里地区举行。自治区党委书记陈全国致信,号召全区广大党员干部学习弘扬孔繁森精神。

12月

3日 ●自治区党委在拉萨召开常委会议，传达学习全国离退休干部先进集体和先进个人表彰大会暨全国老干部局长会议精神，研究自治区贯彻意见。自治区党委书记陈全国主持会议并讲话。

●自治区党委对中央巡视组反馈意见落实整改工作领导小组办公室召开第3次会议。自治区党委常务副书记、区党委对中央巡视组反馈意见整改落实工作领导小组副组长、办公室主任吴英杰主持会议并讲话。自治区党委副书记、自治区常务副主席、区党委政法委书记、区党委对中央巡视组反馈意见整改落实工作领导小组副组长、办公室常务副主任邓小刚讲话。

4日 ●自治区召开“大力弘扬宪法精神全面推进依法治藏”座谈会,传达学习习近平总书记在首个国家宪法日之际作出的重要指示精神。自治区党委书记陈全国作出批示。自治区党委副书记、自治区人大常委会主任白玛赤林主持座谈会并讲话。

●自治区维稳指挥部在拉萨召开全体会议,学习传达中央有关通知和陈全国书记批示精神,安排和部署近期维稳工作。自治区党委常务副书记、区维稳指挥部总指挥吴英杰主持会议,自治区党委副书记、自治区常务副主席、区党委政法委书记、区维稳指挥部总指挥邓小刚讲话。

5 日 ●自治区十届人大三次会议筹备组在拉萨召开第一次会议，安排部署各项筹备工作。自治区党委副书记、自治区人大常委会主任白玛赤林主持会议并讲话。

●自治区人民政府在拉萨召开专题会，研究“十三五”时期经济社会发展基本思路。自治区党委副书记、自治区常务副主席、区党委政法委书记邓小刚主持会议。

8 日 ●全区地厅级领导干部学习贯彻党的十八届四中全会精神专题研讨班开班式在自治区党校举行。自治区党委常务副书记、区党委党校校长吴英杰出席开班式并讲话。强调准确把握中央精神，统一思想协调行动，在法治轨道上推进西藏改革发展稳定。

10 日 ●自治区十届人大常委会第48次主任会议在拉萨召开。自治区党委副书记、自治区人大常委会主任白玛赤林主持会议。

11 日 ●自治区两级人大代表视察拉萨市部分建设项目。全国人大代表、自治区党委副书记、自治区人大常委会主任白玛赤林带队视察。

●自治区党委常务副书记吴英杰到堆龙德庆县德庆乡顶嘎村调研。强调以改革精神和法治思维全力推动各项工作迈上新台阶。

●自治区党委副书记、自治区常务副主席、区党委政法委书记邓小刚在自治区投资有限公司调研。强调服务大局、找准定位，做大做强为经济社会发展作出更大贡献。

15 日 ●深化平安西藏建设推进会在拉萨召开，会议主要任务是深入贯彻落实党中央和自治区部署要求，推动平安西藏建设再上新台阶再创新佳绩。自治区党委副书记、自治区常务副主席、区党委政法委书记、区综治委主任邓小刚出席会议并讲话。

16 日 ●自治区党委书记陈全国主持召开自治区全面深化改革领导小组会议，研究《西藏自治区党委八届五次全委会重要改革措施实施规划(2014—2020 年)》。自治区党委副书记、自治区人大常委会主任白玛赤林，自治区党委副书记、自治区主席洛桑江村，自治区党委常务副书记吴英杰，自治区党委副书记、自治区常务副主席、区党委政法委书记邓小刚等出席会议。

17 日 ●自治区党委常务副书记吴英杰深入山南地区贡嘎县岗堆镇调研，强调把握依法治藏新要求，完善依法治藏新实践，不断开创基层基础工作新书面。

18 日 ●自治区党委在拉萨召开全区地(市)委书记、行业系统党工委书记抓基层党建工作述职评议会。自治区党委书记陈全国对述职情况进行点评并讲话。自治区党委副书记、自治区人大常委会主任白玛赤林出席，自治区党委常务副书记吴英杰点评并讲话，自治区党委副书记、自治区常务副主席、区党委政法委书记邓小刚等出席会议。

●自治区人民政府与中国人民保险集团公司举行座谈会，共商合作发展大计。在拉萨座谈会上，中国人民保险集团公司向全区五保集中供养项目捐赠 2500 万元。自治区党委副书记、自治区主席洛桑江村，中国人民保险集团公司党委书记、董事长吴焰出席并讲话。

22 日 ●自治区党委、政府在拉萨召开 2014 年度全区和谐模范寺庙暨爱国守法先进僧尼表彰大会。自治区党委书记陈全国讲话，全国政协副主席、自治区政协主席帕巴拉·格列朗杰出席会议，自治区党委副书记、自治区主席洛桑江村主持，自治区党委常务副书记吴英杰点评并讲话，自治区党委副书记、自治区常务副主席、区党委政法委书记邓小刚宣读表彰决定。

23 日 ●自治区在拉萨召开“先进双联户”创建活动表彰大会，自治区党委书记陈全国讲话，自治区党委副书记、自治区主席洛桑江村主持，自治区党委常务副书记吴英杰出席，自治区党委副书记、自治区常务副主席、区党委政法委书记邓小刚宣读表彰决定。

延伸阅读

打造面向世界的旅游文化发展高端平台

首届中国西藏旅游文化国际博览会开幕

2014年9月25日晚，拉萨次角林韵致凸显、华灯初上，霓虹闪闪、歌舞欢腾。来自国内外的各界宾朋欢聚一堂，共同庆祝首届中国西藏旅游文化国际博览会隆重开幕。

自治区党委书记陈全国宣布开幕；全国人大常委会副委员长向巴平措发来贺信；尼泊尔副总统帕玛纳德?贾阿，十届全国人大常委会副委员长热地应邀出席；文化部部长、首届藏博会组委会主任蔡武，区党委副书记、自治区主席、首届藏博会组委会主任洛桑江村，国家旅游局副局长、首届藏博会组委会副主任杜江致辞；区党委副书记、自治区人大常委会主任白玛赤林主持；自治区党委副书记、自治区常务副主席、区党委政法委书记、首届藏博会组委会副主任邓小刚，世界旅游组织亚太首席运营官马里奥?约瑟夫?麦克等出席。

洛桑江村在致辞中，代表西藏自治区党委、人大、政府、政协，代表全区各族人民，代表首届藏博会组委会，向莅临藏博会的各位嘉宾表示热烈欢迎，向长期以来关心支持西藏各项事业发展的各界人士表示衷心感谢。他说，党的十八大以来，全区上下紧密团结在以习近平同志为总书记的党中央周围，紧紧围绕实现中华民族伟大复兴的中国梦，深入贯彻落实习近平总书记系列重要讲话精神、特别是“治国必治边、治边先稳藏”的重要战略思想，全面深化改革，创新社会治理，着力打基础、利长远、惠民生，全力推进跨越式发展和长治久安，正在与全国人民一道向着“两个一百年”的宏伟目标奋力迈进。

洛桑江村说，人间圣地，天上西藏。这片高天厚土，自然风光壮美瑰丽、异彩纷呈，养育了勤劳、勇敢、智慧、善良的西藏人民，孕育了包容开放、豁达乐观、崇尚和谐、悲悯向善的西藏文化。独特的自然资源和悠久的传统文化，是西藏各族人民的宝贵财富，是中华民族的璀璨明珠，散发无穷魅力，令世人无限神往。旅游为体，文化为魂。旅游赋予文化以生机和活力，文化决定旅游的内涵和品质。旅游文化的共生共进，是优化经济结构、转变发展方式的必然选择。要更加注重顶层设计，坚持文化为魂，坚持高端特色精品，坚持深度融合，坚持“三条底线”要求，打造西藏旅游文化升级版，推动大旅游大文化大产业大发展，加快建设重要的中华民族特色文化保护地、重要的世界旅游目的地。美的价值，在于共享。中国西藏旅游文化国际博览会，搭建了一个展示新西藏新形象、深化交流合作、实现互惠共赢的新平台。我们热忱欢迎国内外朋友到西藏观光旅游，投资兴业，合作发展。开放的西藏拥抱您，热情的西藏人民欢迎您。

蔡武在致辞中代表文化部向来自国内外的各界嘉宾表示热烈欢迎，向所有关心和支持西藏旅游文化发展的朋友们表示诚挚感谢。蔡武说，首届藏博会以“人间圣地、天上西藏”为主题，将充分展示“世界屋脊”独具魅力的自然景观和西藏优秀的民族传统文化，促进西藏文化产业和旅游产业融合发展，推动西藏世界旅游目的地和中华民族特色文化保护地建设。相信在文化部、国家旅游局和西藏自治区的共同努力下，中国西藏旅游文化国际博览会必将逐步成为具有国际影响力的旅游文化品牌。衷心预祝首届藏博会圆满成功，祝愿藏博会越办越精彩。

杜江在致辞中说，中国西藏旅游文化国际博览会的成功举办，为西藏独特的自然景观、民族风情、地域文化搭建了重要的展示平台，为西藏旅游线路和各要素产品搭建了重要的交易平台，为西藏旅游业界与兄弟省市区旅游业界乃至和全球旅游业界的合作搭建了重要的交流平台。同时，藏博会的举办对推动西藏旅游业加快开放步伐，推动西藏旅游与文化产业的融合发展，促进少数民族地区的经济社会发展与社会和谐稳定也将起到重要的作用。国家旅游局将一如既往地支持西藏旅游业发展，为西藏建设重要的世界旅游目的地贡献力量。

晚上8时15分，陈全国宣布：首届中国西藏旅游文化国际博览会开幕。陈全国、帕玛纳德?贾阿、热地、蔡武、白玛赤林、洛桑江村、杜江、邓小刚共同点亮首届藏博会会徽，正式启动首届中国西藏旅游文化国际博览会。

随后，以《吉祥西藏》、《圆梦西藏》、《鼓舞西藏》三个篇章组成的群众性展演在具有浓郁地方特色的藏戏表演中拉开帷幕。古朴高亢雄浑的唱腔，独具原生态神韵的音乐，沉雄奇崛、瑰丽多姿、精彩绝伦；藏族舞蹈动韵律操与台下上千名观众激情互动、整齐如一，展现了当代西藏欣欣向荣的新气象，令人赏心悦目；热巴、卓舞、阿羌神韵无限，悠扬而神奇，粗犷豪放、气势宏大，表现了西藏各族人民良好的精神风貌；《文成公主》大型实景剧更是把开幕式文艺演出推向高潮。

整个开幕式演出精彩纷呈，赢得阵阵掌声。观众席上，闪光灯不断闪烁，与整个灿烂的星空交相辉映，绚丽无比。

自治区领导齐扎拉、梁田庚、丁业现、王瑞连以及自治区人大、政府、政协省级领导同志，自治区高级人民法院、自治区人民检察院，西藏军区、武警西藏总队、空军拉萨指挥所、西藏公安边防总队、西藏公安消防总队、武警西藏森林总队领导，自治区离退休省(军)级领导出席。

出席开幕式的还有：国外嘉宾，中央国家机关有关部门领导，兄弟省市代表，专家学者和企业代表，世界旅游组织代表。

བོད་ལྗོངས་ལོ་ཐོ་རིམ་མེ་ལོང་།

西藏年鉴

TIBET YEARBOOK

2015

【第七篇】

先进名录

2014 年度西藏自治区三八红旗手标兵

拉　片	日喀则地区白朗县旺丹乡夏麦村妇代会主任
西洛卓玛	西藏竞技体育管理中心摔跤运动员
索朗曲珍	拉萨市园林局职工
朗嘎次仁	阿里地区日土县日土镇党委书记
卢金金	西藏职业技术学院校企合作办主任

2014 年度西藏自治区三八红旗手

索朗卓嘎	拉萨市环卫局环卫清扫员
卓玛央宗	拉萨市达孜县塔杰乡巴嘎雪 3 组村民
冯　琴	日喀则地区小学校长
央拉姆	日喀则地区岗巴县岗巴镇门德村支书
央中卓嘎	山南地区洛扎县人民政府县长
曲　珍	林芝地区米林县丹娘乡康布热村支部书记
格桑德吉	林芝地区墨脱县帮辛乡小学教师
泽旺德西	昌都地区妇联党组书记、副主席
郎加泽珍	昌都地区类乌齐县妇联主席
扎西央宗	昌都地区类乌齐县群可林寺管委会常务副主任(驻寺干部)
索朗曲宗	那曲地区教育(体育)局体卫艺科科长
边　吉	阿里地区措勤县纪委书记、监察局局长
沈书蔚	77546 部队 61 分队分队长
张力维	武警西藏总队司令部通信站有线中队中队长
雷　洁	95662 部队司令部指挥自动化工作站外围设备工程师
仁青群措	武警西藏边防总队拉萨边防检查站副连职参谋
尼　玛	自治区党委政法委办公室副调研员
李桂花	昌都地区公安处监管支队支队长
吉靳力	自治区高级人民法院研究室副主任
德吉措姆	自治区财政厅行政政法处处长

司　劳	青藏公路分局雁石坪公路养护段女子工区副工区长
丁丽红	自治区住房资金管理中心
税燕萍	自治区环境保护厅规划财务处处长
尼　珍	西藏舒心商贸有限公司副总
玉　珍	西藏藏医学院组织部副部长(副教授)
吕淑霞	西藏拉萨中学英语高级教师
李梅兰	西藏大厦党委书记、总经理
白艳琼	西藏高争民爆公司董事长、总经理
德吉梅朵	山南琼结县人民法院党组书记、院长
德　吉	拉萨市人民检察院公诉一处处长
次登卓嘎	西藏雪乡韵实业发展有限公司董事长
康富珍	西藏华泰龙矿业开发有限公司群工部副经理、妇委会主任

2014年度西藏自治区三八红旗集体

自治区三八红旗集体	拉萨市墨竹工卡县人民法院
自治区三八红旗集体	日喀则地区统计局、国家统计局日喀则调查队
自治区三八红旗集体	山南地区妇幼保健院
自治区三八红旗集体	林芝地区公安处妇委会
自治区三八红旗集体	昌都地区公安处巡警支队康乐新村便民警务站
自治区三八红旗集体	中国农业银行股份有限公司那曲分行营业部
自治区三八红旗集体	民航阿里站地服部
自治区三八红旗集体	西藏军区总医院麻醉科
自治区三八红旗集体	自治区法律援助中心
自治区三八红旗集体	拉萨市公安局特警支队七号安检站
自治区三八红旗集体	西藏自治区国税局妇委会
自治区三八红旗集体	中国石油西藏销售公司女工委
自治区三八红旗集体	西藏宏发建筑工程有限公司
自治区三八红旗集体	西藏自治区对外贸易运输公司财务部
自治区三八红旗集体	中国银联西藏分公司妇委会

2014 年度西藏自治区全国五一劳动奖章获得者

序号	姓名	性别	民族	政治面貌	工作单位	单位类型	所属行业
1	禹代林	男	汉	中共党员	西藏自治区农牧科学院农业研究所	事业	科学研究
2	嘎多	女	藏	中共党员	西藏自治区人民医院	事业	医疗卫生
3	嘎发	男	藏	中共党员	西藏山南隆子县邮政局	国有企业	邮政业
4	曾辉	男	汉	中共党员	中铁五局一公司拉日铁路工程指挥部	国有企业	建筑业
5	苏新勇	男	藏	中共党员	西藏自治区纪律检查委员会 第二纪检监察室	行政机关	公共管理 和社会组织
6	同珠	男	藏	中共党员	西藏日喀则市夏鲁寺管委会	行政机关	公共管理 和社会组织
7	达娃	男	藏	中共党员	西藏日喀则公路分局聂拉木公路段	事业	交通运输
8	罗布	男	藏	中共党员	拉萨墨竹工卡县罗布工贸有限公司	私营企业	建筑业
9	宋青林	男	汉	中共党员	西藏华泰龙矿业开发有限公司	有限责任公司	采矿业
10	四郎尼玛	男	藏	群众	昌都江达县城关镇尼玛有限责任公司	有限责任公司	建筑业
11	巴桑	男	藏	中共党员	拉萨市公安局110便民警务支队大昭寺广场便民警务站	行政机关	公共管理 和社会组织
12	普布顿珠	男	藏	群众	西藏日喀则南木林艾玛乡孜东雪村建筑队	私营企业	建筑业

禹代林同志先进事迹

禹代林，男，汉族，中共党员，西藏自治区农牧科学院农业研究所研究员。禹代林同志吃苦耐劳，示范推广“藏青2000”累计11.2万亩，平均每亩增产50斤，新增粮食550万斤，增收1000多万元。研究探索藏油5号甘蓝型油菜高产栽培技术、编制春青稞、藏青2000等生产技术规程10个，推广农业标准化生产技术15万亩，新增产值1815万元。先后引进和试验示范优质高产饲草作物新品种6个，累计推广9万亩，产生近500万元的经济效益；开展马铃薯机械化生产关键技术示范20145亩，新增产值1333.9万元。先后对青稞等农作物的9个新品种及其栽培技术示范推广30余万亩，新增产值

3000余万元。29年来,主编4部论著,编写3部专著,发表学术论文62篇,先后被授予全国农业科技推广标兵、全国优秀科技工作者和全国优秀科技特派员等荣誉称号,先后荣获科学技术奖12项。

嘎多同志先进事迹

嘎多,女,藏族,中国共产党员,西藏自治区人民医院护理部副主任。嘎多同志从业二十多年来,制定《护理规章制度、职责》、《护理应急预案》《常见病并发症预防与处理》等10多种操作规程手册,组织成立"危重患者护理与分级护理及基础护理"、"急救药品、物品、消毒隔离"等质量评审小组,制定22项质量检查标准细则,推进医院评审工作。她经常深入病房检查督导,了解护理落实情况,发现问题,及时与医院护理人员沟通,分析问题,提出整改措施。自担任日喀则聂拉木樟木居委会驻村工作队队长以来,积极转变工作观念,带着感情、带着政策、带着技术、带着方法入村入户,随身携带诊疗器械和药品,深入群众家中健康体检,免费发放药品,为疑难杂病患者进行诊治。同时,组织引导有技能的群众开办合作社养殖场、奶牛场地、温室大棚等项目,拓宽了群众的增收渠道,深受农牧民群众的欢迎。

嘎发同志先进事迹

嘎发,男,藏族,中共党员,西藏山南邮政公司隆子县邮政局斗玉珞巴民族乡邮员。嘎发同志是唯一的珞巴族乡邮递员,自承担乡邮员以来,顶风冒雪走过几万公里,投递函件、包裹等近万件,报纸51万多份。每次投送邮路66公里,海拔达4000米,分布高山沟壑之间,路面坑洼,崎岖难行,风季一身土,雨季一身泥,每天背着邮件在陡峭的山路上走3天,才能完成一次投递任务。按照自治区党委、政府实施"边境通邮"要求,一期不落地将《人民日报》、《西藏日报》等党报投送到位,及时把老兵退伍、新兵入伍的邮件投递到部队。特别是时逢冬季,山泉在路面上冻结成冰形成一条冰路,一边是山壁,一边是悬崖,他不顾危险,始终坚持"人在邮件在"的信念,把邮件捆在木板上,再用绳子套在自己身上送邮件,得到广大群众的一致好评。先后被评为"中国梦最佳爱岗敬业模范"、全国"最美邮递员"等称号。

曾辉同志先进事迹

曾辉,男,汉族,中共党员,中铁五局一公司拉日铁路色麦乡至大竹卡段工程指挥部总工程师兼副指挥长。曾辉同志先后参建株六复线、贵州大阁山隧道、贵州三穗至凯里高速公路、广西田东至德保铁路、福建赣州至龙岩铁路、西藏拉萨至日喀则铁路等项目。他团结带领工程部技术人员克服高岩温隧道施工,涌水突泥等不良地质,艰苦奋战,安全、优质、快速地完成了拉日铁路3标全部施工任务。特别是在隧道施工方面大胆实践,主持了寨头隧道分区防水、预应力中空注浆锚杆、钢纤维喷射砼等新材料新工艺的推广使用。先后制定陇群隧道突泥和陇凌隧道溶洞坍方处理施工方案、高原小断面隧道施工设备配套方案、甫当隧道降温措施、大桥主墩桩基施工技术方案和深水墩承台施工的基坑支护等方案,降低施工成本,提高施工效率,解决了桩基在穿越漂石层施工中出现的偏孔、卡锤等难题。先后荣获中华全国铁路总工会火车头奖章等称号。

苏新勇同志先进事迹

苏新勇,男,藏族,中共党员,自治区纪检委监察厅第二纪检监察室纪检监察员。他从事纪检监察工作10余年,大部分时间一直在办案一线,严格遵守办案纪律和保密纪律,清正廉洁,展现了当代纪检监察干部不畏权势、迎难而上、甘于奉献、刚正不阿的良好形象,先后主办和参与查办30多起县处级以上党员领导干部违纪违法案件,为国家挽回经济损失2200多万元。他勇于担当,是驻村队员中的急先锋,热爱基层、主动请缨,连续两年驻村,先后实施"自来水户户通"工程、申请87万元修建一座水泥桥、安装价值32万余元的31盏太阳能路灯和24盏草坪灯、带领群众试种大棚蔬菜、蓝莓、西瓜和22亩甜玉米、协调区农科院免费发放青稞、小麦、豌豆等15000多斤优质农作物种子、争取760棵桃树、苹果树苗给群众试种,栽植9000多棵北京柳、新疆杨等苗木,打造"生态茶村";种植草皮、修筑园路,建设茶村"桃园林卡"等,是群众交口称赞的贴心人。

同珠同志先进事迹

同珠，男，藏族，中共党员，西藏日喀则市夏鲁寺党支部书记管委会主任。同珠同志积极响应自治区党委、政府关于加强和创新寺庙管理的重大决定，主动请缨到寺庙管理委员会工作，他认真学习党的民族宗教政策、国家管理宗教事务相关法律法规和区党委政府关于加强和创新寺庙管理的一系列重大决策，结合夏鲁寺僧众及寺庙管理工作，经常入寺、入舍、入户，宣讲党的各项惠民政策和民族宗教政策，使广大僧尼对伟大祖国的认同感和归属感有了进一步的提高。他把改善寺庙环境、提升僧人的幸福指数为工作出发点和落脚点，大力实施寺庙饮水工程、解决夏鲁村农业灌溉用水问题、上山造林10亩植树4600余株、争取寺庙项目资金66万元为寺庙建立经书陈列室和壁画保护、争取760余万元项目资金，对寺庙主干道路实施加宽，对分寺道路进行硬化改建，受到僧众的好评。夏鲁寺多次被评为区、地、县"和谐模范寺庙"和"先进寺庙管委会"。个人多次荣获自治区"优秀驻寺干部"和日喀则市委"优秀共产党员"称号。

达娃同志先进事迹

达娃，男，藏族，中共党员，西藏公路局日喀则公路分局聂拉木公路段十九工区区长。二十多年如一日，无论是砂石路还是沥青路，他每天尽职尽责，扫路面，除杂草、捡易拉罐、饮料瓶卖到收购站，为工区职工买床垫、家具。特别是2012年日喀则、阿里地区发生了20年一遇的特大降雪，达娃同志负责的路段是降雪最严重受灾路段，路面积雪厚度达1.5米，多处为雪崩路段，大部分路段积雪厚度达4至10米深。他带领工友们冒着零下20多度的严寒连续奋战11个小时，始终工作在抢险保通第一线，直至完成抢通任务。24年来，他所在的工区负责管养的公路连续多年好路率保持在80%以上，MQI值72，公路始终保持了良好的通行状态。

巴桑同志先进事迹

巴桑，男，藏族，中共党员，拉萨市公安局110便民警务支队大昭寺广场便民警务站副站长、主任科员。他接到某停车场车辆下方装有炸弹的指令后，身先士卒，不畏危险，用自己多年的排爆经验，勇当先锋，冷静指挥，第一时间排除危险，避免灾难发生，确保人民生命财产安全，得到广大人民群众认可及和上级领导的高度赞扬。从警21年，巴桑同志以"欲影正者端其表，欲下廉者先其身"的精神激励着其他民警。他时刻以一个共产党员和人民警察的标准严格要求自己，默默无闻，勤政敬业，在平凡的岗位上务实奋进。先后荣获"全国警犬搜爆比赛"第二名、多次被公安部评为"西南片区先进集体"，先后荣获嘉奖8次，三等功10次。

宋青林同志先进事迹

宋青林，男，汉族，中共党员。西藏华泰龙矿业开发有限公司现场管理组组长。宋青林同志常年与采矿班组成员在海拔5000多米的铜铅山采场，夜以继日地坚守生产第一线，在铜铅山采矿现场放炮采矿、督促进度、实施管理，始终坚持保证每天6000吨的供矿量，以实干精神成为采矿一线的生产骨干，诠释了高原建设者特别能吃苦、特别能战斗、特别能奉献的精神。细小、琐碎、繁杂、艰苦是矿山采矿工作的特点，平日里的运矿车辆协调、出矿地点安排、生产报表上报，件件事都用心去做，从不敷衍了事。在做好本职工作的同时，他创造性地设计排炮、扩界施工等技巧，促使矿山采量一路攀升。多次被评为西藏华泰龙公司及中国集团先进生产者和劳动模范。

四郎尼玛同志先进事迹

四郎尼玛，男，藏族，群众，西藏昌都地区江达县尼玛建筑有限责任公司技师。四郎尼玛同志每天起早摸黑，挖土方、扛水泥、捣砂浆、推斗车，苦练技艺，从一名学徒成为精通混凝土、模板、钢筋和安全驾驶各种施工装载机器等多项专业技能的"全能手"，在全面掌握搅拌混凝土、制作施工设计图和驾驶装载机的技能后，手把手地教会23名农牧民学习技能，掌握就业本领，他还帮助围堵洪水、收养孤儿……好事做了一箩筐，受到群众的好评。四郎尼玛深知建筑工程质量责任重大，不能有丝毫懈怠，为保证安全和工程质量，在施工过程中，他从不离开施工现场，主动与其他队组沟通，严格每道工序，交叉检查，互找问题，整改落实，使每项工程成为安全放心工程。

罗布同志先进事迹

罗布，男，藏族，群众，西藏墨竹工卡县罗布工贸有限公司总经理。罗布同志先后开办餐馆、采砂厂、采石厂，组建农民建筑施工队。随着业务范围不断扩大，成立了墨竹工卡县罗布工贸有限公司，下设物流中心、建筑施工队、机器租赁公司、餐饮等分支机构，注册资金由500万元发展3000万元。他致富不忘父老乡亲，先后为墨竹工卡县贫困户、学校、敬老院及灾区捐资捐物，发动200多户村民在公司入股，每年给村民分红，提高了村民的经济收入。在墨竹工卡温泉度假旅游村建成后，提供就业岗位450多个。2013年当选为市政协常委、区政协委员、墨竹工卡县工商联副主席、市工商联常委、区工商联执常委。先后荣获西藏自治区首届优秀中国特色社会主义事业建设者、自治区民族团结进步模范个人等称号，他的公司多次荣获全国“安康杯”知识竞赛优胜企业、创建和谐劳动关系模范企业、模范职工小家称号。

普布顿珠同志先进事迹

普布顿珠，男，藏族，群众，西藏南木林县艾玛乡孜东雪建筑队画师。普布顿珠同志总是把“干事业要有恒心、决心，更要有信心”作为干好事业的座右铭，在南木林孜东雪建筑队承建的学校、水渠、水坝、桥梁等项目中发挥唐卡绘画特长。他自己出资16.2万元修建热当乡萨玛村石板路、维修南木林镇拉康水电站水渠、修建热当乡白多村护路挡墙，向汶川、玉树、亚东捐款1.4万元。同时，普布顿珠鼓励和引导孜东雪村的其他年轻的农民工外出务工，在他的带领下15名贫困户走向了致富的道路，成为当地名副其实的致富带头人。

2014年度西藏自治区全国工人先锋号

序号	单位名称(全称)	车间/工段/班组/(科室)名称	班组类型	单位类型	单位性质	所属行业
1	西藏自治区地质矿产勘查开发局	第二地质大队	其他	事业单位	公有	地质勘查业
2	西藏宏发建筑工程有限公司	宏发建筑分公司	其他	私营企业	非公	建筑业
3	西藏甘露藏药股份有限公司生产部	生产部	(班组)科室	国有企业	公有	制造业
4	中国民用航空西藏管理局	通信导航监视处技术保障室	(班组)科室	国有企业	公有	交通运输
5	华能西藏发电有限公司	藏木水电分公司工程管理部	(班组)科室	国有企业	公有	电力
6	西藏自治区公路局青藏公路分局	那曲公路养护段	工段	事业单位	公有	交通运输
7	那曲物流中心管理局	企业管理科	(班组)科室	事业单位	公有	租赁和商务服务业
8	西藏阿里地区公路养护段	措勤县公路养护组	(班组)科室	事业单位	公有	交通运输
9	西藏金珠雅砻藏药有限责任公司	制丸组	(班组)科室	有限责任公司	非公	制造业
10	西藏林芝地区工布建筑建材有限责任公司	建筑施工组	(班组)科室	有限责任公司	非公	建筑业

2014 年度西藏自治区劳动模范 （表 1）

序号	姓名	性别	民族	政治面貌	工作单位
1	普索朗	男	藏族	中共党员	西藏特色产业股份公司
2	刘祖光	男	汉族	群众	拉萨市市政工程养护管理处
3	土登益西	男	藏族	团员	拉萨市公共交通总公司纳金场站
4	巴桑次仁	男	藏族	群众	拉萨市园林局绿化队
5	姚丽娜	女	汉族	中共党员	拉萨市暖心燃气热力有限公司
6	扎西平措	男	藏族	中共党员	拉萨市公安局国保支队
7	阿明卓嘎	女	藏族	群众	拉萨市城关区环境卫生保护局保洁公司
8	薛云	女	汉族	群众	拉萨市布达拉旅游文化集团有限公司
9	拉巴顿珠	男	藏族	群众	日喀则地区天龙矿工贸有限公司
10	普顿	男	藏族	群众	日喀则地区白朗县水利队
11	坚参	男	藏族	中共党员	日喀则地区谢通门县通门乡民族手工业皮具加工专业合作社
12	索次	男	藏族	预备党员	日喀则地区仁布达热瓦青稞酒业有限公司
13	尼珍	女	藏族	群众	日喀则市环卫队
14	旺拉	男	藏族	中共党员	日喀则地区聂拉木县农电公司
15	嘎玛	男	藏族	中共党员	山南地区建筑建材工业总公司
16	扎西白珍	女	藏族	中共党员	山南地区农业技术推广中心
17	仓决卓玛	女	藏族	中共党员	山南地区人民医院妇产科
18	张小波	男	汉族	中共党员	山南地区乃东县昌珠镇克松居委会
19	李新	男	藏族	中共党员	林芝地区察隅县农电公司
20	才旺索朗	男	藏族	中共党员	林芝地区浪密县粮食局加工厂
21	胡建华	男	汉族	中共党员	林芝地区客运有限公司
22	宋斌	男	汉族	群众	林芝地区名愿餐饮有限公司
23	四郎尼玛	男	藏族	群众	昌都地区江达县城关镇尼玛建筑有限责任公司
24	扎西欧珠	男	藏族	群众	昌都地区交通运输局洛隆公路养护段
25	松吉益西	男	藏族	中共党员	国网西藏昌都供电有限公司
26	苏平英	女	藏族	群众	西藏电信昌都分公司信息化部
27	黎军	男	汉族	群众	昌都地区运输(集团)有限责任公司
28	拉加次仁	男	藏族	中共党员	那曲地区班戈县粮油公司
29	次仁吉	女	藏族	中共党员	那曲地区聂荣县色庆乡卫生院
30	旺加	男	藏族	中共党员	那曲地区安多县公安局雁石坪一级公安检查站
31	美朵	女	藏族	中共党员	阿里地区旅游总公司
32	云丹	男	藏族	中共党员	阿里地区普兰县后勤服务中心
33	姬广林	男	汉族	群众	中国移动西藏公司日喀则分公司
34	李建忠	男	土族	中共党员	中国联通堆龙德庆县经营部
35	嘎发	男	珞巴	中共党员	西藏邮政山南地区隆子县邮政局
36	徐进	男	汉族	中共党员	中国人寿保险股份有限公司西藏分公司

2014 年度西藏自治区劳动模范 （表 2）

序号	姓名	性别	民族	政治面貌	工作单位
37	罗布	男	藏族	中共党员	中国农业银行那曲分行
38	孟毅	女	汉族	中共党员	中国电信集团公司拉萨分公司
39	王小江	男	汉族	中共党员	华能西藏发电有限公司藏木水电分公司
40	刚组	男	藏族	中共党员	西藏银行股份有限公司业务部
41	巴桑	男	藏族	群众	国网西藏电力有限公司东嘎发电公司
42	嘎玛次旺	女	藏族	群众	西藏甘露藏药股份有限公司
43	马宁旭	男	回族	中共党员	铁道部拉日铁路建设总指挥部
44	旺金	男	藏族	群众	西藏自治区档案局(馆)
45	索朗次旺	男	藏族	中共党员	自治区广电局南木林中波转播台
46	洛桑次仁	男	藏族	中共党员	山南地区洛扎县色乡赛卡古朵寺管会
47	詹霞	女	汉族	中共党员	自治区党委政法委(区维稳办)
48	益西加措	男	藏族	预备党员	自治区公安厅科技信息化总队
49	巴桑	男	藏族	中共党员	拉萨市公安局110便民警务支队大昭寺广场警务站
50	杨亮	男	汉族	中共党员	自治区人民政府办公厅驻北京办事处接待服务处
51	云旦平措	男	藏族	群众	西藏自治区统计局办公室
52	杨谦让	男	汉族	中共党员	自治区工业和信息化厅规划与财务处
53	西洛	男	藏族	中共党员	自治区国土资源厅机关后勤服务中心
54	达娃	男	藏族	中共党员	西藏公路局日喀则公路分局聂拉木公路段
55	王霞	女	汉族	中共党员	自治区满拉水利枢纽管理局满拉水电厂
56	次仁旺加	男	藏族	群众	自治区盐业总公司日喀则分公司
57	扎西塔杰	男	藏族	中共党员	青藏铁路安多段底吾玛护路联防营区
58	白玛扎西	男	藏族	中共党员	自治区阿里地区国家税务局
59	罗布	男	藏族	中共党员	西藏自治区通信管理局安全分中心
60	斯曲巴桑	男	藏族	中共党员	拉萨市当雄羊八井镇甲马村委会
61	江白	男	藏族	中共党员	拉萨市堆龙东嘎村农牧民施工运输协会
62	洛桑达瓦	男	藏族	中共党员	拉萨市墨竹工卡镇工卡村委会
63	达嘎	男	藏族	群众	拉萨市曲水县达嘎乡其奴村阳光农牧民施工专业合作社
64	巴珠	男	藏族	中共党员	拉萨市达孜县德庆镇白纳村委会
65	普布顿珠	男	藏族	群众	日喀则地区南木林县艾玛乡孜东雪村
66	扎塔	男	藏族	中共党员	日喀则地区江孜县日星乡塔巴村
67	加央	男	藏族	预备党员	日喀则地区萨迦边那藏药香工贸有限公司
68	平措	男	藏族	中共党员	日喀则地区拉孜县曲下镇桑珠村村委会
69	罗布占堆	男	藏族	中共党员	日喀则地区康马县康马镇朗达村经营建筑施工队
70	次仁宗巴	女	藏族	中共党员	山南地区加查县安绕镇热果村
71	次仁曲巴	男	藏族	中共党员	山南地区浪卡子县普玛江塘乡
72	索朗次仁	男	藏族	中共党员	山南地区曲松县曲松镇下洛村

2014 年度西藏自治区劳动模范 （表 3）

序号	姓名	性别	民族	政治面貌	工作单位
73	普布次仁	男	藏族	中共党员	林芝地区林芝县八一镇唐地村
74	索朗德吉	女	藏族	中共党员	林芝地区米林县派镇格嘎直白村
75	扎西次仁	男	藏族	中共党员	林芝地区墨脱县格当乡格当村
76	洛松阿旺	男	藏族	中共党员	昌都地区昌都县城关镇生格村
77	阿洛	男	藏族	中共党员	昌都地区察雅县烟多镇中铝新村
78	晋美	男	藏族	中共党员	昌都地区贡觉县哈加乡边巴村
79	吉泽仁	男	藏族	群众	昌都地区类乌齐县桑多镇巴仁巷居委会
80	多姆	男	藏族	中共党员	那曲地区安多县住建局环卫队
81	索朗尼玛	男	藏族	群众	那曲地区聂荣县当木江乡 14 村
82	美巴	男	藏族	群众	那曲地区嘉黎县阿扎镇斯定咔村
83	阿吾	男	藏族	中共党员	那曲地区比如县羊秀乡朵给村
84	次曲	男	藏族	中共党员	阿里地区措勤县扎日南木措绿色草原牧业合作社
85	阿江	男	藏族	中共党员	阿里地区改则县物玛乡抢古村
86	玉拉	男	藏族	中共党员	阿里地区日土县热帮乡丁则村
87	索南多吉	男	藏族	中共党员	阿里地区札达县香孜乡热布加林村
88	拉贵	男	藏族	群众	西藏天路股份有限公司
89	罗布	男	藏族	中共党员	拉萨市墨竹工卡县罗布工贸有限公司
90	拉巴次仁	男	藏族	中共党员	拉萨市城关区古艺建筑美术公司
91	罗布	男	藏族	群众	日喀则地区仁布达热瓦建设工程有限公司
92	颜树根	男	汉族	中共党员	四川省鑫诺建设有限公司西藏分公司
93	罗追	男	藏族	群众	昌都地区昌都县玉安尼夏利民藏医院
94	索朗旺扎	男	藏族	中共党员	那曲地区金路公司
95	尼玛扎西	男	藏族	中共党员	西藏宏绩集团有限公司
96	单增卓玛	女	藏族	中共党员	西藏卓玛医院有限公司
97	扎西旺扎	男	藏族	中共党员	西藏赛康工贸集团有限公司
98	边巴顿珠	男	藏族	中共党员	日喀则地区雪莲工业贸易公司
99	陈文润	男	汉族	中共党员	西藏江南矿业股份有限公司
100	陈其伟	男	藏族	中共党员	华能雅鲁藏布江下游水电开发筹备工作办公室
101	邓建康	男	藏族	中共党员	昌都地区顺康客运有限责任公司
102	格桑央珠	女	藏族	中共党员	那曲地区烟草专卖局(公司)
103	次仁扎西	男	藏族	中共党员	中国石油西藏销售公司
104	孙国新	男	汉族	中共党员	中国人保财险西藏分公司
105	彭正江	男	汉族	中共党员	中国工商银行股份有限公司西藏分行
106	亢聪怀	男	汉族	中共党员	国家开发银行西藏分行
107	成义如	男	汉族	中共党员	西藏航空有限公司

2014年度西藏自治区先进工作者

序号	姓名	性别	民族	政治面貌	工作单位
1	德吉央宗	女	藏族	中共党员	拉萨市墨竹工卡县德仲寺管委会
2	达瓦次仁	男	藏族	中共党员	拉萨市哲蚌寺管委会
3	次旺	女	藏族	中共党员	拉萨市妇幼保健院
4	央吉	女	藏族	中共党员	拉萨市第三高级中学
5	白玛央金	女	藏族	中共党员	日喀则地区谢通门县扎西吉培寺管委会
6	普珠	男	藏族	中共党员	日喀则地区拉孜县公安局柳乡派出所
7	旺久吉美	男	藏族	中共党员	日喀则市城北街道办事处丹真桑曲居委会
8	王东海	男	汉族	中共党员	日喀则地区仁布县德吉林镇
9	格桑欧珠	男	藏族	中共党员	山南地区第一小学
10	扎西仓决	女	藏族	中共党员	山南地区雅砻风景名胜区管理局
11	边巴仓决	女	藏族	中共党员	林芝地区藏医院
12	青勇	男	汉族	中共党员	昌都地区公安处国保支队
13	洛桑邓达	男	藏族	中共党员	昌都地区察雅县雪龙寺管委会
14	陈列江措	男	藏族	中共党员	昌都地区洛隆县硕督镇小学
15	索郎措姆	女	藏族	群众	昌都地区芒康县措瓦乡卫生院
16	次仁美朵	女	藏族	中共党员	自治区人民检察院那曲分院
17	潘双红	男	汉族	中共党员	那曲地委政策室农工办
18	韩俊文	男	汉族	群众	阿里地区噶尔县农牧局
19	滕晖	男	汉族	中共党员	自治区党委机要局(区密码管理局)
20	张焰西	男	汉族	中共党员	西藏日报社保卫处
21	李天明	女	汉族	中共党员	自治区党委党史研究室
22	黎林	男	汉族	中共党员	自治区党委宣传部
23	宗吉	女	藏族	群众	自治区话剧团
24	宋兴来	男	汉族	中共党员	政协西藏自治区办公厅研究室
25	赵宇彦	男	汉族	中共党员	自治区高级人民法院刑审一庭
26	蔡晓冬	男	满族	中共党员	自治区国家安全厅业务处
27	索朗旺堆	男	藏族	中共党员	自治区信访局
28	王丽丽	女	汉族	中共党员	自治区人民政府办公厅
29	袁定国	男	汉族	中共党员	自治区总工会
30	李开新	男	汉族	中共党员	自治区发展改革委员会投资处
31	西洛卓玛	女	藏族	预备党员	自治区竞技体育管理中心
32	向秋多吉	男	藏族	中共党员	昌都地区类乌齐县长毛岭乡第二中心小学
33	央金卓嘎	女	藏族	中共党员	那曲地区高级中学
34	禹代林	男	汉族	中共党员	自治区农科院农业研究所
35	洛桑次仁	男	藏族	中共党员	自治区民政厅西山殡仪馆
36	达娃	男	藏族	中共党员	自治区环境监察总队
37	朱雪林	男	汉族	中共党员	自治区林业调查规划研究院
38	次仁顿珠	男	藏族	中共党员	自治区疾病预防控制中心
39	贡布	男	藏族	中共党员	日喀则地区南木林县工商行政管理局
40	仁青卓玛	女	藏族	中共党员	人行拉萨中心支行货币金银处
41	苏新勇	男	藏族	中共党员	自治区纪律检查委员会第二纪检监察室
42	古入尼玛	男	藏族	中共党员	阿里地区革吉县完全小学
43	许洁欣	男	汉族	中共党员	那曲地区第二小学

第十届“西藏青年五四奖章”获奖者

洛桑顿玉，男，藏族，1987年11月出生，大学本科学历，中共党员，2009年8月参加工作，2013年2月任当雄县公塘乡拉根村党支部第一书记。

巴桑次仁，男，藏族，1975年8月出生，中共党员，现任白朗县嘎东镇兴旺传统服饰农民专业合作社理事长、党支部书记。

陈明果，男，汉族，1987年9月出生，共青团员，大学专科学历，2003年12月应征入伍，现任山南地区加查县藏木警务区民警。

白玛占堆，男，门巴族，1982年6月出生，大学本科学历，中共党员，2005年7月参加工作，现任墨脱县德兴乡党委副书记、纪委书记。

扎巴旦增，男，藏族，1984年6月出生，初中学历，中共党员，昌都地区类乌齐县雪域工艺加工中心负责人。

多吉才达，男，藏族，1983年8月出生，中共党员，本科学历，2007年7月参加工作，现任自治区国资委产权管理处主任科员、日喀则地区江孜县卡麦乡朗卡村党支部第一书记，曾任驻山南隆子县雪沙乡当孜村第二批工作队队员。

色桑，女，藏族，1976年11月出生，中共党员，大学本科学历，1998年参加工作，现任那曲镇扎西桑旦林妮寺管委会支部书记、主任。

穷达，女，藏族，1982年6月出生，中共党员，大学本科学历，2003年参加工作，现任阿里地区噶尔县团委副书记。

黄香，女，藏族，1974年11月出生，中共党员，博士学位，1997年6月参加工作，现任西藏大学理学院环境科学专业副教授。

朱雷，男，汉族，1985年10月出生，大专文化，上士军衔，2003年12月入伍，2007年6月入党，现任77680部队76分队4班班长。

刘克纯，男，汉族，1981年10月出生，大专学历，1999年12月入伍，2004年7月入党，现任西藏总队第一支队五大队特勤中队副营职政治指导员，武警上尉警衔。

巴青，男，珞巴族，1991年8月出生，中共党员，西藏民族学院民族研究院2011级民族学本科班学生，现任西藏民族学院学生会主席。

2014 年度全区优秀共青团员

李莲,女,汉族,西藏公安厅警务督察总队综合科科员

唐海尧,男,汉族,西藏波密监狱二监区二级警员

索朗拉姆,女,藏族,拉萨市林周县中学初三 5 班团支部书记

顿珠拉姆,女,藏族,拉萨市墨竹工卡县扎西岗乡加尔多村妇女主任

俊美扎西,男,藏族,拉萨市第四中学学生

次仁卓玛,女,藏族,日喀则市定日县中学初三学生

洛桑崔正,男,藏族,日喀则市康马县南尼乡卫生院医生

扎西顿珠,男,藏族,日喀则市桑珠孜区聂日雄乡格地村农民

次旦平措,男,藏族,山南地区浪卡子县中学学生会主席兼班团支部书记

旦增桑姆,女,藏族,山南地区洛扎县拉康镇民政专干

旦增旺扎,男,藏族,林芝地区第一高级中学高二 2 班学生

米珠措姆,女,门巴,林芝地区墨脱县中学学生

丁增卓嘎,女,藏族,昌都市左贡县中学学生

罗亚曲珍,女,藏族,中国农业银行昌都支行西路分行柜员

斯郎旺修,男,藏族,昌都市第二高级中学学生

方确加,男,藏族,那曲地区高级中学高三 6 班学生

司边,女,藏族,那曲地区尼玛县政协办公室副主任科员

拉姆次吉,女,藏族,那曲地区双湖县中学学生

扎仓,女,藏族,阿里地区措勤县中学初二 2 班学生

尼玛普赤,女,藏族,阿里地区普兰县中学八年级一班学生

丹增次成,男,藏族,西藏大学工学院电子信息爱好者协会副会长

丁辛,男,汉族,西藏大学理学院团委副书记

江央旺堆,男,藏族,西藏民族大学信息工程学院学生会副主席

牛倩雯,女,汉族,西藏民族大学校社团联合会团总支副书记

赤来平措,男,藏族,西藏大学农牧学院资源与环境学院学生会自律部部长

宋博文,男,汉族,西藏大学农牧学院水利土木工程学院 2012 级土木工程本科班学生

索朗旺堆,男,藏族,西藏职业技术学院财会专业班学生

冉栗汭,男,汉族,西藏警官高等专科学校 2012 级侦查班学生

德央,女,藏族,拉萨师范高等专科学校广播站站长

阿青定主,男,藏族,西藏藏医学院学生会主席

杜秦,女,汉族,中国人民解放军 77611 部队 51 分队副班长

马军威,男,汉族,中国人民解放军 77655 部队 55 分队战士

杨良才,男,汉族,武警西藏区域训练基地教学保障中队班长
杨乐成,男,汉族,武警西藏公安消防总队那曲支队尼玛县大队战士
郑兴彬,男,回族,武警西藏森林总队警通勤务中队报话员
张龙,男,汉族,武警西藏公安边防总队阿里支队塔尔钦边防派出所战士
陶激魏,男,汉族,空军拉萨指挥所95526部队汽修中队战士

2014年度西藏自治区优秀共青团干部

多吉群培,男,藏族,西藏自治区司法厅团委书记
张斌,男,汉族,华能西藏发电有限公司团委副书记
李红,女,汉族,西藏自治区林业厅机关团支部书记
王君陛,男,汉族,中国航空股份有限公司西藏分公司团委书记
熊劲,女,汉族,拉萨市当雄县团委书记
王丹丹,女,汉族,拉萨市堆龙德庆县团委科员
拉顿,男,藏族,拉萨外语学校团委书记
次德吉,女,藏族,日喀则市江孜县团委副书记
旦增卓玛,女,藏族,日喀则市桑珠孜区团委书记
嘎珍,女,藏族,日喀则市亚东县团委副书记
尼玛卓嘎,女,藏族,日喀则市一高团委书记、校长助理
白玛仁增,男,藏族,山南地区扎囊县中学团委副书记
索朗巴珠,男,藏族,山南地区曲松县中学团委书记
李辉,男,汉族,林芝地区波密县松宗镇团委书记
陈龙,男,汉族,林芝地区米林县羌纳乡人民政府团委干部
安伦,男,汉族,昌都市第二高级中学团委书记
倪晓彤,男,汉族,团昌都市委西部计划志愿者办公室工作人员
宋路,男,汉族,昌都市边坝县尼木乡政府团委负责人
次仁嘎姆,女,藏族,那曲地区第二小学团支部书记
德吉央宗,女,藏族,那曲地区安多县帕那镇团支部书记
拉巴措姆,女,藏族,团那曲地委青学联办公室主任科员
国吉次仁,男,藏族,阿里地区革吉县团委书记
德吉美朵,女,藏族,阿里地区中等职业技术学校团委书记
陈正阳,男,汉族,西藏大学校学生会执行主席
达拉次旺,男,藏族,西藏大学政法学院团委副书记
普布次仁,男,藏族,西藏民族大学民族研究院团总支书记

宋慧莹,女,汉族,西藏民族大学文学院团总支书记

饶恩铭,男,汉族,西藏大学农牧学院公共教学部应用化学2012级本1班团支部书记

向巴邓珠,男,藏族,西藏大学农牧学院植物科学学院团总支副书记

西热永青,女,藏族,西藏警官高等专科学校国保班支部书记

次仁久美,男,藏族,西藏藏医学院社团联合会主席

张永强,男,汉族,西藏职业技术学院财经系团总支书记

次央,女,藏族,拉萨师范高等专科学校体育艺术团总支书记

丹木拉,男,藏族,西藏军区政治部组织处副营职干事

李濛,女,汉族,西藏山南军分区77588部队61分队团支部书记

陈刚,男,汉族,空军拉萨指挥所95419部队四站制氧制氮站站长

扎拉,男,藏族,武警西藏森林总队那曲大队战士

洛桑顿珠,男,藏族,武警西藏总队山南支队乃东县中队团支部书记

尹珺,男,汉族,武警西藏公安消防总队日喀则市消防支队特勤中队副中队长、团支部委员

扎西央宗,女,藏族,武警西藏公安边防总队拉萨边防检查站执勤业务二科副营职检查员

2014年度西藏自治区五四红旗团委(团支部)(49个)

区党委宣传部直属机关团委

西藏天海旅游有限责任公司天海大酒店团支部(国有企业)

拉萨市公安局团委

拉萨铁路公安处团委

共青团当雄县委员会

拉萨市达孜县人民法院团支部

拉萨市远丰新型建材有限公司团支部

共青团定结县委员会

中国电信日喀则分公司团委

日喀则市仁布县仁布乡日龙布村团支部

日喀则市萨迦县中学团支部

山南地区桑日县桑日镇团委

山南地区乃东县中学团委

中国人民银行山南地区中心支行团支部

共青团工布江达镇委员会

林芝地区八一中学团委

林芝县中学团支部
昌都市林业局团支部
昌都市芒康县纳西乡纳西村团支部
昌都市公安局团委
昌都市江达县第二初级中学团委
那曲地区嘉黎县中学团委
那曲地区巴青县岗切乡团委
中国电信集团公司那曲分公司团委
那曲地区公安处团支部
阿里地区噶尔县团委
阿里地区改则县察布乡团支部
西藏大学经济与管理学院团总支
西藏民族大学教育学院团总支
西藏大学农牧学院动物科学学院团总支
西藏职业技术学院畜牧兽医系团总支
西藏警察高等专科学校 2013 级普招班团总支
拉萨师范高等专科学校语言和社会科学系团总支
西藏藏医学院藏医系团总支
西藏军区 77649 部队团委
西藏军区 77680 部队团委
西藏军区 77643 部队 51 分队团支部
西藏军区 77526 部队 91 分队团支部
空军拉萨指挥所 95532 部队团委
空军拉萨指挥所 95662 部队战勤连团支部
武警西藏总队第一支队团委
武警西藏总队第二支队团委
武警西藏公安边防总队侦查支队高山特勤大队团支部
武警西藏总队那曲支队七中队团支部
武警西藏总队日喀则支队三中队团支部
武警西藏公安消防总队拉萨市公安消防支队团委
武警西藏公安消防总队山南地区公安消防支队特勤中队团支部
武警西藏森林总队昌都市森林支队团委
武警西藏森林总队林芝支队察隅中队团支部

全国对口支援西藏先进个人(56名)

路　明	北京市卫生计生委医政医管处处长
胡巧立	北京市十三陵林场副场长
孙占军	天津市河西区政府办公室主任
王西墨	天津市南开医院(中西医结合医院)院长、党委副书记、主任医师
苗振立	天津市北辰区中医医院副主任医师
杨永山	河北省委宣传部常务副部长
翁树文	河北省保定市农业局副调研员
李桂盛	辽宁省沈阳市浑南区委副书记、常务副区长,沈阳高新区党工委副书记
宫锡强	辽宁省盘锦市公安局党委委员、副局长
孙惠民	辽宁省大连市中山区委组织部副部长
刘化文	吉林省民政厅党组成员、副厅长
赵士中	吉林省通化市民政局党委书记、局长
马　里	黑龙江省绥化市副市长
周　宏(满族)	黑龙江省抚远县委书记、黑龙江省政府黑瞎子岛建设和管理委员会主任
许建华	上海市徐汇区人大常委会副主任
赵卫安	上海市浦东新区金杨社区(街道)党工委书记
杨连明	上海市松江区岳阳社区(街道)党工委副书记、办事处主任
李侃桢	江苏省国土资源厅党组书记、厅长
周广智	江苏省苏州市委常委、纪委书记
温端改	江苏省苏州大学附属第一医院主任医师、博士生导师
李建平	浙江省公安厅监管总队政委
吴　镇	浙江省民政厅基层政策和社会建设处副处长
李定松	安徽省发改委设计审查处副处长
夏远生	安徽省合肥市长丰县委常委、双墩镇党委书记
李建功	福建省宁德市地方税务局党组书记、局长
李永远	福建省泉州台商投资区党工委副书记、管委会主任
林丽琴(女)	福建省漳州市中医院门诊部主任、妇产科主治医师
宋书强	山东省水利厅农村水利处处长
隋松臣	山东省烟台市莱山区围子山省级自然保护区党工委书记
穆华明	山东省淄博市畜牧兽医局饲料管理科科长
周　耕	湖北省武汉市新洲区委副书记、区长

石显银	湖北省宜昌市猇亭区委书记、宜昌高新区党工委副书记、管委会常务副主任
严惟礼	湖北广播电视台专家组组长(一级导演)
华学健	湖南省常德市委常委、统战部部长
徐　虎	湖南省机场管理集团长沙机场分公司候管部楼宇室支部书记、助理工程师
余云枢	广东省住房和城乡建设厅住房公积金监管处处长
陈佩林	广东省交通集团有限公司信息中心主任
吕　雨	广东省吴川市委常委、常务副市长
邓　明	重庆市渝北区民政局党委副书记、局长
樊　德	重庆市交通委员会工程质量安全监督局副局长
王定军	四川省乐山高新区党工委副书记、管委会主任
罗　蒙	陕西省汉中市人民医院妇产科副主任医师
姜长树	中央办公厅中央直属机关事务管理局中直机关审计室经济责任审计处处长
王雪鹏	中央政法委综治三室副巡视员
杨淑文(女)	全国妇联机关党委常务副书记
刘红跃	中国科协机关党委副书记
吴天为(女)	国家发展和改革委员会国家物资储备局财务处调研员
刘振伟	公安部经济犯罪侦查局副巡视员
吴春耕	交通运输部公路局副巡视员
赵宏儒	水利部海委漳卫南运河邯郸河务局副调研员
辛盛鹏	农业部中国动物疫病预防控制中心副主任
曹　坤	民航西南空中交通管理局空管部副部长
王　晖	中国海洋石油总公司办公厅秘书处副处长
李少林	中国中铁股份有限公司经营开发部经理、高级工程师
钟　扬	复旦大学研究生院院长
王长春	卫生部北京医院第二住院部管理处副处长

追授全国对口支援西藏先进个人名单(3名)

张家明	生前系浙江省科技厅党组成员、综合计划处处长
何文英	生前系湖南省常德市水利水电局副主任科员
张　宇	生前系陕西省宝鸡市金台区委常委、组织部长

2014 年西藏自治区民族团结进步模范集体（167 个）

拉萨市（16 个）

中共拉萨市城关区委员会、拉萨市城关区人民政府
拉萨市城关区八廓街道办事处夏萨苏社区居民委员会
拉萨市城关区嘎玛贡桑街道办事处俄杰塘社区居民委员会
中共曲水县南木乡委员会、曲水县南木乡人民政府
中共堆龙德庆县委员会、堆龙德庆县人民政府
中共当雄县委员会、当雄县人民政府
当雄县当曲卡镇人民政府
中共尼木县续迈乡委员会、尼木县续迈乡人民政府
林周县桑丹林寺
达孜县邦堆乡叶巴村村民委员会
中共拉萨市委员会政法委员会
拉萨市市民便民服务中心
拉萨市电视台
拉萨市第一小学
西藏冰川矿泉水有限公司
拉萨暖心燃气热力有限公司

日喀则地区（18 个）

中共康马县委员会、康马县人民政府
中共萨嘎县委员会、萨嘎县人民政府
中共拉孜县委员会、拉孜县人民政府
中共南木林县委员会、南木林县人民政府
中共仁布县委员会、仁布县人民政府
中共定结县陈塘镇委员会、定结县陈塘镇人民政府
中共白朗县曲奴乡委员会、白朗县曲奴乡人民政府
中共定日县扎西宗乡委员会、定日县扎西宗乡人民政府
仲巴县琼果乡热珠村村民委员会
亚东县下司马镇春丕村村民委员会
江孜县上海市第七批援藏工作组
江孜县江孜镇宗堆居民委员会
聂拉木县民族宗教事务局
吉隆县吉隆镇达曼村村民委员会
日喀则市俄尔寺
日喀则市扎西吉彩金银加工厂
日喀则市山东省第七批援藏工作组
日喀则地区藏语言文字指导委员会办公室

山南地区（14 个）

中共琼结县委员会、琼结县人民政府
中共桑日县委员会、桑日县人民政府
中共错那县委员会、错那县人民政府
中共加查县崔久乡委员会、加查县崔久乡人民政府
中共浪卡子县阿扎乡委员会、浪卡子县阿扎乡人民政府
洛扎县色乡色村村民委员会
措美县民族宗教事务局
措美县措美镇波嘎村村民委员会
曲松县人民医院
乃东县甘典曲果林寺
乃东县泽当镇泽当居民委员会
扎囊县中学
共青团山南地区委员会
山南地区建筑工程建材工业总公司

林芝地区（12 个）

中共工布江达县委员会、工布江达县人民政府
中共波密县委员会、波密县人民政府
中共林芝县林芝镇委员会、林芝县林芝镇人民政府
中共朗县洞嘎镇委员会、朗县洞嘎镇人民政府
墨脱县德兴乡德兴村村民委员会
米林县米林镇帮仲村村民委员会
察隅县古玉乡塔巴寺
中共林芝地区委员会组织部
共青团林芝地区委员会
林芝地区第一中学
林芝地区藏医院

西藏奇正藏药股份有限公司

昌都地区(17 个)

中共丁青县委员会、丁青县人民政府
中共边坝县拉孜乡委员会、边坝县拉孜乡人民政府
洛隆县孜托镇人民政府
中共洛隆县新荣乡委员会、洛隆县新荣乡人民政府
中共八宿县夏里乡委员会、八宿县夏里乡人民政府
类乌齐县巴仁巷居民委员会
芒康县纳西族乡纳西村村民委员会
芒康县盐井中学
察雅县香堆镇向康寺
江达县公安局
中共昌都地区委员会组织部
昌都地区卫生局(人口和计划生育委员会)
昌都地区林业局
昌都地区实验小学
武警西藏总队昌都地区支队
西藏公安消防总队昌都地区支队
西藏公安消防总队昌都地区支队左贡县大队

那曲地区(12 个)

中共嘉黎县措多乡委员会、嘉黎县措多乡人民政府
尼玛县尼玛镇四村村民委员会
比如县公安局
申扎县民族宗教事务局
巴青县中学
索县荣布镇邦吉寺
那曲县公安局辽宁中路发改委便民警务站
中共那曲地区委员会办公室
那曲地区民族宗教事务局
那曲地区藏医院
那曲地区再回首商场
那曲地区雪域嘎达商贸有限责任公司

阿里地区(11 个)

中共改则县委员会、改则县人民政府
中共普兰县委员会、普兰县人民政府
普兰县九年一贯制学校
中共札达县萨让乡委员会、札达县萨让乡人民政府
札达县编译局
中国农业银行股份有限公司西藏自治区札达县支行
噶尔县电视台
措勤县尼姑寺
日土县日松乡甲岗村村民委员会
革吉县雄巴乡象鲁康寺管理委员会
南疆军区阿里军分区措勤县人民武装部

区直机关工委(23 个)

中共西藏自治区委员会办公厅机关后勤服务中心
西藏自治区人民政府驻北京办事处西藏大厦
西藏自治区人大常委会办公厅西藏人民会堂管理处
中共西藏自治区委员会组织部干部教育处
中共西藏自治区委员会宣传部
中共西藏自治区委员会老干部局
西藏自治区发展和改革委员会机关党委第一党支部
西藏自治区科学技术厅能源研究示范中心
阿里地区国家安全局
西藏自治区司法厅法律援助工作处
西藏自治区农牧厅草原监理站
阿里地区噶尔县工商行政管理局
西藏自治区体育运动技术学校
西藏自治区旅游局
西藏自治区妇女联合会
西藏自治区文学艺术联合会美术家协会
西藏佛学院
西藏自治区人民医院
新华社西藏分社
西藏自治区国家税务局
西藏自治区拉萨邮区中心局
中国移动通信集团西藏有限公司
中国石油天然气股份有限公司西藏销售分公司

区教工委(2 个)

共青团西藏大学委员会
共青团西藏民族学院委员会

区非公党工委(2 个)

西藏福海实业集团有限公司
西藏宏绩集团股份有限公司

银监局(2个)

中国银行业监督管理委员会西藏监管局
中国农业银行股份有限公司西藏自治区林芝地区分行

西藏军区(10个)

中国人民解放军77560部队
中国人民解放军77576部队
中国人民解放军77569部队
中国人民解放军77563部队
中国人民解放军77659部队
中国人民解放军77680部队
中国人民解放军77611部队
中国人民解放军77546部队
西藏军区总医院胸心外科
西藏军区当雄县人民武装部

空军拉萨指挥所(2个)

中国人民解放军95532部队
中国人民解放军95419部队

武警西藏总队(8个)

武警西藏总队医院
武警西藏总队第一支队
武警西藏总队第二支队四大队反劫机中队
武警西藏总队区域训练基地轮训大队
武警西藏总队日喀则地区支队
武警西藏总队昌都地区支队一大队
武警西藏总队那曲地区支队安多县中队
武警西藏总队阿里地区支队

西藏公安边防总队(6个)

西藏公安边防总队日喀则地区支队吉隆边防派出所
西藏公安边防总队日喀则地区支队珠峰边防派出所
西藏公安边防总队山南地区支队拉康边防派出所
西藏公安边防总队林芝地区支队南伊边防派出所
西藏公安边防总队阿里地区支队马攸桥边境检查站
西藏公安边防总队阿里地区支队塔尔钦边防派出所

西藏公安消防总队(4个)

西藏公安消防总队拉萨市支队色拉寺大队
西藏公安消防总队林芝地区支队察隅县大队
西藏公安消防总队那曲地区支队安多县大队
西藏公安消防总队阿里地区支队

武警西藏森林总队(2个)

武警西藏森林总队
武警西藏森林总队昌都地区支队

区民族团结宣教创评办(6个)

西藏自治区社会管理综合治理委员会办公室
中共西藏自治区直属机关工作委员会
西藏自治区民族宗教事务委员会
西藏自治区公安厅反恐怖特别侦察队日喀则地区支队
西藏伊成机动车综合服务有限公司
昌都地区洛隆县硕督镇人民政府

2014年西藏自治区民族团结进步模范个人(300名)

拉萨市(29名)

阿旺扎巴,曲水县热堆寺管理委员会副主任
旦增,曲水县达嘎乡其奴村党支部书记
达瓦拉姆,曲水县曲水镇曲水村4组个体商户
刘军,中共堆龙德庆县羊达乡委员会副书记
达娃桑布,堆龙德庆县柳梧乡柳梧村村民委员会主任
薛勇,中共尼木县委员会宣传部干部
仓啦,尼木县尼木乡措村党支部书记
次旦旺堆,当雄县公塘乡甲根村党支部书记
刘明,当雄县中学教师

巴桑卓嘎,达孜县塔杰乡巴嘎雪3组农民
李自强,林周县江热夏乡人民政府干部
刚琼,林周县边林乡农牧民施工专业合作社负责人
付业全,墨竹工卡县工卡镇流动人口党支部书记
武继斌,墨竹工卡县扎西岗乡仁青林村党支部第一书记助理
旺堆,墨竹工卡县甲马赤康扎西百货店负责人
洛亚,墨竹工卡县墨竹工卡镇恰卡7村农民
索朗白玛,拉萨市第三高级中学学生
多吉旺久,拉萨市城市建设投资经营有限公司董事长
刘国永,拉萨青达建设集团有限公司董事长
刘兴,西藏睿健净土生物科技有限公司董事长
妮珍,拉萨市信访局办公室副主任
冯春林,拉萨市文化市场综合执法队综合科干部
张建国,拉萨市公安局当巴派出所副所长
依布热银,拉萨市第一中学教师
陈虹,拉萨市民族宗教事务局副局长
晏雯,拉萨市公安局交通警察支队副支队长
阿里,拉萨清真大寺副教长
米玛次仁,拉萨师范高等专科学校学工处处长
格桑美朵,拉萨市广播电视台副台长

日喀则地区(31名)

李有平,中共昂仁县委员会书记
巴桑次仁,定结县人民政府县长
韩亮,萨嘎县人民政府办公室主任
李明阳,岗巴县岗巴镇人民政府镇长
德吉,岗巴县岗巴镇贡巴村农民
桑杰,中共定日县委员会机要局副局长
次仁,仁布县公安局局长
米玛,仁布县查巴乡建筑队负责人
朋琼吉巴,仁布县切洼乡开发区农民
明珠,康马县财政局干部
边巴,聂拉木县樟木镇樟木居民委员会党支部书记
马成功,聂拉木县索作乡嘎琼村农民
巴桑拉姆,亚东县帕里镇第三居民委员会居民
次旦加措,谢通门县扎西吉培寺僧人
洛桑,谢通门县塔定乡乃能村农民
拉姆,仲巴县食品药品监督管理局局长
马唉地,拉孜县热萨乡堆康奶牛养殖合作社负责人
片多,江孜县江热乡班觉伦布村农民
德吉拉姆,白朗县西北手工面馆负责人
罗珍,南木林县土布加乡马噶村个体商户
边加,南木林县孜东曲德寺管理委员会副主任
扎西,吉隆县查那乡乃龙村村民委员会主任
冯小义,中共日喀则地区委员会组织部副部长
尼玛次仁,日喀则市巴精建设工程有限公司董事长
松泽,日喀则地区工业和信息化局党组书记
裔婧,日喀则地区实验幼儿园教师
多布琼,日喀则地区扎什伦布寺管理委员会治保组组长
达娃琼达,日喀则地区人民医院肿瘤科副主任
次仁德吉,中国移动通信集团西藏有限公司日喀则分公司网络部工程师
达瓦,日喀则地区民族宗教事务局民族科副科长
格桑达瓦,日喀则市第二中学学生

山南地区(24名)

任琰,桑日县扶贫开发领导小组办公室干部
阎伟隆,桑日县桑日镇人民政府镇长
布琼次仁,曲松县曲松镇拉加里农牧民施工队负责人
王良,曲松县罗布沙镇扶贫建筑队队长
铁克力木,乃东县伊光宾馆经理
杨拼兰,乃东县财政局局长
次平,乃东县住房和城乡建设局局长
李世能,中共琼结县委员会组织部副部长
普布次仁,琼结县唐布齐寺管理委员会副主任
次吉卓玛,琼结县人民医院副院长
白玛次仁,隆子县准巴乡知能村村民委员会主任
扎西多布杰,错那县勒布办事处主任
达瓦,错那县觉拉乡罗堆村党支部书记
尼玛,扎囊县甲竹林镇那若达布扎仓寺管理委员会副主任
次仁达娃,扎囊县羊嘎村农牧民施工队负责人
次仁,贡嘎县民族宗教事务局局长
其米次仁,浪卡子县普玛江塘乡完全小学教务主任
达娃曲珍,洛扎县扎日乡蒙达村妇女主任
央金卓玛,中国移动通信集团西藏有限公司山南分公司副总经理
倪卫东,华新水泥(西藏)有限公司总经理

董升,山南地区国土资源局耕地保护科科长
周会明,西藏自治区人民检察院山南分院副检察长
顿珠,山南地区电视台干部
米玛坚财,西藏江南矿业股份有限公司党组书记

林芝地区(24 名)
范晓倩,墨脱县环境保护局副局长
姑姑,墨脱县德兴乡养殖场经理助理
唐茂良,墨脱县鸿运建筑有限公司总经理
黄昌全,墨脱县德兴乡嘎兴养殖场经理
许永良,中共米林县委员会书记
索郎德吉,米林县丹娘乡特色养殖专业合作社理事长
多吉巴珠,朗县登木乡比邻村村民委员会主任
达安·洛桑益西,波密县多吉乡曲宗寺活佛
杨伯华,林芝县八一镇科峰酒业有限公司负责人
李勇,林芝县八一镇视野广告装饰负责人
赵清平,林芝县城区街道办事处双拥路社区居民委员会干部
塔尔杰,政协林芝县委员会办公室干部
李方键,察隅县公安局刑警大队教导员
拉中强,察隅县上察隅镇迟巴村党支部副书记
娜尼,林芝地区第二高级中学学生
廉晨光,中共林芝地区委员会督查室副主任
吴珍珠,林芝地区教育体育局党组副书记
王晓丽,林芝地区农牧局农业广播电视分校副校长
唐孟军,华能西藏发电有限公司林芝基地建设办公室主任
德吉央宗,林芝地区妇幼保健医院门诊部主任
尹大华,林芝地区民族宗教事务局民族科科长
仁钦央宗,中国银行西藏自治区林芝地区分行行长
次仁扎西,林芝地区宗教工作领导小组巡查组组长
张蜀珺,林芝地区公安处政治处干部

昌都地区(30 人)
嘎松多吉,昌都县城关镇小恩达村党支部书记
珠举·登巴江村,昌都县妥坝乡康巴寺活佛
登巴达吉,昌都县住房和城乡建设局负责人
洛桑贡培,边坝县尼木乡周塘寺僧人
赤布,贡觉县哈加乡马荣村村民委员会主任
陈鹏,中共左贡县扎玉镇委员会书记
吴正建,察雅县香堆镇向康寺管理委员会副主任
朱战青,察雅县香堆寺管理委员会干部
陈世洪,江达县卡贡乡芒达村党支部副书记
周发平,西藏军区江达县人民武装部政治委员
尼玛次仁,芒康县民族宗教事务局副局长
玉珍,芒康县纳西族乡个体商户
小卫,芒康县纳西族乡纳西村村民委员会文卫委员
然江,类乌齐县卡玛多乡协玛村村民委员会主任
索朗拉姆,丁青县协雄乡协雄村妇女主任
李文军,中共洛隆县委员会统战部副部长
嘎松旺青,八宿县拉根乡瓦达村农民
唐永才,中共八宿县白马镇委员会书记
图嘎,政协昌都地区委员会副主席
赵玉霄,中共昌都地区纪律检查委员会党风政风监督室干部
闫建刚,昌都地区教育体育局干部
董伯岩,昌都地区人民医院副院长
阿旺洛松,昌都地区人民医院医生
向巴洛桑,中国人民财产保险股份有限公司西藏自治区昌都分公司总经理
何晓忠,昌都地区交通运输局洛隆养护段第七道班班长
刘浩,武警西藏森林总队昌都地区支队政治委员
永珠卓玛,昌都地区第三高级中学学生
尼玛江村,昌都地区圣洁自来水厂有限责任公司总经理
邓建康,昌都地区顺康客运有限责任公司总经理
罗龙,昌都地区光宇利民药业责任有限公司副总经理

那曲地区(24 名)
培杰,那曲县那曲镇普仓村牧民
土登曲扎,那曲县孝登寺管理委员会委员
周坤,聂荣县尼玛乡人民政府乡长
永忠,聂荣县当木乡 5 村党支部书记
罗拉,安多县岗尼乡 6 村村民委员会委员
泽仁央吉,申扎县民族宗教事务局干部
罗布占堆,申扎县马跃乡 2 村牧民
才嘎,巴青县江绵乡 16 村牧民
扎西多吉,尼玛县尼玛镇 11 村牧民
益西拉松,索县亚拉镇日崩尼寺活佛
龙燕宁,比如县白嘎寺管理委员会办公室副主任
拉巴次仁,双湖县措折罗马镇措扎日追干部
德吉卓嘎,政协班戈县委员会办公室干部

索郎德吉,中共那曲地区委员会政法委政治处干部
李秀芳,中共那曲地区委员会宣传部干部
央宗,那曲地区行政公署副秘书长
钟平平,那曲地区司法处办公室主任
阿旺次仁,中共那曲地区纪律检查委员会干部
卢红明,那曲地区顺富烟酒副食店负责人
普布扎西,中国农业银行股份有限公司西藏自治区嘉黎县支行行长
岗嘎,那曲地区环卫局环卫工人
朗杰措姆,那曲地区教育局干部
夏春龙,中国人民银行那曲地区中心支行职工
次仁贡布,西藏常青工贸有限责任公司董事长

阿里地区(18名)

郭勇,中共日土县委员会书记
高卫东,日土县公安局国保大队大队长
索南多布杰,中共札达县委员会统战部副部长
仁增旺姆,札达县底雅乡底雅村党支部书记
陈壮,札达县民族宗教事务局干部
格桑索朗,札达县托林寺僧人
次西,改则县察布乡麻木卓玛村村民委员会主任
梁帅,改则县个体非公党支部副书记
樊石林,改则县完全小学教师
多吉郑堆,措勤县措勤镇措勤村党支部书记
石确桑姆,普兰县卫生服务中心干部
郭少峰,革吉县完全小学教师
过过,革吉县文布当桑乡罗玛村村民委员会主任
扎西次仁,噶尔县狮泉河镇藏布居民委员会党支部第一书记
贡布扎西,噶尔县左左乡朗久农牧民创收合作社负责人
巴特尔,中国农业银行西藏自治区阿里地区分行职工
张明林,阿里地区扶贫开发领导小组办公室扶贫科科长
杨兵,阿里地区中级人民法院立案庭副庭长

区直机关工委(32名)

次仁旺堆,中共西藏自治区纪律检查委员会政策法规研究室副主任
刘高原,中共西藏自治区委员会办公厅总值班室副主任
达平,西藏自治区人民政府办公厅接待处副处长
贡嘎顿珠,西藏自治区人民检察院编译处干部
赖建,中共西藏自治区委员会政策研究室干部
格新,西藏自治区工业和信息化厅原材料工业处调研员
普琼,西藏自治区公安厅反偷渡侦察总队干部
王丽,西藏自治区财政厅督查二处处长
张冲,西藏自治区展览中心副主任
巴桑次仁,西藏自治区藏剧团导演
吴振华,西藏高新建材集团有限公司董事长
毛晓月,西藏人民广播电台藏语中心记者
德庆曲珍,西藏自治区统计局调查总队干部
曾彬,西藏自治区藏医院信息管理处干部
游国轩,西藏自治区人民防空办公室指挥通讯处处长
胡顺成,西藏自治区总工会办公室主任
边巴,西藏自治区工商业联合会经济联络咨询处处长
廖文华,西藏自治区农牧科学院农业研究所副研究员
郭琳,西藏自治区地质矿产勘查开发局区域地质调查大队工程师
达娃云丹,西藏自治区国家税务局稽查局局长
周勇,中国联合网络通信有限公司西藏自治区日喀则地区分公司副总经理
白玛尊珠,西藏自治区体育局竞技体育管理中心教练
格桑次仁,西藏自治区残疾人康复服务中心职工
晋美多吉,西藏自治区人民政府办公厅职工
次仁央金,政协西藏自治区委员会民族和宗教委员会办公室调研员
次仁索朗,中共西藏区委统战部藏胞接待办(退休干部)
付俊,中共西藏自治区委员会对外宣传办公室(自治区人民政府新闻办公室)三处处长
单增,西藏自治区国家安全厅监察处处长
巴桑卓嘎,西藏自治区商务厅贸易促进委员会办公室干部
董武奎,西藏自治区通信管理局国家计算机网络应急技术处理协调中心西藏分中心副主任
觉果,新华社西藏分社高级记者
洛桑,西藏自治区地质矿产勘查开发局第五大队职工

区教工委(5名)

罗桑江才,西藏藏医学院藏药系学生会副主席
德宗,西藏大学农牧学院水利土木工程学院女生会常务副主席
德吉央金,西藏自治区教育厅机关党委专职副书记
郭飞,西藏职业技术学院党政办公室副主任

梁成秀,西藏民族学院科研处教授

区非公党工委(5名)

王运飞,西藏自治区非公党工委办公室主任
何崇宇,西藏宏发建筑工程有限公司工程师
尤明刚,西藏宏绩集团有限公司总经理
益西卓嘎,山南贡桑禽业发展有限责任公司总经理
陈业东,江苏省苏酒集团驻西藏办事处主任

区银监局(5名)

亢聪怀,国家开发银行西藏自治区分行行长
格桑曲珍,中国工商银行西藏自治区分行副行长
桑吉,中国建设银行西藏自治区分行业务科副经理
方霞,中国人民银行拉萨中心支行统计研究处副处长
尹娜,中国银行西藏自治区分行拉萨市娘热北路支行副行长

西藏军区(18名)

许丙都,中国人民解放军77626部队62分队副指导员
白玛多吉, 西藏陆军预备役混成旅双37高炮2营1连代理连长
田建震,中国人民解放军77608部队政治委员
杨高土,中国人民解放军77635部队副团长
孟燕宇,中国人民解放军77570部队51分队战士
旺庆格列,西藏军区日喀则军分区司令部正连职参谋
乔罗布,中国人民解放军77680部队秘书群联科科长
格桑罗布,西藏军区政治部秘书群联处干事
秦正友,中国人民解放军77620部队56分队营长
达娃尼玛,中国人民解放军77598部队教导员
阿旺多吉,中国人民解放军77678部队政治处副主任
扎西顿珠,中国人民解放军77618部队54分队排长
杨蜀孟,中国人民解放军77606部队政治委员
央金,西藏军区政治部文工团副团长
蔡振华,中国人民解放军77635部队45分队指导员
董建兵,中国人民解放军77680部队宣传科科长
洛桑旺堆,中国人民解放军77578部队50分队加油站站长
陈利中国人民解放军77626部队10分队副营职参谋

空军拉萨指挥所(4名)

贾甫,中国人民解放军95662部队55分队指导员
仓决卓玛,中国人民解放军95662部队政治部干部科干事
姚有东,中国人民解放军95420部队副政治委员
邓珂,中国人民解放军95532部队飞管室主任

武警西藏总队(14名)

任泽文,武警西藏总队司令部侦察处副团职参谋
索朗次仁,武警西藏总队政治部文工团干事
张超,武警西藏总队后勤部营房处助理员
萨珍,武警西藏总队区域训练基地参谋
边巴次仁,武警西藏总队区域训练基地教员
扎西措姆,武警西藏总队医院主任医师
米玛次仁,武警西藏总队拉萨市支队副政治委员
白玛赤来,武警西藏总队日喀则地区支队第五大队仁布县中队中队长
普珠,武警西藏总队山南地区支队加查县中队中队长
胡双喜,武警西藏总队山南地区支队错那县中队指导员
张勋,武警西藏总队林芝地区支队察隅县中队中队长
宋建波,武警西藏总队昌都地区支队第四大队芒康县中队指导员
朱铁柱,武警西藏总队那曲地区支队政治处主任
昂次仁,武警西藏总队阿里地区支队副支队长

西藏公安边防总队(9名)

安德荣,西藏公安边防总队边境管理处副处长
拉姆次仁,西藏公安边防总队侦查支队参谋
晴雯,西藏公安边防总队日喀则地区支队政治处科长
陈小红,西藏公安边防总队日喀则地区支队吉隆边防检查站副连职参谋
邢云飞,西藏公安边防总队日喀则地区支队亚东边防检查站副连职参谋
拉巴次仁,西藏公安边防总队山南地区支队勒布边防派出所所长
熊振华,西藏公安边防总队林芝地区支队上察隅边防派出所正营职教导员
巴桑,西藏公安边防总队阿里地区支队普兰边防检查站综合办公室医生
朱彦,西藏公安边防总队阿里地区支队底雅边防派出所副营职代理所长

西藏公安消防总队(7名)

金鑫,西藏公安消防总队政治部组织教育处干事

次旺,西藏公安消防总队日喀则地区支队扎什伦布寺大队助理工程师

布罗扎西,西藏公安消防总队山南地区支队浪卡子县大队教导员

袁波,西藏公安消防总队山南地区支队洛扎县大队教导员

刘冬林,西藏公安消防总队林芝地区支队察隅县大队士官

索朗格桑,西藏公安消防总队昌都地区支队强巴林寺大队大队长

夏明,西藏公安消防总队阿里地区支队噶尔大队噶尔县中队副中队长

武警西藏森林总队(4名)

寇先敏,武警西藏森林总队副政治委员

苏扎西,武警西藏森林总队副参谋长

边巴罗布,武警西藏森林总队拉萨市大队教导员

毕占国,武警西藏森林总队林芝地区支队察隅县中队中队长

区警卫局(2名)

尼玛次仁,西藏自治区警卫局勤务三处处长

任光林,西藏自治区警卫局后勤处副处长

区民族团结宣教创评办(15名)

刘仕辉,山南地区民族宗教事务局民族科科长

斯朗永宗,昌都地区民族宗教事务局民族科副科长

德吉,那曲地区民族宗教事务局民族科科长

米玛多吉,阿里地区民族宗教事务局常务副局长

格桑次旦,西藏自治区民族宗教事务委员会宗教一处处长

李群,西藏自治区民族宗教事务委员会办公室副主任

林宝,林芝地区米林县南伊珞巴族乡人大主席

益西多吉,青藏铁路公司西宁车辆段动态监测车间红外线检修工

屯旺,西藏自治区社会主义学院副院长

次仁,中共西藏自治区委员会统战部办公室干部

洛桑尼玛,西藏自治区宗教工作领导小组办公室综合处副处长

卓嘎,西藏曲水监狱民警

史晓英,拉萨师范高等专科学校副教授

石达卓玛,错那县麻玛门巴族乡麻玛村农民

林卫华,西藏自治区民族宗教事务委员会原民族处处长(现已退休)

延伸阅读

西藏自治区民族工作会议暨2014年民族团结进步表彰大会举行

2014年11月18日,全区民族工作会议暨2014年民族团结进步表彰大会在拉萨举行。会议强调,要深入贯彻落实党的十八大和十八届三中、四中全会精神,贯彻落实中央民族工作会议特别是习近平总书记重要讲话精神,坚定不移走中国特色解决民族问题的正确道路,努力开创我区民族工作的新局面、谱写民族团结进步的新篇章。

陈全国代表自治区党委、政府,向受到表彰的模范集体和模范个人表示热烈祝贺,向为全区民族团结进步事业作出突出贡献的各族干部群众、社会各界人士、驻藏人民解放军指战员、武警官兵和公安干警致以崇高的敬意。

陈全国指出,前不久召开的中央民族工作会议对做好新形势下的民族工作作出了安排部署,意义重大、影响深远。特别是习近平总书记的重要讲话,科学分析了民族工作面临的新形势新特点,深刻阐释了中国特色解决民族问题正确道路的科学内涵和民族区域自治等民族工作的重大问题,体现了十八大以来党中央关于民族工作的重大战略思想和重大理论观点,丰富和发展了马克思主义民族理论,为当前和今后一个时期的民族工作指明了方向、提供了根本遵循,是指导新形势下民族工作的纲领性文献。各级党委政府、各级各部门要认真学习贯彻习近平总书记和李克强总理、俞正声主席重要讲话精神,切实把思想和行动统一到以习近平同志为总书记的党中央关于民族工作的形势判断上来,明确目标任务,坚定信心决心,不断开创西藏民族工作的新局面。

洛桑江村在总结讲话中指出,一定要把习近平总书记在中央民族工作会议上的重要讲话精神作为做好新形势下民族工作的纲领性文献来认真加以学习贯彻落实,一定要把中央民族工作会议精神作为指导西藏跨越式发展和长治久安的重要行动指南来加以学习贯彻落实,开创性地工作,不断把我区改革发展稳定和民族团结进步事业推向前进,奋力实现"全面建成小康社会、维护社会和谐稳定、确保生态环境良好"三大目标,让西藏更加美丽,让各族人民生活得更加幸福美满。

受表彰的模范集体和模范个人代表在大会上作了交流发言。

自治区人大、政府、政协省级领导同志,自治区高级人民法院院长、自治区人民检察院检察长,武警西藏总队、西藏公安边防总队、西藏公安消防总队主官,区直部门主要负责同志,各族各界代表参加会议。

会后,陈全国、白玛赤林、洛桑江村、吴英杰、邓小刚等自治区领导亲切接见了模范集体和模范个人代表并合影留念。

2014年度西藏自治区“先进双联户”创建活动先进集体(121个)

先进地市(3个)

拉萨市
昌都市
日喀则市

先进县(区)(18个)

曲水县
尼木县
桑珠孜区
萨迦县
吉隆县
聂拉木县
贡嘎县
琼结县
扎囊县
朗县
波密县
卡若区
边坝县
左贡县
安多县
申扎县
噶尔县
日土县

先进乡镇(街道)(35个)

城关区金珠西路街道办
曲水县聂当乡
墨竹工卡县工卡镇
尼木县吞巴乡
桑珠孜区聂日雄乡
聂拉木县门布乡
昂仁县达局乡
定日县扎西宗乡
谢通门县达那答乡
康马县嘎拉乡
吉隆县吉隆镇
仲巴县仁多乡
琼结县琼结镇
扎囊县吉汝乡
错那县卡达乡
桑日县绒乡
林芝县布久乡
工布江达县金达镇
米林县丹娘乡
墨脱县墨脱镇
贡觉县木协乡
察雅县新卡乡
芒康县曲孜卡乡
八宿县白马镇
洛隆县俄西乡
丁青县甘岩乡
类乌齐县宾达乡
班戈县普保镇
双湖县措折罗玛镇
索县热瓦乡
聂荣县白雄乡
普兰县巴嘎乡
措勤县磁石乡
日土县日土镇
革吉县革吉镇

先进村(居)(65个)

城关区八廓街道丹杰林社区
堆龙德庆县东嘎镇桑木村
达孜县邦堆乡邦堆村
当雄县龙仁乡郭庆村
林周县松盘乡松盘村
桑珠孜区城南街道办事处教武场社区居委会
江孜县江孜镇东郊村
白朗县嘎普乡嘎普村
亚东县帕里镇第四居委会
聂拉木县聂拉木镇宗塔村
拉孜县锡钦乡锡钦村
昂仁县亚木乡支荣村
定日县岗嘎镇参木达村
南木林县甲措乡藏叶村
萨迦县雄玛乡申格孜村
谢通门县查布乡列村
定结县江嘎镇江嘎村
仁布县德吉林镇那休村
萨嘎县夏如乡达孜村
康马县康如乡白迦村
吉隆县差那乡干布村
仲巴县霍尔巴乡玉列村
乃东县昌珠镇洞嘎居委会
贡嘎县岗堆镇岗堆村
浪卡子县伦布雪乡苏格村
洛扎县色乡曲吉麦村
措美县乃西乡鲁麦村
曲松县罗布沙镇朱麦沙村
隆子县隆子镇扎果村
加查县拉绥乡拉索村
工布江达县仲莎乡麦巴村
米林县卧龙镇甲格村
朗县金东乡巴龙村
波密县玉许乡玉沙村
察隅县上察隅镇桑巴亚中村
墨脱县达木珞巴民族乡达木村
卡若区卡若镇加卡村
江达县卡贡乡车所村

江达县同普乡夏荣村
贡觉县哈加乡娘列村
察雅县烟多镇察俄村
芒康县纳西民族乡纳西民族村
芒康县如美镇拉乌村
左贡县旺达镇夯达村
八宿县吉达乡同空村
洛隆县孜托镇加日扎村
丁青县觉恩乡觉恩村
边坝县拉孜乡森卡村
类乌齐县桑多镇达日通村
比如县嘎叶居委会
巴青县玛如乡杂钦达村
巴青县拉西镇拉西塘村
那曲县达萨乡加龙村
聂荣县尼玛乡查仓村
索县亚拉镇二居委会
嘉黎县忠义乡萨旺村
班戈县北拉镇镇荣村
尼玛县吉瓦乡热日村
安多县强玛镇社区居委会
申扎县下过乡那宗村
双湖县嘎措乡瓦日香琼村
改则县麻米乡吴青村
札达县楚鲁松杰乡巴卡村
革吉县文布当桑乡夏马村
噶尔县左左乡朗久村

2014 年度自治区级“先进双联户”(120 个联户单位，1202 户)

拉萨市(20 个联户单位，226 户)

城关区金珠西路街道八一社区 15 户
城关区公德林街道幸福社区雪二村 14 户
城关区两岛街道仙足岛社区生态住宅小区 2 区 8 户
城关区扎细街道雄嘎社区 4 组 12 户
城关区吉崩岗街道木如社区木如巷 9 户
城关区八廓街道八廓社区阿康巷 12 户
城关区吉日街道吉日社区吉日四巷 5 户
城关区嘎玛贡桑街道嘎玛贡桑社区 1 组 11 户
城关区纳金乡藏热社区廉租房小区 6 户
城关区蔡公堂乡白定村 1 组 11 户
达孜县邦堆乡林阿村 9 组 10 户
堆龙德庆县东嘎镇桑木村 5 组 13 户
堆龙德庆县古荣乡那嘎村 6 组 14 户
曲水县曲水镇茶巴朗村 4 组 15 户
林周县旁多乡日布村 11 户
林周县松盘乡松盘村松盘组 15 户
墨竹工卡县扎西岗乡扎西岗村卡加组 14 户
尼木县吞巴乡吞达村 2 组 9 户
当雄县公塘乡拉根村 5 组 10 户
柳梧新区柳梧乡桑达村 12 户

日喀则(25 个联户单位 247 户)

桑珠孜区聂日雄乡帕冲村 10 户
桑珠孜区江当乡雄卓村 12 户
江孜县纳如乡出龙村 11 户
江孜县车仁乡车仁村 10 户
白朗县洛江镇扎林村 10 户
亚东县吉汝乡增古村 10 户
聂拉木县聂拉木镇宗塔村 10 户
拉孜县热萨乡宗白村 10 户
拉孜县扎西宗乡杂村共 15 户
昂仁县桑桑镇嘎日村 10 户
昂仁县卡嘎镇卡嘎村 10 户
定日县克玛乡努龙村 10 户
定日县岗嘎镇参木达村 10 户
南木林县艾玛乡孜东雪村 10 户
南木林县拉布普乡东娘村 9 户
萨迦县扯休乡朗巴吉村 10 户
谢通门县通门乡通门村 5 户
谢通门县卡嘎镇夏角村 12 户
定结县扎西岗乡普村 10 户
仁布县仁布乡日龙布村 5 户
萨嘎县加加镇杰村 7 户
康马县嘎拉乡克村 10 户
吉隆县吉隆镇帮兴居委会 11 户
仲巴县帕羊镇罗康村 9 户
岗巴县龙中乡塔杰村 11 户

山南地区(16 个联户单位 160 户)

乃东县昌珠镇洞嘎居委会第 2 联户单位 10 户
地区财政局第 4 联户单位 6 户

琼结县加麻乡加麻村一组第 3 联户单位 11 户
扎囊县桑耶镇松卡社区第 13 联户单位 10 户
贡嘎县岗堆镇岗堆村第 19 联户单位 10 户
贡嘎县杰德秀镇克西村第 18 联户单位 12 户
浪卡子县伦布雪乡知达卡村第 4 联户单位 12 户
浪卡子县多却乡尼玛龙村第 2 联户单位 9 户
洛扎县色乡曲吉麦村第 17 联户单位 7 户
措美县措美镇玉美村第 1 联户单位共 10 户
错那县错那镇吉松居委会第 1 联户单位 9 户
隆子县列麦乡洋兄村第 9 联户单位 9 户
隆子县玉麦乡玉麦村第 1 联户单位 9 户
曲松县堆随乡柏林村第 3 联户单位 7 户
加查县安饶镇惹米村第 1 联户单位 15 户
桑日县桑日镇雪巴村第 13 联户单位 14 户

林芝地区(10 个联户单位 101 户)

林芝县更章乡久巴村第 3 联户单位 9 户
林芝县城区街道办白玛岗居委会第 10 联户单位 10 户
工布江达县加兴乡罗马林村第 1 联户单位 10 户
工布江达县错高乡木巴集镇第 1 联户单位 9 户
米林县扎绕乡机关大院第 1 联户单位 11 户
米林县里龙乡玉松村第 2 联户单位 12 户
朗县登木乡崩达村第 3 联户单位 12 户
波密县扎木镇扎木路居民委员会第 146 联户单位 7 户
察隅县下察隅镇沙琼村第 8 联户单位 12 户
墨脱县墨脱镇亚让村第 1 联户单位 9 户

昌都市(24 个联户单位 219 户)

卡若区埃西乡哈拉村第 6 联户单位 9 户
卡若区四川桥第 9 联户单位 11 户
卡若区约巴乡拉日村第 1 联户单位 10 户
卡若区卡若镇波妥村第 2 联户单位 9 户
江达县岩比乡格达村第 10 联户单位 6 户
江达县邓柯乡青稞村第七联户单位 10 户
贡觉县莫洛镇来日玛村第 1 联户单位 7 户
贡觉县木协乡下罗娘村第 1 联户单位 7 户
察雅县新卡乡新卡村第 1 联户单位共 15 户
察雅县察拉乡察拉村第 1 联户单位 7 户
芒康县木许乡木许村第 1 联户单位 10 户
芒康县戈波乡南格村第 10 联户单位 5 户
左贡县扎玉镇瓦巴村第 5 联户单位 12 户
左贡县美玉乡边玉村第 1 联户单位 5 户
八宿县白马镇居委会 S0991 联户单位 5 户
八宿县白马镇西巴村 S0294 联户单位共 10 户
洛隆县俄西乡次琼村第 6 联户单位 10 户
洛隆县马利镇夏玉村第 1 联户单位 6 户
边坝县边坝镇热塔村第 1 联户单位 10 户
边坝县拉孜乡根巴村第 3 联户单位 9 户
丁青县丁青镇丁青村第 19 联户单位 14 户
丁青县觉恩乡绒通村第 38 联户单位 10 户
类乌齐县卡玛多乡吉青村 10 户
类乌齐县宾达乡宾达村 12 户

那曲地区(17 个联户单位 172 户)

那曲县那曲镇林廓居委会 15 户
那曲县罗马镇 14 村 10 户
安多县帕那镇三村 10 户
聂荣县下曲乡 11 村 10 户
嘉黎县阿扎镇七村 8 组 9 户
嘉黎县措拉乡 9 村 12 户
比如县图嘎居委会 9 户
巴青县贡日乡 4 村 9 户
巴青县玛如乡 7 村 10 户
索县若达乡八村 8 户
索县县政府大院 9 户
班戈县保吉乡路日村 8 户
申扎县买巴乡 1 村 12 户
申扎县下过乡六村 11 户
尼玛县卓瓦乡二村 9 户
尼玛县荣玛乡一村 11 户
双湖县巴岭乡麦相村 10 户

阿里地区(8 个联户单位 77 户)

噶尔县朗久村二组 9 户
日土县日松乡过巴村 7 户
札达县萨让乡日巴村嘎布热组 10 户
普兰县仁贡村萨朗组 11 户
革吉县革吉镇那普居委会 11 户
改则县改则镇康巴市场 7 户
改则县古姆乡森多村 9 户
措勤县曲洛乡赤玛村一组 13 户

西藏自治区党委常委会议研究决定

在全区开展“先进双联户”创建评选活动

2013年5月9日上午，自治区党委书记陈全国主持召开自治区党委常委会议。会议审议并原则通过《中共西藏自治区委员会办公厅西藏自治区人民政府办公厅关于开展“先进双联户”创建评选活动的意见》，决定在全区开展先进“联户平安、联户增收”创建评选活动。

会议指出，开展“先进双联户”创建评选活动，是深入贯彻落实党的十八大精神、贯彻落实习近平总书记重要讲话精神的重要举措，是加强和创新社会管理的重要内容，是维护社会和谐稳定的重要保障，是增强民族团结的重要抓手，是密切党群干群关系的重要途径，是实现共同富裕的重要平台，是充分发挥各族群众的主体作用、调动各族群众建设社会主义新西藏积极性的重要载体，对于加强社会建设、化解基层矛盾，改善社会服务、保障改善民生，推进富裕西藏、和谐西藏、幸福西藏、法治西藏、文明西藏、美丽西藏建设，具有重要意义。

会议明确了“先进双联户”创建评选的标准：

一要爱党爱国。热爱中国共产党，热爱祖国，热爱中国特色社会主义，拥护党的领导和路线、方针、政策，维护祖国统一、坚决反对分裂。

二要遵规守法。积极学习法律法规，模范遵纪守法，自觉遵守国家法律、法规、规章和政策，自觉遵守地方法规、社区规章制度、村规民约和职业纪律，无任何违法违纪行为，联保单元无刑事案件和治安案件，无各类矛盾纠纷。

三要团结和睦。着力维护民族团结，牢固树立“三个离不开”思想，同呼吸、共命运、心连心；构建和谐邻里关系，尊老爱幼、和睦相处，互帮互助、互谅互让，主动关心、礼让待邻，增进交流、和谐共处。

四要共同富裕。以促进共同富裕、共享发展改革成果为目标，艰苦创业、诚实劳动，互帮互助、增收致富，扶贫济困、助孤助残，联创联营、共建小康。

五要文明向上。树立以“爱国、团结、和谐、发展、文明”为主题的核心价值观，扎实开展“讲文明树新风”活动，崇尚科学、学习文化，爱岗敬业、诚实守信，关心集体、爱护公物，助人为乐、见义勇为，举止文明、待人礼貌，勤俭节约、生活健康。

六要环境整洁。保持“双联户”单元及周边环境卫生整洁，搞好房前屋后绿化美化，积极参加社区（村）环境整治、爱国卫生运动，自觉维护公共环境卫生，创造良好居住环境。

会议指出，“先进双联户”创建评选活动要坚持党委、政府引导，社区（村）积极组织，党员干部带头，群众积极参与，切实形成人人参与社会管理、户户参加创建评选的浓厚氛围。

会议强调，开展好“先进双联户”创建评选活动，要坚持自治区、地（市）、县（市、区）、乡（镇）、村（居委会）五级联创、分级表彰，精神鼓励为主、物质激励为辅，各级每年均评选表彰一次，确保活动开展得有声有色、扎实有效。

2014 年 1 月 10 日，西藏自治区十届人大二次会议在拉萨开幕。

2014 年 3 月 9 日，十二届全国人大二次会议西藏代表团全体会议向媒体开放，吸引了国内外的 60 多家媒体 80 多名记者现场采访。

2014 年 4 月 10 日，西藏自治区党委副书记、自治区人大常委会主任白玛赤林（右三）在拉孜镇措布村看望慰问次仁一家。

2014 年 4 月 11 日，西藏自治区党委副书记、自治区人大常委会主任白玛赤林在拉孜县曲下乡看望慰问米玛珍拉一家。

2014 年 6 月 24 日，武警部队司令员王建平深入阿里地区看望慰问维稳执勤官兵。

2014 年 7 月 19 日，中共中央政治局委员、中央政法委书记孟建柱到武警西藏总队视察，接见驻拉萨部队官兵。

2014 年 1 月 27 日，西藏自治区党委书记陈全国慰问布达拉宫广场守卫中队官兵。

2014 年 7 月 20 日，中共中央政治局委员、中央军委副主席许其亮到武警西藏总队调研视察、看望慰问官兵。

武警西藏总队官兵担负那曲地区驻训维稳任务。

西藏自治区党委副书记、自治区常务副主席、区党委政法委书记邓小刚(左一)视察消防部队装备建设。

消防官兵参与“8·09”特大交通事故救援。

中小学生参观消防科普教育基地。

消防官兵帮助朝佛群众。

2014 年 9 月 29 日，西藏自治区党委书记陈全国，自治区党委副书记、自治区主席洛桑江村与出席中央民族工作会议暨国务院第六次全国民族团结进步表彰大会的西藏区代表一道参观西藏展厅。

2014 年 4 月 8 日，西藏自治区党委常务副书记吴英杰到西藏佛学院调研教学管理工作和佛学院女众部项目建设情况。西藏自治区党委常委，区政协党组书记、副主席，区党委统战部部长公保扎西陪同调研。

2014 年 3 月 3 日，中国人民政治协商会议第十二届全国委员会第二次会议在北京人民大会堂开幕。图为西藏全国政协委员出席大会。

2014 年 10 月 14 日，西藏自治区党委统战部常务副部长熊刚毅向驻村工作队队员了解群众生产生活情况。

2014 年 1 月 19 日，西藏自治区统战民族宗教工作会议在拉萨召开。

2014 年 3 月 21 日，西藏自治区党委常务副书记吴英杰在西藏自治区高级人民法院调研。

2014 年 6 月 23 日，西藏自治区高级人民法院院长索达赴驻村点检查指导驻村工作队工作情况。

2014 年 6 月 25 日，西藏自治区高级人民法院院长索达赴萨嘎县检查指导群众路线活动开展情况。

2014 年 12 月 4 日，西藏自治区高级人民法院开展“12·4”法制宣传日活动。

2014 年 5 月 13 日，乃东县人民法院开展藏汉双语人民陪审员法律业务培训。

2014 年 7 月 18 日，中共中央政治局委员、中央政法委书记孟建柱听取自治区人民检察院工作报告并发表重要讲话。西藏自治区党委书记陈全国，西藏自治区党委副书记、人大常委会主任白玛赤林，西藏自治区党委副书记、自治区常务副主席、区党委政法委书记邓小刚出席会议。

2014 年 4 月 15 日，西藏自治区检察院党组书记、检察长张培中赴国家检察官学院西藏分院施工现场指导。

2014 年 1 月 1 日，西藏自治区检察院党组书记、检察长张培中赴寺庙联系点调研。

2014 年 10 月 9 日，西藏检察官文联成立大会暨检察文化援藏会议在拉萨召开。

西藏自治区检察院党组理论中心组学习党的十八届四中全会精神。

2014 年 7 月 18 日，中共中央政治局委员、中央政法委书记孟建柱（右二）在公安厅参观缉枪治爆阶段性成果展。西藏自治区党委书记陈全国陪同。

2014 年 6 月 26 日，西藏自治区党委常务副书记吴英杰参加“6·26”国际禁毒日主题宣传活动。

2014 年 7 月 18 日，中共中央政治局委员、中央政法委书记孟建柱在公安厅看望西藏英模民警代表。西藏自治区党委书记陈全国陪同。

2014 年 10 月 8 日，西藏自治区党委副书记、自治区常务副主席，区党委政法委书记邓小刚前往便民警务站看望慰问舍己为人、勇救落水老人的一线人民警察。

2014 年 2 月 26 日，西藏自治区公安厅党委书记、厅长刘江会见尼泊尔内政部安全局局长柯伊拉腊率领的尼泊尔警务代表团一行。

2014 年 11 月 5 日,全区第三期妇联干部培训在区党校开班,自治区党委常委、区直机关工委书记多托出席开班式并作重要讲话。

2014 年 4 月 15 日,全区妇女小额担保财政贴息贷款工作现场推进会暨妇女小额贷款创业示范基地授牌。西藏自治区副主席德吉(左一)出席并讲话。

2014 年 3 月 7 日,纪念“三八”国际妇女节 104 周年表彰大

2014 年 6 月 1 日,西藏自治区妇联在尼木县林岗村开展庆“六一”暨慰问活动。

西藏自治区科技厅厅长岗青(右二)在江孜县年堆乡"藏青 2000"示范区考察。

科研人员在色林错国家级自然保护区观察收集黑颈鹤繁殖期行为活动的各项指标。

西藏自治区农业科技园区瓜果蔬菜高效种植。

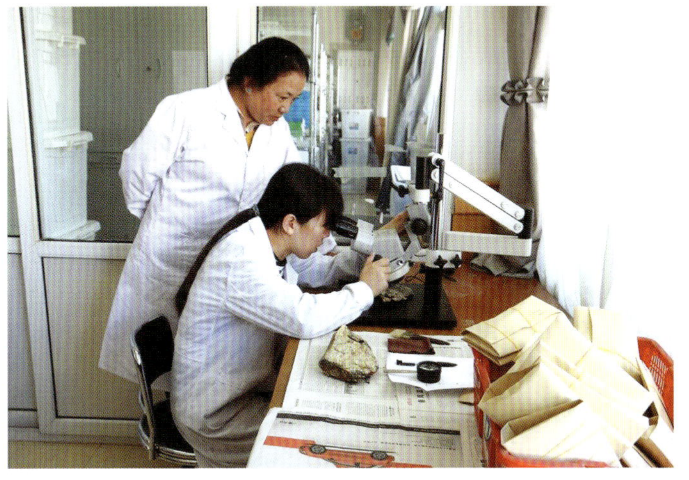

科研人员正在观察地衣外部形态。

2014 年 4 月 18 日，召开自治区首届工艺美术大师命名大会，西藏自治区党委副书记、自治区主席洛桑江村出席。

2014 年 5 月 20 日，西藏自治区副主席姜杰检查信息化企业。

2014 年 4 月 22 日至 23 日，西藏自治区副主席姜杰率调研组赴山南地区贡嘎、琼结、乃东、桑日等县调研民族手工业、藏医药业等特色产业工作开展情况。

2014 年 11 月 27 日，“西藏好水·西藏共享”主题宣传活动在北京人民大会堂举行。

2014 年 7 月 27 日，交通运输部副部长翁孟勇、冯正霖一行赴青藏公路 17 工区调研并看望慰问一线养护职工。

2014 年 6 月 1 日开工建设的拉萨至贡嘎机场公路“一桥一隧”工程项目。

2014 年 7 月 28 日，交通运输部公路科学研究院与西藏自治区交通运输厅签订战略合作框架协议。

拉林高等级公路实施路面作业。

通麦特大桥主索塔于 2014 年 4 月 8 日封顶。

2014 年 11 月 22 日，西藏自治区交通综合执法总队书记阿旺朗杰检查驻村工作。

2014 年 7 月 27 日，交通运输部副部长翁孟勇、冯正霖检查堆龙德庆超限检测站。

西藏自治区交通综合执法总队总队长董德文检查嘉德超限检测站。

交通综合执法系统验收。

卸载超限运输货物。

2014 年，西藏自治区党委副书记、自治区主席洛桑江村（右一）率检查组调研拉萨节日市场供应情况。

2014 年 12 月 1 日，中国吉隆—尼泊尔热索瓦双边性口岸开通运行。

2014 年 12 月 29 日，西藏自治区副主席董明俊率检查组赴拉萨市检查惠民牛羊肉投放情况。

西藏实施“万村千乡市场工程”丰富农村消费市场。

2014 年 5 月 16 日，西藏自治区防汛抗旱工作电视电话会议在拉萨召开。

2014 年 6 月 6 日，西藏自治区水利发展“十三五”规划思路座谈会在拉萨召开。

2014 年 3 月 21 日，水利厅系统社会治安综合治理及保密工作责任书签订会议在拉萨召开。

水利工程让雅砻灌区旱涝保收。

西藏自治区水土保持科技示范园—茶巴朗水土流失综合治理工程。

旁多发电厂房

主厂房

旁多大坝

转子吊装

旁多水库

和谐工区

西藏自治区水利厅党组书记李文汉在拉洛水利枢纽及配套灌区工程检查指导工作。

西藏拉洛水利枢纽及配套灌区工程"三通一平"对外道路。

西藏拉洛水利枢纽及配套灌区工程"三通一平"雄玛桥工程施工。

西藏拉洛水利枢纽及配套灌区工程德罗隧洞一号支洞施工

西藏拉洛水利枢纽及配套灌区工程效果图。

2014 年 11 月 25 日，西藏自治区卫计委主任普布卓玛（右）向即将出发的驻村工作队员授旗。

2014 年 9 月 17 日，全国卫生计生系统对口支援西藏工作会议在拉萨召开。

2014 年 11 月 6 日，西藏自治区卫生和计划生育委员会挂牌成立。

2014 年 11 月 28 日，西藏自治区重大疾病防治协调领导小组会议在拉萨召开。

2014 年 6 月 21 日，西藏自治区党委书记陈全国会见来藏调研的国务院侨务办公室主任裘援平。

2014 年 10 月 27 日至 31 日，西藏自治区党委副书记、自治区主席洛桑江村率西藏自治区政府代表团对尼泊尔联邦民主共和国进行为期 5 天的友好访问。图为洛桑江村拜会尼泊尔总统亚达夫。

2014 年 10 月 20 日，西藏自治区党委副书记、自治区常务副主席、区党委政法委书记邓小刚在拉萨会见尼泊尔副总统兼内政部长高塔姆。

2014 年 3 月 17 日至 18 日，西藏自治区人大常委会主任白玛赤林率全国人大西藏代表团访问波兰、拉脱维亚。图为白玛赤林向波兰众议院副议长温德利赫敬献礼物。

2014 年 10 月 18 日至 27 日，西藏自治区外侨办党组书记格桑率友好代表团访问印度。

2014 年 10 月 28 日，西藏自治区外侨办主任巨建华与尼泊尔内政部签署《中国西藏自治区与尼北部地区建立友好县的会谈纪要》。

2014 年 8 月 29 日，国家工商总局副局长马正其赴拉萨各大农贸市场考察。

2014 年 3 月 10 日，西藏自治区副主席边巴扎西出席新版企业营业执照颁发仪式并为新设立的企业颁发新版营业执照。

2014 年 1 月 18 日，西藏自治区党委副书记、自治区主席洛桑江村率检查组检查拉萨各大超市节前经营情况。

2014 年 2 月 26 日，西藏自治区工商局党委书记、局长李迎春慰问离退休少数民族老干部。

2014 年 9 月 17 日，西藏自治区人民政府召开新闻发布会就企业商事制度改革与媒体朋友进行答疑，西藏自治区工商局党委书记、局长李迎春出席并作解答。

2014 年 12 月 12 日，西藏自治区质量和标准化工作领导小组全体会议在拉萨召开。

2014 年 11 月 18 日，企业和媒体代表应邀参观质监部门技术检测机构。

2014 年 11 月 18 日，西藏自治区特种设备检测所汽车罐车检测中心挂牌成立。

2014 年 8 月 24 日，西藏自治区副主席董明俊在拉萨市游乐园检查游乐设施运行维保情况。

2014 年 8 月 24 日，西藏自治区副主席董明俊深入企业检查指导质监工作。

“2014CBA 西藏行”助力体育援藏。

2014 年 5 月 1 日至 3 日，第二届环巴松措山地自行车越野竞速赛在巴松措举行。

2014 年 8 月 29 日，西藏自治区第十一届运动会在山南地区泽当镇开幕。

2014 年 9 月 30 日至 10 月 6 日，第一届西藏户外运动大会开赛。

2014 年 9 月 16 日，健美操世界冠军健身服务西藏行首次来到拉萨，推广健身运动。

2014 年 9 月 19 日，西藏自治区副主席多吉次珠检查指导人防应急指挥中心建设情况。

2014 年 7 月 29 日，西藏自治区人防办主任伊西加措主持召开党组理论中心组学习会。

2014 年 7 月 29 日，西藏自治区直属纪工委系统在人防办召开纪检监察工作推进会。

2014 年 7 月 17 日，西藏人防实兵演练装备车辆整装待发。

2014 年 4 月 28 日，西藏自治区地勘局纪检工作会议在拉萨召开。

军民共建

野外工作车陷冰河。

地质技术人员对岩石样品分类。

地质技术人员雪中露营。

2014 年 10 月 16 日，中共中央政治局委员、北京市委书记郭金龙到西藏大学视察工作。

2014 年 8 月 22 日，天津大学与西藏大学战略合作协议签字仪式在拉萨举行。

2014 年 6 月 3 日，西藏自治区党委常务副书记吴英杰在西藏大学调研党建工作，看望慰问广大师生员工。图为吴英杰在学生食堂了解学校服务管理情况。

2014 年 7 月 21 日，西藏大学 2014 年学术报告周开幕式。

2014 年 10 月 1 日，西藏大学举行“升国旗、唱国歌”仪式。

2014 年 8 月 10 日，全国人大民族委员会副主任委员刘胜玉率全国人大常委会民族地区经济社会发展情况专题调研组一行考察西藏大学农牧学院。

2014 年 9 月 24 日，西藏大学农牧学院召开对口支援工作 20 周年座谈暨发展战略咨询会。

2014 年 7 月 8 日，西藏大学农牧学院聘请中国工程院王浩院士为特聘院士。

2014 年 8 月 5 日，西藏大学农牧学院党委书记、副院长纪建洲检查指导驻村工作。

2014 年 7 月 5 日—8 日，在西藏大学农牧学院举行西藏自治区第三届大中专学生运动会。

2014 年 6 月 6 日，西藏大学农牧学院举行 2014 届毕业典礼暨学位授予仪式。

2014 年 4 月 21 日，西藏自治区国税局局长胡苏华在林芝地区国税局调研工作。

2014 年 4 月 23 日，西藏纳税百强榜新闻发布会在拉萨召

2014 年 5 月 15 日，西藏自治区国税局稽查局干部参加打击和防范经济犯罪宣传。

2014 年 6 月 1 日，电信业营改增试点开出第一张税票

2014 年 8 月 7 日，海关总署与西藏自治区人民政府签署关于支持西藏经济社会跨越式发展合作备忘录。

拉萨海关驻聂拉木县波绒乡扎青村工作队为村民发放帐篷。

2014 年 8 月 7 日，拉萨海关党组向海关总署署长于广洲一行汇报工作。

上海海关与拉萨海关签订对口支援合作框架协议。

2014 年 8 月 18 日，西藏自治区副主席姜杰在拉萨珠峰品牌直营店调研，询问卷烟销售情况。

2014 年 7 月 25 日，在山南地区召开全区行业劳动用工座谈会。

2014 年 3 月 27 日，国家烟草专卖局群众路线教育实践活动第三巡回督导组组长周瑞、副组长任静在山南地区检查。

2014 年 11 月 20 日，日喀则烟草专卖局举行冬季消防应急演练。

2014 年 2 月 22 日，西藏自治区烟草行业工作会暨纪检监察会议召开。

新装修布置的珠峰服务品牌卷烟零售示范店。

2014 年 8 月 20 日，国家气象局副局长于新文赴日喀则市江孜县气象局调研。

2014 年 7 月 4 日，全区防汛抗旱工作视频会议首次在西藏自治区气象局召开。

2014 年 9 月 18 日，西藏自治区气象局驻山南地区浪卡子县普玛江塘乡下索村四名女驻村队员为该村孩子送去亲手织的毛衣。

2014 年 10 月 29 日，西藏自治区中小学示范校园气象站在拉萨市第八中学建成。

2014年10月24日，中国银监会会同西藏自治区党委、政府在北京召开银行业支持西藏经济社会发展座谈会。中国银监会主席尚福林和西藏自治区党委书记陈全国分别发表讲话。

2014年4月22日，西藏银监局局长李明肖一行看望慰问驻村工作队员。

2014年6月27日，西藏银监局局长李明肖赴山南调研普惠金融情况。

2014年8月3日，中国银监会党委委员、主席助理杨家才一行在西藏调研。

2014年6月13日，西藏银监局组织召开银担合作座谈会。

2014 年 5 月 18 日，西藏自治区邮政公司与西藏自治区党委宣传部在拉萨联合举办《唐卡》特种邮票首发式。

2014 年 6 月 5 日，西藏首个主题邮局开业。图为内地游客正在免费加盖西藏知名旅游景点邮戳。

2014 年 9 月 2 日，西藏自治区邮政公司系统召开会议，宣布西藏邮政公司主要负责人调整情况。西藏自治区副主席甲热·洛桑丹增（中）与中国邮政集团公司副总经理李丕征（右一）出席会议并讲话。图为与自治区邮政公司领导合影。

2014 年 10 月 9 日，山南乡邮员嘎发荣获中国邮政集团公司"最美邮递员"称号。

2014 年 3 月 14 日，国家开发银行西藏分行走进拉萨 SOS 儿童村，实践主题为“走进儿童村，关爱朝阳红”爱心活动。

国家开发银行西藏自治区分行向阿里地区革吉县雄巴乡小学捐款 30 万元。

国家开发银行西藏自治区分行支持的拉林公路项目。

国家开发银行西藏自治区分行支持的西藏航空飞机购置项目。

2014年11月27日，西藏自治区副主席坚参(左三)调研青稞收购情况。

2014年10月13日，中国农业发展银行西藏自治区分行与拉萨市委常委、常务副市长王晖(右四)一行商谈业务合作事宜。

2014年9月25日，中国农业发展银行副行长林立(左一)在藏期间，考察拉萨顿珠金融产业园项目。

2014年7月1日，组织员工参观张国华诞辰100周年图片展。

2014 年 12 月 31 日，西藏自治区党委副书记、自治区主席洛桑江村，自治区党委常委、自治区常务副主席丁业现一行到中国工商银行西藏分行营业部看望慰问全行员工。

2014 年 12 月 1 日，西藏自治区旅游局与中国工商银行西藏分行签订《支持旅游产业发展战略合作协议》。

2014 年 5 月 27 日，中国工商银行西藏分行、湖北分行与中国三峡集团在拉萨签署《西藏开发贷款合作协议》。

2014 年 8 月 23 日，中国工商银行西藏分行开展普及金融知识万里行活动。

2014 年 12 月 17 日，中国工商银行西藏分行在日喀则江孜县日星乡为日星乡完小捐赠计算机设备。

2014 年 12 月 9 日，中国农业银行西藏自治区分行与林芝地区行署签署全面战略合作协议。

2014 年 11 月 21 日，中国农业银行西藏自治区分行积极投身全区信用体系建设。

2014 年 6 月 16 日，中国农业银行西藏自治区分行与中国烟草西藏公司签署战略合作协议。

2014 年 12 月 6 日，中国农业银行西藏自治区分行信贷支持果多水电站建设。

中国农业银行西藏自治区分行在全国农行首创以“钻金银铜”四卡为载体的《农牧户贷款证》。

2014年12月31日，西藏自治区党委副书记、自治区主席洛桑江村，自治区党委常委、自治区常务副主席丁业现到中国银行西藏自治区分行年终决算现场进行慰问。

2014年11月14日，中国银行西藏自治区分行领导视察在建“中银广场”项目。

2014年9月25日，中国银行西藏自治区分行与西藏巨龙铜业有限公司签署银企战略合作协议。

2014年12月17日，中国银行江苏大道支行开业。

2014年12月31日，西藏自治区党委副书记、自治区主席洛桑江村，自治区党委常委、自治区常务副主席丁业现慰问建行西藏分行员工。

2014年7月22日，中国建设银行副行长庞秀生一行到西藏自治区分行调研指导工作。

2014年1月5日，藏青工业园区与建行西藏自治区分行战略合作协议签字仪式在拉萨举行。

2014年7月12日，建行西藏自治区分行参加“西藏自治区银行业第三届支持中小企业发展信贷产品推介会”。

2014年8月15日，建行西藏自治区分行与西藏银行企业年金签约仪式在拉萨举行。

2014 年 2 月 21 日，自治区党委常委、自治区常务副主席丁业现亲切看望西藏银行员工。

西藏银行白玛才旺董事长主持召开 2014 年度股东大会。

2014 年 5 月 30 日，西藏银行日喀则分行开业。

2014 年 9 月 5 日，西藏银行林芝分行开业。

2014 年 6 月 12 日，西藏银行墨竹工卡县支行开业。

2014年7月12日，西藏银行参加第三届中小企业信贷产品推介会。

西藏银行员工着特色藏装服务。

2014年9月17日，西藏银行开展“金融知识进万家”宣传服务月活动。

西藏银行向驻村点小学捐赠物资。

2014年10月25日，西藏银行到贡嘎县敬老院慰问。

2014 年 12 月 18 日，中国人保集团公司与西藏自治区人民政府座谈会暨五保集中供养项目捐赠 2500 万元仪式在拉萨举行。

中国人保财险西藏分公司强基惠民工作组向农牧民赠送领袖像。

中国人保财险西藏分公司总经理孙国新在震后现场理赔。

2014 年 9 月 29 日，开展“爱寸心 践寸行—人保公益助学行”活动。

2014 年 7 月 8 日，人保财险西藏分公司直属业务部聘请保险专家与工程技术专家，与业主和施工单位一同对国道 318 线林芝至拉萨段公路改建工程进行风险查勘及项目风险管理研讨。

2014 年 7 月 29 日，中国平安保险(集团)股份有限公司与西藏自治区签订战略合作协议。

2014 年 10 月 26 日，中国平安财产保险股份有限公司西藏分公司《高原掘金》大型户外体验课程骨干培训班学员合影。

平安保险西藏分公司迅速应对尼泊尔地震并开展理赔查勘工作。

中国平安财产保险股份有限公司西藏分公司“平安财富中心”雪域旗舰体验店。

庆祝中国平安财产保险股份有限公司西藏分公司入驻西藏八周年。

阳光保险集团董事长张维功在参加保险业支持西藏经济发展研讨会期间慰问分公司员工。

阳光财产保险股份有限公司西藏分公司总经理孔杰慰问驻村干部及驻村点困难群众。

阳光青年志愿者与茶巴拉小学师生共度六一儿童节。

阳光人时刻准备着为客户提供优质的服务。

中石油加油站。

实现油品质量升级，保护雪域高原碧水蓝天。

撬装加油设施，服务偏远地区农牧民群众。

热心服务客户，为群众排忧解难。

严格执行实名加油规定，确保油库站安全运营。

在全国最后一个通公路的县——墨脱建设加油站。

推进信息化建设，缩短与内地企业的差距。

2014 年 8 月 20 日，国家电网公司董事长刘振亚在国网西藏电力调控中心看望慰问值班员工。

川藏联网工程芒康至察雅段线路架设现场。

针对极端天气，公司提前部署各专业应急工作。

2014 年 11 月 20 日，林周县农电代管企业揭牌成立。

2014 年 7 月 30 日，中国电信西藏公司总经理李晓华在东区营业厅考察。

2014 年 12 月 26 日，中国电信西藏公司召开党的群众路线教育实践活动主题民主生活评议会。

2014 年 6 月 1 日，中国电信西藏公司驻吉拉乡夏达村工作队向帕羊小学赠送 650 双鞋子，价值 1 万余元，帕羊镇中心小学老师向驻村工作队队员敬献哈达。

2014 年 7 月 5 日，驻村工作队员次仁扎西为牧民中的五保户送去慰问品，进一步深入开展创先争优强基惠民帮扶活动。

2014 年 8 月 12 日，首个“386”村通盲区覆盖项目基站—加查县坝乡聂村 3G 基站顺利调试开通。

2014年9月25日至10月8日，首届中国西藏旅游文化国际博览会在拉萨举行，中国移动“天上西藏”项目作为唯一参展的信息化项目，西藏自治区党委副书记、自治区主席洛桑江村观看体验VR眼镜后指出：“这个项目非常重要。”

2014年1月10日，由中国移动西藏公司、TVB、香港联合知识产权交易所、文传UCAN联合主办的“《文化·旅游·游戏跨界合作》全球发布会”在香港召开，标志着中国移动西藏公司“天上西藏”项目正式面向全球发布。

2014年6月8日，西藏自治区通信管理局组织在阿里普兰县塔尔钦镇组织神山应急通信保障演练，西藏公司重点参与演练，西藏自治区副主席格桑次仁、西藏自治区通信管理局副局长尼玛顿珠、阿里地区行署彭措副专员现场调研。

2014年4月1日至2日，中国移动西藏公司“天上西藏”项目被评定为“中国中西部最佳智慧应用奖”。

2014年1月31日，中国移动西藏公司总经理卓锋慰问值班工作人员。

2014 年 4 月 28 日，“劳动最美丽——一线工人故事会”系列活动启动仪式在北京举行，我公司员工其美多吉、边巴卓玛夫妇作为一线工人代表参加启动仪式。

2014 年 9 月 14 日至 20 日，中国移动“网络大 V 和意见领袖”进藏活动在西藏举行。

2014 年 11 月 23 日晚，中国移动西藏公司举办的首届大型原生态歌手选秀活动首届“天上西藏·天籁之音”歌手选拔赛在拉萨举行。

2014 年 12 月 28 日，昌都地区江达县邓柯乡色日村基站成功开通。

2014 年 12 月 11 日，中国移动西藏公司承办的“2014 年西藏自治区应急通信机动局暨中国移动甘肃大区应急通信演练”在拉萨举行。

2014 年 6 月 1 日，西藏自治区党委书记陈全国慰问吉崩岗师生。

2014 年 2 月 20 日，拉萨市委副书记、市长张延清慰问困难户。

2014 年 3 月 11 日，城关区“四大班子”领导一行参观根敦群培纪念馆。

2014 年 11 月 15 日，城关区首届干部职工运动会开幕式。

2014 年 2 月 19 日，西藏自治区党委副书记、自治区主席洛桑江村在春节、藏历新年来临之际慰问城关区一线环卫工人。

2014 年 5 月 27 日，西藏首个党政客户端“拉萨·城关掌上通”上线发布仪式在拉萨举行。自治区党委常委、拉萨市委书记齐扎拉(中)出席。

2014 年 10 月 17 日,西藏自治区党委书记陈全国陪同中央政治局委员、北京市委书记郭金龙到当雄县视察工作。

2014 年 3 月 6 日,拉萨市委副书记、市长张延清到当雄县走访牧户,了解民情民意。

2014 年 1 月 31 日,当雄县县长旦增尼玛深入村组开展春节慰问。

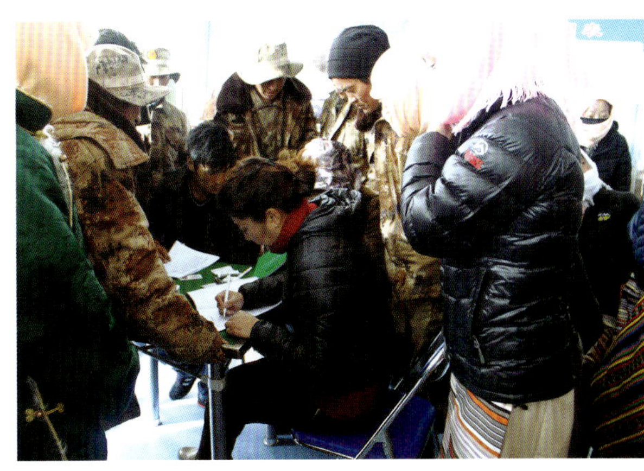

当雄县 2014 年 12 件民生实事——大病医疗救助。

2014 年 9 月 28 日，西藏自治区党委常委、拉萨市委书记齐扎拉带领拉萨市净土健康产业观摩团到林周参观。

2014 年 6 月 17 日，林周县鹏博健康产业园工作委员会、林周县鹏博健康产业园管理委员会、拉萨市林周城镇化建设投资发展有限公司揭牌成立。

2014 年 10 月 14 日，林周县县长次仁顿珠带领林周县党政代表团在苏州市考察。

2014 年 5 月 14 日，林周县举办“践行群众路线，共创美好家园”知识竞赛。

2014 年 3 月 6 日,西藏自治区党委副书记、自治区常务副主席、区党委政法委书记邓小刚到达孜县公安局视察工作。区党委常委、秘书长王瑞连陪同。

2014 年 2 月 16 日,达孜县县长阿努次仁慰问困难群众。

2014 年 8 月 26 日,达孜县县委书记徐申锋看望慰问德庆村“三老人员”。

2014 年 3 月 15 日,达孜县德庆村举行开耕仪式。

达孜县唐嘎乡藏鸡规模化养殖基地。

2014年3月18日，西藏自治区党委常务副书记吴英杰赴曲水县视察群众路线教育实践活动。

2014年3月12日，曲水县干部职工开展应急处突演练活动。

2014年2月26日，曲水县党政领导慰问老干部。

曲水县才纳乡种植的有机烟叶。

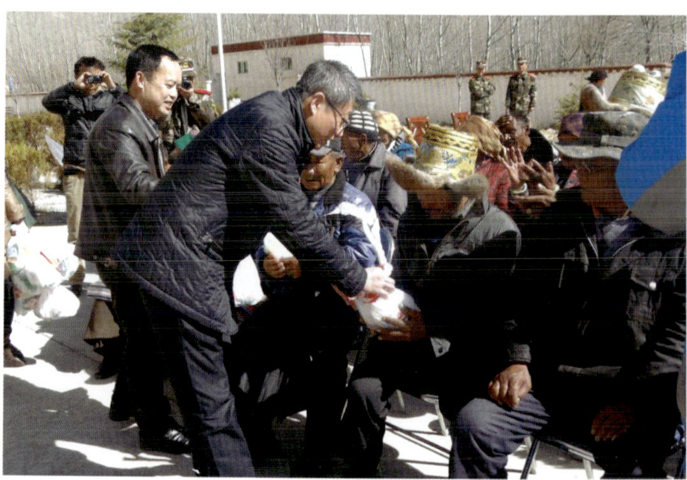

向老人发放洗漱用品。

曲水县种植的郁金香。

2014 年 6 月 19 日，西藏自治区党委副书记、自治区主席洛桑江村到尼木县视察矿山安全生产工作。

2014 年 8 月 16 日，尼木县县委书记范永红调研民政工作

2014 年 5 月 18 日，首都艺术家代表团赴尼木县慰问演出。

2014 年 5 月 5 日,西藏自治区党委副书记、自治区主席洛桑江村一行到堆龙德庆县视察医疗卫生工作。

2014 年 9 月 1 日,堆龙德庆县举行"格桑花·爱心基金"妇女儿童启动会暨资金发放仪式。

2014 年 6 月 13 日,堆龙德庆县县委书记陈献森,拉萨市政协副主席、堆龙德庆县县长安央金,县人大主任达娃次仁一行到县中学检查报考内地西藏初中班的考试现场。

2014 年 9 月 30 日,堆龙德庆县历时 26 天、33 场比赛的第二届"堆龙杯"足球比赛胜利闭幕。

2014 年 10 月 1 日,堆龙德庆县举行升国旗仪式,庆祝中华人民共和国成立 65 周年。

2014 年 5 月 28 日,江孜县县长曲达赴基层调研新农保工作开展情况。

2014 年江孜县达玛文化旅游节。

《江孜印记》实景剧。

江孜县县城全貌。

农业科技培训。

2014 年 4 月 22 日，西藏自治区党委副书记、自治区主席洛桑江村在白朗县视察蔬菜示范园。

娟姗牛养殖。

白朗县发放农机具。

农牧民参与蔬菜种植培训。

自治区非物质文化遗产——白朗县斗牛节。

2014 年 4 月 25 日，西藏自治区人大常委会副主任、日喀则地委书记丹增朗杰到亚东县帕里镇检查指导工作。

2014 年 7 月 30 日，上海市普陀区党政代表团与亚东县工作交流座谈会在亚东召开。

上亚东乡城镇化建设一年。

神女峰

亚东县县城全貌。

2014 年 5 月 11 日，日喀则地委副书记、行署专员、地委政法委书记张洪波率队在聂拉木县检查指导工作。

2014 年 3 月 28 日，聂拉木县庆祝西藏百万农奴解放 55 周年文艺演出。

乃龙乡小城镇建设。

聂拉木县县城全貌。

樟木镇雪布岗村农家书屋。

昂仁县“六心工程”牧家乐项目。

昂仁县举行庆七一，践行党的群众路线知识竞赛活动。

2014年6月9日，日喀则地区举行“六推”项目培训开班典礼暨西部就业培训示范基地授牌仪式。

2014年3月28日，昂仁县亚木乡纪念“3·28”西藏百万农奴解放55周年活动，邀请老干部现身说法。

基础设施建设现场。

日喀则地区领导在南木林县调研。

南木林县湘巴文化艺术中心开工仪式。

南木林县县长王顶峰与农牧民群众亲切交谈。

南木林县艾玛乡雅江开发区植树造林实景。

南木林县综合高级中学。

2014 年 4 月 15 日，西藏自治区副主席董明俊在萨迦县萨木林村调研指导驻村工作。

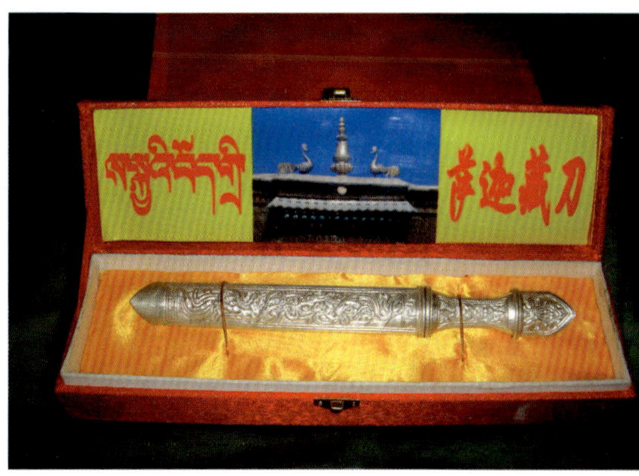

萨迦藏刀

2014 年 3 月 25 日，日喀则地委副书记、行署专员、地委政法委书记张洪波在萨迦县检查指导工作。

萨迦泥塑面具

萨迦县县城全貌。

谢通门县县委书记旦增在驻寺机构进行调研。

2014 年,日喀则地委、行署领导检查指导谢通门县小城镇建设。

2014 年,谢通门县县长王金铭在寺庙调研。

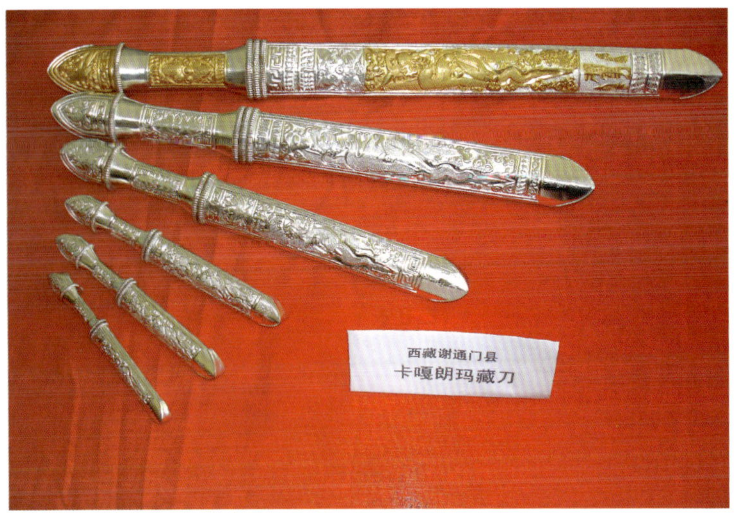

卡嘎朗玛藏刀

谢通门县第五批援建项目之安居工程。

谢通门县县城全貌。

2014 年 4 月 21 日，西藏自治区副主席董明俊在定结县检查指导口岸工作。

2014 年 5 月 12 日，西藏自治区人大常委会副主任、日喀则地委书记丹增朗杰在定结县检查指导生态村创建工作。

2014 年 5 月 12 日，定结县“四大”班子领导检查牧村生态建设工作。

定结县朗谱孜藏酒厂。

夏尔巴歌舞。

雍泽绿措——班禅圣湖。

2014 年 12 月 6 日，中共日喀则市第一次党代会开幕。图为仁布代表团。

自治区级非物质文化遗产——酥油花。

2014 年 11 月 21 日，西藏自治区人大常委会副主任、日喀则地委书记丹增朗杰在仁布县调研。

供奉在强钦寺内的后藏三大强巴佛之一。

江嘎尔藏戏表演。

2014年11月,日喀则地委副书记、行署常务副专员韩阳在萨嘎县县委书记边巴次仁的陪同下走访慰问困难群众。

2014年度萨嘎县综治、维稳、双联户工作表彰大会现场。

2014年10月,萨嘎县县长李运生看望慰问贫困老人。

法制宣传

萨嘎县县城全貌。

2014 年 2 月 22 日，康马县县委书记李仁新深入南尼乡调研。

2014 年 9 月 16 日，康马县县委书记李仁新、康马县长索朗罗布在综治宣传活动现场检查指导。

2014 年 4 月 22 日，康马县县长索朗罗布在嘎拉乡调研奴村小城镇建设情况。

2014 年 7 月 25 日，康马县第二十一届涅如文化物会在涅如堆乡开幕。

康马县县城全貌。

2014 年 5 月 14 日,西藏自治区人大常委会副主任、日喀则地委书记丹增朗杰在吉隆县调研。

2014 年 2 月 25 日,吉隆县召开 2014 年度工作会议。

2014 年 12 月 1 日,中国吉隆—尼泊尔热索瓦双边口岸正式开通运行。

吉隆查嘎达索寺。

吉隆县吉隆镇全貌。

仲巴县召开受援工作汇报会。

2014 年 5 月 26 日，仲巴县举行帕羊镇旅游集散中心奠基仪式

牧民群众盛装起舞欢庆“3·28”百万农奴解放纪念日。

仲巴县境内的藏羚羊。

仲巴县县城全貌。

2014年5月11日，西藏自治区人大常委会副主任、日喀则地委书记丹增朗杰在岗巴县参观龙中乡果措村的陈列馆，岗巴县县长贺黎明陪同。

2014年6月5日，岗巴县吉如村"5·28"雪灾救灾物资发放仪式。

2014年，西藏自治区妇联主席参木群与岗巴县县委书记次仁顿珠就昌龙乡乃村民房改造工程亲切交谈。

岗巴宗山

小城镇建设

2014 年 3 月 25 日，山南地委书记其美仁增在“3·28”活动筹备现场指导。

乃东县昌珠镇克松居委会。

2014 年 8 月 4 日,全国人大常委会副委员长向巴平措在琼结县视察工作。

琼结县县委书记杨兴铭在拉玉乡强吉村检查基层党建工作。

西藏自治区副主席坚参深入琼结县调研。

琼结县县长索朗多吉在下水乡调研。

琼结县县城全貌。

2014 年 3 月 11 日，国家安监总局领导到扎囊县检查指导工作。

2014 年 3 月 26 日，扎囊县县长高军深入基层调研。

2014 年 8 月，扎囊县政府主要领导向地区政协主席边巴汇报政协提案办理情况。

2014年4月12日,西藏自治区党委书记陈全国在贡嘎县视察第二批党的群众路线教育实践活动。

2014年3月5日,西藏自治区党委常委、组织部部长梁田庚受西藏自治区党委书记陈全国委托,看望慰问贡嘎县吉雄镇红星社区结对户。

2014年10月19日,西藏自治区党委常委、自治区常务副主席丁业现在贡嘎调研雅江特大桥、嘎拉山隧道项目建设情况。

2014年7月15日,贡嘎县召开农牧业现场会,贡嘎县县委书记黄金刚、县长次仁等领导参加。

贡嘎县生态小康示范村——吉雄镇德吉新村。

2014 年 8 月 11 日,山南地委副书记、行署专员张永泽在浪卡子县普玛江唐乡调研边境管控工作。

西藏三大圣湖之一——羊卓雍措。

2014 年 9 月 3 日，洛扎县县委书记赵天武检查驻村工作开展情况。

2014 年 9 月 23 日，洛扎县县长央中卓嘎陪同山南地委副书记丁泽峰在洛扎调研。

2014 年 11 月 7 日，洛扎县召开民族团结进步表彰大会。

2014 年 10 月 1 日，隆子县主要领导看望慰问敬老院孤寡老人。

2014 年 11 月 12 日，隆子县表彰和谐模范寺庙暨爱国守法先进僧尼。

2014 年 6 月 23 日，隆子县向区党委巡视三组汇报工作。

2014 年 7 月 31 日，那曲党政代表团在隆子县奶源基地参观考察。

隆子县圆满完成村两委换届选举工作。

2014年3月2日,曲松县县委书记李世平看望慰问结对认亲户。

曲松县拉加里王宫。

曲松县县长拉巴次仁慰问部队官兵。

曲松县县城全貌。

加查县首届达布核桃节。

加查县政务中心。

加查县县城全貌。

迎宾大道

加查核桃及核桃油。

2014 年 9 月 2 日，举行林芝地区林芝县幼儿园工程奠基仪式。

2014 年 5 月 21 日，举行林芝县爱心超市启动仪式。

施工中的农房。

林芝县大力发展藏鸡产业。

2014 年 10 月 22 日，林芝县第六批援藏重点项目——曲古小康示范村。

2014 年 2 月 25 日，西藏自治区副主席德吉到工布江达县检查指导维稳工作。

2014 年 9 月 29 日，工布江达县委八届九次全委(扩大)会议召开。

2014 年 4 月 24 日，林芝地委书记赵世军到工布江达县调研。

工布江达县城全貌。

2014 年 5 月 8 日,西藏自治区党委常委、自治区常务副主席丁业现在扎绕乡多卡村调研。

2014 年 6 月 30 日,米林县五保集中供养中心开工建设。

建设中的八一至米林机场专用公路。

闽藏文化交流活动。

2014 年,米林县人民医院新业务用房建成并投入使用。

2014 年 7 月 7 日，林芝地委副书记、行署专员旺堆在朗县视察产业发展情况。

2014 年 11 月 28 日，朗县光明新区在建的廉租房和公租房。

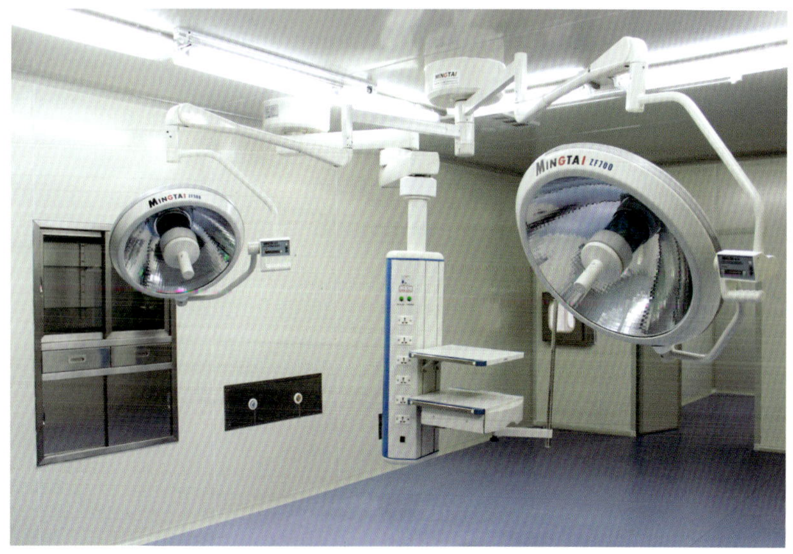

2014 年 8 月 13 日，福州市第七批援藏工作队援建的朗县卫生服务中心手术室。

2014 年 8 月 23 日，托麦村工作队为群众免费诊治。

朗县县城全貌。

2014 年 4 月 26 日，西藏自治区党委常务副书记吴英杰在波密县视察工作。

2014 年 4 月 1 日，举行广东省第七批援藏捐赠仪式。

波密县县城全貌。

2014 年 10 月 17 日，波密县召开 2014 年招商引资项目推介暨签约会。

2014 年 5 月 8 日，波密县便民服务中心揭牌。

2014 年 4 月 2 日，察隅县县委书记扎西平措在上察隅镇调研特色产业。

2014 年 10 月 27 日，察隅县县长杜元文在下察隅镇桐油加工厂调研。

察隅县委八届四次全委(扩大)会议。

城市发展新貌。

察隅县县城全貌。

2014 年 7 月 27 日，西藏自治区党的群众路线教育实践活动第四督导组组长宋康宁率队到墨脱县达木珞巴民族乡检查指导工作。

2014 年 3 月 13 日，墨脱县举行首次维稳应急处突演练。

2014 年 1 月 29 日，墨脱县干部群众欢度春节。

2014 年 5 月 15 日，总投资 3103.95 万元的墨脱县统一办公楼建设工程竣工并顺利通过验收。

2014 年 11 月 12 日，墨脱县巴日村高山有机茶种植基地农牧民群众正在种植茶叶。

2014 年 5 月 10 日，西藏自治区党委常委、昌都地委书记罗布顿珠在八宿县藏装加工厂调研。

2014 年 9 月 21 日，西藏自治区党委常委、昌都地委书记罗布顿珠检查省道 303 线公路水毁情况。

2014 年 12 月 7 日，昌都地委副书记、行署专员阿布看望出席中国共产党昌都市第一次代表大会的江达县代表团代表。

2014 年 10 月 19 日，芒康县县委书记齐应海深入戈波乡开展法制宣传教育。

芒康县千年古盐田。

2014 年 6 月 7 日，芒康县县长泽仁顿珠深入偏僻村组调研。

芒康县盐井历史博物馆。

2014 年 3 月 29 日，芒康县举行地震灾后重建奠基仪式。

2014 年 2 月 1 日,左贡县四大班子领导与村民共度藏历新年并合影留念。

2014 年 7 月 14 日,左贡县政府领导班子召开专题民主生活会。

2014 年 4 月 2 日,左贡县县长土登尼玛参加除雪保通义务劳动。

2014 年 9 月 29 日,八宿县县长尼玛吉村检查建设工地。

和谐恬静的家园。

交相辉映的然乌湖。

八宿县县城全貌。

2014年12月,洛隆县县委书记赤来看望慰问老同志。

洛隆县糌粑系列产品。

2014年8月1日,洛隆县县长吴剑看望慰问驻军部队。

中远援藏投资新建的洛隆县第二小学教学楼。

洛隆县县城全貌。

边坝县县委书记欧珠达瓦(右二)深入基层检查党建工作。

2014 年 6 月 19 日,边坝县县长王皖岭(左三)深入新农村集中建设点检查指导工作。

西藏自治区卫生厅派驻边坝县拉孜乡拉孜村工作队送医送药到牧场。

边坝县群众开展丰富多样的文化生活。

2014 年 8 月 15 日,丁青县第十五届热巴文化旅游艺术节文艺活动现场。

融通防洪堤。

岩堆村饮水工程。

虫草

象牙玉

2014 年 8 月 10 日,在那曲县中学,杭州市委市政府、那曲县委县政府和杭州日报共同举行了“杭州爱·那曲情”公益活动捐赠仪式。

2014 年 8 月 24 日,那曲县县委书记李鸿伟、县长赤来塔吉检查指导那曲镇灾情。

2014 年 10 月 16 日,那曲县开展文化科技卫生法律爱国爱教宣传服务“五下乡”活动。

2014 年 5 月 3 日，西藏重大现实问题研究课题组到安多县调研工作。

2014 年 4 月 16 日，安多县县长熊川在县中学检查工作。

2014 年 4 月 25 日，那曲地委副书记许世赢到安多县检查指导工作。

2014 年 6 月 7 日，安多县常务副县长李丹深入帮爱乡小学检查指导工作并为小学毕业生颁发奖状。

安多县第三届格拉丹东–长江源草原旅游赛马艺术节开幕式现场。

2014 年 6 月 15 日，西藏自治区政协副主席、那曲地委书记高扬在比如县虫草采集点检查指导工作。

2014 年 12 月 27 日，比如县县长顿珠群培向左贡县考察团领导介绍比如镇相关情况。

2014 年 5 月 19 日，比如县县委书记陈刚在比如镇虫草采集点检查工作。

比如县开展 3 月综治宣传活动。

比如县县城全貌。

2014 年 11 月 11 日，西藏自治区党委副书记、自治区主席洛桑江村视察申扎县人民医院。

西梦达羊毛被加工厂。

2014 年 11 月 10 日至 13 日，西藏自治区副主席坚参在申扎县调研扶贫项目。

扶贫蔬菜温室。

2014 年“幸福那曲”文艺下乡活动。

2014 年 5 月 8 日，双湖县第一届人民代表大会第二次会议召开。

2014 年 6 月 12 日，双湖县五下乡文艺演出。

2014 年 12 月，双湖县第一届畜产品展销会开幕式。

2014年,西藏自治区党委书记陈全国在阿里调研时与噶尔县县委书记程文杰亲切握手。

噶尔县县长索朗次仁检查防抗救灾工作。

2014年4月30日,西藏自治区党委常委、宣传部部长董云虎在噶尔县电视台检查指导工作。

狮泉河水电站。

噶尔县狮泉河镇加木红柳湿地公园。

2014年5月14日,日土县县委书记郭勇、县长罗庆武检查指导工程项目建设。

班公湖景区漂浮式码头及游艇。

班公湖国家3A级景区。

班公湖景区休闲小木屋。

日土宗

西藏自治区党委副书记、自治区主席洛桑江村，自治区副主席多吉次珠在札达县调研。

札达县驻村工作队向牧民发放物资。

札达县达巴村村委会班子换届选举村民代表投下行使民主权利的神圣一票。

札达精品土林。

2014 年 6 月 19 日,普兰县县委书记高宝军在多油村检查党建工作。

普兰县县长卫东在科迦村看望老党员。

2014 年 4 月 4 日,西藏自治区副主席多吉次珠在措勤县查看民政救灾物资储备库。

措勤县民族手工业服装加工厂。

措勤县曲强村蔬菜温室大棚。

整乡推进发放拖拉机仪式。

组织开展村“两委”换届工作。

2014 年 4 月 29 日,改则县党的群众路线教育实践活动知识竞赛决赛成功举办。

改则县民族服饰。

“3·28”百万农奴解放纪念活动。

革吉县县委书记张学营、县长扎西措姆深入田间检查人工种草长势。

革吉县县长扎西措姆在牧户调研。

新修建的革吉县政府办公大楼。

蔬菜大棚

བོད་ལྗོངས་ལོ་རིམ་མེ་ལོང་།

西藏年鉴

TIBET YEARBOOK

2015

【第八篇】

统计资料

单位:个

行政区划(表一)

地区	市辖区	县级市	县	乡	民族乡	镇	街道	居民委员会	村民委员会
总计	3		71	544	9	140	10	208	5257
拉萨市	1		7	48		9	8	43	224
昌都市	1		10	110	1	28		23	1119
山南地区			12	58	5	24		59	495
日喀则市	1		17	175		27	2	30	1643
那曲地区			11	89		25		37	1153
阿里地区			7	30		7		7	134
林芝地区			7	34	3	20		9	489

行政区划(表二)

拉萨市	城关区 墨竹工卡县 达孜县 堆龙德庆县 曲水县 尼木县 当雄县 林周县
昌都市	左贡县 芒康县 洛隆县 边坝县 卡若区 江达县 贡觉县 类乌齐县 丁青县 察雅县 八宿县
山南地区	乃东县 扎囊县 贡嘎县 桑日县 琼结县 洛扎县 加查县 隆子县 曲松县 措美县 错那县 浪卡子县
日喀则市	桑珠孜区 南木林县 江孜县 定日县 萨迦县 拉孜县 昂仁县 谢通门县 白朗县 仁布县 康马县 定结县 仲巴县 亚东县 吉隆县 聂拉木县 萨嘎县 岗巴县
那曲地区	申扎县 班戈县 那曲县 聂荣县 安多县 嘉黎县 巴青县 比如县 索县 尼玛县 双湖县
阿里地区	普兰县 札达县 噶尔县 日土县 革吉县 改则县 措勤县
林芝地区	林芝县 米林县 朗县 工布江达县 波密县 察隅县 墨脱县

行政区划(表三)

分类	个数	县(市、区)名称
边境县	21	墨脱县 米林县 察隅县 朗县 洛扎县 隆子县 错那县 浪卡子县 定日县 康马县 定结县 仲巴县 亚东县 吉隆县 聂拉木县 萨嘎县 岗巴县 普兰县 札达县 噶尔县 日土县
农业县	35	城关区 墨竹工卡县 达孜县 堆龙德庆县 曲水县 尼木县 墨脱县 米林县 林芝县 波密县 察隅县 朗县 芒康县 左贡县 洛隆县 边坝县 乃东县 扎囊县 贡嘎县 桑日县 琼结县 洛扎县 加查县 隆子县 桑珠孜区 南木林县 江孜县 定日县 萨迦县 拉孜县 白朗县 仁布县 定结县 吉隆县 聂拉木县
牧业县	14	当雄县 仲巴县 萨嘎县 那曲县 嘉黎县 聂荣县 安多县 申扎县 班戈县 巴青县 尼玛县 双湖县 革吉县 改则县 措勤县
半农半牧县	24	林周县 工布江达县 卡若区 江达县 贡觉县 类乌齐县 丁青县 察雅县 八宿县 曲松县 措美县 错那县 浪卡子县 昂仁县 谢通门县 康马县 亚东县 岗巴县 比如县 索县 普兰县 札达县 噶尔县 日土县
“一江两河”	18	城关区 墨竹工卡县 达孜县 堆龙德庆县 曲水县 尼木县 林周县 乃东县 扎囊县 贡嘎县 桑日县 琼结县 桑珠孜区 南木林县 江孜县 白朗县 拉孜县 谢通门县
粮食基地县	11	堆龙德庆县 林周县 波密县 芒康县 乃东县 扎囊县 贡嘎县 江孜县 白朗县 桑珠孜区 拉孜县

西藏境内海拔5000米以上的湖泊

湖泊名称	湖面海拔(米)	湖面面积(平方公里)	湖泊类型
普莫雍错	5009	284	咸
郭扎错	5080	244	北淡南咸
杰萨错	5202	150	淡
打加错	5170	145	
帕龙错	5116	140	咸
龙木错	5002	97	咸
黑石北错	5048	93	咸
令戈错	5051	89	
窝尔巴错	5177	89	咸
布岩错	5158	85	
森里错	5386	78	淡
独立石湖	5031	76	咸
美日切错	5354	64	咸
骆驼错	5103	62	咸
清澈错	5104	57	咸
阿里错	5000	55	咸
错纳错	5145	50	咸

西藏境内面积大于200平方公里的湖泊

湖泊名称	湖面海拔(米)	湖面面积(平方公里)	湖泊类型
纳木错	4718	1920	咸
色林错	4530	1640	咸
扎日南木错	4613	1023	咸
当惹雍错	4535	835	咸
羊卓雍错	4441	638	咸
昂拉仁错	4689	560	咸
塔若错	4545	520	咸
格仁错	4650	466	咸
班公错	4241	413	东淡西咸
玛旁雍错	4588	412	淡
昂孜错	4638	406	咸
多格仁错	4814	394	咸
吴如错	4552	351	淡
多尔索洞错	4749	350	咸
鲁玛江冬错	4810	322	咸
佩枯错	4591	300	咸
普莫雍错	5009	284	淡
拉昂错	4573	269	淡
错鄂	4562	244	咸
郭扎错	5080	244	北淡南咸
达则错	4461	243	咸
许如错	4714	208	咸
扎布耶茶卡	4400	235	咸
仁青休布错	4760	200	咸

全国各省市自治区国民经济主要指标

地区	国土面积及排位（万平方千米）		年末总人口（万人）	城镇居民人均可支配收入（元）	农村居民人均可支配收入（元）	地区生产总值（亿元）	全社会固定资产投资（亿元）	社会消费品零售总额（亿元）
全国	960		136782	28844	10489	636462.7	512760.7	271896.1
北京	1.68	29	2152	48532	18867	21330.8	6924.2	9638.0
天津	1.19	30	1517	31506	17014	15722.5	10518.2	4738.7
河北	18.77	12	7384	24141	10186	29421.2	26671.9	11820.5
山西	15.63	20	3648	24069	8809	12759.4	12296.1	5717.9
内蒙古	118.30	3	2505	28350	9976	17769.5	17585.0	5657.6
辽宁	14.59	21	4391	29082	11191	28626.6	24730.8	11857.0
吉林	18.74	13	2752	23218	10780	13803.8	11486.5	6080.9
黑龙江	45.46	6	3833	22609	10453	15039.4	9878.2	7015.3
上海	0.63	31	2426	48841	21192	23560.9	6016.5	9303.5
江苏	10.26	24	7960	34346	14958	65088.3	41938.7	23458.1
浙江	10.18	25	5508	40393	19373	40153.5	24262.8	17835.3
安徽	13.96	22	6083	24839	9916	20848.8	21688.5	7957.0
福建	12.14	23	3806	30722	12650	24055.8	18219.8	9346.7
江西	16.69	18	4542	24309	10117	15708.6	15109.9	5292.6
山东	15.67	19	9789	29222	11882	59426.6	42495.5	25111.5
河南	16.70	17	9436	23672	9966	34939.4	30782.2	14005.0
湖北	18.59	14	5816	24852	10849	27367.0	22965.3	12449.3
湖南	21.18	10	6737	26570	10060	27048.5	21269.7	10723.5
广东	17.79	15	10724	32148	12246	67792.2	26294.0	28471.1
广西	23.60	9	4754	24669	8683	15673.0	13843.2	5772.8
海南	3.39	28	903	24487	9913	3500.7	3112.3	1224.5
重庆	8.24	26	2991	25147	9490	14265.4	12281.1	5710.7
四川	48.50	5	8140	24234	9348	28536.7	23318.7	12393.0
贵州	17.60	16	3508	22548	6671	9251.0	9025.7	2936.9
云南	39.40	8	4714	24299	7456	12814.6	11498.6	4632.9
西藏	122.84	2	318	22016	7359	920.8	1119.7	364.5
陕西	20.56	11	3775	24366	7932	17689.9	17192.1	5918.7
甘肃	45.40	7	2591	21804	6277	6835.3	7884.1	2668.3
青海	72.12	4	583	22307	7283	2301.1	2861.2	620.8
宁夏	5.18	27	662	23285	8410	2752.1	3173.8	737.2
新疆	165.00	1	2298	23214	8724	9264.1	9438.3	2436.5

西藏自治区各地(市)国民经济主要指标及排位

地区	拉萨	昌都	山南	日喀则	那曲	阿里	林芝
地区生产总值(亿元)	347.45	117.11	101.13	146.40	83.39	32.92	92.86
排位	1	3	4	2	6	7	5
地方财政收入(亿元)	64.79	9.00	9.86	8.13	4.29	2.45	7.58
排位	1	3	2	4	6	7	5
地方财政支出(亿元)	169.48	100.23	76.71	120.30	81.96	40.80	49.64
排位	1	3	5	2	4	7	6
财政收入占地区生产总值比重(%)	16.5	7.2	9.2	5.7	5.2	6.8	8.5
地区生产总值增速% (按可比价格计算)	10.9	10.9	10.8	10.6	10.2	10.8	10.8
第一产业(亿元) (按当年价格计算)	12.94	20.53	5.55	28.09	13.39	5.06	8.18
第二产业(亿元) (按当年价格计算)	127.75	47.85	51.84	48.20	19.95	10.29	33.94
第三产业(亿元) (按当年价格计算)	206.76	48.73	43.74	70.11	50.05	17.37	50.74
规模以上工业企业总产值(万元)	744139	55178	203033	80599	6185	3597	61993
农林牧渔总值(万元) (按当年价格计算)	212650	323770	97258	383739	188942	66845	114031
全社会固定资产投资(万元)	4553866	1525817	1373619	1158626	875173	403304	1306940
排位	1	2	3	5	6	7	4
社会消费品零售总额(万元)	1803277	320003	360602	660300	163101	82501	255301
排位	1	4	3	2	6	7	5
各地区农牧民人均收入(元)	9258	6616	8066	6717	7134	7107	9582
城镇居民人均可支配收入(元)	23057	19256	20797	21694	22314	23406	19526

西藏自治区平均每天主要社会经济活动

指标	1978	1994	2000	2010	2013	2014
每天创造的财富						
地区生产总值(万元)	182	1260	3218	13903	22347	25228
第一产业	92	579	995	1883	2320	2510
第二产业	50	216	745	4491	8025	9229
工业	17	94	278	1088	1676	1813
建筑业	34	122	468	3402	6350	7416
第三产业	40	465	1478	7529	12002	13489
农业总产值(万元)	107	735	1403	2761	3507	3801
工业总产值(万元)	41	209	501	2072	3447	4155
地方财政收入(万元)		39	147	1164	3025	32866
财政支出(万元)	125	830	1643	15413	28742	33980
粮食(吨)	1407	1820	2636	2499	2634	2684
油菜籽(吨)	22	80	108	159	174	174
发电量(万千瓦时)	37	122	181	662	798	883
水泥(吨)	170	411	1351	6003	8110	9377
铬矿石(吨)	34	203	539	551	364	249
每天消费量						
最终消费(万元)		897	1813	8945	14207	16307
居民消费		703	1287	3649	5365	6268
政府消费			526	5296	8842	10039
社会消费品零售总额(万元)	67	568	1174	5077	8828	9987
每天其他活动						
邮电业务总量(万元)	1	11	105	638	1112	1290
海外旅游人数(人次)		181	409	626	612	670
居民储蓄额(万元)	9	306	1109	7319	13590	84449
出版报纸(千印张)	73	74	79	384	566	543
出版图书(千册)	8	8	14	39	33	36

西藏自治区国民经济和社会发展结构指标

单位:% (%)

指标	1978	1994	2000	2010	2013	2014
常住人口						
城乡结构						
城镇	11.3	16.6	18.9	22.67	23.71	25.75
乡村	88.7	83.4	81.1	77.33	76.29	74.25
性别结构						
男	48.8	49.4	50.6	51.38	50.90	50.70
女	51.2	50.6	49.4	48.62	49.10	49.30
地区生产总值						
第一产业	50.7	46.0	30.9	13.5	10.4	9.9
第二产业	27.7	17.1	23.2	32.3	35.9	36.6
第三产业	21.6	36.9	45.9	54.2	53.7	53.5
就业产业结构						
第一产业	82.0	77.1	72.9	53.6	45.2	43.7
第二产业	5.9	3.7	5.9	10.9	14.1	14.7
第三产业	12.1	19.2	21.2	35.5	40.8	41.6
投资						
全社会固定资产投资						
第一产业		4.6	4.6	5.1	5.7	5.1
第二产业		30.5	25.3	29.0	28.2	32.0
第三产业		64.9	70.1	65.9	66.1	62.9
资金来源结构						
国内预算内资金		49.1	53.0	62.1	80.7	65.3
国内贷款		4.4	3.8	1.9	2.0	0.5
自筹和其他投资		46.5	40.1	36.0	17.3	34.2
农业						
农林牧渔业产值结构						
农业	39.6	49.0	51.5	45.9	45.3	45.6
林业	0.4	2.4	2.6	2.4	2.1	1.9
牧业	59.9	48.6	45.9	48.5	50.1	50.0
渔业				0.2	0.1	0.1
工业企业结构						
轻工业	38.1	47.2	37.6	34.9	38.2	43.8
重工业	61.9	52.8	62.4	65.1	61.8	56.2

西藏各地区国有经济按各种分组的固定资产投资

指标	合计	拉萨	昌都	山南	日喀则	那曲	阿里	林芝
投资总额(万元)	7704548	2152638	1367589	1193107	806635	875173	403304	906102
按资金来源分								
国家预算内资金	7939898	1394127	2126637	1007489	691131	1198306	446039	1076169
国内贷款	45509	45509						
利用外资	3000			3000				
自筹投资	762998	328700	184048	95962	76449	38000	20837	19002
其他投资	384622	106569	11195	137338	42601		10165	76754
按构成分								
建筑安装工程	7072502	1803611	1220847	1149980	769239	858265	366878	903682
设备、工器具购置	356104	180202	68190	40452	25231	16908	22701	2420
其他费用	275942	168825	78552	2675	12165		13725	
按建设性质分								
新建	6200723	1847385	1101819	989243	569310	856336	99867	736763
扩建	347524	55981	140319	13601	129972		3548	4103
改建	749010	234018	634	703	83947		288372	141336
按产业分								
第一产业	440528	201796	15736	96361	78668	3076	10167	34724
第二产业	2216443	655417	687879	348424	128776	187642	96002	112303
第三产业	5047577	1295425	663974	748322	599191	684455	297135	759075
按国民经济主要行业分								
农林牧渔业	440528	201796	15736	96361	78668	3076	10167	34724
工业	2216443	655417	687879	348424	128776	187642	96002	112303
能源工业	2041690	638428	619768	313473	81275	184842	94467	109437
交通运输、仓储和邮政业	2038928	358708	316558	179071	253738	315721	195844	419288
信息传输、计算机服务和软件业计算机服务和软件业	42513	3496		33145	628		396	4848
新增固定资产(万元)	5335543	1683837	1318304	627517	515488	602760	120239	467398
固定资产交付使用率(%)	69.3	78.2	96.4	52.6	63.9	68.9	29.8	51.6
房屋建筑面积(万平方米)								
施工面积	346.52	91.67	110.14	45.12	40.67	41.55	9.45	7.91
竣工面积	62.13	0.25	14.36	9.55	25.08	7.04	5.72	0.14
住宅	30.25	0.25	12.79	2.35	12.04	2.76	0.05	

西藏自治区房地产开发主要指标

指标	2006	2007	2008	2009	2010	2011	2012	2013	2014
土地开发及购置(万平方米)									
本年土地开发面积	61.21	21.87	71.74	16.96	20.4	11.75			
本年土地购置面积	52.92	5.20	20.46	5.23	4.55	5.77	1.34		58.10
按资金来源分(万元)	115081	119154	133641	310418	150211	136383	107702		479030
国家预算内资金									
国内贷款	16062	14060	19391	18600	783	24000			8000
利用外贷									
自筹资金	40029	30865	43514	118125	107545	28843	21319	51017	350322
其他资金	57274	74229	70736	173693	41883	44497	60001	74539	120708
房屋建筑面积(万平方米)									
施工面积	107.82	114.71	144.89	140.62		48.73	47.33	57.7	273.17
竣工面积	32.94	41.27	54.85	45.98	12.18	21.69	9.23	18.09	52.47
本年新开工面积	60.37	56.42	122.53	37.35	16.92	4.53	22.68	27.76	191.49
住宅	51.96	48.49	53.26	31.84	15.3	19.28	17.07	22.37	118.43
商品房屋销售额(万元)	112855	164348	213056	155127	56143	66890	73545	106023	342528
住宅	71317	158663	192808	146889	52105	60733	61578	88458	285541
商品房屋销售面积(万平方米)	57.10	60.78	66.68	63.26	19.37	19.36	22.50	25.40	59.33
住宅	42.28	59.60	62.26	61.42	18.85	18.40	20.65	22.78	53.64
商品房屋销售价格(元/平方米)	1976	2704	3195	2452	2898	3455	3269	4174	5774
住宅	1687	2662	3097	2397		3299	2982	3883	5323
本年完成投资额(万元)	89022	116767	137888	157480	89634	51342	68719	96777	529087
住宅	69001	104008	120080	113798	69870	37363	42509	58669	294421

西藏自治区各地区农村居民人均可支配收入和生活消费支出

单位:元

指标　　地区	拉萨市	昌都市	山南地区	日喀则市	那曲地区	阿里地区	林芝地区
人均可支配收入	9258	6616	8006	6717	7134	7107	9582
工资性收入	2370	1549	1500	2058.1	179	570	1130
家庭经营性净收入	5664	3947	4019	3211.8	6330	5045	6578
转移性和财产性净收入	1224	1121	2487	1449.1	625	1492	1873
生活消费支出	6239	4357	5307	4313.0	4748	5488	5917
食品	2748	1485	1843	2041.4	3584	3139	2224
衣着	599	369	753	449.6	204	739	451
居住	1091	959	858	658.2	254	155	1194
家庭设备用品及服务	254	710	185	344.8	137	347	253
交通通讯	1025	308	1126	404.5	456	476	668

单位:亿元

西藏自治区农村危房改造工程完成投资

年份	完成投资	受益人口(万人)
总计	277.40	229.17
2006	33.98	28.85
2007	36.23	29.82
2008	39.65	29.30
2009	37.88	30.41
2010	23.15	21.89
2011	34.01	34.00
2012	42.08	32.76
2013	30.42	22.14
2014	10.83	29.32

西藏自治区各地区城镇居民人均可支配收入和消费支出

单位:元

年份　地区	全区	拉萨市	昌都市	山南地区	日喀则市	那曲地区	阿里地区	林芝地区
	2014	2014	2014	2014	2014	2014	2014	2014
可支配收入	22016	23057	19256	20797	21694	22314	23406	19526
总收入	22773	23527	19795	22905	22376	23008	23895	21086
工资性收入	17405	17298	14680	20438	17681	20113	21651	16607
经营性收入	669	404	833	632	1284	397	263	1780
财产收入	1544	2238	578	876	550	927	274	442
转移性收入	3156	3587	3705	958	2861	1571	1706	2257
消费性支出	15669	16410	13705	14802	15440	11475.23	16658	13897
食品	7218	6712	5589	5572	8291	6447.21	8578	4784
衣着	1656	1416	929	2070	1544	1089.25	3068	898
居住	3398	4419	3857	2234	2316	1609.06	1176	3599
家庭设备用品及服务	891	662	496	1133	510	287.65	301	402
医疗保健	553	382	407	411	587	368.25	454	542
交通和通讯	1730	1450	1124	2167	1544	1043.62	1543	2947
教育文化娱乐服务	727	860	731	733	463	225.13	904	491
其它商品和服务	548	509	573	482	185	405.03	633	237

西藏自治区各地区农林牧渔业、工业总产值(一)

单位:万元

地区	农林牧渔业产值	农业	林业	牧业	渔业	服务业	工业总产值
拉萨市							
城关区	13949	8561	2	5385			349526
林周县	36806	17660	58	19087			18525
当雄县	35095	7331		27764			30176
尼木县	14716	4831	287	9598			4167
曲水县	22623	14177	921	7376	149		66220
堆龙德庆县	27102	11777	1135	13307		883	242840
达孜县	23593	14615	450	8527			56932
墨竹工卡县	38769	14981	614	23174			115263
昌都市							
卡若区	39175	12697	28	25972	16	462	44366
江达县	36538	9184	311	26057	1	985	28108
贡觉县	17327	5215	133	11478	1	500	
类乌齐县	27604	10294	2184	14725	4	398	
丁青县	46012	30808	117	14036		1051	
察雅县	23641	8800	27	14559	4	250	
八宿县	17648	5721	336	11177	4	410	
左贡县	24703	8760	786	14295	5	857	
芒康县	36872	15202	5532	14864	3	1272	
洛隆县	28731	13693	2029	12638	1	370	
边坝县	25512	8421	2117	14585	1	388	
山南地区							
乃东县	17794	7624	445	6841	380	2503	47430
扎囊县	9273	4232	223	4466		352	4257
贡嘎县	11444	5915	316	5147		66	6835
桑日县	6532	3410	43	2850		230	87268
琼结县	4319	2815	60	1239		206	2112
曲松县	5507	1853	100	3491		62	1124
措美县	4107	1299	5	2646		157	419
洛扎县	6536	3010	49	3134		343	445
加查县	11190	7932	90	3064		105	14181
隆子县	9212	4154	122	4873		63	70005
错那县	3649						
浪卡子县	7694						
日喀则市							
桑珠孜区	55924	47090	607	6171		2056	85907
南木林县	41249	26280	519	13630		820	721
江孜县	41662	25081	727	15151		704	4225
定日县	23604	11390	258	10534		1423	8698
萨迦县	23719	16113	676	6744		187	1679

西藏自治区各地区农林牧渔业、工业总产值(二)

单位：万元

地区	农林牧渔业产值	农业	林业	牧业	渔业	服务业	工业总产值
拉孜县	30760	22077	592	7701		391	1069
昂仁县	23124	8717	13	14094		300	267
谢通门县	24041	11597	865	10647		933	868
白朗县	27553	21335	151	5762		306	6130
仁布县	11740	4774	171	5697		1097	6413
康马县	10922	5224	94	5348		255	974
定结县	8644	4297	114	3901		331	306
仲巴县	18270	15		17673		582	1193
亚东县	9151	3125	60	4960	900	106	624
吉隆县	8705	3564	81	4880		181	348
聂拉木县	11043	4822	39	5737		445	5025
萨嘎县	8429	1093		7256		80	317
岗巴县	5116	1502		3529		85	1785
那曲地区							
那曲县	29060	14978		13978		104	7557
嘉黎县	19025	11257	13	7663		92	509
比如县	34991	28375		6195		421	143
聂荣县	11505	3784		7688		33	
安多县	11927			11897		30	160
申扎县	7471			7288		183	209
索县	17266	10304		6041		921	222
班戈县	13795			10775		3020	1014
巴青县	23917	17221		6464		232	212
尼玛县	15819	43		15756		20	
双湖县	4166			3950	24	192	
阿里地区							
普兰县	4997	1365	15	3510		108	660
札达县	3585	472	27	3006		79	650
噶尔县	5505	823	47	4543		91	9680
日土县	8020	616	30	7228		145	558
革吉县	13153	47	3	12880		223	286
改则县	22531	42		22199		290	452
措勤县	9054	59		8808		187	40
林芝地区							
林芝县	17631	8256	440	8596	84	255	63071
工布江达县	21322	8416	601	11775	58	471	5109
米林县	15859	8233	52	5889	30	1655	2266
墨脱县	3938	1885	397	1598	6	52	172
波密县	21869	12672	822	7892	1	483	1758
察隅县	14902	8941	228	5256	2	475	814
朗县	14655	5885	120	8193	4	453	781

西藏自治区人民物质文化生活提高情况

指标	1995	2000	2010	2013	2014
就业					
每一农村劳动力负担人数(人)	1.63	1.74	1.59	1.69	1.73
每一城镇就业者负担人数(人)	1.96	1.89	2.25	1.96	1.96
收入					
农村居民人均可支配收入(元)	878	1331	4139	6578	7359
城镇居民家庭人均可支配	4000	6448	14980	20023	22016
收入(元)					
职工年平均工资(元)	7382	14976	54397	64409	68059
消费水平					
全区居民消费水平(元)	1202	1823	4326	6275	7205
农村居民(元)	762	1144	2381	3874	4498
城镇居民(元)	3981	4737	11028	14001	15009
储蓄					
城乡居民年末储蓄存款(亿元)	19.70	40.48	267.13	496.03	559.28
余额					
平均每人年末储蓄存款余额(元)	807	1558	9159	15896	17766
住房(平方)					
农村平均每人自有住房面积	20.00	23.16	24.03	30.51	33.77
城市平均每人自有住房面积	14.02	19.86	34.72	42.81	28.93
文化、教育					
城市每百户拥有电视机(台)	102	120	129	128	127
农村每百户拥有电视机(台)	1.3	13.7	75.5	97.3	102.1
学龄儿童入学率(%)	70.4	85.8	99.2	99.6	99.6
每万人口中在校学生数(人)	1287	1467	1775	1683	1659
卫生					
每千人拥有床位数(张)	2.62	2.52	3.02	3.54	3.81
每千人拥有卫生技术人员数(人)	3.53	3.44	3.44	3.74	4.11

西藏自治区教育事业基本情况

指标	2000	2007	2010	2013	2014
学校数(所)	956	1014	1006	977	969
普通高等学校	4	6	6	6	6
中等学校	110	124	128	130	134
专业学校	12	7	6	6	9
普通中学	98	117	122	124	125
小学	842	884	872	841	829
专任教师(人)	19042	30108	33731	34889	37769
普通高等学校	813	1755	2195	2472	2601
中等学校	5048	10540	12635	13738	15097
专业学校	742	507	591	652	993
普通中学	4308	10033	12044	13086	14104
小学	13181	17813	18901	18679	20071
招生数(人)	88908	133604	129697	127598	128646
普通高等学校	2320	8045	9213	9404	9579
中等学校	28618	73666	69737	66627	68182
专业学校	2957	6654	7319	6471	7087
普通中学	25662	67104	62418	60156	61095
小学	57969	51890	50747	51567	50885
在校学生(人)	381099	546524	532850	525061	526727
普通高等学校	5475	26767	31109	33562	34902
中等学校	61817	199168	202333	196700	196683
专业学校	6585	18958	22613	17491	16719
普通中学	55232	180210	179720	179209	179964
小学	313807	320589	299408	294799	295142
毕业生数(人)	51822	110576	124490	120132	120168
普通高等学校	764	4346	8266	9139	9399
中等学校	14019	53992	65582	64875	64463
专业学校	1895	2197	7312	6412	6408
普通中学	12124	51795	58270	58463	58055
小学	37039	52238	50642	46118	46306
每一教师负担学生数(人)	20.01	18.15	15.80	15.04	13.92
普通高等学校	6.73	15.25	14.17	13.58	13.42
中等学校	12.24	18.9	16.01	14.48	13.03
专业学校	8.87	37.39	38.26	26.82	16.84
普通中学	12.83	17.96	14.92	13.68	12.76
小学	23.81	18.00	15.84	15.78	14.70

注:2014 年招生数、在校学生、毕业生数均包括研究生数。

单位:人

西藏各地(市)普通小学基本情况

地区	学校(所)	毕业生数	招生数	在校学生	专任教师
拉萨市	77	7741	9381	51152	3773
昌都市	195	10190	11673	66345	3673
山南地区	95	4623	3995	25399	2266
日喀则市	224	10228	11621	67698	4452
那曲地区	142	7995	9609	56033	3164
阿里地区	32	2357	1779	9981	864
林芝地区	63	3000	2666	17559	1832

单位:人

西藏各地(市)普通中学基本情况

地区	学校(所)	毕业生数	招生数	在校学生	专任教师
拉萨市	22	11221	11268	34595	3117
昌都市	18	11331	12211	36613	2116
山南地区	17	6906	6449	20109	1810
日喀则市	29	13468	13805	40906	3487
那曲地区	18	7694	8634	24267	1746
阿里地区	8	1552	2687	5497	390
林芝地区	10	4240	4237	12876	1025

西藏自治区卫生事业发展情况

指标	2000	2007	2008	2009	2010	2011	2012	2013	2014
全区机构数	1237	1339	1326	1329	1352	1380	1403	1413	1430
医院、卫生院	810	765	764	763	773	783	777	783	790
医院	105	97	99	100	101	103	104	106	112
疗养院	1	1	1	1	1	1	1	1	1
门诊部(所)	303	419	412	417	430	444	473	480	489
疾病预防控制中心	81	79	81	81	81	82	82	82	82
妇幼保健院(所、站)	32	58	57	57	55	57	57	54	54
采供血机构		1	1	1	1	1	1	1	1
卫生监督所		1	2	2	2	2	2	2	2
社区卫生服务中心		14	7	6	8	9	9	9	9
其他卫生事业机构	7	1	1	1	1	1	1	1	1
全区床位数(张)	6348	7127	8765	8553	8838	9642	10134	11036	12024
医院、卫生院	6456	6832	8344	8193	8439	9192	9666	10461	11384
医院	4426	4462	5585	5368	5444	6314	6653	7292	8079
疗养院	120	57	40	40	40	40	40	40	40
门诊部									
妇幼保健所(站)	72	235	336	320	342	377	415	471	531
社区卫生服务中心		3			17	33	13	64	69
其他卫生事业机构			45						
全区人员数(人)	11027	10635	11680	12099	12269	12995	13896	14335	15531
卫生技术人员	8948	8535	9435	10047	9983	10664	11313	11716	12946
执业医师、助理医师	5262	4148	4376	4465	4371	4105	4818	5204	5617
注册护士	1816	1807	1920	2007	1986	2073	2278	2400	2734
其他技术人员	211	454	509	415	431	601	867	878	724
管理人员	676	607	634	649	610	568	596	668	711
工勤技能人员	1192	1039	1102	988	1195	1162	1120	1073	1150

注：执业医师、助理医师和注册护士数 2001 年及以前各年份分别为医生和护士(师)数。

西藏自治区旅游人数及旅游收入

年份	接待旅游者人数(人次)	入境旅游者人数	外国人	国内旅游者人数	旅游总收入(万元)	国内旅游收入(万元)	外汇收入(万美元)
1981	8624	2056	2005	6568	258		171
1982	18201	1580	1578	16621	186		130
1983	37564	1723	1596	35841	263		150
1984	60183	1579	1508	58604	257		100
1985	71980	15402	15041	56578	399		120
1986	87968	31000	29553	56968	2970		620
1987	127554	108750	42889	18804	5600		800
1988	103255	56293	21835	46962	6229		700
1989	29833	8287	3341	21546	3726		222
1990	23954	6654	9842	17300	684		145
1991	117169	38286	14768	78883	5069		770
1992	161164	50963	49823	110201	7257		997
1993	184262	54409	53192	129853	9348		675
1994	198928	65980	62233	132948	15321		1045
1995	206598	67814	65428	138784	21375	6340	1130
1996	325468	75003	72580	250465	23258	7835	2955
1997	366610	81800	73412	284810	25974	10338	3172
1998	386643	96444	87039	290199	26491	10998	3302
1999	448547	108224	98966	340323	57000	22234	3630
2000	608335	149441	134539	458894	67462	25834	5226
2001	686116	127148	116440	558968	75053	37053	4638
2002	867320	142279	129617	725041	98777	55899	5166
2003	928639	51120	45685	877519	103723	88028	1891
2004	1223098	95816	88797	1127282	153195	122817	3660
2005	1800623	121308	111018	1679315	193524	157536	4443
2006	2512103	154818	136159	2357285	277072	228929	6094
2007	4029438	365370	338744	3664068	485160	383152	13529
2008	2246447	67997	62934	2178450	225865	204237	3112
2009	5610630	174910	162458	5435720	559870	506088	7873
2010	6851390	228321	214136	6623069	714401	644001	10359
2011	8697605	270785	249026	8426820	970568	886341	12963
2012	10583869	194933	174631	10388936	1264788	1198017	10570
2013	12910568	223198	187153	12687370	1651813	1572633	12786
2014	15531413	244401	199965	15287012	2039989	1949992	14469

西部十二省(区、市)行政区划

单位:个

省级行政区划名称	地级区划数	地级市	县级区划数	县级市	市辖区	乡镇级区划数
全国	333	288	2854	361	897	40381
西藏	7	3	74		3	694
重庆			38		21	1023
四川	21	18	183	14	49	4648
贵州	9	6	88	7	14	1396
云南	16	8	129	13	13	1389
内蒙古	12	9	102	11	22	1010
广西	14	14	110	7	36	1243
陕西	10	10	107	3	25	1420
甘肃	14	12	86	4	17	1351
青海	8	2	43	3	5	399
宁夏	5	5	22	2	9	237
新疆	14	2	103	24	11	1038

西部十二省(区、市)农林牧渔业总产值

单位:亿元

地区	农林牧渔业总产值	农业	林业	牧业	渔业	农林牧渔业总产值比上年增长(%)
全国	102226.1	54771.5	4256.0	28956.3	10334.3	4.2
西藏	138.7	63.3	2.6	69.3	0.2	4.2
重庆	1595.0	967.9	53.6	486.4	64.9	4.3
四川	5888.1	3078.6	196.0	2318.8	192.4	4.0
贵州	2118.5	1321.9	99.6	569.3	47.0	6.6
云南	3263.3	1806.3	303.1	975.8	78.1	6.2
内蒙古	2779.8	1408.4	96.4	1205.7	29.1	3.1
广西	3947.7	1994.0	303.2	1087.2	413.1	3.7
陕西	2741.8	1870.8	73.6	648.3	19.9	5.1
甘肃	1618.8	1174.9	25.5	268.4	2.1	5.4
青海	327.5	144.2	6.6	169.1	2.2	5.4
宁夏	445.5	274.0	10.0	126.8	14.9	6.1
新疆	2744.0	1955.1	49.4	651.2	19.6	6.8